Hähnel

Ralf Schnell
Die Literatur der Bundesrepublik

Ralf Schnell

DIE LITERATUR DER BUNDES-REPUBLIK

Autoren, Geschichte, Literaturbetrieb

Mit 208 Abbildungen

J.B. Metzlersche Verlagsbuchhandlung
Stuttgart

Bildquellenverzeichnis

Barbara Aumüller, Frankfurt/M. 338
Sophie Bassouls, Paris 327
Bayerische Gemäldesammlungen, München 11
Bertelsmann, Gütersloh 35
Bilderdienst Süddeutscher Verlag, München 70, 71, 72
Ingo Bulla, Göttingen 59
Claassen Verlag, Düsseldorf 119
Rosemarie Clausen, Hamburg 99
Deutsche Akademie f. Sprache u. Dichtung, Darmstadt 43
Deutsche Bibliothek, Frankfurt/M. 67
Deutsches Kabarett Archiv Reinhard Hippen, Mainz 102
Deutsche Presseagentur, Stuttgart 18, 21, 30, 31, 41, 44, 45, 46, 161, 176, 177, 181, 192, 193, 248, 305, 306–307, 308
Diakonisches Werk d. ev. Kirche in Württemberg, Stuttgart 97
S. Fischer Verlag, Frankfurt [Foto: Kai Greiser] 207
Walter Fleckhaus, Wuppertal 165, 204, 346, 351
Brigitte Friedrich, Köln 118, 128, 141, 163, 209, 210, 212, 216, 244, 245, 246, 260, 274, 275
Haffmans Verlag, Zürich 91
Herzog August Bibliothek, Wolfenbüttel 67
Sepp Hiekisch-Picard, Bochum 68
Jürgen Holtfreter 323
Eberhard Holz, Beaulieu/sur mer 37
Hannes Jähn, Köln 227, 341

CIP-Kurztitelaufnahme der Deutschen Bibliothek

Schnell, Ralf:
Die Literatur der Bundesrepublik :
Autoren, Geschichte, Literaturbetrieb / Ralf Schnell.
– Stuttgart : Metzler, 1986.
ISBN 3-476-00604-2

Satz: Typobauer Filmsatz GmbH, Scharnhausen
Druck: Gutmann & Co., Heilbronn
Printed in Germany

Kiepenheuer u. Witsch, Köln 227, 255, 309
Barbara Klemm, Frankfurt/M. 32
Herlinde Koelbl/Bildarchiv Bucher, München 344
Lamuv Verlag, Bornheim 88, 89, 157, 340
Luchterhand Verlag, Darmstadt 175, 214, 221, 328
März Verlag, Herbstein 289, 290
Renate v. Mangoldt, Berlin 42, 110, 122, 147, 233, 296, 299, 302, 315, 319
Leonore Mau, Hamburg 107, 264, 280, 283, 342
Christoph Meckel, Berlin 322
Isolde Ohlbaum, München 17, 49, 186, 205, 226, 262, 270, 277, 311, 314, 316, 317, 320, 339, 348
Pan-Foto Günter Zint, Hamburg 230–231
Klaus Podak, Gütersloh 352, 355, 356–357
Willy Pragher 254
Prokino Filmverleih, München 345
Hans Jürgen Rau 213
Residenz Verlag, Salzburg 259
Antonie Richter, München 95, 111, 112, 113, 125, 133
Rotbuch Verlag, Berlin 287, 288, [Foto v. N. Häring-Rau]
Rowohlt Verlag, Reinbek 168, 268
Prof. Rudolph, Dresden 137
Michael Ruetz, Hamburg 170, 171, 172–173, 251, 285, 292
Friedrich Seidenstücker, Berlin 169
Södertälje Konsthall, Södertälje 195
Spiegel-Verlag, Hamburg 29, 126, 155
Südwestfunk, Baden-Baden 28
Suhrkamp Verlag, Frankfurt/M. 123, 199, 354
Schiller-Nationalmuseum, Marbach/N. 12, 40, 74, 76, 77, 78, 82, 85, 86, 90, 92, 94, 105, 114, 116, 117, 146, 150, 151, 152, 154, 158, 159
Werner Schloske, Stuttgart 190
Uwe Schweikert, Stuttgart 234
Staatl. Museum, Berlin 343
Stadt Dortmund Fritz-Hüser-Institut 219, 225
Stromfeld/Roter Stern, Frankfurt 249
Theatermuseum d. Universität, Köln 140, 183, 185, 188, 200, 332–333, 334, 360–361
Abisag Tüllmann, Frankfurt/M. 62, 63, 196–197, 336–337, 364
Ullstein Bilderdienst, Berlin 73
Verlag Klaus Wagenbach, Berlin 241
Margarete Weisenborn, Agarone 137
Antonia Wernery 272
Jürgen F. v. Wille, Köln 313
Zweitausendeins, Frankfurt/M. 358

Inhaltsverzeichnis

3. Teil: Autorenlexikon Seite 365

Anhang Seite 419

Vorwort

Die Literatur der Bundesrepublik – der inhaltliche Anspruch ist so umfassend gestellt, der historische Bogen so weit gespannt, daß Zielsetzungen und Grenzen dieses Unternehmens einer Erläuterung bedürfen.
Sie gilt zunächst der Darstellungsmethode. Der Versuch, auf sozialgeschichtlicher Grundlage einen literarhistorischen Abriß über die Entwicklung von mehr als vier Jahrzehnten zu geben, muß sich des Wandels bewußt bleiben, dem die Kriterien der Auswahl und Strukturierung ebensowohl unterliegen wie der Gegenstand, auf den sie sich beziehen. Alle Geschichte, auch die der Literatur, ist Konstruktion. Und jede historische Rekonstruktion, zumal die literaturgeschichtliche: Deutung. Diese Einsicht verlangt in jedem Falle den Verzicht auf einen musealen oder historistischen Umgang mit Literatur. Aber sie erfordert zugleich, auch dort, wo sozialgeschichtliche und soziologische Begründungen in Betracht kommen, zuvörderst nach literarischer Formensprache zu fragen.
Eine inhaltsästhetische Einteilung der Literatur nach Kategorien der Soziologie, des politischen Lebens oder der Geschichtsschreibung konnte der Darstellung deshalb keine relevanten Anhaltspunkte für eine Untergliederung geben. Und auch die markanten Daten der gesellschaftlichen Geschichte boten hierfür allenfalls äußerliche und sehr grobe Orientierungen. Notwendig erschien vielmehr, die Schnittpunkte zwischen literarischer und gesellschaftlicher Entwicklung herauszuarbeiten, die sich fassen lassen an Gattungsveränderungen und Formenwandel. Mit der Präzisierung allerdings, daß die Auswahl der Werke und Autoren auch eine Antwort auf die Frage zu geben versucht, welche Bedeutung, welche Repräsentanz einem Buch oder einem Schriftsteller zu einem bestimmten Zeitpunkt zugemessen wurden.
Sodann ein Wort zur nationalstaatlichen Beschränkung. Die Literatur der Bundesrepublik Deutschland steht mit der Literatur Österreichs und der Schweiz in einem ebenso engen wie vielgestaltigen Austausch, dessen Qualität Friedrich Dürrenmatt einmal mit der Bemerkung umrissen hat: »Ich empfinde Deutschland nicht als Ausland.« In der Tat: So unübersehbar sich österreichisches Kolorit in das Werk einer Ingeborg Bachmann, eines Thomas Bernhard eingeschrieben hat, so unbezweifelbar die Schweiz den Lebens- und Erfahrungsraum eines Max Frisch bildet – ihre Verlage, ihr Publikum haben diese Autoren zu einem nicht eben unbeträchtlichen Teil in der Bundesrepublik gefunden. Wenn also ihr Werk gelegentlich ausführliche Berücksichtigung findet, so weist diese Tatsache nicht auf einen verdeckten Kulturimperialismus hin, sondern auf die Bedeutung der Autoren für das literarische Leben hierzulande und auf den Einfluß, den sie auf die literaturgeschichtliche Entwicklung gewonnen haben.
Dies gilt für die bedeutenden Autoren der DDR in anderer Weise: So unverkennbar der Rang einer Christa Wolf oder eines Heiner Müller die enggezogenen Grenzen der DDR überschreitet, so wenig ließe sich doch andererseits die Bundesrepublik Deutschland als Entstehungshintergrund für deren Werk denken. Sie sind – anders als ihre Kollegen aus Österreich und der Schweiz – keine »westlichen« Autoren. Nicht die Nähe, sondern die Fremdheit ihrer Gesellschaft läßt sie attraktiv erscheinen und sichert ihnen Aufmerksamkeit in einer Republik, der sie selber »eigentlich keine autochthone Kultur« (Heiner Müller) zubilligen mögen. Wenn also DDR-Autoren in diesem Buch nur peripher Erwähnung finden, so bedeutet dies nicht Abgrenzungsdrang, sondern Wahrnehmung eines Unterschiedes.
Schließlich ein Hinweis zur Konzeption des Ban-

des. Im Mittelpunkt steht ein literaturgeschichtlicher Aufriß, der Überblicksdarstellung und exemplarische Einzelanalyse miteinander zu verbinden sucht. Um aber der Vielfalt des literarischen Lebens in der Bundesrepublik Deutschland gerecht zu werden, habe ich eine Skizze zum Literaturbetrieb vorangestellt und ein Autorenlexikon angefügt. Diese beiden Teile flankieren gleichsam den literaturgeschichtlichen in der Absicht, Wertungen und Überlegungen durch Informationen und Daten zu ergänzen. Im Zusammenspiel mit dem Register lassen sich auf diese Weise die unterschiedlichen Leistungen einer Literaturgeschichte und eines Handbuchs womöglich miteinander ausbalancieren. Um der Lesbarkeit willen und aus Umfangsgründen habe ich auf einen ausführlichen Anmerkungsapparat verzichtet. Doch sind Zitate aus den eingearbeiteten Hinweisen unschwer zu erschließen und ebenso aus dem Verzeichnis weiterführender Literatur. Soweit dies sinnvoll erschien, habe ich Teile meines Kapitels zur Literatur der Bundesrepublik in *Deutsche Literaturgeschichte. Von den Anfängen bis zur Gegenwart* (^{2}1984) in die vorliegende Darstellung aufgenommen.

Martin Rector (Hannover) und Uwe Schweikert (Stuttgart) danke ich für freundschaftlichen Rat.

Hannover, 10. Mai 1986 *Ralf Schnell*

1. TEIL: DER LITERATURBETRIEB

In einem Brief an den Freund und Kollegen Arno Schmidt äußerte Alfred Andersch 1979 die Befürchtung, daß »die Germanisten des Jahres 2500 so ungefähr alles bei Dir untersuchen, nur nicht, daß Ihr ein Jahrzehnt lang von dreihundert Mark gelebt habt«. Ein Plädoyer gegen die Abstraktionen der Literaturgeschichtsschreibung – Andersch wußte, warum er es hielt. Jahrelang hatte er als verantwortlicher Funkredakteur, als Zeitschriftenherausgeber, als Autor mit hervorragenden Verlagskontakten dazu beigetragen, den bewunderten Schriftsteller Arno Schmidt – buchstäblich – am Leben zu erhalten. Nicht nur Marktabhängigkeit, sondern permanente Existenzsorgen, bisweilen Armut hatten den materiellen Rahmen für dessen späteren Ruhm gebildet, gepaart mit einer poetischen Erfindungslust, die sich rücksichtslos – mit »an Raserei grenzenden Arbeitsmethoden« (Andersch) – durchsetzte. »Daß hinter Deinem Werk ein Leben von unvergleichlicher Aufopferung steht«, so Andersch, »das wissen sie alle nicht.«

»Was ist ein Buch?

Ein Buch ist eine Schrift (ob mit der Feder oder durch Typen, auf wenig oder viel Blättern verzeichnet, ist hier gleichgültig), welche eine Rede vorstellt, die jemand durch sichtbare Sprachzeichen an das Publikum hält. – Der, welcher zu diesem in seinem eigenen Namen *spricht*, heißt der *Schriftsteller* (Autor). Der, welcher durch eine Schrift im Namen eines anderen (des Autors) öffentlich redet, ist der *Verleger*. Dieser, wenn er es mit jenes seiner Erlaubnis tut, ist der rechtmäßige; tut er es aber ohne dieselbe, der unrechtmäßige, Verleger, d.i. der *Nachdrucker*. Die Summe aller Kopien der Urschrift (Exemplare) ist der Verlag.«
Immanuel Kant: Metaphysische Anfangsgründe der Rechtslehre (1797)

Alfred Andersch wollte auf das Auseinanderklaffen von empirischer Existenz und vollendetem Werk hinweisen. Literatur – das hatte der Romancier und Essayist Andersch oft genug betont – steht in einem literarischen Traditionszusammenhang ebenso wie in einem bestimmbaren Verhältnis zu ihrer politischen Gegenwart. Aber sie erschöpft sich nicht in dem, was sich an ihr literarästhetisch definieren läßt. Denn sie ist auch, gelegentlich vermittelt über Institutionen und Organisationen, Teil und Faktor des gesellschaftlichen Lebens, das sich zugleich unverlierbar in ihr ausdrückt, ein Element der öffentlichen Diskussion, der kulturellen und politischen Auseinandersetzungen.
Solche Gesellschaftlichkeit der Literatur wahrnehmen zu helfen, bevor »die Germanisten des Jahres 2500« sie gänzlich aus den Augen verloren haben, ist die Absicht dieses in die Literatur der Bundesrepublik einführenden Teils. »Die Literaturgeschichte«, so schrieb der Romanist Werner Krauss 1960 in der Zeitschrift ›Sinn und Form‹, »kann auf die Frage nach der gesellschaftlichen Bestimmung und Wirkung der literarischen Gebilde keine befriedigende und erschöpfende Antwort geben, solange sie geflissentlich über die sozialen und wirtschaftlichen Faktoren in ihrem ureigenen Bereich hinwegsieht.« Soziale und wirtschaftliche Faktoren – das heißt: Abhängigkeit. Die Literatur der Bundesrepublik ist abhängig von den ökonomischen Voraussetzungen unseres gesellschaftlichen Lebens, die auch für den Kulturbereich bestimmend sind: von der privatkapitalistischen Organisation des Verlagswesens wie von der öffentlich-rechtlichen Struktur der Rundfunk- und Fernsehanstalten, von kommerziellen Interessen, die das Buch auf seinen Warencharakter reduzieren, wie von Bestsellerlisten, Umsatzbilanzen, Verlagsstrategien und Herstellerkalkulationen.

Alle diese Faktoren des literarischen Lebens sind zu berücksichtigen, wenn man jenem Produkt gerecht werden will, das aus ihrem Zusammenspiel schließlich hervorgeht: das einzelne literarische Werk. Und es spricht nicht gegen diese Feststellung, daß mit ihr über die Eigenart ästhetischer Produktivität, daß mit ihr über die Identität des literarischen Kunstwerks noch nichts gesagt ist.

Man hat sich angewöhnt, die verschiedenartigen Formen, in denen das literarische Leben der Bundesrepublik sich ausprägt, mit einem ebenso kritischen wie treffenden Begriff zu bezeichnen: ›Literaturbetrieb‹. Es ist ein Begriff, der, neutral gesprochen, den Bereich der Herstellung, der Verbreitung und der Aufnahme von Literatur umfaßt. In diesem Begriff kommt die vielfach spontane, ungeordnete, widerspruchsvolle und bisweilen auch hektische literarische Produktionsweise zum Ausdruck: die Anspannung, die das Büchermachen erfordert, ebenso wie die Betriebsamkeit von Buchmarkt, Buchmessen und Autorenlesungen; die konkurrierenden Formen verlegerischer Selbstrepräsentation wie die Eitelkeiten der Literaturkritik; der Ausstellungscharakter, der den Bücherjournalen in Funk und Fernsehen häufig eigen ist, wie die Starrollen, die prominenten Autoren im Zeitalter der Massenmedien zunehmend übertragen werden. Der Literaturbetrieb, verstanden als die Summe der Erscheinungsformen literarischen Lebens in der Bundesrepublik, ist, mit anderen Worten, der vielfältige und vielschichtige Markt, auf dem sich Autor und Werk zu bewegen und zu bewähren haben. Nicht vergessen aber sollte man: Es müssen nicht die schlechtesten Autoren, es können bedeutende Werke sein, die von den Gesetzen dieses Marktes ins Abseits gedrängt werden – oder sich gegen sie behaupten. Denn der Betrieb ist nur bedingender Faktor der Literatur, nicht die Literatur selbst.

Einige wichtige Facetten dieses Faktors vorzuführen, setzen sich die folgenden Kapitel zum Ziel. Ihre Gegenstände heißen: Autoren und Autorenverbände, Verlagswesen und Buchhandel, Buchgemeinschaften, Bestseller und Alternativverlage, Lesen und neue Medien, Literaturkritik und Kulturzeitschriften, Kulturpolitik und Literaturförderung, literarische Sozialisationsinstanzen und Hochschulgermanistik, Theater und Bibliotheken. Es geht um Fakten und Kritik, um Information, aber auch um Wertung. Und daß der Blick bisweilen zurückwandert in die Geschichte des Literaturbetriebes, zumal ins 18. Jahrhundert, wird nicht verwundern: Es sind nicht selten die Anfänge des literarischen Marktes, an denen seine gegenwärtige Wirklichkeit deutlich abzulesen ist.

Wer oder was ist ein Autor?

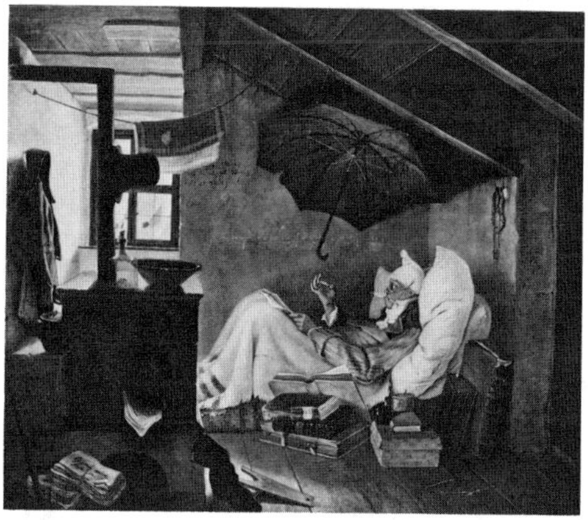

Das Bild des Autors, zumal des belletristischen Schriftstellers, wird in unserer Gesellschaft noch immer von einer sehr traditionellen Auffassung beherrscht: von der Vorstellung nämlich, ein Autor sei ein individueller Geistesarbeiter, der fern von beruflichen, institutionellen und organisatorischen Zwängen seiner selbstbestimmten Arbeit am Schreibtisch nachgeht. In Wahrheit aber ist dieses Bild ein Trugbild, seit es den »freien Autor« gibt.

Für alle seine Kollegen, die zeitgenössischen wie die zukünftigen, stellte Gotthold Ephraim Lessing in seinem (1800 posthum veröffentlichten) »Projekt für Schriftsteller und Buchhändler«, *Leben und Leben lassen*, die rhetorische Frage:

»Wie? es sollte dem Schriftsteller zu verdenken sein, wenn er sich die Geburten seines Kopfes so einträglich zu machen sucht, als nur immer möglich? Weil er mit seinen edelsten Kräften arbeitet, soll er die Befriedigung nicht genießen, die sich der gröbste Handlanger

Arno Schmidt (um 1955)

zu verschaffen weiß – seinen Unterhalt seinem eigenen Fleiße zu verdanken haben?«

Schon Lessing hat also gewußt, daß ein Markt existierte, auf den er, als »freier Dichter«, sich beziehen mußte – und nicht ohne Grund nahm er den »Brotberuf« eines Bibliothekars in Wolfenbüttel an. Auch Friedrich Schiller, der sich in seiner Jenaer Antrittsvorlesung 1789 so nachdrücklich wie polemisch gegen den Typus des »Brotgelehrten« gewandt hatte, litt zeit seines Lebens an Geldmangel und war deshalb nicht nur auf das mäzenatische Fürstentum eines Herzogs Karl August von Sachsen-Weimar, sondern zusätzlich auf vielfältige Nebeneinkünfte angewiesen. »Von Schriftstellerei leben, ist ein selbst für echte Geistesbildung und Freiheit höchst gewagtes Unternehmen«, seufzte Novalis so freimütig wie erfahrungsgesättigt 1798, um nur zwei Jahre später zu bekennen: »Die Schriftstellerei ist eine Nebensache.« Und selbst der aus begütertem Hause stammende Johann Wolfgang von Goethe lebte nicht in erster Linie von den Honoraren und Tantiemen, die ihm sein Werk einbrachte, sondern von seinem Gehalt – als Minister. »Kunst geht nach Brot«, so wußte schon Luther. Und wenn auch der Prinz von Guastalla in Lessings *Emilia Galotti* angesichts dieses betrüblichen Befundes einwendet: »Das muß sie nicht; das soll sie nicht« – sie hat es doch stets getan. Und mit einem höheren Maß an Notwendigkeit, seit der feudale Mäzen durch die Gesetze des freien literarischen Marktes verdrängt worden ist.

Das alte Bild des »freien Autors« ist mithin, wie Walter Höllerer mit Recht gesagt hat, ein »groteskes Bild«. Schon der Begriff »Autor« meint ja nicht nur den Dichter, sondern ebenso den Sachbuchschriftsteller, meint auch Übersetzer und Journalisten, »Wortproduzenten« also im weitesten Sinne. Deren Existenzmöglichkeiten aber als »freie Autoren« sind derart eingeschränkt, daß sie ohne zusätzliche Einkünfte durch die Massenmedien, durch Vorträge und Lesungen, durch neben- oder gar hauptberufliche Tätigkeiten unterhalb eines existenznotwendigen Minimums leben müßten. Daß sich aber das traditionelle Bild des »freien Autors« über einen so langen Zeitraum und noch immer hat erhalten können, hängt gewiß mit den Ausnahmeerscheinungen innerhalb des Literaturbetriebes zusammen, den Schriftstellern also, die einen »Namen« haben, deren Werke hohe Auflagen erleben und die deshalb von Einkünften aus ihren literarischen Arbeiten leben können. Diese prominenten Autoren erwecken, ohne es zu wollen, den falschen Eindruck, eine »freie« Schriftstellerexistenz sei heute noch realisierbar. Tatsächlich aber geht – dies hat die Studie *Der Autorenreport* aus dem Jahre 1972 gezeigt – die Zahl der freiberuflich tätigen Autoren und Künstler ständig zurück, weil ihre soziale Absicherung eine der schlechtesten aller Berufsgruppen in der Bundesrepublik Deutschland gewesen ist, zumindest bis zu Beginn der 80er Jahre.

Über die Schwierigkeit, ein »Autor« allererst zu werden – also ein Manuskript zu verfassen, einen Verlag für dieses zu interessieren, mit einem Lektor daran zu arbeiten oder darüber zu streiten, mit einem Verleger über Honorarbedingungen zu verhandeln, endlich das Werk zu veröffentlichen, die Kritik aufmerksam zu machen, Leser zu finden –, über solche Schwierigkeit geben diese Statistiken keine Auskunft. (In Wolfgang Bittners Buch *Von Beruf Schriftsteller*, 1985, finden sich hier bedenkenswerte Informationen.) Immerhin aber wird im Zusammenhang solcher Statistiken verständlich, warum sich die Autorentätigkeiten für die Massenmedien und die Tätigkeitsmerkmale selber beständig differenziert und erweitert haben: Die Rundfunk- und Fernsehanstalten sind die Mäzene des modernen Kultur- und Literaturbetriebs. »Von Eich bis Schnurre, von Lenz bis Aichinger«, so sagte Heinrich Böll 1983, »was hätten wir alle, die wir nicht im Traum daran dachten, je von Büchern leben zu können, was hätten wir ohne den Rundfunk gemacht, der uns frei arbeiten ließ und doch das Leben ermöglichte.« Und man wird davon ausgehen dürfen, daß der immer mehr sich verzweigende und differenzierende Markt der »neuen Medien« auf paradoxe Weise die Zukunft der Literatur, die er bedroht, zugleich auch fördert: indem er nämlich ihren Autoren existenzsichernde Einkommensquellen erschließt.

An zwei Statistiken aus dem *Autorenreport* (Fohrbeck/Wiesand 1972), läßt sich die Wirklichkeit der Autorentätigkeit ablesen. Eine Übersicht über die Tätigkeitsbereiche macht deutlich, daß die Produktion literarischer Werke (Belletristik), die gemeinhin als das entscheidende Kennzeichen schriftstellerischer Arbeit angesehen wird, nur ein Tätigkeitsbereich neben anderen und keineswegs der quantitativ gewichtigste ist:

Verteilung von Freien, Nebenberuflichen und Teilberuflichen Autoren auf Tätigkeitsbereiche (Angaben in % der Befragten)		Basis, Befragte = 100%	Kategorien Freie Autoren	Nebenberufliche Autoren	Teilberufliche Autoren
Presse	Tages-/Wochenpresse	863	42	49	9
	Publikumszeitschrift	340	50	39	12
	Fach-/Spezialzeitschrift	560	31	59	11
Funk	Funk	728	47	44	10
TV	Fernsehen	434	50	39	10
Buch	Belletristik/Sachbuch	516	41	45	14
	Wissenschaftl. Buch	311	20	70	10
	Kinder-/Jugendbuch	124	57	32	11
	Schulbuch	88	18	76	6
Sonstige Medien	Heftroman	71	75	14	11
	Film	105	45	34	21
	Bühne	78	50	41	9
Sonstiger Markt	Behörden/Ministerien	123	21	71	8
	Firmen/Industrie	137	42	50	9
	Verbände/Gewerkschaften etc.	217	31	59	10
Zum Vergleich: Durchschnitt aller befragten Autoren		1693	40	49	11

Mehrfachnennungen waren möglich. Im Durchschnitt wurden 2,8 Tätigkeitsbereiche/Medien genannt.

Von 1693 befragten »Wortproduzenten« ordneten sich nur 40% in die Kategorie der Freien Autoren ein, hingegen 49% in die Kategorie der Nebenberuflichen Autoren und 11% in die Kategorie der Teilberuflichen Autoren:

Bevorzugte Berufsbezeichnung und Stellung als Autor

(in % der Befragten)	Freie Autoren	Neben-berufliche Autoren	Teil-berufliche Autoren
Journalist	43	49	9
Schriftsteller	57	33	12
freier Mitarbeiter	36	51	13
Autor	47	38	15
Wissenschaftler	13	79	9
Publizist	40	47	13
Übersetzer	48	35	16
Filmemacher	51	30	19
Dichter/Belletrist	63	31	6
(Literat)*	50	38	12
(Realisator)*	38	57	5
(Dramatiker)*	61	25	14
Sonstiges	44	42	15
Autoren insgesamt	40	49	11

*** Basis = unter 50 Fälle**

»Die freie Autorentätigkeit ist vor allem in den Massenmedien vielfältiger, als es in tradierten, knappen Tätigkeitsbezeichnungen zum Ausdruck kommt. Sie beschränkt sich dabei keineswegs auf die ›großen‹ Formen wie Roman, Hörspiel und Filmdrehbuch (die schöpferischen Werke im traditionellen Sinn). Sie umfaßt ebenso, sogar in der Mehrzahl (und in einer Demokratie, die auf Öffentlichkeit beruht, mindestens ebenso wichtig) aktuell bezogene ›Gebrauchsarbeiten‹ (z.B. Dokumentation, Reportagen, Kommentare, Gutachten, Interviews u.a.). Außerdem spielt auch die popularisierende oder auch provokative Vermittlertätigkeit (Diskussionsleitung, Beratung, Gesprächspartner u.ä.) eine nicht unerhebliche Rolle. Die Übergänge zu anderen Berufen (Regisseur, Sprecher, Redakteur etc.) sind fließend.« (Fohrbeck, Wiesand, Woltereck)

Aus diesen veränderten Tätigkeitsmerkmalen wird deutlich: Der »freie Autor« unserer Gesellschaft befindet sich in einer eigenartigen Zwitterstellung als wortproduzierender Kleinunternehmer einerseits und als lohnabhängiger Schreiber andererseits. Mit der Forderung nach einem »Ende der Bescheidenheit« (Heinrich Böll) zogen die Autoren schließlich die Konsequenz aus dieser ihrer sozioökonomischen Zwitterstellung, der ja vor allem immer auch sozialpolitische Bedeutung zukam. Denn zumeist mußten die Autoren, obwohl sie für Verlage, Redaktionen, Rundfunkanstalten produktiv tätig waren, sich selbständig gegen Krankheit absichern und eigenverantwortlich für ihr Auskommen im Alter Sorge tragen. Diesem Mißstand versuchte ein Gesetz abzuhelfen, das – nicht zuletzt auf Betreiben der Schriftsteller und ihrer Verbände – seit dem 1. Januar 1983 in Kraft ist: das »Gesetz über die Sozialversicherung der selbständigen Künstler und Publizisten (Künstlersozialversicherungsgesetz – KSVG)«. Dieses Gesetz hat zum Ziel, auch die freischaffenden Künstler, Autoren, Musiker in das gesetzliche System der Kranken- und Rentenversicherung einzubeziehen. Dementsprechend brauchen nun auch die »freien Autoren« nurmehr die Hälfte ihrer Kranken- und Rentenversicherungsbeiträge zu bezahlen – die andere Hälfte soll durch einen Bundeszuschuß und durch eine »Künstlersozialabgabe« finanziert werden, welche die Abnehmer und Verwerter der literarischen Produkte (Verlage etc.) aufbringen müssen (fünf Prozent ihrer Honorarzahlungen). Neben dem »Künstlersozialversicherungsgesetz« bestehen aber weiterhin Sozialeinrichtungen wie beispielsweise das »Autorenversorgungswerk«, das allein im ersten Halbjahr 1984 an 1240 freiberufliche Autoren 4,3 Millionen DM Zuschüsse zu Renten- und Krankenversicherungsbeiträgen auszahlte, ferner der »Sozialfonds«, der in Not geratene Autoren unterstützt (im ersten Halbjahr 1984 190 Personen mit über 800000 DM). Schon aus diesen Zahlen wird erkennbar, daß das »Künstlersozialversicherungsgesetz« offenbar nicht alle Erwartungen erfüllt hat, die sich auf eine rechtliche Regelung richteten. Im Gegenteil: Dieses Gesetz hat, nicht zuletzt wegen seiner komplizierten Detailregelungen, vielfach Unmut erregt, Widerspruch hervorgerufen – und mehr als fünfzig Beschwerden beim Bundesverfassungsgericht nach sich gezogen. Und umstritten blieb es gerade auch unter den Autoren, denen es helfen sollte – eben wegen jener sozialpolitischen Absicherungen, die, zwangsweise eingeführt, das

Bild des »freien Autors« trübten, an dem offenbar auch die Schriftsteller noch hängen. Dennoch: Das »Künstlersozialversicherungsgesetz« ist ein Ergebnis der Selbstaufforderung der Autoren, ihrer eigenen sozialpolitischen Bescheidenheit ein Ende zu setzen. In dieser Selbstaufforderung tritt sowohl ein neues Selbstbewußtsein hervor als auch die konsequente Zielsetzung, eine gesellschaftspolitische Identität zu finden – jenseits der Illusion einer freiberuflichen Existenz. Den organisatorischen Ausdruck dieser Identität bildet der Verband deutscher Schriftsteller (VS).

»Ledig leiht mir im Monat so viel, wie Loddl im Hafen fest verdient. Dafür spare ich den Weg, denn ich kann es in Heimarbeit machen, und ich bin ein freier Schriftsteller in der Freien und Hansestadt Hamburg und habe einen Bart und einen bunten Schlips und ein violettes Hemd und werde beneidet um die 3 mal 12 mal achthundert Miesen – von Köppen sicher nicht und vom lieben Konrad über der Plastikbabybadewannensphäre sicher auch nicht (Bayer). Bei zweihundert Stunden im Monat macht das Stundenlohn vier Mark.
– I gitt!
– Ein junger Dichter rechnet!
– Wohlfahrtsstaat!
– Konsum! Konsum!
– Hallo! Der Schreiber der Seher bei Madame Récamier, die David so schön in Rots' gemalt hat, der Heuschrecken frißt und salzwasserresistentes Wüstengras? Also:
– Kauft, Leute, die Palette, kauft! Kauft!«
Aus: Hubert Fichte, Die Palette (1968)

Schriftsteller und ihre Verbände

Das »Ende der Bescheidenheit« hatte Heinrich Böll 1970 auf der 1. Autorenversammlung des Verbandes Deutscher Schriftsteller (VS) angekündigt. Bölls entschlossener – und selbstkritischer – Aufruf galt dem Jahrzehnte andauernden Mißverhältnis von individueller literarischer Produktionsweise und industrieller Verwertung des literarischen Produkts. »Hin und wieder«, so Böll, »mögen wir ganz kluge Leute sein, als Vertreter unserer Interessen in einer Gesellschaft, die von Interessenvertretern dirigiert wird, sind wir wie Schwachsinnige. [...] Wir lassen uns dirigieren, kujonieren, Prozente und Honorare diktieren, ohne je ernsthaft darüber nachzudenken, wer sie festgelegt hat und wie sie sich errechnen.« Mit anderen Worten: Die deutschen Schriftsteller hatten erkannt, daß sie ihre Interessen innerhalb der kommerziellen Zwänge der Literaturvermarktung nach gewerkschaftlichem Vorbild, kämpferisch also, wahrzunehmen hatten, wenn nicht die Bedingungen des Marktes gänzlich von den ökonomisch stärkeren Partnern – den Verlegern, Redaktionen und öffentlich-rechtlichen Rundfunkanstalten – diktiert werden sollten.

Die Gründung des VS im Jahre 1969 bedeutete mithin den Versuch, über unterschiedliche politische Positionen hinweg, jenseits literarästhetischer Differenzen und ungeachtet der unterschiedlichen gesellschaftlichen Reputation eine entscheidende Gemeinsamkeit in den Vordergrund zu stellen: die soziale Abhängigkeit des Schriftstellers, auf die nur mit Hilfe einer durchsetzungsfähigen Organisation einzuwirken war. Und zwei Faktoren dürften maßgeblich zur VS-Gründung beigetragen haben: der rasch sich wandelnde Markt der neuen Medien, der das traditionelle Bild des »freien Autors« in Frage gestellt hatte; und der Blick zurück auf die Organisationsgeschichte der Autoren in Deutschland, in der sich die Geschichte einer problematischen Sozialpolitik offenbart.

Die Organisationsfrage ist für Autoren in Deutschland ein ungelöstes Problem gewesen, seitdem es den Beruf des freien Schriftstellers gab. Bereits im Jahre 1800 hatte der Dichter und Kritiker Friedrich Schlegel gefordert: »Wie die Kaufleute im Mittelalter, so sollten die Künstler jetzt zusammentreten zu einer Hanse, um sich einigermaßen gegenseitig zu schützen.« Doch erst 1842, mit der Gründung des Leipziger Literatenvereins, wurde ein erster Schritt in diese Richtung unternommen, dem weitere folgten: 1878 der Allgemeine Deutsche Schriftstellerverband, 1885 der Deutsche Schriftstellerverein, 1887 der Zusammenschluß dieser beiden Verbände zum Deutschen Schriftstellerverband. Von gewerkschaftlichen Zielsetzungen freilich waren diese Organisationen allesamt noch weit entfernt. Eher stellten sie Standesorganisationen dar, die in Urheberrechtsfragen für ihre Mitglieder tätig wurden, ohne diese in ihrem Selbstverständnis als literarische Einzelgänger zu beeinträchtigen oder ihnen gar ihre ökonomische Abhängigkeit zu verdeutlichen. Erst 1909, mit der Gründung des Schutzverbandes Deutscher Schriftsteller, der bis 1933 Bestand hatte, wurden gewerkschaftliche Forderungen erhoben, wenngleich organisatorisch von den Verbänden der Arbeiter und Angestellten noch getrennt. Waren die Autorenverbände unter nationalsozialistischer Herrschaft »gleichgeschaltet« und die einzelnen Autoren über die Reichskulturkammer zwangsweise organisiert, so versuchten die Verbände Ost- und Westdeutschlands nach 1945, zunächst in einem gesamtdeutschen Verband, gemeinsam die Interessen ihrer Mitglieder wahrzunehmen. Doch frühzeitig zeigten sich hier bereits deutliche politisch-soziale Auffassungsunterschiede: Dominierte bei den Autoren der damaligen SBZ der gewerkschaftliche Aspekt, so die Vorstellung einer freiberuflichen Existenz im Westen Deutschlands. Nach der Gründung der beiden deutschen Staaten trennte sich dann auch dieser Gesamtverband in einen Deutschen Schriftstellerverband (DDR) und in eine Vereinigung der Deutschen Schriftstellerverbände, die Mitglied im Bundesverband der freien Berufe wurde (Bundesrepublik).

Das Selbstverständnis einer freien beruflichen Existenz setzte die Schriftsteller fortwährend der Gefahr aus, zwischen Gewerkschaften und Unternehmern sozialpolitisch aufgerieben zu werden, weil sie für die Durchsetzung ihrer Interessen keine eigenständige Organisationsform zu entwickeln vermochten. In einer Untersuchung zur ökonomischen Situation der »geistigen Berufe« mußte deshalb noch Mitte der 50er Jahre festgestellt werden, daß »überall nur wenigen Spitzenverdienern, Kassenlöwen und Stargagen eine kleine Schicht von mittleren Einkommen zwischen 500 und 1000 Mark im Monat gegenübersteht, die etwa dem gehobenen Angestellten und Facharbeiter entspricht. Dem folgt die breite Schicht des geistigen Proletariats und des Elends: junge Dozenten und Hilfsärzte ohne Bezahlung, Schriftsteller mit Hungerhonoraren oder arbeitslose Musiker und Schauspieler, die sich mühsam durch die Komparserie quälen.«
»Schriftsteller mit Hungerhonoraren« – dies war das Stichwort, das dem Gründungsprogramm des VS Richtung und Zielsetzungen wies. Sein erster Vorsitzender, Dieter Lattmann, nannte 1969 die zu lösenden Aufgaben: die Durchführung einer Sozialenquete zur Situation der Schriftsteller in der Bundesrepublik; eine berufseigene Altersversorgung, entsprechend der gesetzlichen Sozialversicherung; die Aufhebung des »Schulbuchparagraphen«, der den unentgeltlichen Abdruck literarischer Arbeiten in Schulbüchern ausdrücklich gestattete; eine Beteiligung der Autoren an Bücherentleihungen aus Bibliotheken. Lattmann wußte freilich auch: »Die Schriftsteller besitzen Macht, wenn sie sich einigen – in einem starken Verband.« Damit war auf die Notwendigkeit hingewiesen, dem Schriftstellerverband einen verbandspolitischen Rückhalt zu geben, der ihm verstärkt Einwirkungsmöglichkeiten auf Organisationen, Institutionen und Gesetzgebungsverfahren verlieh. Einen solchen Organisationsrahmen bildete der Deutsche Gewerkschaftsbund (DGB) als Dachverband der Einzelgewerkschaften. Und so trat der VS vier Jahre nach seiner Gründung in die IG Druck und Papier ein, mit Ausnahme einiger weniger konservativer Schriftsteller, die den standespolitisch orientierten Freien Deutschen Autorenverband (FDA) ins Leben riefen.
Der VS hat sich seither als eigenständige Fachgruppe innerhalb der IG Druck und Papier etabliert und vertritt die verbandspolitischen Interessen seiner Mitglieder mit Erfolg, wie Bernt Engelmann, Nachfolger Lattmanns als VS-Vorsitzender, 1979, zehn Jahre nach der Gründung, glaubte feststellen zu können. Nach Engelmanns Ansicht ist der VS in der IG Druck und Papier »zu einem festen Begriff geworden, auch zu einem Faktor, an dem im Bereich des Buchverlagswesens sowie der diesen Sektor betreffenden Gesetzgebung niemand mehr vorbeikommt und mit dem eine kritische und demokratische Öffentlichkeit in zunehmendem Maße rechnet«.

Zu den materiell faßbaren und unstrittigen Erfolgen der VS-Arbeit zählt vor allem die Novellierung des Urheberrechtsgesetzes im Jahre 1972. Sie führte dazu, daß Schulbuchverlage die Texte der Autoren nicht länger unentgeltlich abdrucken durften und daß ein »Bibliotheksgroschen« eingeführt wurde, eine pauschale Abgabe der Bundesländer für Buchentleihungen aus Bibliotheken. Zudem erwies sich die seit 1958 bestehende »Verwertungsgesellschaft Wort« – eine Art GEMA des Literaturbetriebs – als hilfreiche Institution für die VS-Arbeit: Sie übernahm die Ausschüttung von Tantiemen (1983: rd. 12,2 Mio. DM an 29218 Autoren) sowie den Aufbau eines Altersversorgungswerks und eines Sozialfonds für Autoren. Auch einen »Normenvertrag« handelte der VS für Autoren und Übersetzer aus (an den sich allerdings niemand halten muß). Und seine Mitglieder kommen in den Genuß

Günter Grass auf einer Tagung des Schriftstellerverbands (VS)

des gewerkschaftlichen Rechtsschutzes. Drei andere Probleme aber sind nach wie vor ungelöst: die Frage der Mehrwertsteuer, die auch »Wortproduzenten« für ihre Produkte zu entrichten haben; die »Urhebernachfolgegebühr«, die auf die nicht mehr geschützten Werke seit langem verstorbener Autoren nach Auffassung der Autoren sollte erhoben werden; die Kopierpraxis an Schulen, die – zur Zeit noch unzureichend pauschal entrichtet – einer abermaligen Novellierung des Urheberrechtsgesetzes vorbehalten bliebe, bislang aber am Widerstand der Bundesländer (»Finanzknappheit!«) scheiterte.

Neben dem VS – organisatorisch unabhängig von ihm, wenngleich personell naturgemäß vielfach mit ihm verbunden – existiert das P.E.N.-Zentrum der Bundesrepublik Deutschland, eine Sektion des Internationalen P.E.N. Diese drei Buchstaben stehen für »Poets, Essayists, Novelists« – Mitglieder des Internationalen P.E.N. sind also in erster Linie Schriftsteller, aber auch, wie das bundesdeutsche Mitgliederverzeichnis ausweist, Verleger, Publizisten, Literaturwissenschaftler und Kritiker. Nicht jeder Schriftsteller aber kann Mitglied werden. Hierzu bedarf es vielmehr des schriftlichen Antrags zweier Bürgen, also zweier P.E.N.-Mitglieder, die ihren Vorschlag mit Angaben zur Person, zur moralischen wie literarischen Qualifikation, begründen müssen. Ziel des seit 1921 bestehenden P.E.N.-Clubs wie seiner nationalen Sektionen ist es, zum Frieden, zur Verständigung und zum kulturellen Austausch unter den Nationen beizutragen, gegen Unterdrückung und Zensur aufzutreten, sich für die Freiheit der Kunst und der Presse einzusetzen, »Rassen-, Klassen- und Völkerhaß« zu bekämpfen. Hochgesteckte Ziele, zweifellos, die zu erreichen der P.E.N. sich nur dank seiner Exklusivität erhoffen kann. Denn bedenkt man, wie gering die Mittel der Kunst und Literatur, wie schwach die Kräfte der poetischen Sprache sind im Verhältnis zur politischen Macht, dann muß man dem P.E.N. gewiß ein erstaunliches Maß an Idealismus bescheinigen. Und doch hat gerade die hohe Reputation seiner Mitglieder und insbesondere seiner Repräsentanten dem P.E.N. international zu Ansehen verholfen, ihm Gehör verschafft und ihm konkrete Hilfe für inhaftierte oder verfolgte Schriftsteller ermöglicht, zum Teil in Zusammenarbeit mit »amnesty

49. Internationaler PEN-Kongreß Hamburg 1986 (auf dem Podium vor Demonstranten v. l. n. r.: PEN-Vizepräsident Per Wästberg, Martin Gregor-Dellin, PEN-Präsident Francis King, Alexandre Blokh).

international«. – Nicht anders aber als die Vorgeschichte des VS stellt sich auch die Geschichte des deutschen P.E.N. als eine Geschichte der Teilung dar. Nachdem sich erst 1949 der deutsche P.E.N. neu konstituiert hatte – Erich Kästner war sein erster Repräsentant –, brach er bereits 1951 im Zusammenhang des Kalten Krieges auseinander. Daraufhin gründeten im Dezember 1951 43 westdeutsche P.E.N.-Mitglieder das P.E.N.-Zentrum der Bundesrepublik Deutschland, das derzeit knapp 500 Mitglieder umfaßt. Seine Präsidenten waren Erich Kästner, Bruno E. Werner, Dolf Sternberger, Heinrich Böll, Hermann Kesten, Walter Jens. Und der spätere Literatur-Nobelpreisträger Heinrich Böll war auch der erste bundesdeutsche Präsident des Internationalen P.E.N. (1971–1974). – Will man die Bedeutung des P.E.N. recht einschätzen, so wird man sie mit Heinrich Böll in seinem »internationalen Charakter« sehen müssen, darin also, daß versucht wird, »unabhängig von den politischen oder diplomatischen Übereinkünften der großen Mächte zu handeln« (Böll). In dieser Absicht steckt ein Element jener Subversivität, die jeder Literatur, soweit sie etwas zu sagen hat, eignet. »Autoren, die publizieren, sind per se politische Figuren«, sagte Hermann Kesten im Blick auf den P.E.N. und seine Mitglieder. Diese Qualität der Literatur unabhängig von politischen Opportunitäten einzusetzen – das macht, im besten Fall, die politische Bedeutung des P.E.N. aus. Allerdings, wenn man sich über das Verhältnis von Schriftstellern zu ihren Organisationen grundsätzlich Klarheit verschaffen will, dann ist man gut beraten, sich einer Einsicht des Dramatikers und Romanciers Herbert Eulenberg aus dem Jahre 1927 zu erinnern: »Dichter und auch Schriftsteller unter einen Hut zu bringen, ist ein schwerer Ding, als Flöhe unter einem Käsedekkel zu sammeln.« Nicht anders verhält es sich mit dem Verband deutscher Schriftsteller und seinen Mitgliedern, nachdem der beflügelnde Wind kulturrevolutionärer Aufbruchstimmung und radikaler Gesellschaftskritik abgeflaut, nachdem der Alltag in die Verbandspolitik eingezogen ist. Nicht nur haben sich die in der Anfangsphase dominierenden und repräsentierenden Autoren wie Heinrich Böll, Günter Grass, Martin Walser im Verlaufe der 70er Jahre nahezu völlig der Diskussion entzogen, um – nur zu verständlich – ihrer eigentlichen Aufgabe, dem Schreiben, sich verstärkt widmen zu können. Nicht nur hat auch der erste VS-Vorsitzende Dieter Lattmann sich aus der Verbandsarbeit zurückgezogen, nachdem er die wichtigsten Probleme – zeitweise als Bundestagsabgeordneter – mit taktischem Geschick auf den Weg ihrer rechtlichen oder organisatorischen Lösung gebracht hatte. Sondern vor allem forderten nun die »Mühen der Ebenen« (Bertolt Brecht) ihren Tribut: die zähe Kleinarbeit, der schlagzeilenkarge Dienst an der Sache, der Funktionärstrott, der nicht so recht zum Selbstbild des freien Schriftstellers passen will. Es ging fortan um berufspolitische, also gewerkschaftliche Tätigkeit, nicht um allgemein- oder gesellschaftspolitische Repräsentation – nur so hatte sich einst die »Einigkeit der Einzelgänger« (Dieter Lattmann) herstellen lassen.

Gerade das Mißverständnis aber, der VS könne für seine Mitglieder verbindlich politische Erklärungen abgeben, hat den Verband Anfang der 80er Jahre in seine bislang schwerste Krise gestürzt. Sein damaliger Vorsitzender, Bernt Engelmann, versuchte, den VS im Zusammenhang der Friedensbewegung politisch zu instrumentalisieren. Zwar hatte der VS sich zunächst ausdrücklich als »Teil der Friedensbewegung« verstanden. Doch die Differenzen über den »richtigen Weg« zum Frieden, die in Diskussionen mit Schriftstellern aus der DDR in den Jahren 1981 und 1982 auftraten, die Differenzen insbesondere derjenigen Autoren, die aus der DDR in die Bundesrepublik emigriert sind (Reiner Kunze, Jürgen Fuchs, Frank-Wolf Matthies, beispielsweise) zu Repräsentanten und Funktionären des DDR-Schriftstellerverbandes (Stephan Hermlin und Hermann Kant, beispielsweise) – diese Differenzen waren zu gewichtig, als daß der Vorsitzende des bundesdeutschen Schriftstellerverbandes sie hätte ignorieren dürfen. Eben dies aber tat Engelmann, um politischer Zielsetzungen willen, die denen der DDR näher schienen als seinen westdeutschen Kollegen. Und auch gegenüber der polnischen Regierung erschien Engelmann manchem Kollegen zu konziliant, als er in einem Telegramm die Forderung nach der Wiederzulassung »eines« – nicht aber *des* verbotenen – Schriftstellerverbandes erhob. Engelmann wahrte, so schien es vielen Autoren, nicht die gebotene parteipolitische Neutralität – Austritte von Verbandsmitgliedern waren die Folge, die der Vorsitzende lakonisch kommentierte: »Wir bedauern zwar jeden Austritt, aber vor dem Hintergrund von 2422 Mitgliedern bedeutet das nicht viel. Die Austritte werden leicht von Zugängen aufgewogen.« Solcher Funktionärston rief ebenso Protest hervor wie die politisch bisweilen einäugige Berichterstattung im Verbandsblatt »die feder«. Und am Ende einer immer mehr sich verschärfenden Kontroverse um Bernt Engelmann trat dieser schließlich (1984) zurück – und mit ihm der gesamte Vorstand.

Aus was wird in Schulen fotokopiert?

Belletristische und dramatische Werke, Gedichte	**7,4 %**
Sachbücher	**14,6 %**
Wissenschaftliche und Fachbücher	**1,2 %**
Tages- und Wochenpresse	**3,5 %**
Wissenschaftliche und Fachzeitschriften	**4,5 %**
Fremdsprachige Werke in ausländischen Verlagen	**5,6 %**
Schulbücher Text	**20,5 %**
Schulbücher Grafik	**4,3 %**
Unterrichtsmaterialien Text	**16,0 %**
Unterrichtsmaterialien Grafik	**8,3 %**
Musik	**3,8 %**
Malerei, Grafik, Plastik	**6,0 %**
Fotografien	**2,4 %**
Kartografische Darstellungen	**1,9 %**
	100,0 %

(Ergebnisse der Ermittlungen 1983 und 1984, Quelle: VG Wort)

»Wenn ich die Broschüre »Buchhandel in Zahlen« richtig entziffert habe, dann haben die Buchverlage in der Bundesrepublik allein in einem Jahr 2,5 Milliarden DM umgesetzt. Dieser stattliche Umsatz ist erschrieben worden, mag der Verfasser nun Helmut Heißenbüttel heißen, oder mag er unter dem Pseudonym Josef K. für irgendeinen obskuren Verlag Schnulzen ausbrüten. Rechnen Sie noch den Anteil an von Schriftstellern Geschriebenem für Film, Funk und Fernsehen hinzu, so wird Ihnen klar, daß wir Mitarbeiter einer Riesenindustrie sind, die uns bisher unsere Honorare einfach diktiert hat.
In Wirklichkeit sind wir tarifgebundene Mitarbeiter einer Großindustrie, die hinter einer rational getarnten Kalkulationsmystik ihre Ausbeutung verschleiert.
Ja, ich sagte Ausbeutung, und ich will gleich hinzufügen, daß ich den Begriff Ausbeutung nicht absolut, sondern relativ gesehen habe. Unter einem Ausgebeuteten stellen wir uns – dieses Klischee ist uns eingehämmert worden – einen elend dahintaumelnden Kuli oder südamerikanischen Minenarbeiter vor. Zweifellos sind das Ausgebeutete. Und doch ist auch ein Star-Boxer, der im Rolls Royce zum Kampf fährt und um eine Kasse von 1 Millionen Dollar boxt und, wenn er Glück hat, 200000 davon mit nach Hause nimmt, genauso ein Ausgebeuteter wie sein heruntergekommener Kollege, der sich in muffigen Vorstadtsälen für 30 Mark pro Abend die Fresse einschlagen läßt.

Entziffert man die Kalkulationsmystik bei einem Buch, das 20 DM kostet, sieht das so aus:

45% Rabatte – also Zwischenhandel irgendwelcher Art	**= 9,– DM**
25% Verlagsunkosten und -gewinn	**= 5,– DM**
20% Herstellung	**= 4,– DM**
10% Autorenhonorar	**= 2,– DM**

Ob es einen, auch nur einen einzigen Käufer eines Taschenbuches gibt, der weiß, daß von den 2,50 DM oder 2,80 DM, die er bezahlt, der Urheber, der, der das Buch immerhin geschrieben hat, 5 oder 6 Pfennig, wenn er Glück hat und sehr geschickt gewesen ist, 8 Pfennige mitbekommt? Das sind 2 bis 3 Prozent vom Ladenpreis. Ich weiß, Büchermachen, Bücherverkaufen, das sind riskante Geschäfte, diese Ziffern sollen nur klarmachen, wie hoch sich der Anteil eines Autors berechnet.«

Aus: Heinrich Bölls Rede »Ende der Bescheidenheit« auf dem Schriftsteller-Kongreß (1970)

Es lohnt die Mühe, solche Querelen in Erinnerung zu halten, um die Möglichkeiten und Grenzen eines gewerkschaftlichen Schriftstellerverbandes genauer zu bestimmen. Seine Möglichkeiten, zunächst, sind definiert durch die Notwendigkeit, die ihn ins Leben rief: eine sozialpolitische Interessenvertretung von Schriftstellern zu leisten. Hier hat der VS bereits Erhebliches erreicht, so daß seine weiteren Erfolge bescheidener ausfallen werden, obwohl die VS-Arbeit nicht weniger dringlich, nur alltäglicher erscheint. Sodann die politischen Äußerungen: Hier liegen Möglichkeiten und Grenzen eng beieinander. Poesie ist immer politisch – wie sollten es ihre Autoren, wie sollte es deren Verband nicht sein? Der VS kann und muß also überall dort seine Stimme erheben, wo es um die Gefährdung von Kunst und Literatur, wo es um Unterdrückung und Zensur geht, aber auch in grundsätzlichen allgemein- und gesellschaftspolitischen Fragen. Nur – er darf dies nicht über die Köpfe seiner Mitglieder hinweg, sondern ist genötigt, sich um Konsens zu bemühen und diesen Konsens in eine zustimmungsfähige Form zu bringen. Politische Äußerungen des Verbandes deutscher Schriftsteller sind kein Abstimmungs- und Mehrheitsproblem – sie sind eines der argumentierenden Sprache, in die das triftige Gegenargument reflektierten Eingang finden muß. Schließlich die Zukunft des VS: Sie ist, da der VS die Mitgliedschaft in der IG Druck und Papier immer als Interimslösung verstanden hat, abhängig von der Entwicklung einer eigenständigen Industriegewerkschaft, einer »Mediengewerkschaft« oder »IG Kultur«, wie sie Martin Walser schon 1969 anvisiert hatte. Aber der Weg zu diesem Ziel scheint schwierig und voller Hindernisse. Und die Schritte auf diesem Weg sind so mühsam und beschwerlich, daß Heinrich Böll im Dezember 1983 nur einen bitteren und pessimistischen Blick auf das bis dahin Erreichte werfen mochte:

»Was uns fehlt, ist Stolz, Selbstbewußtsein – ja Stolz. Ich habe den Eindruck, weder die Parteien noch die Gewerkschaften haben begriffen, was in den sogenannten Medien vor sich geht. Immer noch kein Grund zur Klage, höchstens zur Wut, Wut über uns selber, die wir immer noch mehr oder weniger mit der Mütze in der Hand an der Türe stehen, an der Tür derer, die sich Produzenten nennen. Wir, eine zahlen-

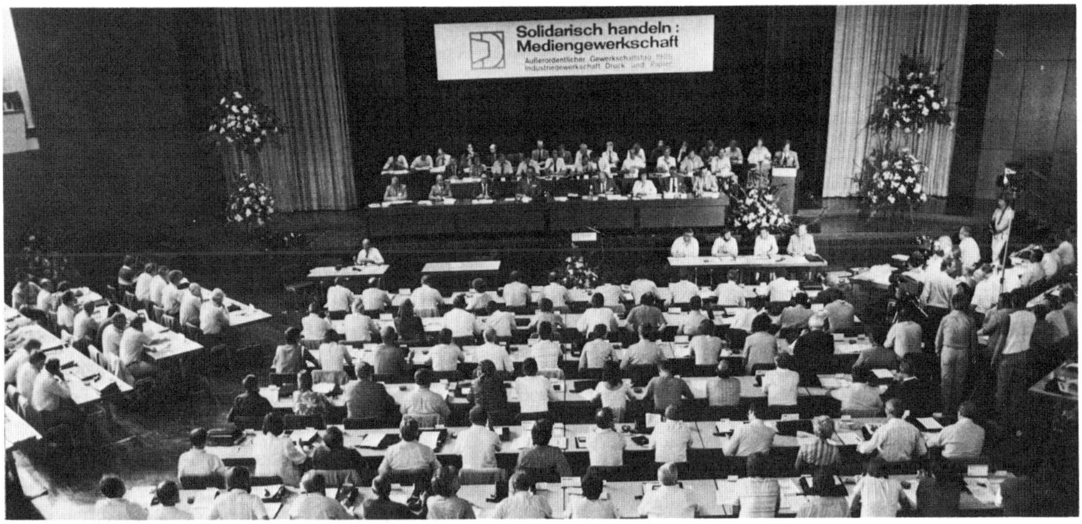

Gründungsversammlung einer Mediengewerkschaft durch die IG Druck und Papier am 3. 6. 1985

mäßig lächerlich geringe Minderheit mit einer unverhältnismäßig großen Öffentlichkeit, wie sie unserem Beruf, aber nicht unserem Selbstbewußtsein entspricht.«

Immerhin bedeutete einen wichtigen Schritt auf dem Weg zu einer »IG Kultur« die Gründung einer »IG Medien – Druck und Papier, Publizistik und Kunst« im Dezember 1985. Sie soll in einer dreijährigen Übergangsphase die Voraussetzungen für einen gewerkschaftlichen Zusammenschluß aller im Bereich der literarischen audiovisuellen, künstlerischen, publizistischen Medien Tätigen schaffen, also der Techniker bei den Rundfunkanstalten ebenso wie der publizierenden Wissenschaftler, der Schriftsteller, Bildenden Künstler und Musiker ebenso wie der Redakteure, Lektoren und Schauspieler. Allerdings haben sich der Deutsche Journalisten Verband, die Deutsche Orchestervereinigung und die Genossenschaft Deutscher Bühnen-Angehöriger dieser gewerkschaftlichen Orientierung ebenso verweigert wie der Freie Deutsche Autorenverband – Kulturarbeiter, die weiterhin »in separierten Häufchen herumoperieren« (Martin Walser).

Scheint also das Ziel einer »IG Kultur« sich auch in Umrissen bereits erkennbar abzuzeichnen, so bleibt es doch eines mit eigenen, neuen Problemen. Denn das Refugium einer Gewerkschaft, so sicher es sich – mit der IG Druck als fundierendem Element und einer erwarteten Mitgliederzahl von 170000 – ausnehmen mag, birgt naturgemäß auch die Gefahr der Erstarrung, der Untätigkeit, der Perspektivelosigkeit. Um den technologischen und ökonomischen Zukunftsproblemen auch im kulturellen Bereich begegnen zu können, bedarf es aber der Entwicklung einer medienpolitischen Perspektive – gerade durch die Schriftsteller, die noch immer wie Fossile in einer verkabelten und vernetzten Umwelt wirken. Ihr Problem bleibt die Ohnmacht, die Verdrängung durch gigantische Medienkonzerne, die Bedrohung durch Markt- und Machtkonzentration – ein Existenzproblem. Um noch einmal Martin Walser zu zitieren: Er sagte anläßlich der Gründung der »IG Medien« im Dezember 1985:

»Ich weiß auch, daß ich nicht meine ganze Ohnmacht in einer Gewerkschaft unterbringen kann und dann fein heraus bin. Aber ich glaube, die munteren Bezeichnungen ›freier Schriftsteller‹ und ›freier Mitarbeiter‹ verbergen mehr als sie sagen. Was die Erfahrung der Austauschbarkeit, Überflüssigkeit und Abhängigkeit angeht, kann es der sogenannte freie Schriftsteller oder freie Mitarbeiter mit jedem Arbeitnehmer oder Angestellten aufnehmen. Diese Ohnmacht ist etwas anderes als die Machtlosigkeit. Die meisten von uns wollen keine Macht, sie wollen sich nur schützen gegen die ökonomischen und damit vitalen Anmaßungen der Macht. Das ist unser Interesse.«

Das Verlagswesen

Verleger sein – das bedeutete ursprünglich nichts anderes, als Produktionsmittel, genauer: Druckkosten für ein Buch vorzuschießen, um mit diesem Vorschuß einen Gewinn zu erzielen. An dieser Aufgabe hat sich im Grunde seit dem 18. Jahrhundert nichts geändert – und doch ist im Zuge einer zunehmenden Industrialisierung der Buchproduktion ein erheblicher Wandel im Branchenprofil des Verlagswesens eingetreten. Sah sich der Verleger mit dem Entstehen einer literarischen Öffentlichkeit in Deutschland häufig vor die Notwendigkeit gestellt, die Aufgaben eines Lektors, Druckers und Buchhändlers in einer Person zu erfüllen, so verlangt heute die effektive Organisation schon mittelgroßer Verlage eine arbeitsteilige, fachkundige Wahrnehmung und qualitativ unterschiedliche Arbeitsbereiche.

Im öffentlichen Bewußtsein wie in den Schaufenstern und Auslagen der Buchhandlungen spielen neben den bekannteren Taschenbuch-Reihen (Rowohlt, Fischer, dtv, Ullstein, Goldmann, Heyne) die belletristischen Verlage die herausragende Rolle – eine Rolle, die ihnen rein wirtschaftlich gar nicht zukäme. Sie ›machen‹ Literatur, sie ›machen‹ Autoren – und zehren selbst oft genug von umsatzintensiven Aktivitäten in anderen Bereichen, die öffentlich nicht oder kaum wahrgenommen werden (so z.B. Hanser und Luchterhand von den ihnen angegliederten technischen Fachverlagen, Suhrkamp/Insel vom Bühnenvertrieb, Rowohlt vom Taschenbuchverlag). Vollends aus dem öffentlichen Interesse und Bewußtsein, wie es sich in der Presse und im Fernsehen ausspricht, fallen die reinen Fachverlage heraus, die jedoch den Hauptanteil des gesamten Buchumsatzes erbringen. Hierzu zählen neben Verlagen wissenschaftlicher Literatur (z.B. Thieme für Medizin, Julius Springer für Naturwissenschaften, C.H. Beck für Jura) vor allem die Schulbuch-Verlage (Klett, Westermann, Schöningh, Diesterweg, Hirschgraben, J.B. Metzler u.a.). Von ihnen spricht man meist nur dann, wenn ein Schulbuch in eine politische Kontroverse gerät.

Ein Geschäft mit der Literatur, das im Verborgenen blüht, ist der *Raubdruck*, also der unerlaubte Nachdruck von Büchern. Belletristische Bestseller, die in Buchläden häufig nicht unter 30 bis 40 Mark zu erhalten sind, tauchen nur wenige Wochen nach Erscheinen im Kneipen- und Szenenmilieu vornehmlich der Universitätsstädte zu rund einem Drittel ihres Ladenpreises auf, oft mit verkleinertem Schriftbild und in billigem Einband, immer aber in original- oder übersetzungsgetreuem Wortlaut. Titel wie Isabel Allendes *Das Geisterhaus*, Roland Barthes' *Fragmente einer Sprache der Liebe*, Jean Baudrillards *Der symbolische Tausch und der Tod*, Umberto Ecos *Der Name der Rose*, Michael Endes *Momo* und Patrick Süskinds *Das Parfüm* – sie finden ihr Publikum auch außerhalb der Buchhandlungen, auf einer Art »schwarzem Markt« des Literaturbetriebes, der kaum durchschaubar erscheint und noch schwieriger zu unterbinden ist. Die Umsatzzahlen auf diesem Markt klingen beachtlich: Der Börsenverein für den deutschen Buchhandel schätzt den Gesamtumsatz der deutschen Raubdruckerszene auf 14,5 Mio. DM. 1,6 Mio. Raubdruck-Exemplare erreichen jährlich ihre Leser und sorgen für einen Reingewinn für Hersteller und Verkäufer von rund 7 Mio. Mark.
Den Schaden, der hierdurch für Verleger, Buchhändler und Autoren entsteht, veranschlagt der Börsenverein auf 24 Mio. Mark.
Das scheint auf den ersten Blick nicht erheblich, bedenkt man den Gesamtumsatz der Branche von etwa acht Milliarden Mark. Doch die Lasten, die hier zu tragen sind, verteilen sich sehr unterschiedlich – und sie drücken meist die schwächsten Partner des Buchhandelsgewerbes, nämlich die Autoren und die sehr kleinen Verlage. Haben größere Verlage durch die Vielfalt ihrer Titel und die Breite ihres Angebots die Möglichkeit, Verluste zu kompensieren, so kann kleinere Verlage mit wenigen Titeln und eingeschränktem Programmprofil der unentgeltliche Nachdruck eines einzelnen erfolgreichen Werks empfindlich treffen: Er nimmt ihnen die selten genug sich bietende Chance, durch Gewinne die eigene Existenz allererst zu sichern. Und vollends für den Autor kann der Raubdruck eines erfolgreichen Werks sich als ruinös erweisen, wenn er seinen Lebensunterhalt über die Verlagshonorare bestreiten muß. Raubdrucker aber zahlen bekanntlich keine Autorenhonorare – so entfällt womöglich die entscheidende materielle Existenzgrundlage.
Auch dieses Problem freilich ist so neu nicht, wie es erscheinen mag. Auch hierzu läßt sich bereits Ende des 18. Jahrhunderts eine lebhafte Debatte beobachten, an der sich Autoren und Verleger leidenschaftlich beteiligten: Lessing etwa, der sich in seiner *Hamburgischen Dramaturgie* 1767 bitter über deren unerlaubten Nachdruck beklagte;

desgleichen Wieland, der 1785 in *Der Teutsche Merkur* von einem Plan zum unerlaubten Nachdruck berichtet, »der auf nichts Geringeres ausgerechnet ist, als alle teutschen Schriftsteller und Buchhändler entweder auszurauben oder zu seinen Taglöhnern, Handlangern und Sklaven zu machen«; nicht zuletzt Goethe, der im 16. Buch von *Dichtung und Wahrheit* von der »Frechheit« berichtet, für einen Nachdruck seiner Werke – Porzellan angeboten bekommen zu haben; und der so kundige wie erfolgreiche Verleger Friedrich Nicolai wagte 1784 in seiner *Beschreibung einer Reise durch Deutschland und die Schweiz* die Prognose, »daß keine Buchhandlung durch Nachdruck emporkommen kann« – der Verluste wegen, die ein öffentlich geschädigtes Ansehen nach sich ziehen mußte.

Der anekdotische Verweis soll aber die entscheidende historische Differenz nicht unterschlagen. Der Nachdruck von Büchern im 18. Jahrhundert hing mit den noch nicht vollständig und verbindlich ausformulierten verlagsrechtlichen Kautelen ebenso zusammen wie mit der nur mangelhaften Verbreitung der Werke. Der letztgenannte Aspekt führte zu einer Art Wiederentdeckung des unerlaubten Nachdrucks Ende der 60er Jahre in der Bundesrepublik: Zahlreiche wichtige theoretische Werke – darunter beispielsweise Georg Lukács' *Geschichte und Klassenbewußtsein*, Horkheimers und Adornos *Dialektik der Aufklärung*, die Studien über den autoritären Charakter des Instituts für Sozialforschung –, die im Zuge des Politisierungsprozesses der akademischen Intelligenz wiederentdeckt wurden, waren seit Jahrzehnten vergriffen und nicht wieder erschienen. Erst nachdem Raubdrucke vorlagen, also Absatzchancen sich erneut abzeichneten, bequemten sich die Verlage zur Edition von Neuauflagen. So dienten die Raubdrucke in den 60er Jahren, auch wenn die betroffenen Verlagshäuser dies nicht gern eingestanden, im Grunde der Korrektur einer unzulänglichen Verlagspolitik.

Mit der gegenwärtigen Raubdruckpraxis aber verhält es sich anders: Alle nachgedruckten Werke sind greifbar, wenn auch zu einem höheren Preis. Raubdruck heute dient also allenfalls dazu, Profit zu machen, Herstellern, Händlern und – mittelbar – Lesern ein einträgliches Leben zu sichern, nicht dazu, den Buchmarkt zu ergänzen. Und die Ausnahme von der Regel entbehrt nicht der Ironie: Arno Schmidts Monumentalwerk *Zettels Traum* (1970), längst beim Verlag vergriffen und unter Kennern als bibliophile Rarität für mehrere tausend Mark gehandelt, liegt als Raubdruck für nur 300 Mark vor – und verdirbt die Preise. Aber: Es war Arno Schmidt selber, der den Raubdruck als schnödes Gewerbe charakterisierte. Und das Angebot, ihn für die entgangenen Honorare zu entschädigen, hat er empört zurückgewiesen.

Moderne Satzanlage
für Buch- und Zeitschriftendruck

Lektorat, Herstellung, Vertrieb und Werbung – dies sind die verschiedenen Stufen der Produktion, die ein Buch zu durchlaufen hat, bevor es die Öffentlichkeit erreicht. Deren entscheidende, das Lektorat, befindet darüber, ob ein Manuskript überhaupt veröffentlicht wird. Diese Entscheidung aber fällt in einem dem Publikum undurchschaubaren Vorfeld verlagsstrategischer und kalkulatorischer Überlegungen, die keineswegs der literarischen, sachlichen oder wissenschaftlichen Qualität eines Werks allein verpflichtet sind: Nur ein Prozent der den Verlagen eingesandten Manuskripte, so schätzt man, wird tatsächlich auch gedruckt. Das ist – sieht man sich die Flut der alljährlichen Neuerscheinungen an – quantitativ allemal genug. Wer aber wollte ausschließen, daß unter den nicht veröffentlichten Manuskripten sich auch qualitativ gehaltvolle finden ließen, für die die Verlage nur eben keine Absatzchance sehen? Denn die Entscheidungsgründe Für und Wider stehen in einem

Buchfertigungsstraße – In dieser Komplettfertigungsanlage können Bücher in einem Arbeitsgang gedruckt und gebunden werden.

ökonomischen Kontext, der die wirtschaftliche Existenz und das Wachstum, die Rentabilität und den Umsatz, den Gewinn und die Investitionen eines Verlages umfaßt. Das Buch ist, noch immer und in erster Linie, eine Ware, die verkauft werden muß. Und ein Verlag, gleich, ob er Belletristik oder Sachliteratur herausbringt, ist vor allem ein Wirtschaftsunternehmen, das Gewinne zu erzielen und dementsprechend seine Strategien, seine Konzeptionen, seine Programme an kapitalistischen Grundsätzen zu orientieren hat. Das schließt zwar die Subventionierung schwieriger Werke oder anspruchsvoller Reihen innerhalb eines Verlages im Einzelfall nicht aus – doch im Zweifel entscheidet die Bilanz.

Einige Zahlen, Daten und statistische Relationen mögen erläutern, in welchen Größenordnungen Verlage als Wirtschaftsunternehmen sich bewegen. In der Bundesrepublik – einschließlich Berlin (West) – existierten 1985 1906 Verlage (Buchhandlungen: 3382), die Mitglied des *Börsenvereins des Deutschen Buchhandels e.V.* sind. Diese produzierten 1984 insgesamt 51733 Titel (gegenüber dem Höchststand vor der Rezession – 1980: 67176 Titel), von denen allein 18,1% dem Bereich der Schönen Literatur zuzurechnen sind. Der Anteil der Taschenbücher an der gesamten Titelproduktion beträgt 16,3%, darunter fast die Hälfte (47,6%) belletristische Werke. Damit liegt die Buchproduktion der Bundesrepublik an dritter Stelle in der Welt hinter der Sowjetunion (1983: 94646 Titel) und den Vereinigten Staaten (76976). Die Übersetzungen ins Deutsche machten 1984 12,5% aus, davon allein aus dem Englischen fast zwei Drittel. Jeweils ein Viertel dieser Übersetzungen betraf belletristische Werke bzw. Kinder- und Jugendliteratur. Der Durchschnittsladenpreis für ein Buch betrug 1984 rund 30 DM (1951: rund 7 DM), wobei fast die Hälfte aller Bücher in der Preisklasse bis 15 DM lagen. Dabei hat sich als Vorteil erwiesen, daß Bücher einen festen Ladenpreis haben: Könnten sie zu Discountpreisen angeboten werden, ließen sich Außenseiter auf dem Buchmarkt überhaupt nicht mehr präsentieren.

Trotz der imposanten Zahl der produzierten Titel aber ist die ökonomische Bedeutung des Verlagswesens insgesamt relativ gering. 8,8 Milliarden DM betrug der Gesamtumsatz der Buchbranche (einschließlich Buchhandlungen) im Jahre 1984 – das ist nicht mehr als

Buchlager – Die fertigen Bücher werden auf Paletten gepackt in Hochregalen bei Verlagen und Auslieferungsfirmen gelagert.

2% des Bruttosozialprodukts oder der Jahresumsatz eines einzigen größeren Kaufhauskonzerns. Oder anders ausgedrückt: Der Umsatz selbst größerer Verlagshäuser übersteigt, trotz Mehrfachverwertung oder Lizenzvergabe an Taschenbuchverlage und Buchgemeinschaften mit 50 Mio. DM kaum den Umsatz eines Großmarktes. Bedeutsam sind freilich die Konzentrationsbewegungen im Verlagswesen: Nicht einmal 10% der Verlags- und Buchhandelsfirmen machen mehr als drei Viertel des gesamten Umsatzes der Branche.

»Ein gutes Buch ist für mich ein Buch, das sich gut verkauft« – dieses Bekenntnis des amerikanischen Großverlegers Jovanovich würde gewiß kaum einer seiner deutschen Kollegen mit gleicher Offenheit aussprechen. Viel zu sehr gilt in der Öffentlichkeit der Bundesrepublik wie im Selbstverständnis von Verlag und Buchhandel die Ware Buch immer auch als »Kulturgut«, das sich eben deshalb deutlich von anderen Waren abhebe. »Je größer die Irritation der Gesellschaft durch die neu aufkommenden elektronischen Medien«, so behauptet etwa Siegfried Unseld *(Suhrkamp Verlag)*, »desto dringlicher benötigen wir dieses altbewährte Medium Buch; es kann durch seine Authentizität, durch seine unverzerrte Nähe zum Autor immer noch am besten dem einzelnen helfen, sein Selbst zu stärken und es durchlässig zu machen für den anderen, für die Probleme unserer Gesellschaft.« Aber auch der *Suhrkamp Verlag* zog aus den Umsatzrückgängen der Jahre 1979/80 bis 1982 die Konsequenz, statt des unsicheren Neuen das bewährte Alte auf den Markt zu bringen: Das durchaus verdienstvolle »Weiße Programm« des *Suhrkamp Verlags*, das 1984 wichtige literarische und wissenschaftliche Werke in Neuausgaben zu günstigen Preisen präsentierte, war der Ausdruck eines Krisenbewußtseins, das zu Beginn der achtziger Jahre die gesamte Branche erfaßt hatte. Im Zusammenhang dieser »Krise« – weniger eine ökonomische denn eine der Orientierung und Zielsetzung – sind bereits seit Mitte der siebziger Jahre wichtige politisch-theoretische, literarische und wissenschaftliche Buchreihen in unterschiedlichen Verlagen eingestellt

worden. Hierzu zählen beispielsweise die »Sonderreihe« des *Deutschen Taschenbuch Verlags (dtv)*, die anregende »Reihe Hanser«, die ambitionierte Reihe »das neue buch« des *Rowohlt Verlags*. Und auch die einst verdienstvolle »Sammlung Luchterhand« schien bisweilen zu einer Art Taschenbuchreihe mit Zweitverwertungsauftrag verkümmert.
Vorüber sind offenbar die Zeiten gesellschaftlicher Aufbruchstimmung und Reformeuphorie, in denen gerade den Verlagen ein erhebliches Maß an orientierender und innovierender Kraft zukam, in denen Ideen und Anregungen, Kontroversen und Kritik, Standortbestimmung und Wegweisung vom broschierten Buch aus Eingang in die Köpfe einer mitdenkenden Leserschicht fanden. Gerade die Ausnahme von der Regel, die 1983 neu eingerichtete »Edition Akzente« des *Hanser Verlags*, bestätigt die Schwierigkeiten eines anspruchsvollen Reihenprogramms: Nicht einmal Auflagen von 1000 bis 2000 Exemplaren – preiswert, da durch Bestseller subventioniert! – können abgesetzt werden. Aber solche Schwierigkeiten liegen nicht etwa nur in einem zunehmenden Medienkonsum oder gar in einer abnehmenden Denkbereitschaft begründet, sondern zu einem Gutteil in den Marktstrategien der Verlage selber. In dem Maße nämlich, wie diese aus betriebswirtschaftlichen Gründen Rationalisierungen vorantreiben, Bücher als Markenartikel vertreiben, das Marketing seinerseits zum Gradmesser des Verlegbaren machen und den Lektor also zum Produktmanager – in dem Maße beteiligen sie sich an der Austreibung des widerständigen Geistes aus den Büchern. Und sie entmündigen ein Publikum, das als kritische, neugierige, anregungswillige Leserschaft konsequenterweise auf lange Sicht nicht mehr zur Verfügung steht. Dem seit Jahren anhaltenden Trend zur Verflechtung und Kapitalkonzentration, dem zielstrebigen Ausbau von Konzernen wie Bertelsmann und Holtzbrinck zu Multimedia-Giganten entspricht der verlegerische Drang (und der ökonomische Zwang), Bestseller zu produzieren und mit zum Teil massiven Mitteln (Rabatte, Gratisexemplare, Sonderfenster, Autorenlesungen) auf dem Markt, sprich: in den Buchhandlungen, durchzusetzen.

»Der Büchernachdruck ist von Rechts wegen verboten.

Schrift* ist nicht unmittelbar Bezeichnung eines *Begriffs* (wie etwa ein Kupferstich, der als *Porträt*, oder ein Gipsabguß, der als die *Büste* eine bestimmte Person vorstellt), sondern eine *Rede* ans Publikum, d.i., der Schriftsteller *spricht* durch den Verleger öffentlich. – Dieser aber, nämlich der *Verleger*, spricht (durch seinen Werkmeister, operarius, den Drucker) nicht in seinem eigenen Namen (denn sonst würde er sich für den Autor ausgeben), sondern im Namen des Schriftstellers, wozu er also durch eine ihm von dem letzteren erteilte *Vollmacht* (mandatum) berechtigt ist. – Nun spricht der Nachdrucker durch seinen eigenmächtigen Verlag zwar auch im Namen des Schriftstellers, aber ohne dazu Vollmacht von demselben zu haben (gerit se mandatarium absque mandato); folglich begeht er an dem von dem Autor bestellten (mithin einzig rechtmäßigen) Verleger ein Verbrechen der Entwendung des Vorteils, den der letztere aus dem Gebrauch seines Rechts ziehen konnte und wollte (furtum usus); also ist *der Büchernachdruck von Rechts wegen verboten.
Die Ursache des rechtlichen Anscheins einer gleichwohl beim ersten Anblick so stark auffallenden Ungerechtigkeit, als der Büchernachdruck ist, liegt darin: das das Buch *einerseits* ein körperliches *Kunstprodukt* (opus mechanicum) ist, was nachgemacht werden kann (von dem, der sich im rechtmäßigen Besitz eines Exemplars desselben befindet), mithin daran ein *Sachenrecht* statt hat; *andrerseits* aber ist das Buch auch bloße *Rede* des Verlegers ans Publikum, die dieser, ohne dazu Vollmacht vom Verfasser zu haben, öffentlich nicht nachsprechen darf (praestatio operae), ein *persönliches Recht*, und nun besteht der Irrtum darin, daß beides miteinander verwechselt wird.«
Immanuel Kant: Metaphysische Anfangsgründe der Rechtslehre (1797)

Bestseller

Die Idee, man könne ein Buch nach einem strategischen Konzept auf dem Buchmarkt durchsetzen, stammt – ebenso wie der Name für das erfolgreiche Produkt selber – aus den Vereinigten Staaten. *Bestseller* nennt man Bücher, von denen sich auf Anhieb mindestens 30000 Exemplare verkaufen lassen, *Best-Bestseller* solche, die Auflagen von über 100000 erleben, *Steady-* oder *Dauer-Seller* schließlich jene Publikumserfolge, die ihre hohen Auflagen über Jahre hinweg halten. Das strategische Konzept, nach dem sich solche Auflagenhöhen erzielen lassen, ist ebenso simpel wie risikoreich. Ein bekannter Autor oder ein brisanter Stoff, eine hohe Startauflage und ein hoher Werbeetat, spektakuläre Kampagnen zur Popularisierung schon vor Erscheinen des Buches und erst recht während der Buchmesse, Sonderrabatte für die Buchhändler und Sonderschaufenster in den Buchhandlungen, Lesetourneen für Autoren und Vorab-Verträge mit Buchgemeinschaften und Auslandsverlagen – dies sind elementare Bestandteile des Bestseller-Konzepts. Erreicht nach seiner Strategie ein Buch dann in der Tat hohe Auflagen, so haben Autor und Werk gute Chancen in Bestsellerlisten *(Der Spiegel)*, in Illustrierten und Publikumszeitschriften, nicht selten auch in populären Fernsehsendungen zu erscheinen – Garanten allemal dafür, einen Titel ins verkaufsfördernde Gespräch zu bringen und so den schon erzielten Erfolg noch zu vervielfachen.

Die erfolgreichsten Dauer-Seller jedoch kommen kaum einmal in die öffentliche Diskussion. Es sind die trivialen Heftchenromane – Wildwest-, Landser- und Kriegshefte, Liebes-, Arzt- und Frauenromane und Actionserien vom Schlage Perry Rhodan und Jerry Cotton –, die in Verlagen wie Moewig, Pabel und Bastei erscheinen, in zahlreiche Fremdsprachen übersetzt und in mehr als fünfzig Ländern vertrieben werden. Sie erreichen ein wirkliches Massenpublikum, weil sie, bei einer wöchentlichen Auflage von rund 300000 Exemplaren, pro Heft etwa acht Leser finden, also insgesamt rund zweieinhalb Millionen Leser pro Wochenauflage. Rund 3000 Autoren sind an der Produktion dieser Texte beteiligt. Sie stellen pro Monat zwei bis drei Manuskripte her, die einem ausgeklügelten Schreibmuster folgen, mit politisch-moralischen Vorgaben ebenso wie mit einer genauen Austarierung inhaltlicher Gewichtungen.

Allerdings sind Differenzierungen innerhalb des Phänomens »Bestseller« angebracht, weil sich Bedingungen und Begründungen für den Verkaufserfolg eines Buches sehr unterschiedlich darstellen. Autorennamen wie Johannes Mario Simmel und Heinz G. Konsalik bieten gewiß für sich schon die Gewähr leicht absetzbarer hoher Auflagen, weil sie ein erfolgserprobtes Schreibkonzept im Grunde von Buch zu Buch lediglich variieren. Schicksalhaftigkeit des Lebens, Einfachheit der Menschen, klare Kontrastierungen von Gut und Böse, deutliche Schuldzuweisungen, Entpolitisierung und Gegenbilder einer glücklichen Welt, ein wenig Sex & Crime oder Liebe & Krieg, dabei eine unkomplizierte Erzählweise, die einen raschen Konsum des Buches erlaubt – das sind die Garanten ihres Erfolgs. Immerhin befriedigen diese Autoren – und ähnlich Michael Ende mit seinen märchenhaften Fantasy-Romanen *Momo* und *Die unendliche Geschichte* – wie die Heftchen-Serien ein verbreitetes Bedürfnis nach Spannung und Ablenkung, Wärme und Glück. Was sie mit den erfolgreichen belletristischen Autoren unserer Zeit verbindet, mit Günter Grass, Heinrich Böll, Siegfried Lenz und Martin Walser beispielsweise, das ist das Markenzeichen, zu dem allein schon ihr Name sich entwickelt hat. Es sei »wohl schon fast egal, was ich schreibe«, meinte Siegfried Lenz mit Recht, und diese Feststellung gilt im Grunde auch für die anderen genannten Autoren. Sie haben sich ihren Namen gemacht auf-

grund ihrer Schreibweise, aufgrund eines besonderen literarischen Stils, einer besonderen Perspektive, eines unverwechselbaren Umgangs mit Themen oder – dies gilt etwa inzwischen auch für Günter Wallraff mit seinem Super-Bestseller *Ganz unten* (900000 Exemplare in zwei Monaten) – Problemen. Die Leser suchen also bei diesen Autoren jeweils wiederzufinden, was sie – aus welchen Gründen immer – an ihnen schon längst zu schätzen gelernt haben.

SWF **SÜDWESTFUNK**
Baden-Baden

DIE BESTENLISTE
JUNI 1986

Jeder der unten aufgeführten 25 Literaturkritiker nennt monatlich – in freier Auswahl – vier Buch-Neuerscheinungen, denen er „möglichst viele Leser" wünscht, und gibt ihnen Punkte (7, 5, 3, 1). Die Addition ergab für den Juni folgendes Resultat (in Klammern die Positionen der Mai-Bestenliste):

			Punkte
1.	(5./6.)	**SARAH KIRSCH: Irrstern** Prosa. DVA, DM 18,– ◇	42
2.	(–)	**OSKAR PASTIOR: Lesungen mit Tinnitus** Gedichte 1980–1985 Ed. Akzente, Hanser, DM 26,– ◆	25
3.	(–)	**CORDELIA EDVARDSON: Gebranntes Kind sucht das Feuer** Roman. Aus dem Schwedischen von Anna-Liese Kornitzky. Hanser, DM 24,80 ◐	24
4.	(–)	**LUDWIG HOHL: Von den hereinbrechenden Rändern** Nachnotizen. Hrsg. Johannes Beringer und Hugo Sarbach. Suhrkamp, 2 Bände, DM 78,– ◐	17
5.–7.	(–)	**DER MALIK VERLAG 1916–1947** Chronik eines Verlages. Hrsg. Jo Hauberg, Giuseppe de Siati und Thies Ziemke Neuer Malik Verlag, DM 48,– ◇	16
5.–7.	(–)	**STANISLAW JERZY LEC: Steckbriefe** Epigramme – Gedichte – Prosa Hrsg. und übertragen aus dem Polnischen von Karl Dedecius. Hanser, DM 16,80 ◇	16
5.–7.	(–)	**FABRIZIA RAMONDINO: Althénopis** Kosmos einer Kindheit. Aus dem Italienischen von Maja Pflug. Arche Verlag, DM 35,– ◇	16
8.	(–)	**JULIEN GREEN: Junge Jahre** Autobiographie. Aus dem Französischen von Eva Rechel-Mertens. Herbig Verlag, DM 44,– ◐	14
9.	(3.)	**GYÖRGY KONRÁD: Geisterfest** Roman. Aus dem Ungarischen von Hans-Henning Paetzke. Suhrkamp, DM 39,80,– ◐	11
10.-11.	(–)	**GOTTFRIED BENN: Sämtliche Werke** Band I Gedichte 1: Gesammelte Gedichte (1956) Band II Gedichte 2: Gedichte 1901–1956 Klett-Cotta, pro Band DM 48,– ◆	10
10.-11.	(–)	**HUGO CLAUS: Der Kummer von Flandern** Aus dem Niederländischen von Johannes Piron Klett-Cotta, DM 39,80 ◇	10

Die persönliche Empfehlung:
Im Juni 1986 nennt Günther Schloz (Frankfurt):
WILLIAM KENNEDY: Wolfsmilch
Roman. Aus dem Amerikanischen von Walter Hartmann. Rowohlt, DM 36,–

Die Jury:
Sibylle Cramer (Berlin), Jörg Drews (Bielefeld), Elisabeth Endres (München), Franz Josef Görtz (Frankfurt), Peter Hamm (München), Agnes Hüfner (Düsseldorf), Wolfgang Ignée (Stuttgart), Kurt Kahl (Wien), Horst Köpke (Frankfurt), Alfred Kolleritsch (Graz), Peter Laemmle (München), Gisela Lindemann (Hannover), Sigrid Löffler (Wien), Martin Lüdke (Frankfurt), Rolf Michaelis (Hamburg), Caroline Neubaur (Berlin), Fritz J. Raddatz (Hamburg), Marcel Reich-Ranicki (Frankfurt), Stephan Reinhardt (Heidelberg), Günther Schloz (Frankfurt), Aurel Schmidt (Basel), Gert Ueding (Tübingen), Heinrich Vormweg (Köln), Christina Weiß (Siegen), Wolfgang Werth (München)

◆ = (vermutlich) schwierige Lektüre
◐ = (vermutlich) mittelschwere Lektüre
◇ = (vermutlich) leichtere Lektüre

Literatur im Fernsehen:
21. Juni 1986, 21.55 Uhr, Südwest 3
Café Größenwahn
Thema: Operntexte

12. Juli 1985, 22.20 Uhr, Südwest 3
Literaturmagazin

2. August 1986, 22.55 Uhr, Südwest 3
Café Größenwahn

Literatur im Hörfunk:
13. Juni 1986, 20.20 Uhr, SWF II/SDR II/SR II
Das Zeitalter der Post: Histoire, Moderne und Co.

19. Juni 1986, 23.05 Uhr, SWF II/SDR II/SR II
Traumbild für die Ohrmuschel
Eine musikalische Hypnose von Ginka Steinwachs

901148/12 82

SWF SÜDWESTFUNK · Redaktion Literaturmagazin · Postfach 820 · D 7570 Baden-Baden

»Die Romane des Bastei-Verlages müssen frei sein von jugendgefährdenden Elementen. Aus diesem Grund sind in den Texten zu vermeiden: die realistische Schilderung von Morden, Schlägereien und Folterungen, die Entschuldigung des Verbrechens mit psychologischen Vorwänden, die Schilderung der Behörden und Ordnungsmächte als korrupt und verbrecherisch. Der Bastei-Verlag weist ausdrücklich darauf hin, daß sich alle die Personen gesetzestreu verhalten müssen, die auf der Seite des Rechts stehen.«
»Der Eva-Tierarzt-Roman ist ein Liebesroman. Nicht das Tier selbst soll die Hauptrolle spielen, sondern der Mensch. Es soll zwar gezeigt werden, wie schön die Liebe zum Tier ist, doch darf sie im Einzelfalle nicht über die Liebe zum Nächsten gestellt werden. Die Romane spielen in Deutschland unter deutschen Menschen. Der Tierarzt hat seine Praxis in der Stadt. Er soll möglichst nicht auf dem Dorf angesiedelt werden. Politische Themen, etwa die Problematik der deutschen Spaltung, dürfen im Tierarzt-Roman nicht zur Sprache kommen. Sex ist im Eva-Tierarzt-Roman wie bei allen Frauen-Heftromanen tabu. Szenen mit erotischen Anklängen sind zu vermeiden. Liebesszenen beschränken sich auf die rein gefühlsmäßigen Beziehungen zwischen Mann und Frau.«
Aus: Autoren-Rundschreiben des Bastei-Verlages

Anders verhält es sich dort, wo der Werbeetat ein Werk, einen Autor allererst bekanntmachen, in die Bestseller-Listen hieven, »ins Gespräch« bringen muß. Und hier liegt das eigentliche Problem für Verlage und Buchhandel. Denn das Geld, das in »Einkauf« und »Promotion« eines Buches gesteckt wird, fehlt bei der verlegerischen und werbenden Unterstützung anderer, womöglich bedeutenderer und anspruchsvollerer Werke. Der Hoffmann und Campe-Verlag beispielsweise steckte 1973 40% seines Werbeetats in die Verkaufsförderung dreier Bücher – von insgesamt etwa 50 Titeln. »Man macht seine anderen Bücher, die kleineren, mit der Bestsellerei kaputt«, gestand der Simmel-Verleger Willy Droemer einmal – und bestsellerte eifrig weiter. Und dies ist das zweite gewichtige Problem der Bestseller-Produktion: Die Verlage, die sich auf diese Weise auf dem Buchmarkt durchsetzen wollen, müssen, um sich dauerhaft behaupten zu können, ihren Werbeetat laufend steigern. Fanden die ersten »Bestseller« der Nachkriegszeit (C.W. Cerams *Götter, Gräber und Gelehrte*, 1949, und Ernst von Salomons *Der Fragebogen*, 1951) ein breites Publikum noch ohne »sales promo-

tion«, so erhöhten die Bestseller-Verlage ihre Werbeetats Mitte der 70er Jahre von fünf auf zehn Prozent vom Umsatz. In Abhängigkeit von ihrer Strategie geraten die Verlage dann, wenn der erhoffte Erfolg ausbleibt. Dieser Unsicherheitsfaktor bildet ihr Risiko, dem schließlich z.B. der Wiener Verleger Molden (Hildegard Knef, *Der geschenkte Gaul*, 1970) nach waghalsigen Investitionen zum Opfer gefallen ist. Und diese Tatsache hat ihrerseits wieder etwas Beruhigendes: Läßt die Bestseller-Produktion das Buch auch zum reinen Markenartikel verkommen, so kann sein tatsächlicher Erfolg doch keineswegs mit letzter Sicherheit vorhergesagt werden. Und umgekehrt werden immer wieder auch Bücher zu Bestsellern, bei denen mit hohen Auflagen vorab keineswegs zu rechnen war.
So rächt sich das unverlierbar geistige Element des Buches am Versuch seiner restlosen Auflösung ins Warenprinzip. Und der Buchhandel weiß um dieses Risiko: Selbst zur Zeit des florierenden Weihnachtsgeschäftes machen Bestseller nur 6,5% des Umsatzes aus, im Jahresdurchschnitt gar nur 2,3%.

SPIEGEL BESTSELLER

BELLETRISTIK	SACHBÜCHER
1. Blixen: Afrika, dunkel lockende Welt – Manesse; 27,70 DM	1. Scholl-Latour: Mord am großen Fluß – DVA; 39,80 DM
2. Süskind: Das Parfum – Diogenes; 29,80 DM	2. Ditfurth, von: So laßt uns denn ein Apfelbäumchen ... – Rasch und Röhring; 39,80 DM
3. Allende: Das Geisterhaus – Suhrkamp; 38,– DM	3. Wallraff: Ganz unten – Kiepenheuer & Witsch; 19,80 DM
4. Grass: Die Rättin – Luchterhand; 39,– DM	4. Aust: Der Baader-Meinhof-Komplex – Hoffmann und Campe; 39,80 DM
5. Kaminski: Nächstes Jahr in Jerusalem – Insel; 38,– DM	5. Postman: Wir amüsieren uns zu Tode – S. Fischer; 25,– DM
6. Brückner: Die Quints – Ullstein; 29,80 DM	6. Konzelmann: Allahs neues Weltreich – Herbig; 44,– DM
7. Puzo: Der Sizilianer – Droemer Knaur; 42,– DM	7. Iacocca: Iacocca – Eine amerikanische Karriere – Econ; 39,80 DM
8. Duras: Der Schmerz – Hanser; 26,– DM	8. Collange: Ich, Deine Mutter – Econ; 19,80 DM
9. Allert-Wybranietz: Du sprichst von Nähe – Heyne; 12,– DM	9. Schmidt: Eine Strategie für den Westen – Siedler; 32,– DM
10. Lenz: Exerzierplatz – Hoffmann und Campe; 38,– DM	10. Meyer-Abich/Schefold: Die Grenzen der Atomwirtschaft – C. H. Beck; 28,– DM

27. 6. 1986

Buchhandel

Obwohl die Bundesrepublik Deutschland über das dichteste und leistungsfähigste Netz an Buchhandlungen und Buchvertriebsstellen in der Welt verfügt, gibt es offenbar noch immer eine Art Hemmschwelle für die Käufer von Büchern. Denn nur etwa die Hälfte der deutschen Leserschaft ersteht die Ware Buch auch tatsächlich in einem Buchgeschäft. Diese Hemmschwelle hängt offenbar eng mit dem Kulturauftrag zusammen, der dem Buch seit der Entstehung eines Literaturmarktes in Deutschland anhaftet, aber wohl auch mit dem kulturellen Selbstverständnis der Buchhandlungen. Die aufklärerisch-humanistische Tradition, die von Autoren wie literarischer Öffentlichkeit im 18. Jahrhundert begründet und gepflegt wurde, wie die Beiträge des Buches, insbesondere der Literatur, zur Entstehung eines deutschen Nationalbewußtseins im 19. Jahrhundert – beides hat die Entstehung einer Lesekultur gefördert, beides das Bild des Buches als besonderes »Kulturgut« geprägt. Und der Buchhandel hat seit seinen Anfängen die Pflege dieses Bildes nachdrücklich unterstützt, um das eigene Gewerbe von den rein kaufmännischen Erwägungen des kommerziellen Umgangs mit einer Ware abzugrenzen.

Die politisch-kulturellen Ambitionen des deutschen Buchhandels hatte der Verleger und Buchhändler Friedrich Christoph Perthes bereits 1816 aus einer nationalen Aufgabe der deutschen Buchhändler hergeleitet. Neben der Übernahme des Druckes und der Entlohnung sei die entscheidende »Bedingung« für das Bestehen des Buchhandels in Deutschland diese: »über alle Länder, wo das Deutsche Muttersprache ist, die Druckschriften so zu verbreiten, daß allenthalben möglichst gleichartig lebhafter Anteil an Sprache,

Wissenschaft und Literatur erregt und erhalten werde«. Das Ziel, gerade angesichts einer fehlenden Metropole, war für Perthes deutlich umrissen: »Der eigentlichste Beruf des deutschen Buchhändlers aber ist: *Einheit der deutschen Literatur* zu fördern und Alles zu beseitigen, was diese stören und gefährden könnte.« Aus dieser Forderung leitete Perthes aber zugleich die nach der besonderen kulturpolitischen und staatlichen Sorge für den Buchhandel ab, der »als ein National-Gut und -Institut geachtet und [...] gehegt, geschirmt und geschützt werden« müsse.

Erklingt auch seither der »nationelle Natursinn« (Perthes) der Buchhändler keineswegs mehr in gleicher Schärfe, so sehen sich doch viele Angehörige der Branche sehr wohl noch als Sachwalter des »Kulturgutes Buch« – auch wenn die rauhe Wirklichkeit des Buchgeschäfts längst eine andere Sprache spricht. Der Buchhandel unterscheidet traditionell zwischen Herstellendem oder Verlagsbuchhandel (= Verlage), Sortimentsbuchhandel (= Buchhandlungen) und Zwischenbuchhandel (= Großhandel). Die Unternehmen, die einem dieser Bereiche angehören, sind zumeist im *Börsenverein des Deutschen Buchhandels e.V.* organisiert (1985: 3382 Sortimentsbuchhandlungen, 87 Zwischenbuchhandlungen, 1906 Verlage). Aber neben dem Fachhandel im engeren Sinne haben sich seit langem schon Vertriebs- und Verkaufsformen entwickelt, die den traditionellen Buchhandlungen Konkurrenz machen: Versand- und Reisebuchhandel, Warenhäuser, Kioske, Schreibwarengeschäfte, Bahnhofsbuchhandlungen, Antiquariate, Buchgemeinschaften. Die betriebswirtschaftlichen Größenordnungen, in denen Buchhandlungen sich bewegen, machen ihrerseits deutlich, daß von einem blühenden Geschäftszweig und üppigen Gewinnen die Rede kaum sein kann: 1982 erreichten 4116 Buchhandlungen (Einzelhandel mit Büchern und/oder Fachzeitschriften) einen Umsatz von 3,8 Mrd. DM – 80% von ihnen waren kleinere und mittlere Betriebe mit nicht mehr als fünf Beschäftigten, deren Umsätze unter 1 Million DM liegen.

Der am 30. April 1825 in Leipzig gegründete *Börsenverein des Deutschen Buchhandels* hatte sich ursprünglich als Standesvertretung der Buchhändler organisiert. Seit seiner Neugründung in der Bundesrepublik (Frankfurt/M. 1948) nimmt er vorrangig die wirtschaftlichen und kulturpolitischen Interessen seiner Mitglieder wahr. Zu den herausragenden Leistungen

VI. Internationale Frankfurter Buchmesse 1954

in der Geschichte des *Börsenvereins* zählt der 1888 durchgesetzte Festpreis für Bücher, der auch bei der allgemeinen Aufhebung der Preisbindung 1974 respektiert wurde (ebenso wie der halbe Mehrwertsteuersatz für die Ware Buch deren Besonderheit berücksichtigt). Seit 1949 organisiert der *Börsenverein* alljährlich die Frankfurter Buchmesse, die international größte und bedeutendste Buchausstellung, Begegnungsstätte für Verleger und Autoren, Lektoren, Buchhändler und Publikum – literarischer Rummelplatz und harte Geschäftswelt in einem. Sie erfreut sich eines Jahr für Jahr steigenden Interesses: 1984 zeigten 6438 Verlage in Frankfurt ihre Produktion, davon 4629 aus dem Ausland. Die *Ausstellungs- und Messe GmbH* des Börsenvereins organisiert ihrerseits Ausstellungen und Ausstellungsbeteiligungen des deutschen Buchhandels an Buchmessen in der ganzen Welt. Weitere Organisationen des deutschen Buchhandels: die *Deutsche Buchhändlerschule* (Aus- und Fortbildungsstätte), die *Fachschule des Deutschen Buchhandels* (Förderung qualifizierten Buchhändlernachwuchses unter betriebswirtschaftlichen Gesichtspunkten) und das *Deutsche Buchhändler-Kolleg* (Fortbildung in Seminarform). Die *Buchhändler-Vereinigung GmbH* schließlich trägt die wirtschaftlichen Unternehmungen der Branche, das heißt: Sie verlegt buchhändlerische Fachliteratur, gibt Werbemittel heraus und veröffentlicht eine Reihe von Periodika (»Börsenblatt für

37. Internationale Frankfurter Buchmesse 1985

den Deutschen Buchhandel«, »Verzeichnis lieferbarer Bücher«, »Adreßbuch für den deutschsprachigen Buchhandel«). Alle zwei Monate erscheint die Zeitschrift »Buchjournal« (Auflage: ½ Mio. Exemplare), die in Buchhandlungen kostenlos verteilt wird und Neuerscheinungen vorstellt.

Die Spannung zwischen politisch-kulturellem Selbstverständnis und kommerziellen Zwängen hat den Buchhandel in den vergangenen Jahren einerseits zu einer Erweiterung seines Angebots, insbesondere um Zeitungen und Zeitschriften, Schallplatten und Tonkassetten, geführt. Andererseits aber haben Rationalisierungsmaßnahmen im Betriebsablauf, eine Verringerung der Lagerbestände und der Abbau von Personal – notwendige Konzessionen an eine sinkende Rendite – eine Reduzierung des inhaltlichen Anspruchs zur Folge gehabt. Ganze Buchhandelsketten *(Montanus)* arbeiten nach dem Grundsatz, nur die jeweils aktuellen Werke vorrätig zu halten, nur gängige und publikumswirksame Literatur anzubieten und umzusetzen, um die kostenintensive Lagerhaltung zu umgehen. Mit diesem Prinzip aber laufen ohnehin schwierige und schwer verkäufliche Werke vollends Gefahr, ein Publikum überhaupt nicht mehr zu erreichen. Denn häufig wird nur das gekauft, was auch zu sehen ist. Die Ende der 60er und Anfang der 70er Jahre entstandenen *Autorenbuchhandlungen* und alternativen *Buchläden* sind eine Reaktion auf diesen Rationalisierungs- und Kommerzialisierungstrend. Sie treffen ihre Auswahl nach wie vor unterm Gesichtspunkt eines politisch und kulturell definierten Selbstverständnisses – und erreichen gerade dadurch jene Leser, die der zunehmenden Gleichförmigkeit des Literaturmarktes entgehen wollen.

Alternativverlage

Eine nachhaltige Erschütterung erfuhr die Stätte der internationalen Begegnung von Autoren, Verlegern, Buchhändlern und Publikum, die Frankfurter Buchmesse, erstmals im Herbst 1968. Konnte sie bis dahin als ein Hort liberalen Denkens und Debattierens und unbefragten kapitalistischen Handels und Wandels gelten, so zogen die Ereignisse und Diskussionen um das Jahr 1968 sie in eine heftige Kontroverse über ihr Selbstverständnis.

Die Bildung einer Großen Koalition aus CDU und SPD 1966 und die ersten größeren Krisensymptome der deutschen Wirtschaft, der Besuch des Schahs von Persien in der Bundesrepublik und West-Berlin und die Tötung des Studenten Benno Ohnesorg am 2. Juni 1967 durch einen Polizisten, der Krieg in Vietnam, das Attentat auf den Studentenführer Rudi Dutschke (Ostern 1968), die Demonstrationen gegen den Springer-Konzern und der Widerstand gegen die Notstands-Gesetzgebung – alle diese in Aktionen, Publikationen und öffentlichen Disputen ebenso engagiert wie polemisch umstrittenen politischen Entwicklungen der Jahre 1966 bis 1969 haben die bundesrepublikanische Kulturszene nicht unberührt gelassen. Im Gegenteil: Gerade dort, wo der Anspruch auf politisch-kulturelle Repräsentanz über mehr als zwei Jahrzehnte hinweg deutlich und nachdrücklich erhoben worden war, mußten nun auch radikale Fragen nach den Voraussetzungen eines krisenhaft geschüttelten Gesellschaftssystems, nach den ökonomischen und politischen Bedingungen offenbarer sozialer Widersprüche auf fruchtbaren Diskussionsboden fallen.

Frankfurter Buchmesse 1968 – Proteste in den Messehallen

Hans Magnus Enzensberger war seinen Zeitgenossen bekanntlich schon immer den einen, entscheidenden Schritt voraus. Ob bei der Gründung von Zeitschriften wie *Kursbuch* oder *Transatlantik*, ob bei seinen Plädoyers für die Dritte Welt oder für einen kulturrevolutionären Umbruch, ob bei seinen medientheoretischen Überlegungen oder seinem Votum für einen neuen Eskapismus – der Zeitgeist konnte noch stets von Enzensberger lernen. Immer brillant, immer erfolgreich, brachte Enzensberger über drei Jahrzehnte hinweg das Kunststück fertig, die gewiß schwierige Rolle des Hans Dampf in allen intellektuellen Gassen mit der nicht minder anspruchsvollen des Swinegel im mecklenburgischen Märchen auf harmonische Weise in sich zu verbinden. »Ik bün all dor!«, lautet sein frohgemuter Ruf, wenn seine Mitbürger glauben, einen Einfall gehabt zu haben. Das macht: Enzensberger besitzt die seltene Gabe, skrupellos zu denken – und dialektisch zu handeln.

Das war auch 1985 so, als er zusammen mit dem Buchdrucker Franz Greno (früher *2001-Versand*) *Die andere Bibliothek* aus der Taufe hob, eine Unternehmung, die ganz unverblümt ihre Herkunft aus dem Zeitalter der neuen Medien einbekannte. Freilich handelt es sich um ein dialektisches Abstammungsverhältnis: »Denn je abstrakter und gleichgültiger die Zeichen, die auf dem Bildschirm erscheinen«, verkündete Enzensberger zur Begründung des Unterfangens, »desto stärker wird das Bedürfnis, das, was wir wissen wollen, in die Hand zu nehmen, um es zu begreifen und festzuhalten.«

Eine Marktstrategie also, die sich als Anti-Markt-Strategie versteht. Denn um dem scharfsichtig diagnostizierten Bedürfnis Rechnung zu tragen, einigten sich Greno und Enzensberger auf ein Konzept, das sich ausdrücklich gegen die Usancen der massenhaften Buchproduktion wendet: nur ein Buch pro Monat, ein umfangsunabhängiger Festpreis von nur 25 Mark pro Band, vor allem aber: »Wir drucken nur Bücher, die wir selber lesen möchten.«

Nun haben sich, wie man weiß, auch viele kleinere Verlage in der Vergangenheit schon nicht in erster Linie um Marktstrategien, sondern um ein inhaltlich sich ausweisendes und von den Verlagsinhabern und -angehörigen engagiert vertretenes Programm bemüht. Das gilt für *Wagenbach* und *Rotbuch, Trikont, Stroemfeld/Roter Stern* und *Neue Kritik* gleichermaßen, die in den sechziger und siebziger Jahren eine teils gesellschaftskritisch, teils literarisch hoch ambitionierte Literatur verlegten. Und auch Ein- und

Die »Legitimationsprobleme des Spätkapitalismus« (J. Habermas) offenbarten ihre politisch-kulturelle Sprengkraft auf dem Forum der Frankfurter Buchmesse im Aufeinanderprallen von sozialistischer Theoriebildung und kapitalistischer Marktgesetzlichkeit. Zu einem ersten Eklat war es schon während der Buchmesse 1967 anläßlich von Protesten gegen den Springer-Konzern gekommen, auf die die Messeleitung mit der Androhung von Polizeieinsätzen reagiert hatte. Die Verwirklichung dieser Drohung führte – im Verein mit einem zeitweiligen Ausschluß der Öffentlichkeit aus einer der Messehallen – zu einer Abspaltung eines Teils der Aussteller.

Literaturproduzenten: So nannte sich, nach einer Begriffsprägung Walter Benjamins, eine Gruppe, die sich zum Teil bereits im Oktober 1968 zu einer Gegenbuchmesse zusammengeschlossen hatte – unter ausdrücklich politischem Anspruch. Die *Literaturproduzenten* konstituierten sich »als politische Vertretung aller sozialistischen Gruppen und berufsspezifischen Sektionen aus dem Bereich der Literaturproduktion. [...] Aufgabe der Literaturproduzenten ist die Analyse der gesamtgesellschaftlichen Entwicklung, ihre Auswirkung auf den Bereich der Literaturproduktion und deren Stellenwert im System des Kapitalismus. Daraus ist eine sozialistische Strategie im Klassenkampf zu erarbeiten. Ziel ist die Aufhebung der branchen- und sektionsspezifischen Organisationsformen.« (*Organisationsstatut der Literaturproduzenten*, 1970) Das Ziel der Literaturproduzenten war mithin eine Transformation der kapitalistischen Verlagsstruktur in eine sozialistische Kooperative, die als Ferment der Systemveränderung und -überwindung begriffen wurde. Eine der ersten Verlagsneugründungen im Zeichen dieses politischen Anspruchs bildete der *Verlag der Autoren*, dessen Autoren zugleich seine Gesellschafter sind. Und eine erste Möglichkeit zur Veränderung des Distributionsbereichs schufen sich die *Literaturproduzenten* im *Verband des Linken Buchhandels (VLB)*, der seit 1976 ein »Verzeichnis Linker Lieferbarer Bücher« herausgibt.

Zweimann/-frau-Betriebe wie *Matthes & Seitz, Qumran* und *Merve* verlegen eine kulturhistorische und ethnopoetische Literatur, die nicht den programmierbaren Erfolg anpeilt, sondern anspruchsvolle und identifizierbare Leser-Minderheiten mit unterschlagenen oder verdrängten Traditionen vertraut machen will (Strukturalismus, Ethnologie, Surrealismus). Gemeinsam ist ihnen und Enzensbergers Unternehmung das Vertrauen darauf, daß gerade die zunehmende Stromlinienförmigkeit unseres Literaturbetriebes das Bedürfnis nach dem Querliegenden und Widerständigen, nach dem Sperrgut der Kultur wecken und vertiefen wird. Was aber *Die andere Bibliothek* unterscheidet von den mutigen Schritten der Kleinverlage, das ist die sorgfältige, ja: altmodische Konzentration auf das einzelne Buch. Gesetzt werden die Bände mit Monotype-Maschinen, also im längst vom Computer- und Lichtsatzverfahren verdrängten Bleisatz, Buchstabe für Buchstabe in – je nach Band – unterschiedlichen Schrifttypen. Gedruckt wird auf ausgewählt guter Papierqualität. Fadenheftung, Pappeinband – alles ist auf eine anspruchsvolle und beständige Ausstattung angelegt. Es geht – und diesen Eindruck verstärkt das Werbemagazin, das jeden einzelnen Band ausführlich und mit Textauszügen vorstellt – gleichsam um die allmonatliche Feier einer literarischen Singularität. Auch sie ist Teil eines Marketing-Konzepts, das sich allerdings inhaltlich nicht festlegt: »Anything goes. Es ist uns, offengestanden, gleichgültig, ob die Bücher, die wir uns wünschen, alt oder neu sind, Fiction oder Non-Fiction, U oder E.« (Enzensberger) Und der Erfolg scheint Enzensberger abermals recht zu geben. Durchaus nicht eben bekannte oder gar »gängige« Autoren wie Lukian von Samosata, Driss Ben Hamed Charhadi, Johann Gottfried Seume, Boris Savinkov erzielten Auflagen von mehr als zehntausend Exemplaren. Und der Buchhandel hat mittlerweile zwei Drittel der Auflage fest abonniert. Schließlich gibt es noch – ökonomischer Clou des ganzen Unternehmens – eine auf 999 Exemplare limitierte Vorzugsausgabe eines jeden Bandes zum Preis von 98 DM in Handbütten à Fleur mit eingeschöpften Blüten und Blättern der Auvergne, gefertigt von Richard de Bas in Ambert d'Auvergne, handgebunden und in einem handgefertigten Lederschuber verwahrt und auf Wunsch mit dem Namen des Beziehers versehen. Warum sollte es Enzensberger stören, daß in solcher Ausgabe auch die Erinnerungen eines Terroristen erscheinen?

Lassen sich die *Literaturproduzenten* auch als Keimzelle der alternativen politischen Verlagsentwicklung in der Bundesrepublik bezeichnen, so hat es doch vor ihnen alternative, insbesondere literarische Verlage durchaus schon gegeben, zumeist als Unternehmungen engagierter Einzelgänger. Anreger und Vorbild solcher Verlagsgründungen war vor allem Victor Otto Stomps (1897–1970), Begründer der *Rabenpresse* (1926) und der *Eremitenpresse* (1949). Er vereinte in sich nahezu alle Aufgaben, die in einem Publikumsverlag arbeitsteilig organisiert werden, war Autor und Lektor, Setzer (Handsatz) und Drucker, Buchbinder und Kaufmann in einer Person. Und er führte eine Reihe zumeist noch junger und unbekannter, aber begabter Autoren zusammen, die später, nachdem sie sich einen Namen gemacht hatten, zu größeren, bedeutenderen Publikumsverlagen wechselten: Wolfgang Bächler, Ernst Meister, Herbert Achternbusch, Gabriele Wohmann, Wolfdietrich Schnurre, Helmut Heißenbüttel, Christoph Meckel. Zwar blieb die Auflagenhöhe gering, doch verlegte Stomps bis 1967 in der *Eremitenpresse* immerhin etwa 250 literarisch ambitionierte Werke, an deren manueller Herstellung er die Autoren häufig beteiligte. Ein Konzept, das sich, wie »Vauo« Stomps wußte, realisieren ließ nur um den Preis, aufs Prinzip der Profitmaximierung zu verzichten: »Ich will drucken, was die großen Verlage nicht riskieren können oder wollen. Ich suche keine Bestseller, sondern junge Talente, das Abseitige, das Experiment und auch das inhaltlich Gewagte. Ich will nicht Geld verdienen. Das können die anderen besser.«

Klein- und Kleinstverlage, die sich auf die Veröffentlichung experimenteller Literatur und Kunst, bibliophiler Raritäten oder politischer Theorie und Polemik kaprizieren, beziehen ihre Motivation aus einem zum kapitalistischen Verlagswesen in der Tat »alternativen« Selbstverständnis: Zwar wollen auch sie mit der »Ware Buch« Geld verdienen, zwar folgen auch sie unterschiedlich durchkalkulierten Marketingstrategien, doch steht bei ihnen noch allemal der Gebrauchswert des Buches über seinem Tauschwert. Ihre Arbeit dient zuvörderst dem Bemühen, Ideen, Konzepte, Phantasien, Anregungen unters lesende und denkende Volk bringen. Hierin nicht unähnlich den Erzeugnissen der amerikanischen *underground press*, einem Schmelztiegel alternativer und subversiver Strömungen, verstehen sich auch die bundesdeutschen Alternativverlage als kultureller Gegenentwurf zu den herrschenden Nachrichtenzentren und Mediengiganten.

Ihr Forum bildet – neben den alternativen und linken Buchläden in zahlreichen Städten – die *Mainzer Minipressen-Messe*, die erstmals im September 1970 ausgerichtet wurde und 1985 ihr achtes Treffen erlebte. Sie präsentierte, mit nur geringer Unterstützung durch die Stadt Mainz – 1983: 13000 DM (!) –, beispielsweise im Jahre 1983 170 Kleinverlage, die rund 5000 Titel ausstellten. Freilich bilden diese alternativen Verlage keine homogene und überschaubare Gruppe, sondern sind einer großen Fluktuation von Personen und Programmen ausgesetzt. Hinzukommt die Heterogenität der Vorstellungen: Politische, literarische und Verlage der Drogen- und Meditationsszene stehen sich eher fremd, wo nicht feindlich gegenüber.

Solcher grundlegenden und unversöhnlichen Gegensätze ungeachtet, beruht die Bedeutung der Alternativverlage auf ihrer innovativen Kraft. Und zugleich liegt in dieser Qualität ihre Gefährdung durch die etablierten Großverlage begründet. Deren Ökologie-, Emanzipations- und Minderheitenreihen (etwa *fischer alternativ*, *fischer ökologie*, Rowohlts *neue frau*) sind ja ohne den Einfluß der alternativen Bewegung und ihrer Verlage nicht zu denken. Aber indem die großen Verlage solche Inhalte aufgreifen und einem größeren Publikum zugänglich machen, entziehen sie zugleich den Alternativverlagen ihre Leserschaft, ohne die diese nicht existieren können. Hinter dieser Gefährdung tritt das grundsätzliche Problem einer Integration alternativer und subkultureller Bewegungen in einer pluralistischen Gesellschaft zutage. Gerade deren »repressive Toleranz« (H. Marcuse) produziert jene Mechanismen, die das dauerhafte Entstehen einer zweiten, mit sich identischen Kultur zweifelhaft machen.

Buchgemeinschaften

Eine Besonderheit innerhalb des Buchmarktes sind die Buchgemeinschaften – Zwitterwesen aus Verlag und Handel. Obwohl auf eine knappe Auswahl spezialisiert – nur etwa 500 Werke haben große Buchgemeinschaften im Angebot, während eine mittlere Buchhandlung es allein auf etwa 20000 Titel bringt –, halten die Buchclubs am Buchmarkt einen Anteil von über 7 Prozent. 6,5 Millionen Mitglieder sorgen für einen Umsatz allein an Büchern von mehr als 600 Millionen Mark. Allerdings haben auch die Buchgemeinschaften seit langem schon auf das betriebswirtschaftliche Prinzip der »Diversifikation« gesetzt, das heißt: Sie bieten vermehrt Produkte verwandter oder konkurrierender Märkte an (Schallplatten, Videocassetten, elektronische Spiele, Möbel und sogar Reisen). Dieses breitgefächerte Angebot hat dazu beigetragen, daß jedes einzelne Mitglied im Jahresdurchschnitt 160 DM in die Kassen seines Buchclubs zahlt.

Das Geschäftsprinzip, nach dem Buchgemeinschaften arbeiten, erscheint vergleichsweise risikofrei – und das Angebot, dementsprechend, weitgehend frei von Überraschungen. Die Lektoren der Buchgemeinschaften wählen im allgemeinen aus, was ohnehin erfolgreich ist: bekannte Autoren und bekannte Werke aus den bekannten Publikumsverlagen. Nur selten findet einmal ein literarischer Außenseiter Eingang ins Programm, selten nur haben die Buchgemeinschaften Anregungsfunktion.

Eine Ausnahme bildet in dieser Hinsicht die *Büchergilde Gutenberg*, die, 1924 vom Bildungsverband der deutschen Buchdrucker ins Leben gerufen, seit 1947 als gewerkschaftliche Buchorganisation besteht. Sie hat – trotz erheblicher Probleme mit dem Mitgliederstamm – stets Wert auf eine auch bibliophil ansprechende Ausstattung ihrer Editionen gelegt. Und sie hat zudem die Neuausgabe einer Reihe wichtiger, vernachlässigter Autoren gefördert (z.B. B. Traven, Gustav Regler, Oskar Maria Graf). Im Programm der *Büchergilde Gutenberg* verbindet sich der alte gewerkschaftliche Bildungsauftrag mit einem fast handwerklichen Anspruch auf Qualität zu einem sehr eigenständigen Profil.

Da die Mitglieder verpflichtet sind, zumindest einmal pro Vierteljahr im Buchclub zu bestellen (oder in einer der Filialen einzukaufen), können die Clubs mit einem festen Absatz rechnen. Innerhalb dieser kalkulierbaren Umsatzgröße kommt es nun nur noch darauf an, publikumswirksame Titel zielgruppenorientiert zu lancieren. Die bunte Mischung aus Klassik und Moderne, Trivialem und Anspruchsvollem hat für Buchgemeinschafts-Mitglieder den Vorteil, daß Bücher um etwa 30 Prozent unter dem regulären Ladenpreis (bezogen auf die Hardcover-Ausgabe) erworben werden können. Für die Erst-Verlage bieten die Buchgemeinschaftsauflagen die rentable Möglichkeit einer Drittverwertung (neben der Taschenbuchausgabe). Und für die Autoren die erfreuliche Aussicht auf ein größeres Publikum – und ein höheres Honorar.

Buchanzeige aus dem Angebot einer Buchgemeinschaft

Freilich gibt es unter den Buchgemeinschaften bedeutende Unterschiede hinsichtlich Größe, Marktanteil und Mitgliederzahl. Die größte Buchgemeinschaft bildet der Gigant unter den Medienriesen, der *Bertelsmann Lesering*: 2,7 Millionen Mitglieder mit etwa einer halben Milliarde Mark Umsatz pro Jahr. Damit nicht genug, besitzt Bertelsmann die Hälfte der Anteile an der *Deutschen Buchgemeinschaft* (400000 Mitglieder, 90 Millionen Mark Umsatz). Und dem Gütersloher Unternehmen gehören zudem die *Europäische Bildungsgemeinschaft* (1,5 Millionen Mitglieder mit 230 Millionen Umsatz), so daß Bertelsmann auf einen Marktanteil von über 70 Prozent bei den Buchgemeinschaften kommt. Etwa 25 Prozent hält der mittlerweile zweitgrößte Buchverlagskonzern, die Holtzbrinck-Gruppe. Zu ihr gehört auch der *Deutsche Bücherbund*, der etwa 1,5 Millionen Mitglieder zählt und auf einen Umsatz von 300 Millionen Mark kommt. Nur rund

200000 Mitglieder schließlich hat die *Büchergilde Gutenberg*, die zugleich mit knapp 30 Millionen Mark auch den geringsten Umsatz aufweist. Sie erhofft sich eine Verbesserung ihrer Ertragslage durch die Kooperation mit dem Buchhandel – Indiz des Risikos, das noch stets in dem Versuch lag, inhaltliche Ansprüche und kaufmännische Bilanz miteinander in Einklang zu halten.

Die Bedeutung der Buchgemeinschaften erscheint also durchaus ambivalent. Einerseits tritt in ihren Katalogen das einzelne Buch nur noch als durchnumerierte und etikettierte Ware hervor. Andererseits tragen sie zweifellos zur Popularisierung des Lesens bei. Die Doppeldeutigkeit ihres selbstgestellten Anspruchs, »die Gewohnheit des Lesens zu verkaufen« (Bertelsmann), gibt dieser Ambivalenz exakt Ausdruck.

Literatur und Leser

Die Bundesrepublik Deutschland ist eine Mediengesellschaft – das Buch spielt in ihr nur eine untergeordnete Rolle. Zu dieser Einsicht muß kommen, wer sich Untersuchungen und Statistiken zu Buchkauf und Leseverhalten einerseits, zum Medienkonsum andererseits ansieht. Zwar ist die Zahl der Bücherleser über lange Jahre hinweg konstant geblieben und ebenso die Lektürehäufigkeit. Zwar nimmt der Wunsch, einen größeren Fundus an Büchern zu besitzen, mit dem Umfang des bereits vorhandenen Bestandes zu. Doch insgesamt – so zeigte eine Studie über die Bedeutung von Literatur und Lesen in der Bundesrepublik (Gerhard Schmidtchen, *Lesekultur in Deutschland*, 1974) – muß man von einem Zerfall der Lesekultur sprechen, der tendenziell kulturfeindliche Züge trägt. Und unter dem Strich schwächt sich offenbar die Motivation ab, Bücher besitzen zu wollen.
Das Fernsehen ist an dieser Entwicklung, wie sich denken läßt, nicht unbeteiligt. Aus der genannten Studie geht hervor, daß die wöchentlich aufgewendete Zeit für die Massenmedien – also neben dem Fernsehen auch Rundfunk, Zeitungen, Zeitschriften – 31 Stunden beträgt, für Bücher hingegen – und zwar Lektüre zur Unterhaltung wie zur Fortbildung – lediglich 3 Stunden. In Prozenten ausgedrückt, bedeutet dies nach einer neueren Untersuchung über das Freizeitverhalten Jugendlicher eine Nutzungsdauer von 49% für die auditiven Medien, von 37% für die visuellen und von nur 13% für die Printmedien, woran das Buch mit 7%, die Zeitung mit 4% und Zeitschriften mit 2% beteiligt sind (Heinz Bonfadelli, in: Media Perspektiven 1/86). Man wird davon ausgehen müssen, daß sich im Zeitalter des Videorecorders und der Kabelprogramme diese Relationen weiter verschieben werden – zu Ungunsten des Buches. Denn schon 1973 bekannte über die Hälfte der Bevölkerung, daß sie seit der Einführung des Fernsehens, genauer: seit dem Besitz eines eigenen Fernsehapparates in erheblich geringerem Umfang zum Lesen eines Buches komme. Da sich aber die für den Umgang mit Medien zur Verfügung stehende Zeit nicht einfach erweitern läßt, bedeutet dieses Eingeständnis bei Lichte besehen: Das Buch kann zum potentiellen Opfer der modernen audiovisuellen Medien werden.
Bevor man aber nun angesichts dieser Entwicklung in die Kassandrarufe des amerikanischen Medienwissenschaftlers Neil Postman oder in den modischen Slogen vom »sekundären Analphabetismus« einstimmt, sollte man sich über die Bedeutung des Buches und des Lesens generell verständigen, weil nur auf diese Weise Aussagen über eine mögliche Zukunft der Literatur auch in einer Mediengesellschaft sinnvoll erscheinen. Und hierfür kann ein Blick auf die Geschichte des Lesens nützlich sein. Er verdeutlicht nämlich, daß das Lesen – in seinen Anfängen ausschließliches Privileg gebildeter und mächtiger Schichten – seine Exklusivität zunehmend verloren hat, ohne dadurch den exklusiven Status der Schönen Literatur ernsthaft zu beeinträchtigen.

Von den vorderasiatischen Hochkulturen bis ins europäische Hochmittelalter galt Wissen als Macht, galt die Fähigkeit des Lesens und Schreibens als Garant und Instrument zu deren Erhaltung. Erst seit dem 17. Jahrhundert erweitert sich – mit der Ausdehnung des Handels, des Warenaustauschs – der Kreis der Privilegierten über den Adel und den Klerus hinaus auf Kaufleute, Handwerker und Beamte, ein Prozeß, zu dessen Entwicklung und Beschleunigung entscheidend die Erfindung des Buchdrucks (um 1450) beigetragen hat. Sie führte zur Belebung der Schreib- und

Lesefähigkeit, zur Verbreitung von Informationen, Flugblättern, Kalendern, zu Verbesserungen insbesondere im Bereich der Verwaltungen. Lesen erlangte also Bedeutung vor allem als Kulturtechnik, freilich mit erheblichen sozialen Unterschieden: Konnte im 16. Jahrhundert ein Viertel der Bevölkerung größerer Städte lesen, so gab es auf dem Lande noch 90 Prozent Analphabeten. Da der Dreißigjährige Krieg (1618–1648) die Ausbreitung der Lesekultur erheblich beeinträchtigte, kam es in Deutschland erst im 18. Jahrhundert, im Zeitalter der Aufklärung, zu einer alle Stände erfassenden Lesefähigkeit, wenngleich auch hier die Landbevölkerung unterprivilegiert blieb. Nützlichkeit und Frömmigkeit bilden die inhaltlichen Schwerpunkte der verbreiteten Schriften, doch führt die beständige Zunahme auch unterhaltender Literatur zur Warnung zeitgenössischer Pädagogen vor der anhaltenden »Lesewut« der Bevölkerung. »An die Stelle anderer, aus der Mode gekommener Zeitvertreibe trat in der letzten Hälfte des vorigen Jahrhunderts das Lesen«, klagte Johann Gottlieb Fichte 1805. Dieser »neue Luxus« (Fichte) kaprizierte sich freilich schon damals nicht in erster Linie auf Werke der »hohen« Literatur. Lessing, Schiller, Goethe – das waren Autoren der sozial wie kulturell privilegierten Minderheiten. Die niederen Stände, soweit sie überhaupt lasen, hielten sich eher an Vulpius' *Rinaldo Rinaldini* (1797) und ähnlich triviale, aber spannungsreiche Unterhaltungsliteratur. So erschlossen erst die politischen Umwälzungen des 19. Jahrhunderts neue Lesestoffe, neue Leserschichten und neue literarische Medien, wenngleich nur zögernd: In den 50er und 60er Jahren des 19. Jahrhunderts ist etwa ein Drittel der deutschen Bevölkerung alphabetisiert – und es sind Zeitschriften vom Typus *Gartenlaube*, die hiervon profitieren. Immerhin treten die emanzipatorischen Möglichkeiten der Literatur immer deutlicher ins Bewußtsein – mit der Konsequenz, daß in der Restaurationsepoche zu Beginn des 19. Jahrhunderts die Ausbreitung des Lesens eingedämmt werden soll, während die Zeit des Vormärz das Buch, die Zeitung, die Flugschrift zur Herstellung einer demokratisch-revolutionären Öffentlichkeit nutzt. Kulturprogramm und Bildungsziele der sozialdemokratischen Arbeiterbewegung um die Jahrhundertwende aber sehen sich gerade nicht in erster Linie der Entwicklung einer eigenständigen Literaturtradition verpflichtet, sondern der Aneignung des bürgerlichen »Kulturerbes«, vor allem der Klassik. Die Erringung der politischen Macht schien möglich nur über die Teilhabe an einer traditionsmächtigen Literatur – so wurde indirekt abermals das Privileg des Bürgers von Bildung und Besitz bestätigt. Daß dieser – als Sozialtypus – durch die geschichtlichen Ereignisse des 20. Jahrhunderts seine Identität verlor, trug nicht unerheblich zum Abbau von Bildungsprivilegien bei – aber es hat an der Exklusivität der Literatur nichts geändert. Nur an den kanonischen Verpflichtungen und Wertsetzungen, die ein konservativer Bildungsanspruch ihr zu Unrecht stets hat auferlegen wollen.

Karikatur aus dem Börsenblatt für den Deutschen Buchhandel, Frankfurter Ausgabe, 23. 12. 1982

Vor dem Hintergrund dieses knappen Abrisses mag auch eine Präzisierung der oben zitierten statistischen Daten nützlich sein. Zum einen bedarf der Begriff des »unterhaltenden« Buches einer Differenzierung. Denn mit dieser Bezeichnung sind beispielsweise auch die Romanheftchen erfaßt, die am Kiosk für wenig mehr als eine Mark zu erstehen sind. Ein Drittel der Bevölkerung kauft solche Heftchen, das heißt: Im statistischen Durchschnitt liest jeder Erwachsene zehn Romanheftchen pro Jahr, jeder Romanheftkäufer tatsächlich 33 Hefte, von Lore-Romanen bis zu Jerry Cotton, von Landserheftchen bis zu Science Fiction vom Schlage Perry Rhodan. Und dieses statistische Faktum trifft sich mit einem anderen, durchaus geläufigen: Die als Bildungsunterschiede sich ausprägenden Klassenunterschiede besitzen entscheidenden Einfluß auf die Lektüregewohnheiten. Anders ausgedrückt: Je

höher das Bildungsniveau, soweit es sich am Schulabschluß messen läßt, desto größer der Wert des – zumal belletristischen – Buches.
Der Blick auf die Geschichte des Lesens wie auf die statistischen Erhebungen zur Lesekultur in der Bundesrepublik verdeutlicht also, daß der Einfluß des politisch-sozialen Kontextes auf den Rang, den Literatur in einer Gesellschaft einzunehmen vermag, erheblich ist. Ebenso zu betonen bleibt aber: Die Voraussetzungen für die Entstehung und Entwicklung einer Lesekultur, die Voraussetzungen für Lesefähigkeit und Lesemotivation finden sich bereits in der familiären Sozialisation – oder eben nicht. Daß die Bibliothek des Elternhauses (oder des Großvaters) entscheidend für den ganzen Lebensweg sein kann, das weiß man nicht erst seit Jean-Paul Sartres Autobiographie *Die Wörter* (dt. 1965). Nur stehen die Anregungen, die aus dem familiären Bereich kommen, ihrerseits in einem politisch-kulturellen Spannungsfeld einander relativierender Reizfaktoren. Und das Lesen als individueller, monologischer Akt erfordert allemal den Rückzug aus den aktuellen Zerstreuungsöffentlichkeiten. Hierzu anzuregen, erscheint die familiäre Sozialisation erheblich geeigneter als jede

Frage: »Über das Bücherlesen gibt es ja unterschiedliche Meinungen – zustimmende und ablehnende. Wie denken Sie darüber? Könnten Sie mir nach dieser Liste hier sagen, was auf Sie alles zutrifft?« (Vorlage einer Liste)

	Bevölkerung insgesamt %	Personen mit folgendem Schulabschluß: Volksschule %	Mittlere Reife %	Abitur %
Zustimmende Meinungen:				
Bücherlesen bringt Lebenserfahrung	38	36	48	55
Bücherlesen bringt einen auf neue Gedanken, man erfährt viel Neues	38	32	58	70
Bücherlesen ist für mich eine Erholung	37	31	65	58
Ich mache mir manchmal Vorwürfe, daß ich nicht genug Bücher lese	30	27	46	48
Wenn ich ein Buch lese, habe ich das Gefühl, so richtig zu mir selbst zu kommen	26	23	39	39
Ohne Bücherlesen käme mir mein Leben ganz armselig vor	22	18	33	44
Ich bin eine richtige Leseratte, lese sehr gern Bücher	12	10	21	23
Ablehnende Meinungen:				
Im Fernsehen kommen soviel interessante Sachen, daß man nicht mehr soviel Bücher zu lesen braucht wie früher	46	50	27	37
Ein Mensch, der seine Arbeit hat, kommt ja heutzutage kaum zum Lesen	39	43	18	24
Mir fehlt einfach die Geduld, um lange zu lesen	31	35	12	14
Es gibt vieles, was spannender und interessanter ist als Bücherlesen	18	19	12	19
Ich lese lieber Romanhefte als Bücher	15	17	5	4
Bücherlesen ist anstrengend	14	16	5	14
Zum Bücherlesen ist mir meine Freizeit zu schade	9	10	3	3
Keine Angabe	2	2	x	1

Aus: Gerhard Schmidtchen, Lesekultur in Deutschland, 1974. –
Befragte: Bevölkerung der Bundesrepublik, ohne Berlin/West, über 18 Jahre.

Form institutioneller Leseförderung, auch die der Schule. Denn es geht beim Lesen von Literatur gerade nicht nur um das Erlernen und Verbessern einer Kulturtechnik, sondern um die Erprobung und Bewährung eines kulturellen Verhaltens, das seinen Eigenwert aus persönlichen Erfahrungen bezieht: aus dem »anarchischen Akt« (Hans Magnus Enzensberger) der Lektüre, aus der Besonderheit literarischer Ästhetik, aus den Provokationen und Sensationen, die von einem Buch ausgehen. Und auch darum geht es, sich über solche Erfahrungen auszutauschen.

Ein Blick auf die Lektüregewohnheiten von Jugendlichen zeigt ein hohes Maß an Lesebereitschaft. Zwar nimmt der Konsum audiovisueller Medien dreimal soviel Zeit in Anspruch wie die Buchlektüre, doch bleiben für diese im statistischen Durchschnitt immerhin noch über 33 Stunden pro Monat. Interessant ist hierbei der altersbedingt unterschiedliche Umgang mit Comics und Büchern: Kinder zwischen dem 6. und 12. Lebensjahr lesen etwa 5 Stunden pro Monat in Comics, Kinder zwischen 13 und 17 Jahren nur noch etwa 2 Stunden. Buchlektüre beansprucht bei 6–9jährigen Kindern etwa 8, bei den 13–17jährigen etwa 16 Stunden. Immerhin liest etwa die Hälfte der Kinder im Alter von 6 bis 17 Jahren täglich in Büchern.

Die hier zusammengestellten Zahlen und Fakten geben also, für sich genommen, noch keineswegs eindeutig Auskunft über die Zukunft des Buches und des Lesens. Zwar zeichnen sich angesichts gigantischer Verkabelungsprogramme – von einer Investitionssumme in Höhe von 21 Milliarden Mark ist Mitte der 80er Jahre die Rede! – bereits eine Reihe bedrohlich dunkler Tatsachen ab: daß nämlich Bilderflut und Medienvielfalt zu Ausdrucksarmut und Leseschwäche bereits erwiesenermaßen geführt haben; daß selbst Studenten der Literaturwissenschaft nur mit Mühe schwierige Werke sich noch zu erarbeiten vermögen; daß die Alternative zwischen Buch und Fernsehen in Wahrheit keine, wohl aber eine in der Wirklichkeit ist, auch der »gebildeten« Schichten; daß Schätzungen zufolge sich die fürs Fernsehen aufgewendete Zeit von gegenwärtig fünf auf sechs Stunden im Jahre 1994 erhöhen wird; daß immer mehr die »Verfilmung« von Literatur deren Lektüre ersetzt (und nur selten zu ihr anregt).

Aber man wird auch aus anderer Perspektive argumentieren müssen, nämlich von der Verbindlichkeit aus, die Literatur und Lesen heute noch beanspruchen können. Wer wollte bezweifeln, daß solche Verbindlichkeit eines unbefragt tradierbaren Umgangs mit Literatur längst verlorengegangen ist, gleichviel, ob man diese Entwicklung nun beklagen oder begrüßen mag? Wer wollte ernsthaft behaupten, alle Menschen müßten ihr Medienglück gleichermaßen im Schoß der Schönen Literatur suchen? Und wer wollte ausschließen, daß die Zukunft des Lesens gerade aus einer als öde empfundenen Bildschirmgegenwart und nicht weniger aus einem traditionsentlasteten Umgang mit Literatur hervorgehen kann?

Vielleicht – dies ist Hoffnung sowohl wie Spekulation – setzt die sich abzeichnende technologische Nivellierung unserer Lebenswirklichkeit die Bemühung um etwas frei, was man mit einem konservativen Begriff als »Bildung« bezeichnen könnte. Aber dieser Art Bildung ginge es nicht – in einem musealen Sinne – um bloße Bewahrung von Traditionen, sondern um die Menschen, die sie aneignen und verarbeiten und weitergeben. Wissen, Denkweisen, Sedimentierungen der Geschichte sind ja für sich genommen neutral – erst ihre Aneignung aus reflektierter Gegenwart verleiht ihnen Substanz und Würde. Vielleicht ist eine in diesem Sinne »konservative«, nämlich »bildend« aneignende Form des Lesens heute die wahrhaft progressive. Und diese Leseweise ist an die nicht trockene, sondern durchaus sinnliche Qualität des Mediums Buch gebunden, das Umblättern Seite für Seite, die Handlichkeit eines gebundenen Leseexemplars, welches eben nicht durch einen Monitor mit Bildschirmtext zu ersetzen sein wird. Vielleicht werden wir uns, angesichts der drohenden Verkabelung unserer Hirne und Sinne, der faßbaren Sinnlichkeit des Buches sehnsuchtsvoll erinnern – wenn denn Wissen und Phantasie, Selbstbewußtsein und Geschichtlichkeit in Zukunft noch irgend Bedeutung beanspruchen dürfen. Hierzu anzuregen, können Elternhaus und Familie wohl ermuntert, aber nicht verpflichtet werden. Und es gehört zu solcher Anregung das klare Eingeständnis, daß Leser, die immer schon – als Leser schwieriger Werke – Exoten waren, sich heute in der Rolle hoffnungslos antiquierter Asozialer befinden. Das macht sie zeitgemäß.

Kulturpolitik und Literaturförderung

»Was immer man der Demokratie nachsagen kann: die Kunst hat sie meist kleingemacht, verfolgt«, so polemisierte Rolf Hochhuth 1985 in einem ausdrücklich als »Pamphlet« bezeichneten Artikel mit der Überschrift »Banausen Republik Deutschland« (*Die Zeit* 44/1985). Es ging um Kulturpolitik, um die Unterstützung von Künstlern, um Literaturförderung, allgemein gesprochen: um die Wahrnehmung von Kunst

Dichterbüsten im Magazin des Schiller-Nationalmuseum in Marbach a.N.

durch Politik und Politiker. Und um die steht es denkbar schlecht – Hochhuth resümierte seine polemischen Bemerkungen mit dem Satz: »Geld fehlte den Demokratien nicht, Kunst zu machen; Interesse fehlte ihnen.«
Wer sich die Zahlen und Fakten im Bereich der Kulturpolitik ansieht, wird dieser bissig-bitteren Feststellung zustimmen müssen. Die Mittel, die zur Förderung von Kunst und Kultur sowie für kulturpolitische Zwecke insgesamt von Bund, Ländern und Kommunen aufgebracht werden, belaufen sich seit Jahrzehnten auf nicht mehr als ein Prozent des gesamten Volumens der öffentlichen Haushalte. Die Differenzierung in Bund, Länder und Kommunen setzt hierbei die entscheidenden Akzente. Denn da die Kulturhoheit in einem föderativen Staatswesen wie der Bundesrepublik bei den Bundesländern liegt, bleibt dem Bund im wesentlichen nur die kulturelle Außenrepräsentation (Goethe-Institute, Inter Nationes, Trägerschaft der Villa Massimo in Rom und der Cité des Arts in Paris) überlassen, in geringerem Umfang auch die Mitwirkung und finanzielle Unterstützung kultureller Einrichtungen in der Bundesrepublik (z.B. Deutsche Bibliothek Frankfurt, Freies Deutsches Hochstift, Deutsche Schillergesellschaft und Literaturarchiv für deutsche Gegenwartsliteratur in Marbach, Akademie für Sprache und Dichtung in Darmstadt). Gewichtigere Einflußmöglichkeiten im Innern besitzt die Bundesregierung aber über Initiativen bei gesetzlich zu regelnden Urheberrechtsfragen und im Wirtschaftsrecht. Und bedeutend muß man auch die Einflußnahme nennen, die die Bundesregierung auf die Kulturförderung nehmen kann, zumal durch das Bundesinnenministerium. Die Förderung von Festspielen und Ausstellungen, die Beteiligung an Stiftungen und Verbänden, die Vergabe von Preisen und Auszeichnungen zählen hierzu ebenso wie die Unterstützung technisch aufwendiger künstlerischer Projekte etwa im Bereich der Musik, der Bildenden Kunst und des Films.

Gerade am Beispiel der Filmförderung durch die Bundesregierung läßt sich zeigen, warum Rolf Hochhuth von einem »Kleinmachen« der Künste, ja von ihrer »Verfolgung« durch die Politik sprechen konnte. Da Filme bekanntlich einen hohen finanziellen und technischen Aufwand erfordern, bevor sie als fertige Produkte in den Lichtspielhäusern Einnahmen einspielen können, fördert das Bundesinnenministerium Filmproduktionen entsprechend dem Filmförderungsgesetz. 300 Millionen Mark hatte der Bundesinnenminister Friedrich Zimmermann (CSU) im Jahre 1983 zur Förderung von Kunst und Kultur zur Verfügung. Aber er weigerte sich, einen Teil dieses Geldes – nämlich 75000 Mark – dem Schriftsteller und Filmemacher Herbert Achternbusch als Restsumme (von insgesamt 300000 Mark) für dessen fertiggestellten Film *Das Gespenst* (1982) zu überweisen, obwohl dieses Geld zugesagt worden war. Der Grund: Zimmermann hatte persönliche Einwände (rechtliche, politische, künstlerische, geschmäcklerische) gegen Achternbuschs Film vorzubringen. Und er sorgte auch dafür, daß Achternbusch die von einer unabhängigen Kommission ihm zugesprochene Förderungssumme in Höhe von 250000 Mark für seinen Film *Wanderkrebs* (1984) nicht erhielt. Und schließlich brachte Zimmermann ein Filmförderungsgesetz auf den Weg der Legislative, das entschieden auf den populären Publikumsfilm setzt – der schwierige Problemfilm, der nur wenige Zuschauer anspricht, bleibt bei solcher Kulturpolitik auf der Strecke. Dies ist der Grund, warum Schriftsteller und Filmemacher wie Hans Jürgen Syberberg und Alexander Kluge um Filmförderung durch das Bundesinnenministerium nicht einmal mehr nachsuchen. Den Vorwurf der »Zensur« freilich wies der Bundesinnenminister empört zurück.

Zuständig für gesetzliche Regelungen der Kulturpolitik in der Bundesrepublik und für Kulturförderung nach Maßgabe der von ihnen zur Verfügung gestellten Mittel sind vor allem die Bundesländer. Sie haben in ihrem Einzugsbereich die Möglichkeit, Detailregelungen zu treffen, die über die Rahmenkompetenz des Bundes hinausgehen und müssen sich gegebenenfalls untereinander im Bundesrat, der Vertretung der Länder, auf gesetzgeberische Kompromisse einigen. Im übrigen beteiligen sich alle Bundesländer an der Förderung kultureller und künstlerischer Aktivitäten, an Kulturinstitutionen und Stiftungen, an Ausstellungsprojekten und individuell vergebenen Stipendien – freilich in einem sehr eng gesteckten finanziellen Rahmen.

Das Bundesland Niedersachsen zum Beispiel: 1983 wurden hier insgesamt 500000 Mark für Stipendien an Künstler aufgewendet, wovon zwölf Bildende Künstler, Schriftsteller, Komponisten und Musiker jeweils 6000 Mark erhielten, weitere neun Künstler jeweils 4000 Mark als Nachwuchsstipendium. Ergänzend hierzu vergibt das Land Niedersachsen Auslandstipendien (Villa Massimo in Rom, Cité des Arts in Paris, Casa Baldi in Olevano) und Inlandstipendien, die den geförderten Künstlern für neun Monate den Lebensunterhalt sichern sollen. Hinzukommen Arbeits- und Reisestipendien. Man wird solche Förderung angesichts der Milliardenbeträge, die in der Bundesrepublik allein in Kabelprojekte gesteckt werden, nicht eben üppig nennen können. Und so hatte der niedersächsische Wissenschaftsminister durchaus recht – wenn auch in einem sehr anderen als dem gemeinten Sinne –, als er 1983 feststellte: »Die niedersächsische Stipendienförderung kann von Gewicht und Umfang her in der Bundesrepublik Deutschland als beispielhaft bezeichnet werden.« Sie ist beispielhaft karg.

Helga M. Novak und Dieter Kühn vor dem Stadtschreiberhaus in Bergen-Enkheim (1980)

Von entscheidender praktischer Bedeutung ist im Verhältnis zu Bund und Ländern die Kulturpolitik der Städte und Kommunen, die – im Verhältnis zu den Ländern – zwei Drittel der Ausgaben für kulturelle Zwecke tragen. Davon entfallen rund 60% allein auf den Bereich Theater/Orchester, während die übrigen 40% zur Unterhaltung und Förderung von Museen und Bibliotheken, Erwachsenenbildung, Bildender Kunst und auch der Literatur aufgewendet werden. Die städtischen und kommunalen Kulturämter sind in den vergangenen Jahren zunehmend zur Anlaufstelle für kulturelle Initiativen und vor allem auch für literarische Aktivitäten geworden. Öffentliche Autorenlesungen wurden von ihnen ebenso gefördert wie Straßentheater und Songfestivals, und sie haben teilweise selber Anregungen für Veranstaltungen dieser Art gegeben. Die Einrichtung eines »Stadtschreiber«-Postens, wie sie die Stadt Bergen-Enkheim/Frankfurt seit 1977 – und seither verschiedene andere Städte auch – praktiziert, ebenso wie die Installation von Lyrik-Telefonen lassen sich als Versuche verstehen, Literatur sowohl »einzugemeinden«,

Stipendiaten des Literarischen Colloquiums Berlin (v. l. n. r. unten: Peter Heyer, Martin Doehlemann, Joachim Neugröschel, Peter Bichsel, Hans Christoph Buch, Elfriede Gerstl; hintere Reihe: Klaus Stiller, Wolf Simeret, Jan Huber, Hermann Peter Piwitt, Nicolas Born, Hubert Fichte, Wolf D. Rogoski) (Winter 1963/64)

also: in einer Gemeinde heimisch zu machen, wie auch zu popularisieren.

Die aus den USA über die Schweiz in die Bundesrepublik gelangte Idee des Lyrik-Telefons hat seit 1978 in rund einem Dutzend Städte Erfolg. Die Kulturämter von Düsseldorf, Hamburg, Hannover, von Nürnberg, Lübeck und Trier, beispielsweise, sorgen für wöchentlich wechselnde Programme örtlich ansässiger Autoren. Vier- bis fünfminütige Sequenzen aus Gedichten oder Kurzprosa können telefonisch von Interessenten abgerufen werden, wobei man natürlich über den Wert einer solchen mediatisierten Literaturvermittlung streiten kann. Oder auch nicht: In Dortmund wurde das Lyrik-Telefon ebenso wieder eingestellt wie in Mannheim, weil ein zu geringes Publikumsinteresse bestand, jedenfalls nach Meinung der Bundespost, die die notwendigen Einrichtungen kostenlos zur Verfügung stellt, dafür aber eine Mindestzahl von 1000 Anrufen pro Monat erwartet. Und so wenig kulturfreundlich solche Auflagen erscheinen, so jämmerlich muten die Autorenhonorare an: Sie reichen von Null über DM 50 (Hamburg) bis DM 150 (Düsseldorf) pro Beitrag.

Trotz vielfältiger Aktivitäten aber in Bund, Ländern und zumal in Gemeinden gilt auch im Bereich der Kulturförderung: Wo immer Einsparungen bei Finanzbudgets beraten werden, da steht häufig genug der Kulturhaushalt als erster zur Disposition. Gerade deshalb muß man sich deutlich vor Augen führen, daß der Beitrag des Staates zum Kultur- und Literaturbetrieb nur einen Faktor neben anderen bildet, von unterschiedlicher Bedeutung in den verschiedenen kulturellen und institutionellen Bereichen, doch von geringem Einfluß insgesamt. Es kann deshalb nicht verwundern, daß Autoren sich kritisch gegen jede Einwirkung des Staates auf den Kulturbereich wenden. Sie fürchten um ihre Unabhängigkeit, argwöhnen erwünschte Botmäßigkeit, rebellieren präventiv, um sich öffentlich von den Geldgebern zu distanzieren. So etwa Günter Wallraff, der seinen 1968 erhaltenen »Förderpreis des Landes Nordrhein-Westfalen für Junge Künstler« zurückzahlte, weil ihn die Landesregierung politisch diskreditiert hatte; so auch Herbert Achternbusch, der 1977 den in Form eines Schecks über DM 20000 an ihn verliehenen »Petrarca-Preis« (Stifter: der Zeitschriften-Verleger Hubert Burda) öffentlich verbrannte, weil er sich von den Veranstaltern zu Werbezwecken mißbraucht fühlte; so auch Tho-

Kranichsteiner Literaturtage 1983 (Jury, v.l.n.r.: H. M. Ledig-Rowohlt, G. Wohmann, G. Rühle, P. Härtling, Martin W. Lüdke, E. Demski, R. Michaelis)

mas Brasch, der 1985 zwar den Bayerischen Filmpreis für seinen Film *Engel aus Eisen* (1982) aus der Hand des Bayerischen Ministerpräsidenten F.J. Strauß entgegennahm, jedoch nicht ohne sich zugleich von dessen politischer Position, die »der meinen genau entgegengesetzt ist« (Brasch), zu distanzieren.

Trotz dieser Beispiele aber verweist das Stichwort »Literaturpreis« auf einen der wenigen noch verbliebenen Bereiche wirksamen öffentlichen Mäzenatentums, das die ausgezeichneten Autoren durchaus zu schätzen wissen. Die bestehenden sechs bundesdeutschen Akademien und ihre Mitglieder (Akademie der Künste in Berlin-West, Akademie der Wissenschaften und der Literatur zu Mainz, Bayerische Akademie der Schönen Künste in München, Deutsche Akademie der Darstellenden Künste in Frankfurt, Freie Akademie der Künste in Hamburg, Deutsche Akademie für Sprache und Dichtung in Darmstadt) sind – direkt oder indirekt – an solchen Auszeichnungen ebenso beteiligt wie andere Institutionen oder private Einrichtungen. Städte, Funk- und Fernsehanstalten (ZDF-Literaturpreis), Unternehmensverbände, Stiftungen, literarische Vereinigungen – sie alle erhöhen ihr Renommé durch die Vergabe von zum Teil gut dotierten Preisen.

Die genaue Zahl der Literaturpreise ist allerdings schwierig zu bestimmen, da man nach Einzelpreisen, die jedoch auch an mehrere Personen oder nach unterschiedlichen Zielsetzungen (z.B. Nachwuchsförderung) vergeben werden, oder nach der Anzahl der möglichen Einzelempfänger unterscheiden kann. Das *Handbuch der Kulturpreise* (1978; ²1985) kommt denn auch auf rund 140 Literaturpreise, soweit Einzelpreise gezählt werden. Differenziert man diese jedoch in sich nach »Preiseinheiten«, so kommt man allein im Jahr 1978 auf rund 1000 Preisverleihungen an Autoren. Diese sind in sich wieder nach verschiedenen Sparten zu unterteilen, in dotierte Ehrungen und Hauptpreise, dotierte Förderpreise und Stipendien, undotierte Ehrungen, »Ehrensolde« (Künstlersozialhilfen vor allem für ältere Künstler), schließlich Projektförderungen. Zu den undotierten Auszeichnungen zählen etwa die »Bestenliste« des Literaturmagazins beim Südwestfunk Baden-Baden, der Hörspielpreis der Kriegsblinden in Bonn, das Buch des Monats der Deutschen Akademie für Sprache und Dichtung in Darmstadt, die Mitgliedschaft in dieser Akademie wie in der Akademie der Wissenschaften und der Literatur zu Mainz und im P.E.N.-Club. Die bedeutendsten und am höchsten dotierten Literaturpreise (zwischen 20000 und 30000 Mark) sind der Georg-Büchner-Preis (Darmstadt), der Rudolf-Alexander-Schroeder-Preis (Bremen) und der Ingeborg-Bachmann-Preis (Klagenfurt). Die durchschnittliche Höhe der Literaturpreise lag 1978 allerdings bei nur rund 5000 Mark. Durchschnittlich: ein erheblicher Teil der Literaturpreise lag also weit darunter und stellt nicht mehr als eine Art Achtungsentgelt ohne nachhaltige Förderungswirkung dar. Mit Recht heißt es deshalb im *Handbuch der Kulturpreise:*

»Obwohl bei Preisverleihungen und Stipendien natürlich nicht nur an die Brieftaschen von Autoren und Künstlern zu denken ist, muß sich eine Gesellschaft, die dem materiellen und sozialen Wohlergehen des größten Teils der Bevölkerung höchste Aufmerksamkeit schenkt, doch immer wieder fragen lassen, warum sie ähnliche Maßstäbe nicht auch für ihre Künstler und Autoren gelten lassen will. Daß dies keineswegs eine nur rhetorische Frage ist, wird spätestens dann deutlich, wenn man sich näher mit Zweckbestimmungen und Zielsetzungen von (zum Teil sehr bekannten) Förderpreisen und Stipendien befaßt, in denen es häufig heißt, dem Geförderten solle für eine bestimmte Zeit die von Marktzwängen ungestörte künstlerische Entwicklung ermöglicht, auf jeden Fall aber die Sorge um den täglichen Lebensunterhalt genommen werden. Damit kann es aber bei Förderbeträgen von zum Teil unter 5000 DM für ein halbjähriges Stipendium kaum weit her sein: Mit Ausnahme der oft jugendlichen und auch mehrfach-geförderten Musiker und der durch Projektförderungen ebenfalls günstigen Lage beim Film-Nachwuchs sieht die Realität doch so aus, daß Schriftsteller, Bildende Künstler, Darsteller oder Architekten im allgemeinen das 30. Lebensjahr deutlich überschritten haben, wenn sie den Vergabegremien als »förderungswürdig« oder »vielversprechend« erscheinen. Zahlreiche »Nachwuchs«-Preise operieren denn auch mit *Altersgrenzen* um 35 bis 40 Jahre oder schweigen sich hier ganz aus. Würde ein solcher Stipendiat mit festen Familien-, Wohn- und/oder Arbeitsbindungen das Angebot der Stifter ernst nehmen und sich – womöglich noch im Ausland – mit der Unterstützung von vielleicht monatlich 1000 DM ›sorgenfrei‹ allein seinen privaten oder künstlerischen Bedürfnissen widmen, müßte er den Beruf wohl bald an den Nagel hängen.«

So unüberschaubar mittlerweile die Vielzahl der Geld- und Ehrenpreise, der Medaillen, Stipendien und Orden sich darbietet – das Interesse an ihnen scheint jedenfalls wechselseitig zu sein. Die vergebenden Institutionen und Organisationen, Firmen und Verbände – jüngst etwa *Die Zeit* durch ihren mit DM 50000 dotierten Preis für Kleinverlage – können sich öffentlichkeitswirksam als kunstfreundlich präsentieren. Und die ausgezeichneten Autoren dürfen, selbst wenn es kein Bargeld gibt, mit erhöhter öffentlicher Wahrnehmung ihres Namens rechnen.

Es versteht sich gerade angesichts des Öffentlichkeitsaspektes, daß die Vergabe von Literaturpreisen, die Auswahl der Preisträger, die Zusammensetzung der Jurys auch eine politisch-gesellschaftliche Bedeutung besitzen als Faktoren des literarischen Prozesses. Sie repräsentieren ihn, aber sie bestimmen ihn auch. Sie schaffen einen binnenkulturellen Austausch und Ver-

Karl Krolow überreicht den Georg-Büchner-Preis 1972 an Elias Canetti

weisungszusammenhang, der zugleich die öffentliche Wahrnehmung und Definition von Kultur und Literatur steuert. Und sie bilden auf diese Weise eine eigene Tradition aus, die auf Kontinuität mehr als auf Wandel setzt, auf Bestätigung des Überkommenen oder bereits Arrivierten mehr als auf Innovation und Impulsgebung. So ziehen die bereits häufiger ausgezeichneten Autoren weitere Ehrungen geradezu magnetisch an: Bis 1978 hatten etwa Peter Huchel, Wolfgang Koeppen, Heinz Piontek, Heinrich Böll und Golo Mann jeweils rund ein Dutzend Literaturpreise auf sich vereinigt und bildeten so die Spitze der Preisträger-Pyramide. Erklären läßt sich diese Tatsache aus der Aura »großer Namen«, die auf den verliehenen Preis und die verleihende Institution zurückstrahlt. Eine Tatsache, die in den 50er Jahren zu einer augenfälligen Dominanz christlich-konservativer Preisträger führte, von Autoren also, die bereits im Dritten Reich, zum Teil im Umkreis der Inneren Emigration, veröffentlicht hatten und teilweise auch durch Literaturpreise ausgezeichnet worden waren. Mit Recht ist deshalb die Politik der Vergabe von Literaturpreisen nach 1945 als ein »Wegweiser in die Restauration« bezeichnet worden (Friedhelm Kröll in: *Nachkriegsliteratur in Westdeutschland 1945-1949*, 1982). Jenes Stück Literaturgeschichte, an dem die Verleihung von Literaturpreisen mitgeschrieben hat, ist in der Bundesrepublik immer auch ein Teil der Ideologiegeschichte gewesen.

Das gelegentliche Mäzenatentum der Literaturpreise reicht freilich, wie sich leicht einsehen läßt, nur in sehr begrenztem Umfang aus, längerfristige literarische Projekte zu sichern. Schon immer sind deshalb, seit es einen »freien« Markt für Autoren gibt, diese von »Mäzenen«, zumeist von ihren Verlegern gefördert und unterstützt worden, sei es in Form von Stipendien, sei es durch Vorschußzahlungen auf ihr Honorar. Solcher Förderung lag nichts weniger zugrunde als mäzenatische Großmut, vielmehr die Einsicht, daß Literatur zu ihrer Produktion der Planung ebenso wie der materiellen Sicherung sehr wohl bedarf. Und aus eben dieser Einsicht schlug auch der Verband deutscher Schriftsteller 1980 die Bildung eines Literaturfonds vor, der aus den bislang nicht beanspruchten Mitteln einer *Deutschen Nationalstiftung* finanziert werden sollte. Tatsächlich wurde dieser »Deutsche Literaturfonds« mit fünf Millionen Mark ausgestattet und hat – mit Hilfe von Akademien, Autoren- und Bibliotheksorganisationen – bis Anfang 1984 153 Autoren unterstützt (mit sechs bis zwölf Monatsbeträgen von maximal DM 2500), hat Lesungen ehemaliger Stipendiaten veranstaltet (»Kranichsteiner Literaturtage«) und einen Literaturpreis verliehen (10000 DM). Wie die Zukunft des »Literaturfonds« aussieht, war im Jahre 1985 allerdings noch ungewiß. Eine dauerhafte Kulturstiftung des Bundes oder der Länder scheint vorerst nicht in Sicht, so daß auf absehbare Zeit die Förderung von Literatur nicht zur Domäne offizieller Kulturpolitik werden dürfte.

Ob sie hierzu aber überhaupt sich entwickeln sollte, scheint zumindest unter den Autoren nicht unumstritten. So meinte Wolf Wondratschek beispielsweise 1984:

»Ich finde, jede Förderung von Literatur ist eine Scheiße. Man sollte keine Förderungspreise geben, keine Literaturpreise. Die Leute sollten aufhören, wenn sie nicht mehr davon leben können. Ein Kafka hat auch keine Förderung bekommen, der ist jeden Tag ins Büro gegangen und hat nichts geschrieben und hat malocht. Die ganze Literatur wird gefördert.«

Franz-Josef Strauß überreicht Thomas Brasch den Bayerischen Filmpreis (1982)

»Unter den Widersprüchen, die unsere Zeit taumeln läßt zwischen Waffenstillstand und Krieg, zwischen dem Zerfall der Ordnung, die Staat heißt, und ihrem wütenden Überlebenskampf, zwischen dem Alten, das tot ist, aber mächtig, und dem Neuen, das lebensnotwendig ist, aber nicht in Aussicht, scheint der Widerspruch, in dem ich arbeite, ein geringer: gleichzeitig ein Denkmal zu setzen dem anarchischen Anspruch auf eigene Geschichte und dies zu tun mit dem Wohlwollen derer, die eben diesen Versuch unmöglich machen wollen und müssen, der Herrschenden nämlich. Obwohl, wie gesagt, nicht der wichtigste Widerspruch, ist er doch für den, der ihm ausgesetzt ist, der mit dem Geld des Staates arbeitet und den Staat angreift, der den subversiven Außenseiter zum Gegenstand seiner Arbeit macht und sich selbst zur gleichen Zeit zu einem Komplizen der Macht, ein entscheidender.
Er ist der Widerspruch der Künstler im Zeitalter des Geldes schlechthin, und er ist nur scheinbar zu lösen: mit dem Rückzug in eine privatisierende Kunstproduktion oder mit der Übernahme der Ideologie der Macht. Beides sind keine wirklichen Lösungen, denn sie gehen dem Widerspruch aus dem Weg, und die Widersprüche sind die Hoffnungen. Erst sie ermöglichen, den Bruch, der durch die Gesellschaft der Leistungen und der staatlichen Macht geht und durch jedes einzelne ihrer Glieder, in seiner ganzen Größe zu erkennen. Diese Gesellschaft hat sie geschaffen, hat die Künste in die Zerreißprobe zwischen Korruption und Talent geschleift, und nicht die Künste werden diesen Widerspruch abschaffen, sie können sich ihm nur aussetzen, um ihn besser zu beschreiben, sondern alle Kräfte, die zur Abschaffung der gegenwärtigen Zustände beitragen, die keine menschenwürdigen sind.«
Thomas Brasch

Sozialdarwinistische Maßregeln wie diese – »aufhören, wenn sie nicht mehr davon leben können« – deuten jedoch angesichts eines privatkapitalistisch organisierten Verlagswesens auf mangelnden Realitätssinn. Oder auf ein schlechtes Gedächtnis. Wondratschek vergaß nämlich hinzuzufügen, daß auch seine Arbeiten gefördert worden sind: 1968 durch die Verleihung des »Leonce- und Lena-Preises«, 1969 durch den »Hörspielpreis der Kriegsblinden«. Vielleicht aber wäre der Förderung von Literatur in der Tat nicht durch die Verleihung von Preisen an arrivierte Autoren, sondern durch die Vergabe von Stipendien für Arbeitsprojekte jüngerer Schriftsteller am besten gedient – so lange allenfalls jedoch, bis diese ihrerseits zu öffentlichen Ehren gelangen. Denn es gilt auch hier das Wort aus Friedrich Dürrenmatts Komödie *Der Meteor*: »Ein Schriftsteller, den unsere Gesellschaft an ihren Busen drückt, ist für alle Zeiten korrumpiert.«

Krise der Literaturkritik?

»Der wahre Kunstrichter folgert keine Regeln aus seinem Geschmacke, sondern hat seinen Geschmack nach den Regeln gebildet, welche die Natur der Sache erfordert.« Lessing wußte, wovon er sprach. Als er diesen Satz niederschrieb – er findet sich unterm Datum vom 3. Juli 1767 im 19. Stück seiner *Hamburgischen Dramaturgie* –, hatte er nicht nur bereits mit der abstrakten, an erstarrten Konventionen orientierten rationalistischen Ästhetik eines Johann Christoph Gottsched abgerechnet, sondern in seinem *Laokoon* (1766) selber auch die »Grenzen der Malerei und Poesie« aus der »Natur der Sache« bestimmt. So überzeugend und so wirkungsvoll, daß er mit gutem Grund dem geschmäcklerischen Kunstrichtertum eine Absage erteilen konnte: »Es ist einem jeden vergönnt, seinen eigenen Geschmack zu haben; und es ist rühmlich, sich von seinem eigenen Geschmacke Rechenschaft zu geben suchen. Aber den Gründen, durch die man ihn rechtfertigen will, eine Allgemeinheit erteilen, die, wenn es seine Richtigkeit damit hätte, ihn zu dem einzigen wahren Geschmacke machen müßte, heißt aus den Grenzen des forschenden Liebhabers herausgehen und sich zu einem eigensinnigen Gesetzgeber aufwerfen.«

Lessings beherzigenswerte Maxime von der »Natur der Sache« hat – sieht man sich die gegenwärtige Literaturkritik an – offenbar kaum Freunde gefunden. Im Gegenteil: Es wimmelt von »eigensinnigen Gesetzgebern«, die im chaotischen Neben- und Miteinander konkurrierender Institutionen und Einflußsphären Geschmacksäußerungen vortragen. Da zählt häufig genug die brillant formulierte Impression mehr denn das ausweisbare und ausgewiesene Urteil, das seine eigenen Voraussetzungen ebensowohl bedenkt wie die »Natur der Sache«, über die es befindet. Was freilich mit dem Marktcharakter des Literaturbetriebs aufs engste zusammenhängt. Der Literaturkritiker verdient sein Geld mit dem, was er schreibt. Er steht also häufig unter Zeitdruck: Je mehr er schreibt, je weniger er sich auf seinen literarischen Gegenstand ernsthaft einläßt, desto mehr Geld kann er verdienen.

Die »Natur der Sache« ernstzunehmen, widerstreitet solchen Marktabhängigkeiten durchaus. Denn diese hat mit bloßer Meinung oder Ideologie so wenig zu tun wie mit persönlichem Geschmack. »Natur der Sache« heißt ja bei einem literarischen Werk: Sprache, Bilder, Metaphorik, Assonanzen und Dissonanzen, Bauformen, Perspektivik und Konstruktion, Gestus und Zeitbezüge – heißt, kurz gesagt: *literarische Technik.* Diese als ästhetische Vermittlung gesellschaftlicher Bezüge zu zeigen, sie mithin in ihrer sozialen Funktion zu charakterisieren, wäre eine der Aufgaben von Literaturkritik. Eine andere: Ihre Stellung im (literar-)historischen Prozeß zu ergründen. Eine dritte: dem Leser nachprüfbare Kriterien der Wertung an die Hand zu geben. Und nicht zuletzt: Die Bedingungen der Literaturkritik selber – ihre politisch-sozialen wie ihre theoretischen – reflektierend in die literaturkritische Argumentation einzubeziehen.

Solche hochgespannten Ansprüche zu stellen, scheint nicht unberechtigt angesichts der Wirkungen, die man der Literaturkritik zubilligen muß. Kein Zweifel: Die ausführliche, wohlbegründete und gut formulierte Kritik eines literarischen Werks in einem wichtigen Periodikum kann entscheidend zu dessen Erfolg oder Mißerfolg auf dem Buchmarkt beitragen. Sie muß es zwar nicht, denn das enthusiastische Lob eines Kritikers allein wird ein Werk noch nicht zum Bestseller machen, sowenig umgekehrt ein literaturkritischer Verriß die Verbreitung eines Buches zu verhindern vermag. Aber immerhin können die Urteile von Kritikern für die literarische Zukunft zumal jüngerer, noch nicht arrivierter Autoren mitentscheidend sein. Und ebenso gewiß können sie Absatzzahlen beeinflussen.

Eine wichtige Rolle spielen im Literaturbetrieb vor allem die professionellen Kritiker, wobei freilich zwischen den Formen literarischer Kritik zu unterscheiden ist. Wichtigste Informationsquelle für Leser anspruchsvoller Gegenwartsliteratur sind zunächst die Feuilletons führender politisch-kultureller Wochenblätter *(Die Zeit, Der Spiegel, Deutsches Allgemeines Sonntagsblatt)* sowie die Wochenendfeuilletons wichtiger überregionaler Tageszeitungen *(Süddeutsche Zeitung, Frankfurter Allgemeine Zeitung, Frankfurter Rundschau).* Hier schreiben professionelle Kritiker ebenso wie Fachwissenschaftler oder auch Schriftsteller – letztere jedoch eher in unregelmäßiger Folge, weil spezielle Werke sie interessieren oder um eine zusätzliche Einkommensquelle zu nutzen. Weniger Literaturkritik als vielmehr eine Art Annoncierung, eine knappe Würdigung von Literatur, betreiben die Rundfunk- und Fernsehanstalten, zum Teil in regelmäßigen Sendungen, die neue »Trends« aber auch literarische Besonderheiten vorstellen (Aspekte, Autor-Scooter, Bücherjournal), zum Teil in ausführlichen Sondersendungen, wie etwa alljährlich zur Frankfurter Buchmesse, in denen überblickhafte Berichte über Entwicklungen auf dem Buchmarkt verbunden werden mit kurzen Einzelvorstellungen wichtiger oder für wichtig gehaltener Werke. Daneben sind als Informationsmöglichkeit en passant besondere Rezensionsspalten in der Regionalpresse zu nennen, die in meist knappen Würdigungen einen – selbstverständlich nur unzureichenden – Einblick in die Entwicklung der in- und ausländischen Gegenwartsliteratur zu geben versuchen. Und schließlich auch die Kultur- und Literaturzeitschriften, in denen sich häufig Analysen und Essays zu literarischen Strömungen oder einzelnen Autoren finden.

Verständlicherweise haben – gerade wegen ihres Einflusses – die führenden professionellen Kritiker, die »Literaturpäpste« und »Großkritiker« (Peter Hamm in: *Kritik/von wem/für wen/wie*, 1968), Protest und Einspruch auf Seiten der Autoren wie bei Kollegen immer wieder hervorgerufen. Reaktionen, die dem einzelnen Werk öffentlich Bedeutung zuerkannten, indem sie auf Wertungsdifferenzen bestanden, also Kriterien der Urteilsfindung gegeneinander abwogen und die Dignität des einzelnen literarischen Werks ins Recht setzten. Reaktionen aber auch, die, soweit sie von Autoren stammten, ein in vielfältigen Erfahrungen gründendes prinzipielles Mißtrauen gegenüber den »Großkritikern« anzeigten. Solche Erfahrungen konnten sich beispielsweise auf eine kritische Analyse Peter Schneiders berufen, der 1965 bei Gelegenheit von Max Frischs Roman *Mein Name sei Gantenbein* (1964) die »Mängel der gegenwärtigen Literaturkritik« (Schneider) herausgearbeitet hatte. An Rezensionen von Reinhard Baumgart, Hans Mayer, Helmut Heißenbüttel, Günter Blöcker und Marcel Reich-Ranicki monierte Schneider vor allem die Standpunktlosigkeit, die Eitelkeit der Schreibweisen und die kaum erkennbaren Urteilsprinzipien. Marcel Reich-Ranicki hat denn auch bekannt: »Literaturkritik ist immer Polemik. Der Rezensent kämpft für oder gegen ein Buch, eine Richtung, eine Literatur.« Aber Martin Walser, oft genug gebeutelt gerade von Reich-Ranicki, hielt auch solches Eingeständnis noch für literaturkritische Koketterie:

»Der bürgerliche Kritiker hat eine bewundernswerte Fähigkeit entwickelt, alles in Frage zu stellen, nur nicht die Bedingungen, unter denen er arbeitet. Auch sich selber stellt er in Frage, ohne von sich noch eine Antwort zu verlangen. Sein In-Frage-Stellen, sein Zweifel ist ein Samstags-Ritual, das es, was das fix und fertige Zelebrieren angeht, mit jeder Sonntagsliturgie aufnehmen kann. Dieser Kritiker weiß genau, daß die Selbstherrlichkeit seiner Position in ihm Eitelkeit und Größenwahn produziert. Das bekennt er nur zu gern. Er hat in persönlicher Haltung und als Schreibender einen Stil entwickelt, der ihm ermöglicht, seine Eitelkeit und seinen Größenwahn selber zu genießen.«

Welche Wirkungen die spontane Kritik der »Literaturpäpste« auf den Tagungen der Gruppe 47 haben konnte, ist bekannt: Nicht ohne Grund nannte man den Platz, auf dem die Vortragenden saßen, den »elektrischen Stuhl«. Ähnlich verheerende Folgen vermag offenbar – darf man den Presseberichten Glauben schenken – das nach gleichem Muster konzipierte Nachfolgeritual zu zeitigen, das alljährlich der Verleihung des Ingeborg-Bachmann-Preises in Klagenfurt voraufgeht. Ohrfeigen für Theaterkritiker sind zwar noch immer die Ausnahme, doch mögen nicht wenige Schriftsteller nach deftigen Verrissen ihrer Werke sich insgeheim dem bösen Wort des Theaterregisseurs Peter Stein von der »Kritiker-Jauche« angeschlossen haben.

Nun könnte man Querelen zwischen Künstlern und Kritikern leichthin abtun mit dem Hinweis auf eine gleichsam standesgebundene Gegnerschaft. Bekanntlich heißt es schon in einem Gedicht Goethes aus dem Jahre 1773: »Schlagt ihn tot, den Hund! Es ist ein Rezensent!« Narzißmus und verletzte Eitelkeit auf der einen, Neid und bloße Sekundärproduktivität auf der anderen Seite finden sich in der Tat im Verhältnis von Autor und Kritiker literarhistorisch immer wieder. Doch sich mit solchen Belegen zu begnügen, hieße, den geschichtlich-gesellschaftlichen Wandel nicht ernstzunehmen, dem wie die Literatur, so auch Kritik unterliegt. Lessing konnte sich seiner Maxime von der »Natur der Sache« sicher sein, weil sich diese ihm im Lichte der Aufklärung erhellte. Und so wie Heinrich Heine die »romantische Schule« aus dem Geist der 48er

**Ingeborg-Bachmann-Preis 1986
(v. l. n. r. die Preisträger Zsuzsanna Ghase, Ingrid Puganigg, Katja Lange-Müller, Jochen Beyse, Daniel Grolle, Arnulf Ploder)**

Revolution geißelte, wie Franz Mehring seine literaturtheoretischen Arbeiten auf den Marxismus gründete, wie Walter Benjamin in den 20er Jahren den Kritiker begreifen konnte als »Strategen im Literaturkampf« – so hat alle bedeutende Literaturkritik vom 18. bis zum ersten Drittel des 20. Jahrhunderts gewissermaßen den Wind der Geschichte im Rücken gespürt, aus dem Geiste der Aufklärung, den Wind des Fortschritts, des Glaubens an eine veränderbare Gegenwart und eine beherrschbare Zukunft, zu deren Verwirklichung beizutragen Literatur und Kritik gleichermaßen sich herausgefordert und imstande sahen.

Diese Gewißheit aber scheint durch den Verlauf des historischen Prozesses widerlegt worden zu sein. Wenn etwas, so haben Faschismus, Auschwitz, 2. Weltkrieg eine nachhaltige Erschütterung des Kulturvertrauens bewirkt – diese Erschütterung prägt die Literatur nach 1945 nicht weniger als die Kritik, die sich auf sie bezieht. Eine Kritik aber, die sich auf solche Erschütterung nicht einließe, sondern unbeirrt an ihren kunstrichterlichen Geschmacksäußerungen festhielte, verkäme zu einem bloßen Bedienen des Literaturbetriebes, zur beliebigen Ingredienz im Rezensentensalat, zum bewußtlosen »Mitmachen«, dem Theodor W. Adorno in seinen Überlegungen »Zur Krisis der Literaturkritik« die Forderung entgegensetzte:

»Nur der Literaturkritiker würde seiner Aufgabe noch gerecht, der über diese Aufgabe hinausginge und etwas von der Erschütterung in seinen Gedanken registrierte, die dem Boden widerfuhr, auf dem er sich bewegt. Das könnte aber nur gelingen, wenn er zugleich in voller Freiheit und Verantwortlichkeit, ohne alle Rücksicht auf öffentliche Geltung und Machtkonstellationen und zugleich mit der genauesten artistisch-technischen Erfahrung sich in die Gegenstände versenkte, die ihm vorkommen, und den Anspruch aufs Absolute, der noch dem erbärmlichsten Kunstwerk verzerrt innewohnt, so schwer nähme, als wäre es das, wofür es sich ausgibt.«

**»1. Die Urteile des Kritikers fallen vom Himmel.
Der Leser ist ihnen auf Treu und Glauben ausgeliefert.
Die Person des Kritikers wird dabei zwangsläufig wichtiger als seine Argumente. Es bildet sich ein Verhältnis zwischen Leser und Kritiker heraus, das lediglich aus den emotionalen Einstellungen des Vertrauens und des Mißtrauens lebt. Daß der und kein anderer das Urteil abgegeben hat, wird bedeutsamer, als was für ein Urteil er abgegeben hat.
2. Im selben Maß, wie die Urteile unkontrollierbar sind, sind es auch die Informationen. Da das Urteilsprinzip nicht deutlich ist, ist auch das Prinzip für die Auswahl der Informationen nicht deutlich. Der Leser wird über einen Ausschnitt des Gegenstandes der Kritik informiert, ohne zu wissen, daß es ein Ausschnitt ist und welcher Ausschnitt es ist.
3. Die Sprache des Kritikers wird anfällig für Gemeinplätze und Eitelkeiten. Sie erweist sich als untauglich, Gedankengänge zu entwickeln und klar auszudrücken. Dem entspricht die Nachlässigkeit des Kritikers im Aufbau der Kritik. Die Mehrzahl der Kritiken erscheint als eine lose Aufzählung von Eindrücken, die der Kritiker beim Lesen gesammelt hat.
4. Die Situation des Konsumenten dieser Literaturkritik ist nicht besser. Dem Leser geht durch den Mangel an explizierten kritischen Gesichtspunkten jeder Einblick in die tatsächliche Mannigfaltigkeit kritischer Gesichtspunkte verloren. Da die fortschrittlichen Kritiker ebenso große Konzessionen an den Rückschritt machen, wie die rückschrittlichen Kritiker sie an den Fortschritt machen, vermag der Leser sich für die Unterscheidung von reaktionären, modischen und neuen literarischen Entwicklungen keine Maßstäbe zu erarbeiten. Das objektive Bild, das ihm der Kritiker anbietet, ist nicht nur falsch, sondern nimmt ihm auch den Appetit, sich selber um eines zu bemühen. Der Leser befindet sich in einem Zustand chronischen Vollgefressenseins, ohne irgend etwas Handfestes zu sich genommen zu haben.«
Peter Schneider:
Die Mängel der gegenwärtigen Literaturkritik (1965)**

Auch Adorno hielt also an der »Natur der Sache« fest, doch forderte er zugleich den selbstreflexiven Bezug auf die geschichtlich-gesellschaftliche Situation, in der Kritik steht und entsteht und auf die sie wirkt. Das war Anfang der 50er Jahre. Daß die Literaturkritik in den folgenden Jahren solche Selbstreflexion verabsäumte, daß sie oft genug zum sensibilistischen Kammerspielton verkam, statt sich in der Auseinandersetzung mit Literatur öffentlich und vernehmlich ihrer Gegenwart wie ihrer Geschichte zu vergewissern, hat sie – wie Literatur und Literaturwissenschaft auch – 1968 in eine tiefe Krise geführt. »Die bürgerliche Kritik ist tot«, stellte Walter Boehlich in seinem »Autodafé« *(Kursbuch 15)* seinerzeit fest. Aber auch Boehlich blieb nicht bei diesem Befund stehen, sondern verband ihn mit dem Entwurf einer »lebendigen« Kritik, »deren Autorität sich darauf gründet, daß der Kritiker sich über die Funktion klar ist, die Literatur hat, und daß von dieser Funktion abhängen muß, was über Literatur gesagt wird«. Abermals also die »Natur der Sache«, wenn auch begründet aus der kulturrevolutionären Aufbruchsstimmung Ende der 60er Jahre.

Kritik will urteilen, also: verändern. Dies ist ihr aufklärerisches Erbe, das sie vielleicht verleugnen, doch nicht unterschlagen kann. Und dies ist auch der Zusammenhang, in dem noch die Forderungen Adornos und Boehlichs aus den Jahren 1952 und 1968 mit denen Lessings aus dem Jahre 1767 stehen. Doch die aufklärerische Tradition läßt sich nicht ungebrochen mehr behaupten, auch in der Literaturkritik nicht, wenn sie nicht zur reinen Ideologie verkommen soll. »Ist Literaturkritik antiquiert?«, fragte deshalb der Literaturkritiker Heinrich Vormweg 1985. Die Frage war rhetorisch gemeint: Sie zielte auf eine orientierende Antwort angesichts einer allseitigen Relativierung literaturkritischer Wertungskriterien.

Aber der Vorschlag Vormwegs, im Zeitalter der Schlagworte »Posthistoire« und »Postmoderne« auf dem Programm der Aufklärung zu beharren, scheint nicht unproblematisch, reflektiert er doch gerade nicht die Erschütterung, die der positive Gehalt aufklärerischen Denkens historisch erfahren hat. Sowenig es übergreifende, verbindliche Sinnstiftungen aus dem Geiste aufklärerischer Philosophie noch gibt, sowenig kann Literaturkritik – geschweige denn Literatur – vor deren Hintergrund sich noch Gewißheiten erhoffen. Im dialektischen Zusammenwirken von Subjektivität (des Kritikers) und Geschichtlichkeit (der literaturkritischen Tradition) bietet die »Natur der Sache«, die Formensprache der Literatur also, der Literaturkritik im besten Falle Grund und Anlaß – zur Selbstaufklärung.

Literaturkritik als vermittelnde Instanz zwischen Autor und literarischem Werk auf der einen, Lesepublikum auf der anderen Seite des literarischen Prozesses vermöchte ihre Aufgabe dann zu erfüllen, wenn die Kritiker bereit und in der Lage sind, ihre eigene Rolle, subjektiv wie historisch, zu definieren und zu reflektieren. Kritik, mit Ernst Bloch begriffen als »lebendige Auseinandersetzung in Gruppen für und wider, kein unbeteiligtes Geschwätz, überhaupt keine Kontemplation«, solche Kritik könnte jene Qualität erlangen, die Bloch ihr zugesprochen hat – und die die »Natur der Sache« ihr abverlangt: »Kritik ist Analyse, gegebenenfalls wird sie, vor bedeutenden Werken, endlich wieder Kommentar, zuletzt, als produktives Gebilde, Essay.«

Kulturzeitschriften

Zeitschriften sind gleichsam die Hefe im Teig des Literaturbetriebes. Was hier, im Literaturbetrieb, aufgeht an Diskussionen und Debatten, an Werken und Entwicklungen, das hat nicht selten dort, in der Vielfalt der Zeitschriften, seine ersten, keimhaften Anfänge erlebt. Das macht: Literaturzeitschriften sind offener für Neuerungen und Anregungen, weniger am Markt und Absatz orientiert, planen häufig mit mehr Engagement und Risikobereitschaft, als auf Rentabilität festgelegte belletristische Verlagssparten dies können. Mag es im einzelnen auch Spezialisierungen geben – Gattungs- und Genreschwerpunkte, Regionalaspekte, systematische Abgrenzungen oder Maßstäbe poetischer Innovation –, so gilt doch generell, daß Literaturzeitschriften Sperrgut mit sich schleppen, Nonkonformes und Unkonventionelles transportieren, dem bislang nicht Wahrgenommenen, dem Unausgesprochenen und Unerhörten Raum geben. Die Herausgeber und Redakteure finanzieren ihr Produkt nicht selten aus eigener Tasche, halten es mit großem persönlichen Einsatz am Leben, ohne Aussicht auf eine ökonomische Stabilisierung oder dauerhaften Gewinn, einzig, weil sie einen ihnen wichtig gewordenen Gedanken, eine originelle literarische, künstlerische Strömung oder Richtung fördern wollen. Zwar spielt bisweilen auch Geltungsdrang, womöglich Sendungsbewußtsein in solche Unternehmungen hinein. Andererseits aber zehren Zeitschriften nachgerade von ihrem Originalitätsanspruch: Nur deshalb, weil sich in ihnen zu äußern vermag, was, möglicherweise, nirgendwo sonst ein Forum besäße, suchen ambitionierte und spezialisierte Leser den Weg zu ihnen.

Literaturzeitschriften begrifflich gegenüber Kulturzeitschriften im allgemeinen abzugrenzen, fällt deswegen schwer, weil es vielfältige Übergänge zwischen den Zeitschriftentypen gibt. So wird man unter einer Kulturzeitschrift generell ein Periodikum verstehen, das sich mit kulturellen Ausdrucksformen im unfassenden Sinne des Wortes befaßt, also von der Alltagskultur bis zur Kulturpolitik, von der politischen Theorie zur Kulturkritik, von der Literarästhetik zur Gesellschaftsanalyse seine Themen findet. Aber einen nicht unbeträchtlichen Raum der Kulturzeitschriften in einem solch umfassenden Sinn nehmen auch literarische Texte ein, wie sie sich in spezialisierten Literaturzeitschriften finden. Und diese befassen sich ihrerseits mit Buchkritik und philologischen wie literarästhetischen Problemen, weisen also Gemeinsamkeiten mit sprach- und literaturwissenschaftlichen Fachblättern auf. Nicht zuletzt aber enthalten auch die Feuilletons der großen überregionalen Tageszeitungen und der bedeutenden Wochenblätter durchweg erhebliche literarische, kulturkritische und -theoretische Anteile, die sie in Konkurrenz zu einer Reihe von Kultur- und Literaturzeitschriften gebracht haben, zumindest aber in eine Interessenidentität, die sich nicht selten in Vorabdrucken aus Kulturperiodika äußert.

6702 Zeitschriften registrierte in seiner Ausgabe vom 14. November 1985 das *Börsenblatt für den deutschen Buchhandel* für das Jahr 1983, davon 195 in der Rubrik »Bildende und darstellende Kunst, Literatur, Film, Musik«, die hier in Betracht kommt. Diese Zahl jedoch ist nicht vollständig. Zum einen finden sich Literatur- und Kulturzeitschriften auch in der Rubrik »Kultur, Sprache, Geisteswissenschaften«, die übrigens auch zahlreiche Zeitschriften aus der zuvor genannten Rubrik abermals aufführt. Zum anderen sind viele wichtige Zeitschriften überhaupt nicht erfaßt, beispielsweise *TransAtlantik* und *Titanic*. Ergänzende Informationen finden sich im *Verzeichnis deutschprachiger Literaturzeitschriften* (hrsg. von Günter Emig, 1984), das allerdings ebenfalls unvollständig ist, wenngleich es knappe Charakterisierungen von etwa 70 bundesdeutschen, 30 österreichischen und 10 schweizerischen Literaturzeitschriften enthält. Wer sich aber über den offiziell gar nicht wahrgenommenen Zeitschriftenmarkt orientieren will, muß schon den *Alternativen Pressespiegel (APS)*, hrsg. vom »Informationsdienst e.V. Zentrum für alternative Medien« in Frankfurt zu Rate ziehen. Und schließlich kann es hilfreich sein, sich auch anhand von *Kürschners Deutscher Literatur-Kalender* noch zu informieren. So schillernd, ja unüberschaubar das Erscheinungsbild der Kulturzeitschriften nach einem Einblick in solche Kataloge auch wirkt – quantitativ dürften sie über einen Anteil von 5% am gesamten Zeitschriftenmarkt kaum hinausreichen.

Zu den Kulturzeitschriften in einem weiteren Sinne des Wortes muß man beispielsweise *Westermanns Monatshefte* (seit 1857, zuletzt 90000 Auflage, seit 1986 unter dem Titel *Westermann's*) rechnen, ebenso den *Merian* (seit 1947, Aufl. 180000), die beide auf ein allgemein an kulturellen Entwicklungen interessiertes, eher unpolitisches, bildungsbürgerlich orientiertes Publikum zielen. Politisch-kulturelle Periodika liberaler Prägung sind *Die Neue Rundschau* (seit 1945) und *Neue deutsche Hefte* (seit 1954). *Die Neue Rundschau* erscheint seit Anfang der 80er Jahre in einer Taschenbuchreihe (Auflage 6000), nachdem sie erhebliche Absatzschwierigkeiten bekam. Und auch die *Frankfurter Hefte* (seit 1946) haben mit ihren Herausgebern Walter Dirks und Eugen Kogon schwierige Entwicklungen hinter sich bringen müssen: Um überhaupt existieren zu können, (die Zahl der Leser betrug zuletzt nur noch 3500), legte man 1984 Herausgebertätigkeit und Redaktion mit dem sozialdemokratischen Theorieorgan *Die Neue Gesellschaft* zusammen. Ähnliche Schwierigkeiten bekam in den 60er Jahren bereits *Der Monat* (1948–1971), nachdem seine Finanzierung aus Mitteln des amerikanischen Geheimdienstes CIA ruchbar geworden war. 1978 wieder ins Leben gerufen, existiert *Der Monat* heute in Form von themengebundenen Einzelheften bei einer Auflage von 5000 Exemplaren. Das vielleicht wichtigste Beispiel einer offenen, ideologisch nicht festgelegten Kulturzeitschrift bietet der *Merkur* (Untertitel: »Deutsche Zeitschrift für europäisches Denken«). 1947 von Hans Paeschke begründet, 1979 bis 1983 von Hans Schwab-Felisch weitergeführt, seither von Karl-Heinz Bohrer herausgegeben und von der Ernst-Klett-Stiftung getragen, bietet *Merkur* einem breiten Spektrum hochreflektierter und durchaus unterschiedlich begründeter Argumentationen Raum.

Angesichts dieser etablierten Kulturzeitschriften und ihrer Existenzprobleme verdient die Tatsache Beachtung, daß seit Mitte der 70er Jahre eine Reihe von Zeitschriften *(L 80, Freibeuter, Konkursbuch, Spuren)* neu gegründet wurden, die auf ein erweitertes Bedürfnis und Interesse an intellektuellem Austausch schließen lassen. Hinter solchen Neugründungen verbirgt sich im Grunde ein Funktionswandel der Institution »Kulturzeitschrift«, die nach einer Phase engagierter Positionsnahmen, ideologischer Auseinandersetzungen und entschiedener Kulturkritik verstärkt zu hypothetischen und diskursiven, polemischen und gegenpolemischen, auch experimentellen und spielerischen Formen der öffentlichen Diskussion überzugehen scheint. Darin drückt sich zugleich ein Wandel des kulturellen Selbstverständnisses, ein Abbau politischer und theoretischer Gewißheiten aus, den notwendig gerade die Kulturzeitschriften nicht haben aussparen können, ja der von ihnen und durch sie auch vorangetrieben wurde. »Die Epoche der alten Kulturkritik«, so hieß es etwa im Herbst 1985 in der Zeitschrift *Merkur*, »ist zu Ende. Die

Konsequenz vorerst einmal: Erkenntniskritischer Witz wird wichtiger als moralisches Pathos, intellektuelle Neugierde vielversprechender als pädagogischer Ernst, Analyse notwendiger als Bekenntnis.«

Ein solches Ende der »alten Kulturkritik« läßt sich auch am Wandel einer Reihe von Zeitschriften ablesen, die zum linken Spektrum der politisch-kulturellen Diskussion zählen. Das von Hans Magnus Enzensberger begründete *Kursbuch* (seit 1965) gehört hierzu, das sich von einem Forum radikaler politischer Kritik zu thematischer Vielfalt und argumentativer Offenheit entwickelt hat, ähnlich wie die immer schon phantasievoll-querdenkerische Zeitschrift *Ästhetik und Kommunikation* (seit 1970), die zeit ihres Bestehens sich offen gezeigt hat für die Wahrnehmung sozialer und kultureller Bewegungen in der Bundesrepublik und Westberlin. Und solche Offenheit kennzeichnet – innerhalb der konzeptionellen Grenzen – auch den *Freibeuter* (seit 1979), der sich schon im Titel auf die gesellschaftskritische Tradition Pier Paolo Pasolinis beruft, eine Zeitschrift, die, begründet von Klaus Wagenbach, ein spannungsreiches Nebeneinander politisch-theoretischer und sinnlich-poetischer Ausdrucksformen mit grenzüberschreitendem Scharf- und Weitblick geschaffen hat. Aber auch Zeitschriften wie *Spuren*, *Konkursbuch*, *betrifft: erziehung* oder *Psyche* sind in diesem Zusammenhang zu nennen, Plattformen in sich ausdifferenzierter kulturtheoretischer Ansätze. Und nicht zuletzt *L 80*, begründet von Heinrich Böll und Günter Grass, eine Zeitschrift, die dem demokratischen Sozialismus nahesteht und sich nachdrücklich für unterdrückte Intellektuelle zumal in osteuropäischen Ländern einsetzt.

Schließlich die Literaturzeitschriften im engeren Sinne, allen voran die *Akzente* (seit 1954). Begründet von Hans Bender und Walter Höllerer, weitergeführt von Michael Krüger, erscheinen die *Akzente* im Münchner Hanser-Verlag mit einer Auflage von 6500 Exemplaren, ein Forum der poetischen Moderne und eines des avancierten Essays. Ferner, um einige weitere – beileibe nicht alle! – wichtige Zeitschriften zu nennen: *Litfass*, im Münchner Piper-Verlag erscheinend; *Literaturmagazin* (bei Rowohlt); *Schreibheft* (Essen); *Falk* (Hamburg); *Literatur & Erfahrung* (Berlin). Und während die letztgenannten in erster Linie dem Opferwillen ihrer Herausgeber, Redakteure und Autoren die Existenz verdanken, bestehen zwei andere wichtige Literaturzeitschriften dank der Subventionsbereitschaft der Öffentlichen Hand: die in Österreich erscheinenden *Manuskripte* (seit 1960), herausgegeben von Alfred Kolleritsch, und die mittlerweile seit 30 Jahren von Kurt Morawietz edierten *Die Horen* (seit 1956).

Welche Bedeutung aber kommt, angesichts der hier registrierten Titelvielfalt, den Kultur- und Literaturzeitschriften in der Bundesrepublik zu? Ein Blick zurück auf die Nachkriegssituation kann zur Beantwortung dieser Frage beitragen, denn in den Nachkriegsjahren gab es eine wirkliche Blütezeit des Zeitschriftenangebotes (vgl. Janet K. King, *Literarische Zeitschriften 1945–1970*, 1974), die auf eine erhebliche Bedeutung der politisch-kulturellen Periodika als Diskussionsforen gesellschaftlicher und ästhetischer Probleme hinweist. Doch diese Qualität verloren die Zeitschriften, als nach der Währungsreform 1948 die Buchproduktion auf eine gesicherte Grundlage gestellt werden konnte. Hinzukam, daß die Bereitschaft zu Dialog und Kontroverse, Kennzeichen der gesamten frühen Nachkriegspublizistik, einer weitgehenden Resignation wich angesichts der politischen Wirklichkeit zwischen Ost und West. Der Elan der Zeitschriftengründer und ihre politischen Zielsetzungen, soweit sie zum Brückenschlag, zum Neuanfang, aber auch zur Kritik an den Siegermächten von radikaldemokratischen Positionen aus tendierten, wurden durch die zunehmende politisch-ökonomische Abgrenzung Ost- und Westdeutschlands überholt und in Frage gestellt. Mit der Gründung der beiden deutschen Staaten (1949) hatten die politisch-kulturellen Zeitschriften – wie ihre seither geringer werdende Anzahl und Verbreitung zeigt – ihre Aufgabe weitgehend erfüllt.

An diesem Befund hat sich im wesentlichen nichts geändert. Denn auch die gegenwärtige Titelvielfalt darf nicht den falschen Eindruck einer der Nachkriegszeit vergleichbaren Zeitschriftenblüte erwecken. So lebensnotwendig nämlich die Zeitschriften für die Entstehung und Erhaltung einer politischen Kultur, für Anregung und Erneuerung, für Austausch und Kritik auch sein mögen, so sehr erscheinen sie doch, immer noch, als »luxurierend«. Eine überregionale Beachtung jedoch durch ein größeres Publikum mit womöglich folgenreichen Diskussionen finden nur einige wenige Periodika. Damit ist über die Bedeutung der übrigen gar nichts gesagt, wohl aber über ihren quantitativ vergleichsweise geringen Aktionsradius. Und da auch die Rundfunkanstalten und die überregionale Presse nur gelegentlich Raum für eine regelmäßige Zeitschriftenschau zur Verfügung stellen *(Frankfurter Rundschau, Frankfurter Allgemeine Zeitung, Die Zeit)*, bleibt die öffentliche Aufmerksamkeit begrenzt. Diese Tatsache ist Indiz eines sich selbst begrenzenden Bewußtseins kultureller Öffentlichkeit, die, noch immer, das vermeintlich Luxurierende im nivellierenden Medienzeitalter nicht als lebensnotwendig erkennt.

Literarische Sozialisation

Literarische Sozialisation durch Deutschunterricht und Lesebuch – das ist ein Kapitel für sich, und zwar ein durchaus unerfreuliches. Denn seit ihren Anfängen – und die liegen immerhin dreihundert Jahre zurück – hat sich die literarische Bildung von Kindern und Jugendlichen in Deutschland immer wieder als hinreichend attraktiv erwiesen, ihren Verächtern als Vehikel zur Ideologievermittlung zu dienen. Zumal das deutsche Lesebuch ist – bis heute – der Ort geblieben, an dem sich insbesondere konservative Traditionen ungehemmt ausstellen durften.

Solche Attraktivität hat ihren Grund in der besonderen Erfahrung, die das Lesebuch zu vermitteln vermag. Der französische Literaturwissenschaftler Robert Minder hat sie (in: *Kultur und Literatur in Deutschland und Frankreich*, 1962) einfühlsam beschrieben: »Die soziologische Funktion der Lesebücher ist eine doppelte. Sie spiegeln und sie prägen. In den Geschichten und Gedichten seines Lesebuchs findet das Kind Stimmungen, Gefühle, Erlebnisformen, Wertakzente wieder, die ihm schon von der Familie her vertraut und angewöhnt sind und die nun definitiv zu seinem Besitz werden, zum eisernen Bestand nicht nur seiner Literaturkenntnis, sondern seiner ganzen Art, die Welt zu erfahren.«

Das kontinuierlich sich durch die Geschichte des deutschen Lesebuchs im 19. und 20. Jahrhundert ziehende ideologische Band heißt: Gemüt und Deutschtum. Untersuchungen wie die von Robert Minder, aber auch Walther Killys historischer Abriß (in: *Germanistik – eine deutsche Wissenschaft*, 1967) haben den engen Zusammenhang dieser Ideologiebildung mit der politischen Geschichte zutage befördert. Sie haben gezeigt, daß diese Tradition auch die Epoche des Faschismus unbeschadet überdauert hat. »Vor dem Ersten Weltkrieg wie nach dem Zweiten«, so Robert Minder, »zielte bis gegen 1950/60 das deutsche Lesebuch fast durchgehend auf Pflege des Gemüts und der Weltanschauung; es will an Wurzelgründe des Daseins heranführen.« Agrarische Idylle und Zivilisationsflucht, Wirklichkeitsferne und Intellektfeindlichkeit, Erziehungsziele wie Gehorsam, Fleiß, Genügsamkeit und Frömmigkeit – das sind die Maximen, nach denen das deutsche Lesebuch bis in die 60er Jahre hinein komponiert wird. Die restaurativen Tendenzen der 50er Jahre boten ihnen einen hinreichenden Nährboden. Es versteht sich von selbst, daß in diesem Boden nur solche literarhistorischen Traditionen gedeihen durften, die den ideologischen Maximen genügt. Mit anderen Worten: Ein großer Teil der deutschen Literaturgeschichte wie der Gegenwartsliteratur – und zwar ihr wichtigster und anspruchsvollster – wurde unterschlagen. »Ein leeres Antlitz oder ein Zerrbild blickt uns an«, konstatierte Walther Killy, »als ob wir ein Volk wären fast ohne Vergangenheit, gewiß eines ohne große Literatur, ein Volk von idyllischen Ackerbauern, dessen talentlose Schriftsteller nur zuweilen herben Stolz oder tiefes Gefühl durchbrechen lassen, je nachdem, ob das deutsche Individuum eines Verräters oder eines Waldvögeleins ansichtig wird.«

1965 erschien ein Lesebuch, das sich schon mit seinem Titel *Versäumte Lektionen* (hrsg. von Peter Glotz und Wolfgang R. Langenbucher) ausdrücklich gegen die Tradition des konservativen Schullesebuchs wandte. Dieses Lesebuch konnte freilich nicht auf Anerkennung durch die Kultusministerien hoffen, auch wenn es sich aufs Grundgesetz berief und die Kriterien seiner Auswahl dem Profil einer »durchrationalisierten, industrialisierten und demokratischen Gesellschaft« abgelesen hatte. Die Traditionslinie aber, die hier gezogen wurde – von Kant und Lessing über Heine und

Marx zu Tucholsky und Kästner, in der Taschenbuchausgabe (1970) gar zu Günter Grass und Erika Runge –, verstieß zu offenkundig gegen den überlieferten Kanon der Lesebuchtexte, als daß es etwa auf das ministerialbürokratische Gütesiegel »Zugelassen zum Gebrauch an Schulen« hätte rechnen dürfen.

Wie das Lesebuch war auch der Deutschunterricht in den 50er und 60er Jahren – insbesondere an den Oberschulen – weithin ein Instrument zur Vermittlung traditioneller Erziehungsmuster und einer konservativen Ideologie, die an tradierten Bildungswerten orientiert war. Dementsprechend blieb auch der Kanon der Schullektüre in den Lehrplänen bis Ende der 60er Jahre recht traditionell auf klassische Autoren und deren museale Verehrung orientiert, während Gegenwartsliteratur kaum einen Unterrichtsgegenstand bildete.

Gegen diese Art des Deutschunterrichts erhob sich in den 60er Jahren Widerspruch, als angesichts der Legitimationskrise der westlichen Industriegesellschaften die überlieferten Werte und Normen sich als brüchig erwiesen. Das Jahr 1968 kann hierfür als historischer Fixpunkt wie als Chiffre gleichermaßen gelten: Radikal in Frage gestellt sahen sich ganze Traditionen literarischer Überlieferung. Gefordert wurden eine stärkere Berücksichtigung kommunikations- und sprachwissenschaftlicher Fragestellungen auch im Deutschunterricht, die Einbeziehung der Literatur in alltägliche Diskussionszusammenhänge, eine Erweiterung des Literaturbegriffs zum Textbegriff, eine Hinwendung auch und vor allem zur literarischen Moderne. Freilich in nicht unproblematischer Weise, die den konservativen Kritikern dieser Entwicklung immer wieder Anlaß zu grundsätzlicher Polemik gegeben hat. Denn die Ausweitung des Literaturbegriffs zum Textbegriff und die Integration ästhetischer Phänomene in den sehr allgemeinen Begriff der Kommunikation haben vielfach die Eigenart des Ästhetischen bis zur Unkenntlichkeit schwinden lassen.

Diese Tatsache – zu verfolgen etwa in den umstrittenen Hessischen Rahmenrichtlinien der 70er Jahre – führte dazu, daß in technokratisch begründeten Plänen zur Unterrichtsorganisation die Literatur aus dem Deutschunterricht ganz ausgelagert wurde. In den Vereinbarungen der Kultusminister über die Neugestaltung der Sekundarstufe II von 1972 hieß es beispielsweise, der Deutschunterricht solle »vor allem dem Studium der Muttersprache« dienen, Literatur hingegen ebenso wie Musik und Bildende Kunst in besonderen Kursen unterrichtet werden. Diese Ausgrenzung der Literatur aus dem Deutschunterricht deutete auf ihre Unbrauchbarkeit: Da literarische Bildung offenbar in die gesellschaftlichen Rationalisierungs- und Optimierungszwänge nicht problemlos einzupassen war, suspendierte man sie kurzerhand aus dem verpflichtenden Kanon der Schulfächer.

Seit Ende der 70er Jahre hat sich die Situation abermals gewandelt – zurück in die 50er Jahre. Und dies gilt für den Deutschunterricht wie für das Lesebuch gleichermaßen, wenngleich regional unterschiedlich ausgeprägt.

Der Schriftsteller Ludwig Harig hat in einer Analyse dreier Lesebuchwerke (*Lesebuch Deutsch, Lesezeichen, Lesen Darstellen Begreifen*) herausgearbeitet, daß vor allem in Baden-Württemberg und in Bayern die Texte bestimmter Autoren in Schulen schlichtweg nicht zugelassen werden. Hubert Fichte, Peter Härtling, Günter Herburger, Günter Wallraff, Bernt Engelmann, aber auch Erich Kästner sind solche Autoren. Die Kriterien der Zensur ergeben sich noch allemal von festen, konservativen Positionen aus – und von der irrigen Vorstellung, literarische Texte würden von allen Lesern in gleicher Weise und zudem unkritisch wahrgenommen. »Dennoch«, so Ludwig Harig, »die genannten Lesebücher lassen deutlich erkennen, daß das Lesen wieder Vorrang hat vor dem reglementierten Rezipieren von Literatur in der Schule, daß das Anregende dem Einschüchternden, das Anmutende dem Funktionalen, daß auch die Verwirklichung eines Konzeptes der Flüchtigkeit der Kopie entgegensteht.« (*Die Zeit*, 45/1985)

So sehr die Rehabilitierung des Lesens und der Literatur zu begrüßen ist, so berechtigt die praktische Kritik an den bilderstürmerischen, ja: literaturfeindlichen Tendenzen der 60er und 70er Jahre erscheint, so wenig vermögen freilich die didaktischen Begründungen zu überzeugen, die heute den Eigenwert der Literatur wieder zu betonen suchen. Bekannt sind die Klagen von Lehrern, mit klassischen Werken, aber auch mit Gegenwartsliteratur auf große Vermittlungsschwierigkeiten im Unterricht zu stoßen. Bekannt ist aber auch die Unlust, die fehlende Bereitschaft von Schülern, sich auf literarische

Lesebücher alt und neu

Texte im Deutschunterricht einzulassen, die sie in ihrer Freizeit möglicherweise freiwillig lesen würden. Das heißt: Der Zwangscharakter der Sozialisationsinstanz Schule versperrt offenbar den Zugang zu einem Medium, das allen Zwängen prinzipiell opponiert. Allein aus diesem Grunde bleiben die Versuche, Literatur in der Schule administrativ aufzuwerten, fraglich. Die Rahmenrichtlinien des Landes Niedersachsen für die gymnasiale Oberstufe im Fach Deutsch (1982) bestimmen beispielsweise den Sprach- und Literaturunterricht als ein Instrument der Erziehung »zur verantwortungsbewußten Mitgestaltung von Staat und Gesellschaft« – die Autoren, hätte man sie um eine Stellungnahme gebeten, würden sich in ihrer Mehrzahl gegen eine solche Instrumentalisierung ihrer Texte wohl verwahren. Gewiß ist der Kanon erweitert worden, sind Faschismus und Nachkrieg, Literaturbetrieb und Literatur der Arbeitswelt als ergänzende Themen der klassischen literarischen Traditionen berücksichtigt. Doch die Lernzielbestimmungen zeigen den geplanten und vorgeschriebenen Zweck solcher »Modernisierung«: »Gerade in der Begegnung mit Literatur aus Vergangenheit und Gegenwart, im Sicheinlassen auf ihren gedanklichen Gehalt in seiner besonderen sprachlichen und ästhetischen Form können dem Schüler die Bedeutung menschlicher Grundsituationen und die Gültigkeit menschlicher

Grunderfahrungen bewußt werden und können zugleich seine ästhetische Kompetenz und Empfänglichkeit gefördert werden.« »Bedeutung menschlicher Grundsituationen« und »Gültigkeit menschlicher Grunderfahrungen« – Ernst Bloch, Bertolt Brecht, Peter Weiss, sie alle drei Textlieferanten des modernisierten Kanons, hätten wohl eher die Kategorie der »Veränderung« für ihr Werk in Anspruch genommen.

Die Rehabilitierung der Literatur im Übergang zu den 80er Jahren besagt, für sich genommen, also noch nichts. Eher scheint es, als entdecke man ihre Qualitäten nur, um sie sogleich abermals pädagogischen und didaktischen Zwängen und Zwecken zu unterwerfen. Die Entwicklung und Entfaltung von Lesefähigkeit und Lesefreude aber setzt – gerade in der Schule – ein hohes Maß an Freiheit im Umgang mit Literatur voraus. Sie ließe sich dort am ehesten verwirklichen, wo Selbstbestimmung und ästhetische Produktivität zentrale Kategorien des schulischen Lernprozesses bilden, also etwa in Konzeptionen eines projektorientierten Deutschunterrichts. Am wenigsten aber dort, wo die ästhetische Eigenart der Literatur erschlagen wird, weil man schon vorher weiß, wozu sie dienen soll. »Nicht nur das Leben ist ein Lesebuch, auch das Lesebuch ist ein Leben.« (Ludwig Harig) Gerade deshalb bedarf die Diskussion über literaturdidaktische Konzeptionen und zumal über das Lesebuch als »Lebensbuch« der Wiederbelebung, die in den 80er Jahren versäumt wurde – zum Nachteil der Literatur und der jüngeren Leser.

Literaturwissenschaft

Auch die Wissenschaft von der deutschen Sprache und Literatur, die *Germanistik*, hat das Jahr 1968 als ein Datum der Krise erfahren. Ihre inneren Widersprüche und theoretischen Defizite, ihre historischen Versäumnisse und organisatorischen Verkrustungen führten Ende der 60er Jahre zu massiven Angriffen der Studierenden gegen ihr eigenes Fach und seine etablierten Vertreter an den Universitäten. Eine Sinnkrise als Existenzkrise: Ihr Resultat bildete das Bemühen um eine inhaltliche Neubestimmung des Fachgegenstandes ebenso wie das energische Vorantreiben von Studiengangsreformen (*Ansichten einer künftigen Germanistik*, 1969; *Neue Ansichten einer künftigen Germanistik*, 1973).

So wenig freilich die Krise des Jahres 1968 insgesamt ohne den allgemeinen gesellschaftlichen und politischen Hintergrund verständlich erscheint, so wenig die krisenhafte Zuspitzung der Diskussion über Selbstverständnis und Zukunft der Germanistik ohne deren Geschichte. Seit ihren Anfängen im 19. Jahrhundert »eine deutsche Wissenschaft« (E. Lämmert), die aus dem mythisch-nationalen Geist der Romantik geboren wurde, unterlag diese Wissenschaft bis zum ersten Drittel des 20. Jahrhunderts den wechselnden Einflüssen des Historismus und des Positivismus, der Ideengeschichte und der Morphologie, bevor sie, abermals auf mythisch-nationaler Sinnsuche, dem Faschismus ideologisch vielfältig ausbeutbare Deutungsmuster von Literatur überantwortete. Der Mißbrauch, den die deutsche Germanistik im Dritten Reich widerstandslos und keineswegs zufällig mit sich hatte treiben lassen, trieb sie nach 1945 in eine konsequente Wirklichkeitsabkehr hinein, in eine programmatisch-methodologische Konzentration auf formale, immanent ästhetische Aspekte der Literatur (E. Staiger, *Grundbegriffe der Poetik*, 1946; Wolfgang Kayser, *Das sprachliche Kunstwerk*, 1948; P. Böckmann, *Formgeschichte der deutschen Dichtung*, 1949). Ließ sich die »werkimmanente Methode« auch keineswegs immer konsequent durchhalten, so bildete sie doch unverkennbar einen unpolitischen Reflex, der noch in der Abkehr von jeder Gesellschaftlichkeit die historische Verstrickung des Faches mitteilte – als Verdrängung, nicht als Aufarbeitung. Diese setzte erst zwei Jahrzehnte später, auf dem Germanistentag 1966, ein, als eine Gruppe jüngerer Germanisten (K.O. Conrady, E. Lämmert, W. Killy, P. v. Polenz) sich anschickte, die verdrängte Geschichte der Germanistik kritisch aufzuarbeiten.

Die Kritik an der etablierten Germanistik richtete sich 1968 im wesentlichen auf drei Probleme: auf die werkimmanent-geistesgeschichtlichen Methoden des Faches, auf seine Gesellschafts- und Praxisferne und auf die Verabsolutierung des literarischen Kunstwerks zum alleinigen Gegenstand des Faches. Aus solcher Kritik, die sich aus unterschiedlichen, sogar widersprüchlichen (marxistischen, sozialkritischen, positivistischen, reformpädagogischen) Argumentationshorizonten speiste, folgte Anfang der 70er Jahre eine Reihe gravierender und tiefgreifender Veränderungen des Faches: eine deutlich marxistisch begründete sozialgeschichtliche Orientie-

Germanisches Seminar der FU Berlin, Mai 1968

rung; eine Zunahme des linguistisch-sprachwissenschaftlichen Anteils in Forschung und Lehre; eine – hiermit einhergehende – Zurückdrängung der Mediävistik bzw. eine nachhaltige, sozialgeschichtlich orientierte Reform der Altgermanistik; eine Erweiterung des Literaturbegriffs zum Textbegriff, der auch Trivialwerke (Comics, Groschenhefte) und kommunikationsästhetische Aspkete von Literatur einbezog; eine verstärkte Hinwendung zu Fragestellungen relevanter Praxisfelder der Germanistik (Schule); eine Öffnung der Literaturwissenschaft auch für Probleme der audiovisuellen Medien.

Der Germanistik eröffnete sich mit dieser Neuorientierung eine Vielzahl von Fragestellungen, die sie bislang übersehen, verdrängt oder unterschlagen hatte. Hierzu zählen vor allem demokratische und sozialistische Literaturtraditionen: Aufklärung und Jakobinismus, die Literatur des Vormärz und des Jungen Deutschland, die »linke« Literatur der Weimarer Republik und die Exilliteratur. Aber auch die klassischen und romantischen Literaturtraditionen wurden neu gelesen, Goethe und Schiller neu gewertet, Schlegel und der Jenaer Kreis als Vorläufer der Moderne und als ihr ästhetiktheoretischer Bezugspunkt neu gedeutet. Kinder- und Jugendliteratur, Tagebücher und Alltagstexte, Propaganda- und Reklamesprache, Memoirenliteratur und Medienästhetik rückten in den Horizont literaturwissenschaftlichen Forschungsinteresses. Ein Begriff wie der der »ästhetischen Erfahrung« ließ sich polemisch gegen den traditionelleren der »Interpretation« aufbieten, um nicht nur die Veränderung von Inhalten und Erkenntnisgegenständen, sondern auch eine veränderte Form des Umgangs mit Literatur zu demonstrieren – so, wie auch die Umgangsformen an den Hochschulen selber sich seit Beginn der 70er Jahre zu verändern begannen (Seminare statt Vorlesungen, Kollegialität statt Hierarchie, Gruppenarbeit statt Individualexegese). Die Phase der Erschütterung, die 1968 zur Sprengung des Germanistentages in Berlin geführt hatte, ging über in eine Phase der Bewegung und der Unruhe, des Suchens, der Polemik, der kritischen Diskussion über den weiteren Weg, den die eingeleiteten Reformen zu nehmen hätten.

Diese Reformen haben das Erscheinungsbild der Germanistik in den 70er Jahren nachhaltig bestimmt – das Erscheinungsbild einer Wissenschaft, die wie keine andere ihre eigenen Voraussetzungen, ihre Geschichte, ihre Methoden, ihre Theorien überdenken und revidieren mußte, weil sie jahrzehntelang der selbstkritischen Auseinandersetzung mit sich ausgewichen war. Das Ergebnis dieser grundlegenden, strukturellen Reform war freilich nicht in jeder Hinsicht überzeugend: Zu deutlich standen zunächst die Theoriebildung über Literatur und die politisch-soziologischen Kategorien der Urteilsbildung im Vordergrund, zu übermächtig war die Absicht, auch zweitrangige Werke unterschlagener (vor allem sozialistischer) Literaturtraditionen zu einem poetischen Gegenkanon zu reihen, als daß von einer ernsthaft am literarischen Gegenstand sich abarbeitenden *neuen Germanistik* auf Anhieb die Rede sein konnte. Einer solchen Neukonstituierung wirkte ebenso hemmend die Entwicklung der Germanistik zum Massenfach entgegen, die in den 70er Jahren ihren Höhepunkt erreichte.

Erst in dem Maße, in dem die krisenhafte Selbstbesinnung des Faches als Chance einer Öffnung gegenüber neuen, miteinander konkurrierenden Theorieansätzen gesehen wird – erst seit Ende der 70er Jahre also befindet sich das Fach im Übergang zu einer entspannteren, offeneren Situation. Läßt sich die vehemente Kritik des Jahres 1968, lassen sich die marxistisch begründeten Forderungen der Folgezeit als dialektische Antwort auf die Jahre einer wissenschaftlichen Erstarrung begreifen, so das konkurrierende Miteinander literaturwissenschaftlicher Positionen zu Beginn der Achtziger als eine Phase der Klärung, der – auch selbstkritischen – Neubesinnung und -bestimmung des Faches. Unverkennbar stehen nebeneinander semiologische und strukturalistische, sozialgeschichtliche und rezeptionsästhetische »Schulen«, unverkennbar gibt es Einflüsse aufeinander wie durch bedeutende ausländische Theoretiker (U. Eco, R. Barthes, M. Foucault, J. Lacan, J. Derrida).

Diese Phase der Offenheit trifft allerdings auf eine eher düstere Perspektive, die die Arbeit in den traditionellen geisteswissenschaftlichen Fächern insgesamt belastet. Deren Atmosphäre nämlich ist durchdrungen von Resignation, was die berufliche Zukunft der Studierenden, und von Desillusionierung, was Veränderungsmöglichkeiten angeht. Längst hat sich an den Hochschulen eine Stimmung der Ohnmacht gegenüber wissenschaftspolitischen Plänen ausgebreitet, die auf eine »Null-Lösung« im Bereich der Lehrerausbildung hinauslaufen und auf eine einschneidende Reduzierung des gesamten geistes- und sozialwissenschaftlichen Bereichs. Das heißt: Die wissenschaftspolitischen Überlegungen, die Ende der 60er Jahre allenthalben zu Ausbau und Reform der Universitäten geführt haben, sind zu Beginn der 80er Jahre, unterm »Sachzwang« der Ökonomie, suspendiert – bis hin zu den strukturellen Veränderungen, die einst eine Beteiligung aller am Wissenschaftsprozeß Beteiligten ermöglichen sollten. Betroffen haben solche Maßnahmen vor allem jene Fächer, die, traditionell ohnehin als »luxurierend« geltend, weder in den Hochschulen noch in der Kultusbürokratie je eine durchsetzungsfähige Lobby besaßen. Hinzutritt ein anderer Faktor: Der Universitätscampus hat seine

7. Kongreß der Internationalen Vereinigung für germanische Sprach- und Literaturwissenschaft Göttingen 1985 – Begegnung zwischen Literatur und Wissenschaft: Stefan Heym unter den Zuhörern

Funktion als zentraler Ort politischer Diskussion und Sozialisation seit Mitte der 70er Jahre verloren. Solche Diskussion findet, wenn überhaupt, in der Friedens-, Ökologie- und Frauenbewegung statt. Und so haben Resignation und Desillusionierung, bei Studenten wie bei Dozenten, zu einer Rückbesinnung auf die Immanenz der Fachgegenstände geführt. Der Sinn des Literaturstudiums wird wieder in der Literatur gesucht, nicht in der Gesellschaftsveränderung. Und die eher traditionellen Formen wissenschaftlicher Vermittlung, wie Vorlesungen etwa sie darstellen, haben längst ihre Fürsprecher wieder gefunden, gerade auch unter den Studenten, die nach »Überblick« verlangen.

So läßt sich – Mitte der 80er Jahre – ein perspektivisches Resumé für das Fach Literaturwissenschaft womöglich folgendermaßen ziehen: Die dem geisteswissenschaftlichen Studium einstweilen entrückte berufliche Perspektive erlaubt einen Zugang zum Studiengegenstand Literatur

ohne ständige Rücksicht auf seine Verwertbarkeit unter Markt-Gesichtspunkten; Kriterien exemplarischen Studierens lassen sich deshalb ausschließlich der Anziehungskraft der Gegenstände wie den individuellen Neigungen und Begabungen entnehmen; die Komponente der Bildung gewinnt an Bedeutung – als Rückgewinnung und Tradierung einer Lesekultur, die auch der audiovisuellen Sprache der neuen Medien mächtig ist. Was aber ein literaturwissenschaftliches Studium wahrhaft zu leisten vermag, läßt sich ohnehin nicht ex cathedra verfügen. Es als einen Ort zu verstehen, an dem sich Lebenszeit qualitativ bestimmen und füllen läßt, darf immerhin als realistische Möglichkeit gelten.
Dabei käme es freilich darauf an, das »Luxurierende« als lebensnotwendig zu bestimmen – und die beruflichen Unwägbarkeiten sehenden Auges in Kauf zu nehmen, also ein gesellschaftliches Problem privat auszutragen. Denn der ausgebildete Deutschlehrer sieht gegenwärtig so wenig eine Aussicht auf Anstellung an einer Schule wie der literaturwissenschaftliche Nachwuchs auf eine Universitätskarriere. An bundesdeutschen Hochschulen lehren ohnehin nur knapp tausend Germanisten, von denen sich etwa die Hälfte mit neuerer deutscher Literaturgeschichte (seit dem 17. Jahrhundert) befaßt. Da aber die meisten Stellen bis ins Jahr 2000 hinein besetzt bleiben werden, sind Ein- und Aufstiegschancen minimal. Der boshaft-witzige Vorschlag des Verlegers Gerd Haffmanns, es seien »die sich an der gesamten Literatur beamtet und besoldet mästenden Literaturwissenschaftler mit einem Dichterobulus zu belasten«, besitzt gewiß seinen polemischen Reiz. Besonders ergiebig könnte seine Einlösung jedoch kaum ausfallen.

Wozu das Theater?

Das Theater in der Bundesrepublik ist ein Subventionstheater. Das heißt: Es trägt sich nicht selber aus dem Erlös der verkauften Eintrittskarten, sondern bedarf der Unterstützung durch öffentliche Mittel, um sich am Leben zu erhalten. Diese Tatsache deutet auf den Einfluß, den die öffentlichen – also: politischen – Geldgeber auf das Erscheinungsbild des Theaters nehmen können (Intendanz, Ausstattung, Personalpolitik), auch wenn die Spielplangestaltung ihrem unmittelbaren Zugriff entzogen bleibt.

Daß solche Einflußmöglichkeiten der kommunalen Behörden groteske Konsequenzen haben können, mag eine Anekdote aus dem Jahre 1982 veranschaulichen. Der »Kultur«-Dezernent der Stadt Essen verlangte vom damaligen Theaterintendanten, Ulrich Brecht, allen Ernstes, seine Spielplangestaltung habe sich «ebenso an der künstlerischen Bedeutsamkeit wie an der sozialen Vermittelbarkeit (Akzeptanz) der auszuwählenden Stücke und Inszenierungen zu orientieren«. Das sollte heißen: Das Theater müsse den Erwartungshaltungen eines breiten Publikums entsprechen. Und um solche »soziale Akzeptanz« sicherstellen zu helfen, schlug die Stadt Essen den Abschluß eines Vertrages vor, in dem es unter anderem hieß: »Die im Zuge der Produktionsplanung fälligen Dispositionen zu Spielplan, Ensemblebildung, Aufgabenverteilung (Besetzungen, Regie- und Dirigieraufgaben einschließlich Choreografie und Ausstattung) und Urlaubsgewährung bedürfen der Mitzeichnung durch den Verwaltungsdirektor und sind dem Kulturdezernenten rechtzeitig als Verfügungsentwurf vorzulegen, stehen also unter Genehmigungsvorbehalt.« Das bedeutete im Grunde nichts anderes als einen massiven Eingriff in die künstlerische Freiheit des Theaters – und der Dezernent erklärte in einem ergänzenden Schreiben denn auch unverblümt, er werde »in Grenzfällen nicht zögern, Genehmigungen zu versagen«. Der Intendant Ulrich Brecht ist daraufhin gegangen. Seinem Nachfolger, Hans-Günther Heyme, hat man ähnliche Zumutungen nicht angetragen.

Zudem – und dies scheint der gewichtigere Aspekt – verweisen die Subventionierungen auf die gesellschaftliche Reputation, die das Theater hierzulande genießt, auf sein öffentliches Ansehen. Das deutsche Theater ist seit den Bemühungen um eine nationale Schaubühne im 18. Jahrhundert eine Institution des Bürgertums gewesen, ein Instrument seiner gesellschaftlichen Selbstverständigung, ein Bestandteil der Ideologiebildung, ein Element bürgerlicher Selbstrepräsentation in einem Medium der Kultur, das Öffentlichkeit verhieß. Diese Funktion aber hat sich in dem Maße gewandelt, wie das Bürgertum – als soziale Klasse verstanden – aus einer abhängigen in eine herrschende Position aufstieg: In eben diesem Maße veränderte sich das Theater von einer »moralischen Anstalt« (Friedrich Schiller) zum »Symbol einer Scheinkultur«

(Friedrich Dürrenmatt), das freilich den überkommenen Anspruch auf Aufklärung, Selbstrepräsentation und Fortschrittlichkeit nie aufgegeben hat. Nur daß sich die politische Dimension dieses Anspruchs historisch verflüchtigte, ja: verkümmert ist – zum Anspruch auf Bildung für eine Minderheit.

Einige Zahlen und Fakten mögen die Entwicklung der letzten Jahre ein wenig veranschaulichen. Von jeweils hundert Angehörigen der nachfolgend aufgeführten Schichten, so ergab eine im Auftrag der Hamburger Bürgerschaft durchgeführte Untersuchung aus der Spielzeit 1975/76, gehen ins Theater: Angestellte 48,3; Beamte 46,1; Selbständige 42,7; Auszubildende 21,5; Arbeiter 19,0. Die Subventionen fürs Theater stiegen von 126 Mio. Mark im Jahre 1956 auf 1,36 Mrd. Mark 1979 und auf 1,55 Mrd. Mark 1985. Und lagen die Zuschüsse für die einzelne Theaterkarte 1956 noch bei DM 6,15, so betrugen sie 1973 bereits DM 40,55. Mittlerweile dürften sie bei rund 100 DM pro Karte liegen, wobei sich von selbst versteht: Auch der nicht besetzte Platz im Theater wird subventioniert, auch die Nicht-Besucher zahlen also. Allein drei Viertel der Subventionen werden von den Personalkosten aufgezehrt. Die Subventionen machen ihrerseits rund 80% des Gesamtetats der Bühnen aus, während nur rund 20% der Einnahmen eingespielt werden (freier Verkauf, Abonnements, Gastspiele, Fernsehaufzeichnungen). Bei den Einnahmen aus Aufführungen finden sich bemerkenswerte Unterschiede, die den Publikumsgeschmack verdeutlichen. Während die Theater insgesamt zu rund 76% ausgebucht sind, gilt dies für 81% der Operetten- und Musicalaufführungen, für 78% der Oper- und Ballettveranstaltungen, aber für nur 69% des Schauspiels. Und aufschlußreich ist auch die Entwicklung der Zuschauerzahlen selber: Gingen 1950 noch 19,4 Mio. Zuschauer ins Theater, so waren es 1973 nur noch 17,7 Mio. Allein im Jahrzehnt von 1962 bis 1972 verlor das Theater 12,8% seiner Zuschauer, eine Entwicklung, die erst mit der Spielzeit 1973/74 beendet war. Da aber jeder der gezählten Zuschauer etwa drei- bis viermal pro Jahr das Theater besucht, nehmen, gemessen an der Gesamtbevölkerung, nur etwa 8% der Deutschen Anteil am Geschehen auf der Bühne. Allerdings muß angesichts solcher statistischer Daten festgehalten werden: Sie sind in ihrer Allgemeinheit wenig aussagekräftig. Aufschlußreicher im Blick auf einzelne Städte und ihre Theater ist ein Blick in das Jahrbuch der Zeitschrift *Theater heute* (*Theater 1985*, hrsg. von Peter von Becker, Michael Merschmeier und Henning Rischbieter, 1985) und in das *Deutsche Bühnenjahrbuch* (1985).

»So stehen wir der paradoxen Tatsache gegenüber«, sagte deshalb der Dramatiker Friedrich Dürrenmatt in seinem Vortrag »Dramaturgie des Publikums« (1970) mit Recht, »daß der Staat oder die Stadt durch enorme Subventionen die Theaterplätze nicht nur verbilligt, sondern erst möglich macht, während nur eine Minderheit der Bürger, aus deren Steuergeldern die Subventionen bezahlt werden, den Vorteil, den sie sich selber schaffen, auch wahrnehmen, kurz, daß heute zwar jedermann ins Theater gehen kann, aber verhältnismäßig nur wenige wollen.« Man wird angesichts dieses Befundes sich die Frage stellen müssen: Wozu das Theater? Sind nicht die Traditionen, die es einst beflügelt haben, längst vergessen oder unterschlagen? Dient es nicht ausschließlich der Selbstbegegnung einer Minderheit, deren Kulturanspruch sich in Unterhaltung und Bildung erschöpft? Und wo läge die Zukunft des Theaters, wenn es denn eine besitzt?

»Bildungstheater« – das ist der Vorwurf, der den Bühnen in Deutschland immer wieder gemacht worden ist. »Bilden« heißt dabei: an einem kulturgeschichtlich herausprozessierten Kanon von Autoren und Werken um seiner selbst willen festhalten; heißt: von einem festgefügten und verallgemeinerbaren Traditionsbewußtsein ausgehen, das sich selber weiter tradieren will; heißt: in ein andachtsvoll-museales Verhältnis zur Kunst, zur Literatur treten. In solcher Vorstellung eines »bildenden« Theaters bleibt nichts von den Anregungen, Ansprüchen und Herausforderungen erhalten, die von einem Drama einmal ausgegangen sind und noch immer ausgehen können. Und schon gar nichts von der produktiven Provokation, zu der Gegenwart und Vergangenheit, aktuelle Wahrnehmung und historisches Bewußtsein in einer Inszenierung sich verbinden können. Solches Bildungstheater ist – auch in Ermangelung bedeutender zeitgenössischer Stücke – in der Bundesrepublik während der 50er und 60er Jahre vielfach gepflegt worden.

Gerade diese Tradition des Theaters aber unterschlug seine ästhetischen und politisch-gesellschaftlichen Möglichkeiten. Nicht nur zur Zeit Lessings, Schillers und Goethes, sondern auch in der Zeit des Vormärz und der Revolution von 1848 gingen vom Theater Impulse für öffentliche Diskussionen aus. Das Drama des Naturalismus und des Expressionismus, die Agitpropbühnen der Weimarer Zeit, Piscators Arbeit, Brechts Stücke – sie alle repräsentieren gemeinsam eine Tradition des rebellischen, des an- und aufregenden Theaters, das den Skandal nicht gesucht, ihn aber auch nicht gescheut hat. An diese Tradition innovatorisch anzuknüpfen – also nicht: es ungebrochen fortzusetzen, sondern es in seinem Widerspruchsgehalt fortzuentwickeln –, hätte es freilich einer Verabschiedung des vorherrschenden Bildungsgedankens bedurft, die einer kulturrevolutionären Bewußtseinsveränderung gleichgekommen wäre, auf der Bühne wie im Zuschauerraum.

Therese Giehse als Brechts Mutter in der Berliner Schaubühnen-Inszenierung Peter Steins (1970)

Versuche hierzu, doch unzulängliche, hat es im Zusammenhang der Politisierungstendenzen während der 60er und zu Beginn der 70er Jahre durchaus gegeben. Sollte einerseits die Binnenstruktur der Theater grundlegend verändert werden (kollegiale Leitung, Mitbestimmung, Ensemble als Kollektiv), so versuchte man andererseits, von der Bühne aus gesellschaftsverändernd zu wirken (Dokumentartheater, Agitpropszenen, Diskussionen mit den Zuschauern). Die sichtbaren Wirkungen jedoch blieben ebenso aus wie in zunehmendem Maße das Publikum: Das Theater hatte seine Möglichkeiten überschätzt. Folgte auf die euphorische Mitbestimmungsdiskussion der Katzenjammer zeitraubender, zermürbender, schließlich ganze Ensembles verstörender Grundsatzdebatten, so führte die Phase kulturrevolutionärer Ambitionen zur zeitweiligen Selbstpreisgabe des Kunstanspruchs.

Die Ausnahme von der Regel soll dabei nicht unerwähnt bleiben: Es ist die Berliner »Schaubühne«, die bis 1981 am Halleschen Ufer beheimatet war und seither im architekturgeschichtlich bedeutenden Mendelssohn-Bau am Fehrbelliner Platz (Kurfürstendamm) residiert. Eine Ausnahme auch hinsichtlich ihres langjährigen Leiters und Starregisseurs Peter Stein, der 1985 die Leitung der Schaubühne niedergelegt hat. Peter Stein hatte bereits Ende der 60er Jahre in Bremen – ebenso übrigens wie Peter Zadek (*Maß für Maß*, 1967) – mit seiner Inszenierung von Goethes *Torquato Tasso* (1969) eine Regiequalität entwickelt, die für die 70er Jahre Maßstäbe setzen und für die weitere Entwicklung der Berliner Schaubühne kennzeichnend bleiben sollte. Ob *Die Mutter* von Bertolt Brecht (1970) oder *Peer Gynt* von Henrik Ibsen (1971), ob *Kleists Traum vom Prinzen von Homburg* (1972) oder Botho Strauß' *Groß und klein* (1978) – stets waren diese Inszenierungen detailgenaue, ausstattungsreiche, gedankenvolle künstlerische Interpretationen. Darin bestand kein Unterschied zwischen Brechts *Mutter*, dem gewiß politisch-parteilich eingesetzten Lehrstück, und der monumentalen Aufführung der *Orestie* des Aischylos (1975) mit ihrer Spieldauer von zehn Stunden: Es ging in beiden Fällen um Theater, um Kunst, um eine primär ästhetische Leistung, die den Schauspielern (darunter Bruno Ganz, Edith Clever, Jutta Lampe) all ihr schöpferisches Vermögen abverlangte. Deshalb wäre es falsch, der »Schaubühne« einen Bruch mit ihrer Politisierungsphase, eine Rückkehr zum bloß kulinarischen Theater gegen Ende der 70er Jahre nachsagen zu wollen. Sie hat zwar einen Entwicklungsprozeß durchlaufen, doch einen, der ihre Qualitäten reflektiert vorangetrieben hat.

Aus beidem, aus den offenbaren Fehlern eines enggeführten politischen Theaters wie aus der herausragenden Stellung der Berliner »Schaubühne«, lassen sich Einsichten gewinnen für die Beantwortung der Frage: Wozu das Theater? Die in der Theaterentwicklung der Bundesrepublik immer wieder beschworenen »Krisen des Theaters« – sie hatten ihren gemeinsamen Nenner in der Unfähigkeit der Bühnen, Auskunft über ihren Standort zu geben, künstlerisch wie politisch-gesellschaftlich, theoretisch wie ästhetisch. Das Schöpfen aus einem akzeptierten Repertoire, die Bedienung von Feierabendkultur und Unterhaltungsbedürfnis mögen den laufenden Betrieb in Gang halten – Herausforderungen stellen sie gewiß nicht dar, eher Ausdrucksformen mangelnden Selbstbewußtseins und mangelhafter Selbstreflexion. Und auch Tribut an ein Publikum, »das sich weigert, zu akzeptieren, daß Theater eine eigene Wirklichkeit ist und nicht die Wirklichkeit des Publikums abbildet, verdoppelt oder kopiert« (Heiner Müller). Was aber dem politisierten Theater entschieden gefehlt hatte und was eine entscheidende Voraussetzung für die Qualitäten der »Schaubühne« über anderthalb Jahrzehnte hinweg bildete, das kann man nennen: Vertrauen in die eigenständige Qualität einer theatralischen Bildersprache; Selbstvertrauen in die Ausdruckskraft von Bühnenbild, Schauspiel, Sprachgestus; Zuversicht in die atmosphärische Suggestivität von Bilderwelten, die das Theater wie keine andere Kunstform auszustrahlen vermag und kraft derer es Provokation und Gegenentwurf der alltäglichen Wirklichkeit zugleich sein kann. Mit anderen Worten: Nur dadurch, daß das Theater sich seiner medialen Eigenständigkeit und Einzigartigkeit bewußt bleibt; nur dadurch, daß es aus diesem Bewußtsein heraus seine Ästhetik immer aufs neue an ihre Grenzen führt, um diese zu erweitern; nur dadurch, daß es diese Grenzerweiterung konsequent, mit allen seinen Mitteln die eigenen Fundamente erkundend, vorantreibt, um derart seine eigene Geschichtlichkeit zu verwirklichen – nur durch *Radikalität* also kann sich das Theater eine Zukunft sichern, die über den gegenwärtigen Betrieb hinausweist.

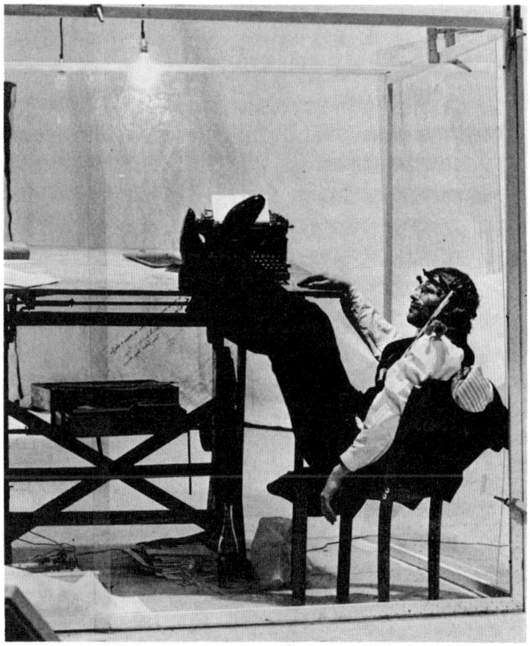

Goethes »Torquato Tasso« in der Bochumer Inszenierung Claus Peymanns

Das Theater der Bundesrepublik wäre jedoch allzu unvollständig wahrgenommen, wollte man es auf die etablierten staatlichen und städtischen Bühnen, auf die namhaften, womöglich umstrittenen Regisseure und Intendanten begrenzen. Denn das »Theater im Umbruch« (Henning Rischbieter) hat neue, produktive Energien auch im nicht-offiziellen Bereich der *Freien Theatergruppen* freigesetzt. Mit dem Rückenwind der antiautoritären Revolte der 60er Jahre und dem langen Atem eines subkulturellen Veränderungswillens hat sich seit Anfang der 70er Jahre auch eine sehr lebendige Tradition alternativer Theaterproduktion herausgebildet. Es ist ein Theater, das sich auf theoretische Entwürfe und Spielformen Antonin Artauds und Peter Brooks stützt, an das amerikanische Straßentheater »Bread and Puppet« anknüpft, bei dem brasilianischen Regisseur und Theoretiker Augusto Boal (*Theater der Unterdrückten*, dt. 1976) gelernt hat und ebenso von den Experimenten des »Living Theatre« (Julian Beck und Judith Malina). Ein sozialkritisches Theater mit Themen aus der Alltagswelt, das persönliche Erfahrungen mit einer neuen theatralischen Ästhetik zu verbinden weiß und zum Teil die Zuschauer ins Geschehen einzubeziehen sucht.

Daß dieser Versuch nicht immer gelang, hing zum einen mit der vor allem in der Anfangsphase zu beobachtenden Neigung dieses Theaters zur politischen Unmittelbarkeit zusammen. Zum andern aber – und dies gilt zum Teil noch heute – mit der unzureichenden materiellen Unterstützung durch die Kulturämter der Städte und Gemeinden. Sie hat eine nur mangelhafte Professionalisierungsmöglichkeit dieser Bühnen zur Folge, die sich freilich auch der sehr bewußten Verweigerung einer arbeitsteiligen Organisation des

»Trummi kaputt«, Theaterstück für Kinder – Szenenbild aus der Aufführung des GRIPS Theaters Berlin

theatralischen Produktionsprozesses verdankt. Dessen materielle wie organisatorische Unwägbarkeiten führen zu einer sehr hohen Fluktuation unter den Mitgliedern solcher Gruppen, verhindern also häufig eine kontinuierlich sich entwickelnde Arbeit. Zu den wenigen Gruppen, die sich im Laufe der Jahre haben etablieren und einen Namen machen können, zählen das Theater »Rote Rübe« (München), »Hoffmanns Comic Theater« und die »Theatermanufaktur« (Berlin), »Der Wahre Anton« (Köln), »Das Freie Theater« (München) sowie der »Theaterhof Prießenthal«. Wie bei diesen Bühnen sind auch die Mitglieder der meisten anderen – darunter zahlreiche Kindertheater wie das »Grips«-Theater und das Theater »Rote Grütze« (Berlin), das »Klecks«-Theater (Hamburg) und das »rammbaff«-Theater (Hannover) – im wesentlichen Laiendarsteller oder Autodidakten, die sich durch eigene Erfahrung und privaten Unterricht in ihre Aufgaben eingearbeitet haben.

Bei allen Problemen, mit denen die Arbeit der Freien Theatergruppen behaftet ist, mit allen Schwierigkeiten, die sich aus den zum Teil engen persönlichen Bindungen ihrer Mitglieder wie aus deren bisweilen mangelhafter Professionalisierung ergeben mögen – anregend können die alternativen Bühnen vor allem dadurch wirken, daß sie gerade keine großen Apparate benötigen, keine aufwendigen finanziellen Mittel, keine Befehlshierarchien, keine Repertoire und kein Publikum, das auf Konventionen setzt. Die allenthalben zu beobachtende Erstarrung des etablierten Theaters in einer unreflektiert fortgeführten Bühnentradition, die nicht Herausforderung, sondern Bestätigung liefern, die Unterhaltung, nicht Erregung bieten will, könnte durch ein alternativ sich verstehendes und darstellendes Theater produktiv erschüttert werden. Dies setzte allerdings voraus, daß den Freien Theatergruppen zunehmend gelingt, was auch die etablierten Bühnen nur ausnahmsweise schaffen: provozierende Bilder in einer Bühnenwirklichkeit zu entwerfen und zu entwickeln, die derart die Unverwechselbarkeit und Unersetzbarkeit des Kunstraums Theater demonstrierte.

Die Bibliotheken – und ihre Zukunft

Bibliotheken sind so etwas wie ein öffentlicher Bücherschrank: jedermann zugänglich, bequem erreichbar, ausgestattet mit einem breitgefächerten Leseangebot. Ein Stück Selbstverständlichkeit unserer politischen Kultur, die auf Anregung und Kritik angewiesen ist, auf Information und Öffentlichkeit, auf Austausch und Bildung, die des Nachdenkens, des Forschens und Fragens bedarf. Bibliotheken stellen hierfür, historisch fundiert und zugleich aktuell, das Material bereit, das unser traditionsreichstes Kommunikationsmittel, das Buch, bietet.

In der Bundesrepublik bestehen ca. 19000 Bibliotheken (einschl. West-Berlin). Sie lassen sich unterteilen in *Öffentliche Bibliotheken* (Gesamtzahl: 13700, davon 6000 in öffentlicher, meist kommunaler und 7700 in nicht-öffentlicher, meist kirchlicher Trägerschaft) und *Wissenschaftliche Bibliotheken* (Gesamtzahl: 5100).Die Öffentlichen Bibliotheken nehmen die folgenden Aufgaben wahr: Erwachsenenbüchereien, Jugendbüchereien, Schulbibliotheken, Musikbibliotheken, Artotheken, Mediotheken, Fahrbibliotheken, soziale Bibliotheksarbeit.

Die Wissenschaftlichen Bibliotheken lassen sich unterscheiden nach Allgemeinbibliotheken (Gesamtzahl 275, Bestände meist zwischen 100000 und mehreren Mio. Bänden) sowie Instituts- und Spezialbibliotheken (Gesamtzahl 3100 bzw. 1700, Bestände meist unter 100000 Bände).

Die unterschiedlichen Aufgaben der Bibliotheken sind mit den Bezeichnungen »Öffentliche Bibliothek« bzw. »Wissenschaftliche Bibliothek« bereits hinreichend gegeneinander abgegrenzt. Wollen die öffentlichen Bibliotheken ein breites Publikum ansprechen, um zur Information, zur Bildung und Fortbildung, aber auch zur Unterhaltung beizutragen, so konzentrieren sich die Wissenschaftlichen Bibliotheken auf ein Fachpublikum im engeren Sinne: auf Gruppen, die wissenschaftlich arbeiten (Studenten, Forscher, Hochschullehrer) oder für ihre Berufspraxis wissenschaftliche Literatur benötigen (Ärzte, Anwälte, Lehrer zum Beispiel). Innerhalb der Wissenschaftlichen Bibliotheken unterscheidet man, wiederum entsprechend den wahrgenommenen Aufgaben, fünf Typen: die Nationalbibliotheken, die Universitäts- und Hochschulbibliotheken, die wissenschaftlichen Spezialbibliotheken.

Nationalbibliotheken: Die Bundesrepublik Deutschland verfügt nicht – wie etwa Großbritannien mit der »British Library« – über eine Nationalbibliothek im eigentlichen Sinne. Deren Aufgaben, die seit 1912 die »Deutsche Bücherei« in Leipzig wahrnehmen sollte, teilen sich vielmehr drei Bibliotheken: die *Deutsche Bibliothek* in Frankfurt, die *Staatsbibliothek Preußischer Kulturbesitz* in West-Berlin und die *Bayerische Staatsbibliothek* in München. Nehmen die beiden letztgenannten die Aufgabe wahr, wichtige ausländische Publikationen aller Forschungs- und Wissensgebiete zu sammeln (nebst Sonderabteilungen für Orientalistik, Slavistik, Musik, Handschriften, Karten etc.), so baut die seit 1947 existierende *Deutsche Bibliothek* einen möglichst vollständigen Bestand der seit Kriegsende erschienenen deutschsprachigen Literatur auf. Sie sammelt also das gesamte in der Bundesrepublik erscheinende deutsche und fremdsprachige Schrifttum – und das heißt auch: Zeitschriften, Karten, Sprechplatten, Mikrofilme – sowie die im Ausland erscheinende Literatur über die Bundesrepublik und die im Ausland erscheinende deutschsprachige Literatur (einschließlich DDR). Um diese Aufgaben erfüllen zu können, erhält sie ein Exemplar eines jeden in der Bundesrepublik erscheinenden Werkes kostenlos (»Pflichtexemplargesetz« von 1969). Die *Deutsche Bibliothek* ist eine Bundesanstalt, wird also vom Bund finanziert und untersteht dem Bundesinnenministerium. Sie veröffentlicht ihren Bestand und ihre Anschaffungen in der »Deutschen Bibliographie« in periodischer Form. Außerdem publiziert sie zweimonatlich ihr Auswahlverzeichnis »Das Deutsche Buch«.

Zentrale Fachbibliotheken: Vier solcher Bibliotheken, die die Literaturversorgung spezieller Fachgebiete zur Information von Forschung, Wissenschaft und Industrieunternehmen zentral betreuen, existieren in der Bundesrepublik: die Technische Informationsbibliothek Hannover, die Zentralbibliothek der Landbauwissenschaft in Bonn, die Zentralbibliothek der Medizin in Köln und – als Zentralbibliothek der Weltwirtschaft – die Bibliothek des Instituts für Weltwirtschaft an der Universität Kiel.

Regionalbibliotheken: Zu ihnen zählen die Landes- oder Staatsbibliotheken sowie die Stadtbibliotheken, die als Universalbibliotheken – zum Teil in Kooperation mit Universitätsbibliotheken – eine bestimmte Region (Bundesland, Teil eines Bundeslandes, Stadt) mit Literatur versorgen.

Universitäts- und Hochschulbibliotheken: Diese Bibliotheken, zumeist ebenfalls Universalbibliotheken, versorgen einzelne Universitäten und Hochschulen mit Literatur, stehen darüber hinaus aber auch der nichtuniversitären Öffentlichkeit zur Benutzung frei. – Innerhalb der Hochschulen existieren – organisatorisch selbständig – Institutsbibliotheken (insgesamt etwa 3000 in der Bundesrepublik), die Literatur aus speziellen Wissenschaftsgebieten sammeln und meist als Präsenzbibliotheken angelegt sind, das heißt: Ihre Bestände dürfen im allgemeinen nicht entliehen werden.

Wissenschaftliche Spezialbibliotheken: Solche Spezialbibliotheken, die ebenfalls meist nur von Angehörigen der sie tragenden Institutionen benutzt werden können, finden sich beispielsweise bei Forschungsinstituten, Akademien, Industriebetrieben und Banken, Archiven und Museen, Gesellschaften und Vereinen, Behörden und Parlamenten, Kirchen und Einrichtungen der Bundeswehr.

Zeigt die Bibliothekslandschaft der Bundesrepublik auf den ersten Blick auch ein zufriedenstellendes Bild, was die Anzahl, die Bestände, die Spezialisierung der Bibliotheken betrifft, so läßt doch ein zweiter, kritischer Blick auf die Bibliothekswirklichkeit deren Probleme deutlich genug hervortreten. Bibliotheken sind ja nicht nur ein Stück Selbstverständlichkeit unserer politischen Kultur – sie sind auch eine Notwendigkeit, die dem Benutzer oft dann erst bewußt wird, wenn er das Selbstverständliche in Frage gestellt sieht. Und dies war Anfang der 80er Jahre der Fall, als die öffentlichen Bibliotheken gleich durch zwei sich überkreuzende Entwicklungen ernsthaft in ihrem Bestand gefährdet erschienen: durch die Finanzknappheit der öffentlichen Haushalte und durch die Entwicklung der Elektronik und der neuen Technologien.

Zunächst einige Zahlen zur Veranschaulichung der Spar-Wirkungen auf die Bibliotheken: Das Deutsche Bibliotheksinstitut in Berlin veröffentlichte 1984 eine Statistik, aus der Einsparungen im Anschaffungsetat für Bibliotheken von rund 10% für 1982 (bezogen auf das Vorjahr) und von abermals 3,2% für 1983 ersichtlich wurden. Dramatischer noch als solche etwas abstrakten Prozentzahlen nimmt sich der Blick auf Einzeletats aus. Zum Beispiel Nordrhein-Westfalen: Von 1981 bis 1983 sanken die Mittel für Neuanschaffungen in der Stadtbücherei Köln von 2,4 Mio. auf 1,2 Mio. DM, in Düsseldorf von 1,5 Mio. auf 818000 DM, in Gelsenkirchen von 840000 auf 408000 DM. Der Etat in Dortmund schrumpfte um 34,2 Prozent. In Köln allein wurden 7 von 23 Zweigbüchereien geschlossen, 30 Stellen gestrichen, die Öffnungszeiten um ein Drittel verkürzt, eine Benutzergebühr eingeführt – mit dem Ergebnis, daß die Buchentleihungen binnen Jahresfrist um 6,6% zurückgingen.

Problematisch, nein: gefährlich sind die Auswirkungen solcher Sparmaßnahmen, weil sie Kontinuität und Traditionen der Anschaffungspolitik von Bibliotheken unterbrechen. Nicht nur können Neuerscheinungen in geringerem Umfang als zuvor eingekauft werden, sondern es fehlt auch der weitere Ausbau eines historischen, ergänzungsbedürftigen Bestandes. Was aber, beispielsweise, im Jahre 1983 nicht angekauft werden konnte, wird sich im Jahre 1984 nicht nachholen lassen, weil die Mittel dann für andere Anschaffungen zur Verfügung stehen müssen. Dies läßt sich am deutlichsten bei wissenschaftlichen Zeitschriften zeigen: Mittelkürzungen in diesem Bereich führen zwangsläufig zu Lücken, die sich nicht wieder schließen lassen. Wenn aber ganze Jahrgänge von Fachzeitschriften fehlen, sind sie für den Benutzer eigentlich unbrauchbar geworden – die Bibliotheken könnten sie also besser ganz abbestellen. Und genau dies tun sie, notgedrungen, wie untenstehende Statistik am Beispiel der Zentralen Universitätsbibliotheken verdeutlicht.

Vergleicht man die Rubriken dieser Statistik, so läßt sich ablesen: Die Gesamtausleihe stieg von 1981 bis 1984 um etwa 30%, während sich der Bestand um lediglich 11,7% erhöhte, die Ausgaben für Neuerwerbungen gar nur um 9,7%. Der Zeitschriftenbestand aber – ein Herzstück wissenschaftlicher und Universitätsbibliotheken – sank um 3,1%. Berücksichtigt man zudem die Tatsache, daß die Inflationsrate im Zeitraum 1981–1984 über der Zuwachsrate für Neuanschaffungen lag, dann ist von einem realen Mittelentzug für die Universitätsbibliotheken auszugehen. Dies gilt auch dann noch, wenn 1983 wieder Steigerungsraten zu verzeichnen waren von 3,5%, 1984 sogar von 8,1%. Denn eine durchschnittliche Steigerungsrate bedeutet noch nicht, daß alle Bibliotheken mehr Geld erhalten haben: 13 der 56 Universitätsbibliotheken beispielsweise hatten 1984 weniger Mittel zur Verfügung als 1983.

Mit welchem Recht, so muß man angesichts der vorgestellten Zahlen fragen, zwingen eigentlich Finanz-, Bildungs- und Kommunalpolitiker – in ungewohnt einträchtigem Miteinander – stets den Kulturbereich und vornehmlich die geistes- und sozialwissenschaftlichen Gebiete zuallererst zu Sparmaßnahmen, wenn die Mittel knapper werden? Aus welchem Grunde bringen sie diese Bereiche derart in den Geruch des Luxurierenden, Beliebigen, Überflüssigen? Der Grund liegt auf der Hand, und jeder weiß ihn: Geistige Not kennt kein organisierendes Schmerzzentrum. Wäre es anders, so müßten die Bibliotheken eine

Zentrale Universitätsbibliotheken in der Bundesrepublik und Berlin (West)
(Entwicklung seit 1981 in absoluten Zahlen)

	Zahl der Universitäts-bibliotheken	Bestand in Bänden	laufene Zeitschriften-abonnements	Ausgaben für Erwerbung (in DM)	Gesamtausleihe
1981	54	57,5 Mio	338,3 Tsd	133,6 Mio	20,1 Mio
1982	55	60,3 Mio	336,1 Tsd	133,6 Mio	22,2 Mio
1983	56	62,8 Mio	326,5 Tsd	139,7 Mio	24,6 Mio
1984	56	64,2 Mio	327,7 Tsd	146,5 Mio	26,1 Mio

Herzog August Bibliothek Wolfenbüttel

Magazinturm der Deutschen Bibliothek Frankfurt a. M.

Fülle von Zuwendungen, eine Blütezeit der Subventionspolitik erfahren angesichts der nivellierenden Tendenzen unserer Gegenwart. Stattdessen sehen sich die Bibliotheken fortwährend zu Rechtfertigungsposen gezwungen. »Die Zukunft der Bibliotheken in einer computerisierten Welt« – so lautet eines der Stichworte, die, im Zusammenklang mit der öffentlichen Finanznot, die Diskussion über die Bibliotheken bestimmen. Bildschirmtext, elektronische Datenverarbeitung, online-Verbundsysteme, Mikrofiche – dies sind dürre Vokabeln des neuen technologischen Zeitalters, die den Prozeß einer grundlegenden Wandlung und Umorientierung unserer industriell hoch organisierten Gesellschaft anzeigen. Ein Prozeß, der auch die Bibliotheken bereits in seinen Sog gerissen hat und der die Frage nach der »Zukunft der Buchkultur« (Paul Raabe, in: *Die Bibliothek als humane Anstalt betrachtet*, 1986) so prekär wie aktuell erscheinen läßt.

Die neuen Medien beginnen das Buch zu verdrängen; Elektronik revolutioniert die konventionellen Arbeitsformen; traditionelle Arbeitsbereiche werden durch Computerisierung ihres Sinnes entleert – dies gilt auch für die Bibliotheken. Ganze Arbeitsfelder werden dort in absehbarer Zukunft durch elektronischen Netzverbund, durch Datenzentralisierung, durch digitale Speicherung und Datenaustausch aufgehoben oder umgewälzt. Die Buchbestellung vom heimischen Bildschirm aus ist keine Utopie mehr, so wenig wie die elektronisch bearbeitete Fernleihe. Und so bestechend manche Seite dieses Prozesses für den Benutzer auch sein mag – Zeitersparnis, Arbeitserleichterung, kürzere Wege –, so wenig gilt dies für die Bibliotheksangestellten, deren Arbeitsplatz in absehbarer Zeit der Bildschirm sein wird, mit all seinen problematischen Folgen der Gesundheitsgefährdung, der Isolation, der Kontrollmöglichkeiten.

Seine volle Bedeutung aber erweist dieser technologische Prozeß erst im Zusammenspiel mit den Etatkürzungen für Neuanschaffungen. Denn wenn die Bibliotheken als Käufer von Literatur und Zeitschriften ausfallen, müssen die Verlage ihre Auflagen verringern – dies gilt vor allem für wissenschaftliche und »schwierige« belletristische Literatur –, erhöht sich dementsprechend

Peter Weiss' Arbeitszimmer in Stockholm

der Preis für das einzelne Buch, werden sich aller Erfahrung nach also weniger Käufer finden, so daß schließlich das einzelne Werk für einen womöglich kleinen, spezialisierten Leserkreis – auf der Strecke bleibt. Und dies ist der Grund, warum man sich der kulturellen Bedeutung von Bibliotheken vergewissern muß, wenn man über ihre zukünftige Notwendigkeit etwas sagen will. Wie hätte ein Peter Weiss seine monumentale *Ästhetik des Widerstands* schreiben können, wenn ihm nicht umfassende Museums- und Bibliotheksbestände Einblick in die Geschichte unterschlagener und unterdrückter Kunst und Literatur gewährt hätten? Wer Christa Wolfs Poetik-Vorlesungen zu ihrer Erzählung *Kassandra* liest, erhält einen eindringlichen Nachhilfeunterricht in Sachen Literaturnotwendigkeit: Er wird Zeuge eines aufwendigen literarischen Produktionsprozesses, der in der immer neuen Erarbeitung stets neuartiger Materialien und deren abwägender Auswahl zu einem stupenden Resultat gelangt. Hier wie bei anderen Autoren der Moderne wird deutlich, daß die Selbstbestimmung gegenwärtiger Literatur der Versicherung des bereits Gedachten und Geschriebenen bedarf.

Bibliotheken haben die Aufgabe, jene Erinnerungen zu bewahren, in denen wir – womöglich – Entwürfe unserer Zukunft erblicken können. Die Schätze der Geschichte zu heben, ist Sache der produktiven Leser. Sie anzubieten und bereitzuhalten, die vielfältigen und verschlungenen Wege der Annäherung an sie und der Abkehr von ihnen zu verzeichnen und zu archivieren, um sie zu gegebener Zeit aufs neue produktiv werden zu lassen – darin, nicht in der eilfertigen Anpassung ans technisch Mögliche und Machbare, liegt die Zukunft der Bibliotheken, gerade in einer »computerisierten Welt«. Dies gilt für die Entwicklung des Bibliotheksbestandes ebenso wie für den Ausbau der Betriebsstrukturen. Es wäre – um nur ein Beispiel zu nennen – geradezu selbstmörderisch, wollten die Bibliotheken sich zu Videotheken erweitern, nur weil diese gegenwärtig Konjunktur haben. Da die Anschaffungsmittel der öffentlichen Bibliotheken ohnehin auf fahrlässige Weise in den vergangenen Jahren beschnitten wurden, wäre eine weitere Begrenzung des Bücherkaufs ein Schritt zur Selbstaufgabe. Das Buch, die Zeitschrift – sie sind durch Kassetten so wenig zu ersetzen wie durch Bildschirmterminals und Mikrofilme. Denn sie bilden – als kulturelle Medien – Formen eines freien Austausches von Gedanken, Meinungen und Erkenntnissen, dessen elektronische Mediatisierung immer zugleich Zentralisierung heißen müßte. Also Freiheitsverlust.

Gerade in einer Zeit technologischer Nivellierung und flächendeckender Medienangebote muß die Aufgabe des Konservierens, des Bewahrens und Aufhebens auch des Entlegenen umso konsequenter betont werden. Bibliotheken bilden das kollektive Gedächtnis der Menschheit – in ihnen liegt bewahrt, was einmal gedacht wurde, damit wir uns seiner erinnern, zur gegebenen Zeit. »Gedächtnis«, so hat Alfred Andersch einmal gesagt, »erinnert Zeit, Erinnerung vernichtet sie.« Genau in diesem Sinne müssen die Arsenale und Archive der Bibliotheken Gedächtniskammern bleiben, wenn wir nicht unsere Erinnerungsfähigkeit verlieren wollen.

2. TEIL: LITERATUR-GESCHICHTE

1
Literatur in der Entscheidung – Zur Konstitution der westdeutschen Nachkriegsliteratur (1945–1949)

»Wie bitter ist es, wenn der Jubel der Welt der Niederlage, der tiefsten Demütigung des eigenen Landes gilt! Wie zeigt sich darin noch einmal schrecklich der Abgrund, der sich zwischen Deutschland, dem Land unserer Väter und Meister, und der gesitteten Welt aufgetan hatte!« Mit diesen Worten nahm Thomas Mann (1875–1955) am 10. Mai 1945, zwei Tage nach dem Ende des Zweiten Weltkriegs, zum letzten Mal Gelegenheit, vom amerikanischen Exil aus *Deutsche Hörer!* anzusprechen. Seit dem Herbst 1940 hatte sich der Nobelpreisträger einmal im Monat über den britischen Rundfunksender BBC an seine Landsleute gewandt, um politische, soziale und vor allem militärische Ereignisse zu kommentieren, um zu warnen, aufzurütteln, Widerstandswillen zu wecken. So unnachsichtig und rigoros seine Polemik sich auch gegen Hitler und den deutschen Faschismus richtete, so sorgsam hatte Thomas Mann doch in all den Jahren zwischen »deutsch« und »nationalsozialistisch« zu unterscheiden gewußt. Und frühzeitig hatte er – »weit eher zum Repräsentanten geboren als zum Märtyrer« – vor der These von einer Kollektivschuld des deutschen Volkes gewarnt, hatte sogar darauf bestanden, »Ehre und Mitgefühl auch dem deutschen Volk« zuteil werden zu lassen.

Solche Bereitschaft zur Differenzierung kennzeichnet noch die letzte dieser Rundfunkansprachen. Muß man auch ihr Pathos dem großen geschichtlichen Augenblick zuschreiben, der ihren Anlaß bildete, muß man ihren Idealismus dem Wahrnehmungshorizont des »Unpoliti-

schen« zurechnen, der ihr Autor zeit seines Lebens geblieben ist – Thomas Mann benannte dennoch treffend Hoffnungen und Probleme, die das Spannungsfeld von »Jubel« und »Demütigung« in sich barg:

»Ich sage: Es ist trotz allem eine große Stunde, die Rückkehr Deutschlands zur Menschlichkeit. Sie ist hart und traurig, weil Deutschland sie nicht aus eigener Kraft herbeiführen konnte. Furchtbarer, schwer zu tilgender Schaden ist dem deutschen Namen zugefügt worden, und die Macht ist verspielt. Aber Macht ist nicht alles, sie ist nicht einmal die Hauptsache, und nie war deutsche Würde eine bloße Sache der Macht. Deutsch war es einmal und mag es wieder werden, der Macht Achtung, Bewunderung abzugewinnen durch den menschlichen Beitrag, den freien Geist.«

Auch wenn man sein emphatisches Kulturvertrauen dem Selbstverständnis des »Repräsentanten« deutschen Geistes wird zugute halten müssen – aufrichtiger, als manche Politiker dies noch vier Jahrzehnte später für opportun halten sollten, sprach Thomas Mann damit aus, was die Stunde geschlagen hatte. Dies ist der Grund, warum seine Person, seine Rede hier zur Einführung in die politisch-kulturelle Situation der Nachkriegszeit dienen können. Thomas Mann sah keinen historischen »Nullpunkt«, er sprach, ganz distanzierter Zeitgenosse im Exil, nicht von einer »Stunde Null«, wie so viele nach ihm. Sondern er erkannte Ambivalenzen: historische Möglichkeiten, aber auch die Notwendigkeiten, die zu deren Verwirklichung erfordert wurden. Er bezeichnete damit sehr genau die Signatur jener historischen Zäsur, die das Jahr 1945 für das Deutsche Reich bedeutete. Denn mit der zwölfjährigen Herrschaft des Nationalsozialismus war ein riesiger, vielfältig in sich verschlungener Staats- und Parteiapparat in sich zusammengebrochen, eine gigantische Industrie- und Kriegsmaschinerie, der Traum von einem Dritten, einem Tausendjährigen Reich, die Ideologie wie der Glaube an Allmacht und Allgewalt des »Führers«, das Bewußtsein einer germanisch-deutschen Überlegenheit über andere Völker und Rassen. Und so schien die bedingungslose Kapitulation am 8. Mai 1945 ganz Deutschland in ein politisch-kulturelles Vakuum zu führen. Wo politische »Gleichschaltung« die Uniformität der Institutionen anbefohlen hatte, herrschte nun Orientierungslosigkeit. Wo die Militarisierung des öffentlichen Lebens die Zustimmung der Bevölkerung zum »totalen Krieg«

erzwungen hatte, erwies nun der Schock der Niederlage seine ernüchternde Wirkung. Und die jahrelang geglaubten Heilslehren faschistischer Demagogie – sie lagen verschüttet unter den Trümmern ganzer Städte, begraben in Millionen von Gräbern. Nicht weniger als acht Millionen Kriegstote, so schätzt man, waren allein in Deutschland zu beklagen, sechzig Millionen als Folge des Kriegs in ganz Europa und in Übersee. Fabriken und Industrieanlagen waren vernichtet, Familien zerstört – und die meisten Deutschen, aktiv oder passiv, mitverantwortlich für die mörderischen Wirkungen des Nationalsozialismus.

Nachkriegsalltag

Aber war es wirklich ein Vakuum? Gewiß, die Bereitschaft zur Diskussion über Ursachen, Zusammenhänge und Schuldanteile der jüngsten Vergangenheit war vorhanden, eine Diskussion, an der sich Philosophen und Historiker, Schriftsteller und Publizisten gleichermaßen beteiligten, um über die sozialen Energien des NS-Staats aufzuklären.

Allein im Jahre 1946 erscheinen: Karl Jaspers, *Die Schuldfrage*, Friedrich Meinecke, *Die deutsche Katastrophe*, Eugen Kogon, *Der SS-Staat*, Alfred Weber, *Abschied von der bisherigen Geschichte*, Max Picard, *Hitler in uns* – um nur die Verfasser und Titel der wichtigsten selbstkritischen deutschen Stimmen zu nennen.

Doch nicht nur nach Schuld und Verantwortung, sondern auch nach oppositionellen Kräften, nach Widerstand innerhalb wie außerhalb Deutschlands wurde gefragt – nicht zuletzt nach dem Beitrag der Literatur zum Kampf gegen den Faschismus.

An Anthologien erscheinen beispielsweise: *Deutsche innere Emigration. Antinationalsozialistische Zeugnisse aus Deutschland* (1946, hrsg. von Karl O. Paetel), *verboten und verbrannt* (1947, hrsg. von Richard Drews und Alfred Kantorowicz), *Die humanistische Front* (1946, Walter A. Berendsohn). In Aufsätzen von Alexander Abusch (»Die Begegnung«, in: *Der Aufbau*, 3. Jg., 1947) und Alfred Andersch (*Deutsche Literatur in der Entscheidung*, 1948) wird der Versuch unternommen, intellektuell und ästhetisch Unbelastetes aus der Zeit des Dritten Reichs in eine neue Zukunft zu retten und Brücken zu schlagen zwischen Exilierten und Inneren Emigranten.

Erinnerungen, Tagebücher, poetische Zeugnisse der Existenz im Dritten Reich wurden nun, nach dem befreienden Zusammenbruch des Jahres 1945, in rascher Folge veröffentlicht – Dokumente der Auseinandersetzung mit dem Faschismus, des Leidensausdrucks, der Bedrängung in Todesnot, die nicht einfach dem Vergessen anheim fallen sollten.

1945 erscheinen die *Moabiter Sonette* des von der SS ermordeten Albrecht Haushofer; 1946 die »Gedichte aus Tegel«, *Auf dem Weg zur Freiheit*, des ebenfalls hingerichteten Dietrich Bonhoefer, Ernst Wiecherts *Totenwald* und Werner Bergengruens Gedichtband *Dies irae*; 1947 dann Emil Barths »Aufzeichnungen und Meditationen« unter dem Titel *Lemuria*; ferner das *Tagebuch eines Verzweifelten* des ebenfalls ermordeten Friedrich Reck-Malleczewen; Luise Rinsers *Gefängnistagebuch*, Theodor Haeckers *Tag- und Nachtbücher*, Nelly Sachs' Lyrikband *In den Wohnungen des Todes* – Dokumente aus der Sicht der Opfer, denen 1955 die Tagebücher Oskar Loerkes (*Tagebücher 1903–1939*, hrsg. von Hermann Kasack) und Jochen Kleppers *(Unter dem Schatten deiner Flügel)* nachfolgen.

Vor allem aber fand sich eine »tabula rasa«-Stimmung (Alfred Andersch), ein Gefühl des Aufbruchs ebenso wie die Entschlossenheit, den ganzen Faschismus als einen Spuk abschütteln zu wollen. Gustav René Hocke kleidete diese Stimmung im Juni 1945 in der Zeitschrift *Der Ruf* in Worte, die sich wie ein programmatisches Echo auf die Mahnungen Thomas Manns lesen:

»Diese zwölf Jahre, dieses schreckensvolle Interregnum werden uns Deutschen als eine Warnung vor maßlosen Zielen und hemmungsloser Gewaltpolitik in Erinnerung bleiben. Sie werden uns endgültig bestimmen, zu unseren echten Überlieferungen zurückzukehren. Sie legen uns die Verpflichtung auf, ein wahrhaft freies Deutschland neu aufzubauen, das vom Willen nach Zusammenarbeit mit allen Völkern beseelt ist.«

Solche Bereitschaft, die vollständige Niederlage des nationalsozialistischen Deutschland als den paradoxen Sieg einer – freilich erst zu erringenden und zu festigenden – neugewonnenen Freiheit zu verstehen, bestand insbesondere im Kreise jener jungen Schriftsteller und Publizisten, die in amerikanischen Kriegsgefangenenlagern in Berührung mit westlichen Demokratievorstellungen gekommen waren. Walter Mannzen und Walter Kolbenhoff, Alfred Andersch und Hans Werner Richter zählten zu ihnen – Angehörige also jener »enttäuschten, verratenen Generation«, der allein Wolfgang Borchert seinerzeit eine »Ankunft zu neuen Ufern« zu prophezeien mochte.

Der Begriff »junge Generation«, der sich für diese Autoren durchgesetzt hat, bezeichnete weniger ein physiologisches Merkmal als eine politisch-sozial bestimmte Gruppenidentität. Er benannte die Distanz zum Denken und Handeln der Vätergeneration, die dem Faschismus zur Macht verholfen und ihn gestützt hatte. Er hob die Gemeinsamkeiten der wider ihren Willen am Krieg teilnehmenden Generation der Söhne hervor, gleichviel, wie sich ihre nationale und soziale Herkunft bestimmte, und unabhängig auch von ihrem biologischen Alter. So diente also dieser Begriff gleichermaßen der Abgrenzung wie der Identitätsstiftung. Zur herausragenden Gemeinsamkeit der »jungen« Schriftstellergeneration gehörte, daß die ihr sich zurechnenden Autoren – geboren zumeist zwischen 1905 und 1915 – bei Kriegsende bereits vielfältige lebensgeschichtliche Erfahrungen, politische wie intellektuelle, gesammelt hatten, bevor sie auch nur die Möglichkeit erhielten, sich an eine größere Öffentlichkeit zu wenden. (Vgl. hierzu Urs Widmer, *1945 oder die »Neue Sprache«*, 1966.)

Man muß sich jedoch die politischen und gesellschaftlichen Zielsetzungen des näheren ansehen,

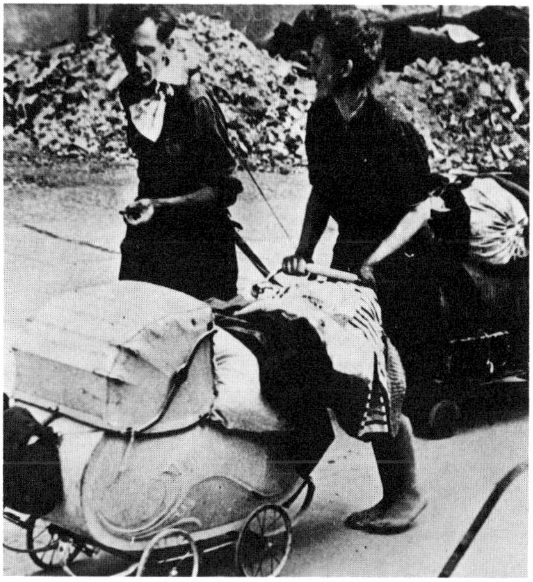

Wohnungssuche

die an diese Emphase des Neubeginns geknüpft waren, und ebenso ihre historischen Wurzeln und geistigen Traditionen, um verstehen zu können, warum sie schließlich scheiterten, vielleicht scheitern mußten. Ein Aufsatz Alfred Anderschs (1914–1980) aus dem Jahre 1946, unter dem programmatischen Titel »Das junge Europa formt sein Gesicht« in der Zeitschrift *Der Ruf* veröffentlicht, verdient hierbei besondere Beachtung, weil er das intellektuelle Profil der »jungen Generation« ebenso scharf konturierte wie er ihre politische Position nachdrücklich von anderen Lagern abgrenzte. In ihm hieß es:

»Das Gesetz, unter dem sie [die europäische Jugend] antritt, ist die Forderung nach europäischer Einheit. Das Werkzeug, welches sie zu diesem Zweck anzusetzen gewillt ist, ist ein neuer, von aller Tradition abweichender Humanismus, ein vom Menschen fordernder und an den Menschen glaubender Glaube, ein sozialistischer Humanismus.
Sozialistisch – das meint in diesem Fall, daß Europas Jugend ›links‹ steht, wenn es sich um die soziale Forderung handelt. Sie vertritt wirtschaftliche Gerechtigkeit und weiß, daß diese sich nur im Sozialismus verwirklichen läßt. [...]
Humanistisch aber ist Europas Jugend in ihrem unerschöpflichen Hunger nach Freiheit. Humanismus bedeutet ihr Anerkennung der Würde und Freiheit des Menschen – nicht mehr und nicht weniger. Sie wäre

UNABHÄNGIGE BLÄTTER DER RUF DER JUNGEN GENERATION

NR. 1 · 1. JAHRG. PREIS 90 PF. MÜNCHEN, 15. AUGUST 1946

Das junge Europa formt sein Gesicht

(DR) — In dem zerstörten Ameisenberg Europa, mitten im ziellosen Gewimmel der Millionen, sammeln sich bereits kleine menschliche Gemeinschaften zu neuer Arbeit. Allen pessimistischen Voraussagen zum Trotz bilden sich neue Kräfte- und Willenszentren. Neue Gedanken breiten sich über Europa aus. Der auf die äußerste Spitze getriebenen Vernichtung entsprang, wie einst dem Haupt des Jupiter die Athene, ein neuer, jugendfrischer, jungfräulich-athenischer Geist. Die Bedrohung, die hinter uns liegt und diejenige, die unserer wartet, hat nicht zur lähmenden Furcht geführt, sondern nur unser Bewußtsein dafür geschärft, daß wir uns im Prozeß einer Weltwende befinden.

Die Träger dieses europäischen Wiedererwachens sind zumeist junge, unbekannte Menschen. Sie kommen nicht aus der Stille von Studierzimmern — dazu hatten sie keine Zeit —, sondern unmittelbar aus dem bewaffneten Kampf um Europa, aus der Aktion. Ihr Geist ist der Geist der Aktion. In Frankreich scharen sie sich um die Gruppe der „Existentialisten" und deren Mentor Jean Paul Sartre, dem sich Albert Camus und Simone de Beauvoir gesellen, oder sie bilden Experimentierzellen in den bestehenden Parteien, so etwa Emanuel Mounier mit dem „Esprit" in der jungen Partei Bidaults oder Aragon bei den Kommunisten. Ihr Leben in den letzten Jahren war gleichbedeutend mit dem Leben der französischen „résistance".

Kristallisationspunkte des jungen Italiens sind der aus der Emigration zurückgekehrte Dichter Ignazio Silone, der eine Synthese von Sozialismus und religiösem Denken versucht, oder Ferruccio Parri, der Leiter der Aktionspartei. Der Sieg der Labour Party in England ist nicht denkbar ohne die innere Erneuerung der Arbeiterbewegung durch ihre jungen Kräfte. Skandinavien gab seine besten Geister in diesem Krieg: den dänischen Pfarrer Kaj Munk und den jungen norwegischen Dichter Nordahl Grieg, der über Berlin abstürzte. Diese Namen sind nur die äußerlichen Zeichen einer Bewegung, in der sich, wenn auch noch zögernd und unklar, so doch schon in großer Tiefe und Breite, die europäische Jugend manifestiert.

Das Gesetz, unter dem sie antritt, ist die Forderung nach europäischer Einheit. Das Werkzeug, welches sie zu diesem Zweck anzusetzen gewillt ist, ist ein neuer, von aller Tradition abweichender Humanismus, ein vom Menschen fordernder und an den Menschen glaubender Glaube, ein sozialistischer Humanismus.

Sozialistisch — das meint in diesem Fall, daß Europas Jugend „links" steht, wenn es sich um die soziale Forderung handelt. Sie vertritt wirtschaftliche Gerechtigkeit und weiß, daß diese sich nur im Sozialismus verwirklichen läßt. In einem wirklichen Sozialismus, nicht in „sozialen Reformen". Der Menschengeist hat eine Stufe erreicht, in dem ihm der private Besitz von Produktionsmitteln ebenso absurd erscheint wie vor 2000 Jahren die Sklaverei. Die sozialistische Forderung schließt die Forderung nach einer geplanten Wirtschaft und eine — trotz allem — Bejahung der Technik ein. „Links" steht dieser Geist ferner in seiner kulturellen Aufgeschlossenheit, seiner Ablehnung nationaler und rassischer Vorurteile, seiner Verhöhung des provinziellen Konservativismus.

Humanistisch aber ist Europas Jugend in ihrem unerschöpflichen Hunger nach Freiheit. Humanismus bedeutet ihr Anerkennung der Würde und Freiheit des Menschen — nicht mehr und nicht weniger. Sie wäre bereit, das Lager des Sozialismus zu verlassen, wenn sie darin die Freiheit des Menschen aufgegeben sähe zugunsten jenes alten orthodoxen Marxismus, der die Determiniertheit des Menschen von seiner Wirtschaft postuliert und die menschliche Willensfreiheit leugnet. Fanatismus für das Recht des Menschen auf seine Freiheit ist kein Widerspruch in sich selbst, sondern die große Lehre, welche die Jugend Europas aus der Erfahrung der Diktatur zieht. Sie wird den Kampf gegen alle Feinde der Freiheit fanatisch führen.

Eine starke Wurzel dieses doppelten Suchens nach Freiheit und sozialer Gerechtigkeit liegt in dem religiösen Erlebnis, das die junge Generation aus dem Kriege mitbringt. Echte religio ist nicht möglich, wo der Mensch Bluts- oder Klassengesetzen unterstellt wird, die er angeblich nicht durchbrechen kann. Nichts beweist die Freiheit des Menschen mehr als seine freie Entscheidung für oder gegen Gott.

Der Inhalt des jungen Denkens bedingt die Haltung seiner Träger. Sie fordern nicht nur richtiges Denken, sie fordern auch das dazugehörige Leben. Sie können es fordern, weil sie sich für ihre Grundsätze eingesetzt haben, weil viele von ihnen dafür ihr Leben hingegeben haben. Besonders Sartre und die jungen Kämpfer aus der „résistance" fordern diese Uebereinstimmung von Tat und Gedanken, die bruchlose Existenz.

Von hier aus spannt sich ein dünnes, sehr gewagtes

Bedingungslose Uebergabe: *„Wir haben in Jalta erklärt — und ich wiederhole es jetzt — daß bedingungslose Waffenniederlegung nicht die Vernichtung oder Versklavung des deutschen Volkes bedeutet. Das deutsche Volk wie der deutsche Soldat müssen einsehen, daß sie nur durch bedingungslose Kapitulation beginnen können, wieder ein Volk zu werden, das von der Welt respektiert und als Nachbar akzeptiert werden kann. — Ich würde meinen tiefsten religiösen und politischen Überzeugungen untreu werden, wenn ich je die Hoffnung, ja den Glauben aufgäbe, daß in allen Völkern, ohne Ausnahme, ein Sinn für die Wahrheit, ein Streben nach Gerechtigkeit und eine Sehnsucht nach Frieden lebt — wenn auch dies alles im Falle Deutschlands von einem brutalen Regime unterdrückt sein mag. — Wir klagen nicht das deutsche Volk als solches an, denn wir können nicht glauben, daß Gott irgendein Volk auf ewige Zeiten verdammt habe. Wir wissen aus unserem eigenen Lande, wie viele gute Männer und Frauen deutscher Herkunft sich als loyale, freiheitsliebende und friedliebende Bürger bewährt haben. Das deutsche Volk wird nicht versklavt werden; die Vereinten Nationen betreiben keinen Sklavenhandel."* (Präsident Roosevelt)

bereit, das Lager des Sozialismus zu verlassen, wenn sie darin die Freiheit des Menschen aufgegeben sähe zugunsten eines alten orthodoxen Marxismus, der die Determiniertheit des Menschen von seiner Wirtschaft postuliert und die menschliche Willensfreiheit leugnet.«

»Soziale Gerechtigkeit« und »geistige Freiheit« – dies sind die elementaren Formeln in Anderschs Zukunftsprogramm, Formeln, die der Vorstellung von einem Sozialismus des ›Dritten Wegs‹ Ausdruck gaben, jenseits des westlichen Kapitalismus wie des Staatssozialismus sowjetischer Prägung, einem demokratischen Sozialismus, wie ihn die SPD Kurt Schumachers nach 1945 programmatisch forderte und wie ihn sogar die CDU in ihren ›Frankfurter Leitsätzen‹ von 1945 und noch im ›Ahlener Wirtschaftsprogramm‹ von 1947 vertrat. Daß sogar eine christlich sich verstehende Partei unmittelbar nach Kriegsende die Vorstellung von einem Sozialismus des ›Dritten Wegs‹ aufnahm – der CDU-Politiker Jakob Kaiser 1946: »Erkennen wir, was nötig ist: Der Sozialismus hat das Wort« –, diese Tatsache deutet auf den wesentlich religiösen Impuls, der den Sozialismus-Vorstellungen der »jungen Generation« eignete. Zwar suchte man sich seine intellektuellen Vorbilder in überzeugenden, weil politisch nicht belasteten Schriftstellern der europäischen Nachbarstaaten, die gegen den Faschismus gekämpft hatten: in der Gruppe der Existenzialisten um Jean-Paul Sartre, Simone de Beauvoir, Simone Weil und Albert Camus, in Louis Aragon, in Ignazio Silone, in Nordahl Grieg. Doch hat nicht minder einflußreich das Bekenntnis zum religiösen Ursprung dieser Vorstellungen gewirkt. So erklärte Alfred Andersch nachdrücklich: »Eine starke Wurzel dieses doppelten Suchens nach Freiheit und sozialer Gerechtigkeit liegt in dem religiösen Erlebnis, das die junge Generation aus dem Kriege mitbringt.« Und der Links-Katholik Walter Dirks, gemeinsam mit Eugen Kogon Herausgeber der *Frankfurter Hefte* (bis 1984), erblickte 1946 im Zusammengehen von Arbeitern und Christen eine politische Möglichkeit, der er »geschichtlichen Rang« zumaß. Anvisiert war damit ein christlich geprägter Sozialismus von europäischer Dimension, geboren aus einer existentialistischen Gegenwartsdeutung – »Ausgesetzte«, »Geschick« lauten die Grundbegriffe bei Kogon – und einer idealistischen Verantwortungsethik der »Stunde Null«.

Solche Überlegungen freilich, so glaubwürdig ihr Pathos sich auch ausnimmt, trafen in der politisch-sozialen Wirklichkeit auf einen zweifachen Widerspruch. Zum einen mußten sie mit der Tatsache rechnen, daß der soeben vernichtend geschlagene deutsche Faschismus eine Massenbewegung gewesen war, getragen nicht nur von Bourgeoisie und Großkapital, sondern, entscheidend, von mittelständischen Kleinbürgern, von Bauern, aber auch von Teilen eines verelendeten Proletariats und einer begeisterten Jugend. Wie sollte angesichts solcher Dispositionen, mochten sie auch durch die Erfahrung einer vollständigen Niederlage desillusioniert sein, ein Wandel des politischen Denkens und Handelns erreicht werden? Und gerade der Bereich der Kultur, auf den Alfred Andersch emphatisch setzte, der Literatur zumal »in der Entscheidung« – trug denn die Gemeinsamkeit des Antifaschismus weit genug, um die vielfältigen ideologischen und künstlerischen Differenzen zu überbrücken?

»Deutsche Literatur«, so konnte man in Alfred Anderschs Essay von 1948 lesen, »soweit sie den Namen einer Literatur noch behaupten kann, war identisch mit Emigration, mit Distanz, mit Ferne von der Diktatur.« Für Andersch löste sich jede Spekulation über die zwiespältige Rolle der im Dritten Reich erschienenen Literatur in die Gewißheit auf, »daß jede Dichtung, die unter der Herrschaft des Nationalsozialimus ans Licht kam, Gegnerschaft gegen ihn bedeutete, sofern sie nur Dichtung war«. Doch gerade die Kontroverse um die Rückkehr Thomas Manns schon im Jahre 1945 hätte ihn eines besseren belehren müssen. Thomas Mann lehnte die Aufforderung zur Rückkehr aus dem Exil, die in durchaus honoriger Absicht Walter von Molo im August 1945 ausgesprochen hatte, mit dem Eingeständnis ab, sich in zwölf Jahren nationalsozialistischer Herrschaft seiner einstigen Heimat entfremdet zu haben. In dieses öffentlich geführte Zwiegespräch griff der Schriftsteller Frank Thieß (1890–1977) mit einer rüden Polemik ein, um die deutsche Exilliteratur mitsamt ihrem »Repräsentanten« Thomas Mann gegenüber der Inneren Emigration herabzuwürdigen und die eigene Position als die des gewichtigeren, weil moralisch untadeligen Deutschland aufzuwerten. Gerade Thieß aber, der für sich die Autorenschaft am Begriff »Innere Emigration« (mit durchaus zweifelhaften Argumenten) beanspruchte, hatte im Dritten Reich (unter anderem) ein historiographisches Werk veröffentlicht (*Das Reich der Dämonen*, 1934), das »Dichtung« sowohl wie »Gegnerschaft« sein wollte – sich jedoch ebensogut als Apologie geschichtlich-gesellschaftlicher »Katastrophen« lesen ließ, zumal ihm sein Autor ein kompromittierend devotes Grußwort an die neuen Machthaber vorangestellt hatte. Es mag diese Polemik und die zwielichtige Person ihres Urhebers gewesen sein, die Thomas Mann zu seiner – später abgemilderten – Äußerung geführt hat, »Bücher, die von 1933 bis 1945 in Deutschland überhaupt gedruckt werden konnten«, seien »weniger als wertlos und nicht gut in die Hand zu nehmen. Ein Geruch von Blut und Schande haftet ihnen an; sie sollten alle eingestampft werden.«

Ein kritischer Blick auf die Anfänge der deutschen Literatur nach 1945 macht rasch deutlich, daß nicht in erster Linie die Autoren des *Ruf* und der ›Gruppe 47‹ die literarische Szene beherrschten. Vielmehr dominierten – auch hinsichtlich der Werkvielfalt und der Auflagenhöhe – gerade jene Autoren, die an ästhetische Traditionen der Zeit vor 1933 anknüpften: Hans Carossa (1878–1956), Georg Britting (1891–1964), Ernst Penzoldt (1892–1955), Stefan Andres (1906–1970), Josef Weinheber (1892–1945),

Plakat zur Stadtverordnetenwahl von Berlin (1946)

Werner Bergengruen(1892–1964), Ernst Wiechert, (1887–1950), Gertrud von Le Fort (1876–1971), Rudolf Alexander Schroeder (1878–1962) und Albrecht Goes (geb. 1908), um nur einige Namen zu nennen. Beschaulichkeit, Idylle, eine in sich selber ruhende Heiterkeit und Gelassenheit, die der Rhythmus der Verse im Gleichmaß, in der Ausgewogenheit aufnimmt – dies sind Kennzeichen einer Dichtung, die sich absetzt von der sie umgebenden Wirklichkeit, sich dieser entzieht, um im Rückgang auf sich selber poetische Schönheit zu repräsentieren. In einem Gedicht Friedrich Georg Jüngers (1898–1977) heißt es:

»In die Geißblattlauben will ich
wo die Liebenden sich herzen,
um beim Licht des Sichelmondes
mit dem jungen Reh zu scherzen.«

Diese Dichtung erweist sich nicht nur als vollständig enthistorisiert, sondern sie strebt zugleich – orientiert an poetischen Traditionsmustern wie Sonett, Ballade, Elegie – nach Überzeitlichkeit der Aussage wie der Form, beispielhaft erkennbar an den Gedichtbänden Rudolf Hagelstanges (1912–1984; *Venezianisches Credo*, 1945) und Hans Egon Holthusens (geb. 1913; *Klage um den Bruder*, 1947; *Hier in der Zeit*, 1949). Diese Zeitlosigkeit geht häufig einher mit einer deutlichen Zunahme religiöser Züge und christlicher Motive bis hin zur Versenkung in die vermeintliche Über- und Außerweltlichkeit der Poesie. Die Wirklichkeit aber führt lediglich zu der Erkenntnis, daß eine höhere Wahrheit: die Erfahrung von Glück, Liebe, Naturseligkeit, Freiheit, in ihr nicht zu finden ist. Die Dichterin Ina Seidel (1885–1974) bekennt:

> »Was bleibt uns in den Trümmern unsrer Welt
> Für Zuflucht aus dem Labyrinth der Trauer?
> Was ist noch da, daran der Mensch sich hält,
> Als der Gestirne unberührte Dauer [...]«.

Lyrische Restauration also: Sie bringt eine Dichtung hervor, für die das Beharren auf überkommenen Formtraditionen, auf Zeit- und Weltferne, auf Idyllik und Beschaulichkeit ebenso charakteristisch ist wie ihre Unfähigkeit, poetisch erneuernd zu wirken, eine Lyrik zu formen, die erkennbar in den Prozessen ihrer Gegenwart steht. Gerade deshalb freilich hat diese Lyrik später, in der Restaurationsperiode der Bundesrepublik, eine gesellschaftlich bedeutende Rolle gespielt. Denn ihre Autoren schienen, in Person *und* Werk, Antifaschismus und Antikommunismus gleichermaßen zu repräsentieren und boten zudem mit ihrer Dichotomie von Kunst und Leben die Gewähr für eine ›reine‹ Poetik, die in ihrer Realitätsabkehr und Politikferne der Entwicklung der Wissenschaften in der Adenauer-Ära korrespondierte. So diente sie der Verklärung und Verschönung ihrer Gegenwart gerade dadurch, daß sie sich – scheinbar – von ihr fernhielt.

Demgegenüber blieb die Exilliteratur geradezu ausgegrenzt. Heinrich Mann hatte noch 1934 die Auffassung vertreten: »Die Emigration wird darauf bestehen, daß mit ihr die größten Deutschen waren und sind, und das heißt zugleich: das beste Deutschland«, eine sehr selbstbewußte Selbsteinschätzung, die zahlreiche Exilautoren teilten

SOLI-WARENBON № 180540

F 1 kg Fett
A 2½ kg Zucker (zwei)

Gültig 90 Tage. - Abgabe der Ware nur gegen Vorweisung des Personalausweises bei einer Ausgabestelle der Volkssolidarität

Spender: Verlags A.G.
Die Arche
Susenbergstr. 63
Zürich 44

Empfänger: Dr. med. Gottfried Benn
Bozenerstr. 20
Berlin-Schöneberg

Zürich, den 14.12.48. p.

CENTRALE SANITAIRE SUISSE / Schweiz. Hilfswerk
Abteilung Liebesgaben, Zürich

Walter Jost

Von Bezirksverteilungsstelle über Zentralausschuß an Centrale Sanitaire Suisse

Das Honorar für die 1948 in der Schweiz erschienene Buchausgabe der »Statischen Gedichte«

und die in der Überzeugung gründete, sich politisch, moralisch und künstlerisch untadelig verhalten zu haben. Doch solche Tugenden wurden in der Nachkriegszeit keineswegs honoriert: Von einer Repatriierung der Exilliteratur kann, zumindest für den westlichen Teil Deutschlands, keine Rede sein. Anna Seghers, Johannnes R. Becher, Arnold Zweig, Bertolt Brecht, um nur einige Namen zu nennen, gingen in die Sowjetische Besatzungszone, die spätere DDR, wo sie ebenso willkommen waren wie ihr im Exil entstandenes Werk. Im Westen aber – die Polemik Frank Thieß' gegen Thomas Mann machte es deutlich – legte man auf die Exilautoren keinen Wert. Selbst ein Alfred Döblin (1878–1957), der voller Hoffnungen und Tatkraft nach Deutschland zurückgekehrt war, der beim Neuanfang hatte helfen wollen, der eine Zeitschrift gründete (*Das goldene Tor*, 1946–1951), sich in Rundfunkansprachen engagiert äußerte, sich mit den Nürnberger Kriegsverbrecherprozessen aus-

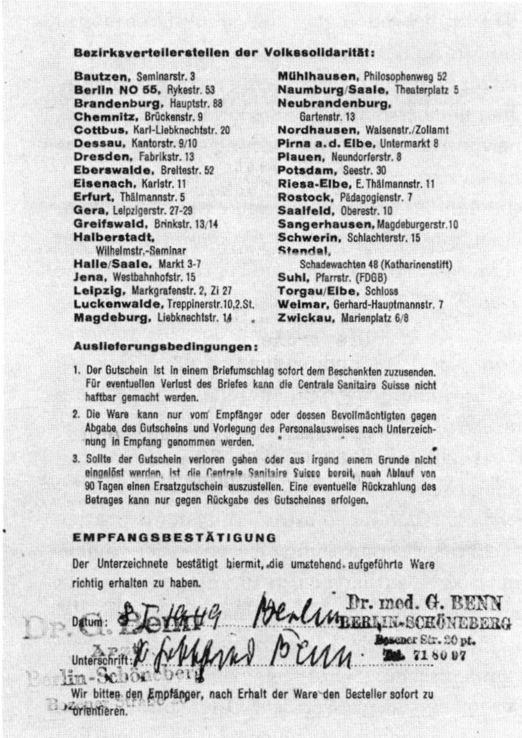

Bezirksverteilerstellen der Volkssolidarität:

Bautzen, Seminarstr. 3
Berlin NO 55, Rykestr. 53
Brandenburg, Hauptstr. 88
Chemnitz, Brückenstr. 9
Cottbus, Karl-Liebknechtstr. 20
Dessau, Kantorstr. 9/10
Dresden, Fabrikstr. 13
Eberswalde, Breitestr. 52
Eisenach, Karlstr. 11
Erfurt, Thälmannstr. 5
Gera, Leipzigerstr. 27-29
Greifswald, Brinkstr. 13/14
Halberstadt, Wilhelmstr.-Seminar
Halle/Saale, Markt 3-7
Jena, Westbahnhofstr. 15
Leipzig, Markgrafenstr. 2, Zi 27
Luckenwalde, Treppinerstr.10,2.St.
Magdeburg, Liebknechtstr. 14
Mühlhausen, Philosophenweg 52
Naumburg/Saale, Theaterplatz 5
Neubrandenburg, Gartenstr. 13
Nordhausen, Waisenstr./Zollamt
Pirna a.d. Elbe, Untermarkt 8
Plauen, Neundorferstr. 8
Potsdam, Seestr. 30
Riesa-Elbe, E.Thälmannstr. 11
Rostock, Pädagogienstr. 7
Saalfeld, Oberestr. 10
Sangerhausen, Magdeburgerstr.10
Schwerin, Schlachterstr. 15
Stendal, Schadewachten 48 (Katharinenstift)
Suhl, Pfarrstr. (FDGB)
Torgau/Elbe, Schloss
Weimar, Gerhard-Hauptmannstr. 7
Zwickau, Marienplatz 6/8

Auslieferungsbedingungen:

1. Der Gutschein ist in einem Briefumschlag sofort dem Beschenkten zuzusenden. Für eventuellen Verlust des Briefes kann die Centrale Sanitaire Suisse nicht haftbar gemacht werden.
2. Die Ware kann nur vom Empfänger oder dessen Bevollmächtigten gegen Abgabe des Gutscheins und Vorlegung des Personalausweises nach Unterzeichnung in Empfang genommen werden.
3. Sollte der Gutschein verloren gehen oder aus irgend einem Grunde nicht eingelöst werden, ist die Centrale Sanitaire Suisse bereit, nach Ablauf von 90 Tagen einen Ersatzgutschein auszustellen. Eine eventuelle Rückzahlung des Betrages kann nur gegen Rückgabe des Gutscheines erfolgen.

EMPFANGSBESTÄTIGUNG

Der Unterzeichnete bestätigt hiermit, die umstehend aufgeführte Ware richtig erhalten zu haben.

Datum:

Unterschrift:

Dr. med. G. BENN
BERLIN-SCHÖNEBERG
Bozener Str. 20 pt.
Tel. 71 80 07

Wir bitten den Empfänger, nach Erhalt der Ware den Besteller sofort zu orientieren.

wurde auf Benns Wunsch mit »Liebesgabenpaketen« verrechnet.

einandersetzte – selbst dieser Alfred Döblin, wahrhaftig kein namenloser Zeitgenosse, erkannte schon bald, wie gering man im westlichen Teil Deutschlands seine Bereitschaft zur Mitarbeit schätzte, wie rasch die Restauration sich durchzusetzen begann, wie leicht es sich offenbar mit Verdrängungen leben ließ. »Wir hatten in Deutschland nie eine solche politische Situation, rein nationalistisch und unfrei, reaktionär, wie jetzt«, schrieb er in einem Brief, bevor er 1951 abermals ins Exil ging, nach Paris, und seine Enttäuschung war unüberhörbar: »Man hat nichts gelernt, und es ist alles, bis auf die Vertreibung von Hitler, gleich geblieben.« Döblins Weg darf als repräsentativ gelten: Für die Bundesrepublik Deutschland blieb die deutsche Exilliteratur im Exil, nicht nur während der unmittelbaren Nachkriegszeit, sondern für mehr als ein Vierteljahrhundert. Noch 1970 sah der Exilforscher Hans-Albert Walter sie »draußen vor der Türe« stehen – erst zu diesem Zeitpunkt begann ihre wissenschaftliche Aufarbeitung in umfassender Weise. Zu diesem Zeitpunkt aber waren die Exilautoren naturgemäß bereits aller Zeitgenossenschaft entrückt, ein historisches Phänomen, dem nahezukommen offenbar niemanden mehr schreckte.

Der zweite Widerspruch, auf den Anderschs Überlegungen trafen, war gewichtiger als das Problem prekärer Kontinuitäten. Es spricht nicht gegen Anderschs Vorschläge – wenn es auch viel über deren Wirklichkeitsverhältnis sagt –, sondern es zeugt vor allem vom dominierenden Einfluß der Siegermächte, von der Eigendynamik, mit der sich ihre jeweiligen Interessen durchsetzten, daß die politische Entwicklung der Nachkriegsjahre einen ganz anderen Verlauf genommen hat als den von der »jungen Generation« erhofften. Denn so gutwillig und einleuchtend deren Argumente klingen mochten – Andersch selber sprach später kritisch von der »Ära unserer demokratischen Illusionen« –, bestimmend für die politische, mithin auch für die kulturelle und literarische Entwicklung, blieben die Vorstellungen der Siegermächte in den jeweiligen Besatzungszonen. Und diese wiesen schon wenige Monate nach der militärischen Niederlage Deutschlands grundlegende und unüberbrückbare Unterschiede auf. Die Gemeinsamkeit des Kampfes gegen den deutschen Faschismus, in die zunächst auch die Perspektive einer vollständigen Entmilitarisierung und Entindustrialisierung ganz Deutschlands einbezogen war, hatte nur so lange Bestand, wie man sich noch im Krieg gegen den gemeinsamen Gegner befand. Nach dem Sieg der Alliierten jedoch traten die Differenzen der jeweiligen Gesellschaftsordnungen und politischen Ideologien in den Vordergrund. »Errichtung der antifaschistisch-demokratischen Ordnung im Wege der volksdemokratischen Revolution« lautete das Motto, unter dem in der Sowjetischen Besatzungszone (SBZ) ein grundlegender gesellschaftlicher Strukturwandel angezeigt wurde. Doch in Wahrheit handelte es sich eher um administrative Maßnahmen denn um eine soziale Revolution, um einen »Sozialismus von oben« unter Beibehaltung hierarchischer, zentralistischer Strukturen. Demgegenüber waren die Westmächte – unter ihnen vor allem die wirtschaftlich stärkste, die USA –

an einer Wiederherstellung von Produktionsbedingungen interessiert, die ihnen gesicherte Absatzmärkte schufen.

Thomas Mann als Festredner zum Goethejahr in der Frankfurter Paulskirche am 25. 7. 1949

Die westlichen Alliierten begriffen rasch, daß ihre Zielsetzungen mit den Vorstellungen der Intellektuellen und Publizisten jener »jungen Generation« keineswegs durchzusetzen waren, sondern allenfalls mit einer Politik, die sich die Zustimmung der unternehmerfreundlichen, konservativen Teile des deutschen Bürgertums sicherte. Mochte nach Auffassung der großen Parteien in der unmittelbaren Nachkriegszeit auch der Sozialismus dem Interesse eines deutschen Neubeginns dienen – den Interessen des westlichen Kapitals und Handels diente er keinesfalls. Deren Förderung aber betrieben die Alliierten in den Westzonen nachdrücklich. Während die Unternehmer bereits frühzeitig Organisationsmöglichkeiten erhielten, wurde die Einrichtung von Gewerkschaften bis zum Herbst 1946 zurückgedrängt. Enteignungsforderungen und Streiks beantworteten die Siegermächte mit Gefängnisstrafen. Den Verstaatlichungsparagraphen der hessischen Landesverfassung, den immerhin 72% der Bevölkerung bejaht hatten, suspendierten die Militärbehörden kurzerhand. Mit dem Marshall-Plan, der einen amerikanischen Kapitalexport nach Westeuropa und vor allem nach Westdeutschland begründete, war die Grundlage für einen kapitalistischen Neuanfang gelegt. Es bedurfte nur noch der Währungsreform von 1948 und schließlich der formellen Staatsgründung der Bundesrepublik 1949, um die Wiederherstellung eines kapitalistischen Wirtschaftssystems und eines bürgerlich-parlamentarischen Staates zu gewährleisten.

So stand schon die Konstituierung der deutschen Nachkriegsliteratur im Zeichen einer zunehmend sich vertiefenden Spaltung zwischen Ost und West. Johannes R. Bechers mahnende Bemerkung auf dem ersten und einzigen gesamtdeutschen Schriftstellerkongreß 1947 in Berlin, es sei »verwerflich, Osten und Westen einander gegenüberzustellen oder die Deutschen der verschiedenen Zonen gegeneinander auszuspielen«, darf in diesem Zusammenhang als symptomatisch gelten. Denn seine apodiktische Behauptung, es gebe »keine westdeutsche oder ostdeutsche Literatur, keine süddeutsche oder norddeutsche, sondern nur eine, eine deutsche, die sich nicht in Zonengrenzen bannen läßt«, belegte in Wahrheit genau den Sachverhalt, gegen den sie sich wendete. Es setzte bald nach 1945 eine politische Regionalisierung der deutschen Literatur ein, die den Grenzziehungen der Alliierten im wesentlichen folgte.

Mit solcher Regionalisierung war freilich noch nichts über literarische Bedeutung gesagt – alles aber über jene globalen politischen und gesellschaftlichen Zwänge und Entwicklungen, denen auch die Autoren sich nicht zu entziehen vermochten. Wo sie dies aber versuchten, sahen sie sich alsbald einem erheblichen öffentlichen Druck, ja: Schmähungen, Verleumdungen und Drohungen ausgesetzt.

Abermals Thomas Mann als »Repräsentant«: Als einen »Zwist zwischen zwei Ideen von Deutschland, eine Auseinandersetzung, nur anläßlich meiner, über die geistige und moralische Zukunft dieses Landes« bezeichnete er in seiner »Ansprache im Goethejahr 1949« den Streit, der um eben diese Rede entstanden war. Geladen, den Festvortrag zur 200. Wiederkehr von Goethes Geburtstag in der Frankfurter Paulskirche zu halten, nahm Thomas Mann die Gelegenheit wahr, denselben Vortrag zum selben Anlaß wenige Tage später auf Einladung der DDR-Regierung auch im Nationaltheater zu Weimar zu halten. Dies trug ihm den Vorwurf der Kommunisten-Freundlichkeit ein, ein Vorwurf, der sich nicht zuletzt an Thomas Manns berühmtes Diktum vom »Antikommunismus als einer Grundtorheit unserer Epoche« knüpfte. Eine »Gesellschaft zur Bekämpfung der Unmenschlichkeit« forderte ihn zu einem Besuch des Konzentrationslagers Buchenwald auf, in dem die sowjetische Besatzungsmacht politische Häftlinge interniert hatte. Eugen Kogon gar stellte ihn vor die Alternative, zwischen der Freundschaft dieser Häftlinge und der der Machthaber zu wählen. Thomas Mann hat in einer Erklärung solche Ansinnen mit der Begründung zurückgewiesen: »Im Rahmen dieses Besuches Forderungen zu stellen, die die einladenden Behörden nicht erfüllen können, ist offensichtlich unmöglich [...].« Und in seiner Rede bekannte er sich zu seiner repräsentativen Rolle: »Ich kenne keine Zonen. Mein Besuch gilt Deutschland selbst, Deutschland als Ganzem, und keinem Besatzungsgebiet. Wer sollte die Einheit Deutschlands gewährleisten und darstellen, wenn nicht ein unabhängiger Schriftsteller, dessen wahre Heimat, wie ich sagte, die freie, von Besatzungen unberührte deutsche Sprache ist.«

Vor dem Hintergrund solcher Debatten muten die vielfältigen Diskussionen über einen möglichen »Nullpunkt« im Jahre 1945 abstrakt und künstlich an. Denn in ihnen wird das Verhältnis von Kontinuität und Wandel häufig als idealtypische Konstellation modellhafter Alternativen verhandelt. Geschichte aber – auch die der Literatur – ist ein Prozeß, ein Fortschreiten ohne Anfang und Ende, wenngleich mit Einschnitten, durch die Entwicklungen gehemmt, womöglich unterbrochen werden. So bilden auch die Jahre 1933 und 1945 allenfalls eine »tiefe Zäsur« (Thomas Mann), die eine Phase der Vertreibung und Unterdrückung – nicht nur der Literatur – anzeigen, eine historische Epoche des Terrors, des Massenmords, des Kriegs, an deren Ende – kein neuer Anfang stand. Denn das Leben war – und hierfür können die Debatten um Thomas Mann ihrerseits repräsentativ stehen – weitergegangen. Die intellektuellen Auseinandersetzungen bewegten sich nun, nach dem Ende des Krieges, im Spannungsfeld von Beharrung und Aufbegehren, Verdrängung und Radikalität, Konservatismus und Innovation. Dies sind Alternativen *der* Nachkriegszeit, aber aufeinander verweisende, miteinander sich entwickelnde, kontrovers ineinander verschlungene, aus denen die historische Identität zwischen 1945 und 1949 sich bildet. Eine Identität aber, in der die Gewichte alsbald einseitig sich verlagern. Und hierin liegt der Grund, weshalb sich der Konstituierungsphase der deutschen Nachkriegsliteratur vergewissern muß, wer ihre Entwicklung bis heute verstehen will.

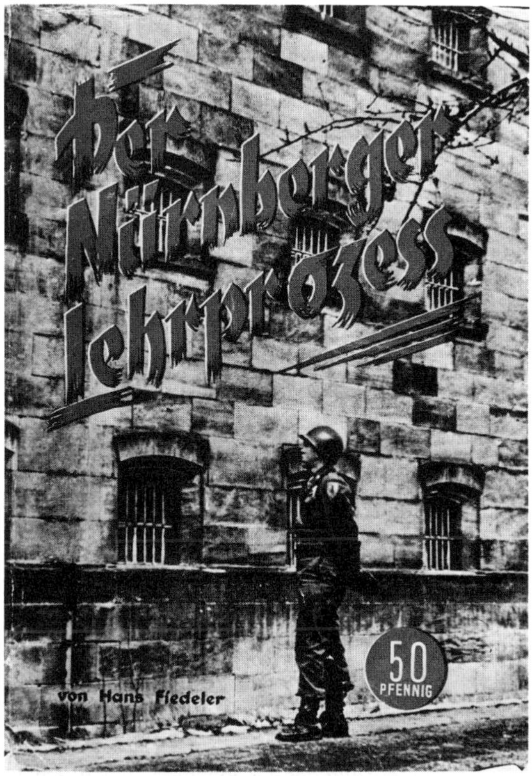

Pseudonyme Broschüre Alfred Döblins über den Nürnberger Kriegsverbrecherprozeß (1946)

»Die versäumte Evolution« – so lautete der Titel eines Essays von Hans Werner Richter (geb. 1908) aus dem Jahre 1947. Er zog nüchtern, fast lakonisch eine frühe Bilanz der Nachkriegszeit, von der Richter selber noch im September 1946 sich einen »absoluten und radikalen Beginn von vorn« erhofft hatte. Im Januar 1947 aber, nur vier Monate später, schrieb er:

»Wir waren keine Phantasten, als dieser Krieg zu Ende ging. Wir haben keine Revolutionen erwartet [...]. Wir glaubten nur, daß es in Deutschland, infolge der fast schon überdimensionalen Erschütterungen durch den Krieg, gelingen müßte, auf legalem und vielleicht konstruktivem Wege sich der großen Evolution unserer Zeit anzupassen. Erschüttert stehen wir nun vor dem Ergebnis. Auch diese Evolution scheint versäumt zu sein.«

Man kann, vier Jahrzehnte später, die Illusionen nicht übersehen, die in der frühen Nachkriegszeit über die Entwicklungsmöglichkeiten eines demokratischen, sozialistischen Deutschland bestanden. Aber wichtiger ist es womöglich, die Hoffnungen wahrzunehmen, die sich auf einen Neuanfang richteten. Nur sie nämlich machen die Enttäuschung verständlich, die der Feststellung Hans Werner Richters ihre Bitterkeit verleiht. »1947 – alles was seitdem geschah, ist Folge dieses grundlegenden Betrugs an den Erwartungen einer Erneuerung«, so notierte Peter Weiss, seinerzeit als Reporter schwedischer Zeitungen Augenzeuge dieser Entwicklung (*De Besegrade*, 1948; dt. *Die Besiegten*, 1985), mehr als dreißig Jahre später im Rückblick. Eine politische Wertung, die sich auf die literaturgeschichtliche Entwicklung problemlos übertragen läßt.

Zwischen ›reeducation‹ und Restauration: Amerikanische Kulturpolitik und politisch-kulturelle Publizistik

Man muß die Kultur- und Literaturpolitik der westlichen Besatzungsmächte in einem engen Zusammenhang mit der allgemeinen politischen Entwicklung sehen, um ihre integrative Bedeutung für die Jahre 1945 bis 1949 zu verstehen. Denn die kulturpolitischen Bemühungen der Westalliierten – und insbesondere die der Amerikaner – zielten in ihren Anfängen auf nichts Geringeres als auf eine grundlegende Umerziehung der Deutschen. Doch am Ende der Konstituierungsphase der Bundesrepublik bildeten sie nicht mehr als eine Funktion konservativer Politik.

Den deutschen Nationalcharakter, in dem man die Hauptursache für die Entstehung des Faschismus erblickte, durch Schulung, Erziehung, Bildung von Grund auf verändern zu wollen – dies war das Ziel des amerikanischen »reeducation«-Programms. Herrschsucht, Unterwürfigkeit, Aggressivität wurden als die bestimmenden Merkmale des deutschen »Nationalcharakters« erkannt, Preußentum und Militarismus als seine bestimmenden Wurzeln. Gerade weil aus solcher Definition der untrennbare Zusammenhang dieser Charakteristika – übrigens ja keineswegs nur typisch deutsche! – mit den Eigentumsverhältnissen ebenso ausgeblendet war wie mit den besonderen gesellschaftlichen Entwicklungsprozessen und Klassenauseinandersetzungen, die Ende der Weimarer Zeit in den Nationalsozialismus gemündet hatten – gerade deshalb schienen sich die ideologischen und psychologischen Dispositionen der Deutschen für ein solches Programm gut zu eignen.

Erste Versuche mit einer »reeducation« hatten die Amerikaner bereits in den Kriegsgefangenenlagern mit ihren deutschen Insassen unternommen. 1945 befand sich fast eine halbe Million deutscher Kriegsgefangener in den Vereinigten Staaten in insgesamt 130 Lagern. Unter vergleichsweise guten Bedingungen, besaßen sie doch die Möglichkeit zur Auseinandersetzung mit kulturellen Fragen, hatten Zugang zu Bibliotheken, mithin auch zu den unterm Nationalsozialismus oft schmerzlich vermißten Werken ausländischer Autoren und konnten eigene Zeitungen herausgeben. Alfred Andersch, der aus diesen Lagern, aufgrund persönlicher Erfahrungen, seine Argumente gegen die »reeducation« bezog, nannte sie später »goldene Käfige« und das Programm, das in ihnen vermittelt wurde, »Umerziehung in der Retorte«. In der Tat kann man von Erziehungsprogrammen für Eliten in einer Art Labor-Atmosphäre sprechen: Unter Anleitung amerikanischer Wissenschaftler von renommierten Universitäten wurde diskutiert über Demokratie, Freiheit, Kultur, wurden Vorlesungen gehalten über politische und historische Themen – Umerziehung als Bildungsprogramm.

Die vier endgültigen Besatzungszonen in Deutschland 1945–1949

»Reeducation« bedeutete – im Unterschied zur »democratization«, die sich auf institutionelle Reformen richtete – den Versuch, das politisch-kulturelle Wertesystem und -bewußtsein sowie die ideologischen Einstellungen der deutschen Bevölkerung zu verändern, und zwar im Sinne individualistischer bürgerlich-freiheitlicher Demokratievorstellungen nach amerikanischem Muster. Diese »reeducation« wurde ergänzt durch die Nürnberger Kriegsverbrecher-Prozesse und eine breit angelegte,wenngleich nur halbherzig durchgeführte Kampagne zur »Entnazifizierung« – der Schriftsteller Ernst von Salomon (1902–1972) hat sie in seinem Buch *Der Fragebogen* (1951) sarkastisch gewürdigt.
Salomons Buch macht hinreichend deutlich, daß die Bereitschaft der Deutschen zur »reeducation« nicht eben groß war. Doch nicht nur alte Nazis, Mitläufer oder unbelehrbare Konservative, sondern auch Intellektuelle der »jungen Generation« wandten sich gegen die amerikanischen Vorstellungen. Alfred Andersch etwa versuchte in seinem ersten Artikel im *Ruf* (»Das junge Europa formt sein Gesicht«) der Kollektivschuldthese zu begegnen, indem er an die Stelle des »reeducation«-Programms die Formel von einer Wandlung als eigene Leistung setzte. Das sollte heißen: Das deutsche Volk könne aus eigener Kraft, gespeist aus dem desillusionierenden Erlebnis des Krieges, eine geistige Wandlung vollziehen, die es zur Herstellung sozialer Gerechtigkeit aus religiösem Impuls, zum Erlebnis individueller Freiheit befähigen werde. Und einen ganz erheblichen Einfluß auf diesen Wandlungsprozeß versprach sich Andersch, ganz in der Tradition des deutschen Idealismus, von den führenden Kulturzeitschriften. Denn angesichts einer nur spärlichen Buchproduktion boten diese Zeitschriften häufig die einzige Möglichkeit, wichtige Themen aufzugreifen, Probleme in öffentlicher Kontroverse auszutragen und literarische Entwicklungen bekanntzumachen. Ohne die Vielfalt der politisch-kulturellen Zeitungen und Zeitschriften, die ihr Forum bildeten, sind also die Diskussionen der frühen Nachkriegszeit nicht denkbar.
Freilich: Auch die Zeitungs- und Zeitschriftenproduktion war – wie die Buchproduktion – abhängig von der Lizenzvergabe der Alliierten. Wie die Bücher unterlagen auch die Zeitschriften bis 1948 der alliierten Kontrolle, repräsentierten deshalb auch zu Teilen die unterschiedlichen Positionen der Besatzungsmächte in den jeweiligen Zonen. Dies gilt zum Beispiel in gleicher Weise für die Zeitschriften *Die Wandlung* (1945–1949, amerikanische Zone), *Lancelot* (1946–1951, französische Zone) und *Aufbau* (1945–1958, sowjetische Besatzungszone/DDR).

Alfred Andersch als Publizist (1947)

Eine bedeutsame Rolle als Vermittlungsinstanzen westlicher Politik-Vorstellungen kam den Zeitungen zu. Ihre Redaktionen bildeten zu einem gewichtigen Teil exilierte deutsche Autoren, die als Militärs mit den amerikanischen, britischen und französischen Streitkräften nach Deutschland zurückkehrten, um sich hier an einem demokratischen Neuaufbau zu beteiligen (Stefan Heym, Hans Habe). Gemeinsam mit Autoren, die, politisch unbelastet, unter der nationalsozialistischen Herrschaft überlebt hatten (Erich Kästner, Erik Reger, Friedrich Luft, Edwin Redslob), arbeiteten sie an einer Darstellung, Vermittlung und

Durchsetzung antifaschistischer und zum Teil radikaldemokratischer Positionen, die nicht zuletzt in den Spalten der Feuilletons Widerhall fanden. Zu nennen sind in diesem Zusammenhang vor allem die *Neue Zeitung*, München (Chefredaktion: Hans Habe und Hans Wallenberg, Feuilletonredaktion: Erich Kästner und Luiselotte Enderle); ferner der Berliner *Tagesspiegel* mit seinem Lizenzträger Erik Reger (*Union der festen Hand*, 1931) und die in Berlin erscheinende *Allgemeine Zeitung*, an der unter anderem Friedrich Luft, Egon Bahr und Peter Boenisch mitarbeiteten.

Zum Völkerkongreß für den Frieden
Wien 1952

»Das Gedächtnis der Menschheit für erduldete Leiden ist erstaunlich kurz. Ihre Vorstellungsgabe für kommende Leiden ist fast noch geringer. Die Beschreibungen, die der New Yorker von den Greueln der Atombombe erhielt, schreckten ihn anscheinend nur wenig. Der Hamburger ist noch umringt von Ruinen, und doch zögert er, die Hand gegen einen neuen Krieg zu erheben. Die weltweiten Schrecken der vierziger Jahre scheinen vergessen. Der Regen von gestern macht uns nicht naß, sagen viele.
Diese Abgestumpftheit ist es, die wir zu bekämpfen haben, ihr äußerster Grad ist der Tod. Allzu viele kommen uns schon heute vor wie Tote, wie Leute, die schon hinter sich haben, was sie vor sich haben, so wenig tun sie dagegen.
Und doch wird nichts mich davon überzeugen, daß es aussichtslos ist, der Vernunft gegen ihre Feinde beizustehen. Laßt uns das tausendmal Gesage immer wieder sagen, damit es nicht einmal zu wenig gesagt wurde! Laßt uns die Warnungen erneuern, und wenn sie schon wie Asche in unserem Mund sind! Denn der Menschheit drohen Kriege, gegen welche die vergangenen wie armselige Versuche sind, und sie werden kommen ohne jeden Zweifel, wenn denen, die sie in aller Öffentlickeit vorbereiten, nicht die Hände zerschlagen werden.«
Dezember 1952

Bertolt Brecht

In den Jahren 1945 und 1946 wurden nicht weniger als siebzehn Zeitschriften ins Leben gerufen, darunter *Der Ruf* (1946–1949), *Frankfurter Hefte* (1946–1984), 1947 vier weitere, darunter *Ost und West* (1947–1949) und *Merkur* (1947ff.). Sie lassen sich hinsichtlich ihrer thematisch-inhaltlichen Schwerpunkte unterscheiden nach politisch-ideologischen Argumentationen *(Die Wandlung, Der Ruf, Die Gegenwart)* und literarisch-kulturellen Aspekten *(Die Erzählung, Das Karussell, Das Goldene Tor, Story)*. Daneben existierten weiterhin einige Zeitschriften, die bereits das Dritte Reich überstanden hatten, so die *Deutsche Rundschau* (seit 1874, 1964 eingestellt), *Die neue Rundschau* (seit 1890), *Hochland / Neues Hochland* (seit 1903/04). Allen diesen Zeitschriften oblag in den Nachkriegsjahren nicht zuletzt die Deckung eines Nachholbedarfs an literarischen Entwicklungen, wie sie etwa die ›short story‹ der amerikanischen Erzähler, aber auch theoretische Diskussionen etwa um den sozialistischen Realismus und um die im Dritten Reich unterschlagenen avantgardistischen Strömungen repräsentieren.

Exemplarische Bedeutung für die Politik der westlichen Siegermächte wie für das Selbstverständnis der westdeutschen politisch-kulturellen Publizistik kam der Zeitschrift *Der Ruf* zu. Diese Zeitschrift, 1946 gegründet (als Nachfolgerin einer gleichnamigen US-amerikanischen Kriegsgefangenenzeitschrift) und von Alfred Andersch und Hans Werner Richter herausgegeben, trug den Untertitel »Unabhängige Blätter der jungen Generation«. Der Akzent lag hierbei auf »unabhängig«. Die Zeitschrift verstand sich als ein kulturpolitisches Periodikum, das nüchtern Stellung nahm zur Trümmerwirklichkeit der Nachkriegssituation, kritisch Position bezog zur Politik der Alliierten und sozialistisch-freiheitliche Gesellschaftsentwürfe eines zukünftigen Deutschland diskutierte, allerdings geprägt von dem für diese Situation typischen Idealismus des Neuanfangs und -aufbaus. Die Ablehnung einer deutschen »Kollektivschuld«, eines »deutschen Schuldkontos«, das Insistieren auf der »Fülle des Leidens«, welches auch den Deutschen zugefügt worden sei, nicht zuletzt die dezidiert linke Positionsnahme (Andersch: »Der Menschengeist hat eine Stufe erreicht, in der ihm der private Besitz von Produktionsmitteln ebenso absurd erscheint wie vor 2000 Jahren die Sklaverei«) – diese Faktoren brachten die Zeitschrift und ihre Herausgeber notwendig in Konflikte mit den Alliierten. Im April 1947 (ab Heft 17) verbot die amerikanische Militärregierung die Zeitschrift und ließ ihr Erscheinen erst wieder zu, als die bisherigen Herausgeber durch Erich Kuby abgelöst wurden. Verbot und Ablösung führten 1947 zur Gründung der *Gruppe 47* durch Hans Werner Richter

– Indiz dafür, daß politische Aktivitäten problematischer geworden waren und zunehmend sich in literarisch-kulturelle Bereiche hinein verlagerten. »Laß die doch machen, was sie wollen. Wir stehen auf unseren Federn«, soll Alfred Andersch zu Hans Werner Richter gesagt haben, als man beiden die Herausgeberschaft entzogen hatte. Das war mehr als ein lakonisches Bekenntnis zur eigenen Ohnmacht – es war der Versuch, sich auf die Wahrnehmungsfähigkeiten, die Ausdrucksmöglichkeiten und die innovatorische Kraft der Literatur zu besinnen. Das Spannungsverhältnis, in dem sich die Literatur zur Sphäre der Politik von nun an gesetzt sah, sollte für die 50er Jahre bestimmend bleiben. Die Zeitschrift *Der Ruf* stellte ihr Erscheinen im März 1949 endgültig ein.

Wie die Politik der Lizenzvergabe für Zeitungen und Zeitschriften kann auch die amerikanische Literaturpolitik selber als Exempel ideologischer Einflußnahme gelten. Verantwortlich für die Richtlinien dieser Politik war das amerikanische Außenministerium, ihre Ausführung oblag den zuständigen Militärdienststellen in der amerikanischen Besatzungszone, dem *Office of Military Government for Germany (US)*, kurz *OMGUS* genannt. Die entscheidende Dienststelle zur Überwachung kultureller Aktivitäten war die *Information Control Division* (ICD), die den gesamten Kulturbereich abdeckte: Publikationen, Rundfunk, Film, Theater, Musik. Die *ICD* war mithin nichts anderes als eine Zensurinstanz. Sie hatte die Aufgabe, die kulturpolitische »reeducation« in zwei Phasen zu betreiben: zunächst in einer »korrektiven« Phase, in der man mittels eigens hierfür angefertigter Listen nationalsozialistische und militaristische Schriften verbot und aus den Bibliotheken entfernte; sodann in einer »konstruktiven« Phase, in der man vor allem mit Hilfe des Instruments lizenzierter Übersetzungen dem deutschen Publikum eine Literatur anbot, die den Umerziehungszielen entsprach. Eine statistische Übersicht aus dem Jahre 1948 läßt erkennen, daß von den bis zu diesem Zeitpunkt den deutschen Verlagen angebotenen Übersetzungen (insgesamt 288) nahezu 60% eine erzieherische Absicht verfolgten. Es waren vor allem Biographien, aber auch Theaterstücke über die Väter der amerikanischen Demokratie (Franklin, Jefferson), die diese Aufgabe wahrnehmen sollten, von der deutschen Bevölkerung jedoch nur wenig beachtet wurden. Sozialkritische Werke hingegen, literarische Kritik am Kapitalismus, problemorientierte Romane über die Schattenseiten der USA (Caldwell, Faulkner, Farrell) konnten die Zensurschwelle *OMGUS/ICD*

Einen verlagsgeschichtlichen Paukenschlag bedeutete in diesen Nachkriegsjahren die Idee Ernst Rowohlts, wichtige Werke der Weltliteratur in hoher Auflage zu einem niedrigen Preis zu veröffentlichen. »Rowohlts Rotations Romane« hieß das Unternehmen, das ab Ende 1946 das selbstgesetzte Ziel verfolgte: »Möglichst viele Buchstaben auf möglichst wenig Papier für möglichst wenig Geld!« Schon 1932 hatte Kurt Tucholsky in seinem berühmten Brief an den Verleger Ernst Rowohlt gefordert:

»Macht unsere Bücher billiger!
Macht unsere Bücher billiger!
Macht unsere Bücher billiger!«

Eine Auflage von 100000 Exemplaren pro Werk, kostengünstiger Rotationsdruck, billiges Papier und ein Einzelpreis von 0,50 DM (ab 1948: DM 1,–) – das schien Tucholskys Forderung vom »billigen Buch« auf eine bislang nicht gekannte Weise nahezukommen. Doch dem Verleger Ernst Rowohlt, wenn er auch gewiß Kaufmann durch und durch war, ging es nicht nur und nicht einmal in erster Linie um ökonomische Quantitäten: Es ging ihm um deren optimale Verknüpfung, ja Indienstnahme für die Vermittlung literarischer Qualität. Es ging ihm darum, den verlorengegangenen Zusammenhang mit der Weltliteratur für ein möglichst großes, lesehungriges Publikum wieder herzustellen. Und diesem Ziel gaben »Rowohlts Rotations Romane« in ihrem großformatigen Zeitungsdruck mit dreispaltigem Umbruch Ausdruck. Ernest Hemingway, Kurt Tucholsky, Henri Alain-Fournier, Joseph Conrad, Thyde Monnier, Theodor Plievier, André Gide, Ignazio Silone, Erich Kästner, Anna Seghers, Antoine de Saint-Exupéry, Sinclair Lewis – das waren die ersten Autoren, deren Werke in dieser neuen Publikationsform veröffentlicht wurden.
Ein breites, undogmatisches, offenes Programm, das auf Vielfalt und Substanz angelegt war und gerade deshalb seine Leser im Nu fand, mehr Leser sogar,als der angestrebten Breitenwirkung dieses Programms recht sein konnte, so paradox dies klingen mag. »Jeder Rotationsroman sollte,

kaum einmal passieren. Ebensowenig wurde eine Lizenz erteilt für die Aufführung des Theaterstücks *All my sons* (dt. *Alle meine Söhne*, 1947) von Arthur Miller, da man diesem Stück »antibusiness«-Propaganda unterstellte und sein Autor zudem 1947 vor dem berüchtigten »Komitee für unamerikanische Umtriebe« des Kommunismus verdächtigt worden war. Die letztgenannten Beispiele machen deutlich, daß es nicht mehr nur um eine »konstruktive« Phase im Sinne amerikanischer Demokratieideale ging, sondern daß im Zuge der sich verschärfenden Differenzen zwischen den Vereinigten Staaten und der Sowjetunion seit etwa 1947 die Kulturpolitik mit Nachdruck in die Politik des Antikommunismus einbezogen wurde. Damit aber degenerierte die amerikanische »reeducation« zur bloßen Propaganda für die Rekonstruktion kapitalistischer Besitzverhältnisse. Beispielhaft für den Umgang mit Literatur zu Zwecken der Politik ist die Verfügung über George Orwells Satire *Animal Farm* (dt. *Farm der Tiere*, 1945), die von den Amerikanern aus Furcht vor einer Diskreditierung der sowjetischen Alliierten im Frühjahr 1947 noch beschlagnahmt worden war, ab 1948 aber nicht nur wieder verkauft, sondern sogar in einer Hörspielfassung mit forciert antikommunistischer Tendenz verbreitet werden konnte. Im Zu-

Plieviers Roman »Stalingrad« im Format der Rowohlts-Rotations-Romane (1947)

wenn irgend möglich, nur in die Hände eines Käufers gelangen, der wirklich daran interessiert ist«, hieß es im Editorial zu Erich Kästners *Drei Männer im Schnee* (1934) im September 1947. »Deshalb bitten wir Sie, solange der Büchermangel herrscht, nicht *grundsätzlich* jeden Rotationsroman zu kaufen [...]«.
Die Leser hatten offenbar die Kriterien der Auswahl und die Editionspraxis akzeptiert, mehr noch: Die Romane besaßen bereits Sammlerwert in einer Zeit, in der die Nachrichten über Bücher und Menschen noch immer recht spärlich flossen. Im Juni 1950 aber lösten die ersten Taschenbuchbände die Rotationsromane ab, wiederum, geschult an amerikanischen Vorbildern, mit Ernst Rowohlt als Wegbereiter. Die Devise lautete: Abkehr vom traditionellen, festgebundenen Bibliotheksbuch, Priorität auf der Seite der Herstellungsmöglichkeiten. Vier Bände zum Preis von je DM 1.50 – damals etwas mehr als ein durchschnittlicher Stundenlohn! –, kartoniert mit Leinenrücken, gedruckt auf billigem Papier, von denen innerhalb von vier Monaten 620000 Exemplare verkauft waren. Bis zum März 1952 waren 50 Titel mit einer Auflage von über 3 Mio. Exemplaren, bis Januar 1954 gar 100 Titel mit einer Auflage von 8 Mio. Exemplaren erschienen. Und als durchaus umstrittener Clou des Unternehmens galt seine Subventionierungspraxis: Jeder Band enthielt – die Tradition besteht noch immer – eine Seite mit Reklame, damals für Zigaretten. Inzwischen haben sich die Taschenbücher in einer Weise durchgesetzt, daß ein bundesrepublikanischer Bücherhaushalt ohne sie, die inzwischen aus den unterschiedlichsten Verlagshäusern stammen, nicht mehr zu denken wäre. »Na, was habe ich gesagt?« soll Ernst Rowohlt anläßlich des hundertsten Taschenbuchtitels 1952 ausgerufen haben – mit dem berechtigten Stolz des Kaufmanns, der zugleich als Liebhaber seiner Ware und als Kenner der Literatur gelten durfte. Seither allerdings hat sich der Warencharakter des Taschenbuchs zunehmend durchgesetzt – in eben dem Maße, wie das Lesen als ein Bedürfnis zurückgegangen ist.

sammenhang der sowjetischen Blockade Berlins (1948) wurde mit Mitteln des amerikanischen Geheimdienstes *CIA* die Kulturzeitschrift *Der Monat* gegründet, und für die massenhafte Verbreitung antikommunistischer Propaganda sorgten allein in den Jahren 1948/49 in den vom Faschismus befreiten Ländern Europas zahlreiche Broschüren, die in mehr als vier Millionen Exemplaren verbreitet wurden. Erst mit dem 1949 in Kraft getretenen Besatzungsstatut fand die restaurative amerikanische Kulturpolitik ihr Ende.

Verleger beim Umzug durch Hamburg (in der ersten Reihe von links nach rechts: Ernst Rowohlt, Wolfgang Krüger, Siegried Buchenau, Eugen Claassen).

Von der Schwierigkeit, Prosa zu schreiben

Heinrich Bölls (1917–1985) freimütiges Bekenntnis: »Es war so unglaublich schwer, kurz nach 1945 auch nur eine halbe Seite Prosa zu schreiben«, ist mehr als nur ein kokett-anekdotisches Spiel mit den eigenen Schreibanfängen. In diesem Eingeständnis teilt sich die Einsicht mit, daß die konkreten Zeitumstände – Drittes Reich, Kriegserlebnis, Nachkriegswirren – gerade von den Autoren der »jungen Generation« noch nicht verarbeitet waren, einer erzählerischen Vergegenwärtigung noch nicht zugänglich, die auf die Mitteilung von Erfahrungen hätte setzen wollen. Und zugleich macht Bölls Eingeständnis auf einen literarhistorisch bedeutsamen Umstand aufmerksam: Die Anfänge der deutschen Nachkriegsprosa liegen gerade nicht bei den Autoren der »jungen Generation« der Nachkriegsjahre, sondern – im Krieg. Es sind bereits bekannte Autoren, die fortwirken, schon entwickelte Traditionen, die fortgeführt werden. Die Schreibsituation, in der ihre Werke entstehen und aus der sie hervorgehen, ist die des Exils und der Inneren Emigration. In ihrem Zeichen stehen die ersten Prosaarbeiten, die nach 1945 erscheinen.

Autoren der Inneren Emigration setzen jene christlich-konservative Poetik fort, von der schon die Rede war: Werner Bergengruen und Reinhold Schneider, Gertrud von LeFort, Erhart Kästner (1904–1974) und Frank Thieß. Weltflucht, gepaart mit dem Versuch einer metaphysisch bestimmten Überhöhung, ja Aufhebung erfahrenen Leides – unter diesem Aspekt begegnen sie den Autoren der drei wohl wichtigsten Romane einer späten »Emigration nach Innen«: Elisabeth Langgässer (1899–1950; *Das unauslöschliche Siegel*, 1946), Ernst Kreuder (1903–1972; *Die Gesellschaft vom Dachboden*, 1946) und Hermann Kasack (1896–1966; *Die Stadt hinter dem Strom*, 1947). »Denn die Gegenwart, sie ist gar nichts gegen den Ozean und den Abgrund der verflossenen zehntausend Jahre [...]«, so heißt es bei Elisabeth Langgässer. Aus dieser Gewißheit läutert sie eine paradoxe Heilsgewißheit, welche die Sündhaftigkeit und Verlorenheit der menschlichen Geschichte in den metaphysischen Seinsgrund von Gnade und Untergang auflöst. Von der Sinnlosigkeit des empirischen Daseins, von der Sinngebung, die es allein durch das Wissen um eine »metaphysische Ordnung« erhält, handelt auch Hermann Kasacks Roman, der bei seinem Erscheinen als »Meisterwerk« bezeichnet wurde. Und Ernst Kreuders seinerzeit ebenfalls hochgerühmtes Werk entwirft angesichts der Sinnleere, die der gesellschaftlichen Empirie innewohnt, das Idyll einer insularen Sozietät, einer »anderen Welt«, in der jeder »sein eigener Phantast« werden soll. »Dem Weltgrund näher als dem Weltgeschehen«, so hat Ernst Kreuder später, bei der Verleihung des Georg-Büchner-Preises 1953, seine poetische Position bestimmt – eine Formel, die sein Werk aufs engste dem der anderen genannten Autoren verbindet.

Werke exilierter Autoren aber erreichten die literarische Öffentlichkeit im westlichen Teil Deutschlands in ungleich geringerem Maße als die der Inneren Emigranten. Zu den Ausnahmen zählt in diesem Zusammenhang Hermann Hesses (1877–1962) Roman *Das Glasperlenspiel* (1943), eine aus der Perspektive des Jahres 2200 auf die Gegenwart (das erste Drittel des 20. Jahrhunderts) zielende Kulturkritik an der »Unsicherheit und Unechtheit« der Bildungswerte im »feuilletonistischen Zeitalter«; zu ihnen zählt auch Theodor Plieviers (1892–1955) *Stalingrad* (1945), eine dokumentarisch-realistische Darstellung der Vorgänge, die zum Untergang der 6. Armee und damit zur Wende des Zweiten Weltkrieges führten (an Plieviers dokumentarisches Verfahren knüpfte Alexander Kluge in seiner *Schlachtbeschreibung* 1964 und 1978 an); zu ihnen zählt vor allem aber Thomas Manns Roman *Doktor Faustus* (1947), eine parabolische Faschismus- und Nietzschekritik, die bis heute eine der faszinierendsten literarischen Aufarbeitungen des Nationalsozialismus geblieben ist.

Handelte es sich bei Herrmann Hesse und Thomas Mann um Fortsetzung und Weiterentwicklung vielfach bestätigter poetischer Meisterschaft, so bei den Autoren der einstigen Inneren Emigration um Ausformulierung und Kontinuität von geistigen Haltungen. In jedem Fall lag ein literarischer Fundus vor, auf dem aufzubauen, an den anzuknüpfen war – in nicht immer unproblematischer Weise, wie sich gezeigt hat. Anders aber lagen die Dinge bei den Schriftstellern der »jungen Generation«. Nicht nur be-

Doktor Faustus

Der Humanist Dr. Serenus Zeitblom schreibt in den Jahren 1943 bis 1945 die Lebensgeschichte seines 1940 verstorbenen Freundes Adrian Leverkühn nieder, eines Komponisten, der sich nach abgebrochenem Theologiestudium der Musik zugewandt hat. Obwohl Leverkühn weiß, daß sich die musikalischen Formen verbraucht haben und deshalb nur mehr als kompositorisches Spielmaterial zu dienen vermögen, versucht er, der Sterilität eines solchen künstlerischen Verfahrens zu entgehen. Dies gelingt ihm allerdings nur vermittels eines Paktes mit dem Teufel, dessen Preis einerseits in einer vollständigen Weltabgeschiedenheit der musikalischen Produktivität besteht, andererseits, am Ende dieser produktiven Phase, im zerebralen Zerfall infolge einer syphilitischen Erkrankung. Der Teufel seinerseits verspricht Leverkühn eine »wahrhaft beglückende, entrückende, zweifellose und gläubige Inspiration«, durch die er »die lähmenden Schwierigkeiten der Zeit durchbrechen« werde. Und in der Tat schafft Leverkühn eine Anzahl musikalischer Meisterwerke, deren Höhepunkt die symphonische Kantate »Dr. Fausti Weheklag« bildet. Nach einer Schaffenspause von neunzehn Jahren versammelt Leverkühn seine Freunde um sich, beichtet ihnen den Pakt mit dem Teufel, spielt ihnen aus seinem letzten Werk vor und bricht schließlich in geistiger Umnachtung zusammen. – Thomas Mann hat in diesem Werk eine Fülle von Stoffelementen unterschiedlichster philosophischer, geistesgeschichtlicher, musiktheoretischer und sozialhistorischer Bereiche zusammengeführt und zu einer eigenwilligen Geschichtsinterpretation miteinander verbunden: den Faustus-Stoff, theologische und mythologische Vorlagen, Biographie und Philosophie Friedrich Nietzsches, nicht zuletzt die Musiktheorie Theodor W. Adornos und die Kompositionslehre Arnold Schönbergs. Alle diese Elemente sind integriert zu einer Künstlerbiographie, deren Entwicklung zunehmend Parallelen zur Heraufkunft des Faschismus in Deutschland aufweist. Über ihren Zusammenhang und ihre Verwendung im Roman hat Thomas Mann in *Die Entstehung des Doktor Faustus* (1949), ebenfalls in Romanform, ausführlich berichtet. Seine innere Spannung aber erhält *Doktor Faustus* durch die Einführung des Erzählers Serenus Zeitblom: Dessen Hilflosigkeit angesichts der Entwicklung seines Freundes Adrian Leverkühn, die aus seiner humanistischen Grundhaltung resultiert, zeigt zum einen die Ohnmacht eines bürgerlichen Antifaschismus, der dem Faschismus nur Ablehnung, nicht aber eine qualitativ andere, eigenständige Position entgegenzusetzen hat. Zugleich aber bewirkte die Einführung dieser Figur die Einhaltung einer erzählerischen Distanz, die eine »gewisse Durchheiterung des düsteren Stoffes« (Thomas Mann) ermöglichte. So finden sich neben ironischen Elementen durchaus humoristische und parodistische Passagen, die trotz der Komplexität des Stoffes und seiner Fülle und trotz der bedrückenden Problematik die Lektüre dieses Romans zu einem Vergnügen machen. Ein Vergnügen freilich, dessen ernsthaften zeitgeschichtlichen Hintergrund, wenn er sich auch bisweilen zu verflüchtigen droht, und dessen Aktualität, wenn sie sich auch bisweilen in Abstraktion auflöst, der letzte Satz des umfangreichen Werks noch einmal nachdrücklich betont: » Ein einsamer alter Mann faltet seine Hände und spricht: Gott sei eurer armen Seele gnädig, mein Freund, mein Vaterland.«

stand ja für sie die Notwendigkeit, »das durch die Sprachpolitik des ›Dritten Reichs‹ entstandene Vakuum wieder aufzufüllen«, wie Urs Widmer (geb.1938) mit Recht gesagt hat. Sondern es mußte zugleich der Versuch unternommen werden, in diesem Vakuum eine Erfahrungswirklichkeit erzählerisch zu organisieren, deren Erzählbarkeit längst fragwürdig erschien: die Erfahrung des Krieges.

Heinrich Böll (1952)

Die frühen Erzählungen Heinrich Bölls sprechen von diesem Problem fortwährend, auch wenn sie es nicht zu ihrem Gegenstand machen. Er hat ihm mit dem Mittel einer konsequenten Vereinfachung, ja Einfachheit in Sprache und Syntax Ausdruck gegeben. »Aber gerade dieses ›Einfachwerden‹«, so Böll, »setzt eine ungeheure Verfeinerung der Mittel voraus, ungeheuer komplizierte Vorgänge.« Der schmucklos-parataktische Bau der Sätze wie deren unprätentiöse Konstruktion, die präzisen Detailbeschreibungen, das Anakoluth, die lautsprachlichen Mittel – dies sind Elemente einer »Trümmersprache«, die in den Erzählungen Heinrich Bölls auf die unmittelbare Vergegenwärtigung eines Geschehens, eines Eindrucks, einer Stimmung aus dem Kriegserleben angelegt ist. Und so entsprach die Form der Kurzgeschichte der Darstellungsabsicht und dem Stilwillen der Nachkriegsautoren am besten, entsprach der »Kurzatmigkeit der Epoche« (Böll), die keinen verbindlichen Erfahrungszusammenhang aufwies, sondern in schockhafte Einzelerlebnisse zerfiel, die der durchdringenden Reflexion unzugänglich geworden waren.

›Einfachwerden‹ – so lautet der programmatische Anspruch aller Neuanfänge der Nachkriegsprosa und des Genres Kurzgeschichte zumal. ›Einfachwerden‹, um innezuhalten, Atem zu holen, sich zu besinnen nach allem, was war. Ähnlich hatte sich Wolfgang Borchert (1921–1947) in seinem flammend-expressiven Text *Das ist unser Manifest* bereits 1947 geäußert: »Wir brauchen keine Dichter mit guter Grammatik. Zu guter Grammatik fehlt uns Geduld. Wir brauchen die mit dem heiser geschluchzten Gefühl. Die zu Baum Baum und zu Weib Weib sagen und ja sagen und nein sagen: laut und deutlich und dreifach und ohne Konjunktiv. Für Semikolons haben wir keine Zeit und Harmonien machen uns weich und die Stilleben überwältigen uns: Denn lila sind nachts unsere Himmel. Und das Lila gibt keine Zeit für Grammatik, das Lila ist schrill und ununterbrochen und toll.«Geschult an großen amerikanischen Erzählern wie Edgar Allan Poe und Ambrose Bierce, William Faulkner und Thomas Wolfe, orientiert vor allem aber an der Entwicklung der amerikanischen ›short story‹, wie sie mit dem Werk Ernest Hemingways und in einer Anthologie (*Amerikanische Erzähler*, 1946) beispielhaft vorlag, veröffentlichten fast alle namhaften Autoren der Nachkriegszeit Kurzgeschichten in Zeitschriften und Sammelbänden: Hans Erich Nossack (1901–1977), Geno Hartlaub (geb. 1915), Luise Rinser (geb. 1911), Wolfdietrich Schnurre (geb. 1920), Marieluise Fleißer (1901–1974), Elisabeth Langgässer (*Der Torso*, 1948), Ernst Schnabel (1913–1986; *Sie sehen den Marmor nicht*, 1948), Gerd Gaiser (1908–1976). Ihre Erzählgegenstände finden diese Autoren in ihrem unmittelbaren zeitgeschichtlichen Hintergrund: Krieg, Faschismus, Terror, Gefangenschaft, Heimkehr, Außenseitertum. Um Anklage und Humanitätspostulat, Glaubensirritation und Desillusionierung entwickeln sich – zum Teil äußerst verknappt (Borchert, *Das Brot*), zum Teil durch Montage aufgebrochen (Schnabel, *Um diese Zeit*), zum Teil satirisch überschritten (Schnurre, *Der Ausmarsch*) – Konflikte, die zu existentiellen Grenzsituationen verdichtet sind. Mit solcher Verdichtung individuellen Erlebens konnte, wie Ernst Schnabel 1946 bemerkte, die Kurzgeschichte zur repräsentativen literarischen Form einer Zeit werden, die sich ihres eigenen Lebenssinnes bewußt zu werden versuchte, indem sie sich des Sinnverlustes allererst vergewisserte: »Was aber sehen wir in der Mitte unseres Weltbildes? Eine fließende Macht: das Schicksal. Die Zusammenwirkung von Raum und Zeit und Zufall. In einer solchen Zeit braucht es der Kunst nicht mehr um den Lebenslauf eines Individuums zu tun zu sein.Es kann ihr um Atmosphäre gehen, um Haltung, um das So-und-So, mit welchem das Individuum besteht.« Für Schnabel ist »die Story ein bezeichnender Querschnitt durch den Lebensstrom, ein Querschnitt, bei welchem es weniger auf die Breite als auf die Tiefe ankommt, darauf, daß er bis auf den Grund geht«.

Andererseits aber zeigen gerade die frühen Erzählungen Heinrich Bölls einen Hang zum Pathos, zur Symbolüberladung, zur sentimentalen Selbstdeutung des Erzählten, der dem Ziel des »Einfachwerdens« unübersehbar widerspricht. In der Konstruktion einer in sich konsistenten Dingsymbolik – Brot, Wein, Tabak –, im Entwurf sentimentaler Wunsch- und Phantasieräume findet sich der angestrebte Lakonismus des Erzählens wieder und wieder durchkreuzt. Sieht man sich etwa den Schluß der Erzählungen *Der Angriff* (1947), *Wiedersehen in der Allee* (1948) und *Der Zug war pünktlich* (1949) an, so erkennt man: Hier wird jeweils vom sinnlosen Tod im Kriege erzählt um den Preis, die Grenze zum Trivialen, zum Kitsch sogar deutlich zu überschreiten. »Paul rüttelte den Kleinen, aber der rührte sich nicht mehr: kein Splitter und kein Geschoß hatte ihn erreicht; sein Kinderherz war von der Angst erdrosselt worden [...] und noch im Tode bebte es – leise wie der Wind, der morgens in den Bäumen vor seines Vaters Haus gespielt hatte.« So heißt es am Ende der Erzählung *Der Angriff* – ein Bruch zwischen erzählerischem Realismus und symbolhafter Überhöhung des Erzählten.

Gewiß aber wäre es zu kurz gegriffen, wollte man in solchen Beispielen einer »melodramatischen Sentimentalität« (Hans Schwab-Felisch) lediglich eine frühe handwerkliche Schwäche des späteren Nobelpreisträgers sehen. Was an Kurzgeschichten wie denen Bölls, aber auch Borcherts und Schnurres beispielsweise, traditionell oder trivial anmuten mag, ist im Grunde nichts anderes als Ausdruck der Übergewalt, welche die abgründige Sinnlosigkeit des Krieges gegenüber den Versuchen ihrer erzählerischen Verarbeitung und Bewältigung bewiesen hat.Im Blick auf den Ersten Weltkrieg hatte Theodor W. Adorno in seinen *Minima Moralia* (1944) bemerkt: »Schon das vorige Mal machte die Unangemessenheit des Leibes an die Materialschlacht eigentliche Erfahrung unmöglich. Keiner hätte davon erzählen können, wie noch von den Schlachten des Artilleriegenerals Bonaparte erzählt werden konnte.« Diese Feststellung, die an einen Essay Walter Benjamins (*Der Erzähler*, 1936) anknüpft, geht von der Beobachtung aus, »daß es mit der Kunst des Erzählens zu Ende geht«, weil

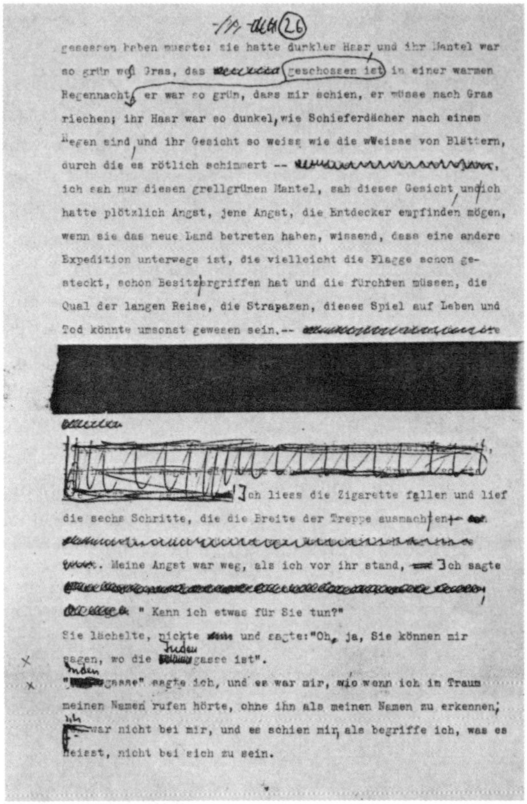
(26)

gesessen haben musste: sie hatte dunkles Haar und ihr Mantel war so grün wie Gras, das geschossen ist in einer warmen Regennacht, er war so grün, dass mir schien, er müsse nach Gras riechen; ihr Haar war so dunkel, wie Schieferdächer nach einem Regen sind und ihr Gesicht so weiss wie die Weisse von Blättern, durch die es rötlich schimmert --
ich sah nur diesen grellgrünen Mantel, sah dieses Gesicht und ich hatte plötzlich Angst, jene Angst, die Entdecker empfinden mögen, wenn sie das neue Land betreten haben, wissend, dass eine andere Expedition unterwegs ist, die vielleicht die Flagge schon gesteckt, schon Besitz ergriffen hat und die fürchten müssen, die Qual der langen Reise, die Strapazen, dieses Spiel auf Leben und Tod könnte umsonst gewesen sein.--

[redacted]

Ich liess die Zigarette fallen und lief die sechs Schritte, die die Breite der Treppe ausmachten

. Meine Angst war weg, als ich vor ihr stand, Ich sagte

" Kann ich etwas für Sie tun?"
Sie lächelte, nickte und sagte:"Oh, ja, Sie können mir sagen, wo die Judengasse ist".
"Judengasse" sagte ich, und es war mir, wie wenn ich im Traum meinen Namen rufen hörte, ohne ihn als meinen Namen zu erkennen; ich war nicht bei mir, und es schien mir, als begriffe ich, was es heisst, nicht bei sich zu sein.

Typoskriptseite
Heinrich Böll, »Das Brot der frühen Jahre«

»das Vermögen, Erfahrungen auszutauschen« (Benjamin), verloren gegangen sei. Schon im Ersten Weltkrieg seien, so Benjamin, die individuellen menschlichen Erfahrungsmöglichkeiten durch die gewalttätigen technisch-militärischen Abstraktionen so gründlich Lügen gestraft worden wie nie zuvor in der Geschichte. Der Zweite Weltkrieg aber, so Adorno in seinen »Reflexionen aus dem beschädigten Leben« (Untertitel), sei der menschlichen Erfahrung nahezu völlig entzogen:»Sowenig der Krieg Kontinuität, Geschichte, das ›epische‹ Element enthält, sondern gewissermaßen in jeder Phase von vorn anfängt, sowenig wird er ein stetiges und unbewußt aufbewahrtes Erinnerungsbild hinterlassen. Überall, mit jeder Explosion, hat es den Reizschutz durchbrochen, unter dem Erfahrung, die Dauer zwischen heilsamem Vergessen und heilsamem Erinnern sich bildet. Das Leben hat sich in eine zeitlose Folge von Schocks verwandelt, zwischen denen Löcher, paralysierte Zwischenräume klaffen.« Kriegserlebnis, Trümmerwirklichkeit, Heimkehrerproblematik – dies ist der »Rohstoff der Erfahrungen« (Benjamin), der den Erzählern der frühen Nachkriegswirklichkeit vorliegt. Wie aber sollte, angesichts eines solchen Befundes, von der Ungeheuerlichkeit dessen noch erzählt werden, was nicht einmal mehr zur Erfahrung zu reifen vermochte? Der moralische Impuls, der sich dieses »Rohstoffs« bemächtigt, der womöglich zur Identifikation mit den Leidenden, den Opfern, den Toten und Trauernden auffordert, kann ihm nur schwer gerecht werden, weil er distanzlos bleibt. Die Distanzlosigkeit des moralischen Impulses aber ist der Tribut, den die Autoren der »jungen Generation« ihrer eigenen Zeitgebundenheit zu entrichten haben.

Schutzumschlag der Erstausgabe (1953)

Auch in zwei größeren Werken der unmittelbaren Nachkriegszeit ist die Schwierigkeit, Prosa zu schreiben, spürbar: in Walter Kolbenhoffs (geb. 1908) *Aus unserm Fleisch und Blut* (1947) und in Hans Werner Richters (geb. 1908) *Die Geschlagenen* (1949). Kolbenhoff umstellt seine Hauptfigur, einen mörderisch fanatisierten »Werwolf«-Jungfaschisten, mit Reflexionen und Dialogen einer Reihe typisierter Rahmenfiguren zwischen Humanitätspostulat und Ideologieverdacht – und schafft so eine eher kunstlos konstruierte Seelen-Fallstudie, deren Herkunft aus des Autors sozialkritischer Neusachlichkeit (*Untermenschen*, 1933) der späten 20er Jahre ebenso evident ist wie sein Bemühen um eine gleichsam didaktische, distanzierte Aufarbeitung jener seelischen Abgründe, die auf dem Wege zu Hitler lagen. – Richters Roman, eine Darstellung der Schlacht bei Monte Cassino und der anschließenden Kriegsgefangenschaft, steht ebenfalls in einer realistisch-sozialkritischen Tradition. Deutlicher noch als bei Kolbenhoff zeigt sich hier das Bemühen um eine sachlich-objektivierende Darstellung, geprägt durch die erzählerischen Mittel amerikanischer Autoren (Hemingway), die sich in naturalistischer Detailtreue, in der Dialogführung wie in der Technik des understatement, in der Außenwahrnehmung von Figuren und Handlung wie in der Technik der Aussparung zur Geltung bringen. – Trotz ihrer Bemühungen um erzählerische Distanz aber blieben beide Romane der Übergewalt ihrer Sujets eng verhaftet. Hans Werner Richters Forderung nach einem »magischen Realismus« (1947) teilt die Hoffnung mit, die Erlebniswirklichkeit des Krieges in eine neue Erzählwirklichkeit transzendieren zu können. Hierzu aber hätte es einer Aufsprengung, nicht einer Fortführung vorhandener Erzähltraditionen bedurft.

Vielleicht gelang es nur einem einzigen Erzähler der frühen Nachkriegszeit, den Schock des Kriegserlebnisses ästhetisch produktiv zu machen, mithin eine neue Form literarischer Wirklichkeitsverarbeitung zu begründen: Arno Schmidt (1914–1979) nämlich, der 1949 mit seiner Erzählung *Leviathan oder Die beste der Welten* einen bislang ungehörten Ton im vielstimmigen Chor der »jungen Generation« anschlägt. Bei Schmidt findet sich eine Radikalisierung der Ich-Perspektive, eine naturalistisch-minuziöse Wiedergabe des Geschehens bis hin zu detaillierten Zeit- und Ortsangaben. Aber im Unterschied etwa zu Heinrich Bölls Erzählung *Der Zug war pünktlich*, ebenfalls 1949 erschienen, hält dieses erzählerische Verfahren den Leser auf Distanz.

Erzählt wird aus der Perspektive eines deutschen Soldaten, der sich mit anderen Flüchtlingen 1945 auf dem Rückzug aus Schlesien befindet. Er schreibt seine Erlebnisse während der Fahrt nieder in einem Eisenbahnwaggon, der schließlich auf einem einstürzenden Viadukt zum Stehen kommt: allein auf der Brücke, vor ihm nichts, hinter ihm nichts, unter ihm der Abgrund.

Der junge Arno Schmidt auf einer Wiese in der Lausitz (1936)

Schon der Einsatz der Erzählung, ihr Beginn mit einem in Englisch gehaltenen Brief aus Berlin nach dem Ende des Kriegs (»Berlin 20th May 45«), dann der Sprung zurück in die Handlungsgegenwart der Rückzugswirren, die permanente Unterbrechung des Erzählflusses durch die Erzählgegenwart, durch einmontierte Zeit- und Ortsangaben, Assoziations- und Montageelemente, der unvermittelte Wechsel von innerem Monolog und dialogischen Sequenzen, schließlich das apokalyptische Bild abgründiger Isolation – alle diese Mittel verraten frühzeitig schon die spätere Kunst des Erzählers Arno Schmidt, der sein hier entwickeltes Verfahren im Grunde von Arbeit zu Arbeit radikalisiert hat. Freilich ist all dies kein poetischer Selbstzweck, sondern ästhetische Organisation einer selbstmächtigen Weltsicht, die sich mit Ironie und Ingrimm ausspricht. Gott ist tot – aber was lebt, ist ein Dämon »außer uns und in uns«: *Leviathan.* Und notwendig sei es, »den Individualwillen gegen den ungeheuren Gesamtwillen des Leviathan zu setzen«, mithin diesen und sich selbst und die Welt zu verneinen – ins Nichts. Dieser trotzigen Weltsicht – Schopenhauer, Einstein, Nihilismus und ein hohes Maß an persönlicher Leidenserfahrung sind in ihr miteinander verbunden – gibt die Schlußsequenz der Erzählung Ausdruck. Sie nimmt die Erzählung zurück – und bestätigt sie zugleich, indem sie mit ihr veröffentlicht wird, auf ironische Weise: »Da schlenkere ich das Heft voran: flieg. Fetzen.« *Die beste der Welten* – schon Voltaire hatte seinen *Candide* gegen das Leibnizsche Philosophem aufgeboten. Nach dem Erlebnis des Zweiten Weltkriegs läßt sich der aufklärerischen Philosophie mit dem satirischen Gegenbild allein nicht mehr beikommen. Der »Leviathan« steht für das Abgründige, das jederzeit möglich, das überall gegenwärtig ist. Ihm kann, so zeigt Schmidts Erzählung, nur der Heroismus des Einzelnen sich entgegenstellen – eine Sinngebung auch für die Existenz des Autors Arno Schmidt. Dessen abgründigen Bildern aber wollten seine lesenden Zeitgenossen nicht folgen: Noch drei Jahre nach Erscheinen waren erst sechshundert Exemplare des *Leviathan* verkauft. Und der Verleger Ernst Rowohlt hat seinem Autor Arno Schmidt C. W. Cerams (1915–1972) Bestseller *Götter, Gräber und Gelehrte* (1949) mit dem Hinweis unter die Nase gehalten: »Hier: sowas müssen Se ma schreim!«

Die Perspektive des Einzelnen, des Überlebenden nach einer Katastrophe, die teils genußvoll durchgespielt, teils zynisch ausgesponnen wird, bleibt auch für Schmidts folgende Erzählungen bestimmend: in *Brand's Haide* (1951) als Perspektive eines Autors, der, nach Kriegsgefangenschaft in ärmlichen Verhältnissen lebend, seine Existenz neu zu bestimmen sucht, während er an einer Fouqué-Biographie arbeitet (*Fouqué und einige seiner Zeitgenossen*, 1958); in *Schwarze Spiegel* (1951) als Perspektive des Überlebenden nach einer atomaren militärischen Katastrophe, die in den Jahren 1960 und 1962 angesiedelt ist (der Ich-Erzähler radelt hier, literarische Fundstücke wie seltene Beute sammelnd, durch eine Welt der Trümmer, in der, außer ihm, nur eine Frau noch lebt, die ihn am Ende wieder verläßt); in *Aus dem Leben eines Fauns* (1953) als Perspektive eines Beamten in einem Landratsamt während der Jahre 1939 bis 1944. Der »Leviathan«

hat gesiegt. Und der Einzelne kann nur als Vereinzelter fortbestehen, inmitten seiner Vision von einer individuell-universellen Bibliothek – keine Zukunft für die Gattung Mensch.

Arno Schmidts frühe Werke beziehen ihre literarästhetisch innovative Kraft inmitten der Nachkriegsprosa aus der konsequenten Durchführung einer individualisierten Erzählperspektive. Ihre Modernität und Singularität entspringt einem erzählerischen Verfahren, das den monologischen, eindimensionalen Charakter eines konventionellen auktorialen Erzählens aufsprengt und zersplittert in kalkuliert vielfältige Erzähl- und Wirklichkeitspartikel, Wahrnehmungs- und Assoziationsfetzen. In theoretischen Überlegungen zu seinem Werk – verfaßt, weil ihn »die befremdlichsten Urteile, sogar von ›Fachleuten‹, von der Notwendigkeit einer Darlegung meiner Arbeitsmethoden überzeugt« hatten (*Berechnungen I*, 1955; *Berechnungen II*, 1956) – bemerkte Schmidt nachdrücklich, »daß das Problem der heutigen und künftigen Prosa nicht der ›feinsinnige‹ Inhalt« sei, sondern »die längst fällige systematische Entwicklung der äußeren Form«. Nicht umsonst nannte der studierte Mathematiker Schmidt seine poetologischen Überlegungen *Berechnungen*: Von Freud wie von der modernen Physik beeinflußt, versuchte er, eine Poetik des wissenschaftlichen Zeitalters zu entwerfen, deren Konstruktionen dem modernen – und das heißt: diskontinuierlichen – Bewußtsein Ausdruck zu geben vermögen. Nicht die Vorstellung eines »epischen Flusses«, sondern die eines »epischen Wassersturzes« prägt Schmidts literarische Entwürfe von Anfang an: »Die Ereignisse unseres Lebens springen vielmehr. Auf dem Bindfaden der Bedeutungslosigkeit, der allgegenwärtigen langen Weile, ist die Perlenkette kleiner Erlebniseinheiten, innerer und äußerer, aufgereiht. Von Mitternacht zu Mitternacht ist gar nicht ›1 Tag‹, sondern ›1440 Minuten‹ (und von diesen sind höchstens 50 belangvoll!)«. »Erinnerung«, »löchrige Gegenwart«, »Traum« und »Längeres Gedankenspiel«, durchkreuzt von verschiedenartigen, subjektiven und objektiven »Erlebnisebenen«, bilden die Elemente einer Poetik, der bereits die frühen Erzählungen Ausdruck geben in einer komplexen Formenvielfalt. Sie machen den im-

Schutzumschlag der Erstausgabe (1949) – Einbandzeichnung von Karl Staudinger

mer mehr sich verfeinernden Reiz der Prosa Arno Schmidts aus. Diese versucht den »Schock« des Weltkriegserlebnisses, die Einsicht in die Zerfallenheit des modernen Bewußtseins mit sich selber nicht erzählerisch zu »bewältigen«, sondern formkonstitutiv in sich aufzunehmen. Die zeitgenössische Schwierigkeit, »auch nur eine halbe Seite Prosa zu schreiben«, wird ihr mithin nachgerade zu einer poetologischen Voraussetzung zeitgemäßen Schreibens.

Daß solche Disposition der Literaturkritik ebenso wie dem lesenden Publikum Schwierigkeiten bereitet hat, bis heute, versteht sich angesichts dieser Poetik nahezu von selbst, versteht sich insbesondere angesichts der immer mehr sich verfeinernden, komplizierenden, radikalisierenden Formensprache Arno Schmidts. Ihn als

»Joyce-Epigonen« abtun zu wollen – so Hans Egon Holthusen 1951 in einem Verriß von *Brands Haide* –, offenbart jedoch nicht nur gesteigerte Böswilligkeit bei geringer Kennerschaft, sondern geht auch an den literaturgeschichtlichen Tatsachen vorbei: Arno Schmidt lernte James Joyce, wie er brieflich mitgeteilt hat (*Der Briefwechsel mit Alfred Andersch*, 1985), lernte zumal dessen Jahrhundertwerk *Ulysses* (1922) erst 1956 kennen. Arno Schmidt war kein Epigone, sondern von Anfang an der Außenseiter, der er bis zu seinem Tod 1979 blieb und hatte bleiben wollen.

Aporien des lyrischen »Kahlschlags«

»Trümmerliteratur« und »Poesie des Kahlschlags« lauten die Schlagworte, unter denen die neu entstehende Literatur der frühen Nachkriegszeit über lange Jahre hinweg begriffen worden ist. »Trümmerliteratur«: In dieser Bezeichnung ist die Wirklichkeit gegenwärtig, durch welche diese Literatur geprägt wurde, die Realität des Schutts und der Ruinen – nicht nur der Städte und Häuser, sondern auch der Ideale und Ideologien –, die Realität des Krieges, des Todes, des Untergangs und des Überlebens inmitten von Trümmern. »Die Apokalypse hat die Lebenden verändert«, schrieb Hans Werner Richter im Vorwort zu seiner Lyrikanthologie *Deine Söhne Europa* (1947). »Was vor dieser Zeit war, ist nicht mehr faßbar, erscheint wie ein Märchen, das versunken und verklungen ist. Ein anderer Ton bestimmt das Leben, ein Ton, der aus der Welt der Trümmer geboren wurde. Er ist näher der Wirklichkeit und näher dem Leben denn je [...].« Und es war dieser »Ton«, dem das Postulat vom »Kahlschlag« die poetologische Richtung weisen sollte. »Kahlschlag« nämlich hieß: Abkehr von den Traditionsbildungen im Umkreis der Inneren Emigration und des poetischen Konservatismus – Neubeginn in poetischer Sprache, Bilderwelt, Metaphorik. Die »Männer des Kahlschlags«, so forderte der Urheber dieses Postulats, Wolfgang Weyrauch (1907–1980) im Nachwort zu seiner Lyrikanthologie *Tausend Gramm* (1949), sollten als »Förster« Wegweiser im »literarischen Gestrüpp« ihrer Gegenwart aufstellen, um »in Sprache, Substanz und Konzeption [...] von vorn an[zu]fangen, ganz von vorn« – wenn nötig auch »um den Preis der Poesie«.

Dergleichen aber war leichter zu fordern als einzulösen. »Ein Ende machen. Einen Anfang setzen, / Den unerhörten, der uns schreckt und schwächt«, hieß es 1945 auch in Hans Egon Holthusens programmatischem Gedicht »Tabula rasa«. Aber gerade Holthusens eher konservative Gedankenlyrik (*Hier in der Zeit*, 1949) macht die objektive Schwierigkeit sichtbar, vor der die Poesie in jenen Tagen stand: Die traumatischen Erfahrungen der jüngsten Vergangenheit ließen sich offenbar von deren sprachlichem Kontext nicht umstandslos abtrennen. Anders ausgedrückt: Die Sprache war durch nationalsozialistische Emphase, durch rhetorisches Pathos, durch propagandistischen Bombast verbraucht, also unglaubwürdig geworden. Sie ließ sich deshalb kaum mehr ohne Distanz oder Verfremdung zur Konstituierung poetischer Realität nutzen. Und eben diese Distanz ermangelte einer Dichtung, die ihre Themen fand im Umkreis des Krieges und Kriegsendes, im Problemzusammenhang individueller Verantwortung und kollektiver Schuld, im Spannungsfeld zwischen Trümmerwirklichkeit und Aufbruchstimmung. Diese Lyrik wurde nicht ohne Grund die herausragende literarische Repräsentationsform von Stimmungen der frühen Nachkriegsjahre: In ihr erblickten viele Autoren eine unmittelbar zugängliche Möglichkeit, ihren Erlebnissen und Erfahrungen, Eindrücken und Empfindungen Ausdruck zu verleihen. Die Absicht der jüngeren Autoren, zu »ahnen und [zu] erkennen, was ist; wie das kam, was ist; und wie die Zukunft entwickelt werden kann« (Weyrauch) – diese Absicht schien sich am ehesten in lyrischer Subjektivierung realisieren zu lassen. Doch der Formentraditionalismus, dessen sie sich – im Unterschied zum »Kahlschlag«-Postulat Wolfgang Weyrauchs – häufig befleißigten, verrät die Befangenheit, die jedem Neubeginn entgegenstand. Unterschiedslos beispielsweise wird das Sonett für Liebes- und Naturgedichte ebenso wie für grelle Kriegsgedichte verwendet – Zeitgenossen

Schutzumschlag der Erstausgabe (1948) – Umschlagstich von Karl Rössing

sprechen sogar von einer »Sonettenraserei«. Die Dominanz des Inhaltlichen, die allenthalben zu beobachten ist, entspringt eben der Tatsache, daß die Lyrik gewissermaßen eine »demokratische« Ausdrucksform dieser Zeit ist: Sie steht allen zur Verfügung, doch geht diese Verfügungsmöglichkeit oft genug einher mit einer Fixierung an traditionelle Muster. So wird die »Trümmerlyrik« der Nachkriegszeit zum Ort einer Diskussion, in der es um Vergangenheit, Gegenwart und Zukunft geht, eine Diskussion, die schwankt zwischen Untergangsstimmungen und der Euphorie des Aufbruchs, zwischen Depression und Zukunftsgewißheit, zwischen Resignation und Optimismus. Aber auch eine Diskussion, deren poetische Qualität in einem umgekehrten Verhältnis zu ihrer Intensität und Quantität steht. Nicht von ungefähr druckte die Zeitschrift *Ulenspiegel* nur wenige Wochen nach ihrem ersten Erscheinen einen Aufruf, in dem es hieß:

»Wir bitten unsere Mitarbeiter vom Text, uns möglichst keine Gedichte zu schicken. Oder zu uns zu kommen und uns zu suchen. Wir sind fast nicht mehr da, die Gedichte haben uns überschwemmt. Schreibt Prosa statt Gedichte!«

So gelang es nur wenigen Autoren in einigen wenigen Gedichten, den selbstgesetzten Anspruch auf einen poetischen Neubeginn einzulösen. Denn dieser Anspruch erforderte zugleich einen Verzicht auf Bilderreichtum, Metaphernfülle, kurz: lyrische Schönheit. »Die Schönheit ist ein gutes Ding«, bemerkte Wolfgang Weyrauch, um fortzufahren: »Aber Schönheit ohne Wahrheit ist böse. Wahrheit ohne Schönheit ist besser.« Wird man diese Entgegensetzung von Wahrheit und Schönheit auch als Scheinalternative bezeichnen müssen – eingedenk des Umstands, daß es stets nur um die *Wahrheit der Poesie* geht, deren Ferment sehr wohl ihre Schönheit sein kann –, so bleibt doch das Wahrheitsmoment dieser Forderung selber festzuhalten: In ihr spricht sich der Versuch der Heimkehrenden aus, Schluß zu machen mit den lyrischen Tändeleien, die über lange Jahre hinweg herrschaftssichernd im Sinne des deutschen Faschismus wirksam waren, das Bemühen, der Wirklichkeit, wie grau und rauh sie sich auch darstellen möge, ins Angesicht zu sehen. Ein Unterfangen, das Wolfdietrich Schnurre in die Verse gefaßt hat:

»zerschlagt eure Lieder
verbrennt eure Verse
sagt nackt
was ihr müßt.«

Den vielleicht konsequentesten Ausdruck für diese zugleich illusions- und schmucklose Haltung hat Günter Eich (1907–1972) gefunden in seinem Gedicht »Inventur«, das vermutlich bereits im April/Mai 1945 in einem Kriegsgefangenenlager entstanden und zuerst in der von Hans Werner Richter herausgegebenen Anthologie *Deine Söhne Europa* erschienen ist.
»Inventur«-Machen – dies war eine Schlüsselsituation der Überlebenden, der Kriegsgefange-

nen, der Heimkehrenden. Sie erforderte, sich selber einer Bestandsaufnahme zu unterziehen, seine Habseligkeiten zusammenzuzählen, die geringe Habe beisammenzuhalten. Eine Situation, welche die Beschränkung auf die unmittelbare Umgebung erforderte, auf die konkreten Bedingungen und Voraussetzungen der eigenen Existenz. Die äußerste Verknappung der Form, die strenge Konzentration auf Mitteilung von Gegenständlichem, das Hervortreten einer elementaren Dingwelt gibt dieser »Inventur« am Nullpunkt der eigenen Existenz Ausdruck. Die Leidenschaftslosigkeit, die in der Parataxe der Aufzählung sich ausspricht, vergewissert sich des bloßen Daseins eines Ich, das keinen Halt mehr besitzt in sich selber, in einem Glauben oder einer Ideologie. Es bedarf des Echos einer banalen Gegenständlichkeit, um seines eigenen Wertes inne zu werden. Der aber läßt sich nicht mehr bestimmen, nur noch umstellen durch das, was die »Inventur« erbringt.

Gerade dieses vielzitierte Gedicht Günter Eichs aber darf nicht darüber hinwegtäuschen, daß es paradoxerweise nicht belegt, wofür es einzustehen scheint: eine Tradition der »Kahlschlag«-Poesie. Denn Eichs Gedicht ist die Ausnahme geblieben – auch im Werk des Dichters selber –, welche die Regel einer fortbestehenden Lyriktradition bestätigt. Wie Peter Huchel (1903–1981) gehörte auch Günter Eich zur Gruppe junger Lyriker um die Dresdner Literaturzeitschrift *Kolonne* (1930–1932), zu deren Erfahrungsbereichen Landschaft und Natur, zu deren poetischen Visionen mythisch-antike wie naturhafte Gegenwelten zählen. Wie Huchel nimmt auch Eich Natur als eine poetische Konstante in sein Werk hinein, als ein nach 1945 freilich irritiertes Element, in das Schrecken, Grauen, Vergänglichkeit und Todeserfahrung verstörend hineinspielen. Anders als Naturlyriker in der Nachfolge Oskar Loerkes (1884–1941) wie Wilhelm Lehmann (1882–1968; *Entzückter Staub*, 1946), Elisabeth Langgässer (*Der Laubmann und die Rose*, 1947; *Metamorphosen*, 1949), Horst Lange (1904–1971; *Gedichte aus zwanzig Jahren*, 1948), Oda Schaefer (geb. 1900; *Irdisches Geleit*, 1946) und Karl Krolow (geb. 1915; *Gedichte*, 1948; *Heimsuchung*, 1948; *Auf Erden*, 1949) – von naturlyrischen Traditionalisten wie

Inventur

Dies ist meine Mütze,
Dies ist mein Mantel,
Hier mein Rasierzeug
Im Beutel aus Leinen.

Konservenbüchse:
Mein Teller, mein Becher,
Ich hab in das Weißblech,
Den Namen geritzt.

Geritzt hier mit diesem
Kostbaren Nagel,
Den vor begehrlichen
Augen ich berge.

Im Brotbeutel sind
Ein Paar wollene Socken
Und einiges, was ich
Niemand verrate,

So dient es als Kissen
Nachts meinem Kopf.
Die Pappe hier liegt
Zwischen mir und der Erde.

Die Bleistiftmine
Lieb ich am meisten:
Tags schreibt sie mir Verse,
Die nachts ich erdacht.

Dies ist mein Notizbuch,
Dies ist meine Zeltbahn,
Dies ist mein Handtuch,
Dies ist mein Zwirn.

Günter Eich

Georg Britting und Georg von der Vring (1889–1968) zu schweigen – sucht Günter Eich in seiner Lyrik ein »Unbehagen an der Wirklichkeit« (Eich) zu artikulieren: »Ich schreibe Gedichte, um mich in der Wirklichkeit zu orientieren. Ich betrachte sie als trigonometrische Punkte oder als Bojen, die in einer unbekannten Fläche den Kurs markieren. Erst durch das Schreiben erlangen für mich die Dinge Wirklichkeit. Sie sind nicht meine Voraussetzung, sondern mein Ziel.« Dies ist ein Programm der poetischen Ver-Wirklichung der Wirklichkeit, der Vergewisserung durch Dichtung. Diese soll nicht »abbilden«, sondern entwerfen. Durch sprachliche Konstituierung erlaubt sie Erkenntnis, Orientierung, Kritik und Widerstand. Man hat Günter Eich deshalb auch einen »Überwinder des Naturgedichts« (Karl Krolow) genannt – mit großem

Recht, gilt ihm doch das Naturdetail so gut wie die Dingwelt der Städte als Material einer Poesie, die »Gegnerschaft« (Eich) sein und schaffen will zur Sphäre jedweder Macht.
Eine wirkliche Erneuerung des Naturgedichts also konnte nur dort gelingen, wo gesellschaftliche Wirklichkeit und naturhafte Gegenwelt in ihrem Zusammenhang, als eine untrennbare Einheit in beziehungsreichem Wechselspiel, gesehen und entworfen wurden. Die Naturlyrik der »Kahlschlag«-Periode verlor jedoch in dem Maße an Substanz und poetischer Glaubwürdigkeit, in dem sie sich von der Wirklichkeit abkehrte, um sich dem Naturdetail zu verschreiben.
So bietet die kurze Periode der »Trümmerliteratur« insgesamt ein höchst widerspruchsvolles Bild: radikal in der programmatischen Poetik des »Kahlschlags«, die dennoch ausnahmsweise nur verwirklicht werden konnte; Wirklichkeitszukehr, Vergangenheitsbewußtsein, Zukunftsorientierung – und doch vielfache Zurücknahme des Realitätssinns in traditionellen literarischen Formen; Euphorie und Aufbruchstimmung unmittelbar verschränkt mit Irritationen, Verstörungen, aber auch mit Kritikfähigkeit und Widerstandswillen. Die »Trümmerlyrik« ist der angemessene Ausdruck der vielfach durchkreuzten Zeitströmungen, aus denen sie hervorging und auf die sie einwirkte. Was sie nicht zu leisten vermochte: eine Literaturtradition selber auszubilden, welche den sich anbahnenden Veränderungen, den restaurativen Tendenzen in der Bundesrepublik, jene subversive Kraft des Wortes entgegenzusetzen vermochte, die Günter Eich 1959, anläßlich der Entgegennahme des Büchner-Preises, so eindringlich beschwor:

»Wenn unsere Arbeit nicht als Kritik verstanden werden kann, als Gegnerschaft und Widerstand, als unbequeme Frage und als Herausforderung der Macht, dann schreiben wir umsonst, dann sind wir positiv und schmücken das Schlachthaus mit Geranien. Die Chance, in das Nichts der gelenkten Sprache ein Wort zu setzen, wäre vertan.«

Das Drama der deutschen Nachkriegsbühnen

»Im Anfang war das Chaos«, resümierte Fritz Erpenbeck (1897–1975), der 1945 aus dem Exil nach Berlin zurückgekehrte sozialistische Dramatiker und Satiriker, im Jahre 1948 seine Erfahrungen mit dem Beginn des Nachkriegstheaters. Ein »Chaos«, das sich offenkundig der allenthalben spürbaren kulturellen Aufbruchstimmung verdankte – und ebenso dem Zwiespalt zwischen Kulturanspruch und Trümmerwirklichkeit. Denn nicht weniger als 98 von einst 200 deutschen Schauspielhäusern lagen in den vier Besatzungszonen in Schutt und Asche, darunter allein in Berlin 15 – aber bis zum Herbst 1945 schon gingen beim Magistrat der Stadt Berlin rund 400 Gesuche um Spielerlaubnis ein. Die Tradition des großen deutschen Theaters in der Weimarer Republik und zumal in der Hauptstadt Berlin war durch Exil und Tod bedeutender Regisseure und Schauspieler unwiderruflich dahin – doch stellte der Theaterkritiker Friedrich Luft (geb. 1911) bereits im Frühjahr 1946 verwundert fest, an nahezu zweihundert Stellen der Stadt werde wieder Theater (einschließlich Oper, Operette, Konzert) gespielt. Und konnte auch – mit den Ausnahmen Wolfgang Borchert, Günter Weisenborn (1902–1969) und Carl Zuckmayer (1896–1977) – von einem anspruchsvollen deutschen Gegenwartsdrama im Ernst die Rede nicht sein –, so war andererseits mit Heinz Hilpert und Karl Heinz Stroux, Erich Engel und Hans Schweikart, Wolfgang Langhoff, Gustaf Gründgens und Ida Ehre, Victor de Kowa, Boleslaw Barlog und Jürgen Fehling, Falk Harnack, Gunter Groll und Egon Vietta schon 1945 ein breiter Fundus an Theatererfahrungen und Regiebegabungen vorhanden.
Gewiß also eine verworrene Situation. Aber war es eine Situation produktiver Verworrenheit? Ein Chaos, dessen Undefiniertheit eine neue Theaterwelt hätte entspringen können? Eine Bühnen-Wirklichkeit, die der Geschichte mit Kritik und der Gegenwart mit Herausforderungen begegnet wäre, die Fragen inszeniert, Probleme aufgeworfen, Provokationen extemporiert hätte?

Heimkehrer

Sieht man sich die Stücke an, die gespielt wurden – gespielt werden konnten unter der Aufsicht der Alliierten! –, so kann man diese Fragen wohl ausnahmsweise nur bejahen. Zwar bestand in der unmittelbaren Nachkriegszeit durchaus Interesse an Werken deutscher Exildramatiker: Bertolt Brecht (1898–1956; *Die Gewehre der Frau Carrar*, 1937, und *Furcht und Elend des Dritten Reiches*, 1945), Ernst Toller (1893–1939; *Pastor Hall*, 1939), Friedrich Wolf (1888–1953; *Professor Mamlock*, 1934) und Georg Kaiser (1878–1945; *Der Soldat Tanaka*, 1940) fanden ein zum Teil (Wolf, Kaiser) zahlreiches Publikum. Zwar wurden auch existentialistisch geprägte antifaschistische Stücke und Werke mit pazifistischer Tendenz französischer Autoren (Jean-Paul Sartre, Albert Camus, Jean Giraudoux, Jean Anouilh) aufgeführt und zum Teil heftig diskutiert (sie sollten dann vor allem das Bühnengeschehen der 50er Jahre prägen). Doch im übrigen ließ die Kulturpolitik der westlichen Alliierten nur wenig Raum für eine ungehinderte innovative Entwicklung des Theaters. Lessings *Nathan*, Goethes *Iphigenie*, Schillers *Don Carlos* und *Kabale und Liebe* – so hieß die im Geiste der Toleranz lizenzierte Klassik-Auswahl. Ihr stellten zumal die amerikanischen Zensur- und Übersetzungsbehörden eine große Anzahl amerikanischer Gegenwartsdramen (insgesamt 54 Übersetzungen!) an die Seite, die sich für die Ziele der *reeducation* zu eignen schienen, darunter Werke von Eugene O'Neill (*Trauer muß Elektra tragen*), John Steinbeck (*Von Mäusen und Menschen*) und Thornton Wilder (*Unsere kleine Stadt* und *Wir sind noch einmal davongekommen*). Daneben finden sich einige Belehrungsstücke in Sachen Demokratie, etwa über Abraham Lincoln und über amerikanischen Patriotismus, aber auch zahlreiche Boulevardstücke höchst fragwürdig-simpler Struktur aus der Feder amerikanischer Erfolgsautoren wie George Abbott und W. van Druten – ein kommerzielles Engagement eher denn eines für ein politisch-ästhetisch anspruchsvolles Theater. Und das deutsche Nachkriegsdrama stammte aus der Feder von Autoren, die ihren Hang zu Naturidyllik und Geschichtsmythologemen schon im Dritten Reich hinreichend unter Beweis gestellt hatten: Manfred Hausmann (geb. 1898, *Worpsweder Hirtenspiel*, 1946), Bernt von Heiseler (1907–1969; *Philoktet*, 1947), Horst Lange (*Der Traum von Wassilikowa*, 1946), Frank Thieß (*Tödlicher Karneval*, 1948).

Nur von drei deutschen Theaterstücken gingen in dieser Zeit Anregungen aus: von Wolfgang Borcherts *Draußen vor der Tür*, Carl Zuckmayers *Des Teufels General* und Günther Weisenborns *Die Illegalen*.

»Ein Stück, das kein Theater spielen und kein Publikum sehen will« – diesen pessimistischen Untertitel hat Wolfgang Borchert seinem einzigen Schauspiel mit auf den Weg gegeben. Eine Fehlprognose, wie wir wissen: Borcherts Drama war – mit Carl Zuckmayers *Des Teufels General* – das erfolgreichste Stück auf den Bühnen der Nachkriegszeit. Ende 1946 in nur wenigen Tagen, in atemlosem Schaffensdrang niedergeschrieben, im Februar 1947 als Hörspiel vom Nordwestdeutschen Rundfunk auf Anregung Ernst Schnabels gesendet, im November 1947 – einen Tag nach dem frühen Tod des Autors – in Hamburg uraufgeführt (Inszenierung: Wolfgang Liebeneiner), 1948 schließlich verfilmt unter dem Titel *Liebe 47* (Regie wiederum Liebeneiner), erlebte es unzählige Inszenierungen und Aufführungen seither. Was waren die Voraussetzungen dieses Erfolgs?

Draußen vor der Tür galt als *Generationenstück* – in mehr als einer Hinsicht. In ihm sprach sich, dies vor allem, die *Erfahrung des Krieges* aus, die, vermittelt über die Erlebnisse des Anti-Helden und Protagonisten Beckmann, eine ganze Generation als Erfahrung eigenen Leidens zu erkennen vermochte. Wie der Unteroffizier

Wolfgang Borchert

Beckmann – fünfundzwanzig Jahre alt wie sein Autor – war die Generation Wolfgang Borcherts als Opfer, betrogen und tiefverstört, aus dem Grauen des Krieges heimgekehrt, müde und zerschlagen, ausgesetzt den Verdrängungsversuchen ihrer Mitmenschen, den bedrängenden und bedrückenden Erinnerungen, den Einflüsterungen in Vergangenheit und Gegenwart. Zu dieser Erfahrung gesellte sich die Erkenntnis der eigenen *Identitätslosigkeit*, das Wissen, keine Gewißheiten mehr zur Verfügung zu haben. Beckmann war ein Anti-Held, der vor allem auch die Mythenskepsis, die Heldenmüdigkeit, den Phrasenüberdruß der »jungen Generation« zum Ausdruck brachte. Seine Perspektivelosigkeit, sein Orientierungsverlust boten der Identitätslosigkeit der Zeitgenossen eine Möglichkeit schmerzlicher Selbsterkenntnis. »Zwar hatte dieser Beckmann Lösungen nicht zur Hand«, so hat Peter Rühmkorf im Rückblick auf seine eigene zeitgenössische Disposition bemerkt, »aber gerade daß der Tiefverstörte auf jede Lösung eine Frage wußte, entsprach aufs Haar der Disposition der deutschen Jugend.«

Lebensgeschichtliche Erfahrungen Wolfgang Borcherts bildeten freilich die Voraussetzung auch jener Disposition, die ihn zum Schreiben allererst befähigte und schließlich antrieb. Geboren am 20. Mai 1921 in Hamburg, wurde er nach Buchhändlerlehre und Schauspielunterricht knapp 20jährig zum Militärdienst eingezogen. Bereits 1942 klagte man ihn wegen »wehrkraftzersetzender Äußerungen« an, verurteilte ihn wegen »staatsfeindlicher« Bemerkungen zu Haft mit »Frontbewährung« in Rußland, entließ ihn schließlich wegen Gelbsucht und Fleckfieber nach Deutschland. 1943 wurde er abermals verhaftet, »wehrkraftzersetzender« Witze wegen, wiederum zu Gefängnis verurteilt und zur »Frontbewährung« entlassen. 1945 ging Borchert, nach kurzer Kriegsgefangenschaft, nach Hamburg, wo er, bereits schwer erkrankt, am Theater arbeitete. Nachdem er 1946 als »unheilbar« aus dem Krankenhaus entlassen wurde, ging Borchert 1947 in die Schweiz. Er starb am 20. November 1947 in Basel.

Vor dem Hintergrund dieses Lebensweges mit den Stationen Verfolgung, Gefangenschaft, Krieg und Krankheit läßt sich *Hoffnungslosigkeit* als eine dritte Voraussetzung des Erfolgs bestimmen, den Borcherts Theaterstück erlebte. Eine paradoxe Voraussetzung allerdings: Borchert hat seine eigene Generation vielfach in Bildern einer Desillusionierung zu fassen gesucht, deren Radikalität doch nichts anderes war, als ein trauervolles Hoffen auf einen Neubeginn. »Generation ohne Abschied«, »Generation ohne Ja«, »Generation ohne Bindung«, »Generation ohne Ziel« – dies sind Benennungen, die in aller Bitterkeit von Hoffnungslosigkeit nicht weniger sprechen als von der Erfahrung, am Nullpunkt der eigenen Existenz, im äußersten Orientierungsverlust das Gegenbild eines Wandels zum Besseren aufblitzen zu sehen. Die Radikalität, mit der Borchert fragte und seine Figur Beckmann wieder und wieder die Sinnfrage stellen ließ, die Nachdrücklichkeit, mit der Autoritäten, Institutionen, Traditionen in Frage gestellt wurden, entsprang einer unnachsichtigen Absage an Bürgerlichkeit, historischen Zusammenhang, Krieg. Eine Radikalität, die Antworten verweigerte – und doch zugleich sich verstand als Aufforderung, die eigenen Erfahrungen für eine neue, selbstbestimmte, desillusionierte Zukunft fruchtbar zu machen:

»Denn wir sind Neinsager. Aber wir sagen nicht nein aus Verzweiflung. Unser Nein ist Protest. Und wir haben keine Ruhe beim Küssen, wir Nihilisten. Denn wir müssen in das Nichts hinein wieder ein neues Ja bauen. Häuser müssen wir bauen in die freie Luft unseres Neins, über den Schlünden, den Trichtern und Erdlöchern und den offenen Mündern der Toten: Häuser bauen in die reingefegte Luft der Nihilisten, Häuser aus Holz und Gehirn, und aus Stein und Gedanken.« *(Das ist unser Manifest,* 1947)

Borcherts Stück teilt die Paradoxie eines zugleich hoffnungslosen und hoffnungsvollen Entwurfs in einem Sprachgestus mit, der das Pathos des Leidens und der Erschütterung, die Empörung über Unrecht, Schuld und Not verwandelt in ein Angebot zu gefühlsmäßiger, mit-leidender Identifikation. Weit entfernt vom Lakonismus des Untertitels – »Ein Stück, das kein Theater spielen und kein Publikum sehen will« –, spiegelt Borcherts Ideendrama situativ das Schicksal von Idealen, Problemen, Moralität in Szenen, Bildern und Phantasien, die auf ein Wiedererkennen angelegt sind. Anspruch und Wirklichkeit elementarer Lebensbezüge: Liebe, Pflicht, Kunst, Verantwortung, Schuld, Tod werden miteinander in Beziehung und in Szene gesetzt. Borcherts radikaler Pazifismus, verbunden mit seinem idealistischen Eintreten für mehr Humanität, mehr Mitmenschlichkeit, mehr Rücksicht auf die kleinen Dinge des Lebens, setzte auf Veränderung noch dort, wo er mit Hilfe expressionistischer und surrealistischer Symbolisierungen und Allegorisierungen Visionen der Apokalypse beschwört:

»*Beckmann*: [...] Sie hören doch, Herr Oberst, ja? Da steht ein Mann und spielt Xylophon. Er spielt einen rasenden Rhythmus. Und dabei schwitzt er, der Mann, denn er ist außergewöhnlich fett. Und er spielt auf einem Riesenxylophon. Und weil es so groß ist, muß er bei jedem Schlag vor dem Xylophon hin und her sausen. Und dabei schwitzt er, denn er ist tatsächlich sehr fett. Aber er schwitzt gar keinen Schweiß, das ist das Sonderbare. Er schwitzt Blut, dampfendes, dunkles Blut. Und das Blut läuft in zwei breiten roten Streifen an seiner Hose runter, daß er von weitem aussieht wie ein General. Wie ein General! Ein fetter, blutiger General. Es muß ein alter schlachtenerprobter General sein, denn er hat beide Arme verloren. Ja, er spielt mit langen dünnen Prothesen, die wie Handgranatenstiele aussehen, hölzern und mit einem Metallring. Es muß ein ganz fremdartiger Musiker sein, der General, denn die Hölzer seines riesigen Xylophons sind gar nicht aus Holz. Nein, glauben Sie mir, Herr Oberst, glauben Sie mir, sie sind aus Knochen. Glauben Sie mir das, Herr Oberst, aus Knochen!«

Szenenfoto aus der Uraufführung von »Draußen vor der Tür« (Hamburger Kammerspiele 1947)

Borcherts Impetus, seine »Disposition« (Rühmkorf) zum Schreiben wie seine Sprache selber, ist von seinen Zeitgenossen und insbesondere von den Angehörigen seiner eigenen Generation, wenn nicht in allem geteilt, so doch verstanden worden. »In Wahrheit«, so bemerkt etwa Dieter Wellershoff (geb. 1925) in seiner Autobiographie (*Die Arbeit des Lebens,* 1985), »entsprach die todessüchtige Verzweiflung seiner Heimkehrerfigur, des Unteroffiziers Beckmann, nicht meinem eigenen Lebensgefühl. Doch der Impuls, mit dem Borchert sprach, elektrisierte mich.« Daß Wolfgang Borchert von seiner *eigenen* Erfahrung sprach, radikal und unversöhnlich, hoffnungslos und doch voll Zukunftshunger – das machte, so Wellershoff, »auf einmal deutlich, daß, verglichen mit dieser Stimme, alle anderen, auch ich, sprachlos dahinlebten«. Hierin: in der unausgesprochenen Aufforderung, sich der eigenen Erfahrungen in einer eigenen Sprache bewußt zu werden, radikal und unnachsichtig, liegt womöglich die entscheidende Bedingung für den Erfolg dieses Generationenstückes.

Curd Jürgens als »Des Teufels General« in der Verfilmung Helmut Käutners (1955)

Was aber ist von Wolfgang Borcherts Stück geblieben mit seiner doch ganz unübersehbaren Zeitgebundenheit, seinem Pathos, seinen Bilderwelten in expressionistischer Tradition? Der Befund mag verblüffen und bedarf der Erklärung: Nicht weniger als 130 Fernseh- und Bühneninszenierungen wurden bis Mitte der 60er Jahre gezählt, nicht weniger als 1,5 Millionen Exemplare des Werks bis Anfang der 80er Jahre verkauft, und noch 1985, nahezu vier Jahrzehnte nach der Uraufführung, weiß die Statistik von einzelnen Schüler- und Laienaufführungen zu berichten. In der Tat ein erstaunliches Faktum, denn die Erfahrung des Krieges, die Identitätslosigkeit und Hoffnungslosigkeit jener ›jungen Generation‹ Wolfgang Borcherts, nicht zuletzt das Drängen auf einen Neuanfang, desillusioniert und »nihilistisch« (Borchert) – diese Erfahrungen waren ja schon wenige Jahre später verdrängt durch Konsumideologie, durch politisch-historisches Desinteresse, Kalten Krieg und Remilitarisierung. Woher also das offenbar andauernde Interesse an einem Autor, der ganz unverkennbar aus einer besonderen Zeitstimmung heraus zu schreiben sich getrieben sah? Einen wichtigen Hinweis zur Beantwortung dieser Frage hat Heinrich Böll Mitte der 50er Jahre in einem Nachwort zu einer Taschenbuchausgabe von Borcherts Werk gegeben. »Die Reibung, die der einzelne zu ertragen hat, indem er Geschichte macht und sie erlebt« – diese Reibung ist im Werk Borcherts dem Vergessen entrissen, ist, »Dokument und Literatur« zugleich (Böll), anschaulich und faßbar gemacht worden. Es scheint, als weise Borcherts Werk eben hierdurch über seine eigene Zeitgebundenheit hinaus: In den »Reibungen«, die der Unteroffizier Beckmann im Umgang mit seiner Geschichte, seiner Gesellschaft erfährt, lassen sich Kollisionen und Konflikte strukturell wiedererkennen, die in unserer Gegenwart in anderer Gestalt, doch unveränderter Substanz begegnen. Und es dürfte, nicht zuletzt, von Borcherts expressivem Sprachgestus noch immer ein »elektrisierender Impuls« (Wellershoff) ausgehen, der zumal auf junge Menschen identifikatorisch wirkt.

Angemessen einzuschätzen vermag man jedoch Borcherts Drama erst dann, wenn man ihm ein anderes zeitgenössisches Stück an die Seite stellt, das einzige übrigens, das sich mit ihm vergleichen läßt: Carl Zuckmayers Schauspiel *Des Teufels General* (entstanden 1942, im amerikanischen Exil, Uraufführung in Zürich, 1946). Vergleichbar ist es nicht nur hinsichtlich der Thematik – es befaßt sich mit der Problematik der Militärs in nationalsozialistischen Diensten –, sondern auch wegen seines Erfolges: Es avancierte zum meistgespielten Theaterstück auf den deutschsprachigen Bühnen der ersten Nachkriegsjahre (über 3000 Aufführungen bis 1950). Dieser Erfolg weist allerdings andere Voraussetzungen auf als der Borcherts. Er beruht wesentlich auf einer Dramaturgie, die für die zeitgenössischen Zuschauer entlastende Funktion besaß.

Im Mittelpunkt des Stücks steht mit dem General Harras ein heldischer Typus, für dessen Charakterisierung der zeitgeschichtliche Hintergrund lediglich das szenische Arrangement hergibt. Des »Teufels« (= Hitlers) General wird als schneidiger Draufgänger mit jugendlichem Charme nach dem Vorbild des berühmten Fliegergenerals Ernst Udet gezeichnet. Seine militärischen Erfolge ermöglichen ihm einen sympathisch anmutenden saloppen Umgangston mit jeder Art Autorität, erlauben ihm individuelle Verhaltensweisen und eigenwillige Widerstandsformen (so rettet Harras einer Freundin zuliebe einen jüdischen Arzt). Doch so wenig sein Verhalten gegenüber den herrschenden Nationalsozialisten ein Rechts- oder Unrechtsbewußtsein zum Ausdruck bringt (»Sie haben mich gebraucht – und sie brauchen mich jetzt erst recht. Außerdem – ist es mir wurscht.«), so wenig verhilft ihm der sich zuspitzende, dramatische Konflikt zu einer Einstellungsveränderung. Als er auf eine ultimative Forderung der Gestapo hin feststellen muß, daß sein Freund, der ideell motivierte Widerstandskämpfer Oderbruch, Sabotageakte an Flugzeugen begeht, sieht Harras seine einzige Rettungsmöglichkeit im selbstmörderischen Flug mit einer der defekten Maschinen.

Nicht sein Realitätsgehalt oder der inhaltlich konstruierte Konflikt lassen dieses Stück problematisch erscheinen, sondern seine Dramaturgie, die den Erfolg erklärt. Zuckmayer bietet die Möglichkeit zur Identifikation mit einem ungebrochenen Helden (in der Verfilmung Helmut Käutners verkörperte Curd Jürgens 1955 die Titelfigur), der, in eine am klassischen Muster geschulte tragische Situation geraten, notwendig entweder schuldig werden oder untergehen muß. Unangemessen aber ist eine solche Dramaturgie einer Wirklichkeit, deren Vernichtungsmaschinerien individuelles Heldentum und einzelgängerische Opferbereitschaft entweder ad absurdum geführt oder politisch-militärisch mißbraucht hatten. Da Zuckmayer das Verhalten seines Protagonisten nicht zu kritischer Beurteilung mit Mitteln der Verfremdung vorstellt, steht sein Stück ständig in der Gefahr, wirkungsvolle dramatische Elemente lediglich zum Zwecke der Kolportage einzusetzen – zur bühnengerechten Feier eines trotz allem bewundernswürdigen militärischen Einzelschicksals.

Carl Zuckmayer konnte mit diesem Erfolg an die Wirkung seiner frühen Volksstücke anknüpfen (*Der fröhliche Weinberg*, 1925; *Der Schinderhannes*, 1927; *Der Hauptmann von Köpenick*, 1931). Eine Fortsetzung des Erfolges aber gelang ihm nach *Des Teufels General* nicht. Seine Stücke aus den 50er Jahren (*Der Gesang im Feuerofen*, 1950; *Das kalte Licht*, 1955) präsentieren Stoffe aus dem Widerstand in Frankreich und aus dem Kalten Krieg in aufdringlichem Symbolismus und mit melodramatischen Effekten. Hingegen fanden Zuckmayers Erinnerungen *Als wär's ein Stück von mir* (1966) großen Widerhall. Sie zeugten von der Bereitschaft des Schriftstellers Zuckmayer, als Autor Verantwortung für geschichtlich-gesellschaftliche Entwicklungsprozesse zu tragen – gerade dort, wo angesichts des deutschen Faschismus die Schuldfrage sich stellte. Diese Bereitschaft hatte Zuckmayer schon 1944, im Exil in New York, mit den Worten ausgedrückt: »Deutschland ist schuldig geworden vor der Welt. Wir aber, die wir es nicht verhindern konnten, gehören in diesem großen Weltprozeß nicht unter seine Richter.«

Auch in einem anderen Theaterstück der unmittelbaren Nachkriegszeit noch wurde die Problematik des Faschismus in Deutschland thematisiert: in Günther Weisenborns *Die Illegalen* (Uraufführung Berlin, 1946). Weisenborn, heute zu Unrecht fast völlig vergessen, hatte sich nach seiner Rückkehr aus dem Exil 1937 der Widerstandsgruppe »Rote Kapelle« angeschlossen, wurde 1942 verhaftet und zu Zuchthaus verurteilt. Mit *Die Illegalen* schrieb Weisenborn ein Drama über die Leistungen der deutschen Widerstandsbewegung, deren Erfolge und Konflikte, Opfer und Aktivitäten in realistische Bilder gebracht werden: »Wir Illegalen sind eine leise Gemeinde im Land. Wir sind gekleidet wie alle, wir haben die Gebräuche aller, aber wir leben zwischen Verrat und Grab. Die Welt liebt Opfer, aber die Welt vergißt sie. Die Zukunft ist vergeßlich.« An Weisenborn selber hat sich diese Prognose bewahrheitet. Seine Stücke – darunter die seinerzeit sehr erfolgreiche *Ballade vom Eulenspiegel, vom Federle und von der dicken Pompanne* – sind heute ebensowenig bekannt wie seine noch immer lesenswerten Erinnerungen an seine Haftzeit, die 1948 unter dem Titel *Memorial* erschienen. Wie die Zeitbedingtheit von Weisenborns Stück das Maß seines Vergessens enthält, so die zeitgeschichtliche Indifferenz der Zuckmayerschen Helden-Dramaturgie die Bedingung seiner fortdauernden Bühnenwirksamkeit.

So gab also das »Chaos des Neuanfangs« wohl dem Aufbruchwillen des deutschen Theaters Ausdruck, nicht aber einer Erneuerung des deutschen Dramas. Diese Tatsache hat ihrerseits offenbar Entstehung und Erfolg der kabarettistischen Kleinkunst gefördert. Denn wie in der Prosa die lakonisch reduzierte Form der ›short story‹ der Kurzatmigkeit dieser Jahre entgegenkam und ihr zugleich Ausdruck gab, so im dramatischen Genre die aggressiv-pointierte der kleinen Szenen und Songs, der Sketches, Couplets und Typenmonologe. Nicht etwa harrte ja ein großes Ideengebäude seiner opulenten szenischen Entfaltung, sondern die konkreten, alltäglichen Ereignisse des politischen, gesellschaftlichen, kulturellen Lebens bedurften einer pointierten Kommentierung. Nicht der epochale Gedankenentwurf war gefragt, sondern die witzige Kritik des geschichtlichen Augenblicks. Statt Distanz in szenischer Reflexion – Einmischung durch Pointen. Die Voraussetzungen, solche Dispositionen, bei Publikum wie Kulturproduzenten, Wirklichkeit werden zu lassen, waran in jeder Hinsicht vorhanden. Nicht nur hatte es vor dem Faschismus eine große Tradition des deutschen Kabaretts gegeben, die mit den Namen Kurt Tucholsky, Joachim Ringelnatz, Walter Mehring in engstem Zusammenhang steht. Nicht nur lagen nach dem Krieg allein dem Berliner Magistrat über tausend Gesuche um Spielerlaubnis für Kabarett- und Kleinkunstbühnen vor. Sondern es gab in den Besatzungszonen zudem eine Reihe namhafter Autoren, Praktiker und Schauspieler – Werner Finck, Erich Kästner und Ursula Herking seien hier beispielhaft ge-

Marschlied 1945

1.
In den letzten dreißig Wochen
zog ich sehr durch Wald und Feld.
Und mein Hemd ist so durchbrochen,
daß man's kaum für möglich hält.
Ich trag Schuhe ohne Sohlen,
und der Rucksack ist mein Schrank.
Meine Möbel hab'n die Polen
und mein Geld die Dresdner Bank.
Ohne Heimat und Verwandte,
und die Stiefel ohne Glanz, –
ja, das wär nun der bekannte
Untergang des Abendlands!

Links, zwei, drei, vier,
links, zwei, drei –
Hin ist hin! Was ich habe, ist allenfalls:
links, zwei, drei, vier,
links, zwei drei –
ich habe den Kopf, ich hab ja den Kopf
noch fest auf dem Hals.

2.
Eine Großstadtpflanze bin ich.
Keinen roten Heller wert.
Weder stolz, noch hehr, noch innig,
sondern höchstens umgekehrt.
Freilich, als die Städte starben…
als der Himmel sie erschlug…
zwischen Stahl- und Phosphorgarben –
damals war'n wir gut genug.
Wenn die andern leben müßten,
wie es uns sechs Jahr geschah –
doch wir wollen uns nicht brüsten.
Dazu ist die Brust nicht da.

Links, zwei, drei, vier,
links, zwei, drei –
Ich hab keinen Hut. Ich habe nichts als:
links, zwei, drei, vier,
links, zwei, drei –
Ich habe den Kopf, ich hab ja den Kopf
noch fest auf dem Hals!

nannt –, die Tradition und Neubeginn zugleich verkörperten.

»Wenn sich alle Pläne dieser Wochen verwirklichten«, notierte Erich Kästner im August 1945, »gäbe es bald mehr Kabaretts als unzerstörte Häuser.«

Die Wiedergeburt des Kabaretts fiel auf den 15. August 1945. Die Geburtsstadt hieß München. Und der Name des Erstlings lautete *Die Schaubude*. Hier wirkten Künstler aus den traditionsreichen Ensembles der 20er und 30er Jahre mit *(Kabarett der Komiker, Die Katakombe)*, die zunächst Texte von Christian Morgenstern und Klabund, Tucholsky und Ringelnatz in Erinnerung brachten, ab April 1946 aber mit eigenem Programm (»Bilderbogen für Erwachsene«) auftraten, darunter das von Erich Kästner (1899–1974) verfaßte und von Ursula Herking vorgetragene »Marschlied 1945«. Die Mentalität der »Stunde Null« tritt in diesem Chanson unüberhörbar vors Publikum, wenngleich sehr anders als in Wolfgang Borcherts Schauspiel *Draußen vor der Tür*. Erlebnisse aus der Zeit des Krieges, der Flucht, der Gefangenschaft finden sich zur Erfahrung individueller Bedeutungslosigkeit wie existentiellen Ausgesetztseins verdichtet, zur Erfahrung einer »Nullpunkt«-Existenz also, der jedoch nicht mit dem Pathos des Leidens und der Anklage begegnet wird, sondern mit dem trotzigen Lakonismus des Aufbegehrens. »Nun gerade«, lautet die Quintessenz des Refrains, und seine Begründung entnimmt er der Empirie des nackten Lebens. Was Kästner derart in seinem berühmten Chanson auf den Punkt gebracht hatte, durchzog leitmotivisch alle kabarettistischen Anfänge der Nachkriegszeit. Ob in München oder in Leipzig *(Die Rampe)*, ob in Berlin (*Der Ulenspiegel* mit Gerhart Hermann Mostar [1901–1973], *Frischer Wind*), ob in Stuttgart und Hamburg (Werner Finck [1902–1978] mit *Die Mausefalle*) oder als Tourneetheater *(Die Hinterbliebenen, Die Amnestierten)* – Trümmerwirklichkeit und Krieg, Faschismuserfahrung und das Bewußtsein, in einer offenen, durch Kritik, Witz, Satire, Polemik beeinflußbaren geschichtlichen Situation zu stehen, kamen in allen frühen Programmen in zumeist literarisch anspruchsvollen Texten zur Sprache.

3.
Ich trag Schuhe ohne Sohlen.
Durch die Hose pfeift der Wind.
Doch mich soll der Teufel holen,
wenn ich nicht nach Hause find.
In den Fenstern, die im Finstern
lagen, zwinkert wieder Licht.
Freilich nicht in allen Häusern,
Nein, in allen wirklich nicht…
Tausend Jahre sind vergangen
samt der Schnurrbart-Majestät.
Und nun heißt's: Von vorn anfangen!
Vorwärts marsch! Sonst wird's zu spät!

Links, zwei, drei, vier,
links, zwei, drei –
Vorwärts marsch, von der Memel bis zur Pfalz!
Links, zwei, drei, vier,
links, zwei, drei –
Denn wir hab'n ja den Kopf, denn wir hab'n ja den Kopf
noch fest auf dem Hals! **Erich Kästner**

Die Währungsreform vom Juni 1948 bedeutete allerdings auch für die Kabaretts der frühen Jahre das Ende einer kurzen Blütezeit. Denn die administrativ verfügte Abwertung des Geldes auf zehn Prozent seines bisherigen Wertes entzog, im Zusammenspiel mit einem rasch sich vergrößernden Warenangebot, dem Publikum Zahlungsmittel – mithin den Kabaretts Publikum und, häufig genug, die Existenzgrundlage (z.B. *Die Schaubude*). Hinzu kam, daß die Zeiten sich änderten, und zwar unter dem Einfluß alliierter Politik mehr als unter dem des Witzes kritischer Köpfe. Also sah auch das Kabarett sich zum Wandel genötigt, der zum Teil Themen und Darbietungsformen betraf, zum Teil aber Anpassung nach Maßgabe politischer Opportunität bedeutete. War schon bald nach Kriegsende allen Beteiligten einsichtig, ein neues Kabarett könne sich mit Erinnerung und Zitat großer Traditionen nicht begnügen, aber auch mit bloßer Kritik an der jüngsten Vergangenheit nicht, so verlangten erst recht Mentalität und Realität des Kalten Krieges ihren zeitkritischen Tribut. Und zwar in durchaus zwiespältiger Weise. Die Gründung eines deutlich antikommunistischen Ensembles, das ebenso witzig wie geschickt, so intelligent wie erfolgreich seine Pointen verbreitete (*Die Insulaner* mit Günter Neumann, von 1948 bis 1963, in enger Verbindung mit dem Sender RIAS Berlin), ist gleichermaßen Produkt der sichtlich endenden Nachkriegsära wie die des Düsseldorfer Kabaretts *Das Kommödchen*, das die artistisch-literarische Tradition fortführte. Gegründet 1947 (Autoren unter anderen Martin Morlock und Eckart Hach-

feld), hat dieses Kabarett bis heute unter der Leitung von Kay Lorentz ein hohes Niveau und eine unbefangen kritische Position sich erhalten, geprägt vor allem durch seine Hauptdarstellerin Lore Lorentz – ein Star des deutschen Kabaretts, der zugleich intelligent und maliziös, bissig und sensibel zu agieren vermag. Zu nennen sind in diesem Zusammenhang noch die Berliner *Stachelschweine* (gegründet 1949, Autoren vor allem Rolf Ulrich und Wolfgang Gruner), die die Entwicklung der 50er Jahre kritisch verfolgten (Wiederaufrüstung, Wirtschaftswunder, Karrieren von Alt-Nazis) und ihr Publikum über Jahre hinweg durch ein attraktives Ensemble an sich binden konnten (u.a. Jo Herbst, Beate Hasenau, Günter Pfitzmann).
Bedeutete also einerseits die Währungsreform das »Aus« für eine Reihe seinerzeit durchaus erfolgreicher Kabaretts, so bot andererseits gerade die Zeit der Restauration während der Ära Adenauer einen günstigen Nährboden zur Neugründung kleiner Bühnen. Einige Namen und Jahreszahlen mögen diese Tatsache veranschaulichen.

In Frankfurt gründete der Schauspieler, Texter und Regisseur Rudolf Rolfs 1950 sein Theater *Die Schmiere* (ironische Selbsteinschätzung: »das schlechteste Theater der Welt«), eine bis heute so unbestechliche wie scharfzüngige Bühne, die eben dieser Qualitäten wegen ein größeres Fernseh-Publikum nie hat erreichen können. In München – der Hauptstadt des deutschen Kabaretts – gründete 1951 Gertrud Kolmann *Die kleine Freiheit*, gemeinsam mit ehemaligen *Schaubuden*-Mitgliedern (Texte u.a. von Erich Kästner, Martin Morlock, Friedrich Hollaender), ein Kabarett-Theater, das sich von einer satirischen Ausstattungsrevue schließlich zum harmlosen Unterhaltungskabarett mit Boulevard-Appeal entwickelte. Von 1953 bis 1959 bestand in München das Kabarett *Die kleinen Fische* (Therese Angeloff), ein typisches Produkt der Restaurationszeit mit teils salopp-kalauernder, teils künstlerisch anspruchsvoller Satire. Michael Burk gründete 1954, ebenfalls in München, *Die Zwiebel* und war Autor, Darsteller und Regisseur eines bissig-bösen, konkrete politische Themen angehenden Kabaretts, bis er in den 70er Jahren sich auf den Spuren Johannes Mario Simmels im Genre des trivialen Erfolgsromans versuchte (*Keine Stunde ist zuviel*, 1975; *Träume haben ihren Preis*, 1976). 1955 schließlich wurde die *Münchner Lach- und Schießgesellschaft* gegründet (mit Dieter Hildebrandt, Diedrich Havenstein, Jürgen Scheller, Achim Strietzel, Leitung: Sammy Drechsel), neben dem Düsseldorfer *Kommödchen* wohl das bekannteste deutsche Kabarett, über Jahrzehnte hinweg erfolgreich seiner exzellenten, scharf pointierten Texte wegen, aber auch wegen brillanter Einzeldarsteller in zum Teil extemporierten Typenmonologen (Hildebrandt).

Die Kabaretts der Bundesrepublik und Westberlins haben – so läßt sich resümieren – ein Stück Literaturgeschichte geschrieben. Zumal in den Nachkriegsjahren, aber auch noch während der Adenauer-Ära spielten sie die Rolle des zeitkritischen Kommentators, die das gleichzeitige Theater nicht auszufüllen vermochte.

2
Literatur versus Politik Konstellationen der 50er Jahre (1950–1959)

Im Frühjahr 1960 erschien in München eine Schrift mit dem Titel: *Verschwörung gegen die Freiheit. Die kommunistische Untergrundarbeit in der Bundesrepublik.* Diese Schrift enthielt die Namen von 452 Professoren, Intellektuellen, Künstlern und Schriftstellern, die einer »kommunistischen Kulturarbeit« bezichtigt wurden, darunter die Physiker und Nobelpreisträger Max Born und Hermann Staudinger, die Pastoren Albrecht Goes und Martin Niemöller, die Komponisten Werner Egk und Carl Orff, die Maler Hans Purrmann und Otto Dix, die Theaterregisseure Heinz Hilpert und Peter Lühr, die Schriftsteller Erich Kästner und Wolfgang Koeppen. Wer die Verfasser dieser Schrift waren, blieb unbekannt. Daß der Staatsschutz sie finanziert hatte, wurde vermutet. Welches Verhältnis aber sich zwischen Intelligenz und Herrschaft, Kunst und Macht, Literatur und Politik in den 50er Jahren herausgebildet hatte – das legte dieses »Rotbuch«, wie es alsbald genannt wurde, ganz unmißverständlich offen. Nach der Konstituierungsphase der Bundesrepublik, nach der Desillusionierung aller Hoffnungen, die in der Nachkriegszeit auf einen Neuanfang gesetzt worden waren, trat zumal die Literatur in eine prekäre Spannung zur offiziellen politischen Sphäre der Adenauer-Zeit. Das Klima des Antikommunismus und der Restauration, die Verabschiedung eines »Schund- und Schmutzgesetzes« im Jahre 1952 und die Wiederaufrüstung der Bundesrepublik, das Verbot der KPD, der Eintritt in die NATO und die atomare Rüstung – dies waren die beherrschenden Themen der politischen Diskussion in den 50er Jahren. Die Schriftsteller haben sich ihnen engagiert gestellt. Ihre Quittung bildete jene Schrift des Jahres 1960.

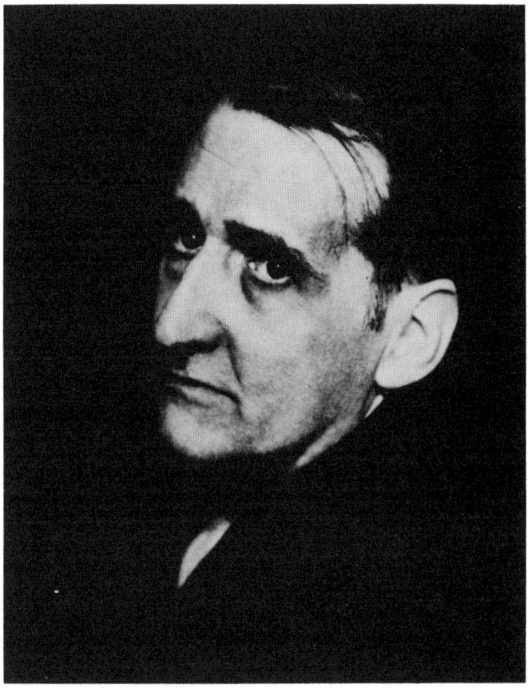

Reinhold Schneider

Am Beispiel zweier sehr unterschiedlicher Autoren, am Beispiel nämlich Reinhold Schneiders (1903–1958) und Hans Henny Jahnns (1894–1959), läßt sich die existenzgefährdende, ja: lebensbedrohende Qualität verdeutlichen, die der Kampf gegen Wiederbewaffnung und Atombombe für die Autoren besaß. Reinhold Schneider – gläubiger Katholik, der im Dritten Reich zur literarischen Inneren Emigration und zur Widerstandsbewegung des Kreisauer Kreises zählte, der alle Kraft und Substanz seiner literarischen und publizistischen Aktivität aus seiner tiefen Religiosität bezog. Hans Henny Jahnn – schon 1915 als Kriegsgegner und Pazifist nach Norwegen emigriert, ein zweites Mal 1933 in die Schweiz ausgewandert, dann nach Dänemark, ein Kritiker des Christentums wie des Bürgertums und ein Feind der christlich-bürgerlichen

Sexualmoral. Zwei sehr unterschiedliche intellektuelle Temperamente also und doch, so verschiedenartig ihre Herkunft, ihr Weg, ihr Denken sich darstellt, in den 50er Jahren vereint durch Sorge, durch Angst vor einem neuen Krieg.

»Der Friede fängt an in einem jeden von uns, ganz tief in uns selbst«, so schrieb Reinhold Schneider 1949. »Der Wille zum unbedingten Frieden: dies ist die Leistung, die die Welt vom deutschen Volk fordern kann. Es ist die Leistung, die das deutsche Volk zurückführen muß in die Welt.« Ein gewiß unprätentiöser Appell, nur vier Jahre nach dem Ende des Krieges. Aber da diese Mahnung der frühzeitig sich anbahnenden Bereitschaft des Westens galt, aufs neue zu rüsten und auch den Einsatz von Atomwaffen einzuplanen, da sie zudem in der Ost-Berliner Kulturzeitschrift *Aufbau* erschien, wurde Reinhold Schneider für den politischen Katholizismus von nun an zur persona non grata. Schmähschriften und Verleumdungen, vor allem in der Zeitung *Christ und Welt*, begleiteten seinen weiteren Weg, den er auch in den Jahren 1950 und 1951 konsequent fortsetzte. Rundfunkanstalten und Zeitschriften weigerten sich deshalb, seine Beiträge noch zu publizieren, Drohungen und Beschimpfungen prägten seinen Alltag. 1951 schrieb Schneider in einem Brief: »Meine Existenz beruhte darauf, daß ich monatlich etwas für den Sender und einige Rezensionen oder Aufsätze schrieb. Diese Möglichkeit habe ich in der letzten Zeit verloren. Meine sowohl auf religiösen wie auf politischen Überzeugungen gegründete Ablehnung der Rüstung, meine Polemik mit der den Krieg rechtfertigenden Theologie, mein Bemühen, über alle Gesetze hinweg eine menschliche Beziehung zu den Gegnern des Glaubens zu erhalten und dort ein christliches Wort zu sprechen, wo keines gesprochen wird, haben mir erbitterte Feindschaft eingetragen. Ich mußte das erwarten. Man hat aber offenbar die Absicht, meine Existenz zu zerstören.« Schneider war in einen zermürbenden Kampf mit dem konservativen Katholizismus der Adenauer-Ära eingetreten. In seinen Büchern, darunter die autobiographischen Werke *Verhüllter Tag* (1954), *Der Balkon* (1957), *Winter in Wien* (1958), versuchte der als Kommunist denunzierte Katholik wieder und wieder sich der Glaubensüberzeugungen zu vergewissern, die ihn in Gegensatz zum Klerus gebracht hatten. Er blieb dabei: »Der einzelne muß sich entscheiden vor Christus.«

Wie Reinhold Schneider trieb auch Hans Henny Jahnn die »Sorge um den Bestand der Menschheit« (Jahnn), sich im Kampf gegen den Atomtod zu zerreiben. Jahnn, »ein Eifernder und ein Opfer zugleich« (Helmut Heißenbüttel), kämpfte in Aufsätzen und Pamphleten »Für den totalen Frieden« (so der Titel eines Aufsatzes im *Aufbau*, März 1951). In seinem Aufsatz »Der Mensch im Atomzeitalter« beschrieb er 1956 den Fortschritt als ein »Fortschreiten hin zur Verameisung, zur Kollektivierung, zum Konformismus, zum Auslöschen des Individuums, gleichermaßen in den Reichen des Ostens und des Westens«. In seinen »Thesen zur Atomrüstung« erklärte er es 1957 für die »Pflicht« der Schriftsteller, sich »den Erkenntnissen der warnenden Atomwissenschaftler anzuschließen und nicht den frivolen Spekulationen der Militärs und der Politiker, die mit dem Leben anderer Menschen kalkulieren«. Aber nur ein Jahr später wußte Jahnn: »Das militärische Denken überwuchert die Inhalte der Vernunft.« Sein Hauptwerk, *Fluß ohne Ufer*, blieb unvollendet: Jahnn hatte, als er am 29. November 1959, noch nicht 65jährig, starb, seine Produktivität im Kampf gegen die Atomrüstung verbraucht.

Vor dem Hintergrund solcher Lebenslinien soll die Tatsache nicht unberücksichtigt bleiben, daß die restaurativen Entwicklungen in der Bundesrepublik ihr Komplement in einer Restauration anderer Art besaßen. Denn auf die Trümmerlyrik der Nachkriegszeit folgte in den 50er Jahren die Rechtfertigungsprosa der Weggefährten des Faschismus. Alte Nazis und ihre Mitläufer zählten zu ihren Autoren: Hans Grimm, Max Barthel, Erwin Guido Kolbenheyer, Friedrich Griese, Ina Seidel. Autoren wie Hans Friedrich Blunck und Werner Beumelburg, Gerhard Schumann und Edwin Erich Dwinger, die dem Nationalsozialismus ihre Dienste geleistet hatten, veröffentlichten alte und neue Werke. Und wenn diese schon damals wenig beachtet wurden und heute mit Recht weitgehend vergessen sind, so blieb doch die Tatsache ihrer Veröffentlichung symptomatisch genug für den kulturpolitischen Geist der jungen Bundesrepublik Deutschland.

Aber eben nicht nur Reinhold Schneider und Hans Henny Jahnn sorgten sich um den Frieden

Hans Henny Jahnn im Hirschpark in Hamburg-Blankenese (50er Jahre)

und schrieben gegen Rüstung und Atombombe an. Mit ihnen engagierten sich zahlreiche andere prominente Schriftsteller und Intellektuelle in Reden und Aufrufen, in Manifesten und Resolutionen, in Aufsätzen und Artikeln und, nicht zuletzt, in ihren literarischen Arbeiten. Von Thomas Mann bis Erich Kästner, von Kurt Hiller bis Peter Rühmkorf, von Ingeborg Bachmann über Luise Rinser bis Ilse Aichinger – die erste große Protestbewegung in der Bundesrepublik vereinte die unterschiedlichsten politischen Auffassungen und literarischen Traditionen. An ihr beteiligten sich Wissenschaftler und Künstler, Schauspieler und Journalisten, die sich, wie die achtzehn Göttinger Atomwissenschaftler in ihrer berühmt gewordenen Erklärung vom 12. April 1957, darin einig waren, daß »ein kleines Land wie die Bundesrepublik [...] sich heute noch am besten schützt und den Weltfrieden noch am ehesten fördert, wenn es ausdrücklich und freiwillig auf den Besitz von Atomwaffen jeder Art verzichtet«. Mit Demonstrationen und Märschen zu den Ostertagen (»Ostermärsche«) wurde der »Kampf gegen die Bombe« geführt, an dem sich auch die Oppositionsparteien in Bonn und die Gewerkschaften beteiligten. Umfragen ergaben, daß 83% der Bevölkerung die Stationierung von Atomwaffen auf dem Gebiet der Bundesrepublik ablehnten, so daß sich von einer Massenbewegung sprechen läßt, die schließlich auch zu begrenzten Erfolgen kam: Die Bundesregierung verzichtete ausdrücklich auf die Produktion von Atomwaffen, die Amerikaner auf die Lieferung von Atommunition an die Bundeswehr, so daß die Schriftsteller Grund gehabt hätten, sich der Wirksamkeit ihres so schwachen Kampfinstruments – das Wort, die Sprache – zu freuen.

Doch die gesellschaftlichen Verhältnisse waren komplexer, problematischer. Das politische Engagement der Schriftsteller traf in den 50er Jahren auf eine Entwicklung, die den Intellektuellen und ihren Bemühungen, zu einer Beendigung des Kalten Krieges beizutragen, sowenig günstig schienen wie ihrem Insistieren auf einem grundlegenden sozialen Wandel. Denn was sich schon in den ersten Nachkriegsjahren angedeutet hatte, das setzte sich in den 50er Jahren ungebrochen und erfolgreich fort: Verdrängung der Kriegs- und Faschismusproblematik, Rekonstruktion der tradierten Besitzverhältnisse,

Abgrenzung gegenüber den Ostblockstaaten einschließlich der DDR, zunehmende Westintegration und Militarisierung. Zumal der Hinweis auf problematische Entwicklungen in der DDR und im Ostblock insgesamt ließ sich vielfältig demagogisch nutzen. So diente etwa die Zwangskollektivierung in der DDR, dienten deren ökonomische Schwierigkeiten, aber auch der Aufstand am 17. Juni 1953 zugleich zur Disziplinierung der Arbeiterbewegung in der Bundesrepublik. Bereits 1950 verfügte beispielsweise der »Adenauer-Erlaß«, daß Kommunisten und Sozialisten aus dem Dienst des Bundes zu entfernen seien. Und auch das Verbot der Kommunistischen Partei Deutschlands (KPD), bereits 1951 beim Bundesverfassungsgericht beantragt und 1956 rechtswirksam ausgesprochen, ging auf die Abgrenzung gegenüber der DDR zurück. Nicht weniger aber ließ sich die blutige Niederschlagung des Volksaufstandes 1956 in Ungarn innenpolitisch nutzen, schien sie doch die Identität nationalsozialistischer und kommunistischer Aggressivität und Unterdrückung zu bestätigen. Kurz: Der Antikommunismus bildete die offiziöse Ideologie der Ära Adenauer, und die linken Intellektuellen und Schriftsteller boten eines seiner bevorzugten Angriffsziele.

Hinzu kam, daß sich die Bevölkerung im Banne des sogenannten »Wirtschaftswunders« mit der zunehmenden Abgrenzung vom Osten und der Amerikanisierung der Wirtschafts- und Lebensverhältnisse rasch arrangierte. Immerhin konnten unter der Sonne ökonomischer Freiheit eine Prosperität, eine Konsumlust, eine Art Wohlhabenheit sich entfalten, an die noch wenige Jahre zuvor kaum jemand zu denken gewagt hätte. Und so nahm man in Kauf – wenn man es nicht sogar begrüßte –, daß die alten Nazis wieder in Amt und Würden kamen; daß ein Hans Globke, 1935 immerhin Kommentator der antisemitischen Nürnberger Rassegesetze, Chef des Bundeskanzleramtes werden konnte; daß die Staats- und Regierungsstellen sich der Dienste eingeschriebener NSDAP-Mitglieder versicherten, das Auswärtige Amt etwa zu 66% seines Personals; und daß die seit 1955 bestehende Bundeswehr sich in ihren führenden Offizieren aus einer Armee rekrutierte, die Hitler seine Kriege allererst ermöglicht hatte. Es wäre aber falsch zu glauben, diese Entwicklung sei von Konrad Adenauer gleichsam über den Kopf der Bevölkerung hinweg, womöglich gegen ihren Willen durchgesetzt worden. Im Gegenteil: Erhielt die CDU/CSU bei der Bundestagswahl 1949 nur eben 31,0% der Stimmen – immerhin genug, um mit der Stimme Adenauers diesen zum Kanzler zu küren –, so erreichte sie 1953 bereits einen Anteil von 45,2%, 1957 gar von 50,2% der Stimmen. Die Mehrheit der westdeutschen Bevölkerung hatte mithin ihren Frieden mit der neuen politisch-sozialen Lebensform gemacht, hatte sich eingestimmt in »Wirtschaftswunder« und Restauration, teilte sogar die Ideologie des Antikommunismus.

Vor dem Hintergrund dieser Entwicklung läßt sich verstehen, warum eine Kampfschrift wie die eingangs dieses Kapitels zitierte, womöglich von staatlichen Stellen gesteuert, in der Bundesrepublik Verbreitung finden konnte. Die Schriftsteller und Intellektuellen blieben, soweit sie eine oppositionelle Haltung einnahmen, im politisch-gesellschaftlichen Abseits. Anders als etwa in der politischen Kultur Frankreichs, welche die Radikalität des Fragens und Antwortens von Publizisten und Künstlern als selbstverständlichen Bestandteil des politischen und geistigen Lebens akzeptiert, standen in der Bundesrepublik solche Äußerungsformen von Anfang an in der Gefahr, öffentlich diffamiert zu werden. Zumal in den 50er Jahren, im ideologischen Zeichen des Antikommunismus und im ökonomischen des »Wirtschaftswunders«, feierte die traditionsreiche deutsche Geistfeindschaft fröhliche Urständ – Indiz, auch dies, einer Kontinuität, die sich über das Dritte Reich hinweg erhalten hatte.

Literatur und Politik – in der Geschichte der Bundesrepublik waren sie wohl niemals weiter voneinander entfernt als in den 50er Jahren. Und zu einem Teil lassen sich die Aufbruchsbewegungen noch der 60er Jahre aus den Gegensätzen der Ära Adenauer erklären. Aber nicht allein diese Widersprüche prägten die literarische Entwicklung jener Jahre. Sondern ihr gesellten sich Spannungen zu, die sie in sich selber trug: Die Debatten um Exil und Innere Emigration wirken nach, der Moralist steht dem Zyniker, der Sozialist dem Nihilisten gegenüber. Bertolt Brecht und Gottfried Benn, so läßt sich pointiert sagen, bilden die Pole: Brechts Auffassung von einer veränderungswürdigen und -fähigen Welt kontrastiert der Benns von einem rein »phänomenalen« Dasein – »operative Literatur« versus »absolutes Gedicht«. Ihre Gemeinsamkeit bildet gleichwohl die soziale Ausgrenzung, die sie wie alle wichtigen Autoren dieser Zeit erfahren.

Gegen die atomare Bewaffnung

»Wir protestieren gegen die atomare Bewaffnung der Bundeswehr, weil sie jede weitere Verständigung zwischen Ost und West unmöglich zu machen droht, die Gefahr einer dritten Katastrophe für das deutsche Volk heraufbeschwört und die Wiedervereinigung verhindern kann. Die Anwendung atomarer Waffen ist Selbstmord. Eine zusätzliche deutsche Atomaufrüstung schreckt den Kommunismus nicht ab, sondern dient seiner Argumentation und Propaganda. Wir appellieren deshalb an alle, die sich in dieser Stunde ihrer persönlichen Verantwortung bewußt sind, gegen den folgenschweren Beschluß des Bundestages demonstrativ Stellung zu nehmen. Wir schließen uns damit allen gleichgerichteten Aktionen an.«

Ilse Aichinger, Peter Paul Althaus, Alfred Andersch, Ingeborg Bachmann, Ulrich Becher, Rolf Bongs, Karlheinz Deschner, Wolfgang Drews, Axel Eggebrecht, Günter Eich, Hans Magnus Enzensberger, Gertrud von Le Fort, Leonhard Frank, Günter Bruno Fuchs, Ernst Glaeser, Albrecht Goes, Rudolf K. Goldschmidt-Jentner, Hans Habe, Peter Härtling, Hugo Hartung, Manfred Hausmann, Helmut Heißenbüttel, Wolfgang Hildesheimer, Rolf Italiaander, Hans Henny Jahnn, Walter Jens, Hermann Kasack, Erhart Kästner, Erich Kästner, Martin Kessel, Hans Hellmut Kirst, Wolfgang Koeppen, Walter Kolbenhoff, Ernst Kreuder, Erich Kuby, Kurt Kusenberg, Horst Lange, Siegfried Lenz, Kurt Leonhard, Felix Lützkendorf, Dieter Meichsner, Walter von Molo, Horst Mönnich, Gerhart Hermann Mostar, Eckart von Naso, Robert Neumann, Rudolf Pechel, Kurt Pritzkoleit, Hans Werner Richter, Luise Rinser, Peter Rühmkorf, Martha Saalfeld, Heinz-Winfried Sabais, Oda Schaefer, Heinrich Schirmbeck, Franz Schonauer, Ernst Schnabel, Wolfdietrich Schnurre, Siegfried Sommer, Hermann Stahl, Alexander Spoerl, Albert Vigoleis Thelen, Siegfried von Vegesack, Egon Vietta, Martin Walser, Günther Weisenborn, Leo Weismantel, Wolfgang Weyrauch, Josef Winckler.

(15. 4. 1958)

Gruppe 47: »Die Clique« und die Literatur

Seite 4

Gruppe 47

Zusammenschluß junger Autoren

Eine Gruppe junger Schriftsteller aus allen Teilen Deutschlands, die sich den Namen „Gruppe 47" gegeben hat, traf sich vor einigen Wochen im Hause der Schriftstellerin Schneider-Lengyel im Allgäu. Dieselbe Gruppe wird am Sonnabend und Sonntag, dem 8. und 9. November, in Ulm erneut zusammenkommen. Der Gruppe gehören die Schriftsteller Hans W. Richter, Heinz Ulrich, Walter Kolbenhoff, Alfred Andersch, Wolfdietrich Schnurre, Heinz Friedrich, Ernst Kreuder, Walter A. Guggenheimer, Wolfgang Bächler, Friedrich Minnssen, Nikolaus Sombart, Walter Mannzen, Günther Eich, Siegfried Heldwein, Walter Hilsbecher, Wolfgang Lohmeyer, Dietrich Warnesius, Walter Heist und andere an. In Kürze wird eine literarische Zeitschrift, „Der Skorpion", herauskommen, die von der „Gruppe 47" getragen wird. Die Gruppe hat die Absicht, mit dem „Skorpion" ein Sprachrohr der sich neubildenden jungen deutschen Literatur zu schaffen.

Wir haben den Herausgeber der demnächst erscheinenden Zeitschrift, Hans W. Richter, gefragt, wie seiner Meinung nach diese Literatur aussehen werde. Richter antwortete: „Es ist natürlich schwierig, schon jetzt sagen zu wollen, wie sie sich entwickeln wird. Alle Anzeichen aber sprechen dafür, daß die neue Sprache realistisch sein wird. Die heutige schreibende Jugend hat sich zum großen Teil von dem ungeheuren Schock der letzten Jahre noch nicht erholt und zieht sich in eine imaginäre romantische Welt zurück. Ein Beispiel dafür ist das kolossale Anwachsen der Lyriker, die zum Teil gute Sachen schreiben. Aber diese Romantiker leben noch immer in einer anderen Zeit, ihre Vorbilder sind meist Rilke, George, Heyse, Alverdes und andere. Eine zeitgemäße Sprache sprechen sie nicht. Im „Skorpion" werden alle die jungen Schriftsteller zu Worte kommen, die etwas zu sagen haben und die Talent besitzen. Unsere Sprache wird modern sein, es wird jedoch genügend Spielraum vorhanden sein, allen wirklichen Talenten das Wort zu erteilen." *Sh.*

Keine Institution des bundesdeutschen Literaturbetriebes hat die Entwicklung der deutschen Literatur nach außen so einflußreich und öffentlichkeitswirksam repräsentiert wie die Gruppe 47. Und keine andere Institution wurde eben deshalb so sehr befehdet und beargwöhnt, freilich auch stilisiert und überschätzt. Als »demagogischen Clan« hat man sie bezeichnet und »Meinungsterror« ihr zum Vorwurf gemacht (so der Kritiker Günter Blöcker). Als »autoritären Autorenverband auf postalischer Grundlage« (Hermann Kesten) hat man sie charakterisiert und die poetischen Produktionen ihrer Mitglieder als »kriechende Literatur« (Friedrich Sieburg) denunziert. Ja, man verstieg sich zu dem ebenso gefährlichen wie verräterischen Vergleich, die Gruppe 47 sei eine »geheime Reichsschrifttumskammer« (so der CDU-Politiker Josef Hermann Dufhues). All dies im Bewußtsein der Tatsache, daß man es mit einer Institution im Wortsinne, selbst mit einer »Gruppe« von fest umrissenem Profil und Programm gar nicht zu tun hatte.

Tagung der Gruppe 47 in Princeton/USA 1966 – »Betriebs«ausflug

»Die Gruppe 47 hat«, so bemerkte in einer witzigen Polemik ihr ›Mitglied‹ Hans Magnus Enzensberger (geb. 1929), »keine Anstecknadel. Sie hat, traurig genug, keinen Ehrenpräsidenten, keinen geschäftsführenden Vorsitzenden, keinen Schriftführer, keinen Kassenwart. Sie hat keine Mitglieder. Sie hat kein Postscheckkonto. Sie steht nicht im Vereinsregister. Sie hat keinen Sitz und keine Satzungen. Kein Ausländer kann ermessen, was das bedeutet in einem Land, wo noch der professionelle Massenmord ohne Aktennotizen nicht betrieben werden kann und wo sogar der Anarchismus seine Anhänger mit Hilfe einer sauber geführten Mitgliederkartei ›erfaßt‹. Es kann nur zweierlei bedeuten: die Gruppe 47 ist entweder eine Legende, oder – weit schlimmer! – sie ist eine Clique.«

Den äußeren Anlaß zur »Cliquen«-Bildung bot ein Mißverständnis: das Mißverständnis traditionalistisch orientierter Autoren, man könne – nach der Erfahrung von Faschismus und Krieg – der künftigen Poesie an einem Firmament zeitlos gültiger Werte und überzeitlich wirksamer Gewißheiten ein verpflichtendes Maß wie einen sicheren Weg noch weisen. »Vom Beruf des Dichters in der Zeit« lautete der in diesem Sinne programmatische Titel eines Vortrages, den Rudolf Alexander Schroeder (1878–1962) im Juni 1947 vor einer Gruppe von Schriftstellern der »jungen Generation« hielt. »Das innerste Wesen aller Kunst ist Trost über die Vergänglichkeit des Daseins«, verhieß einer der Kernsätze aus Schroeders poetologischem Programm, ein anderer: »Sein und Ziel [...] aller Kunst ist Erhebung aus dem Vergänglichen, ist Rettung des Vergänglichen ins Unvergängliche, ins Bleibende.« Einer der Schriftsteller, die sich Schroeders Poetik vom »Trostamt« der Dichtung mit wachsendem Unbehagen angehört hatten, war Hans Werner Richter. Und seine Reaktion auf das Gehörte bedeutete: Ablehnung der durch Schroeder repräsentierten problematischen Kontinuität einer Inneren Emigration – und zugleich Suche nach neuen Ausdrucks- und Austauschmöglichkeiten für die Autoren der Kriegsgeneration: »Nein, es bestand kein Verständnis für Dichterlesungen bei weihevoller Stille und Kerzenschein. Man wünschte sich etwas anderes: Kritik, Auseinandersetzungen, Unruhe. Und die Sprache, diese gebeutelte und verdorbene Sprache, es war keine ›Dichtersprache‹ mehr.« So hat es Hans Werner Richter in seinen Erinnerungen an die Gründungsstunde der Gruppe 47 formuliert. Kritik, Auseinandersetzungen, Unruhe – dies waren die Stichworte, die zum ersten, vorbereitenden Treffen einer Reihe gleichgesinnter und gleichgestimmter Autoren im September und abermals im November 1947 führten, Stichworte, die der Gruppe 47, solange sie existierte, ihr unverwechselbares und befehdetes Profil gaben.

Die historischen Gründe für das Entstehen der Gruppe 47 liegen freilich tiefer, als ihr äußerer Anlaß auf Anhieb erkennen läßt. Denn nicht nur die Abkehr von konservativen Konzepten, sondern auch die desillusionierende Einsicht in das Scheitern ihrer Hoffnung, grundlegende politisch-soziale Veränderungen herbeiführen zu können, gab den Schriftstellern aus dem Umkreis der Zeitschrift *Der Ruf* den Impuls zur Gruppengründung. Die Restauration des Kapitalismus in den Westzonen hatte alsbald auch erkennen lassen, daß sich die Vorstellung von einem Sozialismus des »dritten Wegs«, von einer ethisch-religiös begründeten Gesellschaftsveränderung nicht verwirklichen würde. Die politischen Ziele der Arbeiterbewegung zumal konnten, angesichts des Einvernehmens zwischen westlichen Alliierten und konservativen deutschen Politikern, nicht verwirklicht werden. Die linken Intellektuellen und Schriftsteller zogen sich, wie schon so oft in der deutschen Geschichte, aus der Politik zurück in die Literatur, weil sie ihre Ohnmacht erfahren hatten. Zugleich aber bildete dieser Rückzug einen Gewinn: Er ging einher mit einer Konzentration auf die eigenständige ästhetische Kraft der Poesie, die von nun an ihrerseits zum steten Ärgernis im Spannungsfeld von Geist und Macht, Kunst und Politik werden sollte. Denn wie politisch-soziale Faktoren zu ihrer Entstehung beigetragen hatten, so blieben auch in der Folgezeit historische Entwicklungen von nationaler wie internationaler Bedeutung stets Anlässe für Gruppenmitglieder, sich engagiert und kritisch öffentlich zu Wort zu melden.

Die Gruppe 47 hat zu Struktur und Ablauf ihrer Tagungen früh gefunden und diese im Kern über zwei Jahrzehnte hinweg unverändert beibehalten. Persönlich einladender Initiator war von Anfang an der spiritus rector des Unternehmens, Hans Werner Richter, selber. Auf seine Initiative hin traf man sich zweimal jährlich, im Frühjahr und im Herbst. Seiner Anregung verdankte sich die strikte Abfolge von Lesung unveröffentlichter Texte und Stegreifkritik, die sich der Vortragende kommentarlos anzuhören hatte. Aus seinem Einfluß erwuchs die gegenauratische Atmosphäre der Gruppentreffen. Und aus seinem Renommé wie seiner Betriebsamkeit entstand das zunehmende öffentliche Interesse an den Aktivitäten der Gruppe 47, das schließlich nicht nur zur Teilnahme von Verlegern, Kritikern und Journalisten führte, sondern sogar zur Finanzierung von Gruppentreffen im Ausland. Auftritte renommierter Dichter (Paul Celan, Johannes Bobrowski), aber auch die alljährlich verliehenen Preise (unter anderem an Günter Eich, Heinrich Böll, Ilse Aichinger, Ingeborg Bachmann, Martin Walser und Günter Grass) lenkten die Aufmerksamkeit der literarischen Öffentlichkeit auf die Gruppe 47.

Tagung der Gruppe 47 in Niederpöcking am Starnberger See 1957: M. Walser, Henk Prinz, W. Höllerer, H.M. Enzensberger, Eva und Wolfdietrich Schnurre

Die Entwicklung der Gruppe 47 von 1947 bis 1967 macht deutlich, daß gerade das zunehmende öffentliche Interesse auch ein Faktor ihres Niedergangs war. In Untersuchungen zu ihrer Geschichte (F. Kröll, *Die*

Günter Grass (Tagung der Gruppe 47 Princeton 1966)

Gruppe 47, 1979) hat man mehrere Entwicklungsphasen unterschieden: eine »vor-öffentliche Phase« (1947–1949), die auf persönlichen, freundschaftlichen Beziehungen beruhte, eine veristisch-realistische und eine magisch-realistische literarische Strömung vereinte und im wesentlichen durch kollegiale Arbeitskritik gekennzeichnet war; eine »Aufstiegsperiode« (1950–1957), die mit der Phase der Restauration in der Bundesrepublik zusammenfiel, zu einer Einbeziehung professioneller Kritiker führte (vor allem Walter Höllerer, Walter Jens, Joachim Kaiser, Hans Mayer, Marcel Reich-Ranicki), eine öffentliche (Frühjahrs-) und eine interne (Herbst-) Tagung sinnvoll erscheinen ließ und einen literarästhetischen »Pluralismus« hervorbrachte; eine »Hochperiode« (1958–1963), die mit der Phase verstärkter Restauration in der Bundesrepublik identisch war, die Gruppe 47 zunehmend als ein Zentrum der Gegenrestauration hervortreten ließ (Enzensberger: »Zentralcafé einer Literatur ohne Hauptstadt«), eine Periode, in der das Renommé der Gruppe wuchs durch das Renommé einiger ihrer Mitglieder (Heinrich Böll, Günter Grass, Uwe Johnson), in der ihre Tagungen zu öffentlichen Großveranstaltungen mit Beteiligung von Presse und Funk und Publikumsverlagen sich ausweiteten und ihre Darstellungsformen von Lesung und Kritik sich zum Ritual veräußerlicht hatten, dem Martin Walser eine sarkastische Skizze widmete (»Brief an einen ganz jungen Autor«); schließlich die »Verfallsphase« (1964–1967), die mit dem Ende der Rekonstruktionsperiode in der Bundesrepublik einherging, nachhaltig von den bestimmenden politischen und historischen Entwicklungen jener Jahre beschleunigt wurde (Vietnam, außerparlamentarische Opposition, Strukturwandel des literarischen Marktes), aber auch noch einmal weltweites Aufsehen hervorrief (Tagungen in Sigtuna/Schweden 1964, in Princeton/USA 1966), eine Phase, die gekennzeichnet war durch die Dominanz der professionellen Literaturkritiker und die Marktorientierung des Vorgetragenen.

Die Gruppe 47, so läßt sich an Entstehung, Entwicklung und Niedergang ablesen, war ein Produkt der Restauration in der Bundesrepublik. Das kennzeichnet die historische Bedeutung dieser einzigartigen literarischen Institution wie die Bedeutung des Funktionsverlustes, den sie Ende der 60er Jahre erlitt, wohl erleiden mußte. Denn das ungeschriebene Gebot, nur über den jeweils gelesenen Text zu diskutieren, grundsätzliche ästhetiktheoretische Fragestellungen aber ebenso auszugrenzen wie »außerästhetische« – also auch politische – Probleme: diese Selbstverpflichtung suggerierte einen Konsens, den die literarische Entwicklung im Laufe der Jahre ebenso in Frage gestellt hatte wie die historische. Nicht nur führte die Erweiterung des Literaturbegriffs zum Textbegriff in den 60er Jahren zu einer Irritation des unbefragten gruppeninternen Verständnisses von »Belletristik«. Sondern auch die Politikabstinenz der Gruppe 47, die mit ihrer repräsentativen Rolle als Forum einer intellektuellen Opposition stets widerspruchsvoll verbunden blieb, mußte sich in dem Maße als fragwürdig erweisen, in dem gerade Schriftsteller und Intellektuelle den tagespolitischen Diskussionen nicht länger ausweichen konnten – weil diese eben keine nur tagespolitischen, sondern weltgeschichtliche, mithin auch: höchst persönliche, auch Kunst und Literatur betreffende Probleme zur Sprache brachten. In diesem Umstand fand die Tatsache ihre Begründung, daß Gruppenmitglieder den Tagungen schließlich fernblieben, weil sie Fragen der Dritten Welt (Hans Magnus Enzensberger) oder des Vietnamkonflikts (Peter Weiss) für relevanter hielten als Literaturdiskussionen in einem geladenen Zirkel.

Freilich, die Gruppe 47 hat nie die gesamte Literatur der Bundesrepublik repräsentiert, sie hat diesen Anspruch allerdings auch nie erhoben. *außerdem – Deutsche Literatur minus Gruppe 47 = wieviel?* – so lautete der Titel eines 1967 erschienenen Buches, das sich polemisch auf die repräsentative Funktion der Gruppe 47 beziehen wollte, in der Umständlichkeit der Fragestellung aber zugleich auch von der Schwierigkeit der möglichen Antwort sprach. Denn in der Tat: die bedeutenden Autoren hatten bei »der Gruppe« gelesen, nur wenige namhafte nicht. Zu ihnen zählten, von den älteren, Ernst Jünger und Gottfried Benn, die, dem Antifaschismus der Gruppe 47 entsprechend, schon aus historischen Gründen für eine Lesung im Rahmen einer Gruppentagung kaum in Frage kamen, ebensowenig übrigens wie Gerd Gaiser (*Eine Stimme hebt an*, 1950; *Die sterbende Jagd*, 1953; *Schlußball*, 1958), der sich mit NS-Lyrik im Dritten Reich hinreichend kompromittiert hatte. Und konservative Schriftsteller wie Hans Egon Holthusen, Rudolf Krämer-Badoni und Rudolf Hagelstange trennten vom intellektuellen wie vom ästhetischen Habitus der Gruppe 47 Welten. Aber auch Einzelgänger wie Hans Henny Jahnn, Hans Erich Nossack oder Arno Schmidt hatten sich in den undefinierten Gruppenrahmen nicht einbeziehen lassen, während etwa ein Erich Kästner mit seiner literarischen Produktion das ungeklärte Gruppenverständnis von Literatur kaum erfüllt haben dürfte.

Der Niedergang der Gruppe 47 entbehrt nicht einer gewissen Konsequenz. Bildeten frühere literarische Vereinigungen in Deutschland (Sturm und Drang, Frühromantik, Junges Deutschland, DADA- und Expressionismus-Zirkel) im wesentlichen Gefühlsreaktionen junger, wo nicht jugendlicher Generationen gegen die literarische und intellektuelle Generation der Väter, so stellte die Gruppe 47 schon in ihren Anfängen eine Opposition aus Zeitgenossenschaft und Gleichzeitigkeit, sogar Altersgleichheit dar. Hieran änderte sich nichts im Laufe ihrer Geschichte, im Gegenteil: Gerade in den vielfältig sich verändernden Strömungen und Stilen, die auf den Tagungen der Gruppe 47 über zwei Jahrzehnte hinweg zu Gehör gebracht und der Kritik unterworfen wurden, kann man durchaus ein Spiegelbild relevanter zeitgenössischer Entwicklungen erkennen. Eben deshalb aber verlor die Gruppe 47 ihre Existenzmöglichkeit, als mit der Frage nach der politischen Verantwortung des Schriftstellers zugleich die nach der Bedeutung von Kunst und Literatur überhaupt gestellt wurde. Der »Tod der Literatur« schien 1968 gekommen, ein Jahr nach der letzten Tagung der Gruppe 47, und es waren Schriftsteller, die solcher Botschaft in mißverständlicher Weise Argument und Stimme liehen. Daß seither wohl die Literatur, nicht aber eine repräsentative literarische Gruppe sich hat re-etablieren können, sagt über die Notwendigkeit der Poesie wie über den Funktionsverlust des Intellektuellen in unserer Gesellschaft gleich viel.

Peter Handke (Tagung der Gruppe 47 Princeton 1966)

Probleme der Lyrik

In seinem Aufsatz »Kulturkritik und Gesellschaft« stellte Theodor W. Adorno 1949 mit apodiktischer Schärfe fest: »nach Auschwitz ein Gedicht zu schreiben, ist barbarisch, und das frißt auch die Erkenntnis an, die ausspricht, warum es unmöglich ward, heute Gedichte zu schreiben«.

Dieses Wort ist seither vielfach mißverstanden worden: als generelle Absage an die Möglichkeiten von Lyrik »nach Auschwitz« nämlich. Zuallererst aber hatte Adorno Kritik üben wollen an einer Lyrik, die, verklärend und wirklichkeitsfern, sich den Erschütterungen zu entziehen suchte, die »Auschwitz« – und das hieß ebenso: Faschismus, Kriegsgrauen, Nachkriegswirren – hätte bedeuten müssen. Adorno hatte mithin eine Lyrik in Frage gestellt, in welche die Todeserfahrung der faschistischen Vernichtungslager nicht als poetologischer Schock eingegangen war: als Irritation lyrischer Formensprache, als Selbstzweifel der Poesie. Stattdessen aber gab man sich dem »Trost der Geborgenheit im Provinziellen« (Adorno) hin, erschuf sich im Rückzug auf Naturmagie und Innerlichkeit, Mikrokosmos und Naturdetail eine lyrische Gegenwelt, die mit Geschichte und Gesellschaft nichts mehr wollte zu schaffen haben – gerade wegen der Erfahrung des Dritten Reichs.
Die Poetik einer »reinen« Lyrik, die sich einer programmatischen Trennung von Kunst und Leben verdankte, hat am nachdrücklichsten der namhafteste Lyriker der 50er Jahre vertreten: Gottfried Benn (1896–1956).

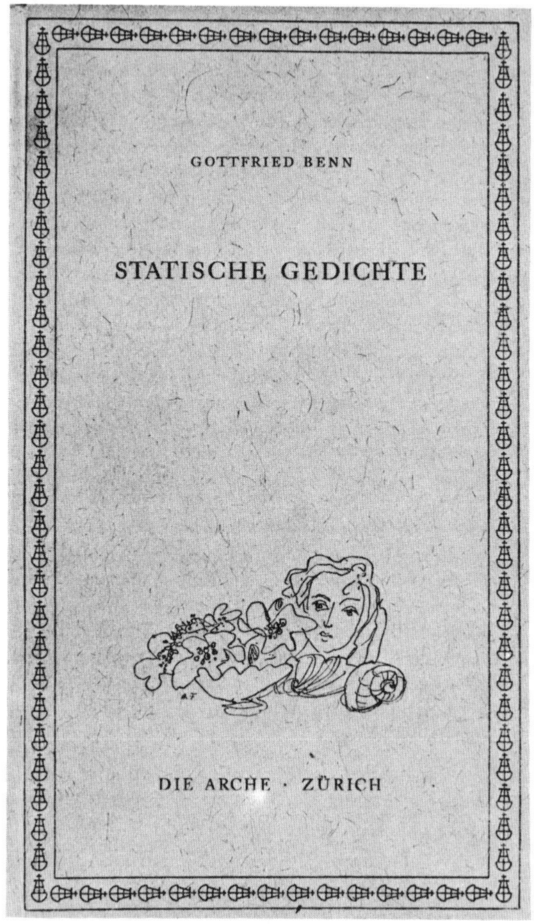

Schutzumschlag der Erstausgabe (1948)

Benn, bereits vor 1933 als expressionistischer Autor gerühmt und berühmt, hatte sich nach anfänglichem Eintreten für den Nationalsozialismus in die Wehrmacht als Stabsarzt zurückgezogen, diesen Schritt sich selber gedeutet als eine »aristokratische Form der Emigration« und im Dritten Reich nach 1936 nichts mehr publiziert. Die Phasen seiner Rezeption in der Bundesrepublik machen deutlich, daß die Wertung seiner politischen Haltung das Urteil über seine poetische Leistung immer wieder beeinflußt und überlagert hat.
1948: Nach mehr als zwölf Jahren erscheinen die Werke des einst hochgerühmten, wenngleich umstrittenen Autors Gottfried Benn erstmals wieder, in rascher Folge (*Statische Gedichte*, 1948; *Trunkene Flut*, 1949; *Fragmente*, 1951; *Destillationen*, 1953). Es sind zum Teil unveröffentlichte Gedichte, die unter dem Faschismus und kurz nach Kriegsende entstanden waren. Sie treffen auf eine Öffentlichkeit, die diesen Namen, Gottfried Benn, kaum mehr kennt oder aber aus historischen Gründen ihn ablehnt. Es ist ein verfemter, ein verschütteter Name, verschollen unter den Trümmern des Dritten Reichs, kaum vermißt von jenen, die im Angesicht der Kollektivschuldthese geschichtlich-gesellschaftliche Kontinuität zu leugnen suchen. Vergessen also, dieser Gottfried Benn, dessen Dichtung sich ebenso gegen die Euphorie des Aufbruchs zu scheinbar neuen Ufern sperrt, wie dies seine Persönlichkeit tut, die nicht aufgeht im politisch-ökonomischen Kalkül von Währungsreform, Marktwirtschaft und sogenanntem »Wirtschaftswunder«.
1958: Ein vollständiger Szenenwechsel. Wenn es einen Autor gibt, der in der Bundesrepublik – wortwörtlich – »Schule« gemacht hat, dann ist es Gottfried Benn. »Es gibt wohl kaum einen jungen deutschen Lyriker«, so schreibt Dieter Wellershoff in seiner Dissertation über Benn (*Gottfried Benn. Phänotyp dieser Stunde*, 1958), »der, so eigenartig und unverwechselbar seine Sprache sein mag, nicht von Benn beeinflußt worden ist.« Vergessen, verdrängt zumindest ist im Zeichen des wirtschaftlichen Aufschwungs, was als belastender Schatten aus der Epoche des Faschismus in die Gegenwart hinüberreichen könnte, ausgelöscht mithin auch die Erinnerung an die problematische Existenz des Schriftstellers Benn im Dritten Reich. Bewundert aber wird Benn als der wortmächtige, stilsichere, formkräftige Dichter, dem es gelingt, die Epoche, in der er lebt,

poetisch auszuschreiten und zu pointieren, sprachlich-artistisch zu transzendieren, in seiner Lyrik und mit dieser wieder und wieder zu bannen. Einer der Angehörigen jener damals noch jungen Lyriker-Generation, die von Benn gelernt hat, Peter Rühmkorf, hat dieses »Wiederverständnis« für Benn mit dem Hinweis erklärt, daß »erst die Aufhebung der akzidentellen Misere und die Überwindung der Hungerödeme den Blick freigaben nach innen und auf die tieferen Skrupel und Verzweiflungen des vom Kollektiv entbundenen Ich«. Nicht Wirklichkeitsverlust, nicht Realitätszerfall – gängige Etiketten der Benn-Philologie –, sondern das Wiederfinden von »Entfremdungsschäden des eigenen Ichs« (Rühmkorf) in einem kompromißlos Entfremdung notierenden lyrischen Werk – dies macht die Anziehungskraft Gottfried Benns in den 50er Jahren aus. Wo Geschäftsmoral, Wiederaufrüstung und kulturindustrieller Verwertungszwang zur Uniformität der »formierten Gesellschaft« (Ludwig Erhard) drängten, ja diese selber repräsentierten, da konnten Benns poetische Aggressivität, aber auch die Magie seiner lyrischen Artistik, da konnten sein Gesellschaftshaß und seine Verachtung für das flache Massenvergnügen zum Inbegriff einer Gegenmoral aus Subjektivität, Melancholie und »Zusammenhangssehnsucht« werden. Diese Zeitstimmung hat Peter Rühmkorf (geb. 1929) in seinen Erinnerungen (*Die Jahre, die Ihr kennt*, 1972) anschaulich beschrieben: »Dies war die dunkle Stunde, wo uns Gottfried Benn als eine leuchtende Beispielfigur erschien. Er kam von der nächtlichen Seite Nietzsches her, seiner erdabgewandten, und er verband einen ungeheuren Riecher für Finalstimmungen mit einem stupenden Zug zum Antibourgeoisen, ästhetisch Imperialen [...] und unter der Wucht seines Doktorhammers zerbeulten sich uns die tief erlittenen Klassengegensätze zum Gegensatz von handelnder Welt und ›ihrer Gegenwelt, dem Geist‹.«

Die »Gegenwelt« des Geistes – Gottfried Benn hat ihr in seiner Lyrik nicht nur Ausdruck gegeben, sondern sie zugleich auch gerechtfertigt in einer Art impliziten Poetik. Liegt aller poetologischen Reflexion, also dem Nachdenken über Form und Inhalt der Poesie, das Bemühen zugrunde, der dichterischen Formensprache durch die Theoriebildung über sie Ziel und Grenzen zu setzen, so stellt sich jede implizite Poetik als Zwiegespräch eines Werkes mit sich selber dar. Das Gedicht denkt gleichsam über seinen ästhetischen und gesellschaftlichen Ort nach und teilt dieses Denken mit in Struktur und Sprache des poetischen Prozesses. Implizite Poetik ist mithin *work in progress*: Reflexion, Ortsbestimmung und Selbstbesinnung des dichterischen Verfahrens in dessen Vollzug. Ein bekanntes Beispiel solcher poetologischen Selbstreflexion ist Benns Gedicht *Einsamer nie*.

Einsamer nie als im August:
Erfüllungsstunde – im Gelände
die roten und die goldenen Brände
doch wo ist deiner Gärten Lust?

Die Seen hell, die Himmel weich,
die Äcker rein und glänzen leise,
doch wo sind Sieg und Siegsbeweise
aus dem von dir vertretenen Reich?

Wo alles sich durch Glück beweist
und tauscht den Blick und tauscht die Ringe
im Weingeruch, im Rausch der Dinge –
dienst du dem Gegenglück, dem Geist.

Selbstdeutung der eigenen Existenz *und* Ausdruck Bennscher Poetik in einem, spricht dieses Gedicht – 1948 veröffentlicht und von erheblicher Wirkung in den 50er Jahren – vom grundlegenden Dualismus zwischen Leben und Kunst. Leben: Das ist die Empirie der Alltäglichkeit, der Natur, der Liebe, des bloßen Existierens. Kunst: Das ist Einsamkeit, in der sich Erfüllung finden läßt, Raum der Verwirklichung jenes »Gegenglücks«, das unveräußerlich der Sphäre des »Geistes« angehört. Und das Gedicht selber stellt sich als Ausdruck jenes »Dienstes« dar, den die Kunst dem »Gegenglück« zu leisten hat: durch die Fülle der Bilder, die Opulenz der Sprache, das Gleichmaß der Verse und der Reime. Der Dualismus zwischen Kunst und Leben – in diesem Gedicht Gottfried Benns hat er Ausdruck, Begründung und Bestätigung zugleich gefunden.

Benns autobiographischer Skizze *Doppelleben* (1950) läßt sich entnehmen, daß der Dualismus von Kunst und Leben zugleich das Dilemma seiner Existenz im Dritten Reich mitteilt. »Doppelleben« – damit ist gemeint: »Das, was lebt, ist etwas anderes als das, was denkt [...] Das, was in mir dachte, bewegte sich in einem eigenen Raum; das, was von mir lebte, war innerhalb des mir zugewiesenen Milieus entgegenkommend, von guten Formen und aufrichtig kameradschaftlich. Das, was dachte, war ohne Falsch, es frug niemanden aus, es frug in niemanden etwas hinein, es trat überhaupt nicht in Erscheinung, es war gelassen, konnte es sein, so sicher war es, daß es recht hatte und die Wahrheit besaß gegenüber allen Lebensfakten in-

Gottfried Benn (um 1954)

nerhalb der von uns gemeinsam bevölkerten Kaserne.« Die politische Dimension dieses »Doppellebens« liegt in der behaupteten und gelebten Möglichkeit zur Selbstrettung und Selbstbewahrung im Dritten Reich, die freilich zugleich die Sphäre des Politisch-Faktischen unbeeinträchtigt ließ – eine Emigration nach Innen, die sich der Problematik von Verantwortung und Schuld deshalb nicht glaubt stellen zu müssen, weil sie auf ihrer Seite die »Wahrheit« weiß. Und aus dieser Selbstdeutung folgt der imperiale Gestus, mit dem Gottfried Benn die Bedeutung der Kunst bestimmt: »Kunst ist kostbarer als das belanglose Schicksal von irgendeinem, und Kunstmachen ist, anthropologisch gesehen, schöpfungsgerechter als die Vorwürfe dagegen von einigen, weil ihr Privatleben nicht erwartungsgemäß verlief.«

Doch Benn bleibt bei diesem Dualismus nicht stehen, sondern er unterscheidet zudem innerhalb des »Geistes«-Bereichs das, was in ihm Wahrheit ist, Ausdruck des Gedankens, den er mit Schiller einen »Abkömmling der Not« nennt, um hiervon den Bereich der Kunst, der Artistik nachdrücklich abzugrenzen. In diesem nämlich sieht er, den Romantiker Novalis zitierend, die »progressive Anthropologie«: »Stil ist der Wahrheit überlegen, er trägt in sich den Beweis der Existenz. Form: in ihr ist Ferne, in ihr ist Dauer.« Dieses Programm hat Benn in seinem Vortrag *Probleme der Lyrik* (1951) ausführlich entwickelt und begründet. »Form ist der höchste Inhalt« – diesem Diktum Benns geht eine Bewältigung der empirischen Welt voraus, die in deren Ablehnung einmündet, die aus ihr heraus, über sie hinaus will zur scheinbar voraussetzungslosen, wenn möglich: folgenlosen Sphäre ästhetischer Wirklichkeit und die Erinnerung an diesen Ursprung auszulöschen trachtet.

Dieses widerspruchsvolle Verhältnis zur politisch-gesellschaftlichen Wirklichkeit hat auch die nachfolgenden Phasen der Benn-Rezeption in der Bundesrepublik bestimmt. Auch hierfür können zwei Daten repräsentativ stehen.
1968: Das Jahr, in welchem die erste erschwingliche, also auf eine weite Verbreitung angelegte Taschenbuchausgabe der Werke Gottfried Benns erscheint, das Jahr aber auch, in dem die Revolte der außerparlamentarischen Opposition in der Bundesrepublik ihren Höhepunkt erreicht. Die Aktionen gegen den Springer-Konzern, das Attentat auf den Studentenführer Rudi Dutschke, das Aufarbeiten der nationalsozialistischen Traditionen der Germanistik und anderer Hochschuldisziplinen, ja der westdeutschen Gesellschaft allgemein – all diese Etappen der Politisierung vor allem der jüngeren Intelligenz lassen Benn, abermals, als persona non grata erscheinen. Er ist nicht mehr im Gespräch, weil auch er – und mit ihm sein poetisches Werk – dem Faschismusverdacht anheimgefallen war. *Seine* Existenz im Dritten Reich: sich einzulassen mit den deutschen Faschisten, in die Wehrmacht zu »emigrieren«, literarisch sich selber zu verleugnen, um sich im Dualismus von Kunst und Leben eine problematische Selbstdeutung zu geben und dann nach dem Ende des Krieges die Poetik einer »reinen« Kunst zu feiern, das hieß für die politische Perspektive des Jahres 1968: ein radikales Verdikt zu sprechen über Gottfried Benn – und sich die ungebrochene Anziehungskraft seiner Lyrik nicht einzugestehen.
1978 hat sich das Bild einmal mehr gewandelt. Gottfried Benn ist ›in‹, ist wieder aktuell. Er wird jüngeren Generationen in der Bundesrepublik anempfohlen als Lektüre auf dem Weg in die innere oder äußere Emigration, er wird wiedergelesen als Nonkonformist, als Poet wortmächtiger Introversion, als Theoretiker einer Utopie der reinen Kunst. Im Oktober 1978 findet in der Westberliner Akademie der Künste ein Benn-Colloquium statt, auf dem ein »Moment der Gleichzeitig-

keit mit Benn« behauptet wird, dessen gesellschaftliche Bedingungen zu sehen seien in dem gegenwärtigen »Rekurs auf Resignation, Skepsis, Bitterkeit, Kommunikationslosigkeit« (Fritz J. Raddatz).

Offenbar zeichnet, nicht zum geringsten, Benns Werk jene entscheidende Möglichkeit aus, die das Merkmal aller großen Kunst ist: nicht eindeutig zu sein, sondern vielschichtig, unterschiedliche und wechselnde Reaktionen hervorzurufen, die Ablehnung und Zustimmung, Identifikation und Distanz gleichermaßen heißen können und die doch eine gemeinsame Voraussetzung besitzen, nämlich die unausdeutbare Struktur, Formensprache und Bilderwelt des literarischen Kunstwerks. Benns Poetik einer »reinen« Kunst hieß ja auch: Verzicht auf Sinnstiftung und Sinngebung: »Nichts wird stofflich-psychologisch mehr verflochten, alles angeschlagen, nichts durchgeführt. Alles bleibt offen. Antisynthetik. Verharren vor dem Unvereinbaren.« Das Plädoyer für »Montagekunst«, das Benn in *Doppelleben* hielt, formuliert zugleich eine Begründung für das Fortwirken seiner Lyrik: In der »Montagekunst«, im »Roboterstil«, der schon sein expressionistisches Frühwerk durchzieht, erblickt er, wenige Jahre vor dem Ende seines Lebens, den »Stil der Zukunft«.

Teilt also Benns Poesie in ihrer Asozialität zugleich ein Moment ihrer Zukunftsgewißheit mit, so liegt andererseits in dieser poetologischen Disposition ihre Unfähigkeit begründet, auf ihre Zeit antworten, geschweige Einfluß nehmen zu können. Diese – von Benn bewußt in Kauf genommene – Unfähigkeit unterscheidet seine Poesie auch von der einer Reihe anderer Lyriker, die als »Klassische Moderne« zu bezeichnen man sich gewöhnt hat: Autoren wie Günter Eich und Peter Huchel, Elisabeth Langgässer, Nelly Sachs (1891–1970) und Karl Krolow, die zum Teil bereits um 1930 zum Umkreis der Dresdner Zeitschrift *Kolonne* gehörten und auch im Dritten Reich veröffentlicht hatten (vor allem in der Zeitschrift *Das Innere Reich*). Als beispielhafte Autorin kann Marie Luise Kaschnitz (1901–1974) gelten. »Modern« darin, ihre Formensprache in steter Auseinandersetzung mit ihrer gesellschaftlichen Wirklichkeit entwickelt zu haben, offen und konzentriert zugleich, ist sie »klassisch« geworden durch das Maß an Über-

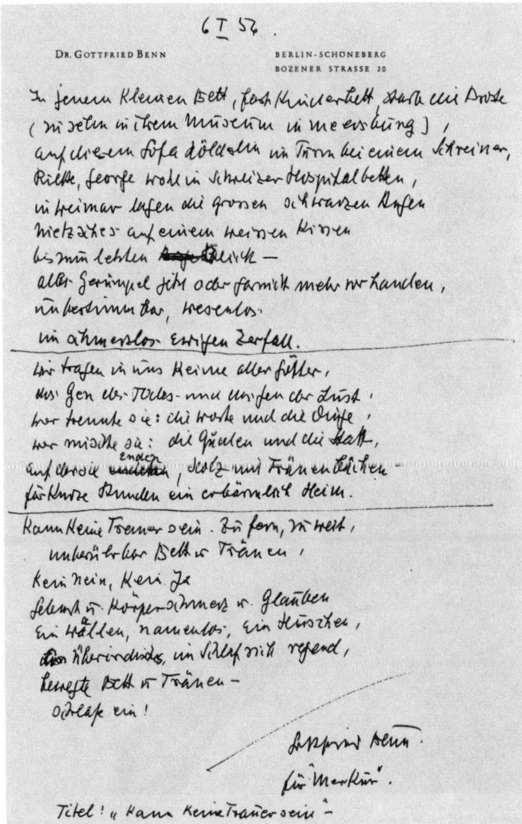

6 I 56.

DR. GOTTFRIED BENN — BERLIN-SCHÖNEBERG BOZENER STRASSE 20

In jenem kleinen Bett, fast Kinderbett, starb die Droste
(zu sehn in ihrem Museum in Meersburg),
auf diesem Sofa Hölderlin im Turm bei einem Schreiner,
Rilke, George wohl in Schweizer Hospitalbetten,
in Weimar lagen die grossen schwarzen Augen
Nietzsches auf einem weissen Kissen
bis zum letzten Blick –
alles Gerümpel jetzt oder garnicht mehr vorhanden,
unbestimmbar, wesenlos
im atemlos ewigen Zerfall.

Wir tragen in uns Keime aller Götter,
das Gen des Todes und die Gene der Lust –
wer trennte sie: die Worte und die Dinge,
wer mischte sie: die Qualen und die Statt,
auf der sie enden, Holz mit Tränenbächen,
für kurze Stunden ein erbärmlich Heim.

Kann keine Trauer sein. Zu fern, zu weit,
unberührbar Bett und Tränen,
kein Nein, kein Ja,
Geburt und Körperschmerz und Glauben
ein Wallen, namenlos, ein Rauschen,
ein Überirdisches, im Schlaf sich regend,
bewegte Bett und Tränen –
schlafe ein!

Gottfried Benn.
für Merkur.

Titel: „Kann keine Trauer sein“

»ein letztes Gedicht« – Gottfried Benns lyrisches Vermächtnis in der Textfassung des Erstdrucks

zeitlichkeit, das sie ihrer Formensprache abzugewinnen suchte.

Marie Luise Kaschnitz debütierte als Lyrikerin im Dritten Reich mit eher traditionalistischen Gedichten, die, angesichts der bedrängenden Zeitlichkeit des Faschismus und des Krieges, Zeitlosigkeit anstrebten, beispielsweise durch die Formstrenge des Sonetts. Nach 1945 nehmen ihre Gedichte die Orientierungslosigkeit, Unsicherheit und Existenzangst der Nachkriegswirren in ihrer Formensprache auf: als Frage-Struktur, die sich auch auf die Möglichkeiten des Gedichts richtet, Auskunft noch geben zu können in einer Zeit der Sinnleere: »Aber inmitten des Weges, was ist's? / Was ist unterwegs?«, »Offen wofür? Wofür? Zu welchem Ende / Die Brüderschaft? [...]«, »Und was sagte der Mund, / Dieser zerrissene Mund? [...] Und der Fluß – der Fluß?« (*Totentanz und Gedichte zur Zeit*, 1947). Indem die Fragen in diesen Gedichten in eine Vielzahl und Vielfalt von Antwortmöglichkeiten sich auflösen, sprechen sie zugleich von der Vielgestalt eines zerrissenen Lebenszusammenhanges.

Marie Luise Kaschnitz (1970)

»Ich war an meine Zeit gebunden und hatte die Botschaften weiterzugeben, die ich von meinen Zeitgenossen empfing« – in diesem Bekenntnis Marie Luise Kaschnitz' liegt eine deutlich von Gottfried Benn sich abhebende Poetik zutage. Die Frage-Struktur ihrer Nachkriegsgedichte, die Tendenz zum Dialog des lyrischen Ich mit seiner Zeit verstärkt sich in den 50er Jahren und führt vom Gedichtband *Zukunftsmusik* (1950) über den Zyklus *Ewige Stadt* (1952) bis zu den *Neuen Gedichten* (1957) zu einem »radikalen Stilwechsel« (Peter Huchel). Der äußere Halt der gebundenen Form, des rhythmischen Gleichmaßes, des Reimes wird preisgegeben zugunsten einer verknappten, konzentrierten, schließlich elliptischen Formensprache im Übergang zum Spätwerk (*Dein Schweigen – meine Stimme*, 1962; *Ein Wort weiter*, 1965; *Kein Zauberspruch*, 1972). Das heißt: Wie die Zeit, in der es steht und aus der es hervorgeht, ist auch das Gedicht getroffen und betroffen durch Fremdheit und Entfremdung, auch Selbstentfremdung, durch Auschwitz und Hiroshima, durch Absurdität und Vergeblichkeit des Aufbegehrens. Das moderne Gedicht – und hiervon spricht die Lyrik der Kaschnitz fortwährend, auch implizit – befindet sich in der Rolle des mythischen Sisyphos: Es versucht, im Gegenüber seiner Zeit sich seiner eigenen Bedingungen zu vergewissern; aber die einzige Vergewisserung, die es zu erhalten vermag, ist die einer namenlosen Ungewißheit.

»Auch noch dem irrationalsten Gedicht«, so Marie Luise Kaschnitz, »muß man die historischen und soziologischen Erfahrungen abhören können, durch die sein Verfasser hindurchgegangen ist.« Dem lyrischen Ich ihrer Dichtung hört man seine Erfahrungswirklichkeit allenthalben ab. Denn dieses Ich scheint nicht eins mit sich selber, scheint weder unverwechselbar noch unteilbar, sondern zeigt, im Gegenteil, viele Gesichter. Es präsentiert sich in wechselnden Rollen und Stimmungslagen, trägt Masken und Überwürfe, verschwindet hinter den Dingen, Landschaften und Menschen, von denen es spricht, geht auf in den Problemen, die es beschwört, erstrahlt in vielfach gebrochenem Licht, verfärbt sich, verfinstert sich, verwandelt sich, um schließlich an jenem archimedischen Punkt wieder anzukommen, von dem es ausgegangen war: bei sich selbst. Der Chamäleoncharakter dieses lyrischen Ich ist gleichwohl nichts weniger als Spielerei. In ihm schlägt vielmehr die prägende Kraft einer Gesellschaftsverfassung durch, die, indem sie alle Phänomene unserer Gegenwart mit dem Bannstrahl der Verwechselbarkeit und Austauschbarkeit belegt, Identität nur noch erlaubt im Leiden daran, daß sich dies so verhält, und in der Empörung hiergegen. Die Anverwandlung solcherart Gesellschaftlichkeit bleibt, ohne deshalb den Protest gegen sie zu unterschlagen, dieser gleichwohl nicht äußerlich. Sie nimmt deren Vielgestalt in ihrer Erfahrungsvielfalt auf, eignet sie an, um sie – sie und sich zugleich verwandelnd – zu überwinden.

In ihrem Gedicht »Genazzano« (1957), wohl eines der bekanntesten und wichtigsten Beispiele ihrer lyrischen Produktion, hat die Furcht vor einer möglichen Zukunftslosigkeit der Dichtung Ausdruck gefunden.

Genazzano

Genazzano am Abend
Winterlich
Gläsernes Klappern
Der Eselshufe
Steilauf die Bergstadt.
Hier stand ich am Brunnen
Hier wusch ich mein Brauthemd
Hier wusch ich mein Totenhemd.
Mein Gesicht lag weiß
Im schwarzen Wasser
Im wehenden Laub der Platanen.
Meine Hände waren
Zwei Klumpen Eis
Fünf Zapfen an jeder
Die klirrten.

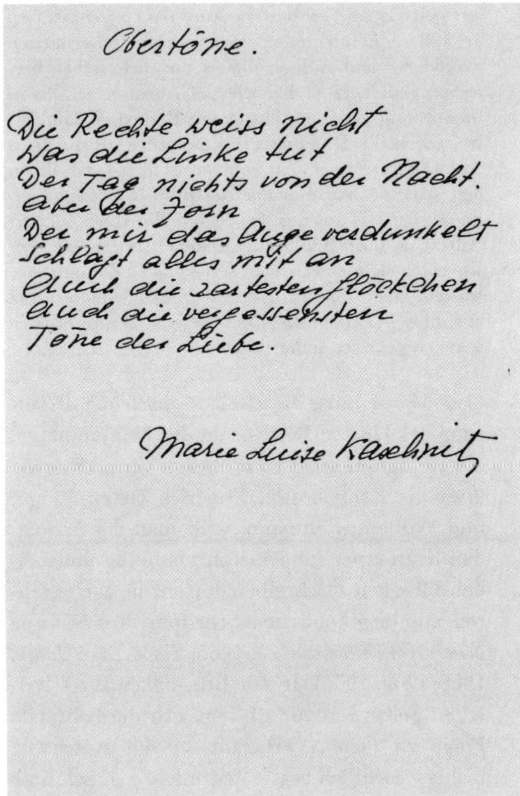

Marie Luise Kaschnitz (Gedichthandschrift)

Rufen die fünf ersten Verse des Gedichts eine Atmosphäre der Dunkelheit, Kälte, Erstarrung und Distanz hervor, so wird dieser Eindruck in den folgenden Verszeilen zugleich verstärkt und verschoben: verstärkt, weil die Wahrnehmungen des lyrischen Ich nun die Perspektive einnehmen und sie subjektivieren; verschoben, weil der Perspektivenwechsel mit einem Zeitenwechsel einhergeht, weil die Gegenwart nunmehr aus der Sicht der Zukunft als versteinerte Vergangenheit erscheint. Das lyrische Ich nimmt die Starre des Ortes in sich auf, ertrinkt, erstarrt, erfriert, erstirbt – vergeht, da die Veränderung des Zeitgefüges ihm keine Gegenwärtigkeit mehr erlaubt. Dieser subtil-eindringliche Perspektivenwechsel hat dem Gedicht seinen Platz in der modernen Lyrik gesichert. Hugo Friedrich hat in seinen wichtigen Strukturanalysen (*Die Struktur der modernen Lyrik*, 1956, erw. 1966) zu »Genazzano« bemerkt, die ersten fünf Verse brächten »in zeitwortloser Nominalaussage so etwas wie einen realen Vorgang: Hinausreiten zu einer kleinen Bergstadt; dann kommen Verben hinzu, aber in einem gleichsam überzeitlichen Imperfekt, das die verschiedenen Zeitstufen (darunter eine zukünftige) in sich faßt, in denen die weiteren, nun aber traumhaften Vorgänge zu denken wären [...] der reale, in der empirischen Zeit verlaufende Vorgang erscheint ohne Zeiten, der irreale dagegen in mehreren Verben, deren Zeitstufe ebenfalls irreal ist, weil sie, Künftiges als Vergangenes aussagend, die Unterschiede zwischen beiden beseitigt«.

Diese Analyse läßt sich noch präzisieren, wenn man »Genazzano« – wie Benns »Einsamer nie –« auch – zugleich als implizite Poetik liest, das heißt: im Gedicht nicht nur die »irreale« Zukunft des lyrischen Ich, sondern mit dieser zugleich die »reale« des poetischen Prozesses entworfen sieht. Dies erscheint möglich, weil »Genazzano« ein anderes Gedicht zitiert, in Stimmung wie Wortlaut, nämlich Hölderlins »Hälfte des Lebens«. »Die Mauern stehn / Sprachlos und kalt, im Winde / Klirren die Fahnen« – so lauten die drei letzten Verse in Hölderlins Gedicht, das Marie Luise Kaschnitz gelesen hat »als tödliche Furcht vor einem krankhaften und doch auch jedem gesunden Menschen bekannten Seelenzustand der inneren Verödung und Kälte, in dem die Dinge ihre Farben, ihren Duft und ihre Stimme verlieren«. In »Genazzano« hat sie versucht, ihre eigene Erfahrung dieser an Hölderlin sensibilisierten »Furcht vor einer ewigen, nur von kalten metallischen Geräuschen noch erfüllten Gefühllosigkeit« (Kaschnitz) mitzuteilen. Aber sie teilt noch mehr mit. Denn indem sie wörtlich Hölderlin zitiert; indem sie mit der Imperfekt-Bildung »klirrten« das poetische Vorbild in den eigenen poetischen Prozeß einbezieht; indem das Zukunftsverhältnis, in dem sich das lyrische Ich zu Hölderlin befindet, im eigenen Gedicht als ein Vergangenheitsverhältnis des lyrischen Ich zu sich selber erscheint – durch alle diese Faktoren wird im Gedicht »Genazzano« eine Über-Zukunft entworfen, die nicht nur das zukünftig Befürchtete als vergangene Wirklichkeit wahrnimmt, sondern die Form ihrer Wahrnehmung selber, das Gedicht, in diesen Zeit-Entwurf einbezieht. Auch das Gedicht ist derart Teil der befürchteten, eingetretenen und erstarrten »Verödung und Kälte«, die es aus sich selber herausprozessiert. Liest man dieses Gedicht also als Sedimentierung einer poetologischen Reflexion, dann erweist sich die Irrealität der Zeitbezüge als durchaus real. Die Furcht vor dem Sinnverlust aller Lyrik, die in den späten Gedichten der Kaschnitz wiederholt anklingt, hat sich aus der Perspektive der Über-Zukunft radikalisiert. Im Bild des ertrunkenen, erfrorenen lyrischen Ich sieht das Gedicht seine eigene Zukunft entworfen. Diese Zukunft ist seine Vergangenheit – und aus dieser Zeitkonstellation heraus bestimmt sich seine Gegenwart, trauervoll.

Daß Marie Luise Kaschnitz – nach der Erfahrung des Dritten Reichs – in der Kontemplation ein Refugium nicht zu erblicken vermochte wie etwa die Zeitgenossen Friedrich Georg Jünger und Wilhelm Lehmann, wird man der prägenden Kraft einer Leidenswahrnehmung und Leidensfähigkeit zuschreiben dürfen, die auch in ihren autobiographischen Schriften ihre Stimme erhebt (*Wohin denn ich*, 1963; *Tage, Tage, Jahre*, 1968; *Orte*, 1973). In der Brüchigkeit ihres lyrischen Selbst-Entwurfs bringt sich die bohrende Frage zu Gehör: »Warum ist seit Auschwitz nichts wesentlich besser geworden?« (Kaschnitz). Die Antwort ihres lyrischen Ich besteht darin, die offenen Fragen seiner Geschichte, antwortlos, im Gedicht zu kondensieren – als poetische Heimatlosigkeit, der die poetologische Selbstgewißheit eines Gottfried Benn fern steht.

Es ist gewiß kein Zufall, sondern Ausdruck einer sensibel-teilhabenden Beobachtungsfähigkeit, daß ein Lyriker die Entwicklung der deutschen Lyrik in den 50er Jahren am präzisesten beschrieben hat: Paul Celan (1920–1970). Seine Bemerkungen zu Sprache und Wahrnehmung der Lyrik in der Bundesrepublik setzen sich von der Poetik Benns vorsichtig ab, während sie die Ausdrucksformen einer Marie Luise Kaschnitz – ohne ihren Namen zu nennen – als repräsentativ für die Entwicklung der westdeutschen Lyrik ansehen:

»Düsterstes im Gedächtnis, Fragwürdigstes um sich her, kann sie [die Lyrik], bei aller Vergegenwärtigung der Tradition, in der sie steht, nicht mehr die Sprache sprechen, die manches geneigte Ohr immer noch von ihr zu erwarten scheint. Ihre Sprache ist nüchterner, faktischer geworden, sie mißtraut dem ›Schönen‹, sie versucht, wahr zu sein. Es ist also, wenn ich, das Polychrome des scheinbar Aktuellen im Auge behaltend, im Bereich des Visuellen nach einem Wort suchen darf, eine ›grauere‹ Sprache, eine Sprache, die unter anderem auch ihre ›Musikalität‹ an einem Ort angesiedelt wissen will, wo sie nichts mehr mit jenem ›Wohlklang‹ gemein hat, der noch mit und neben dem Furchtbarsten mehr oder minder unbekümmert einhertönte.«

Diese Beschreibung, eine Antwort auf eine Umfrage nach eigenen Arbeitsvorhaben im Paris des Jahres 1958, enthält eine Abgrenzung ebenso wie Elemente poetologischer Selbstbestimmung. War in Celans wohl bekanntestem Gedicht »Die Todesfuge« (entstanden 1945) die Realität des Faschismus und der KZ-Vernichtungslager, die Celan selber erlebt hatte, in all ihrer Grausamkeit, in ihrer Unerbittlichkeit und Todesgewalt als erinnerte Vergangenheit sprachlich vollkommen vergegenwärtigt, so tendiert die spätere Lyrik Celans zu einer vollkommenen Vergegenwärtigung immanenter sprachlicher Bezüge und Verweisungszusammenhänge. Dieses zunehmende poetische Sichabschließen gegenüber andrängenden Wirklichkeitseinflüssen, die der Lyrik äußerlich bleiben, muß als poetologische Konsequenz ebenso wie als Existenzproblem des Lyrikers Paul Celan begriffen werden. Poetologisch konsequent nämlich sind die Gedichte Celans darin, daß sie sich gegenüber allen Formen des Eindeutigen sperren. In der Lyrik, so Celan, ist nicht »die Sprache schlechthin am Werk, sondern immer nur ein unter dem besonderen Neigungswinkel seiner Existenz sprechendes Ich, dem es um Kontur und Orientierung geht«. Die Erfahrung aber, daß ein Gedicht wie »Die Todesfuge« obligatorischer, also aufgezwungener Gegenstand der Interpretationsrituale im Deutschunterricht und zudem zu einer Art Ware im deutsch-jüdischen Aussöhnungsgeschäft der 50er Jahre verkommen konnte, diese Erfahrung hatte Celan mißtrauisch gemacht. Solcher Vereinnahmung sperrt sich die Lyrik der späteren Gedichtbände entschieden (nach *Mohn und Gedächtnis*, 1952, *Von Schwelle zu Schwelle*, 1955, und *Sprachgitter*, 1959, erschienen noch zu Lebzeiten Celans *Die Niemandsrose*, 1963, *Atemwende*, 1967, *Fadensonnen*, 1968, und *Lichtzwang*, 1970). In ihrer sprachlichen Verknappung, in ihrer ausgrenzenden Bilderwelt, in ih-

rer der Eindeutigkeit sich verweigernden Metaphorik konstituieren diese Gedichte eine hermetisch in sich geschlossene Sphäre der Mehrdeutigkeit. »Dieser Sprache«, so sagte Celan 1958, »geht es, bei aller unabdingbaren Vielstelligkeit des Ausdrucks, um Präzision. Sie verklärt nicht, sie ›poetisiert‹ nicht, sie nennt und setzt, sie versucht, den Bereich des Gegebenen und des Möglichen auszumessen.«
An einem selbstreflexiv die dichterische Aufgabe deutenden und zugleich im poetischen Verfahren sie lösenden Gedicht des Bandes *Von Schwelle zu Schwelle* (1955) läßt sich die Spannung verdeutlichen, in der Celans Poesie steht, aus der seine Sprache die Fähigkeit bezieht, zugleich präzise und »vielstellig« zu sein.

SPRICH AUCH DU

Sprich auch du,
sprich als letzter,
sag deinen Spruch.

Sprich –
Doch scheide das Nein nicht vom Ja.
Gib deinem Spruch auch den Sinn:
gib ihm den Schatten.

Gib ihm Schatten genug,
gib ihm so viel,
als du um dich verteilt weißt zwischen
Mittnacht und Mittag und Mittnacht.

Blicke umher:
sieh, wie's lebendig wird rings –
Beim Tode! Lebendig!
Wahr spricht, wer Schatten spricht.

Nun aber schrumpft der Ort, wo du stehst:
Wohin jetzt, Schattenentblößter, wohin?
Steige. Taste empor.
Dünner wirst du, unkenntlicher, feiner!
Feiner: ein Faden,
an dem er herabwill, der Stern:
um unten zu schwimmen, unten,
wo er sich schimmern sieht: in der Dünung
wandernder Worte.

»Man wird Zeuge des Geschehens«, hat Karl Krolow in einer Interpretation dieses Gedichts mit Recht gesagt (*Aspekte zeitgenössischer deutscher Lyrik*, 1961). Strukturiert durch die Imperative, die sein inneres Gerüst bilden, tritt der dialogische Charakter des Gedichts unüberhörbar hervor: Es handelt sich um eine Selbstansprache des lyrischen Ich, das in seinen Imperativen die Stufenfolge des poetischen Prozesses reflektiert. Freilich, so zeigt schon der erste Blick, in unterschiedlicher Qualität. Die ersten vier Strophen enthalten, in der Form der Selbstanrede, Anweisungen und Aufforderungen des lyrischen Ich an sich selber. Dieses begreift sich als ein spätzeitliches, das einmal noch, zum letzten Mal, auf den Spruch-Charakter der Poesie vertraut – eingedenk der magisch bannenden Kraft der Sprache, die den frühesten Zeugnissen deutscher Poesie, den Zaubersprüchen, innewohnte. Aber, so zeigt schon die zweite Strophe, das poetische Sprechen muß sich den Eindeutigkeiten eines politisch-moralischen Rigorismus verweigern, dem Ethos des »ja, ja – nein, nein«, weil Poesie eine andere Wahrheit besitzt. Diese Wahrheit, so zeigen die folgenden Strophen, fällt zusammen mit den »Schatten«-Seiten der Lebens- und Erfahrungswirklichkeit: Indem diese in die Sprache eingebracht, indem sie *zu Sprache werden*, erhalten sie, obwohl tot, ihr Leben zurück. Diese Leistung der Poesie faßt die letzte Zeile der vierten Strophe, gleichsam ein Atemholen, resümierend in die Sentenz: »Wahr spricht, wer Schatten spricht.« Jedoch – bliebe das Gedicht bei diesem Resumé stehen, so hätte es sich damit selber der Eindeutigkeit – also der Unwahrheit – überantwortet. Das lyrische Ich weiß, daß es sich den poetischen Boden entzöge, daß kein schattenspendender Rest mehr bliebe, reflektierte es nicht zugleich auch die eigene Funktion, die dem poetischen Prozeß unablösbar eingeschrieben bleibt. Daher verändert sich die Sprechweise des Gedichts: Es geht in Beschreibung über, die Beschreibung in Fragen, aus denen neuerlich Imperative folgen, die, nunmehr Bewegung fordernd, dem lyrischen Ich dienende Qualität abverlangen: die Vermittlung von »Sinn« und »Wort« zu leisten. Was mithin die ersten vier Strophen fordern, löst erst die fünfte ein – aber um den Preis, das zuvor poetologisch so nachdrücklich bedrängte lyrische Ich gewissermaßen in ein Geflecht von Bezügen und Funktionen aufgelöst zu haben. Und nur dadurch, daß diese Auflösung gelingt, erweitert sich die Wahrnehmungsmöglichkeit des Gedichts. »Das Gedicht behauptet sich am Rande seiner selbst«, so hat Paul Celan anläßlich der Verleihung des Büchner-Preises in seiner Rede *Der Meridian* 1960 gesagt, »es ruft und holt sich, um bestehen zu können, unausgesetzt aus seinem Schon-nicht-mehr in sein Immer-noch zurück.« Die existenzbedrohende Flüchtigkeit des Gedichts wird damit gerade zum Garanten seiner Dauer erhoben.

Sprachliche Präzision um einer »radikalen Individuation« (Celan) willen – dieses Ziel hat Paul Celan bis zu seinem letzten, posthum veröffentlichten Gedichtband *Schneepart* (1971) mit

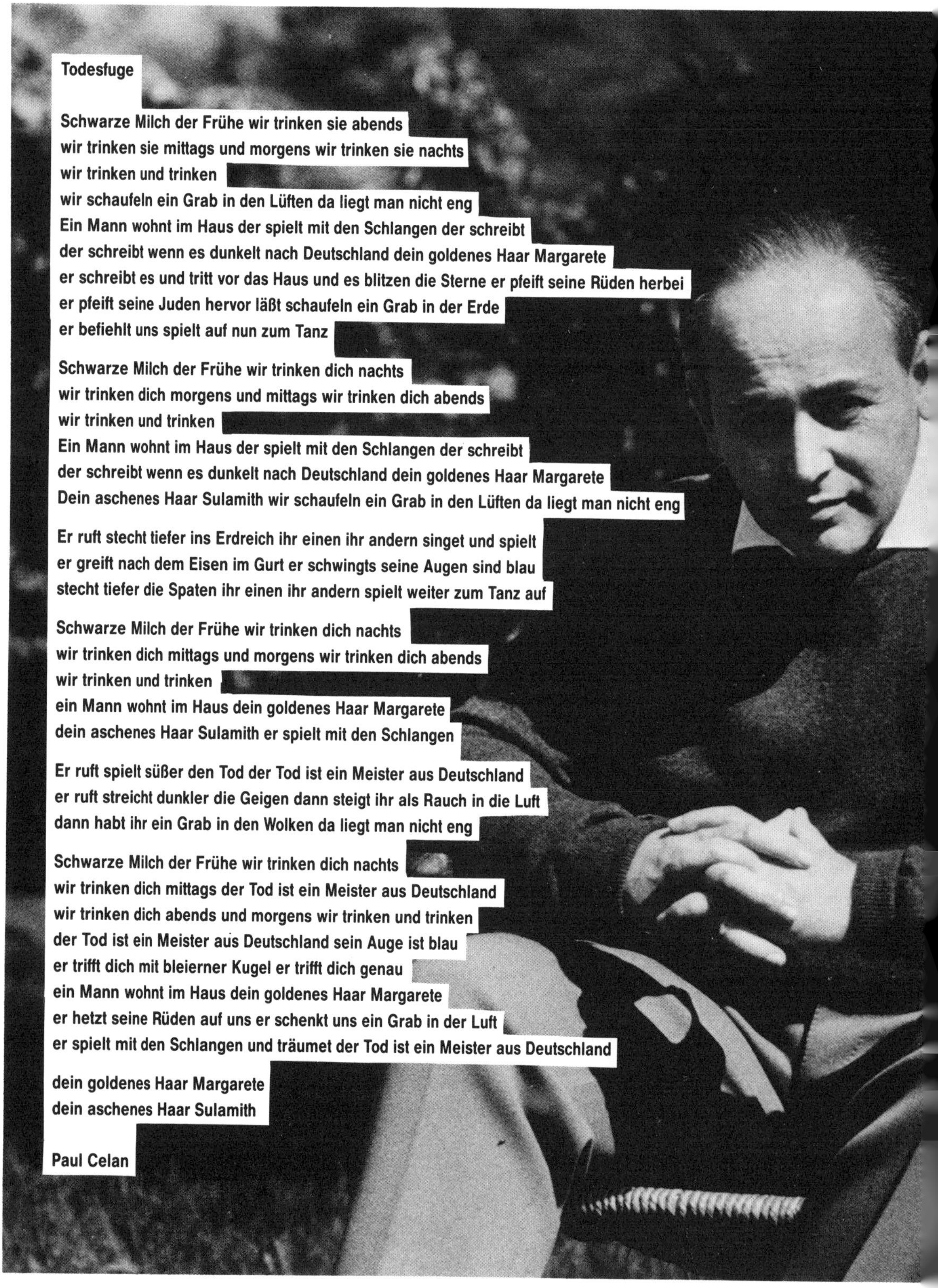

Todesfuge

Schwarze Milch der Frühe wir trinken sie abends
wir trinken sie mittags und morgens wir trinken sie nachts
wir trinken und trinken
wir schaufeln ein Grab in den Lüften da liegt man nicht eng
Ein Mann wohnt im Haus der spielt mit den Schlangen der schreibt
der schreibt wenn es dunkelt nach Deutschland dein goldenes Haar Margarete
er schreibt es und tritt vor das Haus und es blitzen die Sterne er pfeift seine Rüden herbei
er pfeift seine Juden hervor läßt schaufeln ein Grab in der Erde
er befiehlt uns spielt auf nun zum Tanz

Schwarze Milch der Frühe wir trinken dich nachts
wir trinken dich morgens und mittags wir trinken dich abends
wir trinken und trinken
Ein Mann wohnt im Haus der spielt mit den Schlangen der schreibt
der schreibt wenn es dunkelt nach Deutschland dein goldenes Haar Margarete
Dein aschenes Haar Sulamith wir schaufeln ein Grab in den Lüften da liegt man nicht eng

Er ruft stecht tiefer ins Erdreich ihr einen ihr andern singet und spielt
er greift nach dem Eisen im Gurt er schwingts seine Augen sind blau
stecht tiefer die Spaten ihr einen ihr andern spielt weiter zum Tanz auf

Schwarze Milch der Frühe wir trinken dich nachts
wir trinken dich mittags und morgens wir trinken dich abends
wir trinken und trinken
ein Mann wohnt im Haus dein goldenes Haar Margarete
dein aschenes Haar Sulamith er spielt mit den Schlangen

Er ruft spielt süßer den Tod der Tod ist ein Meister aus Deutschland
er ruft streicht dunkler die Geigen dann steigt ihr als Rauch in die Luft
dann habt ihr ein Grab in den Wolken da liegt man nicht eng

Schwarze Milch der Frühe wir trinken dich nachts
wir trinken dich mittags der Tod ist ein Meister aus Deutschland
wir trinken dich abends und morgens wir trinken und trinken
der Tod ist ein Meister aus Deutschland sein Auge ist blau
er trifft dich mit bleierner Kugel er trifft dich genau
ein Mann wohnt im Haus dein goldenes Haar Margarete
er hetzt seine Rüden auf uns er schenkt uns ein Grab in der Luft
er spielt mit den Schlangen und träumet der Tod ist ein Meister aus Deutschland

dein goldenes Haar Margarete
dein aschenes Haar Sulamith

Paul Celan

wachsender und zunehmend ausgrenzender Konsequenz verfolgt. Das Gedicht, so Celan in seiner Büchner-Preis-Rede, zeige »eine starke Neigung zum Verstummen«. Aber damit war nicht dem Entwurf Gottfried Benns, seiner Poetik einer »reinen«, monologischen, absoluten Kunst, das Wort geredet. Celan wußte es besser: »Das absolute Gedicht – nein, das gibt es gewiß nicht, das kann es nicht geben!« Ein Grund lag für ihn in der Subjektseite des poetischen Produktionsprozesses, der dem Gedicht Dauer verleihe: »Dieses Immer-noch des Gedichts kann ja wohl nur in dem Gedicht dessen zu finden sein, der nicht vergißt, daß er unter dem Neigungswinkel seines Daseins, dem Neigungswinkel seiner Kreatürlichkeit spricht.« Das war, deutlich genug, eine Absage an die Poetik Benns. Und nicht weniger deutlich der Hinweis auf den dialogischen Charakter der Lyrik: »Das Gedicht will zu einem Anderen, es braucht dieses Andere, es braucht ein Gegenüber. Es sucht es auf, es spricht sich ihm zu.« Die Tatsache aber, daß Celans Lyrik schwierig, wo nicht hermetisch ist, darf gleichwohl nicht als Selbstwiderspruch ihrer dialogischen Absicht aufgefaßt werden. Im Gegenteil: Die Erschütterung durch das, was »Auschwitz« bedeutet, läßt sich nicht poetisch leichthändig mitteilen, nach Auschwitz – oder doch nur um den Preis der Wahrheitsunterschlagung, des Ungefähren, des Trivialen, der Lüge womöglich. »Wirklichkeit ist nicht, Wirklichkeit will gesucht und gewonnen sein« – diese Forderung an Lyrik, ans eigene Werk zumal, ist Aufforderung auch an die Leser von Lyrik, sich der eigenständig beschaffenen Welt poetischer Hermetik zu vergewissern – suchend und so sie gewinnend. Celans Werk ist die Widerlegung des eingangs zitierten Adorno-Diktums, »nach Auschwitz ein Gedicht zu schreiben, ist barbarisch«. Und es dürfte dem Gedicht »Die Todesfuge« zu danken sein, daß Adorno in seiner *Negativen Dialektik* (1966) sich selbstkritisch mit der Einsicht präzisiert hat: »Das perennierende Leiden hat soviel Recht auf Ausdruck wie der Gemarterte zu brüllen; darum mag falsch gewesen sein, nach Auschwitz ließe kein Gedicht mehr sich schreiben.«

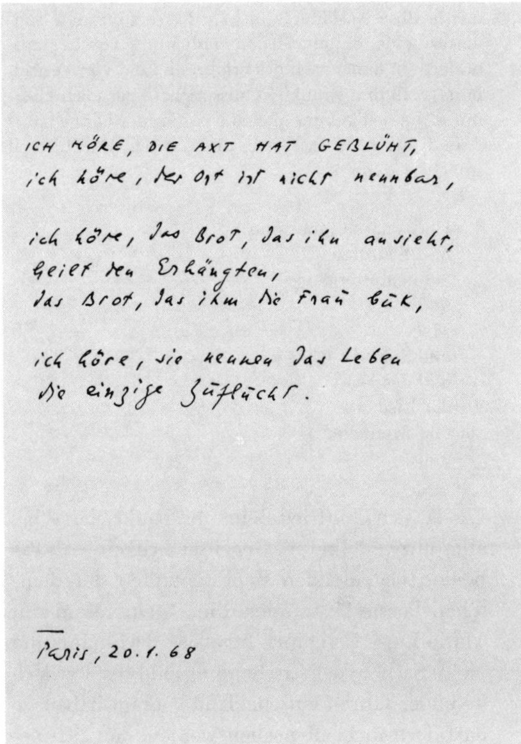
ICH HÖRE, DIE AXT HAT GEBLÜHT,
ich höre, der Ort ist nicht nennbar,

ich höre, das Brot, das ihn ansieht,
heilt den Erhängten,
das Brot, das ihm die Frau buk,

ich höre, sie nennen das Leben
die einzige Zuflucht.

Paris, 20.1.68

Paul Celan, Gedichthandschrift

Eine Lyrikerin in der Nachfolge Paul Celans hat man verschiedentlich Rose Ausländer (geb. 1907) genannt. Doch solche Traditionszuweisung bedarf der Präzisierung, soll sie nicht verdeckt den Vorwurf des Epigonentums mitteilen. Zwar ist Rose Ausländer wie Celan in Czernowitz in der Bukowina geboren und lernt ihn 1944 dort auch kennen. Doch hat sie ihre ersten Gedichte bereits 1939 veröffentlicht *(Der Regenbogen)*, ja, die berühmte Metapher »schwarze Milch«, die Celan in die »Todesfuge« aufnimmt, stammt offenbar aus ihrer ersten Gedichtsammlung. Gleichwohl gibt erst die erneute Begegnung mit Paul Celan, den die inzwischen in die Vereinigten Staaten Emigrierte während einer Europareise 1957 in Paris trifft, den Anstoß zu einer Erneuerung ihrer lyrischen Sprache. Reime, regelmäßige Metrik, kunstvoller Strophenbau, traditionelle Bildersprache lösen sich zunehmend auf in eine reimlose Lyrik mit unregelmäßigen Rhythmen, verknappte, elliptische Sprache, gebrochene Bildlichkeit. In den Lyrikbänden der späten 70er Jahre (*Doppelspiel*, 1977; *Mutterland*, 1978; *Ein Stück weiter*, 1979) geht solche Konzentration einher mit einer vermehrten Problematisierung, zumindest Thematisierung des lyrischen Wortes und Wortmaterials selber. Anders aber als die Lyrik Celans tendieren die Gedichte Rose Ausländers nicht zum Verstummen, sondern zu einer enigmatischen Verdichtung von Leidensbildern, in denen sich das erfahrene Leid von Vertreibung, Exil und Krankheit ausspricht. Aber auch Hoffnung, die sich aus der bloßen Existenz der Dinge nährt – und aus der der Worte, die von der Wirklichkeit sprechen können:

Und Wiesen gibt es noch
und Bäume und
Sonnenuntergänge
und
Meer
und Sterne
und das Wort
das Lied
und Menschen
und

Lassen sich Gottfried Benn und Paul Celan – bei aller unzweifelhaften Gegensätzlichkeit – als die beiden bedeutenden Repräsentanten der deutschen Poesie bestimmen, die – gemeinsam mit Marie Luise Kaschnitz, Ingeborg Bachmann und Nelly Sachs – das Erscheinungsbild der Lyrik in den 50er Jahren entscheidend geprägt haben, so darf doch nicht übersehen werden, daß sich neben diesen Autoren und zum Teil auch gegen sie eine Reihe jüngerer Lyriker entwickeln, die durchaus eine eigenständige lyrische Sprache erproben. Dies gilt nicht nur für die Autoren der ›Konkreten Poesie‹. Sondern auch die surrealistischen Anfänge bei Ernst Meister (1911–1979) sind hier zu nennen (*Unterm Schafspelz*, 1953; *Dem Spiegelkabinett gegenüber*, 1954; *Der Südwind sagte zu mir*, 1955), ebenso die bei Christoph Meckel (geb. 1935; *Tarnkappe*, 1956; *Hotel für Schlafwandler*, 1958; *Nebelhörner*, 1959) und bei Günter Grass (*Die Vorzüge der Windhühner*, 1956; *Gleisdreieck*, 1960) – Ausdrucksformen einer neuen Besinnung auf eine eigenständige lyrische Sprache, die mit konventionellen Mustern zu brechen versucht, weil sie neue Erfahrungen mitzuteilen hat. Dies gilt in vergleichbarer Weise auch für Peter Rühmkorf (*Heiße Lyrik*, 1956, mit W. Riegel; *Irdisches Vergnügen in g*, 1959) und Hans Magnus Enzensberger (*verteidigung der wölfe*, 1957; *landessprache*, 1960), die frühzeitig einen politischen, gleichwohl nicht unpoetischen Ton anschlagen.

Freies Geleit

Mit schlaftrunkenen Vögeln
und winddurchschossenen Bäumen
steht der Tag auf, und das Meer
leert einen schäumenden Becher auf ihn

Die Flüsse wallen ans große Wasser,
und das Land legt Liebesversprechen
der reinen Luft in den Mund
mit frischen Blumen.

Die Erde will keinen Rauchpilz tragen,
kein Geschöpf ausspeien vorm Himmel,
mit Regen und Zornesblitzen abschaffen
die unerhörten Stimmen des Verderbens.

Mit uns will sie die bunten Brüder
und grauen Schwestern erwachen sehn,
den König Fisch, die Hoheit Nachtigall
und den Feuerfürsten Salamander.

Für uns pflanzt sie Korallen ins Meer.
Wäldern befiehlt sie, Ruhe zu halten,
dem Marmor, die schöne Ader zu schwellen,
noch einmal dem Tau, über die Asche zu gehn.

Die Erde will ein freies Geleit ins All
jeden Tag aus der Nacht haben,
daß noch tausend und ein Morgen wird
von der alten Schönheit jungen Gnaden.

Ingeborg Bachmann (1957)

Das Gedicht »landessprache«, das dem 1960 erschienenen Gedichtband Enzensbergers den Titel gab, beginnt mit den Versen:

was habe ich hier verloren,
in diesem land,
dahin mich gebracht meine älteren
durch arglosigkeit?
eingeboren, doch ungetrost,
abwesend bin ich hier,
ansässig im gemütlichen elend,
in der netten, zufriedenen grube.

was habe ich hier? und was habe ich hier zu suchen,
in dieser schlachtschüssel, diesem schlaraffenland,
wo es aufwärts geht, aber nicht vorwärts,
wo der überdruß ins bestickte hungertuch beißt,
wo in den delikateßgeschäften die armut, kreidebleich,
mit erstickter stimme aus dem schlagrahm röchelt
und ruft: es geht aufwärts!
[...]

Hans Magnus Enzensberger (im Hintergrund Peter Rühmkorf)

Enzensbergers Gedichtbände haben Aufsehen erregt, weil in sie die politische Wirklichkeit der Bundesrepublik – einschließlich ihrer nationalsozialistischen Vorgeschichte – Eingang gefunden hat, ohne die poetische Identität zu zerstören. Vielmehr konstituiert die politische Realität die Wirklichkeit seiner Poesie, bildet ihre Voraussetzung, indem sie zur provozierenden Frage, zum Widerspruch umgeformt wird, der Antworten verlangt – und nicht teilnehmende Versenkung –, ohne doch selber Antworten zu geben. In dieser Lyrik ist ein an Brecht sowohl wie an Benn geschulter, doch eigenständiger Ton zu vernehmen, der sich im Übergang zu den 60er Jahren als Replik auf »Wirtschaftswunder« und Überflußgesellschaft zu Gehör bringt. Eine politische Dichtung, die angemessener Ausdruck der ihr zugrundeliegenden literarischen Theorie ist: daß es nämlich eine politische Identität und Qualität auch des literarischen Kunstwerks gebe, die dessen poetischer Struktur und seiner Sprache, seinen Bildern immanent sei (*Poesie und Politik*, in: *Einzelheiten*, 1962). Ihre Probleme findet diese Lyrik in der unbewältigten Vergangenheit nicht weniger als in den gesellschaftlichen Auseinandersetzungen ihrer Gegenwart, und sie präludiert mit diesem Programm jener politischen Lyrik, die in den 60er und 70er Jahren zunehmend in den Vordergrund tritt. Enzensberger selber aber ging diesen Weg nicht, sondern konzentrierte sich nach seinem dritten Gedichtband (*blindenschrift*, 1964) stärker auf eine politische Publizistik (*Politik und Verbrechen*, 1964; *Deutschland, Deutschland unter anderem*, 1967) und auf seine Tätigkeit als Herausgeber, insbesondere der Zeitschrift *Kursbuch* (1965ff.). Erst Anfang der 70er Jahre veröffentlichte er neuerlich Lyrik (*Gedichte 1955–1970*, 1971).

Die Probleme, denen die Lyrik der 50er Jahre gegenüberstand, erlaubten – nimmt man die Vielfalt der poetischen Produktion dieser Zeit als Indiz – offenbar vielfältige und miteinander durchaus nicht immer harmonisierbare Lösungsvorschläge, Antworten oder auch Fragen. Aber sie kamen doch in einem überein – mit Ausnahme der restaurativen Lyrik, wie sie beispielsweise Hans Egon Holthusen in seiner Anthologie *Ergriffenes Dasein* (1953) protegierte –: darin nämlich, daß die politisch-soziale Realität einen Kontrapunkt der Poesie bildete, den diese in Form einer Autonomisierung (Benn), einer Erschütterung (Kaschnitz), einer Hermetik (Celan) oder eines Protests (Enzensberger) in sich aufnehmen konnte. Es waren keineswegs immer neue, immer originelle, schon gar nicht immer wegweisende Entwürfe, die in den 50er Jahren von einem Virtuosen der Unzeitgemäßheit wie Peter Gan (1894–1974) oder von jüngeren Autoren wie Heinz Piontek (geb. 1925), Wolfgang Bächler (geb. 1925), Walter Helmut Fritz (geb. 1929) formuliert wurden. Vielmehr läßt sich bei ihnen der Einfluß der naturlyrischen Tradition eines Oskar Loerke und eines Wilhelm Lehmann oder die Dominanz Gottfried Benns allenthalben noch nachweisen. Doch bleibt ihnen gemeinsam ein Irritationsverhältnis zur gesellschaftlichen Wirklichkeit, das erst in den 60er Jahren – im Kontext einer allgemeinen politisch-kulturellen Aufbruchstimmung – eine explizit politische Qualität gewann. Und allesamt stehen die hier genannten Autoren in einem Spannungsverhältnis zur gleichzeitig sich entwickelnden ›Konkreten Poesie‹.

Als einzige Gegenstimme von öffentlichem Gewicht, atmosphärisch wie poetisch, erklang inmitten des Benn-Banns der 50er Jahre die Lyrik Ingeborg Bachmanns (1926–1973). »Atmosphärisch«, das will sagen: 1953 tauchte mit einemmal eine junge Autorin in der literarischen Öffentlichkeit auf, die durch ein attraktives Äußeres, durch scharfen Verstand und stillen Charme Aufmerksamkeit zu erregen vermochte. Eine Philosophin, die über die Rezeption Martin Heideggers promoviert hatte, eine Intellektuelle, die über Ludwig Wittgenstein und Robert Musil, über Simone Weil und Marcel Proust zu schreiben wußte, eine Dichterin, die für ihren ersten Gedichtband mit 27 Jahren den Preis der Gruppe 47 erhielt – als *Der Spiegel* ihr im August 1954 eine ganze Story widmete, samt Titelporträt und literaturkritischer Eloge, war Ingeborg Bachmann mit einem Schlage berühmt, ein Medienereignis, ein literarischer Star, ein rares weibliches Geschöpf im Literaturbetrieb der Männer. Doch im Unterschied zu den vielerlei Aufgeregtheiten und kleinen Sensationen des literarischen Marktes, die sich verlieren, wenn der Wind sich dreht, blieb dieser Ruhm ihr fortan treu, und dies war – noch bevor ihr früher Tod und die Rezeption der Frauenbewegung sie zum Mythos werden ließen – eine Folge vor allem ihrer ersten beiden Gedichtbände, *Die gestundete Zeit* (1953) und *Anrufung des Großen Bären* (1956).

Ingeborg Bachmann galt seither als bedeutendste Vertreterin einer poetischen Moderne, die sich von allem Formzwang befreit hatte, ohne ihre Traditionsbezüge (Rainer Maria Rilke, Paul Celan, Günter Eich, Nelly Sachs) zu verleugnen, deren Bilder gebrochen wirkten, ohne deshalb auf sprachliche Schönheit verzichten zu müssen, deren Mittel Erneuerungen leisteten, ohne zu provozieren. Ingeborg Bachmann, so schien es in den 50er Jahren, konnte man genießen, im Glauben, auf der Höhe der Zeit zu sein, aber ohne Gefährdungen. Ein Mißverständnis, so läßt sich heute, mit hinreichendem zeitlichen Abstand, sagen, doch eines, zu dessen Entstehung Ingeborg Bachmann das Ihre beigetragen hat. Denn daß man an Gedichten wie »Erklär mir Liebe« »mythisch-orphische« Klänge hat wahrnehmen, daß man in ihnen Ausdrucksformen »seliger Sehnsucht« hat sehen können, daß man sie gar in den Rang eines poetischen Kultgegenstandes erhob und zum Paradigma des Gesamtwerks machte – diese Tatsache hängt auch mit der Eigentümlichkeit der Bildersprache Ingeborg Bachmanns zusammen, leichthin und fast unmerklich hinwegzugleiten und hinwegzutäuschen über die Abgründe, die sie auch in sich trägt.

Diese Eigentümlichkeit aber kam einer unkritischen Rezeptionsweise der 50er Jahre durchaus entgegen:

Nicht wahrgenommen, sondern übersehen wurde allzu bereitwillig die dunkle und verschattete Stimmung dieser Gedichte, ihre bittere und trauervolle Bilderwelt, die von einer beschädigten Menschlichkeit, von verstörter Natur, von einem bedrängten Ich sprechen, die sich nicht beruhigen in der Schönheit ihrer Worte, sondern trotz des Glanzes, den sie ausstrahlen, von der Erfahrung des Verlustes und der Verlorenheit sprechen, die ihnen voraufgeht. »Und Glanz kehrt sich nicht an Verwesung« – dieser Sentenz des Gedichtes »Botschaft« *(Die gestundete Zeit)* mochte ein Kritiker wie beispielsweise Günter Blöcker noch Ende der 70er Jahre keine andere Einsicht abgewinnen als diese: »Etwas von solchem Glanz des Trotzdem ist in allem, was Ingeborg Bachmann gedichtet hat.« Die selektive Wahrnehmung, die sich derart ans Werk der Interpretation macht, unterschlägt die Ambiguitäten ihres Gegenstandes, nur um rasch zu ihrer Generalthese zu gelangen: »am Ende des Weges steht nicht Resignation, sondern triumphierender Widerspruch«. Doch Ingeborg Bachmanns Gedichte sind haltbar geblieben nicht wegen, sondern *trotz* ihres Glanzes. Er hat auf Dauer nicht überstrahlen können, was ihn im Innersten bewegt: Leiden an der Zeit, Kritik an der Wirklichkeit, Veränderungswille.

Ein Gedicht wie »Freies Geleit«, 1957 zuerst veröffentlicht und auf den Donaueschinger Musiktagen in der Vertonung von Hans Werner Henze uraufgeführt, spricht, bei allem »Glanz«, vor allem von Angst: Es ist entstanden im »Kampf gegen den Atomtod« der 50er Jahre. Ingeborg Bachmann war keineswegs eine »im Kern unbeirrbare Natur« (Blöcker). Die Befürchtung, dauerhaft in dieser Weise mißverstanden zu werden, ließ in den 60er Jahren den Entschluß in ihr reifen, »keine Delikatessen« (Gedichttitel) mehr feilzubieten.

Theorie und Praxis Konkreter Poesie

Die Autoren der Konkreten Poesie unternahmen – etwa seit Mitte der 50er Jahre – den vielleicht konsequentesten Versuch, über die Anstrengungen eines poetischen Realismus ebenso hinauszugelangen wie über Bildlichkeit und Symbolgehalt des traditionellen Gedichts. »Konkrete Poesie« – das ist ein Begriff, der vor allem eine Gegnerschaft ausdrückt. Konkrete Poesie wendet sich gleichermaßen gegen vordergründige literarische Inhalte, Mitteilungen und Botschaften wie gegen die tradierten Formkonventionen der

Konrad Balder Schäuffelen, Zahnschema (Serigraphie, 1965)

Lyrik, soweit deren Bilder, Symbole und Metaphern über den Bedeutungszusammenhang des Gedichts hinausweisen wollen. Die Voraussetzungen Konkreter Poesie und die Bedingungen ihrer Entwicklung liegen begründet im Verlust an Verbindlichkeit, den die tradierten Sprach- und Verständigungsformen erlitten haben. So wenig überkommene Werthierarchien und abstrakte Normsetzungen Gültigkeit noch beanspruchen können in einer Welt, die längst ihre einst sicher erscheinenden Orientierungen verloren hat, so wenig lassen sich grammatikalische und poetologische Hierarchien noch für verbindlich erklären. Aus dem Überdruß an Einverständnis und Gleichmaß herkömmlicher Sehweisen, Wahrnehmungsformen und Denkgewohnheiten entsteht eine programmatische Veränderung der poetischen Wirklichkeit in der Absicht, die Beziehungen zwischen Sprachmaterialien so vorzuführen, daß nicht *über* sie gesprochen – und damit verfügt – wird, sondern daß sie *in Konstellationen* demonstriert werden. Ein Programm der Entgrenzung also und zugleich eines der Reduktion. Die Konkrete Poesie akzeptiert nicht länger die traditionellen Grenzziehungen zwischen den literarischen Gattungen und ebensowenig die zwischen den Künsten. Und sie versucht, zu den elementaren Strukturen der Sprach-Wirklichkeit, im Extremfall also zum einzelnen Wort, zum einzelnen Buchstaben sogar, vorzudringen.

Den Begriff der Konkreten Poesie hat 1955 der Textproduzent und -theoretiker Eugen Gomringer (geb. 1925) in Anlehnung an vergleichbare Entwicklungen in der Bildenden Kunst (Mondrian, Kandinsky) gebildet, die den Begriff einer »Konkreten Kunst« bereits seit 1930 kennt. Gomringer – und mit ihm brasilianische und japanische, französische und amerikanische Autoren – definiert die Konkrete Poesie als eine »ordnungseinheit [...], deren aufbau sich durch die zahl der worte und buchstaben und durch eine neue strukturelle methode bestimmt«. Ein Inhalt erscheint ihm nur dann von Belang, wenn sich dessen »geistige und materielle struktur als interessant erweist und sprachlich bearbeitet werden kann«. Eines der bekanntesten und frühesten Beispiele für Gomringers poetisches Verfahren ist das Gedicht:

schweigen schweigen schweigen
schweigen schweigen schweigen
schweigen   schweigen
schweigen schweigen schweigen
schweigen schweigen schweigen

Eugen Gomringer

3 variationen zu
»kein fehler im system«

1

kein fehler im system
kein efhler im system
kein ehfler im system
kein ehlfer im system
kein ehlefr im system
kein ehlerf im system
kein ehleri fm system
kein ehleri mf system
kein ehleri ms fystem
kein ehleri ms yfstem
kein ehleri ms ysftem
kein ehleri ms ystfem
kein ehleri ms ystefm
kein ehleri ms ystemf
fkei nehler im system
kfei nehler im system
kefi nehler im system
keif nehler im system
kein fehler im system

2

kein fehler im system
kein fehler imt sysem
kein fehler itm sysem
kein fehler tmi sysem
kein fehler tim sysem
kein fehler mti sysem
kein fehler mit sysem

3

kein system im fehler
kein system mir fehle
keiner fehl im system
keim in systemfehler
sein kystem im fehler
ein fehkler im system
seine kehl im fyrsten
ein symfehler im sekt
kein symmet is fehler
sey festh kleinr mime

Hier wird nicht *über* das Schweigen gesprochen, sondern Schweigen wird gleichsam als Aggregatzustand des Daseins demonstriert: durch die Konstellation, in die lakonisches Gleichmaß der Wiederholung und Ellipse des Basiswortes zueinander gebracht werden. »Konstellation« lautet denn auch das Schlüsselwort bei Gomringer (*konstellationen*, 1953; *vom vers zur konstellation*, 1954; *konstellationen*, 1960; *5mal 1 konstellation*, 1960). Es geht Gomringer stets um hör- und auch sichtbar gemachte Strukturen, in denen bezeichnete Sache und bezeichnendes Wort nicht auseinanderfallen, sondern sich durcheinander ausdrücken. Es sind »Inhalte« einfacher Worte wie »baum, kind, hund, haus«, deren »objektiven spiel-charakter« Gomringer sichtbar machen will:

baum
baum kind

kind
kind hund

hund
hund haus

haus
haus baum

baum kind hund haus

Hinter solchem »spiel-charakter« liegt jedoch ein anderer, sehr viel anspruchsvollerer poetischer Impuls verborgen, wie sich Gomringers programmatischem Text »vom vers zur konstellation« aus dem Jahre 1954 (in: *konkrete poesie*, hrsg. von Eugen Gomringer, 1972) entnehmen läßt. »die konstellation«, so Gomringer, »ist die einfachste gestaltungsmöglichkeit der auf dem wort beruhenden dichtung. sie umfaßt eine gruppe von worten – wie sie eine gruppe von sternen umfaßt und zum sternbild wird.« Der Vergleich ist keineswegs willkürlich gewählt: Er deutet auf den Anspruch der Konkreten Poesie, in ihren »konstellationen« einmal noch poetische »Wahrheit« aussprechen zu können, die für nichts als sich selber einsteht. Oder, um es mit Gomringers Worten zu sagen, das »Absolute« zu verwirklichen: »denn die konstellation ist das letztmögliche absolute gedicht«.

das schwarze geheimnis
ist hier
hier ist
das schwarze geheimnis

Doch so originell und neuartig Gomringers *konstellationen* inmitten der von Gottfried Benn beherrschten Lyrik-Szene der 50er Jahre auch gewirkt haben mögen – man wird sie mehr als drei Jahrzehnte später dennoch auch kritisch sehen müssen. Zwar hatte Eugen Gomringer 1972 selbstbewußt genug behauptet: Daß die Konkrete Poesie in ihren literarischen Verfahrensweisen »sprach- und gesellschaftskritisch ist, kann nur demjenigen entgehen, der zwar alles verändern möchte, im übrigen aber sprache sprache sein läßt«. Doch der defensive und leicht gereizte Tonfall dieser Auffassung – die sich im übrigen mit Recht gegen eine nur inhaltsästhetische »Politisierung der Kunst« (Walter Benjamin) wendet – gibt allen Anlaß zur Prüfung. Denn allzu glatt, zu selbstgenügsam erscheint bisweilen das Spiel mit der Sprache, allzu integrierbar in einen modernistisch-technokratischen Code, ja fast systemkonform, denkt man etwa an die Sprache der Werbung, die ja das Sprach-Spiel längst für sich entdeckt hat. Und vollends Eugen Gomringers erste Variation zu »kein fehler im system« läßt die kritische Funktion solcher Poesie fragwürdig erscheinen: der »fehler im system« wird mit der letzten Zeile in der Tat wieder beseitigt. Er läßt das »system« unbehelligt, das er durchläuft. Die Frage, ob das »system« selber der »fehler« ist, stellt das Gedicht nicht einmal mehr. Einen Hinweis auf die Disposition zu solcher Systemkonformität hat Gomringer in seinem Aufsatz »konkrete dichtung« 1956 gegeben, als er zur intellektuellen Physiognomie des »konkreten dichters« bemerkte: »seine lebenshaltung ist positiv, synthetisch-rationalistisch – so auch seine dichtung.« Die enge Verbindung, die Gomringer »zu modernen, naturwissenschaftlich und soziologisch fundierten kommunikationsaufgaben« sieht, läßt sich unproblematisch nur herstellen um den Preis einer Art positiver Neutralität, der alles gleich gut gilt. Gomringers Herkunft aus der Werbebranche teilt sich in solchen Äußerungen unüberhörbar mit.

Grenzüberschreitung und Reduktion – zwischen diesen beiden Polen entwickelt die Konkrete Poesie ein sehr breitgefächertes Spektrum an poetischen Möglichkeiten. Reduktion: das kann bedeuten Zerstörung der Syntax, Unterlaufen der Semantik, Konzentration auf elementare Sprachstrukturen, Suspendierung von Bild und Metapher, Preisgabe von Reim, Metrum, Vers. Grenzüberschreitung kann heißen: Visualisierung des Textes (Ideogramme), Veränderung von Textbildern (Typogramme), typographische Auflösung von Textzusammenhängen (Piktogramme), akustische Entgrenzung und Interpretation (Lautgedichte), textuelle Binnenkorrespondenzen (Palindrome). Sprachliche Oberflächenzusammenhänge werden – in beiden Fällen – zerstört, indem Sprache vermittels schriftlicher, optischer, akustischer Zeichen zu ihrem eigenen Gegenstand wird, mithin der traditionelle Mitteilungscharakter der Sprache sich auflöst und durch den Prozeß seiner Auflösung hindurch sich verändert und in ungewohnten Zusammenhängen aufs neue konstituiert. Verwandelt wird also nicht nur die poetische Sprache, sondern mit ihr – und zugleich audio-visuell erweitert – auch das Medium Poesie. Deren Wandlung aber zielt auch auf die Veränderung der Hör-, Seh- und Denkgewohnheiten ihrer Rezipienten, ein Programm, das freilich so neu nicht ist, wie es den deutschen Autoren zu Beginn der 50er Jahre, nach einer Zeit der Isolation also von allen avantgardistischen Strömungen, erscheinen mochte. Ihm hatte beispielsweise bereits 1928 der tschechische Ästhetiktheoretiker Karel Teige in seinem *Manifest des Poetismus* (in: *Liquidierung der ›Kunst‹*, dt. 1968) engagierten Ausdruck gegeben. Der »Poetismus«, so Teige, sei »eine Poesie für alle Sinne«: fürs Sehen, fürs Riechen, für den Geschmack, für den Tastsinn, für die »intersensoriellen Äquivalenzen«, für die körperlichen und räumlichen Sinne und für den »Sinn fürs Komische«. Den kulturrevolutionären Impuls dieses Manifests hat die Konkrete Poesie allenfalls in geringen Spurenelementen in sich aufnehmen können. Ihre Entgrenzungen hielten sich durchaus in eigenen, literarischen Grenzen, obgleich ihr Internationalismus von Anfang an zur Überschreitung nationalsprachlicher Schranken neigte.

H.C. Artmann (1954)

Als Gerhard Rühm 1967 einen Sammelband mit dem Titel *Die Wiener Gruppe* im Rowohlt-Verlag veröffentlichte (erweiterte Neuausgabe 1985), da gab er Auskunft über eine österreichische Parallel- und Sonderentwicklung der Konkreten Poesie, deren Geschichte bereits abgeschlossen war. Friedrich Achleitner (geb. 1930), Hans Carl Artmann (geb. 1921), Konrad Bayer (1932–1964), Gerhard Rühm (geb. 1930) und Oswald Wiener (geb. 1935) zählten zu dieser Gruppe, von Hause aus Schriftsteller, Musiker, Architekten, Maler, die sich aus einem gemeinsamen Interesse an den produktiven Energien der literarischen Avantgarden (Dadaismus, Surrealismus) zusammengefunden hatten – und nicht weniger aus der Verachtung für den etablierten, restaurativen Kulturbetrieb der Republik Österreich. Hervorgegangen aus dem 1946 gegründeten »artclub«, dem seinerzeit Albert Paris Gütersloh (1887–1973) präsidierte, fand die Gruppe seit 1952 zu einem engeren, freundschaftlichen Kontakt, der mit poetischen Demonstrationen auf Öffentlichkeit drängte.
Soziale Rebellion und ästhetische Offenheit verbanden sich zu einer Art Kaffeehaus- und Katakombenkultur, der H.C. Artmann 1953 mit seiner »acht-punkt-proklamation des poetischen actes« einen ersten programmatischen Hintergrund gab. Insistieren auf Unprofessionalität der Kunstübung, Erweiterung ästhetischer Spielräume, Propagierung einer reinen, gleichwohl nicht hermetischen Poesie, Absage an den Kulturbetrieb – dies sind die Grundzüge jener »proklamation«. Artmann leitete sie mit den Sätzen ein: »es gibt einen satz, der unangreifbar ist, nämlich der, dass man dichter sein kann, ohne auch irgendjemals ein wort geschrieben zu haben. vorbedingung ist aber der mehr oder minder gefühlte wunsch, poetisch handeln zu wollen. die alogische geste selbst kann, derart ausgeführt, zu einem act ausgezeichneter schönheit, ja zum gedicht erhoben werden. schönheit allerdings ist ein begriff, der sich hier in einem sehr geweiteten spielraum bewegen darf.« Der Eindruck einer durchaus untheoretischen poetologischen Konzeption, den diese »proklamation« hervorruft, verstärkt sich, liest man Gerhard Rühms Bericht über die Entwicklung der Gruppe. »die gruppierung«, so Rühm, »ergab sich keineswegs aus einem definierten programm, sondern vor allem auf grund persönlicher sympathien und wohltuender übereinstimmung. sonst auf desinteresse und heftige ablehnung stossend, waren wir freunde, die zufällig alle schrieben und einander schätzen konnten. es brauchte nichts festgelegt zu werden, denn wir verstanden uns.« So waren denn auch die Aktivitäten der einzelnen Gruppenmitglieder von unterschiedlicher Qualität und Intensität. Rühm selber, von der seriellen Musik herkommend und noch am ehesten auch konzeptionell interessiert, versuchte ein Programm des »methodischen inventionismus« zu entwickeln, das in manchem den »konstellationen« Eugen Gomringers gleicht. Auch Rühms Arbeiten führten ihn »im extremfall zu ›ein-wort-tafeln‹. das hierarchische prinzip des satzes wurde zuerst einmal aufgegeben, um die wörter, der fixierung auf aussagen entbunden, wieder zu gleichberechtigten elementen aufzuwerten.« Das Prinzip der Montage hingegen, einem eher zufälligen »herumstöbern« (Rühm) in alten Grammatiken entspringend, erweist sich als eine Gemeinschaftsproduktion der Gruppenmitglieder, die lediglich die »ein-wort-tafeln« zu »satz-konstellationen« erweiterte. Anders als Rühm, der sich eher für einen experimentellen Umgang mit der reinen Materialität der Sprache interessierte (*rhythmus r*, 1968) und auf eine Erweiterung von Textgrenzen hinarbeitete, bezog Konrad Bayer die eigene Subjektivität ins artistische Sprachspiel ein, während Oswald Wiener sein Ungenügen an einer mangelnden Radikalität der Sprachdestruktion später in seinem experimentellen Roman *Die Verbesserung von Mitteleuropa* (1969) produktiv zu machen versuchte. Eine Art Zentrum der Gruppenaktivitäten bildeten ihre Bemühungen um die Entwicklung der Dialektdichtung, die folgenreich

wurden bis hin zu gegenwärtig noch und wieder entstehenden regionalsprachlichen Literaturen (→ »Poesie der Provinz«). Achleitner, Artmann und Rühm interessierten sich vor allem für die phonetischen Schreibmöglichkeiten, die sich dem »lautlichen reichtum« (Rühm) des Dialekts abgewinnen ließen, um »durch neue gegenüberstellungen der worte eine verfremdung und damit eine neuwertung derselben zu erzielen«. Der große Erfolg, den H.C. Artmann mit seinem Dialektlyrik-Band *med ana schwoazzn dintn* (1958) erzielte – ein weiterer repräsentativer Band aus dem Kreis der Wiener Gruppe war *hosn rosn baa* (1959) von Achleitner, Artmann und Rühm –, bildete freilich auch ein Element des Auflösungsprozesses: Artmann ging seine eigenen Wege, während Achleitner, Bayer, Rühm und Wiener sich mit Wissenschaftstheorie und Sprachwissenschaft, mit Ludwig Wittgenstein, dem Neopositivismus und der Kybernetik befaßten. Ihr Ziel war die Herstellung einer »vollkommen funktionellen sprache (eine fiktion, wie wir bald merkten)« (Rühm) – die Gruppe hatte sich in ihren eigenen technokratisch-positivistischen Dogmen gefangen. Dies zu einem Zeitpunkt, da sie gerade begann, eine größere Öffentlichkeit, ein interessiertes Publikum, auch Verlage mit einem unkonventionellen Programm zu erreichen. Die beiden »literarischen cabarets« 1958 und 1959 bildeten noch einmal Höhepunkte der Gruppenaktivitäten – danach »hatte sich die kollektive zusammenarbeit in sich überschneidende co-gruppen aufgelöst« (Rühm). Oswald Wiener trieb Kritik und Selbstkritik an der literarischen Praxis der Gruppe am weitesten voran, indem er jedwede weitere Gemeinschaftsproduktion ablehnte. Friedrich Achleitner zog sich wieder auf sein Fachgebiet (Architektur) zurück. Konrad Bayer beging 1964 Selbstmord.

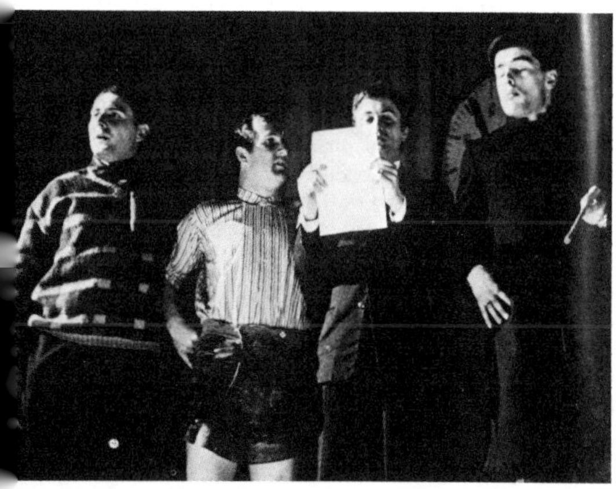

erhard Rühm, Friedrich Achleitner, Konrad Bayer, swald Wiener

Zur Vorgeschichte der Konkreten Poesie ist auch der Arno Holz des *Phantasus* (1898/99) etwa mit seiner Gruppierung der Gedichtzeilen um eine imaginäre Mittelachse des Textes zu zählen. Ferner der Dadaismus (Kurt Schwitters, Hugo Ball, Raoul Hausmann) mit seinen onomatopoetischen Formen, der italienische Futurismus eines Marinetti mit seinem kulturrevolutionären Programm und – mit Einschränkungen – der Surrealismus (André Breton) wie der Lettrismus (Isidor Isou). Neben solchen literarischen Bewegungen sind einzelne Autoren wichtig geworden: Stéphane Mallarmé etwa (*Un coup de dés n'abolira le hasard*, 1897), von dem Eugen Gomringer den Begriff der »Konstellation« übernommen hat; Guillaume Apollinaire mit seinen *Calligrammes* (1918); ferner die avantgardistischen Texte einer Gertrude Stein; und nicht zuletzt der Dichter, Maler, Bildhauer Hans Arp (1887–1966), dessen sprachspielerische und variationsreiche Poesie (*Könige vor der Sintflut*, 1952/53; *Auf einem Bein*, 1955; *Worte mit und ohne Anker*, 1957; *Mondsand*, 1960; *Sinnende Flammen*, 1961; *Logbuch des Traumkapitäns*, 1965) die Entwicklung der Konkreten Poesie anregen und begleiten.

rendering the legible illegible
rendering the il**legible**
rend[illegible]e
[illegible]

Claus Bremer (1963)

Die Vielfalt der Richtungen, Bewegungen, Autoren und Werke, die auf Entstehung und Fortgang der Konkreten Poesie Einfluß ausgeübt haben, deutet zugleich auf die Vielfalt dieser Bewegung selbst. Zwar berühren sich Eugen Gomringers Anfänge mit denen der Wiener Gruppe, mit Vertretern der brasilianischen Gruppe ›noigrandes‹, mit denen Helmut Heißenbüttels Mitte der 50er Jahre, als die Hochschule für Gestaltung in Ulm sich zu einer Art Begegnungs- und Anregungszentrum der Konkreten herausbildete. Zwar existieren eine Reihe kleinerer Zeitschriften oder Reihen wie *spirale*, *augenblick*, *material*, *rot*, *nota* und *Konkrete Poesie*, in denen man recht häufig denselben Autorennamen begegnet. Doch die Schrift-Bild-Arrangements eines Diter Rot (geb. 1930; *Bok*, 1956) oder eines Heinz Gappmayr (geb. 1925; *Zeichen*, 1962) unterscheiden sich ebenso deutlich von den »engagierenden texten« eines Claus Bremer (geb. 1924; *tabellen und variationen*, 1960; *engagierende texte*, 1966), wie sich diese ihrerseits von der surrealistisch inspirierten Dialektdichtung eines H.C. Artmann abheben. So wahrt Homogenität am ehesten noch der Kreis um Max Bense (geb. 1916; *Bestandteile des Vorüber*, 1961; *Entwurf einer Rheinlandschaft*, 1962; *Die präzisen Vergnügen*, 1964; *Die Zerstörung des Durstes durch Wasser*, 1967). Zu ihm zählen mit Reinhard Döhl, Helmut Geisner, Siegfried J. Schmidt und Elisabeth Walter eine Gruppe experimentell und theoretisch interessierter Autoren, die das Verfahren der Textproduktion mathematisch-naturwissenschaftlich und informationstheoretisch zu begründen versuchen – um den Preis jedoch, die semantischen und interpretativen Probleme, die der Umgang mit solcherart synthetischen Texten aufwirft, kaum lösen zu können.

Einer der wichtigsten experimentellen Autoren im Umkreis der Konkreten Poesie ist Franz Mon (geb. 1926). Anders als Eugen Gomringer hat Franz Mon jedoch seine Texte von Anfang an als widerständige Elemente inmitten einer konformistischen Gesellschaft begriffen. Seine Arbeiten gelten deshalb als schwierig und haben stets begleitende theoretische Erläuterungen erfordert. In Wahrheit aber sind sie nur konsequent. Denn Mons ästhetisches Credo lautet: »Querstellen«. Der zivilisatorischen und technologischen Rationalität, die auf Vereinnahmung und Nivellierung drängt, setzt Mon literarische Experimente entgegen, die im Medium der Sprache Kritik leisten und zugleich in ihrem Vollzug, als »Prozeß« (Mon), eine Erneuerung bewirken. »Diese Kunstgebilde«, so heißt es in der von Mon mit herausgegebenen Anthologie *movens* (1960), »einer so komplizierten Herkunft entstammend, erweisen ihre Realität, indem sie sich nicht in der zivilisatorischen verwerten lassen, der Gesellschaft die Anpassung verweigern und, obwohl sie selbst die Anpassung als Phase in sich haben, die Möglichkeit des Protestes, des Andersseins, der Nichtzwangsläufigkeit, der plötzlich aufspringenden Überraschung, der Gefährlichkeit des Spiels zwischen Erwartung und Erinnerung anzeigen [...].« Montage und Collage sind charakteristische Verfahrensweisen dieser Texte (*artikulationen*, 1959; *Lesebuch*, 1967, erw. 1972; *herzzero*, 1968), die im Zitat Erinnerungsmomente bewahren, Vergangenheitsbruchstücke, die implizit auf Zukünftiges verweisen, mithin in ihren sprachlichen Segmenten Geschichte als Prozeß »artikulieren« – ein »Materialbegriff der Sprache« (Mon).

Das Hörspiel: Zwischen Traum und Selbstzerstörung

Es mag im Zeitalter des alles überschattenden Fernsehens wie ein Märchen aus längst vergangenen medienästhetischen Zeiten klingen: Die bedeutendste Gattung der audiovisuellen Medien in den 50er Jahren und zugleich die einzige, die eine eigenständige künstlerische Tradition ausgebildet hatte, war das Hörspiel. Entstanden bereits in den 20er Jahren (Autoren unter anderen: Bertolt Brecht, Friedrich Wolf, Alfred Döblin, Wolfgang Weyrauch, Erich Kästner, Walter Benjamin, Ernst Glaeser, Hermann Kasack, Arno Schirokauer, Günther Weisenborn), fortgeführt, wenn auch »gleichgeschaltet«, im Dritten Reich, erlebte das Hörspiel gleich nach 1945 eine überaus produktive und innovative Phase seiner Entwicklung, die bis in die 60er Jahre hinein anhielt. Und es scheint, als habe in der Tat die übermächtige Konkurrenz des bildergestützten Mediums Fernsehen mit seinem Film- und Fernsehspielprogramm das Hörspiel seit Anfang der 70er Jahre zu einem Schattendasein verdammt.

Der Rundfunk schien nach 1945 zu einem Kommunikationsapparat werden zu können, wie ihn Bertolt Brecht 1932 in einem Vortrag gefordert hatte. Brechts Absicht zu Beginn der 30er Jahre war es, den Rundfunk von einem »Distributionsapparat« zu einem »Kommunikationsapparat« zu verändern, um die Hörer an der Produktion zu beteiligen und die Produktionsformen, entsprechend den sich weiterentwickelnden technischen Standards, zu verwandeln durch »immer fortgesetzte, nie aufhörende Vorschläge zur besseren Verwendung der Apparate im Interesse der Allgemeinheit«. Damit war der gesellschaftspolitische Anspruch deutlich: Brecht ging es darum, »die gesellschaftliche Basis dieser Apparate zu erschüttern, ihre Verwendung im Interesse der wenigen zu diskutieren«. Solcher Programmatik schien die öffentlich-rechtliche, zum Teil am Modell der britischen BBC entwickelte Organisationsform der Rundfunkanstalten in der Bundesrepublik zunächst zu entsprechen. Die Erfahrungen im Dritten Reich hatten gelehrt, daß die »gleichgeschalteten« Massenmedien lediglich propagandistische Aufgaben wahrzunehmen vermochten, jedoch kaum innovative Impulse geben konnten. Die Folge war eine weitgehende Austrocknung ganzer Programmbereiche. Die öffentlich-rechtliche Organisa-

Hörspieltagung der Gruppe 47 in Ulm 1958 (im Vordergrund: Wolfgang Hildesheimer; rechts dahinter: Günter Eich und Günter Grass; rechts außen: Toni Richter, dahinter: Dieter Wellershoff).

tionsform des Rundfunks verhieß – bei einer gleichzeitig privatwirtschaftlich organisierten Presse – Programmvielfalt durch eine Beteiligung »aller gesellschaftlich relevanten Gruppen« (Kirchen, Gewerkschaften, Parteien, Unternehmerverbände etc.). Die medienpolitische Praxis aber ließ dieses Konzept schon bald fragwürdig werden. Da die gesellschaftlich-relevanten Kräfte über die in den Landtagen vertretenen Parteien zu bestimmen sind, entspricht ihr Einfluß tatsächlich dem Stärkeverhältnis der jeweiligen Landtagsfraktionen. Die beabsichtigte institutionelle Demokratisierung der Rundfunkanstalten verkümmerte zum »Parteienproporz«.

Ein überzeugendes Beispiel dafür, daß qualitative Veränderungen der Medienstruktur wie ihrer Ästhetik im Sinne Brechts möglich sind, und zugleich einen Beleg für die höchst aktivierende und integrative Funktion des Hörfunks lieferte Ernst Schnabel: Er forderte, seinerzeit Chefdramaturg der Hörspielabteilung im damaligen Nordwestdeutschen Rundfunk (NWDR), in den Jahren 1947 und 1950 die Hörer dieses Sendebereichs zur Mitarbeit an seinen Features auf.

Der Erfolg verweist auf die Möglichkeit der Weiterarbeit in diesem Genre, die seither kaum mehr ausgeschöpft worden sind: 35000 bzw. 80000 Hörer beteiligten sich mit Erfahrungen, Notizen, Hinweisen an Schnabels Sendungen, die auf diese Weise zu ihren eigenen wurden. Ein Erfolg, der zur Popularisierung des Hörspiels nach 1945 beigetragen hat wie vergleichsweise sonst nur Wolfgang Borcherts Hörspiel *Draußen vor der Tür* (1947).

Diese Art der Hörerbeteiligung darf zugleich als ein formbestimmendes Merkmal der Hörspielproduktion zwischen 1947 und 1950 gelten. Sie deutet auf die enge Verbindung des Hörspiels mit der reportagehaften Form des Feature. Nicht das reine Wortkunstwerk stand im Vordergrund des Hörer- und Produzenteninteresses, sondern die Vermittlung anspruchsvoller Präsentationsformen mit inhaltlichen Problemen aus aktuellen Gesellschaftsbereichen (Politik, Kultur, Technik, Wissenschaft), wie sie Alfred Andersch, Axel Eggebrecht, Ernst Schnabel und später Helmut Heißenbüttel förderten und praktizierten. Die organisatorische Trennung aber von Hörspiel- und Featureproduktion etwa im Bereich des NWDR 1950 deutet bereits die Verengung des Hörspielbegriffs in den folgenden Jahren an. Das Hörerinteresse verlagerte sich, den gesellschaftlichen Entwicklungstendenzen entsprechend, in den 50er Jahren vom politisch motivierten Feature auf das Wortkunstwerk, die Hörspielform entwickelte sich zum sprachkünstlerischen Spiel, die Rezeptionsweisen veränderten sich von Beteiligung zu Verinnerlichung, von kritischer Aktivität zu entpolitisierter Konsumentenhaltung. So nimmt es nicht wunder, daß das Hörspiel der 50er Jahre geprägt ist vor allem durch die poetisch-akustische Erschaffung von Traumwelten. Ganze Hörspielstudios wurden in Laboratorien zur Produktion solcher Traumreiche umgewandelt.

Träume nannte auch der wichtigste Repräsentant des literarischen Hörspiels der 50er Jahre, Günter Eich, jenes Werk, mit dem er 1951 seinen Durchbruch als Hörspielautor erzielte. Eich hatte bereits im Dritten Reich Hörspiele geschrieben und produziert (*Weizenkantate* und *Fährten in die Prärie*, beide 1936 erstgesendet). Sein Hörkunstwerk *Träume*, das dramaturgisch freilich einem eher konventionellen Muster folgte, beeinflußte die Hörspielproduktion der folgenden Jahre nachhaltig. Über die Identifikation der Hörer mit träumenden Gestalten aus fünf Kontinenten, die das Stück in existenzieller, alptraumhafter Bedrohung vorführt, und über eine Art Katharsis im aristotelischen Sinne sollte die Situation einer daseinsbestimmenden Gefährdung vermittelt werden. Die emotionale lyrische Ansprache, die sprachliche Konstituierung einer alptraumhaften Sphäre, die Unmittelbarkeit und Suggestivität der poetischen Wortwelt Eichs dürften die Gründe für die erstaunliche Publikumsresonanz darstellen, die dieses Hörspiel erfuhr. Inmitten der »Wirtschaftswunder«-Welt bewirkte Eich Abwehr und Erschrekken bei seinen Hörern, die er mit seinem Postulat: »Alles, was geschieht, geht dich an«, aufwühlte und aufrüttelte. Und doch erschien es dem Autor notwendig, die zunehmend auf einen existenzialistischen Erwartungshorizont auftreffenden Hörszenen politisch zu präzisieren, ihrem Pathos einer generellen Bedrohtheit und Gefährdung eine gesellschaftlich akzentuierte Qualität zu verleihen. Eich versuchte dies mit der berühmten Schlußsequenz: »Seid unbequem, seid Sand, nicht das Öl im Getriebe der Welt«, die er dem Stück 1953 anfügte. Günter Eich, der produktivste und wirkungsvollste Hörspielautor nach 1945 – mit Wirkung nicht nur auf Hörer, sondern auch auf andere Autoren –, hat Präzisierungen solcher Art in späteren Überarbeitungen seiner Werke vielfach für nötig gehalten. Denn sein Anspruch auf eine Vermittlung politisch-gesellschaftlicher Postulate mit den Techniken des modernen Hörspiels wird in den frühen Arbeiten bisweilen durchkreuzt durch eine traditionelle Dramaturgie, die zu Überzeitlichkeit und Existenzialität tendiert. In Eichs späteren Arbeiten wie in seinen theoretischen Äußerungen tritt deshalb ein zunehmendes Mißtrauen gegenüber Konzeptionen hervor, die glauben, durch Sinnstiftung einer gesellschaftlichen Vereinnahmung noch widerstehen zu können.

Neben Eich treten in den 50er Jahren eine Reihe anderer namhafter Schriftsteller als Hörspielautoren hervor, so beispielsweise Wolfgang Hildesheimer (geb. 1916) und Friedrich Dürrenmatt, Ingeborg Bachmann und Ilse Aichinger, Walter Jens (geb. 1923), Heinrich Böll und Dieter Wellershoff. Während jedoch ihre Produktionen noch weitgehend einer literarischen Darstellung von Außenwelterfahrungen und -problemen verpflichtet blieben, setzte mit Beginn der 60er Jahre eine Hörspielentwicklung ein, die das Unbehagen an der traditionellen Formensprache des Genres umsetzte in eine äußerste Konzentration auf die akustischen Möglichkeiten des Mediums selber, auf die technischen Standards des Rundfunks. Dieses »Neue Hörspiel«, das auch mit Originalton-Elementen arbeitete, machte sich die vielfältigen Möglichkeiten des Mediums zunutze, experimentierte mit Stereophonie, aufwendigen Schnitt-, Misch- und Montageformen, mit Kunstkopfstereophonie. Mehr als das an literarischen und theatralischen Vorbildern orientierte Hörspiel der frühen Rundfunkzeit ließ sich das Neue Hörspiel von den »Apparaten« technisch vorgeben, was es zu seiner Fortentwicklung brauchen, in eine neue Ästhetik des Hörspiels umschmelzen konnte. Das Experiment gewann hierbei an Bedeutung, »Neuerungen« (Brecht), die der Gattung Hörspiel ermöglichten, traditionelle Grenzziehungen – etwa zwischen Musik und Poesie, Wort und Ton, Sprache und Geräusch – zu überschreiten: ein »autonomes Hörereignis, komponiert aus allem, was hörbar ist, was hörbar gemacht werden kann [...], ein Hörereignis, das eigentlich erst im Tonstudio seine Gestalt gewinnt«, wie der Hörspielautor Gerhard Rühm 1984 in seiner Rede zur Verleihung des bedeutenden »Hörspielpreises der Kriegsblinden« bekannte. Dieses Hörspiel verlangt einen aktiven Zuhörer, gewissermaßen einen tätigen Mitspieler und Mitdenker, der sich auf Collage, auf Montagetechniken, auf bislang ungehörte akustische Reize und produktive mediale Problemstellungen einlassen will, anstatt vorgefertigten Mustern und Antworten zu vertrauen – einen Hörer, kurz gesagt, der sich offen hält für eine ästhetisch produktive Destruktion von Zusammenhängen.

Als Beispiel für eine solche Herausforderung des Hörers kann in diesem Zusammenhang Wolf Wondratscheks (geb. 1943) Stereo-Hörspiel *Paul oder die Zerstörung eines Hörbeispiels* (uraufgeführt 1970) genannt werden. In ihm sind nicht nur Zitate, Lautfetzen, Geräusche als Sinneseindrücke und Assoziationspartikel des Lastwagenfahrers Paul montiert, sondern zugleich geben sich diese Montage und die Kunstfigur Paul selber fortwährend als Fiktionen zu erkennen. Das Medium Hörspiel ist damit selbstreflexiv geworden: Es denkt gleichsam in seinem Vollzug über sich selber nach, über seine Mittel und mit seinen Mitteln, wobei diese Art der Selbstreflexion und -destruktion selber noch einmal als lediglich fiktiv enthüllt wird. Darin zeigt sich gleichermaßen Kritik am Hörspiel der 50er Jahre wie produktive Demontage des Mediums mit seinen eigenen technischen Möglichkeiten.

Es versteht sich, daß die literarischen Möglichkeiten, die spezifisch poetischen Argumentationsformen einer solchen Hörspiel-Konzeption insbesondere jenen Autoren entgegenkamen und von ihnen genutzt und weiterentwickelt wurden, die sich ihrerseits poetologisch an der experimentellen Arbeit mit Sprachmaterial orientieren. Autoren also der Konkreten Poesie wie Franz Mon und Helmut Heißenbüttel (geb. 1921), Sprachspieler wie Ludwig Harig (geb. 1927), Autoren wie Ernst Jandl (geb. 1925), Gerhard Rühm und Friederike Mayröcker (geb. 1924). In ihren Arbeiten ist das grundlegende Mißtrauen gegenüber Oberflächenphänomenen der Wirklichkeit, auch der der Sprache, allenthalben spürbar – die Auflösung von Sinnzusammenhängen deshalb oberstes ästhetisches Gebot, das einhergeht mit der Neukonstituierung einer gleichsam sinn-freien akustischen Realität, die als solche, als künstlerische also, ihren Sinn in sich trägt. »Es gibt zwar Dialoge, aber keine zusammenhängende Handlung«, betonte deshalb Franz Mon (in: *Neues Hörspiel*, hrsg. von Klaus Schöning, 1970). »Es handeln die Sprachelemente. Subjekte sind die Wörter, die Wörteragglomerationen, die gestanzten Redensarten, Fragepartikel, überhaupt Fragen aller Art [...] Wörterreihen treten in Spannung zu Redensarten. Redensarten hinterbauen Dialoge. Dialoge werfen Fragen auf, die von Wörterreihen beantwortet werden.« Auch diese Konzeption aber hatte, wie sich in den 70er Jahren zeigen sollte, ihre eigene Problematik: Gerade weil sie auf ihrer rein akustischen Kunst-Identität bestand, erstarrte sie bisweilen zum nur noch formalen Spiel, das sich selber reproduzierte. Übersehen wurde hierbei jene »entscheidende Rolle« des Hörer-Bewußtseins, »das das verwandte Sprachmaterial wiedererkennt, das sich erinnert, wo diese Prägungen herkommen, wie und von wem sie benutzt worden sind« (Franz Mon).

Eine neue Entwicklung auch des »Neuen Hörspiels« kann nur dann sich vollziehen, wenn der Blick auf neue Entwicklungen der äußeren, gesellschaftlichen Wirklichkeit nicht verlorengeht, sondern formschaffend und verändernd in die eigenständige Wirklichkeit des Hörspiels Eingang findet: durch Veränderung von Wahrnehmungsweisen, Zerstörung von Sinnzusammenhängen, Neukonstituierung ästhetischer Realität, durch »konstitutive Montage« (Ernst Bloch) noch der entlegensten akustischen Materialien. Ein solches Konzept wäre eines der notwendigen Offenheit, der das Hörspiel bedarf, um sich ständig erneuern zu können. Für ein derartiges »Offenhalten des Offenen als Selbstzweck« und für das »Risiko als Gradmesser für das, was mir unbekannt ist und was ich erst, indem ich riskiere, erhellen kann«, plädierte Helmut Heißenbüttel 1978 im Blick auf die Entwicklung des Neuen Hörspiels: »Arbeiten in einem allgemeinen und unbeschränkten Zitatcharakter der Sprache, in dessen Meer ich [...] auch untergehen kann«.

Vom Drama des Existentialismus zum absurden Theater

Max Frisch (geb. 1911) berichtet in seinen *Erinnerungen an Brecht* (1968), nach einem gemeinsamen Theaterbesuch in der süddeutschen Stadt Konstanz 1948 habe Bertolt Brecht einen Wutanfall bekommen. Brechts Zorn, so Frisch, galt der Naivität, der Gefühl- und Gedankenlosigkeit, mit der die deutschen Bühnen der Nachkriegszeit, nahezu unberührt durch die jüngste Vergangenheit, wieder begonnen hatten, Theater zu spielen:

»Das Vokabular dieser Überlebenden, wie unbelastet sie auch sein mochten, ihr Gehabe auf der Bühne, ihre wohlgemute Ahnungslosigkeit, die Unverschämtheit, daß sie einfach weitermachten, als wären bloß ihre Häuser zerstört, ihre Kunstseligkeit, ihr voreiliger Friede mit dem eigenen Land, all dies war schlimmer als befürchtet [...].«

Und Brecht hatte konsterniert hinzugefügt: »Hier muß man ja ganz von vorn anfangen.« Diese bittere Anekdote gibt Auskunft über dreierlei: über die Erwartungshaltung zum einen, mit welcher der Theaterpraktiker und -theoretiker Bertolt Brecht aus den Vereinigten Staaten nach Deutschland zurückgekehrt war: daß nämlich gelernt worden wäre aus den Erfahrungen unterm Faschismus, auch in der Kunst; die Anekdote gibt, zum anderen, Auskunft über den desolaten Zustand, in dem sich das Theater Ende der 40er und in den 50er Jahren in der Bundesrepublik befand, nachdem die Irritationen der frühen Jahre verflogen waren; und sie erklärt schließlich auch, warum Brecht selber keine Möglichkeit sah, in der Theaterpraxis Westdeutschlands produktiv wirken zu können: die Ansätze zu einem Neubeginn waren bereits verschüttet, die Verdrängungen in vollem Maße wirksam geworden, Autoren wie Wolfgang Borchert, Carl Zuckmayer, Günther Weisenborn blieben die Ausnahmen dieser Zeit, doch auch ihre von einem stark zeitkritischen Gestus geprägten Stücke konnten nicht an die Theaterentwicklung Westeuropas und der Vereinigten Staaten anknüpfen und enthielten ihrerseits keine Perspektive einer dramenästhetischen Fortentwicklung.

Geprägt wurde deshalb das deutsche Nachkriegstheater von ausländischen Autoren einer metaphysisch-religiösen Dramatik wie Jean Giraudoux und Jean Anouilh, Paul Claudel, T.S. Eliot, aber auch Christopher Fry und Thornton Wilder. Nach dem Faschismus goutiert die westdeutsche Gesellschaft das Spiel mit Untergangsvisionen und Endzeitstimmungen, die, wie in Thornton Wilders *Wir sind noch einmal davongekommen* (deutschsprachige Erstaufführung Zürich 1944), im Überzeitlich-Unverbindlichen einer historisch indifferenten Menschheitsfabel verharren. Daneben und danach treten, im Zusammenhang des philosophischen Existentialismus (Jean-Paul Sartre, Albert Camus) Stücke des absurden Theaters (Samuel Beckett, Eugène Ionesco), zum Teil in surrealistischer Tradition (Jean Cocteau) stehend, auf den westdeutschen Bühnen in den Vordergrund.

Man wird Gründe für diese Entwicklung – insbesondere also Antworten auf die Frage, warum es ein (west-)deutsches Drama von Rang in den 50er Jahren nicht gibt – auf unterschiedlichen Ebenen suchen müssen und dabei zunächst auf einen sehr pragmatischen Grund stoßen: das Phänomen Bert Brecht selber. Brecht war ja eine Ausnahmefigur schon der 20er Jahre gewesen, und kein anderer deutschsprachiger Dramatiker, außer Carl Zuckmayer, verkörperte so sehr die Kontinuität einer Theatertradition in persona. Anders aber als Zuckmayer war Brecht auch als Theoretiker seiner dramatischen Produktion hervorgetreten (*Kleines Organon für das Theater*, 1949), hatte seine Theorie wie seine Werke selber stets an der praktischen Theaterarbeit überprüft und modifiziert und besaß zudem mit dem (Ost-)Berliner »Theater am Schiffbauerdamm« und dem von ihm begründeten Berliner Ensemble ein in der deutschen Theatergegenwart einzigartiges Instrument der Regiearbeit. Das heißt: Jener Bertolt Brecht, der im Jahre 1948 so zornig

Bertolt Brecht und Max Frisch in Zürich (1949)

über das westdeutsche Nachkriegstheater sprach, wurde seiner alles überragenden Bedeutung wegen selber zum Hinderungsgrund von dessen Fortentwicklung. Denn es existiert in den 50er Jahren keine Dramentheorie, die über die seine hinausgewiesen hätte, es existiert kein Werk, das nicht an seinem wäre gemessen worden, keine Bühne, die ihn nicht um die ihm in der DDR eingeräumten Möglichkeiten beneidet hätte.

Die herausragende Bedeutung Bertolt Brechts für das Theater der Bundesrepublik läßt sich allerdings auch unter einem anderen Aspekt noch zeigen. Über anderthalb Jahrzehnte hinweg nämlich gibt es eine zweite, politische Rezeption des einzigen bedeutenden deutschen Dramatikers der 50er Jahre: den unverhohlenen Versuch seiner Unterdrückung, des Boykotts seiner Werke. Diese Rezeptionsgeschichte enthüllt, was man im Westen Deutschlands Brecht nie recht verziehen hat: daß er in die damalige Sowjetische Besatzungszone ging, anstatt im Westen zu bleiben, daß er sich zum Sozialismus bekannte – trotz Stalinismus, trotz sowjetischer Repressalien (Blockade Berlins 1948). Bereits 1949 hatte sich der Berliner »Tagesspiegel« entschieden, von Brechts Theaterarbeit in Berlin, von der Eröffnungsinszenierung des Berliner Ensembles (*Herr Puntila und sein Knecht Matti*) nicht zu berichten. Vollends aber zur Kampagne entwickelten sich solche Aktivitäten, als Brecht 1950, nur wenige Monate nach Gründung der beiden deutschen Staaten, seine *Mutter Courage* in den Münchner Kammerspielen inszenieren sollte. In Zeitungsartikeln verlangte man von Brecht, er solle sich für die Bundesrepublik entscheiden. Da Brecht aber offenbar entschlossen blieb, nur gastweise als Regisseur im Westen tätig zu sein, verstiegen sich Mitglieder des Münchner Stadtrates zu der Forderung, die Inszenierung abzusetzen.

Das Grundmuster dieses Konflikts ist in den folgenden Jahren, bis in die Zeit nach dem Bau der Mauer in Berlin (1961), identisch geblieben. Angesichts der zunehmend sich vertiefenden Spaltung zwischen den beiden deutschen Staaten und vor dem Hintergrund des sich verschärfenden Kalten Krieges wird Brecht diffamiert, weil er politisch Partei genommen hat. Ob 1952 anläßlich von Brechts *Der gute Mensch von Sezuan* die Frankfurter CDU-Fraktion erklärt, das Stück sei »ohne jeden künstlerischen Belang«, ob man sein Werk in eine künstlerisch bedeutende Frühphase und eine politisch korrumpierte Spätphase unterteilt: im Dickicht der Politik scheint kein Argument wohlfeil genug, den politischen Menschen Brecht gegen den Künstler Brecht auszuspielen.

Dies wird vollends deutlich nach dem 17. Juni 1953. Da Brecht im Zusammenhang des Aufstandes in der DDR einen Brief an Walter Ulbricht geschrieben hatte, in dem er die SED seiner »Verbundenheit« versicherte, rief man nun an zahlreichen Bühnen der Bundesrepublik zum Boykott Brechts auf. Wuppertal-Solingen, Mannheim und Baden-Baden setzten hier Zeichen, die über zwei Jahre hinweg andauern sollten. Jedoch was man nicht zur Kenntnis hatte nehmen können, war die Tatsache, daß das Parteiorgan der SED, *Neues Deutschland*, von Brechts Brief nur den letzten Satz gedruckt hatte und daß Brecht wenige Tage später Gelegenheit nahm, sich differenziert zu den Vorgängen zu äußern (vgl. hierzu die *Brecht-Chronik*, zusammengestellt von Klaus Völker, 1971). Erst im Frühjahr 1955 wird der Boykott durchbrochen, und es folgt »eine regelrechte Brecht-Welle« (*alternative 93*, 16. Jg., Dezember 1973; dort auch eine Zusammenstellung der Materialien zur Brecht-Rezeption in der Bundesrepublik), die allerdings mit dem nächsten politischen Ereignis von Bedeutung, dem Aufstand in Ungarn im Herbst 1956, schon wieder beendet ist. Abermals, wenngleich dieses Mal nur für ein halbes Jahr, dasselbe Schema von Verketzerung und Boykott. Seinen Höhepunkt findet es während einer Fragestunde des Deutschen Bundestages, als der damalige Außenminister Heinrich von Brentano erklärt, er sei »der Meinung, daß die späte Lyrik des Herrn Bert Brecht nur mit der Horst Wessels zu vergleichen ist«. Dieser »Vergleich« bedeutete in Wahrheit eine Gleichsetzung Brechts mit dem SA-Barden Horst Wes-

Tuschzeichnung zur Münchner Aufführung 1950

sel (»Die Fahne hoch, die Reihen fest geschlossen...«), deren Hintergrund die Totalitarismus-Diskussion der 50er Jahre bildete (»Rot = Braun«).
Hin und wieder finden sich auch in den folgenden Jahren Angriffe gegen Brecht, Kontroversen um sein Werk, doch kommt es zu abermaligen Boykott-Versuchen erst nach dem Bau der Mauer in Berlin. Erneut bildet der 1956 Verstorbene das Zentrum einer Diskussion über die politische Opportunität seiner szenischen Präsentation, einer Diskussion, die der führende Westberliner Theaterkritiker Friedrich Luft mit dem hämischen Satz pointiert: »Es gibt gar keine Diskussion, daß seine Stücke in Westberlin völlig inopportun sind.« Diesmal aber wehren sich die Theaterpraktiker. In einer Erklärung vom November 1961 verwahren sich 66 Intendanten gegen »jede tendenziöse Beeinflussung der Spielpläne durch Gruppen außerhalb des Theaters«. Danach wird es, von wenigen Ausnahmen (Friedrich Torberg) abgesehen, ruhig um Bertolt Brecht, genauer: Brecht wird zum meistgespielten Dramatiker der 60er Jahre auf den Bühnen der Bundesrepublik (nach Shakespeare). Es scheint, als habe die Mauer symbolhaft jene Unverrückbarkeit der deutschen Teilung manifestiert, vor deren Hintergrund erst Brecht aus dem Streit der politischen Meinungen herausgehoben werden konnte – womöglich aber, nach Max Frischs Wort, um den Preis, »die durchschlagende Wirkungslosigkeit eines Klassikers« erlangt zu haben.

Die Diskussion über Bertolt Brecht in den 50er Jahren macht deutlich, daß nicht nur die überragende Bedeutung dieses Dramatikers, sondern offenbar auch das soziale Klima der »Wirtschaftswunder«-Zeit der Entwicklung eines Dramas in Westdeutschland nicht eben günstig gewesen ist: eine Zeit der Wirtschaftsblüte und des Prosperitätsdenkens, eine Zeit des Wiederaufbaus und der Verdrängung, noch durchaus befangen im Spannungsfeld von Befreiung und Niederlage und doch schon wieder bestimmt von den Konstellationen des Kalten Krieges, gleichermaßen realitätstüchtig und antikommunistisch, die Zeit der »skeptischen Generation« (Helmut Schelsky) – aber nicht die eines kritischen Dramas. Gewiß, Autoren wie Walter Erich Schäfer, Gert Weymann, Gerd Oelschlegel, Peter Hirche und Claus Hubalek nahmen sich der Themen der jüngsten Vergangenheit (Faschismus, Krieg) an. Und ihre Stücke wurden auch gespielt, ebenso wie die von Leopold Ahlsen (geb. 1927; *Philemon und Baukis*, 1955), Herbert Asmodi (geb. 1923; *Jenseits vom Paradies*, 1955; *Pardon wird nicht gegeben*, 1958; *Nachsaison*, 1959) oder Erwin Sylvanus (geb. 1917; *Korczak und die Kinder*, 1957). Aber es ist kein Zufall, daß viele dieser Autoren vom Hörspiel kamen – und nicht wenige unter ihnen zum Fernsehspiel gingen. Denn von einer Erneuerung des Dramas, von einer innovativen dramaturgischen Wirkung auf die Bühnen kann keine Rede sein, im Gegenteil: Strindberg und Ibsen, der Naturalismus, Wedekind und Hofmannsthal, die zeitgenössischen Franzosen und eben Bertolt Brecht sind die Paten dieser deutschen Nachkriegsdramatik.
Diese Tatsache führt schließlich zu einer Überlegung eher dramentheoretischer Art. Das soziale Klima der 50er Jahre war ja nicht schlechthin der Literatur ungünstig. Vielmehr entsteht große Lyrik (Gottfried Benn, Günter Eich, Paul Celan, Ingeborg Bachmann), die auf die Epoche

des »Wirtschaftswunders« mit einer rebellierenden Introversion, beispielsweise, antwortet, mit einer radikalen Subjektivität, die ihrer Zeit *Poesie als Kunst* entgegensetzt. Und es entstehen große Romane (Wolfgang Koeppen, Arno Schmidt, Heinrich Böll), die gerade den Stoff, den diese Zeit ihnen bietet, äußerst produktiv aufnehmen, literarisch anverwandeln und zur Wirklichkeitsdeutung formen. Das Drama aber vermag dies nicht, weil es zu seiner Produktion allererst der philosophischen Durchdringung einer Zeit, einer Problematik bedarf, einer Idee, die dramatisiert und in Szene gesetzt wird. Um es in der Terminologie des jungen Georg Lukács (*Die Theorie des Romans*, 1916) zu sagen: »Die Welt des Epos beantwortet die Frage: Wie kann das Leben wesenhaft werden?« Das heißt: Den Stoff des Romans, den eigentlich epischen Stoff, bildet das Leben selber, und auf die Frage nach dessen Wesen antwortet der Roman der 50er Jahre kritisch, scharf urteilend und verurteilend, sogar negativ. Das Wesen dieses Lebens nach dem Faschismus ist Kontinuität und Verdrängung, Substanzlosigkeit. Die Welt des Dramas aber, so Georg Lukács, beantwortet »die Frage: Wie kann das Wesen lebendig werden?« Diese Frage setzt zu ihrer Beantwortung – zumal als Tragödie – voraus, »das Wesen«, bevor es noch »lebendig«, also dramatisiert werden kann, allererst zu erkennen. Auf diese Frage findet das deutsche Drama keine Antwort, weil es eine »das Wesen« seiner Zeit ergründende Deutung in Deutschland weder vorfindet noch gar selber entwickelt. Anders das französische Theater, dessen bedeutendste Autoren (Sartre, Camus) zugleich Philosophen waren, die durch die Zeit der deutschen Okkupation und die Erfahrungen der Résistance geprägt wurden. Die Antworten, die ihr Theater gab, hatten zur Voraussetzung eine philosophische Deutung der menschlichen Existenz – ihrer problematischen Freiheit wie ihrer Absurdität –, die in den 50er Jahren auch für die Bundesrepublik eine kaum zu überschätzende Bedeutung erhalten sollte. Die Bedingungen dieser Aktualität seien im folgenden knapp umrissen.

Der französische Existentialismus stellte, dies vor allem, der deklassierten und desorientierten Kriegs- und Nachkriegsgeneration ein anthropologisch-philosophisches Modell vor, nämlich den »Menschen ohne Transzendenz«, in das sich die Erlebnisse der Materialschlachten, der Bombennächte und des nationalsozialistischen Terrors rückhaltlos einbringen ließen; ein Modell zudem, welches dem Erfahrungszusammenhang der französischen Résistance gegen die deutsche Besatzung im Weltkrieg entstammte, mithin politisch positiv besetzt war. Dieser »Mensch ohne Transzendenz« steht in einer doppelten Konfrontation: Er ist der »vorläufigen« Erfahrung des eigenen Todes wie der Freiheit zur Entscheidung ausgesetzt. »Es gibt nur ein wirklich ernstes philosophisches Problem: den Selbstmord« – so beginnt Albert Camus' richtungweisender Essay *Der Mythos von Sisyphos* (1943; dt. 1956). Im Bild des mythischen Sisyphos, der zur Strafe für seine Verfehlungen auf Geheiß der Götter einen immer wieder entrollenden Felsblock auf einen Berg hinaufbewegen muß, deutet sich Camus die Absurdität des menschlichen Handelns und Seins. »Das Absurde«, so Camus, »entsteht aus der Gegenüberstellung des Menschen, der fragt, mit der Welt, die vernunftwidrig schweigt.« Aus dieser absurden Konstellation aber könne der Selbstmord nicht hinausführen, weil er die existentielle Spannung zwar aufhebe, zugleich aber deren Überwindung verhindere. Hieraus ergibt sich Camus' Denkfigur der »Revolte«: Indem der Mensch »ohne Transzendenz«, ohne eine höhere Bestimmung, gegen die Absurdität des Daseins revoltiert, findet er zu seiner Verwirklichung, freilich einer ohne »höheren Sinn«. Der letzte Satz dieses Essays lautet: »Wir müssen uns Sisyphos als einen glücklichen Menschen vorstellen.« Durch die *Tat*, insonderheit die des Künstlers und Revolutionärs (*Der Mensch in der Revolte*, 1951; dt. 1953), findet das ethische Problem der Daseinsverwirklichung im Handeln seine Lösung: Sie ist die Freiheit des Menschen in der absurden Welt. In dieser Interpretation lag das ungemein Faszinierende dieser so unsystematischen wie atheistischen, ganz auf die Existenz des Menschen konzentrierten Philosophie begründet.

Zum anderen bot die französische Existenzphilosophie – und hier insbesondere Sartre mit seinem Hauptwerk *Das Sein und das Nichts* (1943, dt. 1952/1962) – eine Auseinandersetzung mit den Traditionen deutscher Philosophie (Kant, Hegel, Husserl), die auf willkommene Weise von der verhängnisvollen Entwicklung der deutschen Existenzphilosophie bis zur Freiburger Rektoratsrede Martin Heideggers im Sommersemester 1933 – der Übergabe der gesamten philosophischen Tradition an die nationalsozialistischen Machthaber! – ablenkte. Sartre nämlich knüpfte in seiner philosophischen Argumentation an das schon von Martin Heidegger (*Sein und Zeit*, 1927) und Karl Jaspers *Die geistige Situation der Zeit*, 1931; *Existenzphilosophie*, 1938) entwickelte Philosophem der *Wahlmöglichkeit* des Menschen an (Heidegger: zwischen »Selbstfindung und Selbstverlust«, »eigentlicher« und »uneigentlicher« Existenz). Diese Wahlmöglichkeit, die schon bei Kierkegaard (*Entweder/Oder*, 1843) als Problem der »Selbstwahl« erörtert wird, akzentuiert

Siegfried Lenz, »Zeit der Schuldlosen« (Bühnen der Stadt Kiel, 1961)

Sartre als negative existenzielle Erfahrung: Freiheit erscheint als Negation im Akt der Wahl, weil die Freiheit des Einzelnen am Freiheitsanspruch des jeweils anderen ihre Grenze findet. »Die Hölle, das sind die anderen«: dieser berühmte Satz aus *Geschlossene Gesellschaft* gibt die dramatische Pointierung für Sartres existenzphilosophische Freiheitsdeutung – und den Nährboden ihrer Rezeption in der westdeutschen Gesellschaft der »Wirtschaftswunder«-Jahre.

Schließlich bot der französische Existentialismus ein Literaturmodell (Sartre, *Was ist Literatur?*, 1948, dt. 1958/1981), das zum ersten Mal – angeregt wiederum durch die Erfahrungen der Résistance – den Entscheidungsprozeß des Schriftstellers *vor* dem Schreiben in den Mittelpunkt stellte und mit dem Begriff der »engagierten Literatur« den Schriftsteller in die Philosophie der Freiheit entscheidend einbezog: »Da die Kritiker mich im Namen der Literatur verdammen«, so Sartre, »ohne zu verraten, was sie unter Literatur verstehen, antwortet man ihnen am besten damit, daß man vorurteilslos prüft, was es mit der Kunst des Schreibens auf sich hat. Was heißt schreiben? Warum schreibt man? Für wen? Tatsächlich scheint sich nie jemand diese Fragen gestellt zu haben.« Die Werke Sartres und Camus' lassen sich also, bei allen Differenzen beider untereinander, gleichermaßen auch als Transponierungen ihrer philosophischen Positionen in Literatur verstehen, insbesondere in Drama und Roman. In *Die schmutzigen Hände* (1948) etwa setzt sich Sartre, dem Marxismus stets enger verbunden als Camus, mit der Haltung der bürgerlichen Intelligenz gegenüber dem Totalitarismus auseinander. Der bürgerliche Hugo soll im Auftrag der Kommunistischen Partei den Funktionär Hoederer beseitigen. Doch als er ihn schließlich umbringt, tut er dies nicht aufgrund des politischen Auftrags, sondern aus einem privaten Motiv: aus Eifersucht. Als die Partei wieder auf die Linie Hoederers einschwenkt und nun Hugo im Wege steht, beharrt dieser darauf, aus politischer Überzeugung gehandelt zu haben: »Ich habe Hoederer noch nicht getötet [...] Noch nicht. Doch jetzt werde ich ihn töten. Und mich selbst mit ihm« – die existentialistische Problematik, wie sie Sartre zwei Jahre zuvor in seinem Essay *Ist der Existentialismus ein Humanismus?* theoretisch entwickelt hatte, im Stück jedoch diskutiert am Beispiel der kommunistischen Ideologie. – In Albert Camus' erstem Roman *Der Fremde* (1942) – es folgen *Die Pest* (1947) und *Der Fall* (1956) – gilt der Büroangestellte Meursault als Fremdkörper der Gesellschaft, weil er beim Tod seiner Mutter keine Trauer empfindet. Als er einen Mord begeht und keine Reue zeigt, wird er zum Tode verurteilt. Er resümiert: »Damit sich alles erfüllt, damit ich mich weniger allein fühle, brauche ich nur noch eines zu wünschen: am Tag meiner Hinrichtung viele Zuschauer, die mich mit Schreien des Hasses empfangen.« Auch diese

Interpretation der Gesellschaft als einer absurden Wolfswelt paßte in das Stimmungsgefüge der Nachkriegszeit.

Symptomatisch – für den Entwicklungsstand des deutschen Dramas wie für den Einfluß des Existentialismus – ist ein Stück, das im September 1961 im Deutschen Schauspielhaus zu Hamburg uraufgeführt wird: Siegfried Lenz' (geb. 1926) Parabel *Zeit der Schuldlosen*, entstanden aus seinem Hörspiel *Zeit der Schuldlosen – Zeit der Schuldigen* (1961). Symptomatisch deshalb, weil es in Thematik wie Struktur Diskussionen und Argumentationsfiguren aufnimmt und gleichsam bündelt, die in den 50er Jahren beherrschend waren.

Im ersten Teil von Lenz' Stück wird ein gescheiterter Attentäter, der auch unter der Folter nicht geständig war, in einer Zelle mit neun »schuldlosen« Bürgern unterschiedlicher Herkunft und Profession eingeschlossen, die erst dann wieder freigelassen werden sollen, wenn der Attentäter gestanden hat – eine andere Art der Folter also, die mit der Ermordung des Attentäters endet. Im zweiten Teil haben, Jahre später, die politischen Freunde des einstigen Attentäters die Macht errungen, und sie sperren nun ihrerseits die schuldig gewordenen »Schuldlosen« zusammen, um sie zur Selbstaufklärung ihrer Tat zu zwingen. Doch die wechselseitigen Vernehmungen, Anschuldigungen und Unschuldsbeteuerungen (mit deutlichen Anklängen an das Film-Muster von *Die zwölf Geschworenen*) führen nicht zur Aufklärung des Verbrechens, sondern zum Freitod eines der Beteiligten und zu der Erkenntnis der Schuldfähigkeit aller in einer Welt der Rechtlosigkeit: »die Schuld wird unter uns bleiben«.

Siegfried Lenz (1978)

Lenz' Stück ist als Parabel konstruiert, als eine Art dramatisches Gleichnis also, das auf historisch indifferente Problemstrukturen verweisen, mithin die geschichtlich zugrundeliegende Erfahrung des Faschismus (und des Stalinismus) transzendieren will. Lenz hat Muster solcher Parabeln im Umkreis der zeitgenössischen Dramatik hinreichend vorgefunden: bei Brecht (*Der gute Mensch von Sezuan*, 1942), bei Sartre (*Tote ohne Begräbnis*, 1947, dt. 1949), bei Camus (*Die Gerechten*, 1950). Doch gerade die zeitgeschichtliche Problematik, die Anlaß für Lenz' dramatischen Entwurf gab, verflüchtigt sich in jene Tendenz zu abstrakter Typisierung, die sein Stück insgesamt kennzeichnet.

Diese Schwäche hängt eng mit der Problematik selber zusammen, die Lenz' Parabel erörtert, nämlich mit der Schuldproblematik. Sie hatte im Zusammenhang der These von einer Kollektivschuld des deutschen Volkes bereits die Nachkriegsdiskussion bestimmt. Während etwa der Existenzphilosoph Karl Jaspers 1946 mit seinem Theorem von einer »schuldvollen Passivität« eine politische Kollektivhaftung des deutschen Volkes durchaus behauptet hatte, waren die Autoren der »jungen Generation« um die Zeitschrift *Der Ruf* einer solchen Annahme entschieden entgegengetreten. Aber nicht erst nach dem Kriege, sondern schon im Umkreis der Inneren Emigration im Dritten Reich, bei Werner Bergengruen etwa (*Der Großtyrann und das Gericht*, 1935) oder Stefan Andres (*Wir sind Utopia*, 1942), konnte man literarische Bearbeitungen der Schuldfrage finden, ebenso auf dem Theater der 50er und frühen 60er Jahre, in Stefan Andres' Bühnenfassung seines Romans, *Gottes Utopia* (1950), oder in Max Frischs *Andorra* (1961). Was aber diese literarischen Bearbeitungen der Schuldproblematik unterschied von den Werken der frühen Nachkriegszeit, die zumeist (Bor-

chert, Böll, Richter) von klar erkennbaren Verantwortlichkeiten ausgingen, war der Akzent ihrer Problemstellung. Sie fragten – und so auch Siegfried Lenz – nach der Schuld der vermeintlich Unschuldigen, der Nicht-Täter, Nicht-Handelnden, der Unbeteiligten, der »Objektiven«, wie sie Brecht in einem Gedicht genannt hat.
Lenz' Stück ist also ein Ideen-Drama, ein philosophisch-theoretischer Disput über das Verhältnis von Unschuld und Verstrickung. Und um seinen Konflikt überhaupt entfalten zu können, konstruiert Lenz eine Situation, die er ebenfalls im Umkreis der zeitgenössischen Dramatik vorfand, nämlich die Situation des Eingeschlossenseins. Sartres *Geschlossene Gesellschaft* (1947, dt. 1949), Albert Camus' *Die Pest* (1947, dt. 1948) enthalten schon jenes Modell einer von der Außenwelt abgeschlossenen Gruppe, auf das auch Lenz' dramatische Konstruktion zurückgreift. Sie verweist das Individuum auf seine existenzielle Vereinzelung innerhalb der Gesellschaft und erinnert zugleich an die Grenzen seiner Freiheit, die in der Notwendigkeit zur Entscheidung liegen, mithin in der Möglichkeit, schuldig zu werden.

In vergleichbarer Weise parabolisch moralisiert auch Lenz' zweites Bühnenstück dieser Jahre, das an Erich Kästners *Die Schule der Diktatoren* (1949, uraufgeführt 1957) erinnert: die Komödie *Das Gesicht*. Auch hier die Konstruktion einer extremen Situation, auch hier das Problem der Diktatur, auch hier das Schuldigwerden des Einzelnen. Problematisch in beiden Stücken ist die moralisierende Abstraktheit, mit der die Schuldfrage zeitenthoben, als gewissermaßen anthropologisch-existenzielle Konstante vorgeführt wird. Zwar erfahren die Grenzsituationen bei Lenz eine politische Begründung, doch ist diese ihrerseits keiner erkennbaren gesellschaftlichen Realität verpflichtet. Es geht um eine politisch-moralische Abstraktion, um Problemdiskussion, um Gedankentheater – nicht um eine bühnengerechte Umsetzung der skizzierten Problematik in Gestalten, dramatische Handlung und Dramaturgie.

Man sieht: Der Einfluß des französischen Existentialismus auf deutsche Autoren war erheblich. Und auch der Schlußappell, den Siegfried Lenz in seinem Stück *Zeit der Schuldlosen* an seine Protagonisten wie an die Zuschauer richtet: »Warum zögern Sie? Die Welt steht Ihnen offen!« – dieser durchaus ironische Appell teilte ja in der rhetorischen Figur der Ellipse eine doppelbödige Antwort mit, die er im philosophischen Existentialismus vorgefunden hatte. Diese Antwort lautete: Die Freiheit im Akte einer individuellen Entscheidung zu verwirklichen, ist möglich durch die Tat – um den notwendigen Preis, ihre Absurdität gerade dadurch zu bestätigen.
Jedoch: Das Drama des Existentialismus mochte *über* die Absurdität der menschlichen Existenz handeln und diese in parabolischen und ideellen Konstellationen auf der Bühne vorführen – es wurde damit noch nicht zum Theater *des* Absurden, zum absurden Theater, wie wir es von Samuel Beckett und Eugène Ionesco, Arthur Adamov und Jean Tardieu kennen. Zwar ist auch dieses ein philosophisches Theater, insoweit es alle Metaphysik verabschiedet und die Realität für absurd erklärt hat; zwar geht es auch in diesem Theater um eine parabolische Welt, deren sinnleere Struktur die der sozialen Realität aufnimmt und pointiert, wie Ionesco in der Vorrede zu seinem Stück *Die Stühle* (1951, dt. 1959) gesagt hat:

»Die Welt erscheint mir mitunter leer von Begriffen und das Wirkliche unwirklich. Dieses Gefühl der Unwirklichkeit, die Suche nach einer wesentlichen, vergessenen, unbenannten Realität, außerhalb derselben ich nicht zu sein glaube, wollte ich ausdrücken – mittels meiner Gestalten, die im Unzusammenhängenden umherirren und die nichts ihr eigen nennen, außer ihrer Angst, ihrer Reue, ihrem Versagen, der Leere ihres Lebens, Wesen, die in Etwas hinausgestoßen sind, dem jeglicher Sinn fehlt, können nur grotesk erscheinen, und ihr Leiden ist nichts als tragischer Spott. Wie könnte ich, da die Welt mir unverständlich erscheint, mein eigenes Stück verstehen? Ich warte, daß man es mir erklärt.«

Doch ihre Formen der Isolation, der Entrückung und des Verstummens (Beckett), ihre Reproduktionen der Formelhaftigkeit und Gewalttätigkeit, der Erstarrung und Konventionalität alltäglicher Vorgänge (Ionesco) übersteigen die Ästhetik des existentialistischen Dramas durch die Konsequenz, mit der die Formensprache dieser Bühnenwerke selber zur Absurdität geworden ist. Mithin nicht mehr didaktische, philosophische, moralische oder politische Impulse mitteilen, sondern die Sinnlosigkeit solcher Impulse in sich selber ausdrücken will durch Reduktion, Monologisierung, Verstummen oder durch Hypertrophierung, Sarkasmus, parodistisches Schein-Spiel mit der Wirklichkeit.

Auch dieses Theater ist für die Bundesrepublik nicht ohne Folgen geblieben. Und auch hier haben die Nachfolger die Qualität der Vorbilder nicht erreicht. Wolfgang Hildesheimer (*Pastorale oder Die Zeit für Kakao*, 1958; *Die Uhren, Landschaften mit Figuren, Der schiefe Turm von Pisa*, 1959; *Die Verspätung*, 1961; *Nachtstück*, 1963) und Günter Grass (*Hochwasser*, 1957; *Onkel, Onkel*, 1958; *Noch zehn Minuten bis Buffalo*, 1959; *Die bösen Köche*, 1961), haben in eher knappen szenischen Entwürfen bunte, zum Teil grelle Bilder eines absurden Daseins entworfen, die freilich über ihre eigene Absurdität nicht hinausweisen konnten und wohl auch nicht sollten.

Wolfgang Hildesheimer (geb. 1916) hat in seiner »Erlanger Rede über das absurde Theater« dessen Merkmale im Jahre 1960 pointiert hervorgehoben (abgedruckt in *Akzente*, H. 6/1960). Hildesheimer hat dabei deutlich auf die Neuartigkeit dieses sowohl nicht-aristotelischen als auch nicht-epischen, von Alfred Jarry und dem Surrealismus sich herleitenden Theaters hingewiesen; darauf nämlich, daß dieses Theater ohne Katharsis und ebenso ohne Didaxe auskommme, ohne Symbolik und ohne Parabolik, genauer: daß seine fehlende Aussage – die der Wirklichkeit angemessene ist. »Die Unverständlichkeit des Lebens kann aber nicht durch den Versuch einer Antwort dargestellt werden, denn«, so Hildesheimer, »das hätte zu bedeuten, daß sie interpretierbar, das Leben also verständlich wäre. Sie kann nur dadurch dargestellt werden, daß sie sich in ihrer ganzen Größe und Erbarmungslosigkeit enthüllt und quasi als rhetorische Frage im Raum steht: Wer auf eine Deutung wartet, wartet vergebens.« Der Selbstwiderspruch dieser Argumentation liegt auf der Hand – und Theodor W. Adorno hat in seinem *Versuch, das Endspiel zu verstehen* (1961, in: *Noten zur Literatur II*, 1961) eine eingehende Deutung der absurden Parabolik geliefert. Denn gerade jene Dramen, die angesichts eines absurden Weltzustandes dessen Absurdität in ihre Struktur, in ihre Formensprache aufzunehmen vermögen, sprechen umso rückhaltloser und konsequenter von ihm. Diesen Zusammenhang gestand auch Hildesheimer zu, als er, einen Begriff Brechts aufnehmend und abwandelnd, bemerkte: »Das absurde Theater ist eine Parabel über die Fremdheit des Menschen in der Welt. Sein Spiel dient daher der Verfremdung. Es ist ihre letzte und radikale Konsequenz. Und Verfremdung bedeutet Spiel im besten, wahrsten und – nebenbei bemerkt – im ältesten Sinne.«

Will man die Bedeutung des Existentialismus – und des nicht ästhetisch, doch philosophisch ihm eng verwandten absurden Theaters – in den 50er Jahren zusammenfassend charakterisieren, so läßt sich sagen: Der Existentialismus war eine Mode der 50er Jahre. Man pflegte sie in exklusiven Zirkeln und Kneipenkellern, in Paris wie in anderen europäischen Metropolen. Man diskutierte Sartre und Camus und hörte die Chansons der Juliette Greco. Radikale Individualisierung, das Bewußtsein, vollständig auf sich selber zurückgeworfen zu sein, als Lebensgefühl einer ganzen intellektuellen Generation. Wenn sozialpsychologische Stimmungen eine Farbe tragen könnten, so wäre Schwarz die dem Existentialismus angemessene. Man trug schwarze Pullover, schwarze Hosen, schwarze Schuhe, wenn möglich: lange schwarze Haare. Dies jedoch war nicht das Schwarz der Anarchie – eher das der Melancholie.

Moden aber sind immer mehr als nur flüchtige Zeitstimmungen, die den Gesetzen des Marktes und der profitablen Verwertung gehorchen. »Das brennendste Interesse der Mode«, so Walter Benjamin in seinem *Passagen-Werk*, »liegt für den Philosophen in ihren außerordentlichen Antizipationen.« Die Antizipationen des philosophisch-literarischen Existentialismus im Westen Deutschlands bestanden, wenn nicht alles täuscht, darin, der Politisierungsphase der 60er Jahre den Boden bereitet zu haben. Hervorgegangen aus einer zweifachen Desillusionierung der westlichen Intelligenz – dem offenbaren Scheitern eines aufklärerischen Humanismus im Triumph des Faschismus und dem offenbaren Versagen eines sozialrevolutionären Marxismus in der mörderischen Bürokratie des Stalinismus –, bot der französische Existentialismus eine philosophisch begründete Absage an jegliches Systemdenken wie an jedwede Form historischer Teleologie. Seine Konsequenz einer radikalen Individualisierung der Entscheidungsmöglichkeit bedeutete zunächst und vor allem: *De-*

sertion aus Verbindlichkeiten. Und erst als die Stimmung gleichsam ausgekostet, die Mode abgetragen schien, neutraler gesprochen: als diese Philosophie und die in ihr beschlossenen Handlungsmöglichkeiten zu Ende gedacht waren, als ihre vollständige soziale Integrierbarkeit sich ebenso herausgestellt hatte wie ihre Unfähigkeit zur Veränderung der politischen Wirklichkeit – erst zu diesem Zeitpunkt, zu Beginn der 60er Jahre also, griff das Bedürfnis nach radikaler Gesellschaftskritik Platz, erfüllten neue Sinn-Entwürfe den politisch-philosophischen und auch den literarischen Raum. Sie sind ohne den Existentialismus der 50er Jahre nicht zu denken.

Vergangenheitsbewältigung und Gegenwartskritik – Zur Konstitution des deutschen Romans

Der Rückzug aus dem gesellschaftspolitischen Engagement der frühen Jahre in die Literatur, der sich mit der Gründung der Gruppe 47 beobachten läßt, hat vor allem für die Prosa Konsequenzen gehabt. Denn die Konzentration auf die Sache der Literatur erlaubte den Autoren, sich mehr als zuvor an der zeitgenössischen Weltliteratur zu orientieren, sich auf Stoffe, Themen und Probleme der jüngsten Vergangenheit wie der Gegenwart zu besinnen und sich um eine reflektierte Entwicklung neuer Schreibweisen zu bemühen. Kann Heinrich Bölls Wort von der Schwierigkeit, »auch nur eine halbe Seite Prosa zu schreiben«, als symptomatisch für die Nachkriegssituation gelten, so Siegfried Lenz' Einbekenntnis einer Vorbildsuche für die frühen 50er Jahre:

> »Ich wußte durchaus, wovon ich erzählen wollte, doch mir fehlte – neben manchem anderen – die Perspektive, und ich fand sie bei Ernest Hemingway. Ich fand sie vor allem in seinen Geschichten, die für mich, zum Teil auch heute noch, den Ausdruck einer musterhaften Spannung darstellen: es ist der Antagonismus zwischen Traum und Vergeblichkeit, zwischen Sehnsucht und Erfahrung, zwischen Auflehnung und demütigender Niederlage. Das Schweigen und die Auflehnung – sie erschienen mir als reinste Form der Zuflucht in einer Welt, in der der Tod seine sieghafte Erscheinungsform verloren hat.«

Die Antagonismen, von denen Siegfried Lenz spricht, lassen sich in der Tat als Strukturmerkmal einer »jungen deutschen Literatur der Moderne« (Walter Jens) benennen. Autoren wie Heinrich Böll und Wolfgang Koeppen, Martin Walser (geb. 1927), Alfred Andersch und Max Frisch bewegen sich im Spannungsfeld von faschistischer Vergangenheit und kapitalistischer Gegenwart, Pessimismus und Aufbegehren, Identitätsverlust und radikaler Subjektivität. Diese Antagonismen implizieren jene Spannung zwischen Traditionalismus und Modernität, innerhalb derer die jüngeren deutschen Schriftsteller den Versuch einer literarischen Positionsbestimmung unternahmen.

Dieser Versuch ist durch eine entscheidende Gemeinsamkeit charakterisiert: Die »junge deutsche Literatur der Moderne« ist – mit wenigen Ausnahmen wie etwa Arno Schmidt, Wolfgang Koeppen und, später, Günter Grass – einer sozialkritisch-realistischen Erzähltradition verpflichtet. Ein solches Erzählen setzt die Überzeugung voraus, daß Gegenwartsprozesse und Vergangenheitserfahrungen, daß Beschädigungen und Leiden, Erschütterungen und Entstellungen überhaupt mitteilbar sind, daß sie sich in Handlungen, in Personenentwicklungen, in sukzessiven Erzählverläufen organisieren lassen, daß sie, womöglich, Konsequenzen, gewiß aber Bedeutung haben für Zeitgenossen, für kritische Leser. Und umgekehrt setzt solche Literatur bei ihren Lesern voraus, daß diese ihre Stimmungen, Erfahrungen, Emotionen und Reflexionen im literarischen Medium zu identifizieren und zu distanzieren, daß sie im Fremden Eigenes zu erkennen und das eigene Erleben im fremden zu transzendieren vermögen. Realistisch-sozialkritisches Erzählen erfordert mithin Vertrauen in die Wirksamkeit von Literatur, unter zweifachem Aspekt: hinsichtlich der Erzählbarkeit von Realität als einer spannungsreichen, konflikthaltigen Substanz wie hinsichtlich des beschädigten Lebens, das im Erzählten über sich selber Erfahrungen zu machen sucht.

Die deutsche Prosa, insbesondere der deutsche Roman der 50er Jahre repräsentiert, in Themenwahl und Formensprache, solches Selbstvertrauen ganz ungebrochen. Zwar knüpft man an ausländische (Hemingway) und deutsche Vorbilder (Arnold Zweig, Lion Feuchtwanger) an, doch gehen in diese Anfänge die stofflichen Voraussetzungen – Kriegsthematik und Faschismusproblematik, die Konflikte der Nachkriegszeit und der unmittelbaren Gegenwart – stilbildend ein. Erzählte Zeitgeschichte – so ließe sich das Programm dieser Literatur pointiert benennen. Das Prinzip des »Einfachwerdens« (Heinrich Böll), das schon für die frühe Nachkriegsprosa Geltung besaß, bleibt auch in den 50er Jahren noch bestimmend. Die literarischen Ausnahmefälle dieser Zeit – Wolfgang Koeppens Romane, Max Frischs *Stiller* – bestätigen die Regel, über die sie zugleich hinausweisen.

Im »Treibhaus« der Restauration – Wolfgang Koeppens Romane

Nur bei wenigen deutschsprachigen Autoren des 20. Jahrhunderts lagen in den 50er Jahren literarische Bedeutung und öffentliche Resonanz – mißt man diese an Auflagenhöhen – weiter auseinander als bei dem Romancier Wolfgang Koeppen (geb. 1906). Das macht: Wolfgang Koeppen galt, anders als Heinrich Böll und Siegfried Lenz, Max Frisch und Günter Grass, als »schwieriger Autor«. Schwierig nicht nur der scharfsichtigen Gesellschaftskritik wegen, die aus seinen Romanen spricht, sondern schwierig vor allem wegen der avantgardistischen erzählerischen Mittel, die ihm seinen sezierenden Blick allererst erlauben. Als schwierig aber galt Koeppen auch, weil er sich dem Literaturbetrieb der Bundesrepublik konsequent verweigert, weil er selten Interviews gegeben, nie repräsentative Funktionen übernommen, von institutionellen Zwängen sich ferngehalten hat. Ein schwieriger Einzelgänger also, der sogar die Hoffnung seiner Lesergemeinde auf einen neuen großen Roman über mehr als drei Jahrzehnte hinweg zu enttäuschen wagte. Denn außer drei Reiseberichten (*Nach Rußland und anderswohin. Empfindsame Reisen*, 1958; *Amerikafahrt*, 1959; *Reisen nach Frankreich*, 1961) und seinem autobiographischen Text *Jugend* (1976) hat Wolfgang Koeppen nach seinen drei Nachkriegsromanen im wesentlichen eine kleine Anzahl von Gelegenheitsarbeiten und Rezensionen veröffentlicht. Die Erkenntnis freilich, die sich an diesen eher statistischen Befund anschließen läßt, kann nur heißen: Kunst auf Bestellung gibt es nicht. Die Romankunst eines Wolfgang Koeppen muß sich messen lassen an dem literarästhetischen Standard, den seine Romane aus den 50er Jahren repräsentieren.

Als Erzähler debütierte Wolfgang Koeppen 1934 mit dem Roman *Eine unglückliche Liebe* (Neuauflagen 1963 und 1977). Auf ihn folgte 1935 der Roman *Die Mauer schwankt* (1939 Neuausgabe unter dem Titel *Die Pflicht*, ohne Wissen des Autors, und 1983 unter dem ursprünglichen Titel). Nach dem »Röhm-Putsch« 1934 ging Koeppen in die Niederlande ins Exil, das er unter schwierigsten Existenzbedingungen überstand.

Koeppens Nachkriegsromane erschienen in rascher Folge: *Tauben im Gras* 1951, *Das Treibhaus* 1953, *Der Tod in Rom* 1954. Ihr gemeinsamer Gegenstand: Kritik an der restaurativen Entwicklung im Westen Deutschlands, Kritik an der Fortdauer einer nicht-bewältigten, nicht einmal bearbeiteten Vergangenheit. Ihre gemeinsame Herkunft: eine erzählerische Tradition der Moderne, die sich mit den Namen James Joyce, John Dos Passos, Alfred Döblin benennen läßt. Ihr gemeinsames Ziel: als Warnrufe vor den erkannten drohenden Gefahren der Restauration verstanden und beachtet zu werden.

»Flieger waren über der Stadt, unheilkündende Vögel. Der Lärm der Motoren war Donner, war Hagel, war Sturm. Sturm, Hagel und Donner, täglich und nächtlich, Anflug und Abflug, Übungen des Todes, ein hohles Getöse, ein Beben, ein Erinnern in den Ruinen. Noch waren die Bombenschächte der Flugzeuge leer. Die Auguren lächelten. Niemand blickte zum Himmel auf.« – Vor dem Szenario einer unheilvollen historischen Ahnung entwirft Koeppen in *Tauben im Gras* das Panorama eines einzigen Tages (Joyce), eines Frühlingstages des Jahres 1951 in München, das, in die vielfältigen Perspektiven von nahezu 30 Personen aufgesplittert, eine Art Momentaufnahme der bundesrepublikanischen Gesellschaft in der Phase beginnender Restauration gibt. Die Multiperspektivität der Figuren unterschiedlichen Geschlechts, Alters, Denkens und Sprechens (Dos Passos) wird in einer Art filmischer Montagetechnik, also ohne einen vermittelnden, gar

Schutzumschlag der Originalausgabe 1954

auktorialen Erzähler, zur Totalität eines historischen Augenblicks gebündelt, der keinen Helden mehr kennt, keinen durchgängigen Handlungsstrang besitzt, keine Identifikationsmöglichkeit bietet, kurz: jeder Sinnstiftung entbehrt. Einzig die Simultaneität, in welche die literarische Montage sie hebt, verbindet diese Menschen, die – wie »Tauben im Gras« – ziel- und ahnungslos ihr Dasein fristen. Das Buch organisiert mithin sprachlich die einander relativierenden Erfahrungen und Wahrnehmungen vieler, die sich zur Kommunikationslosigkeit aller verdichten – nach einer »Stunde Null«, die keine gewesen ist. Das ahnungsvolle Ende weist auf den unheilvollen Anfang zurück: »*Spannung, Konflikt, Verschärfung, Bedrohung.* Am Himmel summen die Flieger. Noch schweigen die Sirenen. Noch rostet ihr Blechmund. Die Luftschutzbunker wurden gesprengt; die Luftschutzbunker werden wieder hergerichtet. Der Tod treibt Manöverspiele. *Bedrohung, Verschärfung, Konflikt, Spannung.* Komm-du-nun-sanfter-Schlummer. Doch niemand entflieht seiner Welt. Der Traum ist schwer und unruhig. Deutschland lebt im Spannungsfeld, östliche Welt, westliche Welt, zerbrochene Welt, zwei Welthälften, einander feind und fremd, Deutschland lebt an der Nahtstelle, an der Bruchstelle, die Zeit ist kostbar, sie ist eine Spanne nur, eine karge Spanne, vertan, eine Sekunde zum Atemholen, Atempause auf einem verdammten Schlachtfeld.«

Gilt *Tauben im Gras* als der avantgardistischste unter Koeppens Romanen, so *Das Treibhaus* als der konventionellste – und skandalöseste. Beides mit gutem Grund, aber nur geringem Recht. Denn zwar spielt der Roman in Bonn, im »Treibhaus« der Restauration. Zwar lag es nahe, das Werk deshalb als Schlüsselroman zu lesen. Zwar erklärt sich hieraus und aus der scheinbar konventionellen Rückbindung des Romangeschehens an eine einzelne Figur, den Bundestagsabgeordneten Keetenheuve, seine Publikumsresonanz. Doch liegt diesen Faktoren der Romanrezeption eine Reihe ebenso verständlicher wie problematischer Mißverständnisse zugrunde, auf die es einzugehen gilt. Denn, so Koeppen in ei-

Wolfgang Koeppen (1982)

ner Vorbemerkung: »der Roman hat seine eigene poetische Wahrheit«.

Im Mittelpunkt steht ein einzelner Held, Bundestagsabgeordneter, Angehöriger der Bonner Opposition, ein Linker und Außenseiter selbst in seiner eigenen Fraktion, ein Anti-Held eher, idealistisch, schöngeistig, aus dem Exil zurückgekehrt, um eine freiheitliche Demokratie aufzubauen:

»Keetenheuves Beschäftigungen, seine Mitarbeit am Wiederaufbau, sein Eifer, der Nation neue Grundlagen des politischen Lebens und der Freiheit der Demokratie zu schaffen, hatten es mit sich gebracht, daß er in den Bundestag gewählt wurde. Er war bevorzugt aufgestellt worden und hatte sein Mandat bekommen, ohne sich als Wahlredner anstrengen zu müssen. Das Kriegsende hatte ihn mit Hoffnungen erfüllt, die noch eine Weile anhielten, und er glaubte, sich nun einer Sache hingeben zu müssen, nachdem er so lange abseits gestanden hatte. Er wollte Jugendträume verwirklichen, er glaubte damals an eine Wandlung, doch bald sah er, wie töricht dieser Glaube war, die Menschen waren natürlich dieselben geblieben, sie dachten gar nicht daran, andere zu werden, weil die Regierungsform wechselte, weil statt braunen, schwarzen und feldgrauen jetzt olivfarbene Uniformen durch die Straßen gingen und den Mädchen Kinder machten, und alles scheiterte wieder mal an Kleinigkeiten, an dem zähen Schlick des Untergrundes, der den Strom des frischen Wassers hemmte und alles im alten stekken ließ, in einer überlieferten Lebensform, von der jeder wußte, daß sie eine Lüge war.«

Der »Roman eines Scheiterns« (Koeppen) also: Keetenheuve scheitert angesichts eines unentwirrbaren Geflechts von Interessen, Beziehungen, Heuchelei, Lügen, Intrigen, alten Nazis, neuen Konservativen. Er scheitert vor dem historischen Hintergrund des Adenauer-Staates, der Ära des Kalten Krieges, der Remilitarisierung der Bundesrepublik. Er scheitert am Klima des »Treibhauses« Bonn:

»Ein Treibhausklima gedieh im Kessel zwischen den Bergen; die Luft staute sich über dem Strom und seinen Ufern. Villen standen am Wasser, Rosen wurden gezüchtet, die Wohlhabenheit schritt mit der Heckenschere durch den Park, knirschenden Kies unter dem leichten Altersschuh, Keetenheuve würde nie dazu gehören, nie hier ein Haus haben, nie Rosen schneiden, nie die Edelrosen, die Nobiles, die Rosa indica, er dachte an die Wundrose, Erysipelas traumaticum, Gesundbeter waren am Werk, Deutschland war ein großes öffentliches Treibhaus, Keetenheuve sah seltsame Floren, gierige, fleischfressende Pflanzen, Riesenphallen, Schornsteinen gleich voll schwelenden Rauches, blaugrün, rotgelb, giftig, aber es war eine Üppigkeit ohne Mark und Jugend, es war alles morsch, es war alles alt, die Glieder strotzten, aber es war eine Elephantiasis arabum.«

So bleibt diesem Anti-Helden nur die Freiheit, aus seiner eigenen Desillusionierung die Konsequenz zu ziehen und den Freitod zu wählen: »und ein Sprung von dieser Brücke machte ihn frei«, lautet der letzte Satz des Romans.

Die Reaktion der Kritik bestand mit wenigen Ausnahmen (Karl Korn etwa, der schon *Tauben im Gras* als ein bedeutendes Werk erkannt hatte) aus einhelliger Empörung: »Abtritt-Pornographie« und »pseudorevolutionäre Pubertät« schleuderte man dem Autor entgegen, »literarische Hochstapelei« und »Ruinen-Existentialismus« lastete man ihm an. Das »Feld junger deutscher Literatur« als »Rummelplatz dürftigen Hochstaplertums mißbraucht« zu haben, hielt – auch dies ein Indiz problematischer Kontinuität – Klaus Harpprecht, späterer ›ghost-writer‹ Willy Brandts, dem Autor vor. Und mit schneidender Arroganz stellte er fest: »Die Antenne für Gegenwärtiges und Kommendes fehlt.« Aber wenn solche Polemik eher der – mißverstandenen – politischen denn der erzählerischen Dimension des Werks galt, so offenbarten auch die literarästhetisch argumentierenden Kritiker erhebliche Verständnisschwierigkeiten. Sie resultierten vor allem aus der Funktion des Helden, aus der Entwicklung einer konsistenten Handlung, einer individuellen Erzählperspektive, durch die Koeppen hinter *Tauben im Gras* erzähltechnisch zurückgefallen sei. Doch wie so häufig, wenn Literaturkritiker und -wissenschaftler eine normative Poetik zu entwerfen, mithin dem Schriftsteller vorzuschreiben suchen, wie ein Drama, ein Gedicht, ein Roman ›auf der Höhe der Zeit‹ beschaffen sein müsse, kommt Besserwisserei und Beckmessertum ins Spiel. Zwar erzählt Koeppen die Geschichte eines Scheiterns – und greift damit auf den traditionellen »roten Faden« eines Handlungsmusters zurück. Doch ist diese Handlung eben nicht im traditionellen Sinne ›er-zählt‹, also aus einer auktorialen Perspektive entworfen, mit Fingerzeigen versehen, Wertungen eines allwissenden Erzählers mitteilend, sondern: in Brechungen, Spiegelungen, Relativierungen, Introspektionen, in Assoziationen, Rückblenden, Erinnerungen zu einer vielfältigen und vielschichtigen Handlungsdiskontinuität demontiert. Die Figurenperspektive, wenn sie auch bis zum Freitod durchgeführt wird, erscheint mithin dissoziativ, bindet in sich keine erkenntnisleitende, schon gar keine identifikatorische Qualität, wie Helmut Heißenbüttel bemerkt hat:

»In den drei Romanen Koeppens wird gerade das erschwert, was für den traditionellen Roman Voraussetzung ist: die Identifikation mit den Figuren, die mit der Fabel, und sogar die mit dem Erfahrungsraum, in dem erzählt wird. [...] Vielmehr wird der Ausfall oder die Unterbrechung oder die Abwehr der Identifikation bei Koeppen selbst zum Mittel. Erscheint als Teil seiner erzählerischen Syntax, ja als Ausdruck dessen, was er sagen will.«

Das heißt: Der Erzähler verschwindet in der Perspektive dessen, was er erzählt, auf kunstvolle und keineswegs traditionelle Weise. Er verhindert nicht nur die Identifikation mit dem Erzählten oder seiner Hauptfigur, sondern teilt in solchem Verschwinden etwas mit von der Problematik modernen Erzählens. Der Schluß des Romans kann hier als Beispiel gelten: Das Bild der Brücke, der Sprung ins Wasser, der Tod – dies zitiert den Schluß von Erich Kästners Roman *Fabian* (1931), jene Lebenshaltung persiflierend, deren Essenz Walter Benjamin einst mit dem bösen Wort »linke Melancholie« gegeißelt hat; zitiert wohl auch jenen mißlingenden »Sprung von der Brücke« des Cajetan Lechner in Lion Feuchtwangers Roman *Erfolg* (1930), eines NS-Mitläufers, der Anfang der 20er Jahre nach der schmachvollen Flucht seines »Führers« in die Isar springen will – und dann doch bei der Leberknödelsuppe landet. Die »Last seines Körpers«, unter der die Brücke »bebt«, zitiert, anspielend auf den geisteskranken und selbstmordgefährdeten Dichter J.M.R. Lenz, Georg Büchners berühmte Erzählung *Lenz*: »sein Dasein war ihm eine notwendige Last. So lebte er hin...«. Und der Schlußsatz des Romans: »und ein Sprung von dieser Brücke machte ihn frei«, zitiert, mit aller aufklärerischen Ideologie und bürgerlichem Freiheitspathos ins Gericht gehend, Friedrich Schillers *Wilhelm Tell* (1804): »Die letzte Wahl steht auch dem Schwächsten offen / Ein Sprung von dieser Brücke macht mich frei«, sagt Gertrud zu Stauffacher (I,2). Literaturzitate, in der modernen Poesie bis hin zum DDR-Dramatiker Heiner Müller nicht eben selten – sie belegen allemal den historischen Stand einer Dichtung, die ihre Modernität gerade darin bekundet, daß sie nicht mehr ungebrochen über den tradierten Formenkanon verfügt. Und eben hiervon zeugen auch Wolfgang Koeppens Romane.

Literaturzitate stehen auch am Anfang und am Ende von Koeppens *Tod in Rom*. Schon der Titel bildet eine Anspielung auf Thomas Manns *Der Tod in Venedig*, eines der vorangestellten Motti (»Und noch desselben Tages empfing eine respektvoll erschütterte Welt die Nachricht von seinem Tode«) bestätigt diese Anspielung ausdrücklich. Der Schlußsatz des Romans aber spielt mit diesem literarhistorischen Traditionszusammenhang – auf sarkastische Weise: »Die Zeitungen meldeten noch am Abend Judejahns Tod, der durch die Umstände eine Weltnachricht geworden war, die aber niemand erschütterte.« Judejahn ist die Zentralfigur dieses Romans, ein ehemaliger SS-General, mächtig, zynisch, gewalttätig, menschenverachtend, ein deutscher Faschist, in nahöstlichen Diensten Waffenhandel und militärische Ausbildung organisierend, der sich in Rom mit seiner Familie wiedertrifft. Vergleichbar *Tauben im Gras*, wird auch hier multiperspektivisch, aus der Wahrnehmung der Familienmitglieder, erzählt, die ihrerseits die Problematik deutscher Tradition und Kontinuität repräsentieren: vom ungebrochenen Fortwirken konservativer und reaktionärer Denkmuster über blanken Opportunismus bis zu Versuchen eines hilflos-antifaschistischen Bruchs mit der Vergangenheit, eines Neubeginns im Zeichen von Religiosität und Kunst. Doch es gibt keinen Neuanfang, weil es keine Revolutionierung – der sozialen Verhältnisse wie der einzelnen Individuen – gegeben hat. Der Tod Judejahns schafft nur ein Symptom aus der Welt, während der Unterstrom, der Seinesgleichen einst hatte Oberwasser bekommen lassen, weiterfließt.

Man muß Wolfgang Koeppens Romantrilogie als die Einheit lesen, die sie literarhistorisch darstellt, will man ihrer ästhetischen Bedeutung gerecht werden. Dann nämlich lassen sich die drei Romane als komplementäre, einander sinnvoll ergänzende Teile eines einzigen großen Entwurfs begreifen, der nichts Geringeres zu sein beansprucht als eine Gesamtdiagnose der bundesdeutschen Nachkriegsentwicklung von photographischer Tiefenschärfe und Detailtreue. Die Erzählperspektive je anders, neu zu entwickeln, um einen veränderten Blick auf unsere Gesellschaft zu werfen, der neue Züge und Bezüge zu entdecken vermag – so läßt sich Koeppens Schreibimpuls für seine drei Romane gleichermaßen bestimmen. Er hat ihn auch in seinem deutlich autobiographisch inspirierten Prosastück *Jugend* (1976) nicht verlassen: ein schwarzer, monologischer Blick auf die Erfahrungen einer Jugend zu Anfang des 20. Jahrhunderts.

In Wahrheit erzählt Wolfgang Koeppen in seinen Romanen – um einen Titel Alexander Kluges aufzunehmen – »Lernprozesse mit tödlichem Ausgang«. Daß aus ihnen *nicht* gelernt wird – das ist die tödliche Gefahr, vor der zu warnen Koeppens Romane geschrieben sind. Wolfgang Koeppen hat diesen Zusammenhang im Blick auf *Das Treibhaus* mit eher bitterem Humor bestätigt: »Mein *Treibhaus* kommt mir wie ein deutsches Märchen vor, sehr harmlos, sehr freundlich, mit ein bißchen Brüder Grimmscher Gruselei. Und wie alle Märchen enthält auch das *Treibhaus* wohl seine Wahrheit.«

Zwischen Sozialkritik und Existenzphilosophie

Wolfgang Koeppens Romane blieben Ausnahmeerscheinungen der frühen 50er Jahre, nicht nur ihrer scharfsichtigen Zeitkritik wegen, sondern vor allem wegen ihrer avantgardistischen literarischen Technik. Ausnahmeerscheinungen, welche die Regel des gängigen sozialkritischen Realismus dieser Zeit bestätigen, die, in nur geringfügiger Modifikation, fortwirkende Tradition des »Einfachwerdens«, wie sie in der Nachkriegszeit entstanden war.

Kunstvoll vereinfachte Darstellung der Alltäglichkeit in Krieg und Nachkrieg findet sich etwa in Heinrich Bölls Erzählungen und Romanen (*Wanderer, kommst du nach Spa...*, 1950; *Wo warst du, Adam?*, 1951; *Und sagte kein einziges Wort*, 1953; *Haus ohne Hüter*, 1954). Gleiches läßt sich von Manès Sperbers (1905–1984) tausendseitiger Romantrilogie *Wie eine Träne im Ozean* sagen, die, in den 50er Jahren entstehend und zu Teilen veröffentlicht, 1961 zum ersten Male vollständig in deutscher Sprache vorliegt: eine »Saga der Komintern« (Arthur Koestler), in der die Geschichte revolutionärer Kommunisten im Konflikt mit der Moskauer Parteizentrale erzählt wird. Und beiden an die Seite stellen läßt sich Hans Werner Richter, der in Romanen wie *Sie fielen aus Gottes Hand* (1951) und *Linus Fleck oder Der Verlust der Würde* (1959) typische Zeitschicksale im Zweiten Weltkrieg und in der Nachkriegszeit darstellt. Kennzeichen dieser Schreibweise ist eine deutlich satirische Einfärbung des Erzählten, die ihrerseits die Distanz des Erzählers gegenüber dem Erzählgegenstand si-

Alfred Andersch als Rundfunkredakteur (1950)

gnalisiert. Das heißt: Man hat Abstand gewonnen. Die Unmittelbarkeit der Kriegs- und Nachkriegsereignisse ist einer eher reflexiven Wahrnehmungsmöglichkeit gewichen, der es nicht mehr nur um die Identifikation des Lesers mit den Vorgängen und Emotionen geht, sondern um Denkanstöße, um Kritik, um Fragestellungen. Auch Martin Walser hat in seinem ersten Roman (*Ehen in Philippsburg*, 1957) eine distanzierte Erzählperspektive gewählt, die ihm eine kritisch-satirische Momentaufnahme der bundesrepublikanischen Gesellschaft ermöglicht. Satirische Kritik der »Wirtschaftswunder«-Wirklichkeit findet sich auch bei Carl Amery (geb. 1922; *Die große deutsche Tour*, 1958) und Heinz von Cramer (geb. 1924; *Die Kunstfigur*, 1958). Sind solche Werke auch deutlich gegenüber den gleichzeitig entstehenden Trivialbestsellern der Hans Hellmut Kirst (geb. 1914; *Null-Acht-Fünfzehn*-Trilogie, 1954/55; *Fabrik der Offiziere*, 1959; *Die Nacht der Generale*, 1960), Josef Martin Bauer (1901–1970; *So weit die Füße tragen*, 1955) und Heinz G. Konsalik (geb. 1921; *Der Arzt von Stalingrad*, 1956; *Strafbataillon 999*, 1959; *Die Rollbahn*, 1959) abzuheben, so lassen sich doch die Grenzen des sozialkritischen Realismus nicht übersehen. Sie zeigen sich am klarsten dort, wo ihre Möglichkeiten, wie etwa in Alfred Anderschs autobiographischem »Bericht« *Die Kirschen der Freiheit* (1952), selbstreflexiv überschritten werden.

Andersch hatte, nach der Erfahrung sozialer Deklassierung durch Arbeitslosigkeit, Anfang der 30er Jahre aktiv für den kommunistischen Jugendverband gearbeitet, war verhaftet und vom Frühjahr bis zum Sommer 1933 ins Konzentrationslager Dachau gesperrt worden, hatte wiederum in der Illegalität gewirkt, war abermals verhaftet und nach seiner Entlassung unter dauernde Aufsicht der Geheimen Staatspolizei gestellt worden. Er zog sich daraufhin von jeder politischen Tätigkeit zurück (»Ich antwortete auf den totalen Staat mit der totalen Introversion«) und arbeitete als Angestellter, bevor er zur Wehrmacht und zum Kriegsdienst eingezogen wurde. Als Soldat desertierte er 1944 an der italienischen Front zu den Amerikanern.

Doch nicht das vordergründig autobiographische Element, sondern Daseinsdeutung und Wahrheitsfindung am Exempel des eigenen Weges weisen Anderschs Darstellung die Richtung. Die Desertion aus der Wehrmacht – wie später in *Sansibar oder der letzte Grund* (1957) die Flucht aus dem Dritten Reich oder in *Die Rote* (1960) der Ausbruch aus privaten Zwängen – als ein individuell verantworteter, aus vollständiger Entscheidungsfreiheit vollzogener Akt der Entscheidung bildet »die Achse, um die sich das Rad meines Lebens dreht«. Sie gilt Andersch als jener Moment des »Glücks«, in welchem Freiheit gelebt wird: »In jenem winzigen Bruchteil einer Sekunde, welcher der Sekunde der Entscheidung vorausgeht, verwirklicht sich die Möglichkeit der absoluten Freiheit, die der Mensch besitzt.« Nicht die Tat selber also des »revoltierenden Menschen«, wie bei Camus, ist das existenzielle Freiheitsmoment. Und anders als bei Sartre, etwa in *Der Ekel* (1938, dt. 1949), ist die existenzielle Situation keineswegs negativ gesetzt, als Selbstentfremdung, Selbsthaß womöglich. Vielmehr spricht das Schlußbild Anderschs, das dem Werk zugleich den Titel gab, von der Glückserfahrung jenes »Sekundenbruchteils«: »[...] die wilden Wüstenkirschen meiner Freiheit. Ich aß ein paar Hände voll. Sie schmeckten frisch und herb.«

Der nüchterne, bewußt un-literarische Stil, mit dem das Buch einsetzt (»Weiß nicht mehr genau, in welche Jahreszeit die Münchner Räterepublik fiel. Ist ja leicht festzustellen«); der subjektlose, kunstvoll-unprätentiöse Satzbau, der in die subjektivierte Fülle des Schlußbildes hinein sich zunehmend auflöst; die polemische Auseinandersetzung mit jeder Form des ästhetischen »Symbolismus« – all dies sind Ausdrucksmittel, die den Weg der Selbstfindung zugleich als einen der reflektierten literarischen Selbstwerdung ausweisen. Anderschs »Bericht« ist ein poetischer Essay: eine Auseinandersetzung mit existenzphilosophischen Freiheitskonzeptionen wie eine literarisch selbstreflexive Autobiographie. Aber er ist nicht lediglich eine Nachschrift existentialistischer Philosopheme in literarisierter Form, sondern umgekehrt: literarische Lebensdeutung, poetischer Existenzentwurf unter dem Einfluß der zeitgenössischen philosophischen Avantgarde.

Dies gilt in vergleichbarer Weise auch für Hans Erich Nossacks Roman *Spätestens im November* (1955). Nossack (1901–1977) hatte, nachdem er seiner erkennbaren Sympathien für den Kommunismus wegen von den Nationalsozialisten mit einem Publikationsverbot belegt worden war, seine »Schubladen«-Manuskripte bei einem Bombenangriff auf Hamburg 1943 verloren und trat nach 1945 zunächst mit Gedichten, dann mit autobiographischer Prosa hervor (*Nekyia*, 1947; *Interview mit dem Tode*, 1948). Wie in diesen frühen Arbeiten geht es auch in Nossacks Roman um ein Leben, für das der Begriff der Tragödie »ein wenig hochgegriffen ist« (Nossack).

Erzählt wird die Geschichte einer Industriellengattin, die ihren gewohnten Lebenszusammenhang verläßt, um mit einem jungen Schriftsteller in eine eher ungewisse Zukunft davonzugehen. Enttäuscht kehrt sie von ihrem Abenteuer zurück, geht ein zweites Mal mit ihrem Geliebten davon und findet bei einem Autounfall den Tod.

Das Muster dieses Konfliktes war nicht unbekannt. In Sartres Drama *Das Spiel ist aus* (1947, dt. 1952) erhalten zwei Tote die Möglichkeit, ihr

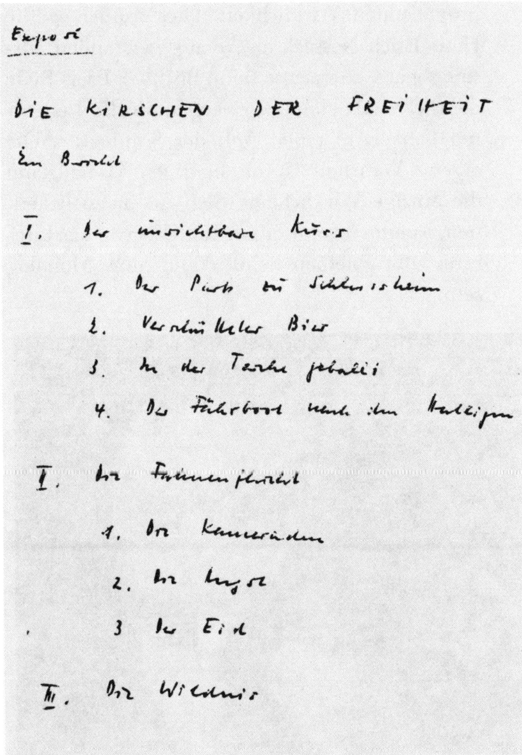
Exposé

DIE KIRSCHEN DER FREIHEIT

Ein Bericht

I. Der unsichtbare Kurs

II.

3 Der Eid

III. Die Wildnis

Alfred Andersch, Exposé zu »Die Kirschen der Freiheit« (datiert: 10. 1. 1952)

Leben noch einmal zu leben, unter der Bedingung, binnen 24 Stunden vorbehaltlos ihre Liebe zu verwirklichen – sie scheitern und müssen ins Reich der Toten zurückkehren. Die Perspektive des Todes ist auch bei Nossack erhalten: Die tödlich verunglückte Industriellengattin erzählt in der Ich-Form von dem zweifachen, vergeblichen Versuch der Liebenden, ihre Liebe zu verwirklichen. Nossack nimmt mithin die Sinnleere unseres empirischen Daseins in die kompositorische Struktur des Romans selber hinein – und gibt damit jener »Absurdität unseres Zustandes« Ausdruck, von der er in seiner Büchner-Preis-Rede 1961 gesprochen hat. Die Übermacht der Daseinsverhältnisse führt alle Gegenentwürfe ad absurdum – der einzig mögliche Weg aber zur Selbstwerdung, der Weg einer radikalen Individualisierung, führt, wie Nossacks spätere Romane zeigen (*Spirale*, 1956; *Der jüngere Bruder*, 1958; *Der Fall d'Arthez*, 1968), zur vollständigen, irreversiblen Isolierung von der umgebenden Wirklichkeit. Dies freilich wollte Hans Erich Nossack als Vorzug verstanden wissen, sogar – so machte seine Büchner-Preis-Rede deutlich – als die einzig noch sinnvolle Lebensmöglichkeit in einer Welt der Sinnleere: »Die eigene Wahrheit ist im heutigen Weltzustand die einzige Wirklichkeit. Sich zu ihr zu bekennen, ist eine revolutionäre Tat. Was von der Literatur übrigbleiben wird, kann nur Monolog sein.«

Hans Erich Nossack

So wenig aber in den Jahren 1945 bis 1949 die Autoren der »jungen Generation« allein das literarische Leben bestimmt haben, so wenig in den 50er Jahren die »junge deutsche Literatur der Moderne« das Erscheinungsbild der Prosa. Denn auch in der erzählenden Literatur wirken Autoren fort, die schon vor 1945, zum Teil vor 1933 höchsten literarischen Rang besaßen. Hans Henny Jahnn ist hier zu nennen, dessen Romantrilogie *Fluß ohne Ufer* (1949/51, 1961) seinen avantgardistischen Expressionismus der 20er Jahre (*Perrudja*, 1929) fortsetzt. Sodann Thomas Mann, der nach seinem Roman *Der Erwählte* (1951) und seiner Erzählung *Die Betrogene* (1953) 1955 *Die Bekenntnisse des Hochstaplers Felix Krull* veröffentlicht – eine meisterhafte Parodie auf den deutschen Bildungsroman, die unvollendet blieb. Ferner Alfred Döblin, zu dem sich Günter Grass später als seinem Lehrmeister bekannt hat – von ihm wird 1956 in Ost-Berlin (nach vielen Verlagsabsagen) der Roman *Hamlet oder Die lange Nacht hat ein Ende* publiziert, ein wichtiges Spätwerk um psychologische Fragen im Kontext der Kriegsproblematik. Und als der gewiß umstrittenste schließlich Ernst Jünger (geb. 1895). Vor 1933 bekanntgeworden durch eine Reihe reaktionärer, militaristischer und nationalistischer Werke (darunter *Der Kampf als inneres Erlebnis*, 1922), im Dritten Reich eher abseits der politischen Entwicklung stehend und Autor eines der exemplarischen Werke der Inneren Emigration (*Auf den Marmor-Klippen*, 1939), war Jüngers Name nach 1945 wieder rasch in aller Munde durch seine Schrift *Der Friede* (1945), in der die Idee einer gemeinsamen Zukunft der europäischen Völker formuliert wird. Doch hinter solchen vordergründigen »Wandlungen« im Werk Ernst Jüngers bleibt ein Grundmuster erkennbar, das seine Anziehungskraft bei einem konservativen Publikum über die Jahrzehnte hinweg und bis in unsere Gegenwart hinein erklärt. Zwar bestimmt Jünger in seinen späten Schriften (vor allem *Atlantische Fahrt*, 1947; *Strahlungen*, 1949; *Der Gordische Knoten*, 1953; *Gläserne Bienen*, 1957) die »Freiheit« zum »Hauptfach des freien Menschen« (*Der Waldgang*, 1951). Doch bleiben – und hierin ist Jünger vergleichbar mit Gerd Gaiser (1908–1976; *Die sterbende Jagd*, 1953; *Der Schlußball*, 1958) – Elitarismus und Heroismus, die Feier des Heldischen und des namenlosen Opfers die für Jünger entscheidenden Faktoren solcher »freien« Existenz. Die in *Der Weltstaat* entwickelte Vision einer »großen und wachsenden Gleichförmigkeit«, die schließlich sogar »Kriegsheere« überflüssig machen könnte, ist um den Preis von Opfern, Entbehrungen und Leiden erkauft, wie sie schon Jüngers Essay *Der Arbeiter* (1932) vorsah. Die Feier Jüngers als Repräsentant deutschen Geistes, die bis in die 70er und 80er Jahre hinein in vielfältigen Ehrenbezeugungen (Schiller-Preis, Goethe-Preis) zelebriert wurde, galt zwar stets auch dem brillanten Stilisten, der Poesie und Essay auf neue Weise zu verbinden gewußt hat. Doch in Wahrheit sind solche Ehrungen Jüngers eher Symptome für die Selbstfeier des deutschen Konservatismus, der sich sein politisch-kulturelles Versagen vor dem Faschismus nicht einzugestehen vermochte. Der alternde Jünger hat dergleichen Betriebsamkeit sicherlich mit Genugtuung zur Kenntnis genommen, die er hinter Gleichmut zu verbergen vermochte. Er blieb auch darin sich treu, daß er den Vietnamkrieg und die Revolte der 60er Jahre als Belege eines akuten »Mangels an Dezision« bestimmte (*Post nach Princeton*, 1975), den der politisch-militärisch stärkste Machtfaktor jener Jahre, die USA, verschuldet habe.

»Stiller« oder Identität im Zeitalter ihrer technischen Reproduzierbarkeit

»Ich bin nicht Stiller« – so lautet der berühmte erste Satz des Romans *Stiller* von Max Frisch (geb. 1911), der 1954 erschien. Ein Satz, der das Grundproblem dieses Romans, das Problem der verlorenen und nicht aufzufindenden Identität, mitteilt, der Leitmotiv und Selbstaussage, Stoff und Konflikt in einem repräsentiert – und zugleich verdeutlicht, daß nicht die Sukzession des Handlungsverlaufs, sondern die Spannung des Roman-Ichs zur Romanfigur Stiller die Struktur des Problems: Identitätsverlust, mitteilt.

Die Geschichte, die Frisch erzählt, scheint simpel, organisiert man sie, dem Lebenslauf des Titelhelden folgend, nach ihrer Chronologie. Ludwig Anatol Stiller, ein Kleinbürger, der Künstler werden will, versagt vor den früh in ihn gesetzten Erwartungen, geht 1936 in den Spanischen Bürgerkrieg, versagt hier abermals, verbüßt eine Haftstrafe in der Schweiz und heiratet die Balletteuse Julika. Während der achtjährigen, nicht eben glücklichen Ehe, in der Julika erkrankt und in ein Lungensanatorium eingeliefert wird, hat Stiller ein Verhältnis mit Sibylle, der Frau eines Staatsanwalts. Sie erwartet von Stiller ein Kind, das sie jedoch abtreiben läßt. Stiller trennt sich von ihr ebenso wie von seiner Frau Julika, schifft sich als blinder Passagier nach Amerika ein, irrt dort sechs Jahre lang umher (USA, Mexiko) und kehrt 1952, nach einem mißlungenen Selbstmordversuch, in die Schweiz zurück, unter dem falschen Namen White. Hier verhaftet man ihn. Sein Anwalt regt ihn zu einem Tagebuch an, in dem er sein Leben rekonstruieren soll, da er seine frühere Identität leugnet. Er akzeptiert schließlich seinen alten Namen, Stiller, lebt mit seiner früheren Frau bis zu deren Tod wieder zusammen, arbeitet als Töpfer und lebt schließlich allein.

Das Aufbrechen des chronologischen Handlungsablaufs, das die Erzählperspektive des ersten Satzes bereits andeutet, ist nicht nur ein Indiz des abhanden gekommenen Vertrauens in erzählerische Sukzession und die immanente Logik einer einsträngigen Fabel, sondern bei Frisch auch eine Selbstinterpretation des Romans in seiner Struktur: Das Problem des Identitätsverlustes läßt sich nicht aus einer mit sich identischen Perspektive erzählerisch entwickeln. Aus diesem Grunde wird Stillers Lebensgeschichte in den Erlebnissen anderer Figuren gespiegelt, in Protokoll und Tagebuch gleichermaßen differenziert und relativiert.

Der erste Teil des Romans (»Stillers Aufzeichnungen im Gefängnis«) besteht aus sieben »Heften«, in die Stiller seine Aufzeichnungen notiert. Die Hefte 1, 3, 5 und 7 enthalten Tagebuchaufzeichnungen, die Stiller: White im Gefängnis verfaßt; Rückblenden und Geschichten aus der Zeit in Amerika, Tagebuchreflexionen und Gespräche mit Staatsanwalt und Verteidiger, Berichte über Besuche, Träume und Dokumentarisches. Die Hefte 2, 4 und 6 enthalten Protokolle Stillers über »Berichte«: Julika berichtet über ihre Ehe mit Stiller, Rolf (der Staatsanwalt) über seine Krise mit Sibylle, Sibylle schließlich über ihre Liebe zu Stiller. Der zweite Teil des Romans enthält ein Nachwort des Staatsanwaltes Rolf über Julikas und Stillers Leben nach der Haftentlassung, nach der Annahme seiner bisherigen Existenz durch Stiller.

Max Frisch, bis zum Erscheinen von *Stiller* bereits als Autor mehrerer Theaterstücke (*Nun singen sie wieder*, 1946; *Die chinesische Mauer*, 1947; *Santa Cruz*, 1947; *Als der Krieg zu Ende war*, 1949; *Graf Öderland*, 1951; *Don Juan oder die Liebe zur Geometrie*, 1953) bekannt und als Verfasser reflexionsreicher Tagebuchnotizen (*Tagebuch 1946–1949*, 1950) gerühmt, hat mit dem Problem der Identität das Thema angeschlagen, welches sein Werk seither prägt. »Man kann alles erzählen, nur nicht sein wirkliches Leben; – diese Unmöglichkeit ist es, was uns verurteilt zu bleiben, wie unsere Gefährten uns sehen und spiegeln, sie, die vorgeben, mich zu

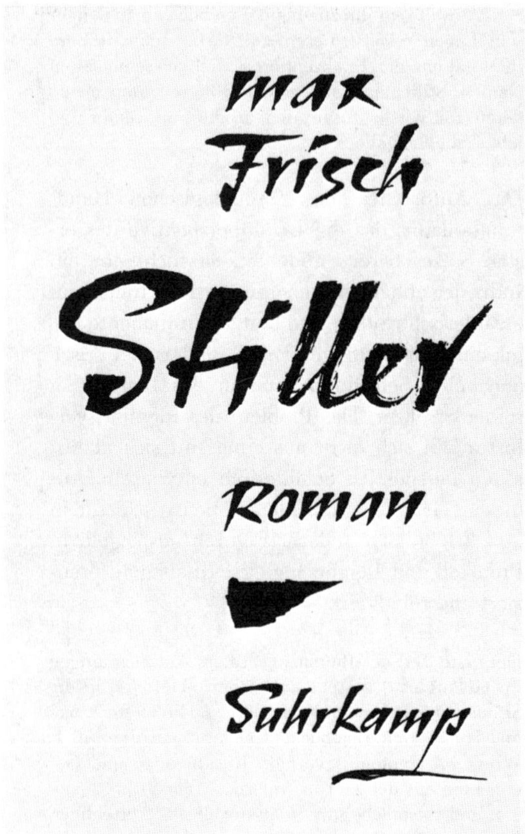

Schutzumschlag der Originalausgabe (1954)

kennen, sie, die sich als meine Freunde bezeichnen und nimmer gestatten, daß ich mich wandle, und jedes Wunder (was ich nicht erzählen kann, das Unaussprechliche, was ich nicht beweisen kann) zuschanden machen – nur um sagen zu können: ›Ich kenne dich.‹« So problematisiert Stiller selber seinen Identitätsverlust, der zugleich ein Realitätsverlust ist – aber er sieht ihn als Problem einer individuellen Existenz, die durch Fremdwahrnehmung bestimmt wird, durch die Wahrnehmung der jeweils anderen, der Freunde, Bekannten, Geliebten, die der Suche nach einer neuen Identität, der erneuten Selbstfindung, der Selbstannahme in einem veränderten und sich wandelnden Leben nicht zustimmen wollen. Doch Max Frisch erzählt von diesem Problem nicht im Sinne einer psychoanalytischen, ja nicht einmal – trotz des dem ersten Teil vorangestellten Kierkegaard-Mottos – im Sinne einer existenzphilosophischen Deutung. Sondern wir haben es in der Figur Stiller, in der problematischen Spannung zwischen Selbstfindung und Selbstannahme, mit der Schwierigkeit einer Existenz im Zeitalter der Reproduktion zu tun. »Wiederholung« ist das magische Wort dieses Lebenskreises: »Meine Angst: die Wiederholung –!«, sagt Stiller, im Wissen: »alles hängt davon ab, ob es gelingt, sein Leben nicht außerhalb der Wiederholung zu erwarten, sondern die Wiederholung, die ausweglose, aus freiem Willen (trotz Zwang) zu seinem Leben zu machen, indem man anerkennt: Das bin ich!« Doch den Komplementärbegriff zur »Wiederholung« bildet die »Flucht«: Flucht vor allem, was schon bekannt ist, was stets wiederkehrt, was unentrinnbar und unhintergehbar die Welt der natürlichen, sozialen und individuellen Erscheinungsformen mit Gleichheit schlägt. Die Unmöglichkeit der Flucht, die Stiller erfährt, der Verlust der Identität, unter dem er leidet – beides entstammt der Erfahrungswirklichkeit der modernen, reproduzierbaren, der entfremdeten Welt, dem Leben »aus zweiter Hand«. »Wir leben in einem Zeitalter der Reproduktion«, so sagt Stiller. »Das allermeiste in unserem persönlichen Weltbild haben wir nie mit eigenen Augen erfahren, genauer: wohl mit eigenen Augen, doch nicht an Ort und Stelle; wir sind Fernseher, Fernhörer, Fernwisser. [...] Wozu also die Erzählerei! Es heißt doch nicht, daß einer dabeigewesen ist.«

Das Kierkegaard-Motto, das dem ersten Teil des Romans vorangestellt ist, steht zu dieser Interpretation freilich in einiger Spannung, suggeriert es doch, es sei noch immer möglich, »sich selbst zu wählen«. Doch hat Hans Mayer in einer Analyse des Romans bereits darauf hingewiesen, daß das Motto nicht den Roman im ganzen, sondern nur seinem ersten Teil präludiere und Frisch zudem die Zitatfolge bei Kierkegaard umgekehrt habe. Das Motto steht also in der Tat »windschief« (Mayer) zum Roman: Dieser nämlich widerlegt, in seiner Gesamtheit, die Gewißheit, von der das Motto zu sprechen scheint.

In diesem Spannungsfeld von Selbstannahme und Fremdwahrnehmung, von Reproduktionswirklichkeiten und Wiederholungszwang versucht Stiller – vergeblich –, neu zu beginnen. Seine Neuanfänge scheitern allesamt, weil auch er, im Zeitalter der Reproduktion, sich jeweils nur neue Geschichten erfinden kann, die doch untereinander jeweils wieder verwechselbar und eben nicht originär sind. Sein Leben wird zum Plagiat des Lebens gerade dadurch, daß er einen ersten Lebensentwurf durch einen zweiten zu ersetzen versucht. Mehr noch: Lebensgeschichten und Leben werden gegeneinander austauschbar, wie Max Frisch mit ähnlicher Intensität – wenn auch an anderen Sujets entwickelt – wiederum in *Homo Faber* (1957), in *Mein Name sei Gantenbein* (1964) und in der Erzählung *Blaubart* (1982) gezeigt hat. In solcher Austauschbarkeit von Leben und Lebensgeschichten offenbart sich aber zugleich ein erzähltechnisches Problem, zu dem sich Frisch 1962 in einem Interview geäußert hat:

»Jeder Mensch erfindet sich früher oder später eine Geschichte, die er, oft unter gewaltigen Opfern, für sein Leben hält, oder eine Reihe von Geschichten, die mit Namen und Daten zu belegen sind, so daß an ihrer Wirklichkeit, scheint es, nicht zu zweifeln ist. Trotzdem ist jede Geschichte, meine ich, eine Erfindung und daher auswechselbar. [...] jedes Ich, das erzählt, ist eine Rolle. Das ist es, was ich darstellen möchte. Jede Geschichte, die sich erzählen läßt, ist eine Fiktion. Die Wahrheit ist keine Geschichte, sie ist da oder sie ist nicht da, die Wahrheit ist ein Riß durch den Wahn.«

Die Wahrheit ein »Riß durch den Wahn« – Max Frischs Figur Stiller nähert sich der eigenen Lebenswahrheit nur dadurch, daß er sie in einer virtuell unendlichen Vielfalt von Lebenswirklichkeiten, von Lebensgeschichten sich entwirft und entwerfen läßt, die einander präzisieren, aber auch zurücknehmen. Aus der Vielfalt der Möglichkeiten, genauer: aus deren spannungsvollem und widerspruchsreichem Zusammenhang, nicht aber aus einer materiell greifbaren Positivität entspringt die »Lebenswahrheit«. Die Wahrheit unserer Identitätslosigkeit, die Wahrheit der entfremdeten Welt bildet der »Riß«, der durch sie hindurchgeht. Diesen »Riß« erzählerisch herauszuprozessieren, genügt nicht die Eindimensionalität der klassischen Fabel, des schlüssigen ›plot‹, der linearen Handlungsfolge. Es bedarf hierzu der perspektivischen Vielfalt. Die aber – Tribut an die Erfordernisse und an die »Wahrheit« eines Zeitalters der Reproduktion – erlaubt keine Gewißheiten mehr, sondern nur

Max Frisch als »Spiegel«-Titelcover (7. 10. 1953)

noch, mit Uwe Johnson zu sprechen, »Mutmassungen«.

»Was wichtig ist: das Unsagbare, das Weiße zwischen den Worten, und immer reden diese Worte von den Nebensachen, die wir eigentlich nicht meinen. Unser Anliegen, das eigentliche, läßt sich bestenfalls umschreiben, und das heißt ganz wörtlich: man schreibt darum herum. Man umstellt es. Man gibt Aussagen, die nie unser eigentliches Erlebnis enthalten, das unsagbar bleibt; sie können es nur umgrenzen, möglichst nahe und genau, und das Eigentliche, das Unsagbare, erscheint bestenfalls als Spannung zwischen diesen Aussagen.«

So sagt Max Frisch in seinem *Tagebuch 1946–1949* unter der Überschrift: »Zur Schriftstellerei«. Dies ist ein poetologisches Bekenntnis: Die Problematik der Entfremdung läßt sich darstellen nur in einer Form, die in sich selber eben diese Problematik mitteilt. In welchem Verhältnis aber steht der Stoff des Romans – also, beispielsweise, das Problem der Ehe oder Stillers Künstlertum – zur Art und Weise seiner Organisation?

Die Eheproblematik kann für Frischs erzählerisches Verfahren als Beispiel dienen. Stiller scheitert in seiner Ehe mit Julika, der Staatsanwalt Rolf scheitert in seiner Ehe mit Sibylle, und auch Stillers zweiter Versuch mit Julika scheitert: Julika stirbt. Läßt sich der Roman mithin – auch – als »Eheroman« lesen? Immerhin: Frisch nimmt hier ein Thema auf, das die bürgerliche Literatur und Philosophie früh schon angeschlagen hat. In Goethes *Die Leiden des jungen Werthers* (1774) zerschellen die Lebenspläne des jungen Helden ja nicht nur an den überkommenen Feudalstrukturen, die ihm eine berufliche Fortentwicklung nicht ermöglichen, sondern auch an den festen Moralvorstellungen des Bürgertums, am Kodex der bürgerlichen Ehe, dem die Liebe Werthers zu Lotte zum Opfer fällt. Auch Goethes *Wahlverwandtschaften* liegt ein Strukturkonflikt zwischen Natur- und Sittengesetz zugrunde. Und es war Immanuel Kant, der in seiner *Metaphysik der Sitten* (1797), einem wahren Kompendium bürgerlicher Zweckrationalität, dem Kodex der Ehe die philosophische Begründung geliefert hatte. Von Flauberts *Madame Bovary* (1857) über Tolstojs *Anna Karenina* (1873/76) bis zu Fontanes *Cécile* (1887) und *Effi Briest* (1895) – durch die Literatur des 19. Jahrhunderts zieht sich wie ein roter Faden das Mißverhältnis, in dem Ehe und Liebe zueinander stehen, die mörderische Unerbittlichkeit, mit der sich moralischer Anspruch und Nützlichkeitskalkül gegen Neigung und Gefühl durchzusetzen vermögen.

Max Frisch nimmt also, wenn er in *Stiller* (unter anderem) die Eheproblematik zum Stoff seines Romans über den Identitätsverlust macht, geradezu einen Topos der bürgerlichen Ideologiebildung auf, der zudem eine lange literarische Tradition aufweist. Aber Frisch macht diesen Topos nicht zum Thema, nicht zum Gegenstand seines Erzählens. Vielmehr dient dieser Topos ihm lediglich als Material, an dem sich die Entfremdungsproblematik erzählerisch exekutieren läßt. Der Roman führt gleichsam in der Problematik der bürgerlichen Ehe – und ähnliches läßt sich von der Künstlerproblematik sagen – sein eigentliches Thema durch. Ja, Frisch scheut sich nicht, diese Problematik ihrerseits als literarische Tradition zu zitieren:

»Mein Freund und Staatsanwalt fragt, ob ich Anna Karenina kenne. Dann: ob ich Effi Briest kenne. Endlich: ob ich mir nicht auch ein anderes Verhalten, als es in diesen Meisterwerken geschildert wird, seitens des verlassenen Ehemannes vorstellen könnte. Ein großzügigeres, meint er – und kommt ins Erzählen...«

Wiederholung und Flucht: Im Zeitalter der Reproduktion dienen die literarischen Vorbilder als Negativmuster, an denen Romanhelden Gegenentwürfe des eigenen Lebens konturieren. Aber so, wie Julika in einer massenhaft verbreiteten Photographie von »Julika, der Tänzerin« sich selber nicht wiederzuerkennen vermag, gerade weil die Aufnahme so »toll« ist und ihrerseits »fast an Degas erinnerte mit dem flirrenden Lichtzauber in dem Gazeröcklein der Balletteuse« – so finden auch die Romanfiguren Max Frischs keine Identität im Vorbild, das nur noch Abziehbild ist. So wenig das Kunstwerk »im Zeitalter seiner technischen Reproduzierbarkeit«, Walter Benjamin zufolge, noch eine »Aura« zu entfalten vermag, so wenig kann Stiller im Zeitalter der Reproduktion in künstlerischer Produktivität eine Identität noch ausbilden. Der Bildhauer Stiller wird zum Töpfer, der Künstler zum Kunsthandwerker. Schon die Einrichtung seines Ateliers spricht von nachgestellter Bohème nicht weniger als die Zusammensetzung seines Bücherbestandes von identitätsloser Intellektualität.

Daß Frischs Roman einer der größten literarischen Erfolge im deutschsprachigen Raum nach 1945 werden konnte, läßt sich jedoch nicht nur aus dem offenbar brisanten Thema der Identität begründen. Vielmehr beruht dieser Erfolg, wie es scheint, auch auf einer Eigentümlichkeit, die Helmut Heißenbüttel einmal als »Tendenzlosigkeit« charakterisiert hat: »Frisch erzählt. Seine Erzählung, seine Rede ist nicht stilisiert. Er erzählt beiläufig, locker, allgemein verständlich, manchmal ein wenig ausschweifend, dennoch immer aufs Wesentliche der Erzählung, der Rede gerichtet, dabei mit Humor, immer bemüht, nicht allzu ernsthaft zu erscheinen, Verbissenheit, Starre zu vermeiden. Stilistisch ist Frisch tatsächlich merkwürdig tendenzlos.« Dieser Befund steht freilich in einem eigentümlichen Widerspruch zum Problem, über das derart »tendenzlos« gehandelt wird. Denn wird nicht die Identitätsproblematik durch eine Sprache, die nicht verstört, nicht schockiert, eher geglättet, beschönigt, womöglich eher versteckt als offengelegt? Das Gegenargument aber könnte lauten: Gerade die »tendenzlose« Sprache spricht ihrerseits, in ihrer eigenen Struktur, abermals vom Problem des Identitätsverlustes, da diesem Problem nicht mit einer Identität stiftenden, Tendenz aufweisenden, Merkmale setzenden Sprache erzählerisch begegnet werden kann. Dann aber wäre Frischs Erfolg in der Tat »ein Mißverständnis und ein Symptom zugleich« (Heißenbüttel) – ein Mißverständnis der abgründigen Modernität Max Frischs und ein Symptom für Zerstreutheit und Oberflächlichkeit seiner Leser.

1959: Am »Klassenziel der Weltkultur« – Böll, Grass, Johnson

Die »Lust am Weltniveau, das Bedürfnis, wenigstens ästhetisch auf der Höhe der Zeit zu sein, der Wunsch, das Klassenziel der Weltkultur zu erreichen – spätestens mit der *Blechtrommel* war es geschafft«, schrieb Hans Magnus Enzensberger auf dem Höhepunkt der außerparlamentarischen Revolte 1968 (*Kursbuch 15*). Das war bissig gemeint, aber deshalb nicht unzutreffend. Nicht nur die *Blechtrommel* von Günter Grass, sondern auch Heinrich Bölls (s. Foto) *Billard um Halbzehn* und Uwe Johnsons *Mutmassungen über Jakob* trugen zur Erreichung dieses Ziels bei. Mehr noch: »Die Prosaliteratur insgesamt«, so der Literaturkritiker Heinrich Vormweg, »erreichte, historisch angesehen, in diesem Jahr 1959 einen Höhepunkt.«

Zum Beleg seiner These konnte Vormweg eine Fülle von Prosawerken nennen: Wolfdietrich Schnurre, *Das Los unserer Stadt*, Hans Bender (geb. 1919), *Wunschkost*, Paul Schallück, *Engelbert Reineke*, Alfred Andersch, *Die Rote*, Jens Rehn (geb. 1918), *Die Kinder des Saturn*, Klaus Nonnenmann (geb. 1922), *Die sieben Briefe des Doktor Wambach*, Siegfried Lenz, *Brot und Spiele*, Otto F. Walter (geb. 1928), *Der Stumme*, Peter Härtling (geb. 1933), *Im Schein des Kometen*, Kuno Raeber (geb. 1922), *Die Lügner sind ehrlich*, Rudolf Hagelstange, *Spielball der Götter*, Ernst Kreuder, *Agimos oder Die Weltgehilfen*, Hermann Lenz (geb. 1913), *Der russische Regenbogen*, Carl Zuckmayer, *Die Fastnachtsbeichte*, August Scholtis, *Ein Herr aus Bolatitz*, Ilse Langner (geb. 1899), *Die Zyklopen*, Gerhard Zwerenz (geb. 1925), *Aufs Rad geflochten* und *Die Liebe der toten Männer*, Martin Gregor-Dellin (geb. 1926), *Der Nullpunkt*, Horst Bienek (geb. 1930), *Nachtstücke*, Hans Carl Artmann, *von denen husaren und anderen seiltänzern*, Wolfgang Weyrauch, *Mein Schiff, das heißt Taifun*.

In der Tat ein »Höhepunkt«, wenn auch – mit der Ausnahme eben Bölls, Grass' und Johnsons – eher in quantitativer Hinsicht. Denn wenn man für die Entwicklung der Prosa in den 50er Jahren und zumal für die des Romans eine Tendenz angeben will, so deutet diese auf eine zunehmende Komplizierung der epischen Strukturen, wie sie in den Romanen Wolfgang Koeppens und auch in Max Frischs *Stiller* sich gezeigt hat. Ganz zu schweigen von der Prosa Arno Schmidts, die von der Erzählung *Seelandschaft mit Pocahontas* (1955) über *Das steinerne Herz* (1956) und *Die Gelehrtenrepublik* (1957) bis zu *KAFF auch Mare Crisium* (1960) immer mehr zu jener Simultaneität, Komplexität und Multiperspektivik sich durcharbeitet, die schließlich zehn Jahre später in *Zettels Traum* ihren Höhepunkt findet, bis hinein in Interpunktion, orthographische und typographische Vielfalt. Auch in den großen Romanen des Jahres 1959 aber, in den Werken Bölls, Grass' und Johnsons, kommen, je unterschiedlich, Wahrnehmungen von Wirklichkeit, von Vergangenheits- und Gegenwartsverschränkung zu ihrem literarischen Ausdruck, die auf ein Unterlaufen gängiger Orientierungsmuster, auf perspektivische Verzerrungen, auf Sprengung von Kontinuitäten, auf Deutungsvielfalt setzen. Darauf beruht, bei aller stofflichen und stilistischen Differenz, ihre Gemeinsamkeit und ihre literarische Qualität.

An der Entwicklung Heinrich Bölls während der 50er Jahre läßt sich eine Tendenz zu größerer epischer Komplexität ablesen, deren Höhepunkt *Billard um Halbzehn* darstellt. Die Konstruktion dieses Romans erscheint im Verhältnis zur programmatischen Einfachheit der früheren Werke eher kompliziert, weil sich die Fabel gegen lineare und sukzessive Erzählweisen sperrt: Vergangenheitsbewältigung und Gegenwartskritik sind in ihr untrennbar miteinander verbunden. Ausgehend von einem einzigen Tag, dem 6. September 1958, und wieder in diesen einmündend, wird in Rückblenden die Entwicklung dreier Generationen der Architektenfamilie Fähmel seit 1907 geschildert. Das durchgängige Symbol für Aufbau und Zerstörung ist die Abtei Sankt Anton, die zu bauen Heinrich Fähmel 1907 beauftragt worden war, die sein Sohn in den letzten Tagen des Zweiten Weltkriegs durch eine Sprengung zerstörte – um »ein Denkmal für die Lämmer, die niemand geweidet hatte«, zu setzen – und die schließlich Roberts Sohn Joseph während seiner Architektenausbildung wieder aufzubauen helfen soll. Auf den 6. September 1958 nun konzentriert sich die Entwicklungsgeschichte dieser drei Generationen. An diesem Tag entdeckt Joseph Fähmel die Kreidemale, die sein Vater zur Anbringung der Sprengladung gezeichnet hatte; an diesem Tag kehrt ein Freund Robert Fähmels aus dem Exil zurück und muß feststellen, daß nach ihm noch immer gefahndet wird, während die alten Nazis als »demokratische« Repräsentanten des Staates Bundesrepublik Deutschland etabliert sind; an diesem Tag verläßt Johanna Fähmel, Roberts Mutter und Ehefrau Heinrich Fähmels, eine Heilanstalt, um am 80. Geburtstag ihres Mannes einen Altfaschisten zu erschießen (sie erschießt dann nicht diesen, sondern, Symbol der Verschränkung von Vergangenheit und Gegenwart, einen Opportunisten, der die alten Faschisten vor seinen politischen Karren spannen will).
Diese Handlungselemente sind höchst komplex aufeinander bezogen: Die Erinnerungen werden als innere und äußere Monologe und in erlebter Rede vergegenwärtigt, zeitlich gegeneinander versetzt und ineinander verschränkt, sind verbunden durch vielfältige Symbole und Leitmotive, Assoziationen und Zitate, montiert zu einem vielfach verschlungenen und gebrochenen »Weg aus den Schichten vergangener Vergänglichkeit in eine vergängliche Gegenwart« (Böll). Gleichwohl hat diese kunstvolle Konstruktion Kritik hervorgerufen, weil insbesondere die Symbolik des Romans nicht durchweg aus dem Erzählgegenstand hervorgehe, sondern als erkennbar strukturierender Zugriff des Autors Böll seinem Stoff äußerlich bleibe. Dieser Vorwurf erscheint nicht berechtigt gegenüber dem zentralen Symbol des Romans, der Abtei Sankt Anton, wohl aber gegenüber dem symbolischen Gegensatzpaar, das den Roman strukturiert: dem mit »Sakrament des Büffels« und »Sakrament der Lämmer« bezeichneten Gegensatz

von Verfolgern und Verfolgten, Nationalisten und Pazifisten, Faschisten und Antifaschisten. Mit diesem Gegensatzpaar nämlich verändert sich ein biblisch-theologisches Bild zu einer Art überhistorischer und transsozialer Folie, vor deren Hintergrund politisch-geschichtliches Handeln zu werten sei. Damit ist freilich ein grundsätzliches Problem des vom Katholizismus kommenden Erzählers Böll bezeichnet, das er erst mit dem Versuch einer grundsätzlichen Kritik der Kirche als Institution (*Ansichten eines Clowns*, 1963) zu überwinden beginnt. Bölls Hörspiele, Erzählungen und Romane überzeugen literarisch am wenigsten dort, wo in sie religiöse Elemente, Bilder und Maximen strukturbildend eingehen oder wo sie gar als Motive und Symbole erzähltechnische Funktion bekommen.
Bölls Roman *Billard um Halbzehn* erscheint nicht deswegen zu Teilen problematisch, weil er künstlerisch ambitioniert gearbeitet ist oder weil sein Autor unter dem Einfluß des nouveau roman einem »Modernitätsdruck« erlegen wäre, sondern weil Symbolstruktur und Motivbildung der Erzählintention nicht durchweg gerecht werden.

Die Welt »von unten« gesehen: Günter Grass' »Blechtrommel«

Im Herbst 1958 las Günter Grass, bis zu diesem Zeitpunkt im wesentlichen mit Lyrik (*Die Vorzüge der Windhühner*, 1956) und kleineren Bühnenwerken in surrealistischer Tradition (*Hochwasser*, 1957; *Onkel, Onkel*, 1958) an die Öffentlichkeit getreten, auf einer Tagung der Gruppe 47 aus einem in Arbeit befindlichen Roman. Hans Werner Richter, der spiritus rector der Gruppe, erinnerte sich: »Ich wundere mich, daß er an einem Roman schreibt, er ist für mich ein Lyriker, allenfalls ein Dramatiker. Aber schon nach den ersten Sätzen ist der Saal wie elektrisiert. Es ist das erste Kapitel aus der späteren ›Blechtrommel‹. [...] Und ich weiß, dies ist der Anfang eines großen Erfolges in der ›Gruppe 47‹.« Es wurde, wie man weiß, der Anfang eines literarischen Welterfolges: Günter Grass' erster Roman erreichte in einem Vierteljahrhundert eine Gesamtauflage von über drei Millionen Exemplaren, wurde in zwanzig Sprachen übersetzt und machte nicht nur seinen bis dahin kaum bekannten Autor mit einem Schlage weltberühmt, sondern verhalf auch der Literatur der Bundesrepublik zu einer Beachtung, die sie international bis dahin kaum gefunden hatte. Die Gründe für diesen Erfolg mögen vielfältiger Natur sein. Die beiden wichtigsten unter ihnen: die Perspektive eines körperlichen Krüppels, aus welcher der Roman erzählt wird, und die geradezu barocke Sprachkraft, die sich in ihm zu Wort meldet.

»Ich lebte von nichts, zeichnete auf Packpapier und schrieb ununterbrochen«, so hat Günter Grass in einem »Rückblick auf die Blechtrommel« über seine Anfänge berichtet: »Sprache hatte mich als Durchfall erwischt.« Was diesem ›Sprachdurchfall‹ noch fehlte, war eben jene Perspektive des Oskar Matzerath, der zunächst als »Säulenheiliger« konzipiert war: »Er, der Säulenheilige, allem enthoben, schaute herab, wechselte gelassen Stand- und Spielbein, hatte seine Perspektive gefunden und reagierte metapherngeladen.« Doch diese Perspektive erschien dem Autor zu statisch. Handlung, Dynamik, Veränderung, Perspektivenwechsel und -verzerrung, Spannung und Schock – all diese strukturellen Elemente des Romans ließen sich aus der eindimensionalen Entrückung nicht wirkungsvoll organisieren. Es bedurfte, um die *Blechtrommel* werden zu lassen, was sie ist: ein kraftgenialischer Weltenentwurf, jenes Aufreißens der Eindimensionalität, das der erste Satz des Romans schließlich ermöglichte. »Zugegeben: ich bin Insasse einer Heil- und Pflegeanstalt [...]« – mit diesem Satz, so Günter Grass, »fiel die Sperre, drängte Sprache, liefen Erinnerungsvermögen und Fantasie, spielerische Lust und Detailobsession an langer Leine, ergab sich Kapitel aus Kapitel, hüpfte ich, wo Löcher den Fluß der Erzählung hemmten, kam mir Geschichte mit lokalen Angeboten entgegen, sprangen Döschen und gaben Gerüche frei, legte ich mir eine wildwuchernde Familie zu, stritt ich mit Oskar Matzerath und seinem Anhang um Straßenbahnen und deren Linienführung, um gleichzeitige Vorgänge und den absurden Zwang der Chronologie, um Oskars Berechtigung, in erster oder dritter Person zu berichten, um seinen Anspruch, einen Sohn zeugen zu wollen, um seine wirklichen Verschuldungen und um seine fingierte Schuld«.

Der erste Satz der *Blechtrommel* eröffnet – vergleichbar den berühmten »ersten Sätzen« in Max Frischs *Stiller* und Uwe Johnsons *Mutmassungen über Jakob* – gleich mehrere Einblicke: in die Erzählstruktur des Romans, in die Prinzipien seiner Organisation und, vor allem, in die Perspektive, aus der erzählt wird. Eine Außenseiter-Perspektive teilt sich mit (»Heil- und

Pflegeanstalt«), eine gebrochene »Helden«-Perspektive also, deren Blick auf die Gesellschaft »von unten« fällt, im doppelten Sinne des Wortes: aus der Froschperspektive eines sozialen »underdog« und auf die »unteren« Klassen und Schichten, auf Kleinbürger und Proletarier, auf ihre Lebensformen und Gefühle, auf ihre Triebe, Bedürfnisse und Verhaltensweisen. Zudem, so macht der erste Satz des Romans deutlich, wird erzählt aus einer Perspektive, die auf einen abgeschlossenen Handlungszeitraum zurückblickt, aber sich in einer Handlungsgegenwart äußert. Aus dieser Konstruktion resultiert eine Fülle erzählerischer Möglichkeiten: Wahrnehmungszentrum ist eine Ich-Perspektive, die des Oskar Matzerath, mit der Geschehen und Handlung zusammenfallen; die im Rückblick erinnerte und erzählte Zeit kann durch Kommentare des Erzählers, aus der Erzählzeit also, irritiert, ironisiert, in Frage gestellt werden; hieraus folgt ein spannungsreiches Mit- und Gegeneinander einer Ich- und einer Er-Perspektive, als Perspektiven ein und derselben Figur zugleich eng verflochten und im Widerstreit liegend. Nicht zuletzt aber spricht dieser erste Satz, spricht wenig später der Erzähler des Romans ganz ausdrücklich von einem erzählerischen Selbstbewußtsein, welches der Literatur der Moderne verlorengegangen scheint: vom Vertrauen darauf, nach der Erfahrung des Faschismus und inmitten einer immer mehr sich veräußerlichenden, sich selber zunehmend entfremdeten Welt über diese noch erzählerisch verfügen zu können.

»Man kann eine Geschichte in der Mitte beginnen und vorwärts wie rückwärts kühn ausschreitend Verwirrung anstiften. Man kann sich modern geben, alle Zeiten, Entfernungen wegstreichen und hinterher verkünden oder verkünden lassen, man habe endlich und in letzter Stunde das Raum-Zeit-Problem gelöst. Man kann auch ganz zu Anfang behaupten, es sei heutzutage unmöglich, einen Roman zu schreiben, dann aber, sozusagen hinter dem eigenen Rücken, einen kräftigen Knüller hinlegen, um schließlich als letztmöglicher Romanschreiber dazustehn. Auch habe ich mir sagen lassen, daß es sich gut und bescheiden ausnimmt, wenn man anfangs beteuert: Es gibt keine Romanhelden mehr, weil es keine Individualisten mehr gibt, weil die Individualität verloren gegangen, weil der Mensch einsam, jeder Mensch gleich einsam, ohne Recht auf individuelle Einsamkeit ist und eine namen- und heldenlos einsame Masse bildet. Das mag alles so sein und seine Richtigkeit haben. Für mich, Oskar, und meinen Pfleger Bruno möchte ich jedoch feststellen: Wir beide sind Helden, ganz verschiedene Helden, er hinter dem Guckloch, ich vor dem Guckloch; und wenn er die Tür aufmacht, sind wir beide, bei aller Freundschaft und Einsamkeit, noch immer keine namen- und heldenlose Masse.«

Freilich, das prätendierte Vertrauen in die Perspektive eines Helden, von der aus Welt und Wirklichkeit sich noch wahrnehmen und erzählen lassen, findet seine ironische Irritierung darin, daß wir es in Oskar Matzerath mit einem »negativen Helden« zu tun haben, mit einem Außenseiter eben, einem kleinwüchsigen Krüppel, dessen Wahrnehmung mithin gebrochen, verzerrt und radikal subjektiviert ist. Und dieser »Held« gestaltet seine Welt so wenig, wie er sich in ihr, wie er sich selber, als Person, entwickelt. Seine selbstgewählte Kleinwüchsigkeit – im Alter von drei Jahren stürzt sich Oskar die Kellertreppe hinunter, um nicht mehr wachsen zu müssen – stempelt ihn zwar zum Außenseiter, doch besitzt er damit zugleich die Möglichkeit zur Identitätsbildung, gleichsam unter einer Tarnkappe. Entwicklung, wie im bürgerlichen Bildungsroman, ist die Sache dieses »Helden« nicht: »Ich gehörte zu den hellhörigen Säuglingen, deren geistige Entwicklung schon bei der Geburt abgeschlossen ist und sich fortan nur noch bestätigen muß.« Seine abgeschlossene Entwicklung und sein Außenseitertum machen aus ihm kein »problematisches Individuum« (Georg Lukács), wie der bürgerliche Roman dies für die Ausgestaltung der tragenden Konfliktstruktur stets erfordert hat. Sondern Oskars monadenhafte Abgeschlossenheit hält ihn gerade fern von allen Konflikten mit Welt und Umwelt, die ihn etwa erschüttern könnten, erlaubt ihm die distanziert diagnostizierende Beobachtung und Betrachtung von Geschichte und Gesellschaft, läßt aus seiner Kleinwüchsigkeit ein Übermaß an Scharfsichtigkeit und Bewußtheit erwachsen. Seine besonderen Fähigkeiten – das Trommeln und das Glaszersingen – erlauben ihm die Entwicklung eines Ausdrucksvermögens, das der öffentlich zerschlissenen Sprache nicht bedarf, um, unkorrumpiert, sich zu verständigen, Aggressionen mitzuteilen, eine kunstvolle Form der Kommunikation auszubilden. Und

Verleihung des Georg-Büchner-Preises an Günter Grass 1965 – Grass im Gespräch mit Demonstranten

sich, wo immer dies nötig erscheint, gegen die drohende Übergewalt der umgebenden Welt erfolgreich zu behaupten.

Zusammen mit der Novelle *Katz und Maus* (1961) und dem Roman *Hundejahre* (1963) wollte Günter Grass *Die Blechtrommel* als Teil einer Trilogie verstanden wissen, deren organisierendes und verbindendes Zentrum die Stadt Danzig bildet. In der Tat sind weder Danzig noch das Kleinbürgertum, welches das Figurenarsenal dieser Stadt repräsentiert, bloß äußerlich bleibende Erzählelemente. Das Kleinbürgertum, das den Faschismus getragen und zum Erfolg geführt hat, begreift Grass vielmehr als eine Art sozial-psychologisches Weltverhältnis, dessen »Verhaltensweisen gar nicht besonders exotisch sind« (Grass). Seine »Danziger Trilogie« zeigt mithin im individuell und vielfältig konturierten Figurenarsenal die Vielschichtigkeit des Massenpotentials, das den Nationalsozialismus getragen, gewählt und repräsentiert hat, als Mitläufer, Aktivisten, stillschweigend Billigende. Grass' Geburtsstadt Danzig bot sich als Ort des Geschehens nicht nur aus autobiographischen Gründen an, sondern weil sich in dieser Stadt wie in einem Mikrokosmos die politische Geschichte konzentriert hat. Die politische Geographie der Stadt, ihre Nachbarschaft zu Polen und die Wechselfälle ihrer Entwicklung wie die Weltoffenheit des bedeutenden Hafens verbanden sich für Grass mit dem kleinbürgerlichen Charakter der Bevölkerung zur unverwechselbaren Physiognomie der Provinz – repräsentativ für den Gang der gesellschaftlichen Geschichte eben durch ihre Provinzialität: weil »gerade sich in der Provinz all das spiegelt und bricht, was weltweit – mit den verschiedenen Einfärbungen natürlich – sich auch ereignen könnte oder ereignet hat« (Grass).

Danzig ist der Schauplatz der Handlung, das Kleinbürgertum sein Gegenstand und der kleinwüchsige Oskar jener aufmerksam sich rückerinnernde Irrenhausinsasse, der Tabus mit der souveränen Behauptung ignoriert, es gebe »Dinge auf dieser Welt, die man – so heilig sie sein mögen – nicht auf sich beruhen lassen darf«. Zu diesen Dingen gehören Sexualität und Tod nicht weniger als die Alltäglichkeit der kleinen Ängste, Schwächen und Sehnsüchte. Zu ihnen gehören die Mythen des Katholizismus wie die Wiedereinsetzung von Geschichte als lebendige Verwirklichung von Individuen. Zu diesen Dingen gehört vor allem aber auch ein erzählerisches Verfahren, das, getragen von der Detailbesessenheit des blechtrommelnden Erzählers Oskar, die traditionellen Erzählmuster benutzt, um – diese unterwandernd und doch zugleich mit ihrer Hilfe – die ausschweifende Phantasie, die übermütigste Sprachgewalt gegen die vielberedete Krise des Erzählens ins Feld zu führen. Und Oskar selber, der Blechtrommler und Glaszersinger, ist ja, unter anderem, auch eine allegorische Figur, in der sich geschichtliche Entwicklung, eben nur *en miniature*, gebündelt und konzentriert ausdrückt. Sein Entschluß, wieder zu wachsen, beispielsweise, fällt nicht zufällig mit dem Kriegsende im Mai 1945 zusammen: Ausdruck einer Hoffnung, die sich freilich nur in bescheidenem Maße in Wirklichkeit umsetzt.

In der Literaturkritik und in der literaturwissenschaftlichen Diskussion hat man – neben den zeitgeschichtlichen Bezügen – immer auch die literarhistorischen Traditionen benannt, auf die sich Grass' Werk beziehe. Vor allem das Vorbild des Pikaro-Romans, also die Tradition des spanischen Schelmenromans, die in Grimmelshausens Roman *Der Abentheuerliche Simplicissimus* (1669) ihre berühmteste deutsche Fortsetzung gefunden hat, wird in diesem Zusammenhang stets zitiert. Mit Recht, denn der Blick zurück aufs eigene Leben, dem man Adieu gesagt hat, um nunmehr in Zurückgezogenheit und Isolation sich abzuschließen gegenüber der irdischen Sphäre des Abenteuers, der Sünde, der Unwägbarkeit und Gefahr – dieses dualistische Muster findet seine Reproduktion in der Abgeschlossenheit von Gitterbett und Heilanstalt einerseits, gesellschaftlicher Geschichte des Einst und Jetzt andererseits. Doch was Oskar Matzerath unterscheidet von der Asylwelt, aus der ein pikarischer Held auf sein Leben zurückblicken kann, das ist die Heillosigkeit, wo nicht überhaupt das Fehlen einer Perspektive, eines Ausblicks auf ein besseres Leben, das dem Pikaro im Gnadenstande seiner Abgeschiedenheit, im Blick aufs Jenseits, auf die Gottesgnade winkte. Eine weitere, gewissermaßen ex negativo zitierte literarische Tradition des Romans bildet die des Entwicklungsromans: Oskar Matzerath entwickelt sich nicht nur nicht, sondern seiner Welt steht nicht einmal mehr das Muster des Entwicklungsromans – wie noch Thomas Manns *Felix Krull* (1955) – zur freien parodistischen Anverwandlung zur Verfügung. Günter Grass hat diesen Bezug als ein »ironisch-distanziertes Verhältnis« charakterisiert, damit seiner Skepsis gegenüber allen positiven Lebensentwürfen in Literatur Ausdruck gebend – eine Skepsis freilich, die man auch als die Melancholie eines durch historische Erfahrung geläuterten Aufklärers deuten könnte.

So wenig aber Oskar Matzerath in seiner kretinhaften Monstrosität isoliert in der Literaturgeschichte steht – Grass selbst hat Rabelais unter seinen Autor-Vorbildern genannt, es ließe sich auch ein Bezug zu Mary Shelley's Frankenstein oder zu Franz Kafkas Gregor Samsa herstellen –, so wenig konnte ihm eine literarische Nachkommenschaft erspart bleiben. Nicht nur gesellschaftliche Außenseiter (wie etwa Heinrich Bölls Hans Schnier in *Ansichten eines Clowns*, 1963, oder Max Frischs Gantenbein), sondern gerade auch körperlich Versehrte, die aufgrund ihrer körperlichen Besonderheit als soziale Monstren wahrgenommen werden oder sich zu solchen entwickeln, bevölkern die Literatur »nach Matzerath«: bei Otto F. Walter (*Der Stumme*, 1959), bei Renate Rasp (*Ein ungeratener Sohn*, 1967), bei Gisela Elsner (*Der Nachwuchs*, 1970) finden sich Figuren, die man geradezu als »Kinder des Blechtrommlers Matzerath« (Helmut Salzinger) bezeichnet hat. Aber im Unterschied zu Matzerath sind diese literarischen »Kinder« Opfer von Anpassungszwängen, denen sie ausgesetzt werden und auf die sie ihrerseits – wie Kuno in Renate Rasps Roman – als abscheuliche und bösartige Monstren reagieren.

Uwe Johnsons »Mutmassungen« über ein mögliches Unglück

Als 1959 – im selben Jahr wie Grass' *Blechtrommel* und Bölls *Billard um Halbzehn* – Uwe Johnsons Roman *Mutmassungen über Jakob* erschien, da war sich die Kritik rasch einig: Ein »Dichter der beiden Deutschland« sei dieser junge, bis dahin gänzlich unbekannte Autor und sein Werk, ebenso schwierig wie bedeutend, ein Buch über »die deutsche Teilung«. Die Begleitumstände, unter denen dieser Roman veröffentlicht wurde, schienen das rasch ausgestellte Zertifikat zu beglaubigen, hatte doch sein Verfasser am 10. Juli 1959 die »Rückgabe einer Staatsangehörigkeit an die DDR« beschlossen mit der Begründung, man habe ihn dort, in der DDR, »erkannt als nicht geeignet für Beschäftigung in staatlichen Institutionen« (Johnson). Ein klarer Fall also: Autor (Ost) geht zu Verlag (West), um über Probleme dort (im Osten), aber auch hier (im Westen), einen Roman zu publizieren, den er

dort (im Osten) nicht verlegen lassen kann, so daß er von nun an hier (im Westen) seinen Wohnsitz nehmen muß. Ein klarer, ein gesamtdeutscher Fall, so schien es, den die Vita des Autors ebenso mitteilte wie Stoff, Inhalt, Handlung des Werks.

Denn worum ging es: Um einen jungen DDR-Eisenbahner, der ums Leben gekommen war (Unglück, Selbstmord, Mord – ungeklärt); um seine Geliebte, die im Westen lebte, die ihn besucht, die er besucht hatte; um einen alten Mann, der mit den neuen Verhältnissen, um einen jungen Intellektuellen, der mit dem alten Stalinismus nicht zurechtkam; um den Staatssicherheitsdienst der DDR, um Ungarnaufstand, um Suezkrise, um Republikflucht und Säuberungswellen – Stichworte allemal, die ein »gesamtdeutsches« Erzählmuster durchscheinen ließen. Und da auch die nachfolgenden Werke (*Das dritte Buch über Achim*, 1961; *Karsch und andere Prosa*, 1964; *Zwei Ansichten*, 1965) vom Thema der deutschen Spaltung handelten, konnte man das einmal gefundene Etikett immer wieder hervorholen.

Umso überraschender die Auskunft des Autors selber, der anläßlich seiner Aufnahme in die Deutsche Akademie für Dichtung und Sprache 1977 sagte: »Dies Etikett zu bestreiten, machte ich mir ausdrücklich Mühe.« Und zur Begründung erklärte Johnson: »Ich war in wissenschaftlichen Instituten belehrt worden über die Bemühungen und Befugnisse von Dichtern; mir hatte das als Warnung gedient.« Eine Äußerung von anspruchsvoller Bescheidenheit. Denn will sie einerseits die Poesie schützen vor politisch-gesellschaftlichen Zumutungen, ja Aufgabenstellungen, denen selbst ein Roman nicht gewachsen wäre, so beharrt sie doch andererseits gerade auf Eigenwert und Eigengewicht der Dichtung. Diesen Gedanken von der relativen Autonomie eines literarischen Werks hatte Johnson bereits in seinen »Vorschlägen zur Prüfung eines Romans« (1973) entwickelt. Dort formulierte er, ausdrücklich an seine »Freunde und Feinde auf der linken Seite« gewandt, gegen jede politische Funktionalisierung der Literatur: »Ein Roman ist keine revolutionäre Waffe. Er bringt nicht unmittelbare politische Wirkung hervor. Die taktischen Aussichten sind ärmlich, strategische kaum nachweisbar. [...] Wozu also taugt der Roman? Er ist ein Angebot. Sie bekommen eine Version der Wirklichkeit. Es ist nicht eine Gesellschaft in der Miniatur, und es ist kein maßstäbliches Modell. Es ist auch nicht ein Spiegel der Welt und weiterhin nicht ihre Widerspiegelung; es ist eine Welt, gegen die Welt zu halten.«

Das Theorem eines anderen Romanciers klingt hier an: »der Roman hat seine eigene poetische Wahrheit«, hatte Wolfgang Koeppen zu seinem *Treibhaus* 1953 bemerkt. »Eine Welt, gegen die Welt zu halten« – ein Diktum, das ebenfalls auf der eigenen »Wahrheit« des Romans besteht, zudem aber dieser Wahrheit ein Moment an

Widerständigkeit, an ästhetischer Opposition zumißt, welches sich gegenüber der politisch-gesellschaftlichen Welt zu behaupten vermag, womöglich eine Herausforderung für diese, wenn nicht gar – bezogen auf den »Wahrheits«-Gehalt – eine Alternative zu ihr darstellt.
Will man aber der Romanwelt Johnsons eine vergleichbare an die Seite stellen, so ist dies eine literarische Welt: die des *Stiller* von Max Frisch, mit dem Johnsons *Mutmassungen über Jakob* eine überraschende Vielzahl von Gemeinsamkeiten aufweist. Wie in *Stiller* geht es auch in Johnsons Roman um die Rekonstruktion einer Person, die aus Erinnerungsbruchstücken verschiedener anderer Personen zusammengesetzt, und das heißt: präzisiert und relativiert, wird. Wie bei Max Frisch, so enthält auch bei Johnson der erste Satz des Romans Struktur und Problematik des gesamten Werks *in nuce*: »Aber Jakob ist immer quer über die Gleise gegangen«. Das »aber« bereits ist Leitmotiv und Irritation, Fragestellung und Vorwurf in einem. Jakob ist tot – ums Leben gekommen bei einem Zugunglück, obwohl er doch stets die Gleise überquerte, obwohl er mögliche Gefahrenquellen wie kaum ein anderer kannte, obwohl also alle Anhaltspunkte gegen einen Unfall sprechen. War es also kein Unglücksfall? Sondern Selbstmord? Oder gar ein Verbrechen? In jedem Fall, so teilt bereits der erste Satz, das erste Wort dieses Romans mit, handelt es sich um einen ungewöhnlichen Tod, der die nachfolgenden »Mutmassungen« allererst ermöglicht und in Gang setzt. Eine *vision par derrière* also, die, wie in Max Frischs *Stiller* ein – im Wortsinne – de-tektivisches Erzählverfahren erlaubt: Aufzudecken gilt es die Bedingungen, unter denen es zu diesem Tod kommen konnte. Wenn der »Fall Jakob« auch abschließend nicht geklärt wird, so handelt es sich doch auch hier wie bei Stiller um einen »Kriminalfall« (Dürrenmatt), bei dessen rekonstruierender Aufklärung der Leser mitspielen darf. Nicht zuletzt aber handelt es sich in beiden Romanen um das Problem der *Identität* einer Person, freilich mit Unterschieden in der Fundierung dieses Problems: bei Max Frisch als Entfremdungsproblematik eines bürgerlichen Individuums, das sich selber, in einer Welt der bloßen Reproduktion, nicht mehr »annehmen« kann; bei Uwe Johnson als Identitätsproblematik in einer »sozialistischen Übergangsgesellschaft« des Nicht-mehr und Noch-nicht, die zeitgeschichtlich genau definiert ist durch die Grenzlinie zwischen Kapitalismus und Sozialismus, Bundesrepublik und DDR, West und Ost. Und schließlich: Wie in *Stiller* läßt sich als Fabel des Romans unschwer eine lineare Handlungschronologie herausfiltern – und in »Waschzetteln« des Verlages ist dies, offenbar zur Orientierung unterschätzter Leser, immer wieder versucht worden –, doch über die literarische Qualität des Werks ist damit nicht das geringste ausgesagt.
Die literarische »Welt«haltigkeit in Uwe Johnsons Roman entspringt nämlich einem verwirrenden Ineinanderspielen unterschiedlicher Erzählebenen, Erzählschichten, Erzählzeiten und erzählten Zeiten. In die Rahmenerzählung, die mit dem ersten Satz einsetzt und den Roman abschließt, sind Dialoge eingebettet (Jöche/Jonas, Jonas/Gesine, Gesine/Rohlfs), in die wiederum die übrigen Erzählebenen eingelassen wurden, also die kursiv gesetzten Monologe (Gesine, Jonas, Rohlfs) und der Erzählerbericht, der bisweilen das Vorwissen der Monologe berichtend auffüllt. Ein verwirrendes Ineinanderspiel also, welches der Leser erst nach und nach in Zeitrelationen und Erzählstruktur zu entziffern vermag, doch keineswegs ein formalistisches Verwirrspiel, sondern der literarästhetisch angemessene Ausdruck von »Mutmassungen« verschiedener Figuren über die Identität eines Toten, der zwischen Ost und West »verlorenging«. Jakobs Heimatlosigkeit in der DDR, seine Fremdheit im Westen, kurz: sein Identitätsverlust zwischen den Systemen läßt sich nicht aus einer Perspektive wahrnehmen – es sei denn um den Preis unglaubwürdiger Affirmation eines politischen Standortes –, sondern muß aus verschiedenen Wahrnehmungswinkeln, gebrochen also, aufgesplittert, prismatisch zerlegt zur wechselseitigen Relativierung und Präzisierung, vermittelt werden.

Daß die Schwierigkeiten, die solche »Mutmassungen« mit sich bringen, keineswegs der Willkür des Autors sich verdanken, sondern den sozialen Verhältnissen ebenso wie den Eigengesetzlichkeiten des Erzählens, hat Uwe Johnson in einem Interview zu seinem Roman betont: »Unter solchen Verhältnissen, wie sie in

Deutschland sind, kann man eigentlich nicht sagen, daß der Schriftsteller aus lauter Eigensinn die Dinge schwierig mache...« Die Schwierigkeit für Jakob besteht, so gesehen, darin, inmitten der Spannungsfelder von Politik und Individualität arbeitend sich zu verwirklichen, die Schwierigkeit der Personen, die mit Jakob verkehrten, darin, über diese Schwierigkeiten Jakobs und damit über ihr Verhältnis zu ihm sich Rechenschaft zu geben in der Auseinandersetzung mit anderen. Und hieraus eben resultiert notwendig eine schwierige Werkstruktur. Johnson: »Die Verhältnisse der Geschichte haben einfach die Darstellung bestimmt. Der Mann, um den es geht, ist tot am Ende der Geschichte! Sie ist geschehen, bevor die Beteiligten anfangen, sich ihrer zu entsinnen. Das Erzählen fängt an, wenn die Geschichte zu Ende ist. Die Frage ist nun: was bleibt von einem Menschen übrig im Gedächtnis seiner Umgebung. [...] Außerdem: die Gewohnheiten, mit Hilfe derer man sich eines Verstorbenen erinnert, sind eben Gespräche und erinnernde Monologe.« Die detektivisch-analytische Erzählweise trägt diesen Erzählvorgaben dadurch Rechnung, daß dem unvermittelt (z.B. in den Monologen) Berichteten eine nachträgliche Entschlüsselung folgt, daß die verschiedenen Erzählbruchstücke miteinander, zum Teil gegeneinander im Prozeß der Organisation des Erzählten das Geschehen und die Konturen der Figuren hervortreiben (Perspektivendifferenz), daß spätere Erzählpassagen das Mosaik vervollständigen, dessen Grund- und Umrisse die früheren allenfalls haben ahnen lassen. Das heißt: Der erzählerische Blick, der auf die Wirklichkeit fällt, nimmt diese zunächst wahr nur in ihrer Faktizität und Undurchschaubarkeit. Das heißt aber auch: Es kann immer nur Annäherungen an die Wahrheit geben – und die Vielfalt der Annäherungsmöglichkeiten und -formen: vielleicht ist sie »die Wahrheit« einer literarischen, einer Romanwelt, die »mutmaßend« den falschen Eindeutigkeiten der politisch-sozialen Welt sich entgegenstellt.

Uwe Johnson will nicht nur keinen deutsch-deutschen Roman schreiben, nicht nur keinen selbstzweckhaften Avantgardismus betreiben – er will vielmehr die gleichsam überzeitlichen, die dem Menschen als Gattungswesen eigenen Dimensionen der Entfremdungs- und Identitätsproblematik zeigen. Hierzu dient ihm die Wahl biblisch-mythischer Namen und Bezüge (Jakob, Jonas, Jerichow) ebenso wie der Gebrauch einer altertümelnden Sprache mit biblischen Anklängen (»Wer nicht für uns ist, ist gegen uns und ungerecht im Sinne des Fortschritts. Es wird gefragt werden [...]«), das Abweichen von grammatischer Regelhaftigkeit ebenso wie der souveräne Umgang mit der Interpunktion. Am deutlichsten tritt, wie die literaturwissenschaftliche

Forschung zu Johnson gezeigt hat, der biblisch-mythische Unterstrom des Romans in der Hauptfigur Jakob zutage. »Jakob Abs« – schon sein Name zitiert die biblischen Geschichten von Jakob (1. Buch Mose) und Absalom (2. Buch Samuel). Die Gestalt des jüngeren, der den älteren Bruder um sein Erstgeburtsrecht listig betrügt; die Gestalt des Absalom, der nach dem Mord an seinem Bruder selber elend zugrundegeht – Gestalten, die einerseits (Jakob) die Hoffnung auf eine bessere, jüngere Gesellschaftsordnung (Sozialismus statt Kapitalismus) verkörpern, aber andererseits (Absalom) das wieder und wieder bestätigte Mißlingen dieser Möglichkeit (Stalinismus, Niederschlagung des Ungarnaufstandes) symbolisieren. Verlorene Hoffnungen, die der begeisterte Faulkner-Leser Johnson auch in einem Roman seines Vorbildes gefunden hatte (*Absalom, Absalom!*, 1936), allerdings in dialektischer Differenzierung seinem Roman anverwandelte. Denn geht es bei Faulkner um die durch Technik verlorene Einheit von Mensch und Natur, um den Wunsch nach Wiederherstellung des

einst unentfremdeten Zustands, so bei Johnson um die Wiedererreichung einer unentfremdeten Wirklichkeit gerade vermittels der Technik.
Die Eisenbahn ist in Johnsons Roman nicht nur ein Symbol erreichter technischer Rationalität, sondern bildet zugleich ein konfliktstrukturierendes und -bedingendes Element des Erzählens. Vergleichbar mit dem Eisenbahnmotiv in Tolstojs *Anna Karenina*, führt die Eisenbahn auch bei Johnson die Naturentfremdung der Menschen vor Augen, die zugleich ein neues Leben, neue Verkehrs-, Produktions- und Distributionsformen ermöglicht, aber auch – inmitten dieser »zweiten Natur« – das Scheitern bedingt. Anna Karenina, die ihren Geliebten auf dem Moskauer Bahnhof trifft, der die Eisenbahn die Überwindung der Entfernungen und Hindernisse allererst ermöglicht, die schließlich, in auswegloser Situation, in Petersburg sich vor den Zug wirft – in ihrer Welt fungiert die Eisenbahn noch als *Symbol* von Fortschritt und drohender Entfremdung. In der Welt des Jakob Abs aber bildet die Eisenbahn einen alles durchformenden Lebensgrund, von dem die Menschen abhängen, kann sie Produktivkraft und Destruktivkraft gleichermaßen sein: »Was ist eine fortschrittliche Möglichkeit. Die Eisenbahn zum freundlichen Reisen. Sie ist außerdem die Möglichkeit der Mobilmachung für die bewaffnete Verteidigung des Sozialismus. Wieviel Mann oder Pferde je Waggon. Die Technik im allgemeinen, lenkbares Hilfsmittel oder übermächtige Zauberei. Die unzuverlässigen Medizinmänner. Die verläßlichen Fachleute. Die gewisse Zukunft. Die ungewisse Zukunft. Die moralischen Ergebnisse der angewandten Naturwissenschaft. Das menschliche Glücksverlangen, gerichtet auf die unbehinderte Beteiligung an den Maschinen des automatischen Lebenslaufs.« Für Jakob ist die Eisenbahn ein technisches Medium, das er, in aller vermeintlichen Neutralität, in seinem Beruf als »Dispatcher« zu optimieren sucht. Pünktlichkeit, Gewissenhaftigkeit, eine veränderte Zeiterfahrung durch eine Arbeit, die dem Intellektuellen Jonas als Möglichkeit nicht-entfremdeter Wirklichkeit sogar erscheint – doch dann der Zusammenbruch dieser Illusion, das Funktionierenmüssen, wider besseres Wissen und wider den eigenen Willen, im Kriegsfall, während des Ungarnaufstandes. Heinrich Böll hat, anläßlich einer Werkauswahl Wolfgang Borcherts, auf den Zusammenhang von friedlicher und kriegerischer Nutzung der Eisenbahn hingewiesen. Er erinnerte 1955 an »die Aufschrift, die auf den blutroten Waggons der Reichsbahn zu lesen war: 6 Pferde oder 40 Mann: das ist die Transportkategorie der Kriege. [...] Die Eisenbahnwaggons sind noch dieselben, sie haben einen neuen Anstrich in anderer Farbe erhalten – aber es bedarf nur einiger Tonnen weißer Farbe, einiger Schablonen, um wieder einmal darüber zu malen: 6 Pferde oder 40 Mann – Soldaten, die sinnlos geopfert, Juden die ermordet werden sollen, und als Rückfracht, damit kein Leerlauf entsteht, Sklaven für die Fabriken: Männer, Frauen, Kinder irgendeines Volkes, das man geschwinde zu einem Untermenschen-Volk erklärt.« Seine Kenntnis des Zusammenhangs von Produktivität und Destruktivität, sein Bewußtsein, inmitten einer belasteten Geschichte des Fortschritts zu stehen, sein Gefühl schließlich, nicht eingreifen oder doch zumindest nichts ändern zu können, entfremdet Jakob seiner Arbeit im »real existierenden Sozialismus«: »Und Bartsch sagt heute, ihm wär schon damals so gewesen. Wie Jakob so dagestanden hat mit dem Mantel über dem Arm und so als ob er nicht wisse wohin nun gehen.«
Johnsons Roman verbindet mithin biblisch-mythische und technisch-gesellschaftliche Erzählelemente, deren Verweben miteinander aller parabolischen Vereinfachung sich sperrt. Vielmehr geht es um die minuziöse Rekonstruktion eines Scheiterns: des Scheiterns einer Hoffnung auf Glück unter konkreten gesellschaftlichen Bedingungen; einer Hoffnung aber, die zugleich eine Menschheitshoffnung, genauer: die Hoffnung jedes einzelnen Menschen ist. Daß sich diese Hoffnung nicht erfüllt, unter den gegebenen Voraussetzungen, ist nicht Verrat an der Hoffnung, sondern Kritik an den Voraussetzungen.

In der DDR hat man Johnsons Roman kaum ernsthaft zur Kenntnis genommen. Seinem Verfasser warf man vor, mit seinen frühen Romanen insgesamt einen »Standort zwischen den Fronten der weltweiten Klassenauseinandersetzung« einzunehmen, aus einer »Perspektive, die letztlich ein distanziert-beobachtendes und verständnisloses Verhalten dem Prozeß der sozialistischen Revolution gegenüber« ausdrücke. Diese Kritik trifft den Roman deswegen nicht, weil sie ihn – erkennbar unter dem Einfluß von Shdanows Postulat eines »sozialistischen Realismus« und von Lukács' Forderung nach »Gestaltung« stehend – unter lediglich inhaltlichen Gesichtspunkten wahrnimmt. Damit aber verfehlt sie die Substanz des Romans, seine »eigene poetische Wahrheit« (Koeppen). Die offiziell geforderte »einfache Wahrheit« lieferte hingegen Christa Wolf mit ihrem polemisch gegen Johnsons Konfliktlösung sich wendenden Roman *Der geteilte Himmel* (1963): Ihre Heldin Rita geht nicht nur – wie Jakob – nach der Trennung vom Geliebten in die DDR zurück, sondern sie entgeht auch, durch die Aufmerksamkeit von Eisenbahnern, dem drohenden Unfalltod auf den Gleisen. Erst Ulrich Plenzdorf (*Die neuen Leiden des jungen W.*, 1973) hat das Motiv des Scheiterns im Sozialismus und des zweifelhaften Todes (Unfall oder Selbstmord) wieder aufgegriffen.

Uwe Johnson hat Figuren und Problematik seines ersten veröffentlichten Romans in seiner Tetralogie *Jahrestage* (1970, 1971, 1973, 1983) wieder aufgenommen und fortentwickelt (→S. 350ff.). Gesine Cresspahl lebt nun in New York mit ihrer Tochter Marie, einem Kind, das sie von Jakob Abs empfangen hat. Abermals ein biblischer Name, abermals ein Hoffnungsname. Und die Fortsetzung eines Romans, der nicht nur ein politischer, sondern gewiß auch ein Liebesroman ist und der endet mit einer Art Liebeserklärung des Erzählers an die spätere Protagonistin Gesine Cresspahl, nachdem diese von Jakobs Tod erfahren hat: »Und sie sah nicht aus wie eine, die geweint hat; das wollen wir doch mal sagen.«

3
Die Politisierung der Literatur (1960–1968)

Lassen sich die 50er Jahre als Epoche politischer und ökonomischer Restauration bezeichnen, so die 60er als Jahrzehnt der Veränderungsbewegungen. Ein dialektischer Prozeß: Auf die restaurativen Entwicklungen der Ära Adenauer mit Wirtschaftsaufschwung, gesellschaftlichen Verkrustungen und Konformismus, mit einer Kulturszene, die sich ins soziale Abseits gedrängt oder auf prinzipielle Oppositionshaltungen festgelegt sah, nach dem »motorisierten Biedermeier« also, wie Erich Kästner diese Epoche genannt hat, folgen Bewegungen eines politisch-kulturellen Selbstbewußtseins, das auf einen grundsätzlichen Wandel drängt. *Die Alternative oder Brauchen wir eine neue Regierung?*, lautete der signifikante Titel eines 1961, kurz vor der Bundestagswahl, von Martin Walser herausgegebenen Bandes, in dem sich Carl Amery, Axel Eggebrecht, Peter Rühmkorf, Paul Schallück, Hans Magnus Enzensberger, Wolfdietrich Schnurre, Günter Grass, Heinz von Cramer, Hans Werner Richter, Martin Walser, Siegfried Lenz und Erich Kuby unmißverständlich gegen die CDU aussprachen und für eine SPD-Regierung plädierten. Und nur zwei Jahre später erschien, herausgegeben von Horst Krüger, ein Sammelband mit Antworten auf die Frage: *Was ist heute noch links?*, ein Versuch der Selbstbestimmung oppositioneller, linker Intellektueller. Beide Bände gaben den Veränderungsbewegungen der 60er Jahre frühzeitig Ausdruck, wenn sie auch keineswegs schon die programmatische Schärfe der späteren außerparlamentarischen Bewegung erreichten.

Veränderungsbestrebungen – allerdings, so gibt ein Blick auf die wirtschaftlichen Realitäten im Übergang zu den 60er Jahren zu erkennen, mit dem Wind einer zusehends sich verschärfenden ökonomischen Krise im Rücken. Gegen Ende der 50er Jahre kann man die ökonomische Rekonstruktionsperiode in der Bundesrepublik Deutschland als weitgehend abgeschlossen ansehen: kein »Neubau«, wie ihn der Sozialdemokrat Kurt Schumacher gefordert hatte, sondern ein Wiederaufbau. Die alten Besitzverhältnisse waren im wesentlichen wiederhergestellt, der Nachholbedarf der Nachkriegsjahre durchweg gedeckt, die Nachfrage auf dem Binnenmarkt nahezu gesättigt. Infolgedessen stagnierten die bislang hohen Zuwachsraten beim Bruttosozialprodukt, ja sie gingen im Verlaufe der 60er Jahre sogar zurück – Grund genug für die Unternehmer, im Jahre 1963 eine »Lohnpause« zu fordern. Der erste militant geführte Streik in der Bundesrepublik war die Folge. Und da sich – aufgrund einer planlosen Investitionstätigkeit – Produktionskapazitäten aufgebaut hatten, für deren Erzeugnisse Absatzmöglichkeiten nur in begrenztem Maß noch bestanden, kam es in den Jahren 1966 und 1967 zur ersten einschneidenden Rezession in der Bundesrepublik mit Massenentlassungen und Arbeitslosigkeit. Das »freie Spiel der Kräfte« (Ludwig Erhard) forderte seinen Preis.

Neben diese wirtschaftlichen Daten trat zu Beginn der 60er Jahre ein weiterer Irritationsfaktor für das gesellschaftliche Selbstverständnis in der Bundesrepublik, nämlich der Bau der Mauer in Berlin am 13. August 1961. Diese Maßnahme der DDR, durchgeführt mit Billigung der sowjetischen Besatzungsmacht, hatte auch wirtschaftliche Folgen. Waren von 1949 bis 1961 mehr als zweieinhalb Millionen Arbeitskräfte aus der DDR in den Westen gekommen, so unterbrach der »antifaschistische Schutzwall« – so die DDR-offizielle Bezeichnung – diesen Strom: In den folgenden zwölf Jahren kamen nur mehr rund 155000 »Republikflüchtige«. Gewichtiger aber als der unterbrochene Zustrom zumeist hochqualifizierter Arbeitskräfte wirkte ein anderer Faktor auf das öffentliche Bewußtsein. Entgegen allen offiziellen Verlautbarungen offenbarte der Mauerbau die unkalkulierten Risiken, mit denen die Einbindung in eine westliche Allianz erkauft war. Es zeigte sich, daß sich die Spaltung Deutschlands auf eine prekäre Weise vertieft hatte.

Diese ökonomischen und politischen Daten und Fakten haben sich nicht unmittelbar auf die Entwicklung der Literatur in den 60er Jahren ausgewirkt. Wenn sie hier gleichwohl Erwähnung finden, so ihrer mittelbaren Folgen wegen. Denn sie zeitigten Konsequenzen in der Form einer politisch begründeten Kulturkrise. Sie erschütterten das Selbstverständnis einer Gesellschaft, deren Glaube an die politische Potenz des Westens und an das eigene ökonomische Wachstum bislang frei von jedem Selbstzweifel geblieben war. Denn solange die gesellschaftlichen Verhältnisse relativ stabil erschienen, ließen sich die mit ihnen verbundenen Wertsetzungen noch unbefragt überliefern. In dem Maße aber, wie sich zwischen politisch-ideologischen Normen und Traditionen und sozialer Wirklichkeit ein Widerspruch auftat, der im Verlaufe der 60er Jahre zunehmend unüberbrückbar wurde, in eben diesem Maße verfiel auch der Anspruch des Establishments auf Autorität dem Verdacht, pure Ideologie zur Herrschaftssicherung zu sein.

Berlin – 13. August 1961

Die innenpolitischen Reaktionen auf die Legitimationskrise und den Autoritätsverfall innerhalb der bundesrepublikanischen Gesellschaft lassen sich mit wenigen Stichworten umreißen. Der Verabschiedung des »Godesberger Programms« (1959), mit dem sich die SPD von einer klassenkämpferischen zur Volkspartei wandelte, folgte 1961 die Verabschiedung eines Unvereinbarkeitsbeschlusses von SPD-Mitgliedschaft und Mitgliedschaft im »Sozialistischen Deutschen Studentenbund« (SDS), also der faktische Ausschluß der marxistischen Linken aus der SPD: Deren Radikalisierung sollte ein bedeutender

19. 4. 1967 – Der Schriftsteller und Literaturwissenschaftler Reinhard Lettau auf einer Veranstaltung des AStA der FU Berlin

Faktor der antiautoritären Bewegung in den 60er Jahren werden. Aus dem Autoritätsverfall der Kanzler Adenauer und Erhard, aus der Unfähigkeit, der wirtschaftlichen Rezession zu steuern, folgte 1966 die Bildung einer Großen Koalition aus Christdemokraten und Sozialdemokraten – »eine ganz miese Ehe«, wie der SPD-Wahlhelfer Günter Grass dieses Zweckbündnis genannt hat. Es zeigte gleichermaßen die Nivellierung der politischen Kultur wie ein nurmehr formales Demokratieverständnis der etablierten Parteien an. Und der zunehmenden Destabilisierung der innenpolitischen Verhältnisse folgte 1968 die Verabschiedung der »Notstandsgesetze«: ein Instrumentarium zur Einschränkung elementarer Grundrechte in Krisenzeiten.

Im Kontext dieses politischen Prozesses, im Zusammenhang von Legitimationskrise und Autoritätsverfall, die durch parlamentarische Maßnahmen zu repressiver Herrschaftssicherung begleitet wurden, entwickelte sich die außerparlamentarische Bewegung in der Bundesrepublik Deutschland, kurz »APO« genannt. Aber das entscheidende Ferment ihrer Entwicklung bildeten nicht Wirtschafts-, nicht Innenpolitik, sondern das amerikanische »Engagement« – so der offizielle Euphemismus – in Vietnam. Der unerklärte Krieg der Vereinigten Staaten gegen Nordvietnam, die Bombenteppiche, der Napalmterror, die Dschungelentlaubung, die rücksichtslose Verkrüppelung von Mensch und Natur– dieser arrogante Imperialismus einer Großmacht, die mit dem Anspruch auftrat, im entlegenen Südostasien die westliche Freiheit zu schützen, war das eigentliche Trauma der 60er Jahre. Der Krieg in Vietnam lenkte das Augenmerk einer kritischen Öffentlichkeit generell auf die Politik der westlichen Industriestaaten gegenüber der Dritten Welt, auf die Unterstützung des Feudalregimes im Iran etwa, auf die portugiesische Kolonialpolitik in Angola, auf die Ausbeutung der Ressourcen in unterentwickelten Ländern durch multinationale Konzerne. »Vietnam« und »Dritte Welt« stellten zentrale und wiederkeh-

20. 10. 1967 – Der Studentenführer Rudi Dutschke auf einer Diskussionsveranstaltung in Berlin

rende Themen der politischen Diskussion dieser Zeit dar. Was ihnen Zulauf und Aufmerksamkeit sicherte, scheint nicht zuletzt die Unerschütterlichkeit gewesen zu sein, mit der die politischen Repräsentanten der Bundesrepublik die offiziellen NATO-Positionen entweder ausdrücklich guthießen oder doch die mit ihnen verbundenen Probleme mit Schweigen aus Bündnistreue übergingen.

Das Zusammenspiel dieser innen-, außen- und wirtschaftspolitischen Faktoren also bildete den Nährboden für die Veränderungsbewegungen der 60er Jahre. Es ist kein Zufall, daß sich diese gerade im »Überbau« herauszubilden begannen, in kulturellen Institutionen, die in auffälliger Weise hinter der Entwicklung der gesellschaftlichen »Basis« zurückzubleiben schienen. Der Bildungstheoretiker Georg Picht etwa gab mit seinem Wort von der »deutschen Bildungskatastrophe« 1964 jenem Abgrund einen deutlichen Namen, der sich zwischen einer traditionell konservativen Bildungshierarchie in der Bundesrepublik und dem technologischen Know-how der hochindustrialisierten Staaten aufgetan hatte. Der Slogan: »Unter den Talaren / Der Muff von 1000 Jahren!«, 1966 anläßlich des akademischen Rituals einer Rektoratsübergabe aufgebracht, sprach von den Defiziten, die den tradierten Bildungsanspruch der Universitäten von deren zukünftigen Aufgaben trennten. Doch spielte der Hinweis auf den »Muff von 1000 Jahren« auch auf unterschlagene historische Traditionen an, insbesondere auf die des Dritten, »Tausendjährigen« Reichs. Die widerstandslose, ja willfährige Beteiligung der deutschen Universitäten am Nationalsozialismus gab Anlaß zu grundsätzlicher Kritik durch eine junge, unbelastete Generation, die auch eine Auseinandersetzung mit Verantwortung, Versagen und Verdrängungen ihrer Eltern führte. Zumal die Geschichte der Germanistik erfuhr eine kritische Aufarbeitung durch jüngere Fachkollegen (*Germanistik – eine deutsche Wissenschaft*, 1967), die freilich ihrerseits alsbald von marxistischen Positionen aus

einer unzureichenden Methodik und Begrifflichkeit überführt wurden (Wolfgang Fritz Haug, *Der hilflose Antifaschismus*, ²1968). Worum es bei solcher Fachkritik allemal ging, lag offen zutage: die unpolitische Seite der Wissenschaft in ihren politischen Dimensionen zu zeigen, die Begriffslosigkeit geistesgeschichtlicher Traditionsbildung ihrer Nähe zum Faschismus zu überführen, die unterschlagene Aufarbeitung der Fachgeschichte als Defizit ihres gegenwärtigen Problembewußtseins zu erweisen. Die alten Bastionen aber verschlossen sich vorerst solcher Kritik, erst recht, wenn diese aus marxistischer Perspektive vorgetragen wurde. Als Germanistikstudenten der Freien Universität Berlin 1968 auf dem Germanistenkongreß über Probleme ihres Faches und deren Verquickung mit allgemeinen gesellschaftlichen und politischen Entwicklungen diskutieren wollten, lehnten die etablierten Fachvertreter dies ab. Und die Ablehnung führte zum Eklat: Der Germanistentag wurde gesprengt.

Universitäten und Verlagshäuser, Buchmesse, Gruppe 47, Germanistenkongreß, kurz: das kulturelle Establishment verfiel der radikalen Kritik einer Bewegung, die ihre Energien aus Faschismusanalyse, neuentdecktem Marxismus und emotionaler Solidarität mit der Dritten Welt bezog. Empörung, politische sowohl wie moralische, hieß das Lebensgefühl der antiautoritären Revolte, die ihr gesellschaftskritisches Instrumentarium nicht zuletzt den theoretischen Entwürfen der »Frankfurter Schule« um Theodor W. Adorno und Max Horkheimer, Herbert Marcuse und Jürgen Habermas entlehnte – während diese ihrerseits der politischen Praxis der APO skeptisch bis ablehnend gegenüberstand. Aber es war ja nicht nur eine deutsche, es war eine internationale Bewegung mit wechselseitigen Einflüssen und Diskussionen.

In Berkeley/Kalifornien, in Tokio, in Bologna wurde auf sit-ins der Widerstand eingeübt, an den Universitäten und Hochschulen der westlichen Metropolen mit teach-ins akademische Autonomie erprobt. Im Pariser Mai des Jahres 1968, jener Rebellion französischer Schüler, Studenten und junger Arbeiter, die den Staat de Gaulles so nachhaltig erschütterte, wurden Formen der Auseinandersetzung mit staatlicher Macht und kulturellen Traditionen entwickelt, die, selber als ästhetische begriffen, den traditionellen Begriff des Ästhetischen im Sinne des »Kunstschönen« bewußt außer Kraft setzten. »Die Phantasie an die Macht«, lautete eine der Parolen des Pariser Mai. Happenings, lustvolle Provokationen, kulturrevolutionäre Graffiti, der Bau von Barrikaden, die Straßenschlacht waren jene Kampfformen, in denen sich der Wille zum Umsturz manifestierte. In der Bundesrepublik wurden solche Aktionen in Kommentar und Analyse aufgegriffen und in eine politische Praxis einbezogen, die sich ihren Ausdruck auch in Musik und unkonventioneller Kleidung wie Haartracht suchte. Die Erweiterung des Kulturbegriffs, die sich in dieser Praxis äußerte, die

Freisetzung von Phantasie in gesellschaftlichen Auseinandersetzungen, der politische Kampf als Aktionsfeld der Sinnlichkeit, die musikalischen Stimulantien des politischen Liedes (Franz Josef Degenhardt, Hannes Wader, Dieter Süverkrüp, Hanns Dieter Hüsch, Walter Moßmann) und der Rock-Kultur (Jimmy Hendrix, Rolling Stones, The Doors, Janis Joplin) – all diese Elemente der antiautoritären Revolte schienen die gesellschaftlichen Erstarrungen aufsprengen zu können, zumindest jenen historischen Augenblick lang, den das Jahr 1968 als Chiffre benennt. Herbert Marcuses Wort von der »repressiven Toleranz« hatte einen Funktionsmechanismus der bürgerlichen Gesellschaft definiert, dem sich die außerparlamentarische Bewegung entgegenstemmte, nämlich die Vereinnahmung jeder, auch der noch so radikalen Opposition. Und es war Herbert Marcuses Bestimmung des Widerstandsrechts, es war seine Auffassung von der Bedeutung sozialer Minderheiten, Außenseiter und Randgruppen, die den Intellektuellen, den Schülern, Studenten und jungen Arbeitern eine neue politische Identität zuwies:

»Aber ich glaube, daß es für unterdrückte und überwältigte Minderheiten ein ›Naturrecht‹ auf Widerstand gibt, außergesetzliche Mittel anzuwenden, sobald die gesetzlichen sich als unzulänglich herausgestellt haben. Gesetz und Ordnung sind überall und immer Gesetz und Ordnung derjenigen, welche die etablierte Hierarchie schützen; es ist unsinnig, an die absolute Autorität dieses Gesetzes und dieser Ordnung denen gegenüber zu appellieren, die unter ihr leiden und gegen sie kämpfen – nicht für persönlichen Vorteil und aus persönlicher Rache, sondern weil sie Menschen sein wollen. Es gibt keinen anderen Richter über ihnen außer den eingesetzten Behörden, der Polizei und ihrem eigenen Gewissen. Wenn sie Gewalt anwenden, beginnen sie keine neue Kette von Gewalttaten, sondern zerbrechen die etablierte. Da man sie schlagen wird, kennen sie das Risiko, und wenn sie gewillt sind, es auf sich zu nehmen, hat kein Dritter, und am allerwenigsten der Erzieher und Intellektuelle, das Recht, ihnen Enthaltung zu predigen.« (Herbert Marcuse, *Kritik der reinen Toleranz*, 1966)

Das »Risiko«, nicht nur geschlagen, sondern womöglich getötet zu werden, lernten die Demonstranten spätestens am 2. Juni 1967 kennen, als bei einer Demonstration gegen den Schah von Persien vor der Deutschen Oper in Berlin der Student Benno Ohnesorg von einem Polizisten getötet wurde. Und nur ein knappes Jahr später abermals, als am 11. April 1968 auf den Studentenführer Rudi Dutschke ein Attentat verübt wurde (dessen Spätfolgen er 1979 erlag). Die Empörung entlud sich in Aktionen und Demonstrationen, in Blockaden und Boykottaufrufen gegen den Springer-Konzern, in öffentlichen Hearings, Universitätsvollversammlungen und Podiumsdiskussionen. Die politische Protestbewegung erreichte im Jahre 1968 ihren Höhepunkt.

Es versteht sich nach alledem, was in den 60er Jahren an Spannungen und Hoffnungen, an Konflikten und Kontroversen, an Emotionen und Illusionen in der Luft lag, von selbst, daß die Literatur nicht unberührt bleiben konnte von den Veränderungsbewegungen dieser Zeit. Doch ebenso versteht sich, daß sich die Politisierung der Literatur vor allem über eine Politisierung ihrer Autoren vollzog. Die handgreiflichen Herausforderungen dieser Jahre anzunehmen, das bedeutete für die Schriftsteller im Grunde einen Medienwechsel: politisch Stellung zu beziehen, öffentlich die Stimme zu erheben, im Streit der Meinungen und Auffassungen Farbe zu bekennen, sich vernehmlich zu engagieren im Für oder Wider. Ein Medienwechsel, der freilich ganz ohne Tradition in der deutschen Literaturgeschichte nicht war, knüpfte er doch an die öffentliche Bedeutung des republikanischen Schriftstellertypus an, wie man ihn aus der Weimarer Republik kannte. Auch die oppositionelle Haltung der Literatur in den 50er Jahren, ihr Nonkonformismus wie ihre Restaurationskritik, läßt, wie Alfred Andersch in einem Gespräch mit Hans Magnus Enzensberger betont hat, im Rückblick ihre »Vorläuferfunktion zur Studentenbewegung« erkennen (in: *Nach dem Protest. Literatur im Umbruch*, hrsg. von W. Martin Lüdke, 1979). Die Antworten jedoch, die in den 60er Jahren an die Öffentlichkeit drangen, lauteten sehr unterschiedlich und zogen bisweilen heftige Fehden nach sich. Sie gruppierten sich im wesentlichen um drei Problemkreise: Vietnamkrieg und Dritte Welt, Parteipolitik, Literatur und Politik. Hierzu einige Beispiele.

Zu einer Kontroverse über den Krieg in Vietnam kam es auf der Tagung der Gruppe 47 in Princeton/USA im Jahre 1966. Sie führte, erstmals, zu einer politischen Debatte, die den Zerfall der Gruppe 47 bereits andeutete. Anlaß dieser Debatte war die Beteiligung von Peter Weiss, Hans Magnus Enzensberger und Reinhard Lettau an einem teach-in amerikanischer Studenten gegen den Vietnamkrieg. Hans Werner Richter und Günter Grass sahen hierin eine Verletzung der amerikanischen Gastfreundschaft.

Bereits 1965 hatten sich eine Reihe von Intellektuellen und Schriftstellern in einer öffentlichen Erklärung für die Beendigung des Vietnamkrieges ausgesprochen. Zu ihnen zählten Carl Amery, Günter Anders, Ingeborg Bachmann, Ernst Bloch, Walter Boehlich, Heinrich Böll, Heinz von Cramer, Hans Magnus Enzensberger, Hubert Fichte, Erich Fried, Walter Jens, Uwe Johnson, Martin Walser und Peter Weiss. (Günter Grass und Hans Werner Richter lehnten die Unterschrift mit der Begründung ab, zuvor bereits an einer internationalen Anzeigenaktion in der »New York Times« mitgewirkt zu haben.)

Ebenfalls in Princeton bestand Günter Grass in seiner Rede »Vom mangelnden Selbstvertrauen schreibender Hofnarren unter Berücksichtigung nicht vorhandener Höfe« auf der prinzipiellen Unaufhebbarkeit des Widerspruchs von Poesie und Politik, Literatur und Gesellschaft. Eine Rede, die sich in ihrem Kern abermals kritisch mit Peter Weiss auseinandersetzte. Peter Weiss nämlich hatte sich ein Jahr zuvor seinerseits entschieden – für eine widerspruchsfreie politische Parteilichkeit. »Die Aufgabe eines Autors ist hier: immer wieder die Wahrheit, für die er eintritt, darzustellen, immer wieder die Wahrheit unter den Entstellungen aufzusuchen«, so formulierte er in seiner programmatischen Erklärung »10 Punkte eines Autors in der geteilten Welt« (1965). Und er fuhr fort: »Die Richtlinien des Sozialismus enthalten für mich die gültige Wahrheit.«

»Was auch für Fehler im Namen des Sozialismus begangen worden sind und noch begangen werden«, so Peter Weiss, »so sollten sie zum Lernen da sein und einer Kritik unterworfen werden, die von den Grundprinzipien der sozialistischen Auffassung ausgeht. Die

Selbstkritik, die dialektische Auseinandersetzung, die ständige Offenheit zur Veränderung und Weiterentwicklung sind Bestandteile des Sozialismus. Zwischen den beiden Wahlmöglichkeiten, die mir heute bleiben, sehe ich nur in der sozialistischen Gesellschaftsordnung die Möglichkeit zur Beseitigung der bestehenden Mißverhältnisse in der Welt.« Das war vielleicht zu nahe an Positionen des offiziellen Staatssozialismus, zu euphemistisch gesprochen von den Prozessen, Hinrichtungen und Arbeitslagern des Stalinismus, ein allzu verkürztes Verständnis auch der Marxschen Theorie, als daß sich nicht Einrede innerhalb der linken Intellektuellen hätte erheben müssen. Und sie folgte in der Tat, massiv und kompromißlos, als Peter Weiss 1965 Hans Magnus Enzensberger – und mit diesem die antiautoritäre Linke insgesamt – unumwunden aufforderte, seinem Beispiel einer entschiedenen Parteinahme für den Sozialismus sich anzuschließen. Enzensbergers Replik klang nicht minder entschieden als das Plädoyer Peter Weiss' – sie markiert einen der Differenzpunkte, die im Verlaufe der 60er Jahre zur Erosion der politischen Linken in der Bundesrepublik führten: »Es ist nicht jedermanns Sache«, schrieb Enzensberger, »mit Bekenntnissen um sich zu schmeißen. Da Peter Weiss und andere mich auffordern, Farbe zu bekennen, so erwidere ich: Die diversen Seelen in ihrer und in meiner Brust sind weltpolitisch nicht von Interesse. Die Moralische Aufrüstung von links kann mir gestohlen bleiben. Ich bin kein Idealist. Bekenntnissen ziehe ich Argumente vor. Zweifel sind mir lieber als Sentiments. Revolutionäres Geschwätz ist mir verhaßt. Widerspruchsfreie Weltbilder brauche ich nicht. Im Zweifelsfall entscheidet die Wirklichkeit.« (*Kursbuch* 6/1966).

Wahlkampfrede von Günter Grass zur Bundestagswahl 1965

Enzensbergers Replik rief ihrerseits die Kritik Martin Walsers hervor, der seinen Kollegen öffentlich einer »antikonzeptionellen und hochhygienischen und sterilen Skepsis« zieh. Und dies immerhin angesichts der unbestreitbaren Tatsache, daß Enzensberger die Zeitschrift *Kursbuch* zum wichtigsten Diskussionsforum gerade jener Probleme gemacht hatte, an denen auch Walser lag. Die Themen des *Kursbuch 6* etwa, in dem sich die Replik auf Peter Weiss findet, hießen: Vietnam, China, Landreform in Indien, Kolonialismus und unterentwickelte Länder.

Man muß sich angesichts solcher Diskussionen und ihrer Widersprüche die Frage vorlegen, ob sich hier mehr zeigt als nur der Drang zu intellektueller Selbstoffenbarung. Historisch-politische Belanglosigkeiten, eitles Literatengeschwätz, Verfehlung der poetischen Profession, unabschließbare Debatten des Überbaus – so lauteten die durchaus bissigen Kommentare jener Jahre, übrigens nicht nur auf konservativer Seite. Was eigentlich befähigt denn in Wahrheit gerade Schriftsteller, sich in Dingen der Politik, der Moral, der Gesellschaftsveränderung die Position eines verallgemeinerungsfähigen Urteilens und Wertens anzueignen?

Es waren ja nicht nur der Vietnamkrieg und die Dritte Welt, die den Schriftstellern Anlaß zu öffentlichen Interventionen gaben. Auch parteipolitisches Engagement zählte in den 60er Jahren zum Fach des Schriftstellers. Günter Grass rief 1965 zur Wahl der SPD auf (»Ich rat Euch Es-Pe-De zu wählen!«) und arbeitete seither, noch lange vor seiner Mitgliedschaft, für Wählerinitiativen dieser Partei, die er selber ins Leben zu rufen geholfen hatte. Im SPD-»Wahlkontor« wirkten Gabriele Wohmann und Bernward Vesper mit. Heinrich Böll, Siegfried Lenz, Peter Härtling plädierten ebenfalls für die Sozialdemokratie, Franz Xaver Kroetz und Martin Walser hingegen, nach deren Gründung 1968, für die DKP. Peter Schneider erblickte mit vielen anderen jungen Intellektuellen seinerzeit eine Perspektive in der chinesischen Kulturrevolution, wie sie auch von maoistischen Zirkeln favorisiert wurde.

Heinrich Böll während eines privaten Besuchs in Israel 1972

Noch einmal also gefragt: Sind nicht auch Schriftsteller schlichte Bürger, die gewiß zu allen wichtigen Dingen ihre Privatmeinung haben dürfen – aber doch nicht mit einem höheren Maß an Triftigkeit und Ausweisbarkeit als andere Bürger? Beanspruchen sie nicht in Wahrheit eine Art intellektuelles Richteramt, das sie sogar über die professionellen Politiker erhebt, von deren Metier nichts zu verstehen sie doch häufig genug mit nachdrücklicher Koketterie bekennen? Wodurch also sehen sie sich imstande, Stellung zu beziehen, wo immer Verantwortung in Frage steht? Wer oder was verleiht ihnen den Rang, »Gewissen der Nation« zu sein? Nur die eigene Eitelkeit?

Die Antwort klingt so simpel, wie sie strittig sein dürfte: Es ist die Literatur selber, welche die Autoren sensibilisiert für Wirklichkeit und deren Veränderungen, für Konflikte und Probleme, für das Abseitige und Verletzliche, für Haupt- und Nebenwidersprüche. Es ist ihre freie gesellschaftliche Stellung, ihre unabhängige und deshalb empfindliche Wahrnehmungsweise, ihre Erfahrungsfreiheit, die ihren Blick für die Wirklichkeit und deren Defizite schärft. Und es ist vor allem ihr Handwerkszeug, ihr Medium und Material: die Sprache der Formen, die literarische Technik, mit der sie, sei's durch Kritik, sei's durch Protest, sei's durch Entzug, an der Veränderung der Wirklichkeit arbeiten. Fürs erste gleichviel, ob als operatives Genre im Sinne Bertolt Brechts, fundiert auf Politik und Wissenschaft, oder ob als esoterisches, hermetisches Gebilde, als verrätselte und verschlüsselte Chiffre – die poetische Formensprache bietet das Gegenbild der Realität, ihren Gegenentwurf, »unversöhnt« im Sinne Adornos, Ausdruck von Entfremdung und Selbstentfremdung, »Utopie« im Wortsinne. Hierin nicht, wohl aber hinsichtlich ihres Mediums und Materials, der Sprache, unterscheidet sich Literatur von Musik und Bildender Kunst. Sie, die Sprache, begründet den Anspruch des Schriftstellers auf – auch – öffentliche Rede. Denn die Sprache ermöglicht ihm die Wahrnehmung und Mitteilung defizienter Wirklichkeit. Sprachfähigkeit ist Mündigkeit, mithin Fähigkeit zur Kritik, zum Urteil, zu begründeter Parteilichkeit.

Heinrich Böll erhält aus der Hand von Kronprinz Carl Gustav von Schweden den Literatur-Nobelpreis 1972

Heinrich Böll, Nobelpreisträger für Literatur des Jahres 1972, darf hierfür als Beispiel stehen. Denn man kann seine frühen Erzählungen oder die Romane der 60er und 70er Jahre im Ernst nicht trennen von den Essays und Reden, die seine literarische Arbeit bis an sein Lebensende nicht nur begleitet haben, sondern wesentlicher Teil von ihr waren. Daß dies in Nachrufen anläßlich seines Todes im Jahre 1985 allenthalben versucht worden ist, bestätigt diese These eher. Denn der Tod stimmte offenbar diejenigen versöhnlich, die den öffentlichen Menschen Heinrich Böll zu seinen Lebzeiten häufig genug als Unruhestifter, Agitator, Linksradikalen verdächtigt, verketzert und denunziert hatten. Angesichts seines Todes aber verstieg man sich zur Verklärung, also zur Klitterung, um zu retten, was rettenswert schien: Teile des literarischen Werks, und zu übergehen oder zu unterschlagen, was gestört hatte: Protest, Polemik, Pamphlet. Gleichviel aber, ob Böll einen »Brief an einen jungen Katholiken« schrieb (1958) oder »Die Freiheit der Kunst« verteidigte (1960), ob er »Das Ende der Bescheidenheit« für geboten hielt (1969) oder »freies Geleit« für Ulrike Meinhof forderte (1972) – seine öffentliche Kritik an Zuständen und Entwicklungen in der Bundesrepublik Deutschland (und nicht nur hier!) ließ sich von seiner literarischen, seiner künstlerischen Wahrnehmungsfähigkeit in keinem Falle trennen, weil sie von dieser allererst angeregt worden war, von ihr sich herleitete und in ihr gründete. Darin besteht ja kein Unterschied in seinen Romanen der 60er und 70er Jahre: Ob *Ansichten eines Clowns* (1963) mit einer Kritik am etablierten Katholizismus, ob *Gruppenbild mit Dame* (1971) mit einer Feier unbeirrbarer Subjektivität inmitten einer Spekulantenwirklichkeit, ob *Die verlorene Ehre der Katharina Blum* (1974) mit einer Momentaufnahme öffentlicher Demagogie und Menschenhetze oder ob *Fürsorgliche Belagerung* (1979) mit einem Wirklichkeitsausschnitt nach dem »deutschen Herbst« des Jahres 1977 – allemal handelte es sich um literarische Wahrnehmungen von Realität, die zunehmend durch die Einarbeitung von Realitätsmaterialien zum kritischen Wirklichkeitsbericht sich wandelten. Das heißt: Bölls literarische Kritikfähigkeit gab stets einer politischen Moral Ausdruck, die ihre Voraussetzung bildete, die sich untrennbar mit ihr verbunden und entwickelt, die sich unablösbar in sie eingeschrieben hatte. Notwendig mußte sich deshalb auch seine zunehmende Enttäuschung und Bedrückung angesichts der bundesrepublikanischen Wirklichkeit in seinen Werken mitteilen, am deutlichsten in seinem letzten Roman *Frauen vor Flußlandschaft* (1985). Eben deshalb aber greift die Kritik an den vermeintlichen »Schwächen« dieses Spätwerks, wo sie sich auf Krankheit und Altersmüdigkeit des Autors beruft, zu kurz. Diese »Schwächen« bilden vielmehr entschieden literarische Konsequenzen einer Resignation, die, noch immer, von der fortwirkenden politischen Moral Heinrich Bölls zeugte. Daß die kritische Wahrnehmung das

Hoffnungsmoment und auch den Humor früherer Werke überlagert, wo nicht verdrängt hat, sagt über den Zustand der Wirklichkeit wie über den Gesellschaftskritiker Heinrich Böll gleich viel.

Heinrich Böll und Günter Grass, Martin Walser, Peter Weiss und Hans Magnus Enzensberger – ihre Namen stehen hier für eine Politisierung der Autoren, die in den 60er Jahren bezeichnend und bestimmend gewesen ist. Sie repräsentieren, bei aller Individualität der Person und der politischen Auffassungen und bei allen Unterschieden der Schreibweisen, einen identischen Typus des Schriftstellers: den des engagierten Intellektuellen, für den Literatur und Politik, gesellschaftliche Erfahrung und ästhetische Verarbeitung untrennbar zusammengehören.

Dennoch kann politisches Engagement nicht als einziges Signum der Literatur in den 60er Jahren gelten. Ganz im Gegenteil muß man wohl mit Alfred Andersch annehmen, daß »die Schriftsteller in ihrer Mehrzahl in den 60er Jahren nicht mit den Studenten gegangen« sind. Es gab zahlreiche Autoren, ebenso repräsentative, ebenso bedeutende, die sich öffentlicher Stellungsnahmen weitgehend enthielten, ohne doch im Verdacht zu stehen, »unpolitisch« zu sein, unkritisch womöglich gegenüber dem Krieg in Vietnam, abhold jeder Veränderungsbewegung in der Bundesrepublik. Es ist dies ein anderer Schriftstellertypus, der sich mit den Namen Alfred Andersch, Wolfgang Koeppen, Arno Schmidt in etwa charakterisieren läßt. Deren Enthaltsamkeit im öffentlichen Stimmengewirr mochte im einzelnen unterschiedliche Beweggründe haben – sie enthielt aber gewiß auch den unausgesprochenen Hinweis aufs eigene Werk, dem womöglich größeres Gewicht beigemessen wurde als die Teilhabe an undurchschaubaren und unübersehbaren sozialen Prozessen. »Man hatte damals sofort das Gefühl«, sagte Alfred Andersch, »daß diese Bewegungen an den Universitäten eine sehr ungewisse Richtung nahmen. Man wußte nicht genau, wohin die Bewegung laufen würde. Auch aus diesem Grunde hat man Distanz gehalten.«

So aber, wie im Blick auf Öffentlichkeit, Politik und Engagement unterschiedliche Antworten der Schriftsteller gleichrangig nebeneinanderstanden – Uwe Johnson etwa erklärte seine Zurückhaltung gar mit Respekt vor einem »politischen Expertentum« –, so darf man auch die verschiedenartigen literarischen Produkte dieser Jahre vorerst als gleichrangige Antwortmöglichkeiten auf die Fragen dieser Zeit nebeneinanderstellen. Die Spannbreite zwischen »konkreter« und »politischer« Lyrik, zwischen »sozialkritischem« und »schwarzem« Realismus im Roman, zwischen »Groteske« und »Dokument« auf dem Theater, zwischen einer »klassenkämpferischen« und einer »protokollierten« Literatur der Arbeitswelt verlangt im folgenden fürs erste die Präsentation von Vielfalt.

Renaissance des Theaters: Zeitgeschichte als Bühnengeschehen

Kann – mit Ausnahme der Schweizer Friedrich Dürrenmatt und Max Frisch – von ernstzunehmenden Bemühungen um die Herausbildung eines neuen deutschsprachigen Theaters in den 50er Jahren die Rede kaum sein, so gilt für die 60er Jahre das genaue Gegenteil. Es entstehen zahlreiche Bühnenstücke mit zum Teil explizit politischer Thematik, unverkennbarem gesellschaftlichem Engagement und eigenständiger Formgebung. Mehr noch: Das Theater der 60er Jahre zeigt eine zunehmende Tendenz, nicht nur allgemein zeitgeschichtliche Fragen aufzugreifen, sondern auch aktuelle Konflikte, Brennpunkte und Diskussionen zum Gegenstand von Bühnenstücken zu machen. Soweit es sich als politisches Theater versteht, setzt es gesellschaftliche Veränderungsstrategien ebenso in Szene wie Probleme der Arbeitswelt und soziale Revolten.

Die Gründe für solchen Wandel sind vor allem in den krisenhaften Erschütterungen der 60er Jahre zu suchen. Daß sich für die Bühnen der Bundesrepublik in den 50er Jahren kein deutsches Drama gefunden hat, war ja Indiz nicht nur einer unbewältigten Vergangenheit, sondern auch einer noch nicht begriffenen Gegenwart. Erst mit einer wachsenden kritischen Distanz zur Ideologie der Adenauer-Zeit, zu »Wirtschaftswunder«-Gläubigkeit und Restauration, entwikkelt sich das Bewußtsein der Autoren für die eigenständigen Wirkungen der Theatersprache und der Bühnenrealität. Die aufklärerischen Traditionen des Theaters entfalten sich mit seinen agitatorischen Potenzen. Das heißt: Die Autoren versuchen, sich mit ihren Mitteln – den Mitteln künstlerischer, dramatischer Verarbeitung von Wirklichkeit – ihrer Gegenwart und der jüngsten Vergangenheit zu stellen. Hierbei geht es ihnen nicht um eine bloße Abbildung von Realität, um deren bühnentechnisch wirksam aufbereitete Abschilderung, sondern es geht, wie Rolf Hochhuth sagt, um deren projektive Veränderung: »Politisches Theater kann nicht die Aufgabe haben, die Wirklichkeit – die ja stets politisch ist – zu reproduzieren, sondern hat ihr entgegenzutreten durch Projektion einer neuen.«

Gerade das damit angesprochene Wirklichkeitsverhältnis des Theaters freilich, seine Situierung im Spannungsfeld der Pole »Kunst« und »Realität«, seine Eignung als Medium der Abbildung, der Veränderung, des Neuentwurfs, sollte in den 60er Jahren zum Prüfstein seiner Bedeutung werden. Und es war kein Zufall, daß man Bertolt Brecht zum Kronzeugen für und wider anrief: Seine dominierende Stellung als Bühnenautor, seine Autorität als Theoretiker und seine praktische Theaterarbeit ließen eine Auseinandersetzung mit Werk und Person unumgänglich erscheinen. Zwei Linien lassen sich nachzeichnen: die einer entschiedenen Abkehr von Brecht, wie sie Friedrich Dürrenmatt und Max Frisch, beide in ihrem Frühwerk von Brecht stark beeinflußt, seit Mitte der 50er Jahre begründen; und die eines ausdrücklich politisch sich verstehenden Theaters, das, ausgehend von Brecht, über ihn hinauszugelangen versucht zu einer eigenständigen ästhetischen Tradition.

»Kann die heutige Welt durch Theater wiedergegeben werden?« So lautete die Frage, die der Dramatiker Friedrich Dürrenmatt dem Darmstädter Gespräch »Über das Theater« im Frühjahr 1955 vorlegte. Dürrenmatts Absicht war, eine grundsätzliche Debatte über Möglichkeiten und Grenzen des zeitgenössischen Theaters anzuregen – eine Bestandsaufnahme, die über die bloße Auflistung theaterpraktischer Aktivitäten hinausging; eine Kritik, die sich auf das Verhältnis von Werk und Bühne, Bühne und Wirklichkeit, Wirklichkeit und Werk einließ; die Entwicklung von Perspektiven, die dem Theater einen reflektierten Wandel eröffneten. Freilich, so neutral die Fragestellung auf Anhieb klingen mochte, so unüberhörbar spielte sie für Kenner in Wahrheit auf eine Diskussion an, die nicht zuletzt von Dürrenmatt selber bereits geführt worden war. Wiedergabe der Welt durch Theater – damit war Brechts Auffassung eines nicht-aristotelischen, eines »epischen« Theaters gemeint, eines Theaters, das vom »Verfremdungseffekt« seine Impulse bezog, das, als »Theater des wissenschaftlichen Zeitalters«, die »Dialektik auf dem Theater« (Brecht) zeigte, Kunst auf Wissenschaft und Politik fundierte, das die gesellschaftlichen Zusammenhänge mithin durchschaubar und zugleich Lust darauf machen sollte, sie zu verändern. Dürrenmatt hatte sich mit dieser Auffassung bereits in seinem Vortrag *Theaterprobleme* (1954) auseinandergesetzt und zu Brecht bemerkt:

»Die Brechtsche These, die er in seiner Straßenszene entwickelt, die Welt als Unfall hinzustellen und nun zu zeigen, wie es zu diesem Unfall gekommen sei, mag großartiges Theater geben, was ja Brecht bewiesen hat, doch muß das meiste bei der Beweisführung unterschlagen werden: Brecht denkt unerbittlich, weil er an vieles unerbittlich nicht denkt.«

Das war bissig formuliert – doch noch kaum angemessen begründet. Brecht seinerseits knüpfte – übrigens durchaus unpolemisch – an Dürrenmatts Frage einige Überlegungen an, die sich als ein zusammenfassendes Konzentrat seiner Dramen- und Theatertheorie (vor allem *Der Messingkauf*, 1939/40 mit Ergänzungen von 1947–1951, und *Kleines Organon für das Theater*, 1948) lesen lassen. Brechts Antwort war eindeutig: »Die heutige Welt ist den heutigen Menschen nur beschreibbar, wenn sie als eine veränderbare Welt beschrieben wird.« Brechts Begründung trug noch einmal die Argumentation des materialistischen Dialektikers und Theoretikers vor, den Dürrenmatt in seinem Vortrag *Theaterprobleme* kritisiert hatte: »In einem Zeitalter«, so Brecht, »dessen Wissenschaft die Natur derart zu verändern weiß, daß die Welt schon nahezu bewohnbar erscheint, kann der Mensch dem Menschen nicht mehr lange als Opfer beschrieben werden, als Objekt einer unbekannten, aber fixierten Umwelt. Vom Standpunkt eines Spielballs aus sind die Bewegungsgesetze kaum konzipierbar.« Gerade das Nichtdurchschauen aber der »Bewegungsgesetze« menschlicher Gesellschaft zeige die Menschheit Mitte der 50er Jahre »vor der totalen Vernichtbarkeit des kaum bewohnbar gemachten Planeten«. Und diese Einsicht erfordere, neue Mittel und Wege, auch auf dem Theater, zu erproben, um »die heutige Welt« zu verändern. Eine Konsequenz, die Brecht am Schluß seiner Überlegungen noch einmal zu der »Meinung« zusammenfaßte, »daß die heutige Welt auch auf dem Theater wiedergegeben werden kann, aber nur, wenn sie als veränderbar aufgefaßt wird«.

Brecht warf damit – ein Jahr vor seinem Tod – noch einmal jene Argumente in die Debatte, die ihn zum bedeutendsten Dramatiker und Theoretiker seiner Zeit gemacht hatten. Bemerkenswerter als diese Tatsache aber erscheint der Umstand, daß der berühmte Stückeschreiber mit seiner Antwort sich auf eine Fragestellung einließ, die vor allem eines signalisierte: Abschied von Brecht. Denn zwar blieb Brecht bis in die 80er Jahre hinein der meistgespielte deutsche Autor auf den Bühnen der Bundesrepublik. Doch gerade die beiden bedeutendsten deutschsprachigen Dramatiker neben Brecht, eben Friedrich Dürrenmatt und Max Frisch, versuchten in den 50er Jahren, sich von dessen Einfluß zu lösen, um theaterpraktisch wie literaturtheoretisch eigene Wege zu beschreiten. In seinem Vortrag aus dem Jahre 1954 hatte Dürrenmatt hierfür lediglich einen noch unzulänglichen Auftakt formuliert. Fünf Jahre später, anläßlich der Verleihung des Schiller-Preises, zitiert er ausdrücklich Brechts Forderung, die Welt sei auf dem Theater als »veränderbar« wiederzugeben. Und ausdrücklich argumentiert er nun gegen Brecht:

»Die Welt hat sich nicht so sehr durch ihre politischen Revolutionen verändert, wie man behauptet, sondern durch die Explosion der Menschheit ins Milliardenhafte, durch die notwendige Aufrichtung der Maschinenwelt, durch die zwangsläufige Verwandlung der Vaterländer in Staaten, der Völker in Massen, der Vaterlandsliebe in eine Treue der Firma gegenüber. Der alte Glaubenssatz der Revolutionäre, daß der Mensch die Welt verändern könne, ist für den einzelnen unrealisierbar geworden, außer Kurs gesetzt, der Satz ist nur noch für die Menge brauchbar, als Schlagwort, als politisches Dynamit, als Antrieb für die Massen, als Hoffnung für die grauen Armeen der Hungernden.«

Dürrenmatts Argumentation ist also durchaus politisch begründet. Aber seine Diagnose der modernen Welt – Bevölkerungsexplosion, Industrialisierung und Technisierung, Etatismus und Bürokratisierung, Vermassung und Anonymisierung – erzeugt das Bild eines undurchdringlichen, von den Menschen selbst erschaffenen labyrinthischen Irrgartens, in dem der Mensch deshalb unabänderlich sich verlieren muß, weil er selber sich nicht zu ändern vermag. Nicht eine absurde, wohl aber eine groteske Welt, auf welche die Kunst und zumal das Theater mit dem Mittel der Groteske zwar zu antworten, in die sie aber nicht verändernd einzugreifen vermag: »Der Schriftsteller kann sich nicht der Politik verschreiben« – dies ist der Aspekt, unter dem sich Dürrenmatt in seiner Beurteilung von Kunst und Literatur mit seinem Landsmann Max Frisch einig weiß.

Max Frischs Bühnenstücke *Biedermann und die Brandstifter* (1959) und *Andorra* (1961) sind Werke aus dem Geist eines kritischen Humanismus und eines moralischen Rigorismus, die in zum Teil parabelhafter Form die Problematik individueller und kollektiver Bedrohung, individueller und kollektiver Schuld in der modernen Welt vorführen. Doch das zeitkritische Element bei Frisch darf nicht über den wesentlichen Unterschied zum sozialkritischen Gehalt der Werke Brechts hinwegtäuschen. Frisch hat beispielsweise sein *Biedermann*-Stück als ein »Lehrstück ohne Lehre« bezeichnet, ganz unverkennbar in Abgrenzung gegen Brechts pädagogisch-didaktischen Impuls. Das heißt: Frisch mißtraut grundsätzlich den Wirkungen, die von seinen Stücken ausgehen könnten, ja er will sie nicht einmal. Dies mag aber auch erklären, warum Frisch in seinen Stücken vielfach abstrakt moralisiert, ohne Handlungseinsichten zu vermitteln: Sein impliziter Rückgang auf eine idealistische, im Schillerschen Sinne zwischen Kunst und Leben trennende Ästhetik setzt ihn außerstande, dramaturgisch in zeitgeschichtlich konkreten Zusammenhängen zu argumentieren.

Fünf Jahre nach der Schiller-Rede Dürrenmatts griff Frisch Brechts Argumentation aus dem Jahre 1955 abermals auf, um – in seiner Rede *Der Autor und das Theater* (1964) – den utopischen Charakter der Literatur zu betonen. Zur Veränderung bekannte sich Frisch darin sehr

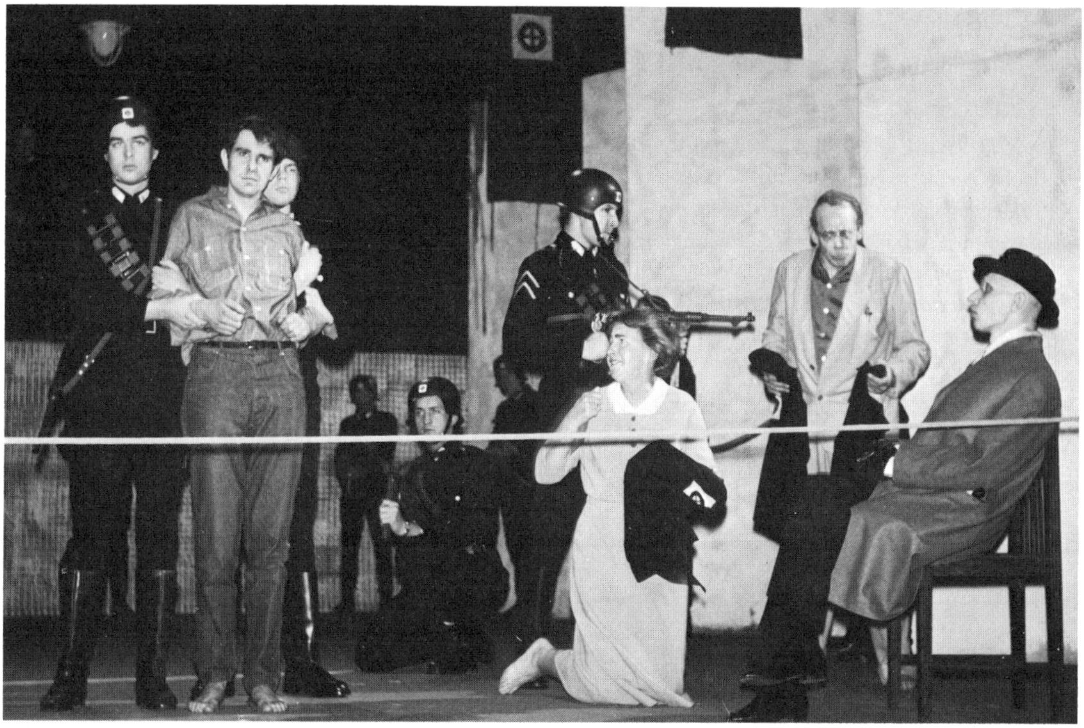

Szenenbild aus der deutschen Erstaufführung von Max Frischs Schauspiel »Andorra« (Regie: Hans Schweikart, Kammerspiele München 1961)

wohl: »Jede Szene, jede Erzählung, jedes Bild, jeder Satz bedeutet Veränderung: nicht der Welt, aber des Materials, das wir der Welt entnehmen.« Damit war die politische Funktion der Poesie keineswegs in Abrede gestellt, aber sie wurde neu definiert als die Fähigkeit der Literatur, das *Verhältnis zur Welt* zu verändern, also Wahrnehmungen, Einstellungen, Perspektiven eines vorhandenen Wirklichkeitsverhältnisses durch künstlerische Formensprache einem Wandel zu unterwerfen. Auch dies war ein Abschied von Brecht: Mehr noch als Dürrenmatt hatte Max Frisch durch Brecht Impulse für sein eigenes Werk erfahren, vertieft durch enge freundschaftliche Bindungen. Aber wie Dürrenmatt sah auch Frisch die Bedeutung Brechts schon wenige Jahre nach dessen Tod in historischer Perspektive: Er attestierte ihm »die durchschlagende Wirkungslosigkeit eines Klassikers«.

Diese Formel ist seither viel zitiert worden, aber man darf sie nicht ungeprüft übernehmen. Die Wirkungen Bertolt Brechts, in der Bundesrepublik wie im Ausland, gehen erheblich über die eines Klassikers hinaus. Nicht nur ist er auch in den 70er Jahren und noch zu Beginn der 80er der meistgespielte Dramatiker auf den Bühnen der Bundesrepublik und der meistgespielte deutschsprachige auf denen des Auslands; nicht nur erscheinen in den 70er Jahren wiederholt Neuauflagen seiner Werke ebenso wie Erstauflagen bislang unpublizierter Arbeiten (Tagebücher, Arbeitsjournal); sondern es ist international auch eine kaum mehr überschaubare Anzahl von wissenschaftlichen Arbeiten über Brecht erschienen, die auf ein ungebrochenes Interesse an seinem Werk schließen läßt; und es finden sich wiederholt Neuentdeckungen einzelner Aspekte (so in den 70er Jahren die der Lehrstücke und des Fatzer-Fragments), die auf eine Aktualisierbarkeit seines Werks nach Maßgabe des historischen Wandels verweisen.

Begreift man aber Max Frischs Formel von der »durchschlagenden Wirkungslosigkeit eines Klassikers« als das, was sie auch ist: nämlich ein Befreiungsversuch, dann kann man ihr die Triftigkeit nicht absprechen. Denn es gibt zur andauernden Brecht-Wirkung seit Mitte der 60er Jahre auch eine gegenläufige Entwicklung, die sich mit »Brecht-Müdigkeit« umschreiben läßt. Zu deren Elementen zählen der Überdruß an

Brechts didaktischen Impulsen ebenso wie die weihevolle, fast zur Versteinerung gediehene Verehrung für Brecht in der DDR. Und man muß zugestehen, daß die Wirkung Brechts auf die Dramatik etwa der 80er Jahre vergleichsweise gering ist, weil Brechts Vorschläge zur Veränderung der Welt mit den Mitteln des Theaters auf eine Wirklichkeit treffen, die weniger denn je »veränderbar« erscheint. Es sagt nichts über die Theorie Brechts, deren gedankliche Schärfe und sozialkritische Fundierung weder Dürrenmatts noch Frischs Überlegungen zur Funktion des Theaters erreicht haben – aber es sagt viel über den Zustand dieser Wirklichkeit, daß Friedrich Dürrenmatts groteske Komödie *Die Physiker* als ihre angemessene Deutung gefeiert wurde.

»Uns kommt nur noch die Komödie bei« – Dürrenmatts »Physiker« (1962)

Friedrich Dürrenmatts Komödie verlieh den theoretischen Überlegungen ihres Verfassers den denkbar bühnenwirksamsten Ausdruck, wenn sie auch mehr war als nur deren praktische Umsetzung: nämlich ein glänzend pointiertes Spektakel. Der Schweizer Dramatiker (*Romulus der Große*, 1948; *Die Ehe des Herrn Mississippi*, 1950; *Ein Engel kommt nach Babylon*, 1953; *Der Besuch der alten Dame*, 1955; *Frank der Fünfte*, 1958, mit Paul Burkhard) gab in diesem Stück ein Modell der Ausweglosigkeit, in der sich die modernen Naturwissenschaften befinden, seit der Gang ihrer Entwicklung, die Verfügung über ihre Ergebnisse und insbesondere ihre militärische Ausbeutung offenkundig unkontrollierbar geworden ist. Eine Irrenanstalt, die sich in ein Gefängnis verwandelt – Modell einer aberwitzig gewordenen Welt, deren Fortschritte nicht zu größerer Freiheit, sondern zu tödlichen Abhängigkeiten geführt haben.

Der Physiker Johann Wilhelm Möbius – eine zart-ironische Anspielung auf Johann Wolfgang Goethe und seinen zukunftsgewissen Bildungsroman *Wilhelm Meister* (1795/96) – hat neben der »einheitlichen Feldtheorie« und der »Theorie der Elementarteilchen« auch das »System aller möglichen Erfindungen« entdeckt und gilt deshalb als der »genialste Physiker der Gegenwart«. Seine Erkenntnisse aber eröffnen ihm einen Abgrund: »Das Resultat ist verheerend. Neue, unvorstellbare Energien würden freigesetzt und eine Technik ermöglicht, die jeder Phantasie spottet, falls meine Untersuchung in die Hände der Menschen fiele.« Mit dieser Einsicht bricht Möbius alle Brücken hinter sich ab – Karriere, Familie, soziale Bindungen und Anerkennung –, gibt vor, den König Salomo zu kennen und in seinem Namen zu sprechen, und landet folgerichtig an dem einzigen vermeintlich sicheren Ort: dem Irrenhaus, um seine Theorien und Entdekkungen vor ihrer möglichen Verwertung durch die Menschen zu schützen. Dort aber, im Irrenhaus, trifft er auf die Physiker »Einstein« und »Newton«, die, ebenfalls als Irre getarnt, in Wahrheit namhafte Kapazitäten auf dem Gebiet der Physik sind und für den amerikanischen und sowjetischen Geheimdienst arbeiten. Sie sollen versuchen, an Möbius' Erkenntnisse heranzukommen, doch vermag dieser seine Kontrahenten davon zu überzeugen, daß eine Physik im Dienste politischer Mächte nur Teil einer globalen Vernichtungsmaschinerie sein könnte. Nur im Irrenhaus sei deshalb ihr Wissen noch vor Mißbrauch gefeit. Doch der gemeinsame Entschluß, die einmal gewonnenen Erkenntnisse »zurückzunehmen«, kommt zu spät. Das Irrenhaus hat sich in ein Gefängnis verwandelt: Die einzige wirklich Irre im Stück, die Nervenärztin selber, hat sich Möbius' Erkenntnisse bereits angeeignet, um nun ihrerseits im Namen des Königs Salomo die Weltherrschaft zu ergreifen.

Der Amoklauf der Weltgeschichte läuft selbsttätig – Vernunft vermag ihm nicht mehr beizukommen. So lautet die Quintessenz aus Dürrenmatts Stück. Ein Zeitstück also: Die Atombomben auf Hiroshima und Nagasaki haben sich in sein pessimistisches Resümee ebenso eingeschrieben wie die Diskussionen deutscher Physiker Ende der 50er Jahre in Göttingen, die Argumente der Internationalen Atomkonferenz »Atome für den Frieden« 1958 in Genf und die umstrittenen Überlegungen des Philosophen Karl Jaspers (*Die Atombombe und die Zukunft des Menschen*, 1961). Zudem hatte der Bau der Mauer in Berlin (13. 8. 1961), hatte zuvor schon der Abschuß eines amerikanischen Aufklärungsflugzeuges über der Sowjetunion (Mai 1960) eine Frontstellung der Großmächte gegeneinander offenbart, die eine militärische, auch atomare Auseinandersetzung bedrohlich nahe erscheinen ließ.

Friedrich Dürrenmatt, »Die Physiker«, Kammerspiele München 1962 – v. l. n. r.: Peter Pasetti, Therese Giehse, Horst Tappert, Hans Christian Blech

Durchsetzt ist der Konflikt um den Protagonisten Möbius von einem leitmotivisch wiederholten zweiten Handlungsstrang, der dem ganzen Stück eine zusätzliche dramaturgische Spannung verleiht, einer Kriminalgeschichte nämlich. Denn jeder der Physiker hat einen Mord begangen, jeder an der ihn betreuenden Krankenschwester. Das zweiteilige Stück beginnt denn auch in jedem seiner beiden Teile mit der Aufklärung eines Mordes durch die Polizei. Im zweiten Teil aber hat sich ein bemerkenswerter Wandel vollzogen: Der Kriminalkommissar spricht nicht mehr von »Mördern«, sondern von »Tätern«, nicht von »Mord«, sondern von »Unglücksfall«. Mehr noch: Vergnügt stimmt er der Einsicht zu, daß die Gerechtigkeit fürs erste suspendiert sei: »Zuerst habe ich mich ja geärgert, daß ich nicht einschreiten durfte, doch jetzt? Ich genieße es auf einmal. Ich könnte jubeln. Ich habe drei Mörder gefunden, die ich mit gutem Gewissen nicht zu verhaften brauche. Die Gerechtigkeit macht zum ersten Male Ferien, ein immenses Gefühl.« Friedrich Dürrenmatt, Verfasser auch von Detektivromanen (*Der Richter und sein Henker*, 1950/51; *Der Verdacht*, 1951/52; *Das Versprechen*, 1958; *Die Panne*, 1956), weiß, wovon er spricht: In einer Zeit weltweiten, kollektiven Wahnsinns ist die Gerechtigkeit im Kurs gefallen, zählt keine individuelle Sühne individuellen Verbrechens mehr. Und zudem ist – das Stück zeigt es nur allzu deutlich – der Aufenthalt in diesem Irrenhaus selber längst zum Gefängnisaufenthalt geworden (und die Krankenschwestern zu Gefängniswärtern).

Konfrontation der Weltmächte, die apokalyptische Vision atomarer Vernichtung, drei ungesühnte Morde – Stoff, Themen, Motive und Handlung genug für drei Tragödien! Friedrich Dürrenmatt aber macht aus alledem ein einziges Stück: eine *Komödie*. Wo liegen die Gründe für die offenbar paradoxe Verkehrung von Form und Inhalt? In seinem Vortrag *Theaterprobleme* (1954) hat Dürrenmatt eine Reihe von Überlegungen angestellt, die auch für eine Deutung der *Physiker* aufschlußreich sind. »Die Tragödie setzt Schuld, Not, Maß, Übersicht, Verantwortung voraus. In der Wurstelei unseres Jahrhunderts, in diesem Kehraus der weißen Rasse, gibt es keine Schuldigen und auch keine Verantwortlichen mehr. Alle können nichts dafür und haben es nicht gewollt. Es geht wirklich ohne jeden. Alles wird mitgerissen und bleibt in irgendeinem Rechen hängen. Wir sind zu kollektiv schuldig, zu kollektiv gebettet in die Sünden unserer Väter und Vorväter. Wir sind nur noch Kindeskinder. Das ist unser Pech, nicht unsere Schuld: Schuld gibt es nur noch als persönliche Leistung, als religiöse Tat. Uns kommt nur noch die Komödie bei.« Das Verhältnis von Schuld und Verantwortung hat sich – im Maße der »Verdinglichung des Bewußtseins« (Georg Lukács), das mit der Technisierung der Welt einhergeht – grundlegend gewandelt. Wollte man die Kategorien des klassischen Dramas noch ernstnehmen, für welche die ethischen Maximen einer vergangenen Wirklichkeit bestimmend waren, so käme nurmehr hohles Pathos, Ideologie, Unglaubwürdigkeit im ästhetischen Produkt der Gegenwart zum Ausdruck. In einer Welt aber, in der es sich nicht mehr um individuelle Verantwortlichkeiten, um Schuld als Einzelhaftung für den Gang der Dinge handelt, sondern um Existenz und Nicht-Existenz als Menschheitsfrage – in einer solchen Welt lassen sich künstlerisch glaubwürdige Antworten nur noch in der paradoxen Verkehrung des äußersten Ernstes finden: Die Tragödie der modernen Welt ist auf der Bühne nur noch darstellbar als Komödie.

Ein anderes »Physiker«-Schauspiel, das in den 60er Jahren entstand, hatte, von einem authentischen Fall ausgehend, die durchaus tragische Konfliktsituation des modernen Naturwissenschaftlers zwischen zweckfreier Forschung und politisch-militärischer Aneignung der Ergebnisse thematisiert: Heinar Kipphardts Dokumentarstück *In der Sache J. Robert Oppenheimer* (1964). Im Blick auf den amerikanischen Physiker Oppenheimer, der als »Vater der amerikanischen Atombombe« gilt, jedoch in der Ära des kalten Krieges, im Klima des Antikommunismus und des reaktionären McCarthyismus in den Vereinigten Staaten in Konflikt mit den Behörden gekommen ist, diskutierte dieser »szenische Bericht« (Untertitel) eben das Verhältnis von Freiheit und Verantwortung, Schuld und Loyalitätsverpflichtung eines Forschers. Während der Vertreter der Atomenergiekommission die Auffassung vertritt, daß »unsere Freiheit ihren Preis« hat, erkennt der Physiker Oppenheimer voller Verzweiflung: »An diesem Kreuzweg stehend, empfinden wir Physiker, daß wir niemals so viel Bedeutung hatten, und daß wir niemals so ohnmächtig waren.«

Auch Dürrenmatt leugnet nicht die Möglichkeit eines solchen tragischen, weil ebenso ausweglosen wie notwendig schuldverhafteten Konfliktes. Ihm erscheint vielmehr »das Tragische immer noch möglich, auch wenn die reine Tragödie nicht mehr möglich ist«. Das heißt: die *künstlerische Form* kann nicht mehr unvermittelt von den Problemen sprechen, die sie in sich organisiert. Eine groteske Welt, wie tragisch ihre Konflikte auch immer sein mögen, bedarf der grotesken Formverkehrung; die paradoxalen Spannungen, unter deren Zeichen unser Leben weltweit steht, bedürfen des ästhetischen Paradoxons, wenn die Kunst wahr von den wirklichen Verhältnissen in der Welt sprechen soll. Dieser widerspruchsvolle Zusammenhang läßt den Dramatiker Dürrenmatt »das Tragische aus der Komödie heraus erzielen, hervorbringen als einen schrecklichen Moment, als einen sich öffnenden Abgrund«. Die Komödienform ist für Dürrenmatt mithin nicht Selbstzweck, sondern sie produziert den Negativ-Sinn, über den sie lachen macht, gleichsam als ahnungsvolles Entsetzen im Zuschauer mit. »Eine Geschichte ist dann zu Ende gedacht, wenn sie ihre schlimmstmögliche Wendung genommen hat«, schreibt Dürrenmatt in den »21 Punkten«, die er den *Physikern* angefügt hat. Dies meint keineswegs nur ein technisch-dramaturgisches Problem. Die Vision des Tragischen, die aus dieser Komödie aufsteigt, folgt aus der Konsequenz, mit welcher der Selbstlauf der Geschichte, die Chimäre des Fortschritts, die »Dialektik der Aufklärung« (Horkheimer/Adorno) alle Zukunftsgewißheit, allen Geschichtsoptimismus, allen Fortschrittsglauben zur Absurdität verdammen. Und Dürrenmatt gibt, als glaubwürdiger Dramatiker, keinen Ausweg aus dieser »schlimmstmöglichen Wendung« – welchen sollte er auch geben in einem Zeitalter, das doch keinen deus ex machina mehr dulden kann? Kein Ausweg, nicht einmal der, Gedachtes »zurücknehmen« zu können.

In dieser Konsequenz argumentiert Dürrenmatt deutlich gegen ein drittes, das erste »Physiker«-Drama: gegen Bertolt Brechts *Leben des Galilei* (1938/39). Stellte sich bei Brecht für Galileo Galilei noch die Alternative: Verweigerung des von der Kirche geforderten Widerrufs der naturwissenschaftlichen Erkenntnisse oder Anpassung an die Dogmen des Klerus, an die Macht der Herrschenden, so gibt es bei Dürrenmatt nicht einmal mehr diese Entscheidungsmöglichkeit. Galileis Schüler Andrea konnte noch ausrufen: »So viel ist gewonnen, wenn nur einer aufsteht und Nein sagt!« Galilei konnte noch, aus Angst vor der Tortur, widerrufen und seinen Widerruf als Verrat begreifen, der Konsequenzen für sein Ethos als Wissenschaftler haben mußte: »Ich habe meinen Beruf verraten. Ein Mensch, der das tut, kann in den Reihen der Wissenschaftler nicht geduldet werden.« Diese Selbstkritik, die mit Brechts Kritik an einem Versagen der modernen Wissenschaften vor den politischen Herausforderungen ihrer Zeit identisch ist – diese Kritik setzt aber immer noch voraus, was Dürrenmatt nicht länger zu beglaubigen vermag: individuelle Verantwortung des einzelnen Forschers und Fortschritt der Menschheit durch Wissenschaft. »Ich halte dafür, daß das einzige Ziel der Wissenschaft darin besteht, die Mühselig keit der menschlichen Existenz zu erleichtern«, sagt Brechts Galilei. Dürrenmatts Möbius aber weiß: »Es gibt für uns Physiker nur noch die Kapitulation vor der Wirklichkeit. Sie ist uns nicht gewachsen. Sie geht an uns zugrunde. Wir müssen unser Wissen zurücknehmen [...]. Entweder bleiben wir im Irrenhaus, oder die Welt wird eines. Entweder löschen wir uns im Gedächtnis der Menschen aus, oder die Menschheit erlischt.« Galilei ist bei Brecht ein Negativ-Held. Seine Negativität entspringt der Kritik und Selbstkritik an seinem individuellen Verhalten, aber sie ändert nichts daran, daß Galilei ein »Held« in einem strukturellen und dramaturgischen Sinne noch bleibt. Demgegenüber wäre Möbius mit seinem Verhalten in Dürrenmatts Stück, mit seinem Versuch einer »Zurücknahme« (Hans Mayer) des einmal Gedachten, ein Anti-Galilei, also ein Positiv-Held. Denn Möbius zieht Konsequenzen aus wissenschaftlicher Verantwortung, da er sich und seine Wissenschaft jeglicher Indienstnahme verweigert, da er bis zur Selbstverleugnung seines Verstandes als Ausdruck einer höheren, ja höchster Vernunft geht. Nur: ihm, Möbius, nützt, wie das Stück lehrt, all dies nichts mehr. Denn da der Irrsinn selbsttätig läuft, hat auch der Einzelne, wie heldenmütig er immer handeln möge, keine Eingriffsmöglichkeit mehr. Der Verstand ist so obsolet geworden wie die Vernunft, die ihm den Weg noch zu weisen versucht.

Bertolt Brecht, »Leben des Galilei«, Berliner Ensemble 1957 (Ernst Busch als Galilei, Regine Lutz als Virginia)

Sind mithin Resignation, Pessimismus, gar Fatalismus die Lehren, die der Zuschauer aus Dürrenmatts Stück zu ziehen hätte? Soll man mit dem Gefühl der Ohnmacht nach Hause gehen, hoffnungslos und vereinsamt auf sich selber zurückgeworfen? Wäre also Verzweiflung über den Weltzustand das äußerste Maß emotiven Aufbegehrens, welches das Stück hervorruft und zuläßt? Dürrenmatt hat sich auch diesen Fragen in seinem Vortrag über »Theaterprobleme« gestellt, als er zu bedenken gab: »Nun liegt der Schluß nahe, die Komödie sei der Ausdruck der Verzweiflung, doch ist dieser Schluß nicht zwingend. Gewiß, wer das Sinnlose, das Hoffnungslose dieser Welt sieht, kann verzweifeln, doch ist diese Verzweiflung nicht eine Folge dieser Welt, sondern eine Antwort, die man auf diese Welt gibt, und eine andere Antwort wäre das Nichtverzweifeln, der Entschluß etwa, die Welt zu bestehen, in der wir oft leben wie Gulliver unter den Riesen. Auch der nimmt Distanz, auch der tritt einen Schritt zurück, der seinen Gegner einschätzen will, der sich bereit macht, mit ihm zu kämpfen oder ihm zu entgehen. Es ist immer noch möglich, den mutigen Menschen zu zeigen.« Damit stellt sich noch einmal das Formproblem. Dürrenmatt gibt zu erkennen, daß unterschiedliche Antworten auf die schwierigen Fragen möglich sind, die sich aus einer verworrenen Welt ergeben. Die Komödie aber schafft, um überhaupt Antworten zu ermöglichen, die Voraussetzungen hierfür, indem sie Distanz herstellt zum Gezeigten, zu den Inhalten, die sie organisiert. Die Form der Groteske und des Paradox distanzieren den Zuschauer und erlauben ihm damit, Lösungsmöglichkeiten allererst zu bedenken, die ihn zu Kritik und, womöglich, zu Alternativen gelangen lassen.

21 Punkte zu den ›Physikern‹

1
Ich gehe nicht von einer These, sondern von einer Geschichte aus.

2
Geht man von einer Geschichte aus, muß sie zu Ende gedacht werden.

3
Eine Geschichte ist dann zu Ende gedacht, wenn sie ihre schlimmstmögliche Wendung genommen hat.

4
Die schlimmstmögliche Wendung ist nicht voraussehbar.
Sie tritt durch Zufall ein.

5
Die Kunst des Dramatikers besteht darin, in einer Handlung den Zufall möglichst wirksam einzusetzen.

6
Träger einer dramatischen Handlung sind Menschen.

7
Der Zufall in einer dramatischen Handlung besteht darin, wann und wo wer zufällig wem begegnet.

8
Je planmäßiger die Menschen vorgehen, desto wirksamer vermag sie der Zufall zu treffen.

9
Planmäßig vorgehende Menschen wollen ein bestimmtes Ziel erreichen. Der Zufall trifft sie dann am schlimmsten, wenn sie durch ihn das Gegenteil ihres Ziels erreichen: Das, was sie befürchteten, was sie zu vermeiden suchten [z.B. Oedipus].

10
Eine solche Geschichte ist zwar grotesk, aber nicht absurd [sinnwidrig].

11
Sie ist paradox.

12
Ebensowenig wie die Logiker können die Dramatiker das Paradoxe vermeiden.

13
Ebensowenig wie die Logiker können die Physiker das Paradoxe vermeiden.

14
Ein Drama über die Physiker muß paradox sein.

15
Es kann nicht den Inhalt der Physik zum Ziele haben, sondern nur ihre Auswirkung.

16
Der Inhalt der Physik geht die Physiker an, die Auswirkung alle Menschen.

17
Was alle angeht, können nur alle lösen.

18
Jeder Versuch eines Einzelnen, für sich zu lösen, was alle angeht, muß scheitern.

19
Im Paradoxen erscheint die Wirklichkeit.

20
Wer dem Paradoxen gegenübersteht, setzt sich der Wirklichkeit aus.

21
Die Dramatik kann den Zuschauer überlisten, sich der Wirklichkeit auszusetzen, aber nicht zwingen, ihr standzuhalten oder sie gar zu bewältigen.

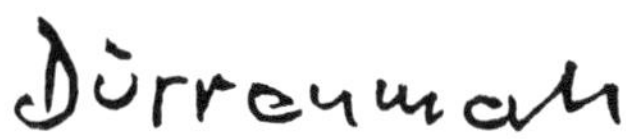

Zu solcher Distanzierung trägt auch ein anderes ästhetisches Mittel bei, das Dürrenmatt zur Verfremdung innerhalb des ohnehin befremdlichen komödiantischen Rahmen nutzt: das Zitat der drei klassischen Einheiten des Dramas, der Einheit von Ort, Zeit und Handlung. In einer Regieanweisung, die dem Szenario der Zürcher Uraufführung 1962 nachgeschrieben wurde, hat Dürrenmatt den Handlungsort, das Sanatorium und seine Umgebung, exakt bezeichnet, um an seine Beschreibung sogleich die Bemerkung anzufügen: »Doch spielt das Örtliche eigentlich keine Rolle, wird hier nur der Genauigkeit zuliebe erwähnt, verlassen wir doch nie die ›Villa‹ des Irrenhauses [...], noch präziser: auch den Salon werden wir nie verlassen, haben wir uns doch vorgenommen, die Einheit von Raum, Zeit und Handlung streng einzuhalten; einer Handlung, die unter Verrückten spielt, kommt nur die klassische Form bei.« Unterderhand also zitiert das Stück eine Formtradition, an die es sich genau hält, ohne sie noch ihren ursprünglichen Intentionen nach zu nutzen. Die klassischen Einheiten werden lediglich zitiert, als hohl gewordene Form en passant mitinszeniert, also parodiert. Parodie, so sagte ein Meister dieser Form, Robert Neumann (*1897–1975; Mit fremden Federn*, [2]1955), »schießt auf einen Gegenstand mit der Waffe seiner eigenen Form«. Vergleichbar der Desillusionierungstechnik in den romantischen Komödien, »schießt« Dürrenmatt auf Struktur und damit auch auf die Denkweise des bürgerlichen Dramas, gerade indem er seine Vorschriften genau befolgt. Die Welt der Groteske, in der sich eine groteske Welt ausspricht, sprengt das klassische Baumuster, das sie in sich organisiert, erweist dessen illusionistischen Charakter und zugleich sich selber als illusorisches Spiel – eine spätbürgerliche Absage an das bürgerliche Theater?

Dürrenmatt glaubt – anders als der epische Dramatiker Bertolt Brecht – nicht an die Möglichkeiten des Theaters, zu eingreifendem, veränderndem Handeln beitragen oder auch nur anregen zu können. »Die Dramatik kann den Zuschauer überlisten, sich der Wirklichkeit auszusetzen, aber nicht zwingen, ihr standzuhalten oder sie gar zu überwältigen«, heißt seine gegen Brecht sich wendende 21. These zu den *Physikern*. Um aber den Zuschauer überlisten zu können, bedarf es allerdings einer theatralischen Form, wie die Komödie sie für Dürrenmatt darstellt. Das Lachen, das sie hervorruft, wie das Entsetzen, das sie unterderhand mitproduziert, nicht zuletzt aber die Distanz, in die sie die Zuschauer versetzt – dies sind ihre Mittel, den Zuschauer »listig« der Wirklichkeit auszusetzen. Über ihre Wirkungen ist damit nichts gesagt. Dürrenmatt zielt nicht auf Gruppierungen und Parteien, schon gar nicht auf Einzelne. Zwar stehen seine apodiktischen Sätze: »Was alle angeht, können nur alle lösen« und: »Jeder Versuch eines Einzelnen, für sich zu lösen, was alle angeht, muß scheitern« (17. und 18. These), den Überzeugungen eines Bertolt Brecht durchaus nicht fern. Aber die Konsequenz, das Theater seinerseits zum Ort der Diskussion von Lösungsvorschlägen zu machen, will Dürrenmatt nicht ziehen, weil er an die Veränderungsfähigkeit des Menschen so wenig glaubt wie an die Wirkungsmöglichkeiten von Kunst. Die Diagnose stellen, ohne Therapien vorzuschlagen, heißt seine Devise. Darin liegen die besonderen Qualitäten, aber auch die Grenzen seines Verfahrens. Das Lachen, das es auszulösen vermag, verdankt sich nicht zuletzt der Katastrophenlust.

Politisches Theater: Volksstück, Zeitstück

Auch das politische Theater, das in den 60er Jahren in der Bundesrepublik entsteht, bedeutet eine Art »Abschied von Brecht«. Doch anders als die Schweizer Frisch und Dürrenmatt knüpfen die Autoren des Volks- und Zeitstücks und des dokumentarischen Theaters sehr bewußt bei Brecht an, bei Bühnentraditionen, die schon in den 20er Jahren mit seinem Namen und dem des Theaterregisseurs Erwin Piscator verbunden waren, aber auch bei den Traditionen eines sozialkritisch-realistischen Volksstücks und einer revolutionären Agitprop-Bühne, beim Proletkult und beim Lehrstück, kurz: bei jenem Anspruch eines jeden politischen Theaters, den Brecht einst zur Bestimmung des künstlerischen Realismus formuliert hatte: »Realismus ist nicht, wie die wirklichen Dinge sind, sondern wie die Dinge wirklich sind.«

Parameter dieses Theaters ist die Realität, nicht die Kunst. Wie selbstverständlich nimmt es die Stilmittel des epischen Theaters in sich auf, seine Verfremdungstechniken, seine musikalischen Elemente, seine Zwischentexte, seinen zeigenden wie seinen lehrhaften Charakter, um sie in einen veränderten, meist konkret gesell-

Martin Sperr, »Jagdszenen aus Niederbayern«, Kammerspiele München 1969

schaftsbezogenen, häufig genug um einen bestimmten historischen Anlaß zentrierten dramatischen Kontext einzufügen. Bei Brecht anknüpfen, um über ihn hinauszugelangen, lautet hier das Konzept. Es zielt auf Gesellschaftskritik und Veränderung. Es will keine ästhetische Autonomie, sondern Wirkung. Das hat ihm, ungeachtet seiner das traditionelle Repertoiretheater revolutionierenden Formen, den Vorwurf der blanken Agitation eingetragen. Doch stand hinter diesem Vorwurf noch stets die alte idealistische Trennung des Ästhetischen vom Gesellschaftlichen, der Kunst von der Politik, die Ausgrenzung der Sozialkritik als einem der Kultur wesensfremden Element.

Das politische Theater machte dagegen ernst mit Brechts Anspruch einer »operativen«, also eingreifenden, auf Veränderung zielenden Kunst. Freilich blieb es – soweit es sich nicht zum Agitprop- oder Straßentheater entwickelte – notwendig dem ästhetisch-sozialen Raum verhaftet, in dem es einzig sich entfalten konnte: dem Theater, dem Bühnen- und Zuschauerraum, der Ausnahmesituation des Theaterabends, der kaum über sich hinausweist oder über die Institution, in deren Zusammenhang er geschichtlich wie gesellschaftlich steht.

Dies gilt, beispielsweise, für das kritische *Volksstück*, das sich aus der sozialkritisch-realistischen Tradition einer Marieluise Fleißer (1901–1974) und eines Ödön von Horváth (1901–1938) herleitet. Autoren wie Martin Sperr (geb. 1944), Rainer Werner Fassbinder (1945–1982) und Franz Xaver Kroetz (geb. 1946) knüpfen an diese Tradition nicht nur ausdrücklich an, sondern sie haben in persönlichen Bekenntnissen geradezu ein geistiges Verwandtschaftsverhältnis einbekannt, vor allem zu Marieluise Fleißer – so wie umgekehrt diese in ihrem autobiographischen Text *Alle meine Söhne* (1972) sich zu ihrer künstlerischen Mutterschaft bekannt hat, samt Vorlieben und Kritik für diese sehr unterschiedlich geratenen »Söhne«. Der wechselseitige Hinweis auf ein Verwandtschaftsverhältnis ersten Grades deutet denn auch auf mehr als auf eine nur äußerliche Vorliebe. Es handelt sich in allen Fällen um eine Wahlverwandtschaft, die sich thematisch auf Randexistenzen, auf Grenzsituationen und Außenseitererfahrungen einläßt; die Gegenwartsprobleme aufgreift, an denen sie eine spezifisch soziale Identität, nämlich die des autoritären Provinzcharakters, entwickelt; die sich eines besonderen mundartlichen Idioms bedient, zumeist des bayrischen, um die Besonderheit ihrer Charaktere hervorzuheben.

Einen »Abschied von Brecht« ganz anderer Art versuchte Peter Handke (geb. 1942) in den 60er Jahren. Er bezeichnete sein Stück *Publikumsbeschimpfung* (entstanden 1965, Uraufführung am 8. Juni 1966 durch Claus Peymann), mit dem er seinen ersten großen Erfolg hatte, im Untertitel als »Sprechstück«. In Form eines Prosa-Gedichts (auf vier Sprecher in der Abfolge und im Umfang beliebig aufzuteilen) führt dieses Stück ohne Handlung, Personen und Requisiten – »Haltungen« vor: »der Beschimpfung, der Selbstbezichtigung, der Beichte, der Aussage, der Frage, der Rechtfertigung, der Ausrede, der Weissagung, der Hilferufe«. Das Publikum dieses Stücks sieht sich in einem Spiel als Spiel übers Spiel(en) mit sich selbst konfrontiert. Handke zitiert, rhythmisch durchstrukturiert und montiert, die Worte, Sprachhülsen, Kalauer und Phrasen des (Theater-)Alltags und macht sie, indem er sie auf die Bühne bringt und vorspielen läßt, körperlich erfahrbar. Die Sprechstücke – so der Autor in einer Nachbemerkung zur Erstausgabe – »ahmen die Gestik all der aufgezählten natürlichen Äußerungen ironisch im Theater nach«. Sie haben bei ihrem ersten Erscheinen provokanter gewirkt, als sie wohl gemeint waren. Man übersah, daß in ihren auswuchernden Sprachklischees Sprachkritik transparent wird (ein Motiv, das Handke 1968 in seinem Theaterstück *Kaspar* weiterführte). Die Sprechstücke zeigen »auf die Welt nicht in der Form von Bildern, sondern in der Form von Worten, und die Worte der Sprechstücke zeigen nicht auf die Welt als etwas außerhalb Liegendes, sondern auf die Welt in den Worten selber« (Handke). Das war deutlich genug gegen die Theaterästhetik Brechts wie gegen die gleichzeitigen Theatertendenzen der 60er Jahre, gegen Volks-, Zeit- und Dokumentarstück, gesagt. Zum ersten Mal kamen hier Ausdruckselemente der Beat- und Pop-Musik mit vehementer Gewalt auf die Schaubühne. Sie änderten freilich nichts daran, daß der Protest auch der anderen Sprechstücke Handkes (*Selbstbezichtigung*, 1966; *Weissagung*, 1966) eine politische Qualität kaum erreichte. Zu sehr blieben sie ihren formalen Ansprüchen verhaftet: »Sprechstücke sind verselbständigte Vorreden der alten Stücke«, so Handke. »Sie wollen nicht revolutionieren, sondern aufmerksam machen.«

In Fassbinders *Katzelmacher* (1969) und in Sperrs *Jagdszenen aus Niederbayern* (1966) ist der dramatische Konflikt in vergleichbarer Weise angelegt: Ein Außenseiter (Gastarbeiter, Homosexueller) steht in einem kleinen Ort der bayrischen Provinz einer ihm feindlichen Gesellschaft gegenüber. Sexualneid, Ängste, Haß auf Andersartige treiben diesen in eine vollständige Isolation, die schließlich sogar zum Verbrechen führt. Die bedrückende Enge der Provinz gibt auch in Kroetz' *Wildwechsel* (1971) und *Stallerhof* (1972) den sozialen Hintergrund: In beiden Stücken zerbricht die Liebesbeziehung zweier unterprivilegierter, abhängiger Menschen an den gewalttätigen Ansprüchen eines gesellschaftlichen Mikrokosmos, dessen latente Brutalität in offene Inhumanität umschlägt. Die Differenz zwischen Kroetz einerseits, Fassbinder und Sperr andererseits beruht in der unterschiedlichen Funktion, die der Dialekt wahrzunehmen hat: Schafft er bei diesen vor allem eine atmosphärische Verdichtung, so dient er bei Kroetz als Mittel zur Versprachlichung der dargestellten provinziellen Enge, der »Fallhöhe zwischen Sprachgewalt und Dumpfheit« (Kroetz).

Nimmt das Volksstück der 60er Jahre sich der Provinz und der in ihr zutage tretenden Probleme an, so greift das *Zeitstück* Fragen der bundesrepublikanischen Gegenwart, der jüngsten Vergangenheit und der Dritten Welt auf. Seine Absicht heißt: Aufklärung und Provokation. Zu seinen bevorzugten Mitteln zählt authentisches Material (Quellen, Urkunden, Zeitberichte, Zeugenaussagen, Protokolle, zeitgeschichtliche Dokumente). Seine Wirkung resultiert nicht zuletzt aus der Funktion, die es wahrnehmen konnte: unterschlagene, verdrängte oder vernachlässigte Tatsachen zu veröffentlichen, im besten Falle also: die Wahrheit zu sagen. Rolf Hochhuth (geb. 1931) und Heinar Kipphardt (1922–1982) zählen zu seinen Autoren, Leopold Ahlsen (geb. 1927; *Philemon und Baukis*, 1960) und Hans Günter Michelsen (geb. 1920; *Helm*, 1965), Peter Weiss (1916–1982), Hans Magnus Enzensberger (geb. 1929; *Das Verhör von Habana*, 1970), Martin Walser (geb. 1927; *Eiche und Angora*, 1962; *Überlebensgroß Herr Krott*, 1963; *Der Schwarze Schwan*, 1964), Günter Grass (*Die Plebejer proben den Aufstand*, 1966; *Davor*, 1969). Es sind Autoren, die an unterschiedlichen Gegenständen – Faschismus, Revolutionsproblematik, Krieg und Frieden – eine »Regeneration des Stoffs« zu leisten versuchen, wie Martin Walser die Verfahrensweise des Zeitstücks genannt hat.

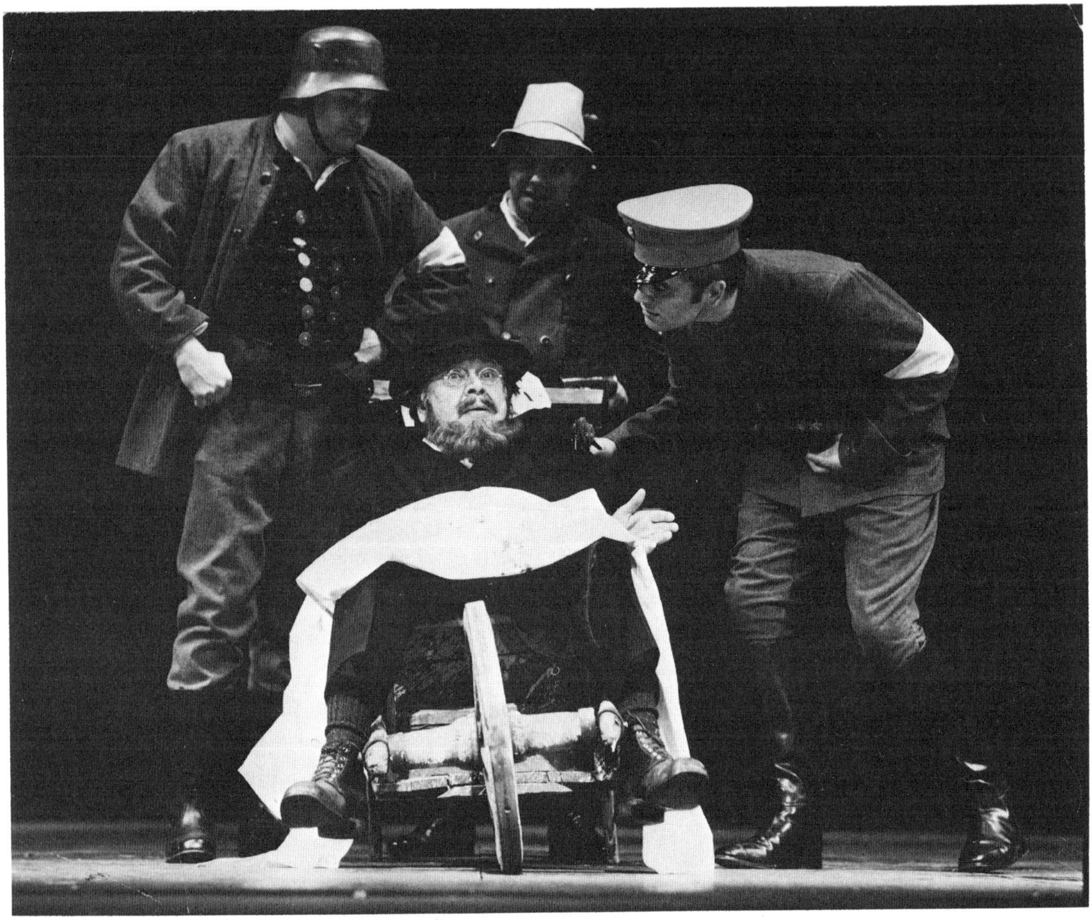

Tankred Dorst, »Toller«, Württembergisches Staatstheater Stuttgart 1968 – in der Mitte: Hans Mahnke als Landauer

Die rätekommunistische Diskussion dieser Zeit etwa kommt in Tankred Dorsts (geb. 1925) Drama *Toller* (1968) zum Ausdruck. Dorst bringt mit der Entwicklung der Münchner Räterepublik von 1919 einen historischen Vorgang zur szenischen Darstellung, dessen aktuelle Dimensionen er in der Form einer politischen Revue, »in Parenthese, Brechungen und Spiegelungen« (Dorst) aufblitzen läßt. »Regeneration des Stoffs« – das meint den Versuch, der verdrängenden Gesellschaft den abgedrängten Stoff der Geschichte, die unterschlagenen Materialien, die Faktizität der Ereignisse zu präsentieren, um aus der Konfrontation von Geschichte und Gegenwart, Anspruch und Wirklichkeit einen Funken kritischer, selbstkritischer Erkenntnis zu schlagen, der zu veränderndem Handeln führen könnte. Der erfolgreichste unter den Autoren solcher Zeitstücke ist Rolf Hochhuth – erfolgreich sowohl hinsichtlich der Aufführungs- und Besucherzahlen als auch hinsichtlich der Wirkungen, die er erzielte.

Die Schaubühne als moralische Anstalt – Rolf Hochhuths »christliches Trauerspiel« Der Stellvertreter

Mit Enthusiasmus begrüßte Erwin Piscator im November 1962 das erste Theaterstück eines bis dahin völlig unbekannten Autors: »Wenn ein Stück geeignet ist, zum Mittelpunkt eines Spielplans zu werden, der sich mit politisch-geschichtlichen Tatbeständen beschäftigen will: hier ist das Stück! Dieses Stückes wegen«, so jubelte der Altmeister des politisch-agitatorischen Theaters der Weimarer Republik, »dieses Stückes wegen lohnt es sich, Theater zu machen, mit diesem Stück fällt dem Theater wieder eine Aufgabe zu, erhält es Wert und wird notwendig.« Wenn es einer Beglaubigung bedurft hätte für solch emphatische Wertung, so brachte sie gewiß die außergewöhnlich breite und heftige Diskussion, die sich an die Uraufführung des Stücks am 20. Februar 1963 in der Freien Volksbühne Berlin anschloß. Ob Karl Jaspers oder Hannah Arendt, Golo Mann oder Susan Sontag, Papst Paul VI. oder Abgeordnete des Deutschen Bundestages: Sie alle beteiligten sich an einer literarischen, politischen und – nicht zuletzt – moralischen Kontroverse, wie sie kein anderes Werk nach 1945 ausgelöst hat. Rolf Hochhuth hatte, indem er die mehr oder minder billigende Haltung des damaligen Papstes Pius XII. zur Massenvernichtung der Juden im Dritten Reich thematisierte, ein Tabu verletzt: das Tabu der moralischen Integrität der katholischen Kirche.

Hochhuths Stück entwickelt seine Handlung nach Art eines Stationendramas. Seine beiden Helden, der Jesuitenpater Riccardo Fontana und der SS-Obersturmführer Kurt Gerstein, werden bis zum bitteren Ende in ihrem Bemühen gezeigt, der Vernichtung der Juden im Dritten Reich ein Ende zu bereiten. Dieses Bemühen ist inhaltlich wie dramaturgisch auf zwei Kontrapunkte hin orientiert: auf Pius XII. und die katholische Kirche und auf die SS, die Vernichtungsinstitutionen im Dritten Reich, den »Doktor« als Prinzip des »Bösen«. In Gesprächen mit dem Papst wie im Versuch, Einfluß auf die Massendeportationen zu nehmen, erweisen sich Fontana und Gerstein letztlich als ohnmächtig gegenüber Selbstsucht und diplomatischer Rücksichtnahme der politisch Handelnden. »Wie dem auch sei: die Staatsräson verbietet / Herrn Hitler als Banditen anzuprangern«, erklärt der Papst unumwunden auf Fontanas Ansinnen, öffentlich Protest gegen die Vernichtungsaktionen zu erheben. Der Papst selber, so macht das Stück deutlich, wurde mitschuldig – durch Schweigen.

Aufsehen und Skandal, Kontroverse und Wirkung sind seither die ständigen Begleiter des früh zu Weltruhm gelangten Schriftstellers Rolf Hochhuth geblieben. Ob Hochhuth den Luftkrieg gegen die deutsche Zivilbevölkerung geißelte (*Soldaten*, 1967) oder sich der Obdachlosenproblematik annahm (*Die Hebamme*, 1972), ob er am Beispiel einer Liebesgeschichte im Dritten Reich Kontinuitäten der deutschen Politik zeigte (*Eine Liebe in Deutschland*, 1978) oder Versagen und Verfehlungen der deutschen Justiz kritisierte (*Juristen*, 1980) – stets hat die politische wie die literarische Öffentlichkeit engagiert über die von Hochhuth vorgetragenen Argumente und Materialien diskutiert. Und nicht eben selten haben Prominenz und Politik – überraschend genug, handelt es sich doch *nur* um Literatur! – Konsequenzen aus Hochhuths Thesen ziehen müssen. So reiste Papst Paul VI. zum ersten Mal ins Ausland, nach Israel, wo er Hochhuth ausdrücklich erwähnte; so wurde in Großbritannien die Zensur abgeschafft, nachdem sie versucht hatte, Hochhuths *Soldaten* zu verbieten; so mußte der baden-württembergische Ministerpräsident Filbinger zurücktreten, nachdem Hochhuth seine Tätigkeit als Marinerichter im Dritten Reich – »ein furchtbarer Jurist« (Hochhuth) – aufgedeckt hatte; so wurden sogar Neubauten für Asylanten errichtet wegen Hochhuths Kritik an einer menschenunwürdigen Behandlung von Obdachlosen.

Die Inhumanität des Krieges steht im Vordergrund von Hochhuths *Soldaten* (1967). Doch zielt Hochhuth nicht auf Abschaffung des Krieges, sondern auf dessen »humanere« Durchführung. So ist der Erfolg dieses Stücks, das mit einer eher konventionellen Spiel-im-Spiel-Dramaturgie arbeitet, vor allem aus dem gewählten Sujet zu erklären: der von Churchill militärisch geplanten, militärisch sinnlosen Vernichtung der Zivilbevölkerung durch die Bombardierung Dresdens, ferner der im Stück glaubhaft entwickelten These einer Ermordung von Mitgliedern der polnischen Exilregierung.

Proteste gegen die Aufführung von Rolf Hochhuths »Der Stellvertreter« in Basel am 24. 9. 1963

Den Grund für seine Wirkungen allein in der Brisanz der angegangenen Themen und Personen zu erkennen, griffe freilich zu kurz und würde auch Rolf Hochhuths dramatischem Anspruch kaum gerecht. Entscheidend ist vielmehr, daß Hochhuth auf Handlungsfähigkeit und Entscheidungsmöglichkeit des Einzelnen noch setzt, mithin die Kategorien der Schuld und Verantwortung auch in einem Zeitalter der Massen, der Technik, der Entfremdung keineswegs außer Kraft gesetzt sieht. Rolf Hochhuth ist der Moralist des deutschen Theaters, und er hat die »Schaubühne als moralische Anstalt«, in Schillerscher Tradition also, wieder zum Leben erweckt.

»Ein episches Stück, episch-wissenschaftlich, episch-dokumentarisch«, so hatte Erwin Piscator, auf Brechts Theorie des epischen Theaters hinweisend, Hochhuths Drama charakterisiert. Zugleich aber, so Piscator, sei dieses Stück »ein Geschichts-Drama im Schillerschen Sinne. Es sieht, wie das Drama Schillers, den Menschen als Handelnden, der im Handeln ›Stellvertreter‹ einer *Idee* ist: *frei* in der Erfüllung dieser Idee, frei in der Einsicht in die Notwendigkeit ›kategorischen‹, das heißt: sittlichen, menschenwürdigen Handelns.« Ein Widerspruch? Es geht Hochhuth in der Tat nicht nur um die epische Durchführung eines historisch verbürgten Konfliktes, sondern zugleich um die affektiv-dramatische Bearbeitung eines ganz anderen, hiermit verbundenen Problems, nämlich der individuellen Handlungsmöglichkeit und Entscheidungsfähigkeit. Aus diesem Grunde ist die epische Handlungsstruktur, die den historisch-politischen Konflikt ausführt, durchsetzt mit Elementen einer aristotelischen Dramaturgie, die Zeitkolorit, Individualität, Persönliches ins Spiel bringen. Seine Problematik aber erweist dieser Widerspruch von epischer und aristotelischer Dramatik dort, wo Hochhuth nach dem Vorbild der klassischen Tragödie eine Katharsis im Zuschauer bewirken will. Trennt das epische Theater den Zuschauer vom Gezeigten, setzt ihn in Distanz zur Bühne und läßt ihn mit Hilfe der »Verfremdung« das Geschehen durchschauen, studieren, in seiner Veränderbarkeit erkennen, so zieht das aristotelische Theater den Zuschauer ins Geschehen hinein, erlaubt ihm keine Distanz, keine kritische Betrachtung der Bühnenhandlung, zeigt die Illusion nicht als Illusion. Die aristotelische Dramatik setzt, wie Brecht verschiedentlich kritisiert hat, auf die *Einfühlung* des Zuschauers, durch die er zum mitleidenden Wiedererkennen, zur distanzlosen Erschütterung geführt wird.

Hochhuth will aufklären: über gesellschaftliche Zusammenhänge und historische Entwicklung, über Verstrickung und Verantwortung, über Schuld und Aufbegehren. Doch gerade das widerspruchsvolle Ineinandergreifen aufklärerisch-epischer Elemente (Stationendrama, Regieanweisungen, versifizierte Sprache, dokumentarischer Unterton) und affektiv-moralischer, aristotelischer Verfahrensweisen (Heldenfiguren, Zeitkolorit, Einfühlungs- und Identifikationsstruktur) erschwert ein Gelingen dieser Absicht. Seinen Ausdruck findet dieser dramaturgische Zwiespalt beispielsweise in den ausführlichen Personencharakteristiken (etwa zum päpstlichen Nuntius, zu Kappler, zu Helga), mit deren Hilfe der Autor die Alltäglichkeit des Grauens verdeutlichen muß, den Zusammenhang von Banalität und Schrecken, Gründlichkeit und Unterwerfung, Gehorsam und Abhängigkeit, den der »Gestus« (Brecht) von Sprache und Bewegung nicht sichtbar macht. Aus demselben Grunde sieht sich Hochhuth gezwungen, seine Figuren ausführlich deklamieren zu lassen, in Reflexion und Argumentation Überlegungen, Begründungen und Tatsachen vorzutragen.

Vollends aber der Schlußakt dieses »christlichen Trauerspiels« zeigt die strukturelle Schwäche des Werks, die aus seinem moralischen Impetus folgt. Hochhuth versucht hier, die Wirklichkeit von Auschwitz durch »realistisches« Nachstellen des Infernos auf die Bühne zu bringen, um so den Zuschauer zu einer kathartischen Erschütterung zu bewegen. »Den folgenreichsten Ereignissen und Entdeckungen unserer Zeit ist gemeinsam, daß sie die menschliche Vorstellungskraft überfordern«, schreibt Hochhuth in einer Vorbemerkung zum 5. Akt. Aber gerade weil die Realität von Auschwitz »in sich ja schon maßlos übersteigerte Wirklichkeit ist«, sei Metaphorik, wie etwa in Paul Celans *Todesfuge* (→ S. 122), im Drama unangemessen: »Metaphern verstekken nun einmal den höllischen Zynismus dieser Realität.« Aus diesem Grunde setzt Hochhuth auf ein getreues Nachstellen des poetisch nicht Faßbaren: »Hält man sich so weit wie möglich an die historische Überlieferung, so sind Sprache, Bild und Geschehen auf der Bühne schon durchaus surrealistisch.« Doch dies scheint eher ein Tribut an die eigene Wirkungsabsicht denn Einsicht in die notwendigen Grenzen der Poesie zu sein. Was Paul Celan auf einzigartige Weise gelang, weil er die Realität Auschwitz vollkommen in Metaphorik transformierte, das mußte Hochhuth mißlingen, obwohl er sich getreu an der Realität Auschwitz orientierte. Auschwitz aber ist nicht, wie getreu auch immer, durchs Drama nachzustellen – die Ausnahme Celan bestätigt in Wahrheit nur die Blasphemie eines jeden »realistisch« sich verstehenden Annäherungsversuches.

Rolf Hochhuth (1970)

Peter Weiss hat deshalb seinem Oratorium *Die Ermittlung*, das den Frankfurter Auschwitz-Prozeß von 1963 bis 1965 dokumentarisch realisiert (→ S. 197), eine warnende Bemerkung vorangestellt, die sich offenbar auf Hochhuths Stück bezieht: »Bei der Aufführung dieses Dramas soll nicht der Versuch unternommen werden, den Gerichtshof, vor dem die Verhandlungen über das Lager geführt wurden, zu rekonstruieren. Eine solche Rekonstruktion erscheint dem Schreiber des Dramas ebenso unmöglich, wie es die Darstellung des Lagers auf der Bühne wäre.« Auch Hochhuth hat dieser Unmöglichkeit später Rechnung getragen, indem er die dritte Szene des dritten Aktes umgearbeitet und an den Schluß des Stückes gestellt hat, so daß das Stück nunmehr mit der Einlieferung Fontanas in den Gestapo-Keller endete, der 5. Akt also fortfiel.

Aber der Hinweis auf den Widerspruch von aristotelischer und epischer Dramaturgie erklärt die Schwächen des Stücks, erklärt insbesondere die Problematik des 5. Aktes noch nicht hinreichend. Man muß sich vielmehr Hochhuths Geschichtsverständnis verdeutlichen, wenn man die Struktur des Werks und zugleich die Bedingungen seiner Wirkung fassen will. In einer Polemik gegen Theodor W. Adorno, die er, mit einer bösartigen Pointierung, in einer Festschrift zum 80. Geburtstag von dessen Kontrahenten Georg Lukács placierte, schrieb Hochhuth 1965, die geschichtliche Wirklichkeit »läßt sich nicht steigern durch Verlagerung in eine absurde Welt«. Und: »*Das* ist doch die wesentliche Aufgabe des Dramas: darauf zu bestehen, daß der Mensch ein verantwortliches Wesen ist.« Dies sind gattungspoetische Konsequenzen ein und desselben Geschichtsbegriffs. »Geschichte ist, was uns mißglückt«, lautet Rolf Hochhuths Formel. Darin liegt Pessimismus ebenso offen zutage wie das Beharren auf subjektiver Handlungsfähigkeit. Zwar erkennt auch Hochhuth die Anonymisierung des modernen Menschens, die Austauschbarkeit von Handlungen, die eingepaßte und angepaßte Funktionalität der Denkweisen. Doch anders als Friedrich Dürrenmatt mit seinem Diktum: »In der Wurstelei unseres Jahrhunderts, in diesem Kehraus der weißen Rasse, gibt es keine Schuldigen und keine Verantwortlichen mehr«, besteht Hochhuth auf der Geschichtlichkeit und Verantwortlichkeit des individuell veranlaßten und ausgeführten Handelns, besteht er auf Entscheidungsmöglichkeit und Schuldfähigkeit, weil jede Tat nachweislich ihren Täter habe.

Auch Adorno stellte in einem offenen Brief an Rolf Hochhuth 1967 *(Noten zur Literatur IV)* individuelle Handlungswirklichkeit nicht in Abrede, aber er fügte hinzu: »Daß immer noch spontan Handelnde existieren, und ihre Darstellung, durch die ihrem Handeln entscheidender Einfluß bestätigt wird, ist aber zweierlei.« Adorno wollte damit auf die Differenzqualität einer »gelingenden« Kunst hinweisen, wie er sie in Pablo Picassos Gemälde »Guernica« oder in Arnold Schönbergs Komposition »Ein Überlebender aus Warschau« verwirklicht sah, einer Kunst mithin, die »bei den Opfern« (Adorno) ansetzt: »Die Absurdität des Realen drängt auf eine Form, welche die realistische Fassade zerschlägt.« Doch gegen Adornos Auffassung vom »objektiven Zug der Geschichte«, gegen seinen Begriff einer »anonymen Maschinerie« bestand Hochhuth auf der Faktizität der Ereignisse, die immer nur einzelne zu verantworten hätten: »Ich halte mich, Stoffhuber, der ich bin, an krude Details«, heißt es in einer Replik auf Adorno.

Hochhuths Werk offenbart – vom *Stellvertreter* über *Soldaten* bis zu *Tell 38* (1977) und *Judith* (1984) – ein abgründiges Vertrauen in den Einzelnen. Vertrauen deshalb, weil der Einzelne sich schuldfähig zeigt und zur Verantwortung gezogen werden kann – ein Held noch sein kann. Aber ein *abgründiges* Vertrauen: Hochhuths Helden gehen zugrunde oder sie sind Täter des Unausdenkbaren. Die Bedingungen ihres Untergangs wie die Antriebe ihres Handelns liegen für Hochhuth in der konkreten Wirklichkeit, deren detailgetreue Übersetzung in die Sphäre des Dramas ihm Verpflichtung bedeutet. Daß die Tatsächlichkeit der historischen und gesellschaftlichen Realität Züge des Absurden trägt, weiß der rigoros des Mitleidens fähige Moralist Rolf Hochhuth nur allzu gut. Auch aus diesem Grunde ist er ein pessimistischer Aufklärer: »Ich glaube nicht an den Fortschritt in der Geschichte«, sagte er anläßlich seines Hemingway-Schauspiels *Tod eines Jägers* (1976).

Notizen zum Dokumentartheater

Martin Walsers Formel von der »Regeneration des Stoffs« bezeichnet nicht nur treffend die Verfahrensweise des kritischen Zeitstücks, sondern auch die Absichten des gleichzeitig entstehenden Dokumentartheaters. Ein Stück-Typus, der die Aneignung politisch-sozialer Wirklichkeit auf der Bühne durch die Präsentation authentischer Materialien versucht.

Als Beispiele können in diesem Zusammenhang die zum Teil dokumentarisch verfahrenden Zeitstücke Heinar Kipphardts dienen. Mit Mitteln des epischen Theaters (Songs, offener Szenenumbau, Schauspielerporträts, Einblendung von Originaldokumenten) zeigt

Kipphardt in *Der Hund des Generals* (Uraufführung 1962) an einem alltäglichen Exempel Inhumanität und Irrationalität des Krieges. Das Problem des Befehlsnotstandes, aus unterschiedlichen Perspektiven durchgeführt, verdeutlicht die persönliche Verantwortung auch hoher Militärs und zeigt den Krieg als eine besondere Form der Menschenverachtung. Zur Distanzierung der Zuschauer wählt Kipphardt eine Gerichtsverhandlung. Sie bildet den dramaturgischen Rahmen, von dem aus in Rückblenden das Geschehen während des Krieges szenisch eingeholt wird. Bestimmte Voraussetzungen des Krieges hingegen sind Gegenstand von Kipphardts berühmtestem Werk, *In der Sache J. Robert Oppenheimer* (1964): Am historischen Beispiel des Physikers Oppenheimer, »Vater der amerikanischen Atombombe«, nimmt sich Kipphardt – wie zuvor schon Brecht und Dürrenmatt – der Verantwortung des Naturwissenschaftlers für seine Erkenntnisse an. Die Spannung des wiederum mit epischen Mitteln arbeitenden Stücks resultiert aus einer präzisen Verknüpfung militärischer Pro-und-Contra-Argumentationen mit dem politischen Hintergrund (McCarthyismus) jener Jahre in den USA. Schließlich *Bruder Eichmann* (1982): eine szenische Montage aus den Verhörprotokollen Adolf Eichmanns in Israel und aktuellen Originaltexten. Sie macht deutlich, daß von einer Singularität des bürokratischen Massenmörders Eichmann die Rede nicht sein kann: Eichmanns gibt es noch immer und die Vernichtung des Außenseiters, den staatlich kaltblütig geplanten Mord ebenso.

Peter Weiss, Selbstporträt. Öl auf Holz, um 1946

Das dokumentarische Theater enthält jedoch einen inneren Widerspruch, den es zu vergegenwärtigen gilt, will man sich seiner Möglichkeiten wie seiner Grenzen vergewissern. Die vorgängige Konzentration auf die Realitätshaltigkeit des »Materials« bedeutet tendenziell den Verzicht auf den Kunstanspruch des Dramas, mithin auch den Verzicht auf eine ästhetische Differenzqualität, die der Literatur generell eignet, und teilt darin unausgesprochen die künstlerische Selbstaufhebung des Dokumentartheaters mit. Und die Kehrseite dieses Befundes lautet: Das »Material« dieses Theaters, sein »Dokument«, verbürgt keineswegs für sich schon Authentizität. Ein Buch, so hat Alexander Kluge anläßlich seiner dokumentarischen *Schlachtbeschreibung* (1964; erw. 1978) bemerkt, werde nicht dadurch dokumentarischer, daß »die im Buch beschriebenen Szenen dokumentarisch belegt werden« können: »Wer in Stalingrad etwas sah, Aktenvermerke schrieb, Nachrichten durchgab, Quellen schuf, stützte sich auf das, was zwei Augen sehen können.« Nicht anders aber verhält es sich mit den »Dokumenten«, auf die sich die Theaterautoren der 60er Jahre verließen: Auch sie belegen, für sich genommen, nicht Geschichte, »wie sie wirklich war«, sondern lediglich bestimmte Wahrnehmungen von Vorgängen, Blickwinkel auf Geschehnisse, Perspektiven auf Geschichte, »wie sie einmal wirklich waren«. Aus dieser doppelten Schwierigkeit, der tendenziellen Selbstaufhebung des Kunstanspruchs und der nur perspektivischen Realitätshaltigkeit des dokumentarischen Materials, resultiert der innere Widerspruch des Dokumentartheaters: Soll einerseits das »Material« für sich sprechen, so bleibt doch andererseits der Künstler spürbar, notwendig, als Arrangeur des Materials, mithin als auswählende, kritische und deutende Instanz. Und wird umgekehrt die Fiktionalität des Dokumentarischen (die ihrer Perspektivik notwendig innewohnt) unterschlagen, so wird doch zugleich im Schutze einer nur vorgestellten Authentizität – Partei ergriffen.

An Heinar Kipphardts Schauspiel *In der Sache J. Robert Oppenheimer* läßt sich dieser Widerspruch veranschaulichen. Betonte Kipphardt in seiner »Nachbemerkung« zunächst, sein Werk sei »ein Theaterstück, keine Montage von dokumentarischem Material«, betonte er also den Kunstanspruch des Werks, so beschränkte er sich doch andererseits darauf, »alle im Stück erscheinenden Tatsachen der historischen Wirklichkeit zu entnehmen«, während seine künstlerischen Freiheiten lediglich »in der Auswahl, in der Anordnung, in der Formulierung und in der Konzentration des Stoffes« lägen. Nun rief aber gerade der Schlußappell des Physikers Oppenheimer im Stück, der das eigene Wirken als »Arbeit des Teufels« verwirft, den Protest des lebenden Physikers Oppenheimer hervor: Niemals habe er bedauert, an der Entwicklung der Atombombe beteiligt gewesen zu sein. Wer wollte am Wahrheitsgehalt dieser Erklärung zweifeln? Gerade im Namen der Wahrheit bestand aber Kipphardt in seiner »Nachbemerkung« zum Stück auf seiner Darstellung: Des Verfassers »Geschäft« sei »die Bühne, nicht die Geschichtsschreibung«. Und ihm sei »Wahrheit wichtiger als Wirkung«, hieß es in einer Replik auf die Kritik Oppenheimers. Die »Nachbemerkung« aber schloß mit dem Satz: »Oppenheimer hat das in dem Stück vorkommende Schlußwort nicht wirklich gesprochen.« Also ein Widerspruch von Wirklichkeit und Wahrheit? Gewiß – aber wohl einer, der auf dem mangelnden Vertrauen auf den Wahrheitsgehalt des dramatischen Kunstwerks beruht, das der Rückgriff aufs dokumentarische Material offenbart. Den Kunstanspruch überlagert der politische Anspruch des Autors: Dieser verlangte den Widerruf, den die »Dokumente« ebensowenig herausgaben wie das Schauspiel ihn zu beglaubigen vermag.

Der theoretisch wie praktisch konsequenteste Vertreter des dokumentarischen Theaters – seiner Möglichkeiten wie seiner inneren Widersprüche – war Peter Weiss. Das hing nicht zuletzt damit zusammen, daß Peter Weiss' Weg zum dokumentarischen Theater den Prozeß einer Politisierung, einer Radikalisierung bezeichnet. Nach Anfängen als Maler und Experimentalfilmer und ersten Versuchen mit selbstreflexiver Prosa (*Der Schatten des Körpers des Kutschers*, 1960; *Abschied von den Eltern*, 1961; *Fluchtpunkt*, 1962) gelang Peter Weiss mit seinem Drama über Jean-Paul Marat und den Marquis de Sade (*Die Verfolgung und Ermordung Jean-Paul Marats, dargestellt durch die Schauspielgruppe des Hospizes zu Charenton unter Anleitung des Herrn de Sade*, 1964) die Darstellung eines Konfliktes, der eine gleichermaßen historische wie persönliche Konstellation ausdrückte. Es ist »der Konflikt zwischen dem bis zum äußersten geführten Individuum und dem Gedanken an eine politische und soziale Umwälzung« (Peter Weiss). Dieser Konflikt wurde in dem wohl bedeutendsten Stück des Autors nicht entschieden, weder inhaltlich noch dramaturgisch. Peter Weiss verband gleichsam die Theatertradition Bertolt Brechts mit der von Antonin Artauds' ›Theater der Grausamkeit‹ zu einer produktiven Ästhetik der Widersprüche revolutionären Handelns. In den folgenden Jahren aber hat Peter Weiss diesen Konflikt für sich entschieden – zugunsten des Gedankens an »eine politische und soziale Umwälzung«. Und zu seinem bevorzugten Arbeitsmittel wählte er sich dokumentarisches Material. Entlarvung, Kritik, Parteinahme durch Analyse, Dokumentation, Agitation – dies ist das Theaterprogramm Peter Weiss' in den 60er Jahren. Stücke wie *Die Ermittlung* (1965), *Gesang vom Lusitanischen Popanz* (1967), *Wie dem Herrn Mockinpott das Leiden ausgetrieben wurde* (1968), *VietNam-Diskurs* (1968) markieren einen immer entschiedener vorangetriebenen Politisierungsprozeß.

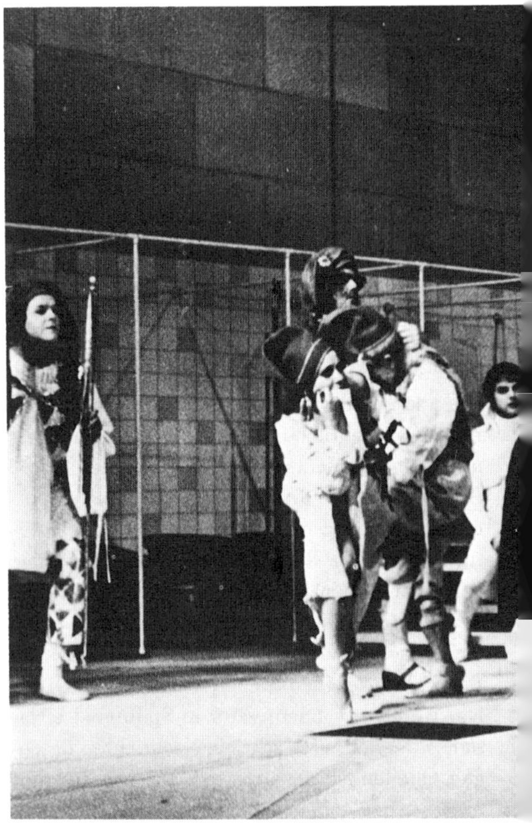

Eindrucksvoll gelang Peter Weiss die Arbeit mit dokumentarischem Material in seinem Auschwitz-Stück *Die Ermittlung*. Von Dezember 1963 bis August 1965 fand in Frankfurt der sogenannte Auschwitz-Prozeß statt. Angeklagt waren achtzehn Angehörige des ehemaligen Wach- und Aufsichtspersonals des nationalsozialistischen Vernichtungslagers Auschwitz. Zum erstenmal wurde damit einer größeren Öffentlichkeit das ganze Ausmaß der begangenen Verbrechen bekannt; zum erstenmal wurden Schuldige von einem deutschen Gericht abgeurteilt. Peter Weiss, als Jude selbst ins Exil getrieben, hat diesen Prozeß und einen Lokaltermin in Auschwitz als Beobachter verfolgt. In seinem Dokumentarstück *Die Ermittlung*, das am 17. Oktober 1965 an 17 Bühnen in Ost und West gleichzeitig uraufgeführt wurde, beschränkt er sich – am Modell und Beispiel dieses Strafprozesses – auf die Wiedergabe der Fakten. Aufgrund eigener Notizen, der Prozeßberichte in der Tagespresse sowie historischer Dokumente versucht er jenen Tatbestand zu erhellen, der zu diesen Verbrechen geführt hat. Der Untertitel lautet: »Oratorium in elf Gesängen«. Dieser Hinweis auf eine religiös geprägte musikalische Tradition deutet auf die zugrundeliegende Stilisierungsabsicht. Das Stück zeigt – in Form einer szenischen Montage – was vor Gericht verhandelt wurde: Mord an Juden. In seinen elf jeweils dreifach untergliederten, die Alltagssprache leicht rhythmisierenden Gesängen ersteht – in Rede und Widerrede von Angeklagten und Zeugen, von Anklage und Verteidigung – aber auch die mentalitäre Haltung einer Gesellschaft, die solche Verbrechen überhaupt erst ermöglichte. Anders als frühere oder gleichzeitige Versuche, den Nationalsozialismus zu begreifen und literarisch wie szenisch zu fassen, begnügt Weiss sich nicht mit der moralischen Frage nach Schuld und Sühne. *Die Ermittlung* macht vielmehr deutlich, daß es die Selbstaufgabe des Bürgertums zugunsten eines entfesselten Kapitalismus, die Verfilzung wirtschaftlicher und machtpolitischer Interessen waren, die zu einem System führten, das den Einzelnen ganz zwangsläufig auch moralisch korrumpierte – und dadurch Auschwitz zuließ.

Die Etappen der Politisierung, die Peter Weiss in den 60er Jahren durchläuft, dürfen als repräsentativ für die Politisierung der Intelligenz in der Bundesrepublik gelten: Aufarbeitung des Faschismus, »Trauerarbeit« also an der abgedrängten deutschen Geschichte; Kapitalismuskritik als

Element dieser Aufarbeitung wie als Bestandteil einer politökonomisch fundierten Gegenwartsanalyse; Kolonialismuskritik als Engagement für die Probleme der Dritten Welt; Kritik am militärischen Imperialismus der Vereinigten Staaten, wie er sich exemplarisch im Vietnamkrieg zeigte. Es sind zugleich Etappen einer sich radikalisierenden Werkentwicklung: Immer unvermittelter, immer unverhüllter zeigen Peter Weiss' Stücke eine Dominanz des politischen Anspruchs. Immer deutlicher aber tritt damit auch der Widerspruch von Bühnenform und dokumentarischem Material hervor. Das heißt: Die agitatorische Absicht, welche die Auswahl, die Atmosphäre, die politische Richtung der theatralisch gebündelten Dokumente bestimmt, tritt in einen zuletzt unüberbrückbaren Widerspruch zum Kunstraum, in dem sie sich realisieren soll, und zum Kunstanspruch, der sie schließlich nur noch transportiert, nicht mehr verwirklicht.

Die literaturtheoretischen Konsequenzen seiner politischen Positionsnahme hat Peter Weiss in seinen »Notizen zum dokumentarischen Theater« zusammengefaßt. Sie erschienen 1968 unter dem Titel *Das Material und die Modelle* und bilden die wohl wichtigste und geschlossenste Äußerung zu Begründung, Absicht und Wirklichkeit dieser Theaterkonzeption. Interessant freilich erscheint diese Theorie des dokumentarischen Theaters nicht zuletzt deswegen, weil gerade in ihr, die den Anspruch einer politisch entschiedenen, widerspruchsfreien Parteinahme nachdrücklich repräsentiert und ausspricht, zugleich die ästhetischen Widersprüche um so unverkennbarer hervortreten. Sie seien an einigen wenigen Sätzen demonstriert und kommentiert.

»Das dokumentarische Theater enthält sich jeder Erfindung, es übernimmt authentisches Material und gibt dies, im Inhalt unverändert, in der Form bearbeitet, von der Bühne aus wieder.«

»Im Unterschied zum ungeordneten Charakter des Nachrichtenmaterials [...] wird auf der Bühne eine Auswahl gezeigt, die sich auf ein bestimmtes, zumeist soziales oder politisches Thema konzentriert. Diese kritische Auswahl und das Prinzip, nach dem die Ausschnitte der Realität montiert werden, ergeben die Qualität der dokumentarischen Dramatik.«

Hier liegt eine problematische, nämlich undialektische Form-Inhalt-Relation vor: Jede Formveränderung bedeutet zugleich eine Veränderung des »bearbeiteten« Inhalts. Der zweite Satz gesteht diese Tatsache indirekt, mit dem Hinweis auf Montage, auch ein. Und zugleich bedeutet jede Veränderung des Publikationsrahmens – wie beim alltäglichen Nachrichtenmaterial auch – eine Qualitätsveränderung des vermittelten Inhalts, eine interpretierende Verwandlung, die der poetischen Erfindung keineswegs fern steht.

»Das dokumentarische Theater ist Bestandteil des öffentlichen Lebens, wie es uns durch die Massenmedien nahegebracht wird.«

»Mit den Versuchen des dokumentarischen Theaters, eine überzeugende Ausdrucksform zu erhalten, ist die Suche nach einem geeigneten Aufführungsort verbunden.«

Der erste Satz suggeriert, das dokumentarische Theater könne seine Aufgabe der Kritik als ein den öffentlichen Institutionen gleichwertiges und ihnen gleichrangiges Element der Nachrichtenvermittlung leisten. Diese Auffassung korrigiert der zweite Satz. Er gesteht die Begrenztheit des Spielraums »Theater« ein, das als Institution seit seinen Anfängen in der bürgerlichen Gesellschaft »bürgerliches Theater« geblieben ist. Gesellschaftspolitische Veränderung erscheint dem dokumentarischen Theater zwar möglich und notwendig – doch nicht als »Bestandteil des öffentlichen Lebens«, sondern als Kritik der öffentlichen Institutionen, die außerhalb ihrer Sphären (»in Fabriken, Schulen, Sportarenen, Versammlungsräumen«) vorgetragen wird.

»Das dokumentarische Theater legt Fakten zur Begutachtung vor.«

»Das dokumentarische Theater ist parteilich. Viele seiner Themen können zu nichts anderem als zu einer Verurteilung geführt werden.«
»Das dokumentarische Theater kann die Form eines Tribunals annehmen.«

»Fakten zur Begutachtung« – diese Beschreibung der dokumentarischen Verfahrensweise erinnert durchaus an Brechts Verständnis des epischen Theaters und selbst des Lehrstücks.

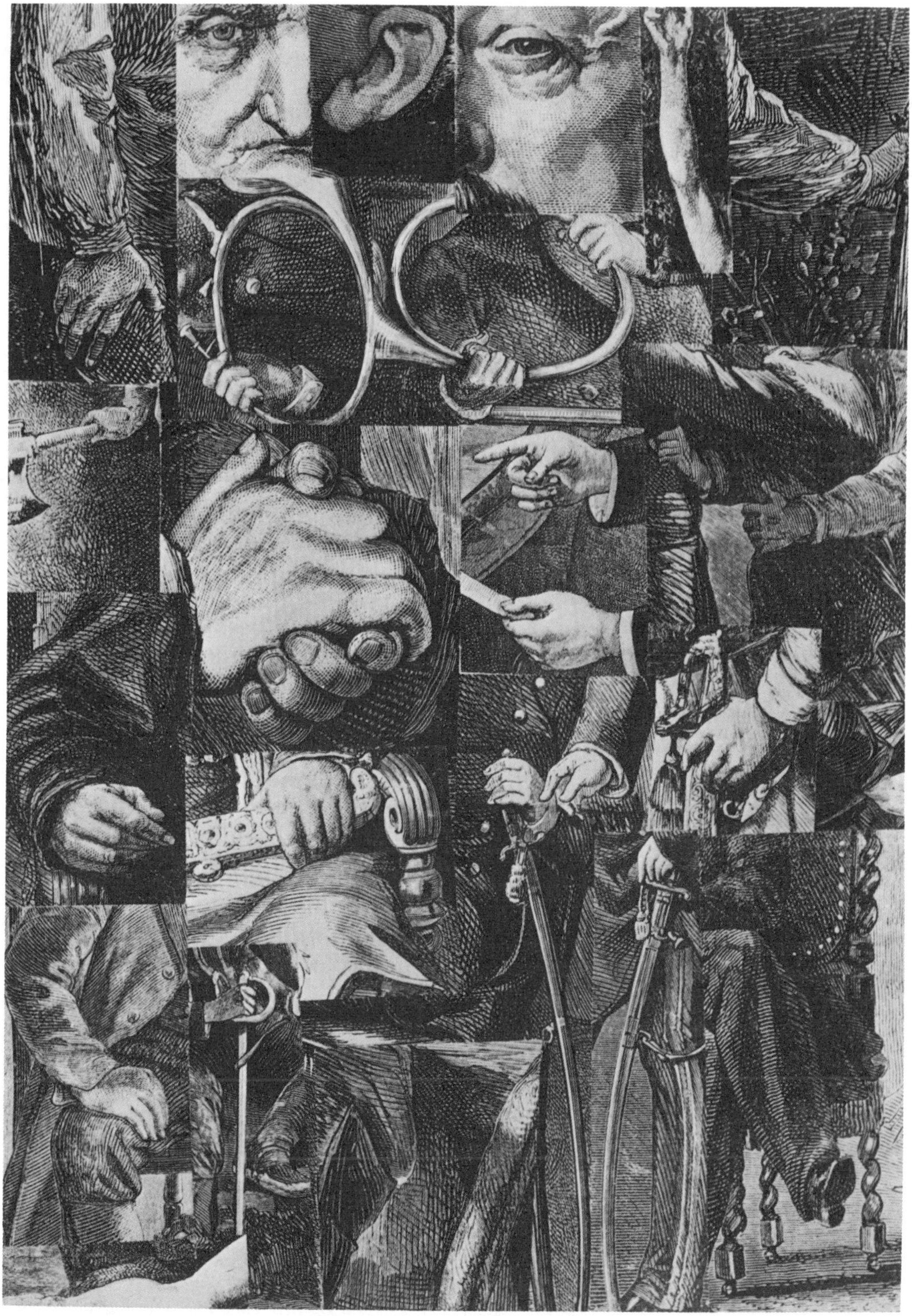

Peter Weiss, Collage zu »Der Schatten des Körpers des Kutschers«, 1959

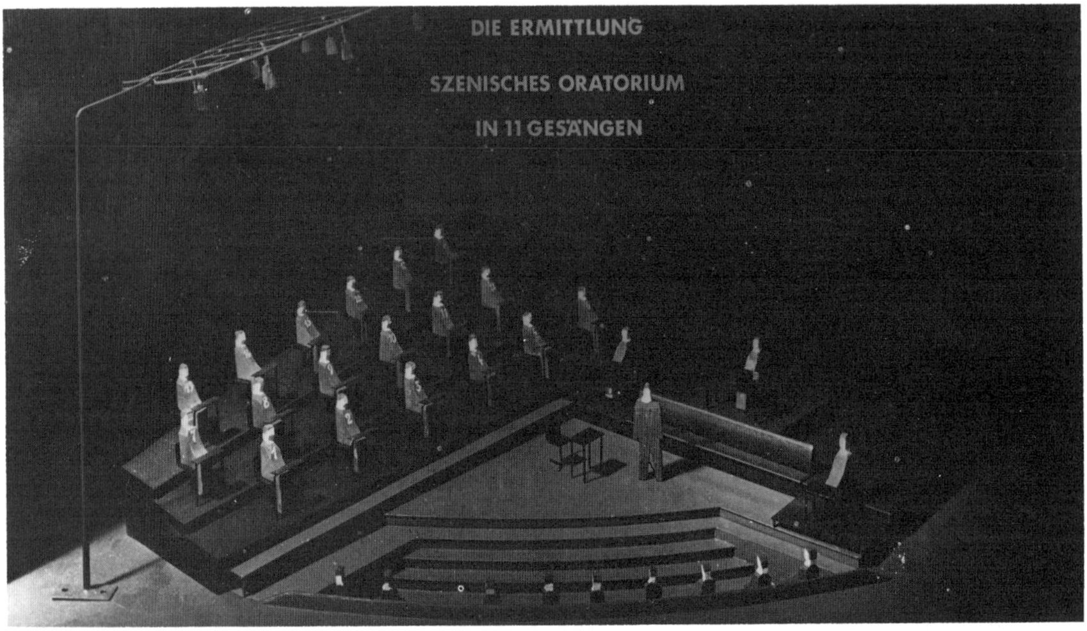

Peter Weiss, »Die Ermittlung«, Freie Volksbühne Berlin, 1965. Bühnenmodell von H.-U. Schmückle zur Inszenierung von E. Piscator.

Doch die scheinbare Neutralität des ersten Satzes nimmt das Eingeständnis der Parteilichkeit zurück. Zumal, wenn die »Szene zum Tribunal« wird, wie in Schillers Gedicht, kann von einer »Begutachtung« der Fakten keine Rede mehr sein: Das dokumentarische Theater hebt seinen »dokumentarischen« Anspruch in agitatorischer Parteilichkeit auf.

»Das dokumentarische Theater [...] muß zum Kunstprodukt werden, wenn es Berechtigung haben will. Denn ein dokumentarisches Theater, das in erster Hand ein politisches Forum sein will und auf künstlerische Leistung verzichtet, stellt sich selbst in Frage.«

»Eine dokumentarische Dramatik, die vor einer Definition zögert, die nur einen Zustand zeigt, ohne die Gründe seines Entstehens und die Notwendigkeit und Möglichkeit zu dessen Behebung deutlich zu machen, eine dokumentarische Dramatik, die in der Geste eines desperaten Angriffs verharrt, ohne den Gegner getroffen zu haben, entwertet sich selbst. [...] Das dokumentarische Theater tritt ein für die Alternative, daß die Wirklichkeit, so undurchschaubar sie sich auch macht, in jeder Einzelheit erklärt werden kann.«

Unversöhnlich stehen hier einander gegenüber: Kunstanspruch und Anspruch auf politische Analyse. Die »künstlerische Leistung« des dokumentarischen Theaters, auf der Peter Weiss ausdrücklich bestehen will, wird in Wahrheit zurückgenommen durch die Fähigkeit zu vollständiger Durchdringung und Erhellung, ja Erklärung und »Definition« der Realität, die er ihm zugleich zuspricht. Damit aber gelangt man zum Kern der Dokumentar-Problematik: Beurteilt wird dieses Theater stets nach seiner Beziehung zur politisch-sozialen Wirklichkeit – es muß deshalb als ein defizienter Modus von deren Komplexität und Dynamik erscheinen:

»Das dokumentarische Theater, soweit es nicht selbst die Form des Schauspiels auf offener Straße wählt, kann sich nicht messen mit dem Wirklichkeitsgehalt einer authentischen politischen Manifestation. Es reicht nie an die dynamischen Meinungsäußerungen heran, die sich auf der Bühne der Öffentlichkeit abspielen. Es kann vom Theaterraum her die Autoritäten in Staat und Verwaltung nicht in der gleichen Weise herausfordern, wie es der Fall ist beim Marsch auf Regierungsgebäude und wirtschaftliche und militärische Zentren.«

Aus seinen Defiziten erst folgt sein Existenzrecht als »Kunstprodukt« – damit scheint zugleich das

Dilemma des Dokumentartheaters angemessen beschrieben. Das Dokumentartheater, das bei Brecht anknüpft, hat in Wahrheit über diesen nicht hinausgeführt, sondern vielmehr einen Aspekt seines Werks, den der Aufklärung, der Kritik, des Veränderns, enggeführt. Enggeführt deshalb, weil es zu ausschließlich auf eine Unmittelbarkeit seiner Wirkungen setzte, anstatt auf die produktiven und provokativen Möglichkeiten einer rätselhaften und damit offenen Ästhetik zu vertrauen. Peter Weiss' Weg vom *Marat/de Sade*-Stück über *Die Ermittlung* zum *Viet-Nam-Diskurs* zeigt in diesem Sinne selber eine Engführung an, die auch die nachfolgenden Stücke, *Trotzki im Exil* (1970) und *Hölderlin* (1971), mit ihrer eher traditionellen Dramaturgie nicht haben erweitern oder aufheben können. Erst als, nach einer vierjährigen Publikationspause, der erste Band der *Ästhetik des Widerstands* vorliegt, erst 1975 also, wird deutlich, daß Peter Weiss aufs neue provozierende Fragestellungen an die politische Geschichte zu richten vermag – und produktive Antworten vorzuschlagen hat.

Probleme des Romans

Das Ende der 50er Jahre bedeutet für die westdeutsche Prosa den Abschluß einer literarischen Entwicklung. Denn die Suche nach einer neuen, eigenständigen Sprache, Kennzeichen vor allem der frühen Nachkriegsliteratur, kann nun als ebenso beendet gelten wie das Suchen nach Themen, Gegenständen, Stoffen, die über die Erfahrungen des Faschismus und des Krieges hinaus in die Gegenwart reichen. Die Prosa der 60er Jahre ist gleichsam bei sich selber angekommen: Sie sucht und findet ihre Probleme in ihrer Gegenwart, sie sieht in ihre Umgebung und nimmt aus dieser auf, was ihr mitteilens- und beschreibenswert erscheint – Indiz eines Zuwachses an Wirklichkeitsbewußtsein wie Gradmesser einer zurückgelassenen Vergangenheitsbewältigung. Nach dem Ende der Saturierungsphase fordert eine brüchig gewordene Realität die litarischen Wahrnehmungsmöglichkeiten heraus. So erscheint als der interessanteste Aspekt der Prosa in den 60er Jahren, zumal des Romans, ihr *Wirklichkeitsverhältnis*. Und in der Tat kreist die literaturtheoretische Diskussion dieser Zeit immer wieder um die Frage, was »Realismus« sei, wie »realistisch« geschrieben werden könne, welcher »Realismus« die überzeugenderen Argumente aufzubieten habe. Die Wiederentdeckung der Brecht-/Lukács-Debatte – der sogenannten »Expressionismusdebatte« der 30er Jahre, die in Wahrheit eine Diskussion über den Realismus darstellte – in der Zeitschrift *Das Argument* 1968 ist in diesem Zusammenhang ebenso von Bedeutung gewesen wie die ersten Veröffentlichungen aus dem Umkreis des »Neuen Realismus«, der sich in Köln entwickelt, oder jener »Schwarze Realismus« Gisala Elsners, Renate Rasps und Günter Seurens, der in der Form der Groteske eine ins Dunkle und Böse übersteigerte Wirklichkeit zu entwerfen sucht. Und nicht zuletzt die Beispiele einer experimentell und innovierend den Abbildrealismus überschreitenden Prosa, wie sie etwa bei Jürgen Bekker und Alexander Kluge sich findet.

Zunächst aber soll ein Blick der Entwicklung jener Autoren gelten, die zum Ende der 50er Jahre einen literarischen Standard etabliert hatten, der von einer »Literatur der Bundesrepublik« zu sprechen allererst erlaubte – Autoren, die das literarische Bild der folgenden Jahre nicht nur nachhaltig geprägt, sondern auch als Einzelgestalten repräsentiert haben. Zu ihnen zählen mit Heinrich Böll und Günter Grass, Siegfried Lenz, Martin Walser und Uwe Johnson Schriftsteller, die sich, wie schon gezeigt, neben ihrer litarischen Arbeit stets auch kritisch-publizistisch in der Öffentlichkeit äußern und umgekehrt in ihren Werken sich zunehmend auf Gegenwartsprobleme im engeren Sinne konzentrieren. In Heinrich Bölls Roman *Ansichten eines Clowns* (1965) etwa reflektiert der Ich-Erzähler, der Clown Hans Schnier, in einer Mischung aus Aggressivität und Resignation seine Ablösung von Institutionen sozialer Heuchelei. Ehe, Familie, Kirche, die bundesrepublikanische Gesellschaft der Adenauer-Zeit bilden den Gegenstand der Kritik, die sich aus der Perspektive eines Desillusionierten, eines Abtrünnigen herleitet. Solche Abtrünnigkeit ist das Thema auch von zwei weiteren Prosaarbeiten Bölls. In *Entfernung von der Truppe* (1964) wird Fahnenflucht als Tapferkeit gewertet: »Es wird dringend zur Entfernung von der Truppe geraten«, heißt es im »Moral« überschriebenen Nachwort: »Zur Fahnenflucht und Desertion wird eher zu- als von ihr abgeraten.« Und in *Ende einer Dienstfahrt* (1966) erscheint die feierliche Verbrennung eines Bundeswehr-Jeeps als Akt des Widerstandes gegen die Staatsmacht. Ein literarischer Widerstandsakt freilich: Die Politisierung der Literatur, dominierendes Kennzeichen auch der Prosa der 60er Jahre, zeigt sich bei Heinrich Böll vorerst in einer stofflich-thematischen Akzentverschiebung, mit der an die Stelle der Vergangenheitsbewältigung der 50er Jahre Konflikte und Problemstellungen aus der Gegenwart treten.

Vergleichbar mit Bölls Wendung zur Gegenwart erscheint die Themenverlagerung bei Günter Grass: Auf die »Danziger Trilogie« folgt die Aufarbeitung von aktuellen Problemen in *örtlich betäubt* (1969). Der Roman spielt den Zusammenhang von politischem Denken und Handeln am Beispiel der Schüler- und Studentenrevolte des Jahres 1967 durch, deren Revolutionseuphorie er einerseits kritisch am historischen Gegenbeispiel individueller Erfahrungen im Dritten Reich reflektiert, andererseits durch das durchgängig entfaltete Motiv »Zahnbehandlung« ironisch relativiert. Denn dieses Motiv nimmt – hierin Selbstaussage des politischen Reformisten Günter Grass – die Funktion einer symbolischen Korrektur des in der außerparlamentarischen Bewegung vorgetragenen Aufstandes wahr. Es geht dem Autor Grass um eine »Evolution Schritt für Schritt: die Springprozession«. Dieses Problem: Fortschritt als Evolution, ist das Thema auch eines weiteren Romans, in dem Grass Erfahrungen aus den 60er Jahren aufgearbeitet hat, nämlich im 1972 veröffentlichten autobiographischen Bericht *Aus dem Tagebuch einer Schnecke*. Der Wahlkämpfer Günter Grass, der für die SPD-Wählerinitiative durchs Land gereist ist, schildert, an seinen Wohnort Berlin zurückgekehrt, seinen Kindern seine Erlebnisse und Erkenntnisse während dieser Tätigkeit, die in die Einsicht münden, gesellschaftlicher Fortschritt sei, dem Tempo einer Schnecke vergleichbar, nur mit Geduld und Ausdauer zu erreichen. Es mag an dem didaktischen Impuls liegen, der sich in

Seinen größten Erfolg als Romanautor erzielte Siegfried Lenz 1968 mit *Deutschstunde*, seinem bis dahin umfangreichsten und zugleich ambitioniertesten Werk, in dem manche seiner früher ausgebildeten Schreibtugenden und -schwächen sich konzentrierten. Es geht hier – wie schon zuvor in *Es waren Habichte in der Luft* (1951) und in *Duell mit dem Schatten* (1953) – um die modellhafte Vergegenwärtigung politisch-moralischer Grenzsituationen: Der Held und Erzähler Siggi Jepsen, der in einer Hamburger Jugendstrafanstalt einsitzt, soll – man schreibt das Jahr 1954 – einen Aufsatz über das Thema »Die Freuden der Pflicht« schreiben. Als er leere Blätter abgibt, wird er in Einzelhaft gesperrt – damit setzt die eigentliche Erzählung ein. Siggi erinnert sich an seinen Vater, der 1943 im schleswig-holsteinischen Rugbüll seinen Dienst als Polizist tut. Eines Tages muß der alte Jepsen dem dort zurückgezogen lebenden Maler Max Nansen, seinem ehemaligen Jugendfreund, den Berufsverbotsbescheid der nationalsozialistischen Kulturfunktionäre zustellen und für dessen Einhaltung Sorge tragen. Siegfried Lenz hat in die Figur dieses Malers Züge des Lebensschicksals von Emil Nolde eingearbeitet. Während nunmehr der Vater den Maler mit paranoider Besessenheit zu überwachen beginnt, wird der Sohn, Siggi Jepsen, zum Warner, Retter und Bewahrer. Aus diesem einmal aufgezwungenen Verhaltensmuster können Vater und Sohn nicht mehr ausbrechen, auch dann nicht, als die Herrschaft der Nationalsozialisten beendet ist. So erfährt der Leser schließlich den Grund für Siggis Inhaftierung: Der alte Jepsen ist nach einer Zeit der Internierung wieder in seinen Dienst zurückgekehrt, während Siggi aus einer Ausstellung ein Gemälde des Malers Nansen entfernt hat und deswegen zu Gefängnis verurteilt worden ist.

Wie zuvor in *Der Mann im Strom* (1957) erzählt Siegfried Lenz auch hier mit großer Sachkenntnis und malt mit Akribie Charaktere und Lebensverhältnisse aus – Gründe gewiß auch für die Popularität dieses Romans, der hohe Auflagen erreichen konnte. Aber schon der Aufbau der Rahmenhandlung, Siggis Inhaftierung, wirkt durchaus brüchig und konstruiert, ein Mangel, wie ihn in vergleichbarer Weise auch die dominierende Sportszenerie des Romans *Brot und Spiele* (1959) kennzeichnet. Der Grund solcher überfrachteten Konstruktionen liegt in der forcierten Moralität, die Siegfried Lenz' Schreibimpuls auszeichnet und die notwendig das

solch einer erzählerischen Absicht mitteilt – Heinrich Böll hat ihn einmal öffentlich einen »Schulmeister« genannt –, daß Grass' Romane der 60er Jahre keineswegs an den Ausnahmefall der *Blechtrommel* anknüpfen können.

Zu einem der wichtigsten Erzähler avancierte in den 60er Jahren auch Uwe Johnson. Bereits mit seinen *Mutmassungen über Jakob* (1959) hatte Johnson seine unverwechselbare, wenngleich irritierende Sprache gefunden, die als Form des Erzählens selber die irritierenden Momente der Wirklichkeit enthält, von der sie handelt. Sie formuliert diese, gleichsam unter der Hand, in brüchigen Satzkonstruktionen, in Verstößen gegen syntaktische Konventionen und Interpunktionsregeln mit, läßt Unsicherheit, Erkenntnisschwierigkeiten, Orientierungsprobleme selber zu Sprache werden. Diese Erzählweise hat Johnson in seinen Romanen *Das dritte Buch über Achim* (1961) und *Zwei Ansichten* (1965) zur einkreisenden und anhäufenden Detailbesessenheit verdichtet. Johnsons Thema ist die Spaltung Deutschlands – wenn er auch das Etikett eines »Dichters der deutschen Teilung« verständlicherweise nicht tragen wollte. In *Das dritte Buch über Achim* will beispielsweise ein westdeutscher Journalist namens Karsch ein Buch über ein Radfahreridol der DDR schreiben. Er scheitert jedoch an der Unmöglichkeit, zwischen diesen ganz verschiedenen Welten zu vermitteln, sprachlich eine Verständigung herzustellen. Die Darstellungsweise Johnsons weist damit über den vordergründigen thematischen Ansatz hinaus. Die detailbesessene Einkreisung der Welt der Radfahrer, die den »Fetischcharakter der dinghaften Welt« (Helmut Heißenbüttel) vor Augen führt, macht deutlich, daß vor allem von der Schwierigkeit des Mitteilens, des Überbrükkens, des Vermittelns disparater Erfahrungshorizonte die Rede ist.

Aufsehen erregte 1962 Joseph Breitbach (1903–1980) mit seinem Roman *Bericht über Bruno*, einem mit realistischen Mitteln erzählten »Schlüsselroman« über das Verhältnis von Macht und Moral. Der in Frankreich lebende Breitbach gehörte bis 1931 zur Kommunistischen Partei und war, nicht zuletzt durch seinen Freundes- und Bekanntenkreis (André Malraux, Léon Blum, Robert Schuman) ein intimer Kenner des öffentlichen und politischen Lebens. Er konfrontiert in seinem Roman individuelle Entwicklungen und politische Überzeugungen zweier Generationen. Der Erzäh-

Verhältnis von Gegenwart und Vergangenheit, Schuld und Verantwortung, Recht und Unrecht umkreist. Nur daß der Preis des moralischen Schreibimpulses nicht selten heißt: Verlust der literarischen Glaubwürdigkeit. Überdeutlich klingt dies in der parabolischen Struktur von *Stadtgespräch* (1963) an. Aber auch Siggi Jepsen gelingt es bei seiner Erinnerungsfahrt in die Vergangenheit nur mit Mühe, sich als allgegenwärtiger Erzähler auf dem jeweiligen Schauplatz zu legitimieren. Nicht einmal die Erinnerung selber, ihre Schärfen und Unschärfen, werden von Lenz thematisiert. Seine spielerische Form von Vergangenheitsbewältigung muß nicht zuletzt deshalb scheitern, weil er die Verhältnisse in der Provinz und im nationalsozialistischen »Reich« allzusehr auseinanderrückt und damit einen menschlichen Entscheidungsspielraum öffnet, der zwar die Boshaftigkeit des Vaters glaubwürdig macht, zugleich aber den historischen Verhältnissen nicht wirklich gerecht wird. So glänzend leicht und humorvoll Lenz in seinem Erzählungsband *So zärtlich war Suleyken* (1955) auch die masurischen Provinzen und ihre Menschen zu zeichnen wußte – er ist doch nicht, wie vor ihm Oskar Maria Graf dies war, ein Moralist der Provinz, dessen Figuren deshalb eine epische Wirkung zu entfalten vermögen, weil sie sich selber ins Unrecht zu setzen wissen. Sondern er ist ein realistischer Erzähler, der mit Mitteln einer gleichsam filmischen Oberflächenpräsenz arbeitet, nicht mit denen einer kritischen epischen Analyse. Der rollenhafte Determinismus seiner Romanfiguren blättert sich zu selbstverständlich auf, als daß diese die Wurzeln des autoritären Charakters könnten erkennen lassen. So muß die Konstruktion leisten, was der Realismus jener konventionellen Prägung, der auch Lenz sich verpflichtet weiß, »nach Auschwitz« nicht mehr einlösen kann: Moral und Geschichte zu verbinden. Lenz ist – und er hat sich dazu stets bekannt – in diesem Sinne ein traditioneller Erzähler, ein Autor, der, wie Paul Schallück und Wolfdietrich Schnurre auch, den 50er Jahren verhaftet blieb – bis hin zu seinen Romanen der 70er Jahre, *Das Vorbild* (1973) und *Heimatmuseum* (1978). Kein Schock, der ihm das Instrumentarium erzählerischer (Selbst-)Gewißheit produktiv aus der Hand geschlagen hätte, sondern Moral, die den Schriftsteller bei der erzählerischen Vergangenheitsrekonstruktion sinnstiftend zu begleiten weiß, prägt sein Schreiben.

ler des Romans, Konzernchef und Minister, berichtet über die Erziehung seines Enkels Bruno Collignon – ein Prozeß, der zahlreiche Konflikte, Enttäuschungen, Lügen und Intrigen mit sich bringt, bis sich der Enkel schließlich haßerfüllt von seinem Großvater abwendet, um sich in der Sowjetunion zum Agenten ausbilden zu lassen und nach seiner Rückkehr den Großvater mit der gesamten Regierung zu stürzen. Dabei geht es Breitbach nicht so sehr um eine psychologische Deutung dieses Entwicklungsprozesses, sondern um die erzählerische Vermittlung einer durchaus konservativen Weltsicht. Das Verhältnis von Macht und Moral, so zeigt sich, ist – systemindifferent – definiert durch das menschliche Streben nach Einfluß, das alles Handeln begründet. Diese Einsicht wird auch erzählerisch durchaus konventionell vermittelt aus der Perspektive des allwissenden und alles Geschehen parteilich analysierenden Großvaters, einem gewieften Taktiker der Macht, der unmittelbar nach seiner Entmachtung durch den Enkel dessen Lebensweg strikt chronologisch nachzeichnet. Seine Wertungen sind im wesentlichen die des Autors Joseph Breitbach. Der Großvater erscheint daher als weltkluge Figur, der Enkel Bruno hingegen als Verkörperung reinen politischen Machtstrebens. Indem der Roman die Sicht des Großvaters durchführt, plädiert er zugleich für einen illusionslosen politischen Rationalismus, deutlich sich absetzend von politischen Romanen wie denen Wolfgang Koeppens oder politischen Positionen wie denen Enzensbergers und der Neuen Linken. Auch darin war Breitbachs Roman ein Ausnahmefall der 60er Jahre.

Aus der Perspektive eines Ich-Erzählers schilderte auch Martin Walser die Wirklichkeit der Bundesrepublik in seiner Roman-Trilogie um den verhinderten Helden Anselm Kristlein (*Halbzeit*, 1960; *Das Einhorn*, 1966; *Der Sturz*, 1973). »Ich bin Don Quixote, nachdem er gelesen hat, was Cervantes über ihn schrieb«, sagt dieser Ich-Erzähler von sich selber. Das will sagen: Anselm Kristlein ist ein sentimentalischer Held, irritiert durch die einstürmende Vielfalt der bundesrepublikanischen Szenerie aus Wiederaufbau und Anpassungsdruck, Leistungsstreben, Konkurrenzkampf, Geschwätz und selbstgenügsamer Betriebsamkeit; ein Held des Mimikry, Geschäftsreisender, der verkaufen muß, dann Werbefachmann, der die Ware anreizend verpacken muß, Ehemann, Vater dreier Kinder und vielfachen Liebesaffären nicht eben abgeneigt; ein Durchschnittsmensch also, der im Laufe eines Jahres einen kleinen beruflichen Aufstieg erlebt und eine kleine private Krise durchsteht und der schon mit den ersten Sätzen ausdrückt, wie schwer ihm dieses bißchen Alltagswelt zu schaffen macht:

»So schwer mir das Aufwachen fiel, so schwer fiel mir das Einschlafen. Ich war noch nicht fertig mit dem Tag, wenn die Nacht übergriff. Ich war noch nicht fertig mit der Nacht, wenn der Tag aufkam. Eigentlich hetzte mich die Sonne.«

Die gesellschaftliche Wirklichkeit teilt sich, in all ihrer Unüberschaubarkeit, in ihrem Facettenreichtum, in ihrer bunten Beliebigkeit und Geschwätzigkeit durch die Wahrnehmungen dieses Ich-Erzählers mit als ein endloser Redeschwall aus Emotionen und Assoziationen, inneren Monologen und Auseinandersetzungen, eine nahezu gestaltlose Masse an Eindrücken, Erlebnissen, Erfahrungen, die nicht gestaltet zu haben die Kritik dem Autor Martin Walser denn auch vor allem zum Vorwurf machte. Ein »Genie, wenn auch einstweilen nichts dabei herauskommt«, nannte ihn beispielsweise Friedrich Sieburg: »Walser kann weder beschreiben noch darstellen, er kann weder erzählen noch Zusammenhänge bilden, ja, er, der Erzgescheite, kann nicht einmal Probleme ausbreiten, aber er ist der Sprache mächtig wie kein anderer Schriftsteller seiner Generation.« Die Mühe, diesen ei-

Martin Walser auf einer Lesung

genartigen Widerspruch zwischen »Sprachmächtigkeit« und »Gestaltlosigkeit« zu klären, hat sich die Literaturkritik freilich nicht gemacht. Wohl aber hat sie ihn als Vorwurf wiederholt gegen Walser ins Feld geführt. Ein »gallertartiges Gebilde« nannte, mit ähnlichen Begründungen wie Sieburg, Marcel Reich-Ranicki beispielsweise den zweiten Teil der Kristlein-Trilogie, *Das Einhorn*. Im Grunde ging es bei solcher Kritik um die romantheoretische Frage, ob ein »Roman« noch sein könne, was durch die offenkundige Virtuosität einer poetischen Suada an literarischer Kontur eingebüßt habe. Dahinter aber steckte ein anderes Problem: die literarische Wahrnehmbarkeit einer selber gestaltlos gewordenen Welt. Und in der Tat bildet gerade die Frage nach der Möglichkeit des Erzählens als Erinnern vergangener Wirklichkeit das zentrale Problem dieser Literatur. Denn Walsers Erzähler Anselm Kristlein, nach seinem Roman-Erfolg *Halbzeit* berühmt geworden und nunmehr selber Schriftsteller, schildert in *Das Einhorn* sein vergebliches Mühen, als Auftragsarbeit ein Buch über die Liebe zu schreiben. Abermals die Beschwerlichkeit der Alltagsbanalitäten als Auftakt des Romans:

»Ich liege. Ja. Ich liege. Ich hätte diesen Umstand lieber verschwiegen. Aber es fehlt mir offenbar an Macht über mich selbst.«

Diese Machtlosigkeit eines kleinbürgerlichen Individuums über sich selbst wird durch die Allgewalt und Übermächtigkeit der äußeren Wirklichkeit erfahren und in Minderwertigkeitsgefühle, in Fluchtbewegungen, in Krankheitssymptome übersetzt und ironisch sublimiert. Anselm Kristlein scheitert als Autor eines »Sachromans« zum Thema Liebe, dessen Konturen ihm die Verlegerin aus der Schweiz deutlich genug vorgegeben hatte: »Versöhnung von Leib und Seele, heraus aus dem christlichen Sündensack, ins Freiere und so.« Und das Scheitern an dieser Aufgabe gibt dem Roman Stoff, Handlung, Vorwände für Exkurse, Assoziationen, erzählerische Ausschweifungen und Eskapaden, die alle dem einen Ziel dienen: im Bombardement der Worte und Wörter, im Übermaß der Impressionen, Begebenheiten, Erfahrungsbruchstücke, in der Akkumulation der Reminiszenzen die Unmöglichkeit mitzuteilen, erinnerte Liebe als erzählte Wirklichkeit zu vergegenwärtigen. Die doppelte Distanzierung des Erzählers vom Erzählten – der Autor läßt einen Erzähler erzählen, eben seine Kunstfigur Anselm Kristlein, und diese wiederum steht in deutlicher Distanz zu ihrem eigenen Erzähl- und Erinnerungsvermögen –, diese zweifache Brechung erzählerischer Selbstgewißheit, die durch Witz, Ironie und Larmoyanz verstärkt wird, setzt den Roman in einen genauen Gegensatz zu jener Form künstlerischer Vergegenwärtigung des Vergangenen, wie sie noch für Marcel Prousts Suche nach der verlorenen Zeit problemlos möglich schien. Und so erweist sich auch die Poetik Prousts als der – nicht einmal geheime – Antipode dieses Buchs. »Ach du lieber Proust!« – so tönt bisweilen der spöttische Anruf, der den Roman leitmotivisch durchzieht, Konsequenz jener Erkenntnis, die Walser in seinem Essay *Freiübungen* (1963) zu seiner produktionstheoretischen Quintessenz erhoben hatte: »Da irrt Proust. Gerettet wird nichts. Auch nicht durch Kunst. Kunst zeigt nur, daß nichts gerettet wird. [...] Was allenfalls bleibt, ist nicht das Muster, sondern seine Zerstörung.« Diese Zerstörung führt der Roman vor, und zwar gerade mit dem Mittel wortmächtiger Einkreisung des Themas Liebe, das auf eben diese Weise – und zwar höchst bewußt! – verfehlt wird. So ist Walsers Roman *Das Einhorn* ein Buch über das Scheitern eines Romans, das eben deshalb gelungen ist, weil es die gesellschaftlichen Bedingungen dieses Scheiterns in sich selber literarisch entfaltet. *Das Einhorn* markiert auf diese Weise einen Entwicklungsschritt des Autors Martin Walser auf dem Wege zu jener Schreibweise, die er selber als »kapitalistischen Realismus« bezeichnet hat. Zwar fallen in der Kristlein-Trilogie die Möglichkeiten und Grenzen dieser Erzählweise mit den Wahrnehmungs- und Erzählmöglichkeiten der gewählten Perspektive, der des Helden, zusammen. Doch gerade die Schwäche des Helden und die Übergewalt der äußeren Wirklichkeit machen möglich, was dem Roman nicht mehr erlaubt schien: aus *einer* Perspektive das Amorphe, Unbändige, Unmoralische mitzuteilen, das der Widersprüchlichkeit unendlicher Einzelheiten entspringt und ihnen jene Fremdheit verleiht, die einen Grundzug der entfremdeten kapitalistischen Gesellschaft vermittelt.

Auch Arno Schmidt ist zeit seines Lebens die Ausnahmegestalt geblieben, als die er sich seit seinen Anfängen in den 50er Jahren verstanden hat – eine Ausnahme hinsichtlich seiner individuellen Existenzweise nicht weniger als hinsichtlich seines Werks. Arno Schmidt lebte seit Ende der 50er Jahre bis zu seinem Tod im Jahre 1979 gänzlich zurückgezogen mit seiner Frau Alice am Rande der Lüneburger Heide, abseits von jedem Literaturbetrieb. Neben seiner Tätigkeit als Übersetzer, als Essayist, als Interpret zu Unrecht vergessener oder mißverstandener Autoren (de la Motte-Fouqué, Karl May) konzentrierte sich Schmidt ausschließlich auf schriftstellerische Arbeiten, die zunehmend seinen unverwechselbaren literarischen Stil repräsentierten: eine kombinatorisch-assoziative Schreibweise mit Auflösung der traditionellen Orthographie, reich an Anspielungen und Mehrdeutigkeiten, voller Belesenheit, einem kritisch-aufklärerischen Denken verpflichtet, das erzähltechnisch vielfach durchkreuzt wird von Provinzerfahrungen und Elementen der science-fiction. In seinen *Berechnungen III*, erst 1980 posthum veröffentlicht (*Neue Rundschau* 91, H. 1/1980), hat Arno Schmidt seine poetologischen Überlegungen während der Jahre 1956 und 1957 fortgeschrieben. In radikalisierter und zugleich präzisierender Weise entwickelt Schmidt hier sein Schreibprogramm bis hin zu Interpunktionsgrundsätzen: »Man kann damit stenografieren!« (Schmidt). »Ich bin also nichts weniger als ein ›Revolutionär‹«, behauptet Schmidt in den *Berechnungen III*, »wohl aber sind ›Die Andern‹ um Jahrhunderte zurück!« Das Brio dieses Textes, eine Mischung aus Selbstbewußtsein und Sprachwitz, Ingrimm und Arroganz, ist dem seiner literarischen Arbeiten durchaus vergleichbar. Zu nennen sind hier vor allem die 1963 unter dem Titel *Nobodaddys Kinder* erschienenen Erzählungen, ferner die Romane *Das steinerne Herz* (1956), *Die Gelehrtenrepublik* (1957) und *Kaff auch Mare Crisium* (1960), nicht zuletzt die Komödie *Die Schule der Atheisten* (1972). Arno Schmidts Hauptarbeit aber galt in den 60er Jahren jenem monumentalen, keinem literarischen Vergleich zugänglichen Werk, das dem poetolo-

Arno Schmidt

gischen Impetus des Autors am vollkommensten Ausdruck gibt: *Zettels Traum* (1970). Dieses Buch entstand in den Jahren 1963 bis 1969 und wurde in einer originalgetreu faksimilierten, voluminösen DIN A3-Ausgabe aufgelegt. Der Titel ist Anspielung auf Gelehrsamkeit und Sinnlichkeit gleichermaßen: auf die Zettelkästen des Autors nämlich und auf William Shakespeares *Mittsommernachtstraum*. Die »Handlung« repräsentiert eine Konstellation von vier Personen: der Privatgelehrte Daniel Pagenstecher – fraglos eine Projektion des Autor-Ichs –, ein Übersetzer-Ehepaar, das sich von Pagenstecher Rat für eine Edgar-Allan-Poe-Übersetzung holen will, und die sechzehnjährige Franziska, Tochter dieses Ehepaars. In drei parallel verlaufenden Gliederungssträngen – der Erzählungs-Hauptstrang in der Mitte, links davon eine schmale Spalte für Kommentare und Zitate, rechts eine weitere für Reflexionen und Exkurse des Erzählers Pagenstecher – verfolgt das 1330 »Zettel« umfassende Werk die Beziehungen, die sich zwischen diesen Personen entwickeln: assoziationsreiche Gespräche, Reflexionen und Imaginationen über Literatur, die aufgeladen sind mit sexuellen Anspielungen und Verweisen aufgrund der erotischen Spannung zwischen Pagenstecher und Franziska. Das Werk Edgar Allan Poes steht – im Zusammenhang von Übersetzungs- und Theorieproblemen – im Mittelpunkt der literarischen Diskussion. Doch Schmidt bleibt, seinen poetologischen Überlegungen getreu, nicht bei der Inhaltlichkeit von Thema und Handlung stehen, sondern dringt vor zu den Tiefendimensionen der Sprache und Literatur, indem er etymologische Bezüge aufdeckt und diese, bis hinein in die ungewöhnliche Orthographie und Interpunktion, in ebenso vielfältiger wie vieldeutiger Weise in Beziehung setzt. Zugleich leistet die Simultaneität der drei Gliederungsstränge eine wechselseitige Entgrenzung von Zitat, Handlung, Kommentar, Exkurs und Verweis, so daß Phantasie und Intellekt des Lesers zur Mitarbeit geradezu herausgefordert werden. Auf seine Leser freilich setzte Arno Schmidt keine allzu großen Hoffnungen: *Zettels Traum* ernsthaft zur Kenntnis zu nehmen, mochte sein Autor, wie die Anekdote berichtet, nicht einmal dreihundert Lesern zutrauen.

Sind Heinrich Böll und Günter Grass, Martin Walser, Uwe Johnson und Siegfried Lenz die herausragenden Einzelfiguren der 60er Jahre ge-

\- zettel 658 -

Zeit, an denselbem Ort, in dieselbe Situation versetzt -:DASSELBE
NIEDERSCHREIBM !...:? -"./(Fr streichelte Mir schon längere Zeit
Beyphall;/P murmlte,ehrErbietich,ein 'Beim Styx !';/nur W mußDe natürlich, aus Ihren(hübschn!)
AugnBrauen, die bekanntn=hochmüthijen DrittlsKreise machn : ⌢ ⌒ ;dann)
:"Die Mittode iss Mir doch zu=unsicher. - Dafür nenn'Ich Euch/1=
weitere 'offene' Stelle:MELLONTA TAUTA :'Do You remember our fli-
ght on the railroad across the Kanadaw Continent ? - fully 300 [redacted]
miles the hour - that was travelling ! Nothing to be seen,
though - nothing to be done but flirt, feast & dance in the
magnificent saloons. Do you remember, what an odd sensation was
experienced,when, by chance,we caught a glimpse of external ob-
jects ?,while the cars were in full flight ? Everything seemed
unique - in one mass.' - obschon der (utopische) Berichterstat-
ter, die alte=langsamije Art zu reisn bevorzugte :damals'we were
permitted...to have something like a distinct view of the country'
;gewiß,es war 'quite frivolous,& dangerous in the extreme'.'Hm.-" ...(Sie verfügte Sich lieber,
(diplomatisch), ins Bücherhaus; wo (wußDe Sie's ?),...):"Deine DICKENS
=Ausgabe;iss aber wirklich=fantastisch Dän..." -/([redacted] P,(Ihr ins Ohr
murrend)):"Er hat doch ma über DICKENS gearbeitet; - weißDe=nich ? -"
/(Sie nickte ein 'doch'/(Fr studSDe -/(vor 'BLEAKHOUSE' ?,wo der weiß=
blaßblaue MerkStreifn drinne steckte ? -(:''s hatt'Ich'nn da ?-)))/ [redacted]
(Sie blätterten,(Alle alte Bücherkenner narren),in recht verschiedenen Wer-
kn des Meisters.)/(W, 'MASTER HUMPHREY'S CLOCK'):" Dás hat Er am
meistn geliebt..." /(P suchte):"Diesn BLACK VEIL,den Er gerühmt
hat...: siehsDe'ss bei Dir doch nich drin." /(Doch. -):"Hier.-"
/(Und Sie stauntn Beide):"so ein kurzes Stück !"(P)/und :"das
mußDe [redacted] rasch=lesn";(W.)/(Während Fr wie angenaglt stand;[redacted] Sich,[redacted] verdachtsvoll,unterm Ohr
klaute,...)/(war W wieder an den OstFenstern -:? -):"Ja; 's wird deci-
dedly:schwacher - sagt'nn s Barometer ?" /(Müssn Wir Unsre Bard(r)Mä-
tresse fragn):" HattsDoch ébm nachgesehn, Fränzl ? -"./(Die,Buch in
[redacted] Hand,vor die kleine Maschine -:? - ; cuntrißtezza):" - steigt -"
;(und schniefte auf eine Art, diedieDiagnose auf 'schweres inneres
Leiden' unabweislich machte.)/(Ich=leise):" - hasDnn ? -";)/(aber Sie
stellte sofort [redacted] don't=touch=Me=Hände zwischen Uns auf :! -):"Wel-
cher Schuft hat das gezeichnet ?! -"/(Nu 'PHIZ'[redacted]sicher=doch..)/(aber
W wingte Mich nichminder zu Sich : ? -):"Sag ma Dän -:wie lange dau-
ert das eigntlich,:bis so'n Wald, wie der auf'm Hügel=da, [redacted]steht ?-
100 Jahre ?"./(Dér=da ? - Ohnichdoch):"Koniferen gedeih'n hier besser
:da iss nich:1 Baum,der älter wäre als Wir ! - Exact wurde die Pflan-
zung angelegt=ä -:1927 oder 28.";(Mitteilung eines Dörflers,der damals
geholfen hat.)/(Sie nickte & inquirirte fürder):" - und wie=groß iss
Dein Grundstück genau ? - mHm. - "/-:"Das sind ja [redacted] über 100 Meter,
diagonal -"(P,nach kurzem Rechnen; auch, gelüstich=derb):"Mensch,da
mußDe ja n SprachRohr habm !"/(Und auch W bestätichte's;streng):" 'ss
wär [redacted] n Jammer, wenn das=Alles so zerstreut & flach=gelegt würde. - Wenn man Sich vorstellt -(so=al-
lein wie Dú lebst ?)-die Erste, die plünderte wär die PutzFrau[redacted].
Anschließnd stieg das halbe Dorf ein... (denn so wie Ich Dich
kenne, zwingsDu Dich ja, in Dein' Stiefeln zu sterbm, tz). Di-
rekte Erbm, die sich drum kümmern würdn, hàsDe keine...heul'n
könnt man bei dem Gedankn, daß dieser - ja=doch:'Kleine Park'!
\- prommt'untern Pflug' käm' [redacted]- Mir iss, ébm wie'ch de Nähmaschi-
ne aufklappn will, der Einfall gekomm' -: da in der Ecke -,-"
,(Sie zeigte : ! -)/(NordOst also ?)/ -(Sie nickte und fuhr fo-
rt):" - ließe sich doch,wunderbar, 'n kleiner BadeTeich anlegn.
Ungefähr=sô... (gib ma'n Stück Pappier)..."-/(das 'Dawýdoff=Pro-
jekt'.(Aufdaß Ich vor diverse=locale Behördn gezogn würde :we-
gn Änderung des ganzn=hiesijn Climas, gelt ?))/ -):" ach dássja
Kwattsch -"(sagte Sie zärtlich):" - sieh lieber ma her:..."/(ja-
ja : 'sehen' tu Ich schon[redacted];aber):" was wird mit dem Aushub ?"
;('s ergibt näm'ich n ganz paar CubicMeter Sand,:?)/-):" -[redacted] du

(& seien es die 'DISMAL SWAM-
PS' ;(bzw 'grade !')

('+re=member'=wieder beGlied-
ert / das 'Fliegen'/der Cunn-
adaw CON-tinent/ und nix wie
[redacted] geFlirrte ...! -(ach
wirrDir mulleMich,Willmchn?;

(á la,was mann so alles im der S=Bahn machn kann ?/Höre HEI=
NRICH MANN)):'Sie bestiegn die '1.Klasse'; Er spendete 3 Ma-
rk' -(+ 'spendings &'dreimal Mark'!) -'und zog die Vorhänge
zu : sein von Glück beschwingter Tatndrang litt keinen Auf-
Schub...Als Guste aber schon hinglitt, & die Augn schloß,-
richtete Diederich sich nochmals auf...:'beFur Wir zur Sa-
che selbst sch'reitn'sagte er, abgehackt...:!'...-:&soweiter
/(und Fr nickte schlau & sybarittzlich:'-
'scud

(hmhm :die alte ParallelAusga
be;ganzdunklgrünes Leder;auf
den Rückn noch 'BOZ' -(Fre
oberste 2 FingerGlieder schme
ichltn daran entlang:... -?-

(ch wußD=S wirklich nich=me-
ehr ! - :? -;('gegenüber [redacted] welcher Seite=ungel
...?)

(die 'Warums' wißt Ihr
nich ?)

(HABLOT KNIGHT BROWNE.(Gibt
auch noch 'Girls from Dicke-
ns',by G.A.WILLIAMS))

('con & faire';'cunny & fay')

(je nun -:
Schauerfeld 4465 m²
Hier=ums=Haus 5086
Sa.: 9551 m²

(:übrijens,wenn De was zu näh'n hasD,
gib's gleich her. -:und Dú ?-"(dies zu
Fr):kommsD mit=runter:daß ch Dir we-
nichstns's Säum' beibring-")

a small lake of irregu-
lar figure (although ro
ughly oval) that lay gl
eaming near the lower
extremity of the vale.-
This lakelet was,perhaps
,a hundred yards in dia-
meter at its widest pa-
rt.No crystal could be
clearer than its waters.

Arno Schmidt,
»Zettels Traum« – Seite aus dem Typoskriptdruck

wesen – und gewiß bis Mitte der 80er Jahre auch geblieben –, so zeigen sich doch neben ihnen eine Reihe interessanter literarischer Strömungen und Entwicklungen, die das Erscheinungsbild der Prosa in dieser Zeit wesentlich mitgeprägt haben. Eine unter ihnen stellt die sogenannte »Kölner Schule« des Neuen Realismus dar, der programmatisch weitestgehende Versuch, einer realistischen Prosa zum Durchbruch zu verhelfen, die nicht von einer sozialkritischen oder ins Groteske übersteigerten Perspektive ausgeht, sondern vielmehr soziale Faktizität selber in äußerster Dichte und Konzentration zum Ausdruck bringt. Dieter Wellershoff, Initiator, Mentor, Theoretiker und auch literarischer Repräsentant dieser Gruppe, formulierte deren Programm 1965 in genauer Abgrenzung gegen die Fiktionalität grotesker und satirischer Prosa: »die phantastische, groteske, satirische Literatur hat die Gesellschaft kritisiert, indem sie ihr ein übersteigertes, verzerrtes Bild gegenüberstellte, der neue Realismus kritisiert sie immanent durch genaues Hinsehen«. Das war, deutlich genug, gegen die überragende Bedeutung eines Günter Grass formuliert. Und nur ein Jahr später wandte sich Wellershoff auch ausdrücklich gegen Grass mit der Feststellung, »seit Jahren dominiert in Deutschland die manieristische und groteske Literatur, deren Prototyp die Romane von Günter Grass sind«. Demgegenüber erschien es Wellershoff Mitte der 60er Jahre unabdingbar, »möglichst realitätsnah zu schreiben, mit Aufmerksamkeit für die Störungen, Abweichungen, das Unauffällige, die Umwege, also den Widerstand der Realität gegen das vorschnelle Sinnbedürfnis«. Eine Literatur, die diesem Schreibprogramm nahekam, suchte Wellershoff in den 60er Jahren als Lektor des Verlages Kiepenheuer und Witsch nachdrücklich zu fördern. Autoren wie Günter Herburger (geb. 1932; *Eine gleichmäßige Landschaft*, 1964; *Die Messe*, 1969; *Jesus in Osaka*, 1970), Rolf Dieter Brinkmann (1940–1975; *Die Umarmung*, 1965; *Raupenbahn*, 1966; *Keiner weiß mehr*, 1968), Günter Seuren (geb. 1932; *Das Gatter*, 1964; *Lebeck*, 1968), Nicolas Born (1937–1979; *Der zweite Tag*, 1965), Günter Steffens (geb. 1922; *Der Platz*, 1965), Sigrid Brunk (geb. 1937; *Irische Erzählung*, 1967; *Ledig, ein Kind*, 1972; *Das Nest*, 1975;

Dieter Wellershoff (1970)

Der Besiegte, 1977; *Der Magier*, 1979; *Flammen*, 1981) repräsentieren mit ihren Anfängen eine deutliche Nähe zum Programm Wellershoffs.

Wellershoff hat in seinen eigenen Romanen seinen Schreibvorstellungen Ausdruck gegeben, sie zugleich aber auch fortentwickelt. *Ein schöner Tag* (1966) konzentriert in äußerster Präzision ein Beziehungsgeflecht zwischen drei Personen (Vater, Sohn, Tochter), das über zwei Wochen hinweg in all seinen Schattierungen und Nuancierungen, in seinen Ängsten und Sehnsüchten, Beklemmungen und Verdrängungen, Aggressionen und Depressionen verfolgt und nachgezeichnet wird. In einer komplexeren Struktur, die an die Theoriebildungen des französischen ›nouveau roman‹ (Nathalie Sarraute, Alain Robbe-Grillet, Claude Simon) gemahnt, löste Wellershoff in seinem zweiten Roman *Die Schattengrenze* (1969) seine Vorstellung vom Leben als einer »diffusen Reizmasse« ein. »Alles hängt mit allem zusammen«, so Wellershoff – und so auch die Wahrnehmungsstruktur seiner Hauptfigur, die in vielfältigen Schnittfolgen, Zeitsprüngen, Assoziationsketten die Angstzustände eines verfolgten Kriminellen mitteilt. Sein dritter Roman, *Einladung an alle* (1972), bedeutete eigentlich schon einen Vorstoß gegen das eigene Realismus-Credo: Er schildert den Fall eines Kriminellen, dessen Verfolgung durch die Polizei und dessen psychische Reaktionen, zum Teil mit dokumentarischem Material, wobei die Erzählperspektive fortwährend zwischen den verschiedenen Seiten wechselt.

Rolf Dieter Brinkmann (1969)

Wellershoffs Realismuskonzept hat zwar der »Kölner Schule« für einen gewissen Zeitraum eine Perspektive gewiesen, doch zeigte sich allzu rasch, daß diese Perspektive nicht sehr weit zu tragen vermochte. Zu deutlich war das Programm des Neuen Realismus als oppositionelle Strategie formuliert, nicht nur gegen Günter Grass, sondern – wie eine Sammlung von Essays aus der Feder Wellershoffs zeigt (*Literatur und Veränderung*, 1969) – auch gegen die Entwicklungen der Konkreten Poesie und gegen eine Politisierung der Literatur, wie sie Wellershoff zumal in Hans Magnus Enzensberger kritisierte. Zu eng aber erschien auch die von Wellershoff gestellte Alternative zwischen »totalem Environment« und dem geforderten »totalen Realismus«. Wellershoffs von dem konservativen Anthropologen Arnold Gehlen sich herleitendes Menschen- und Gesellschaftsbild verband sich mit seinen eigenen Kriegs- und Nachkriegserfahrungen zu einem Skeptizismus, der allen Entwürfen zu mißtrauen gelernt hatte und stattdessen »in der Subjektivität des Autors die konstituierende Kraft« (Wellershoff) erblickte. Seine eigene Auffassung von der Literatur als einer »Simulationstechnik«: »Spielfeld für ein fiktives Handeln, in dem man als Autor und als Leser die Grenzen seiner praktischen Erfahrungen und Routinen überschreitet, ohne ein wirkliches Risiko dabei einzugehen« – diese Auffassung, wenn sie auch auf »Veränderung« setzte, blieb doch zu sehr in der Tradition »phänomenologisch orientierter Schreibweisen« (Wellershoff), als daß sie neue Wahrnehmungen hätte begründen, Gegenmodelle zur alltäglichen Phänomenologie hätte entwerfen, die entgrenzenden Möglichkeiten der Kunst hätte ausschöpfen können. Daß die Autoren der »Kölner Schule« deren konzeptionelle Grenzen alsbald selber erkannten und deshalb überschritten, läßt sich exemplarisch an der Entwicklung ihres vielleicht widersprüchlichsten, aber auch bemerkenswertesten Autors ablesen, an Rolf Dieter Brinkmann. Brinkmann debütierte als Erzähler in dem von Wellershoff herausgegebenen Band *Ein Tag in der Stadt* (1962), gemeinsam mit Autoren wie Ludwig Harig, Günter Herburger und Günter Seuren. Der Text *In der Grube* zeigte Brinkmanns Fähigkeit zu genauer Wirklichkeitswahr-

Rolf Dieter Brinkmann, »Standphotos. Gedichte« (1969)

nehmung und präziser Beobachtung von Stimmungen, Empfindungen und Einzelheiten, die im beständigen Wechsel zwischen Ich- und Er-Erzählperspektive teils konsequent subjetiviert, teils vollständig entpersönlicht und verdinglicht werden. So klang schon frühzeitig an, was Brinkmanns Erzählweise auch in seinen beiden Prosabänden *Die Umarmung* (1965) und *Raupenbahn* (1966) auszeichnete: die Fähigkeit zur Objektivierung seiner Erzählgegenstände bis an die Grenze einer Selbstaufhebung des Erzählens zu treiben. Lebensbereiche und Lebenssituationen von existentieller Bedeutung (Geburt, Liebe, Sexualität, Tod) werden vergegenwärtigt, indem sie sich sprachlich verdichten. Stehen diese Anfänge durchaus noch im Zusammenhang der von Wellershoff formulierten Realismus-Konzeption, so ging Brinkmanns Roman *Keiner weiß mehr* (1968) jedoch schon deutlich über diese, genauer: über die wahrnehmbare und erfahrbare Wirklichkeit hinaus. Die Krisensituation, die hier aus der Perspektive eines mit Kind und Ehefrau in Köln lebenden Erzählers entfaltet und in ihre vielfältigen Verästelungen hinein detailliert und schonungslos verfolgt wird, gibt einer inneren Unruhe Ausdruck, ohne ihr einen Halt an äußeren Realitäten zu gewähren. Sexuelle Obsessionen und Frustrationen teilen sich als Leiden und Aufbegehren mit, eingefangen in permanenten Unruhebewegungen, die keine Entwicklungsmöglichkeit zeigen und kaum Veränderungen erlauben. Verließ Brinkmann mit dieser subjektivierten Leidensperspektive den Rahmen der »Kölner Schule« bereits ganz offensichtlich, so machte vollends sein erst 1979 posthum veröffentlichter Collage-Band *Rom, Blicke* deutlich, daß er zu Beginn der 70er Jahre der Sprache allein die Wahrnehmung von Wirklichkeit nicht mehr anvertrauen mochte. Aus Fotos, Briefen, Skizzen, Stadtplänen, Zeitungsausschnitten, Postkarten, Alltagsfunden und eigenen Texten montierte Brinkmann während eines Rom-Aufenthaltes in der Villa Massimo in den Jahren 1972/73 eine vielfältig aufgebrochene Momentaufnahme seiner eigenen und der ihn umgebenden gesellschaftlichen Existenzweise. Eine Art Bilanz: »Vielleicht ist das der Zweck meines Hierseins in Rom, über einige Details mir Klarheit zu verschaffen« (Brinkmann), aber auch eine Radikalisierung der Wirklichkeitskritik. Und, nicht zuletzt, eine Erweiterung der Ausdrucksmöglichkeiten zu einer offenen literarischen Sprechweise, multimedial, multiperspektivisch, beredt und haltbar gerade an den Bruchstellen der zueinander in Beziehung gesetzten Materialien.

Das Ausbrechen aus den Umzäunungen des Realismus-Geheges läßt sich aber auch an der Entwicklung anderer Autoren noch beobachten. Renate Rasp (geb. 1935) beispielsweise, die ebenfalls in einem von Dieter Wellershoff herausgegebenen Erzählband debütierte (*Wochenende*, 1967), hatte sich schon mit ihrem ersten Roman, *Ein ungeratener Sohn* (1967), von allen Realismus-Festlegungen befreit. Sie erzählt die Geschichte der Erziehung in einer bürgerlichen Kleinfamilie: Der Sohn soll zum Baum werden. Doch nicht der groteske Einfall allein trägt die Geschichte, sondern, so versteht sich, seine erzählerische Behandlung. Denn der Erziehungsprozeß tritt gleichsam als nur technisches Problem in Erscheinung, derart die Alltäglichkeit kleinbürgerlicher Pädagogik und deren banale Gewalttätigkeit demonstrierend. Eine Art »Schwarzer Realismus«, der mit scharfsichtig-präziser Bösartigkeit die besitz- und machtgierigen Beziehungen von Menschen offenbart. Auch Günter Seuren hat einen Ablösungsprozeß von der »Kölner Schule« und seinen beiden ersten Romanen durchlaufen, über *Das Kannibalenfest* (1968) zu dem 1970 erschienenen Roman *Der Abdecker*: ein Spiel um Wahnvorstellungen und Anpassungszwänge, um das Scheitern von Fluchtversuchen und die Abgründigkeit des Alltagslebens, um die Brüchigkeit individueller Identität und deren Auflösung ins Grotesk-Phantastische. Der bürgerliche Alltag als Schreckvorstellung, das Banale als Horrorvision, die Groteske als Normalfall und dieser Normalfall als der permanente Ausnahmezustand – so erscheint Lebenswirklichkeit auch in Gisela Elsners (geb. 1937) Romanen *Die Riesenzwerge* (1964), *Der Nachwuchs* (1968) und *Das Berührungsverbot* (1970). Die Radikalität des schwarzen Blicks, die konsequente Ausführung der Einfälle hat, mit Recht, Aufsehen erregt, eine Radikalität, die Gisela Elsner in ihren eher tradionell realistisch erzählten späteren Romanen (*Der Punktsieg*, 1977; *Abseits*, 1982) nicht wieder erreicht hat. Und wenn vom bösen Blick auf die bürgerliche Alltagswelt, von Aggression und Aufschrei gegen sie die Rede ist, dann ist auch der Name Gabriele Wohmann (geb. 1932) zu nennen, eine Autorin, deren Anfänge (*Jetzt und nie*, 1958; *Abschied für länger*, 1965; *Die Bütows*, 1967) bitterböse und unbarmherzige Bestandsaufnahmen des Arsenals bürgerlicher Lebensbezüge bieten, zum Teil satirisch eingefärbt. Eine Autorin aber auch, deren manisches Umkreisen ein und desselben Gegenstandes, deren geringe Variabilität der Ausdrucksmittel zum bissigen Begriff »Wohmannisieren« (Reinhard Baumgart) geführt hat: das beständige Umschreiben der alltäglichen Misere in ihrer miesen Alltäglichkeit. In Stoffwahl und Schreibweise ist sich die äußerst produktive Gabriele Wohmann treu geblieben, auch wenn sich Wahrnehmungen und Wertungen seit Mitte der 70er Jahre (*Schönes Gehege*, 1975) zusehends in eine Art Positivität des Lebensblicks verschoben haben.

Gisela Elsner (1980)

»Neuer« Realismus und »Schwarzer« Realismus, so läßt sich zusammenfassend sagen, stellen zwei höchst verschiedenartige Erzählweisen dar, die gleichwohl von demselben Bemühen zeugen: Wirklichkeit erfahrbar zu machen. Dabei repräsentieren die neorealistischen Erzählformen den Versuch, in die Wirklichkeit so hineinzuhören, daß diese selber zu Sprache werden kann, während der mit den Mitteln der Groteske, des Schocks, des grellen Effekts arbeitende Realismus poetologisch ein Mißtrauen gegenüber solcher Wirklichkeitserfahrung ausspricht. Er benutzt Elemente der Verfremdung, der Wirklichkeitsverzerrung, der surrealistischen Bildersprache auch, um die Wirklichkeitsoberfläche so zu zerstören, daß aus der Banalität der Erscheinungsformen die bürgerliche Realität des alltäglichen Schreckens und Erschreckens hervortritt.

»Probleme des Romans« – die Beispiele, die zu diesem Titel genannt wurden, die Autoren, Werke, Entwicklungen, mögen, je für sich genommen, repräsentativ sein für Strömungen und Tendenzen der 60er Jahre. Und doch erlaubt gerade die Vielfalt der Prosa dieser Zeit auch nicht annähernd, mit der vorstehenden Skizze Vollständigkeit der Darstellung zu beanspruchen.

Einen Sonderfall innerhalb der Literaturgeschichte der Bundesrepublik bildet, rezeptionsgeschichtlich gesehen, der Roman *Die Blendung* von Elias Canetti (geb. 1905). Denn dieses Werk des damals 30jährigen Österreichers erschien bereits 1936 in Wien, erlebte 1948 in München eine nur wenig beachtete Neuauflage und erfuhr erst nach einer weiteren Neuauflage im Jahre 1965 jene Beachtung, die seiner Bedeutung entspricht. *Die Blendung* ist ein Werk, das Kritiker nicht zu Unrecht neben die Prosa Robert Musils und Franz Kafkas, James Joyces und Samuel Becketts gestellt haben. In ihm wird ein Pandämonium der Beziehungslosigkeit entfaltet, in dem – ohne Moralisieren, aber auch ohne die Perspektive einer möglichen Wandlung – Verkehrsformen, Denk- und Handlungsweisen eines Kleinbürgertums zum Ausdruck kommen, das nur wenig später seine Disposition für den Faschismus ausleben sollte. Peter Kien, »wohl der größte Sinologe seiner Zeit«, der weltabgeschlossen mit seiner umfangreichen Bibliothek lebt, läßt sich durch einen Trick seiner Haushälterin Therese zur Heirat verleiten – dies ist der Inhalt des ersten Romanteils mit dem Titel »Ein Kopf ohne Welt«. Therese will sich aus Habgier, so zeigt sich, in den Besitz der Bibliothek bringen. Von diesem Zeitpunkt an treibt Kien in einer Art Odyssee durch die Monstrositäten der bürgerlichen Welt, die hier zur Wiener Unterwelt allegorisiert erscheint – »Kopflose Welt« heißt dieser zweite Teil des Romans. In ihm schließt sich Peter Kien dem Buckligen Fischerle an, um seine Bibliothek zu retten, während Fischerle seinerseits hofft, mit Kiens Hilfe Schachweltmeister werden zu können. Der dritte Teil endet mit einer Selbstverbrennung Kiens inmitten seiner Bücher – »Welt im Kopf« lautet sein Titel, der eine Art Vermittlung der beiden ersten Teile andeutet, aber doch in Wahrheit eine katastrophische Untergangsvision durchführt. Peter Kien, in den Fängen Thereses und des Hausbesorgers Pfaff, verstrickt sich in eine Wahnwelt, aus der ihn auch sein aus Paris herbeigeeilter Bruder, ein Psychiater, nicht zu erretten vermag, weil dieser Kiens Krankheit nicht erkennt. So bleibt als konsequenter Schluß nur das Autodafé, die Befreiung aus einer wahnwitzigen Welt als Katastrophenlust: »Als ihn die Flammen endlich erreichen, lacht er so laut, wie er in seinem ganzen Leben nie gelacht hat«, lautet der letzte Satz des Romans. Dem Chaos dieser Welt wird die Kälte der Erzählhaltung auf überraschende Weise gerecht: Canetti erzählt mit äußerster Distanz und klinischer Genauigkeit, er lädt den Leser zur Beobachtung ein, nicht zu innerer Anteilnahme. Auf diese Weise gelingt ihm

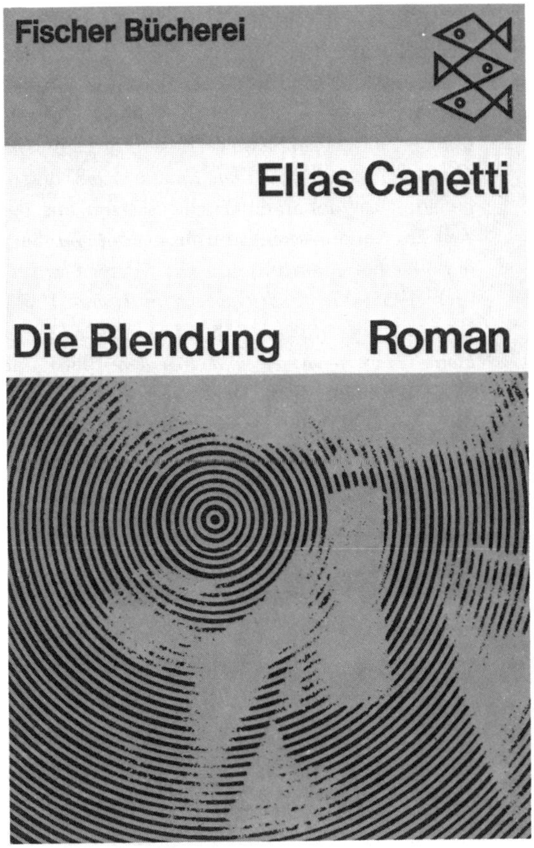

die Bändigung des grotesken Panoramas, von dem sein Roman handelt. Auch hierin freilich liegt, wie Canetti gewußt hat, das Problem eines »realistischen« Schreibens, das sich nicht in verdoppelnder Wirklichkeitsabbildung erschöpft. »Die Welt war zerfallen, und nur wenn man den Mut hatte, sie in ihrer Zerfallenheit zu zeigen, war es noch möglich, eine wahrhafte Vorstellung von ihr zu geben«, so hat Canetti gesprächsweise zu seinem Roman angemerkt. Dies aber sollte nicht heißen, »daß man sich an ein chaotisches Buch zu machen hatte, in dem nichts mehr zu verstehen war. Im Gegenteil: man mußte mit strengster Konsequenz extreme Figuren erfinden, so wie die, aus denen die Welt ja auch bestand, und diese auf die Spitze getriebenen Individuen in ihrer Geschiedenheit nebeneinanderstellen«. Die kalkulierte Organisation der Zerfallenheit, des Chaos in der Form des Extrems – dies ist die bündige Antwort des Schriftstellers Canetti auf das moderne Problem der »Vermassung«, dem der Essayist Canetti 1960 mit *Masse und Macht* eine wegweisende und aktuell gebliebene Studie gewidmet hat.

Denn Mitte der 60er Jahre debütieren und reüssieren auch andere Autoren als Erzähler, deren Werk seither – und mit Recht – erhebliche Beachtung gefunden hat. Hubert Fichte (1935–1986) beispielsweise, dessen Romane *Das Waisenhaus* (1965) und *Die Palette* (1968) detailgenaue, fast dokumentarische Skizzen aus der Zeit des Nationalsozialismus bzw. dem Hamburg der 60er Jahre vermitteln. Ferner Peter Härtling (geb. 1933; *Niembsch oder der Stillstand*, 1964), Gerhard Zwerenz (geb. 1925; *Casanova oder Der kleine Herr in Krieg und Frieden*, 1966) und Ernst Herhaus (geb. 1932; *Die homburgische Hochzeit*, 1967). Und nicht zuletzt Autoren, die mit avancierten literarischen Techniken, offenbar geschult an der Prosa Wolfgang Koeppens, den Problemen der jüngsten Vergangenheit wie der Gegenwart begegenen, wie Johanna Moosdorf (geb. 1911; *Nebenan*, 1961; *Die lange Nacht*, 1963; *Die Andermanns*, 1969) und Hans J. Fröhlich (geb. 1932; *Aber egal!*, 1963; *Tandelkeller*, 1967; *Engels Kopf*, 1971).

Ergänzend zu nennen sind in diesem Zusammenhang auch jene Autoren, die in den 60er Jahren experimentelle Prosa, zum Teil in deutlicher Nähe zu den Theoremen der Konkreten Poesie, vorlegen. Hierzu zählt Jürgen Becker (geb. 1932), der in seinen Texten *Felder* (1964), *Ränder* (1968) und *Umgebungen* (1970), ausgehend von einem präzis und nuanciert sich äußernden individuellen Erfahrungsbereich, seinen Blick auf die Wirklichkeit zur Tiefenschärfe von Beobachtungs- und Beschreibungsmöglichkeiten entwickelt. »Dieser Text«, so Jürgen Becker in einer Selbstinterpretation der *Felder*, »demonstriert nur die Bewegungen eines Bewußtseins durch die Wirklichkeit und deren Verwandlung in Sprache. Bewußtsein: das ist meines in seinen Schichten, Brüchen und Verstörungen; Wirklichkeit: das ist die tägliche, vergangene, imaginierte.« Diese Sätze könnten auch, berücksichtigt man den veränderten Kontext, Gültigkeit beanspruchen zur Cha-

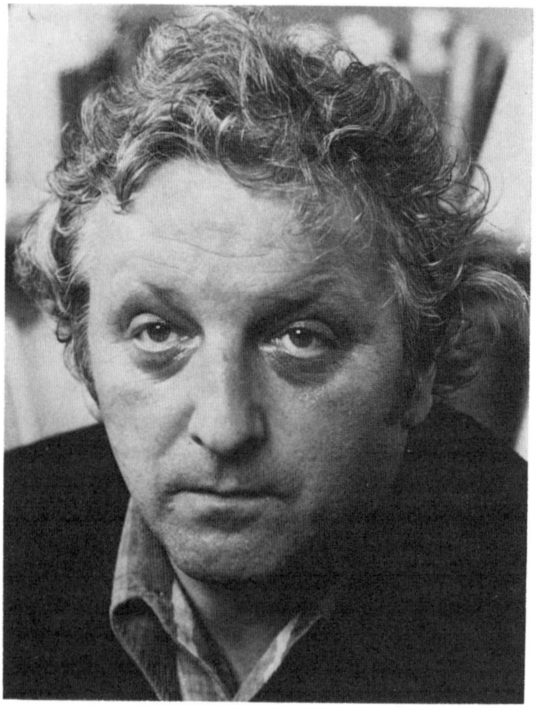

Er sei ein »Wenigschreiber«, hat der Schweizer Peter Bichsel (geb. 1935) einmal in koketter Selbsteinschätzung gesagt – kokett, weil sich Bichsel mit diesem Eingeständnis im Grunde sehr selbstbewußt von den Usancen des Literaturbetriebes abgrenzte, zumal von der Eigenart zahlreicher seiner Kollegen, in regelmäßigen Abständen und pünktlich zu Messeterminen neue Werke vorzulegen. Demgegenüber ist Peter Bichsel in der Tat ein »Wenigschreiber«. Sieht man einmal von Aufsätzen und Einzelveröffentlichungen in Sammelwerken ab, so finden sich in zwanzig Jahren wenig mehr als drei Bände mit erzählender Prosa (*Eigentlich möchte Frau Blum den Milchmann kennenlernen*, 1964; *Die Jahreszeiten*, 1967; *Kindergeschichten*, 1969) und zwei Bände mit Essays (*Des Schweizers Schweiz/Sitzen als Pflicht*, 1969; *Der Leser. Das Erzählen*, 1982), allesamt von geringem Umfang. In der Tat also ein schmales Oeuvre, verglichen mit zeitgenössischen »Vielschreibern«, und doch ein gewichtiges. Denn Peter Bichsel ist ein »Wenigschreiber« auch in einem ganz anderen Sinne noch, auf den er mit seiner Bemerkung hintersinnig vielleicht ebenfalls hatte anspielen wollen: Er betreibt Literatur gleichsam als Aussparung des zu Erzählenden. Seine Erzählungen geben einer meisterhaft beredten Technik des Verschweigens Ausdruck. Sie erzählen nicht nur von etwas, sondern zugleich von der Schwierigkeit, noch erzählen zu wollen, erzählerisch über eine Wirklichkeit zu verfügen, die sich jedem literarischen Zugriff entzieht. In seinen Frankfurter Poetik-Vorlesungen hat Peter Bichsel 1982 dieses Problem thematisiert und seine Konsequenzen für die eigene Schreibweise entwickelt. Das »alte Thema der Literatur« heiße, so Bichsel: »›Eine Geschichte schreiben über die Unmöglichkeit, eine Geschichte zu schreiben.‹

rakterisierung der frühen Prosa Peter Handkes (geb. 1942; *Die Hornissen*, 1966; *Der Hausierer*, 1967): Auch hier geht es um das Verhältnis von Bewußtsein und Wirklichkeit, wobei sich Handke jedoch auf literarische Wahrnehmungsmuster (des Romans, des Kriminalromans) konzentriert, mit denen er spielt, die er zersetzt, um sie als Formen und Schemata durchschaubar, also handhabbar, als Material verfügbar zu machen. Eine Schreibweise, der Handke in *Die Innenwelt der Außenwelt der Innenwelt* (1969) ein theoretisches Konzept nachgeliefert hat, dem Hubert Wiedfeld (geb. 1937) mit seinem Roman *Rätzel* (1970) nicht fernsteht. Auch Rolf Roggenbuck (geb. 1935) mit seinem komplexen Roman-Erstling *Der Nämlichkeitsnachweis* (1967) gehört zu dieser experimentellen Prosa, doch ist Roggenbuck offenbar vor allem durch Arno Schmidt angeregt worden. Und nicht zu vergessen ist hier schließlich auch Christian Enzensbergers (geb. 1931) *Größerer Versuch über den Schmutz* (1968), eine Prosavariation über vier Arten des Schmutzes (Ausscheidungen, Vermischungen, Zerfall, Massenschmutz), die spielerisch-ironisierend mit ihrem Gegenstand umgeht, in einem distanziert-konjunktivischen Stil, der die Funktionen des Konjunktivs der späten Jandl-Gedichte vorwegzunehmen scheint. Enzensbergers *Versuch* nimmt sich des »Schmutzes« an, um ein Tabu der bürgerlichen Gesellschaft zu brechen. Und er verletzt dieses Tabu, indem er es fortwährend neuen Kontexten zuführt, wissenschaftlichen Diskursen, der Alltagssprache, der Selbstreflexion seines ästhetischen Verfahrens, mit dem Ergebnis freilich, daß sich sein Gegenstand in immer weitere Fernen verliert – und so eben die Ferne herstellt, die auch die bürgerliche Gesellschaft dem Schmutz gegenüber bewahrt. Klaus Theweleit hat diesen eigenartigen Widerspruch in seinen *Männerphantasien* (1977) bereits für die äußere Form registriert: »Der ›größere Versuch‹ ist ein sauberes Buch, auch äußerlich. Alles ist in Blöcken gesetzt, dazwischen leere, gleichbleibende Abstände. Viel Weiß.« Dieser Widerspruch scheint der Preis für den ästhetisch-reflexiven Umgang mit der Wirklichkeit des Schmutzes zu sein: Die Vermittlung, deren er bedarf, und die Öffentlichkeit, auf die er zielt, bleiben unangetastet, unberührt durch das Sujet. An dieser Stelle fällt der aufklärerische Gestus auf sich selber zurück.

Gemeint ist damit der Versuch, nicht nur Realität zu überprüfen, sondern die Reflexion darzustellen, nicht die Dinge zu beschreiben, sondern zu beschreiben, was es von ihnen zu sagen gibt. Die Geschichte von der Geschichte, die man nicht schreiben kann, ist die Geschichte vom Leben, das man nicht leben kann.« Wie die Probe aufs Exempel dieses poetologischen Grund-Satzes lassen sich Peter Bichsels eigene Geschichten lesen, angefangen vom ersten Erzählungsband, der ihn auf Anhieb bekannt machte, *Eigentlich möchte Frau Blum den Milchmann kennenlernen* (1964). Schon der Titel formuliert das Programm, das die Poetik-Vorlesungen fast zwei Jahrzehnte später begründen. Es geht in allen diesen Geschichten um die Unmöglichkeit, ein Leben zu leben, die Leere zu füllen, Abstände, ja Abgründe zwischen Personen auszufüllen, kurz: Sinn und Substanz zu stiften, wo die Materialität der Lebensdinge diese nicht mehr herausgeben. Aber es geht um diese Probleme auf eine Weise, die selber das Fehlende ausspart, die schweigt, weil das Ausfüllen der Leere durch das Vokabular eines geschwätzigen Realismus nichts anderes wäre als eine literarische Lüge. In der kurzen Erzählung »Roman« etwa wird genau die Erwartungshaltung enttäuscht, die der Leser landläufig an diese Gattungsbezeichnung knüpft: Erzählt wird – durch Aussparung! – von dem, was nicht passiert, von der Liebesgeschichte, die nicht stattfindet, von den Unerträglichkeiten des Alltags, denen nicht zu entkommen ist, von der Unentrinnbarkeit verstellter Lebenssituationen, für die eine Kategorie wie die der Entwicklung keine Gültigkeit mehr besitzt. Durch die Einsicht in die Unmöglichkeit, von Nichtvorhandenem zu erzählen, verschiebt sich die Erzählperspektive: Das Sujet erhält den Status des Experiments. Der Erzähler, fasziniert »von der Diskrepanz Sprache-Realität, von der Unmöglichkeit des Beschreibens, von der Unmöglichkeit des Lebens« (Bichsel), übernimmt – wie in einem Laboratorium – die Funktion des Untersuchenden. Ihn interessiert das Reiz-Reaktions-Schema: Wie reagieren bestimmte Personen in bestimmten Situationen und unter bestimmbaren Bedingungen aufeinander? Nur bleibt der Erzähler Peter Bichsel – und dies macht den Reiz seiner Prosa aus – keineswegs kühl und distanziert im Fortschreiten seiner poetischen Untersuchungsarbeit. Sondern er erzählt, vermittels der beredten Technik der Aussparung, von den Defiziten so, daß die Hoffnung auf die Möglichkeit zu leben geweckt wird, daß die Erinnerung an diese Möglichkeit erhalten bleibt – und sei es in Form der Trauer über ihren Verlust. Insoweit aber enthalten seine Erzählungen und Aufsätze – und dies gilt auch für die Mitte der 80er Jahre erschienenen *Schulmeistereien* (1985) und den Erzählungsband *Der Busant* (1985) – immer auch ein Protestpotential gegen die blinde Realität. Von der Unmöglichkeit zu leben wird erzählt in der Möglichkeitsform. Das ist die poetische Form des Politischen.

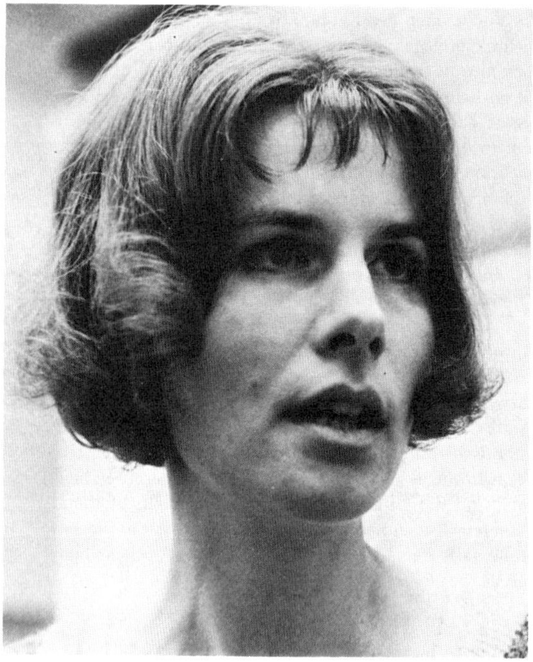

Renate Rasp (1969)

Bildet die Frage nach den Möglichkeiten und Grenzen realistischen Erzählens, bei aller Unterschiedlichkeit der Antworten im einzelnen, den inneren Zusammenhang der Prosa dieser Zeit, so darf man als bemerkenswerte Pointe freilich auch festhalten, daß eben in den 60er Jahren jener Schriftsteller zu veröffentlichen beginnt, der die Realismusproblematik frühzeitig und folgenreich hinter sich gelassen hat: Alexander Kluge (geb. 1932). In *Lebensläufe* (1962) und *Schlachtbeschreibung* (1964, Neuausgabe 1978) entwickelt Kluge Prosaformen, welche die traditionellen Gattungsbestimmungen eher sprengen als bestätigen wollen. Stalingrad, Faschismus, Gegenwart werden distanziert, scheinbar emotionslos wahrgenommen. Berichtet und registriert werden Mechanismen, in deren Zusammenspiel Individuen nurmehr Abhängigkeit erfahren. Keine »Fabel« steht im Vordergrund, sondern Systeme der Erfassung und Zuordnung – eine Prosa der entfremdeten Welt, deren literarische Technik Kluge immer mehr verfeinert hat (*Lernprozesse mit tödlichem Ausgang*, 1973). Das authentische Zeugnis, das Material des Lebens rückt in den literarischen Blickpunkt, ohne noch den Anspruch zu vertreten, Realität gestalten oder abbilden oder gar widerspiegeln zu wollen. Im Gegenteil: Für Alexander Kluge bedeutet es gerade die »schärfste Ideologie: daß die Realität sich auf ihren realistischen Charakter beruft«. Und seine Prosa will die »Papiertiger-Natur« (Kluge) der Wirklichkeit durchschaubar machen, um diese verändern zu helfen, zumindest Widerstandspotentiale gegen sie aufzubauen – durch Sinnlichkeit, durch »Kunstgegenstände«, also auch durch Literatur. Kluges Texte bedurften keiner »Politisierung«, weil sie bereits durch und durch politisch waren, in ihrer Ästhetik nämlich. Das hebt sie über die gleichzeitig entstehende »Literatur der Arbeitswelt« deutlich hinaus, durch die die Realismusproblematik lediglich thematisch erweitert, nicht aber literarästhetisch verändert wird.

Arbeiterliteratur – Von der ›Gruppe 61‹ zum ›Werkkreis Literatur der Arbeitswelt‹

»Die Welt, in der wir leben, ist noch nicht literarisch fixiert. Die Arbeitswelt zumal scheint noch nicht in den Blick gerückt zu sein. Wo ist das Porträt eines Arbeiters, wo die Zeichnung eines Maurers, wo agieren die Mädchen in der Fabrik, wo bewachen Roboter die rötlichen Flammen?« Diese verwunderten Fragen stellte Walter Jens (geb. 1923), selber Schriftsteller und Literarhistoriker, anläßlich einer Umfrage im Jahre 1960. Und er fuhr fort: »Insgesamt: man beschreibt das Individuum, das es sich leisten kann, Gefühle zu haben, den Menschen im Zustand eines ewigen Feiertages, den Privatier für alle Zeiten. Arbeiten wir nicht? Ist unser tägliches Tun so ganz ohne Belang? Geschieht wirklich gar nichts zwischen Fabriktor und Montagehalle, ist das Kantinengespräch ohne Bedeutung, prüft kein Labor seine lebenslänglichen Sklaven?« (*Die Kultur*, Nr. 155/1960) Jens' Verwunderung galt einem bemerkenswerten Phänomen: Die Welt der Arbeit, die Produktionssphäre, der moderne

Betrieb mit seinen vielfältigen Erscheinungsformen, den alltäglichen und doch stets neuen Ereignissen und Geschehnissen schien in der literarischen Öffentlichkeit kaum präsent. Ein Phänomen, auf das nur ein Jahr zuvor auch Alfred Andersch gestoßen war und das er mit dem Hinweis zu begründen versucht hatte, den jüngeren Autoren fehle »das Erlebnis des modernen Betriebes, insbesondere des Großbetriebes, als eines erregenden Schauplatzes menschlicher Größe und menschlicher Niedrigkeit, als eines Ortes artistischer Sensationen und metaphysischer Erlebnisse ersten Ranges«. In der Tat: Wer für die Zeit von 1945 bis 1960 in der Bundesrepublik eine Literatur ausfindig zu machen sucht, die das Problem »Arbeitswelt« thematisiert, wird sich enttäuscht sehen. Es gibt zwar eine solche Literatur, doch nur in einer sehr eingeschränkten, den Arbeitsprozeß zumeist mythisierenden und mystifizierenden Form und ohne größere Resonanz.

Es mag hilfreich sein, sich zur genaueren Bestimmung der Arbeiterliteratur nach 1945 zunächst an deren Geschichte zu erinnern. Denn eine Tradition der Arbeiterdichtung hat es in Deutschland gegeben, seit deren materieller Nährboden, die Industrialisierung, existiert. Und seit ihren Anfängen hat diese literarische Tradition drei strukturelle Gemeinsamkeiten bewahrt, die sie inhaltsästhetisch charakterisieren: die Auseinandersetzung mit den technischen und sozialen Problemen der Industrialisierung, die Beschwörung einer Solidarität der Arbeitenden und das Aufbegehren gegen Ausbeutung und Unterdrückung. Dies gilt bereits für Heinrich Heines im Juni 1844 entstandenes Gedicht »Die schlesischen Weber«, das seinerseits auf das anonym verbreitete »Weberlied« von 1844 (»Das Blutgericht«) zurückging. (Gerhart Hauptmann nahm später das »Weberlied« zur Grundlage für den 2. Akt seines 1893 uraufgeführten Dramas *Die Weber*.) In Heines Gedicht sind rebellische, utopische und parteiliche Elemente so miteinander verbunden, daß sich ein Zusammenhang mit der Dichtung des Vormärz und der Revolution von 1848, mit Georg Herwegh, Ferdinand Freiligrath und vor allem Georg Weerth zwanglos herstellte über die Funktion dieser Poesie: Sie fungierte als Waffe in den Klassenauseinandersetzungen des 19. Jahrhunderts. So erschien Heines Gedicht im Juli 1844 im *Vorwärts* und wurde als Flugblatt verbreitet. Es nimmt in seinen prophetischen Dimensionen gleichsam die des *Kommunistischen Manifests* von 1848 vorweg, Karl Marx' revolutionstheoretische Gewißheit: »Mit der Entwicklung der großen Industrie wird also unter den Füßen der Bourgeoisie die Grundlage selbst hinweggezogen, worauf sie produziert und die Produkte sich aneignet. Sie produziert vor allem ihre eigenen Totengräber. Ihr Untergang und der Sieg des Proletariats sind gleich unvermeidlich.« Solch klassenkämpferischen Optimismus hat sich die Arbeiterliteratur im Verlauf ihrer Geschichte allerdings nicht durchweg erhalten können. Da sie sich in engem Zusammenhang mit der organisierten Arbeiterbewegung entwickelt (1863 Gründung des Allgemeinen Deutschen Arbeitervereins), trägt sie stets auch die Spuren von deren Fortschritten und Rückschlägen. So beispielsweise nach 1878 (Verabschiedung der Bismarckschen Sozialistengesetze), als die politische Arbeit der Sozialdemokratie illegalisiert war und die ihr verbundene Literatur sich auf die Herstellung politischer und sozialer Selbstverständigung in der Form von Gedichten und dramatischen Szenen beschränkte. Der Arbeiterdichter Adolf Lepp (1847–1906): »Meine Muse äußerte sich anfänglich bei Familienfesten des Proletariats, in Hunderten von Proletarierstuben hängen meine Gelegenheitsgedichte. Auch verfaßte ich Prologe, Dialoge, Duetts und Couplets für Vereine und Sängerverbände.« Eine klassengebundene Gelegenheitsdichtung also, die fast ausschließlich innerhalb der Arbeiterorganisationen und ihrer »unpolitischen« Verbände Verbreitung fand. Daneben aber bildete sich ein weitgehend dem Bürgertum verpflichteter Kulturbegriff heraus, wie er beispielhaft in der Naturalismusdebatte von 1896 und in den Reden zur Schiller-Feier 1905 zum Ausdruck kam. Gleichermaßen antiexperimentell und kulturkonservativ, plädierte dieser Bildungsbegriff für eine Teilhabe des Proletariats an der bürgerlichen Kultur und ihrem »Erbe«, während die Arbeiterdichtung selber zunehmend ihre Identität in einer Art Gartenlaubenmentalität herausbildete, mit mythischen Allegorisierungen arbeitete und ihre politischen Dimensionen in der Beschwörung eines »Wir«-Gefühls aus proletarischer Solidarität erschöpfte.

Das bestimmende Kennzeichen dieser Dichtung blieb bis 1918 ihr enger Bezug auf eine politisch in sich noch nicht differenzierte »soziale Frage«, die erst mit dem Bruch der Arbeiterbewegung in der Weimarer Republik politisch akzentuiert wurde. Drei Gruppen der Arbeiterliteratur lassen sich, sehr grob, nach 1918 unterscheiden: »Arbeiterdichter« wie Karl Bröger, Heinrich Lersch, Max Barthel, deren Werk eine Dämonisierung und Anthropomorphisierung der Technik und der Arbeitswelt unternimmt und zum Teil Affinitäten zur späteren Arbeitsdichtung des Nationalsozialismus aufweist; Literatur im Umkreis der Sozialdemokratie, die zum Teil in Verbindung mit den »Arbeiterdichtern« steht und ebenfalls einen Hang zur Mythisierung der Arbeitswelt besitzt (Otto Wohlgemuth, Gerrit Engelke); linksradikale Autoren, die zum Teil Affinitäten zur KPD und zum 1928 gegründeten *Bund proletarisch-revolutionärer Schriftsteller (BPRS)* aufweisen und »Kunst als Waffe« begreifen (Friedrich Wolf, Willi Bredel, Johannes R. Becher), zum Teil aber zur Kommunistischen Partei in einem Spannungsverhältnis stehen und nur begrenzt einer Arbeiterliteratur im engeren Sinne zuzurechnen sind (Franz Jung, Erich Mühsam, Oskar Kanehl). Mit der nationalsozialistischen Machtübernahme endet die Tradition einer klassenbewußten und klassenkämpferischen Arbeiterliteratur. An ihre Stelle tritt die Feier des Arbeiters wie des Dichters als »Soldat« im Dienst an der »Volksgemeinschaft«, eine Funktionszuweisung, der sich allenfalls die »Arbeiterdichter« (Barthel, Lersch, Bröger) zu fügen vermögen. Die Zerschlagung der Organisationen der Arbeiterbewegung durch die deutschen Faschisten im Jahr 1933 vernichtete mithin nicht nur deren politische Macht, sondern setzte auch ihre Funktion als kultureller Organisator der Arbeiterklasse außer Kraft.

Programm der Dortmunder Gruppe 61

»Die Dortmunder Gruppe 61 stellt sich die folgenden Aufgaben:

Literarisch-künstlerische Auseinandersetzung mit der industriellen Arbeitswelt der Gegenwart und ihrer sozialen Probleme.

Geistige Auseinandersetzung mit dem technischen Zeitalter.

Verbindung mit der sozialen Dichtung anderer Völker.

Kritische Beschäftigung mit der früheren Arbeiterdichtung und ihrer Geschichte.

Die Dortmunder Gruppe 61 setzt sich zusammen aus Schriftstellern, Journalisten, Lektoren, Kritikern, Wissenschaftlern und anderen Persönlichkeiten, die durch Interesse oder Beruf mit den Aufgaben und der Arbeit der Gruppe 61 verbunden sind.
Die Dortmunder Gruppe 61 will durch Kritik, Aussprache, Beratung und Diskussion in Lesungen, Zusammenkünften und Veröffentlichungen das Schaffen der Gruppenmitglieder fördern. Die Dortmunder Gruppe 61 ist in jeder Beziehung unabhängig und nur den selbstgestellten künstlerischen Aufgaben verpflichtet – ohne Rücksicht auf andere Interessengruppen. Die Begegnung verschiedener Charaktere, die Entfaltung unterschiedlicher Begabungen, der Austausch gegensätzlicher Meinungen und Gestaltungsformen soll befruchtend auf die Arbeit der Gruppe und ihrer Mitglieder einwirken.
Unter Berücksichtigung der Thematik bleibt jedem Mitglied der Dortmunder Gruppe 61 grundsätzlich die Wahl der Themen, der Gestaltungsmittel und Ausdrucksformen überlassen.
Die künstlerischen Arbeiten müssen individuelle Sprache und Gestaltungskraft ausweisen oder entwicklungsfähige Ansätze zu eigener Form erkennen lassen.«

Man muß in der Epoche des Faschismus den entscheidenden Faktor dafür sehen, daß nach 1945 nicht bruchlos an die literarischen Traditionen der Arbeiterbewegung angeknüpft werden konnte. Zudem standen nach 1945 zunächst weniger kulturelle und literarästhetische als vielmehr konkrete politische Probleme im Vordergrund der gesellschaftlichen Auseinandersetzungen, bedingt vor allem durch die restriktive Gewerkschaftspolitik der westlichen Besatzungsmächte. Die restaurative Entwicklung in der Ära Adenauer, die schließlich 1956 zum Verbot der KPD führte, und ebenso die Aufbau-Ideologie der »Wirtschaftswunder«-Jahre trugen ihren Teil dazu bei, daß eine mit sich selbst identische, das heißt: klassengebundene und klassenbewußte Arbeiterkultur sich nicht herausbilden konnte. Eine Voraussetzung hierfür findet sich erst zu jener Zeit, als sich die ersten Zeichen eines sich wandelnden Gesellschaftsverständnisses bemerkbar machen. Nicht zufällig fällt der Blick von Intellektuellen wie Walter Jens und Alfred Andersch auf die »Arbeitswelt« in die Jahre 1959 bis 1961: Das Ende der ökonomischen Rekonstruktionsperiode, die ersten Anzeichen einer sozialen Krise bilden den Anlaß ihres Fragens.

Nur vereinzelt hatte es nach dem Krieg literarische Veröffentlichungen aus dem Bereich »Arbeitswelt« gegeben: Erich Grisar etwa ist hier zu nennen (*Die Holtmeiers*, 1946; *Zwischen den Zeiten*, 1946; *Die Hochzeit in der Kesselschmiede*, 1949), ferner die Anthologie *Neue bergmännische Dichtung* (1949), die Reihe »Berckers Kleine Volksbibliothek«, in der 1950 Werke von Otto Wohlgemuth, Erich Grisar, Hermann Josef Müller, Matthias Ludwig Schroeder, Heinrich Lersch, Philipp Faust und Georg Artur erscheinen. Literarisch zumeist überaus konventionell und epigonal verfahrend, geben diese und andere Autoren einer »Arbeiterdichtung« Ausdruck, die an die kulturkonservativen Traditionen der organologischen, den Arbeitsprozeß mystifizierenden Literatur sich anschließt. Exemplarisch sei auf Martha Schlinkert-Galinskys Roman *Der Schatten des Schlotes* (1947) verwiesen, in dem der Arbeiterheld weiß, »daß arm und reich immer bleiben werden«, und dem es deshalb fern liegt, »eine Weltordnung zu verkehren«. So wie hier geht es auch bei Josef Michels (*Die Schmiede Gottes*, 1948) und Henry Bleckmann (*Stromauf zu den Quellen*, 1947) um eine moralische Läuterung des Menschen durch den mystisch erlebten Urquell körperlicher Arbeit, der in eine neue »Schicksalsgemeinschaft« (Schlinkert-Galinsky) münden soll.

reffen nordrhein-westfälischer Autoren am 17. 6. 1961 –
l. n. r.: Fritz Hüser, Heinz Kosters, Walter Köpping, Bruno Gluchowski

So darf man das Jahr 1961 als den Beginn des Versuchs bezeichnen, sich mit dem Gegenstand »Arbeitswelt« in der Bundesrepublik Deutschland aufs neue literarisch auseinandersetzen. War schon im Juli 1960 – mit Unterstützung der Gewerkschaft Bergbau und Energie – eine Anthologie mit Bergmannslyrik erschienen *(Wir tragen ein Licht durch die Nacht)*, so trafen sich am Karfreitag 1961 zehn Autoren, darunter Max von der Grün und Fritz Hüser, der langjährige Leiter des Dortmunder Archivs für Arbeiterdichtung und soziale Literatur, um mit Journalisten und Kritikern über die Entwicklungsmöglichkeiten zeitgenössischer Industriedichtung zu diskutieren. Das Ergebnis dieser Diskussion bildete, wie Fritz Hüser berichtet hat (*Aus der Welt der Arbeit. Almanach der Gruppe 61 und ihrer Gäste*, 1966), die Gründung »eines Arbeitskreises zur Förderung zeitgenössischer Kräfte, die sich mit der modernen Arbeitswelt beschäftigen«, die Gründung der *Dortmunder Gruppe 61*. Der Gruppenname war nicht ohne Absicht gewählt: Er deutete eine bewußte Gegengründung zur Gruppe 47 an. Wenngleich auch die Gruppe 61 keinen Vereinsstatus erhielt, so bestand doch – im Unterschied zur Gruppe 47 – die Möglichkeit, ihr offiziell beizutreten. Auch wurden ihre Veranstaltungen durchweg öffentlich abgehalten, so beispielsweise schon ihre erste Tagung am 17. Juni 1961 zum Thema »Mensch und Industrie in der Gegenwart«, die eine erhebliche Resonanz fand.

Als ihre zentrale Aufgabe bestimmte die Gruppe 61 die »literarisch-künstlerische Auseinandersetzung mit der industriellen Arbeitswelt und ihren sozialen Problemen«. Erwartet wurde von den Formen einer solchen Auseinandersetzung, daß diese eine »individuelle Sprache und Gestaltungskraft aufweisen oder entwicklungsfähige Ansätze zu eigener Form erkennen lassen«. Damit war ein neorealistisches Programm formuliert, das sich keineswegs der klassenkämpferischen Literatur der Weimarer Zeit verpflichtet fühlte, sondern »Arbeitswelt« vor allem unter

technologischen Gesichtspunkten auffaßte: Im Mittelpunkt sollte die »geistige Auseinandersetzung mit dem technischen Zeitalter« stehen. Oder in den Worten Fritz Hüsers: »Die Autoren der Dortmunder Gruppe 61 schreiben nicht als Arbeiter für Arbeiter, sie wollen einen Beitrag leisten zur literarischen Gestaltung aller drängenden Fragen und Erscheinungen unserer von Technik und ›Wohlstand‹ beherrschten Gegenwart. Nicht der Beruf und die soziale Stellung des Schreibenden ist entscheidend – wichtig allein ist nur das Thema und die Kraft, es künstlerisch darzustellen.«
Mit diesen eingrenzenden und zugleich abgrenzenden Bemerkungen Fritz Hüsers klingt ein definitorisches Problem und eines im Selbstverständnis der Autoren von »Arbeiterliteratur« an, das die Gruppe 61 in den 60er Jahren immer wieder beschäftigen und schließlich sogar zur Abspaltung des *Werkkreises Literatur der Arbeitswelt* führen sollte: die Frage nach der Identität ihrer Autoren. Zwar setzte sich die Gruppe 61 frühzeitig und nachdrücklich von der Traditionslinie der »Arbeitsdichtung« (Engelke, Lersch, Barthel) ab, doch blieb für sie die soziale Herkunft und die berufliche Praxis ihrer Mitglieder eine ungelöste Schwierigkeit, die immer erneut zu Spannungen führte. Max von der Grün (geb. 1926) etwa vertrat hierzu eine Auffassung, die keineswegs von allen Gruppenmitgliedern geteilt wurde: »Man kann nicht nur über die Arbeitswelt schreiben, wenn man Arbeiter gewesen ist; ich glaube, bei einer intensiven Beschäftigung mit dieser Materie ist es sehr wohl für Außenstehende möglich, zum Thema Arbeitswelt etwas zu sagen.« Zugleich aber grenzte Max von der Grün sich auch von den programmatischen Zielsetzungen des Bitterfelder Weges (»Greif zur Feder, Kumpel!«) in der DDR ab, den er als Zwang empfand: »Ich kann als Schriftsteller selbstverständlich in einen Betrieb gehen«, so von der Grün: »Ich werde sehr viel erfahren in diesem Betrieb – aber eines werde ich höchstwahrscheinlich niemals erfahren, nämlich das, was ich mit existentieller Grundsituation verstanden wissen will. Es ist eben ein Unterschied, in einem Betrieb zu arbeiten in der Gewißheit: wenn es mir nicht mehr paßt, dann gehe ich; oder aber in der Gewißheit, daß ich mein Leben hier zubringen muß, weil mir keine anderen Möglichkeiten geboten werden.« (In: *Gruppe 61. Arbeiterliteratur – Literatur der Arbeitswelt?*, 1971).

Max von der Grün war, seit ihrer Gründung, einer der wichtigsten Autoren der Gruppe 61. Denn er fand nahezu als einziger der »Arbeiterschriftsteller« zu Beginn der 60er Jahre öffentliche Resonanz. In Romanen wie *Männer in zweifacher Nacht* (1962), *Zwei Briefe an Pospischiel* (1968) und *Stellenweise Glatteis* (1973) wird mit realistischen und zum Teil auch mit dokumentarischen Mitteln die Problematik einer zunehmend industrialisierten Arbeitswelt vor allem im Bergbau geschildert. In seinem zweiten Roman, *Irrlicht und Feuer* (1963) hat Max von der Grün eigene Erfahrungen aus seiner Arbeit unter Tage (Bauarbeiter, Hauer, Lokführer, zweimal verschüttet) in seine Darstellung einbezogen. An der Entwicklung des Bergmanns Jürgen Fohrmann zeigt der Roman die soziale Problematik von Zechenstillegungen, den Klassenkampf von oben, das Weiterwirken des Faschismus in der Gegenwart und nicht zuletzt die problematische Rolle der Gewerkschaften in sozialen Auseinandersetzungen. Als ein Lehrstück zur Wirksamkeit realistisch-sozialkritischer Literatur läßt sich das Aufsehen verstehen, das die Veröffentlichung des Romans nach sich zog: Die Industrie sah ihre Interessen gefährdet und versuchte, eine einstweilige Anordnung gegen einzelne Passagen des Romans durchzusetzen; die Gewerkschaft Bergbau und Energie fühlte sich brüskiert und lud den Autor erst 1967 wieder zu Veranstaltungen ein; der Betrieb, dem der Autor als Arbeiter angehörte, drohte mit Repressalien; in einer Illustriertenveröffentlichung wurden alle unternehmerkritischen Passagen aus Angst vor Anzeigenverlusten unterschlagen; eine in der DDR erstellte Fernsehfassung wurde in der Bundesrepublik durch zusätzliche Podiumsdiskussionen, durch die Veröffentlichung von Umfrageergebnissen und durch zwei Dokumentationen zur dargestellten Problematik ergänzt, in ihrer Wirksamkeit und in ihrer Identität als Fernsehfilm mithin eingeschränkt. Ins Recht gesetzt sehen aber konnte sich mit diesen Vorgängen der Autor selber: Seine Vorstellung von Literatur als einem besonderen Medium gesellschaftlichen Handelns wurde gerade durch jene Aktivitäten bestätigt, die sich gegen sein Werk richteten. »Literatur«, so ein Fazit Max von der Grüns, »kann mithelfen, Menschen zu aktivieren, ihnen ein politisches Bewußtsein zu geben, wenn diese Literatur Vorgänge transparent macht.«

Einen Widerspruch aber gilt es noch aufzugreifen. Max von der Grüns Wort von der »existentiellen Grundsituation«, die mit der Arbeit im Produktionsbereich eines Betriebes verbunden sei, verweist zugleich auch auf ein definitorisches Problem des Begriffs »Arbeiterliteratur« selber.

Denn das Postulat einer »existentiellen Grundsituation« setzt voraus und verlangt von der Literatur der Arbeitswelt eine Lebenserfahrung, die mit einer Leidenserfahrung identisch ist. So wäre Arbeiterliteratur in diesem Verstande definiert nach der sozialen Herkunft und der beruflichen Stellung ihrer Autoren (= Literatur *von* Arbeitern). Auch »Außenstehende« aber, so sagte von der Grün, könnten – »bei einer intensiven Beschäftigung mit dieser Materie« – eine »Arbeiterliteratur« schreiben, nur wäre diese dann nach der Thematik bestimmt (= Literatur *über* Arbeiter). Ausgespart aber bliebe in beiden Fällen das entscheidende Kriterium der *Funktion* solcher Literatur (= Literatur *für* Arbeiter). Kritiker der *Gruppe 61* haben ihr denn auch diese prinzipielle Offenheit für alle Formen von Arbeiterliteratur – oder umgekehrt: ihre mangelnde Parteilichkeit – zum Vorwurf gemacht, weil auf diese Weise eine Abgrenzung vom bürgerlichen Literaturbetrieb in einem qualitativ hinreichenden Maße kaum mehr möglich sei. Sah man in Begriffen wie »industrielle Arbeitswelt«, »soziale Probleme«, »technisches Zeitalter« vor allem eine politische Indifferenz am Werke, die sich neutral gegenüber einer allgemeinen »sozialen Problematik« verhalte, so in der Priorität der »geistigen Auseinandersetzung« und deren »literarisch-künstlerischer« Form ein Fortwirken bürgerlicher Kulturtraditionen. Da zudem die Identität der Autoren gerade nicht durch ihren sozialen Status als Arbeiter definiert war, verfiel auch die programmatisch gesetzte Offenheit der *Gruppe 61* im Zuge der Politisierungsphase rasch dem Verdikt, sich im wertneutralen Austausch der sozialen Thematik »Arbeitswelt« zu erschöpfen. Der Arbeiter werde auf diese Weise in der Literaturproduktion der Gruppe lediglich zum Objekt der Darstellung, trete jedoch nicht – selber schreibend – als handelndes Subjekt hervor. Solche Vorwürfe treffen gewiß einen problematischen Aspekt der *Gruppe 61*, bezieht man sie etwa auf das Gründungsprogramm. Doch sollte darüber nicht vergessen werden: Es konnte der Gruppe 61 bei ihrem Versuch, auf das Phänomen »Arbeitswelt« mit literarisch-künstlerischen Mitteln allererst aufmerksam zu machen, in den ersten Jahren noch kaum um die Durchsetzung eines parteilich definierten Standpunktes gehen, sondern allenfalls um die breit angelegte Anregung eines neuen literarischen Entwicklungsprozesses.

Max von der Grün

Die Autoren, die Fritz Hüser in seinem Almanach 1966 vorstellte, waren Günter Herburger, Kurt Küther, Artur Granitzki, Klas Ewert Erwerwyn, Edgar Struchhold, Dieter Forte, Josef Büscher, Elisabeth Engelhardt, Willy Bartock, Wolfgang Körner, Karl Alfred Wolken, Josef Reding, Peter-Paul Zahl, Detlef Marwig, Christian Geissler, Ernst F. Wiedemann, Hans K. Wehren, Bruno Gluchowski, Matthias Mander, Elisabeth Wigger, Angelika Mechtel, Günter Wallraff, Hildegard Wohlgemuth, Erwin Sylvanus, Mathias Schreiber, Bruno Leon, Max von der Grün. Doch sind als Gruppenmitglieder oder doch ihr nahestehende Autoren auch noch F.C. Delius, Erika Runge, Erasmus Schöfer, Bernhard Boie, Paul Polte, Klaus Tscheliesnig zu nennen.

Zu den Autoren, die auf die Entwicklung der Gruppe 61 Einfluß gewannen, die sich insbesondere auch an der Diskussion über ihre Ziele, Probleme und Grenzen beteiligten, gehörten neben Max von der Grün auch Schriftsteller wie

Bruno Gluchwoski (geb. 1900), Erwin Sylvanus (geb. 1917; *Korczak und die Kinder*, 1957) und Josef Reding (geb. 1929), aber auch jüngere wie Angelika Mechtel (geb. 1943), F.C. Delius (geb. 1943), Günter Wallraff (geb. 1942) und Peter-Paul Zahl (geb. 1944). Dabei zeigte sich bald, daß die programmatische Offenheit der Gruppe bei gleichzeitiger Fixierung auf den Gegenstandsbereich »Arbeitswelt« eine Konfliktkonstellation repräsentierte, die ohne eine genauere Bestimmung ihrer literarisch-politischen Bedeutung nicht lösbar erschien. Bruno Gluchowski (*Der Durchbruch*, 1964; *Der Honigkotten*, 1965; *Blutiger Stahl*, 1970) hat über den Zerfallsprozeß der Gruppe 61 einen überaus anschaulichen Bericht gegeben:

»Ihre ersten Zusammenkünfte waren noch von kameradschaftlichem Geist getragen, was der kritischen Diskussion über vorgelesene neue Manuskripte ihrer Mitglieder durchaus nicht abträglich war. Das blieb auch noch, als sich später, vom Reiz dieser neuartigen literarischen Vereinigung angezogen, auch Journalisten, Lektoren und Soziologen der Gruppe anschlossen. Aber schon nach den ersten Erfolgen der Gruppe bei ihren öffentlichen Veranstaltungen, die durch Autorenlesungen die jeweilige literarische Potenz der Gruppe erkennen lassen sollten, begann der Zusammenhalt ihrer Mitglieder zu zerfallen. Mit steigender Anerkennung der Gruppe und der künstlerischen Leistung einiger ihrer Mitglieder setzte der Verfall sich fort. Richtungskämpfe brachen aus, in deren Verlauf das proletarische Element in der Gruppe von erfolgshungrigen, klassenverneinenden bürgerlichen Autoren an die Wand gedrückt wurde. Leidenschaftlich geführte Grundsatzdiskussionen fanden statt, die eher zu einer Vertiefung des Grabens führten als zu seiner Zuschüttung. Ein Generationenkonflikt brachte neue Gegensätzlichkeiten zutage, ideologische Auseinandersetzungen mit Gruppenkritikern und Gruppengegnern wurden von Veranstaltung zu Veranstaltung heftiger. Die Frage nach einer weiteren Existenzberechtigung der Gruppe wurde laut, je mehr ihre Autoren sich vom ursprünglichen Grundthema entfernten. Die Frage, wann die Gruppe sich denn nun selbst auflöse, wurde immer mehr zur Forderung.«

Geht man von Gluchowskis Bericht aus, so lassen sich drei entscheidende Faktoren für den Zerfall der Gruppe 61 nennen: die Konkurrenzmechanismen, die durchs Öffentlichkeitsprinzip in die Gruppe getragen wurden; die Offenheit oder auch »Bürgerlichkeit« ihres Literaturbegriffs, die schon ihr Programm kennzeichnete; die aus dieser »Bürgerlichkeit« sich ergebenden ideologischen Diskussionen, die – im Kontext der Politisierungsfaktoren der 60er Jahre wie Rezession und Streik, Notstandsgesetzgebung, Vietnamkrieg und Protestbewegung – die Frage nach dem Existenzrecht der Gruppe aufwarfen. Aus dem Zusammenspiel dieser drei Faktoren ergab sich schließlich die eindeutige Antwort, die F.C. Delius im November 1970 in die bündige Formel faßte: »Das beste wäre Auflösung und neuer Anfang.« Und Delius' Begründung resultierte eben aus der unzureichenden programmatischen Selbstbestimmung der Gruppe und der ihr entsprechenden Praxis. Die Gruppe, so Delius, sei »überhaupt kein Ort, kein Zentrum, keine Produktionsstätte, sondern ein Markenzeichen, unter dem sich einmal im Jahr ein paar Schreiber mit ziemlich unterschiedlichen Interessen und Ideologien zusammenfinden«. Und ihre Mitglieder, zu denen sich Delius selber nur mit Vorbehalt zählte, schienen in seinen Augen »nicht einmal einen gemeinsam reflektierten literarischen Anspruch zu haben, sondern eher einen individualistischen literarischen Ehrgeiz«.

Auflösung und neuer Anfang – da eine gruppeninterne Lösung der Probleme nicht möglich war, kam es im Herbst 1969 zur Gründung des *Werkkreises Literatur der Arbeitswelt*, auch *Werkkreis 70* genannt, während die Gruppe 61 seit 1972 nicht mehr existiert, ohne daß es übrigens einen formellen Auflösungsbeschluß gegeben hätte – die Parallele zur Gruppe 47 liegt auf der Hand. Seither hat der Werkkreis – und zwar in höherem Maße als es die Gruppe 61 je vermochte – erhebliche Bedeutung für die Herausbildung einer Arbeiterliteratur bekommen, die unverkennbar politische Ziele mit literarischen Mitteln verfolgt. Seine Gegenstände entnimmt der Werkkreis den »menschlichen und materielltechnischen Problemen der Arbeitswelt«, doch geht es ihm dabei primär um die »Situation abhängig Arbeitender«. Dabei verpflichtet er seine literarischen Arbeiten auf die Formtradition einer »realistischen Gestaltung«, eine Festlegung, die bereits auf die programmatische Nähe zum »sozialistischen Realismus« deutet. Als Autoren und Adressaten sieht der Werkkreis »die Werktätigen«. Seine Ziele sind mit dem Stichwort »demokratische Veränderung der gesellschaftlichen

Verhältnisse« benannt. Insgesamt also ein Programm, das eine Literatur *von* Arbeitern fördern will, unter beratender Mitwirkung schreibender Intellektueller; aber auch eine Literatur *über* Arbeiter, deren »Bewußtwerden über ihre Klassenlage« zum materiellen Nährboden literarischer Produktivität wird; und schließlich eine Literatur *für* Arbeiter im Sinne einer gesellschaftskritischen, klassenbewußten Parteilichkeit.

In einer ersten Aufbauphase (bis 1970/71) wurden durch Reportagewettbewerbe potentielle Autoren aus der Arbeitswelt gewonnen, die sich danach in etwa 35 örtlichen Arbeitskreisen (»Werkstätten«) mit rund 350 Mitgliedern (Gewerkschafter, Sozialdemokraten, Kommunisten, Parteilose) organisierten, um gemeinsam über die Produktion von Texten, über politische Probleme und soziale Fragen zu diskutieren. Die soziologische Zusammensetzung der Werkkreise wies bis 1976 zu je etwa einem Drittel Arbeiter, Angestellte und Studenten unter den Mitgliedern aus. Die Gesamtauflage der vom Werkkreis publizierten Bücher – davon mehr als zwei Dutzend in einer publikumswirksamen Reihe des Fischer Taschenbuchverlags – lag Mitte der 80er Jahre bei rund einer Million Exemplaren. Eine eindrucksvolle Bilanz also. Ihr zum Trotz aber stand der Werkkreis zeit seines Bestehens vor einem grundlegenden ästhetischen Problem, das seinem literaturpolitischen Konzept entsprang. Dieses Problem klang schon in der ersten Buchpublikation des Werkkreises an, einer Anthologie von Reportagen, die aus einem Wettbewerb hervorgegangen waren (*Ein Baukran stürzt um*, 1970). Die Herausgeber dieser Anthologie hielten es für richtig, ihrer Auswahl eine Bemerkung zur literarischen Qualität, zu den gedanklichen und sprachlichen Organisationsformen der Texte voranzustellen, die entlarvend wirken mußte: »Es zeigte sich«, so hieß es dort, »daß die ohnehin fragwürdige Originalitätsanforderung an literarische Werke sich hier als völlig unsachgemäß erweist; sie würde in diesem Zusammenhang auf eine Lähmung der literarischen Aktivität hinauslaufen und die Verständigungsfunktion der Werke beeinträchtigen.« Das war im Kern ein künstlerischer Offenbarungseid! Und er ließ sich mit einem apologetischen Gestus nur deswegen umstellen, weil ihm die höheren Weihen politischer Priorität zugesprochen wurde. »Originalitätsforderung an literarische Werke« einerseits – »Verständigungsfunktion der Werke« andererseits: Die undialektische Entgegensetzung von Form und Inhalt, das Plädoyer für eine politisch bestimmte Inhaltlichkeit literarischer Werke wiederholte Argumentationen, die längst überholt schienen. Schon Georg Lukács hatte in seinem Aufsatz »Tendenz oder Parteilichkeit?« 1932 den unfruchtbaren »Gegensatz von ›reiner Kunst‹ und ›Tendenz‹« als Ausdruck eines »mechanischen Materialismus« kritisiert (und ihn im Sinne eines »Gestaltungs«-Postulats zu lösen versucht). Ein »mechanischer Materialismus«, der in seiner argumentativen Substanz bereits in Lenins Schrift »Parteiorganisation und Parteiliteratur« aus dem Jahre 1905 enthalten ist. Schon Lenin hatte eine Literatur gefordert, die »das umfassende, vielseitige, mannigfaltige literarische Schaffen in enger und unlösbarer Verbindung« mit der »Arbeiterbewegung« entwickeln und derart zur »Parteiliteratur« werden sollte. Und der *Bund proletarisch-revolutionärer Schriftsteller* nahm diese Forderung in ein »Aktionsprogramm« auf, dessen 1928 veröffentlichter Entwurf für die BPRS-Autoren proklamierte, »daß ihr Schaffen eine Waffe der Agitation und Propaganda im Klassenkampf sein soll« und daß diese Autoren »die (künstlerisch gestaltete) Tendenz als notwendigstes Rückgrat ihres Werkes« betrachteten. In diesen beiden wichtigen Schriften einer parteikommunistischen Literaturpolitik findet sich jene Inhaltsdominanz vorgeprägt, die auch das Programm des Werkkreises noch kennzeichnet. Zwar ist dieses Programm für das Jahr 1970 zeitgemäß abgewandelt – also eher reformistisch oder, wie es seinerzeit hieß: »revisionistisch«, denn revolutionär gehalten –, doch steht auch hier die »Tendenz« der Literatur im Vordergrund, erscheinen literarische Ästhetik und schriftstellerische Technik von sekundärer Bedeutung.

In den Projekt- und Schreibschulungen der Werkkreise werden Schreibweisen vermittelt, die dem Anspruch eines sozialkritischen Realismus verpflichtet scheinen, wie ihn die offizielle Literaturpolitik der DDR fordert und fördert. Der Preis, der dafür gezahlt wird, ist häufig genug an der Naivität der Figurenzeichnung, der

Simplizität der Handlungsschemata, der Konfektionierung der literarischen Muster abzulesen – Tribut an eine Literaturkonzeption, die stets in der Gefahr steht, Poesie zum Vehikel der Politik zu machen.

Programm des Werkkreises Literatur der Arbeitswelt

»Der Werkkreis Literatur der Arbeitswelt ist eine Vereinigung von Arbeitern und Angestellten, die in örtlichen Werkstätten mit Schriftstellern, Journalisten und Wissenschaftlern zusammenarbeiten. Seine Aufgabe ist die Darstellung der Situation abhängig Arbeitender, vornehmlich mit sprachlichen Mitteln. Auf diese Weise versucht der Werkkreis, die menschlichen und materiell-technischen Probleme der Arbeitswelt als gesellschaftliche bewußt zu machen. Er will dazu beitragen, die gesellschaftlichen Verhältnisse im Interesse der Arbeitenden zu verändern.
In dieser Zielsetzung verbindet der Werkkreis seine Arbeit mit dem Bestreben aller Gruppen und Kräfte, die für eine demokratische Veränderung der gesellschaftlichen Verhältnisse tätig sind. Der Werkkreis hält eine entsprechende Zusammenarbeit mit den Gewerkschaften, als den größten Organisationen der Arbeitenden, für notwendig.
Die im Werkkreis Literatur der Arbeitswelt hergestellten Arbeiten wenden sich vor allem an die Werktätigen, aus deren Bewußtwerden über ihre Klassenlage sie entstehen. Die kritischen und schöpferischen Kräfte der Arbeitenden, deren Entfaltungsmöglichkeiten behindert werden, versucht der Werkkreis durch theoretische Anleitung und praktisches Beispiel wirksam zu unterstützen. Gesellschaftskritische, sozial verbindliche Literatur wird hergestellt, diskutiert und veröffentlicht.
Inhalt dieser Informationen, Dokumentationen, beschreibenden und gestaltenden Arbeiten ist die kritische und schöpferische Auseinandersetzung mit den Arbeits- und Alltagsverhältnissen. Alle erprobten und neuen Formen realistischer Gestaltung werden benutzt.
Der Werkkreis Literatur der Arbeitswelt nutzt die vorhandenen Möglichkeiten der Verbreitung gesellschaftskritischer Literatur, vornehmlich die den Arbeitenden zugänglichen Publikationen; er erstrebt eine Änderung der Verbreitungs- und Aufnahmeweisen solcher Literatur im Sinne seiner Ziele; er paßt sich der Vermarktung der Literatur in den Händen und im Interesse Weniger nicht an; er arbeitet an der Beseitigung der Kultur- und Bildungsprivilegien.«

Diese problematische ästhetische Struktur läßt sich beispielhaft an Peter Neuneiers Roman *Akkord ist Mord* (1972) zeigen. Neuneiers seinerzeit im Zusammenhang der Werkkreis-Produktion vieldiskutierter Roman übernimmt traditionelle, durchaus »bürgerliche« Literaturmuster, in denen er aufklärerische, gesellschaftskritische, sozialistische Argumentationen mitteilt. Er stellt, ganz in bürgerlicher Tradition (und in der des Sozialistischen Realismus), einen Helden, den Kommunisten Artur Grünemann, in einer sozialen Krisensituation als allwissende Instanz einem Kreis von Kollegen gegenüber, die durch ihn über sich selber, über ihre Lage im Kapitalismus, über Ausbeutung und deren mögliche Abschaffung belehrt werden. Dialogisierte Schulungskurse über Mechanismen des Kapitalismus, Strategie und Taktik gewerkschaftlicher Politik als Ereignis betrieblichen Alltagslebens, die Erfahrung von Ausbeutung, die Einsicht in die Notwendigkeit solidarischen Handelns aus der Figurenperspektive des Protagonisten – Neuneier nutzt das Arsenal der Romantradition, um politisch aufzuklären. Daher wird er moralisch – und trivial. Die Figur des Helden im Roman trägt nicht, was sie vermitteln soll: die Erfahrung einer Kollektivität. Sie vermittelt, wogegen sie antritt: bürgerliche Einzigartigkeit. Der ästhetische Widerspruch, der hier zutage liegt, offenbart die propagandistische Absicht, nämlich der »Tendenz« Ausdruck zu geben, ohne für diesen eine Form gefunden zu haben.

Einen konsequenten Schritt in Richtung auf eine möglichst authentische Erfassung der Wirklichkeit ging Erika Runge (geb. 1939), ebenfalls Mitglied der Gruppe 61 und später des Werkkreises. In den Krisenjahren 1966/67, vor dem Hintergrund von Rezession und Kurzarbeit, Zechenstillegungen, Massenentlassungen und Arbeiterdemonstrationen erprobte und publizierte sie mit ihren *Bottroper Protokollen* (1968) ein literarisches Verfahren, dessen Vorzüge und Schwächen mittlerweile hinreichend deutlich geworden sind: die Aufzeichnung und wortgetreue Wiedergabe von Aussagen derjenigen, die von gesellschaftlichen Krisen am nachhaltigsten betroffen waren und sind. Ein Betriebsratsvorsitzender, ein Pfarrer, eine Hausfrau, ein Rektor, ein Verkäufer, eine Putzfrau, ein Beat-Sänger und eine kaufmännische Angestellte berichten von ihrem Leben, von alltäglichen, doch wichtigen Begebnissen im Bannkreis des Ruhrgebiets mit seinen Zechen, seinen Krisen, seinen besonderen Erfahrungsräumen. Die lebensgeschichtlichen Erzählungen kreisen um die Auswirkungen einer Zechenstillegung. Und die Betriebsversammlung selber, die sich mit dieser einschneidenden Maßnahme befaßt, wird im Wort-

Am Stand des »Werkkreis Literatur der Arbeitswelt« auf der Frankfurter Buchmesse 1984 – v. l. n. r.: Richard Limpert, Harry Böseke, Karl Taefler

laut dokumentiert. Zu ihrem Arbeitsprozeß notierte Erika Runge: »die auf Tonband festgehaltenen Erzählungen wurden von mir möglichst klanggetreu abgeschrieben und dann gekürzt im Sinne von gerafft und dramaturgisch geordnet«. Damit wird deutlich, daß von einer gänzlich ungefilterten Wiedergabe des Materials keine Rede sein kann. Vielmehr erfuhr das strukturierte Material eine Art szenisches Arrangement: »Eigentlich bin ich vorgegangen«, so Erika Runge, »wie bei der Montage eines Dokumentarfilms, bei der die Roh-Aufnahmen erst nach Komplexen zerlegt und dann in einer Auswahl neu zusammengesetzt werden.« Die Autorin hat also eingegriffen, geordnet, pointiert, arrangiert. Der Vorzug dieser Arbeitsweise lag nicht zuletzt in der Vielfalt medialer Anwendungsbereiche: Die *Bottroper Protokolle* ließen sich als Realitätsmaterial ebenso verwenden, wie sie sich zum Theaterstück, zum Hörspiel und zum Fernsehspiel umarbeiten ließen, und konnten gleichwohl ihre Identität als Selbstaussagen der Betroffenen bewahren, unabhängig von dem jeweils zur Präsentation gewählten Medium.

Martin Walser hat in diesem Verfahren die einzige Möglichkeit gesehen, dem Thema »Arbeitswelt« illusionslos beizukommen: »Es ist lächerlich, von Schriftstellern, die in der bürgerlichen Gesellschaft das Leben ›freier Schriftsteller‹ leben, zu erwarten, sie könnten mit Hilfe einer Talmi-Gnade und der sogenannten schöpferischen Begabung Arbeiter-Dasein im Kunstaggregat imitieren oder gar zur Sprache bringen. Alle Literatur ist bürgerlich bei uns. Auch wenn sie sich noch so antibürgerlich gebärdet.« Abermals also, diesmal aus dem Munde eines »bürgerlichen« Schriftstellers, das Bestehen auf der »existentiellen Grundsituation« der Arbeitswelt. Doch Walsers Kritik »bürgerlicher Literatur« offenbart auch ein wenig Kleinmut und mangelndes Vertrauen in die Aussagekraft von literarischen Texten. Und sie kann ihrerseits nicht das prinzipielle Dilemma der Protokolle und Dokumente aufheben: Deren Grenzen nämlich fallen

Erika Runge

zusammen mit denen der Wirklichkeit, die in ihnen »zur Sprache kommt« (Walser). Die Möglichkeit der Literatur, diese Wirklichkeit durch Utopie und Phantasie ästhetisch zu entgrenzen oder ihr zu widerstehen, bleibt ihnen versagt.

Erika Runge, die ihre Methode auch an anderen Themen und Gegenständen erprobt und fortentwickelt hat (*Frauen*, 1969; *Reise nach Rostock*, 1971; *Südafrika*, 1974), gestand sich dieses Grundproblem der dokumentarischen Methode 1976 unter Hinweis auf ihre eigene »Sprachunfähigkeit«, auf Ausdrucksängste denn auch ein. In ihren »Überlegungen beim Abschied von der Dokumentarliteratur« stellte sie sich die Frage: »Warum habe ich denn nicht meine Erlebnisse und Erkenntnisse, meine Phantasie und meine Sprache eingebracht? Ich war dazu nicht imstande, obgleich ich das Bedürfnis hatte. Ich wollte schreiben, aber mir fehlten die Worte. Ich wollte von mir, meinen Wünschen und Schwierigkeiten sprechen, aber ich hatte Angst, mich bloßzustellen.« (In: *kontext* 1/1976). Und die Hinwendung zur »neuen Subjektivität« der 70er Jahre tritt deutlich zutage, wenn sie im gleichen Zusammenhang erklärt, sie werde fortan »versuchen, Freiheit, Phantasie, Spielraum – mich selbst und die Beziehung zu anderen – auszuprobieren. Will die Fülle der Möglichkeiten von Literatur nutzen, und das nicht nur aus Gründen politischer Einsicht, sondern um den Anspruch des Menschen auf Selbstverwirklichung, auf Individualität, auch für meine Person zu vertreten«.

Aus solchen Sätzen spricht Skepsis gegenüber den Entwicklungsmöglichkeiten der eigenen Schreibanfänge nicht weniger als gegenüber der Entwicklungsfähigkeit einer politisch instrumentalisierten Literatur allgemein. Und in der Tat dürften über die literarhistorische Zukunft einer Literatur der Arbeitswelt nicht zuletzt die Antworten auf die Frage entscheiden, inwieweit es ihr gelingen wird, den »unfruchtbaren Gegensatz von Form und Inhalt zu überwinden« (Benjamin). Schon anläßlich seines zehnjährigen Bestehens hieß es in einer Bilanz zum Verhältnis von Werkkreis und Gewerkschaften: »Das Bemühen um literarische Vielfalt setzt aber gleichzeitig eine größere literarische Qualifikation voraus, was die Umsetzung bestimmter Inhalte in adäquate Formen betrifft.« Das Resümee aus dieser Einsicht lautete: »Im Werkkreis werden in der kommenden Zeit literarische Qualifizierung und die Diskussion von Formfragen sicher weiterhin ein Schwerpunkt der Arbeit sein.« Doch der Werkkreis ist auch seither seinen kritisch-realistischen Anfängen treu geblieben, wenngleich sich der politische Klimawechsel in der Bundesrepublik Mitte der 70er Jahre nicht eben günstig auf seine Arbeit ausgewirkt haben dürfte. Die Gefahr jedenfalls, daß er in der begrenzten Resonanzsphäre von DKP- und Gewerkschaftszirkeln sich historisch erschöpfen wird, läßt sich nicht zuletzt an den seit Ende der 70er Jahre stagnierenden Auflagenzahlen und der sich verlangsamenden Titelproduktion ablesen. Die optimistische Selbsteinschätzung nach zehnjähriger Arbeit klang zwar so: »Die Bücher repräsentieren die Erfahrungen und auch Veränderungsvorstellungen eines großen Teils der Werktätigen, sie werden in nicht geringem Umfang von Gewerkschaftern gelesen und benutzt – nicht nur zur Bildungsarbeit, auch als fortschrittliche Unterhaltungsliteratur.« Doch bleibt fraglich, ob solche Ansprüche nicht eher von der gleichzeitig entstehenden »fortschrittlichen Unterhaltungsliteratur« eines August Kühn (geb. 1936; *Zeit zum Aufstehn*, 1975) oder eines Hans Dieter Baroth (geb. 1937; *Aber es waren schöne Zeiten*, 1978; *Streuselkuchen in Ickern*, 1980) erfüllt werden. Und ob nicht die einzelgängerische Aufklärungsarbeit eines Günter Wallraff die Kollektivität der Werkkreis-Arbeit hinter sich lassen mußte, um sich politisch voll entfalten zu können.

Das Skandalon der Öffentlichkeit – Wallraffs »Unerwünschte Reportagen«

Wie kein anderer Schriftsteller der Bundesrepublik hat Günter Wallraff (geb. 1942) *Skandal* gemacht, in einem ganz ursprünglichen Sinne des Wortes: Er hat Ärgernis erregt. Es sagt viel über die politische Kultur der Bundesrepublik Deutschland, daß Wallraffs Methoden zur Aufdeckung unterschlagener Wirklichkeitsbereiche mehr an publizistischer und juristischer Diskussion auf sich gezogen haben als die Fakten selber, die er an die Öffentlichkeit brachte. In seinen Reportagen (*Wir brauchen dich*, 1966; *13 unerwünschte Reportagen*, 1969; *Von einem, der auszog und das Fürchten lernte*, 1970) hat sich Wallraff immer wieder auf die Wirklichkeit der Arbeitswelt konzentriert, deren Unterdrückungsmechanismen, deren systembedingte Brutalität und Destruktivität, deren Ausbeutungs- und Herrschaftsformen er – eher nüchtern als kunstvoll – öffentlich machte. Immer wieder aber ist das ungläubige, verblüffte Staunen über das, was Wallraff aufgrund seiner Beobachtungen zu berichten wußte, ist das Kopfschütteln über Heuchelei, Unterdrückung, Korruption in der öffentlichen Diskussion verdrängt worden von der Erregung über das Vorgehen Wallraffs.

Ein etwas platter Witz läßt dieses Vorgehen recht anschaulich werden: Anruf in einer Zeitungsredaktion: »Wissen Sie, wo sich Günter Wallraff befindet?« Antwort: »Nein, bedaure!« Anrufer: »Dann schauen Sie sich einmal ganz genau den neuen Papst an!« Wallraff begibt sich, so wird hier deutlich, um seine Informationen überhaupt erhalten zu können, meist unter falschem Namen, bisweilen auch unter einer Maske in die Wirklichkeitsbereiche, aus denen er berichten will. Solche Bereiche waren in seinem ersten Reportagenband beispielsweise die Fließbandarbeit, die Akkordarbeit, die Realität einer Werft oder eines Stahlrohrwerks, deren abgeschirmte Strukturen er aufdeckte: die Sprach- und Kommunikationslosigkeit, die Stumpfheit und Sinnlosigkeit parzellierter Arbeitsprozesse. Identitätsverschleierung zur Realitätsentschleierung – so läßt sich Wallraffs Methode pointiert charakterisieren. Sein Blick auf die unterschlagene Realität bleibt gerade deshalb scharfsichtig, weil er – im Unterschied zu manch landläufigem Vorurteil – eben nicht mit einer vorgefaßten Meinung in neue Bereiche vordringt, weil er nicht mit einer Theorie oder politisch-ökonomischen Beschreibungskategorien seinen eigenen Blick steuert. Vielmehr ist Wallraffs Blick einer, der sich überraschen lassen will, neugierig erscheint, offen bleibt für Unbekanntes – ein »fremder Blick« im Sinne Bertolt Brechts. Wallraff: »Ich bin völlig unvoreingenommen, ahnungslos und vorurteilslos in eine Fabrik gegangen. Ich wußte auch nicht, auf wessen Seite ich stand. Von sozialen Auseinandersetzungen, Gewerkschaften und dergleichen wußte ich auch nichts.« Solche Ahnungslosigkeit mag auf den ersten Eindruck naiv und beschränkt wirken. Aber gerade die Wahrnehmung des Einzelnen, des Details erlaubt die Präzision, die zur Verallgemeinerung drängt. Die Erscheinungsformen verschiedenartiger Betriebswirklichkeiten geben den Blick auf deren Struktur, auf ihr

Wesen frei. Erst die Form der genauen Beobachtung, die Entdeckung der unentdeckten Wirklichkeit, machte den Reporter Wallraff parteilich.

Wallraffs Fähigkeit zur Anpassung, zum Rollenwechsel traf in der zweiten Hälfte der 60er Jahre auf eine politisch-ökonomische Situation, die empfänglich war für sein Wirklichkeitsmaterial. Die Jahre 1964 bis 1966 kennzeichnete eine tiefgreifende Krise: Zechenstillegungen, Massenentlassungen, »wilde« Streiks, große Koalition. Und es scheint, als habe diese Krisensituation Wallraffs Nachrichten über die Gewaltförmigkeit der Betriebs-Innenwelten eine erhebliche zusätzliche Dynamik verliehen, eine erhöhte Aufmerksamkeit außerbetrieblicher, politisierter Öffentlichkeiten (Gewerkschaften, Presse, außerparlamentarische Opposition), die allen seinen Arbeiten hohe Auflagenzahlen sicherten (etwa der Taschenbuchausgabe seines ersten Reportagebandes eine Auflage von 380000 Exemplaren in zwölf Jahren). Ebenso aber erkannten die Unternehmer frühzeitig die Gefahren, die ihnen von solcherart hergestellter Betriebsöffentlichkeit in einer politisierten Öffentlichkeit drohten. Aus diesem Grunde gaben ihre politischen Organisationen schon bald einen »Unternehmerwarndienst« über Wallraff heraus, eine Art Steckbrief, der es den einzelnen Betrieben ermöglichen sollte, Wallraff rechtzeitig zu »enttarnen«. Dem Zweck politischer Diffamierung des Reporters Wallraff diente eine Analyse, die das »Institut der deutschen Wirtschaft« 1973 intern verbreitete: Sie stellte Wallraff in unmittelbare Nähe zur DKP und zur orthodoxen sozialistischen Linken.

Mit seinem zweiten Reportagenband, *13 unerwünschte Reportagen* (1969) – eine Sammlung von Arbeiten, die er zuvor schon in den Zeitschriften »konkret« und »pardon« veröffentlicht hatte –, trug Wallraff seinen zunehmend eingeschränkten Möglichkeiten Rechnung, indem er sein Blickfeld auch auf außerbetriebliche unterschlagene Wirklichkeiten erweiterte: auf die Existenzweise gesellschaftlicher Außenseiter. Ob als Alkoholiker im Irrenhaus oder als Obdachloser im Asyl, als Student auf Zimmersuche in Westberlin oder als katholischer Napalm-Fabrikant: immer dient die gewählte Rolle dem vertiefenden kritischen Einblick in gesellschaftliche Zusammenhänge. Den scheinbaren Ausnahmefall der Gesellschaft als ihren alltäglichen Fall, als Normalfall zu zeigen – das ist hier Wallraffs Absicht. Seine Methode der Anpassung wie sein genauer, unvoreingenommener Blick sind sich dabei gleichgeblieben. Die Perspektive der Randgruppen aber, der Wallraff sich assimiliert hatte, rückte abermals eine neue, weithin unbekannte Realität in die öffentliche Diskussion.

zeitschwund
die uhrzeiger
werden zerbrechen
sekunden abschnurren
ohne kontrolle
ticken
im eiter der zeit
ticken
pochen
an die vernarbten herzen
pochen
die ziffern
werden abfallen
leere
eintreten
leere
leere
im auge
leere
leere
die zeiger – die ziffern
leere

H.G. Wallraff: Frühe Lyrik

Die Bedeutung der Reportagen Wallraffs erschöpft sich aber weder in der journalistischen Methode noch etwa in dem politischen Standort des Autors, sondern sie beruht wesentlich auf ihrer sozialen Funktion, die mit ihrer literarischen Technik unmittelbar verbunden ist. Fragt man nach der besonderen Qualität dieser Reportagen, so läßt sich zunächst sagen: Sie stellen *Öffentlichkeit* her, Öffentlichkeit verstanden mit Oskar Negt und Alexander Kluge (*Öffentlichkeit und Erfahrung*, 1972) als »eine primäre, an konkrete Erfahrungszusammenhänge der Menschen anknüpfende Kommunikationsform, die auf den kollektiven Ausdruck individueller Interessen und Bedürfnisse sich richtet«. In diesem Verständnis bildet Öffentlichkeit ein Mittel, »Macht und Herrschaft, Willkürmaßnahmen und Unrechtsentscheidungen der Repräsentanten des

Kapitals einzudämmen« (Negt). Das Problem freilich stellt sich, daß angesichts einer zunehmenden »Kolonialisierung von Lebenswelten« (Jürgen Habermas), angesichts der Manipulationsstrategien einer gigantischen Bewußtseinsindustrie, angesichts der Enteignung von Phantasie und Intellekt durch Massenkultur und Warenästhetik solche Öffentlichkeit zuerst und vor allem *Gegenöffentlichkeit* sein muß – eine Gegenöffentlichkeit, die das Bild der Unterdrükkung und Ausbeutung immer wieder aufs neue ins Bewußtsein ruft, die den Prozeß der Enteignung von Phantasie und Intellekt, Spontaneität und Bewußtsein nachzeichnet, um so die Signatur von Herrschaft allererst vor Augen zu rufen, die aus dem öffentlichen Bereich ausgegliedert scheint. Läßt sich so die Funktion der Arbeiten Wallraffs bestimmen, so ihr Verfahren als eine *Verkehrung von Privatheit und Öffentlichkeit.* Denn sie tragen Licht gerade in jene Bereiche, die, obwohl sie entschieden gesellschaftliche Sphären sind, gleichwohl privater Kontrolle gehorchen. Wallraff macht, was privat angeeignet oder aber gegenüber der Gesellschaft abgeschirmt wird, öffentlich – und regt eben hierdurch Veränderungsprozesse an. Denn im Unterschied zur Protokoll-Literatur verdoppeln Wallraffs Reportagen die Wirklichkeit nicht, sondern setzen die durch sie Betroffenen in ein kritisches Verhältnis zu sich selber, das eine Politisierung, eine kritische Verarbeitung, womöglich ein veränderndes Eingreifen erlaubt. Damit aber ist zugleich etwas über die literarhistorische Tradition gesagt, in der Günter Wallraff selber steht: Er ist nicht nur ein kritischer Reporter wie Egon Erwin Kisch, sondern zugleich auch ein *operativer Schriftsteller* nach der Bestimmung Walter Benjamins. »Es gibt nichts Schlimmeres, als die Welt mit den Augen des Konsumenten zu sehen«, so Sergej Tretjakov, selber ein »operativer Schriftsteller« im Verständnis Benjamins. Das heißt: Der Schriftsteller muß Mit-Produzent der Wirklichkeit sein, und er vermag dies, weil seine literarische Technik dem entwickelten Stand der Produktivkräfte in seiner Gesellschaft entspricht, weil seine literarischen Produkte eine organisierende, in kollektive Prozesse der Bewußtseinsbildung eingreifende Funktion haben. Wallraff leistet dies als teilnehmender, notierender, publizierender Beobachter, für den die Prozesse und die Menschen, über die er schreibt, nicht Objekte seines Schreibens, sondern Subjekte ihrer Wirklichkeitsbereiche sind, denen er zu ihrem Ausdruck wie zu ihrem Recht verhelfen will. Wallraff zielt auf Wirkung, auf Veränderung, nicht auf bloße Wiedergabe von Faktenmaterial – diese Tatsache läßt den Begriff »Reportageliteratur« als zu eng für seine Arbeiten erscheinen. Sie stehen *in* der Wirklichkeit, aus der sie hervorgehen, und wollen auf diese einwirken.

Es ist kein Zufall, daß eine der differenziertesten Untersuchungen zu Günter Wallraff aus der Feder eines Sozialwissenschaftlers stammt. Oskar Negt hat sich in seiner Diskussion von »Wallraffs Untersuchungsarbeit in Bereichen der ›unterschlagenen Wirklichkeit‹« (in: Oskar Negt, *Keine Demokratie ohne Sozialismus*, 1976) vor allem von den Stoffen, Themen, Gegenständen leiten lassen, denen sich Wallraffs Reportagen widmen, und hierbei drei Bereiche herausgearbeitet: Untersuchung neuer Produktionsöffentlichkeiten, Untersuchung von Katastrophen des Alltags, Untersuchung der herrschenden Geschichtslosigkeit. Nimmt man die Arbeiten Wallraffs hinzu, die seither erschienen sind (Wallraffs Aufdeckung der Konterrevolution Spinolas in Portugal und seine Arbeit bei der »Bild-Zeitung«), so lassen sich diese Bereiche um zwei weitere ergänzen: Untersuchung reaktionärer Politik, Untersuchung der Funktionsbedingungen moderner Massenmedien. Das aber bedeutet: Es gibt für den operativen Schriftsteller Günter Wallraff keine Einheitlichkeit des Stoffs und der Themenwahl, sondern seine Gegenstände sind mit der Vielfalt der Lebenswirklichkeit selber gegeben. Ein Kriterium der Auswahl bildet das Ziel: zur Dekolonialisierung der kolonisierten Lebenswelten beizutragen.

Ein anschauliches Beispiel für die differenzierte Fortentwicklung seiner Methode bietet Wallraffs Bericht über seine Tätigkeit als Bürobote im Gerling-Konzern (*Ihr da oben, wir da unten*, 1973, mit Bernt Engelmann). Der als Bürobote verkleidete Günter Wallraff im Gartenkasino der Vorstandsdirektoren, im exklusiv-feudalen Speisetrakt mit festlich gedeckten Tischen neben den Herren des Hauses sich niederlassend, erlesene Gerichte und Champagner bestellend; der Bürobote im Bürosaal des Firmenchefs selber, im Schneidersitz auf dem Schreibtisch, den goldenen Globus mit dem erdumspannenden Firmen-G in Händen haltend – Ironisierungen betrieblicher und sozialer Hierarchien durch stellvertretendes, entlarvendes Handeln. Ironie kann sich

hierbei, so Wallraff, »als Waffe in der Hand der Unterdrückten, als ätzende und gezielte Sprengkraft entwickeln«. Auf dem Schreibtisch entdeckt Wallraff Gerlings Wahlspruch: »Fortes fortuna adjuvat« (Den Starken steht das Glück bei) – er legt einen Zettel daneben mit der Aufschrift: »Aber nicht mehr lange!« Aus einem Strauß von zwei Dutzend roter Nelken, Symbol der portugiesischen Revolution, bricht sich der Botenjunge eine Blüte und steckt sie sich ins Knopfloch. Als zwei Bevollmächtigte der Firma ihn schließlich entfernen wollen, sitzt er im Chefsessel und – ißt einen Apfel. Und auf entsprechende Vorhaltungen der Bevollmächtigten erklärt ihnen der Botenjunge: »das sei doch die selbstverständlichste Sache der Welt, und die Kollegen kämen demnächst auch. Sie müßten sich halt damit abfinden, es sei ein ziemliches Umdenken im Gange, und so etwas seien nur die äußeren Zeichen für die beginnende Vergesellschaftung derartiger Konzerne.« Wallraffs Handeln enthält mithin seinen politisch-gesellschaftlichen Anspruch: den Anspruch auf eine Gesellschaft ohne Hierarchien, das Hintertreiben des etablierten Gesellschaftsgefüges als Entwicklungsmoment seiner Verunsicherung. Daß der Versicherungskonzern Gerling, eines der letzten privaten Unternehmen dieser Art, schließlich zerbrach, ist nicht zuletzt auf die detektorische Arbeit Günter Wallraffs zurückzuführen.

Der Schriftsteller Peter Schneider hat die Arbeit seines Kollegen Günter Wallraff als ein »soziologisches Experiment« im Sinne Bertolt Brechts (*Der Dreigroschenprozeß*, 1931) bezeichnet. Mit einigem Recht, wenn man berücksichtigt, daß Brecht nicht auf eine Betriebswirklichkeit, sondern auf den forensischen Bereich, auf Gericht und Justiz also, abzielte. Wie Brecht aber zeigt auch Wallraff von einem »durchaus subjektiven, absolut parteiischen Standpunkt« aus »die gesellschaftlichen Antagonismen, *ohne sie aufzulösen*«. Brecht: »Nur das beteiligte, mittätige Subjekt vermag hier zu ›erkennen‹. Diese Subjektivität vorausgesetzt, könnte man soziologische Experimente in jedem Umfang organisieren [...].«

Die Subjektivität aber, die Wallraffs Handeln erst hervorruft, beschreibt zugleich auch die Grenzen seiner Handlungsmöglichkeiten. Zwar kann man Wallraff zustimmen, wenn er den Kritikern seines Vorgehens entgegnet: »Die Methode, die ich wählte, war geringfügig im Verhältnis zu den rechtsbeugenden Maßnahmen und illegalen Erprobungen, die ich damit aufdeckte.« Aber bezeichnend bleibt doch, daß diese Methode nicht »Schule« gemacht, daß sie keine Nachfolger gefunden hat, sondern die Methode des Einzelgängers Wallraff geblieben ist. Und ihre innere Widersprüchlichkeit – für andere zu handeln, aber als Einzelner – trat gerade bei jener Aktion besonders deutlich hervor, die vielleicht den größten persönlichen Mut Wallraffs erfordert hat. Im Mai 1974 nämlich kettete sich Günter Wallraff in Athen an einen Lichtmast, um auf die politische Lage des von einer Militärjunta beherrschten Griechenland aufmerksam zu machen. Da er zunächst unerkannt blieb, unterwarfen ihn die Militärs den üblichen Folterungen und Verhörmethoden, bis ihn schließlich ein Gericht vor den Augen der Weltöffentlichkeit – wie von Wallraff gewollt – anhören mußte, bevor es Wallraff zu 14 Monaten Gefängnis verurteilte. Dies aber war weit eher eine Art Aktionsjournalismus, der auf den Urheber aufmerksam machte, denn ein »soziologisches Experiment«, welches Veränderungen in Gang gesetzt hätte. Wallraff bekannte später den privaten Antrieb ein, der mit den Selbstwidersprüchen seiner Methode zusammenhängt: »In meiner Arbeit hatte ich einen Punkt erreicht, wo der lange Atem fehlte, die Puste ausging, der Faden riß. Diesem Druck von allen Seiten, produzieren zu müssen, fühlte ich mich nicht mehr gewachsen.«

Mit seinem Eindringen in die Redaktionsräume der »Bild-Zeitung« in Hannover hat Günter Wallraff drei Jahre später abermals auf spektakuläre Weise an seine eigene Methode anknüpfen können (*Der Aufmacher*, 1977). Und vollends als »Türke Ali«, als marginalisierte Gastarbeiter-Existenz an der Verelendungsgrenze unserer Gesellschaft, vermochte Wallraff Erfahrungen aufzunehmen, die er zu einem radikal desillusionierenden Spiegelbild des Sozialstaats-Postulats der Bundesrepublik verdichtete (*Ganz unten*, 1985).

Wallraffs Buch avancierte zu einem Bestseller, wie ihn der Literaturbetrieb bis dahin nicht gesehen hatte: Binnen weniger Monate wurden mehr als eine Million Exemplare verkauft. Die Gründe für diesen Erfolg lagen offenbar in der authentischen Mitteilung von Lebensumständen, um die aufgeklärte Leser abstrakt hatten wissen können, die aber in solcher Anschaulichkeit und Konkretheit bislang nicht notiert und veröffentlicht worden waren. Dabei vertraute Wallraff mit seinem schmucklosen, unprätentiösen, kunstvoll-kunstlosen Stil ganz offenbar der Aussagekraft der reinen Faktographie, der Sprachmächtigkeit des Berichteten. Wallraff begnügte sich mit einem unaufwendigen Erzählverfahren, einer lakonischen Sprache, um durch die Wahrnehmungen eines sozialen Außenseiters hindurch dessen Wirklichkeits- und Erfahrungsräume so unverstellt, wie dies eben möglich ist, zum Ausdruck kommen zu lassen. Mit Hilfe von Perücke, Schnauzbart, dunklen Kontaktlinsen und eingeübtem »Ausländerdeutsch« zum Türken »Ali« verwandelt, machte sich Günter Wallraff in den Jahren 1983 und 1984 auf seine Odyssee als gesellschaftlicher ›underdog‹. Beschimpfungen, auch Haßausbrüche schlagen ihm entgegen – aber schlimmer ist die Erfahrung der Isolation und kalter Verachtung. »Ali« arbeitet bei der Imbißkette »McDonald's«, in einem Asbestwerk, einem Hüttenkonzern, einem Pharmainstitut, einem Atomkraftwerk. Er riskiert gesundheitliche Schäden bis hin zur Strahlenverseuchung und nimmt körperliche Schädigungen durch seine Arbeit in Kauf. Er lernt die Sklavenwirklichkeit von Leih- und Gelegenheitsarbeitern kennen, die kriminellen Grauzonen von Sozialversicherungsbetrug, Steuerhinterziehung, Korruption, die rabiate, geldgierige Mißachtung von Sicherheitsvorkehrungen. *Ganz unten* dokumentiert den Erfahrungsbodensatz unserer Gesellschaft – und zugleich die Möglichkeiten und die Grenzen der Methode Günter Wallraffs: unterschlagene Wirklichkeitsbe-

reiche aufdecken zu können und doch an den wandlungsfähigen Einzelgänger (und wenige Helfer) gebunden zu bleiben. Wallraff betreibt auch in diesem Buch *seine* Sache, die des aufklärenden Reporters, indem er als Stellvertreter der Sprachlosen und Ohnmächtigen, der Randständigen und Zukurzgekommenen *deren* Sache zum Ausdruck bringt.

Veränderungsbewegungen – Konkrete Poesie und politische Lyrik

Im Jahre 1966 erscheinen zwei Gedichtbände, die – jeder für sich – repräsentativ genannt werden können: Ernst Jandls *Laut und Luise* und Erich Frieds *und VIETNAM und*. Schon die Titel der beiden Bände deuten auf unterschiedliche literarische Haltungen: Das Spiel mit der Sprache steht der Wahrnehmung politischer Wirklichkeit unvermittelt, so scheint es, gegenüber. Vollends die Namen der Autoren repräsentieren poetische Strömungen, die gemeinhin für unvereinbar gelten, nämlich »Konkrete Poesie« und »politische Lyrik«, literarische Richtungen, die ihren jeweiligen Verächtern noch stets verdächtig erschienen. Haftet der Konkreten Poesie das Odium des formalistischen Experimentierens, des selbstgenügsamen Sprachspiels, womöglich der ästhetischen Beliebigkeit an, so sieht sich politische Lyrik dem Vorwurf einer doktrinären Inhaltlichkeit ausgesetzt, unkünstlerischer Propagandaabsichten sogar, zumindest aber dem Verdacht, in ihr dominiere eine außersprachliche Wirklichkeit.

Solche Einschätzungen beruhen auf der zutreffenden Beobachtung, daß Konkrete Poesie und politische Lyrik unterschiedlich ansetzen: diese bei der gesellschaftlichen, jene bei der sprachlichen Wirklichkeit. Das heißt: Konkrete Poesie benutzt Sprache als Material, mit dem sie arbeitet, spielt, Wirklichkeitsräume baut, womöglich zweckfrei und autonom, während politische Lyrik Sprache als Medium benutzt, als Mitteilungs-, Aufklärungs-, gar Agitationsinstrument, über das sie gezielt Wahrnehmungen der äußeren Wirklichkeit organisiert. Gerade an den beiden wichtigsten Gedichtbänden des Jahres 1966 läßt sich zeigen, daß solche Unterscheidungen eine nur relative Berechtigung beanspruchen können. Denn beide stimmen notwendig in ihrer *poetischen Qualität* überein, darin also, außersprachliche Realität in Poesie überführen oder, umgekehrt, die politische Qualität sprachlicher Wirklichkeit hervortreiben zu wollen.

Dieser Befund läßt sich bekräftigen im Blick auf den literarhistorischen Prozeß, dem Konkrete Poesie und politische Lyrik gleichermaßen zugehören. Denn repräsentativ sind beide Gedichtbände, der Ernst Jandls wie der Erich Frieds, auch darin, daß sie – wiederum jeder für sich – einen literarhistorischen Einschnitt markieren. Ernst Jandls Gedichtband beendet in einem gewissen Maße die hermetische Phase der Konkreten Poesie und öffnet sie, publikumswirksam, für außersprachliche Wahrnehmungen, die er in Sprache verwandelt. Mit Erich Frieds Lyrikband aber beginnt das politische Gedicht in der Bundesrepublik eine eigenständige Entwicklung zu nehmen, die sich fortan als poetische zu bewähren hat. Beide Bände führen mithin – jeder auf seine Weise – die in den 50er Jahren eingeleitete Abkehr von der hermetischen Lyrik, vom absoluten Gedicht weiter, indem sie auf ein – auch sprachliches – Aufsprengen gesellschaftlicher Verkrustungen, auf eine Oberflächenzerstörung des kulturellen Verblendungszusammenhanges drängen, auf ein Unterminieren ästhetischer wie gesellschaftlicher Erstarrungen durch poetische Bewegung.

»Veränderung« lautet denn auch das Schlüsselwort für den inneren Zusammenhang der Lyrik-Anthologien, die im Übergang zu den 60er Jahren erscheinen. *Transit* beispielsweise, 1956 von Walter Höllerer herausgegeben und mit dem Hinweis versehen: »Aber die Bewegung auf Änderung hin hat das Gedicht nicht verloren, auch wenn es sie zurücknimmt in Momente des Unanwendbaren. Gedichte gehen Umwege. Sie finden Einfluß gerade dann, wenn sie am weitesten davon entfernt scheinen. Sie ändern die Optik des Lesers, und sei es des zukünftigen.« Und wie der Titel *Transit* ausspricht: »›es geht hindurch‹, aber auch: ›es geht darüber hinaus‹« (Höllerer), so deutet der Titel von Wolfgang Weyrauchs 1959 erschienener Anthologie *Expeditionen* auf Ausbruch und Aufbruch, auf Entdeckung und

Unwägbarkeit, auf gesellschaftliche Herausforderung und poetische Gefährdung, kurz: auf Veränderung. »Ich bin«, so begründete Weyrauch im Nachwort seine Auswahl, »für diejenigen neuen Gedichte, welche die Dichtung – und also den Menschen – vom Fleck befördern, aus der Orientierungslosigkeit, aus den überholten Ordnungen.« Weyrauch nahm in seine Anthologie nebeneinander Gedichte auf von Helmut Heissenbüttel und Erich Fried, von Claus Bremer, Eugen Gomringer und Franz Mon wie von Günter Bruno Fuchs, Hans Magnus Enzensberger und Peter Rühmkorf. Nach Veränderungsbewegungen suchte auch die von Franz Mon 1960 gemeinsam mit Walter Höllerer und Manfred de la Motte herausgegebene Anthologie *movens* (= lat. »das Bewegende«), die ihres avantgardistischen Selbstanspruchs wegen rasch umstritten war (H.M. Enzensberger, »Aporien der Avantgarde«, in: *Einzelheiten*, 1962), nach Veränderungen von Wahrnehmungs- und Darstellungsweisen, Gestaltungs- und Ausdrucksformen in Literatur und Musik, Architektur und Bildender Kunst. Einen entscheidenden Akzent dieser Anthologie bildete für Mon, wie er im Rückblick auf die eigenen Anfänge betont hat (»Meine 50er Jahre«, in: *Vom »Kahlschlag« zu »movens«*, hrsg. von Jörg Drews, 1980), »der mit der menschlichen Existenz und mit der Geschichtlichkeit des Gesellschaftsprodukts Sprache in Gang befindliche Prozeß, in den sich jede neue Sprachhandlung, jeder neue Text einfädeln muß«.

Ernst Jandls *Laut und Luise* und Erich Frieds *und VIETNAM und* bilden den Abschluß solcher Bewegungen, indem sie einen Neubeginn markieren. »Der Moment 1945«, so hat Walter Höllerer mit Recht angemerkt, »der dem Ich ein wahreres Gegenüber befreite, der Bestand und Nichtbestand erwies bei verbrannten Versicherungskarteien und Organisationslisten, stehengebliebenen Fahrstühlen und entmythologisierten Uniformstücken, mußte weiterwirken als ein moment créateur.« Die Spuren dieses Fortwirkens sind noch zu erkennen in den Formen der Abwehr und Abkehr, des Traditionsbruchs und der programmatischen Neuerung, mit denen sich die innovativen Strebungen der beiden ersten Nachkriegsdezennien imprägnieren. Die Ge-

Ernst Jandl

dichtbände Jandls und Frieds aber zeigen ein neues Selbstbewußtsein: *Laut und Luise*, indem die zunehmend sich verfestigenden ästhetischen Stereotypen der Konkreten Poesie gesammelt, gebündelt, gleichsam bilanziert werden und zugleich aufgebrochen, erweitert in eine so sprachwitzige wie gesellschaftskritische Eigenständigkeit hinein, die unterm Postulat der Offenheit steht; *und VIETNAM und*, indem die implizit politische Dimension poetischer Formensprache aufgeladen wird durch die Realität des Krieges in Vietnam und so zur explizit politischen Dimension sich entwickelt. Das Erscheinen dieser Gedichtbände im Jahre 1966 deutet mithin auf einen Einschnitt, nicht nur literarhistorischer Art. Sie zeigen unterschiedliche Möglichkeiten der Poesie, der Krise des kulturellen Selbstverständnisses Mitte der 60er Jahre Ausdruck zu geben und zugleich produktiv auf sie zu antworten.

Entwicklungstendenzen Konkreter Poesie

Die zunehmende Resonanz der Konkreten Poesie läßt sich im Verlaufe der 60er Jahre an zwei bemerkenswerten Phänomenen beobachten. Zum einen wirkt sie offenbar auf eine Reihe jüngerer Autoren, die sich aus dem Bann der poetologischen Diskussion der 50er Jahre, aus der Sogwirkung eines Benn, eines Celan lösen wollen. Zu nennen sind hier Jürgen Becker (geb. 1932; *Phasen*, mit Wolf Vostell, 1960; *Felder*, 1964; *Ränder*, 1969; *Umgebungen*, 1970), Ludwig Harig (geb. 1927; *haiku hiroshima*, 1961; *Fußballspiel*, 1962; *Reise nach Bordeaux*, 1965), Ror Wolf (geb. 1932; *Fortsetzung des Berichts*, 1964; *Pilzer und Pelzer*, 1967, erw. 1978; *mein famili*, 1968 unter dem Pseudonym Raoul Tran-

Als einen »Akt der Befreiung« hat, nach eigenem Bekunden, Helmut Heißenbüttel die Begegnung mit Gomringers *Konstellationen* in den 50er Jahren erfahren. Heißenbüttel – selber einer der wichtigsten Theoretiker der Avantgarde (*Über Literatur*, 1966, *Zur Tradition der Moderne*, 1972) – kann freilich als Autor der Konkreten Poesie nur in sehr begrenztem Maße beansprucht werden. Von Gomringer lernte er vielmehr, wie er in der Einleitung zu einer Sammelausgabe von Gomringers »Konstellationen« (*worte sind schatten*, 1969) bekannte, »daß ich machen konnte, was ich wollte. Ich konnte alles ausprobieren und zusehen, ob es den gleichen Reiz auszuüben vermochte, den ich hier erfahren hatte.« Für seine eigenen Arbeiten (*Kombinationen*, 1954; *Topographien*, 1956; *Textbuch I–VI*, 1960–67, ges. in: *Das Textbuch*, 1970) hat Heißenbüttel aus dieser Begegnung vor allem das Prinzip der Offenheit fruchtbar gemacht. Seine Texte demonstrieren den prinzipiell unabschließbaren und deshalb stets wandelbaren Prozeß einer Sprachunterwanderung. »Die syntaktisch und semantisch komplexe Oberflächenstruktur der Sprache, in der wir uns gewöhnlich verständigen (zu verständigen versuchen), wird aufgeschlossen, unterwandert; reduziert und zugleich erweitert auf das hin, was diese Oberflächenstruktur trägt.« Deren Entgrenzungen ins Typographische oder in akustische Artikulation dienen, so Heißenbüttel, ebenfalls der Oberflächenzerstörung: »Sie sollen eine veränderte Erfahrung in einer sich verändernden Umwelt bezeugen und haben zumindest demonstrative Funktion.« Das Ergebnis einer solchen

Jan Peter Tripp
Ein Poet (Helmut Heißenbüttel)

chirer, erw. 1971), Konrad Balder Schäuffelen (geb. 1929; *raus mit der Sprache*, 1969), Chris Bezzel (geb. 1937; *Grundrisse*, 1968; *Kerbtierfresser*, 1972; *Die Freude Kafkas beim Bügeln. Die Freude Mozarts beim Kegeln. Die Freude Bismarcks beim Stricken*, 1972). Zum anderen nehmen sich größere Verlage der Konkreten Poesie an. Zirkulierte diese in ihren vielen Facetten während der 50er vornehmlich in kleinen und kleinsten Zeitschriften, in überschaubaren Kreisen eingeweihter Literaturinteressierter, so liegen Mitte bis Ende der 60er Jahre bereits Sammel- und Auswahlbände vor, beispielsweise von Franz Mon, Helmut Heißenbüttel, Eugen Gomringer, Claus Bremer und der Wiener Gruppe, zum Teil in größeren, renommierten Verlagen (Rowohlt, Luchterhand).

Nimmt man die im Verlauf der 60er Jahre zunehmende Resonanz auf die Konkrete Poesie als alleiniges Indiz, so könnte man zu der Auffassung gelangen, eine entscheidende Zielsetzung Eugen Gomringers sei immer besser verstanden worden, nämlich: »die strukturmerkmale der geistig-vitalen situation unserer zeit aufzudekken, um schließlich selber an dieser struktur mitwirken zu können«. Es scheint, als hätte ein lesendes Publikum in diesem Sinne die ästhetischen Neuerungen Konkreter Poesie in wachsendem Maße als Anregung auch zu eigener Wahrnehmungsveränderung aufgenommen. Die Mitwirkung der Literatur an sozialen Strukturen und deren Veränderung – ein nie recht abgegoltener Wunsch zumal der kritisch-realistischen Autoren! – wäre in diesem Falle gerade jenen Poeten gelungen, die sich nicht auf die gesellschaftliche, sondern auf die sprachliche Seite ihrer Texte konzentrieren.

Doch man muß diese Entwicklung genauer prü-

poetischen Operation ist vollständige Destruktion,
freilich nicht in einem nihilistischen Sinne: »Sie gibt vielmehr
erst die Sprache frei in ihren Elementen, die sich
zur überkommenen Oberflächenstruktur zusammensetzen:
Mittel, Darstellungsmittel, Ausdrucksmittel,
Konstruktionsmittel für eine veränderte Syntax und für eine
veränderte Semantik.« Ein solches Konzept aber
bedeutet allemal: Es geht nicht um radikale Neuerung,
um Traditionsbruch, um Strukturrevolutionen,
sondern es handelt sich um verändernde Anverwandlung
von Sprach- und Erfahrungssegmenten, um Neuorientierung
vor unsicherem Hintergrund. Denn der moderne Autor
und zumal der Avantgardist hat gleichsam den Boden
aller Gewißheiten unter sich verloren. Das setzt ihn instand
und befugt ihn zum experimentellen Umgang mit der
Wirklichkeit – auch der der Sprache – und sich selber,
im Bewußtsein, nicht mehr als eine Stimme in einem sehr
vielstimmigen Chor zu besitzen. »Ich habe eigentlich nichts
zu sagen«, erklärte Heißenbüttel in seiner Büchner-Preis-
Rede 1969. »Aber wenn ich eigentlich nichts zu sagen habe,
so bedeutet das nicht, daß es überhaupt nichts zu sagen gibt.
Es gibt etwas zu sagen. Wenn ich eigentlich nichts
zu sagen habe, kann ich eigentlich von mir nichts sagen.
Was sagbar bleibt ist die Beteiligung an dem, was es
zu sagen gibt. Ich versuche, mich redend an dem
zu beteiligen, was es zu sagen gibt.« Die Zitatcollage,
das Einmontieren heteronomer Materialien in den Text
ist deshalb für Heißenbüttels Verfahren seit seinen Anfängen
charakteristisch geblieben, wie sein »Lehrgedicht
über Geschichte 1954« deutlich macht.
Geschichte erscheint in diesem »Lehrgedicht« zu einer Art
vielfarbigem Fresko simultaneisiert. Das historisch
verschiedenartige, entlegene, vielgestaltige Material, aus dem
der Stoff der Geschichte sich bildet, schießt im Moment
seiner rekapitulierenden Bannung zusammen zu einer
Collage der Gleichzeitigkeit. Deren Verfahren heißt Assoziation:
Assoziativ nimmt das Gedicht in seinem Fortgang historische
Ereignisse ebenso wie »das nicht Ereignete« auf.
Bruchstücke der Geschichtsmaterie, Splitter des Denkens,
Musikfetzen und Atmosphärisches, Bilder, Stimmungen
und Selbstreflexives mischen sich, verschmelzen
zu einem Amalgam aus »Rekapitulierbarem«.
Denn um dieses, um das Wiederholbare,
geht es in diesem Gedicht – und um das Spannungsverhältnis,
in dem es zum »nicht Rekapitulierbaren« steht.
Im Unterschied etwa zu den auf das »absolute Gedicht«
ausgehenden *Konstellationen* Eugen Gomringers
zehren Heißenbüttels Gedichte von den Traditionen,
auf die sie sich zurückwenden: Sie nehmen sie in sich auf,
um sie, kraft der poetologischen Offenheit ihrer
Verfahrensweisen, in eine eigenständige, selber offene,
unabschließbare, aber auch undefinierbare Zukunft hinein
fortzuentwickeln. Der »Avantgardismus« Heißenbüttels ist also
von seinem »Traditionalismus« nicht zu trennen. Das Zitat,
das »Rekapitulierbare«, ist ihr Thema geblieben.
Und das »nicht Rekapitulierbare« hat ihnen Eigenständigkeit

fen und wohl auch innerhalb der Konkreten Poesie differenzieren, will man ihre wachsende Resonanz recht verstehen. Und die Instanz, die solche Prüfung verlangt, ist der Leser. Denn das Gedicht als »seh- und gebrauchsgegenstand – denkgegenstand – denkspiel«, wie Gomringer es fordert, erwartet vom Leser Ergänzung, Erweiterung, Lust und Fähigkeit zu spielerischer Fortentwicklung. Gewiß läßt sich, mit Helmut Heißenbüttel, die Leistung der Konkreten Poesie erst dann angemessen und umfassend bestimmen, wenn man »deren Tendenzen nicht nur als neue Sprechweise erkennt, sondern ebenso als neue Weise, sich sprachlich in dieser Welt zu orientieren«. Die Voraussetzung hierfür aber ist allemal ein Leser, der solchen theoretischen Postulaten Konkreter Poesie bereits entspricht, also für seine Textlektüre Voraussetzungen mitbringt, welche diese – dem Anspruch der Autoren nach – selber erst zur Folge haben soll. Auf diesen Widerspruch hat auch Peter Schneider hingewiesen:

»Die konkrete Dichtung steckt in einer grundsätzlichen Schwierigkeit. Ihre Offenheit braucht einen offenen Leser. Der theoretisch nicht vorbereitete Leser ist aber nicht in dieser Weise offen. Er gibt sich dem Gedicht nicht einfach hin. Er geht mit einer durch Lese- und Lebensgewohnheit festgesetzten Erwartung an das sprachliche Kunstwerk heran. Er hat sich darauf eingerichtet, das, was er durch Sprache erfährt, in seiner Bedeutung zu verstehen. Er fragt nicht, ob er das tun darf, er tut es. Wenn er nichts versteht, nimmt er diese Tatsache nicht als Erfahrungstatsache, nicht als Intention des Autors hin, sondern sucht nach einem unerkannten Schlüssel zum Verständnis, nach einem heimlichen Gesetz, nach einer verkappten Regel. Da er nichts dergleichen findet, schiebt er das Gedicht beiseite. Er versteht sein Nichtverstehen nicht.«

Der Einwand, alle avantgardistische Kunst sei zu

des Tons, formale Vielfalt, Entwicklungfähigkeit gesichert. Die »antigrammatische Phantastik«, von der Heißenbüttel in seinen Frankfurter Poetik-Vorlesungen spricht (in: *Über Literatur*, 1966), wie die Multiperspektivik seiner Lyrik, die in Aperspektivik hinüberspielt – beides sind Variationen formaler Offenheit. Dies gilt im Grunde für die meisten seiner frühen, in den »Textbüchern I–VI« gesammelten Gedichte – mit Ausnahme derjenigen eben, die sich sehr stark den Verfahrensweisen der »Konkreten« näherten. Es gilt ebenso für Heißenbüttels Prosatexte wie etwa sein *Projekt Nr. 1 D'Alemberts Ende* (1970), zu dem Heißenbüttel notierte: »Spaß mit Klassikern. Es wimmelt von Zitaten, echten, halbechten und unechten. Ich habe mich selbst zitiert, habe Selbstzitate durch den Zusammenhang, in dem sie stehn, kommentiert. All das. Anspielungen, Mischungen, Assoziationen.« (*Zur Tradition der Moderne*, 1972) Und es gilt auch noch für jenes *Textbuch 8* (1985), mit dem Heißenbüttel nach 15 Jahren an seine eigene Tradition wiederum anknüpfte – auch hier freilich verändert und verändernd, sich verwandelnd und sich anverwandelnd, was auf dem eigenen Wege liegt. Eine avantgardistische Spätzeitlyrik, die gerade aus dieser ihrer paradoxalen inneren Spannung ihren spröden sprachlichen Charme bezieht – und die Fähigkeit zu jener Selbstironie, mit der das Textbuch 8 schließt: »hab ich mich bemüht doch so sehr / bin ich nur ein Herumpfuscher«.

Lehrgedicht über Geschichte 1954

(»mit Mann und Roß und Wagen
hat sie der Herr geschlagen«)
die Ereignisse und das nicht Ereignete
Epochen Zeiteinteilungen Dynastien
ausgestorbene Städte ausgestorbene Völker Völker
auf dem Marsch Marschkolonnen und Napoleon
an der Beresina
Kanzelreliefs von Giovanni Pisano Nietzsches ECCE
HOMO und K.Z.s
l'empire de la majorité se fonde sur cette idée qu'il
y a plus de sagesse dans beaucoup d'hommes
que dans un seul (Tocqueville)
die Erinnerung an die Stimme Adolf Hitlers im Radio
Symphonie für 9 Instrumente opus 21 1928 von
Anton Webern und ich habe niemals vorher so
lange Zeilen gemacht
Piero della Francesca und der Rauch des
Dezemberhimmels
Rekapitulierbares

Rekapitulierbares dies ist mein Thema
Rekapitulierbares dies ist mein Thema
Rekapitulierbares dies ist mein Thema

nicht Rekapitulierbares

Helmut Heißenbüttel
aus: Topographien, (1956)

ihrer Zeit kaum verstanden worden, verschlägt nicht angesichts dieses Befundes. Denn zumindest die elementare Einsicht, daß es der Konkreten Poesie um die Zerstörung sprachlicher Oberflächenzusammenhänge, um Entgrenzung und Reduktion gleichermaßen zu tun ist, muß der Leser als Voraussetzung für seine Lektüre mitbringen, samt allen Konsequenzen, die sich für eine veränderte Lesebereitschaft daraus ergeben. Und die Autoren der Konkreten Poesie kennen auch dieses Problem: Selten wohl in der Geschichte der Literatur hat eine literarische Richtung oder Bewegung ihre eigenen Produktionen mit einem so erheblichen Theorieaufwand begleitet wie diese. Konkrete Poesie bedarf der Erläuterung, der theoretischen Explikation gerade deshalb, weil sie aller Inhaltlichkeit in kritischer Absicht entsagt, ohne doch ihrerseits als reines Spiel- und Sprachmaterial in jedem Fall eine neue, evidente Inhaltlichkeit herstellen zu können. So darf man die wachsende Resonanz auf die Konkrete Poesie Ende der 60er Jahre gewiß deuten als ein zunehmendes Verständnis für ihre Verfahrensweisen, das aber ebenso gewiß durch die Explikationen ihrer Autoren allererst geweckt und gefördert worden ist. So gesehen, haben diese den Boden bereitet für die Popularisierung, wie sie die Konkrete Poesie eines Ernst Jandl (geb. 1925) seit dem Ende der 60er Jahre erlebte.

»An den Wochenenden wanderten, um etwas Luft zu bekommen, die beiden Lehrer Friederike Mayröcker und Ernst Jandl immer hinauf auf den Kahlenberg und den Leopoldsberg hinunter, oder hinauf den Leopoldsberg und hinunter den Kahlenberg, dies alles in der Region des westlichen Wienerwalds, und ihre Gespräche bestanden fast ausschließlich in der Frage, werden wir je veröffentlichen können? und in der Antwort, die nichts als eine Wiederholung dieser Frage war.« So schildert Ernst Jandl selbst in seinen Poetik-Vorlesungen (*Das Öffnen und Schließen des Mundes*, 1985) seine Anfänge mit Konkreter Poesie – eine Geschichte der Erfolglosigkeit, des Ausgeschlossenseins, des Leidens: »Man kann als Schreibender ausgehungert werden, durch Boykott.« (Jandl) Der Boykott galt einer Poesie, die seit 1957 sich in enger Nachbarschaft zu Texten der Wiener Gruppe um Friedrich Achleitner und Gerhard Rühm sah und eben deshalb keine Möglichkeit zur Veröffentlichung in Österreich erhielt, aber auch in der Bundesrepublik Deutschland nur ausnahmsweise. So benötigte Jandl nahezu zehn Jahre, bis ihm – nach seinem eher konventionellen ersten Gedichtband *Andere Augen* (1956) – mit *Laut und Luise* 1966 eine Art »Durchbruch« gelang – ein Nachwort Helmut Heißenbüttels, eine Würdigung Max Benses, eine Präsentation in Walter Höllerers Literarischem Colloquium machten es möglich. Und ein Gedichtband, der eine Vielzahl früherer Gedichte mit jüngst entstandenen vereinte, eine Vielfalt von Sprechweisen, Stilen, Ausdrucksformen und Stimmungslagen verband, der eine Art Gleichzeitigkeit von Entwicklungsmöglichkeiten vorführte, unter ihnen die des Humors, des Witzes, der Komik.

Ernst Jandl

schtzngrmm
schtzngrmm
t-t-t-t
t-t-t-t
grrrmmmmm
t-t-t-t
s—c—h
tzngrmm
tzngrmm
tzngrmm
grrrmmmmm
schtzn
schtzn
t-t-t-t
t-t-t-t
schtzngrmm
schtzngrmm
tssssssssssssss
grrt
grrrrrt
grrrrrrrrrt
scht
scht
t-t-t-t-t-t-t-t-t-t
scht
tzngrmm
tzngrmm
t-t-t-t-t-t-t-t-t-t
scht
scht
scht
scht
scht
grrrrrrrrrrrrrrrrrrrrrrrrrrr
t-tt

Aus: Laut und Luise (1966)

Die Gedichtzeilen, die Jandl seinem Band *Dingfest* (1973) als Motto vorangestellt hat: »[...] denn / zu sagen gäbe es schließlich nur eines; dieses aber / immer wieder, und auf immer neue weise« – diese Zeilen lassen sich auch für *Laut und Luise* schon in Anspruch nehmen. Lautgedichte finden sich neben Sprechgedichten, Dialektformen neben Prosaetüden, lettristische neben visuellen Poemen – ein Kompendium moderner, von den Arbeiten der anderen Konkreten und ihrer Vorläufer angeregter Poesie, die sich nicht zuletzt dadurch auszeichnet, sich nicht selber festzulegen, also: einzuengen, aber auch dadurch, daß sie das »eine«, was sie zu sagen hat, auch wirklich sagen will. »Man mußte« so erklärt Jandl später im Blick auf Gerhard Rühm, »auch wenn man derart radikal vorging, auf Bedeutung nicht völlig verzichten.« »Bedeutung« aber meint bei Jandl nicht etwa Botschaft oder gar Moral, sondern Aufklärung durch sprachliche Mittel, in poetischen Ausdrucksformen, die ihrem Gegenstand nicht gegenüberstehen, nicht äußerlich bleiben, sondern ihn in sich, in ihrer Struktur, in der ästhetischen Organisation ihrer Elemente mitteilen.

Dies gilt beispielsweise auch für eines der bekanntesten Gedichte Ernst Jandls, »lichtung«, das sich als politisches Poem über die Verwechselbarkeit »rechter« und »linker« Theorie und Praxis verstehen läßt, aber auch, sehr viel allgemeiner, als Irritationsversuch stereotyper Festlegungen:

lichtung

manche meinen
lechts und rinks
kann man nicht
velwechsern.
werch ein illtum!

Bezeichnendes – die Sprache und die Weise ihrer Organisation – und Bezeichnetes – der Gegenstand, um den es sich handelt, die Redensart also, die übliche Meinung – treten in diesem bekannten Gedicht nicht auseinander, sondern fallen zusammen, werden eins im Prozeß der subversiven Unterwanderung eines politisch-sozialen Stereotyps. Der Mitteilungscharakter der Sprache, ihre kommunikative Funktion, die sich von den zu benennenden Dingen oder Sachverhalten längst abgelöst hat, zum Zeichen geworden ist, tritt in ihre Ursprungsfunktion gleichsam zurück, fällt wieder zusammen mit dem, worüber sie spricht. Freilich auf vertrackte, nicht naive, sondern abgründige Weise: Der »illtum« wird als solcher, als Fehler, durch die Vertauschung der Konsonanten l und r, konsequent durchgespielt. Die Deckung von Sprache und Sache, die Möglichkeit, beides durcheinander und miteinander vermittelt auszudrücken, gelingt nur in Form einer Fallgrube – und diese erzeugt die Komik, womöglich das Gelächter des Besserwissens, das mit dem aufklärerischen Gestus einhergeht.

Jandl ist aber bei solchen und anderen ernsthaften Sprachspielen keineswegs stehengeblieben. Sein Credo lautet vielmehr: »Ziel meiner Arbeit, heute wie früher, sind funktionierende, wirksame Gedichte, gesteuert, von welchem Material immer sie ausgehen und in welcher Form immer sie hervortreten, – gesteuert von dem, was in mir ist an Richtung und Neigung, an Freude und Zorn. Was ich will, sind Gedichte, die nicht kalt lassen.« Es finden sich deshalb bei Jandl allenthalben Gedichte, in denen Themen wie Scheitern, Krieg, Tod problematisiert – nein: in denen Probleme wie Scheitern, Krieg, Tod zu Sprache werden.

vater komm erzähl vom krieg
vater komm erzähl wiest eingrückt bist
vater komm erzähl wiest gschossen hast
vater komm erzähl wiest gfallen bis
vater komm erzähl vom krieg

Ein absurdes Szenarium: der gefallene Vater soll vom Krieg erzählen, verlangt das anonym bleibende Kind. Die Absurdität der Situation, die der vorletzten Zeile entspringt, gibt jedoch lediglich der Absurdität des Krieges Ausdruck, nicht einer abstrakten, womöglich philosophisch bestimmten Absurdität. Das heißt: Jandls Gedichte, seine Sprache, seine Bilder, Szenen, Wörter weisen nicht über sich selber hinaus, wie dies Symbole, Metaphern und Bilder einer traditionellen Poetik beanspruchen. Sie stehen vielmehr nur für sich ein, organisieren aber in sich jene Bedeutungssphären, jene semantischen Spielräume, in denen ihre Hintergründigkeit sich entfalten kann. Und diese Feststellung gilt für Jandls Lautgedichte ebenso, wenngleich diese des Vortrags bedürfen, um »völlig zum Erblühen« (Jandl) zu kommen. Wobei der Autor sein bester Interpret ist, wie sich den Schallplatten und Videocassetten entnehmen läßt, die von ihm existieren.

Jandl ist seinem Prinzip einer inneren Semantik im Grunde treu geblieben, auch wenn er ihm immer neue Seiten abgewonnen hat. Hierzu zählt seit Mitte der 70er Jahre auch die »heruntergekommene Sprache«, eine Art Kindersprache oder »Gastarbeiterdeutsch«, die ihrem Autor eine Neuerung seiner Wahrnehmungsformen und seiner Schreibweise ermöglichte – »unterhalb« des etablierten umgangssprachlichen Niveaus, vorsätzlich gegen grammatisch-syntaktische Regeln verstoßend, aber zugleich auch unverbraucht von Erfahrungen sprechend, die den bekannten lyrischen Traditionen – auch denen der Konkreten Poesie – bislang verschlossen geblieben waren. Das poetische Prinzip dieser »heruntergekommenen Sprache« hat Jandl in eben dieser Sprachform selber anschaulich mitgeteilt:

»schreiben und reden in einen heruntergekommenen sprachen sein ein demonstrieren, sein ein es zeigen, wie weit es gekommen sein mit einen solchenen: seinen mistigen leben er nun nehmen auf den schaufelen von worten und es demonstrieren als einen den stinkigen haufen denen es seien. es nicht mehr geben einen beschönigen nichts mehr verstellungen. oder sein worten, auch stinkigen auch heruntergekommenen sprachworten in jedenen fallen einen masken vor den wahren gesichten denen zerfressenen haben den aussatz, das sein ein fragen, einen tötenen.«

Auch diese »heruntergekommene Sprache« weist nicht über sich hinaus, sondern verweist auf sich selber und auf den Nullpunkt des Lebens, dem sie Ausdruck gibt in der »heruntergekommenen« Vielfalt seiner Facetten. Jandl spricht nicht *über* diesen Nullpunkt, sondern läßt ihn sich aussprechen. Der Autor Jandl verschwindet hinter seinem Text, läßt in diesem die alltägliche Misere einer elenden Existenz hervortreten und sich eine eigenständige Sprach-Realität schaffen. Ähnliches läßt sich sagen von der konjunktivischen Sprachform, die Jandl in seiner Sprechoper *Aus der Fremde* (1980) und in dem Gedichtband *selbstporträt des schachspielers als trinkende uhr* (1983) zum charakteristischen Kennzeichen erhoben hat. Der Konjunktiv als Potentialis und als Irrealis, Mögliches als Zukünftiges aussagend, zugleich aber auch Gegenwärtiges als Unwirkliches andeutend, der Konjunktiv als Form des indirekten Sprechens und als Form der Setzung eines Sachverhalts oder der Aufforderung zu dessen Verwirklichung – alle diese Ausdrucksmöglichkeiten finden sich bei Jandl verbunden zu einer inneren poetischen Semantik, die ein erschüttertes Wirklichkeitsverhältnis, irritierte Gewißheiten, Abgründe einer Existenz mitteilen: Es ist die Existenz des Dichters.

kommentar

daß niemals
er schreiben werde
seine autobiographie

daß ihm sein leben
viel zu sehr
als dreck erscheine

daß auch nur wenige
punkte, blutige
er noch erinnere

daß aber niemals
er zögern werde
in den dreck zu fassen

um herauszuziehen
was vielleicht
einen stoff abgäbe

für poesie
seinen widerlichen
lebenszweck

Verfolgt man Jandls Entwicklung seit dem Erscheinen von *Laut und Luise* (1966) bis in die 80er Jahre, so wird man festhalten müssen: Seine Gedichte sind dunkler geworden, härter, bitterer, vielleicht verzweifelter. Daß sie, gleichwohl, zum Lachen immer wieder herausfordern, hängt mit dem ihnen eigenen Humor zusammen, der nicht zuletzt über den Mechanismus der Groteske – in Grammatik wie Semantik – funktioniert. Doch das Lachen bleibt dem Leser nicht selten im Halse stecken, der Humor wirkt häufig pechschwarz, weil Jandls Gedichte sich auf einem schmalen Grat zwischen Abgründen von Banalität und Lächerlichkeit einerseits, Leidensdruck, Schmerz und Pathos andererseits bewegen. Daß sie diese Balance halten und doch ständig in der Gefahr schweben, abzustürzen – das macht ihren Reiz und ihre Kunst aus. Und Ernst Jandls wachsender Erfolg zeigt, daß sein Publikum ihn immer besser verstanden hat.

Konturen politischer Lyrik

Erich Frieds Entwicklung zum politischen Lyriker setzte – sieht man einmal von den frühen Gedichtbänden der Exilzeit ab (*Deutschland*, 1944; *Österreich*, 1945) – mit den *Warngedichten* aus dem Jahre 1964 ein, einer Lyriksammlung, die sich, bisweilen noch recht undeutlich und wenig konkret, auf Warnungen vor einer düsteren und bedrohlichen Zukunft konzentrierten. Mit Erich Frieds nächstem Gedichtband, *und VIETNAM und* (1966) erlebte dann das deutsche politische Gedicht einen neuen Anfang und einen ersten Höhepunkt, der jedoch nicht unumstritten blieb. Sofern diese Gedichte überhaupt Beachtung durch die professionelle Kritik fanden, erfuhren sie eine zum Teil vehemente Abqualifizierung als unpoetische Agitation. Die Gründe für solche Kritik schienen auf der Hand zu liegen: ein unübersehbarer moralischer Rigorismus, eine unverkennbare Neigung zu politischer Didaxe, ein deutlich aufklärerischer Gestus, der bisweilen besserwisserisch erscheinen mochte. Und nicht zuletzt die Nutzung der poetischen Sprache zur Wirklichkeitskritik, der Einsatz einer souveränen poetischen Technik im Wortspiel, in virtuosen Ton- und Klangassoziationen zur Entlarvung von Lüge und Ideologie nährten den Verdacht, hier werde Mißbrauch mit der Poesie getrieben. Denn allzu offenkundig diente Erich Fried die poetische Sprache nicht – wie der Konkreten Poesie – als Material, in dem sich der poetische Prozeß selber begegnete, sondern als Medium zur Wahrnehmung und Analyse der äußeren, der gesellschaftlichen und politischen Wirklichkeit. Und ebenso offenkundig stand diese Wirklichkeitskritik häufig genug in der Gefahr, sich der unvermittelten politischen Agitation zu nähern oder den persönlichen Neigungen und Wertungen des Autors Ausdruck zu geben.

Solche Kritik aber ging in Wahrheit aus eben jener Nähe zu den Vorgängen und Ereignissen hervor, die Erich Fried aus empfindsamer politischer Zeitgenossenschaft wahrgenommen und aufgezeichnet hatte. *und VIETNAM und*: Der Titel des Gedichtbandes spricht nicht nur von jenem durch Krieg erschütterten Land im fernen Südostasien, sondern zugleich auch von der Flüchtigkeit, mit der die Nachrichtensendungen in unseren Medien das Ungeheuerliche zur alltäglichen Banalität erniedrigen. *und VIETNAM und* – das heißt auch: Die Meldungen von Raketengeschossen und Napalmbrandbomben, Mord und Ausrottung, Folter und Verstümmelung sind zur austauschbaren Information inmitten eines Potpourris der Reizüberflutung geworden, leicht konsumierbar bei Abendbrot mit Tagesschau, so schnell vergessen wie vernommen, da schon die nächste Nachricht winkt. Gegen diese Haltung der westlichen Welt Ende der 60er Jahre wendet sich der Gedichtband, und er stellt sich damit in die aufklärerische Traditionslinie der deutschen Literatur. Er will aufklären über das wirkliche Geschehen, und er will aufklären über die Mechanismen der Wirklichkeitsverschleierung.

17.–22. Mai 1966

Aus Da Nang
wurde fünf Tage hindurch
täglich berichtet:
Gelegentlich einzelne Schüsse

Am sechsten Tag wurde berichtet:
In den Kämpfen der letzten fünf Tage
in Da Nang
bisher etwa tausend Opfer

Mißbrauch der Poesie? Politische Agitation? Fetischisierung der sozialen Wirklichkeit? Subjektive politische Meinung? Nichts von alledem. Vielmehr: lakonische Konfrontation von Widersprüchen, Poesie als das Bemühen, aus Konstellationen des Unvereinbaren die Wahrheit hervorzutreiben, ohne sie auszusprechen und zu fixieren – so läßt sich Frieds Konzept charakterisieren. Seine Gedichte sind sprachlich einfach gehalten, meist unregelmäßig rhythmisiert und häufig reimlos gebaut. Ihr Material bildet die äußere, die politische, militärische, soziale Wirklichkeit, das sie nach deren innerstem Bauprinzip komprimieren, welches für Erich Fried heißt: Dialektik. Dabei erlaubt ihm die epigrammatische Verknappung jene kunstvoll-kunstlose Konzentration auf die politische Pointe, die als einzigartiges Merkmal seiner Lyrik insgesamt gilt. Solche Pointierung ist freilich niemals ein Selbstzweck

Das Land liegt sieben Fußtritte
und einen Schuß weit

seine südliche Hälfte
heißt Demokratie

In ihrer Hauptstadt Sodom
regiert ein Soldat der *Mein Kampf* lernt

Die Mönche sind buddhistisch
oder katholisch

Die buddhistischen Mönche
werden oft Rote genannt

In Wirklichkeit sind sie gelb
aber nicht wenn sie brennen

Der Stamm Nung spricht chinesisch
und bringt schweigende Menschen zum Sprechen

Das wußte schon Tschiang Kai-Schek
das wußten auch die Franzosen

Die Zungenlöser der Nung
erhalten jetzt fünf Dollar täglich

Nicht aus Washington nur von Soldaten
auf eigene Rechnung

Die New York Times nennt die Verhöre
Orientalische Fragespiele

Gefangene Partisanen werden getauft
sie erhalten alle den Namen Patrice Lumumba

Fleisch wird zubereitet
auf zweierlei Art

Entweder langsam mit Napalm
oder schnell mit Benzin

Letzteres gilt als barbarisch
ersteres nicht

Geschlachtet wird vorher
bei keiner der beiden Methoden

Das Land ist leicht zu erreichen
auch für größere Expeditionen

Die Fremdenführer
werden Ephialtes genannt

Man fährt durch die Bucht der Schweine
ohne Umweg zu den Bordellen

Die Mädchen sind zierlich
ihre Särge sind leicht zu tragen

Die Toten werden verbrannt
wie die Lebenden

Wenn man die Augen zumacht
und völlig stillsitzt

kann man von weitem sehen
was in dem Land geschieht

Erich Fried
aus: und VIETNAM und (1966)

dieser Lyrik, sondern dient stets der blitzartigen Erhellung und Aufdeckung unterschlagener Zusammenhänge, Nachrichten und Fakten. Deshalb beleuchtet der Gedichtband *und VIETNAM und* zahlreiche Facetten des vietnamesischen Krieges, von der alltäglichen Wirklichkeit, den Leiden, der Verstörung, der Not, über Bomber, chemische Kampfmittel und Vernichtungsstrategien bis hin zur westlichen Komplizenschaft in diesem unerklärten Krieg mit den amerikanischen Aggressoren. Verbindendes Kennzeichen dieser Gedichte ist Mitleidensfähigkeit, ihr Grundton heißt Trauer, und ihre Hoffnung bildet jenes unveräußerliche Erbteil, dem sich alle politische Poesie in aufklärerischer Tradition verbunden weiß: daß nämlich Dichtung beizutragen vermöge zur Veränderung der Welt.

Zweifle nicht
an dem
der dir sagt
er hat Angst
aber hab Angst
vor dem
der dir sagt
er kennt keine Zweifel

Wie an diesem Gedicht aus dem Band *Gegengift* (1974) läßt sich auch an vielen anderen Gedichten Frieds ablesen: Zweifel, Fragen, Kritik bilden Voraussetzungen seiner Poesie. Wer sich aber so offenkundig um Unzulänglichkeiten und Mißstände sorgt, wer so unbeirrbar den Widersprüchen auf den Fersen bleibt, um der Wahrheit auf die Spur zu kommen, wer auf Humanität umso nachdrücklicher besteht, je weiter sie entschwindet, der sieht sich hierzulande, auf höchst paradoxe Weise, seinerseits Zweifeln, Fragen, Kritik ausgesetzt, die solchem Engagement gelten. Diese Tatsache hat allerdings auch damit zu tun, daß Fried sein poetisches Material gelegentlich unverändert der Wirklichkeit entlehnt, weil diese Wirklichkeit, wenn man sie nur geringfügig akzentuiert, selber beredt genug zu sprechen beginnt. So entstand beispielsweise das folgende Gedicht des Bandes *Unter Nebenfeinden* (1970) aus einer lediglich in Zeilen umbrochenen, im Wortlaut aber unveränderten Zeitungsanzeige des Berliner Polizeipräsidenten:

Tiermarkt / Ankauf

Der Polizeipräsident
in Berlin sucht:
Schäferhundrüden.
Alter ein bis vier Jahre
mit und ohne
Ahnentafel,
Voraussetzungen: einwandfreies Wesen
rücksichtslose Schärfe
ausgeprägter Verfolgungstrieb
Schußgleichgültig
und
gesund

Es versteht sich angesichts solcher Gedichte nahezu von selber, daß Erich Fried immer wieder Aufsehen erregt und Widerspruch hervorgerufen hat, auch angegriffen worden ist – von Politikern, nicht von Kritikern. Der bayerische Kultusminister etwa hielt es für richtig, Frieds Lyrik aus Schulbüchern zu verbannen, der Vorsitzende der CDU in Bremen schlug gar ihre Verbrennung vor, und der Berliner Polizeipräsident zog aus Sorge um den Ruf seiner Untergebenen – erfolglos – gegen Fried vor Gericht.

Das spektakulärste Beispiel solcher Verfolgung politischer Poesie bildete aber wohl eine Schrift aus der Feder des einstigen Pressereferenten im Bundesjustizministerum, die sich mit Erich Frieds Gedicht »Auf den Tod des Generalbundesanwaltes Buback« auseinandersetzte (Sepp Binder, *Terrorismus – Herausforderung und Antwort*, 1980). 1977 war Generalbundesanwalt Siegfried Buback ermordet worden. Sein Tod hatte vielfältige Reaktionen hervorgerufen, unter ihnen das Gedicht Erich Frieds, eine kritische Reflexion über den Lebensweg des Ermordeten, über sein Denken und Handeln, deren letzten beiden Strophen lauten:

Sein Tod wird helfen
das Denken
auf ihn abzulenken
und so zu verdecken das Unrecht
von dem dieser Mensch
nur ein Teil war
Schon darum
kann ich nicht ja sagen
zu seinem Tod
vor dem mir fast so sehr graut
wie vor seinem Leben.
Es wäre besser gewesen
so ein Mensch
wäre nicht so gestorben
Es wäre besser gewesen
ein Mensch
hätte nicht so gelebt.

Diese dialektisch gefügten Sentenzen forderten die Kritik des Pressesprechers im Justizministerium heraus. Erich Fried, so hieß es, betreibe »Falschmünzerei mit der Sprache« und leiste »der Gewalt ideologisch Vorschub«: »Gewalttätiges Handeln und nötigendes Wort sind bei ihm verschwistert.« Kurzum, der Vertreter politischer Macht stellte den exilierten Juden Erich Fried umstandslos in die Reihe der »SA-Schergen«. Immerhin hatte er mit seiner Interpretation das Kunststück vollbracht, dem Gedicht Frieds gleichsam die in ihm konzentrierte Dialektik zu entwenden. Vereindeutigen statt ausdeuten, Komplexität unterschlagen statt sie offenzulegen, lautete in diesem Falle die Devise eines Demagogen, der Zweifel, Selbstzweifel womöglich, nicht zu kennen schien.

Erich Fried auf das politische Tagesgedicht festlegen zu wollen, hieße freilich, ihn um entscheidende Dimensionen seines Werks zu verkürzen. Zu diesen Dimensionen gehören der frühe Roman *Ein Soldat und ein Mädchen* (1960) ebenso wie seine späteren *Liebesgedichte* (1979) und seine *35 Erzählungen* (1982). Und es gehört hierzu die Entwicklung, die der Lyriker Erich Fried seit seinem Gedichtband *und VIETNAM und* und seit der Politisierungsphase Ende der 60er Jahre genommen hat.

Frieds einziger Roman, *Ein Soldat und ein Mädchen*, ist über einen sehr langen Zeitraum hinweg entstanden, nämlich von 1946 bis 1960, ein Indiz dafür, daß sich der Autor schwergetan hat mit seinem Stoff. In der Tat besitzt die Geschichte, die der Roman erzählt, eine abgründige, ja eine mörderische Dialektik: Eine von den Alliierten zum Tode verurteilte junge KZ-Wärterin außert als ihren letzten Wunsch vor der Hinrichtung, sie wolle mit einem Mann schlafen. Die zufällige Wahl trifft einen der Wachsoldaten, einen exilierten jüdischen Intellektuellen, der die Wahl akzeptiert. Am Morgen nach dieser Nacht, an deren Anfang Haß, an deren Ende Liebe steht, am Morgen der Hinrichtung also, die nicht zu verhindern ist, bricht der Soldat körperlich und seelisch zusammen. Fried erzählt diese Geschichte in einer sperrigen Form, die jeden voyeuristischen Blick verwehrt. In Gedichten, Erzählungen, Parabeln, Reflexionen und Erinnerungen des Soldaten, zum Teil vor der Liebesnacht entstanden, zum Teil danach in einer psychiatrischen Klinik, wird das Geschehen, wird die Vorgeschichte des Soldaten (Kindheit, Außenseitertum, Exil, Fremde) umspielt, gespiegelt und vielfältig gebrochen. Das Motiv, das hierbei immer wieder anklingt, findet sich auch in Frieds Lyrik wieder und wieder. Es ist das Motiv einer existentiellen Erfahrung: Der Andere – das sind zu einem Teil auch wir selber. Was wir an diesem hassen oder lieben, das tragen wir auch in uns. Fried will damit keine Differenzen unterschlagen, weder historisch-soziale noch individuelle. Aber er deutet auf die unauflösliche Verbindung von Täter und Opfer, Schuld und Menschlichkeit, Verbrechen und Freiheit, Tat und Teilnahmslosigkeit.

Daß Erich Fried Mitte der 80er Jahre als einer der wichtigsten deutschsprachigen Lyriker gilt und vielleicht ihr bekanntester Repräsentant ist, obwohl der gebürtige Österreicher in London lebt, das hängt gewiß auch mit seiner enormen Produktivität zusammen. Seit Mitte der 60er Jahre erschienen mit einiger Regelmäßigkeit, nahezu Jahr für Jahr, neue Gedichtbände von ihm, und allein zwischen 1981 und 1984 konnte man elf neue Bände mit Lyrik und Prosa zählen. Fried ist sich zwar darin treu geblieben, zu aktuellen Themen in Gedichtform kritisch Position zu beziehen. Und häufig genug ist der Tribut hierfür – und wohl auch für die Quantität der Produktion – eine bekenntnishafte Lyrik, wie beispielsweise in dem Band *So kam ich unter die Deutschen* (1977), in dem die politische Position des Autors bisweilen plakativ vorgetragen, nicht aber poetisch vermittelt wird. Doch dürfte zu seiner Popularität in erheblichem Maße auch seine lyrische Entwicklung beigetragen haben, die seit Anfang der 80er Jahre verallgemeinerbare Lebenssituationen aufnimmt und mitteilt. Die späte Lyrik Erich Frieds spricht auch von Verzweiflung, von Trauer, vom Tod, aber die resignative Stimmung, die sie durchzieht, schlägt nicht in Pessimismus um, sondern beharrt auf Humanität, auf Veränderung, auf Hoffnung: »Denen ich helfen wollte / mit meinem Mut / helfe ich vielleicht / mit meiner Verzweiflung«, heißt es im Gedicht »Bericht« aus dem Band *Lebensschatten* (1981). Das klingt nach Rückzug und Defensive – und ist vielleicht doch nichts anderes als Einsicht in die begrenzten Möglichkeiten der Poesie. Insoweit freilich ist die späte Lyrik Erich Frieds buchstäblich auch Alterslyrik: Dichtung, in der das Prinzip Hoffnung in einer gleichsam gebrochenen Form nur noch zum Ausdruck kommen kann, weil es durch Erfahrung – also auch: Enttäuschung – verstört worden ist. Aber noch im Blick auf das Ende des Lebens beharrt der Moralist und Humanist Erich Fried darauf, zumindest die Erinnerung an Wärme, Liebe, Glück festzuhalten – als Anspruch auf ein menschliches Leben.

Ludwig Fels

Bevor ich sterbe

Noch einmal sprechen
von der Wärme des Lebens
damit doch einige wissen:
Es ist nicht warm
aber es könnte warm sein

Bevor ich sterbe
noch einmal sprechen
von Liebe
damit doch einige sagen:
Das gab es
das muß es geben

Noch einmal sprechen
vom Glück der Hoffnung auf Glück
damit doch einige fragen:
Was war das
wann kommt es wieder?

(aus: Lebensschatten, 1981)

Gilt Erich Fried auch als der prominenteste Repräsentant politischer Lyrik, so ist er doch nicht ihr einziger geblieben. Vielmehr lassen sich Auswirkungen der Politisierung auch im Werk bereits bekannter Lyriker wahrnehmen, beispielsweise bei Horst Bingel (geb. 1933; *Wir suchen Hitler*, 1965), Günter Bruno Fuchs (1928–1977; *Blätter eines Hofpoeten und andere Gedichte*, 1967), Christoph Meckel (1935) und Volker von Törne (1934–1980), die 1967 gemeinsam ein »Zeitgespräch in zehn Sonetten« (Untertitel) veröffentlichen: *Die Dummheit liefert uns ans Messer*. Und ebenso hat die Revolte von 1968

Peter Paul Zahl

Wirkungen auf eine Reihe jüngerer Lyriker geübt, die der Haltung des Protests, der Kritik, des Widerstands, die ihrer politischen Parteinahme, ihrem sozialen Engagement auch poetisch Ausdruck zu geben versuchten, nicht selten übrigens gerade unter dem Einfluß Erich Frieds, aber auch geschult an der Tradition eines Heinrich Heine und eines Bertolt Brecht. Zu ihnen zählen Friedrich Christian Delius (geb. 1943; *Wenn wir, bei Rot*, 1969; *Ein Bankier auf der Flucht*, 1975), Ludwig Fels (geb. 1946; *Anläufe*, 1973; *Ernüchterung*, 1976; *Alles geht weiter*, 1977; *Ich war nicht in Amerika*, 1978; *Zeitgedichte*, 1979), Yaak Karsunke (geb. 1934; *Kilroy & andere*, 1967; *reden & ausreden*, 1969; *auf die gefahr hin*, 1982) und Peter Paul Zahl (geb. 1944; *Schutzimpfung*, 1975; *Alle Türen offen*, 1977; *Aber nein sagte Bakunin und lachte laut*, 1983). Sie versuchen nicht nur – wie die gleichzeitige Alltagslyrik – Situationen, Beobachtungen, Einzelheiten in ihrer Faktizität genau zu registrieren, sondern diese zugleich – hierin Erich Fried vergleichbar und von ihm angeregt – in ihrer Gesellschaftlichkeit, in ihrer politischen Qualität zu pointieren. Ihre Gemeinsamkeit besteht mithin, bei aller Individualität ihres lyrischen Sprechens, in der präzisen Zusammenschau von Politik und Alltag, von individueller Erfahrung und deren gesellschaftlichem Zusammenhang.

einer revolution zum 60. geburtstag:
im november 1977

versuche der gewaltsamen befreiung
in den verschiedenen stadien
des scheiterns

bier in baubuden / schüsse
auf flugplätzen straßen
:in zellen:
schläge in wohnküchen / nadeln
in den venen von toten

anschläge auf menschen
an mauern
parolen flugblätter / briefe
:zweimal geöffnet: gelesen
von denen & dir

in den verschiedenen
stadien des scheiterns
:befreiungsversuche

Yaak Karsunke
aus: da zwischen (1979)

Ihre Erfahrungen als gesellschaftliche Außenseiter, als Häftling respektive als Hilfsarbeiter, haben sich den Gedichten Peter Paul Zahls und Ludwig Fels' unveräußerlich eingeschrieben. Zahls »Knastgedichte« etwa versuchen eine Entgrenzung der Gefängnisrealität in poetischen Bildern und Imaginationen zu verbinden mit einer radikalen Kritik am Prozeß der »Verknastung« (Zahl) der Gesellschaft. Ludwig Fels sucht in harten Bildern, in kargen und knappen Skizzen (*Betonmärchen*, 1983) mit expressionistischem Sprachgestus die Oberfläche einer Wirklichkeit aufzubrechen, die in ihm Haß und Ekel hervorruft. Aber nicht Resignation, sondern Aufbegehren, nicht Teilnahmslosigkeit, sondern Wut lautet der Impuls, aus dem heraus beide Autoren ihre Schreibenergien beziehen und der ihren Arbeiten ihre Identität gibt. Demgegenüber könnte man F.C. Delius eher als einen literarischen Stimmenimitator bezeichnen: Seine Gedichte – und in vergleichbarer Weise auch seine Romane (*Ein Held der inneren Sicherheit*, 1981; *Adenauerplatz*, 1984) –

Friedrich Christian Delius

lassen die Fähigkeit erkennen, Denkweisen und Tonlagen, Gefühle und Stimmungen, Sprachformen und Handlungsattitüden unterschiedlicher Personen und Gesellschaftsbereiche produktiv anzueignen. Das Ergebnis solcher Anverwandlung sind Gedichte und Satiren, die nachempfindend die Innenwelt kritikwürdiger Lebenssphären (Institutionen entfremdeter Wirklichkeit, Großkapital und Monopole), aber auch die Besorgnisse und Schwächen des Alltags mitteilen. Daß solche Rollentexte den Nerv der Wirklichkeit exakt zu treffen vermögen, zeigten beispielhaft die Versuche des Siemenskonzerns, gegen Delius' Satire *Unsere Siemenswelt. Eine Festschrift* (1972), und des Unternehmers Horten, gegen das Gedicht »Ein Bankier auf der Flucht« gerichtlich vorzugehen. Anverwandlung von Perspektiven, Assimilation an Erfahrungen kennzeichnen auch die poetischen Energien, welche die Gedichte Yaak Karsunkes tragen. Sie entnehmen ihr Material der Arbeitswelt und dem Alltag ebenso wie der Kulturindustrie und entfalten in sich, auf parteiliche Weise, jene Widersprüche, die, nach Brechts Wort, die »Hoffnungen« sind. Worum es ihnen geht, ist allemal, die subjektive Seite kollektiver Prozesse zu zeigen. Aber sie bestehen, auch angesichts der »Neuen Subjektivität« der 70er Jahre, auf der Klassenspezifik subjektiver Erfahrung.

»1968« oder Der Mythos vom Tod der Literatur

Versucht man, rückblickend, das für die Entwicklung der 60er Jahre entscheidende Datum herauszufinden, so stößt man in der Literatur über diese Zeit allenthalben auf das Jahr 1968. Und dies mit gutem Grund, denn das Jahr 1968 läßt sich in der Tat als ein Jahr des politisch-kulturellen Umbruchs in der Bundesrepublik bezeichnen. In ihm konvergieren Entwicklungen, treffen Widersprüche aufeinander, deren Spannungsverhältnis in den Jahren zuvor sich noch hatte ausgleichen lassen. Jetzt aber werden politisch-gesellschaftliche Spielregeln außer Kraft gesetzt und Konventionen preisgegeben, jetzt erweisen sich überkommene Traditionen als brüchig, beginnen zu zerfallen, werden durch neue, subkulturelle Verkehrsformen ersetzt. Das Jahr 1968 – ein Einschnitt, eine Zäsur, ein Bruch womöglich in der Geschichte der Bundesrepublik, zumindest in der Geschichte ihrer politischen Kultur?

Es scheint so – und dient doch zu einem guten Teil der Mythisierung jener Jahre eines kulturrevolutionären Aufbruchs. »Die Revolte von 68«, so sagte Thomas Schmid, einer ihrer Theoretiker, im Jahre 1979, »hat für einen Moment lang das Zeitgefüge der herrschenden Macht aufgebrochen, hat die Uhren zerschossen und eine neue Zeit gesetzt.« Die Revolte von 68 – das ist aber, trotz aller ihrer nun schon historischen Wirkungen, zunächst einmal nichts weiter als eine Chiffre, hinter der sich ein Prozeß verbirgt. Denn was sich 1968 ereignet hat, »einen Moment lang«, besaß, wie sich zeigte, vielfältige Wurzeln, die sich über einen langen Zeitraum, zum Teil seit den 50er Jahren, entwickelt hatten. Es war der Prozeß einer weltweiten Rebellion, ein Aufbegehren zumal in den westlichen Industrienationen, das sich gegen verkrustete Sozialstrukturen und historisch überfällige Hierarchien richtete, der Prozeß einer antiautoritären Revolte, die gegen sowjetischen Imperialismus wie gegen den Krieg der Amerikaner antrat, gegen Feudalregimes in der Dritten Welt wie gegen eine sich verschärfende Repression im Innern in Form der Notstandsgesetze. 1968: ein Mythos – und eine Chiffre für einen Prozeß, der weiterwirkte, der jenen historischen »Moment« überdauerte, der sich in manchen Lebens- und Verkehrsformen und auch in politischen Auseinandersetzungen heute noch verfolgen und wahrnehmen läßt. So sollte man das Datum 1968 lediglich als Hilfskonstruktion ansehen. Denn es gibt lediglich eine Orientierungsmöglichkeit in der Geschichte der Bundesrepublik. Aber es stellt so wenig einen Bruch innerhalb dieser Geschichte dar, wie es einen grundlegenden Neuanfang bedeutet.

Dazu aber, daß sich ein Datum zur Chiffre verfestigen und daß die Chiffre einen Mythos bezeichnen konnte, trug nicht zuletzt eine Diskussion bei, die längst ihrerseits mythisiert worden ist: die Diskussion über den »Tod der Literatur«. Sie fand ihr gleichsam chimärisches Vorbild in der leitmotivisch während des Pariser Mai 1968 wiederkehrenden Wandaufschrift: »L'art est mort!« – Die Kunst ist tot! Als Spiegelung solcher Graffiti, ja als deren theoretische Fundierung wirkten in der Bundesrepublik Überlegungen, die 1968 in der von Hans Magnus Enzensberger herausgegebenen Zeitschrift *Kursbuch* veröffentlicht wurden. Drei Aufsätze sind hier zu nennen: Karl Markus Michel, »Ein Kranz für die Literatur«, Hans Magnus Enzensberger, »Gemeinplätze, die Neueste Literatur betreffend« (beide *Kursbuch 15*, November 1968), Peter Schneider, »Die Phantasie im Spätkapitalismus und die Kulturrevolution« (*Kursbuch 16*, März 1969).

Karl Markus Michels Aufsatz war fraglos inspiriert durch die Graffiti des Pariser Mai – aber nicht durch deren Inhalte, durch ihren kulturrevolutionären Verbalradikalismus oder die zitierten Traditionen der künstlerischen Avantgarde, sondern durch den Medienwechsel, der mit ihnen demonstriert wurde und der »in diesem provokativen An-die-Wand-Schreiben besteht« (Michel). Vor dem Hintergrund dieses Medienwechsels entwarf Michel das Bild einer Literatur, die, so avantgardistisch auch immer sie sich darstelle, dennoch festgelegt bleibe auf »ihren schwachen Punkt, den sie lange als ihre Stärke mißverstanden hat: ihre soziale Privilegiertheit, ihre Distanz zur gesellschaftlichen Praxis – trotz Wahlpropaganda etc.«. Dieses Argument spielte auf die schon zitierte Unterstützung politischer Parteien durch Schriftsteller an – aber es meinte ebensogut auch die Arbeit und das Selbstverständnis von Autoren der Konkreten Poesie. Die moderne Literatur insgesamt, so Michel, »fesselte und befriedigte intellektuelle Interessen, als wären es unmittelbar gesellschaftliche und politische, und hat dadurch den Blick auf die letzteren verstellt, hat die Unzufriedenheit und Unruhe, die sie nährte, zugleich in einen Käfig gesperrt, wo Scheinkämpfe ausgefochten und Scheinsiege errungen wurden, während nebenher die Geschäfte ihren Lauf nahmen«. Keineswegs zog Michel aus diesem Befund die Konsequenz, der Literatur den Kampf anzusagen oder ihren Tod zu wünschen, gar zu konstatieren. Im Gegenteil: »selbst das Wort vom Tod der Kunst«, so Michel, »gehört, seit mindestens 150 Jahren, zum heiligen Bestand eben jener Kultur, gegen die es ausgespielt wird«. Worum es Michel ging, war lediglich die präzise Beschreibung und Begründung der Unzeitgemäßheit gesellschaftsferner, »asozialer« Kunst im Sinne der ästhetischen Theorie Adornos. Brecht statt Beckett – so könnte, auf den ersten Blick, die Formel dieser Argumentation lauten, die den Avantgardismus und Modernismus mit dem Satz treffen wollte: »Die heute lebenden Schriftsteller finden ihre Legitimation durch die großen Toten, deren Werk sie fortsetzen, das offenbar unendliche Kunstwerk Literatur, das sich durch Glanz und Elend und Hader seiner zahllosen Moleküle reproduziert.« Aber auch das Werk Brechts wäre, da es an den Kunstraum gebunden blieb, im Zusammenhang dieser Argumentation obsolet. Vor dem Hintergrund des Pariser Mai sah Michel – als »dritte Möglichkeit« zu den idealtypischen Alternativen »Beckett« oder »Brecht«, »Adorno« oder »Bloch« – die praktische Konsequenz aus der Einsicht, »daß unsere Welt sich nicht mehr poetisieren läßt, nur noch verändern«. Diese »dritte Möglichkeit«, die der sozialen Veränderung, die eine Funktionsveränderung der Kunst mit sich bringen würde, schien im Protest der außerparlamentarischen Bewegung angelegt: »nicht durch eine neue Literatur, aber durch neue Ausdrucksformen, die den literarischen Avantgardismus senil erscheinen lassen und die progressive westliche Literatur insgesamt an ihre Ohnmacht gemahnen, die aus ihrer Privilegiertheit folgt«.

Es ging Karl Markus Michel mithin im Grunde nicht um eine Abschaffung der Literatur, womöglich mit letalem Ausgang, sondern um eine Neubestimmung ihrer Funktion angesichts des generellen Funktionsverlustes von Kunst, den die soziale Rebellion des Pariser Mai 68 offenbart zu haben schien. Freilich war die Nähe dieser Überlegungen zu den bilderstürmerischen Tendenzen der Zeit zu deutlich, die Sympathie für die Parole »L'art est mort!« zu provokant unterlegt, als daß nicht Mißverständnisse auf dem Wege dieser Argumentationslinie hätten

Pariser Mai 1968

liegen müssen. Doch nicht in erster Linie dem Aufsatz des *Kursbuch*-Redakteurs Michel, vielmehr dem des prominenteren *Kursbuch*-Herausgebers Enzensberger widerfuhr die zweifelhafte Ehre eines beständigen Mißverstehens. »Sie behaupten hartnäckig, ich hätte darin den Tod der Literatur verkündet oder gar verlangt«, beklagte sich Enzensberger 1979 in seinem Gespräch mit Alfred Andersch über die Literaturkritiker, um seinerseits klarzustellen: »In Wirklichkeit handelte der Aufsatz von einer ganz anderen Frage, nämlich davon, daß die meisten Schriftsteller, wie andere Leute auch, das Bedürfnis haben, gesellschaftlich sinnvolle Sachen zu produzieren, daß aber für rein literarische Produktionen ein solcher gesellschaftlicher Sinn sich nicht mehr nachweisen läßt.«

In der Tat stand der Funktionsverlust der Literatur auch bei Enzensberger im Zentrum der Überlegungen. Formal geschult an den »philosophischen Querbohrungen« (Ernst Bloch), wie sie Walter Benjamin in seiner *Einbahnstraße* (1928) entwickelt hat, arrangierte Enzensberger eine Fülle von Beobachtungen zum Literaturbetrieb, Theoreme über Surrealismus und Revolution und perspektivische Überlegungen zur Zukunft von Schriftstellern um seine Erkenntnis: »Für literarische Kunstwerke läßt sich eine wesentliche gesellschaftliche Funktion in unserer Lage nicht angeben.« Keine Rede also vom »Tod der Literatur«, im Gegenteil: Enzensberger gab zu bedenken, »daß der ›Tod der Literatur‹ selber eine literarische Metapher ist«. Aber er beharrte eben auf dem gesellschaftlichen Funktionsverlust der Belletristik: »Wer Literatur als Kunst macht, ist damit nicht widerlegt, er kann aber auch nicht mehr gerechtfertigt werden.« Die Perspektive des Schreibens ergibt sich aus der Mitarbeit des Schriftstellers an einer »politischen Alphabetisierung Deutschlands«, die Enzensberger in bescheidenem Umfang verwirklicht sah in »Günter Wallraffs Reportagen aus deutschen Fabriken, Bahman Nirumands Persien-Buch, Ulrike Meinhofs Kolumnen, Georg Alsheimers Bericht aus Vietnam«.

Der innere und konsequente Zusammenhang dieser Überlegungen mit Enzensbergers zuvor schon geäußerten Thesen zur »Bewußtseins-Industrie« (in: *Einzelheiten I*, 1964) sei hier nur angedeutet. Gegen den von Max Horkheimer und Theodor W. Adorno (*Dialektik der Aufklärung*, 1947) entfalteten Begriff der »Kulturindustrie« setzte Enzensberger 1964 seine Vorstellung einer »Bewußtseins-Industrie«: »Philosophie und Musik, Kunst und Literatur, das, wovon sie, wenn auch nur allerletzten Endes, lebt – das drängt sie ab, stellt es ›untern Strich‹ und weist ihm Reservate an, in denen es in Schutzhaft gehalten werden soll.« Diese industrielle Reservatsexistenz der Kunst bildet neuerlich den Anlaß, nun, im Umbruch des Jahres 1968, in gleichsam radikalisierter Form die Rolle der Kunst zu reflektieren – mit dem Ergebnis, sie von jedem Sinnanspruch und von jeder bestimmbaren Funktion freizusprechen, auch zu entlasten, damit aber literarische Texte zugleich zu entmachten. Vom Funktionsverlust zur Funktionsbestimmung: Enzensbergers perspektivische Überlegungen stellen den Gebrauchswert von Literatur in den Vordergrund, der sich für ihn definiert über literarische Aufklärungspotentiale. Die aber verlangen mit dem Funktionswandel auch Formveränderung: Reportagen, Zeitungsartikel, gesellschaftskritische Analysen, politische Informationen. Das Zusammenspiel solcher Reflexionen mit der Literaturentwicklung der 60er Jahre liegt auf der Hand. Die Betonung des Dokumentarischen und die Hinwendung zur Faktizität der Alltagswirklichkeit, wie sie etwa das Schauspiel dieser Zeit oder die Protokoll-Literatur belegen, enthalten ja ihrerseits tendenziell eine Absage an die Existenzberechtigung der Literatur selber. Denn wenn einerseits Erfahrungen, Situationen, Probleme und Stimmungen unmittelbar und authentisch der Realität entnommen werden können, dann erscheinen die ästhetischen Vermittlungen literarischer Kunstwerke nurmehr als luxurierendes Kulturgut. Und wenn andererseits die Bedeutung von Literatur sich bestimmen läßt nach ihrem sozialen Gebrauchswert, dann kann die Frage nach ihrer ästhetischen Qualität allenfalls von sekundärem Interesse sein. Von hier aus war es zu den kulturrevolutionären Funktionsbestimmungen der Literatur, wie sie Peter Schneider am Vorbild der chinesischen Kulturrevolution entwickelte, nur mehr ein kleiner Schritt. Auch Schneider aber sprach nicht vom »Tod« der Kunst und Literatur schlechthin, auch er wollte lediglich ihre Funktion neu bestimmen.

»Das Gerede vom Ende der Kunst wird immer von denen besorgt, die nur eine Ausrede dafür suchen, um die alte, die tote, die repressive bürgerliche Kunst in einer neuen, bisher unerhörten Todesart vorzuführen« – mit dieser Anmerkung schloß sich Peter Schneiders Aufsatz nahtlos an die Argumentationen Michels und Enzensbergers an. Doch galten seine Überlegungen primär der Frage, »ob die Kulturrevolution aus der Welt, in der die Phantasie bisher einzig praktisch geworden ist: aus der Welt des Scheins, irgendwelche konkreten Utopien für sich holen kann. Die Antwort heißt: nein. Die Kulturrevolution ist die Eroberung der Wirklichkeit durch die Phantasie.« Im Rückgriff auf Theoreme Karl Marx' und Sigmund Freuds versuchte Peter Schneider deutlich zu machen, daß nur eine Aufsprengung des kulturindustriellen Verblendungszusammenhanges kapitalistischer Produktionsverhältnisse, also die soziale Revolution, auch eine Veränderung der Kunst und ihrer sozialen Funktion bewirken könne. Zwei Funktionen wollte Schneider für eine »revolutionäre Kunst« gelten lassen: »die agitatorische und die propagandistische Funktion der Kunst«. »Agitatorisch« – das meinte »die Aufgabe, den Arbeitern, Schülern, Studenten bei der Artikulation ihrer Wünsche zu helfen und ihnen den Weg zu ihrer politischen

Jürgen Habermas und Theodor W. Adorno in einer Vollversammlung, Wintersemester 1968/69, Frankfurt

AUTODAFÉ

trágala, trágala, trágala, perro!

Die Kritik ist tot.

Welche?

Die bürgerliche, die herrschende.

Sie ist gestorben an sich selbst, gestorben mit der bürgerlichen Welt, zu der sie gehört hat, gestorben mit der bürgerlichen Literatur, die sie schulterklopfend begleitet hat, gestorben mit der bürgerlichen Ästhetik, auf die sie ihre Regeln gegründet hat, gestorben mit dem bürgerlichen Gott, der ihr seinen Segen gegeben hat.

Aber werden dem toten Gott nicht immer neue Kirchen gebaut?

Hilft die tote Ästhetik nicht nach wie vor, das zu annihilieren, was lebendig ist?

Blüht die tote Literatur nicht prächtiger als je?

Entfaltet die tote Welt nicht eine unvorhersehbare Macht?

Findet die tote Kritik nicht den größten Glauben?

Ist das wirklich alles tot?

Nicht nur scheintot?

Es ist scheinlebendig.

Was wie Leben aussieht, ist Agonie.

Was wie Agonie aussieht, ist Tod.

Die bürgerliche Kritik ist zum Gesellschaftsspiel geworden.

Die bürgerliche Welt zerstört sich selbst, indem sie sich zu verteidigen glaubt.

An die bürgerliche Literatur glauben nicht einmal mehr die bürgerlichen Literaten.

Die bürgerliche Ästhetik unterhält sich mit sich selbst über ihre eigenen Fiktionen.

Die Kirchen des bürgerlichen Gottes stehen leer.

Die Füße derer, die den toten Gott begraben haben, sind vor der Tür und werden die Kritik hinaustragen.

Man weiß das.

Man weiß das längst.

Man weiß es seit spätestens vierzig Jahren.

Aber die Herrschenden, die über die Kommunikationsmittel verfügen, sträuben sich.

Da sie ein Monopol besitzen, stellen sie die Welt dar, die sie gern hätten, und hoffen, daß die dargestellte Welt sich durch Reproduktion als reale erweist.

Ihr Monopol bröckelt.

Das Neue, das Nichtbürgerliche, das Lebendige findet Unterstützung, Zustimmung.

Es artikuliert sich, es wirkt.

Das Unbehagen wächst, und mit ihm die Angst.

Wie tot ist die bürgerliche Kritik?

Sie ist so tot, daß sie nicht einmal mehr hervorbringt, was die bürgerliche Welt allemal hervorgebracht hat: „Größe".

Es gibt keine „großen" Kritiker mehr.

Es gibt höchstens Großkritiker.

Die bürgerliche Kritik wirkt nicht mehr über den ersten Tag hinaus. Sie bewirkt ihr eigenes Vergessen. Sie produziert Eintagsfliegen. Jeder Kritiker produziert seine eigenen. Alle widersprechen einander, alle sind unglaubwürdig.

Wo die bürgerliche Kritik für die Dauer zu produzieren vorgibt, nicht auf Zeitungspapier also, sondern zwischen Buchdeckeln, schauderts selbst die Bürger.

Wird nach drei Jahren, oder nach fünf Jahren, oder nach zehn Jahren glaubwürdiger, was Glaubwürdigkeit schon im ersten Augenblick nicht besaß? Was sogar innerhalb des Systems, dem es sich geliehen hat, desavouiert ist durch Widerspruch, durch Veränderung, durch den schleichenden Tod?

Die bürgerliche Kritik hält Kultur für Kultur. Sie hält Kunstwerke für Kunstwerke. Sie hält Politik für das eine und die Welt des Geistes für das andere.

Sie ist nicht fähig, zu verstehen, daß es einen politikfreien Raum nicht länger gibt, daß auch Geist politisch ist, wenn er Geist ist, daß auch das vorgeblich Unpolitische politische Folgen hat.

Sie ist nicht fähig, zu begreifen, daß sie selbst dem Geist, den zu verteidigen sie vorgibt, im Wege steht.

Sie ist nicht fähig, einzusehen, daß sie mit toten Begriffen von toten Dingen redet.

Sie glaubt noch immer, daß der Geist das Höchste sei, daß Geist sich ohne Macht verwirklichen könne, daß Geist Macht sei; sie hat ihre eigene Entmachtung dankbar hingenommen. Sie hat sich verbannen lassen auf die letzten Seiten der Zeitungen, der Wochenschriften, der Zeitschriften. Sie nimmt hin, daß die Politik, die auf den ersten Seiten gemacht wird, selbst in ihren eigenen Augen der Kritik widerspricht, die sie auf den letzten Seiten übt.

Sie glaubt immer noch, daß sie trotzdem etwas bewirken könne. Sie nimmt sich hin als liberalen Flitter einer längst nicht mehr liberalen Gewalt. Sie läßt sich jeden Tag demütigen, weil sie ja jeden Tag ihre Meinung sagen darf. Ihre bürgerliche Meinung.

Dürfte sie auch ihre Bürgermeinung sagen?

Dürfte in der bürgerlichen Welt Kritik sich politisch verstehen, das Leben gegen den Tod ausspielen?

Dürfte in der bürgerlichen Welt Kritik aufhören, mit einem nutzlosen und hilflosen, längst dem Gelächter preisgegebenen Vokabular das Sterbende, das Tote, für lebendig auszugeben und mit einem neuen Vokabular, gewiß tastend, gewiß experimentierend, gewiß den Versuch nur einen Versuch nennend, das Unbürgerliche, Gegenbürgerliche als das Neue und Künftige verstehen?

Können wir keine Kritik haben, die nicht um Jahrzehnte hinter der Praxis zurück ist, die alles über Bord wirft, was sie hindert, zu verstehen, was noch nicht verstanden ist, aber verstanden werden muß, wenn die Agonie nicht noch Jahrzehnte dauern soll?

Können wir keine Kritik haben, die den fadenscheinig gewordenen Kunstwerk-Begriff über Bord wirft und endlich die gesellschaftliche Funktion jeglicher Literatur als das Entscheidende versteht und damit die künstlerische Funktion als eine beiläufige erkennt?

Können wir keine Kritik haben, deren Scheinautorität sich nicht länger darauf gründet, daß der Kritiker mehr gelesen hat als seine Leser, Fachmann im Lesen ist, ein besseres Gespür hat, seine Ästhetik studiert hat?

Können wir keine Kritik haben, deren Autorität sich darauf gründet, daß der Kritiker sich über die Funktion klar ist, die Literatur hat, und daß von dieser Funktion abhängen muß, was über Literatur gesagt wird?

Können wir keine Kritik haben, die nicht vom überzeitlichen Charakter des Kunstwerks ausgeht, sondern vom jeweils zeitlichen Charakter, die Literatur nicht länger als das begreift, was sie angeblich ist, sondern als das, wozu sie dient und was mit ihr geschieht?

Diese Kritik wäre lebendig; sie ließe keine Trauer über die tote Kritik aufkommen.

Walter Boehlich

Organisation zu zeigen«, bedeutete mithin eine durch den Entwicklungsstand des sozialen Umwälzungsprozesses definierte Rollenzuweisung für die Künstler, Schriftsteller, Intellektuellen, ähnlich der Forderung Enzensbergers nach einem Beitrag zur »politischen Alphabetisierung«. »Propagandistisch« – das meinte »die Aufgabe, die alten, in den Kunstwerken aufbewahrten Wünsche und Sehnsüchte der Menschheitsgeschichte wieder hervorzuholen, um sie endlich der Verwirklichung zugänglich zu machen«, bedeutete mithin eine Traditionswahl literarischer, künstlerischer Utopien aus revolutionärer Wahlverwandtschaft, die auf Verwirklichung des historisch »Uneingelösten« im Sinne Ernst Blochs drängt, an dessen »Ästhetik des Vorscheins« diese Forderung denn auch erinnert.

Kein Plädoyer für die Abschaffung der Literatur, nirgendwo die Diagnose ihres Hinscheidens, wohl aber entschiedene Argumente für eine Funktionsveränderung des Dichters und insoweit, vermittelt also, auch für eine Funktionsveränderung der Dichtung. So läßt sich wohl die Bilanz der einschlägigen Diskussionen in den Jahren 1968 und 1969 ziehen. Es gab freilich auch Gegenstimmen und Stimmenthaltungen. Von den letzteren war eingangs dieses Kapitels unter Hinweis auf Alfred Andersch, Arno Schmidt, Wolfgang Koeppen, Uwe Johnson schon die Rede. Und als Beispiel für die Vehemenz des Einspruchs sei hier abermals Dieter Wellershoff zitiert, der 1975 in einer autobiographischen Skizze notiert hat: »Das war wirklichkeitsfremdes Wunschdenken von Intellektuellen, die sich damit über ihre praktische Ohnmacht hinwegredeten und die komplexen Vermittlungen von Theorie und Praxis, Phantasie und Erfahrung, Literatur und Leben schlicht verkannten.« Man wird Wellershoff rückblikkend Recht geben müssen – doch läßt sich der kulturrevolutionäre Impuls der 68er Bewegung, lassen sich die Veränderungsbewegungen der 60er Jahre insgesamt mit dem Hinweis auf die Übermacht der Wirklichkeit erledigen? Das Aufbegehren ging doch gerade aus jener Wirklichkeit hervor, gegen die es sich kehrte. Man kann es, eingedenk Brechts Gedicht »Gegen die Objektiven«, kaum der außerparlamentarischen Bewegung negativ anrechnen, daß sie versuchte, Träume, Phantasien, Utopien zu realisieren, daß sie Illusionen hatte, anstatt sich dem Realitätsprinzip zu beugen. Im Gegenteil: Für sie sprach gerade die Radikalität des Protests, das Absehen von »realistischen« Perspektiven, in denen sich die etablierten Parteien eingerichtet hatten, das Insistieren auf der konkreten Utopie eines befreiten und sich befreienden Menschen. Was gegen sie sprach, das war freilich ihre Geringschätzung der Kunst, der Literatur, deren subversive Kraft, deren entgrenzende Möglichkeiten, deren Geschichtsbewußtsein und Zukunftsvisionen noch immer notwendig gewesen sind, wo die Wirklichkeit der Veränderung bedurfte. Erst die 70er Jahre sollten diese Notwendigkeit unter Beweis stellen – und es spricht nicht gegen die Literatur, daß ihre Wiederbelebung nach dem Scheintod in eine Phase der Regression fällt.

4
»*Neue Subjektivität*« – *Tendenzen der 70er Jahre (1969–1977)*

Die gesellschaftliche Umbruchstimmung, die sich mit der Revolutionseuphorie des Jahres 1968 andeutete, die eine ganze Generation erfaßt und sich in einem politischen Veränderungswillen, in kulturellen Neuansätzen auszudrücken versucht hatte – sie war schon nach wenigen Jahren verflogen. Mitte der 70er Jahre kann man im Literaturjahrbuch *Tintenfisch* eine ironische Miniatur zur Kenntnis nehmen, an deren Treffsicherheit spätere historische Studien sich einmal werden messen lassen müssen:

»Ein Gespenst geht um in Deutschland: die Langeweile. Die ehemals radikalen Schüler sitzen schwitzend über Bonus- und Malus-Werten und denken über die Höhe ihrer Pension nach; die ehemals radikalen Studenten sitzen frischrasiert und gerade an ihren sauberen Schreibtischen und entdecken die alte oder die neue Ordnung, auf jeden Fall eine Ordnung; die ehemals radikalen Schriftsteller liegen in den warmen Armen der Gewerkschaft, seitdem sind sie ruhig; der Rest der Bevölkerung scheint, aus Angst vor Entlassung, regelmäßig und unauffällig zu leben.«

Was war – unterstellt man einmal die Triftigkeit dieser Beobachtungen – geschehen? Wo war der Elan geblieben, der die 68er-Bewegung getragen und beflügelt hatte? Wohin hatten ihre Ideen und Theoreme, ihre Phantasien und Wünsche, wohin ihre – womöglich – Schwärmereien sich verflüchtigt? Was war aus der »konkreten Utopie« eines Herbert Marcuse, aus dem Ziel einer radikalen Aufsprengung des »kulturindustriellen Verblendungszusammenhanges« geworden, was aus der subversiv-anarchischen Lebenspraxis der politischen Zirkel und Konvente? Keine Proteste in den Hochschulen mehr und keine Demonstrationen auf den Straßen? Noch im Herbst 1969 gab es spontane Massenstreiks, auch gegen den Willen der Gewerkschaftsspitze, Streiks, die sich in den Jahren 1970 und 1971 fortsetzten, Begleiterscheinungen einer massiven Wirtschaftsrezession, Ausdrucksformen eines entschiedenen Kampfwillens organisierter und nicht-organisierter Arbeiter und Angestellter – alles schon wenig später verpufft und vergessen, obwohl doch die Krise andauerte? Zu Beginn der 70er Jahre gab es »Rote-Punkt-Aktionen« gegen Fahrpreiserhöhungen im öffentlichen Nahverkehr, gab es Mieterstreiks und Hausbesetzungen, Stadtteilmobilisierungen gegen Grund- und Bodenspekulation, in Frankfurt wie in Hamburg – alles ohne Wirkung? Zu Beginn der 70er Jahre sprach man sogar von einer neuformierten »linken Opposition« in der Bundesrepublik – blieb sie ganz ohne Folgen?

Man hat für die politisch-kulturelle Situation Mitte der 70er Jahre den Begriff »Tendenzwende« eingeführt, wahrlich ein »Begriffsbastard aus Börse und Kulturphilosophie«, um mit dem Schweizer Schriftsteller Adolf Muschg (geb. 1934) zu sprechen. Ein Begriff, der nichts erklärt, doch manches richtig beschreibt – wenn man ihn nicht mißversteht. Er wäre mißverstanden, deutete man seine Semantik in einem ganz unhistorischen Sinne als schlichten Pendelschlag eines sozialen Entwicklungsextrems in ein anderes, ihm diametral entgegengesetztes. Davon kann gewiß keine Rede sein, denn was sich in den 70er Jahren herausbildet an Formen der Privatheit, alternativen Existenzweisen, auch Innerlichkeit, das hat sehr wohl seine Vorbereitung in den 60er Jahren gefunden. Schon die *Bottroper Protokolle* Erika Runges aus dem Jahre 1968 offenbarten ja vor allem: Subjektivität, wenn auch eine bislang unterschlagene, unterdrückte, abgedrängte. Auch Dieter Wellershoff hatte seinerzeit entschieden gegen die Kategorie des »Zu privat« polemisiert. Und ganz gewiß darf auch Bernward Vesper als Beispiel für einen antiautoritären Linken gelten, der die Fähigkeit, »Ich« zu sagen, trotz einer radikalen Politisierung nicht verlernt hatte. Und umgekehrt gilt, daß gerade die anhaltenden politischen Aktionen zu Beginn der 70er Jahre einen Hinweis auf die Kontinuität der 68er-Bewegung geben – Kontinuität, nicht Identität. Das heißt: Es muß auch angesichts jenes »Gespensts der Langeweile«, das Mitte der 70er Jahre umzugehen schien, die Prozessualität von Geschichte betont werden gegenüber dem Versuch, Zäsuren, gar Brüche in eine Entwicklung hineinzukonstruieren, deren Elemente widerspruchsvoll aufeinander bezogen bleiben, die auseinander hervorgehen und Kontinuität auch in ihrer diskontinuierlichen Folge zeigen.

Dennoch aber bleibt der »Begriffsbastard« *Tendenzwende* treffend, wenn man sich die literarische, kulturelle, politische Entwicklung der 70er Jahre vergegenwärtigen will. Nur bedarf es einer inhaltlichen Füllung dieses Begriffs, bedarf es einer Verständigung über die Bedingungen solcher Wende, einer Verständigung, die zugleich die Möglichkeit einschließt, sich über die herrschenden Tendenzen dieser Zeit einen Überblick zu verschaffen. Worin also liegen die Voraussetzungen der »Tendenzwende«? Zumindest drei Faktoren lassen sich benennen.

Zum einen hat sich die APO-Strategie vom »Langen Marsch durch die Institutionen« (Rudi Dutschke) als Illusion erwiesen. Die Institutionen wurden weder durch personelle noch durch politisch-administrative Eingriffe in ihrem Eigenleben angetastet. Die Initiierung von Reformen im Schul- und Hochschulbereich beispielsweise, die auf die Kritik der Schüler und Studenten an den verkrusteten gesellschaftlichen Einrichtungen zurückging, führte nur in geringem Umfang zu Veränderungen struktureller oder inhaltlicher Art. Zum überwiegenden Teil sind solche Reformimpulse lediglich nach dem Gesichtspunkt der Effektivität aufgenommen und in Reglementierungen umgesetzt worden (Punktesystem in der reformierten Oberstufe, Rahmenpläne, Regelstudienzeit). Und wenn ein Blick voraus in die 80er Jahre an dieser Stelle erlaubt ist: Spätestens zu diesem Zeitpunkt, nach der politischen »Wende« von der sozialliberalen zur christlich-konservativen Regierung, werden wichtige Elemente kulturpolitischer Reformbestrebungen der 60er Jahre revidiert.

Zum anderen aber – und dies scheint gravierender – führte die Politisierung der 60er Jahre zu einer Vielzahl linker Organisationen, zu Parteigründungen und politischen Splittergruppen, in deren konkurrenzhaftem Sektierertum sich das Auseinanderfallen der außerparlamentarischen Opposition manifestierte. Dieser Prozeß läßt sich verfolgen bis hin zum Entstehen von Landkommunen und subkulturellen Gruppen, deren Gemeinsamkeit in dem Wunsch besteht, in alternativen Lebensformen eine neue soziale und individuelle Identität zu erproben. Es tritt in dieser Entwicklung ein gesellschaftlicher Dissoziierungsprozeß zutage: Unübersehbar hatte sich bis Mitte der 70er Jahre die Bodenlosigkeit jener Programme und Theorien erwiesen, die von Splitterparteien, Gruppen und Zirkeln vertreten wurden. Sowenig die Konzepte der Stadtguerilla in der Dritten Welt zur Gesellschaftsveränderung in der Ersten taugten, sowenig auch die linksradikalen Programme der sozialistischen und kommunistischen Parteibildungen in der Weimarer Zeit zur politischen Orientierung in der Bundesrepublik. Was der linken Opposition hierzulande fehlte – und zu ihr darf man mit einigem Recht die Schriftsteller und Intellektuellen rechnen –, das war die Verbindung zu einer sozialen Bewegung. Sie sollte sich erst entwickeln, als Ende der 70er Jahre neue oppositionelle Perspektiven auch für Autoren sich ergaben.

Schließlich der Staat: Er hat auf den Politisierungsprozeß im wesentlichen nach autoritärem Muster reagiert. Zu nennen ist hier vor allem der von der SPD unter ihrem damaligen Bundeskanzler Willy Brandt angeregte »Radikalenerlaß«, den 1972 die Ministerpräsidenten der Bundesländer verabschiedeten. Er begründete – zusätzlich zu den schon bestehenden beamtenrechtlichen Regelungen, also: als Druckmittel – eine politische Kontrolle für den Öffentlichen Dienst, in dessen Folge – trotz Protesten von PEN-Club, Schriftstellerverband, Germanistenverband – Hunderttausende von Bewerbern überprüft worden sind. Die SPD hat sich später von ihrem eigenen Produkt distanziert – wichtiger erscheinen dessen Wirkungen. Denn es entstand, insbesondere in der jüngeren Generation, ein Klima der Angst und der Resignation, das

sich einschüchternd auf ihr politisches Engagement auswirkte. »Berufsverbot« hieß das Stichwort dieses Themenkomplexes, ein Wort, das staatliche und politische Stellen nicht eben gern hörten, weil es alsbald auch im benachbarten Ausland kritisch aufgegriffen wurde. Es bezeichnet die Tatsache, daß der Staat mit seinem Beschäftigungsmonopol, etwa für Lehrer und Hochschulwissenschaftler, durch den »Radikalenerlaß« politisch mißliebige Akademiker an der Ausübung ihres erlernten Berufes hindern oder sie sogar von ihm ausschließen konnte. Hinzukam das RAF-Syndrom der 70er Jahre: die massive Verfolgung nicht nur der Gruppe um Andreas Baader und Ulrike Marie Meinhof, die in den Stammheimer Prozeß mündete und mit ihrem Tod keineswegs endete (hierzu: Stefan Aust, *Der Baader-Meinhof-Komplex*, 1985; ferner Reinhard Hauffs Film *Stammheim*, 1986, und George Taboris *Epilog*, 1986), sondern massive Verfolgung auch der Literatur durch die Verschärfung von Zensurbestimmungen, die erst 1980 zurückgenommen wurden. Der Strafanspruch des Staates gegenüber »Bestrebungen«, die sich – so hieß es in den einschlägigen Paragraphen des Strafgesetzbuches – »gegen den Bestand oder die Sicherheit der Bundesrepublik Deutschland oder gegen Verfassungsgrundsätze« richteten, sollte zum Faktor der Beurteilung jeglicher Veröffentlichung werden, also auch der von Literatur. Es versteht sich, daß damit eine Zensur, womöglich in Form einer präventiven Selbstzensur von Autoren und Verlegern, nicht mehr auszuschließen war.

Ein Klima der Verfolgung und Einschüchterung, der Diskriminierung und der Angst hatte sich aus der Aufbruchstimmung der 60er Jahre entwickelt. In einer Erklärung des »Komitees gegen politische Verfolgung«, die Wissenschaftler, Künstler und Verleger, aber auch Schriftsteller wie Ingeborg Drewitz, Hans Magnus Enzensberger, Günter Bruno Fuchs und Robert Wolfgang Schnell unterzeichneten, hieß es 1973 unter anderem:

»Was in den vergangenen Jahren als vereinzelte polizeiliche Maßnahme, als ›Übergriffe‹ staatlicher Behörden gegen die außerparlamentarische Opposition in der Bundesrepublik und Westberlin erscheinen konnte, hat sich [...] zu einem System politischer Verfolgung der gesamten Linken entwickelt:
Schon die politisch oppositionelle Meinung und Überzeugung wird verfolgt und mit Berufsverbot bestraft. Das Berufsverbot trifft insbesondere Lehrer, Sozialarbeiter, Wissenschaftler, die sich für die Interessen der arbeitenden Massen einsetzen.
Inzwischen werden die Hochschulen verstärkt reglementiert [...]. Bücher und Zeitschriften werden beschlagnahmt, linke Verlage behindert, Schriftsteller verleumdet, Journalisten und Redakteure diszipliniert.«

Ein Klima, das die Autoren, die Literatur nicht unberührt, nicht unbeeinflußt lassen konnte. *Deutschland im Herbst* (1977) hieß der Film, der – unter Mitwirkung von Rainer Werner Fassbinder, Alexander Kluge und Heinrich Böll – wohl am genauesten die vielfältig sich überlagernden und durchkreuzenden Stimmungen und Denkweisen jener Jahre erfaßt hat: das autoritative Verhalten staatlicher Instanzen und Repräsentanten, die von historischen Prozessen nicht abdrängbaren individuellen Sorgen und Sehnsüchte, die globalen Verflechtungen von Kapitalinteressen und militärischer Technologie. Ein atmosphärisch genauer und noch in seinen Widersprüchen überzeugender Gemeinschaftsfilm aus Einzelelementen, die einer unterschiedlichen Sicht auf die Bundesrepublik Ausdruck gaben, nach Stammheim und Mogadischu. Und so wie hier das RAF-Syndrom in Bildern thematisch wurde, so nahm Heinrich Böll beispielsweise auch die Themen Gesinnungsüberprüfung, Staatsschutz und Terroristenverfolgung zum Anlaß für seinen Essay »Will Ulrike Meinhof Gnade oder freies Geleit?« (1972), für die Erzählung *Die verlorene Ehre der Katharina Blum* (1974), für die Satire *Berichte zur Gesinnungslage der Nation* (1975) und den Roman *Fürsorgliche Belagerung* (1975). Peter Schneider hat eigene Erlebnisse mit der Berufsverbotspraxis in der Erzählung *...schon bist du ein Verfassungsfeind* (1977) beschrieben, ebenso Peter O. Chotjewitz (geb. 1934) in seinem Roman *Die Herren des Morgengrauens* (1978), beides Beispiele für eine neue Funktionsbestimmung der Literatur, die als Medium zur Verarbeitung, Objektivierung und Vermittlung eigener Erfahrungen wiederentdeckt wird.

Resümiert man die Entwicklungen der 70er Jahre, so läßt sich sagen: Am Ende des Politisierungsprozesses steht eine Entpolitisierung, die gleichwohl nicht unpolitisch ist. Denn wenn sie auch auf eine Abkehr von gesellschaftlichen Institutionen, auf Mißtrauen gegenüber den etablierten Parteien und den sozialen Hierarchien deutet, so enthält doch der Entpolitisierungsprozeß zugleich eine stärkere Betonung individueller Interessen und Motivationen, eine programmatische Rückeroberung der eigenen Sinnlichkeit, die im Politisierungsprozeß der 60er Jahre nicht selten verlorengegangen schien. Zu fragen ist also nicht nur nach den Verlusten des 68er-Aufbruchs, sondern auch nach seinem Ertrag. Hermann Peter Piwitt (geb. 1935) schrieb 1976 im *Literaturmagazin 5:*

»Tatsächlich hat der Aufbruch der späten sechziger Jahre mehr Tatsachen geschaffen, als die sogenannte ›Tendenzwende‹ hat rückgängig machen können: Bürgerinitiativen, Frauenbewegung, radikaldemokratische Buchhandlungen und Verlage, Kinder- und Jugendtheater wie ›Grips‹ und ›Rote Rübe‹ sind besser im Tritt denn je. An Universitäten wird wieder gelehrt, daß Boden und Kapital sowenig ›arbeiten‹ wie alte Frauen auf Besen fliegen können. Und so schnell Subkulturen ans Licht des Marktes gezogen wurden, so hartnäckig hält sich der Wille zur Subversion, wo es darum geht, Grundrechte gegen die FDGO, die Idee des Pluralismus gegen die totalitäre Wirklichkeit unserer Volkswirtschaft zu verteidigen. Der Wille zu dem, was Lenin ›die zweite nationale Kultur‹ nennt, ist nicht mehr totzukriegen.«

Diese »zweite Kultur« hat sich vielfältige Ausdrucksformen gesucht. In Autobiographien, in der Literatur der Frauenbewegung, in der neuen Dialektdichtung, in einer Lyrik, für die sich Privates und Politisches als untrennbar erweisen, zeigt sich ein veränderter Zugang zum Verhältnis von Lesen und Schreiben. Dieses nämlich wird nicht mehr ausschließlich unter dem Aspekt einer (professionellen) Autorentätigkeit und einer (konsumierenden) Leserhaltung gesehen. Vielmehr gewinnt Literatur vor dem Hintergrund des Begriffs »Erfahrung« eine neue Qualität als reziproker Prozeß des Lesens und Schreibens. *Erfahrungshunger* konnte Michael Rutschky seinen »Essay über die siebziger Jahre« (Untertitel) nennen, der 1980 erschien und nicht zuletzt deshalb überaus erfolgreich war, weil er einen charakteristischen Zug dieser Zeit in vielfältigen Phänomenen aufdeckte: die Suche nach Authentizität, nach Identität, nach einer unverstellt-subjektiven Individualität, wie sie sich in Theoriefragmenten und Filmen, in literarischen Zeugnissen und autobiographischen Dokumenten, in subkulturellen Bewegungen und alternativen Ausdrucksformen zur Geltung brachte. Rutschkys ethnographischer Blick galt der kulturgeschichtlichen Reflexion von Subjektivität ebenso wie den Formen ihrer literarischen Erwiderung und Erweiterung. Sein exemplarisches Verfahren läßt sich in mancherlei Hinsicht ergänzen. Das Schreiben in der Frauenbewegung und die Betonung der ästhetischen Produktivität in literaturdidaktischen Konzeptionen können für solchen »Erfahrungshunger« ebenso als Beispiele gelten wie die Schreiberfahrungen sozialer Randgruppen (z.B. Strafgefangene), die Entwicklung des Kinder- und Straßentheaters und die Entstehung des Autorenfilms, der auf die Herausbildung neuer Wahrnehmungsformen angelegt ist, von denen er zugleich selber zeugt.

Der »Erfahrungshunger« der 70er Jahre ist, mit anderen Worten, Ausdruck einer neugewonnenen, das heißt: wiederentdeckten und ihrer selbst bewußt gewordenen Subjektivität, für die sich rasch das Schlagwort »Neue Subjektivität« eingebürgert hat. Ein Schlagwort, das dennoch

Artikel 3 (3)

1.
niemand darf wegen
seines geschlechtes
seiner abstammung
seiner rasse
seiner sprache
seiner heimat und herkunft
seines glaubens
seiner religiösen oder
politischen
anschauungen
benachteiligt oder
bevorzugt werden

2.
ein volk von
ex-nazis
und ihren
mitläufern
betreibt schon wieder
seinen lieblingssport
die hetzjagd auf
kommunisten
sozialisten
humanisten
dissidenten
linke

3.
wer rechts ist
grinst

4.
beispielsweise
wird eine partei zugelassen
damit man
die existenz
ihrer mitglieder
zerstören kann
eigentlich waren
die nazis
ehrlicher
zugegeben
die neue methode ist
cleverer

5.
dreißig jahre später
gibt es wieder
sagen wir
zehntausend
die verhören
die neue gestapo

wehrt euch

vielleicht gibt es zeitungen
die eine rubrik einrichten
jeden tag in einem kasten
eine visage
die fotografie einer fresse
die verhört
mit namen
beruf
adresse
sowie
in den meisten fällen
mitgliedsnummer der
nsdap

dann selbstverständlich
keine gewalt
sondern
geht hin
und zeichnet
die wohnungstüre
das haus
des folterers
mit hakenkreuzen

ich garantier euch
der wird es sich überlegen
ob er noch einmal
verhört

trifft, weil es den inneren Zusammenhang einer sich verändernden Perspektive auf politisch-gesellschaftliche Verhältnisse benennt. Diese veränderte Perspektive ist vor dem Vorwurf neuerlicher »Innerlichkeit« auch dann noch in Schutz zu nehmen, wenn sie sich – wie nicht eben selten – als kalkulierte Abkehr von politisch-gesellschaftlicher Wirklichkeit selber versteht. Zwar reduziert sich haufig genug der »objektive Faktor: Subjektivität« (Rudolf zur Lippe) auf den subjektiven Faktor Subjektivität, auf Introspektion also und auf individuelle Selbstbespiegelung. Doch bedeutet das nicht allemal schon ein Wiederaufleben der alten deutschen Innerlichkeitstraditionen. Vielmehr liegt oft genug gerade in der Radikalität einer subjektivierten Perspektive deren Gesellschaftlichkeit umso offener zutage – und diesem Zusammenhang vor allem gilt im folgenden das Interesse der Darstellung. Hier sind die Übergänge fließend, die Grenzen häufig genug schwer zu ziehen, zumal in der autobiographischen Literatur der 70er Jahre. Doch darf als Kriterium zur Beurteilung der Neuen Subjektivität die Frage gelten, inwieweit deren Gesellschaftlichkeit in den Formen ihrer literarischen Verarbeitung noch gegenwärtig ist. Und bei aller thematischen Verzweigung gehört – dies kann vorab festgestellt werden – zu ihren signifikanten Merkmalen, daß sie wohl der Prosa und, in geringerem Maße, der Lyrik Stoff und Material bot, nicht aber dem Drama. Dieses entwickelt sich – sieht man von dem kontinuierlich weiterschreibenden Franz Xaver Kroetz einmal ab, der mittlerweile zum meistgespielten deutschsprachigen Dramatiker nach Brecht avancieren konnte – erst Ende der 70er Jahre in bemerkenswerter Weise fort: durch Thomas Bernhard und Botho Strauß.

der läuft zu
seinem boss
und sagt
sorry boss
die machen mich
dingfest
das wird mir
zu gefährlich
dem geht der
arsch mit grundeis

hört auf zu winseln
wehrt euch
die beste verteidigung ist
der angriff
(clausewitz)

6.
als die nazis
während des krieges
in dänemark
den judenstern einführen wollten
trug der könig von dänemark
bei seinem nächsten ausritt
den gelben stern
auf seiner uniform
warum legen
der scheel
der schmidt
der willybrandt
der genscher
der maihofer
nicht den judenstern an
wenn sie
beim frühstück lesen
daß man schon wieder
eine lehrerin
gefoltert hat
ah ich vergesse
daß sie eine solche meldung
mit der lupe
suchen müßten

wie wär's denn
bundesdeutsche zeitungen
wenn ihr
den deutschen dissidenten
wenigstens ein zehntel des raums
einräumen würdet
den ihr
den russischen
widmet
doch zieht ihr es vor
aus dem glashaus
mit steinen zu schmeißen

die splitter im fremden
anstatt den balken im eigenen
auge zu sehn
das neue kz
ist schon errichtet

die radikalen sind ausgeschlossen
vom öffentlichen dienst
also eingeschlossen
ins lager
das errichtet wird
für den gedanken an
die veränderung
öffentlichen dienstes

die gesellschaft
ist wieder geteilt
in wächter
und bewachte

wie gehabt
ein geruch breitet sich aus
der geruch einer maschine
die gas erzeugt

Alfred Andersch (1976)

Festzuhalten aber bleibt: Die Subjektivitätstendenzen der 70er Jahre als belanglosen Trend abtun zu wollen, als schiere mittelständisch-kleinbürgerliche Selbstbespiegelung, als bloße Mode also, wie dies gelegentlich geschehen ist, hieße zugleich auch, das Bedürfnis zu unterschätzen, das sich mit jeder Mode zur Geltung, zu Gesicht und Gehör bringt – und die Antizipationen zu ignorieren, die in ihm allemal verborgen liegen können. Versteht man die »Neue Subjektivität« als dialektischen Vorentwurf einer kommenden sozialen Bewegung, dann kann man in ihr rückblickend den Keim jener »neuen Unübersichtlichkeit« angezeigt sehen, den Jürgen Habermas als ein Charakteristikum der 80er Jahre glossiert hat. Der Subjektivitätsgewinn der 70er Jahre korrespondiert ihrem Orientierungsverlust. Dieser aber findet seine Erfüllung und Bestätigung in der willentlichen Preisgabe aller Verbindlichkeiten – und nimmt damit indirekt den befreienden Schlachtruf der »postmodernen« 80er Jahre vorweg: »Anything goes!«

Zwischen Autobiographie und ›Verständigungstext‹

»Auf allen literarischen Beeten«, so notierte 1973 der Schriftsteller Reinhard Baumgart (geb. 1929), ließen sich »neuerdings wie gedüngt wieder hochschießende Tagebücher und Intimgeschichten« beobachten. Diese Beobachtung bezieht sich auf ein literarhistorisch in der Tat bemerkenswertes Phänomen: Anfang der 70er Jahre veröffentlicht eine Reihe bekannter Autoren – von den weniger bekannten wird im Zusammenhang der Frauenliteratur und der »literarisierten Revolte« noch die Rede sein – lebensgeschichtliche Entwicklungen und Einzelheiten. Max Frisch legt sein *Tagebuch 1966–1971* (1972) vor und drei Jahre später seine autobiographische Liebesgeschichte *Montauk* (1975); Peter Rühmkorf (geb. 1929) gibt unter dem Titel *Die Jahre die Ihr kennt* (1972) »Anfälle und Erinnerungen« (Untertitel) zum besten; Gerhard Zwerenz (geb. 1925) publiziert mit *Kopf und Bauch* (1971) die »Geschichte eines Arbeiters, der unter die Intellektuellen gefallen ist«: seine eigene nämlich; Jakov Lind (geb. 1927) geht ebenso in *Selbstporträt* (1970) und *Nahaufnahme* (1973) seinem Lebensweg nach; desgleichen Günter Grass (*Aus dem Tagebuch einer Schnecke*, 1972), Wolfgang Hildesheimer (*Zeiten in Cornwall*, 1971), Walter Kempowski (geb. 1929; *Tadellöser & Wolff*, 1971; *Uns geht's ja noch gold*, 1972), Peter Handke (*Der kurze Brief zum langen Abschied*, 1972; *Wunschloses Unglück*, 1972). Allein 1976 erscheinen: Wolfgang Koeppens suggestiv-sprachmächtiger Prosatext *Jugend*, Thomas Bernhards obsessive Jugenderinnerung *Der Keller*, Elisabeth Plessens (geb. 1944) anklagende und abrechnende *Mitteilung an den Adel*. Und der Trend zur Aufarbeitung lebensgeschichtlicher Zusammenhänge, wenn auch unter dem Gesichtspunkt der Krankheit, findet sich auch bei Ernst Augustin (geb. 1927; *Raumlicht: Der Fall Evelyne B.*, 1976), Heinar Kipphardt (*März*, 1976) und Maria Erlenberger (*Der Hunger nach Wahnsinn*, 1977), schließlich unter historiographischem Aspekt bei Dieter Kühn (geb. 1935; *N* 1970; *Ich Wolkenstein*, 1977).

Einen Vorläufer der autobiographischen Literatur darf man Hermann Lenz (geb. 1913) nennen. Lenz, der bereits 1936 seine ersten Gedichte und 1938 seine erste Erzählung veröffentlicht hatte, dessen Erzählungen und Romane der 50er und 60er Jahre jedoch eine nur geringe Resonanz fanden, legte in den Jahren 1966 bis 1978 vier Romane vor, die Entwicklungsstufen seines eigenen Lebensweges schildern. Beginnend mit der Geschichte seines Großvaters (*Verlassene Zimmer*, 1966), über die eigene Jugend (*Andere Tage*, 1968) und die Zeit des Krieges (*Neue Zeit*, 1975) bis zu den Nachkriegsjahren (*Tagebuch vom Überleben und Leben*, 1978), verfolgt Hermann Lenz in der Figur des Eugen Rapp seine Entwicklung zum Schriftsteller, ein Weg gegen die Zeit, ein unzeitgemäßer, so bescheidener wie selbstbewußter Weg: »Das Schreiben droben in der Stube, das war jetzt wichtig, weil's den Krieg zurückdrängte (du willst deinen Bezirk abgrenzen).« Eine Existenzweise der Inneren Emigration – Hermann Lenz hat sie sich zur Lebensmaxime gemacht und zugleich zu einer Maxime seines Schreibens, das scharfsichtig und präzise das scheinbar Nebensächliche, Belanglose, Unauffällige, ja Abseitige notiert, gefiltert durch keine andere Instanz als die des Erzählers Lenz. Hierin liegt der Grund, warum Hermann Lenz erst relativ spät entdeckt worden ist, nämlich erst Mitte der 70er Jahre. Und nicht zufällig fällt diese Entdeckung, die 1978 zur Verleihung des Georg-Büch-

ner-Preises an Hermann Lenz führt, mit den autobiographischen Höhepunkten der »Neuen Subjektivität« zusammen. Peter Handke zumal hat sich für den Erzähler Hermann Lenz eingesetzt (in: *Als das Wünschen noch geholfen hat*, 1974) und erheblich zu der Beachtung beigetragen, die Lenz plötzlich unter Autoren und Essayisten der jüngeren Generation gefunden hat. »Das Kriegsbuch von Hermann Lenz«, so Handke anläßlich von *Neue Zeit* zur poetischen Leistung des Autors, »ist das erste dieser Art, wo der Zweite Weltkrieg nicht in eine Vorzeit verschwindet, als eine letztlich doch besonnte Vergangenheit, sondern so atemberaubend gegenwärtig wird wie Kriege für meine ›unerfahrene‹ Generation sonst nur in den Träumen.« Solche »atemberaubende Vergegenwärtigung« verdankt sich einer gleichsam entkolonialisierten Schreibweise und Wahrnehmungsfähigkeit: Lenz schreibt, wie Michael Rutschky in einer eher unkritischen Anverwandlung des Autors verdeutlicht hat (in: *Errungenschaften*, 1982) von keiner »Zentralperspektive« aus. Diese Schreibeigenschaft aber traf Mitte der 70er Jahre konstitutiv auf einen sozialen Orientierungsverlust, der sich nun seinerseits an Hermann Lenz orientierte. In den Romanen des Schweizers Gerhard Meier (geb. 1917; *Der Besuch*, 1976; *Toteninsel*, 1979; *Borodino*, 1982; *Die Ballade vom Schneien*, 1985), aber auch in den Werken Werner Kochs (geb. 1926; *Seeleben I*, 1971; *Wechselfähre oder Seeleben II*, 1975) lassen sich Gemeinsamkeiten mit der autobiographisch inspirierten Schreibweise des Hermann Lenz entdecken.

Als Gründe für diese autobiographische Konjunktur hat man zum einen eine Art Reflex auf die populäre Memoirenliteratur vermutet, wie sie etwa Hildegard Knef und Peter Bamm, später Lilli Palmer und Curd Jürgens vorgelegt hatten, zum anderen ein Versiegen der poetischen Invention, ein Versagen der Fiktion vor der Wirklichkeit. Doch gewichtiger scheint die Erklärung zu sein, daß nach den Jahren eines zum Teil sehr intensiven politisch-gesellschaftlichen Engagements die Verarbeitung lebensgeschichtlicher Erfahrungen in Form einer literarischen Autobiographie eine notwendige Rückbesinnung auf die eigene Individualität und Identität darstellte. Gabriele Wohmann hat dieses Bekenntnis zum eigenen Ich in einem Gedicht vorgetragen, das den Charakter einer programmatischen Selbstaussage dieser Literaturentwicklung besitzt:

Hermann Lenz

»Selbstverständlich, sage ich, man kann eine Stellungnahme von mir erwarten / Klar, den Minoritäten und so weiter / Meine Sympathie, klar / [...] Aber zuerst muß ich mal dieses nächste Lebenszeichen von mir hinkriegen, diese nächste kleine Herzrhythmusstörung [...].«

Doch solche Hinwendung zur eigenen Lebensgeschichte, solche Rückbesinnung auf die eigenen Voraussetzungen, Möglichkeiten und Grenzen, solche Reflexion der eigenen Entwicklungsbedingungen bedeutet keineswegs ein nur narzißtisches Widerspiegeln der eigenen Disposition. Vielmehr äußert sich in ihm eine sehr bewußte Wahrnehmung auch der umgebenden und bedingenden Realität, der sozialen Zwänge, der Alltagskatastrophen, der historischen Dimensionen individueller Entwicklung. Hinzu kommt ein Abwehrmechanismus, bei fast allen genannten Autoren, gegen technokratische Prozesse der industrialisierten Welt, die sich gerade Anfang der 70er Jahre allenthalben zu zeigen beginnen. »Je mehr Technokraten auf allen Gebieten zu Scheinobjektivierungen zwingen«, so hat Peter Härtling diesen Zusammenhang beschrieben, »je nachdrücklicher sich Ideologien polarisieren, desto subjektiver wird die Literatur sein.« Solche autobiographischen Zeugnisse einer neuentdeckten Subjektivität entsagen mithin weder der Geschichte noch der Politik – doch sie setzen an mit Selbstvergewisserung und Selbstreflexion und gelangen dadurch zu einer Erfahrung ihrer selbst, die sich als gesellschaftliche erweist.

Zwei Autoren vor allem sind in diesem Zusammenhang herauszuheben aus der Flut autobiographischer Literatur: Thomas Bernhard (geb. 1931) und Elias Canetti (geb. 1905). Beide haben in der zweiten Hälfte der 70er Jahre die ersten Bände ihrer Lebensgeschichte vorgelegt, beide eröffneten damit jeweils eine Reihe autobiographischer Werke, beider Ruhm – Canetti erhielt 1981 den Nobelpreis für Literatur – findet nicht zuletzt in diesen lebensgeschichtlichen Arbeiten seine Begründung. Aber mit diesen Äußerlichkeiten endet dann auch bereits, was ihnen gemeinsam ist. Mit einer Ausnahme: So unterschiedlich ihr jeweiliger Schreibanlaß sich darstellt, so verschiedenartig ihr Blick auf die umgebende Welt und die eigene Lebensgeschichte sein mögen, so deutlich ihre Ausdrucksmöglichkeiten und ihre literarischen Mitteilungsformen voneinander differieren – beider autobiographisches Werk ist große Dichtung kraft der Radikalität und Trennschärfe des Blicks, der die lebensgeschichtlichen Innenräume und Abgründe aufreißt und durchmißt.

Thomas Bernhard: Er schreibt aus einem einzigen Gefühl heraus, dem Haß, der alle Deutung der eigenen Existenz, alle Wahrnehmungen und Erinnerungen, alle Erfahrungen, Emotionen, Empfindungen durchsetzt. Abgründige Negativität, Leiden an der Wirklichkeit der Welt – das waren Merkmale schon seiner ersten Romane, von *Frost* (1963) und *Verstörung* (1967) bis hin zu *Das Kalkwerk* (1970) und *Korrektur* (1975). Doch mit dem ersten Band seiner Autobiographie tritt 1975 eine neue Qualität in sein Werk, ein neues Wahrnehmungszentrum, das Autor-Ich des späteren Schriftstellers Thomas Bernhard, das sich von nun an kontinuierlich fortschreitend der eigenen lebensgeschichtlichen Voraussetzungen und Entwicklungsbedingungen zu vergewissern beginnt. Ein Ich, das allen Weltekel, allen Wirklichkeitshorror, allen Ingrimm, allen Schmerz über erlittene Kränkungen, Krankheiten, Verwundungen und Deformationen in sich aufgesogen zu haben scheint und nun, jeweils auf der Entwicklungsstufe der beschriebenen Jahre sich selber umkreisend und umspielend, in sich hineinhorchend und aus sich herausschreiend, eine grandiose Abrechnung vollzieht mit all den Erfahrungsorten und Leidensstätten, die es geprägt haben: die nationalsozialistische Erziehungsanstalt der Jahre 1943 bis 1946, die sich 1945 problemlos zum katholischen Internat zu wandeln vermochte (*Die Ursache. Eine Andeutung*, 1975); die Lebensmittelhandlung, ein Ort *»in der entgegengesetzten Richtung«*, der dem Sechzehnjährigen nach Kriegsende die Begegnung mit den *»anderen Menschen«* ermöglicht, den Hoffnungslosen und Verbannten, den gesellschaftlichen Außenseitern (*Der Keller. Eine Entziehung*, 1976); das Hospital, in das Thomas Bernhard 1949 schwerkrank eingeliefert wird, ein, wie es scheint, hoffnungsloser Fall, alsbald eingereiht unter die Sterbenden und gerade durch diese unmenschliche Geste aufgerüttelt in seinem Lebenswillen (*Der Atem. Eine Entscheidung*, 1978); die Lungenheilstätte, in die der Achtzehnjährige gelangt, fortwährend hin- und hergeworfen zwischen Gesundung und Rückfall, isoliert von aller Welt und auf sich selber gestellt im Entscheidungsspielraum zwischen Vegetieren und Krepieren (*Die Kälte. Eine Isolation*, 1981); schließlich die dreizehn ersten Kindheitsjahre, Ausbruchs-, Aufbruchs- und Abenteuerjahre, eingespannt in eine Polarität der unversöhnlichen Entwicklungsgegensätze Verachtung (von seiten der Mutter) und Liebe (von seiten des Großvaters): »Nur aus Liebe zu meinem Großvater habe ich mich nicht umgebracht« (*Ein Kind*, 1982). Salzburg bildet den Hintergrund dieses desaströsen Lebensberichtes aus der Feder, aus dem Denken, aus dem Empfinden eines Österreichers, der erst im letzten Band seiner Autobiographie Distanz zum eigenen Weg zu finden beginnt, einfacher, sachlicher, unprätentiöser schreibt, gleichsam im Grade einer versöhnlichen Besinnung auf die früheste Kindheit die späteren Obsessionen und Manierismen preisgebend. Denn dies ist zumal für die ersten drei Bände festzuhalten: Thomas Bernhards Besessenheit durch die einmal und grundlegend erfahrenen Erschütterungen reißt in seinem Werk wie ein Strudel das Treib- und Sperrgut österreichischer Ungleichzeitigkeit unablässig und in immer neuen Facetten in sich hinein, um es wieder herauszuschleudern und abzustoßen, um es abermals, verändert und verstört, aufzugreifen und umzuwälzen, ein Prozeß der gleichzeitigen Hervorbringung und Vernichtung von Erfahrung durch Sprache, ebenso obsessiv wie unabschließbar. »Auch ein formal moderat operierender Autor wie Thomas Bernhard«, so schrieb 1985 der Schweizer Jürg Laederach (geb. 1945), »ist ohne eine – seine – spezifische Weiterentwicklung des Inneren Monologs nicht denkbar.

»Wir werden erzeugt, aber nicht erzogen, mit der ganzen
Stumpfsinnigkeit gehen unsere Erzeuger, nachdem sie uns
erzeugt haben, gegen uns vor, mit der ganzen
menschenzerstörenden Hilflosigkeit, und ruinieren schon
in den ersten drei Lebensjahren alles in einem
neuen Menschen, von welchem sie nichts wissen, nur, wenn
überhaupt, daß sie ihn kopflos und verantwortungslos
gemacht, und sie wissen nicht, daß sie damit das größte
Verbrechen begangen haben. In vollkommener *Unwissenheit*
***und Gemeinheit* haben uns unsere Erzeuger und also**
unsere Eltern in die Welt gesetzt und werden,
sind wir einmal da, mit uns nicht fertig, alle ihre Versuche,
mit uns fertig zu werden, scheitern, sie geben früh auf,
aber immer zu spät, immer erst in dem Augenblick,
in welchem sie uns längst zerstört haben, denn in den
ersten drei Lebensjahren, den entscheidenden Lebensjahren,
von welchen unsere Erzeuger als Eltern aber nichts wissen,
nichts wissen wollen, nichts wissen können,
weil Jahrhunderte lang immer alles getan worden ist
für diese ihre entsetzliche Unwissenheit,
haben uns unsere Erzeuger mit dieser Unwissenheit zerstört
und vernichtet und immer für unser ganzes Leben
zerstört und vernichtet, und die Wahrheit ist,
daß wir es auf der Welt immer nur mit in den ersten Jahren
von ihren unwissenden und gemeinen
und unaufgeklärten Erzeugern als Eltern
zerstörten und vernichteten und für ihr ganzes Leben
vernichteten Menschen zu tun haben.«
Thomas Bernhard, aus: Die Ursache (1975)

Thomas Bernhard

Bei Bernhard pflanzt sich das Schreibmoment seriell fort; seine neueren Texte wirken, als wären sie mit Hilfe einer Wiederholungstaste produziert. Die repetitive Periodik – ganze Themenbereiche, Figurenkonstellationen als riesige Anakoluthe, Wiederkehr des Immer-fast-Gleichen – wirken hin auf ein Ostinato literarischer Darbietung, dessen Entstehung immer noch weniger erstaunlich ist als die Tatsache, daß es uns (beinahe) immer fasziniert.« Solche Faszination verdankt sich allerdings wohl auch der Tatsache, daß eben die Radikalität der unabschließbar wiederholten Leidensvariationen – und im Grunde umspielen auch die späteren Prosatexte Thomas Bernhards wie *Beton* (1982), *Wittgensteins Neffe* (1982), *Der Untergeher* (1983), *Holzfällen* (1984) und *Alte Meister* (1985) die schon bekannten Themen zwischen Ich-Erfahrung und Einsamkeitsstolz – der Schwärze des bohrend-unverrückbaren Blicks auf die Wirklichkeit auf paradoxe Weise humoristische Züge zuschießen läßt. Allerdings teilt sich hier der Humor des Zynikers mit: Seine Heillosigkeit gibt einer Verzweiflung Ausdruck, deren monomanischer Charakter, durch »Wiederholung zwangsweise zur Perfektion« kommend (Bernhard), unausgesprochen das Gegenbild einer besseren, lebenswerteren Welt aufscheinen läßt, eine Art untergründiger Transzendenz, deren Voraussetzung das Wissen um den Tod ist. »Es ist alles lächerlich«, so Thomas Bernhard schon 1968, »wenn man an den Tod denkt.« Weil sein Werk aber fortwährend an den Tod denkt, von ihm spricht, ihn umstellt, teilt es auch, durch allen Lebensekel hindurch, zugleich seinen ungebrochenen Lebenswillen mit, überzieht mithin alle Widrigkeiten und Widerwärtigkeiten der Realität mit dem grimmigen Humor des »Trotzdem« – ein Sisyphos der industriellen Steinzeit.

Sehr anders Elias Canetti: Nicht daß seiner Autobiographie die Erfahrung des Schreckens fehlte, nicht daß die Abgründigkeit der umgebenden Welt überspielt, das schwierige und widerspruchsvolle Verhältnis zur Mutter unterschlagen, Phänomene der Entfremdung und des Leidens ausgeblendet würden! Im Gegenteil: Canetti registriert dergleichen mit sorgsamer Erinnerungsfähigkeit, mit einer Sensibilität, die an Behutsamkeit gemahnt, mit einer Genauigkeit, die an Penibilität grenzt. Die Differenz aber zu Thomas Bernhard liegt in der Souveränität, mit der die Intimität persönlicher Erfahrungen erzählt statt herausgeschrien, berichtet statt verurteilt, ergründet statt gehaßt wird. In einem sehr genauen poetischen Kalkül organisiert Canetti die Entwicklungsschritte seines Lebens zu einer – im wesentlichen – chronologischen Erzählkette, auf der wie Perlen auf einer Schnur die Erfahrungshöhe- und tiefpunkte in dichter Folge aufblitzen. Canetti versetzt sich nicht zurück auf eine seiner Entwicklungsstufen, sondern erinnert diese, beleuchtet sie aus seiner, des Dichters Elias Canetti, Erzählgegenwart. Daraus entsteht – als Schreibvoraussetzung – Distanz und Spannung zum Erzählgegenstand, dem eigenen Leben. Und aus Spannung und Distanz folgt jene Luzidität und Virtuosität, die diesen Erinnerungsentwurf vor anderen auszeichnet.

Der erste Band, *Die gerettete Zunge* (1977) umfaßt die Jahre von 1905 bis 1921, Kindheit also und frühe Jugend, mit ihren Erfahrungsdeterminanten: das Erlebnis des Völker- und Sprachenschmelztiegels Balkan und die Wanderjahre, die von Rustschuk über Manchester, Wien und Zürich schließlich nach Deutschland, nach Frankfurt führen; der frühe Verlust des Vaters, die Erfahrung des Todes mithin, die fortan zur lebensprägenden Konstante eines inbrünstigen Hasses auf den Tod sich verdichtet; die Zweisamkeit mit der Mutter als ausschließlicher und alles ausschließender Bezugsperson mit ihren harten Ansprüchen an Intellekt und Emotion des Kindes; die Sprache als Erfahrungsraum eines existentiellen Zwiespalts dieser umtriebigen Jugendjahre, der, auf Geheiß der Mutter, im Alter von acht Jahren jäh geschlossen wird durch die Tortur des Deutschunterrichts, »eine spät und unter wahrhaftigen Schmerzen eingepflanzte Muttersprache«; schließlich die Aussicht auf einen Umzug nach Deutschland, der die Erfahrung bereithält: »Vertreibung aus dem Paradies« – und eben dadurch die Erkenntnis des Kindheitsparadieses, das gleichwohl nicht ohne Schrecken war, allererst ermöglicht. Der zweite Band, *Die Fackel im Ohr* (1980), schildert die Jahre 1921 bis 1931: die Zeit in Frankfurt bis 1924, die ein allmähliches Herauswachsen aus der mütterlichen Einflußsphäre mit sich bringt; die Übersiedlung nach Wien 1924 mit der Promotion in Chemie; die eindringliche, dem Autor-Ich unverlierbare geschichtliche Erfahrung eines Aufstandes durch die Wiener Arbeiterschaft 1927, die zu einer Brandschatzung des Wiener Justizpalastes führt, zu polizeilichem Schießbefehl mit neunzig Toten, zur leibhaftigen Erfahrung des Phänomens »Masse«, wie sie Canetti später in *Masse und Macht* (1960) aufgearbeitet hat; die Begegnung mit der *Fackel* des Karl Kraus, von dem Canetti, wie er anläßlich seiner Dankesrede zum Nobelpreis 1981 sagte, »das Hören« gelernt hat, »die unbeirrbare Hingabe an die Laute Wiens«, aber auch einen kompromißlosen Pazifismus; die Arbeit am ersten großen Prosaentwurf, am Roman *Die Blendung*, der erst 1935 erscheinen sollte, wenig Beachtung fand und erst nach seiner Neuauflage 1963 für gebührendes Aufsehen sorgte (→ S. 213). Der dritte Band schließlich, *Das Augenspiel* (1985), umfaßt die Zeit von 1931 bis 1937: den Prozeß der Reifung und Bildung, auch durch Literatur; den Prozeß der Ablösung von Karl Kraus; die vielfältigen Begegnungen mit einflußreichen Persönlichkeiten des wissenschaftlichen, künstlerischen Lebens; den Abschluß der Arbeit am Roman *Die Blendung*; den Tod der Mutter im Jahre 1937 – dieses freilich eine Biographie gleichsam des »zweiten Blicks«, die eigene Lebensgeschichte stärker als zuvor brechend durch Wahrnehmungen, die auf andere fallen.

»Meine früheste Erinnerung ist in Rot getaucht.
Auf dem Arm eines Mädchens komme ich zu einer Tür heraus,
der Boden vor mir ist rot, und zur Linken geht eine Treppe
hinunter, die ebenso rot ist. Gegenüber von uns,
in selber Höhe, öffnet sich eine Tür und ein lächelnder Mann
tritt heran, bleibt stehen und sagt zu mir: ›Zeig die Zunge!‹
Ich strecke die Zunge heraus, er greift in seine Tasche,
zieht ein Taschenmesser hervor, öffnet es und führt die Klinge
ganz nahe an meine Zunge heran.
Er sagt: ›Jetzt schneiden wir ihm die Zunge ab.‹
Ich wage es nicht, die Zunge zurückzuziehen,
er kommt immer näher, gleich wird er sie mit der Klinge
berühren. Im letzten Augenblick zieht er das Messer zurück,
sagt: ›Heute noch nicht, morgen.‹ Er klappt das Messer
wieder zu und steckt es in seine Tasche.
Jeden Morgen treten wir aus der Tür heraus auf den roten
Flur, die Türe öffnet sich, und der lächelnde Mann erscheint.
Ich weiß, was er sagen wird und warte auf seinen Befehl,
die Zunge zu zeigen. Ich weiß, daß er sie mir abschneiden
wird und fürchte mich jedesmal mehr. Der Tag beginnt damit,
und es geschieht viele Male.«
Elias Canetti, aus: Die gerettete Zunge (1977)

Canettis Autobiographie ist eine »recherche«, durchaus im Sinne Marcel Prousts. Aber: eine Suche nach der Zeit der Kindheit und der Jugend, der Reife und der Bildung, die nicht als »verlorene« erinnert, sondern als bewahrte vergegenwärtigt wird. Das bewahrende, das konservierende Gedächtnis hält, eine lebensgeschichtliche Schatzkammer, jenes Arsenal prägender Eindrücke und Erlebnisse bereit, das sich im Lichte poetischer Wahrnehmung zur Erfahrung verdichtet. Die Vermittlung dieser individuellen Lebensgeschichte mit der gesellschaftlichen Geschichte erfolgt, eher beiläufig, ungezwungen. Die Tiefenschärfe des Blicks auf das eigene Ich erweist dessen Gesellschaftlichkeit gerade in seiner Individualität. Durch diese paradoxale Spannung überschreitet sie den Horizont nur persönlicher Memoiren – das Einzigartige als das Exemplarische.

Autobiographische Elemente haben auch in Günter Grass' Roman *Der Butt* (1977) Eingang gefunden, ebenso brisante Gegenwartsfragen wie die Frauenbewegung, »Beziehungsprobleme«, die Reisen des Autors Grass nach Polen. In diesem Roman sind sie jedoch produktiv in ein weit ausgreifendes und märchenhaftes, episches Gemälde integriert, das die Geschichte der Menschen von den Anfängen bis zur Gegenwart entfaltet. Allegorisiert in der Fisch-Gestalt des Butt, bildet die Dialektik, die Widersprüchlichkeit historischer Prozesse den Erzählanlaß dieses voluminösen Romans, dessen erzählerische Qualitäten sich durchaus mit denen der *Blechtrommel* vergleichen lassen. Allerdings deuten gerade die autobiographischen Elemente auf ein irritiertes Vertrauen des Epikers Grass in die Erzählbarkeit der Welt. Dies ist der Grund, warum nach der meisterlichen Travestie *Das Treffen in Telgte* (1979) – eine Darstellung der Gruppe 47 im Gewand des Barock, die Hans Werner Richter gewidmet ist – und dem eher peripheren Prosatext *Kopfgeburten oder Die Deutschen sterben aus* (1980) nahezu ein Jahrzehnt vergehen sollte, bis Günter Grass mit *Die Rättin* (1986) wieder ein großes episches Werk vorlegt.

Hubert Fichte

Auch Hubert Fichtes *Versuch über die Pubertät* (1974) ragt aus den autobiographischen Prosatexten zu Beginn der 70er Jahre heraus. Der Grund hierfür liegt in dem ethnographischen Blick, mit dem der Autor auf die Entwicklungsbedingungen seiner eigenen Jugend sieht. Hatte Fichte in seinen Romanen *Das Waisenhaus* (1965), *Die Palette* (1968) und *Detlevs Imitationen »Grünspan«* (1971) bereits lebensgeschichtliche Erfahrungen in fiktionale Formen und Figurenperspektiven verwandelt, so verbindet er in seinem *Versuch über die Pubertät* die Erinnerungen an seine Jugend mit Eindrücken von ausgedehnten Reisen, die er seit 1971 nach Bahia, Haiti und Trinidad unternahm. »Pubertät« meint also nicht nur die lebensgeschichtliche Phase der Adoleszenz, den begrenzten Zeitraum eines körperlichen und seelischen Umbruchs, sondern die lebenslange Entfaltung menschlicher Persönlichkeit. Deshalb die Einmontierung scheinbar exotischer Erlebnisse, deshalb auch der Einbezug »anderer Pubertäten«, der eines 60jährigen Homosexuellen und der des »Ledermannes« Hans Eppendorfer, dem Fichte später ein eigenes Werk widmete (*Hans Eppendorfer, der Ledermann, spricht mit Hubert Fichte*, 1976). Fichtes Lebensbericht, ein Essay eher denn ein Erinnerungswerk, setzt mit einer detaillierten Schilderung von Autopsien in Lateinamerika ein, jedoch nicht um einer vordergründigen literarischen Sensation willen, sondern um die alltäglichen Erlebnisse des im Hamburg der Nachkriegszeit heranwachsenden Erzählers in ihrer realen Exotik, um die vermeintliche Exotik der Dritten Welt in ihrer Alltäglichkeit zu zeigen: »Haiti und Salvador sind banal. Obduktionen gibt es auch im Eppendorfer Krankenhaus, und in Lokstedt laufen mehr Schlangen herum als am Amazonas.« Hubert Fichte, Halbjude und Halbwaise, verfolgt die diskontinuierlichen Entwicklungsschritte seines Lebens von den frühen Versuchen, eine Außenseiterexistenz als Schauspieler zu führen, bis zum Bemühen, das Leben als Knecht und Schafhirt in der Provence zu fristen. »Pubertät« heißt für den Erzähler Fichte: Entdeckung und Entwicklung der eigenen Homosexualität, Wahrnehmung des eigenen Ich im Spannungsfeld von Anthropologie und Alltagsgeschichte, Freilegung unaufgearbeiteter, verschütteter Persönlichkeitsschichten. Eine Autobiographie, wie sie in der deutschsprachigen Literatur wohl kaum ein zweites Mal in solcher Radikalität gewagt worden ist. *Entgrenzung* lautet das Motiv, das diesem Buch seine inneren poetischen Energien

Gerade vor dem Hintergrund der großen autobiographischen Werke Elias Canettis und Thomas Bernhards ist es jedoch angebracht, innerhalb der autobiographischen Literatur zu differenzieren. Gesondert und kritisch wahrzunehmen gilt es nämlich jenes literarische Genre, das seit dem Ende der 70er Jahre unter dem eingängigen Etikett »Verständigungstexte« auf der Woge des Autobiographischen mitschwimmt, auf die »Authentizität« seiner Wahrnehmungen ebensowohl pochend wie auf »Betroffenheit« durch die je spezifisch in ihm mitgeteilten Erfahrungen. »Verständigung« zwischen Autoren und Lesern – Lesern, die Autoren, Autoren, die Leser sind – über gesellschaftliche Verhältnisse und individuelle Stimmungen, über soziale Muster und über Probleme, Schwierigkeiten, Ängste – so lautet das Programm. Reinhard Baumgart hat das Modell, nach dem dieses Programm sich verwirklicht, folgendermaßen beschrieben:

»Einer erzählt anderen von sich, damit auch den anderen ihre eigene Geschichte erzählbar wird. Womit die alte Vision von einer ins Leben, in ein Reden aller mit allen aufgelösten Literatur sich im Zeichen der Tendenzwende zu erfüllen scheint, nämlich ohne kulturrevolutionäre Sprengkraft, nach dem Modell des universalen Beziehungsgeredes, das die Gesellschaft in den siebziger Jahren überall entfesselt hat, in den Kneipen und Küchen, beim Bowling und bei Botho Strauß.«

Die ego-zentrierte Wahrnehmungsperspektive der autobiographischen Literatur enthält ja auch – virtuell – eine Wahrnehmungsbeschränkung. Die Konzentration auf Befinden und Empfinden eines autobiographischen Ich vertraut selbstbewußt auf die Möglichkeit, im Nachschreiben und Nacherzählen eigenen Erlebens Wirklichkeit aufarbeiten und mitteilen zu können. Da aber die Wahrnehmungsmöglichkeiten, die dem autobiographisch erzählenden Ich zur Verfügung stehen, naturgemäß begrenzt sind, bleiben auch seine Erzählmöglichkeiten befangen im Programm eines Realismus, der soziale Wirklichkeit nicht – durch Sprache, Form, Struktur – transzendieren läßt zur *literarischen* Wirklichkeit, sondern sie allenfalls strukturiert nachstellt. Mit anderen Worten: Nicht mehr die Literarität der Texte, sondern das in ihnen organisierte Erfahrungsmaterial wird zum Maßstab ihrer Qualität

und seine anthropologischen Antriebe verleiht: Entgrenzung der tradierten Wahrnehmungsmuster und der lizenzierten Denkkategorien, Entgrenzung auch der konventionellen poetischen Formen, Genres und Gattungsgrenzen, Entgrenzung nicht zuletzt des autobiographischen Blicks, der sich auf die Bedingungen der eigenen Existenz richtet, auf ihre Zwiespältigkeiten und Widersprüche ebenso wie auf ihre Abgründe, Abschweifungen und Ausschreitungen, gespiegelt im Kultus und Ritus schamanistischer Religionen. »Ich will meine Fehler so unweigerlich begehen, daß sie […] ein Stil werden«, bekennt Fichte in seinem *Versuch über die Pubertät*. Genauigkeit der Beschreibung, scharfsichtige Fixierung noch des entlegenen Details, Unbestechlichkeit der Selbst-Sezierung – dies sind Merkmale eines Stils, der die begangenen »Fehler« nachgerade zur Voraussetzung seiner selbst, zur Bedingung des Analysierens, Aufdeckens und Niederschreibens gemacht hat und mit der Offenbarung unterdrückter und verheimlichter Lüste und Sehnsüchte, Obsessionen und Verdrängungen zu sich selber findet. Fichte ist ein Liebhaber jener »Schönheit des Unregelmäßigen, Übertriebenen«, die er in seinem Werk feiert, ein in der Tat »lyrischer Reporter«, der die »Methoden der ethologischen und ethnologischen Feldstudien auf das Lokstedter Innenleben anwendet« (Fichte). Was ihn hierzu befähigt, sind der Wille und die Bereitschaft, sich selber als experimentelle Figur nicht nur zu sehen, sondern zu entwerfen und zu entwickeln. »Ich bin die mir selbst am besten bekannte Versuchsperson«, heißt es programmatisch in diesem essayistischen Lebensbericht. Diese »Versuchsperson«, die in *Xango* und *Petersilie* (1976 und 1980, mit Leonore Mau) eingehend und eindringlich von ihren Erfahrungen mit afro-amerikanischen Religionen in Lateinamerika und der Karibik erzählt, diese »Versuchsperson« entwirft am Beispiel ihres eigenen Weges eine Anthropologie des Außenseiters und Exzentrikers, der sich am Ende des schmerzhaft bejahten ethnopoetischen Selbstentwurfs im Einklang mit der eigenen Dissidenz befindet: »Der Mensch ist kein Baum. Der Zauber ist zerschnitten. Jetzt beruhigen sich allmählich die erbrechenartigen Erinnerungen. Die Gerüche, die Töne, die Temperaturen, die Farben verlieren an Heftigkeit. Ich lebe weiter in einer ganz säkularisierten Welt.«

erhoben – und dessen Kommunizierbarkeit zum Garanten der Wirkungen. In einem wahrhaft sprechenden Lektoratstext des Suhrkamp-Verlags heißt es beispielsweise:

»›Verständigungstexte‹ sind Texte unter Leuten, die sich und anderen Mut machen müssen, weil es gefährlich ist zu leben und so aussieht, als könne es noch viel gefährlicher werden. Wer ›Verständigungstexte‹ schreibt, fragt nicht danach, ob er die Literatur-Latte wirft, sondern ob in dem, was er schreibt, herauskommt, wie ernst und wie unernst ihm zumute ist. Er möchte nämlich verstanden werden.«

Konzeptionell liegt diesem Genre das Interesse an einem Austausch von Erfahrungen »Betroffener« zugrunde. Inhaltlich bezieht es sich auf eine Vielfalt verschiedenartiger Lebensbereiche: Gefängnis, Liebe, Drogenabhängigkeit, Erwachsenwerden, Frauenprobleme, Männerprobleme, Geschlechterprobleme, Schulwirklichkeit, Psychiatrie – alles gilt dem Genre »Verständigungstexte« gleich viel. Solche Texte vertrauen auf den Effekt des Wiedererkennens. Sie zielen auf Leser, die sich im schon Bekannten noch einmal begegnen wollen. Darin liegt der Grund, warum »Verständigungstexte« nicht die »Literatur-Latte« werfen: Sie verzichten auf die Fähigkeit der Literatur, Wirklichkeitsräume zu entgrenzen, Erfahrungen zu irritieren, neue Wahrnehmungsmöglichkeiten zu begründen, weil sie Wirklichkeit verdoppeln, Erfahrungen bestätigen, mitteilungsfähige Sicht- und Sehweisen aufs neue anbieten wollen.

Literatur als Therapie

1 Ein junger Dichter, dem alles nach Wunsch ging, lobten ihn
doch die Kritiker seines Landes, kauften doch die Leser seine
Bücher und erhörten ihn doch die Damen, die er begehrte
und besaß er außerdem Weib und Kinder, die ihm seine
Seitensprünge verziehen.
2 Obwohl ihm alles in den Schoß fiel, sogar eine politische
Karriere, wurde der junge Dichter, je älter er wurde,
immer unglücklicher.
3 Im Fach der Psychologie bewandert,
erwachte in ihm der Verdacht, daß der Erfolg
das Anzeichen des Gegenteils sei und der sieghafte Charme,
der ihm eignete, nur die Maske seines Unwerts,
ja seiner Schuftigkeit.
4 Und in eben dem Moment, in dem der Erfolg seines Werks
im Begriff stand, ins Klassische umzuschlagen, wurde
ihm klar, daß er unglücklich war, weil er es nicht vermochte,
ein erfolgloses Buch zu schreiben.
5 Wenn, so überlegte der älter werdende Dichter, kein Weg
am Erfolg vorbei ging, mußte etwas mit ihm nicht in Ordnung
sein.
6 Der älter werdende Dichter fühlte die Schuld seines Erfolgs
schwer auf seinen Schultern lasten und begehrte, sich davon
zu befreien und Buße zu tun.
7 Was, so fragte er, war die Schuld dieses Erfolgs anderes
als die Schuld des Schreibenden, ja des Künstlers überhaupt,
der sich anmaßte, vorzusagen, was doch jeder für sich sagen
sollte, so daß Literatur und Kunst, im herkömmlichen Sinn
ausgeübt, ihm geradezu als ein Mangel an Kultur
erschienen.
8 Der alternde Dichter spürte den noch ungewohnten Wunsch
in sich aufsteigen, allen, denen er sich verbunden fühlte,
aber darüber hinaus auch sich selber, therapeutisch
unter die Arme zu greifen, dem Leser und Zuhörer zu sagen,
daß er nicht nur Mitarbeit, sondern auch Mitgefühl brauchte.
9 So ging der Dichter mit flatternd ergrauender Mähne unters
Volk und beschimpfte sich und sie, und er hatte wiederum
großen Erfolg, die Leute hingen, wie die Medien berichteten,
gebannt an seinen Lippen.
10 Er gehörte, so lautete eines seiner therapeutischen
Bekenntnisse, einer zugleich privilegierten und mit dem
eigenen Bad ausgeschütteten Generation an, die Buße
tun muß dafür, daß sie sich weigerte, sich der Erfahrung
des Konkreten auszusetzen, für die, so formulierte er einmal,
Knie ekelerregend sind.
11 Als der noch älter werdende Dichter entdeckte,
daß seine Geschlechtswerkzeuge, gewaschen oder nicht,
nach Garneelen zu riechen anfingen, verwandelte
sich die Novelle, die er rasch verfaßte, ehe er wieder
vors Volk trat, in den Lobgesang dieses konkreten Geruchs,
zum Entzücken seiner Anhänger.
12 Als er beim nächsten öffentlichen Auftritt
die nach Garneelen duftenden und mit Garneelen dekorierten
Geschlechtsorgane entblößte, schritt die Polizei ein.
13 Sein schlechtes Gewissen blieb ihm stets treu, über jede
Sekunde richtigen Bewußtseins, und was hieß das schon,
hinaus, und wenn er je einem anderen Vertreter des richtigen
Bewußtseins begegnete, blickte er jenen, und jener ihn,
heimlich gerührt an, als wüßten sie noch, worüber sie stritten:
wir wenigstens wissen es noch. –

Helmut Heißenbüttel, aus: Textbuch 9 (1986)

Der therapeutische Effekt, welcher der Literatur damit zugleich zugetraut und aufgebürdet wird, liegt offen zutage. *Literatur als Therapie* – so lautet auch das Motto, unter das der Schweizer Schriftsteller Adolf Muschg seine Frankfurter Poetik-Vorlesungen Anfang 1980 gestellt hatte. Und als ein zentraler Bezugstext galt ihm ein 1977 erschienenes Werk, das spätestens mit seinem Erscheinen als Taschenbuch (1979) zu einem Kultbuch wurde: Fritz Zorns *Mars*. »Fritz Zorn« ist das Pseudonym eines Krebskranken, der mit seinem Schreiben gegen die tödliche Krankheit ankämpft – und mit 32 Jahren, einen Tag, nachdem er von der bevorstehenden Veröffentlichung seines Werks erfahren hat, seinem Leiden erliegt. Sein Buch ist das Dokument dieses Kampfes, ein einziger autistischer Traktat über die Lebensunfähigkeit unserer – der westlichen – Gesellschaft, über ihre Kulturlosigkeit, ihre Unfähigkeit zum Mitleiden, ihre Verhärtungen und die Verstörungen, die von ihr ausgehen. Daß dieses Dokument einer Leidensanstrengung zu einem Kultbuch hat werden können, liegt in dem hohen Identifikationsgrad, der dem Ausdruck der Unversöhnlichkeit Ende der 70er Jahre anhaftete. »Aus dem einsamen Lebens- und Todesbericht«, so Adolf Muschg, »ist eine Projektionsfigur, ja ein Mythos für eine ganze Generation geworden. Sie nimmt ›Mars‹ nicht mehr nur eine gesellschaftliche Krankheitseinsicht ab. Sie findet darin die tröstlich-summarische Schuldigsprechung der Eltern. Ein scheinlebendiges Milieu darf verantwortlich gemacht werden; das ist ein Freibrief für die eigene Hoffnungslosigkeit.« Und – so muß man hinzufügen – ein Freibrief für den bedenkenlosen Umgang mit Literatur als einem therapeutischen Medium, den Adolf Muschg in seinen Vorlesungen zugleich fördert und zurückweist.

Die »erdabgewandte Seite« der Neuen Subjektivität

Als 1976 Nicolas Borns Roman *Die erdabgewandte Seite der Geschichte* erschien, nannte ihn Peter Handke »das bis jetzt radikalste Beispiel des Trends der ›Neuen Subjektivität‹ oder ›Neuen Innerlichkeit‹«. Ein Urteil aus Wahlverwandtschaft, hatte doch Handke selber nur ein Jahr zuvor mit seinem Roman *Die Stunde der wahren Empfindung* (1975) einer konsequent subjektiven Weltsicht, einem Fremdwerden im Vertrauten, einer Abkehr von aller Lebensprogrammatik und -systematik seinerseits Ausdruck gegeben. »Zurück ins Reich der Funkstille, ohne geregelte Empfangsfrequenz«, so Handke, nur ein Jahr später, anläßlich von Nicolas Borns Roman. Und in der Tat sieht sich dessen Wahrnehmungsperspektive, wie der Titel verheißt, der »erdabgewandten Seite der Geschichte« verpflichtet, der Seite einer Individualität und Subjektivität also, der in geschichtlicher Dimension gerade keine Wahrnehmung gilt oder nur eine der Verwaltung, Verdrängung, Vernichtung. Borns Roman plädiert mithin gegen die Abdrängung und Auflösung der Einzelnen ins Globale der großen Entwürfe, wie sie im Zusammenhang der außerparlamentarischen Opposition Ende der 60er Jahre in der Bundesrepublik diskutiert wurden. Sein Ich-Erzähler hat sich zu der Erkenntnis durchgearbeitet, »daß Geschichten wie diese« – seine eigene, ganz persönliche nämlich – »die eigentliche Geschichte ausmachen und daß die Weltgeschichte nur die chronische Geschichte ihrer Verwaltung ist«.

Borns Ich-Erzähler, ein im Berlin Ende der 60er Jahre lebender Schriftsteller (wie der Autor selber), erzählt die Geschichte seiner Trennung, seiner Lösung aus vertrauten, aber irritierten, ja fremdgewordenen Beziehungen. Dieser Ich-Erzähler will sich aus dem Bann seines Liebesverhältnisses zur Schallplattenagentin Maria ebenso befreien wie aus der Bindung an seine heranwachsende Tochter Ursel und an seinen links-melancholischen Freund Lasski. Und er will sich ebenso freimachen von der Übergewalt der Abstraktionen, die jede Verpflichtung auf politische und soziale Ziele und Normierungen für ihn bedeutet. In pointierten Schlaglichtern erfaßt der Roman den Prozeß dieser qualvollen Selbstbefreiung. Ein Besuch in der Wohnung der ersten Frau, ein Krankenhausaufenthalt,

Kneipenbesuche und -gespräche, ein Besuch bei Freunden in Frankfurt – dies sind die Stationen, die der Ich-Erzähler auf seinem Weg zu sich selbst durchläuft, bis ihn am Ende nicht einmal der Verlust der Geliebten mehr zu verstören vermag. Stationen mithin der Selbstfindung vermittels der Preisgabe aller Gewißheit und Geborgenheit, der Heimkehr zu nichts als einer leidensgeprägten, erfahrungsgesättigten und eben deshalb mißtrauischen und ungesellschaftlichen Subjektivität, die nur für sich selber noch einstehen will und kann, narzistisch eher denn selbstbewußt.

Nicolas Born, der aus dem Kreis der »Kölner Schule« stammte (*Der zweite Tag*, 1965) und sich bis Mitte der 70er Jahre vor allem als Lyriker einen Namen gemacht hatte (*Das Auge des Entdeckers*, 1972), läßt seinen Ich-Erzähler diesen Prozeß mit äußerster Sensibilität schildern. In der Literaturkritik ist deshalb mit Recht die Genauigkeit der Naturschilderungen gerühmt worden und auch die Präzision, mit der in diesem Roman Stimmungen und Stimmungsveränderungen eingefangen sind. Es scheint freilich, als sei die fast lyrische Qualität solcher atmosphärischen Nuancierungen um den nicht unbeträchtlichen Preis eines grundlegenden ästhetischen Widerspruchs gewonnen. Denn gerade die radikale Subjektivierung der Erzählperspektive geht bei Born einher mit dem Verzicht auf ein strukturelles Gegengewicht, das den Prozeß der Selbstzukehr in einer spannungsvollen Offenheit gehalten hätte, anstatt ihn zur Identifikation anzubieten. Borns Ich-Erzähler ist ja, um einen Begriff der Romantheorie von Georg Lukács bis zu Lucien Goldmann aufzunehmen, als Romanfigur ein »problematisches Individuum«. Seine Maxime lautet: »Kehre dich ab von der Welt zu dir selber und zu nichts sonst.« Diese Maxime gibt seinem Programm einer radikalen, narzistischen Selbstzukehr Ausdruck, die dem problematischen Weltverhältnis des Ich-Erzählers entspringt. »Problematisch« aber sind die Individuen, die Helden des bürgerlichen Romans, weil sie im Konflikt mit der sie umgebenden gesellschaftlichen Wirklichkeit stehen, in die hinein sie sich glücklich entwickeln können (ein berühmtes Beispiel hierfür wäre Goethes *Wilhelm Meister*) oder an der sie zuletzt doch scheitern müssen (Beispiel hierfür: Wolfgang Koeppens Romanfigur Keetenheuve im *Treibhaus*). In beiden Fällen – deren romantypologischer Traditionszusammenhang (Entwicklungs- bzw. Montageroman) hier durchaus außer Betracht bleiben kann – ist als Bezugspunkt des »problematischen Individuums« die gesellschaftliche Wirklichkeit erhalten, auf die es sich konfliktreich bezieht. Eben die Spannung zwischen Individuum und Gesellschaft aber geht bei Nicolas Born verloren, weil in seinem Roman alle Probleme und Konflikte in die Wahrnehmungen und Wertungen des Ich-Erzählers hineingenommen und in ihnen aufgelöst sind. Es fehlt, romankompositorisch gesehen, ein Äquivalent zur alles dominierenden Ich-Perspektive dieses Romans.

Anhand des Verhältnisses von Sprache und Realität läßt sich diese immanente Schwierigkeit des Romans beispielhaft zeigen. Borns Ich-Erzähler ist Schriftsteller, und folgerecht zieht – ein bekanntes Motiv der literarischen Moderne von Rainer Maria Rilke bis zu Ingeborg Bachmann (→ S. 278ff.) – seine Auseinandersetzung mit Wirklichkeit, Personen und Entwicklungen vielfältige Reflexionen auf die künstlerischen Ausdrucksmöglichkeiten nach sich, die ihm zu Gebote stehen: »Ich ging zurück an den Arbeitstisch und las das Geschriebene. Ich hatte über Lasski Sätze bilden können, über Maria auch, die, wäre sie dagewesen, lauter Frage- und Ausrufungszeichen an den Rand gemalt hätte, kleine Bemerkungen wie: *ach nein, was du nicht sagst, nur weiter so, doll, noch doller, das ist ja interessant.* Was ich erlebte – dagegen waren diese Sätze schwach und verschwindend; zu deutlich waren sie auf eine Wahrheit aus. Was ich tatsächlich erlebte, das war eine ganz andere Geschichte; da war nämlich die Straße auf dem Weg zu ihr ein wüster, schmerzender Alptraum, ein düsteres Arrangement von Warnungszeichen, ohne daß ich diese Zeichen mit einem Satz hätte auffangen können. In meiner Einbildung ging ich oft den Weg zu ihr und dachte immer öfter daran, ihr zu entkommen, ohne aber an ein Entkommen auch zu glauben.« Die Unangemessenheit *seiner*, des Ich-Erzählers Sprache zur Vielfalt und Vielschichtigkeit von Wirklichkeits- und Persönlichkeitsverhältnissen, von Stimmungen und Empfindungen, die hier behauptet wird, kommt freilich im Roman nicht zu ihrem Ausdruck, weil der Ich-Erzähler selber sie, indem er über sie spricht, bereits wieder bannt. Indem Born seinen Ich-Erzähler die zitierte Erkenntnis formulieren läßt, löst er unterderhand das formulierte Problem. Indem sein Roman über die Schwierigkeit spricht, Realität sprachlich noch zu fassen, hat er sie bereits bewältigt. Der Prozeß der – auch sprachlichen, auch künstlerischen – Selbstfindung des Ich-Erzählers wird mithin nur thematisiert, nicht aber in der Sprache des Romans organisiert. Auf diese Weise hebt der Roman ein Problem wieder auf, das er gleichwohl als spannungsvolle Voraussetzung seiner selbst und als Sujet noch behauptet – »erledigt« es gleichsam im Erzählvorgang selber. Die von Handke behauptete »Radikalität« der »Neuen Subjektivität« Borns wird dadurch jedoch affirmativ: Sie bleibt identifikatorisch an die Perspektive des Ich-Erzählers gebunden, ohne formkonstitutive Bedeutung zu gewinnen.

»Zu deutlich« – so ließe sich des Ich-Erzählers Selbstkritik ihrerseits kritisch auf den Roman zurückbeziehen, in dem er als zentrale Wahrnehmungsinstanz fungiert – ist auch dieses Werk »auf eine Wahrheit aus«: daß nämlich die »erdabgewandte Seite der Geschichte« die »eigentliche Geschichte« sei. »Ich hatte keine Antworten auf bestimmte Fragen der Geschichte, konnte alle Antworten, je selbstgewisser und gerechter sie klangen, nur noch verachten«, lautet eine der bekenntnishaften Sentenzen des Ich-Erzählers. Die Selbstgewißheit der Verachtung aber, die hier anklingt, deutet bereits wieder auf eine neue, höchst selbstgerechte Antwort. In der distanzlosen Bejahung seiner weltabgewandten Subjektivität re-etabliert sich ein durchaus entproblematisiertes Individuum als Subjekt der »eigentlichen Geschichte«. Der Weltekel, der es erfaßt hat, die Ideologie- und Technologiefeindlichkeit, die es prägen, der Haß und die Verachtung für alle von außen vorgetragenen Ansprüche und Zumutungen – alle diese Dispositionen werfen es auf sich selber zurück und berauben es zugleich der Möglichkeit, seinen oppositionellen Impetus produktiv werden zu lassen.

Die für das »problematische Individuum« typische Romanform sei, so hatte Lucien Goldmann gezeigt (*Soziologie des Romans*, dt. 1970), »in ihrem Wesen kritisch und oppositionell; sie ist eine Form des Widerstandes gegen die sich entwickelnde bürgerliche Gesellschaft«. Dieses Widerstandspotential hat sich bei Born zur Regression verändert in eine zwar zornig-unangepaßte, doch geschichtlich-gesellschaftlich sich

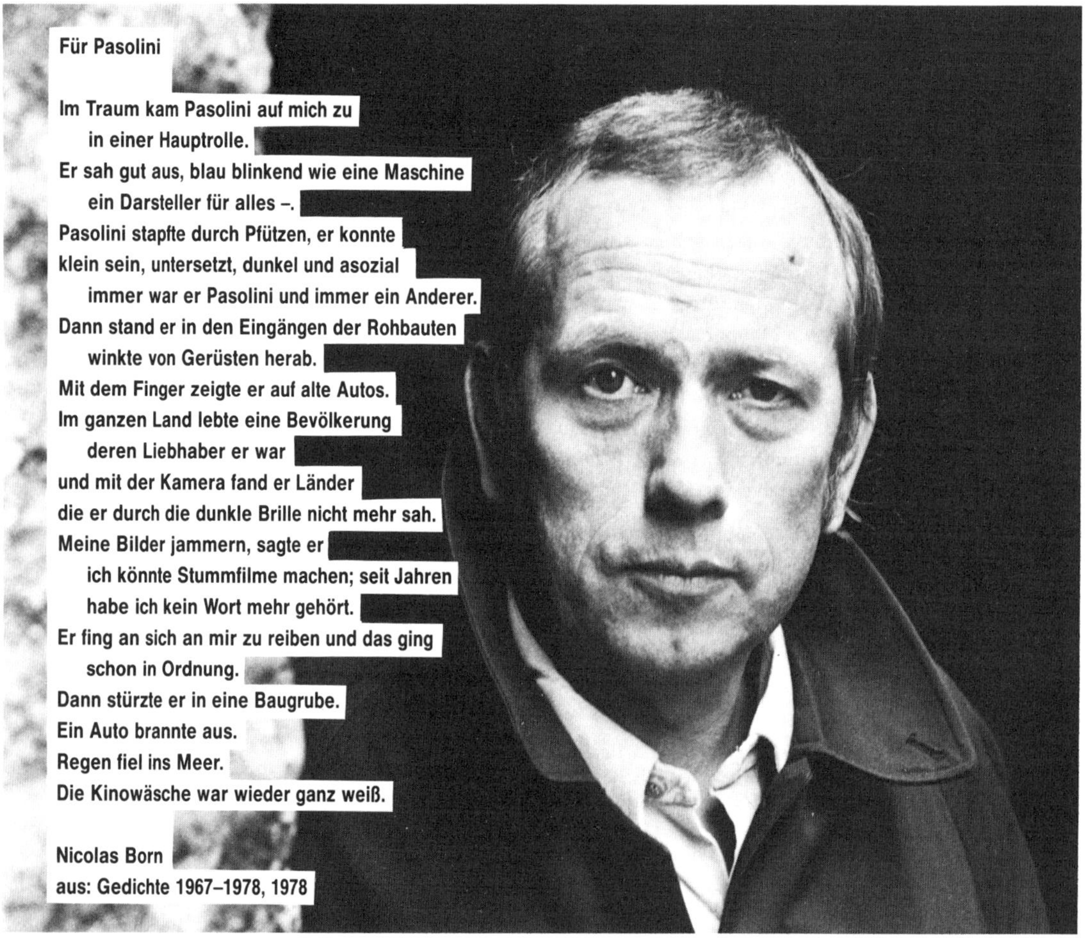

nicht mehr vermittelnde Subjektivität. Mehr als nur ein ideologiekritischer Hinweis, soll dieser Einwand auf ein ästhetiktheoretisches Problem aufmerksam machen, um dessen Bedeutung Born sehr wohl gewußt hat. Borns eigene Überlegungen zum Verhältnis von Gegenwartsrealität und Kunstanspruch (*Die Welt der Maschinen*, 1980) lassen nämlich die Bedeutung jener dialektischen Spannung durchaus erkennen, die Born seinem eigenen Roman entzogen hat. Und es ist kein Zufall, daß einen herausragenden Bezugspunkt in Borns Argumentation Werk und Person des unzeitgemäßen und unangepaßten Filmregisseurs Pier Paolo Pasolini bilden:

»Mir ist der Schrei Pasolinis nach einem notwendigen Leben über allen Verstand verständlich; seine Sehnsucht nach einer vorindustriellen Not-Idylle muß er ja notgedrungen in die Vergangenheit verlegen, auch wenn er seine und unsere Zukunft meint. Die Vernunft, an der er sich dabei vergeht, ist ›die Realität‹, die behäbig sagt, wie es ist und was es ist. [...] Pasolini weiß sicher, wie zwiespältig seine Haltung ist, denn dieses vorindustrielle Bild von schöner Notwendigkeit, das er eigensinnig im Kopf behalten hat und das gleichzeitig alles Elend enthält, ist erst in unserer völligen zeitlichen und räumlichen Entfernung davon sichtbar geworden, wiederum und paradoxerweise durch heutige Verkehrsmittel und Medien. An diesem kritischen Punkt aber setzt Pasolini seine utopische Willkür ein, die sich das Recht und die Einseitigkeit herausnimmt, ein Bedürfnis unvermittelt und unmodifiziert zu äußern, ohne Rücksicht auf ›das Machbare‹ und ohne Augenmaß für ›das Mögliche‹, wie es die jeweilige Realität anmaßend und unentwegt antizipiert.« (»Die Phantasie an die Macht«, 1975)

Man muß Born zustimmen: Pasolinis Filme sprechen auch dort, wo sie allen Gegenwartsbezug scheinbar meiden (wie in *Medea* oder in

Edipo Re) von den entfremdeten Wahrnehmungsformen, gegen die sie opponieren: durch eine widerständige, die gängigen filmischen Muster und Sehweisen durchkreuzende Filmästhetik. Der »Versteinerung der Verhältnisse« (Born) stellt Pasolini eine Entgrenzung der Wirklichkeit in den Mythos hinein entgegen, die gerade vermittels ihrer Unzeitgemäßheit, als ein selber filmischer Mythos, gleichwohl Anlaß wie Herkunft nirgendwo leugnet. Borns Romansprache aber, so sehr auch sie der »Versteinerung der Verhältnisse« Ausdruck geben soll, bleibt, indem sie ausschließlich den Wahrnehmungen des Ich-Erzählers zugeordnet wird, hinter diesem Anspruch zurück. Sie spricht *über* die versteinerten Verhältnisse, nicht aber diese *aus ihr*. Zwar registriert der Ich-Erzähler sehr genau die ihn umgebende Wirklichkeit, doch gerade seine subjektive Genauigkeit verwandelt alle Beobachtungen in reine Empfindung und Stimmung. Ein lyrischer Roman, der das Bestehende affirmiert – dies scheint der literarästhetische Preis zu sein, den Born für die »radikale« Parteinahme seiner Subjektivität zu zahlen hatte, wider Willen.

Frauenliteratur – Literatur der Frauenbewegung?

Ein autobiographisch inspiriertes Resultat der 68er-Revolte stellt auch die Frauenliteratur dar, die sich seit Mitte der 70er Jahre in der Bundesrepublik zu entwickeln begann. Ein allerdings widerspruchsvolles und auch widerspenstiges Resultat, das sich nicht zuletzt gegen die außerparlamentarische Bewegung selber wendete, soweit diese männlich dominiert wurde. Schon während der letzten Organisationsdebatten des SDS hatte Helke Sander, seinerzeit Delegierte des »Aktionsrates zur Befreiung der Frauen« erklärt: »Wir werden uns nicht mehr damit begnügen, daß den Frauen gestattet wird, auch mal ein Wort zu sagen, daß man sie, weil man ein Antiautoritärer ist, anhört, um dann zur Tagesordnung überzugehen.« Die männlich beherrschten Diskussionsstrukturen und Entscheidungsmechanismen gaben einen hinreichenden Anstoß, aus der gemeinsamen Fronde des antikapitalistischen Aufbegehrens und der sozialistischen Strategiedebatten auszuscheren, um, inmitten programmatischer Emanzipationsbestrebungen, der besonderen Unterdrückungssituation der Frauen zu entkommen. »Männer und Frauen sind der Unterdrückung anderer Menschen ausgesetzt«, so hatte Susan Sontag geschrieben: »Aber man darf nicht vergessen, daß zusätzlich alle Frauen von allen Männern unterdrückt werden.« Diese Einsicht besaß wegweisende Bedeutung. Denn eben gegen diese »zusätzliche« Unterdrückung der Frauen durch die Männer richtete sich die Neue Frauenbewegung in der Bundesrepublik seit ihren Anfängen. Sie fand im Kampf gegen den Abtreibungsparagraphen 218, im Kampf für das Recht der Frauen »auf ihren eigenen Bauch« im Jahre 1971 einen ersten Kristallisationspunkt ihres Selbst-Bewußtseins, ein auch politisch sich begründendes Bewußtsein, das sich von allen männlichen Definitionsversuchen weiblicher Rollen, Aufgaben und Funktionen zu befreien versuchte. Zwar gab es unterschiedliche Vorstellungen über mögliche Emanzipationsbestrebungen, politische Differenzen zwischen sozialistischen und bürgerlichen Feministinnen, verschiedenartige Auffassungen vom Verhältnis der Geschlechter zueinander. Doch Einigkeit bestand in der Neuen Frauenbewegung – und das unterschied sie von Frauenvereinigungen und -verbänden herkömmlicher, systemintegrativer Art – von Anfang an darin, daß die Befreiung der Frauen von jeglicher Unterdrückung radikal parteilich zu betreiben sei. »Heute verstehe ich unter Feminismus, daß man für die speziellen Forderungen der Frauen kämpft«, hatte eine der intellektuellen Leitfiguren des Feminismus, Simone de Beauvoir, erklärt. Das bedeutete: Abgrenzung sowohl von der Welt der Männer wie von traditionellen Sozialisationsformen und Rollenfixierungen, Entdeckung einer spezifischen Weiblichkeit in Geschichte und Gegenwart, Entwicklung und Behauptung einer weiblichen Identität in einer patriarchal bestimmten Wirklichkeit.

Die Namen Susan Sontag und Simone de Beauvoir stehen nicht zufällig am Anfang des Feminismus in der Bundesrepublik. Denn die Neue Frauenbewegung fand, bis sie mit Alice Schwarzers Streitschrift *Der*

›kleine Unterschied‹ und seine großen Folgen* (1975) eigene Impulse erhielt, ihre unmittelbaren Vorbilder in den Vereinigten Staaten und in Frankreich. Das amerikanische »Women's Liberation Movement« und einzelne Autorinnen wie Kate Millet (*Sexus und Herrschaft*, 1971), Phyllis Chesler (*Frauen – das verrückte Geschlecht?, 1974*) und Shulamith Firestone (*Frauenbefreiung und sexuelle Revolution*, 1975) übten nachhaltigen Einfluß auf die Diskussionen hierzulande aus, ebenso Simone de Beauvoir (*Das andere Geschlecht*, 1968) und die französischen Theoretikerinnen Luce Irigaray und Hélène Cixous. Aber nicht nur in der Frauenbewegung des Auslandes, sondern auch in der politischen Bewegung Deutschlands fand der Feminismus Vorläufer und Traditionen, auf die er sich beziehen konnte, Traditionen im Umkreis der Sozialdemokratie des 19. Jahrhunderts wie herausragende Einzelpersönlichkeiten, unter ihnen Clara Zetkin, Lily Braun und Rosa Luxemburg. Diesen sozialistischen Traditionsbezug hatte auch Herbert Marcuse im Auge, als er 1974 die Frauenbewegung die »vielleicht wichtigste und potentiell radikalste politische Bewegung« nach 1968 nannte. Marcuse erhoffte sich einen »feministischen Sozialismus«, dessen Eigenart er in »Rezeptivität, Sensitivität, Gewaltlosigkeit, Zärtlichkeit usw.« – für Marcuse spezifisch weibliche Charakteristika – begründet sah. Von Theoretikerinnen der Frauenbewegung wie Ursula Krechel (*Selbsterfahrung und Fremdbestimmung*, 1975) wurde Marcuse deshalb kritisiert, weil ihnen »zweifelhaft« erschien der »Wert eines sozialistischen Feminismus, der sich vornehmlich auf Sklaveneigenschaften stützt und diese als revolutionäres Potential verherrlicht«.

Vor dem Hintergrund des bisher Gesagten versteht sich von selbst, daß unter »Frauenliteratur« nicht in einem neutralen Sinne »Literatur von Frauen« begriffen sein soll, womöglich in jener trivialliterarischen Spielart, wie sie sich von Eugenie Marlitt und Hedwig Courths-Mahler bis zu Sandra Paretti, Marie Louise Fischer und Utta Danella erstreckt, die überkommenen Rollenmuster von Mann und Frau, die gängigen Klischees um Ehe, Liebe und Familie immer aufs neue variierend. Sondern »Frauenliteratur« heißt hier in einem strikten Sinne: Literatur von Frauen über Frauen für Frauen. Sie versteht sich selber als Teil der Neuen Frauenbewegung, sie sieht, wie diese, ihre Erfahrungsvoraussetzungen bestimmt durch die Welt der Männer, durch Väter, Brüder und Söhne, durch Vorgesetzte und Funktionäre, durch Geliebte, Ehemänner und politische Weggefährten, nicht zuletzt also durch eine männlich dominierte Sexualität, die zu ebenso subtilen wie brutalen Formen der Vergewaltigung ausgreifen kann. Unterdrückung, Entmündigung und Einsamkeit, Gefühlskälte und Beziehungslosigkeit kennzeichnen diese literarischen Nachrichten aus unterschlagenen, alltäglichen Wirklichkeitsbereichen, teils aggressiv, teils leidend vorgetragen, bisweilen mokant und spröde gegenüber dem anderen Geschlecht. Die Frauen in dieser deutlich autobiographisch geprägten Literatur befinden sich stets auf der Suche nach einem Selbstbewußtsein, das sich von dem der Männer abkehrt und abgrenzt, das zu sich selber findet und über sich selbst verfügt, nicht selten im Austausch und in der Gemeinsamkeit mit anderen Frauen.

Ein erstes, aufsehenerregendes Beispiel dieser Literatur gab Verena Stefan (geb. 1947) mit ihrem Prosatext *Häutungen* (1975). In ihm werden vor dem Hintergrund der Frauenbewegung in der Bundesrepublik Ablösungsprozesse notiert: Ablösung von vertrauten sozialen Bindungen und Zusammenhängen, Lösung aus tradierten Mustern sexueller Beziehungen, Entdeckung einer neuen, weiblichen Identität, die von Selbsterfahrungszwang und Offenbarungsdrang zeugt. »Autobiographische Aufzeichnungen Gedichte

Träume Analysen« lautet der Untertitel dieser literarischen Reflexion, mit der die traditionellen Gattungsbezeichnungen gesprengt werden, umgearbeitet, verwandelt, amalgamiert zu einer neuen Form poetischer Selbsterfahrung, die in den Satz mündet: »der mensch meines lebens bin ich.« Doch diese Gewißheit, erreicht um den Preis eines qualvollen und langwierigen Entwicklungsprozesses, bleibt zu deutlich noch den tradierten poetischen Sprachformen verhaftet, um den umfassenden Anspruch einer eigenständigen »Frauenliteratur« bereits erfüllen zu können. »Neue Wahrnehmung ist neuer Inhalt«, so hat Verena Stefan in einem Interview 1976 betont. Und ihr Text sei insoweit »auch literarisch wichtig« gewesen, als er »Neuland« betrat – »und es gab niemanden darin«. Doch das Bestehen auf lebensgeschichtlicher Authentizität, auf einer parteilich weiblichen Perspektive, auf einer feministischen Position reicht, wie Verena Stefan wußte, allein noch nicht hin, einer weiblichen Ästhetik Ausdruck zu geben: »Wenn wir Bestehendes aufbrechen wollen – Sprache als einen Teil davon –, so müssen wir auf allen Gebieten, der Kultur, der Politik, der Wissenschaften, *aus der Sicht der Frau eingreifen.* Neue Wahrnehmungen werden stark genug sein, die bestehende Sprache aufzubrechen, wenn sie radikal gelebt worden sind.«

Von der Schwierigkeit, eine »neue Sprache« zu entwerfen, also: neue Ausdrucksformen für neue Wahrnehmungen zu finden, zeugen denn auch die meisten der literarischen Arbeiten aus dem Umkreis der Neuen Frauenbewegung. Ablösungsgeschichten und Entwicklungsprozesse werden beispielsweise auch erzählt bei Caroline Muhr (*Freundinnen*, 1974), Margot Schröder (*Ich stehe meine Frau*, 1975), Elisabeth Albertsen (*Das Dritte*, 1977), Brigitte Schwaiger (*Wie kommt das Salz ins Meer?*, 1977), Karin Petersen (*Das fette Jahr*, 1978), Svende Merian (*Der Tod des Märchenprinzen*, 1980). Doch kann man diese Art »Frauenliteratur« kaum als Ausdrucksform neuer Wahrnehmungen, als Exempel ästhetischer Innovation oder einer spezifisch weiblichen Ästhetik begreifen. Ihre Devise lautet »Authentizität«, ihr Rezept heißt »Offenheit«, und ihre Schreibweise scheint dem Prinzip einer Simplizität verpflichtet, die nicht selten ans Triviale grenzt. Solche Literatur setzt auf Leserinnen, die sich wiedererkennen wollen: ihre erotischen und sexuellen Nöte, ihre Sozialisation und die erfahrene Repression, ihre fehlende weibliche Identität und die Mittel und Wege, zu dieser zu finden, die dominierende Welt der Männer und ihre sprachlichen und soziokulturellen Hierarchien. Solche Literatur setzt auf »Betroffenheit«: Gerade weil im Detail der Alltagserfahrung das Muster und die Struktur einer verallgemeinerbaren Lebensgeschichte aufscheint, lassen sich ihre Leserinnen ansprechen und zur Reflexion über die eigenen Lebensumstände anregen. Solche Literatur vertraut mithin auf eine inhaltlich bestimmte Überzeugungsfähigkeit,

die der Ideologiebildung näher steht als der Ausdruckskraft der Literatur. »Freiheit statt Chauvinismus« lautet denn auch das Motto, das Svende Merian ihrem *Tod des Märchenprinzen* nachgestellt hat – Indiz eines literarisch verbrämten Moralismus, der als Emanzipationsanleitung gelesen sein will, von Männern wie von Frauen. Von Frauen der Identifikationsmöglichkeiten wegen, die von solchem Moralismus ausgehen sollen; und von Männern des schlechten Gewissens wegen, das er ihnen, womöglich, bereitet.

Karin Strucks (geb. 1947) Roman *Klassenliebe* (1973) hat aus anderen Gründen Aufsehen erregt. In ihm verarbeitete die Autorin nämlich ihre eigenen Erfahrungen als »aufsteigende« Arbeiterin, die nach einer Zeit der Politisierung während der Studentenbewegung ihre Subjektivität wiederfindet. Das Interesse an diesem Roman galt also dem Problem einer klassenspezifischen Identität und deren Wandlungen im Prozeß der außerparlamentarischen Revolte, wie es die Perspektive einer autobiographisch inspirierten Ich-Erzählerin vermittelte. Bekenntnishafte Ehrlichkeit und Offenheit also auch hier, sogar als Beglaubigung persönlicher Identität und Wahrhaftigkeit: »Sich selber zensieren heißt sich selber kastrieren. Die Widersprüche ohne Angst offenlegen. Aber die Angst vor der Reduktion durch die anderen: das bist du also, dieser kleinliche Mensch?« (Karin Struck). Von solchem Drang nach Bekenntnis und Selbstoffenbarung zeugten auch die beiden folgenden Romane Karin Strucks, *Die Mutter* (1975) und *Lieben* (1977), die beide in problematischer, weil wirklichkeitsferner Form urtümlich-mythische Bindungen in Mutterschaft und Sexualität als höchste Erfüllung feiern.

Christa Reinig

So scheinen die literarischen Aufbrüche der Neuen Frauenbewegung von einem zweifachen Dilemma gekennzeichnet: zum einen durch die notwendig Ich-zentrierte Erfahrungswirklichkeit, die ein Überschreiten und Entgrenzen ihres Horizontes – sei es durch eine Radikalisierung der Subjektivität, sei es durch eine montageartige Integration von Realitätsmaterialien – offenbar versperrt; zum anderen durch eine Sprache, die den literarischen Konventionen stärker verhaftet bleibt, als dem Anspruch auf eine neue Wahrnehmungsweise zuträglich ist. Beide Schwierigkeiten hängen aufs engste miteinander zusammen, bedingen einander sogar wechselseitig – und die Autorinnen kennen dieses Problem: »Sprache, mein Problem ist Sprache, es ist nicht meine Sprache«, heißt es bei der Holländerin Anja Meulenbelt (*Die Scham ist vorbei*, dt. 1978). »Ich möchte in Farben schreiben können oder in wortlosen Geräuschen. Die Fetzen, die ich zwischen Einkaufszetteln und Notizen finde, liegen weit entfernt, oder sind so nah, daß es mir peinlich ist. Emotionen, die zu sentimental scheinen oder zu dramatisch, wenn sie als Buchstaben auf Papier stehen. Geliebte, Schmerz, Worte, die flach werden oder sachlich, oder hart, Möse, Vagina, Orgasmus. Nicht meine Sprache, aber ich habe noch keine andere.« Die Sehnsucht und die Suche nach einer gleichsam wortlosen Sprache, nach einer nicht sprachlich mehr vermittelten Ausdrucksintensität verrät den inneren Impuls: der Authentizität des Lebensgefühls die Form des Absoluten zu verleihen.

Dieses Dilemma ernstzunehmen, verlangt allerdings – anders, als ein Teil der Literaturkritik dies für richtig erachtete –, in ihm mehr als nur ein subjektiv bedingtes Defizit zu sehen. Denn hinter dem Ausdrucksproblem verbirgt sich die Geschichte einer Unterdrückung: die Abdrängung des Weiblichen aus der Literatur. »Literatur«, so schrieb Christa Reinig (geb. 1926; *Orion trat aus dem Haus*, 1968; *Die himmlische und die irdische Geometrie*, 1975; *Entmannung*, 1976) anläßlich von Verena Stefans *Häutungen*, »ist hartes Männergeschäft von dreitausend Jahren her. Das muß jede Autorin erfahren, wenn sie das Wort ›Ich‹ gebraucht. Von da aus geht es plötzlich nicht recht weiter. Die Formen und Formeln der Dichtersprache sind nicht geschaffen, daß ein weibliches Ich sich darin artikulieren kann.« Dieser Befund trifft zu, auch wenn gerade die Neue Frauenbewegung ein nicht geringes Verdienst sich darin erworben hat, verdrängte Spuren der Weiblichkeit in der Kunst- und Literaturgeschichte wieder freizulegen. Traditionsbezüge zur Romantik (Bettina von Arnim, Karoline von Günderrode, Caroline Schlegel-Schelling, Rahel Varnhagen) wurden ebenso hervorgehoben wie die Werke bislang zu wenig beachteter, bedeutender Autorinnen. Emily Brontë etwa und Sylvia Plath, beide nahezu vergessen, erlebten eine Wiederentdeckung, Doris Lessings *Golden Notebook* stieg zu einer Art Kult-Seller auf, Gertrude Stein, Tanja Blixen und Djuna Barnes avancierten zu literarischen Weggefährtinnen des Feminismus. Irmgard Keun wurde mit ihren Romanen der 20er Jahre wiederentdeckt, ebenso Marieluise Fleißer, nunmehr – nachdem sie für das Volksstück der 60er Jahre bereits Orientierungsfunktion gewonnen hatte – im veränderten Kontext der Frauenbewegung. So verdienstvoll und notwendig solche Traditionsbemühung aber auch erscheinen mochte, so viele versunkene Schätze sie auch ans Licht holte – auch Unica Zürn beispielsweise mit ihren Anagrammgedichten , einzeln und in ihrer Gesamtheit belegten sie doch vor allem die unübersehbare Dominanz der »Männerliteratur«, auch wenn sich seit Mitte der 70er Jahre die Regale und Schaufenster der Buchläden mit »Frauenliteratur« zu füllen begannen.

Damit ist zugleich der Marktaspekt angesprochen, der den Feminismus in der Bundesrepublik seit seinen Anfängen begleitet hat. Denn unter dem Etikett »Frauenliteratur« wird seit der zweiten Hälfte der 70er Jahre eine Fülle sehr unterschiedlicher Texte verkauft. Der überraschende Erfolg von Karin Strucks *Klassenliebe* und Verena Stefans *Häutungen* veranlaßte auch die etablierten Verlage, sich um Frauenliteratur zu kümmern. Der Rowohlt-Verlag erweiterte sein Programm um die Reihe »neue frau«, und auch andere Verlage stürzten sich auf sogenannte Frauentexte. Viele Verlage verkaufen ihre alten oder neuentdeckten Autorinnen mit dem umsatzfördernden Attribut »Frauenliteratur« (z.B. Karin Struck, Elisabeth Plessen, Brigitte Schwaiger). Und alle möglichen von Frauen geschriebenen Texte avancieren plötzlich zu »Frauenliteratur«, so daß die ursprüngliche Radikalität der Frauenliteratur inzwischen verstellt ist durch eine inflatorische Begrifflichkeit und eine Vielzahl von modischen Texten. Zudem beschnitten und beschneiden solche kommerzbestimmten Aktivitäten den neugegründeten Frauenverlagen (Verlag Frauenoffensive, Frauenbuchverlag, verlag frauenpolitik, Amazonen-Verlag etc.) ihre Existenzmöglichkeiten ganz erheblich. Diese Verlage sind ein wichtiger Bestandteil neuartiger Öffentlichkeitsmodelle, die sich im Zusammenhang der Frauenbewegung herausgebildet haben. In ihnen verlegen Frauen Bücher von Frauen über Frauen für Frauen, die sie zum Teil auch selbst vertreiben und in Frauenbuchläden verkaufen. Weitab vom professionellen Literaturbetrieb werden hier Verkehrs- und Austauschformen erprobt, die sich den Mechanismen der männlich dominierten kulturellen Öffentlichkeit – oft nur mit geringem oder gar keinem Erfolg – zu entziehen versuchen, aber auch mit der Gefahr einer weiblichen Ghettoisierung zu kämpfen haben. Zu dieser kulturellen Gegenöffentlichkeit zählen auch eine große Anzahl von Frauenzeitschriften, unter denen sich *Emma*, wenn auch unter großen Schwierigkeiten, als überregionales Blatt konsolidiert zu haben scheint, ferner von Frauen herausgegebene Kultur- und Literaturzeitschriften wie *Die Schwarze Botin*, *Mamas Pfirsiche* und *Wissenschaft und Zärtlichkeit*, in denen die Diskussion über Bedingungen und Möglichkeiten einer weiblichen Ästhetik und Wissenschaft vorangetrieben werden. Und es gibt eine Reihe von Theater- und Musikgruppen von Frauen (z.B. »Schneewittchen«), die ausschließlich oder doch in erster Linie vor Frauen auftreten und frauenspezifische Probleme thematisieren, ebenso wie eine Reihe von Filmemacherinnen (Helma Sanders-Brahms, Ulrike Ottinger, Margarethe von Trotta, Elfi Mikesch, Monika Treut, Helke Sander und andere), die verdrängte Aspekte von Weiblichkeit filmisch aufarbeiten. Neben solchen Versuchen, auch kulturell eine weibliche Gegenöffentlichkeit zu schaffen, gibt es ungezählte regionale Zentren und Initiativen, in denen – in mehr oder minder engem Zusammenhang mit der Frauenbewegung – Frauen Kooperationsmöglichkeiten auch politischer Art erproben und in denen Schreiben und Lesen als Formen der Selbsterfahrung und der Kommunikation mit anderen entwickelt werden.

Karin Struck

Als Beispiel einer »Frauenliteratur«, lange bevor der Feminismus diesen Begriff instrumentalisierte, kann das Werk Luise Rinsers (geb. 1911) gelten. Die äußerst produktive Autorin – ihr Oeuvre umfaßt Mitte der 80er Jahre rund 50 Bücher mit einer Gesamtauflage von 4 Millionen Exemplaren – hat seit ihrer ersten Buchveröffentlichung (*Die gläsernen Ringe*, 1941) frauenspezifische Themen aufgegriffen, die meist autobiographisch inspiriert waren. Die eigene Kindheit im Spannungsfeld von Religiosität und Freiheitsbedürfnis, die Existenz unterm Faschismus und die Inhaftierung aufgrund einer Denunziation (*Gefängnistagebuch*, 1946), die Polarität von weiblicher Identität und patriarchalisch dominierten Erziehungs- und Verkehrsformen – dies sind Erfahrungen, die ihr Werk leitmotivisch wieder und wieder umspielt, zum Teil in Form einer katholisierenden Erbauungs- und Entsagungsideologie (*Die vollkommene Freude*, 1962). In ihrer Autobiographie *Den Wolf umarmen* (1981) hat Luise Rinser eine Deutung ihres Lebensweges gegeben, die von den rekonstruierbaren Fakten zwar abweicht und doch ihre Entwicklung in großen Zügen treffend beschreibt: »mein Weg, ein langer Weg, führte von der Phase kindlicher Mystik über die Phase der ersten Auflehnung gegen die Zwänge der katholischen Kirche in Elternhaus, Schule, Internat, zur Ablehnung und Ablösung der Religion in christlicher Form, bis hin zur Gleichgültigkeit, und nach Jahren der Gottferne zu einer neuen Hinwendung zumindest zu religiösen, auch zu theologischen Fragen«. Die bestimmende Erfahrung ihres Lebens wie ihres Werks bildet eine Religiosität »mystischer Natur« (Rinser), die Luise Rinser wiederholt den Vorwurf eingetragen hat, eine »Erbauungsschriftstellerin« zu sein. Und in der Tat ist ihr Werk, das sich als eine einzige Suche nach den eigenen Voraussetzungen, Entwicklungsbedingungen und Möglichkeiten bezeichnen läßt, stets auch eine religiös begründete Suche nach dem Sinn des Lebens. Die religiöse Sozialistin Luise Rinser, die sich politisch vielfältig engagiert hat, will am eigenen Beispiel »zeigen, wie ein Mensch sich nach und nach aus den lebens-bedrohenden Verstrickungen äußerer und innerer Gegebenheiten löst und die geistige Freiheit gewinnt«.

Die Entwicklung der deutschsprachigen Frauenliteratur seit Anfang der 70er Jahre zeigt eine Bewegung zu größerer Freiheit, zu sprachlicher Innovation, zu literarisch glaubwürdigeren Bildern und Bauformen. Die Werke Verena Stefans, Karin Strucks, Svende Merians, beispielsweise, prägte im wesentlichen ein mimetisches Wirklichkeitsverhältnis: Realitätssegmente – Empfindungen, Eindrücke, Wahrnehmungen, Erlebnisse, Geschehnisse – werden, vermittelt über die Perspektive weiblicher Subjektivität, entweder in einer eher traditionellen, bisweilen die Grenze zum Kitsch streifenden Metaphorik eingefangen oder aber sprachlich so unvermittelt, direkt und unliterarisch mitgeteilt, wie nur eben möglich. Solche Engführung versuchte die etwas später entstehende Literatur aus dem Umkreis der Frauenbewegung zu vermeiden. In Angelika Mechtels (geb. 1943) Roman *Wir sind arm, wir sind reich* (1977) etwa wird die Geschichte erwachender weiblicher Sinnlichkeit am Beispiel eines jungen Mädchens erzählt, eingebettet in die geschichtlich-soziale Entwicklung der 50er Jahre. Und Geschichte bildet auch den Hintergrund von Ingeborg Drewitz' Roman *Gestern war heute – Hundert Jahre Gegenwart* (1978), ein breit angelegter Versuch der Aufarbeitung von Faschismus und Nachkriegszeit im Spiegel individueller und familialer Frauen-Sozialisation. Doch erst mit den Romanen Christa Reinigs (*Entmannung*, 1976), Jutta Heinrichs (geb. 1940; *Das Geschlecht der Gedanken*, 1977) und Barbara Frischmuths (geb. 1941; *Die Mystifikationen der Sophie Silber*, 1976; *Amy oder die Metamorphose*, 1978; *Kai und die Liebe zu den Modellen*, 1979) gelingt eine poetische Aufsprengung des moralisch-autobiographischen Bannkreises, in dem sich die Literatur der Frauenbewegung seit ihren Anfängen mit realistisch-mimetischen Mitteln bewegte. Eine *poetische* Aufsprengung: Sie bedient sich der Ironie wie der Travestie, sie setzt Mittel der Groteske ein und spielt mit unterschiedlichen Wirklichkeitsgraden, sie betreibt die bewußte Übersteigerung der fiktiven Realität in eine irreale Fiktionalität, vor der die Verzerrungen und Verirrungen der äußeren Wirklichkeit als müder Abglanz erscheinen. So vermischen sich Tragik und Komik: Der schwarze Humor grundiert diese Werke ebenso, wie das Chaos der Gefühle und Gedanken die Orientierung verweigert. Aber es ist – so läßt sich nach der Lektüre des vielleicht radikalsten, schwärzesten Romans dieser Reihe, Elfriede Jelineks (geb. 1946) *Die Klavierspielerin* (1983), vermuten – es ist womöglich das Chaos, das poetisch mutwillig, klarsichtig, scharfsinnig herbeigeführte Chaos, durch das hindurchgehen muß, wer sich neue Orientierungen verschaffen will.

Elfriede Jelinek

Elfriede Jelineks Buch ist ein Buch des Hasses, geschrieben in einer Sprache des Hasses, durchzogen von Bildern, Metaphern und Symbolen des Hasses. Geschildert wird die Beziehung der Klavierlehrerin Erika Kohut zu ihrer Mutter – beide stehen in einem argwöhnisch beobachteten wechselseitigen Besitz-, ja Terrorverhältnis zueinander – und die versuchte Aufnahme einer Liebesbeziehung der Tochter zu einem ihrer Klavierschüler, die in einem sadomasochistischen Desaster endet. Doch was Elfriede Jelineks Roman belangvoll macht, ist nicht das Sujet allein, sondern seine Durchführung: die Radikalität, mit der Haß, Grauen, Terror in den Beziehungen der Personen untereinander wie im Kontext ihrer Lebenswelten (Wien, Österreich, Kaffeehaus, Prater) sprachlich eingefangen und vermittelt werden. Die unerbittliche Konsequenz des Schwarzen Blicks verbürgt die Spannung, die den Roman trägt – über die Grenzen dessen hinaus, was »Frauenliteratur« heißen mag, in die Dimensionen einer zwanghaft-visionär erfahrenen Apokalypse bürgerlicher Lebensgewißheiten hinein.

Die Fragen aber, ob eine »Frauenliteratur« im umfassenden – nicht nur geschlechtsbewußten – Sinne des Wortes überhaupt existiert; ob man mithin von einer »weiblichen Ästhetik«, die sich von einer »männlichen« deutlich unterscheiden ließe, wirklich sprechen kann; und welches, gegebenenfalls, die Charakteristika einer Literatur von Frauen, einer Literatur von Männern wären, was ihre Stildifferenzen, ihre Wahrnehmungsunterschiede, die Nuancen ihrer Bildersprache und die Abweichungen ihrer Rhythmisierungen – diese Fragen scheinen auch nach einer mehr als zehnjährigen Diskussion einer abgesicherten Klärung noch bedürftig, wenn diese denn überhaupt sich als möglich erweisen sollte. Zwar finden sich vereinzelt wichtige kulturtheoretische Beiträge zur Problemstellung insgesamt – so etwa Silvia Bovenschen, *Die imaginierte Weiblichkeit* (1979) –, doch stehen umfassende und überzeugende Lösungsvorschläge bislang noch aus. »Unmöglich, gegenwärtig eine weibliche Praxis des Schreibens zu *definieren*«, schrieb die französische Feministin Hélène Cixous 1975 (*alternative* 108/109, 1976). »Eine Unmöglichkeit, die dauern wird, denn man wird diese Praxis nie *theoretisieren* können, sie einschließen, sie kodifizieren, was nicht bedeutet, sie existiere nicht.«

Mord in Raten – Ingeborg Bachmanns »Todesarten«-Zyklus

Mit der Veröffentlichung des Romans *Malina* beendete die Österreicherin Ingeborg Bachmann 1971 eine nahezu zehn Jahre währende Phase des Schweigens. Sieht man von der Veröffentlichung einiger weniger Hörspiele, Libretti und Gedichte ab, so hatte sie sich 1961 mit dem Erzählungsband *Das dreißigste Jahr* verabschiedet. Die letzte Erzählung dieses Bandes enthielt schon im Titel ein Programm: »Undine geht«. Ingeborg Bachmann zitierte hier das bekannte romantische Kunstmärchen *Undine* (1811) von Friedrich de LaMotte Fouqué, das, in vielfältigen Bearbeitungen variiert (Albert Lortzing, Jean Giraudoux), die unglückliche Liebe des Meerfräuleins Undine zu einem Ritter erzählt, die unmögliche Liebe eines weiblichen Naturwesens zu einem männlichen Menschenwesen. Ingeborg Bachmanns Erzählung setzt mit einem Aufschrei, einer Anklage ein, um die Schuldigen namhaft zu machen: »Ihr Menschen! Ihr Ungeheuer! Ihr Ungeheuer mit Namen Hans! Mit diesem Namen, den ich nie vergessen kann.« Trauer und Verzweiflung über die zur Liebe unfähige Welt der Männer geben Ingeborg Bachmanns Undine Anlaß und Grund zu ihrem Aufschrei. Anklage und Begehren, Tod und Liebe sind die Pole, auf die ihre zwiespältige Erfahrungs- und Wunschwelt bezogen bleiben. Der Abschied, den Ingeborg Bachmann ihre Undine nehmen ließ, war freilich ein von Hoffnungen auf Wiederkehr, auf Vereinigung lyrisch durchkreuzter: »Beinahe verstummt, / beinahe noch / den Ruf / hörend. // Komm. Nur einmal. / Komm.« – mit diesen Worten endete Ingeborgs Bachmanns letzter Erzählungsband.

Diese widerspruchsvolle Verknüpfung von Verzweiflung und Hoffnung bildete ein literarisches Muster Ingeborg Bachmanns, dessen theoretische Konturen sie schon in ihren Frankfurter Poetik-Vorlesungen über *Probleme zeitgenössischer Dichtung* (1959/60) entwickelt hatte. In der fünften dieser Vorlesungen mit dem Titel »Literatur als Utopie« heißt es unter anderem, die Literatur sei »ein nach vorn geöffnetes Reich von unbekannten Grenzen. Unser Verlangen macht, daß alles, was sich aus Sprache schon gebildet hat, zugleich teilhat an dem, was noch nicht ausgesprochen ist, und unsere Begeisterung für bestimmte herrliche Texte ist eigentlich die Begeisterung für das weiße, unbeschriebene Blatt, auf dem das noch Hinzuzugewinnende auch eingetragen scheint.« Ist damit die utopische Dimension des ästhetischen »Verlangens« nach einer reinen Sprache beschrieben, so weiß Ingeborg Bachmann doch zugleich um die mächtige Wirklichkeit des Alltags – »denn das Leben hat nur eine schlechte Sprache« –, die alle literarische Anstrengung lediglich als einen »nie ganz zu verwirklichenden Ausdruckstraum« erscheinen lasse, als ein sisyphosartiges *Trotzdem* im Verhältnis zum Leben: »diese Literatur also, wie eng sie sich auch an die Zeit und ihre schlechte Sprache halten mag, ist zu rühmen wegen ihres verzweiflungsvollen Unterwegsseins zu dieser Sprache und nur darum ein Ruhm und eine Hoffnung der Menschen. [...] Es gilt weiterzuschreiben.« Verzweiflung und Hoffnung also auch hier, verdichtet zu einem widerspruchsvollen Programm literarischen »Unterwegsseins«, das sich der unerfüllbaren Aufgabe einer Vervollkommnung des Unvollkommenen stellt: »Literatur als Utopie – der Schriftsteller als utopische Existenz –, die utopischen Voraussetzungen der Literatur – – –.«

Die beiden Texte, die am Beginn einer zehnjährigen Phase des Schweigens stehen, weisen mithin eine strukturelle Identität auf: Undine, das weibliche Märchenwesen aus dem Wasser, verzweifelt an der Unerfüllbarkeit ihres Liebesbegehrens und hält doch, entsagend, an ihm fest; Literatur drängt, obwohl sie im Unvermögen der »schlechten Sprache« einsetzen muß, auf eine Vollkommenheit, um deren ewige Unerfüllbarkeit sie weiß. Diese Einsichten, diese Bilder beschließen eine von frühem Ruhm gekrönte Schaffensperiode der Ingeborg Bachmann (→ S. 124). Hatte die an Wittgenstein geschulte, mit einer Dissertation über Heidegger promovierte Intellektuelle schon früh anregende Feuilletons für den Rundfunk verfaßt, hatte sie sich bald als Lyrikerin, Erzählerin, Hörspielautorin und Librettistin (Zusammenarbeit mit Hans Werner Henze) einen Namen gemacht, so lassen sich die folgenden Jahre des Schweigens als Ausdruck einer Krise deuten. Es sind Jahre des Selbstzweifels, der Selbstkritik, des Mißtrauens wohl auch über den frühen Ruhm, wie sie das Gedicht »Keine Delikatessen« (entstanden 1963, zuerst veröffentlicht im *Kursbuch 15*/1968) zum Ausdruck bringt. Aber so, wie es dort heißt: »Ich vernachlässige nicht die Schrift / sondern mich«, so darf man in der Phase des Schweigens auch den Versuch sehen, eine Krise produktiv zu machen, ganz im Sinne von Überlegungen Ingeborg Bachmanns in ihren Frankfurter Poetik-Vorlesungen: »In unserem Jahrhundert scheinen mir diese Stürze ins Schweigen, die Motive dafür und für die Wiederkehr aus dem Schweigen darum von großer Wichtigkeit für das Verständnis der sprachlichen Leistungen, die ihm vorausgehen oder folgen, weil sich die Lage eher noch verschärft hat. Der Fragwürdigkeit der dichterischen Existenz steht nun zum ersten Mal eine Unsicherheit der gesamten Verhältnisse gegenüber. Die Realitäten von Raum und Zeit sind aufgelöst, die Wirklichkeit harrt ständig einer neuen Definition, weil die Wissenschaft sie gänzlich verformelt hat. Das Vertrauensverhältnis zwischen Ich und Sprache und Ding ist schwer erschüttert.«

Diese Einsichten, die ausdrücklich an bedeutende literarische Zeugnisse einer Sprach- und Ausdruckskrise im 20. Jahrhundert anknüpfen – an Rainer Maria Rilkes *Die Aufzeichnungen des Malte Laurids Brigge* (1910), an Gottfried Benns Rönne-Novellen (*Gehirne*, 1916), vor allem an Hugo von Hofmannsthals *Brief des Philipp Lord Chandos an Francis Bacon* (1925) –, lassen sich

Keine Delikatessen

Nichts mehr gefällt mir.

Soll ich
eine Metapher ausstaffieren
mit einer Mandelblüte?
die Syntax kreuzigen
auf einen Lichteffekt?
Wer wird sich den Schädel zerbrechen
über so überflüssige Dinge –

Ich habe ein Einsehn gelernt
mit den Worten,
die da sind
(für die unterste Klasse)

Hunger
Schande
Tränen
und
Finsternis.

Mit dem ungereinigten Schluchzen,
mit der Verzweiflung
(und ich verzweifle noch vor Verzweiflung)
über das viele Elend,
den Krankenstand, die Lebenskosten,
werde ich auskommen.

Ich vernachlässige nicht die Schrift,
sondern mich.
Die andern wissen sich
weißgott
mit den Worten zu helfen.
Ich bin nicht mein Assistent.

Soll ich
einen Gedanken gefangennehmen,
abführen in eine erleuchtete Satzzelle?
Aug und Ohr verköstigen
mit Worthappen erster Güte?
erforschen die Libido eines Vokals,
ermitteln die Liebhaberwerte unserer Konsonanten?

Muß ich
mit dem verhagelten Kopf,
mit dem Schreibkrampf in dieser Hand,
unter dreihundertnächtigem Druck
einreißen das Papier,
wegfegen die angezettelten Wortopern,
vernichtend so: ich du und er sie es

wir ihr?

(Soll doch. Sollen die andern.)

Mein Teil, es soll verloren gehen.

Ingeborg Bachmann

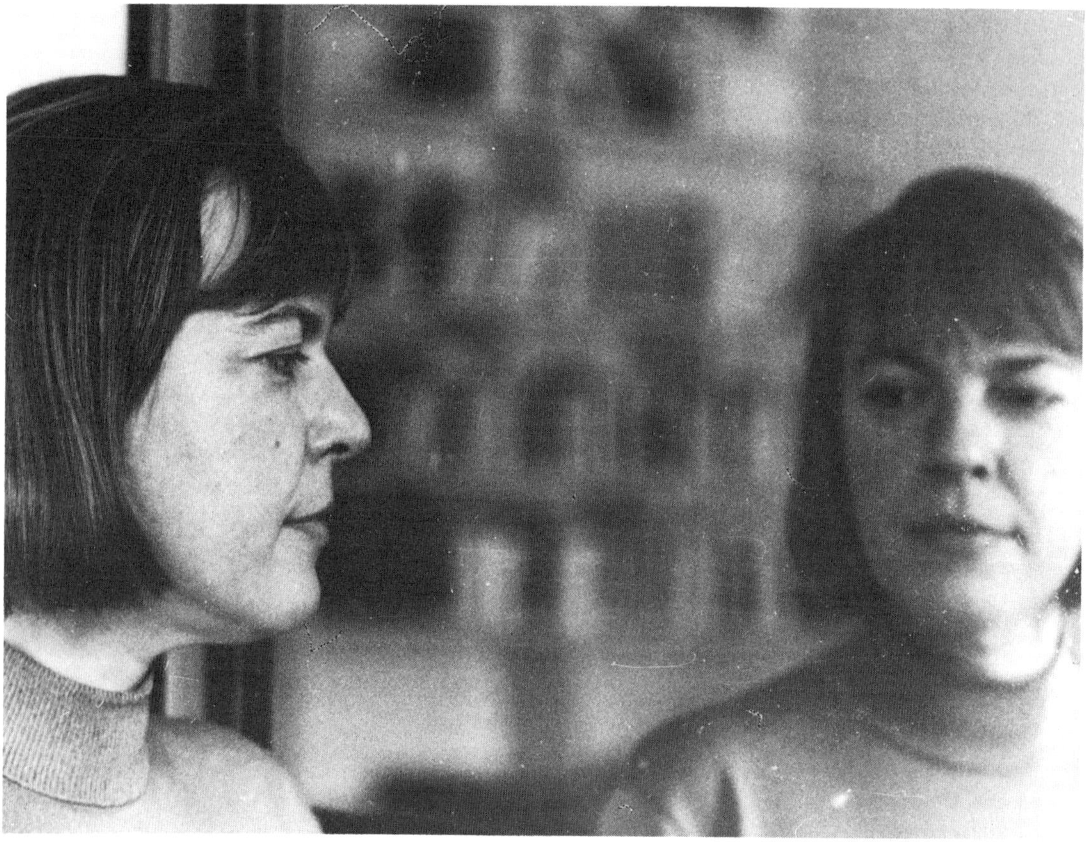

Ingeborg Bachmann

wie eine Anleitung zur Lektüre des Romans *Malina* lesen. Denn auch Ingeborg Bachmanns Motiv für ihren »Sturz ins Schweigen« bildete ein erschüttertes Vertrauen in Ausdrucksmöglichkeiten, das sie als »Konflikt mit der Sprache« bezeichnet hat. Und zugleich bedeutet, da »die Problematik in dem Produzierenden selbst« liegt (Bachmann), diese Erschütterung die Bedingung und Voraussetzung für das Entstehen einer neuen Dichtung, neuer Sprach- und Ausdrucksmöglichkeiten, für die freilich die erfahrene Erschütterung formkonstitutiv werden muß. So läßt sich *Malina* vor dem Hintergrund von »Undine geht« und im Zusammenhang der literaturtheoretischen Überlegungen Ingeborg Bachmanns als Einlösung ihres widerspruchsvollen Utopie-Entwurfs verstehen: *Malina* zeigt das Verlangen nach Vollkommenheit als dessen Scheitern, zeigt die Liebe im Prozeß ihrer Zerstörung, führt den Versuch der Vervollkommnung im Verfahren von deren Dekonstruktion vor, zeigt die Einlösung der Utopie – als Tod, als »Mord«. Der Roman entfaltet die paradoxale Spannung von Utopie und Realität in einer Sprache, die zugleich Ausdruck der Spannung ist und die Bedingungen des Scheiterns aller Utopie mitteilt. Er entwirft, pointiert gesprochen, eben jene Utopie der Liebe, die er selber zerstört.

Der Roman *Malina* weist ein auf den ersten Blick recht simples Konstruktionsschema auf, das seiner Darstellungsabsicht Ausdruck gibt. Vorgeführt wird, nach einem kurzen Prolog, die »Todesart« eines weiblichen Ich in drei Kapiteln, jeweils durch Einwirkung einer männlichen Figur. »Glücklich mit Ivan« zeigt die Liebe dieses Ich zu Ivan, die sich nicht erfüllen kann. »Der dritte Mann« entfaltet Alpträume des weiblichen Ich, in denen der Vater die beherrschende, vernichtende Figur darstellt. »Von letzten Dingen« schließlich gibt minuziös die Schritte, die zum Ende, zum Verschwinden des weiblichen Ich »in der Wand« führen. Eingearbeitet und einmontiert in diese drei Kapitel sind zahlreiche Telefongespräche, Briefe und

Briefanfänge, Dialoge und Interviews, musikalische Motive und Märchenerzählungen. Das verbindende Element solcher Formenvielfalt bildet seine durchgängige Wahrnehmungsperspektive: die des weiblichen, namenlos bleibenden Ich, dessen radikal subjektivierte Wahrnehmungen die in den Männerfiguren verkörperte Übergewalt einer patriarchalischen Gesellschaft mitteilen. Dabei bildet offenbar Ivan (Anagramm zu NAIV) das Liebesprinzip: Er ist der Geliebte, der freilich selber die Radikalität und Unabdingbarkeit der Liebe mit seiner Vorstellung von einem »einfachen Leben« nicht verbinden kann, sondern sich den Ansprüchen solcher Liebe zunehmend entzieht, Liebe mithin negativ – als Unerfüllbarkeit ihres Anspruchs – definiert. Malina hingegen (Anagramm zu ANIMAL = lateinisch »Lebewesen«) bildet das Realitätsprinzip: Zwar zeigt er durchaus Interesse für Befindlichkeit und Innenwelt des Ich, doch deutet seine leidenschaftslos-gleichmütige Hinnahme der Wirklichkeit eher auf Ordnungsdenken denn auf Liebe und Gefühl, so daß der von ihm angebotene und praktizierte Schutz des weiblichen Ich sich als Übergriff, als Herrschaft auswirkt. Unverkennbar sind beide Figuren des Männlichen komplementär gedacht: »Ivan und ich: die konvergierende Welt. Malina und ich, weil wir eins sind: die divergierende Welt«, sagt das Ich im Roman, und an anderer Stelle: »ich brauche mein Doppelleben, mein Ivanleben und mein Malinafeld, ich kann nicht sein, wo Ivan nicht ist, aber ebensowenig kann ich heimkommen, wenn Malina nicht da ist«. Und gegen Ende des Romans: »Ich lebe in Ivan, und ich sterbe in Malina.« Geradezu obsessiv befangen aber ist das Ich durch den »dritten Mann« (Anspielung auf den Film von Carol Reed mit Orson Welles aus dem Jahre 1949), den Vater nämlich, das Autoritätsprinzip: Er sucht das Ich in Alpträumen heim, die die Zerstörung der Frau (»Friedhof der ermordeten Töchter«), die Enteignung weiblicher Produktivität (Sprachraub und Sprechverbot), die Folter und Ermordung der Unterdrückten (Männlichkeit als faschistischer Terror) als bedrängende Wirklichkeit zeigen – und den Vater als einen Gott, als Über-Vater im psychoanalytischen Sinne, auf den sich von seiten der Tochter, trotz allem, Vereinigungswünsche richten, Liebesphantasien, die sadomasochistischen Bestrafungen verfallen: »Gewußt hast du es vielleicht nicht, aber du warst einverstanden.«

»Die Bachmann *ist* jene namenlose Frau aus Malina«, hat Christa Wolf in ihren Frankfurter Poetik-Vorlesungen (*Voraussetzungen einer Erzählung: Kassandra*, 1983) gesagt. Damit sollte freilich keiner unvermittelt autobiographischen Literatur, etwa im Kontext der Neuen Subjektivität oder gar der modischen »Verständigungstexte«, das Wort geredet, sondern, im Gegenteil, ein literarästhetisches Problem ergründet werden: »Eine Besessenheit muß Worte finden, die sich an das Ritual, das bändigt, nicht halten kann, die sich an nichts halten kann, ungebändigt ist, wild.« Sich »an nichts halten« können – davon zeugt die Identität dieses Ich nicht weniger als die Form, in die seine Dekonstruktion gefaßt ist. »Ich will nicht erzählen, es stört mich alles in meiner Erinnerung«, heißt es schon im Prolog des Romans. Ein weitgehender Verzicht auf Chronologie und Kontinuität, auf Handlungssukzession und Handlungslogik kennzeichnet seine Struktur. Das Maß seiner Ästhetik bildet die Subjektivierung durch eine Perspektive, die einer erinnernden Trauerarbeit – am Verlust des Geliebten, am Verlust unbeschädigter Emotion, an der Dominanz der männlichen Welt – Ausdruck gibt. Alle Wahrnehmungen sind Wahrnehmungen des Ich – aber dieses Ich erscheint nicht nur als Objekt einer übermächtigen Männerwelt, sondern zugleich auch als ein in sich gespaltenes Ich, zerrissen zwischen den Ansprüchen unvereinbarer Welten: »das Männliche und das Weibliche, der Verstand und das Gefühl, die Produktivität und die Selbstzerstörung«. Die Zerreißprobe, der das Ich derart ausgesetzt ist, findet in ihm selber statt. »Malina« bildet sein alter ego, erweist sich im Verlauf des Romans als sein innerer Doppelgänger, ja Widersacher, als sein überfremdendes und schließlich obsiegendes Realitätsprinzip. »Die erste Veränderung, die das Ich erfahren hat«, sagte Ingeborg Bachmann in ihren Poetik-Vorlesungen, »ist, daß es sich nicht mehr *in* der Geschichte aufhält, sondern daß sich neuerdings die Geschichte *im* Ich aufhält. Das heißt: nur so lange das Ich selber unbefragt blieb, solange man ihm zutraute, daß es seine Geschichte zu erzählen verstünde, war auch die Geschichte von ihm garantiert und war es selbst als Person mitgarantiert. Seit das Ich aufgelöst wird, sind Ich und Geschichte, Ich und Erzählung es nicht mehr.« Solche Auflösung, die alle Erzählgewißheit aufhebt, kennzeichnet auch das Ich in Ingeborg Bachmanns Roman.
Dessen letzter Satz: »Es war Mord«, ist nämlich durchaus doppeldeutig zu sehen. Nicht nur verschwindet – offenbar eine Aufnahme der sophokleischen Antigone-»Todesart« – das Ich »in der Wand«, so daß sein Malina-Teil übrigbleibt (Ingeborg Bachmann: »Der Leser muß im Anfang gar nicht erkennen, daß das *eine* Person ist.«).

Sondern zugleich wird das im Roman erzählte Ich durch die Form des Erzählens selber, durch das erzählende Ich also, »ermordet«, das heißt: zum Objekt der Erzählung gemacht, erzählerisch »kolonisiert«. In jüngeren Untersuchungen zu Ingeborg Bachmann (Sonderheft *text + kritik*, 1985) ist auf den Einfluß verwiesen worden, den die strukturalistische Literaturtheorie Roland Barthes' (*Am Nullpunkt der Literatur*, 1953, dt. 1959; 1982) auf das Werk Ingeborg Bachmanns gewonnen habe. In der Tat liegt die Vermutung nahe, Barthes' Bestimmung poetischer Modernität könnte der Schreibweise Ingeborg Bachmanns wie der Doppeldeutigkeit ihres Schlusses das Stichwort gegeben haben: »Es gilt, die Dauer zu zerstören, das heißt die nicht sagbare Bindung der Existenz: die Ordnung, sei es die des dichterischen Kontinuums oder die der Zeichen des Romans, die Ordnung des Schreckens oder die der Wahrscheinlichkeit, die Ordnung ist ein vorbedachter Mord.« So verstanden, wäre »Mord« nicht nur die Auslöschung des weiblichen Ich-Anteils, sondern auch die »vorbedachte Ordnung« der Form, die der Roman, der Dekonstruktion des Ich zum Trotz, noch benötigt. Der Selbstwiderspruch, der hierin liegt, scheint der Preis für die fortwirkende Macht der »schlechten Sprache« (Bachmann) zu sein.

Zusammen mit *Der Fall Franza* und *Requiem für Fanny Goldmann*, beide nur als unterschiedlich weit vorangetriebene Entwürfe erhalten, hatte Ingeborg Bachmann *Malina* als Teil eines Romanzyklus mit dem programmatischen Titel *Todesarten* vorgesehen. Die Gemeinsamkeit dieser *Todesarten*-Romane liegt, wie sich den posthum veröffentlichten Fragmenten ablesen läßt, in der identischen Konfliktstruktur (Frauen als Opfer, Männer als Täter) wie im identischen sozialen Hintergrund. *Der Fall Franza* erzählt die Geschichte einer Frau, die zum Objekt der Beobachtungen ihres Mannes, eines berühmten Psychiaters wird: Was immer sie tut, verfällt seiner destruierenden Analyse. Eine Art männliche Kolonialisierung des weiblichen Individuums also, eines jener »Verbrechen«, von denen Ingeborg Bachmann sagte, sie seien »so sublim, daß wir sie kaum wahrnehmen und begreifen können, obwohl sie täglich in unserer Umgebung, in unserer Nachbarschaft begangen werden«. Der Roman setzt dieses Alltagsverbrechen, diesen privaten »Faschismus«, in Beziehung zur Kolonialisierung der Schwarzen durch die Weißen. Und er entwirft, indem er in seinem Fortgang Franza in die Wüste und die Vorgeschichte Ägyptens führt, eine Art negativer Utopie: eine Dekolonialisierung, deren Notwendigkeit und Uneinlösbarkeit der Tod der Protagonistin gleichermaßen beglaubigt.

Wie aber kann – angesichts der Gesamtkonzeption der *Todesarten*-Romane und deren beispielhafter Durchführung in *Malina* – von einer utopischen Dimension, von einer Hoffnungsmöglichkeit bei Ingeborg Bachmann noch gesprochen werden? Wo bleibt in der Wirklichkeit ihrer Romanwelt jener »Sprachtraum«, jener »Ausdruckstraum«, von dem ihre Poetik-Vorlesungen kündeten? Der Roman *Malina* gibt auf solche Fragen unterschiedliche Antworten. Zunächst sind – auf einer kompositionellen Ebene – »Gegentexte« in den Roman selber eingebaut, welche die Vorstellung einer linearen Dekonstruktion des Ich irritieren: so das Märchen der »Prinzessin von Kagran«, das die Vision eines Goldenen Zeitalters entwirft, wenn auch gebrochen durch die Erfahrung von Schmerz, Trennung und Tod; so auch die musikalischen Motive aus Arnold Schönbergs »Pierrot Lunaire«, wenn auch entfaltet im Banne großer Traditionen (Mozart, Beethoven). Sodann teilt auch die Erzählstruktur selber ein utopisches Element implizit mit: Zwar verschwindet das erzählte Ich »in der Wand«, doch bleibt das erzählende Ich als fortwirkende Instanz erhalten, buchstäblich überlebend in Wirklichkeitssphäre und Person der Erzählerin Ingeborg Bachmann. Und schließlich: Gerade in der auf den ersten Blick abgründigen Negativität ihrer *Todesarten*-Romane darf man ein Indiz ihres ästhetischen Wahrheitsanspruchs sehen, der mit der Radikalität des subjektivierenden Blicks zusammenfällt – und diesen über sich selber hinaustreibt. Nicht Affirmation des status quo ist der letzte Sinn dieses Schreibens, sondern der unausgesprochene Neu-Entwurf, der die Zerstörung voraussetzt. Man darf sich bei solcher Interpretation auf die Autorin selber berufen, die wenige Monate vor ihrem Tod im Jahre 1973 erklärte: »Dennoch ist selbst in der Kapitulation noch Hoffnung, und

»Während wir uns so mühelos zurechtfinden miteinander, geht dieses Gemetzel in der Stadt weiter, unerträgliche Bemerkungen, Kommentare und Gerüchtfetzen zirkulieren in den Restaurants, auf den Parties, in den Wohnungen, bei den Jordans, den Altenwyls, den Wantschuras, oder sie werden allen Ärmeren beigebracht durch die Illustrierten, die Zeitungen, im Kino und durch die Bücher, in denen von Dingen auf eine Weise die Rede geht, daß die Dinge sich empfehlen und zurückziehen zu sich selber und zu uns, und nackt will jeder dastehn, die anderen bis auf die Haut ausziehen, verschwinden soll jedes Geheimnis, erbrochen werden wie eine verschlossene Lade, aber wo kein Geheimnis war, wird nie etwas zu finden sein, und die Ratlosigkeit nach den Einbrüchen, den Entkleidungen, den Perlustrierungen und Visitationen nimmt zu, kein Dornbusch brennt, kein kleinstes Licht geht auf, nicht in den Räuschen und in keiner fanatischen Ernüchterung, und das Gesetz der Welt liegt unverstandener denn je auf allen.«

Ingeborg Bachmann
(aus: Malina, 1971)

diese Hoffnung des Menschen hört nicht auf, wird nie aufhören. [...] Es wird nicht kommen, und trotzdem glaube ich daran. Denn wenn ich nicht mehr daran glauben kann, kann ich auch nicht mehr schreiben.«

Die literarisierte Revolte

Thematisch heben sich innerhalb der Literaturentwicklung der 70er Jahre eine Reihe von Werken ab, die sich, zum Teil aus durchaus subjektiver Perspektive, mit den Voraussetzungen dieser Zeit, insbesondere mit den politischen, sozialen und psychischen Dispositionen der außerparlamentarischen Revolte und der Studentenbewegung befassen. Es ist eine Zeit-Literatur im genauen Sinne des Wortes: Reflex persönlicher Geschichten und gesellschaftlicher Entwicklung, Verarbeitung von Erlebnissen und Wandlungsprozessen, auch Kritik und Distanzierung festgefügter Standorte und Positionsbestimmungen.

Zu ihren Autoren zählen Peter-Paul Zahl (*von einem der auszog, GELD zu verdienen*, 1970; *Die Glücklichen*, 1979), Heike Doutiné (*Wanke nicht, mein Vaterland*, 1970), Fred Viebahn (*Das Haus Che oder Jahre des Aufruhrs*, 1973), Peter Schneider (*Lenz*, 1973), Gerd Fuchs (*Beringer und die lange Wut*, 1973), Karin Struck (*Klassenliebe*, 1973), Uwe Timm (*Heißer Sommer*, 1974), Roland Lang (*Ein Hai in der Suppe oder das Glück des Philipp Ronge*, 1974), Klaus Rainer Röhl (*Fünf Finger sind keine Faust*, 1974; *Die Genossin*, 1975), Christian Geissler (*Das Brot mit der Feile*, 1976), Bernward Vesper (*Die Reise*, entstanden in den Jahren 1969–71, posthum veröffentlicht 1977), Hermann Kinder (*Der Schleiftrog*, 1977), Urs Jaeggi (*Brandeis*, 1978), Peter Henisch (*Der Mai ist verloren*, 1978), Jochen Schimmang (*Der schöne Vogel Phönix*, 1979), Jürgen Theobaldy (*Spanische Wände*, 1980), Michael Buselmeier (*Der Untergang von Heidelberg*, 1981). Ihre Werke, literarische Verarbeitungen lebensgeschichtlicher Erfahrungen, stehen in einem biographischen und politischen Zusammenhang mit einer Reihe autobiographischer Veröffentlichungen aus der Zeit der außerparlamentarischen Bewegung, darunter Bommi Baumann, *Wie alles anfing* (1975), Daniel Cohn-Bendit, *Der große Basar* (1975), *Was wir wollten, was wir wurden* (1977), herausgegeben von Peter Mosler, Inga Buhmann, *Ich hab mir eine Geschichte geschrieben* (1977), *Wir warn die stärkste der Partein* (1977). Und schließlich sind in diesem Zusammenhang auch eine Reihe kulturkritischer Essays und Essaysammlungen zu nennen, so beispielsweise Hartmut Lange, *Die Revolution als Geisterschiff* (1973), Michael Schneider, *Die lange Wut zum langen Marsch* (1975), Hermann Peter Piwitt, *Boccherini und andere Bürgerpflichten* (1976), Peter Schneider, *Atempause* (1977).

Wie kommt es, nur wenige Jahre, nachdem doch der vollständige Funktionsverlust traditioneller Literaturformen 1968 einmütig festgestellt schien, zu diesem neuerlichen Aufschwung der Literatur, vorangetrieben gerade durch einen Teil jener Intellektuellen und Autoren, die – nicht alle! – einst zu ihren Verächtern gehörten? Und wie kommt es zu einer Problematisierung gerade jenes Zeitraumes »1968«, der doch mit seinen kulturrevolutionären Aktionsformen der Institution Kunst keinen eigenen Schonraum mehr hatte zugestehen wollen? Man erhält eine erste Antwort auf diese Fragen, wenn man sich die Funktion vergegenwärtigt, die Literatur für die genannten Autoren zu Beginn der 70er Jahre gewinnen konnte. Denn diese Autoren schreiben Romane, Erzählungen, Prosatexte, Autobiographien, die Entwicklungsprozesse vorführen, nicht selten ihre eigenen: Politisierungen, Einstellungsveränderungen, den Zusammenhang und Widerspruch von Privatheit und Öffentlichkeit, von theoretischer Reflexion und politischem Handeln. Es findet sich mithin in dieser Literatur auch ein Moment der Selbstkritik, der Abrechnung mit eigenen Fehlern und Versäumnissen. »Heute«, so schrieb etwa Peter Schneider 1975, nachdem er während der Studentenbewegung noch am nachdrücklichsten der tradierten »bürgerlichen« Funktion der Literatur den Kampf angesagt hatte, »heute, da auch die politisch aktiven Schriftsteller wieder an ihre alten Arbeitsplätze zurückgekehrt sind, sind wir ein Stück klüger geworden. Erst jetzt nämlich, da die Bewegung aus den Straßen in die Wohngemeinschaften zurückgedrängt ist, kommen die Themen dieser Jahre in der Literatur, in den Filmen, der Malerei an. Auf einmal gibt es wieder neue Stoffe in der Literatur, Experimente mit neuen Darstellungsformen und das alles zu einem Zeitpunkt, da wir uns mitten in einer Phase zunehmender Depression und Entpolitisierung befinden.« Dies war nicht mehr und nicht weniger als ein Plädoyer für die Literatur in einem sehr

Berlin, 21. 6. 1967: die Schriftstellerriege Peter Schneider, Marianne Herzog und Reinhard Lettau (v.l.n.r.) beim Hungerstreik im Evangelischen Studentenheim in Berlin-Dahlem

traditionellen Verstande: als ästhetisches Medium zur Verarbeitung gesellschaftlicher Mangelerfahrung. Die Unterscheidung zwischen politischer und literarischer Arbeit, die sich in dieser Beobachtung mitteilte, bedeutete im Grunde die Zurücknahme des Anspruchs, Literatur und Politik schreibend und handelnd noch irgend miteinander verbinden zu können. »Je länger wir schreiben«, so hatte auch Bernward Vesper zuvor schon notiert, »desto mehr entfernen wir uns, je mehr wir teilnehmen an den täglichen Kämpfen, um so weniger drängt es uns, zu schreiben.« Die Differenz zwischen Wirklichkeit, also praktisch-politischem Handeln, und Phantasietätigkeit, also künstlerischer Produktivität – diese Differenz nimmt die bekannte Unterscheidung aus Sigmund Freuds Aufsatz *Der Dichter und das Phantasieren* (1908) wieder auf, in dem Realität und dichterische Phantasiewelt in einem ausschließenden Gegensatz zueinander stehen: »Man darf sagen«, so Freud, »der Glückliche phantasiert nie, nur der Unbefriedigte. Unbefriedigte Wünsche sind die Triebkräfte der Phantasien, und jede einzelne Phantasie ist eine Wunscherfüllung, eine Korrektur der unbefriedigenden Wirklichkeit.« Hatte nicht Peter Schneider in seinem Aufsatz »Die Phantasie im Spätkapitalismus und die Kulturrevolution« Freud mit Marx verbinden wollen? Nun aber, nach dem Auseinanderfallen der APO, hatte sich offenbar die Erkenntnis durchgesetzt, »daß man nicht zu gleicher Zeit eine politische und eine literarische Revolte anzetteln kann« (Peter Schneider). Und so wird man in der Tat in den neuerlichen Schreibbemühungen nach 1968 eine Bestätigung der These Freuds sehen müssen: »der Glückliche phantasiert nie, nur der Unbefriedigte«. Nur hatten die kulturrevolutionären Theoretiker der Revolte mit der Wiederentdekkung Brechts, Benjamins und Tretjakovs den Anspruch auf eine verändernde Kunstpraxis und eine veränderte Auffassung von Kunst, nämlich ihrer »operativen« Qualität, verbunden, mithin die Theoreme Sigmund Freuds zu überwinden behauptet. Also eine Kapitulation auf der ganzen Linie?

Man muß differenzieren, insbesondere angesichts der Tatsache, daß von einer »literarischen Revolte« (Peter Schneider) innerhalb der literarisierten Revolte nur ausnahmsweise die Rede sein kann. Eher konventionell, in der Tradition des sozialkritischen Realismus, erzählen etwa Gerd Fuchs (geb. 1932), Uwe Timm (geb. 1940) und Roland Lang (geb. 1942). Ihre Helden nehmen den geraden Weg von der Politisierungsphase bis hin zum Eintritt in die DKP, in der sie, unter Anleitung väterlicher Alt-Genossen, die »richtige« Politik machen. Die Technik, mit der in diesen Romanen erzählt wird, ist die eines psychologischen Realismus. Im Mittelpunkt steht ein Held, dessen Entwicklung sich dem Leser mittels Einfühlung mitteilt. Uwe Timm etwa verschmilzt die Perspektive des Erzählers mit der des Helden, setzt durchgehend das Stilmittel der erlebten Rede ein, um dem Leser nicht nur den Entwicklungsprozeß seiner Hauptfigur zu vermitteln, sondern um zugleich dessen Erkenntnisse und Handlungsweisen zur Identifikation anzubieten. Bei Gerd Fuchs (*Beringer und die lange Wut*, 1973) lesen sich vergleichbare Passagen dann folgendermaßen:

»Neben Otto sitzend, lernend was zu tun war, was in dem Flugblatt stehen sollte, wer es abschreiben, abziehen, verteilen würde, wie die Betriebszeitung es aufzugreifen habe, wie die Wohngebietszeitung, wie die nächsten Forderungen lauten müßten, wußte er plötzlich, daß er Zeit hatte.
Das alles war Arbeit, klar definierte, sauber abgegrenzte Arbeit, war Arbeit, die zu leisten war.«

Im Vordergrund steht die politische Absicht, mit der Entwicklung des Helden Handlungsargumente für den Leser bereitzustellen, Argumente für ein politisches Handeln, das mit Position und Perspektive des Autors zusammenfällt. Eine Literatur, die überzeugen soll: »Aus dem allwissenden Erzähler«, so Hermann Peter Piwitt, »wird der alles besser wissende Held.«

Die Perspektive des »Helden« teilt auch bei Peter-Paul Zahl und Peter Schneider, bei Bernward Vesper und Christian Geissler (geb. 1928) Handlungen, Erkenntnisse, Reflexionen mit. Doch sind diese nicht als schlichte Identifikationsangebote formuliert, sondern werden vielfältig relativiert. Mit literarischen Mitteln – Collage, Montage, innerer Monolog, Verfremdung – kann so eine neue, eigenständige Wirklichkeit entstehen.

Dies gilt, mit Einschränkungen, auch für die erfolgreichste unter diesen Prosaarbeiten, für Peter Schneiders Erzählung *Lenz*. Sie wurde bis Anfang der 80er Jahre in über hunderttausend Exemplaren aufgelegt und von der Literaturkritik mit großer Aufmerksamkeit bedacht, zumeist beifällig. Schneider spielt mit seiner Titelfigur auf Georg Büchners Erzählung *Lenz* (1835) an, mithin auch auf den Sturm-und-Drang-Dramatiker Jakob Michael Reinhold Lenz, dessen Zerrissenheit und Vereinzelung inmitten einer als Chaos empfundenen Wirklichkeit Büchners fragmentarische Erzählung ein literarisches Denkmal gesetzt hat. Von solcher Kongenialität kann bei Peter Schneider keine Rede sein – dazu sind die Verhältnisse zu nüchtern gesehen, die Erfahrungen nicht abgründig genug, die Perspektiven aber allzu lakonisch notiert. Peter Schneider erzählt von der Entwicklung und Verunsicherung eines jungen Intellektuellen. Den Erfahrungshintergrund dieser Entwicklung bildet das Zerbrechen seiner Liebesbeziehung zu einem Mädchen aus dem Proletariat, eine Beziehung, in der Lenz die Möglichkeit sah, den »Widerspruch zwischen den Wahrnehmungs- und Lebensweisen der Klassen privat« zu überwinden. Doch nicht die Privatheit dieser Beziehung und ihres Scheiterns, sondern ihre Gesellschaftlichkeit gibt der Erzählung ihre Motivation: Es geht um den mißlungenen Versuch eines Brückenschlags zwischen Studenten und Arbeitern, um intellektuelle Askese und mangelnde Sinnlichkeit, um die Erfahrungslosigkeit abstrakter politischer Begrifflichkeit und Theoriebildung. Ein Ausbruch aus Westberlin nach Italien läßt Lenz erleben, daß es Möglichkeiten der Verbindung von Sinnlichkeit und Denken, Politik und Gefühl gibt, macht ihm deutlich, daß er gebraucht wird. Zurück in Berlin, sieht er in den kleinen Dingen des Alltags die Probe aufs Exempel der großen Worte. Peter Schneider erzählt einfach, unprätentiös, parataktisch, nahezu kunstlos. Er berichtet von einem Lernprozeß, dessen Ausgang offen ist. »Dableiben«, erwidert Lenz lapidar auf die Frage eines abreisenden Freundes, was er jetzt tun wolle. Der große Erfolg dieser Erzählung läßt sich vor allem aus ihrer Glaubwürdigkeit erklären: In der Figur des »Lenz«, seiner Verunsicherung, seinen Selbstzweifeln gegenüber den einmal geglaubten Dogmen, konnten sich viele Angehörige der APO-Generation wiedererkennen. Und im Unterschied zu den Romanen Timms, Langs und Fuchs' verpflichtete Peter Schneiders Erzählung ihre Leser nicht auf neue Gewißheiten.

Welche Funktion aber – außer der Aufarbeitung lebensgeschichtlicher Erfahrungen und der lite-

rarischen Vermittlung parteipolitischer Präferenzen – Literatur über die Zeit der außerparlamentarischen Revolte zudem besitzen konnte, Literatur aus dem antiautoritären Stoff, aus dem die Revolte ihre Energien bezog – das wurde allererst mit Peter-Paul Zahls »Schelmenroman« *Die Glücklichen* (1979) deutlich. Peter-Paul Zahl hat diesen Roman im Gefängnis geschrieben: Er war 1972, nach einem Schußwechsel mit der Polizei, festgenommen und in erster Instanz zu vier Jahren, in zweiter Instanz aber zur Höchststrafe wegen »versuchten Mordes« zu fünfzehn Jahren Haft verurteilt worden. Ein Gesinnungsurteil – das Gericht sprach ganz unumwunden von der notwendigen Abschreckungsfunktion des Strafmaßes und davon, daß der Schriftsteller Peter-Paul Zahl »von einem tiefgreifenden Haß auf unser Staatswesen« ergriffen sei. Der Autor hat während seiner langen Haft (1972–1982), zum Teil in vollständiger Isolation, Literatur begriffen und genutzt als Instrument zum Überleben. Der Roman *Die Glücklichen* – und Zahls Lyrik auf ihre Weise auch – zeugt davon in Form einer produktiven Erinnerung an die Zeit der Revolte.

Es ist ein »Schelmen«-Roman in des Wortes ursprünglicher Bedeutung: ein Roman über »Schelme«, über Ganoven, Kriminelle, Verbrecher also, die in Berlin-Kreuzberg zur Zeit der außerparlamentarischen Revolte um 1968 ihr Wesen treiben. Mamma Hemmers und ihre Söhne Jörg, Niko und Peter, jeder auf seine Weise im Metier des Berufsverbrechers einschlägig begabt und ausgewiesen, dazu ein Pastor, dem nichts Menschliches fremd, und nicht zuletzt Ilona, die auf den Strich gegangen ist, rauschgiftsüchtig war, mit Hilfe ihrer Freunde sich einer Entziehungskur unterzogen hat – und die sich, einmal im Buch präsent, ausführliche Kontroversen mit dem Allwissenden Autor leistet. Ein »Schelmenroman« aber auch in gattungspoetischer Hinsicht: Die literaturgeschichtliche Tradition dieses Genres weist – von Grimmelshausens *Simplicius Simplicissimus* bis zu Thomas Manns *Felix Krull* und Günter Grass' *Die Blechtrommel* – eine Vielfalt von Erzählmustern auf, die sich in einem freilich vergleichen lassen, nämlich in ihrer Unbürgerlichkeit, ihrer Unbehaustheit in den etablierten Institutionen und Konventionen, ihrem fortwährenden Zwiespalt zur vernünftelnden, doch in Wahrheit närrischen Welt. Nicht der Konflikt zwischen Privatheit und Öffentlichkeit, Subjektivität und Objektivität, Individuum und Gesellschaft, der den bürgerlichen Roman strukturell kennzeichnet, bestimmt die Struktur dieser Romane, sowenig übrigens wie die Ausbildung einer komplexen Individualität und Identität, wie sie der bürgerliche Bildungs- und Entwicklungsroman anstrebt. Vielmehr: Destruktion solchen Zusammenhangs, Überwindung gesellschaftlicher und individueller Gewißheiten aus der Perspektive des Abenteuers, aus der Sicht »von unten«, der fröhlichen Utopie einer kompromißlosen Asozialität. Auch in diesem Sinne ist *Die Glücklichen* ein Schelmenroman. Und er ist es auch in seinen erzählerischen Mitteln: Die Trennung des Helden von der Familie, die Schilderung vielfältiger und verschlungener Abenteuer bis hin zu einer Art Bürgerkrieg, nicht zuletzt die Entwicklung eines utopisch-revolutionären Neubeginns – all das wird ohne jede Psychologisierung durchgeführt. Dem Roman fehlt, mit anderen Worten, der »rote Faden« einer Erzähleranleitung. Dadurch erschwert er es seinen Lesern, seiner verschlungenen Konzeption auf die Spur zu kommen. Denn zentrifugal streben deren Elemente auseinander, Rankenwerk rückt in den Mittelpunkt, breit ausgemalt ist scheinbar Nebensächliches, angesichts von Technokratie und Sachlichkeit wird barock fabuliert, und noch bis in die äußere Gestaltung des Textes hinein spürt man die Lust an der Zerstörung realistischer Erzählmuster. Betrieben wird auf diese Weise zugleich die Zerstörung von Wirklichkeitsoberflächen: Sie bieten keinen Halt mehr, nicht einmal den eines orientierenden Handlungsfadens. Dennoch bleibt der Autor spürbar: in politischen Statements, in der spröden Wiedergabe politischer Fakten, in Belehrung, Benotung, Vorwegdenken der Lesergedanken, obwohl gerade dieser Roman den denkenden Leser erfordert. Und das heißt für den Leser: Der Roman stellt ihm Protestpotentiale gegen die Wirklichkeit nicht nur zur Verfügung – er setzt sie, auch gegen seine eigene Wirklichkeit, voraus.

Von einer »Kapitulation« vor den einst selbstgesetzten kulturrevolutionären Zielen kann also keine Rede sein. Wohl aber von einer Rückgewinnung jener Dimensionen von Literatur, die man während der Revolte ohne Not preisgegeben hatte, nämlich ihre reflexiven, ihre imaginativen und entgrenzenden Potenzen. Ohne Not hatte man auf diese ästhetische Produktivkraft verzichtet, doch nicht ohne innere Logik. Denn da der Protest die Kultur auf die Straße getragen hatte, blieben die Schreibtische – nicht alle! – zwangsläufig verwaist, blieben vermutlich viele Bücher ungeschrieben, blieb gewiß die Literatur auf der Strecke. Zwar wird man kaum mit Marcel Reich-Ranicki behaupten können, die Politisierung habe »die deutsche Literatur ruiniert«, denn auch dazu war sie nicht radikal genug. Doch trifft fraglos zu, daß die allmähliche Rückeroberung der Literatur in den 70er Jahren nur ausnahmsweise auch von einer Wiedergewinnung moderner, gar avantgardistischer Schreibweisen Zeugnis gibt. Zu nah schien vielfach noch, was 1968 geschehen und versäumt worden war. Und so bleibt – blickt man mit kühlem Blick auf die »literarisierte Revolte« zurück und mit kritischer Distanz auf das, was an ihr haltbar sein könnte – im Vordergrund der Wahrnehmung ein einziges Werk: Bernward Vespers Romanessay *Die Reise.*

Eine »Reise« mit tödlichem Ausgang – Zu Bernward Vespers Roman-Essay

Als Bernward Vespers autobiographischer Roman-Essay *Die Reise* 1977 erschien, erregte er ein Aufsehen, wie es keinem anderen Buch dieses Jahrzehnts zuteil geworden ist. Die in Zürich erscheinende *Weltwoche* sprach von dem »Nachlaß einer ganzen Generation«; die *Stuttgarter Zeitung* sah in ihm einen »radikal ehrlichen« Versuch, »Kampf, Verzweiflung, Ohnmacht und Allmacht (der APO-Generation) zu beschreiben«; in der *Frankfurter Rundschau* wurde Vespers *Die Reise* als »wichtigste literarische Neuerscheinung des Jahres« apostrophiert; und *Der Spiegel* schließlich bezeichnete anläßlich der 1979 erschienenen *Ergänzungen* zu *Die Reise* das Werk rückblickend als das »Kultbuch der Linken«. Eine literarische Sensation des Jahres 1977 also, zumindest aber eine Sensation des Buchmarktes, denn auch die Umstände, unter denen Vespers Werk erschien, waren ungewöhnlich. Sein Verfasser hatte sich am 15. Mai 1971 in der Psychiatrischen Universitätsklinik Hamburg-Ep-

pendorf das Leben genommen, so daß das Buch posthum veröffentlicht wurde. Mehr noch: Es ist erst, nachdem es eine Art Lektorats-Odyssee hinter sich gebracht hatte, im Frankfurter Zweitausendeins Versand – also nicht in einem belletristischen Verlag – erschienen und erlebte hier innerhalb von zwei Jahren 16 Auflagen.
Was hat den Erfolg dieses Buches begründet? Bernward Vespers Werk ist der Versuch, in einer schonungslos vorangetriebenen Individual-Archäologie die Erkundung des bürgerlichen Individuums zu betreiben. Eines Individuums, für das *individualpsychologisch* die Autoritätsfixierungen der faschistoiden kleinbürgerlichen Familienstrukturen prägend sind; für das *politisch* die Entwicklung aus der restaurativen Adenauer-Ära in die radikale Revolte der 60er Jahre bestimmend ist; für das *soziologisch* die Nicht-Erfahrung einer gesellschaftlichen Identität sich auswirkt; und für das *ästhetisch-kulturell* die Traditionsbildungen des Bürgertums ihren verbindenden und verbindlichen Charakter verloren hatten. Diese vier Faktoren – Destruktions- und Verlusterfahrungen allesamt – haben sich in der Form von seelischen Verwundungen und politischer Verzweiflung in das bürgerliche Individuum Bernward Vesper eingeschrieben, bis hin zum zerstörerischen Wahn durch Drogeneinfluß. Nicht zufällig fällt in dem zwei Jahre später edierten Teil-Nachlaß an verschiedenen Stellen das Wort: »Ich bin ein kaputter Typ.« Das stete Schwanken zwischen Vaterhaß und Vaterbindung korrespondiert der fortwährenden Suche nach Kontakten und Bindungen zu Individuen und Gruppen der außerparlamentarischen Revolte, die Bernward Vesper zuletzt doch isoliert zurückläßt. Das Hin- und Hergerissensein zwischen politischer Radikalität und psychedelischer Innenschau offenbart einen Riß zwischen Lebenswelten, die auch der Versuch einer literarischen Synthese schließlich nicht zu vermitteln vermag. Es ist ein Riß, der mitten durch den Autor und sein Werk hindurchgeht. An ihm ist Bernward Vesper gescheitert – und vielleicht ist es sein Scheitern, das Einstehen mit dem eigenen Leben für dessen Nicht-Integrierbarkeit, welches die Verletzungen und Verwüstungen, von denen das Buch spricht, beglaubigt: Selbstzerstörung als Selbstfindung.

Will und Bernward Vesper (1957)

Bernward Vesper hat sein Buch zunächst »Der Haß« nennen wollen, dann »Logbuch«. Es ist beides: das Logbuch des Hasses, den ein bürgerliches Individuum auf die Welt zu entwickeln vermag, die es hervorgebracht hat. Daß es schließlich *Die Reise* heißen sollte, hat seinen guten Grund, den Vesper brieflich mit den Worten ausgedrückt hat: »Für mich heißt der Text *Die Reise* (was ja Trip zu deutsch ist), weil hier auf verschiedenen Ebenen gereist wird: erstens die reale Erzählebene, die Reise von Dubrovnik nach Tübingen (da wirds enden). Zweitens der Trip München-Tübingen, drittens die *Rückerinnerung.*« Diese drei Ebenen lassen sich als Wegweiser durch die verschlungenen Pfade von Bernward Vespers Reiseweg nutzen. Wobei nicht vergessen werden sollte, daß eine vierte Ebene noch existiert, nämlich die der spezifischen Ästhetik des Werkes, die im Buch selber ebenfalls verschiedentlich thematisiert wird.

Rückerinnerung – dies ist eine der Ebenen, auf denen Bernward Vesper seine Reise in die Tiefenschichten der eigenen Vergangenheit antritt. Diese Rückerinnerung wird im Buch selber als »Einfacher Bericht« bezeichnet, doch handelt es sich in Wahrheit um einen höchst komplexen Bericht eines überaus widerspruchsvollen Lebenszusammenhanges, nämlich der Kindheit und Jugend des Autors bis 1961. Bernward Vesper wurde 1938 als Sohn des NS-Poeten Will Vesper geboren und wuchs auf dem Gut Triangel beim niedersächsischen Gifhorn auf. Eine ländliche Idylle inmitten weiter, baumbestandener, überschaubarer Moor- und Weideflächen, eine jener Gegenden, in denen – um ein Wort Ernst Blochs zu benutzen – die »Ungleichzeitigkeit« zu Hause ist, ökonomisch ebenso wie ideologisch. Ein landschaftliches Idyll also, das einen elementaren Kontrast bildet zu den Formen der Verstädterung, denen Vesper später begegnen wird, und zugleich eines, das die Atavismen des Denkens produzierte, auf die der Faschismus so erfolgreich hat zurückgreifen können. Will Vesper, der Vater, darf als einer jener Poeten gelten, die schon vor 1933 konservative und reaktionäre Vorstellungen aufgenommen und in Lyrik übersetzt haben.

Nach 1933 gehörte Will Vesper zu den führenden Autoren im Dritten Reich, ein Schriftsteller, der dem nationalsozialistischen Regime in Deutschland treu ergeben diente und in »Führer«-Gedichten, in markigen Kriegs-Oden nationalchauvinistischer Prägung, in deutsch- und volkstümelnden Naturlyrismen die politische Wirklichkeit verklärte. Schlicht und autoritär, auf den »Führer« fixiert und tyrannisch zugleich, prägt dieser Vater das Leben auf dem Gut, diese scheinhafte Idylle ländlicher Beschaulichkeit, in die Tyrannei der Kinderdressur um, eine Tyrannei, welche die Beschädigungen, Verletzungen, ja: Entstellungen am Kind Bernward Vesper bedingen. Es ist dieser Vater, der alles beherrscht, aber mit ihm und durch ihn herrscht zugleich Adolf Hitler, den er bedingungslos verehrt und dessen politische Programmatik die Argumentationsstereotypen dieser Familie bestimmt. Das Kind, das sich den Reden und Schlägen dieses Vaters ausgesetzt sieht, fühlt sich in einer »Kindheitshölle«.

Rückblickend begreift Bernward Vesper seine Jugend als eine Zeit der Gefangenschaft, des schutzlosen Ausgesetztseins: »gefangen auf diesem kleinen Stück Land zwischen Parkzäunen, ausgeliefert allem, was man mit mir machen würde«. Schon in diesem Zitat, erst recht aber in der gesamten Passage über seine Kindheit wird deutlich, daß Vesper vor allem die *Perspektive des Opfers* herausarbeitet. Bernward Vesper sieht seine Sozialisationsgeschichte wesentlich unter dem Aspekt, Objekt gewesen zu sein: Objekt der Willkür, Objekt der Aggressionsabfuhr, Objekt der Tyrannis, der Unterdrückung, der Zurichtung. Aber er verdrängt die Frage nach dem subjektiven Anteil an solcher Disposition. Das Kind als Opfer der autoritär strukturierten, faschistisch orientierten bürgerlichen Kleinfamilie mit vorindustriell-feudalem Lebenszuschnitt – innerhalb dieses Rasters deutet sich Bernward Vesper seine gesamte Sozialisation und weist damit den anderen Ebenen seines Werks die Richtung.
Aus der Perspektive des Opfers nämlich argumentiert Vesper auch auf der Ebene der *realen Reise* durch die »Jetztzeit«, der Zeit der Abfassung des Buches also auf der Reise von Dubrovnik nach Tübingen. Eine Reise durch die Gegenwart der Bundesrepublik, durch die Gegenwart eines Landes, das als ein »zweiter deutscher Faschismus« erlebt wird, befangen in der Tradition autoritärer Strukturen.

Auch hierbei ist die Perspektive des Opfers unübersehbar. Zu einer Begegnung mit Günter Grass im Jahre 1964 beispielsweise heißt es: »Roehler sagt: ›Herr Vesper glaubt noch an die Revolution.‹ Und Grass, ein Rosa-Luxemburg-Zitat eingelegt, reitet auf mich zu, mit traurigem Lächeln, ›wissen Sie nicht, daß sie schon gesagt hat, daß...?‹ Ich wußte nicht. In meinem Kopf herrschte die Leere, die die Erziehung der herrschenden Klasse dort zurückgelassen hatte.« Als Bernward Vesper diese Begegnung mit Grass hat, ist er 26 Jahre alt, als er sie interpretiert, zur Zeit der Niederschrift des Buches also, 32 Jahre. Aber er argumentiert mit dem Imperialismus der herrschenden Klasse – ein Argumentationsmuster aus dem Kontext einer Gesellschaftsanalyse, die das Subjekt als Objekt einer übergreifenden, totalisierenden sozialen Gewalt verstand, des Kapitalismus nämlich, aus dessen Allgewalt die subversiv-subjektive Aktion allein den befreienden Sprung zu verheißen schien.

Gewiß lassen sich manche der von Vesper vorgetragenen Überlegungen, Polemiken und Haßausbrüche, lassen sich insbesondere seine programmatischen Äußerungen und seine politischen Analysen mit der gebührenden historischen Distanz als widersprüchlich, wo nicht unhaltbar und falsch bezeichnen. Doch solche Betonung der Widersprüche dürfte die Bedingungen nicht ignorieren, unter denen diese entstanden sind. Die familiär vermittelte Erfahrung des Faschismus am eigenen Leibe, die unmittelbare Erfahrung einer bewußtlos an Profitraten orientierten warenproduzierenden Gesellschaft, die alles mit Gleichheit schlug, in der Anspruch und Wirklichkeit weit auseinanderfielen, in der Spontaneität, Sinnlichkeit, Subjektivität verdorrten bis zur Beziehungslosigkeit und zur Isolation – diese Erfahrungen verdichten sich in Vespers autobiographischem Werk zu einer *Erschütterung*, mit der sich für ihn und andere die Frage nach der revolutionären Aktion stellt. Auch hierin noch die Perspektive des Opfers: die zur Geschichtslosigkeit verkrusteten gesellschaftlichen Strukturen, die fortschreitenden Zerstörungen an Individuum und Umwelt fordern als politische Konsequenz einer gesteigerten Leidensfähigkeit den Sprung aus der Realität.

Vesper hat den Weg der »Rote-Armee-Fraktion« (RAF) nicht gehen können, weil er ihm gesellschaftlich nicht vermittelbar erschien. Er trauert um jene, die ihn gingen wie Ulrike Meinhof und vor allem Gudrun Ensslin (mit ihr hat er den Sohn Felix, dem das Buch gewidmet ist). Deren leitmotivische Nennung zeigt die Bindung an, die Vesper gesucht und vorübergehend in Gudrun Ensslin auch gefunden hat, jene Bindung, die ihm geholfen hat, den Verlust der »in den Brunnen gefallenen Kindheit« zu verarbeiten.

Nicht also der Übergang von der militanten zur bewaffneten Aktion, aber auch nicht jener zur »geduldigen« (Vesper) politischen Arbeit, die in der Person Günter Wallraffs angegriffen wird, bieten einen Ausweg. Dieser Ausweg, der das als Opfer begriffene Individuum zugleich befreien und verschlingen wird, ist der TRIP, die dritte Ebene der *Reise*, die Reise also in die Welt der Drogen. Vesper zitiert Novalis: »Nach innen geht der geheimnisvolle Weg« – und dieser Rückgriff auf den Romantiker deutet die Abkehr von der Wirklichkeit an, welche die Menschen bloß »konditioniert«, zurichtet für die deformierenden Ansprüche sozialer Realität: »Rauschgift. Allein schon diese Bezeichnung, alles verbindet sich damit: Bewußtlosigkeit, Betäubung, Abtöten der Wirklichkeit. Dabei sind wir seit unserer Kindheit betäubt gewesen. Die Droge reißt den Schleier von der Wirklichkeit, weckt uns auf, macht uns lebendig und macht uns zum ersten Mal unsere Lage bewußt.« Die Droge als Medium der Ent-Täubung, als Mittel der Bewußtwerdung, als Zukehr zu einer allererst lebendigen Wirklichkeit – all das sind Bausteine zu einer programmatischen *Entgrenzung* des Lebens in veränderte und verändernde Wahrnehmungsformen hinein. Euphorie und Enthusiasmus, die sich an diese Vorstellung knüpfen, haben freilich ihre historische Voraussetzung, nämlich eben die Perspektive des Opfers. Ihr Komplement bildet die Perspektive der Befreiung durch die Welt der Drogen, die sich rückbinden läßt an eine Vision politischer Befreiung: »der trip gibt dir zum ersten mal eine vorstellung von der ungeheuren freiheit des menschen; zurückgekehrt in die fabrizierte gefängniseinöde beginnst du, daran zu arbeiten, eine realität zu schaffen, die den menschen so entfaltet, daß er auf einen lebenslangen trip ohne droge gespannt sein darf, sobald er das glück hat, gezeugt zu werden«, heißt es in den *Ergänzungen* zu *Die Reise*. Was Vesper erreichen will – und aus diesem Grunde seine vehemente Kritik an einer »alkoholisierten« Linken, wie er sie in Martin Walsers Drogenkritik am Werke sieht –, ist die Politisierung durch die Droge,

13. 5. 1968: Herbert Marcuse (rechts am Tisch) diskutiert im Auditorium Maximum der FU Berlin – links oben: als Zuhörer Bernward Vesper

deren »Sprengkraft« der Wirkung der Atombombe so wenig nachstehe wie der von Beethovens 9. Sinfonie.

Auf diesen Zusammenhang weist eine literarhistorische Anspielung Vespers hin: »LSD kann ebensowenig zurückgenommen werden wie die 9. Sinfonie.« Eine Anspielung, dies zunächst, auf Thomas Manns Roman *Doktor Faustus* (1947), in dem der Protagonist Adrian Leverkühn beansprucht, durch die Schaffung einer apokalyptischen Musik der Inhumanität den musikalischen Inbegriff der Humanität, eben Beethovens 9. Sinfonie, zurückzunehmen: »›Um was die Menschen gekämpft, wofür sie Zwingburgen gestürmt haben, das soll nicht sein. Es wird zurückgenommen. Ich will es zurücknehmen. [...] Die Neunte Symphonie‹«. Unterderhand aber spielt Vesper damit zugleich auf das Problem der »Zurücknahme« in Friedrich Dürrenmatts Komödie *Die Physiker* (→ S. 182ff.) an. »Wir müssen unser Wissen zurücknehmen, und ich habe es zurückgenommen. Es gibt keine andere Lösung«, sagt dort der Physiker Johann Wilhelm Möbius angesichts der apokalyptischen Möglichkeiten, welche die moderne Physik eröffnet hat. Doch der Selbstlauf einer wahnwitzig gewordenen Wirklichkeit bringt ihn zu der Erkenntnis: »Was einmal gedacht wurde, kann nicht mehr zurückgenommen werden.« Indem Vesper sich diese Einsicht zueigen macht, setzt er auf die Sprengkraft der Droge LSD, auf ihre Antibürgerlichkeit, deren revolutionäre Qualität ihm verbürgt scheint allein schon durch eine Art naturwissenschaftliche Beglaubigung: »Wir können nicht länger annehmen, daß die Entdeckung einer chemischen Substanz, die elementar in das Bewußtsein eingreift und das Verhalten verändert, ein Irrweg ist, den wir durch Verurteilung sperren; wenn sich ihr Gebrauch in den Massen durchsetzt, woran wenig Zweifel besteht, dürfen wir diese Tatsache nicht über einen bestimmten Zeitraum tabuisieren, wenn wir nicht Gefahr laufen wollen, daß sich diese Ignoranz gegen die revolutionäre Bewegung selbst stellen wird.« Daß Vesper, in Kenntnis des Problems der »Zurücknahme«, diese Problematik nicht diskutiert, zeigt, worauf es ihm ankommt: Er sieht eine Perspektive politischer Befreiung nurmehr im Rausch der Droge, welche die Konditionierungen der Wirklichkeit dadurch hinter sich läßt, daß sie den Sprung in ein neues Reich der Freiheit erlaubt.

Vesper selber ist, wie wir wissen, Opfer der »Sprengkraft« von LSD geworden. Seine Einweisung in die Nervenklinik, aus der er lebend nicht mehr herausgekommen ist, erfolgte aufgrund eines Wahnzustandes, für den Drogeneinfluß, zumindest als *ein* Faktor, ursächlich vermutet werden kann. Daß Vesper dann in Hamburg-Eppendorf bis wenige Tage vor seinem Tode noch an seinem Buch gearbeitet hat, deutet auf eine ganz andere Befreiungsmöglichkeit, die ihn vielleicht als einzige aus der Perspektive des Opfers hat herausführen können, solange er sie zu nutzen vermochte: die *Befreiung durchs Schreiben*. Eine Befreiung durch eine Ästhetik, die, rückerinnernd, recherchierend, berichtend, eine neue Dimension der Wirklichkeitsverarbeitung eröffnen soll, gerade in der Abkehr von traditionellen Ästhetiken: »Es ist sinnlos, die Wahrheit in einen Kampf mit Stil, Metapher usw. eintreten zu lassen. Es sei denn, man hörte auf, nachzuforschen und finge an, sich einer Aesthetik zu unterwerfen, wie sie tausende von literarischen Produkten bestimmt.« Eine Abkehr von herkömmlichen Ästhetiken, die sich auf Wahrheit ebenso beruft wie auf Nachforschung. An anderer Stelle heißt es: »Dies hier sind Recherchen.« Und dann wieder: »Man muß sich damit abfinden, daß es ganz unmöglich ist, diese ganze Kloake von 31 Jahren zu Papier zu bringen. [...] Daß wir einfach bereits viel zu viel vergessen haben, besser: daß wir mindestens zwanzig Jahre völlig falsche und belanglose Sachen *gesehn* haben. Das heißt, diese Zeit ist sowieso verloren [...].« Nachforschen, Recherchen, verlorene Zeit: Vesper spielt fortwährend auf Marcel Prousts monumentale Erinnerungsarbeit *A la recherche du temps perdu* an (1913–1927; dt. *Auf der Suche nach der verlorenen Zeit*, 1953–57). Aber in seine literarische Suche nach der »in den Brunnen gefallenen Kindheit« geht zugleich das Bewußtsein ein, diese Suche auf den Spuren der Erinnerung nicht mehr – wie noch der Großbürgersohn aus Paris – aus einem einzigen literarischen Wahrnehmungszentrum heraus organisieren zu können. Zwar geht es auch Vesper um das »Wiederaufsuchen der Erinnerung«, doch steht diese Erinnerung gleichberechtigt neben Traum und »momentaner«, also spontaner Wahrnehmung. Zwar geht es auch Vesper um die Herstellung einer Totalität, doch die Totalität der Moderne, der er sich verbunden weiß, ist die des Fragments: »Schreib, was du willst, bitte. Momentane Wahrnehmung addiert sich zu jener Totalität, die zeigt, daß du ein Fragment bist.« Dieses Kunstprogramm weist deutliche Anklänge an die romantische Poetik Friedrich Schlegels auf. An deren Universalität und Fragmentarität, programmatisch formuliert etwa im berühmten 116. Athenäums-Fragment, vermag auch Vesper noch anzuknüpfen, doch erscheint sein ästhetisches Konzept gleichsam geläutert – man könnte auch sagen: desillusioniert – durch die historisch-sozialen Erfahrungen, welche die literarische Moderne durchlaufen und durchlitten hat. Diese Desillusionierung erscheint im Gewande – und eben hierin beruht ihre Differenz zur romantischen Poetik – einer Absage an die Kunst, einer Absage an jenes unendliche Reflexionsmedium, welches für die Frühromantik noch unbestrittene, ja höchste Gültigkeit besaß. Vesper läutert sich die Tradition der Romantiker durch die *écriture automatique*, durch die automatische Schreibweise der Surrealisten also, zu einer literarästhetischen Wahrnehmungsform, die sich kongenial der Erfahrung des ›trip‹ anzugleichen vermag:

»Schreibprozeß: das Stottern der Sätze, dann der immer raschere Fluß der Assoziationen, das hektischer werdende Verstopfen aller Löcher im Gespinst der *Totalität*, das Ausgleiten auf den Szenen, den Türen, das Abfahren der Gedanken, das Abbrechen des Niederschreibens, der sich nach allen Seiten expandierende Ballon des Erinnerungsstromes, das grau verwischte ›Ende des Gedankens‹, Rauchschlund in einer gelben Feuerfläche.«

Dieser Schreibprozeß, dieses »Denk-Diktat ohne jede Kontrolle durch die Vernunft, jenseits jeder ästhetischen oder ethischen Überlegung« (André Breton), hat für Vesper selber eine revolutionäre Qualität besessen. Aber diese Qualität hat sich ihm erst vollkommen entfalten können im Rausch der Droge LSD. Sie erst ermöglichte ihm jene entgrenzende Wahrnehmung, den das »Denk-Diktat« des automatischen Schreibens traditionssprengend mitteilen sollte: »Der Trip durchbricht dieses anerzogene Mißtrauen in die eigenen Fähigkeiten. Neue (im Grunde alte) schöpferische Fähigkeiten treten auf!« Ein kulturrevolutionäres Programm, das sich gegen alle bürgerliche Ästhetik in der Tradition Kants und Schillers richtet, gegen die Abtrennung der Kunst vom Leben, gegen die Abspaltung sinnlicher und ästhetischer Produktivität von einer neu zu gewinnenden Erfahrungswirklichkeit. Ein Programm zugleich, das deutlich macht: Rückgewinnung der Sinnlichkeit, Rückeroberung von Erfahrungsmöglichkeiten gab es für

Bernward Vesper nur auf dem Weg der psychedelischen »Reise«, als einen »Lernprozeß«, nach Alexander Kluges Wort, »mit tödlichem Ausgang«. Gerade deshalb aber liegt mit Vespers Werk ein Stück authentischer Wirklichkeit *der* Revolte von 1968 vor – und nicht eine literarästhetische Bemühung *über* sie. Authentisch in seiner Fragmentarität wie in seinem Aufbegehren, in seiner Grenzüberschreitung wie in seinem Scheitern, entsprang es einer Unmittelbarkeit des Revoltierens, die sich seiner Ästhetik unverlierbar eingeschrieben hat. *Die Reise* – das Buch sowohl wie der ›trip‹ – hat Bernward Vesper den Sprung aus der Wirklichkeit ermöglicht, freilich um den Preis, denjenigen abstürzen zu lassen, der da gesprungen ist, und ihn so, einmal noch und zum letzten Mal, zum Opfer zu machen.

Vom »langen Gedicht« zur Alltagslyrik

»Was sind das für Leute«, fragte Günter Herburger 1967 in provokatorischer Absicht, »die Gedichte machen, leben sie noch, sind sie schon lange tot, benützen sie, wenn sie arbeiten, reinen Sauerstoff zum Atmen, oder ist es ihnen gelungen, auf Schneeflocken heimisch zu werden oder in der Bernsteinstruktur ihrer Schreibtischgarnituren oder was?« Herburgers Provokation zielte auf einen Neubeginn in der Lyrik, der vor allem Abkehr sein sollte: Abkehr von einer hermetischen, Kunst und Leben trennenden Dichtung, Abkehr von der Natur- und Blumenpoesie, Abkehr von jeglicher Exklusivität des Lyrischen. Was er intendierte, war die Hinwendung zu den Dingen der Realität, die Hineinnahme des Alltags ins Gedicht, die Aufhebung der Kluft zwischen Kunst und Leben. »Ich wünsche mir«, so Herburger, »Gedichte wie vollgestopfte Schubladen, die klemmen. Wer Metaphern anfaßt, verbrennt sich die Finger.« Eine Poetik, die sich gegen Benn sowohl wie gegen Celan richtete und auch den Lyriker Bertolt Brecht nicht verschonte.

Wenn auch die Politisierung der Literatur in den 60er Jahren den zeitgeschichtlichen Hintergrund dieser Forderungen bildete, so redete doch Herburger nicht einer Poetik politischer Poesie das Wort, zumindest nicht im Sinne der politischen Lyrik Erich Frieds. Vielmehr kam in seinen Äußerungen eine Diskussion zum Ausdruck, in einer fortentwickelten Form, die 1965 mit Walter Höllerers »Thesen zum langen Gedicht« eingesetzt hatte. Höllerers Thesen bildeten – nach Gottfried Benns Vortrag »Probleme der Lyrik« (1951), nach Theodor W. Adornos »Rede über Lyrik und Gesellschaft« (1957) und nach Hugo Friedrichs Untersuchung *Die Struktur der modernen Lyrik* (1956; 1966) – den wichtigsten Beiträgen zur Lyrik-Diskussion der 50er Jahre, einen neuerlichen, freilich bescheideneren, eben thesenhaft angelegten Versuch, moderner Lyrik in Struktur und Sprachform den Weg zu weisen. Höllerers Thesen wandten sich gegen die fortdauernde Dominanz der hermetischen Lyrik mit ihrer zunehmenden Esoterik einerseits, gegen eine Konfektionierung des lyrischen Lakonismus, wie sie sich bei Günter Eich, Günter Grass, Hans Magnus Enzensberger abzuzeichnen begann, andererseits. Sie formulierten im Kern ein Plädoyer für einen »neuen Realismus«, wie ihn Höllerer in seinem Aufsatz »Veränderung« schon 1964 gefordert hatte (*Akzente*, H. 5/6, 1964). Im »langen« Gedicht sah Höllerer eine Möglichkeit zu solcher Veränderung, wobei »lang« nicht so sehr in einem rein quantitativen Sinne zu verstehen war, sondern vielmehr die quantitative Erstreckung als eine neue Qualität: Durch seine Ausdehnung erreiche das »lange« Gedicht eine neue Möglichkeit, mit der Wirklichkeit umzugehen, eine Perspektive der Freizügigkeit zu entwickeln, die zur Aufhebung von Grenzziehungen und Einengungen dienen könne. In diesem Sinne, so Höllerer, sei das »lange Gedicht« auch ein politisches Gedicht, ein republikanisch-freiheitliches Gedicht. Bewußtseinsschranken sollen negiert, Denkpräformationen zurückgewiesen werden. Das Gedicht soll sich keine Wunschwelten bauen, sondern im Prozeß der Imagination, der Reflexion, des Darstellens und Beobachtens unter die Schwelle der offiziell sanktionierten Orientierungsdaten und Koordinaten des öffentlichen Bewußtseins gelangen. Solche Realitätssubversion durch poetische Wirklichkeitsintegration erfordere die Rückverwandlung des Beobachteten ins Gedicht – nichts weiter. »Isolierte Wörter sind fiktive Wörter«, so hat der Sprachwissenschaftler Harald Weinrich einmal bemerkt. Und: »Das Spiel der Determination im Satz und Text gehört zur Semantik.« Höllerer schließt sich dieser Auffassung im Grunde an, wenn er verlangt, das Beobachtete in einen lyrischen Kontext einzubeziehen und ihm dadurch Dauer zu verleihen. Die Augenblickselemente werden im »langen Gedicht« nicht aus einem Kontinuum herausgesprengt, isoliert, hermetisch abgeschlossen, sondern sie werden einem Prozeß entlehnt – dem des Alltagslebens, der gesellschaftlichen Wirklichkeit – und in einen neuen Prozeß transformiert: in den des »langen Gedichts«, das mit ihrer Hilfe einen neuen Prozeß der Auseinandersetzung konstituiert. Anspielung, Erinnerung erhalten Dauer. Das »lange Gedicht« ermöglicht derart die Rückgewinnung einer verlorenen Subjektivität – über deren lyrische Konstitution. »Die erste Veränderung«, so Ingeborg Bachmann 1960 in ihren Frankfurter Poetik-Vorlesungen, »die das Ich erfahren hat, ist, daß es sich nicht mehr in der Geschichte aufhält, sondern daß sich neuerdings die Geschichte im Ich aufhält.« Indem das »lange Gedicht« eine »mögliche Welt« aufbaut, erschafft es dem Ich einen Ort der Wiederbegegnung: Die Aussparung wird auf paradoxe Weise zur Rückkehr des Ich. Hierzu aber bedarf es einer »offenen« lyrischen Form, einer aufgebrochenen Syntax, eines sich verzweigenden Versbaus, einer Typographie, die ein Eindringen, ein Ausfüllen durch den Leser erlaubt. Alles wird durchlässiger, kommunikationsfähiger, weil der Leser mitreden, mit-lesen kann vermöge der Erfahrungszusammenhänge, der Wahrnehmungsgemeinsamkeiten, die ihn dem Gedicht verbinden. Das Gedicht verliert seine Feiertäglichkeit, die es einst als Bestandteil einer »affirmativen Kultur« besaß.

Das aber bedeutet keine Programmorientierung – im Sinne einer Ideologiebildung –, sondern heißt lediglich, eine veränderte Weltsicht zum Bestandteil poetischer Praxis zu machen. Eine durchaus anti-metaphorische Praxis, deren Metaphern »preziös« erscheinen im Verhältnis zu der Erfahrungswirklichkeit, aus der das »lange Gedicht« schöpfen kann. Das Spielerische entspricht dem Experiment des Lebens, das keine Abgeschlossenheit will, aber auch keine Künstlichkeit. Das so verstandene »lange Gedicht« teilt also nicht etwa Informationen mit, sondern der informationelle Charakter von Sprache tritt in einen neuen kommunikativen Zusammenhang ein, in »Spielweisen, Lebendigsein, als Traum und Mitteilung, als Aktion und Schrift, als Spur, die [...] im Gedicht nachzuzeichnen und in die Schwebe zu bringen ist« (Höllerer).

Höllerers letzte These: »Das lange Gedicht als Vorbedingung für kurze Gedichte«, macht deutlich: Es geht nicht um »lange Gedichte« schlechthin, sondern es geht um eine veränderte lyrische Weltsicht. Dies ist auch der Grund, warum Höllerers Thesen Folgen zeitigten, nicht sowohl in Form einer poetischen Praxis, die ihren Maximen zu genügen versucht hätte, vielmehr in der Form einer nachwirkenden Auseinandersetzung. Höllerers Plädoyer für Bewegung statt Erstarrung, Kommunikation statt Verstummen, Austausch statt Schweigen, Mitteilung statt Metapher, seine entschiedene Forderung nach einem veränderten lyrischen Umgang mit der Wirklichkeit, der Verbindungen zwischen Gegenstand, Autor, Leser und Gedicht ermöglichen solle – das alles erschien denn doch zu poesiefeindlich, zu fixiert auf äußere, außerpoetische Realität, als daß nicht auch Widerspruch sich hätte zu Gehör bringen müssen. Wenn auch die Tradition des »langen Gedichts« durchaus eine eigene literarhistorische Entwicklungslinie besitzt, von Arno Holz bis zu Peter Handke und Botho Strauß, wenn auch die programmatische Offenheit des »langen Gedichts« so sehr sich nicht unterscheidet von der frühen Lyrik Gottfried Benns, von dessen Postulat einer »Montagekunst«, selbst von der Antikunst der Dadaisten – so schien die programmatische Metaphernferne Höllerers doch den Verdacht auf eine Indienstnahme der Lyrik für außerliterarische Zwecke offenbar nahezulegen. Hierin vor allem lag der Grund für die entschiedene Kritik Karl Krolows:

»Den Worten, wenn auch vielleicht nicht dem einzelnen Wort, wird bei derartigen Absichten eine erneute Belastung zuteil, nachdem sie anscheinend in die Freiheit der längeren Passagen geführt schienen. Sie werden dienstbar gemacht und der direkten Wirkung ih-

Walter Höllerer (1983)

rer Verbalität, ihrer Wortherkunft, entzogen. Die unumsetzbaren Worte geraten in Umsatz. Sehr rasch ist bei solcher Auffassung vom langen Gedicht eine extrem andere Situation gegenüber der experimentellen Sinnentleerung im dichterischen Text erreicht. War bei *dieser* eine – ich möchte sagen – Verhauchung von Sinn in einzelne Silben, in Wortpartikel eine der heikelsten Folgen, so wird jetzt das wieder kompakt gemachte, in den Satz, in die Satzbewegung gestellte Wort von zu weit und zu beschleunigt vorgehender Sinnbelastung strapaziert. Das derart dressierte Wort – im Experiment zuvor auf wunderlichste Weise zweckentfremdet – wird nun zweck-belastet und sogleich über-belastet.«

Krolows Argumentation bewegt sich unverkennbar zwischen den Polen politische Lyrik und experimentelle Lyrik – beide will er, als Formen der Zweckbindung beziehungsweise der Zweckentfremdung nicht gelten lassen. Dabei verdankt sich seine Abwehr der Thesen Höllerers unüberhörbar den sich abzeichnenden Tendenzen der Politisierung in den 60er Jahren. Der Ideologieverdacht gegenüber jeder »Sinnbelastung« – der sich im übrigen Karl Krolows Lyrik selber so entschieden keineswegs entzieht –, dieser Ideologieverdacht erwies sich selber als ideologisch darin, daß er an einem tradierten Muster metaphorischer, gar symbolistischer Lyrik festzuhalten suchte, gleichsam dieses Muster als überhistorisch gültige Bezugsgröße etablierend. Verdächtigt waren damit alle Innovationen, die den historischen Wandel der Lyrik in einem engen Zusammenhang mit gesellschaftlichen Veränderungsprozessen definierten.

Höllerer aber hatte – wie er in einer Replik auf Krolow (*Akzente* 4/1966) abermals betonte – lediglich »einem Gedicht die Sympathie erklärt, das nicht noch mehr in immer gewähltere oder immer abgestumpftere Metaphern gerät, in noch engeren Ciffren verkürzt wird; einem Gedicht, das für einen breiteren Sprachstrom offen ist, der in Bewegung gehalten wird von unseren Bemühungen, uns zu verständigen, zusammenzukommen, zusammenzuleben, eine ›mögliche Welt aufzubauen‹«. Dies war das Programm nicht einer inhaltlich politisierten, sondern einer prozessual sich der Wirklichkeit verschreibenden Lyrik.

Thesen zum langen Gedicht

Das lange Gedicht, so wie es hier verstanden wird, unterscheidet sich nicht nur durch seine Ausdehnung von den übrigen lyrischen Gebilden, sondern durch seine Art sich zu bewegen und da zu sein, durch seinen Umgang mit der Realität.

Das lange Gedicht ist, im gegenwärtigen Moment, schon seiner Form nach politisch; denn es zeigt eine Gegenbewegung gegen Einengung in abgegrenzte Kästchen und Gebiete. Es läuft gegen kleinliche Begrenzungen des Landes und des Geistes an. – Sackgassen hier wie dort:
›DDR‹ – durch ›Materialismus‹ verknotete Idealisten.
›BRD‹ – durch ›Idealismus‹ verbogene Materialisten.
Das lange Gedicht hat den Atem, Negationsleistungen zu vollbringen, Marx- und Hegel-Aufgüsse abzuräumen, die Denkgefängnisse zu zerbröckeln, beharrlich den Ausdruck in neuen Anläufen für neue Verhältnisse zu finden.

Wer ein langes Gedicht schreibt, schafft sich die Perspektive, die Welt freizügiger zu sehen, opponiert gegen vorhandene Festgelegtheit und Kurzatmigkeit. Die Republik wird erkennbar, die sich befreit.

Die Auseinandersetzung mit den Augenblickselementen, mit den Überbleibseln aus der Summe der Wahrnehmungen in der geringfügigsten räumlichen und zeitlichen Ausdehnung wird im langen Gedicht eher noch verstärkt als vernachlässigt:
›auf daß ich nicht nur eine Anspielung meiner selbst wäre,
auf daß ich nicht nur eine Erinnerung meiner selbst wäre‹.

Die härteste Negationsleistung, die täglich in bezug auf uns selbst gefordert wird, ist: von uns selber zunächst abzusehen. Im langen Gedicht bauen wir, aus den verschiedensten Wahrnehmungen, eine mögliche Welt um uns auf, sparen uns aus und erreichen auf diesem Weg, daß wir sichtbar werden.

Doch dies ist nur möglich mit freierem Atem, der im Versbau, im Schriftbild Gestalt annimmt. Ich werde mir sichtbar.

Alle Feiertäglichkeit weglassen. Einen Teil der theoretischen Tätigkeit in die Praxis hineinnehmen. Die Auffächerung so weit öffnen wie möglich.

Längeres Sich-einlassen: so daß Verbindungen zwischen Gegenstand, Leser, Autor, Gedicht möglich werden; die Naivität ging verloren; das Zelebrieren wurde unglaubwürdig; insistent zusammenholen, vorzeigen.

Die erzwungene Preziosität und Chinoiserie des kurzen Gedichts! Das lange Gedicht gibt eher Banalitäten zu, macht Lust für weiteren Atem. Ich spiele mit dem, was ich gelernt habe.

Im langen Gedicht will nicht jedes Wort besonders beladen sein. Flache Passagen sind nicht schlechte Passagen, wohl aber sind ausgedrechselte Stellen, die sich gegenwärtig mehr und mehr ins kurze Gedicht eingedrängt haben, ärmliche Stellen.

Das Wort ›präzise‹ als Forderung: damit will sich Gelehrsamkeit der Technik annähern und gibt Dekoration. Das lange Gedicht wird davon nicht betroffen.

Die Sprache dient zur täglichen Verständigung über bekannte Bedürfnisse. Die Sprache dient zur Definition noch kaum bekannter Ausmaße. Das lange Gedicht stellt sich beidem, – Zerreißprobe des Satzes. Möglichkeiten schaffen zwischen dem Plakat der Nähe und dem Kalkül der Ferne.

Subtile und triviale, literarische und alltägliche Ausdrücke finden somit notgedrungen im langen Gedicht zusammen, spielen miteinander – wie Katz und Hund.

Berufe dich nicht auf ›Schweigen‹ und ›Verstummen‹. Das Schweigen als Theorie einer Kunstgattung, deren Medium die Sprache ist, führt schließlich zu immer kürzeren, verschlüsselteren Gedichten; die Entscheidung für ganze Sätze und längere Zeilen bedeutet Antriebskraft für Bewegliches.

Das lange Gedicht löst durch Bewegung die Gefahr des Hinstarrens und Starrwerdens im enggezogenen Kreis, es führt zugleich aus der starrgewordenen Metaphorik, der knarrenden Rhythmik, der bemühten Schriftbild-schematik, stellt sich einer weiteren Sicht.

Das lange Gedicht als Vorbedingung für kurze Gedichte.

Walter Höllerer
(Zuerst erschienen in: Akzente, 12. Jg. (1965), H. 2; wieder abgedruckt in: Was alles hat Platz in einem Gedicht? Aufsätze zur deutschen Lyrik seit 1965, München 1977.)

Die unterschiedlichen Positionen lagen damit offen zutage – und die Diskussionsbeiträge namhafter Lyriker, die sich, direkt oder indirekt, in den folgenden Monaten und Jahren auf sie bezogen, offenbarten vor allem die Notwendigkeit einer lyrischen Neuorientierung, nach Benn und Celan und angesichts der politischen Lyrik Erich Frieds. Die Antworten, die der Sammelband *Was alles hat Platz in einem Gedicht?* (1977, hrsg. von Hans Bender und Michael Krüger) auf seine Titelfrage zusammenstellte, formulierten weder Patentrezepte noch programmatische Festlegungen. Horst Bienek, Peter Hamm, Peter Rühmkorf, Hans Christoph Buch, Helmut Heißenbüttel, Günter Kunert, Nicolas Born, Heinz Piontek, Wolfgang Weyrauch – in einem weiteren Sinne sind auch die poetologischen Überlegungen Hilde Domins (geb. 1912; *Wozu Lyrik heute?* 1968) hier einzubeziehen –, sie kamen vor allem darin überein, daß Fixierungen, Engführungen, Bornierungen zu vermeiden seien, daß Irritation und Offenheit produktiv gemacht werden sollten, daß nach der Epoche hermetischer Lyrik der Kunstanspruch selber von seinen belastenden Traditionen zu befreien sei. Und dieses Argument zumal vertraten, in der Theorie wie in der poetischen Praxis, jüngere Lyriker wie Rolf Dieter Brinkmann und Jürgen Theobaldy (geb. 1944).

»Man muß vergessen, daß es so etwas wie Kunst gibt! Und einfach anfangen.« Dieses seither vielzitierte Diktum Rolf Dieter Brinkmanns aus dem Jahre 1968 (in: *Standphotos*, 1980) war durchaus angetan, einem traditionellen Lyrikverständnis den Boden zu entziehen. Und nicht weniger die Banalität jener Wirklichkeit, der Brinkmann sein lyrisches Material zu entnehmen gedachte:

»Es gibt kein anderes Material als das, was allen zugänglich ist und womit jeder alltäglich umgeht, was man aufnimmt, wenn man aus dem Fenster guckt, auf der Straße steht, an einem Schaufenster vorbeigeht, Knöpfe, Knöpfe, was man gebraucht, woran man denkt und sich erinnert, alles ganz gewöhnlich, Filmbilder, Reklamebilder, Sätze aus irgendeiner Lektüre oder aus zurückliegenden Gesprächen, Meinungen, Gefasel, Ketchup, eine Schlagermelodie, die bestimmte Eindrücke neu in einem entstehen läßt, z.B. wie jemand seinen Stock schwingt und dann zuschlägt, Zeilen, Bilder, Vorgänge, die dicke Suppe, die wem auf das Hemd tropft.«

»Einfach anfangen« – die Unmittelbarkeit des Realitätsbezugs wie die Spontaneität des poetischen Produktionsprozesses, die mit diesem Postulat freigesetzt wurden, verweisen auf Brinkmanns Orientierung an amerikanischer Pop- und Underground-Lyrik (*ACID*, 1969). Doch muß man mit solchen Etikettierungen, zumindest im Blick auf Brinkmanns eigene Poesie, vorsichtig sein, weil ihre genauen Stimmungsbilder, die Nuancen und Schattierungen dieser Lyrik, ihre atmosphärische Dichte wie ihr kalkulierter Lakonismus von einer präzisen Durcharbeitung sehr wohl Zeugnis ablegt.

Oh, friedlicher Mittag

mitten in der Stadt, mit den verschiedenen
Mittagessengerüchen im Treppenhaus. Die Fahrräder
stehen im Hausflur, abgeschlossen, neben
dem Kinderwagen, kein Laut ist zu hören.

Die Prospekte sind aus den Briefkästen
genommen und weggeworfen worden. Die Briefkästen
sind leer. Sogar das Fernsehen hat die türkische
Familie abgestellt, deren Küchenfenster

zum Lichtschacht hin aufgeht. Ich höre
Porzellan, Teller und Bestecke, dahinter
liegen Gärten, klar und kühl, in einem blassen
Frühlingslicht. Es sind überall die seltsamen

Erzählungen von einem gewöhnlichen Leben ohne
Schrecken am Mittwoch, genau wie heute. Der Tag
ist, regenhell, verwehte Laute: oh friedlicher
Mittwoch mit Zwiebeln, auf dem Tisch,

mit Tomaten und Salat.
Die Vorhaben und Schindereien sind
zerfallen, und man denkt, wie friedlich
der Mittwoch ist

Wolken über dem Dach, blau, und
Stille in den Zimmern, friedlich und still und
genauso offen wie Porree, wie Petersilie grün ist
und die Erbsen heiß sind.

Eine wahrhaft alltägliche Szenerie: banal die Requisiten, kaum der Wahrnehmung wert die Materialien, Gegenstände unserer gewöhnlichen, allzu-gewöhnlichen Reproduktionssphäre, Großstadtmuff und Großstadtmief im Hinterhof, durchsetzt von der Dingwelt, die uns längst kolonisiert hat, der Briefkasten, der Fernseher, die täglichen Verrichtungszwänge mitsamt ausgesperrter Natursphäre, zugänglich nurmehr aus zweiter Hand und in stimmungshafter Erinnerung. Eine genau beschriebene, genau datierte Szenerie: Mittag, Mittwoch, Mittagessen. Und eine Friedlichkeit, wie sie nur der Mittag eines solchen Alltags be-

Peter Rühmkorf

reithalten kann. »oh friedlicher Mittwoch«, lautet denn auch der Seufzer der Zufriedenheit. Doch das Gedicht ist weit entfernt von einer realistischen oder naturalistischen Reproduktion solchen kleinbürgerlichen Wohlbehagens. Vielmehr unterläuft das Gedicht subversiv die Atmosphäre friedvoller Behaglichkeit, indem es diese als eine Art Ausnahmezustand festhält: Als Momentaufnahme wird dieser Zustand des friedlichen Mittags, akzentuiert durch das zweifache »oh« in der Titelzeile und kurz nach der Gedichtmitte, herausgesprengt aus der Kontinuität des Alltagsprozesses, ein Moment des Ein- und Ausatmens, der ein Aufatmen bedeutet, ein Aufseufzen und Innehalten, in dem Vor- und Nachgeschichte zugleich präsent und stillgestellt sind – und doch nur darauf warten, ihre Herrschaft des Lärms, des Unfriedens, des Kampfes und Streitens, des alltäglichen Zwistes und Haderns wieder anzutreten.

»Ein Bild entsteht oder ein Vorgang, den es so nie gegeben hat, Stimmen sehr direkt. Man braucht nur skrupellos zu sein, das als Gedicht aufzuschreiben. Wenn es dieses Mal nicht klappt, wirft man den Zettel weg, beim nächsten Mal packt man es dann eben, etwas anderes.« Wie Brinkmanns Dichtung selber muß man auch diese Bestimmung des poetischen Produktionsprozesses sehr genau lesen, will man ihre Ansprüche recht deuten. Ein »Vorgang, den es so nie gegeben hat« – dahinter verbirgt sich keineswegs ein Programm der Beliebigkeit, sondern im Gegenteil: Bestehen auf der Einmaligkeit des je und je vorfindlichen Realitätsmaterials. »Wenn es dieses Mal nicht klappt« – auch dieser Konditionalsatz besteht im Grunde auf dem Gelingen des lyrischen Produkts, enthält also implizit einen Kunstanspruch. Nur – was das sei: Kunst, Literatur, ein Gedicht, darüber will Brinkmanns Poetik dogmatische Traditionen nicht länger verfügen lassen. Sein Postulat: »einfach anfangen«, ist deshalb auch ein Befreiungsversuch. »Ich habe immer gern Gedichte geschrieben«, so Brinkmann im selben Zusammenhang, »wenn es auch lange gedauert hat, alle Vorurteile, was ein Gedicht darzustellen habe und wie es aussehen müsse, so ziemlich aus mir herauszuschreiben.« Freude, Trauer, Glück, Empfindungen, Stimmungen liegen ebenso auf dem Wege dieser Alltagslyrik wie die Gegenstände der umgebenden Dingwelt. Und sie vermag sich diese poetisch zu assimilieren nur deswegen, weil sie sie einem Transformationsprozeß unterwirft, weil sie die Materialität der äußeren Wirklichkeit sprachlich konzentriert und verdichtet, ohne metaphorisch über sie hinauszuweisen.

Um die Ausdrucksmöglichkeiten und die Formenvielfalt dieser Alltagslyrik, die sich auf Vorbilder wie Charles Olson, William Carlos Williams und Robert Creely berufen konnte, hier zumindest doch anzudeuten, seien einige ihrer Autoren und Werke genannt: Arnfrid Astel (geb. 1933; *Alle Epigramme*, 1979), Jürgen Becker (geb. 1932; *Schnee*, 1971; *Das Ende der Landschaftsmalerei*, 1974), Nicolas Born (1937–1979; *Das Auge des Entdeckers*, 1972), Hugo Dittberner (geb. 1944; *Ruhe hinter Gardinen*, 1980), Frederike Frei (geb. 1945; *Losgelebt*, 1978), Günter Herburger (geb. 1932; *Ziele*, 1977; *Orchidee*, 1979), Karin Kiwus (geb. 1942; *Von beiden Seiten der Gegenwart*, 1976; *Angenommen später*, 1979), Ursula Krechel (geb. 1947; *Nach Mainz*, 1977; *Verwundbar wie in den besten Zeiten*, 1979), Renate Rasp (geb. 1935; *Junges Deutschland*, 1978), Johannes Schenk (geb. 1941; *Die Genossin Utopie*, 1973, *Jona* 1976), Jürgen Theobaldy (geb. 1944; *Blaue Flecken*, 1974; *Zweiter Klasse*, 1976; *Drinks*, 1979), Rainer Malkowski (geb. 1939; *Einladung ins Freie*, 1977; *Zu Gast*, 1983), Rainer Brambach (1917–1983; *Kneipenlieder*, 1974; *Auch im April*, 1983), Rolf Haufs (geb. 1935; *Die Geschwindigkeit eines einzigen Tages*, 1976; *Größer werdende Entfernung*, 1979) und – bisweilen ins Mythologische und Orientalische entgrenzt – Cyrus Atabay (geb. 1929; *An diesem Tag lasen wir keine Zeile mehr*, 1974; *Das Auftauchen an einem anderen Ort*, 1977; *Die Leidenschaft der Neugierde*, 1981).

»In der Lyrik ist alles erlaubt, was ihre Sprache lebendig erhält.« Dieser Befreiungssatz Jürgen Theobaldys – befreiend von aller Formstrenge, Sprachkonvention, Bild- und Metapherntradition – offenbart freilich auch das immanente poetologische Problem der Alltagslyrik in den 70er Jahren. Denn es gelingt ihr nicht immer, der Banalität zu entkommen, die ihrem Thema, der Alltagswelt, nun einmal eigen ist. Nicht selten verfließt ein »langes Gedicht« ins Beliebige und Austauschbare, nicht selten kommt ein kurzes Gedicht über die kalauernde Pointe nicht hinaus. »DER Dreizeiler / ein Abklatsch / der Stirnfalten«, heißt es bei Arnfrid Astel (*Die Amsel fliegt auf*, 1982). Und einer seiner Dreizeiler zeigt genau das: »FRIEDEN / Ein Starfighter / stürzt ins Büro.« Damit ist das Problem zugleich benannt und veranschaulicht: Gerade das »Gedicht im Handgemenge« (Jürgen Theobaldy) bedarf der Dauer, der Spannung, der Widerständigkeit, um seinen Gebrauchswert unter Beweis stellen zu können. Um mit Jürgen Theobaldy, dem Autor und Theoretiker der Alltagslyrik zu sprechen:

»Gerade die einfache Sprache verlangt nach einer stringenten Organisation. Das falsche Wort, die überflüssige Wendung bedeutet noch immer die Verwundung des Gedichts, die tödlich sein kann, je kürzer das Gedicht ist. Es verliert seine poetische Spannung, die es noch immer von der Prosa trennt und ohne die eine Zeilenbrechung sinnlos würde.«

Im genauen Registrieren alltäglicher Details gerät vielfach deren gesellschaftlicher Charakter aus dem Blick – darin liegt die Gefahr der Vereinfachung, die Verführung zur beifallsträchtigen Pointe begründet. Gerade der Versuch, in Alltagslyrik »etwas von der Haltbarkeit ihrer Gegenstände sichtbar machen« zu wollen (Theobaldy), steht in der Gefahr, sich jenem Wandel unterwerfen zu müssen, dem auch die »einfachen Gegenstände« unterliegen – und gerade dadurch dem Vergessen anheimzufallen. Es spricht nicht gegen diese Feststellung, daß solche Texte ihr Publikum tatsächlich auch finden.

Ein Kuriosum am Rande: Seit 1980 publiziert Kristiane Allert-Wybranietz (geb. 1958) im Fellbacher Lucy Körner Verlag Lyrik, die binnen kurzem der Lyrik bislang unbekannte und nie erahnte Höhen auf den Bestsellerlisten erklimmen konnte (*Trotz alledem*, *Liebe Grüße*). Es sind Gedichte um einfache, alltägliche Dinge, um Gefühle, »Beziehungen«, Stimmungen, nicht selten verbunden mit Ratschlägen von der Gemütstiefe und Gedankenschärfe des Kalender-Abreißblattes:

»Immer mehr
legen ihre Gefühle
in die
Tiefkühltruhe.
Ob sie glauben,
dadurch
ihre Haltbarkeit
zu verlängern?«

Immerhin erreichte die Autorin binnen dreier Jahre eine Gesamtauflage von 450000 Exemplaren – Indiz eines verbreiteten Bedürfnisses nach Bestätigung, Wärme, Wiedererkennnen.

Dialektdichtung, Mundartlyrik – »Poesie der Provinz«?

Die Provinz lebt – zu dieser Feststellung muß kommen, wer sich die seit Mitte der 70er Jahre allenthalben sichtbare und hörbare literarische Produktivität jener Regionen vergegenwärtigt, die sich sprachlich definieren lassen. Ob bayerisch oder niederdeutsch, elsässisch, fränkisch oder schwäbisch – Dialektdichtung, Mundartlyrik, Regionalsprache haben sich in einem Maße zur Geltung gebracht, welches erlaubt, von einem Wiederaufleben regionaler Kulturen zu sprechen. Und es zählt, soweit sie sich poetisch artikulieren, zu ihrer Eigentümlichkeit, daß sie ihre Identität der Protestbewegung ebenso verdanken wie der Konkreten Poesie. Die neue regionalsprachliche Dichtung der 70er Jahre repräsentiert eine deutliche Abkehr vom Odium des Bodenständigen, Heimattümelnden, Reaktionären, das den Äußerungsformen der Provinz seit der Entstehung einer einheitlichen Hochsprache anhaftete. Sie stellt sich vielmehr als eine selbstbewußte Dichtung dar, die die eingreifenden und auch die sich selbst reflektierenden Dimensionen von Literatur repräsentiert, die die Erfahrungen ihres Sprachraums nicht zu dessen Verklärung, sondern zu seiner Veränderung zu nutzen versucht und hierzu ermuntert – kein Objekt der Denkmalspflege, sondern Medium der Sprach- und Bewußtseinskritik.

Schon sehr früh entlarvte H.C. Artmann – *med ana schwoazzn dintn*, wie einer seiner Gedichtbände (1958) hieß – verbrauchtes Sprachmaterial durch unverbrauchtes, ein Vorgang, dessen poetische Ziele und Sehnsüchte Herbert Achternbusch in seiner *Alexanderschlacht* (1972) mit den Worten kommentierte: »i mecht me amoi richte in da Sprach darenna, daß i iberhaupt nimma zum Tema kimm.« Es sind Autoren wie Thaddäus Troll (1914–1980), die die Mundart über das humoristische Sprachspiel wieder salonfähig machen. Es sind Autoren der Wiener Gruppe wie Gerhard Rühm, Konrad Bayer und Oswald Wiener, die sie artistisch-sprachkritisch pointieren. Und es sind Autoren wie der Schweizer Kurt Marti (geb. 1921; *rosa loui*, 1967) und der Elsässer André Weckmann (geb. 1924), die den poetischen Widerstand gegen die Übermacht der jeweiligen Hochsprache auch als Kampf gegen politische Unterdrückung begreifen: »Dialekt als Waffe« (Weckmann, 1978, in: *Dialect*, 1/1978).

Daß aber eine solche sozialkritische Regionalliteratur überregionale Bedeutung überhaupt erlangen konnte, läßt sich aus dem Sog der Protestbewegung und aus Wirkungen der Konkreten Poesie allein nicht erklären. Vielmehr steht diese Entwicklung im Kontext einer umfassenden Diskussion um einen neuen Regionalismus, um ökologische Probleme des Natur- und Landschaftsschutzes, um eine Neubewertung des »Heimat«-Begriffs, die ihrerseits zu einer Überprüfung der meist abschätzigen Bewertung führen mußte, die gemeinhin mit der Verwendung des Wortes »Provinz« einhergeht.

Der Begriff der Provinz bezeichnet, dem lateinischen Ursprungswort entsprechend, zunächst und vor allem eine besiegte Region, bedeutet Unterwerfung, Abhängigkeit, politisch kulturelle Zweitrangigkeit. Solche Unterwerfung ist bekanntlich kein geschichtlich einmaliger Vorgang, und sie vollzieht sich auch keineswegs allein durch militärische Aktionen. Die Provinzialisierung ganzer Landstriche im 19. und 20. Jahrhundert unterliegt vielmehr bis heute den Bedingungen der Kapitalkonzentration in den Metropolen und des Industrialisierungsprozesses, die zur Ausbeutung und Abhängigkeit derartiger Regionen ebenso wie zur höchst einseitigen Entwicklung ihrer Produktionsweisen geführt haben. Ernst Bloch hat die Denkformen, die Ausformungen der Ideologien, die den Prozeß der Provinzialisierung begleiten, mit dem Begriff der »Ungleichzeitigkeit« bezeichnet (*Erbschaft dieser Zeit*, 1935). Er hat damit deutlich machen wollen, daß eine Differenz besteht zwischen hochentwickelten Technisierungs- und Industrialisierungsprozessen einerseits und einem gesellschaftlichen Bewußtsein andererseits, das solchen Entwicklungen nicht entspricht, hinter ihnen zurückbleibt, möglicherweise sich ihnen widersetzt, also »kapitalistisch noch nicht aufgehoben« (Bloch) ist. Ideologien dieser Art und Struktur hat in erster Linie der illegitime Schutzpatron der Provinz: der Faschismus, benutzt und mißbraucht. Die propagandistische Konzentration auf Schlagworte wie Blut und Boden, Bauerntum, nordische Rasse, Führertum

Juni 1977: Mundart-Autoren treffen sich auf Einladung des Literarischen Colloquiums in Berlin zur Diskussion über »Dialekt und Gesellschaftskritik«. – Im Restaurant AX BAX v.l.: Gesa M. Valk, Urs Widmer, Karin Gaa, Jochen Steffen, Gerhard Krischker, Walter Höllerer, Kurt Sigel, Fitzgerald Kusz, Karin Kiwus, Oswald Andrae, dahinter Ludwig Soumagne, sitzend Ludwig Harig

und Fahnenethos hat gerade auf jene Denkformen zurückgreifen können, die als »provinziell« zu bezeichnen man sich angewöhnt hat: ein vorpolitisches, nur scheinbar unpolitisches Bewußtsein, das aus allem sich heraushalten, das in sich selber sich zurückziehen will – und umso anfälliger ist für eine Propaganda, die ein solches vorpolitisches Bewußtsein auf Emotionen ablenkt und dabei scheinbar bestätigt, indem sie es für sich ausbeutet. Solche Ausbeutung wird so lange möglich sein, wie es an der Peripherie der Metropolen eine Unterentwicklung gibt, von der gerade die Metropolen zehren und auf die ihre Bewohner zugleich herabblikken. Wer also den Begriff der Provinz aus der vermeintlichen Überlegenheit des Städters zur Beschreibung einer regionalen und ideologischen Rückständigkeit verwendet, muß wissen, wem er damit das Feld überläßt – noch immer.

Die Autoren der neuen Regionalliteratur kennen Geschichte und Bedeutung der »Provinz«. Ihre Dichtung ist deshalb eine politische, eine kritische Dichtung, doch sie ist es in dem umfassenden Sinne, der diesen Worten eignet. Sie betreibt nicht kurzschlüssige, auf Aktualität bedachte Agitation, sondern sie meint die Gesamtheit des Lebenszusammenhanges jener Menschen, die in einem marginalisierten Sprachraum leben. Gemeint sind also auch die Natur der jeweiligen Region und das Umgehen der Menschen, die dort leben, mit der Natur und miteinander. Gemeint sind die Bedingungen gesellschaftlicher Existenzformen in ihrer Gesamtheit, das Selbstbewußtsein und das Selbstverständnis der Menschen in der »Provinz«, die Besonderheiten ihrer Verkehrsformen, die mit ihrer Sprachform zusammenfallen. Liebesgedichte, aber auch Naturgedichte zählen deshalb ebenso zu ihren Äußerungsformen wie die erzählerische oder dramatische Aufarbeitung geschichtlich weit zurückliegender, gar sagenhafter oder mythendurchwirkter Ereignisse.

Der in Niederdeutsch schreibende Lyriker, Erzähler und Dramatiker Oswald Andrae (geb. 1926) aus Jever mag hier als Beispiel dienen. Sein Sammelband *Hollt doch de Duums för den Sittich* (1983) repräsentiert den Querschnitt durch ein Werk, das Sozialkritik wie Naturbeschreibung umfaßt, über naturalistische wie über satirische und ironische Formelemente verfügt und mahnende Erinnerung mit der Hoffnung auf Veränderung verbindet. Das geschichtlich-gesellschaftliche Erfahrungspotential wird zum Material eines Zwiegesprächs, in das der Leser einbezogen ist und dem gegenüber er dennoch Distanz bewahren kann. Diese Distanz ermöglicht es dem Leser, Position zu beziehen, die eigene Geschichtlichkeit und Subjektivität auf den fremden Gegenstand zu beziehen, Andraes niederdeutsche Dichtung als Lehr- und Lernpoesie zu verstehen. Die Knappheit der Syntax, die Bildlichkeit und Farbigkeit der Metaphorik, die Unmittelbarkeit der Ansprache und des Dialogs haben denn auch zahlreiche Interpreten zur Vertonung von Gedichten Oswald Andraes angeregt. Diese Stilmittel kennzeichnen auch die Songs in Andraes bislang einzigem Bühnenwerk (*Dat Leed van de Diekers*, 1982) über einen Deicharbeiteraufstand 1765 an der Nordsee.

Mit Andrae zusammen zu nennen sind, zumal unterm Aspekt der Sozialkritik, der Bamberger Gerhard C. Krischker (geb. 1947) und der Nürnberger Fitzgerald Kusz (geb. 1944; *Kehrichdhaffn*, 1974), ferner der Frankfurter Kurt Sigel (geb. 1931; *Uff Deiwelkommraus*, 1975) und der in alemannischer Mundart schreibende Manfred Bosch (geb. 1947; *Uf den Tag wart i*, 1976). Bei aller Unterschiedlichkeit gerade wegen ihrer regionalen Herkunft und sprachlichen Identität zeichnet diese Autoren und ihr Werk doch eine entscheidende Gemeinsamkeit aus: Ihre Poesie steht *in* den gesellschaftlichen Prozessen ihrer Gegenwart, die sie subjektiv als die ihren begreift, auf die sie einwirken will, weil sie von ihnen abhängt. Das jeweils differente geschichtlich-gesellschaftliche Erfahrungspotential wird also allen gemeinsam zum Material einer kritischen Auseinandersetzung, die je unterschiedlich poetisch pointiert, was sie politisch gleichermaßen bewegt.

Ihre mundartlichen Natur- und Landschaftsgedichte sind in diesem Sinne als Korrekturversuche einer allenthalben bedrohten Ökologie zu lesen, als poetische Ausformulierungen einer konkreten Utopie, die erlebbar, mitteilbar und nachvollziehbar ist, auch für andere, an die es zu erinnern gilt, wenn das Bedrohte bewahrt werden soll. Hier liegt auch der Grund der Abkehr von aller Heimattümelei und Naturseligkeit: Es kann nicht um Verklärung gehen, wo die Substanz der Natur selber in Frage steht.

Deutlich wird bei der Lektüre solcher Dichtung, daß der Begriff »Poesie der Provinz« ebenso zutreffend wie unzulänglich ist. Einerseits: Wirtschafts- und Energiekrisen, Arbeitslosigkeit, Naturzerstörung als Spezialfall der »Provinz«, denn was sich in den Metropolen ereignet, erweist hier seine Auswirkungen nachhaltiger noch. Andererseits: »Provinz« als zunehmend bedeutsamer Austragungsort widerstreitender ökonomischer und ökologischer Interessen, deren Gegenstände (Kernkraftanlagen, Kraftwerke, Wiederaufarbeitungsanlagen, Mülldeponien) in sich häufenden Fällen in die Provinz ausgelagert werden. Eine Neubestimmung des Provinzbegriffs also täte not: Diese wird zunehmend zum Zentrum gesellschaftlicher Auseinandersetzungen. In diesem Zusammenhang findet die seit Mitte der 70er Jahre sich entwickelnde neue »Poesie der Provinz« ihre Begründung wie ihren Ort. Sie schafft – als literarisches Medium – eine Möglichkeit der Kommunikation, der Selbstverständigung einer ganzen Region, wie dies beispielsweise die Lieder Walter Mossmanns im badenwürttembergischen Whyl vermocht haben. Auf diese Weise bringt die »Poesie der Provinz« die Emotionen und Stimmungen, die Ansprüche und Empfindungen der regional jeweils Betroffenen in deren eigener Sprache zum Ausdruck.

Eben hierin aber liegt auch ein Dilemma begründet, in dem die »Poesie der Provinz« grundsätzlich befangen bleibt. Gerade weil sie sich in der jeweiligen Regionalsprache äußert, kann sie auch nur innerhalb eines beschränkten Horizonts wirken, steht mithin immer in der Gefahr einer doppelten Ghettoisierung: einer sprachlichen, weil sie die Grenzen ihrer Region kaum zu überschreiten vermag; einer künstlerischen, weil neuere literarische Impulse sie womöglich vermittelt und verzögert nur erreichen. Die »Poesie der Provinz« riskiert, mit anderen Worten, eine provinzielle Poesie zu bleiben: dann nämlich, wenn es ihr nicht gelingt, ihren eigenen Erfahrungs- und Sprachraum ästhetisch zu überschreiten. Dieses Risiko läßt sich an der eigentümlichen Tatsache ablesen, daß zahlreiche Mundarttexte an innerer Spannung und Ausdruckskraft verlieren, wenn sie ins Hochdeutsche übertragen werden. So bleiben sie gebunden an ihre Ursprungsregion.

5
Widerstand der Ästhetik – Literatur im Übergang zu den achtziger Jahren (1978–1986)

Im Dezember 1981 trafen sich – zum ersten Mal seit dem Jahre 1947 – deutsche Schriftsteller aus Ost und West zu einer großen, gemeinsamen Diskussion. Persönlich eingeladen hatte zu diesem Treffen der DDR-Schriftsteller Stephan Hermlin, und nahezu hundert Autoren und Wissenschaftler, zudem einige bildende Künstler, Theaterleute und Musiker folgten seiner Einladung. »Kraft des Ansehens, das Schriftsteller genießen«, so Hermlin, sollten sie sich als Zeitgenossen einer Problematik stellen, die im Übergang zu den 80er Jahren immer deutlicher bedrohliche Züge angenommen hatte: die unablässig sich hochschraubende Spirale atomarer Rüstung nämlich. Hermlin und seine Kollegen aus Ost und West einte die Erkenntnis, in einer Welt der universellen Bedrohung zu leben, inmitten gigantischer Vernichtungsmaschinerien und vielfach multiplizierter Ausrottungspotentiale, unter dem Damoklesschwert eines atomaren Overkill, in unmittelbarer Nachbarschaft von Atomraketen und chemischen Waffen und mit der Aussicht auf Neutronenbomben und Weltraumrüstung.

Aus der Bundesrepublik beteiligten sich an diesem Treffen die Schriftsteller: Carl Amery, Bernt Engelmann, Erich Fried, Peter Härtling, Günter Herburger, Heinar Kipphardt, Dieter Lattmann, Luise Rinser, Heinrich Schirmbeck, Jurek Becker, Thomas Brasch, Ingeborg Drewitz, Günter Grass, Peter Schneider, ferner der Österreicher Ernst Jandl und der Schweizer Adolf Muschg. Absagen mußten aus unterschiedlichen Gründen Peter Weiss, Uwe Johnson, Heinrich Böll, Axel Eggebrecht, Siegfried Lenz und Walter Jens.
Aus der DDR beteiligten sich unter anderem Erich Arendt, Helmut Baierl, Günter de Bruyn, Franz Fühmann, Wieland Herzfelde, Hermann Kant, Erik Neutsch, Dieter Noll, Erwin Strittmatter, Benito Wogatzki, Christa Wolf, Konrad Wolf, Robert Weimann, Ruth Berghaus, Manfred Wekwerth, Fritz Cremer, Volker Braun, Stefan Heym, Heiner Müller, Rolf Schneider, Helga Schütz, Paul Wiens, Gerhart Wolf.

Man muß die Bedeutung dieses ersten Treffens von Schriftstellern aus Ost und West zur Frieden- und Rüstungsproblematik wohl in erster Linie darin sehen, daß es überhaupt stattfand. »Das Ziel dieser Begegnung«, so hatte auch Stephan Hermlin in seiner Begrüßungsrede betont, »liegt in ihr selbst, in ihrem Stattfinden, in der Herstellung von Vertrauen, das zu weiteren Begegnungen führen sollte.« So gelangten die Autoren vorerst auch über einen Austausch von Auffassungen, Appellen und Anmerkungen in Form knapper Statements nicht hinaus, und doch erfüllte die »Berliner Begegnung zur Friedensförderung« – dies ihre offizielle Bezeichnung – ihren eigentlichen Zweck in hohem Maße: ein Aufsehen zu erregen, das sich für die Sache des Friedens und der Abrüstung nutzen ließ. Denn nicht nur hatte die politische Führung der DDR dem Initiator Stephan Hermlin offenbar weitgehend freie Hand bei seinen persönlichen Einladungen gelassen. Nicht nur konnten sich deshalb auch Autoren beteiligen, die in den Westen emigriert waren, wie Jurek Becker und Thomas Brasch. Sondern es wurde auch die vollständige Öffentlichkeit des Treffens als sensationell empfunden, an dem die westlichen Medien ungehindert teilnehmen, von dem sie uneingeschränkt berichten konnten. Öffentlichkeit und Offenheit der Meinungsäußerung und Diskussion, das Gefühl, als Deutsche in besonderer Weise verantwortlich für die Erhaltung des Friedens zu sein, das Bewußtsein, als Schriftsteller von einer Erfahrung auszugehen, »die nicht geringer, sondern in der Regel vielschichtiger als die der Politiker ist« (Günter Grass), mithin auch Entschlossenheit, die bisher geübte Zurückhaltung in militärpolitischen Fragen aufzugeben – das waren wesentliche Gemeinsamkeiten der Autoren aus Ost und West. »Wenn es so ist oder sein soll oder manche es sich

»Berliner Begegnung« 1983 – ein Schriftstellertreffen aus Ost und West zum Thema Frieden und Abrüstung (am Tisch von links: Peter Härtling, Stephan Hermlin, Walter Höllerer, Günter Grass, Uwe Johnson)

so wünschen oder manche es jedenfalls planen, daß dieses Europa zugrunde geht«, erklärte Christa Wolf, »dann darf man ja wohl sich einiges herausnehmen, zumindest fragen.«

Die tiefere Ursache des Engagements von Schriftstellern war damit offen ausgesprochen. Sie läßt sich mit einem Wort bezeichnen, das im Übergang zu den 80er Jahren universelle Bedeutung bekommen hat: Angst. »Ich glaube, daß wir uns in Deutschland in Katastrophen und Niederlagen hineingeritten haben, weil wir zuwenig Angst gehabt haben«, begründete auch Günter Grass seine Aktivität in der Friedensbewegung: »Gegenwärtig ist ausreichend Anlaß zur Angst da.« Angst, die jedoch nicht nur dem kalkulierten Wahn des Rüstungswettlaufs geschuldet war, sondern Angst auch als Ausdruck eines *Krisenbewußtseins*, als Furcht vor gegenwärtigen und künftig drohenden ökologischen, atomaren und sozialen Katastrophen globalen Ausmaßes. Die Betonierung der Landschaft, die Vergiftung der Natur, die Verkabelung der Hirne und Sinne, die militärischen Auseinandersetzungen und unerklärten Kriege weltweit – solche Faktoren einer immer mehr sich selber fremd werdenden Lebenswelt gaben den Schriftstellern Grund und Anlaß ihres Engagements zu Beginn der 80er Jahre.

Christa Wolf sprach es im Dezember 1981 deutlich genug aus: »Was die Kunst seit Hölderlin, seit Goethe und Büchner behauptet hat, wofür sie, wie wir alle wissen, mißverstanden, verhöhnt, verboten, verbrannt, wofür die Künstler vertrieben, eingesperrt, gefoltert und umgebracht wurden, das hat sich leider bestätigt: Das Absurde ist die Wahrheit geworden, das Phantastische ist realistisch. Das Denken des gesunden Menschenverstandes ist wahnwitzig und krank.« Zwar klang diese Einsicht so neu nicht, wenn man nur etwa zwei Jahrzehnte zurückdachte – an Friedrich Dürrenmatts *Physiker* nämlich und die Äußerungen des Autors in ihrem Kontext. Doch eben diese Tatsache, daß sie nun, Anfang der 80er Jahre, von einer DDR-Autorin ausgesprochen werden konnte, machte sie brisant. Denn Christa Wolfs Erklärung barg in sich die Absage an jenes Konzept europäischer Aufklärung, auf das sich marxistische Theoretiker bislang unverbrüchlich bezogen hatten. Es war im Grunde eine Absage an den Fortschrittsglauben in der Tradition des cartesianischen »cogito ergo sum«, des Kantischen »Habe Mut, dich deines *eigenen* Verstandes zu bedienen!«, eine Absage an das Konzept der Selbstbewußtwerdung des Menschen, deren dialektische Bewegungsgesetze Hegel ergründet, deren historisch-materialistische Antriebe Marx aufgedeckt hatte, ein emanzipatorisches Konzept, begründet im Vertrauen auf die menschliche Vernunft, im Bewußtsein einer virtuell vollständigen Erkenntnis der Natur und der Fähigkeit zu einem umfassenden »Stoffwechsel« (Marx) mit ihr, begründet auch im Glauben an eine uneingeschränkte Entfaltung der Produktivkräfte und deren vernünftige Beherrschung und planvolle Nutzung, der seit Marx revolutionstheoretisch gebunden war an die Arbeiterklasse. Dieses Konzept – und das heißt: der Gedanke der Aufklärung selber – stand in Frage angesichts des heillosen Zustands der Welt. Christa Wolfs Erklärung bot mithin nichts Geringeres als das Eingeständnis einer Desillusionierung. Die Hoffnung, auf dem Wege des »real existierenden Sozialismus« zu einer vernünftig geordneten Welt zu gelangen, hatte offenkundig getrogen, wenn man sich die waffenstarrenden Vernichtungsarsenale in West *und* Ost ansah.

Am Ende jener ersten »Begegnung« bekannte ihr Initiator Stephan Hermlin, er habe sich »einen Traum erfüllt, von dem ich wünschte, ich brauchte aus ihm nicht zu erwachen«. Dieser Wunsch jedoch ging nicht in Erfüllung. Denn nur zu deutlich traten schon auf dem zweiten Schriftstellertreffen im Mai 1982 in Den Haag die Differenzen zwischen westlichen und östlichen Bemühungen um den Frieden in den Vordergrund, zu strittig auch erschien die Einladungspraxis zu einer dritten Begegnung in der (West-) Berliner Akademie der Künste im April 1983 – Sarah Kirsch: »Nutzlos, elitär, ein Jahr-

markt der Eitelkeit.« –, zu speziell auf bundesrepublikanische Verhältnisse abgestimmt schließlich das Schriftstellertreffen in Heilbronn vom Dezember 1983 – hier fehlten die DDR-Autoren vollends. Wichtiger aber als der derart sichtbar werdende Dissens, in dem die offiziellen politischen Differenzen zwischen den beiden deutschen Staaten mittelbar hervortraten, blieb der demonstrative Effekt der gemeinsamen Friedensappelle. In ihrer Erklärung von Den Haag beschrieben sich die teilnehmenden Schriftsteller als »Teil der internationalen Friedensbewegung« und stimmten »darin überein, daß die beiden Militärblöcke aufgelöst werden sollten, und zwar gleichzeitig und vorbehaltlos«.

Für erhebliches Aufsehen sorgte insbesondere die »Heilbronner Erklärung« vom 17. Dezember 1983, in der bundesdeutsche Schriftsteller offen zum Widerstand gegen die Stationierung von Massenvernichtungswaffen und Atomraketen auf dem Boden der Bundesrepublik aufriefen. »Aufhetzung unserer Bevölkerung gegen den Verteidigungswillen der Bundesrepublik Deutschland«, »Aufruf zum kollektiven Mißbrauch dieses Grundrechts [auf Widerstand]«, »ungeheuerliche Diffamierung für alle Soldaten der Bundeswehr«, »Haßtiraden und Hetzparolen, um in unserer Gesellschaft Unfrieden zu stiften« – so lauteten einige der Vorwürfe gegen diese Erklärung und vor allem gegen ihren Initiator, Günter Grass. Vorwürfe, die von der SPD über die CDU bis zur CSU erklangen, ernsthaft und staatstragend wirken sollten und doch, gerade aus machtstaatlichem Kalkül heraus, die Ursache des Engagements von Schriftstellern nicht wirklich ernstnahmen: eben die Angst vor der drohenden globalen Selbstvernichtung der Menschen, die sich zu Widerstandshandlungen konkretisierte wie 1984 im schwäbischen Mutlangen, als Schriftsteller sich an der Blockade eines amerikanischen Militärstützpunktes beteiligten und deshalb später, wie etwa Walter Jens, zu Geldstrafen verurteilt wurden.

Freilich: Dies alles sind politische Aktivitäten schreibender Zeitgenossen – sie haben mit Literatur zunächst noch nichts zu tun. Und doch konnten sie für die Literatur nicht ohne Folgen bleiben. Denn mit der Einsicht in das Versagen ideologischer Sinn-Entwürfe stellte sich zugleich die Frage nach der Funktion von Kunst insgesamt, und mit der Frage nach dem Selbstverständnis der Autoren zugleich die nach adäquaten poetischen Antwort- und Ausdrucksmöglichkeiten. Daß solche problematischen Zusammenhänge auch von den Lesern ernstgenommen wurden, läßt sich am Erfolg von DDR-Schriftstellern im Westen Deutschlands ablesen. Es sind, beispielsweise, Volker Braun mit seinem Roman *Hinze und Kunze* (1985), Christa Wolf mit ihrer Erzählung *Kassandra* (1983), Irmtraud Morgner mit den beiden ersten Bänden ihrer Roman-Trilogie, *Leben und Abenteuer der Trobadora Beatriz* (1974) und *Amanda* (1983), Heiner Müller mit Stücken wie *Hamletmaschine* (1977) und *Der Auftrag* (1980), die in der Bundesrepublik Aufmerksamkeit erregen und ein zum Teil großes Lese- und Theaterpublikum erreichen. Ihre Resonanz und ihr Erfolg begründen sich offenbar aus der inneren Spannung, die aus dem Widerspruch von Vernunftpostulat und sozialer Wirklichkeit hervorgeht, und aus ihrem schriftstellerischen Credo, das mit Christa Wolf lautet: »Man schreibt so, daß die Gesellschaft, in der man lebt, den meisten Nutzen davon hat, und das bedeutet kritisch.« »Kritisch« aber be-

Annemarie und Heinrich Böll mit Klaus Staeck als Teilnehmer des Mutlanger Friedenscamps (1.–3. 9. 1983) am Zaun des Militärdepots

deutet: radikale Auseinandersetzung mit den Wirkungen einer instrumentellen Vernunft, sei sie bürgerlicher oder proletarischer, kapitalistischer oder sozialistischer Prägung, deren Wirklichkeit Wahn, deren Wahrheit Absurdität heißt. Eine Auseinandersetzung, die zu Beginn der 80er Jahre zunehmend im Zeichen einer Wiederkehr des Mythos in Literatur und Philosophie steht, eines mythischen Denkens und mythologischer Entwürfe, die sich in einem gleichen: im Bruch mit den Illusionen einer Ideologie, die auch deshalb an ihr Ende gekommen scheint, weil der Boden, auf dem sie gedieh, nicht selber einer Revolutionierung unterworfen worden war. Die Qualität der DDR-Literatur – und man kann die von DDR-Emigranten wie Uwe Johnson, Sarah Kirsch und Günter Kunert getrost hinzunehmen – erwächst aus solchen Widersprüchen, soweit sie »kritisch« ist im Sinne Christa Wolfs.

Von hier aus läßt sich der Blick zurückwenden auf die Literatur der Bundesrepublik. Wenn man deren Entwicklung im Übergang zu den 80er Jahren auf die Formel bringen kann: Widerstand der Ästhetik, dann gewiß deshalb, weil das Krisenbewußtsein der Autoren Eingang in ihre Werke gefunden hat. Ein – nicht nur – literarhistorischer Prozeß, in dem das Datum 1978 keinen Einschnitt markieren, sondern le-

Jurek Becker, Thomas Brasch und Sarah Kirsch gehören zu jenen Autoren, die Ende der 70er Jahre aus der DDR in die Bundesrepublik gekommen sind. Sie stehen damit in einer langen Tradition namhafter Schriftsteller, Publizisten und Künstler, die der DDR aus Enttäuschung oder nach tiefgreifenden Konflikten den Rücken kehrten. Zu ihnen zählten bereits in den ersten Nachkriegsjahren Ricarda Huch, Hermann Kasack und Theodor Plivier, ferner bis zum Bau der Mauer (13. August 1961) Horst Bienek, Ernst Bloch, Martin Gregor-Dellin, Uwe Johnson, Peter Jokostra, Alfred Kantorowicz, Walter Kempowski, Heinar Kipphardt, Eva Müthel, Fritz J. Raddatz, Günther Zehm und Jochen Ziem, außerdem die Regisseure Egon Monk und Peter Palitzsch, ebenso der Graphiker und Satiriker Klaus Staeck. Zwischen 1962 und 1975 verließen die DDR Hans Mayer, Christa Reinig, Helga M. Novak, Hartmut Lange, Manfred Bieler, Peter Huchel, Siegfried Heinrichs und Gerald Zschorsch. Nach der Ausbürgerung Wolf Biermanns im Anschluß an ein Konzert in der Bundesrepublik (1976) setzte ein wahrer »Exodus« (Wolfgang Emmerich, *Kleine Literaturgeschichte der DDR*, ²1981) von Schriftstellern aus der DDR ein: neben Thomas Brasch gingen 1976 bereits Siegmar Faust, Bernd Jentzsch, Ulrich Schacht, Hans Joachim Schädlich, Reiner Kunze; zwischen 1977 und 1981 folgten Jürgen Fuchs, Gerulf Pannach, Christian Kunert, Sarah Kirsch, Wolfgang Hinkeldey, Rudolf Bahro, Frank Schöne, Einar Schleef, Bernd Markowski, Frank-Wolf Matthies, Thomas Erwin; außerdem wichtige Regisseure wie Adolf Dresen und Götz Friedrich, Schauspieler wie Katharina Thalbach, Angelica Domröse, Hilmar Thate, Armin Müller-Stahl, Manfred Krug und Eva-Maria Hagen, Musiker und Komponisten wie Tilo Medek, Klaus Renft und Nina Hagen; schließlich jene Autoren, die ein langfristig gültiges Visum fürs westliche Ausland erhielten, so Jurek Becker, Rolf Schneider, Klaus Poche, Günter Kunert, Klaus Schlesinger, Kurt Bartsch, Erich Loest, Karl-Heinz Jakobs und Stefan Schütz – ohne daß diese Aufzählung Vollständigkeit

diglich annäherungsweise Evidenz beanspruchen soll. Für sie läßt sich eine Reihe innen- und kulturpolitischer Faktoren ergänzend anführen. Denn die »Tendenzwende« der 70er Jahre ging ja nicht allein mit einer »Neuen Subjektivität« einher, sondern auch mit einem Erstarken des politischen Konservatismus, der sich nach den Ereignissen im Kontext des Jahres 1977 (Schleyer-Entführung, Stammheim-Prozeß, Terroristenfahndung), nach einer immer mehr sich verschärfenden Wirtschaftskrise und unablässig steigenden Arbeitslosenzahlen zunehmend als Alternative zur sozialliberalen Ära darstellte und mit der Bildung einer konservativen Regierung im Jahre 1982 sich auch parlamentarisch bestätigt sehen konnte. Dies blieb für die Kultur nicht ohne Folgen: Restriktionen auf politisch-kulturellem Gebiet griffen Platz, die sich in der Filmförderung beispielsweise gegen die Produktionen von Autorenfilmern wie Herbert Achternbusch (*Das Gespenst*, 1983), Alexander Kluge und Hans Jürgen Syberberg richteten. Sparmaßnahmen der öffentlichen Hand trafen insbesondere die Bibliotheken und damit einen wesentlichen Teil der Lesekultur. In Diskussionen um die kulturelle Außenrepräsentanz der Bundesrepublik zogen Politiker allen Ernstes ein Auftrittsverbot für unliebsame Autoren wie Günter Grass und Heinrich Böll bei Veranstaltungen der

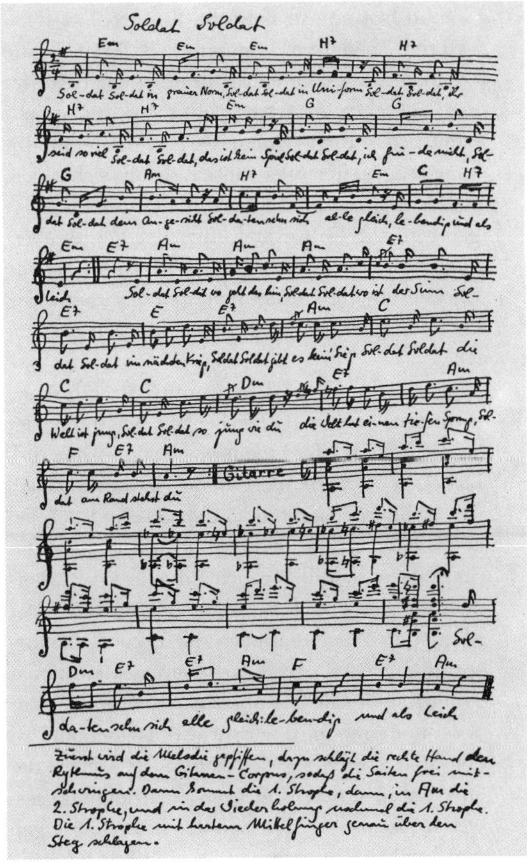

Wolf Biermann

beanspruchen soll. Befremdlich im Westen war für die Schriftsteller vor allem das im wesentlichen politisch begründete Interesse an ihrer Person. Es überwog, so sagte Hans Joachim Schädlich (*Versuchte Nähe,* 1977), »zunächst auf Grund der Konstellationen in den beiden deutschen Staaten das Interesse an den persönlichen Umständen der Autoren«. Nicht ihre literarischen Arbeiten wurden diskutiert, sondern »die Lebens- und Arbeitsumstände in der DDR oder die Umstände der Ausreise in die Bundesrepublik oder während der ersten Wochen des Aufenthalts in der Bundesrepublik«. Denn die bundesrepublikanische Öffentlichkeit, so vermerkte auch Thomas Brasch, behandelte »die Leute, die von dort kommen – zumindest die Schriftsteller – wie ganz besondere Tiere«. Die Autoren haben, je nach Temperament, politischer Überzeugung und Anpassungsfähigkeit, unterschiedliche Konsequenzen aus dieser für sie neuen Erfahrung öffentlichen Interesses gezogen: Sie haben geschwiegen oder doch zumindest die öffentliche Diskussion in den Medien verweigert (Hans Joachim Schädlich), sie haben in der literarischen Szene der Bundesrepublik Fuß zu fassen versucht (etwa Thomas Brasch, Günter Kunert, Erich Loest), oder sie haben absichtsvoll die Lebenswirklichkeit der Bundesrepublik zu ihrem Thema gemacht (wie etwa Wolf Biermann selber). Gerade das Beispiel Wolf Biermanns aber macht die Schwierigkeiten deutlich, die der Versuch einer Assimilierung an die neuen Lebensverhältnisse oft genug bereitet hat: Meinte er 1976 noch »vom Regen in die Jauche« gekommen zu sein, so zeigte sich in den folgenden Jahren, daß die soziale Wirklichkeit im westlichen deutschen Staat jene Widerstände keineswegs aufbaute, aus denen Biermann in der DDR seine poetischen Energien bezogen hatte. Erst nach einem langen Prozeß des Eingewöhnens verfügte Biermann wieder über den Stoff, aus dem seine Lieder und Gedichte gemacht sind: ein Leben, das der Polarität von Politik und Privatheit, Subjektivität und Gesellschaftlichkeit entspringt.

Goethe-Institute in Betracht. Kulturpolitisch restriktive Tendenzen insgesamt, die ihrerseits die Voraussetzung schufen für Proteste der Betroffenen, für ein verstärktes politisches und gesellschaftliches Engagement der Schriftsteller. Im Übergang zu den 80er Jahren, so läßt sich sagen, entstand ein soziales Klima, in dem sich die Gegensätze von Kultur und offizieller Politik abermals drastisch verschärften. Auch darin lag die Rückbesinnung auf die Potenzen der Poesie, lag das neue Selbstbewußtsein der Literatur begründet.

Nicht nur in den demonstrativen politischen Schritten an die Öffentlichkeit während der Schriftstellertreffen, sondern gerade in der literarischen Ästhetik der Werke selber sprechen sich Phantasiepotentiale und poetische Energien aus, die auf Kritik des abgründigen sozialen status quo setzen und zugleich auf eine Art Rückeroberung der Poesie verweisen. Wiederkehr der Metapher, Wiederaufleben der Fiktion, Neubestimmung und Rückgewinnung literarischer Widerständigkeit und Sperrigkeit – die Literatur der Bundesrepublik antwortet im Übergang zu den 80er Jahren auf das ästhetische Defizit der 70er Jahre durch poetische Wahrnehmungserweiterung, auf die Episode der Beschädigungen und Leid-Erfahrungen durch eine Entgrenzung des Geschichtsverständnisses, auf die Bedrohungen der Natur wie der menschlichen Existenz durch ein neues Selbstbewußtsein, das in poetischen Gegen-Welten sich ausspricht. Freilich: Diese fallen nicht einförmig aus, sondern tragen in sich die polare Spannung von aufklärerischer Tradition und radikalem Pessimismus. Was sie aber unterscheidet von der Larmoyanz der gleichzeitigen »Postmoderne«-Diskussion unter dem Einfluß des französischen Poststrukturalismus, das ist – um eine Formulierung Heiner Müllers vom Schriftstellertreffen 1981 aufzunehmen – das Wissen um »die Subversion der Kunst, die notwendig ist, um die Wirklichkeit unmöglich zu machen«.

Die Entgrenzung des Ich

Zahlreiche Prosatexte, die im Übergang zu den 80er Jahren die oppositionelle Kraft einer »subversiven« Kunst entfalten, stammen aus der Feder weiblicher Autoren. Diese Tatsache hat mit der Entwicklung der Frauenliteratur in der Bundesrepublik zu tun. Schien es schon Mitte der 70er Jahre notwendig, angesichts der Produktionsflut »neuer Subjektivität« nach dem Kriterium ästhetischer Differenz sorgsam zu unterscheiden, so gilt dies erst recht für deren weitere Entwicklung. Das heißt: Von jenen Texten, die im Zusammenhang etwa der »Verständigungsliteratur« immer mehr die Züge eines modischen Dilettantismus angenommen haben, sind jene Werke abzuheben, die zwar aus dem Kontext der neuen Schreibbewegungen in den 70er Jahren hervorgegangen, jedoch nicht in ihnen befangen geblieben sind. Hierzu zählen neben Elisabeth Plessens *Mitteilung an den Adel* (1976) und Birgit Pauschs *Die Verweigerungen der Johanna Glauflügel* (1977) auch Karin Reschkes Roman *Verfolgte des Glücks* (1982), Brigitta Arens' *Katzengold* (1983), Brigitte Kronauers Roman *Rita Münster* (1983), Anne Dudens Prosatexte *Übergang* (1983) und *Das Judasschaf* (1985), nicht zuletzt die Prosa der Österreicherin Friederike Mayröcker (*Die Abschiede*, 1983; *Das Herzzerreißende der Dinge*, 1985). Es sind autobiographisch motivierte Werke, doch lassen sie die individuellen Lebensgeschichten hinter sich, insoweit sie in ihrer poetischen Struktur Wirklichkeit konstituieren: die eigene Geschichte als Aufarbeitung politisch-gesellschaftlicher Konditionierung; die Projektion einer Selbstfindung auf eine Kunstfigur; das Leiden an der doppelten Unterdrückung der Frau im historischen Gewand; das Aufbrechen eines lebensgeschichtlichen Erfahrungszusammenhangs in Splitter unzusammenhängender Erfahrungsschritte.

Die genannten Autorinnen und ihre Werke knüpfen also an die Frauenbewegung an, aber sie verharren nicht bei der Produktion und Reproduktion von frauenspezifischen Erfahrungen und Ideologemen. Vielmehr stellen ihre Texte in ihren gelungensten Passagen Gegenentwürfe dar.

Dies läßt sich von Brigitte Kronauers (geb. 1940) Roman *Rita Münster* aus dem Jahre 1983 sagen. Auch hier bilden Individualität und Alltag einer Frau den Ausgangspunkt aller Wahrnehmung, doch der Rhythmus und die innere Spannung dieser Prosa-Textur treiben die individuelle Existenz der Romanfigur in eine Dynamik hinein, die sich von allen äußeren Wirklichkeitsbezügen abstößt, indem sie ihre eigene Wirklichkeit produziert. Im Ich-Zerfall, in der Auflösung stellt sich – jenseits von »Authentizität« und »Spontaneität« – die Identität der Ich-Existenz her: »Immer wieder aber das Rieseln der Bäume, der Kuppeln, Gewölbe, der über breite und schmale Schultern geworfenen, gewaltigen Mäntel, Trauermäntel, Prunkmäntel, ein kreisendes Geräusch, ein Sausen, das in meinem Kopf wie am Horizont entlangfährt, durch alle Aderngleise und Nervenzweige, ich spüre es in den Zähnen. Eine Betäubung, ein Sterben voller Einverständnis, eine Auflösung, als würde ich durch ein großes Sieb gestrichen, lauter kleine Blätter zukken an mir, ich bin eine Ansammlung lockerer, beweglicher Bestandteile, zerrieben zu etwas Gleichartigem und immer noch bei mir, erst jetzt ganz bei mir.« Dies ist, nicht zuletzt, ein experimenteller Umgang mit dem entgrenzten Ich, Ausdrucksform eines Risikos, das in verlorener Sicherheit, in preisgegebenen Gewißheiten besteht.

Brigitte Kronauer (1986)

Doch eben nicht allein von Frauen stammt solche das Ich entgrenzende Literatur – auch Herbert Achternbuschs (geb. 1938) Werk läßt sich als eine stete Umkreisung und Überschreitung der eigenen Identität lesen. Denn Achternbusch spürt mit schmerzhafter, doch immer wieder ironisch gebrochener Intensität den Leiden einer Subjektivität nach, deren autobiographische Züge nicht verwischt, sondern nachdrücklich in ihren sozialen und familialen Prägungen nachgezeichnet werden. Achternbuschs Beharren auf der eigenen Subjektivität unterscheidet sich jedoch deutlich von der »neuen Subjektivität« der 70er Jahre. Und zwar nicht nur dadurch, daß er längst vor der modisch werdenden Entdeckung des Ich sein Thema: sich selbst, gefunden hatte, sondern vor allem auch dadurch, daß jedes einzelne Werk eine neue Variante ein und desselben Sujets: Herbert Achternbusch, darstellt. Von *Das Kamel* (1970) über *Die Alexanderschlacht* (1971) und *Der Tag wird kommen* (1973) bis *Der Neger Erwin* (1981), *Die Olympiasiegerin* (1982) und *Revolten* (1982) verzweigt sich das Ich-Thema in vielfältige und phantasievolle Metaphern und Allegorien hinein, entgrenzt sich in Gegenfiguren, Zwischen- und Nebentöne, Vergangenheits- und Zukunftswelten, um doch immer nur bei sich zu sein und zu sich selber zurückzukehren. Achternbusch leistet mit dieser Selbstentdekkung, die er auch im Medium des Films fortsetzt, eine Aufarbeitung all der Unterdrückungsvorgänge, die dem Individuum Achternbusch – und nicht nur ihm – Phantasie, Gefühl, ästhetische Produktivität geraubt haben: »So viele Gedichte mußten wir unglücklich lesen, und ich wußte doch, mir fällt selber eins ein vom Glück. Aber dann stand ich vor der Möglichkeit, ein Gedicht zu schreiben. Aber ein Glück war nicht mehr da. Nur mein zerstörter Kopf. Mein Kopf mit ›seiner‹ Zerstörung. Ich hatte ihn aus der Begradigungs- und Sanierungsmaschinerie gerade noch herausgezogen. Daß ich das feststellen durfte, war das einzige Glück noch. Mein Ja zu diesem Unglück war mein einziges Glück noch. Die Beschäftigung mit diesem Unglück war mein einziges Glück. Schreibend, filmend bekam die Erinnerung einen utopischen Glanz.« Seine einzelgängerische Existenz, fernab vom Kulturbetrieb, findet ihr Gegenstück in einer Schreibweise, die sich um literarische Gepflogenheiten nicht kümmert, sondern die Subjektivierungsprozesse, von denen sie handelt, in der Subjektivität ihrer Wahrnehmungsweisen fortsetzt. Achternbusch hat es deshalb weder als Autor noch als Filmemacher (u.a. *Der Depp*, 1982; *Das Gespenst*, 1982; *Die Olympiasiegerin*, 1983) leicht beim Publikum gehabt, und er hat sich sogar diskriminierende Äußerungen durch Literaturkritik, Filmförderung und staatliche Instanzen gefallen lassen müssen. Aber die Konsequenz, mit der er als Buchautor wie als Regisseur, Produzent, Darsteller und Verleiher seiner Filme für nichts als sich selber einsteht, gibt seinen ego-zentrierten literarischen und filmischen Phantasien ihre Glaubwürdigkeit.

Vergleichbar jenem Prozeß der Selbsterkundung, dem sich Christa Wolf in ihrem *Kindheitsmuster* (1976) unterzieht, leisten Prosatexte wie die bislang genannten eine Vermittlung eigenen Erlebens oder individueller Lebensgeschichte mit Elementen der Zeitgeschichte und deren kritischer Durchdringung. So unterschiedlich die literarischen Verfahrensweisen, so verschiedenartig die ihnen voraufgehenden Erzählintentionen sein mögen: gemeinsam ist ihnen ein neues Vertrauen darauf, daß Literatur Erfahrungen mitzuteilen vermag, sofern sie zu eigener Sprache findet. Solche Erfahrungsvermittlung findet sich beispielsweise auch in Einar Schleefs (geb. 1944) Erkundungsfahrt in die Lebenswirklichkeit seiner Mutter (*Gertrud*, 1980; Zweiter Band 1984). Dieser Prosa geht es nicht um Innerlichkeit, sondern um die Innenansicht einer Individualität, deren Gesellschaftlichkeit umso deutlicher hervortritt, je radikaler und offener die Introspektion vorangetrieben wird.

Daß dies nicht nur unter autobiographischen Aspekten, sondern auch am Beispiel einer Lebensgeschichte zu leisten ist, die längst selber zur abgedrängten und verdrängten Geschichte der Frauen zählt, hat Karin Reschke (geb. 1940) 1982 mit ihrem Buch *Verfolgte des Glücks* gezeigt. Dieses »Findebuch«, wie es im Untertitel heißt, offenbart die Lebensgeschichte der Henriette Vogel, einer Frau, die in Biographien kaum – und wenn, dann abfällig – erwähnt wird, von der nur einige Briefe erhalten sind und von der auch an der Stätte ihres Freitodes am 21. November 1811, am kleinen Wannsee in Berlin, keine Rede ist. Zwar findet sich dort ein Grabstein, doch erwähnt die Aufschrift nur den, der mit ihr gemeinsam in den Tod gegangen ist: Heinrich von Kleist. Karin Reschke erzählt also nicht nur die Lebensgeschichte einer vergessenen Frau, sondern auch die spezifisch männliche Form des Vergessens. Die Form des Erzählens ist die des Tagebuchs – ein »Findebuch« ist es aus mehreren Gründen gleichwohl: weil in ihm Henriette Vogel zu sich selber findet; weil die Autorin ihre Heldin finden, er-finden muß; weil der Leser in diesem Buch eine vergessene Frau finden kann und so – auf unterschiedliche Weise – ein Teil von sich selber. »Wir sind vom Glück verfolgt« – in dieser höchst widerspruchsvoll, in sich kunstvoll-dialektisch verschränkten Sentenz läßt sich das Dilemma einer weiblichen Biographie erkennen, die in ihrer Lebenszeit zu sich selber nicht kommen kann. Wenn Karin Reschke in Sprachgestus und Redestil den Kleistschen Ton der Zeit auch aufnimmt und so geschichtliche Authentizität zu verbürgen scheint, so hat sie doch durch eine artistische Konstruktion dieses Geschichte gewordene Leben in die Gegenwart hinein entgrenzt. Denn das Buch beginnt mit seinem Ende, mit der Erzählung der letzten Tage, der letzten Stunden: damit, daß Henriette ihr Findebuch Kleist zur letzten Lektüre anvertraut. Mit diesem, mit Kleist also, liest es der Leser, wissend: wenn er es ausgelesen hat, folgt das eigentliche Ende, das den Anfang des Romans bildet – und so fort. Eine unendliche Geschichte nach Art einer Spirale, die sich durch die Geschichte der Frauen, der Weiblichkeit, des Unterdrückens, Vergessens, Verdrängens in die Gegenwart, in unsere Gegenwart weiterschreibt bis in unsere Biographien hinein: »Verfolgte des Glücks.«.

Die Bewegung des Suchens, des ortlosen Tastens, Vor-Tastens, Voran-Tastens zur eigenen Geschichte bildet ein eigentümliches Merkmal dieser Prosa. Sie führt – wie etwa bei Anne Duden (geb. 1942) – zu den abgründigen Tiefen der Herkunft, Kindheit, Jugend, spürt den individuellen Besonderheiten, dem Abgedrängten, nur mühsam Erinnerten und Bewußtwerdenden nach, arbeitet sich durch zu quälenden Bildern des Todes, der Folter, des Traums. Eine Suchbewegung, die einmündet in die Bereitschaft, sich selbst, in aller Widersprüchlichkeit, anzunehmen und von diesem lebensgeschichtlich erreichten Wahrnehmungsort aus sich auf sich selber einzulassen, experimentell zu leben. Die Erfahrung

Anne Duden (1986)

der Fremdheit sich selber gegenüber bildet die Voraussetzung solcher Prosa, eine Art Ent-Individualisierung, die ihrer selbst inne werden will. Sie drückt sich aus im distanzschaffenden Wechsel von Ich- und Sie-Perspektive, der einmünden kann in Bilder der Selbstverfolgung, des Selbsthasses, der Selbsttötung. Schmerz, Verwundungen, Traumatisierungen, Krankheit – dies sind Sprache gewordene Erfahrungen, die sich so bohrend wie präzise aneinanderreihen. Doch es sind nicht individuelle Erfahrungen allein, und sie lassen sich auch nicht in traditionellen Erzählmustern fassen. Sowenig es in diesen Texten eine fortlaufende Handlung gibt – nur Orte, von denen die Such- und Fluchtbewegungen ausgehen und an die sie zurückführen –, sowenig geht es in ihnen um eine recherchierbare und datierbare Lebensgeschichte. Gesellschaftliche Erfahrungen bilden ihren Nährboden: Faschismus und Konzentrationslager, Städte wie Berlin und New York, Segmente der Kunst, die durch befreiende poetische Bilder sprachlich anverwandelt werden und so die Ich-/Sie-Erzählerin teil an sich selber haben lassen: »Es ist schön, und ich habe Angst.«

Such- und Fluchtbewegungen vielfältiger Art finden sich auch in den jüngsten Arbeiten Friederike Mayröckers (geb. 1924). In ihren literarischen Anfängen eng mit der Wiener Gruppe und der Konkreten Poesie verbunden, angeregt und gestützt durch Ernst Jandl, den »langjährigen Vertrauten und Mitstreiter auf dem Gebiet der Literatur« (Mayröcker), hat sie im Übergang zu den 80er Jahren zunehmend autobiographische, subjektive Züge in ihre Texte integriert. Doch von einer »Frauenliteratur« im emphatischen oder parteilichen Sinne des Wortes läßt sich auch bei ihr kaum sprechen. Nicht nur hat sie selber sich als »Außenseiter innerhalb eines neuen soziologisch-emanzipatorischen Denksystems«, des feministischen nämlich, bezeichnet. Sondern vor allem bieten die schematischen Einordnungsraster eines solchen »Denksystems« keinerlei Hinweise zu einer produktiven Lektüre ihres Werks. Wer sich auf Friederike Mayröckers Prosa einlassen will, ist gut beraten, sich deren eigener Bewegung anzuvertrauen, nicht auf vertraute Erzählmuster zu hoffen, sondern sich dem Reiz des Unbekannten auszusetzen, ja sich der Strömung und dem Sog eines Erzählflusses auszuliefern, der in assoziativ sich fortzeugenden Bildern seine Wirkungen entfaltet.

»Ich kann mich verständigen, ich kann mich nicht verständigen, ich bin einmal da einmal dort, ich bin einmal mit ihm, ich bin einmal ohne ihn« – mit diesen ort- und ruhelosen, so umtriebigen wie umherirrenden Sätzen beginnt der Prosaband *Das Herzzerreißende der Dinge* (1985). Gegen Ende heißt es: »Alles in Aufbruch und Aufruhr: ich meine in solchen Zeiten hat die Mikrostruktur ihr Recht, ihren Sinn verloren. Ich breche schon auf, ich reiße schon aus, ich laufe schon über, ich mache mich schon bereit abzuspringen, oder wie sonst die Umschreibungen alle heißen mögen ich weiß nicht, die Lage ist außerordentlich.« Zwischen diesen atemlosen Bannungsversuchen des nicht Fixierbaren erstehen Visionen und Imaginationen, Assoziationen und Reflexionen, die, gegliedert in 16 Kapitel, durchaus eine »Geschichte« herausgeben: Eine

Friederike Mayröcker

alternde Schriftstellerin, die sich von ihrem Geliebten »M.S.« getrennt hat, sieht sich gleichwohl von diesem noch immer verfolgt, bis in ihre Träume hinein, obwohl er längst in Phönix/ Arizona lebt. Wie zuvor schon in *Die Abschiede* (1980) also die Geschichte einer Trennung, so ließe sich vermuten. Doch ging es ja auch dort nur vordergründig um eine Geschichte mit Anfang und Ende, Handlungslogik und Konfliktkonstellation, in Wahrheit aber um deren inwendige, also: sprachliche Konstituierung. So auch hier: Träume, Briefe, Telefongespräche, Gefühle, Gedanken – immer wieder zurückgebunden an Haltepunkte dieser sich verlierenden Existenz, an Salvador Dali, Francisco Goya, Erik Satie, an Bücher, ans Schreiben – bilden das Kontinuum des Diskontinuierlichen, aus dem das Fortschreiten dieses Buches besteht, Punkt für Punkt, Schritt für Schritt am Rande des Abgrunds. *»Es hüpft mich über die Erde«*, heißt es von der alternden Schriftstellerin, und: »meine Tage rinnen dahin, und ich weiß nicht, wo mein Ende, wo mein Anfang ist«. Solche »Hüpfbewegung«, ohne Ende, ohne Anfang, kennzeichnet auch den inneren Rhythmus dieser Prosa. Sie ist offen, im Flusse, ungebändigt, was nicht heißt: ohne Struktur. Vielmehr gilt für sie, was Friederike Mayröcker für die ihre Arbeit begleitenden theoretischen Auffassungen behauptet hat: Sie befindet sich »in einem Zustand permanenter Bewegung, die zwar ihr Tempo ändert, sich aber an keinem Punkt fixieren läßt, weil dadurch die Arbeit selbst gestört würde«. So kann auch ihre Prosaarbeit selber sich nicht »stören« lassen durch Einengungen von Mustern und Traditionen, durch Verpflichtung auf Formzwang und Konvention. Eben deshalb gelten Friederike Mayröckers Texte allerdings auch als schwierig. Sie sind – in einem sehr äußerlichen Sinne – in sich abgeschlossen, doch stehen sie untereinander in einem prozessualen Zusammenhang, in welchem sich, wie Friederike Mayröcker sagt, »Experiment, Erfahrung, Intuition und Konstruktion in wechselnder Gewichtung verquikken« (in: *Magische Blätter*, 1983). Friederike Mayröckers Werk insgesamt läßt sich deshalb auch als Exempel einer »progressiven Universalpoesie« verstehen, deren »eigentliches Wesen« der Romantiker Friedrich Schlegel einst darin gesehen hat, »daß sie ewig nur werden, nie vollendet sein kann«.

Lyrik der beschädigten Welt

Der Verlust an Sicherheiten und Gewißheiten, der sich in der Entgrenzung des Ich wie in der Neukonstituierung ästhetischer Erfahrungswirklichkeiten am Beginn der 80er Jahre mitteilt, findet seine Entsprechung in einer Lyrik, die ihrerseits Beschädigungen aufweist und aufspürt. Fernab vom Programm einer Alltagslyrik, die in der Betonung des Lebenszusammenhanges, aus dem sie hervorgeht, ihre Eigenart mitteilt, entwickelt sich seit Mitte der 70er Jahre eine Lyrik, die in ihrer Formensprache ihren Kunstcharakter nicht verleugnet, sondern ihn geradezu kunstvoll exponiert. Ihre Autoren sind Sarah Kirsch und Michael Krüger, Günter Kunert, Hans Magnus Enzensberger und Guntram Vesper. Ihre Themen, Stoffe, Motive und Bilderwelten findet diese Lyrik in einer Welt, deren Beschädigungen auf Ausdruck drängen.

Sarah Kirsch (geb. 1935) hat als Lyrikerin in der DDR mit Natur- und Liebesgedichten begonnen. In ihrer Stoff- und Motivwahl ist sie sich auch nach ihrer Übersiedlung in die Bundesrepublik treu geblieben. Ihre seither erschienenen Gedichtbände (*Wintergedichte*, 1978; *Drachensteigen*, 1979; *La Pagerie*, 1980; *Erdreich*, 1982; *Katzenleben*, 1984; *Irrstern*, 1986) kreisen um die Themen Natur, Landschaft, Tierwelt. Und doch wäre es irreführend, sie deshalb als »Naturlyrikerin«, etwa in der Tradition eines Oskar Loerke oder eines Wilhelm Lehmann, bezeichnen zu wollen. Denn die Naturzustände, die Landschaften, die Tierwelten, aber auch die Beziehungen der Menschen, von denen diese Lyrik spricht, sind immer schon gestörte Beziehungen, irritiert durch geschichtliche Prozesse, technologische Entwicklungen, soziale Erosionen – auch darin ist sich Sarah Kirsch treu geblieben. Sie nimmt die Irritationen, die von den geschichtlich-sozialen wie von den technologischen und ökologischen Prozessen ausgehen, in Bilderwelt und Formensprache auf, so daß sie als Irritationen des poetischen Prozesses im Gedicht selber wirksam und faßbar werden, zum Teil in durchaus parodistischer Absicht.

Sommerabend
Auf schwarzen Weiden das Melkvieh
Suchet den Pferch auf und immer
Zur nämlichen Zeit. Der zufriedene Landmann
Raucht eine Marlboro während die Milch
Wild in den gläsernen Leitungen strömt.
(Aus: *Erdreich*, 1982)

Das Lachen, das solche Parodie auslösen mag, dürfte jedoch kaum einer ungetrübten Lust am lyrisch verdichteten Naturbild Ausdruck geben. Was diese Lyrik provozieren will, das ist – wahrnehmbar im kontrastreichen Zusammenspiel des rhythmischen Gleichmaßes mit der Reklamebilderwelt – ein Lachen des Schreckens, der nicht für sich bleiben, sondern über sich selber hinausgetrieben werden soll. Aus eben diesem Grunde erscheint auch das lyrische Ich in den Gedichten Sarah Kirschs nicht befangen in den Irritationen, die es wahrnimmt und mitteilt. Es steht ihnen, den Gefährdungen und Beschädigungen des Lebens, vielmehr mit einer Fremdheit gegenüber, die zugleich Befremden vermittelt – und so auch, auf sehr subtile Weise, den Wunsch nach Veränderung des erreichten Natur- und Gesellschaftszustandes.

Sarah Kirsch

Michael Krüger

Erdreich
Nachrichten aus dem Leben der Raupen
Der Kuckuck stottert und die gebackenen Beete
Zerreißen sich wenn ich Gießkannen schleppe
Die mir überantworteten Gewächse verlausten Gemüse
Hilflos betrachte, als ich vor Jahren
In meines Vaters Garten ging
Gab es die siebfachen Plagen
Höllisches Ungeziefer nicht und der Boden
Tat noch das Seine, der hier
Ist ein Aussteiger niederträchtig und faul
Ihn muß man bitten den Dung
Vorn und Hinten einblasen sonst bringt er
Nicht maln Pfifferling vor was müssen die Menschen
Das Erdreich beleidigt haben mir erscheint
Siebenundzwanzig Rosenstöcke zu retten
Ein versprengter Engel den gelben Kanister
Über die stockfleckigen Flügel geschnallt
Der himmlische Daumen im Gummihandschuh
Senkt das Ventil und es riecht
Für Stunden nach bitteren Mandeln.
(Aus: *Erdreich*, 1982)

Die Wahrnehmungen dieser Gedichte sind von äußerster Genauigkeit und Beobachtungsschärfe. Einzelheiten werden herausgehoben, Details des Geruchs, des Geschmacks, der Färbung, der Stimmung, und zu Szenen, Handlungen, Stillleben verdichtet, verknappt und konzentriert. Das Enjambement bildet eines der bevorzugten Stilmittel Sarah Kirschs. Interpunktionslos fügt sie ihre poetischen Sinneseindrücke aneinander, eine stete und bisweilen schwierig einzulösende Aufforderung an den Leser, mitzuarbeiten im Wechsel und Fortgang der Verse und Bilder. Eine Herausforderung, die zusätzlich durch ein ironisches Vexierspiel der Sprachqualitäten in den Gedichten erschwert wird. Denn Sarah Kirsch verbindet das Alltägliche mit dem Pathetischen, das Anakreontische mit dem Elegischen, das Satirische mit dem Idyllischen derart, daß die Heiterkeit ihrer Gedichte und Prosabilder (*Irrstern*, 1986) durch Trauer getrübt, die Melancholie ihrer Stimmungen und Ausblicke aber durch kokette Spiele gebrochen erscheint. So gibt es keine Orientierungsmöglichkeiten, keine Fixpunkte, keinen Halt in dieser Lyrik – das ist die einzige Gewißheit, die sie besitzt.

Auch Michael Krüger (geb. 1943) hat in seiner Lyrik mit sehr empfindsamem Wahrnehmungsvermögen die Beschädigungen, die unsere soziale und natürliche Umwelt zunehmend prägen, beobachtet und in Bilder gefaßt. Krüger, der als Lektor in München lebt und literarisch auch als Herausgeber der Zeitschrift *Akzente* wirkt, hatte als Lyriker 1976 mit dem Gedichtband *Reginapoly* debütiert, dem 1978 *Diderots Katze* folgte, 1982 *Aus der Ebene* und 1986 *Der Dronte*. Seine Lyrik wirkt ebenso artifiziell wie reflexiv, auch ihren eigenen Verfahrensweisen gegenüber.

Am Anfang von Krügers Gedichtband *Aus der Ebene* (1982) steht »Der erschrockene Mensch« – und die Frage, wie über den Schrecken, seine Wirkungsweise, seine Folgen, heute noch zu sprechen sei. Das heißt: Das ungebrochene Vertrauen in die traditionellen lyrischen Formen scheint, angesichts des alltäglichen Schreckens, der Frage nach den Mitteilungsmöglichkeiten selber gewichen zu sein. Diese Frage wird ihrerseits zur Mitteilung: »Warme Rinde. Warmes Herz./Und ein Wahnrest, gut verborgen,/der sich durch den Schädel frißt./Wie soll man diese Operationen/der Seele beschreiben?« Vergleichbar den Irritationen bei Sarah Kirsch durchziehen auch Michael Krügers Gedichte Befremden, Distanz, Abwehr gegenüber den Lebensformen in Stadt und Natur (»Zu viele wollen mitreden,/seit es so billig geworden ist«). Veränderungswünsche auch hier, doch schon ironisch verfremdet durch die Erkenntnis, daß Veränderungsziel und

Bedingung der Veränderung aufeinander verweisen (»Natürlich/wäre ein Leben möglich://Natürlich/natürlich«). Doch Michael Krüger vertraut der Kraft der Sprache noch und ihren Bildern. Er setzt darauf, daß der Schreibprozeß Mitteilungen noch ermöglicht, die anders nicht zur Sprache kommen, zu Sprache werden könnten. Aber er baut die Zweifel daran, ob diese Möglichkeit etwas zu bewirken vermag, zugleich in seine Poesie ein.

Literatur
Sieh da,
die Schrift!
Sie schreibt dich
mühelos
über den Rand hinaus
ins Freie
Deutschland.
Ganz nutzlos
war es nicht
ganz nutzlos.
(Aus: *Aus der Ebene*, 1982)

Guntram Vesper

Reflexivität kennzeichnet auch die Lyrik Guntram Vespers (geb. 1941), mehr noch aber ihre Eigenart, in überaus konzentrierter Form gleichsam Geschichten zu erzählen. Erinnerungsfetzen vergegenwärtigen die eigene Kindheit und Jugend in erzählerischer Sukzession (*Frohburg*, 1985), in Situationsbeschreibungen und Stimmungsbildern verdichten sich alltägliche Gefühle und Gedanken zu lyrischen Reflexionen. (*Die Inseln im Landmeer*, 1982, erw. 1984). Ein »Arrangement innerer Bilder«, so Vesper, das seine Entstehung der Ergründung von Stimmungen verdanke: »Diese Stimmung löst am ehesten ein Gedicht aus. Der Vorgang selber ist dunkel. Unmöglich zu sagen, wie ich beteiligt bin, mit welchen Bereichen der inneren Welt. Wahrscheinlich: mit allen. Auf jede Formulierung, auf jeden Satz, jedes Bild, die festgelegt sind, suche ich eine Antwort, als Annäherung und als Weiterführung.«

Der letzte Winter
Ich sah die schäbigen Häuser von Streitwald
die verhungerte Krähe im zugefrorenen Graben
den Rauch am Abendhimmel und
erschrak

das habe ich
schon einmal erlebt

und die Wiederholung muß
reichen für alle Zeit.
(Aus: *Frohburg*, 1985)

Guntram Vesper – mit Bernward Vesper übrigens sehr entfernt verwandt – hatte bereits in den 60er Jahren Lyrik veröffentlicht, darunter den Band *Fahrplan* (1964) in der »Eremiten-Presse« des legendären Alleinverlegers VauO Stomps, eine sozialkritische, zum Teil agitatorische Poesie mit Anklängen an die frühen Gedichte Hans Magnus Enzensbergers. Spuren dieser Anfänge finden sich auch zwanzig Jahre später noch in Vespers Lyrik, doch zurückgenommen in eine Perspektive subjektiver Wahrnehmung, die sich im Prozeß des Gedichts ihrer selbst inne wird und darin auch ein zunehmendes Selbstbewußtsein des lyrischen Ich ausdrückt. In Vespers Gedichten scheinen die Natursicherheit Peter Huchels und die dialektische Kompositionsform Erich Frieds durch, nicht zuletzt auch die Pointierungskraft eines Heinrich Heine. Daß sie dennoch nirgendwo epigonal wirken, liegt in dem eigenen Ton, den Vesper gefunden hat. Seine Gedichte haben teil und nehmen Anteil, erzählend und reflektierend, an der Welt, aus der sie hervorgehen, und an den Prozessen, in denen sie stehen.

Landmeer
Wir dürfen unser
Leben
nicht beschreiben, wie wir es
gelebt haben
sondern müssen es
so leben
wie wir es erzählen werden:
Mitleid
Trauer und Empörung.
(Aus: *Die Inseln im Landmeer*, 1984)

An der Entwicklung Hans Magnus Enzensbergers lassen sich die Desillusionierungsprozesse der intellektuellen Linken beispielhaft verfolgen. Enzensberger, der 1968, auf dem Höhepunkt der Revolte, die von ihm herausgegebene Zeitschrift *Kursbuch* zum herausragenden Diskussionsforum revolutionärer Theoriebildung entwickelt hatte, erklärte 1978 an derselben Stelle, »daß es keinen Weltgeist gibt; daß wir die Gesetze der Geschichte nicht kennen; daß die gesellschaftliche wie die natürliche Evolution kein Subjekt kennt und daß sie unvorhersehbar ist; daß wir mithin, wenn wir politisch handeln, nie das erreichen, was wir uns vorgesetzt haben«. Dies war eine Absage an marxistisch begründete Zukunftsgewißheiten der 68er Bewegung, die auf persönlichen Anschauungen und Erfahrungen ihres Verfassers beruhte. Enzensberger, der dem »real existierenden Sozialismus« östlicher Prägung immer kritisch gegenübergestanden hatte, sah sein Engagement für die Freiheitsbewegungen in der Dritten Welt nach einem längeren Aufenthalt auf Kuba nachhaltig irritiert. Der Alltag der kubanischen Revolution mit seinen Mangelerscheinungen, mit Unfreiheit, Zwängen und Kontrollen, zerstörte die Hoffnungen westlicher Intellektueller auf die »konkrete Utopie« (Herbert Marcuse) einer befreiten Welt und zugleich die theoretischen Voraussetzungen dieser Hoffnungen, die sich aus dem Marxismus herleiteten. Enzensberger hat diesen Desillusionierungsprozeß in brillanten politischen Essays (*Politische Brosamen*, 1982) ebenso reflektiert wie in seiner Lyrik.

Der Untergang der Titanic lautet der Titel der 1978 erschienenen Verserzählung, in der Enzensberger seine kubanischen Erfahrungen verarbeitet hat. Dieser Titel spielt auf die Schiffskatastrophe des Jahres 1912 an: Die »Titanic«, Symbol des technischen Fortschritts, sank, obwohl für unsinkbar gehalten, nach der Kollision mit einem Eisberg. Enzensberger allegorisiert mithin den Untergang des Fortschrittsglaubens. In 33 Gesängen, anspielend auf Dantes *Göttliche Komödie*, werden Kuba 1969 und Berlin 1977 zueinander in Beziehung gesetzt, historische Erfahrungen aus Kunst und Literatur (»Apokalypse. Umbrisch, etwa 1490«) zur Sprache gebracht und desillusionierte Entwürfe des Weiter- und Überlebens mitgeteilt (»undeutlich, schwer zu sagen, warum, heule und schwimme ich weiter«). Dem Ineinander von politischer Kritik und lakonischem Arrangement entspricht das Miteinander von gebundener Rede, strengem Versmaß, präzisem Strophenbau einerseits und umgangssprachlich-kalauerndem Tonfall andererseits (»Wer glaubt schon daran,/daß er dran glauben muß?«). Enzensberger hat seine Verserzählung eine »Komödie« genannt, in Anspielung auf Dürrenmatts Wort: »Uns kommt nur noch die Komödie bei.« Ihren lakonischen Tonfall nimmt sein 1980 erschienener Gedichtband *Die Furie des Verschwindens* auf (»Die Eiszeit/mit Zündhölzern zu bekämpfen (sagst du), das ist/ eine müde Sache«). Enzensberger knüpft damit, nach einer Phase radikaler Kritik und revolutionären Engagements, an die sozialkritischen und ironischen Elemente seiner frühen Lyrik wieder an – verändert, gewiß, durch politisch-soziale Erfahrungen, und doch sich gleich geblieben im Abstoßen von allen Ansprüchen auf Verpflichtung und Verbindlichkeit.

»Eisberg«, »Vereisung«, »Eiszeit« – dies sind Metaphern, die in der bundesdeutschen Lyrik im Übergang zu den 80er Jahren eine verbreitete Wahrnehmung bezeichnen: einen geschichtlichen Entwicklungsstand, der das Ende des aufklärerischen Denkens, das Scheitern allen Fortschrittsglaubens signalisiert. Technik erscheint als Fluch, Geschichte als Stillstand, gar als Rückschritt, politisches Handeln als Ohnmachtsgebärde. Seinen vielleicht konsequentesten Ausdruck – weil nicht ironisch aufgehoben – hat dieses geschichtspessimistische Denken in der Lyrik Günter Kunerts gefunden. In seinen Gedichtbänden *Abtötungsverfahren* (1980) und *Stillleben* (1982) notiert Kunert in abgründigen Bildern Visionen von Endzeit und Untergang.

Der Fliegende Robert

**Eskapismus, ruft ihr mir zu,
vorwurfsvoll,
Was denn sonst, antworte ich,
bei diesem Sauwetter! –,
spanne den Regenschirm auf
und erhebe mich in die Lüfte.
Von euch aus gesehen,
werde ich immer kleiner und kleiner,
bis ich verschwunden bin.
Ich hinterlasse nichts weiter
als eine Legende,
mit der ihr Neidhammel,
wenn es draußen stürmt,
euern Kindern in den Ohren liegt,
damit sie euch nicht davonfliegen.**

**Hans Magnus Enzensberger
aus: Die Furie des Verschwindens (1980)**

Evolution
Erde und Steine
Sand und Geröll
Ziegel und Quader
Zement und Beton
und immer wieder
wir [. . .]
(Aus: *Abtötungsverfahren*, 1980)

Dieses Gedicht benennt einen Entwicklungsprozeß, der in Wahrheit nicht Entwicklung, sondern Wiederkehr des Immergleichen in lediglich äußerlich verändertem Gewand bedeutet. Dunkel und Finsternis, Höhlen und Blindheit, Monade und Blutspur – in den Bedeutungshöfen dieser Wortbilder entfaltet sich die Vision einer Apokalypse, die vom Bewußtsein einer drohenden ökologischen Katastrophe ihren Ausgang nimmt. Kunert will keinen Kollaps herbeireden – er ist von ihm überzeugt, weil alle Menschheitsgeschichte von den Idealen, die sie begleiteten, die sozialistischen eingeschlossen, nur weiter fortgeführt habe. Kunerts Gedichte fassen derart ins Bild, in Symbole, Motive, Metaphern, was ihr Autor auch in Aufsätzen (*Verspätete Monologe*, 1981; *Diesseits des Erinnerns*, 1982) und in öffentlichen Diskussionen vertreten hat: »Die Übrigbleibenden werden ihre Lebenskraft, ihre Lebenssubstanz sich eigentlich nur erhalten können, wenn sie grundlegend anders denken und damit auch anders fühlen können. Und weil ich nicht daran glaube, bin ich kein Optimist und habe auch keine Hoffnung.« Daß Kunert seine Auffassungen dennoch veröffentlicht, daß er seine katastrophischen Visionen sogar in Gedichten konzentriert, scheint seiner Hoffnungslosigkeit zu widersprechen – doch nur auf den ersten Blick. Günter Kunert geht es, gerade am Rande des Abgrunds, um die Wiederbelebung einer Poetik der »reinen« Form: »Ohne Bewegung/ohne Bedeutung/ohne Bestand«. Dies gibt ihm, seiner eigenen Überzeugung zufolge, Kraft sowohl wie Legitimation, den endzeitlichen Beschädigungen der Welt die Widerstandspotentiale der Lyrik entgegensetzen – und sei es als Menetekel:

Aus blinden Augen
fällt Finsternis
bevor die Hand
ins Leere greift.
(Aus: *Abtötungsverfahren*, 1980)

Günter Kunert

Bei aller Abgründigkeit, bei allem Pessimismus zeichnet diese Lyrik einer beschädigten Welt dennoch die Fähigkeit aus, mit ihren Wahrnehmungen und Empfindungen sich nicht im Bestehenden einzurichten, sondern über die Wirklichkeit, aus der sie hervorgeht, hinauszuweisen. Poetisch, nicht ideologisch, denn noch und gerade in ihren abgründigsten Bildern, in ihren schwärzesten Visionen entwirft sie das Gegen-Bild einer anderen Wirklichkeit, die sich nicht positiv aussprechen, schon gar nicht sich abbilden läßt, wohl aber – gleichsam im Negativ – als Ahnung enthalten ist.

Eben diese Fähigkeit unterscheidet solche Lyrik von jener gleichzeitig entstehenden, die sich auf eine kulinarische Kultivierung von Gefühlswelten kapriziert hat. Ulla Hahn (geb. 1946; *Herz über Kopf*, 1981; *Spielende*, 1983; *Freudenfeuer*, 1985), Peter Maiwald (geb. 1946; *Balladen von Samstag auf Sonntag*, 1984) und Doris Runge (geb. 1943; *jagdlied*, 1985) heißen ihre Autoren, und ihr Erfolg – von Ulla Hahns erstem Gedichtband konnten bis 1985 35000 Exemplare aufgelegt werden – verdankt sich durchaus keinem Mißverständnis. »Schönheit« und »Virtuosität« lauten die Attribute, welche die Literaturkritik ihnen zubilligte, Virtuosität zumal im Umgang mit erprobten lyrischen Formtraditionen und Schönheit im Ausdruck von Liebesgefühlen. Ulla Hahns Gedicht benennt das Programm nicht nur ihrer eigenen Gedichte:

Ars poetica
Danke ich brauch keine neuen
Formen ich stehe auf
festen Versesfüßen und alten
Normen Reimen zu Hauf

zu Papier und zu euren
Ohren bring ich was klingen soll
klingt mir das Lied aus den
Poren rinnen die Zeilen voll

und über und drüber und drunter
und drauf und dran und wohlan
und das hat mit ihrem Singen
die Loreley getan.
(Aus: *Herz über Kopf*, 1981)

Nicht nur Heinrich Heine steht dieser Lyrik Pate, sondern die ganze deutsche poetische Tradition, von Walther von der Vogelweide bis Bertolt Brecht, vom Barock zur Romantik. Sie liebt die Ballade wie das Sonett, den Paarreim, den Kreuzreim, den Binnenreim und das Spiel mit den reimlosen Versen, sie liebt die Alliteration und die Allegorie, und sie liebt ihr Thema: Liebe. Mit diesem Thema richtet sie sich gleichsam bei sich selber ein, Heiterkeit und Melancholie sorgsam ausbalancierend, in Bildern des Jagens und Gejagtwerdens, des Fliegens und Fliehens Stimmungen evozierend, die sich genießen lassen – Virtuosität als Problementzug, Epigonalität als Innovation. Ihre Schönheit verdankt diese Dichtung ihrer Selbstgenügsamkeit: Sie nimmt ihre Gefühlsirritationen nicht in irritierende Sprechweisen hinein, sondern hebt sie auf im glänzenden Sprachspiel, eine Art postrevolutionäres Rokoko, das sich im Reigen koketter Bilder erschöpft.

jagdlied
spannst neu den bogen
übers jahr
schießt du mir fliederduft
ins haar ins herz

den reim
in blattgold
später

jetzt komm ins gras
das alte spiel
die haut das nest
rupfst mir den rest

federn
blutschön am grünen hut
später

wildbret satt
(Aus: Doris Runge, *jagdlied*, 1985)

Dergleichen erfreut, statt zu verstören – allemal eine Bedingung erfolgreicher Poesie. Doch selbst wo anstelle der Liebe die Politik das Thema bildet, wo Gesellschaftliches an die Stelle des Individuellen und Intimen tritt, bleibt solche Lyrik ihrem Programm treu, formal stillzustellen, was sie an Unruhe, Aufbruch, Bewegung und auch Trauer mitteilen will. Peter Maiwald etwa, der, an Bertolt Brecht und Wolf Biermann anknüpfend, die Balladen- und Moritatentradition aufnimmt, um Alltagsgeschichten zu erzählen, zeigt sich eher der Poetik eines Johannes R. Becher denn den kulturrevolutionären Antrieben der 68er-Bewegung verpflichtet, wenn er in einem 1975 entstandenen Gedicht deren politische Wirkungen reflektiert:

Im siebten Jahr. Bericht III
Spät abends zeigen wir die tiefen Wunden.
Wie süchtig nehmen wir das Mitleid an.
Ich sah Genossen, die nicht mehr gesunden
von Schmerzen, die Genossen sich getan.

Den hat, vor lauter Mühe, man vergessen.
Den hieß, im Streit der Worte, einer Feind.
Den hat niemand mit seinem Maß gemessen.
Der hat, in großer Not, allein geweint.

Seht: enggewachsen ist manch gutes Auge.
Hört: ausgespuckt aus Worten Freundlichkeit.
Sprecht nicht, als wär in unsern Mündern Lauge,

die wegätzt jedes Wort von unserm Leid.
Wahr ist: der Feind hetzt uns mit vielen Hunden.
Gebt acht auf alle, die mit uns verbunden.
(Aus: Peter Maiwald,
Balladen von Samstag auf Sonntag, 1984)

In diesem Gedicht ist viel von »Wunden« und »Schmerzen« die Rede, das Gedicht erwähnt »Streit« und »Not« und »Feinde«, es spricht von Verfolgung, Leid und Vereinzelung. Aber es *spricht* nur über solche Probleme – es gibt ihnen keinen Ausdruck. Die Form unterläuft die Gesinnung, sie hintergeht sie, weil sie alle Beunruhigung, alle Verletzung, alle Verzweiflung zurücknimmt ins jambische Gleichmaß der Verse, in das strenge Reimschema und die kalkulierte Strophenform des Sonetts. Dadurch aber wird solche Lyrik unglaubwürdig: Sie löst nicht ein, wovon sie handelt, weil sie überzeugen, nicht entwerfen will. So zeugt sie nur von einer neuen Art lyrischer Restauration.

Poetische Innovationen aber lassen sich wohl eher von einer Lyrik erwarten, die verändernd auf ihr Medium, die Sprache, einwirkt, die gerade nicht »auf festen Versesfüßen« stehen, sondern diesen den Boden entziehen will, um, selber ungesichert, Neues auf neue Weise wahrnehmen und in neuen Formen mitteilen zu können. Oskar Pastior (geb. 1927) darf hierfür als Beispiel stehen – exemplarisch, *weil* singulär. Seine Aneignung des Sonetts bei Francesco Petrarca (*33 Gedichte*, 1983) übernimmt nicht die Gedichtform als starren, äußerlichen Rahmen, sondern versetzt sich in die Vorlage, um »zu sehen, was innerhalb der poetischen Vorgänge, im Spannungsfeld der Begriffs- und Metaphernbildung, sich während der Kenntnisnahme durch Sprache ergeben könnte« (Pastior). Das Ergebnis ist – keine Übersetzung, sondern Nachdichtung als Neudichtung, in einer Sprache, die zwar grammatikalisch überprüfbar bleibt, doch in Wahrnehmungen und Gestus den konventionellen Kommunikations- und Informationsgehalt der Sprache unterläuft. Oskar Pastiors Versuch, sich auf diese Weise eine neue Sprache zu erschreiben (*Der krimgotische Fächer*, 1978), heißt jedoch nicht nur: Absage an den verbrauchten Mitteilungswert der Sprache, sondern auch: Bestehen auf dem ästhetischen Eigenwert von Klang und Rhythmus.

Tas Illusiun
statisfiziert
die mengliche
Schraufe
läumstens
kollekt

aber das
Eibliche
urmelt
wacholder
wardeinisch
frontäl –:

Minze Minze
flaumiran
Schpektrum

Oskar Pastior
aus: Der krimgotische Fächer, (1978)

Väter, Mütter, Lehrer – »Suchbilder« über den Faschismus

Im Jahre 1980 erscheinen in der Bundesrepublik drei Werke, die sich der historischen Problematik »Faschismus« unter autobiographischen Fragestellungen nähern. Der Schriftsteller Christoph Meckel veröffentlicht sein *Suchbild. Über meinen Vater*, der Sozialpsychologe Peter Brückner seine Lebensgeschichte *Das Abseits als siche-*

rer Ort, und aus der Feder des Romanciers Alfred Andersch erscheint, posthum, die Erzählung *Der Vater eines Mörders*. Drei Autoren, die auf den ersten Blick wenig miteinander gemein haben: Der Schriftsteller Meckel (geb. 1935) legt im Alter von fünfundvierzig Jahren ein Buch über seinen Vater, den Schriftsteller Eberhard Meckel (1907–1969) vor; der Hochschullehrer Brückner (1922–1983) im Alter von achtundfünfzig Jahren eine Darstellung seiner eigenen »Kindheit und Jugend zwischen 1933 und 1945« (Untertitel); der bei Erscheinen seines Werks bereits verstorbene Alfred Andersch (1914–1980) eine Erinnerung an seine Schulzeit im Jahre 1928. Der Lyriker und Erzähler, dessen Werke in zahlreichen Auflagen und Sammelausgaben vorliegen, der Zeichner und Graphiker einer phantasievoll-surrealen Welt; der prominente Vertreter einer politischen Psychologie (*Ulrike Marie Meinhof und die deutschen Verhältnisse*, 1976; *Versuch, uns und anderen die Bundesrepublik zu erklären*, 1978), der sein Buch während einer Zwangspause niederschreibt, die ihm sein oberster Dienstherr, der niedersächsische Wissenschaftsminister, seit 1977 mit der Begründung: »feindselige Einstellung zu unserem [!] Staat« auferlegt hat; der prominente Begründer der Zeitschriften *Der Ruf* und *Texte und Zeichen*, der Freund Arno Schmidts, ein unermüdlicher Förderer der Literatur, anläßlich seines Romans *Winterspelt* (1974) ebenso gerühmt wie nach der Veröffentlichung seines Gedichts »Artikel 3 (3)« (1976) gerügt. Kaum Ähnlichkeiten also – und doch verbindet die Werke und ihre Autoren ein gemeinsames Interesse, das sie über die gleichzeitig erscheinenden autobiographischen Arbeiten deutlich hinausführt, nämlich: mit den Mitteln der Reflexion den Rätseln auf die Spur zu kommen, die eine Existenz im Dritten Reich unweigerlich aufwirft.

Christoph Meckel veröffentlicht die Tagebuchaufzeichnungen seines Vaters unter nationalsozialistischer Herrschaft. Und die Gründe für diese Veröffentlichung liegen in dem Skandal, zu dem ihm der sehr persönliche und doch überindividuelle Fall des Vaters wurde:

> »Ich hatte nicht die Absicht, mich mit meinem Vater zu beschäftigen. Über ihn zu schreiben, erschien mir nicht nötig. Der Fall, ein Privatfall, war abgeschlossen. Ich hätte Erinnerungen an ihn notiert, ohne die Absicht, daraus etwas zu machen. Ich hätte vermutlich nicht länger an ihn gedacht. Neun Jahre nach seinem Tod kommt er wieder zurück und zeigt sein Profil. Seit ich seine Kriegstagebücher las, kann ich den Fall nicht auf sich beruhen lassen; er ist nicht länger privat. Ich entdeckte die Notizen eines Menschen, den ich nicht kannte. Diesen Menschen zu kennen, war nicht möglich, ihn für möglich zu halten – unzumutbar.«

Die Literaturkritik hat Christoph Meckels *Suchbild* rasch und umstandslos in die wachsende Zahl jener literarischen Arbeiten eingereiht, die seit Ende der 70er Jahre die Beziehungen zwischen Vater und Sohn, Vater und Tochter zumal im Blick auf das Dritte Reich problematisieren. Zu diesen Arbeiten zählen etwa Peter Härtlings *Nachgetragene Liebe* (1980) und Heinrich Wiesners *Der Riese am Tisch* (1979), zählt auch das Buch *Der Mann auf der Kanzel – Fragen an einen Vater* (1979) von Ruth Rehmann und

Lange Abwesenheit (1980) von Brigitte Schwaiger, zählen *Die Tochter* (1980) von Barbara Bronnen, *Vaterspuren* (1979) von Siegfried Gauch, *Der alltägliche Tod meines Vaters* (1978) von Paul Kersten, *Der Vater* (1980) von Jutta Schutting, ja selbst Bernward Vespers *Die Reise* (1977) ist dieser Literatur, als eine Art Vorläufer, zugerechnet worden. Doch wie immer bei der Registrierung von Moden liegt das Problem im Symptom des Allgemeinen, das zum verbindenden Kennzeichen erhoben wird, während das Besondere, Trennende dem Vergessen anheimfällt. So auch in diesem Fall: Christoph Meckels *Suchbild* über den Vater Eberhard Meckel handelt zwar auch von der Beziehung des Vaters zum Sohn, des Sohnes zum Vater. Doch gilt die erinnernde Arbeit dieses Sohnes am Bild seines Vaters im wesentlichen den Voraussetzungen, die diesen Menschen prägten, der politischen Problematik mithin, die mit einer Existenz im Dritten Reich verbunden waren, dem Verhalten dieses Vaters im Dritten Reich und im Weltkrieg, das sich in seinen Tagebüchern offenbart. Diese Tagebücher, die Christoph Meckel – auszugsweise – im Wortlaut publiziert, zeichnen den Prozeß einer zunehmenden Integration in das nationalsozialistische Herrschaftssystem auf, einen Prozeß der Resignation und Melancholie, verbunden mit Hoffnungen und Glückszuständen, mit Kulturidealismus und elitärem Denken. Der sich hier fortschreitend einbeziehen läßt ins Kalkül faschistischer Macht, Eberhard Meckel, verkörpert eine seinerzeit durchaus verbreitete Position: die eines apolitischen konservativen Bürgertums, das die sich wandelnden Zeitläufe als Schicksal erlebt und ihrem Wandel sich anzupassen sucht.

Doch wäre es nur dies gewesen, was Christoph Meckel hätte dokumentieren wollen, so hätte er sich mit einer kommentarlosen Veröffentlichung zufriedengeben können. Christoph Meckel aber will Gründe, Voraussetzungen, Bedingungen wissen und benennen, die literarische Neu-Erfindung einer Person, eines Lebens durch die Zerstörung empirisch-oberflächlicher Biographie schaffen:

»Während ich an ihn denke, wird er zum Thema. Die Sätze entfernen ihn in einen Wortlaut, der seine Erscheinung zugleich erhellt und verdunkelt. Über einen Menschen schreiben bedeutet: das Tatsächliche seines Lebens vernichten um der Tatsächlichkeit einer Sprache willen. Der Satzbau verlangt noch einmal den Tod des Gestorbenen. Ihn zu vernichten und neu zu erschaffen ist derselbe Arbeitsprozeß. Aber ich will nicht im Recht sein gegen mein Thema. Was bleibt übrig vom lebendigen Menschen? Was wird von ihm sichtbar im Triebwerk der Sätze? Vielleicht eine Ahnung von seinem Charakter, die flüchtigen oder festen Konturen eines Suchbildes. Ohne Erfindung ist das nicht zu machen. Ich habe nichts zur Person erfunden, aber ausgewählt und zusammengefaßt (unmöglich, darzustellen ohne Bewertung). Ich habe Sätze gemacht, also Sprache erfunden. Die Erfindung offenbart und verbirgt den Menschen.«

Was Christoph Meckel hier als Intention seines Schreibens und als literarisches Verfahren vor sich selber und vor dem Leser offenlegt, ist das Prinzip jeglicher literarischer Erinnerungsarbeit – von Marcel Proust bis zu Christa Wolf. So wie in Prousts monumentalem Werk jenes in Lindenblütentee getauchte, »Madeleine« genannte Gebäck den Anlaß bildet, die »verlorene Zeit« mit Hilfe poetischer Erinnerungsarbeit, durch Sprache also, wiederzufinden; so wie Christa Wolf ihre literarischen Recherchen bis hin zum *Kindheitsmuster* (1976) als einen Prozeß des Widerstehens gegen die Vernichtungsarbeit des Vergessens bestimmt hat: »Sich-erinnern ist gegen den Strom schwimmen, wie schreiben – gegen den scheinbar natürlichen Strom des Vergessens, anstrengende Bewegung« – so arbeitet auch Christoph Meckels Erinnerungswerk gegen jenen Strom des Vergessens, der die Gestalt des Vaters mit sich fortgerissen zu haben schien und mit ihm die Zeit, die ihn geprägt, ja: verstört und zerstört hat.

Die schriftstellerische Leistung dieser literarischen Reflexion läßt sich besonders gut dadurch wahrnehmen, daß Meckel sie nicht hat durchhalten können, daß sein Werk von einem eigenartigen Bruch durchzogen wird: von dem Bruch zwischen einer erinnernd-konstruierenden und einer erklärend-interpretierenden Schreibweise. Dieser Bruch resultiert aus der genauen Einhaltung jenes Erzählerstandpunktes, der es dem Autorsubjekt Christoph Meckel ermöglicht, jeweils auf der Höhe seiner Altersstufe, gemäß seinem unterschiedlichen Bewußtsein also, sich diesem Vater erinnernd zu nähern. Während im ersten Teil des Buches die Perspektive des Kindes durchgeführt ist, dominiert im zweiten Teil die des Jugendlichen, des jungen Erwachsenen. Dieser nun erläutert, erklärt, deutet und interpretiert, was sich mit seinem Vater vollzieht: kaum ein Eindruck, der nicht kommentiert, keine Wahrnehmung, die nicht reflektiert würde. Mit anderen Worten: Dem Leser ist alle eigene Arbeit mit dem Gegenstand, mit der Sprache bereits durch einen Erzähler abgenommen, der souverän die eigene Betroffenheit einzuschätzen und auszudeuten weiß.

Im ersten Teil des Werkes aber geht es sehr viel spannungsreicher zu, denn hier hat Christoph Meckel ein offenes literarisches Verfahren gewählt, das ein höheres Maß an Authentizität der Mitteilung gewährleistet. So wie der Vater Eberhard Meckel sich der Leidenschaft des Sammelns und Ordnens verschrieben hatte, so verfährt hier auch der Erzähler sammelnd und ordnend, um der Perspektive des Vaters, die das Kind noch nicht zu überdenken vermag, sprachlich möglichst nahezukommen. Es ist eine Methode des Einkreisens, des Montierens, eine Neu-Konstruktion aus Bruchstücken, die Unausgedeutetes mit sich bringt, Offenes, Bruchstellen und Widersprüche. Neben Erzählungen über Schriftstellerkollegen des Vaters (Martin Raschke, Horst Lange, Peter Huchel, Günter Eich) und Alltagsberichten aus dem Dritten Reich finden sich Erinnerungsfetzen an Kindheitssituationen, neben einmontierten Tagebuchaufzeichnungen, die den Prozeß einer zunehmenden Dehumanisierung und Militarisierung des Vaters zeigen, finden sich reflektierte und reflektierende Kommentare, Mutmaßungen des Sohnes aus der Sicht von 1980, die dem Leser das Denken nicht ersparen, sondern ihn im Gegenteil zu kritischer Prüfung anregen. Mit Alexander Kluge könnte man dieses Verfahren eine »Baustelle« nennen oder auch ein »Gitter, an das sich die Phantasie des Lesers anklammern« soll, mit dessen Hilfe der Leser die Erinnerungen des Erzählers zu verarbeiten und weiterzudenken vermag.

Diese Schreibweise: die Verbindung von Tagebuchzitat, Kommentar, Reflexion, persönlicher Erinnerung und Geschichtsschreibung; dieses literarische Verfahren: die Montage, die Offenheit, die Registrierung der Details statt ihrer bruchlosen Ausdeutung – diese durch und durch poetische Erinnerungsarbeit schafft jene Radikalität des Blicks und zugleich der Anklage, die dem Werk Authentizität verleiht. Für den Leser, der zumindest im ersten Teil der Anstrengung eines phantasievollen Mitarbeitens nicht entgehen kann, entsteht der Eindruck dessen, was Alfred Andersch einmal als das »déjà-vu« des Erinnerns bezeichnet hat: der Eindruck, etwas schon einmal gesehen und es nur wiedererkannt zu haben, nämlich das Bild eines Schriftstellers und Vaters im Dritten Reich, der kein individueller, sondern ein typischer Fall war, wenngleich in der radikal offenen Darstellung mit deutlicheren Konturen als zuvor hervortretend. Mag sein, daß Christoph Meckel schreibend die empirische Wirklichkeit seines Vaters vernichtet hat. Doch die Wirklichkeit seines Schreibens läßt uns das Bild seines Vaters und das der ihn umgebenden Realität desto unmittelbarer anschauen.

Die Bewegung der Reflexion, welche die Bedingungen, Möglichkeiten und Grenzen des eigenen Schreibens einschließt in den Prozeß des Erinnerns – sie verbindet Christoph Meckels literarisches *Suchbild* mit Peter Brückners autobiographischer Analyse. Brückners Erkenntnisinteresse richtet sich auf die Existenzmöglichkeiten, die dem »geborenen Dissidenten« im Dritten Reich verblieben. Deren Aufdeckung und Darstellung enthält ein theoretisches Problem innerhalb des Zusammenhangs von Erinnerung und Vergegenwärtigung, ein sprachliches Problem nicht weniger als eines der Bewußtwerdung von Erfahrung:

»Wie werden die ›versunkenen Erfahrungen‹ bewußt? Indem wir lernen, die Rätsel unserer Lebensgeschichte im Kontext unserer Gesellschaft zu lösen, und zwar im Detail, und indem wir der Reflexion vertrauen, solange sie Erfahrungen und Objektivität fühlbar vermittelt. Das, vor allem, ist *kritische Theorie.*«

Dies ist – so müßte man hinzufügen – vor allem ein kritisches literarisches Verfahren. Denn die Brechung seiner persönlichen Erfahrungen im Medium einer Reflexion, die prüft und verwirft, die auf Distanz geht, da sie der Unmittelbarkeit des Erlebens mißtraut, und doch die Sinnlichkeit der Nähe zu vermitteln vermag, indem sie die Bewußtwerdung der Erfahrung vom geschichtlichen Subjekt nicht abtrennt – dieses reflektierte Verfahren enthält alle Möglichkeiten autobiographischer Literatur in unserer Gegenwart. »Der Reflexion vertrauen« – für Brückners schriftstellerisches Verfahren ist diese Forderung grundlegende Voraussetzung, sein Werk selber ihre Einlösung. Die Reflexion findet sich in der Form kritischer Autobiographie, essayistischer Geschichtsschreibung und auch als Selbstreflexion in der Form des Inneren Monologs. Formen also, mit deren Hilfe Erlebtes zu Erfahrenem verfremdet wird, Formen der Erfahrungsvermittlung in differenten Wahrnehmungsweisen.

Solche selbstkritische Reflexion unterscheidet Peter Brückners Autobiographie von jener apologetischen Rechtfertigungsliteratur, wie sie nach 1945 etwa in Hans Carossas Autobiographie *Ungleiche Welten* (1951) hervortrat, einem Genre, das nach dem Zusammenbruch des Faschismus und dem Ende des Zweiten Weltkriegs zahlreichen Autoren zur Selbstdarstellung diente. Gottfried Benns *Doppelleben* (1950) und Ernst Jüngers *Strahlungen* (1949) sind dieser problematischen Literaturform ebenso zuzurechnen wie Ernst von Salomons (1902–1972) *Der Fragebogen* (1951) und Arnolt Bronnens (1895–1959) *... gibt zu Protokoll* (1954). Völkisch-nationale Schriftsteller wie Hans Grimm (1875–1959), Hans Friedrich Blunck (1888–1961) und der politische Konvertit Max Barthel (1893–1975) zählen zu den Autoren solcher Rechtfertigungsliteratur nicht weniger als etwa Erwin Guido Kolbenheyer (1878–1962), Friedrich Griese (1890–1975) und Ina Seidel. Und noch 1968 erschien ein Sammelband, dessen Titel: *War ich ein Nazi?* eine selbstkritische Reflexion verhieß, die dann doch in den meisten der Beiträge zur bloßen Abwehr politischer und literarischer Kritik verkümmerte, zur bloßen Rechtfertigung der eigenen Existenz unter nationalsozialistischer Herrschaft. Hans Egon Holthusen (geb. 1913) und Hans Hellmut Kirst (geb. 1914), Rudolf Krämer-Badoni (geb. 1913) und Alexander Lernet-Holenia (1897–1976): Sie waren sich vor allem darin einig, noch unter dem Faschismus einer konservativen Wertordnung zu Geltung und Dauer verholfen zu haben – ohne deren Funktion für die Stabilisierung des Systems auch nur zu bedenken.

Gerade dieses Problem aber reflektiert Brückner im Bild des *Abseits*, das seine Selbstinterpretation stereotyp durchzieht. Ein Leitmotiv, das dem Werk nicht nur den Titel gegeben hat, sondern zugleich – als Metapher der Identitätsbildung im Dritten Reich – Brückners Reflexion überprüfbar hält. Und die Brauchbarkeit dieser Metapher zeigt sich nicht zum geringsten gerade darin, daß sie den Widerspruch des programmatischen Titels zu der im Buch selber entfalteten Erfahrungswirklichkeit auf das schönste offenbart: Die Erfahrung nämlich erweist das Abseits im Dritten Reich als einen höchst unsicheren Ort.

»Das Abseits ist, was den Nationalsozialismus angeht, in Deutschland der einzig sichere, ja, der einzig glückliche Ort.« So lautet eine zentrale These Peter Brückners. Sie steht mit einer anderen These dieses Buchs in einem widerspruchsvollen Zusammenhang: »Es gibt immer Orte, die leer von Macht sind. Die institutionelle Umklammerung des Lebens ist zu Anteilen Schein.« Beide Thesen klingen überzeugend, ja, sie repräsentieren ein Hoffnungsmoment, das dem nationalsozialistischen »Gleichschaltungs«-Anspruch entgegenwirkt. Und doch werden beide Thesen durch den Mechanismus kritischer Reflexion in Brückners Buch selber zu Teilen zurückgenommen. Denn dieses *Abseits*, von dem Peter Brückner spricht, bleibt sich nicht gleich, sondern durchläuft unterschiedliche Stadien der Distanz und Differenz zum NS-Staat – bis hin zur Vereinnahmung durch dessen Institutionen, durch HJ und NSDAP. So mündet der Prozeß, den Brückner beschreibt, konsequent in die Zurücknahme seiner These von den machtfreien Räumen: »Es gab keine Räume mehr, leer von Macht. Und dieser vollkommene Bruch mit meiner inneren Erfahrung trat mit der Arroganz der Endgültigkeit auf.« Es ist ein Bruch auch innerhalb der Selbstinterpretation Peter Brückners. Denn nicht nur widerlegt diese Beobachtung seine zuvor zitierte These, sondern sie stellt auch die Frage nach der Qualität des *Abseits* neu. Den Schlüssel zur Beantwortung dieser Frage – die übrigens die Alternative: Opfer des Systems oder Handlungsgehilfe? einschließt – gibt Brückner seinen Lesern selber an die Hand, wenn er notiert: »Wer nicht wenigstens etwas zum Faschismus taugt, taugt auch nicht zum Widerstand gegen den Faschismus.« »Anpassung als Widerstand« also, wie es an anderer Stelle heißt, als Mittel zum Überleben und als Voraussetzung zur Ausbildung einer Gegenidentität. Aber wie häufig ist diese Voraussetzung nicht auch ein Instrument der Korruption gewesen, wie häufig also das *Abseits* nicht ein unsicherer Ort?

Es macht die besondere literarische Leistung dieses Buches aus, daß Brückners Reflexion über die eigene Lebenswirklichkeit im Dritten Reich solche Fragen nicht nur zuläßt, sondern sie durchaus selbstkritisch, ja, entgegen der eigenen Argumentationslinie zu beantworten weiß: »So wurde das ›glückliche Abseits‹ nicht nur zerstört: Es war – im Grunde, ontologisch – schon immer zerstört gewesen.« Diese Feststellung findet sich zwischen zwei systemintegrativen Schritten: der Übernahme einer politischen Funktion in der Hitlerjugend und dem Eintritt in die NSDAP ein Jahr später. Peter Brückner wurde nun in der Tat zum »Erfüllungsgehilfen« jenes Systems, das er wenig später bekämpfen wird. Und man erkennt abermals: Brückners Vertrauen in die Kraft der Reflexion setzt diese sogar gegen seine eigene Darstellungsabsicht ins Recht. Denn es liegt ja diesem Versuch, die eigene Existenz im Dritten Reich als die eines elementaren *Abseits* zu interpretieren, auch ein Moment der Selbststilisierung zugrunde: in dem Bemühen nämlich, eine Entwicklungslinie von der frühesten Dissidentenerfahrung der Kindheit bis hin zu den späteren Kontakten mit dem Widerstand und der illegalen Kommunistischen Partei zu ziehen. Brückners Reflexion aber deckt die Brüche und Widersprüche innerhalb einer solchen Entwicklungslinie konsequent und radikal auf und überantwortet die zentralen Thesen dieses Buches der begleitenden Reflexion des Lesers.

Alfred Anderschs »Schulgeschichte« unterscheidet sich von den autobiographischen Werken Christoph Meckels und Peter Brückners in mancher Hinsicht. Zunächst spielt sich das Geschehen nicht während der nationalsozialistischen Herrschaft in Deutschland ab, sondern an einem Tag im Mai 1928, während einer Schulstunde am Wittelsbacher Gymnasium in München, das Andersch seinerzeit als Schüler besucht hat. Zudem erzählt der Autobiograph Alfred Andersch nicht in der Ich-Form, sondern aus der Perspektive seiner Kunstfigur Franz Kien, die er bereits in anderen autobiographischen Erzählungen als vermittelnde Instanz eingesetzt hatte, um eigene Erlebnisse und Wahrnehmungen mitzuteilen (»Fünf Franz-Kien-Geschichten«, in: *Das Alfred-Andersch-Lesebuch*, 1979. Der Name »Franz Kien« ist offenbar Elias Canettis Roman *Die Blendung* entlehnt, dessen Protagonist Peter Kien heißt, sein lesehungriges Pendant, ein neunjähriger Junge, Franz Metzger). Diese Entscheidung schließlich besitzt notwendig Konsequenzen für die Form: *Der Vater eines Mörders* ist weder erinnernde Sprachkonstruktion (Meckel) noch analytische Selbstreflexion (Brückner), sondern eine literarische Erzählung in einer eher konventionellen Tradition.

Und doch enthält sie eine entscheidende Gemeinsamkeit mit den beiden anderen Werken.

Auch Anderschs Erzählung nämlich setzt sich mit dem Faschismus auseinander, genauer: mit seinen Voraussetzungen, die im Typus eines autoritären Charakters minuziös rekonstruiert werden. Alfred Anderschs Erinnerung gilt einer Schulstunde, in welcher er, als damals vierzehnjähriger Untertertianer, durch den Direktor des Wittelsbacher Gymnasiums in Griechisch geprüft wurde. Der Schüler Andersch versagte kläglich und mußte deshalb die ungeliebte Schule verlassen. Der Direktor aber war niemand anders als der Vater Heinrich Himmlers, der Vater eines Massenmörders also, des späteren »Reichsführers SS«, der die millionenfache Vernichtung von Juden im Dritten Reich organisierte und überwachte.

Dies weiß der Autor des Werks, und dies wissen seine Leser spätestens dann, wenn der Name des Direktors in der Erzählung genannt, mithin der inhaltliche Bezug zum Titel offenkundig wird. Nicht aber kann die Kunstfigur Franz Kien etwas von der künftigen Entwicklung ahnen – und dieser Erzählvorbehalt liefert Anderschs »Schulgeschichte« die entscheidende Voraussetzung ihrer inneren Spannung. Da die Geschichte, in der Er-Form erzählt, sich stets auf der Höhe Franz Kiens befindet, also seine Wahrnehmungen, seine Überlegungen, seine Erinnerungen und Empfindungen in vielfachen Reflexionen, Rückwendungen und vorsichtigen Vorausdeutungen mitteilt, da sie zudem den Fortgang des Geschehens in seinem chronologischen Ablauf wiedergibt – von einem Zeitsprung gegen Ende abgesehen, der im Vorgriff die Reaktion des Vaters berichtet –, da mithin das Prinzip einer linearen Handlungssukzession erfüllt wird, muß sich der Leser ganz auf das Geschehen während der Schulstunde konzentrieren. Dessen Dramatik, dessen Konfliktkonstellationen, dessen atmosphärisches Auf und Ab, das sich schließlich in der Entlassung des Schülers Kien entlädt, folgt einer eigenen Spannungsdramaturgie, die durch Zusammenspiel und Aufeinanderprallen der handelnden Figuren entsteht.

»Die Griechisch-Stunde sollte gerade beginnen, als die Türe des Klassenzimmers noch einmal aufgemacht wurde.« Mit diesem Satz ist die Szene eröffnet. Der Direktor des Wittelsbacher Gymnasiums, Gebhard Himmler, von seinen Schülern »Rex« genannt, betritt den Klassenraum, in dem der Klassenlehrer Dr. Kandlbinder, ein bemühter, doch subalterner und eingeschüchterter Pädagoge, soeben den Unterricht beginnen will. Der »Rex« aber, »jovial und wohlbeleibt«, keine sonderlich angenehme, doch auch keineswegs eine dämonische Figur, zieht das Unterrichtsgeschehen an sich. Rasch durchschaut er die Versuche des Klassenlehrers, ihm nur die guten Schüler zu präsentieren. Hart und unnachsichtig verfügt er, als ihm der junge Adelige von Greiff in arroganter Weise widerspricht, dessen Relegation, in der Erkenntnis, diesem Schüler im Streitgespräch unterlegen zu sein. Genüßlich und überlegen deckt er schließlich die Schwächen des Schülers Franz Kien auf, der, wie sich erweist, lernen »kann, wenn er will«. Da er aber offenbar nicht will, da er zudem Karl May liest – der »Rex«: »Karl May ist Gift!« – und Schriftsteller werden möchte, wird auch seine Schulentlassung umstandslos verfügt. Alfred Andersch erzählt diese Geschichte ebenso präzise wie souverän, so konkret wie kunstvoll, ohne Pathos, ohne Anklage, ohne Überlegenheit, ganz der Perspektive des Franz Kien verpflichtet, der – eher überraschend – Erleichterung empfindet, nachdem er von seiner bevorstehenden Schulentlassung gehört hat.

Alfred Andersch vor dem Diderot-Denkmal, Paris 1979

Auch Helga M. Novaks (geb. 1935) bereits 1979 erschienene Autobiographie *Die Eisheiligen* ist eine Art »Suchbild« über Kindheit und Faschismus. Nicht nur der deutliche zeitliche Abstand zum autobiographischen Boom hebt diese Lebensgeschichte vom modischen Genre der frühen 70er Jahre ab, sondern vor allem die bemerkenswerte Konsequenz, mit der die Autorin die Wahrnehmungen ihrer Kindheits- und Jugendjahre in angemessenen poetischen Sprechweisen auszudrücken versteht. Helga M. Novak schildert die Kindheit eines adoptierten Mädchens, ihre eigene, in der Zeit des Faschismus, im Zweiten Weltkrieg und in der Nachkriegszeit. Aber es geht ihr, obwohl sie der historischen Chronologie exakt folgt, nicht eigentlich um eine Abschilderung lebensgeschichtlicher Ereignisse, nicht um eine auktorial vermittelte Beschreibung ihrer eigenen Entwicklung, also nicht um die Verfügung über Erfahrungsmaterialien ihres Lebensweges. Vielmehr löst sie in *Die Eisheiligen* die Vielfalt ihrer Kindheitserlebnisse in vielfältige sprachliche Bruchstücke auf, in Ausschnitte, Momentaufnahmen, Eindrücke, Augenblicke, in denen sich die Wahrnehmungen und Ausdrucksmöglichkeiten des Kindes, jeweils seinem Alter und seiner Entwicklungsstufe gemäß, mitteilen, seine Freuden und Nöte, seine Ängste und Beklemmungen, seine Verzweiflungen und seine kleinen geheimen Triumphe. Die prägenden Gestalten sind die Adoptiveltern des Kindes, die »Eisheiligen«, ist vor allem die Stiefmutter, die das Kind mit Recht »Kaltesophie« nennt, ihres rigiden preußischen Erziehungsstils wegen:

»meine Geduld ist gleich zu Ende
kannst du nicht ein einziges Wort Hochdeutsch reden
ihr seid dermaßen verwildert
wird Zeit daß irgendwann mal wieder die Schule anfängt
wenn du nicht ab sofort vernünftig sprichst
erhältst du von mir keine Antwort mehr
auf nichts egal was du wissen willst
aber ihr fragt ja schon gar nicht mehr
dieser Hordentrieb neuerdings
mir wird schlecht wenn ich euch schon sehe
nichts ist vor euch sicher
kein Garten kein Keller kein Stall keine Ruine
aber merk dir ein für allemal
innerhalb meiner vier Wände wird eine andere
Sprache gesprochen als draußen«

Um diese Adoptiveltern gruppiert sich das Personal eines für den Faschismus disponierten Kleinbürgertums – die prügelnde Lehrerin, die angepaßten Nachbarn –, dem sich das Kind so listig wie realitätsgerecht, so verschlagen wie behutsam zu entziehen sucht. Das Mädchen kämpft gegen die restriktiven Erziehungsmaßnahmen, denen es unterworfen wird, es baut sich Fluchträume – das Schreiben, die Poesie –, in denen es zu überleben trachtet. Es entzieht sich schließlich dem Drill der autoritären Adoptiveltern, indem es sich, im Alter von sechzehn Jahren, in der DDR der Partei anschließt, voller Hoffnung auf ein besseres Leben als »gute Kommunistin«. Doch das Bild, mit dem diese Autobiographie endet, entwirft bereits die Konturen der stalinistischen Ära in der DDR:
»An meinem sechzehnten Geburtstag zog ich dann ins Internat. [...] Die Internatshäuser waren ehemalige Villen, sie lagen über zwei Hügel verteilt. Jedes Haus hatte einen Terrassengarten, der zu einem der Seen hinunterführte. Auf der Mauer waren Glasscherben einzementiert.«
An dieses Bild knüpft Helga M. Novak drei Jahre später mit dem zweiten Band ihrer Autobiographie, *Vogel federlos* (1982), an, indem sie es, präzisierend und korrigierend, fortschreibt: »Die gekalkte, zweimeterhohe Mauer war gekrönt von etwas Zackigem, scharf und blitzblank. Doch was da schimmerte, waren keine einzementierten Glasscherben.

Von der Mauerkuppe leuchtete geschmiedetes Eisen,
als sei es mit Silberbronze überzogen.
Eine Reihe Spieße, Speere und Lanzen
ragte in den Septemberhimmel, und spitze Schatten
überquerten die Dorfstraße. Es war ein glänzender Salut.
Vielleicht, wäre das Eisen nicht neulich entrostet worden,
gabs überhaupt keinen Grund, für einen Augenblick
vor den Piken und Partisanen Angst zu haben.«
Doch der Eindruck des ersten Augenblicks trügt nicht.
Das Mauerbild – gleichviel, ob gekrönt mit Scherben
oder Eisen – beweist seine prophetische Kraft. Denn was folgt,
ist die Geschichte einer mißglückten Integration ins System
des autoritären Sozialismus. Die Fortsetzung
des preußischen Drills, der Fortbestand von Hierarchien
und Restriktionen, das Andauern von Doppelzüngigkeit
und sanktionierten Lügen treiben die Jugendlichen
abermals in Sublimierungsübungen. Das Schreiben,
die Poesie werden ihr, wiederum, zum Ort der Zuflucht,
an dem sie sich, im Kontext von Verhaftungen und
Deportationen in der DDR, im historischen Zusammenhang
des Tito-Stalin-Konflikts und des Aufstandes
vom 17. Juni 1953, Antworten auf ihre nicht endenden Fragen
selber suchen muß. Mit dem Ende ihres Lebensberichts
im Jahre 1954 ist auch die zweite Sozialisation gescheitert:
zerschellt an den Klippen politischer Abstraktionen,
zerbrochen am unbezähmbaren Aufbegehren
eines Mädchens, das immer genauer, immer empfindsamer
nachzudenken beginnt, auch über die eigenen Stärken,
Schwächen, Fehler und Versäumnisse:
»und ein Kader wird aus mir nie und nimmer, das ist vorbei,
Geißelung und Selbstzerfleischung werden mir nicht helfen,
die maßlose Wut, die mich manchmal überfällt,
werden sie nicht zügeln, ich bin allein, und was ich nicht
selber mache, wird kein anderer für mich tun, frei sein heißt
ab jetzt alleine sein, und nichts und niemand wird mich eines
besseren belehren«. Diesen zweiten Teil ihrer
Lebensgeschichte hat Helga M. Novak durch die sechs Zeilen
eines Rätselgedichts untergliedert, in dessen Bildersprache
sie das Verhältnis von Partei und Individuum ausdrückt:
»Es flog ein Vogel – federlos/der setzte sich auf einen Baum –
blattlos/da kam eine Frau – fußlos/und nahm ihn gefangen –
handlos/sie hat ihn gebraten – feuerlos/und hat ihn gefressen
– mundlos.« Jene »Frau« ist die Sonne, der »Vogel« aber
eine Schneeflocke – so läßt sich das Rätselgedicht auflösen.
Zugleich aber spielt Helga M. Novak auf eine Parole der
Jungen Pioniere an, die lautet: »Die Partei ist unsere Sonne«.
Helga M. Novaks Autobiographie gibt die bitter-ironische
Pointe auf diese Parole. Die DDR hat der Autorin 1966 die
Staatsbürgerschaft aberkannt.

Den Kunstgriff, eine autobiographische Geschichte aus der Perspektive einer Kunstfigur zu erzählen, hat Alfred Andersch in einem »Nachwort für Leser« ausführlich begründet. »Franz Kien bin ich selbst [...] – warum zum Teufel halte ich mir dann eine Maske vors Gesicht, diesen Kien, einen Namen, nichts weiter. Eine Antwort darauf weiß ich nicht.« Doch Andersch selber gibt hinreichende Hinweise, die eine Beantwortung dieser Frage erlauben, und ihr verbindendes Merkmal heißt »Distanz«. »Gerade das Erzählen in der dritten Person erlaubt es dem Schriftsteller, so ehrlich zu sein wie nur möglich. [...] Die Form selbst ist es, die mich nicht geradezu zwingt, mir aber doch rät, mich Franz Kiens zu bedienen. Er gestattet mir eine gewisse Freiheit des Erzählens, die das Ich, diese tyrannische Form der Beugung des Tätigkeitsworts, nicht zuläßt.« Die »Freiheit des Erzählens« aber setzt jene Distanz zum Erzählgegenstand voraus, die Andersch durch die Er-Form erlangt und deren er angesichts der Brisanz des Sujets offenbar bedurft hat.

Denn Anderschs Erzählung *Der Vater eines Mörders* ist eben nicht nur »eine Schulgeschichte« neben den vielen anderen, welche die Literatur kennt, von Heinrich bis Thomas Mann, von Frank Wedekind bis Hermann Hesse. Sondern es ist eine Schulgeschichte, in der es zugleich um das inhaltlich ausgesparte, doch im Titel angespielte Problem des Faschismus und seine psychologischen, ideologischen und pädagogischen Voraussetzungen geht. Die Kernfrage dieser Erzählung stellt das Nachwort: »Schützt Humanismus denn vor gar nichts?« Die Erzählung selber bildet den Versuch, ihren Autor aus der »Verzweiflung« zu retten, die sich in ihm angesichts der Erinnerung an jene Schulstunde ein Leben lang, ja buchstäblich bis zum letzten Atemzug erhalten hat: Alfred Andersch starb 1980, noch bevor das Werk erschienen war.

Faschismus, Krieg, Desertion im Spannungsfeld von Freiheit und Verantwortung, Entscheidung und Handlung – dies sind, zeit seines Lebens, die großen Themen geblieben, die Alfred Anderschs Werk geprägt haben, vom frühen autobiographischen »Bericht« *Die Kirschen der Freiheit* (1951) über die pointillistische Montagearbeit *Winterspelt* (1974) bis hin zur letzten Erzählung. In *Winterspelt*, Anderschs anspruchsvollster und komplexester Prosaarbeit, plant Major Dincklage im Dezember 1944 die Übergabe seines Bataillons an die vorrückenden Amerikaner, ein Plan, der wegen der bereits vorbereiteten Ardennen-Offensive schließlich scheitert. Ähnlich wie Alexander Kluge in seiner *Schlachtbeschreibung* (1964/1969) stellt Andersch vielfältige Materialien, Überlegungen, Suchbewegungen im Kontext dieses Plans zu einer großen Montage des Kriegsendes zusammen, die auf die Mechanismen ihrer Konstruktion, auf die Differenz zwischen Geschichtlichkeit und Fiktionalität fortwährend selber verweist. »Bericht« und »Fiktion« lauten die literarischen Gegensätze, und die Entscheidung für die Fiktion läßt sich als eine Entscheidung für die Freiheit verstehen, im Prozeß des Erzählens Möglichkeiten und Grenzen menschlichen Handelns zu erproben und durchzuspielen. Es handelt sich also um ein »Sandkasten«-Spiel: »Geschichte berichtet, wie es gewesen. Erzählung spielt eine Möglichkeit durch.«

In seiner Erzählung *Der Vater eines Mörders* freilich versagt sich Alfred Andersch konsequenterweise jede Anspielung auf die künftige Entwicklung des Sohnes Heinrich Himmler. Nur indirekt, aus Erzählungen seines Vaters, deren er sich während der Schulstunde erinnert, weiß Franz Kien von diesem Sohn des Direktors: »Ein ausgezeichneter junger Mann, ein Hitler-Anhänger, aber nicht einseitig, er kommt auch immer zu uns Ludendorff-Leuten [...]«, doch mit seinem Vater, dem »Rex«, »tödlich verfeindet«, weil dieser »schwarz bis in die Knochen« sei, Mitglied der Bayerischen Volkspartei und »nichteinmal Antisemit«. Anderschs Erzählung entwickelt mithin kein Modell, aus dem sich der Nationalsozialismus des Sohnes erklären ließe, sie gibt keine Begründungen für dessen späteres Handeln, ja nicht einmal Hinweise auf Kausalzusammenhänge. Gewiß, Heinrich Himmlers Vater erscheint als ein zugleich autoritärer und schwacher Pädagoge, der mit griechischer Grammatik und preußischem Drill seinen Schülern »Haltung« einzubleuen bemüht ist: die Haltung des Untertanen, des Kadavergehorsams, des Militärs. Doch der Konservatismus dieser pädagogischen Position ist nicht identisch mit dem Nationalsozialismus, und die Frage, welcher Bedingungszusammenhang zwischen Elternhaus und Massenmord, »Humanismus« und Faschismus besteht, bleibt offen. »Ich gestehe, daß ich auf solche Fragen keine Antwort weiß«, schreibt Andersch in seinem »Nachwort für Leser«, »und erkläre mit aller Bestimmtheit, daß ich diese Geschichte aus meiner Jugend niemals erzählt hätte, wüßte ich genau zu sagen, daß und wie der Unmensch und der Schulmann miteinander zusammenhängen.« Die Offenheit des Problems, die das Zusammenwirken von Erzählung und Nachwort auch formal mitteilt, ist die einzige Antwort des Erzählers Alfred Andersch. Sie will den Leser zu weiteren Fragen und zum Weiterfragen herausfordern.

Christoph Meckels *Suchbild. Über meinen Vater*, Peter Brückners *Das Abseits als sicherer Ort*, Alfred Anderschs *Der Vater eines Mörders* – sie stimmen, bei allen Unterschieden, darin überein, lebensgeschichtlichen Entwicklungen, Verrätselungen und Verstrickungen auf die Spur zu kommen, Fragen aufzuwerfen und Begründungen für sie zu untersuchen, zentriert um die lebensgeschichtlich bedeutsamste Herausforderung, den Faschismus. Deshalb läßt sich ihnen ein Werk aus der DDR an die Seite stellen, das ebenfalls 1980 erschienen ist, eine Autobiographie, in welcher sich Elemente der Poesie, der politischen Analyse und der theoretischen Reflexion zu einer gleichfalls neuen literarischen Qualität verbunden haben, nämlich Stephan Hermlins (geb. 1915) Lebensgeschichte *Abendlicht.* Ein Werk, dessen poetische Inventionskraft mit der Meckels, dessen kritisch-selbstkritische Schärfe mit der Brückners, dessen prägnante Beobachtungen mit denen Anderschs vergleichbar sind. Und das ebenso zur Auseinandersetzung, zum Nachvollzug, zum Mitdenken provoziert wie jene. Ein Beispiel für die Systemindifferenz von Literatur – soweit sie auf die ihr eigenen imaginativen und kritischen Potenzen vertraut.

Spätzeit-Dramatik: Reproduktion, Repetition, Variation

Überblickt man das Drama der Bundesrepublik Deutschland seit 1945, so lassen sich seine spannungsreichsten Phasen als die eines gesellschaftlichen Umbruchs oder einer Krisensituation bestimmen. Dies gilt mit Einschränkungen schon für die unmittelbare Nachkriegszeit, als mit den Stücken Wolfgang Borcherts, Carl Zuckmayers

und Günter Weisenborns doch zumindest diskussionsanregende, wo nicht aufrührende Dramen vorlagen, und es gilt gewiß für das Theater der Hochhuth, Kipphardt, Weiss in den 60er Jahren. Umgekehrt haben Zeiten einer eher ruhigen, gar restaurativen Entwicklung sich nicht eben förderlich auf das Drama ausgewirkt, wie das Beispiel der 50er Jahre deutlich genug gelehrt hat. Ähnliches läßt sich auch für die Dramenentwicklung seit Mitte der 70er Jahre behaupten.
Es gibt, so scheint es, keine großen Ideen, keine abgründigen Probleme, keine Aufbruchsziele, keine politischen Entwürfe, keine Philosophien, die sich durch das Theater anspruchs- und spannungsvoll in dramatische Strukturen und Figuren, in Szenen und Dialoge umsetzen ließen. Zwar existiert ein westdeutsches Drama, das sich mit Autorennamen wie Franz Xaver Kroetz, Botho Strauß, Tankred Dorst, auch dem des Österreichers Thomas Bernhard umreißen läßt. Zwar finden sich einzelne, nicht selten erfolgreiche Ansätze, so etwa bei Herbert Achternbusch (*Ella*, 1978; *Susn*, 1979; *Gust*, 1985), Thomas Brasch (geb. 1945; *Rotter*, 1977; *Lieber Georg*, 1980), Dieter Forte (*Martin Luther & Thomas Müntzer oder die Einführung der Buchhaltung*, 1971; *Jean Henry Dunant oder Die Einführung der Zivilisation*, 1978; *Kaspar Hausers Tod*, 1979; *Das Labyrinth der Träume*, 1983) Bodo Kirchhoff (geb. 1948; *Das Kind oder Die Vernichtung von Neuseeland*, 1978; *Body-Building*, 1979; *An den Rand der Erschöpfung, weiter*, 1980; *Glücklich ist, wer vergißt*, 1982), Peter Greiner (geb. 1939; *Kiez*, 1974; *Fast ein Prolet*, 1978), Peter-Paul Zahl (*Johann Georg Elser*, 1982) oder bei dem Autor des Bestsellers *Das Parfüm* (1985), Patrick Süskind (geb. 1949; *Die Baßgeige*, 1985). Doch kann von einer Innovation oder gar einer Herausforderung des Theaters durch das deutsche Gegenwartsdrama keine Rede sein. Eher läßt sich von einem immer routinierteren Bedienen des laufenden Betriebes sprechen, in dessen Mechanismus Literaturkritik, Stückrepertoire und Publikum nahezu reibungslos miteinander auskommen.

Tankred Dorsts Revolutionsstück *Goncourt oder Die Abschaffung des Todes* (1978) war eine Wiederholung im genauen Sinne des Wortes. Hatte er zuvor schon in seinem Hamsun-Stück *Eiszeit* (1973) die Künstler- und Intellektuellenproblematik im politischen Kontext thematisiert, so nahm sein Goncourt-Stück den Stoff der erfolgreichen Revolutionsrevue *Toller* (1968) auf, diesmal am Beispiel der Pariser Commune (1870/71). Auch hier geht es um bürgerliche Intellektuelle, auch hier geht es um ihr Verhalten in einer revolutionären Situation, auch hier bildet ein autobiographischer Text die Grundlage des Stücks. Sowenig diese Stücke eine Erneuerung in Dorsts dramatischem Schaffen bedeuteten, sowenig die nachfolgenden eine Innovation des Theaters. In den kleinbürgerlich-realistischen Szenerien der Stücke *Auf dem Chimborazo* (1975, mit Ursula Ehler) und *Die Villa* (1980) folgte Dorst einer eher konventionell anmutenden Dramaturgie, mit der, autobiographisch inspiriert, familienpsychologische Konflikte durchgeführt werden. Dorst selber scheint die Grenzen dieses dramatischen Verfahrens deutlich genug erkannt zu haben. Mit seinem Monumentaldrama *Merlin oder Das wüste Land* (1982, mit Ursula Ehler) schuf Dorst, ganz auf der Höhe der neueren Mythos-Diskussionen, ein vielfältig-vielschichtiges Spektakel bunter Bilder aus Märchen, Sagen, Mythen mit einer Spieldauer von acht Stunden. »Was mich an ›Merlin‹ interessiert hat«, so Dorst, »das war die Möglichkeit, größere Bilder hervorzubringen, die Phantasie des Zuschauers auf etwas Größeres zu richten und beim Schreiben zu erleben, wie der Kleinrealismus irgendwo eine Grenze hat. Aus ihm hat Merlin auch mich herausgezogen. ›Merlin‹ ist eine Geschichte aus unserer Welt: das Scheitern von Utopien.« Mit *Heinrich oder Die Schmerzen der Phantasie* (1985) ist Dorst allerdings zu den »kleineren Bildern« des Realismus zurückgekehrt. Erzählt wird – in einem engen inhaltlichen Zusammenhang mit *Auf dem Chimborazo* und *Die Villa*, mit dem Romanfragment *Dorothea Merz* (1976) und den Texten *Klaras Mutter* (1978) und *Mosch* (1980) – die Gefühlsentwicklung des jungen Heinrich vor dem Hintergrund von Faschismus und Kleinbürgertum: Teil einer Familiensaga, zu der sich Dorsts Werk – mit Ausnahme des *Merlin* – im Übergang zu den 80er Jahren zunehmend fügt.

Mit anderen Worten: Das westdeutsche Drama im Übergang zu den 80er Jahren ist gekennzeichnet vor allem durch *Reproduktion*. Die alten Stoffe werden erneut durchgespielt, bekannte Motive variiert, erprobte dramaturgische Techniken verfeinert, vertraute Sprachmuster wiederholt. Damit nicht genug: Die Welt selber, die auf dem Theater erscheint, ist eine Welt der unablässigen Reproduktion, eine Spätzeit ohne Geschichte, ohne Verbindlichkeiten, ohne Orientierungsmöglichkeiten.
Botho Strauß (geb. 1944), der als Dramaturg bei dem Regisseur Peter Stein begann, ist einer der wichtigsten Autoren dieses Theaters. Er hat be-

reits von seinem ersten Theaterstück an (*Die Hypochonder*, 1971) sein Thema gefunden: Entfremdung, vorgeführt in vielfältigen Situationen, Sprechweisen, Haltungen. Nach *Bekannte Gesichter, gemischte Gefühle* (1974) und *Trilogie des Wiedersehens* (1976) gelang ihm mit *Groß und klein* (1977) in der Inszenierung von Peter Stein an der Berliner Schaubühne ein durchschlagender Erfolg bei Kritik und Publikum. Dieses Stück entfaltet als Stationendrama eine erfolglose Suche nach Haltepunkten, Sicherheiten, Gewißheiten, ja: Liebe. Lotte, die Hauptfigur, sitzt in der ersten Szene allein in einem marokkanischen Hotelrestaurant, in der letzten findet sie sich im Wartezimmer eines Internisten. Zwischen diesen Stationen ihres Dramas durchläuft sie eine Art Odyssee der Beziehungslosigkeit: Städte wie Saarbrücken und Essen, Szenen einer zerbrechenden Ehe, Wohnungen eines Mietshauses (»Im Prinzip kommt hier jedes Zimmer allein zurecht«), die Insel Sylt, eine Schulfreundin – Etappen, allesamt, auf dem Wege zur Beantwortung von Lottes Frage »Wo-/hin?« und zu ihrer beängstigenden Einsicht: »Jeder Schritt kann der falsche sein.« Ein Kaleidoskop der Unbeständigkeit und Flüchtigkeit, des Kommunikationsverlustes und der Ausdrucks-

Botho Strauß, »Groß und klein«, Schaubühne am Halleschen Ufer, Berlin 1978 (Regie: Peter Stein)

Unten im Szenenausschnitt von links: Gunter Berger, Edith Clever, Jutta Lampe

hemmung, aber – und hierin liegt ein eigentümlicher Zug der Dramen Botho Strauß' bis hin zu *Kalldewey Farce* (1981) – nicht ohne Komik, voller Brillanz der Sprache wie der Bilder und der dramaturgischen Technik. Botho Strauß ist ein Equilibrist des Wortes, ein Artist des Zitats und der Anspielung, ein Meister der schönen Sprache, die jedoch »nur vorübergehend sehr schön« ist, wie Thomas Bernhard einmal gesagt hat: »wie ein Fliederbusch vor meinem Haus«. So lassen sich Botho Strauß' Stücke auch verstehen als endlose Variationen zu Theodor W. Adornos Satz: »Es gibt kein richtiges Leben im falschen« *(Minima Moralia)*. Doch bleibt eben die Frage, ob in der nuancenreichen Suada seiner Figuren sein eigenstes Thema, Entfremdung, nicht allenfalls szenisch repetiert, keineswegs jedoch dramatisch transzendiert wird. Bei Strauß gibt es nurmehr ein falsches Leben im falschen – die dialektische Spannung von Anspruch und Realität, die damit entfällt, nimmt, wie etwa *Die Fremdenführerin* (1986) zeigt, selbst der Erfahrung des Verlustes die Substanz der Trauer. So muß die Antike bemüht werden in diesem Zwei-Personen-Stück um eine Liebesbeziehung und ihr Ende: der Mythos von Pan, das Stadion von Olympia, eine Berghöhle, Ovids *Metamorphosen*, um historisch jene Spannung herzustellen, die der Autor seinem Stück dramaturgisch verweigert. Es sagt nichts gegen Botho Strauß, aber viel über den Zustand des deutschen Dramas, wenn der Kritiker Georg Hensel anläßlich von *Groß und klein* 1978 schrieb: »Ein besseres Stück ist nicht in Sicht.«

Franz Xaver Kroetz, seit Mitte der 70er Jahre der erfolgreichste deutsche Dramatiker der Gegenwart, hat mit seinen Stücken *Oberösterreich* (1972), *Das Nest* (1974) und *Mensch Meier* (1976/77) sein Theater in der Tradition des kritischen Volksstücks (Ödön von Horváth, Marieluise Fleißer) fortgesetzt, doch in einer charakteristisch veränderten Form. Ging es ihm in seinen Anfängen darum, die »Fallhöhe zwischen Sprachgewalt und Dumpfheit« (Kroetz) lediglich zu demonstrieren, so baute er in seine Stücke der 70er Jahre konsequent genau kalkulierte Widerstandspotentiale ein, eine Perspektive der Veränderungsmöglichkeit, die sich aus dem Aufbegehren seiner Figuren herleitet, aus ihrem Aufbruch aus Vorgegebenem zu sich selber, aus der Veränderung ihrer Lebenssituation durch ihr eigenes Handeln. Gewiß hat diese Veränderung seiner Arbeit auch mit Kroetz' politischem Engagement zu tun – Kroetz gehörte von 1971 bis 1980 der DKP an –, doch sind seine Stücke deshalb keine Parteiliteratur. Vielmehr geht Kroetz von den Menschen aus und den konkreten Zwängen (Familie, Beruf, Denkgewohnheiten, Sprachformen), in denen sie stehen. Er zeigt Prozesse der Bewußtwerdung und des Bewußtseinswandels inmitten sozialer Erstarrung. Ein Theater zum Wiedererkennen – hierin dürfte eine wesentliche Voraussetzung seines Erfolges liegen. Kroetz zeigt Zwänge und Konstellationen des Alltags- und Berufslebens, Widersprüche und Grenzüberschreitungen einfacher, durchschnittlicher Menschen, deren dialektgeprägte Sprache ein Medium kritisch-realistischer Figurengestaltung bildet. Realismus, nicht Naturalismus heißt Kroetz' Programm. »Dialekte sind Ausdruck von Arbeit, Landschaft und Gesellschaft«, so Kroetz in einer Anmerkung zu *Nicht Fisch nicht Fleisch* (1981), »Dialekte sind Verhaltensweisen in der Sprache. Das muß erdacht und ausgearbeitet werden, unreflektierte Dialektaneignung führt schnurstracks in den Naturalismus, den Dialekt ästhetisieren in den Dilettantismus.« Dieser Gefahr sind Kroetz' Stücke auch dadurch entgangen, daß sich ihr Autor – eine weitere Bedingung seines Erfolges – zum immer virtuoseren Techniker seiner eigenen Dramaturgie entwickelt hat. Er handhabt seine Dramaturgie des Alltagslebens in *Nicht Fisch nicht Fleisch* beispielsweise in Form einer Spiegelung, durch welche das Problem der Arbeitslosigkeit und der Konkurrenz im Berufsleben anhand zweier Ehepaare durchgeführt und komplementär ausgeleuchtet wird. Ein durchaus routiniertes, weitgehend aber auch risikofreies Theater, das lediglich in der vorletzten Szene des dritten Aktes einmal surrealistisch aufgebrochen, dann jedoch mit der Schlußszene in einer beruhigten Normalität eingefriedet wird. Kroetz zeigt in seinem Werk insgesamt, was eines seiner Theaterstücke zu zeigen beanspruchte: *Furcht und Hoffnung der BRD*. Er begreift sich als »Chronist der Leidenden, der Weinenden, der Untergehenden, der Vergessenen« (Kroetz). Insoweit er dieses Programm in seinen Stücken wieder und wieder einlöst, gibt auch er Variationen und Repetitionen ein und desselben Stoffes. Insoweit er diesen – wie in seinen Bearbeitungen und Inszenierungen von *Bauern sterben* (1984/85) und *Der Nusser* (1986, eine Adaption von Ernst Tollers *Hinkemann* aus dem Jahre 1924) – expressionistisch akzentuiert, entgrenzt er den »Küchenrealismus«, ohne ihm jedoch neue Bühnenwege zu weisen.

Franz Xaver Kroetz, »Stallerhof«, Deutsches Schauspielhaus Hamburg 1972 (Eva Mattes als Beppi, Bruno Dallansky als Sepp)

Hat sich für Botho Strauß die Berliner Schaubühne, der Ort seiner theaterpraktischen Anfänge, als kongenialer Inszenierungsraum in der Ära Peter Stein erwiesen, so für Thomas Bernhard das Stuttgarter und das Bochumer Schauspielhaus in der Ära Claus Peymann. Dieser Umstand aber hängt wesentlich mit dem

Ausdrucksvermögen und der Ausstrahlungskraft eines einzigen Schauspielers zusammen, dem Bernhard verschiedentlich Stücke nicht nur gewidmet, sondern für den er 1976 sogar eigens eines geschrieben hat: Bernhard Minetti. Solche Kongenialität findet ihren tieferen Beweggrund nicht nur in einer persönlichen Attraktion, sondern auch in Anlage und Struktur der Bühnenwerke Bernhards. Wie kein anderer deutscher Schauspieler verstand es Bernhard Minetti offenbar, die Figuren großer Einsamkeit zu verkörpern, den Stolzen, den Gekränkten, den Misanthropen, die Thomas Bernhards Dramen bestimmen, und ihren verbittert-heroischen Monologen Präsenz, Glaubwürdigkeit und jene Doppelbödigkeit des Abgründig-Lächerlichen zu verleihen, die sie zu Charakteren einer in sich gebrochenen Hoffnungslosigkeit machen. Wiederholung, Wiederholungszwang und Wiederholung der Wiederholung – diese Merkmale hat man verschiedentlich an den Dramen Thomas Bernhards herausgearbeitet. Und in der Tat erscheinen seine Bühnenwerke als ein manisches Repetitorium der Sinnleere, für welches das Monologisieren ebenso kennzeichnend ist wie das Element des »Spiels im Spiel« oder die Wiederaufnahme von Eingangszitaten im Schlußbild, die leitmotivische Wiederkehr von Requisiten, Gesten und Handlungen ebenso wie die Stereotypie von Sprachformeln, Worthülsen, Satzfragmenten und Literaturzitaten. Hierin liegt der Grund für die relative Beliebigkeit der Inhalte, der Handlung und der Sujets, die in den einzelnen Stücken durchgeführt werden. Thomas Bernhards Dramen variieren unablässig nur ein einziges Thema, nämlich »daß wir erbärmlich sind, durch Einbildungskraft einer philosophisch-ökonomisch-mechanischen Monotonie

**Lieber Erich,
In Mailand, wo ich seit zehn Tagen eine Stimme
in Luigi Nonos *Prometeo* bin, einem Versuch,
Licht zu komponieren, habe ich gestern nacht,
in der Diskothek *Nova Idea*, leicht betäubt
von metallischem Lärm und Schweißgeruch, mitten im Whisky
mit dem dritten Auge deine Bilder und Räume gesehn.
Seitdem spuken sie wieder in meinem Kopf. Wenn wir
ein Theater haben, wird es ein Theater der Auferstehung sein
(die den täglichen Tod natürlich voraussetzt), unsre Arbeit
die Totenbeschwörung, das Ensemble aus Geistern rekrutiert,
die nach der Vorstellung wieder ins Grab müssen,
bis zur letzten Vorstellung, einer Premiere der dritten Art,
das Bühnenbild ein Reiseführer durch die Landschaften
jenseits des Todes, wo die Kausalitäten vom Krebs
der Auferstehung beurlaubt sind. Auch die Grenzen
der Geschwindigkeit sind aufgehoben: Der Stillstand ist die
Explosion, die Explosion der Stillstand. Das Auge des Taifuns
hat keine Lider. *Europanam*, der brennende Flügel
im Schneesturm, schwarzes Pendel, das die letzten Tage
der Menschheit zählt, war ein heiterer Auftakt. Wir werden
den Weg der Panzer beschreiben, Wiedergänger der
Elefanten Hannibals, von den Schlachtfeldern des Ersten
Weltkriegs über Stalingrad, den deutschen Traum vom Südpol,
mit wechselnder Besetzung nach Berlin und mit der *Macht
des Schicksals* auf die Opernbühne (der Zivilist im letzten
Panzerturm heißt Erich Wonder). Die Männerwanderung des
20. Jahrhunderts, aus den Schrecken der Inflation auf der
Ketten- und Bombenspur in die Bordelle von Bangkok
(Unsre Mutter ist ein Tank sie kann uns nicht schützen).
Hamlet, den Jungen Genossen aus der Kalkgrube, der,
wenn seine Bomben verbraucht sind, die verlassenen
Denkgebäude zur Flugrampe türmt für den Start
in die Supernova Dantes. Sein Kompaß ist Shakespeare
(den ein burgenländisches Sprichwort
Die Lokomotive die abhebt nennt). Den Beischlaf
mit der Maschine, der die Unsterblichkeit garantiert,
den Aufstand der Maschine, die sterben will,
und die Freuden der 100-köpfigen Liebe.
Manchmal werden wir uns die Maske der Gorgo
vorhalten müssen, das Licht das blendet, den Schatten
der das Licht gegessen hat (die Sonne zergeht auf der Zunge):
kein Auge sollte alles sehn. Und jeden Sonntag zeigen wir
das Unsichtbare.
Inzwischen zählt das Theater der Restauration, in seinen zwei
Spielarten, zynisch oder nostalgisch, die Küchenschaben
hinter der Vierten Wand oder interpretiert das Blumenmuster
der Tapeten, bejubelt von einem verblödeten Publikum und
einer vorsätzlich schwachsinnigen Kritik. Wenn das Theater
den Biß verliert, besetzen die Zahnärzte den Zuschauerraum.
Aber das geht uns nichts mehr an.
Gruß
Heiner Müller
(Brief des DDR-Dramatikers Heiner Müller
an den Bühnenbildner Erich Wonder, 1986)**

verfallen« (Bernhard). Hinter aller vordergründigen Problematik erst taucht das eigentliche Problem auf: Monotonie; in der Struktur der Stücke teilt sich etwas von der Wirklichkeit mit, über die sie handeln: Austauschbarkeit; in ihrer Negativität die Philosophie, die sie bergen: Ausweglosigkeit.

An Thomas Bernhards Stück *Einfach kompliziert* (1986) lassen sich einige Strukturmerkmale seiner Werke veranschaulichen. Es ist ein Zweipersonenstück, doch enthält es im wesentlichen einen einzigen Monolog, den eines 82jährigen Schauspielers, der mit einigen wenigen Einrichtungsgegenständen in einer Art Beckett-Szenerie (»Verwahrlostes Zimmer«) haust. In drei Einzelszenen (»In der Frühe«, »Gegen Mittag«, »Gegen Abend«) variiert der Schauspieler die alltäglichen, mühseligen Verrichtungen seines hohen Alters, teilt grimmige Seitenhiebe auf Familie, Kollegen und Nachbarn aus, beruft sich auf literarische und philosophische Vorbilder (Shakespeare, Schopenhauer) und deklamiert Altersweisheiten weltverachtender Art. Dient die erste Szene vor allem der Charakterexposition, so wird in der zweiten die stolze Einsamkeitsattitüde für kurze Zeit durch das Kind Katharina unterbrochen, das ihm Milch bringt, während in der dritten Szene der alte Schauspieler sein Abendbrot verzehrt, um zum Schluß das Tonband anzustellen, das den Anfangsmonolog reproduziert. Doch so eindimensional-misanthropisch, wie eine solche Inhaltsangabe suggerieren mag, ist das Stück in Wahrheit nicht strukturiert. Zwar wird mit dem vorangestellten Motto: »He was in the right; and so, indeed, it is«, Shakespeares machthungriger, selbstgerechter und menschenverachtender König Richard III. zitiert, zwar beruft sich der alte Schauspieler fortwährend auf diesen, indem er sich mit einer Krone schmückt. Doch die Differenz seiner Welt zur »verrückten Theaterwelt« bleibt durchweg gewahrt: »Der Schauspieler hat eine Krone auf dem Kopf«, so heißt es, »aber er ist kein König«. Diesen Satz spricht der alte Schauspieler zu Katharina – und sie, das Kind, bildet das inhaltliche wie strukturelle Gegengewicht zur Haltung des Misanthropen. Nicht daß diese ad absurdum geführt würde oder unglaubwürdig erschiene. Aber sie wird ausbalanciert, denn dieser Schauspieler, dem das Kind die Milch bringt, »jeden Dienstag und Freitag« – er mag überhaupt keine Milch, er schüttet sie immer in den Ausguß, er ekelt sich vor Milch. Jedoch: Er will das Kind sehen, den einzigen Menschen, den er überhaupt sehen will: »Kein Mensch außer dir/hat mehr Zutritt zu mir/nicht ein einziger«. Aus diesem Grunde spielt er auch im Alltag Theater: »Solange wir existieren/machen wir etwas vor/spielen wir Theater«. Ein Topos, gewiß, doch Bernhard entzieht ihm die Leichtigkeit des geflügelten Wortes, indem er ihn vervielfacht. Seine Kunstfigur, der alte Schauspieler, spielt nicht nur in seiner Altersabgeschiedenheit eine Rolle,

Bernhard Minetti (links) als »Minetti« Thomas Bernhards –

zitiert auch nicht nur die Rollen, die er in seinem Bühnendasein wie in seinem Leben als Kunstfigur gespielt hat, sondern zitiert, mittels Tonband, zudem auch sein Bühnendasein im Stück des Thomas Bernhard. Die innere Reflexivität des Werks wird mithin immer weiter vorangetrieben, immer mehr formalisiert und veräußerlicht, bis ihm nahezu jede Realität und Substanz ausgetrieben ist, die Kunstfigur selber und ihr Bühnendasein fast entstofflicht wirkt, entrückt, ohne Wirklichkeit, aber auch ohne innere Wahrheit. Thomas Bernhard rettet sein Stück aus solcher Gefährdung, indem er seinen alten Schauspieler am Ende das Tonband abschalten, ihn noch einen Satz sprechen – und ihn weiteressen läßt. So wird er auch weiterleben: misanthropisch, und doch auf Menschen angewiesen; im Wiederholungszwang, und doch elementar; die Rolle als Rolle perpetuierend, aber eben darin mit sich identisch. »Es sieht alles einfach aus/aber es ist sehr kompliziert«.

»Wir müssen uns *Sisyphos* als einen glücklichen Menschen vorstellen«, hatte Albert Camus in seinem *Mythos von Sisyphos* 1942 geschrieben, und sein Parameter war der Selbstmord. »Es ist alles lächerlich, wenn man an den *Tod* denkt«, hatte Thomas Bernhard 1968 in einer Rede ge-

Württembergisches Staatstheater Stuttgart 1977

sagt (in: *Über Thomas Bernhard*, 1970). Mit diesem Satz liegen die Perspektiven seines Schreibens offen zutage: die Desillusionierung aller Lebensentwürfe, auch die eines existentialistischen Dennoch – aber auch das Lachen, das sich angesichts dieses Befundes einstellt. Thomas Bernhards Figuren sind keine »glücklichen Menschen«, weil sie das Bewußtsein ihrer Existenzweise in ihrem Leben mitleben müssen. Konsequenterweise läuft in seinem Stück *Der Weltverbesserer* (1979) der »Traktat zur Verbesserung der Welt« auf deren Abschaffung hinaus: »Mein Traktat will nichts anderes/als die totale Abschaffung«, sagt der Protagonist, um fortzufahren: »nur hat das niemand verstanden«. Und weil das niemand verstanden hat, ehrt man ihn, nimmt er die Ehrung an. Thomas Bernhards Stücke selber wollen als dieser nicht verstandene Traktat verstanden werden – und sind es doch nicht, eben weil sie selber *sind*. Denn so, wie dem alten Schauspieler in *Einfach kompliziert* im Kind Katharina ein lebensnotwendiges Gegengewicht zuwächst, so bildet Bernhards dramatisches Werk ein Gegengewicht zu seinem Haß auf das »Geborenwerdenverbrechen«. Seine Kunst, die sich aus der fortwährenden Wiederholung der Sinnleere nährt, erhält eben hierdurch ihren Sinn – Theater einer Spätzeit, eines Reproduktionszeitalters, dessen innere Signatur Thomas Bernhards Stücke in ihrer Struktur wiederholen, Bestätigung und Negation gleichermaßen, einfach kompliziert.

Daß aber das Drama auch in einer spätzeitlichen Gesellschaft eine wichtige Rolle durchaus spielen könnte – als Anregung wie als Ärgernis, als Produzent wie als Provokateur eines öffentlichen Gesprächs –, das zeigten die Debatten um eine Inszenierung, die das Licht einer breiteren Öffentlichkeit gar nicht erst erblickte. Im Herbst 1985 entzündeten sich an Rainer Werner Fassbinders Theaterstück *Der Müll, die Stadt und der Tod* (1975) heftige Diskussionen. Nicht, daß Fassbinders Schauspiel um Spekulation und Prostitution, Juden und Faschisten, Verfolger und Verfolgte mißglückt und deshalb zur Aufführung ungeeignet sei, bildete den Kern der Auseinandersetzungen. Sondern der Vorwurf lautete, das Stück sei antisemitisch, ein Vorwurf übrigens, der dem Werk schon 1975, bei seiner ersten Veröffentlichung, gemacht worden war. (Fassbinder legte deshalb seinerzeit die Leitung des Frankfurter »Theaters am Turm« nieder, der Suhrkamp Verlag stoppte eine Fassbinder-Edition, und das Stück blieb seither unaufgeführt.) Nun gibt es in diesem Stück in der Tat Antisemiten und Faschisten. Und es gibt einen »Reichen Juden«, der als Kapitalist und Spekulant Geschäfte macht. Doch geben diese Figuren – Fassbinder hat das 1976 in einem Offenen Brief nachdrücklich betont – »nicht die Meinungen des Autors wieder, dessen Haltung zu Minderheiten aus seinen anderen Arbeiten hinreichend bekannt sein sollte«. Nicht das Stück selber ist antisemitisch, sondern es zitiert, angesiedelt im Souterrain unserer Gesellschaft, soziale Diskurse – faschistische, antisemitische, kapitalistische –, die auf gesellschaftliche Strukturen und Bewußtseinsformen zurückverweisen: darauf, daß noch immer das Problem des Antisemitismus, der Judenverfolgung und -ermordung verdrängt statt aufgearbeitet wird; darauf, daß noch immer Spuren des

Faschismus allenthalben sich finden; darauf, daß es eine personelle wie ideologische Kontinuität zum Dritten Reich gibt, die sich heute in Institutionen staatlicher Macht manifestiert; und darauf vor allem, daß das Verhältnis von Verfolgern und Verfolgten einem dialektischen Bedingungszusammenhang Ausdruck verleiht. Faschisten und Juden sind geschichtlich gleichsam unauflösbar aufeinander verwiesen. Entschädigt sich »Der Reiche Jude« einerseits an der deutschen Gesellschaft und den alten Nazis für die Qualen, die seinem Volk und seiner Familie zugefügt wurden, so weiß der Alt-Nazi Müller andererseits: »Wir sterben nicht aus, und jeder Schmerz, der uns zugefügt wird, macht uns freier und stark. Der Faschismus wird siegen.« Fassbinder hatte mit dieser Konstruktion gegen ein Tabu verstoßen. Er hatte das Trauma, das seit Auschwitz auf dem Verhältnis von Deutschen und Juden lastet, problematisieren wollen, indem er den Anteil auch der Juden am Antisemitismus in seine Szenenfolge einwob. Hiergegen vor allem empörte sich die Jüdische Gemeinde in Frankfurt und mit ihr ein Teil der deutschen Presse. Aber vernachlässigt wurde darüber die Ernsthaftigkeit und Genauigkeit, mit der Fassbinders Werk historische und gegenwärtige Verstrickung dialektisch ausbalanciert – nicht in aufklärerischer Absicht, sondern als existenzielles Problem. Hausbesetzungen, heftige Diskussionen im Theater, Gerichtsklagen waren die Folge, »psychologisch ohne weiteres verständlich«, so der Dichter und Jude Erich Fried, »sachlich aber [...] nicht berechtigt«. Am Ende zog der Frankfurter Intendant Günther Rühle die Inszenierung zurück, obwohl ihr nach einer Uraufführung vor einem kleinen Kreis von Kritikern ausdrücklich Sensibilität und Absenz jeglichen Antisemitismus attestiert wurde. Verloren hatten wohl durch diese Entscheidung alle Beteiligten: das Stück, das Frankfurter Schauspiel, die Jüdische Gemeinde, die intellektuelle Öffentlichkeit, die politische Kultur in der Bundesrepublik. Nur womöglich die Institution »Theater« nicht, die sich als Ort und Faktor des öffentlichen Gesprächs nachdrücklich in Erinnerung gebracht hatte.

»Gegengeschichten«

Die Beobachtung, daß sich im Übergang zu den 80er Jahren eine Rück- und Neubesinnung auf die »Eigenart des Ästhetischen« (Georg Lukács) vollzieht, daß verstärkt sogar auf die Widerstandskraft der Poesie gesetzt wird, läßt sich im Blick auf Kontinuitäten im Werk bekannter Autoren erhärten. Schriftsteller wie Martin Walser, Günter Grass, Heinrich Böll, Uwe Johnson und Peter Weiss, deren Anfänge in die 50er Jahre zurückreichen, haben – zum Teil nach Phasen der Irritation – konsequent auf der Fähigkeit bestanden, Wirklichkeit fassen, verarbeiten und formen zu können. Im einzelnen – in Stoffwahl, Sprache, Erzählperspektive und -struktur – kaum miteinander vergleichbar, steht ihr Werk dennoch für ein gemeinsames Programm: die Auseinandersetzung mit einer Gegenwart zu führen, die der Veränderung bedarf. Der Schriftsteller, so Martin Walser, »zeigt an sich, durch sich, durch die Ausarbeitung seiner Mangel-Erfahrung, daß es ein Bedürfnis nach Veränderung gibt«. Die literarischen Ausarbeitungen dieser »Mangel-Erfahrung« können vielfältige Facetten aufweisen, doch zeigt sich ihre Gemeinsamkeit in dem Bemühen, »in den Beschädigungen das Beschädigende zu erkennen« (Walser).

Martin Walser

Diese Formel Martin Walsers ließe sich, wenn für einen der genannten Autoren, dann gewiß für Heinrich Böll in Anspruch nehmen. Sein letztes Werk jedoch, *Frauen vor Flußlandschaft* (1985), scheint sich der Erkenntnis des »Beschädigenden« vorsätzlich zu verweigern, scheint nur noch »Beschädigungen« vorzuführen, die sich aus sich selber begründen. Ein »Roman in Dialogen und Selbstgesprächen«, so die Gattungsbezeichnung Bölls, nimmt er all die offenkundigen Vorzüge und Schwächen der »Beschreibungsliteratur« (Handke) zurück. Er läßt die Figuren ausschließlich in Gesprächen und Monologen hervortreten, spart mithin das »Beschreiben« aus, gibt lediglich in einer »Vorbemerkung« knappe Hinweise auf ihr Äußeres und nach Art von Regieanweisungen Andeutungen zu den Schauplätzen des Geschehens. Ein szenischer Roman also: »Die *innere* Beschaffenheit der auftretenden Personen, ihre Gedanken, Lebensläufe, Aktionen ergeben sich aus den Gesprächen und Selbstgesprächen, die sie führen.« Aus ihnen wird eine Art Handlung deutlich. Der Roman spielt in Bonn, Minister werden ernannt oder treten zurück, Korruption und Skandale beherrschen das Bild einer Hauptstadt, die abermals, wie schon bei Wolfgang Koeppen, als »Treibhaus« erscheint. Ein Treibhaus der Skandale, Affären, Korruptionen, durchwirkt vom einvernehmlichen Machttrieb aus Klerus und Konservatismus, alten Nazis und Kriegsverbrechern, eine Männerwelt, in der die Frauen, abgedrängt, erbittert, leidend, keine Rolle zu spielen, ja nicht einmal Einfluß zu gewinnen vermögen. Vergleicht man diesen Roman mit Bölls erst spät erschienener Erzählung *Das Vermächtnis* (1982) aus dem Jahre 1948, so wird die Entwicklung des Erzählers Heinrich Böll unübersehbar: Dort erzählte ein durchaus traditioneller Erzähler in einer durchaus konventionellen Rahmenhandlung von »Beschädigungen« und »Beschädigendem«, von einem Kriegsverbrechen und seinem Urheber. Hier aber, in Bölls letztem Roman, verfügt kein Erzähler mehr über das Geschehen, über den Zusammenhang von Ursache und Wirkung, über eine mögliche Lehre, aus welcher der Leser Einsichten ziehen könnte. Im Gegenteil: Die Gleichförmigkeit der Sprechweisen, die Platitüden und Nachlässigkeiten des Ausdrucks und des Denkens, in denen Böll seine Figuren hervortreten läßt, bestehen unerbittlich auf dem erreichten Stand der Dinge, zeigen die Mechanismen, nicht die Voraussetzungen eines Spiels ohne Ausweg, ohne Lösung. Es ist ein radikales Buch, nicht so sehr seiner politischen Sicht wegen, denn es will wieder realistisches Erzählwerk noch Schlüsselroman der Bonner Szene sein, sondern

Heinrich Böll (1985)

seiner sich reduzierenden, besser: konzentrierenden Ausdrucksmittel wegen. Helmut Heißenbüttels Auffassung, daß »die zunehmende Schärfe des Blicks, den Böll für die politische Realität der Bundesrepublik hatte, einem Zuwachs an ästhetischer Fähigkeit entsprach«, kann man deshalb zustimmen. In den beschädigten Redeweisen seiner Figuren bringt Böll ihre »Beschädigungen« zur Sprache – das »Beschädigende« zu erkennen überantwortet er dem Leser.

Martin Walser hatte mit seinen Überlegungen zur Beantwortung der Frage »Wer ist ein Schriftsteller?« (1974) vor allem sein eigenes literarisches Credo formulieren wollen, das Programm eines poetischen Realismus. Allerdings nicht im Sinne eines simplen Abbild-Realismus, sondern als literarische Wahrnehmung und Ausarbeitung von Bedingungen und Zusammenhängen. »Die Realisten unter den Schriftstellern«, so Walser, »interessieren sich für den Beschädiger im Schaden. Sie finden, daß unsere Sterblichkeit nicht alles entschuldigt, was uns zu Lebzeiten zugefügt wird.« Gerade weil Walser aber auf dem Aspekt der Veränderung bestand, ohne doch über die Wirkungen von Literatur mit Gewißheit etwas sagen zu können, wollte er aus seinem Konzept der Veränderung den Autor selber, den Schriftsteller, nicht ausklammern. »Wer sich schreibend verändert, ist ein Schriftsteller« – dieser Kernsatz Walsers trifft den Zusammenhang von gesellschaftlicher und literarischer Erfahrung, von »Mangel-Erfahrung« und deren literarischer Verarbeitung, aber auch vom verändernden Einfluß des Schreibens auf den Autor. Als *Schreibender* muß er sich verändern, wenn sein Schreiben von seinem Veränderungswillen etwas mitteilen soll.

»Schreibend verändert« hat sich auch Günter Grass: vom kraftgenialischen Chronisten des Kleinbürgertums über den reformistischen Apologeten der Sozialdemokratie zum Visionär des Untergangs. Mit seinem Roman *Die Rättin* (1986) legte er eine Wahrnehmung vergangener Gegenwart aus der Perspektive apokalyptischer Zukunft vor. Sein Haustier, die »Rättin«, erzählt dem Ich-Erzähler, einem Dichter, im Traum vom Untergang der Menschenwelt durch einen Atomkrieg und von der Zeit danach. Gegen diese Vision – gleichsam eine Umkehrung der in den Mythos zurückverlagerten Perspektive in Christa Wolfs *Kassandra* (1982)

– schreibt der Dichter an, der fiktive des Romans wie der Autor Günter Grass, in barocker Sprache, weit ausgreifend in Geschichte und Märchen und Erzählung – selbst Oskar Matzerath tritt auf –, eine Fülle von Ereignissen und Visionen der modernen Welt in buntem Wechsel arrangierend, deren erzählerische Vermittlung allerdings durch eben jenes Motiv beeinträchtigt wird, das die Erzählintention des Günter Grass nach langen Jahren des Schweigens allererst begründet hat: ein Untergangsszenario zu entwerfen, das unserer Gegenwart einen Zukunftsspiegel vorhalten soll. Allzu forciert nämlich wird diese Absicht im dialogischen Wechselspiel von Erzähler und »Rättin« durchgeführt – der Roman führt den vorgefaßten gedanklichen Entwurf zwar aus, aber er löst ihn weder sprachlich noch kompositorisch ein. Vielfach hat deshalb die Literaturkritik beim Erscheinen dieses Werks von einem literarischen »Scheitern« des Autors Günter Grass gesprochen.

»Wer sich schreibend verändert, ist ein Schriftsteller«: Diese Einsicht ist gewiß verallgemeinerbar, aber sie gilt vor allem auch für Martin Walser selber. Seine wichtigste Prosaarbeit nach der Kristlein-Trilogie – und noch vor deren letztem Band veröffentlicht – dürfte *Die Gallistl'sche Krankheit* (1972) sein, die Geschichte eines Melancholikers, der, angesichts der Diskrepanz von Anspruch und Wirklichkeit, Utopie und Alltagsleben, sein Leiden zu analysieren und durch Integration in eine oppositionelle Gruppierung zu heilen versucht. Walser hat diesen »offenen« Schluß, den Ausblick auf eine sozialistische Gesellschaft, in einer offenen Form erzählt, in einer Art intermittierendem inneren Monolog, in dem sich der Held selber näherkommt, während er sich verändert. Von solcher Offenheit zeugen die nachfolgenden Werke keineswegs, im Gegenteil. Von *Jenseits der Liebe* (1976) und *Ein fliehendes Pferd* (1978) über *Seelenarbeit* (1979) und *Das Schwanenhaus* (1980) bis hin zu *Brief an Lord Liszt* (1982) und *Brandung* (1985) läßt sich ein Prozeß fortschreitender Depersonalisation seiner Helden feststellen, der mit einer immer feineren, genaueren, sensibleren Wahrnehmung ihrer Innenwelten, ihrer Gefühls- und Körperreaktionen einhergeht. Walsers Helden sind durchweg Kleinbürger. Doch sie können Helden nur noch sein um den Preis, daß ihre Beschädigungen so feinnervig wie schonungslos aufgespürt und ausgestellt werden. Walsers Prosa zeigt zunehmend hilflose, wehrlose Helden, Figuren, die ausgeliefert sind dem, was mit ihnen, was in ihnen geschieht. Doch nicht Verdopplung und Affirmierung lautet die Schreibintention Walsers, sondern eben: den »Beschädiger im Schaden« sichtbar zu machen. Diesen zu erkennen, ist Aufgabe des Lesers, die Arbeit des Schriftstellers hingegen, ihm hierfür veränderte und verändernde Voraussetzungen zu liefern. Denn »daß Leiden und Handeln Momente *einer* dialektischen Bewegung sind, ist nichts als eine begriffliche Fassung des Schreibvorgangs, der Schreibbedingung« (Martin Walser).

Ein herausragendes Beispiel dieses dialektischen Zusammenhangs ist Peter Weiss' dreibändige *Ästhetik des Widerstands*, die in den Jahren 1975, 1978 und 1981 mit einem Gesamtumfang von fast tausend Seiten erschien. Sie dürfte – neben Uwe Johnsons Tetralogie *Jahrestage* – das gewichtigste deutschsprachige Prosawerk der 70er Jahre sein: der groß angelegte und weit ausholende Versuch, die Geschichte der deutschen Arbeiterbewegung in ihren Aufbrüchen und Zielsetzungen, in ihren Widersprüchen und Hoffnungen, im Scheitern, Versagen, Zweifeln, aber auch in den weltgeschichtlichen Kontinuitäten

Peter Weiss

und Traditionen des Kampfes gegen Unterdrükkung und Ausbeutung zu zeichnen. Peter Weiss erzählt diese Geschichte aus der Sicht eines fiktiven Ich-Erzählers, der – Inhalt des ersten Bandes – im Herbst 1937 zunächst im kommunistischen Untergrund in Berlin lebt, dann nach Prag ins Exil geht, schließlich am Spanischen Bürgerkrieg teilnimmt. Der zweite Band setzt, nach der Niederlage der Republikaner, in Paris ein, führt den Ich-Erzähler nach Schweden, wo er in einer Fabrik arbeitet, Kontakt zu Kommunisten aufnimmt und zum Kreis um Bertolt Brecht zählt, und endet mit der Flucht des Ich-Erzählers aus Schweden im April 1940. Der dritte Band, eine »Hades-Wanderung« (Weiss), beginnt mit der Ankunft der Eltern in Schweden, läßt die Problematik eines dogmatischen Kommunismus hervortreten – pointiert vor allem durch die Gegenfigur des Max Hodann –, führt in die Stockholmer Parteizelle und ihre Aktivitäten, nach Nazi-Deutschland (Zerschlagung der Widerstandsorganisation »Rote Kapelle« und Hinrichtungen in Plötzensee) und zeigt die zermürbenden, neues Unheil ankündigenden Intrigen, Streitigkeiten, Terrorisierungen innerhalb der kommunistischen und sozialistischen Arbeiterbewegung vor dem Ende des Zweiten Weltkrieges. Die fiktive, gleichwohl zum Teil minuziös und dokumentarisch getreu rekonstruierende Geschichtsschreibung der Jahre 1937 bis 1945 bildet jedoch nur eine Ebene dieses »roman d'essai« (Alfred Andersch). Seine zweite, gleich gewichtige ist die der kunst- und ästhetiktheoretischen Diskussion: Vom Pergamon-Altar über Géricualts »Floß der Medusa« bis zu Picassos »Guernica«, von Kafka über Neukrantz zu Brecht zeigt Peter Weiss Kunst als das kollektive Gedächtnis der Menschheit, als das produktiv fortwirkende, schöpferische Element aller Klassenkämpfe, in dem das Leben der Menschen sich unauslöschlich vergegenständlicht hat, Erinnerungs- und Äußerungsform auch ihrer geschichtlich uneingelösten Hoffnungen und Sehnsüchte, Phantasien und Utopien. Beide Ebenen, die zeitgeschichtliche des antifaschistischen Widerstandskampfes und die kunsthistorische und -theoretische ästhetischer Produktivität, verbindet Peter Weiss in einer dritten Schicht, nämlich in der des Werks selber. Die Gattungsbezeichnung »Roman« wird diesem nicht gerecht, handelt es sich doch kaum um Figurenkonstellation, Charakterentwicklung, Handlungsstrukturen, sondern eher um Abhandlung, Essay, Traktat, um kunsttheoretische, politische und wissenschaftliche Überlegungen mehr als um erzählerische Ausfabulierung eines Gesellschaftspanoramas oder eines individuellen Konflikts. Doch im Prozeß des Erzählens wird deutlich, daß der Erzählduktus selber mit sich trägt und einlöst, was sein Autor sich vorgesetzt hat. Die verschiedenen Erzählschichten – Beschreibung, historisch-politischer Exkurs, ästhetische Analyse – verbinden sich im Fortgang des Werks zunehmend und im dritten Band vollends zu einer Synthese, die Essay und Bericht, Analyse und Reflexion miteinander verschmilzt. »Die Ästhetik wird nicht mehr definiert anhand von Kunstwerken«, so hat Peter Weiss zum dritten Band bemerkt, »sondern schlägt sich direkt nieder.« Es geht um die Vermittlung des Politischen und des Künstlerischen, um eine Ästhetik, die in sich politisch ist, um eine Politik, welche die Formen, in denen sie sich vergegenständlicht, als Ausdruck ihrer Zielsetzungen – oder aber ihres Versagens! – begreift. Aus diesem Grunde legt Peter Weiss den Finger gerade auf die Wunden der kommunistischen Arbeiterbewegung – Moskauer Schauprozesse, Stalinismus, Terror innerhalb der Bewegung –, aus diesem Grunde läßt er seinen fiktiven Erzähler – vergleichbar dem Muster des Bildungsromans – die Kulturgeschichte der Menschheit auf ihre ästhetischen Widerstandspotentiale hin prüfen und kritisch sich erarbeiten: »Du mußt lesen, Du mußt dich bilden, Du mußt dich auseinandersetzen mit den Dingen, die auf dich zukommen, Du mußt Stellung ergreifen, Du darfst nicht sitzen und alles nur auf dich zukommen lassen, Du darfst dich vor allen Dingen nicht dem Gedanken hingeben, daß Mächtige über dir sind, die doch alles bestimmen. Das sind die Grundgedanken, und deshalb immer wieder das Thema: Wo, zu welchen Zeiten haben sich Menschen gegen anscheinend unübersteigbare Widerstände hinweggesetzt?«

Pergamon-Fries, Alkyoneus

Peter Weiss hat sich mit dem Ich-Erzähler des Werks, nach eigenem Bekunden, eine »Wunschbiografie« geschrieben, jedoch nicht im Sinne einer politischen Beschönigung der eigenen bürgerlichen Lebensgeschichte, sondern als Entwurf einer fiktionalen Synthese von Ästhetik und Widerstand, Kunst und Politik, deren Fiktionalität gerade nicht unterschlagen, sondern betont wird. »Wie könnte dies alles erzählt werden?«, lautet deshalb die stereotyp wiederkehrende Formel, die das Organisationsprinzip des Erzählens als Prinzip erzählerischer Selbstreflexion und poetischen Entwerfens zu erkennen gibt. Es geht darum, der bürgerlichen »Unfähigkeit zu trauern« (Alexander Mitscherlich) eine »Ästhetik des Widerstands« entgegenzuhalten, die zu trauern gelernt hat, und zwar gerade über die eigenen Schwächen und Versäumnisse. Die professionelle Kritik hat diesen Entwurf, dessen Entstehungsprozeß Peter Weiss in Aufzeichnungen protokolliert hat (*Notizbücher 1971–1980*, 1981), überaus kontrovers aufgenommen, Schriftsteller wie Alfred Andersch und Wolfgang

Alexander Kluge

Koeppen hingegen waren sich einig in ihrer Bewunderung für das Werk. »Der Roman ›Ästhetik des Widerstands‹«, so Wolfgang Koeppen, »ist für mich eines der erregendsten, mutigsten und traurigsten Bücher meiner Zeit.«
In ganz anderer Weise als Peter Weiss' Prosa-Monument und doch ihm vergleichbar in ihrer Sperrigkeit und Widerständigkeit repräsentieren auch die Werke Alexander Kluges literarische Oppositionen. Sie zeigen gesellschaftliche Vielfalt und Widersprüchlichkeit in eben jener Komplexität, in der die Individuen zu verschwinden drohen – eine Art negativer Enzyklopädie des Alltaglebens. Der überaus vielseitige und umfassend gebildete Alexander Kluge – er ist promovierter Jurist, Kirchenmusiker, Schriftsteller, Filmregisseur und Theoretiker in einer Person – hat das Programm seiner literarischen Arbeit in einem pointierten Statement folgendermaßen beschrieben:

»Es gilt aber folgendes: Entweder erzählt die gesellschaftliche Geschichte ihren Real-Roman, ohne Rücksicht auf die Menschen, oder aber Menschen erzählen ihre Gegengeschichte. Das können sie aber nicht, es sei denn in den Komplexitätsgraden der Realität. Das fordert im wörtlichsten Sinne den ›Kunstgegenstand‹, ein Aggregat von Kunstgegenständen. Sinnlichkeit als Methode ist kein gesellschaftliches Naturprodukt.«

In dieser komplexen theoretischen Äußerung liegen eine Reihe von Voraussetzungen beschlossen, die Kluges Prosa seit ihren Anfängen (*Lebensläufe*, 1962) bestimmt, freilich auch über einen Zeitraum von mehr als zwei Jahrzehnten sich verändert, das heißt: radikalisiert haben. Kluges Erzählungen gehen aus von einer Wirklichkeit, deren Abläufe, Entwicklungen, Tendenzen wahrgenommen werden bis hinein ins kleinste Detail. Aber die erzählerische Organisation dieses Wirklichkeitsmaterials erschöpft sich nicht in der bloßen Realitätsreproduktion, sondern verdichtet die beobachteten Lebensausschnitte derart, daß Irritationen, Oppositionen, womöglich Widerstandspotentiale im Leser sich aufbauen können. Seine zugleich fragmentierten und konzentrierten Prosasegmente sind zueinander in eine Beziehung gesetzt, die dem Mechanismus der Montage im Film folgt: Der »Schnitt«, der sie aneinanderfügt, spart ihren Zusammenhang aus – ihn müssen die Zuschauer, die Leser herstellen. Dies ist der Grund dafür, daß der Leser mit Alexander Kluges Texten arbeiten kann, daß er in ihnen sich und seine Wirklichkeit nicht nur wiederzuerkennen, sondern sie zugleich mit eigenen Erfahrungen auf-zufüllen, aber auch zu überschreiten vermag. Die Fragmentarität unserer Realitätswahrnehmung, der längst verlorengegangene Erfahrungszusammenhang, die diskontinuierliche Zeit- und Raumempfindung – in der Komplexität von Kluges Texten, in ihrer Formenvielfalt und strukturellen Offenheit kann das »subdominante Bewußtsein« (Kluge) des Lesers, können seine abgedrängten, unterdrückten Denk-, Wunsch- und Phantasiepotentiale also ihrer selber innewerden.

Daraus aber resultiert die literarische Einzigartigkeit dieser »Gegengeschichten«, wie sie in *Lernprozesse mit tödlichem Ausgang* (1973), in *Neue Geschichten. Hefte 1–18. ›Unheimlichkeit der Zeit‹* (1977), in *Die Patriotin* (1979) und *Die Macht der Gefühle* (1984) – die beiden letzteren Textbücher zu Filmen – erzählt werden. Kluges Geschichten verarbeiten nicht nur Wirklichkeit in den ihr angemessenen »Komplexitätsgraden«, sondern sie verändern zugleich den Blick des Lesers auf die Wirklichkeit, aus der sie kommen – auf seine eigene also. Kluges negative Enzyklopädie produziert mithin den Widerstand der Ästhetik, indem sie pointiert, zuspitzt, zur ›science fiction‹ hochrechnet, was als »tödlicher Ausgang« unseren alltäglichen Verhältnissen vorgezeichnet liegt. Der Montagecharakter seines Erzählverfahrens bleibt diesem so wenig äußerlich, wie der schwarze Humor, der es grundiert: Der Erzähler Kluge mißtraut, angesichts sozialer Heterogenität und Komplexität, den Zusammenhängen, die sich durch einen ›roten Faden‹ des Erzählens stiften ließen.

Dies gilt in vergleichbarer Weise auch für den Theoretiker Alexander Kluge, der in seinen mit Oskar Negt geschriebenen Theorie-Entwürfen (*Öffentlichkeit und Erfahrung*, 1972; *Geschichte und Eigensinn*, 1981) jeden Ansatz einer systematisierenden Denkweise verweigert. *Geschichte und Eigensinn* etwa, ein »Fragment« (Negt/

Alexander Kluge, »Die Patriotin«. Drei Szenenfotos:

Hannelore Hoger als Gabi Teichert

Deutschland

Das Verhältnis einer Liebesgeschichte zur Geschichte

Kluge) trotz 1283 Seiten Umfangs, ist selber nichts anderes als ein theoretisch gerichtetes Lesebuch mit Texten, Zitaten, Bildern, Fotos, Graphiken, das seinerseits dem Prinzip der Montage folgt: »Man muß die Lücken mitlesen«, heißt es in einer Nachbemerkung. Der Zusammenhang, auf dem das Erkenntnisinteresse des Buches gleichwohl besteht, ist der Zusammenhang seiner Fragestellung, nicht seiner Antworten oder seiner Darstellungsform. Und die Frage lautet, »was, in einer Welt, in der es offenkundig ist, daß Katastrophen eintreten, die stoffverändernde Arbeit leistet«. Um nichts anderes aber geht es Kluge auch in seinen Filmen, und auch hier mit den Mitteln der – freilich filmischen – Montage (u.a. *Die Patriotin*, 1979; *Die Macht der Gefühle*, 1983). Aus Geschichte und Gegenwart werden vielfältige und widerspruchsvolle, spannungsreich zueinander sich verhaltende Materialien zu komplexen filmischen Essays montiert, die nach dem Charakter menschlicher Arbeit fragen, aus der bekanntlich Geschichte entsteht. Literatur, Film, Theorie unterscheiden sich als Medien des Denkens und des Ausdrucks hinsichtlich ihrer Wahrnehmungsschärfe, ihrer Differenzierungsmöglichkeiten, ihrer Sinnlichkeit. Aber sie stehen für Kluge nicht in einem Konkurrenz-, sondern in einem Komplementärverhältnis: Sie ergänzen einander, bilden ästhetische Funktionsübergänge, die aufeinander verweisen, auch einwirken können, mithin die künstlerischen Ausdrucksformen selber verändern.

Eine »Gegengeschichte« in Form einer Fiktionalisierung der Fiktion hat Wolfgang Hildesheimer mit seiner Biographie *Marbot* (1981) verfaßt. Wie der Titel sich nahezu als Anagramm zu Hildesheimers *Mozart*-Biographie (1977) lesen läßt, so die Titelfigur als eine Art Vexierbild ästhetischer Existenz. Denn Hildesheimers *Marbot* ist die Biographie einer fiktiven Gestalt der Kunstgeschichte, einer Figur, der durch die Brechung des Inzesttabus mit der Mutter etwas erotisch Sensationelles anhaftet, das sie zugleich für ihre besondere Begabung disponiert. Diese Figur arbeitet den psychologischen Deutungsmöglichkeiten in Bildender Kunst und Malerei vor, indem sie sich auf eine rekonstruierende Einfühlung in Technik und Emotion, Farbgebung und Formensprache der Kunst des 19. Jahrhunderts konzentriert. Hildesheimer hat seiner Figur auf sehr behutsame und kunstvolle Weise Leben, Authentizität verschafft, indem er ihre Existenz in Dokumenten und Fotografien (scheinhaft) beglaubigt und sogar später in Vorträgen und bei Diskus-

sionen aus dem Werk dieser fiktiven Figur selber zitiert hat. Stellt sich in der Motivverknüpfung von Inzest und ästhetischer Reproduktivität implizit auch die Frage nach den Bedingungen künstlerischer Produktion, so gibt die von Hildesheimer gewählte Fiktionalisierung der Fiktion zugleich das Problem auf, das Verhältnis von Literatur und Wirklichkeit neu zu bestimmen. Wolfgang Hildesheimer selber, der erfolgreiche Autor von *Lieblose Legenden* (1952/1962) und *Tynset* (1965), hat für sich, nach eigenem Bekunden, den Entschluß gefaßt, das Schreiben aufzugeben und sich stattdessen der Malerei zu widmen. Eine Verbindung beider Ausdrucksformen hat Hildesheimer in seinen autobiographischen *Mitteilungen an Max über den Stand der Dinge* (1983) versucht.

»Gegengeschichten« schreibt in gewissem Sinne auch Peter Handke spätestens seit seiner Erzählung *Langsame Heimkehr* (1979), jedoch in sehr anderer Bedeutung als Alexander Kluge. Die Werke, die Handke seit Ende der 70er Jahre veröffentlicht hat, geben einem »Bedürfnis nach Heil« Ausdruck, wie es in *Langsame Heimkehr* heißt, einer Sehnsucht nach Einfachheit und Größe, nach einer Art diesseitsbezogener Religiosität, nach sprachlicher Schlichtheit und Schönheit. Voraussetzung dieses Bedürfnisses ist eine als »böse« und »versteinert« empfundene Wirklichkeit, zumal die der Bundesrepublik Deutschland, die als veräußerlicht und sich selber entfremdet wahrgenommen wird, ein Moloch aus Kälte und Konsum:

»Die bemalten Hochhäuser fuhren zerstückelt auf den öden Straßen als bunte Autos weiter, und die Leute erschienen ersetzt durch Nackenstützen. Die typischen Geräusche waren das Rasseln der Parkuhren und das Geknalle der Zigarettenautomaten; die entsprechenden Wörter ›Abflußsorgen‹ und ›Fernsehkummer‹. Die Aufschriften an den Geschäften waren nicht ›Brot‹ oder ›Milch‹, sondern Verballhornungen und Anmaßungen. Überhaupt hatte fast jedes Ding, auch in den Zeitungen und Büchern, einen gefälschten Namen.«

Daß Handke sich von einer bestimmten Wirklichkeit abstößt, um zu seiner Welt der heilen und ganzheitlichen Lebensverhältnisse zu gelangen, deutet auf ein Strukturprinzip seiner Prosa seit 1979. Die Polemik gegen die verachtete, selbstentfremdete Wirklichkeit dient der Konturierung der eigenen, neuen, neu zu begründenden Lebenswelt. Dieser hat er in seiner *Kindergeschichte* (1980) einen sinnfälligen Ausdruck gegeben: das Leben mit einem Kind als verwirklichte »Vorstellung von einer wortlosen Gemeinschaftlichkeit, von kurzen Blickwechseln, einem Sich-dazu-Hocken, einem unregelmäßigen Scheitel im Haar, von Nähe und Weite in glücklicher Einheit«. Dem hohen Anspruch entspricht der hohe Ton, ein gewisses Pathos in Satzbau und Wortwahl, in Bildern und deren Auslegung:

»Jenseits des Wassers, gegen Westen, die dichtbebaute Hügelkette, wo auf mittlerer Höhe die unaufhörlichen Vorortzüge orange-weiß-violett dahinwischen. Der Sonnenuntergangshimmel ist silbrig, einzelne Blätter und auch ein ganzer Zweig sind weit ins Leere hinaufgewirbelt. Die Uferbüsche unten wehen jetzt in einer wunderbaren Übereinstimmung mit dem kurzen Kinderhaar im Vordergrund. Der Augenzeuge fleht einen Segen auf dieses Bild herab und bleibt zugleich nüchtern. Er weiß, daß in jedem mystischen Augenblick ein allgemeines Gesetz beschlossen ist, dessen Form er zum Vorschein bringen soll und das nur in seiner gemäßen Form verbindlich wird; und er weiß auch, daß die Formenfolge eines solchen Augenblicks freizudenken, das schwierigste Menschenwerk überhaupt ist. –«

Handkes Werk selber – und die *Kindergeschichte* kann hierfür beispielhaft stehen – ist der Versuch, dieses »schwierigste Menschenwerk« einzulösen. Hatte ihr Autor in den Romanen *Der kurze Brief zum langen Abschied* (1972) und *Falsche Bewegung* (1975) noch das Muster des Bildungs- und Entwicklungsromans aufgenommen und durchgespielt, um vor seinem Hintergrund die Konturen gegenwärtiger Wirklichkeit kontrastierend abzuheben, so hebt er zu Beginn der 80er Jahre vor deren Hintergrund die »einfachen« Beziehungen zweier Menschen ab. Zwar liegt der *Kindergeschichte* durchweg autobiographisches Material zugrunde, doch geht es Handke um das Typische, Verallgemeinerbare, ja Gattungshafte: »Der Erwachsene« heißt es, und »das Kind« – Ausdruck des Anspruchs, aufs Elementare zu zielen und dieses sprachlich wieder herzustellen, mithin »endlich frei von dem Lügenleben der ›modernen Zeit‹ zu zweit eine Art über den Zeitläufen stehendes Mittelalter fortzusetzen«.

Die *Kindergeschichte* gibt der Überzeugung des Erzählers Ausdruck, daß »das Kind da ein großes Gesetz verkörpere«, und diese Überzeugung hat sich ihrerseits Ausdruck in der Schreibweise Handkes, in einer gegen die bestehende Wirklichkeit gerichteten Poetik gesucht:

»Und dafür konnte man es [das Kind] sachlich verehren; und dabei durften einem zuweilen auch jene Wörter über die Lippen kommen, welche man bisher, im Kino, als Pathos überhört und in den alten Schriften als ungebräuchlich überlesen hatte, und die sich jetzt als die wirklichsten der Welt zeigten. Wer waren die Ahnungslosen, die sich herausnahmen, zu behaupten, daß die großen Wörter ›geschichtlich‹ seien und mit der Zeit ihren Sinn verlören?«

Diesem Schreibprinzip, dem Handke auch in seinem an die antike Tragödie gemahnenden »dramatischen Gedicht« *Über die Dörfer* (1981) treu geblieben ist, gilt seither die polemische Aufmerksamkeit eines großen Teils der deutschen Literaturkritik. Man hat Handke »Regression« vorgeworfen, hat ihm einen Hang zur »Innerlichkeit« und zur »Mystik« unterstellt, hat gar Geschmacksargumente bemüht, doch zumeist ohne die Haltbarkeit seiner Poetik, seiner Wahrnehmungs- und Schreibweise einer ernsthaften Prüfung zu unterziehen. Dies aber setzte voraus,

Peter Handke

Handkes Sprung in »eine Art über den Zeitläufen stehendes Mittelalter« selber in seinem dialektischen Bezug zur gegenwärtigen Wirklichkeit zu sehen: als Sprung zurück zwar, doch aus einer heillosen Zeit; als Glauben, Mystik, pathetische Selbstrettung, doch im Blick auf allenthalben verfallende Lebensentwürfe und Sinnstiftungsversuche; als Entschlossenheit, angesichts einer grassierenden »Unübersichtlichkeit« Übersicht zurückzugewinnen im Rückgang auf Elementares, Einfaches, Heiles. Erst wenn diese Dialektik ernstgenommen würde, ließen sich Handkes Vorschläge prüfen. Doch lassen sie sich eben prüfen nur an seinem literarischen Verfahren selber, nicht an Zustimmung oder Ablehnung gegenüber seinen Glaubenssätzen.

Was aber Handkes literarisches Verfahren problematisch macht, was es dem Verdacht einer Ideologisierung aussetzt, das ist – neben dem manischen Zwang zur polemischen Abgrenzung von anderen Lebensentwürfen – der Grad an Abstraktheit, den seine poetischen Skizzen und deren Auslegungen bisweilen gewinnen. An einer Szene aus der *Kindergeschichte* läßt sich dieses Problem veranschaulichen:

»Mit der Zeit, langsam, schlossen sich die Kinder freilich doch zusammen, zu einer dann selbstverständlichen, freien und sogar liebenswürdigen Schar. Diese Veränderung kam vielleicht nur aus einem neuen Blick des Erwachsenen. An einem Frühlingstag steigt er mit ihnen einen Hügel hinan und bemerkt da an sich eine vollkommene Freude, bloß weil er sich unter so vielen verschiedenen Kindern bewegt.«

»Ich darf nichts meinen, muß nur abstrahierend (nicht abstrakt) erzählen«, hat Peter Handke in *Die Lehre der Sainte-Victoire* (1980) geschrieben. Doch die *Kindergeschichte* lebt zu einem großen Teil von den Abstraktionen eines »Meinens«, weil das »Erzählen« offenbar nicht hinreichend zu abstrahieren erlaubt. Handke interpretiert die zitierte Szene als ein »Inbild«, zu dem »im Gedächtnis in der Regel das besondere Gefühl von einem gleichsam es grundierenden Erdkörper, von dessen Neigung oder Steigung, Eben- oder Ungleichheit« gehöre. Doch dieses »Inbild«, soll es als Teil der Erzählung jenes »Gedächtnisgefühl« vermitteln, bedürfte des erzählerischen Details, der Vielheit von Einzelnem, aus der sich eine Atmosphäre »vollkommener Freude« kri-

stallisieren könnte – die sich so nur als »Meinung« des Erzählers mitteilt.
Mit anderen Worten: Handkes Programm der »großen Wörter« realisiert sich, zugunsten des »Meinens«, gerade auf Kosten des »Erzählens«, weil der Autor die erforderte Komplexität zur Abstraktion erstarren läßt. Nicht die poetische Reflexion ist das Problem – eine schon vor der Romantik geübte und von ihr zum Programm erhobene Tradition –, sondern die Tatsache, daß diese Reflexion gleichsam die Überzeugungsarbeit liefern muß, die der Erzähltext nicht leistet. Auch diese Schwierigkeit aber wird man nicht kurzerhand literarästhetisch verwerfen dürfen. Sondern man muß die von ihr zeugenden Werke Handkes gerade als Ausdruck des Problems begreifen, gegen das sie aufgeboten werden. Erst dann lassen sich ihre Möglichkeiten angemessen bestimmen, aber auch die Grenzen, die sie im Vergleich zur Struktur anderer »Gegengeschichten« aufweisen. Und mit Peter Handke wird man dann vielleicht sagen können: »Was das Denken betrifft, so glaube auch ich an eine ›Endzeit‹; aber nicht, was das Erzählen betrifft« (*Phantasien der Wiederholung*, 1983).
»Gegengeschichten« – dieses Wort Alexander Kluges erscheint fast zu zierlich, zu leichtgewichtig, zu grazil im Vergleich zu den Werken, die in diesem Kapitel unter ihm zusammengestellt werden. Doch es ist – auch bei Alexander Kluge – durchaus als *understatement* gemeint. Es bezeichnet gleichsam den kleinsten gemeinsamen Nenner der Prosa zu Beginn der 80er Jahre, nämlich: erzählerisch Oppositionen zu organisieren, die sich einer Integration in die »Prosa der Wirklichkeit«, um mit Hegel zu sprechen, widersetzen. Nicht: »daß sich das Subjekt die Hörner abläuft, mit seinem Wünschen und Mei-

Auch Botho Strauß hat die Literaturkritik, ähnlich wie Peter Handke, eine Neigung zur Regression, zu Pathos und Feierlichkeit vorgeworfen. Anlaß zu solchen Vorwürfen bot Strauß' Gedicht *Diese Erinnerung an einen, der nur einen Tag zu Gast war*, das 1985 erschien.
Eine Elegie von 74 Seiten Länge – irritierend genug in einer Zeit der schnellen Literaturverwertung, zumal sie von einem Autor stammte, der nicht nur mit seinen Theaterstücken, sondern auch mit seinen Erzählungen und Romanen seit Mitte der 70er Jahre Aufsehen erregt hatte (*Die Widmung*, 1977; *Rumor*, 1980; *Der junge Mann*, 1984).
Und so fand sich Strauß unversehens in einem Streit der Literaturkritik an die Seite Peter Handkes gerückt, beide Autoren Gegenstand einer Debatte, die häufig genug nicht einmal zwischen ihnen und ihren Motiven hinreichend zu unterscheiden wußte (*Literaturmagazin 17*, 1986). Auch Strauß hat in seinem Werk das bestimmende Thema der 70er Jahre aufgenommen – das Leiden an der Entfremdung in der westdeutschen Gesellschaft –, doch hat er es weder autobiographisch begründet (wie Handke) noch ist er von irgendeinem Veränderungsdrang beseelt. Zwar geht es auch ihm um Gesellschaftskritik, zwar verfügt auch er – intelligent, sensibel, mit einem equilibristischen Sprachvermögen begabt – über ein Instrumentarium zur Gesellschaftsanalyse. Doch hat er, der immerhin an Adorno geschulte Poet, die Dialektik als Erkenntnisprinzip suspendiert. »Ohne Dialektik denken wir auf Anhieb dümmer«, schreibt Strauß in *Paare, Passanten* (1981), »aber es muß sein: ohne sie!« Der Lakonismus seiner Formulierung verdankt sich den desillusionierenden Einsichten »nach 68«: Da alle Gesellschaftstheorien und gerade die revolutionären versagt haben angesichts der eigenen Dynamik moderner Gesellschaften, taugt offenbar auch die politisch-philosophische Theoriebildung in der dialektischen Tradition Hegels nicht dazu, gültige Gesetzmäßigkeiten gar teleologischer Art verbürgen zu können. In dieser Verabschiedung der Dialektik verbirgt sich also – versteht man sie als das, was sie auch ist: eine programmatische Phänomenologie – auch ein Alternativentwurf zu Alexander Kluges Konzept der »Gegengeschichten«. Doch anders als Peter Handke versucht Botho Strauß in seinem Gedicht *Diese Erinnerung an einen, der nur einen Tag zu Gast war* – und hier erstmals in seinem Werk – einen »hohen Ton« anzuschlagen, der nicht abstrakt-reflexiv sich mitteilt noch gar von anderen Entwürfen sich abstößt, sondern für sich selber einsteht. Er will in seinen Bildern, in konzentrierenden Substantivierungen, in Ansprachen und Selbstanreden die Wirklichkeit, indem er sich über sie erhebt, vollkommen hinter sich lassen. Diesen Anspruch ernst zu nehmen, setzte freilich voraus, Strauß' Gedicht als Ausdrucksform eben jener Dialektik zu begreifen, die ihr Autor als Erkenntnisprinzip suspendiert hat. Dann aber ließe sich darin eine – implizite – Poetik reiner Poesie lesen, die auf Schönheit und Hoheit setzt, weil die Wirklichkeit sie verweigert.

nen in die bestehenden Verhältnisse und die Vernünftigkeit derselben hineinbildet, in die Verkettung der Welt eintritt und sich in ihr einen angemessenen Standpunkt erwirbt« – nicht diese Art poetischer Vernünftigkeit, wie Hegel sie beschrieb, kann in einer unvernünftigen Welt und ihren »Verkettungen« noch das Maß der Literatur sein. Sondern im Gegenteil: die unvernünftige, dem Rationalitätsprinzip opponierende, die wuchernd-extravagante, scheinbar ziellose Prosa, die sich nicht schickt und fügt in die »bestehenden Verhältnisse«, sondern diese unterläuft und quer zu ihnen steht, die mit ihren eigensten Möglichkeiten eigene Wirklichkeiten entwirft, hinausweist über die prosaische Welt und eben dadurch einen »angemessenen Standpunkt« in ihr gewinnt. Und daß mit diesem kleinsten gemeinsamen Nenner »Gegengeschichten« keineswegs eine verengende normative Poetik ins Spiel kommt, daß es vielmehr eine Reihe sehr unterschiedlicher, gewiß auch unterschiedlich gewichtiger Prosawerke zu Beginn der 80er Jahre bereits gibt, die, jedes auf seine Weise, dem Bestehenden opponieren, das sei mit dem Hinweis auf einige Werke und Autoren doch wenigstens angedeutet. Zu nennen sind in diesem Zusammenhang etwa *Das falsche Buch* (1983) von Paul Wühr (geb. 1927) und *Herzgewächse – Fragmentarische Biographik in unzufälligen Makulaturblättern* (1982) von Hans Wollschläger (geb. 1935), zwei Romane, deren Gemeinsamkeit in der Entwicklung literarischer Vielstimmigkeit, in der Aufdeckung psychisch-sozialer Tiefenschichten, in der Zerstörung gängiger Orientierungsmuster besteht. Otto F. Walters (geb. 1928) Montageromane *Die ersten Unruhen* (1972) und *Die Verwilderung* (1977), aber auch die Werke jüngerer Autoren sind hier zu erwähnen: Bodo Kirchhoff (geb. 1948) mit seinen Geschichten aus dem sozialen Untergrund, *Die Einsamkeit der Haut* (1981), Rainald Goetz (geb. 1954) mit seinem Panorama des Wahnsinns, *IRRE* (1983), Sten Nadolny (geb. 1942) mit seinem programmatisch dem Zug der Zeit sich widersetzenden Roman *Die Entdeckung der Langsamkeit* (1983), Marianne Fritz (geb. 1946) mit ihrer so sperrigen wie umfänglichen Roman-Trilogie *Dessen Sprache du nicht verstehst* (1985). Und Hubert Fichtes – nach seinem frühen und plötzlichen Tod 1986 unvollendet bleibendes – Projekt, einen *roman fleuve* zu schreiben, eine »Geschichte der Empfindlichkeit« in neunzehn Bänden – was wäre es anderes als eine »Gegengeschichte« geworden? Eine Gegengeschichte der Sexualität, »nie abgeschlossen«, so Fichte, und »ganz rücksichtslos vor mir selbst«. So unterschiedlich also die genannten Beispiele auch sein mögen, so wenig überhaupt sich gegenwärtig Verbindliches ausmachen läßt in der Literatur: Strömungen, Richtungen, Trends, die Perspektiven der Gemeinsamkeit ergäben – im Versuch des Querdenkens und Querschreibens, des Überschreitens und Entgrenzens ästhetischer wie sozialer Lizenzen, des gleichzeitigen Bewahrens und Vernichtens von Geschichte und Gegenwart kommen die bedeutenden Werke der deutschen Literatur im Übergang zu den 80er Jahren überein.

»Für wenn wir tot sind« – Uwe Johnsons »Jahrestage«

Uwe Johnsons Roman-Tetralogie *Jahrestage*, entstanden in der Zeit vom 29. Januar 1968 bis zum 17. April 1983, bildet neben Peter Weiss' dreibändiger *Ästhetik des Widerstands* den zweiten großen literarischen Versuch im Übergang zu den 80er Jahren, im Bild der Vergangenheit sich der Gegenwart zu versichern – und in dieser einer möglichen Zukunft. Das Erzählgerüst dieses Romans stellen die Tage eines Jahres dar. Vom (nicht datierten) 21. August 1967 bis zum 20. August 1968 finden sich Tag für Tag Eintragungen in einer Art Kunst-Tagebuch, das sich zum Ziel setzt, die Geschichte einer ganzen Epoche zu erzählen. Vermittelt wird diese Epoche in Gegenwart und Vergangenheit aus der Wahrnehmungsperspektive der Hauptfigur Gesine Cresspahl. Johnson-Kenner werden sich des liebevollen Abschieds noch entsinnen, den der Erzähler des Romans *Mutmassungen über Jakob* (1959) von ihr nahm: »Und sie sah nicht aus wie eine, die geweint hat; das wollen wir doch einmal sagen.« (→ S. 162ff.) Anlaß zum Weinen hätte der ungeklärte Tod des Streckendispatchers

Jakob Abs geben können. Nun, im Jahre 1967, lebt Gesine Cresspahl seit sechs Jahren in New York, gemeinsam mit ihrer elfjährigen Tochter Marie, einem Kind des Jakob Abs. Gesine ist 35 Jahre alt, Bankangestellte, unverheiratet, und wohnt am Riverside Drive in Manhattan. Ihr Leben verläuft ohne Besonderheiten oder gar Sensationen, wenngleich es bisweilen von Verstörungen und Irritationen erfüllt ist, wie sie eine Existenz inmitten der Unüberschaubarkeit der Großstadt New York mit sich zu bringen pflegt. New York, so verdeutlicht die Gegenwartsebene des Romans, bleibt für Gesine Cresspahl fremdes Terrain, dem sie sich ausgesetzt sieht, ohne sich in ihm erkennen zu können, während dieses gleiche New York für ihre Tochter Marie ein Zuhause bedeutet, heimische Wirklichkeit, die der Ausbildung ihrer Identität einen Nährboden bietet. Gesine hingegen sucht sich ihrer Identität durch Erinnerung an ihre Vergangenheit und ihre Entwicklung zu vergewissern. Fluchtpunkte ihres Erinnerns sind unter anderem: Jerichow, die kreisfreie Kleinstadt in Mecklenburg-Schwerin, in der sie zur Welt kam und aufwuchs; Heinrich Cresspahl, ihr Vater, ein »mächtiger breiter Mann von schweren langsamen Bewegungen, sein Kopf war ein verwitterter alter Turm unter kurzen grauen scheitellosen Haaren« (so wird er schon in den *Mutmassungen* geschildert); Lisbeth Cresspahl, geb. Papenbrock, ihre Mutter, die ihr eigenes Kind in religiösem Wahn wiederholt umzubringen versucht, bevor sie selbst in der »Reichskristallnacht« vom 9. auf den 10. November 1938 den Flammentod stirbt; Jakob Abs, Maries Vater, von dem Gesine »nur das Notwendigste« weiß: »Er war fünf Jahre älter als ich. Er gehörte zu den Erwachsenen. Er hatte ein erwachsenes Gesicht, verschlossen, streng, eigensinnig. Um den Hals und Nacken hatte er einen Verband, darunter war eine Wunde von einem Tieffliegerangriff«, und er ist »gestorben, als er noch nicht einmal das Wort Sterben ordentlich denken konnte«; und manch andere versunkene Figur noch aus den Tagen der Kindheit wie die Großmutter Louise Papenbrock oder der Jugendfreund Pius Pagenkopf, der als Testpilot mit noch nicht einmal 33 Jahren in der Sowjetunion ums Leben gekommen ist. Bezugspunkte eines Erinnerns, das der Ver-

Jahrestage

Aus dem Leben von Gesine Cresspahl

Uwe Johnson

23. August, 1967
Mittwoch

Die Luftwaffe flog gestern 132 Angriffe auf Nordvietnam. Die Zeitung setzt unter ein Bild von den Trümmern eines Flugzeugs in Hanoi, daß die Kommunisten dies für ein abgeschossenes Flugzeug erklären. Das Foto war wichtig genug für die erste Seite, aber erst auf der sechsten, verstellt von Neuigkeiten aus Jerusalem, finden wir die amtlichen Todeserklärungen für vierzig Soldaten, nur die Toten aus New York und Umgebung namentlich genannt, fünfzehn Zeilen Lokales.

In der Nacht in New Haven gingen fünfhundert Polizisten Patrouille in den Negervierteln, durchsuchten Autos, hielten Scheinwerfer gegen die Fenster, verhafteten hundert Leute. Und wäre sie gestern nachmittag am Foley Square gewesen, hätte sie einen Führer der radikalen Afrikaner rufen hören können, daß Krieg sei mit den Weißen und Gewehre vonnöten, als sie die 95. Straße West hinunterging, entgegen dem immer noch feucht verwischten Parkbild mit dem Fluß inmitten. Sie stellt sich vor, daß sie die Gesichter der Polizisten beobachtet hätte, deren eines zu sehen ist unter der erhobenen schwarzen Faust in der Zeitung, mit einem ungläubigen Ausdruck fast altersweiser Art, noch im Nachgeschmack der vorangegangenen Prügelei.

Im August 1931 saß Cresspahl in einem schattigen Garten an der Travemündung, mit dem Rücken zur Ostsee, und las in einer englischen Zeitung, die fünf Tage alt war.

Er war damals in seinen Vierzigen, mit schweren Knochen und einem festen Bauch über dem Gürtel, breit in den Schultern. In seinem graugrünen Manchesteranzug mit Knickerbokkers sah er ländlicher aus als die Badegäste um ihn, er betrug sich vorsichtig und seine Hände waren klobig, aber der Kellner sah es, wenn er die Hand hob, und setzte ihm das Bier bald neben die Hand, nicht ohne Redensarten. Darauf antwortete Cressphal mit leisem, vergeßlichem Knurren. Er sah an seiner zerknitterten Zeitung vorbei auf einen Tisch in der sonnigen Mitte des Gartens, an dem eine Familie aus Mecklenburg saß, jedoch in einer zerstreuten Art, als habe er seine veralteten Nachrichten satt. Er war damals füllig im Gesicht, mit trockener schon harter Haut. In der Stirn war sein langer Kopf schmaler. Sein Haar war noch hell, kurz in kleinen wirbligen Knäueln. Er hatte einen aufmerksamen, nicht deutbaren Blick, und die Lippen waren leicht vorgeschoben, wie auf dem Bild in seinem Reisepaß, den ich ihm zwanzig Jahre später gestohlen habe.

Er war vor fünf Tagen aus England abgefahren. Er hatte in Mecklenburg seine Schwester verheiratet an einen Vorarbeiter beim Wasserstraßenamt, Martin Niebuhr. Er hatte das Essen im Ratskeller von Waren gestiftet. Er hatte sich Niebuhr zwei Tage lang angesehen, ehe er ihm tausend Mark gab, als Darlehen. Er hatte das Grab seines Vaters auf dem Friedhof von Malchow auf zwanzig Jahre im voraus bezahlt. Er hatte seiner Mutter eine Rente hinterlassen. Hatte er sich nicht losgekauft? Er hatte einen Vetter im Holsteinischen besucht und ihm einen Tag Korn einfahren helfen. Er hatte seinen Paß um fünf Jahre verlängern lassen, nach den Vorschriften für die Einbürgerung. Er hatte noch fünfundzwanzig Pfund in der Tasche und wollte nur wenig davon ausgeben, bis er zurück war in Richmond, in seiner Werkstatt voll teuren Werkzeugs, bei verläßlicher Kundschaft, in seinen zwei Zimmern am Manor Grove, in dem Haus, auf das er ein Gebot gemacht hatte. Er hatte auf der Reise noch einmal gesehen, wo er ein Kind gewesen war, wo er das Handwerk gelernt hatte, wo er zum Krieg eingezogen

Suhrkamp

gangenheit bedarf, um sich in der Gegenwart zu orientieren.

Gegenwart und Vergangenheit – das sind denn auch die beiden Ebenen, die das Erzählgerüst der *Jahrestage* durchgängig strukturieren, und sie sind sehr unterschiedlich charakterisiert. Gegenwart: Das ist die Stadt New York, die Chronik der laufenden Ereignisse, der alltäglichen Verbrechen, des Vietnamkrieges, die Minderheitenprobleme, der häßliche Alltag, aus dem dennoch immer wieder Menschlichkeit hervorscheint. Eine Gegenwart, der gegenüber Gesine sich so fremd fühlt, daß sie gleichsam eine zweite »Hauptperson« benötigt, um sich zu informieren, nämlich die »alte Tante« *New York Times*, das liberal-konservative Weltblatt der Metropole. Ihr entnimmt Gesine jene Eindrücke und Berichte – sie werden zum Teil wörtlich übersetzt

Uwe Johnson in Riverside Park, unterhalb der Cresspahl Wohnung – New York 1983

und mit einem Copyrightvermerk versehen –, die ein Individuum in der modernen Großstadt aus eigener Wahrnehmung nicht mehr zu sammeln vermag: Längst sind die Medien an die Stelle des eigenen Erlebens getreten. Einfache, parataktisch gebaute Sätze vermitteln das Pandämonium des alltäglichen Horrors, der des Kommentars, der begleitenden Wertung nicht bedarf, um zu seinem Ausdruck zu kommen. Das Zitat des Zeitungsartikels spricht eine deutliche Sprache: Fakten statt Leben.

Dagegen Jerichow: Artikulationsraum der Vergangenheit, der Lebensfülle, der unbegrenzten Erlebnismöglichkeiten, des Erfahrungsreichtums, mitgeteilt in sprachlicher Vielfalt und Nuancierung bis hin zum mecklenburgischen Platt. In Natur- und Landschaftsschilderungen, in der Charakterisierung der Personen wird deutlich: Die mecklenburgische Provinz stellt den Ort dar, wo es – für Gesine – »immer noch wirkliche Sachen« gibt: »den Tod, den Regen, die See«. Und doch ist Jerichow keine Idylle, vielmehr vermeidet Johnson die naheliegenden Platitüden agrarromantischer Literaturtraditionen, indem er den provinziellen Erinnerungsbezug gleichsam historisch unterminiert:

»Nebenher war der März 1933 eine Jahreszeit in Jerichow. Der Wind mochte von der See her in die Stadt stehen, in ihm flatterten doch Strähnen mit von ausgeruhter Erde, von kommender Blüte. Da waren Möven in der Luft, verspielte Flieger. Dicke fette Tauben wärmten sich in Lee der Schornsteine, ließen sich in müßige Gleitflüge abrutschen, beschissen die lange rote Fahne auf dem Rathausdach. Die Spatzen ließen alle Leute wissen, daß für sie gesorgt war. Das Licht machte die Ziegel warm, strich den Putz des Rathauses gelb, machte das ergraute Holz der Hoftore lebendig. Wer dahin sah, kam leicht auf den Einfall, es sei nichts kaputt.«

»März 1933«: der Monat, in dem die Nationalsozialisten die Reichstagswahlen gewannen und in dem sie mit der Verabschiedung des »Ermächtigungsgesetzes« ihre terroristische Diktatur über Deutschland staatsrechtlich absicherten. Das heißt: Auch Jerichow erscheint als ein von Geschichte geprägter Ort, als gestörte Idylle, als ein Erfahrungsraum, in dem durchaus einiges »kaputt« ist, wie die Praxis der nationalsozialistischen Machtentfaltung zeigt, die Judenpogrome, die Umbruchphase der ländlichen Ökonomie. Aber eben doch: ein Erfahrungsraum, in dem die Menschen, wie verstört sie gelegentlich auch erscheinen mögen, noch miteinander zu tun haben und mit den Dingen und der Natur, die sie umgeben. Deshalb kann Gesine mit dieser Vergangenheit kommunizieren, deshalb können die Toten in ihren unwillkürlich einsetzenden Erinnerungen zu ihr sprechen, sogar gegen Gesines Willen. Ein gelebtes Leben, eine lebendige Geschichte – eine gegenwärtige Vergangenheit statt einer Gegenwart der Fakten.

Aus alldem wird deutlich, daß es Johnson weder um eine verklärende Idyllisierung der Vergangenheit geht noch darum, Vergangenheit und Gegenwart durch Analogiebildungen zur Dekkung zu bringen. Denn auch das läge nahe: Judenverfolgung und Diskriminierung von Schwarzen, faschistischer Terror und alltägliche Gewaltverbrechen, Korrumpierbarkeit damals und Korruption heute auf den gemeinsamen Nenner zu bringen, daß sich Faschismus und Kapitalismus im Grunde wenig unterscheiden. Doch Johnsons Montagen von Realitätspartikeln aus Jerichower Vergangenheit und New Yorker Gegenwart wollen gerade Geschichte als Prozeß vermitteln, die erfahrene Differenz zwischen Einst und Jetzt, Gestern und Heute, den Zwiespalt eines Lebensgefühls, das seine Heimat sucht und dabei sich selber auf die Spur kommt.

Eine andere »Suche nach der verlorenen Zeit« also, im Geiste Marcel Prousts? Wohl mit erheblichen Einschränkungen nur. Denn Johnson geht es – im Unterschied zu den Autoren der großen Zeit-Romane des 20. Jahrhunderts – wesentlich um eine historisch wie politisch fundierte Trauerarbeit an der Vergangenheit, um »Wahrheitsfindung« (Johnson) vermittels des eigensinnigen Erinnerungswillens seiner Kunstfigur Gesine Cresspahl. »Hier bei den ›Jahrestagen‹«, so Johnson gesprächsweise, »habe ich von einer zugegebenermaßen erfundenen Person quasi den Auftrag, oder ich habe mit ihr den Vertrag, ihr Leben wiederzufinden und aufzuschreiben in einer Form, die sie billigen würde.« Mit ihr gemeinsam also, im »Auftrag«, begibt sich der Erzähler auf die leitmotivisch anklingende »Suche nach der moralischen Schweiz«. Aus ihrer desillusioniert wahrgenommenen Erzählgegenwart in New York notiert Gesine Cresspahl, notiert mit ihrer »Lizenz« (Johnson) der Erzähler die Vorgeschichte dieser Gegenwart, um der Tochter Marie, der die Zukunft gehören wird, ein Bild von Gesines Hoffnungskonturen zu entwerfen – »für wenn ich tot bin«. Der erste Band der *Jahrestage* gibt einen Aufriß der kleinbürgerlichen, allmählich nationalsozialistisch durchsetzten Lebensatmosphäre im mecklenburgischen Jerichow, die in den Skizzen aus dem New Yorker Alltag teils gespiegelt, teils überdacht wird. Im Mittelpunkt des zweiten Bandes steht die Geschichte von Gesines zunehmend dem religiösen Wahn verfallenden Mutter und ihrem Ende. Der dritte Band entfaltet die Kriegs- und Nachkriegsgeschichte, die Heinrich Cresspahl auf den Posten des Bürgermeisters trägt – und dann in ein Straflager der sowjetischen Besatzungstruppen. Der vierte Band schließlich entwirft die Konturen einer politischen Hoffnung: Am Horizont des Jahres 1968 zeichnet sich mit dem Prager Frühling in der Tschechoslowakei die Möglichkeit eines demokratischen Sozialismus ab, auf den Gesine setzt. Am 8. Februar 1968 notiert sie für ihre Tochter:

> »Dorogaja Marie, es könnte dennoch ein Anfang sein. Für den würde ich arbeiten, aus freien Stücken. Ich sitze hier allein am Tisch mit deinen Bildern aus der Times, allein mit der Lampe und deinem Schlafatem, der lauter ist als meine Feder, und allein mit einem albernen Vertrauen auf dieses Jahr. Dies hab ich dir aufgeschrieben, damit du spät genug verstehst, was ich vielleicht in diesem Jahr anfangen werde, 35 Jahre alt, du liebe Zeit, ein letztes Mal. Damit du nicht raten mußt, wie ich.«

Gesine erzählt mithin von ihrer Vergangenheit, schreibt ihre Geschichte auf, um ihrer Tochter deren eigene Geschichte, die Voraussetzungen und Entwicklungsbedingungen ihres eigenen Lebens zu erklären. Die politische Hoffnung –

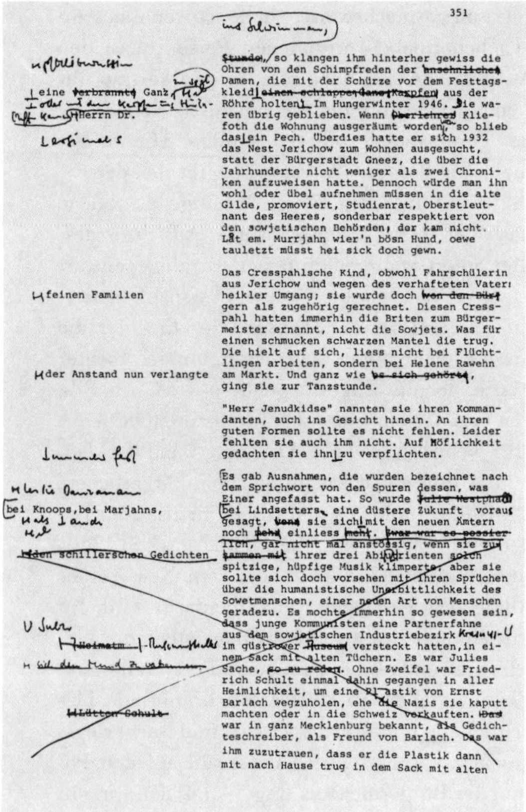

351

Stunde, so klangen ihm hinterher gewiss die Ohren von den Schimpfreden der ansehnlichen Damen, die mit der Schürze vor dem Festtagskleid einen schlappen Karpfen aus der Röhre holten. Im Hungerwinter 1946. Sie waren übrig geblieben. Wenn Oberlehrer Kliefoth die Wohnung ausgeräumt worden, so blieb das ein Pech. Überdies hatte er sich 1932 das Nest Jerichow zum Wohnen ausgesucht, statt der Bürgerstadt Gneez, die über die Jahrhunderte nicht weniger als zwei Chroniken aufzuweisen hatte. Dennoch würde man ihn wohl oder übel aufnehmen müssen in die alte Gilde, promoviert, Studienrat, Oberstleutnant des Heeres, sonderbar respektiert von den sowjetischen Behörden; der kam nicht. Lat em. Murrjahn wier'n bösn Hund, oewe tauletzt müsst hei sick doch gewn.

Das Cresspahlsche Kind, obwohl Fahrschülerin aus Jerichow und wegen des verhafteten Vaters heikler Umgang; sie wurde doch von den Bürgern gern als zugehörig gerechnet. Diesen Cresspahl hatten immerhin die Briten zum Bürgermeister ernannt, nicht die Sowjets. Was für einen schmucken schwarzen Mantel die trug. Die hielt auf sich, liess nicht bei Flüchtlingen arbeiten, sondern bei Helene Rawehn am Markt. Und ganz wie es sich gehörte, ging sie zur Tanzstunde.

"Herr Jenudkidse" nannten sie ihren Kommandanten, auch ins Gesicht hinein. An ihren guten Formen sollte es nicht fehlen. Leider fehlten sie auch ihm nicht. Auf Höflichkeit gedachten sie ihn zu verpflichten.

Es gab Ausnahmen, die wurden bezeichnet nach dem Sprichwort von den Spuren dessen, was Einer angefasst hat. So wurde Julie Westphal bei Lindsetters eine düstere Zukunft voraus gesagt, wenn sie sich mit den neuen Ämtern noch mehr einliess mehr. War war es possierlich, gar nicht mal anstössig, wenn sie zusammen mit ihrer drei Abiturienten solch spitzige, hüpfige Musik klimperte, aber sie sollte sich doch vorsehen mit ihren Sprüchen über die humanistische Unerbittlichkeit des Sowetmenschen, einer neuen Art von Menschen geradezu. Es mochte immerhin so gewesen sein, dass junge Kommunisten eine Partnerfahne aus dem sowjetischen Industriebezirk im güstrower Museum versteckt hatten, in einem Sack mit alten Tüchern. Es war Julies Sache, so zu reden. Ohne Zweifel war Friedrich Schult einmal dahin gegangen in aller Heimlichkeit, um eine Plastik von Ernst Barlach wegzuholen, ehe die Nazis sie kaputt machten oder in die Schweiz verkauften. Das war in ganz Mecklenburg bekannt, als Gedichteschreiber, als Freund von Barlach. Das war ihm zuzutrauen, dass er die Plastik dann mit nach Hause trug in dem Sack mit alten

eine verbrannte Gans
Herrn Dr.
feinen Familien
der Anstand nun verlangte
bei Knoops, bei Marjahns,
den schillerschen Gedichten
Lütten Schult

Aus dem Typoskript der »Jahrestage«

sie ist ein Antriebsmoment für Gesines Handeln im Jahre 1968. Im Auftrag ihrer Bank will sie 1968 nach Prag reisen, um Geschäfte abzuwikkeln und um mit eigenen Augen wahrzunehmen, worauf sie hofft. Doch am 20. August, dem Tag der geplanten Einreise, besetzen die Truppen des Warschauer Pakts die Stadt – es ist der Tag, der die *Jahrestage* beschließt.

Das Ende einer politischen Hoffnung also – doch kein hoffnungsloses Ende. Auf der letzten Seite des Romans heißt es: »Im Grund weiß man vom Leben nur eines: was dem Gesetze des Werdens unterliegt, muß nach diesem Gesetze vergehen.« Eine anthropologische Feststellung. Ihr folgt eine geschichtsphilosophische: »Geschichte ist ein Entwurf.« Der diese Sätze spricht, Dr. Julius Kliefoth, 82 Jahre alt, ein früherer Lehrer Gesines, befindet sich »unterwegs an den Ort wo die Toten sind«. Seine Altersweisheit verbindet sich mit einer blitzhaften Erkenntnis Gesines, die ihrer Erinnerung an Jakob Abs entspringt, an einen Augenblick des Glücks, der aus dem Strudel des Werdens und Vergehens herausragt:

»Einmal hatte ich mich geschnitten, gab Jakob den Fuß in die Hand aus dem Stand. Er sah sich das an, ließ den Fuß abgleiten im selben Rhythmus wie meine Hand auf seine Schulter sich stützte; die Bewegung ging mir durch den Leib ohne einen Schmerz. Ich glaub, das geschieht einem im Leben ein einziges Mal.«

Ein einziges Mal Vollkommenheit des Einklangs zweier Menschen miteinander – ein Glücksmoment, wie die Erinnerung ihn bewahrt. Was Uwe Johnson derart auf der letzten Seite seines Romans zusammenfügt, sind Elemente der Anthropologie, der Geschichtlichkeit, der Individualität. Sie kennzeichnen und bestimmen ein Leben, geben ihm Richtung und Grund, Bewegung und Ruhe, diesseits der Systeme und Ideologien. Uwe Johnson hat die *Jahrestage* mit einem Naturbild einsetzen lassen, mit dem Spiel der Wellen an der amerikanischen Atlantikküste: »Lange Wellen treiben schräg gegen den Stand, wölben Buckel mit Muskelsträngen, heben zitternde Kämme, die im grünsten Strand kippen.« Dieses Bild leitet über zu Gesines Erinnerung an die »kabbeligen« Wellen der Ostsee – und der Schluß des Romans zeigt sie eben dort, an der Ostsee. Doch die Vermutung, Johnson betreibe damit eine organologische Einbettung des von ihm entworfenen Lebens, geht in die Irre. Zwar nimmt das Bild, das diesen 20. August 1968 und damit den Roman insgesamt beschließt, das Motiv des Meeres vom Anfang des Romans noch einmal auf. Doch es ist nicht die mecklenburgische Ostsee, sondern die dänische: Kein Kreis hat sich geschlossen, denn die Verhältnisse – sie sind nicht so. Und konsequenterweise zeigt das Schlußbild des Romans nicht die Natur, sondern bleibt bei den Menschen:

»Beim Gehen an der See gerieten wir ins Wasser. Rasselnde Kiesel um die Knöchel. Wir hielten einander an den Händen: ein Kind; ein Mann unterwegs an den Ort wo die Toten sind; und sie, das Kind das ich war.«

»Madame Bovary, das bin ich«, hat Gustave Flaubert einmal im Blick auf seine berühmte

Romanfigur gesagt. Gesine Cresspahl – ist das der Autor Uwe Johnson? Er hat, immerhin, in seinen Frankfurter Poetik-Vorlesungen ausführlich genug auf die Umstände hingewiesen, die an der Entstehung seines Romans beteiligt waren, und auch auf die persönlichen Gründe für die lange Pause, die zwischen dem Erscheinen des dritten (1973) und des vierten Bandes (1983) lag (*Begleitumstände*, 1980). So wäre die Bestimmung »sie, das Kind das ich war« zu lesen im Sinne einer autobiographischen Dechiffrieranleitung? Gesine Cresspahl als klassische (literarische) Projektion im Sinne der Freudschen Psychoanalyse? So nahe dieser Schluß auf den ersten Blick zu liegen scheint, so wenig kann er doch der literarischen Eigenständigkeit der Hauptfigur und der ästhetischen Konstruktion des Werks gerecht werden. Man muß sich schon das Verhältnis von »Verfasser« und »Person« (um Uwe Johnsons Begriffe aufzunehmen) etwas genauer ansehen, um dessen wirkliche, nämlich: erzählstrukturelle Bedeutung zu entdecken.

»Wer erzählt hier eigentlich, Gesine«, heißt es an einer Stelle des ersten Bandes, und die Antwort lautet: »Wir beide. Das hörst du doch, Johnson.« Und an anderer Stelle, im letzten Band: »Ein Jahr hab ich dir gegeben. So unser Vertrag. Nun beschreibe das Jahr.« Und ebenfalls im dritten Band:

> »Es ist uns schnuppe, ob dir das zu deftig beladen ist, Genosse Schriftsteller! Du schreibst das hin! wir können auch heute noch aufhören mit deinem Buch. Dir sollte erfindlich sein, wie wir uns etwas vorgenommen haben für den Tod.«

Dies ist Illusionszerstörung im Prozeß des Erzählens, ganz in der Tradition der Illusionszerstörung, wie wir sie aus romantischen Lustspielen kennen. Die Personen unterhalten sich über das Stück, dessen Handlung, sich selber und ihre Konstitution mit dem Verfasser. Das Ergebnis solchen Gesprächs pflegt Distanzierung zu sein gegenüber der literarischen Fiktion, bisweilen ironisch eingefärbt, mithin Zerstörung des ästhetischen Scheins, der auf einer anderen Ebene, gleichsam entstofflicht, wiederum etabliert wird, nun freilich reflexiv gebrochen. Solche Reflexivität gilt als Kennzeichen einer künstlerischen Moderne, die sich längst des Anspruchs begeben

Uwe Johnson
New York 1983 – Blick Cresspahl Haus

hat, über Wirklichkeit »abbildend« oder »widerspiegelnd« verfügen zu können. In ihrer Tradition steht auch Uwe Johnson. In Gesprächen und Interviews hat er immer wieder auf das hohe Maß an Identität und Eigenentwicklung hingewiesen, das Gesine Cresspahl im Verlaufe seiner Arbeit an den *Jahrestagen* ausgezeichnet hat. Gerade das Eigenleben und der Eigensinn seiner »Person« aber dürften den »Verfasser« in eine gefahrvolle Nähe zu ihr gebracht haben – gefahrvoll, weil mangelnde Distanz Trivialität sowohl wie Ideologie produzieren kann. »Da ist also eine gewisse Nähe zwischen Erzähler und Subjekt«, so hat Johnson eingestanden, »und sehr oft wechselt da das erzählende Subjekt aus dem von dem Erzähler dargestellten Zustand der dritten Person in den der ersten Person, wenn nämlich die Vertragsperson befindet, es sei jetzt besser, daß sie es einmal von sich aus, vom Ichstandpunkt aus, sagt.« Der rüde Tonfall also, den Gesine Cresspahl bisweilen gegenüber dem »Verfasser« anschlägt, der raumschaffende Imperativ, die verhaltenen Drohungen – dies sind literarische Kunstmittel, in denen der Erzähler von sich entfernt, was ihm zu nahe kommt. Und demselben Zweck dient Johnsons Kultivierung seiner früher schon entwickelten Schreibtugenden. Die Präzision der Orts- und Zeitangaben, das durchkalkulierte Arsenal von Personen und Lebensläufen, Adressen, Daten, politischen und sozialen Anspielungen und Verweisen, die peinlich genau recherchierten Lebensumstände, im fiktiven Jerichow wie im realen New York – sie dienen ja nicht der »realistischen« Nachbildung äußerer Wirklichkeit, sondern dem glaubwürdigen Entwurf einer ästhetisch eigenständigen Realität. Das dichte Netz von Bezügen und Verknüpfungen, das sogar ein eigenes »Adreßbuch« hervorgebracht hat (*Kleines Adreßbuch für Jerichow und New York. Ein Register zu Uwe Johnsons ›Jahrestage‹*. Angelegt mit Namen, Orten, Zitaten und Verweisen von Rolf Michaelis, 1983), ein Netz, das bis zu Johnsons erstem Roman-Entwurf *Ingrid Babendererde* (1956, posthum veröffentlicht 1985) sich erstreckt, dieses Netz aus Genauigkeit und Präzision begründet Distanz, nicht Nähe, Eigenwirklichkeit statt Realismus. Und der Verfasser darf als erzählender Mitorganisator dieses literarischen Kosmos gelten, der sich häufig genug den Zwängen von dessen Eigengesetzlichkeit hat beugen müssen.

Erst vor diesem Hintergrund läßt sich die Formulierung »sie, das Kind das ich war« angemessen interpretieren. Die auf den ersten Blick naheliegende Deutung Gesine Cresspahls als Projektion, als camouflierter Ausdruck des Autor-Ichs, greift zu kurz. Sie bedarf der Ergänzung um den Aspekt, daß sich hier erzähltechnisch ein Wechsel der Perspektive findet: vom »Verfasser« zur »Person«, vom Er-Erzähler zur Ich-Erzählerin. Die Bestimmung »sie, das Kind das ich war« spielt also mit jener Doppeldeutigkeit, die aus der autobiographischen Bezugsmöglichkeit und dem erzähltechnisch virtuosen Perspektivenwechsel hervorgeht. Erst das Zusammenklingen beider Elemente bringt das zugrundeliegende Motiv zu seinem vollen Ausdruck. Der Perspektivenwechsel schafft eine Distanz, die – als *notwendige* Distanz verstanden – umso nachhaltiger

Uwe Johnson New York 1983 – In der U-Bahn. Johnson schreibt Graffitti ab

von der inneren Nähe spricht, die »Verfasser« und »Person« verbindet. Diese Person ist nicht Projektion, sondern Teil seines Lebens, Bestandteil und Mitteilungsmedium, das dessen Summe zieht. Erst die Distanz, die ihrer Eigenständigkeit entspringt, setzt sie hierzu in den Stand. Und der »Verfasser« kann erst vermittels der so gewonnenen Distanz diese Figur entwerfen, ihre Geschichte erzählen. Er schreibt, so könnte man sagen, als ein Liebender.

Dieses dialektische Verhältnis von Nähe und Distanz nicht ernstgenommen, geschweige denn respektiert zu haben, muß man dem Sensationsjournalismus zum Vorwurf machen, der sich nach dem überraschenden Tod Uwe Johnsons auf dessen scheinbar geheimnisumwitterte Spuren setzte (exemplarisch: Tilmann Jens, *Unterwegs an den Ort wo die Toten sind*, 1984). Als man Johnson am 12. März 1984 in seinem Haus in Sheerness auf der britischen Insel Sheppey vor der Themsemündung fand, muß er nach Auskunft der Polizeimediziner bereits 19 Tage tot gewesen sein, war mithin schon in der Nacht vom 22. auf den 23. Februar 1984 verstorben. Grund genug offenbar, aus veröffentlichten und unveröffentlichten Schriften und Dokumenten zu publizieren, Persönlichstes über Johnsons Verhältnis zu Frau und Tochter und seine testamentarischen Verfügungen offenzulegen, ja seine *Skizze eines Verunglückten* (1981) umstandslos als Schlüsseltext einer lebensgeschichtlichen Krise zu deuten und sogar in Johnsons Haus einzubrechen, Briefe zu entwenden und aus diesen zu zitieren. Fakten statt Leben – und all das unter dem Vorwand einer grenzenlosen Verehrung für einen großen Schriftsteller. Dessen Leben aber ist sein Werk, nicht die Fakten, die ein neugieriger Biographismus zur Deutung mißbraucht. Die Deutung des *Werks*, nicht der Fakten, führt auf den Autor. Sie steht noch aus – sie obliegt den Lesern.

Zu guter Letzt: Deutsche Literaturen – wie viele? Oder: »Ein Bach, der so schlängelt«

Nachdem von Gattungen und Geschichte, von Entwicklungen und Epochen, von Einschnitten, Abschnitten, Zusammenhängen, Einflüssen und Grenzen so viel die Rede gewesen ist, mag es nicht falsch sein, die vielfältigen Zuweisungen zum Abschluß einer selbstkritischen Revision zu unterziehen. Daß zu diesem Zweck die Mittel der Darstellung selber einer maßvollen Variation bedürfen, liegt im Wesen einer solchen Conclusio: Die Verfügungsgewalt des Literarhistorikers über Stoff und Prozeß der Literaturgeschichte muß zuletzt doch der Sache, um die es geht, der Poesie, ihr Recht lassen. Das geschieht vielleicht am besten durch die Bereitschaft, sich – *vor* allem Ordnungsdenken – einzulassen aufs Labyrinth der Literatur, die gängigen Orientierungsmuster zu suspendieren, hinzuhören auf die subtilen Diskurse, die da in aller Öffentlichkeit geführt – und doch kaum wahrgenommen werden.

I.

Greifen wir ein Stichwort auf, welches der Diskussion um die deutsche Gegenwartsdichtung während des vergangenen Jahrzehnts einen Weg gewiesen hat: *Zwei deutsche Literaturen*. Wer es aufgebracht hat, tut nichts zur Sache. Genug, daß dieses Stichwort die literaturkritischen Gemüter beansprucht hat, obwohl es doch – ganz wie ein Umleitungsschild in dicht bebauter Großstadt – ablenkt vom Zentrum des Verkehrs, der Bewegung, des Lebens, auf das es sich so ausdrücklich bezieht.

Ausdrücklich wohl, in Wahrheit aber vordergründig nur. Denn, wie das so zu gehen pflegt, was einmal in der Welt ist, das scheint auch wert, daß man es prüfe. Und so wogt er denn kräftig hin und her, der Widerstreit der Meinungen. »Zwei deutsche Staaten, zwei deutsche Literaturen« – ein klarer Fall für die Anhänger literaturgeschichtlichen Ordnungsdenkens nach großen, groben Zügen. »Zu kurz gegriffen«, erklären hingegen historisch-materialistisch geschulte Experten des Problems, »nicht nur zwei deutsche Literaturen. Sondern – quer durch die Systeme hindurch – zwei Sprachen, Lebensformen, Denkweisen: oben und unten, Ausdruck jenes tieferen Zwiespalts zwischen Lohnarbeit und Kapital, der alles überdauert hat.« »Nichts falscher als das«, erregen sich die Anhänger der nationalstaatlichen Differenzierungshypothese in sozialgeschichtlicher Absicht, »vielmehr Ausdruck eines altbekannten germanischen Kulturimperialismus, der, abermals, Österreich annektieren will, und die Schweiz dazu. Es bleibt dabei: Vier deutsche Literaturen!« Und schließlich die Gruppe der Universalisten, denen alles gleich groß, gleicht gut, gleich viel gilt: »Barer Unsinn alles das. Die Literatur ist unteilbar. Es gibt nur eine deutsche Literatur!« Und weltmännisch murmeln sie beiseite: »Es gibt überhaupt nur *eine* Literatur.«

Ein Streit um Worte, um Begriffe? Viel Lärm um nichts? Wohl mehr als das: Ausdruck einer methodologischen Kontroverse, die sich in Wahrheit nicht einläßt, worauf sie sich so ausdrücklich bezieht. Die sich, wo es um Sprechweisen, Metaphern, Bilder gehen müßte, an sozialen Systemen orientiert. Die sich Staatsgrenzen anschaut,

Herbert Achternbusch in seinem Film »Das Gespenst« (1983)

während die Ausdrucksformen der Kunst ihren Blick fesseln sollten. Die statt auf Nachprüfung des poetischen Details auf die Überzeugungskraft von Theoremen setzt. Und die vielleicht eben deshalb sich nicht zurechtfindet, weil sie Angst hat, sich zu verirren.

II.

Ein Vorschlag also zur Güte: Beginnen wir irgendwo. Nehmen wir, zur besseren Verständigung, zwei nicht gerade beliebige, aber doch mühelos greifbare Beispiele der jüngeren deutschsprachigen Poesie. Lassen wir uns ein aufs Labyrinth der Literatur.

»Es war eine verquere Situation, hier zu stehen, und das Spiel des Lichts und der Blätter war auch durchaus gefährlich. Sah er da in ein anderes menschliches Gehirn hinein, konnte er sofort erle-

digt sein. Er sah in das Licht und die Blätter hinein, und er sah die Gesellschaft aus dem Licht und die Blicke herausschauen, sie lag auf der Lauer, und wenn man sie als fallgrubenlegende begriff, dann fiel und fiel man. Doch er sah sie als einzige Fallgrube, auf deren Boden er gleichgültig stand.«

Ein Bild der Gefährdung, und eines der Isolation, Feindliches, Abgründiges organisierend, rettungslos und bodenlos – kein Ausweg, nirgendwo, und Gleichgültigkeit als existenzieller Trotz.

»Ich bewege mich, ohne sie zu berühren, eine Steilwand ohne Anfang und Ende hinauf. Meine Bewegung ist gleichmäßig, mehr ein Schweben als ein Flug. Ich weiß nicht, ob die Höhe mich ansaugt oder etwas in der Höhe oder ein Wind aus der Tiefe mich treibt. Nichts von Flügelschlägen. Vielleicht bin ich nur ein Auge, das an einem mir unbekannten Flugkörper befestigt ist, in der Luft gehalten von einer mir unbekannten Kraft. Ein Auge mit verbranntem Lid: mein Schlaf ist in den Feuern. Eine ausgespannte Netzhaut. Mein Weg nach oben ist ein Weg in die Vergangenheit, der Abgrund unter mir heißt Zukunft.«

Ein Bild der Isolation, und eines der Gefährdung, auch dieses, abgründige Verlorenheit aussagend, zukunftslos und gegenwartsfern, unstofflich und ungewiß – Standhalten, Ausharren die letztmögliche Form des Existierens.

Das erste der beiden zitierten Bilder findet sich in einem Text von Herbert Achternbusch mit dem Titel »Sarglager«. Einer von fünf Texten in Achternbuschs Prosaband *Revolten* (1982). Das zweite der zitierten Bilder findet sich in einem Text mit dem Titel *»Die Einsamkeit des Films«*, ein Text von Heiner Müller aus dem Jahre 1980. Ein Egomane aus Bayern, ein Kosmopolit aus der DDR – und beide, Anfang der achtziger Jahre, mit Einsamkeitsbildern von atemberaubender Eindringlichkeit? Es kommt noch schlimmer: Der »DDR-Dramatiker« Heiner Müller hat seinen 1980 veröffentlichten Text einem aus der DDR stammenden, aber seit drei Jahrzehnten in der Bundesrepublik lebenden Regisseur gewidmet, der von der Linken hierzulande verfemt mehr denn ernstgenommen wird, nämlich Hans Jürgen Syberberg. Und zum Anlaß solcher Verfemung, zu Syberbergs *Hitler – Ein Film aus Deutschland*, führt der gelernte Marxist Heiner Müller in eben diesem Text aus:

»Syberbergs Hitler *ist ein Exorzismus. Die Ent-Teufelung des wild gewordenen Handlangers, indem seine Macht auf die Verführung, sein Verbrechen auf einen Irrtum in der Geografie zurückgeführt wird, ordnet das Tausendjährige Reich als weißglühende Episode in den Kontext der Kolonialgeschichte des vielhundertjährigen kapitalistischen Weltkriegs ein.* Hitler – ein Film aus Deutschland *beendet den Alptraum der Klassenversöhnung, der als Morgenrot des Faschismus und Götterdämmerung der Revolution in* Metropolis *aufscheint.«*

Wie also? Der Marxist Heiner Müller als Deuter und Apologet des approbierten Irrationalisten Hans Jürgen Syberberg? Und umgekehrt: Syberberg, der doch eben jener DDR den Rücken kehrte, welcher der Kulturschaffende Heiner Müller international Reputation einträgt – Syberberg also läßt sich das nicht nur bieten, sondern auch noch zueignen? Mit anderen Worten: Wir sind schon mitten drin im Labyrinth der Literatur. Und da trifft es sich gut, daß derselbe Heiner Müller auch jenem anderen Autor sich zugewandt hat, dessen Text wir zitierten, nämlich Herbert Achternbusch. Und über diesen sagte er 1981:

»Herbert Achternbusch ist der Klassiker des antikolonialistischen Befreiungskampfes auf dem Territorium der BRD.«

Auch Achternbusch ist Filmregisseur, wie man weiß, auch er nicht weniger als Syberberg, wenngleich von anderen, umstritten. Sollte Heiner Müller, indem er Achternbusch wie Syberberg zu Einzelkämpfern des bundesrepublikanischen Kunst-Lebens macht, die Differenzen unterschlagen haben, die beide doch deutlich genug voneinander trennen? Sollte ihm, dem womöglich desillusionierten historischen Materialisten, jeder Bundesgenosse recht sein, wenn er nur, befangen im visionären Wahn von Einsamkeit und Gefährdung, den Betrieb unterminieren hilft, der alles nur noch schlimmer macht? Eine anheimelnde Vermutung, entbehrt sie doch des Quentchens Dialektik nicht, das Müllers Denken wie seine poetischen Bilder von Anbeginn seines Schreibens geprägt hat. Nur – da spielt eben der nicht mit, um den es Heiner Müller doch geht:

Herbert Achternbusch. Er ist kein Dialektiker. Er verweigert die Gefolgschaft. Er bleibt für sich. Und er will, was er zu sagen hat und in Kenntnis des Müllerschen Aperçus, auf seine Weise sagen – unter anderem so:
»Filme, die von aller Welt verstanden werden, bringen Geld. Ich möchte aber Filme, die niemand versteht. Früher hat man einen Bachlauf nicht verstanden, heut wird er begradigt, das versteht ein jeder. Ein Bach, der so schlängelt. Karl Valentin: Das machen sie gern, die Bäch'. Ich kann mich eines schlängelnden Baches nicht bedienen zur Begradigung.«
Karl Valentin also als Traditionsbezug des antikolonialistischen Befreiungskampfes in der Bundesrepublik und die Isolation als dessen Bedingung. Ein Komiker, der 1947, wenige Monate vor seinem Tode, klagte:
»Alle anderen mit Ausnahme der Eskimos und Indianer haben mehr Interesse an mir als meine ›Landsleute‹.«
– dieser Komiker der Verzweiflung als der Weisheit letzter, gemeinsamer Schluß in deutscher Gegenwartsdichtung? Isolation und Gefährdung und ein Lachen am Rande des Abgrunds – mir scheint, wir stecken in einer Sackgasse. Und da nicht auszuschließen ist, daß wir uns, wo nicht verirrt, so doch verrannt haben, schlage ich vor, noch einmal zu beginnen, anderswo.

III.

Einige Zitate zur Einstimmung:
»Brecht gebrauchen, ohne ihn zu kritisieren, ist Verrat.« (Heiner Müller)
»[...] Wegbereiter/dorthin wo das Gespräch über Bäume/kein Schweigen mehr bindet/dorthin wo keiner einem/die Sprache verschlägt« (Günter Kunert)
»Der Weg zu neuen ästhetischen Positionen, lese ich, führe über die Auseinandersetzung mit diesen Normen, in Klammern: Brecht. [...] Aber den wütenden Wunsch, mich mit der Poetik oder dem Vorbild eines großen Schreibers auseinanderzusetzen, in Klammern: Brecht, habe ich nie verspürt.« (Christa Wolf)
Drei Schüler nehmen Abschied von ihrem Lehrer. Sie trennen sich auf unterschiedliche Weise von ihm: ihn, noch immer, ernst nehmend; ihn

»Winterreise«, nach Hölderlin – Aufführung der Schaubühne am Halleschen Ufer im Olympia-Stadion, Berlin (1977). Regie: Klaus Michael Grüber

mit dem, was ihn geprägt hat, hinter sich lassend; oder aber ihn – zumindest seine literarhistorische Bedeutung – souverän ignorierend. Ein Abschied aber allemal, ein Weg der Schüler über Brecht hinaus, ein Weg, der sich, bei Lichte besehen, als ein mühsamer Pfad durch den Dschungel der geschichtsphilosophischen Entwürfe erweist, vatermörderisch und scharfzüngig, hellsichtig und illusionslos. Wohin führt dieser Weg?
Wer Günter Kunert folgt, gelangt an ein Gedicht, das lautet:

> *Gesicht: besorgt. Die kahle Stirn*
> *vielfältig und der Blick verschlossen.*
> *Ein Zeitenknotenpunkt: Sein Hirn.*
> *Und immer ohne Weggenossen.*
> *Viel Haß. Zuviel für einen*
> *der doch das Wort erhalten hat:*
> *Die Selbstzerstörung findet im Geheimen*
> *und trotzdem vor dem Leser statt.*

Wer Äußerungen Günter Kunerts zum Stand der Dinge in Erinnerung hat und sein Konterfei vor Augen, könnte denken: ein autobiographisches Gedicht – Selbstporträt des Künstlers vor blin-

dem Spiegel. Doch trägt das Gedicht den Titel: *Dr. Benn, spätes Foto.* Welcher Weg also wird hier gegangen? Ließe er sich, *more geometrico*, als Kreisrund beschreiben, als Spirale womöglich, oder eher als Krebsgang? Gottfried Benn als *»Zeitenknotenpunkt«*: Müßte man nicht von einem salto mortale rückwärts sprechen oder, individualpsychologisch, von einer Regression? Denn man darf doch nicht vergessen, daß jener Lehrer Bertolt Brecht, von dem Günter Kunert Abschied nimmt, diesen *»Zeitenknotenpunkt«* einst einen *»Schleim«* genannt und seinerseits ein Gedicht auf ihn verfaßt hat:

Beim Anhören von Versen
Des todessüchtigen Benn
Habe ich auf Arbeitergesichtern einen Ausdruck gesehen
Der nicht dem Versbau galt und kostbarer war
Als das Lächeln der Mona Lisa.

Freilich, Günter Kunert ist, wir wissen es, ein durch die Wirklichkeit des »real existierenden Sozialismus« enttäuschter Poet, der den Weg in den Westen gefunden hat, gleich vielen anderen. So ließe sich sein Blick auf Benn auch deuten als Pendelschlag, der so vielen Renegaten den Weg zurück gewiesen hat, fort vom Fortschrittsglauben, weg von der Hoffnung auf die Arbeiterklasse, hinein in den geschichtsmetaphysischen Irrationalismus, ins schwärzeste Schwarz der Zukunftslosigkeit. Doch schaut man genauer hin, so verwirrt sich das Bild nur umso deutlicher! Denn dort, bei jenem späten Foto des Dr. Benn, steht noch ein anderer voll mahnender Bewunderung, einer, der immer schon etwas schneller war in Denken und Handeln, der noch 1968 zu sagen wußte, für literarische Kunstwerke lasse sich *»eine wesentliche gesellschaftliche Funktion in unserer Lage nicht angeben«*, und nur zehn Jahre darauf munter wieder Gedichte schrieb – dieser also, Hans Magnus Enzensberger, ein Brecht-Schüler auch er, steht dort, bei jenem späten Foto des Dr. Benn, und sagt (nein: läßt sagen durch ein lyrisches Ich!) warnend, drohend und mit allem ihm verfügbaren Nachdruck: *»Laßt mir den Dr. Benn in Ruhe!«* Dr. Benn – gerichtet, gerettet. So wäre doch dies, immerhin, ein Fixpunkt, der Orientierungen zu erlauben scheint: ein romantischer Linker aus dem Westen und ein enttäuschter Realsozialist aus dem Osten, fest vereint im Blick auf Benn. Günter Kunert, der ein Gedicht mit dem ironischen Titel *»Evolution«* veröffentlicht hat: *»Erde und Steine/Sand und Geröll/Ziegel und Quader/Zement und Beton/und immer wieder/wir«* – Entwurf eines geschichtlichen Stillstandes, eine abgründige Vision der Entwicklungslosigkeit. Und Hans Magnus Enzensberger, der verkündet, *»daß es keinen Weltgeist gibt; daß wir die Gesetze der Geschichte nicht kennen; daß die gesellschaftliche wie die natürliche Evolution kein Subjekt kennt und daß sie unvorhersehbar ist; daß wir mithin, wenn wir politisch handeln, nie das erreichen, was wir uns vorgesetzt haben«*. Eine Absage, im Kern, an Hegel wie Marx, an Dialektik und Arbeiterklasse, eine Absage, der sich andere Autoren anschließen, die vordem einmal anders dachten: Christa Wolf etwa, die in ihren Poetik-Vorlesungen zu *Kassandra* Kunerts »Evolutions«-Absage in die Einsicht faßt, *»Menschen und Verhältnisse seien in dreitausend Jahren nicht sehr weit aus sich und über sich hinausgelangt«*; Heiner Müller beispielsweise, der sein Stück *Quartett* – raumsprengend und zeitintegrierend – zugleich in einem Salon vor der Französischen Revolution und in einem Bunker nach dem dritten Weltkrieg spielen läßt; und damit der Verdacht nicht aufkommt, es seien eben doch nur enttäuschte Sozialisten, die da räsonnieren, darf angesichts solcher Bestandsaufnahme selbstredend Botho Strauß' so häufig hergezeigtes wie breitgetretenes Bonmot nicht fehlen: *»Ohne Dialektik denken wir auf Anhieb dümmer; aber es muß sein: ohne sie!«*

So hätten wir denn doch Gewißheit gefunden, zu guter Letzt, den Ariadnefaden, der uns herauszuführen vermöchte aus dem Labyrinth der Gegenwartspoesie, wenn er uns auch bedeutet: Konvergenz des *Rien ne va plus!* Dies, immerhin, ließe sich doch nach Hause tragen, Stoff genug, sich darin einzuspinnen, Träume aus ihm aufsteigen zu lassen an eine unausdenkbare Zukunft, Erinnerungen sich hinzugeben an eine verlorene Vergangenheit – und die Gegenwart eine *»Wüste des Bewußtseins«* (Botho Strauß). Machen wir nur rasch die Gegenprobe, um zu prüfen, ob der Boden auch wirklich nicht schwankt, auf dem wir jetzt so sicher stehen. *Eine* deutsche Literatur, soviel scheint gewiß, desillusioniert, antidialektisch wie posthistorisch, eine Literatur auf der Höhe der Zeit, zitatenreich, intertextuell, metakommunikativ und selbstreflexiv. Gegenprobe also nur um der Selbstvergewisserung willen – und der Einfachheit halber mit demselben Personal!

IV.

Täglich treibt Ophelia
an dir vorbei. Ein Hamlet
nach dem anderen verblutet
Der Rest ist schlimmer
als Schweigen
weil Heuchelei. Du triffst sie täglich
Bruder deine Brüder
aus der Klassik und Fausti Wehklag
enthält die alten neuen Leiden
von einem der sich verkauft hat.

Kenner wissen: Günter Kunert zitiert einen, der sich seinerseits auf die Kunst des Zitierens versteht. Günter Kunert zitiert den Schlußakt aus Heiner Müllers zitatenreichem Verwirr-Endspiel *Die Hamletmaschine* von 1977. Shakespeare und Cummings, Sophokles und Hölderlin, Marx Lenin Mao, der Autor Heiner Müller selber und nicht zuletzt Josef Stalin geben sich hier ein verzweifeltes Stelldichein. *Apocalypse now*: des Poeten, des Intellektuellen, des Mannes. Hamlets Götzendämmerung: Abgesang auf die Epoche des Patriarchats, dreitausend Jahre Männergeschichte kondensiert zu neun Seiten Text aus Intertextualität. Und am Horizont die blutrote Rache, verkündet von Ophelia, die der Rächerin Elektra die Stimme leiht: *»Wenn sie mit Fleischermessern durch eure Schlafzimmer geht, werdet ihr die Wahrheit wissen.«* Lustvoller ist selten wohl männliche Kastrationsangst in Blutrunst verwandelt worden, identifikatorisch und antizipatorisch zugleich. Und da Heiner Müllers Endzeit-Drama seinen vorletzten Akt mit dem Endzeit-Bild beschließt: *»Schnee. Eiszeit.«*, darf man sich zurecht an Kunerts *»Evolution«* erinnert fühlen; darf an Hans Magnus Enzensbergers *Der Untergang der Titanic* (1978) und die Vision vom *»Eisberg«* denken und an desselben Autors Gedichtband *Die Furie des Verschwindens* (1980), in dem es heißt: *»Die Eiszeit/mit Zündhölzern zu bekämpfen (sagst du), das ist/eine müde Sache«*; darf abermals auf Christa Wolf und Botho Strauß verweisen und Thomas Brasch und Thomas Bernhard, wenn nötig, zur Verstärkung herbeizitieren; darf, mit einem Wort, dem Befund einer so vollkommenen wie totalen Konvergenz *aller* deutschsprachigen Literatur von einiger Bedeutung sich anschließen – wenn man sich nicht den

Vorwurf machen lassen müßte, ungenau gelesen zu haben.

Denn zwar zitiert Günter Kunert seinen Landsmann und einstigen Kombattanten Heiner Müller. Aber wie dieser wußte: *»Brecht gebrauchen, ohne ihn zu kritisieren, ist Verrat«*, so will auch Kunert Müller nicht verraten. Also kritisiert er ihn: *»Heuchelei«*, lautet sein Vorwurf, und Heiner Müller ist der Adressat. Denn Heiner Müller hatte sein Endspiel eben nicht mit dem 4. Akt enden lassen, sondern dem Schlußmonolog Ophelias im 5. Akt ein Hölderlin-Zitat vorangestellt: »WILDHARREND/IN DER FURCHTBAREN RÜSTUNG/JAHRTAUSENDE«, und diesem Zitat eine Regieanweisung angefügt: *»Tiefsee. Ophelia im Rollstuhl. Fische Trümmer Leichen und Leichenteile treiben vorbei.«* Nicht Ophelia also trieb vorbei. Sondern Ophelia war, indem sie Elektra die Stimme leihen durfte, aus dem allumfassenden Prozeß des Untergangs herausgehoben: eine Hoffnungsprojektion, Ausdruck des narzistisch noch immer auf Rettung bestehenden Männlichkeitswahns, der noch im Bild der patriarchal herbeiphantasierten Apokalypse das Irrlicht weiblicher, rettender Rache aufscheinen läßt. Also nichts gelernt, sondern nur sich *»verkauft«* hat unter jener *»Sonne der Folter«* (Antonin Artaud), die Heiner Müller gleichfalls in der *Hamletmaschine* zitiert? Doch das Echo klingt auch hier verwirrend genug: *»UNTER DER SONNE DER FOLTER. Da ging es mir auf«*, gesteht Anne Duden in ihrem *Judasschaf* – erbarmungslos weibliche Suchbewegungen sezierend. *»Aus diesem Schatten tretend, stand er in der Sonne der Folter«*, erkennt Volker Braun anläßlich Rimbauds, auf den Sprachspuren Heiner Müllers wandelnd – und doch der Parteiforderung sich unterwerfend, *»das Erreichte zu festigen und zu stärken«*.

Die Divergenz ist unverkennbar. Und sie läßt sich so gut vertiefen wie verzweigen. Denn unser Versuch, festen Boden unter den orientierungslosen Füßen zu gewinnen, einen roten Faden inmitten der poetischen Bestandsaufnahme zu fassen, zerflattert angesichts der vielfältigen, widersprüchlichen, unvereinbaren Antworten und Nicht-Antworten, die der umfassenden Desillusionierung folgen. Bei Heiner Müller, dem melancholischen Macho, finden wir den Satz: *»Es ist gut, eine Frau zu sein und kein Sieger.«* Und wir können bei Christa Wolf nachlesen, daß sie ihn ob dieser Einsicht lobt im Bewußtsein: *»Es wurde, glaube ich, immer schwerer, ein Mann zu sein.«* Doch weit entfernt davon, Heiner Müllers wilden Visionen einer rächenden Ophelia/Elektra entsprechen zu wollen, wendet sie sich einem poetischen Vorbild zu, das höchst widerspruchsvoll Hoffnung und Verzweiflung, Trauer und Liebe in sich vereint: dem Bild der Frau in den Romanen Ingeborg Bachmanns (dem Ich in *Malina*, Franza in *Der Fall Franza*) und deren Gedicht *»Erklär mir Liebe«*. Wo sich aber Christa Wolf auf die Geschlechterproblematik immerhin noch bezieht, da verschafft sich Hans Magnus Enzensberger – auf daß das Bild sich weiter verwirre – sein selbstrettendes Vorbild über eine Figur des »Struwwelpeter« – Hoffmann: *»Der Fliegende Robert«* heißt seine Devise, auch diesmal anderen luftig voraus und ihren Vorwürfen ebenso: *»Eskapismus, ruft ihr mir zu,/vorwurfsvoll./Was denn sonst, antworte ich,/bei diesem Sauwetter! –«*. Und Botho Strauß, da wir ihn einmal genannt haben, Botho Strauß, der zu sagen weiß: *»Man schreibt aber doch auch, um sich nach und nach eine geistige Heimat zu schaffen, wo man eine natürliche nicht mehr besitzt«* – Botho Strauß scheint solche Heimat ganz in der Nähe von Peter Handke gefunden zu haben und in der Tradition der deutschen Mystik, indem er erkennt: *»Alles Wissen wird Schauen sein./Alles Bewußte Gedicht.«* Und: *»Noch bin ich begierig, bald aber verständig./Und eines Tages, endlich, verständnislos zufrieden«*. (So ähnlich hat es, beiseite gesprochen, Ernst Wiechert in *Das einfache Leben* auch gesagt. Das war 1939. Man hatte Wiechert ein Jahr zuvor ins KZ Buchenwald gesperrt.) Und Günter Kunert, um ihn zu guter Letzt nicht aus den Augen zu verlieren, Kunert, bei dessen Bekenntnis, er habe *»keine Hoffnung«*, man sich immer wieder fragen muß, warum er dennoch schreibt, dieser Kunert weiß darauf eine verblüffende Antwort zu geben: die Kunst. In seinem Gedicht *»Eine Poetik«* heißt es: *»Das wahre Gedicht/löscht sich selber aus/am Schluß/wie eine Kerze so plötzlich/aber was sie beleuchtet hat brennt/das abrupte Dunkel/der Netzhaut ein//[...]//Ohne Bewegung ohne Bedeutung/ohne Bestand.«*

V.

Ein Fazit? Wenn es denn eines solchen bedarf, so könnte es vielleicht lauten: Nahezu unbemerkt von Literaturkritik und -wissenschaft hat sich ein Binnen-Diskurs der Poesie entwickelt, der die Frage nach der literarischen Nationalstaatlichkeit ad absurdum führt – und zwar der Universalität der Probleme wegen, auf die er sich bezieht. Damit ist beileibe keiner literarästhetischen Uniformität das Wort geredet, im Gegenteil. Nicht eine, zwei oder vier »deutsche Literaturen«, sondern deren ungezählte einzelne, nicht Einheit, sondern Vielheit des Widersprüchlichen und Mannigfaltigen gilt es wahrzunehmen. Es existiert eine Sphäre des Austauschs, des kritischen Bezugs, die sich aller Systematisierung entzieht. Wer sich auf ihre labyrinthischen Verzweigungen einlassen will, muß allen Begriffskolonialismus abstreifen. Er muß, um die schöpferische Unordnung des Nicht-Begradigten zu erkennen, die modisch wechselnden Zuordnungsraster hinter sich lassen – und hat so, vielleicht, die Chance, bislang unerhörte Zwischentöne zu erlauschen, unbekannte Nuancen zu entdecken, Schattierungen eines geheimen Gesprächs. Schon der Versuch begrifflicher Umzäunung wird unerbittlich bestraft: mit Wahrnehmungsverlusten. Aber es gibt eine Wahrnehmungsgewähr so wenig wie eine Gewißheit, Antworten auf brennende Fragen zu erhalten. Literatur unterläuft das Postulat des Sozialphilosophen, »in der Parteilichkeit für ein *künftig* zu realisierendes Allgemeines überein[zu]kommen« (Jürgen Habermas). Sie besteht – und so die ihr entsprechende Lektüre – auf dem Verlust von Identität, auf der Suspendierung von Sinnstiftungsansprüchen. Darin, das sagt ihr Binnen-Diskurs, findet sie ihre Identität – als Kunst. *»Ein Bach, der so schlängelt.«* Mit Untiefen.

Heiner Müller, »Der Auftrag« – Schlußszene in der Inszenierung des Autors, Schauspielhaus Bochum (1982), Bühnenbild: Erich Wonder

3. TEIL: AUTOREN-LEXIKON

Vorbemerkung

Die bibliographischen Angaben dieses lexikalischen Teils nennen in chronologischer Folge jeweils das Erstveröffentlichungsdatum eines Werks. Spätere Auflagen, etwa in Taschenbuchform, wurden nur dann berücksichtigt, wenn sie Veränderungen oder Erweiterungen erfahren haben. Sammelwerke und Gesamtausgaben sind gesondert aufgeführt. Sekundärliteratur läßt sich über die einschlägigen bibliographischen Nachschlagewerke sowie über die im Anhang zusammengestellte weiterführende Literatur erschließen.

Für Mitarbeit und Unterstützung bei der Zusammenstellung und Überprüfung der bio-bibliographischen Angaben danke ich Beate Hillert (Berlin) und Merten Worthmann (Hamburg).

R.S.

Abkürzungen

Aphor.	Aphorismen	ges.	gesammelte
Aufl(n).	Auflage(n)	Gespr.	Gespräche
Aufzn.	Aufzeichnungen	G. W.	Gesammelte Werke
ausgew.	ausgewählte	Hg.	Herausgeber(in)
Ausg(n).	Ausgabe(n)	Hörsp(e).	Hörspiel(e)
Aut.	Autobiographie/Erinnerungen	it.	italienisch
Bd(e).	Band, Bände	Jugendb.	Jugendbuch
Bearb. n.	Bearbeitung nach	Kinderb.	Kinderbuch
Ber.	Bericht	Kom.	Komödie
Bilderb.	Bilderbuch	Libr.	Libretto
Biogr.	Biographie	lit.	literarisch(e)
Br.	Briefe	Lit.	Sekundärliteratur
Dial.	Dialoge	masch.	maschinenschriftlich
Diss.	Dissertation	Neuausg.	Neuausgabe
Dok.	Dokumente/Dokumentation	Neuf(n).	Neufassung(en)
Drb(r).	Drehbuch, -bücher	Nov(n).	Novelle(n)
Dr.(n).	Drama, Dramen/Stück(e)/ Schauspiel(e)/Tragödie(n)	Portr.	Porträts
		Pr.	Prosa/Texte
ebd.	ebenda	Pseud.	Pseudonym
engl.	englisch	Reiseber(e).	Reisebericht(e)
entst.	entstanden	Rep(n).	Reportage (n)
erw.	erweitert(e)	Rom.	Roman
Erz(n).	Erzählung(en)/Geschichte(n)	Sat(n).	Satire(n)
Es(s).	Essay(s)/Aufsatz, -sätze	Schr.	Schriften
Faks.	Faksimile	Sz(n).	Szene(n)
Fb (r).	Filmbuch, -bücher	TB	Taschenbuch
Fernsehsp.	Fernsehspiel	Tgb.	Tagebuch
Festschr.	Festschrift	u.	und
ff.	folgende	u.a.	unter anderem
Fragm(e).	Fragment(e)	u.d.T.	unter dem Titel
frz.	französisch	Urfass.	Urfassung
Ft(e).	Filmtext(e)	Vorl.	Vorlesungen
Ged.	Gedichte	Zeichn.	Zeichnungen
gek.	gekürzt(e)		

Achternbusch, Herbert (*23. 11. 1938 in München) Studierte an der Kunstakademie in Nürnberg, verschiedene Gelegenheitsarbeiten, z.B. als Zigarettenverkäufer auf dem Oktoberfest in München, lebt als freier Schriftsteller, Filmemacher, Bildhauer, Maler und Darsteller in Buchendorf (bei München).
Werke: *Sechs Radierungen.* 1964. *Südtyroler.* Ged. u. Siebdrucke, 1966. *Hülle.* 1969. *Das Kamel.* 1970. *Die Macht des Löwengebrülls.* 1970. *Die Alexanderschlacht.* 1971. *L'Etat c'est moi.* 1972. *Der Tag wird kommen.* Rom., 1975, TB-Ausg. u.d.T. *Happy oder Der Tag wird kommen,* 1975. *Die Stunde des Todes.* Rom. u. Fte., 1975. *Heart of Glass.* (Mit Werner Herzog u. Alan Greenberg), 1976. *Land in Sicht.* Rom. u. Fte., 1977. *Servus Bayern.* 1977. *1969. Die Alexanderschlacht. Die Atlantikschwimmer.* 3 Bde., 1978. *Ella,* Dr., in: *Theater heute,* 1978. *Der Komantsche.* 1979. *Susn.* Dr., in: *Theater heute,* 1979. *Es ist ein leichtes beim Gehen den Boden zu berühren.* Drn., Fte., u.a., 1980. *Der Neger Erwin.* Fb., 1981. *Das Haus am Nil.* Dr., Ft., u.a., 1981. *Der Frosch.* Dr., in: *Theater heute,* 1982. *Die Olympiasiegerin.* 1982. *Das letzte Loch.* Fb., 1982. *Revolten.* Dr., Ft., u.a., 1982. *Der Depp.* Fb., 1983. *Das Gespenst.* Fb., 1983. *Wellen.* Drn., Fte., u.a., 1983. *Wind.* 1984. *Wanderkrebs.* Fb., 1984. *Die Olympiasiegerin.* Fb., 1984. *Weg.* 1985. Die Föhnforscher. 1985. *1969.* Schr. 1968–69. 1986.
Filme: *Das Andechser Gefühl.* 1975. *Die Atlantikschwimmer.* 1976. *Herz aus Glas.* (Drb. mit Werner Herzog), 1976. *Bierkampf.* 1977. *Servus Bayern.* 1978. *Der junge Mönch.* 1978. *Der Komantsche.* 1979. *Der Neger Erwin.* 1981. *Das letzte Loch.* 1981. *Der Depp.* 1982. *Das Gespenst.* 1982. *Die Olympiasiegerin.* 1983. *Rita Ritter.* 1984. *Wanderkrebs.* 1984. *Blaue Blumen.* 1985. *Die Föhnforscher.* 1985. *Heilt Hitler!.* 1986.
Außerdem Hörspiele.

Ilse Aichinger (*1. 11. 1921 in Wien) Bekam als Halbjüdin keine Zulassung zum Studium, studierte nach dem Krieg 5 Semester Medizin, arbeitete seit 1950 als Lektorin beim S. Fischer Verlag in Frankfurt a.M. und an der Hochschule für Gestaltung in Ulm, heiratete 1953 den Schriftsteller Günter Eich, lebt seit 1963 in Groß Gmain (Österreich).
Werke: *Die größere Hoffnung.* Rom., 1948. *Rede unter dem Galgen.* Erzn., 1952, Neuausg. u.d.T. *Der Gefesselte,* 1953. *Zu keiner Stunde.* Szn. u. Dial., 1957. *Besuch im Pfarrhaus.* Hörsp. u. Dial., 1961. *Knöpfe.* Hörsp., in: *Hörspiele,* 1961. *Wo ich wohne.* Erzn., Ged., Dial., 1963. *Eliza Eliza.* Erzn., 1965. *Auckland.* Hörspe., 1969. *Nachricht vom Tag.* Erz., 1970. *Der letzte Tag.* Hörsp., (mit Günter Eich), 1955, in: Günter Eich, *G.W.,* 1973. *schlechte Wörter.* Erzn., Pr., Hörsp., 1976. *Verschenkter Rat.* Ged., 1978.
Ausgaben: *Dialoge. Erzählungen. Gedichte.* 1971. *Meine Sprache und ich.* Erzn., 1978.

Andersch, Alfred (*4. 2. 1914 in München, †21. 2. 1980 in Berzona) Buchhandelslehre, 1932 Organisationsleiter des Kommunistischen Jugendverbandes in Bayern, 1933 dreimonatige Haft im KZ Dachau, danach bis 1940 Angestellter in München und Hamburg, Soldat, Dersertion, Kriegsgefangenschaft in den USA, Redakteur der Kriegsgefangenenzeitschrift *Der Ruf,* nach seiner Rückkehr nach Deutschland Redaktionsassistent der *Neuen Zeitung* in München, 1946–47 Mitherausgeber der Zeitschrift *Der Ruf,* 1948–58 Rundfunkredakteur bei den Sendern Frankfurt a.M., Hamburg und beim Süddeutschen Rundfunk, Herausgeber der Buchreihe *studio frankfurt* (1952–53), der Zeitschrift *Texte und Zeichen* (1955–58), der Buchreihe *Claassen Cargo* (1965–67), Aufenthalte in Rom und Berlin, Reisen nach Mexiko, Spanien und Portugal, lebte seit 1958 in Berzona (Schweiz) als freier Schriftsteller.
Werke: *Deutsche Literatur in der Entscheidung.* Ess., 1948. *Europäische Avantgarde.* Ess., (Hg.), 1948. *Die Kirschen der Freiheit.* Ber., 1952. *Piazza San Gaetano.* Erz., 1957. *Sansibar oder der letzte Grund.* Rom., 1957. *Fahrerflucht.* Hörsp., 1958. *Geister und Leute.* Erzn., 1958. *Die Bäume des Herrn Ekelund.* Hörsp., in: *Frankfurter Hefte,* 1959. *Die Rote.* Rom., 1960. *Der Tod des James Dean.* Hörsp., 1960. *Paris ist eine ernste Stadt.* 1961. *Wanderungen im Norden.* Reiseber., 1962. *Ein Liebhaber des Halbschattens.* Erzn., 1963. *Fahrerflucht.* 4 Hörspe., 1965, Neuausg. u.d.T. *Hörspiele,* 1973. *Die Blindheit des Kunstwerks und andere Aufsätze.* 1965. *Aus einem römischen Winter.* Reiseber., 1966. *Efraim.* Rom., 1967. *Hohe Breitengrade oder Nachrichten von der Grenze.* Reiseber., 1969. *Tochter.* Erz., 1970. *Mein Verschwinden in Providence.* Erzn., 1971. *Winterspelt.* Rom., 1974. *Öffentlicher Brief an einen sowjetischen Schriftsteller, das Überholte betreffend.* Repn. u. Ess., 1977. *Weltreise auf deutsche Art.* 1977. *Einige Zeichnungen.* 1977. *Ein Briefwechsel.* (Mit Konstantin Simonow), 1978. *Mein Lesebuch oder Lehrbuch der Beschreibungen.* 1978. *Neue Hörspiele.* 1979. *Der Vater eines Mörders.* Erz., 1980. *Flucht in Etrurien.* Erzn. u. Ber., 1981. *Es gibt kein fremdes Leid.* Br. u. Ess., (mit

Konstantin Simonow), 1981. *Hohe Breitengrade.* 1984. *...einmal wirklich leben.* Tgb. 1943–75, 1985.
Ausgaben: *Bericht – Roman – Erzählungen.* 1965. *Gesammelte Erzählungen.* 1971. *Norden Süden rechts und links.* Reisebere. u. Ess. 1951–71, 1972, TB-Ausg. u.d.T. *Aus einem römischen Winter. Die Blindheit des Kunstwerks. Ein neuer Scheiterhaufen für alte Ketzer.* 3 Bde., 1979. *empört euch der himmel ist blau.* Ged. 1946–77, 1977. *Das Alfred Andersch Lesebuch.* 1979. *Studienausgabe in 15 Bänden.* 1979. *Sämtliche Erzählungen.* 1983.
Außerdem Filme, Fernsehspiele, zahlreiche Hörspiele und Funkfeatures.

Andres, Stefan (*26. 6. 1906 in Breitwies bei Trier, †29. 7. 1970 in Rom) Studierte Germanistik, Kunstgeschichte und Philosophie in Köln, Jena und Berlin, Reisen nach Griechenland, Ägypten, Frankreich und Italien, 1937 Emigration nach Positano (Italien), lebte von 1950–61 in Unkel (am Rhein), seitdem wieder in Italien, Übersetzer aus dem Italienischen.
Werke: *Das Märchen im Liebfrauendom.* 1928. *Bruder Luzifer.* 1932. *Eberhard im Kontrapunkt.* 1933. *Die unsichtbare Mauer.* 1934. *Die Löwenkanzel.* Ged., 1934. *El Greco malt den Großinquisitor.* Nov., 1935. *Der ewige Strom.* Ged., 1935. *Utz der Nachfahr.* 1936. *Vom heiligen Pfäfflein Domenico.* 1936. *Moselländische Novellen.* 1937, Neuausg. u.d.T. *Gäste im Paradies,* 1949. *Der Mann von Asteri.* Rom., 1939. *Das Grab des Neides.* Griechische Novn., 1940. *Der gefrorene Dionysos.* 1941, Neuausg. u.d.T. *Die Liebesschaukel,* 1951. *Wir sind Utopia.* Nov., 1943, Dr. u.d.T. *Gottes Utopia,* 1950. *Das Wirtshaus zur weiten Welt.* 1943. *Der olympische Frieden.* 1943. *Italiener.* 1943. *Das goldene Gitter.* 1943. *Ein Herz, wie man's braucht.* Dr., 1946. *Ein Briefwechsel um Trier.* Ess., 1946. *Die Hochzeit der Feinde.* Rom., 1947. *Ritter der Gerechtigkeit.* Rom., 1948. *Tanz durchs Labyrinth.* Dr., 1948. *Requiem für ein Kind.* Ged., 1948. *Gäste im Paradies.* 1949. *Die Sintflut.* Rom.-Trilogie, 1949, 1951, 1959. *Die Häuser auf der Wolke.* 1950. *Der Granatapfel.* Ged., 1950. *Die Liebesschaukel.* Rom. 1951. *Das Antlitz.* 1951. *Main nahezu rhein-ahrisches Saarpfalz-Mosel-Lahnisches Weinpilgerbuch.* 1951. *Der Reporter Gottes.* Hörsp., 1952. *Der Knabe im Brunnen.* Rom., 1953. *Die Rache der Schmetterlinge.* 1953. *Die Reise nach Portiuncula.* Rom., 1954. *Die Vermummten.* 1955. *Touristen.* Dr., 1955. *Der kleine Steff.* Aut., 1956. *Positano.* Erzn., 1957. *Schwarze Strahlen.* Dr., 1958. *Sperrzonen.* Dr., 1958. *Toleranz.* Ess., 1958. *Die großen Weine Deutschlands.* Ess., 1960. *Die Verteidigung der Xanthippe.* Erzn., 1960. *Nie wieder Hiroshima.* Ess., 1961. *Schwestern.* Dr., 1962. *Der Mann im Fisch.* 1963. *Die biblische Geschichte.* Ess., 1965. *Der 20. Juli. Tat und Testament.* Ess., 1966. *Der Taubenturm.* 1966. *Ägyptisches Tagebuch.* 1967. *Noah und seine Kinder.* 1968. *Die Dumme.* Rom., 1969. *Die Versuchung des Synesio.* Rom., 1971. *Die große Lüge.* Erz., 1973. *Das Fest der Fischer.* Erz., 1973. *Der Dichter in dieser Zeit.* Ess. u. Reden, 1974. *Gedichte.* 1976. *Lieber Freund – lieber Denunziant.* Br., 1977.
Ausgaben: *Novellen und Erzählungen.* 1962, Bd. 2 u.d.T. *Das goldene Gitter,* 1964. *Meistererzählungen.* 1980. *Die schönsten Novellen und Erzählungen.* 3 Bde., 1982.

Arp, Hans (*16. 9. 1887 in Straßburg, †7. 6. 1966 in Basel) Studierte von 1905–08 Kunst in Weimar und Paris, 1923 Mitarbeiter bei der Zeitschrift *Der Sturm,* seit 1915 zahlreiche Ausstellungen, 1914/15 Aufenthalt in Paris, 1915 in Zürich, 1919/20 in Köln, 1926 Umzug nach Meudon (bei Paris), 1927 Mitarbeit an den Zeitschriften *La Révolution Surréaliste* und *Documents Internationaux de l'Esprit Nouveau,* 1949, 1950 und 1958 Reisen in die USA, 1952 und 1955 nach Griechenland, 1960 nach Israel, lebte als Bildhauer, Maler und Schriftsteller in Meudon und Solduno (bei Locarno).
Werke: *Neue französische Malerei.* (Hg.), 1913. *Der Vogel Selbdritt.* Ged., 1920. *Die Wolkenpumpe.* Ged., 1920. *Die Schwalbenhode. Dada-Almanach.* 1920. *Der Pyramidenrock.* Ged., 1924. *Die Kunstismen.* (Mit El Lissitzky), 1925. *Dreams and projects.* 1928. *Weißt du schwarzt du.* Ged., 1930. *Konfiguration.* Ged., 1930. *Des taches dans le vide.* Ged., 1937. *Sciure de gamme.* Ged., 1938. *Muscheln und Schirme.* Ged., 1939. *Poèmes sans prénoms.* Ged., 1941. *Rive de Coquille.* Ged., 1944. *1924 – 1925 – 1926 – 1943.* Ged., 1944. *Le siège de l'air.* Ged., 1946. *Onze peintres vus par Arp.* Ged., 1949. *Auch das ist nur eine Wolke.* Ged., 1951. *Wegweiser Jalons.* Pr., 1951. *Die Engelschrift.* Ged., 1952. *Holzschnitte.* 1952. *Wortträume und schwarze Sterne.* Ged., 1953. *Behaarte Herzen. 1923–26. Könige vor der Sintflut. 1952–53.* 1953. *Auf einem Bein.* Ged., 1955. *Le voilier dans la forêt.* Ged., 1957. *Worte mit und ohne Anker.* Ged., 1957. *Die Geburt des Dada.* (Hg. mit R. Huelsenbeck u. T. Tzara), 1957. *Mondsand.* Ged., 1959. *Sinnende Flammen.* Ged., 1961. *Vers le blanc infini.* Ged., 1961. *Drei und drei surreale Geschichten.* Pr., 1963. *vincente huidobro.* Pr., 1964. *Logbuch des Traumkapitäns.* Die letzten Ged., 1965. *L'ange et la rose.* Ged., 1965. *Dada in Zürich.* (Mit R. Huelsenbeck), 1966.
Ausgaben: *On my way.* Ged. u. Ess. 1912–47, 1948. *Unsern täglichen Traum.* Erinnerungen, Dichtungen, Betrachtungen 1914–54, 1955. *Gesammelte Gedichte.* 3 Bde., 1963, 1974, 1982. *Jours éffeuillés. Alle französischen Dichtungen.* 1966.

Artmann, Hans Carl (*12. 6. 1921 in Wien) 1940–45 Soldat, mehrere Verwundungen, 1945 amerikanische Kriegsgefangenschaft, danach Aufenthalte in Regensburg, Ingoldstadt und Wien, Publikationen in der Zeitschrift *Neue Wege,* Zusammenarbeit mit Konrad Bayer, Gerhard Rühm, Friedrich Achleitner und Oswald Wiener (die sogenannte *Wiener Gruppe*), Gründer der *Kleinen Schaubühne,* 1954/55 zahlreiche Reisen, 1961–72 wechselnde Wohnorte in Schweden, Westberlin und Graz, lebt seit 1972 als freier Schriftsteller und Übersetzer von holländischer, spanischer, englischer, französischer, schwedischer und jüdischer Literatur in Salzburg.

Werke: *med ana schwoazzn dintn.* Ged., 1958. *Von denen Husaren und anderen Seil-Tänzern....* Pr., 1959. *hosn rosn baa.* (Mit Friedrich Achleitner u. Gerhard Rühm), 1959. *Das suchen nach dem gestrigen tag oder schnee auf einem heißen brotwecken.* Pr., 1964. *artmann – brief.* 1965. *Dracula Dracula.* 1966. *verbarium.* Ged., 1966. *persische qvatrainen. ein kleiner divan.* 1966. *shali-mar. persische qvatrainen zweiter Teil.* 1967. *Auf den Leib geschrieben.* 1967. *tök ph'ron süleng.* 1967. *allerleirausch.* Kinderreime, 1967. *Grünverschlossene Botschaft.* Pr., 1967. *Fleiß und Industrie.* Pr., 1967. *Der handkolorierte menschenfresser.* 1968. *Mein Erbteil von Vater und Mutter.* 1969. *Die Anfangsbuchstaben der Flagge.* Erzn., 1969. *Überall wo Hamlet hinkam.* 1969. *Frankenstein in Sussex – Fleiß und Industrie.* 1969. *die fahrt zur insel nantucket.* Dr., 1969. *Das im Walde verlorene Totem.* Pr. 1949–53, 1970. *Yeti oder John, ich reise....* (Mit Rainer Pichler und Hannes Schneider), 1970. *How much, schatzi?* Erzn., 1971. *Detective Magazine der 13.* (Hg.), 1974. *Von der Wiener Seite.* Erzn., 1972. *Der aeronautische Sindtbart oder Seltsame Luftreise von Niedercalifornien nach Crain.* 1972. *kleinere taschenkunststücke.* Pr., 1973. *Ompül.* 1974. *Unter der Bedeckung eines Hutes.* 1976. *Christopher und Peregrin und was weiter geschah.* Rom., (mit Barbara Wehr), 1975. *Gedichte über die Liebe und über die Lasterhaftigkeit.* 1975. *Aus meiner Botanisiertrommel.* Ged., 1975. *Rixdorfer Laboratorium zur Erstellung von literarischen und bildnerischen Simultankunststücken.* (Mit Nicolas Born u. Kai Hermann), 1975. *sämtliche persische qvatrainen.* Ged., 1977. *Die Heimholung des Hammers.* (Mit Uwe Bremer), 1977. *Die Jagd nach Dr. U. oder Ein einsamer Spiegel, in dem sich der Tag reflektiert.* Pr., 1977. *Nachrichten aus Nord und Süd.* 1978. *Die Wanderer.* 1979. *Die Sonne war ein grünes Ei.* 1982. *Im Schatten der Burenwurst.* 1983. *Das Prahlen des Urwaldes im Dschungel.* 1983. *Nachtwindsucher.* 1984.
Ausgaben: *ein lilienweißer brief aus lincolnshire.* Ged. aus 21 Jahren, 1969. *The Best of H.C. Artmann.* 1970. *Grammatik der Rosen.* Ges. Pr., 3 Bde., 1979.
Außerdem Hörspiele und Schallplatten.

Astel, Arnfried (*9. 7. 1933 in München) Studierte (ohne Abschluß) Literaturwissenschaft und Biologie in Freiburg i. Br. und Heidelberg, 8 Jahre Internatslehrer und von 1959–71 Herausgeber der *Lyrischen Hefte* in Heidelberg, Verlagslektor in Köln, lebt seit 1967 in Saarbrücken, Leiter der Literaturabteilung des Saarländischen Rundfunks, seit 1971 im Personalrat, 1971 fristlose Kündigung aus politischen Gründen, A. gewann die Prozesse am Arbeitsgericht und wurde 1973 wieder eingestellt, seit 1977 ehrenamtlicher Arbeitsrichter.
Werke: *Notstand.* Ged., 1968. *Kläranlage.* Epigramme, 1970. *Zwischen den Stühlen sitzt der Liberale auf seinem Sessel.* Epigramme und Arbeitsgerichtsurteile, 1974. *Neues (& altes) vom Rechtsstaat & von mir.* Alle Epigramme, 1978. *Die Faust meines Großvaters & andere Freiübungen.* Ged. u. Epigramme, 1979. *Die Amsel fliegt auf.* Ged., 1982.

Atabay, Cyrus (*6. 9. 1929 in Sadabad bei Teheran) Kam als Kind nach Deutschland, Schulbesuch in Berlin, lebte nach dem Krieg in Persien, in der Schweiz und in der Bundesrepublik, studierte Literaturwissenschaft in München, lebte danach in Europa und im Iran, seit 1978 in London, seit 1983 in München, Übersetzer und Herausgeber von iranischer und persischer Lyrik und Prosa.
Werke: *Einige Schatten.* 1956. *An- und Abflüge.* 1958. *Meditation am Webstuhl.* 1960. *Gegenüber der Sonne.* Ged. u. Pr., 1964. *Doppelte Wahrheit.* Ged. u. Pr., 1969. *An diesem Tag lasen wir keine Zeile mehr.* Ged., 1974. *Das Auftauchen an einem anderen Ort.* Ged., 1977. *Die Leidenschaft der Neugierde.* Ged., 1981. *Salut den Tieren.* 1983. *Stadtplan von Samarkand.* Porträts, Skizzen u. Ged., 1983. *Prosperos Tagebuch.* Ged., 1985.

Augustin, Ernst (*31. 10. 1927 in Hirschberg/Schlesien) Studierte Medizin in Rostock und Berlin/DDR, Facharzt für Psychiatrie und Neurologie, 1958–61 Leiter eines Krankenhauses in Afghanistan, lebt seitdem in München, Stationsarzt, Psychiater.
Werke: *Der Kopf.* Rom., 1962. *Das Badehaus.* Rom., 1963. *Mamma.* Rom., 1970. *Raumlicht: Der Fall Evelyne B.* Rom., 1976. *Eastend.* Rom., 1982.

Ausländer, Rose (*11. 5. 1901 in Czernowitz) Studium der Literaturwissenschaft und Philosophie in Czernowitz, 1921 Auswanderung nach New York, Bankangestellte, Journalistin, 1923 Heirat, 1926 Trennung und amerikanische Staatsbürgerschaft, 1931–40 Redakteurin und Lehrerin in Czernowitz, wurde als Jüdin von den Nationalsozialisten verfolgt, 1941–44 Czernowitzer Ghetto, überlebte danach in Kellerverstecken, 1946 nochmalige Auswanderung in die USA, Sekretärin, Korrespondentin und Übersetzerin in New York, lebt seit 1965 in Düsseldorf, zahlreiche Reisen in Europa und den USA.
Werke: *Der Regenbogen.* Ged., 1939. *Blinder Sommer.* Ged., 1965. *36 Gerechte.* Ged., 1967. *Inventar.* Ged., 1972. *Ohne Visum.* Ged. u. Pr., 1974. *Andere Zeichen.* Ged., 1975. *Noch ist Raum.* Ged., 1976. *Doppelspiel.* Ged., 1977. *Es ist alles anders.* Ged., 1977. *Aschensommer.* Ged., 1978. *Mutterland.* Ged., 1978. *Es bleibt noch viel zu sagen.* Ged., 1978. *Ein Stück weiter.* Ged., 1979. *Einverständnis.* Ged., 1980. *Im Atemhaus wohnen.* Ged., 1980. *Nacht.* Ged., 1981. *Einen Drachen reiten.* Ged., 1981. *Mein Atem heißt jetzt.* Ged., 1981. *Mein Venedig versinkt nicht.* Ged., 1982. *Südlich wartet ein wärmeres Land.* Ged., 1982. *Ich zähl' die Sterne meiner Worte.* Ged., 1983. *So sicher atmet nur der Tod.* Ged., 1983. *Festtag in Manhattan.* Ged., 1985. *Mein Venedig.* (Mit Roland Ruffing), 1985.
Ausgaben: *Gesammelte Gedichte.* 1976, erw. Ausg. 1977. *Gesammelte Werke.* Ged. u. Pr., 7 Bde., 1984ff.

Bachmann, Ingeborg (*25. 6. 1926 in Klagenfurt, †17. 10. 1973 in Rom) Studierte Philosophie, Germanistik und Psychologie in Innsbruck, Graz und Wien, 1950 Promotion mit der Dissertation *Die kritische Auf-*

nahme der Existentialphilosophie Martin Heideggers, Rundfunkredakteurin, 1953–57 freie Schriftstellerin in Italien, 1955 USA-Reise, Dramaturgin beim Bayrischen Fernsehen, 1958–62 Wohnorte in Rom und Zürich, 1959/60 Gastdozentin für Poetik an der Universität Frankfurt a.M., lebte seit 1963 in Berlin, seit 1965 in Rom, zahlreiche Reisen, Übersetzerin aus dem Englischen und von italienischer Lyrik, starb an den Folgen eines Brandunfalls.
Werke: *Die kritische Aufnahme der Existentialphilosophie Martin Heideggers*. Diss., (masch.), 1950. *Die gestundete Zeit*. Ged., 1953, Neuf., 1957. *Die Zikaden*. Hörsp., in: *Hörspielbuch*, 1955. *Der Idiot*. Libr., 1955. *Anrufung des Großen Bären*. Ged., 1956. *Der gute Gott von Manhattan*. Hörsp., 1958. *Der Prinz von Homburg*. Libr., (Bearb. n. Heinrich von Kleist), 1960. *Jugend in einer österreichischen Stadt*. 1961. *Das dreißigste Jahr*. Erzn., 1961. *Ein Ort für Zufälle*. Pr., 1965. *Der junge Lord*. Libr., (Bearb. n. Wilhelm Hauff), 1965. *Malina*. Rom., 1971. *Simultan*. Erzn., 1972. *Undine geht*. Erzn., 1973, erw. Ausg., 1976. *Der Fall Franza. Requiem für Fanny Goldmann*. 1979. *Probleme zeitgenössischer Dichtungen*. Vorl., 1980. *Die Wahrheit ist dem Menschen zumutbar*. Ess., Reden, kleinere Schriften, 1981. *Die Fähre*. Erz., 1982. *Das Honditschkreuz*. 1983. *Wir müssen wahre Sätze finden*. Gespr. u. Interviews, 1983.
Ausgaben: *Gedichte. Erzählungen. Hörspiele. Essays*. 1964. *Die Hörspiele*. 1976. *Werke. 4 Bde*., 1978. *Sämtliche Erzählungen*. 1980. *Sämtliche Gedichte*. 1983. *Liebe: Dunkler Erdteil*. Ged. 1942–62, 1984.

Bächler, Wolfgang (*22. 3. 1925 in Augsburg) Nach 1943 Arbeitsdienst und Soldat, Verwundung, studierte nach dem Krieg bis 1948 Germanistik, Romanistik, Kunstgeschichte und Theaterwissenschaft in München, lebte von 1956–66 in Frankreich, seitdem in München, Tätigkeiten als Schauspieler, Zeitungs-, Verlags- und Rundfunkmitarbeiter, Übersetzer.
Werke: *Der nächtliche Gast*. Rom., 1950. *Die Zisterne*. Ged., 1950. *Lichtwechsel*. Ged., 1955. *Lichtwechsel II*. Ged., 1960. *Türklingel*. Ged., 1962. *Türen aus Rauch*. Ged., 1963. *Traumprotokolle*. 1972. *Ausbrechen*. Ged. aus 30 Jahren, 1976. *Stadtbesetzung*. Pr., 1979. *Die Erde bebt noch*. Frühe Lyrik, 1981. *Nachtleben*. Ged., 1982. *Wenn das Eis geht*. (mit Hilde Domin u. Erich Fried), 1983.

Baumgart, Reinhard (*7. 7. 1929 in Breslau) Arbeit in Landwirtschaft und Industrie, studierte seit 1948 Geschichte, Germanistik und Anglistik in München, Glasgow und Freiburg i.Br., 1953 Promotion mit der Dissertation *Das Ironische und die Ironie in den Werken Thomas Manns*, 1953/54 Lektor an der Universität in Manchester, 1955–62 Lektor beim Piper-Verlag in München, lebt seit 1962 als freier Schriftsteller in Grünwald bei München, Mitarbeiter der Zeitschrift *Der Spiegel*, 1966/67 Gastdozent für Poetik an der Universität Frankfurt a.M., 1969–75 Theater-, Film- und Literaturkritiker bei der *Süddeutschen Zeitung*, 1970–74 Vorstandsmitglied im Verband deutscher Schriftsteller, Übersetzer aus dem Englischen.
Werke: *Der Löwengarten*. Rom., 1961. *Hausmusik*. Rom., 1962. *Das Ironische und die Ironie in den Werken Thomas Manns*. (Diss., 1953), 1964. *Literatur für Zeitgenossen*. Ess., 1966. *Panzerkreuzer Potjomkin*. Erzn., 1967. *Aussichten des Romans oder Hat Literatur Zukunft?*. Vorl., 1968. *Über Uwe Johnson*. (Hg.), 1970. *Die verdrängte Phantasie*. Ess., 1973. *Wahnfried*. 1985.
Außerdem Theaterstücke, Fernsehfilme und Hörspiele.

Becker, Jürgen (*10. 7. 1932 in Köln) Studierte 1 Jahr Germanistik, diverse Tätigkeiten, 1959 Rundfunkmitarbeiter beim WDR in Köln, 1964–66 Verlagsdirektor beim Rowohlt-Verlag in Hamburg, 1965/66 Stipendium der Villa Massimo in Rom, lebt seit 1968 als freier Schriftsteller im Raum Köln, 1973 Leiter des Suhrkamp-Theaterverlages, seit 1974 Leiter der Hörspielredaktion des Deutschlandfunks.
Werke: *Phasen*. Pr. u. Typogramme, (mit Wolf Vostell), 1960. *Felder*, Pr., 1964. *Happenings*. Dokumentation, (Hg. mit Wolf Vostell), 1965. *Ideale Landschaft*. Pr. u. Bilder, (mit K.P. Brehmer), 1968. *Ränder*. Pr., 1968. *Bilder Häuser Hausfreunde*. Hörspe., 1969. *Umgebungen*. Pr., 1970. *Eine Zeit ohne Wörter*. Fotos, 1971. *Schnee*. Ged., 1971. *Die Zeit nach Harrimann*. Szn., 1971. *Das Ende der Landschaftsmalerei*. Ged., 1974. *Erzähl mir nichts vom Krieg*. Ged., 1977. *In der verbleibenden Zeit*. Ged., 1979. *Erzählen bis Ostende*. 1981. *Die Abwesenden*. Hörspe., 1982. *Fenster und Stimmen*. Ged. u. Bilder, (mit Rango Bohne), 1982. *Die Türe zum Meer*. 1983.
Ausgabe: *Gedichte 1965–1980*. 1981.
Außerdem Fernsehfilme und weitere Hörspiele.

Becker, Jurek (*30. 9. 1937 in Lodz/Polen) Kindheit in Ghetto und KZ, seit 1945 in Ostberlin, 1955–57 Philosophiestudium, 1960–77 als freier Schriftsteller in Berlin/DDR, 1957–76 Mitglied der SED, Ausschluß aufgrund seines Protests gegen die Ausbürgerung Wolf Biermanns, 1977 Austritt aus dem Schriftstellerverband der DDR, 1978 USA-Aufenthalt und Dozent an der Gesamthochschule Essen, lebt seit 1977 mit einem auf zehn Jahre befristeten Visum in Westberlin.
Werke: *Jakob der Lügner*. Rom., 1969. *Irreführung der Behörden*. Rom., 1973. *Der Boxer*. Rom., 1976. *Schlaflose Tage*. Rom., 1978. *Nach der ersten Zukunft*. Erzn., 1980. *Aller Welt Freund*. Rom., 1982.
Außerdem Filme und Fernsehspiele.

Bender, Hans (*1. 7. 1919 in Mühlhausen/Kraichgau) 1940–45 Soldat, bis 1949 sowjetische Kriegsgefangenschaft, studierte Kunstgeschichte und Literaturwissenschaft in Erlangen und Heidelberg, (Mit-)Herausgeber der *Konturen* (1951–53), der *Akzente* (1954–80) und des *Jahresring* (seit 1977), 1960–62 Redakteur bei der *Deutschen Zeitung*, 1962–64 bei *magnum*, Lektor im Carl Hanser Verlag, Literaturkritiker, lebt als freier Schriftsteller in Köln.
Werke: *Fremde soll vorüber sein*. Ged., 1951. *Die Hostie*. Erzn., 1953. *Eine Sache wie die Liebe*. Rom., 1954, TB-

Neuf., 1965. *Mein Gedicht ist mein Messer.* (Hg.), 1955, erw. TB-Ausg., 1961. *Junge Lyrik.* (Hg.), 4 Bde., 1956–60. *Der Brotholer.* Erz., 1957. *Lyrische Biographie.* Ged., 1957. *Wölfe und Tauben.* Erzn., 1957. *Wunschkost.* Rom., 1959. *Das wiegende Haus.* Erzn., 1961. *Fondue oder Der Freitisch.* Pr., 1961. *Widerspiel. Deutsche Lyrik seit 1945.* (Hg.), 1961. *Mit dem Postschiff.* Erzn., 1962. *Il Dissenso.* Erzn., (Hg.), 1962. *Die Wölfe kommen zurück.* Erzn., 1965. *Klassiker des Feuilletons.* (Hg.), 1965. *Die halbe Sonne.* Erzn. u. Reisebere., 1968. *Insel-Almanach 1971 für Marie Luise Kaschnitz.* (Hg.), 1971. *Aufzeichnungen einiger Tage.* Pr., 1971. *Wunschkost und Geschichten.* 1971. *Das Insel-Buch vom Alter.* (Hg.), 1976. *Sonne, Mond und Sterne.* Ged., Pr. u. Bilder, (Hg.), 1976. *Was alles hat Platz in einem Gedicht?.* (Hg. mit Michael Krüger), 1977. *In diesem Lande leben wir.* Ged., (Hg.), 1978. *Das Insel-Buch vom Reisen.* (Hg.), 1978. *Einer von ihnen.* 1979. *Das Insel-Buch der Freundschaft.* (Hg.), 1980. *Das Herbstbuch.* (Hg.), 1982. *Das Katzen-Buch.* Erzn., Ged. u. Bilder, (Hg. mit Hans Georg Schwark), 1982. *Deutsche Jugend.* (Hg.), 1983. *Geschichten aus dem 2. Weltkrieg.* (Hg.), 1983. *Das Winterbuch.* Ged. u. Pr., (Hg. mit Hans Georg Schwark), 1983. *Der Hund von Torcello.* Erzn., 1984. *Als ich das Licht verlöschte.* Ged., (Hg. mit Nikolaus Wolters), 1985. *Das Insel-Buch der Gärten.* (Hg.), 1985. *Das Sommerbuch.* Ged. u. Pr., (Hg.), 1985. *Das Frühlingsbuch.* Ged. u. Pr., (Hg. mit Nikolaus Wolters), 1986. *Spiel ohne Ende.* Erzn., (Hg.), 1986.

Ausgabe: *Worte, Bilder, Menschen.* Erzn., Rom., Bere., Ess., 1969.

Außerdem Fernsehfilme.

Benn, Gottfried (*2. 5. 1886 in Mansfeld, †7. 7. 1956 in Berlin) Studierte 4 Semester Theologie und Philosophie in Marburg und Berlin, 1905–12 Medizinstudium an der Kaiser-Wilhelm-Akademie für das militärärztliche Bildungswesen, 1914–17 Militärarzt in Belgien, 1917–34 eigene Praxis in Berlin, 1935 Reaktivierung als Militärarzt, 1938 Publikationsverbot, nach Kriegsende Wiedereröffnung der Berliner Praxis.

Werke: *Morgue und andere Gedichte.* 1912. *Söhne.* Ged., 1913. *Gehirne.* 1916. *Fleisch. Gesammelte Lyrik.* 1917. *Diesterweg.* Nov., 1918. *Etappe.* 1919. *Ithaka.* Dr., 1919. *Der Vermessungsdirigent.* Dr., 1919. *Schutt.* 1924. *Betäubung.* Ged., 1925. *Spaltung.* Ged., 1925. *Die Dänin.* Ged., 1925. *Fazit der Perspektiven.* 1930. *Das Unaufhörliche.* Oratoriumstext, 1931. *Nach dem Nihilismus.* 1932. *Der neue Staat und die Intellektuellen.* 1933. *Kunst und Macht.* 1934. *Zweiundzwanzig Gedichte.* 1943. *Statische Gedichte.* 1948. *Trunkene Flut.* Ausgew. Ged., 1949. *Der Ptolemäer. Berliner Novelle 1947.* 1949. *Drei alte Männer.* 1949. *Ausdruckswelt.* Ess. u. Aphor., 1949. *Goethe und die Naturwissenschaften.* 1949. *Doppelleben. Zwei Selbstdarstellungen.* 1950. *Probleme der Lyrik.* 1951. *Essays.* 1951. *Fragmente.* Ged., 1951. *Die Stimme hinter dem Vorhang.* 1952. *Destillationen.* Ged., 1953. *Monologische Kunst.* Br., (mit A. Lernet-Holenia), 1953. *Altern als Problem für Künstler.* 1954. *Reden.* 1954. *Apèrslude.* 1955. *Soll die Dichtung das Leben bessern?.* 1956. *Über mich selbst.* Pr., 1956. *Primäre Tage.* Ged. u. Fragme., 1958. *Das gezeichnete Ich.* Br. aus den Jahren 1900–56, 1962. *Medizinische Schriften.* 1965. *Den Traum alleine tragen.* Neue Texte, Br., Dokumente, 1966. *Dichter über ihre Dichtungen. Gottfried Benn.* 1969. *Lyrik.* 1976. *Briefwechsel mit Paul Hindemith.* 1978. *Das Gottfried-Benn-Brevier. Aphor., Reflexionen, Maximen aus Werken und Briefen.* 1979. *Briefe an F.W. Oelze.* 3 Bde., 1979/80. *Gottfried Benn. Stationen seines Lebens und Denkens.* 1982. *Briefe an Tilly Wedekind.* 1986. *G.B./Max Rychner. Briefwechsel 1930–56.* 1986.

Ausgaben: *Die gesammelten Schriften.* 1922. *Gesammelte Gedichte.* 1927. *Gesammelte Prosa.* 1928. *Ausgewählte Gedichte. 1911–36.* 1936. *Frühe Prosa und Reden.* 1950. *Frühe Lyrik und Dramen.* 1951. *Provoziertes Leben.* Ausgew. Pr., 1954. *Gesammelte Gedichte.* 1956. *Ausgewählte Briefe.* 1957. *Dr. Rönne.* 1957. *Gesammelte Werke.* 4 Bde., 1958–61. *Lyrik und Prosa, Briefe und Dokumente. Eine Auswahl.* 1962, erw. Ausg., 1971. *Die Stimme hinter dem Vorhang und andere Szenen.* 1964. *Späte Gedichte. Fragmente, Destillationen, Après-lude.* 1965. *Gesammelte Werke in 8 Bänden.* 1967. *Das Gottfried Benn-Buch. Eine innere Biographie in Selbstzeugnissen.* 1968, Neuausg. u.d.T. *Das Gottfried Benn Lesebuch,* 1982. *Sämtliche Erzählungen.* 1970. *Ausgewählte Gedichte.* 1973. *Das Hauptwerk. Lyrik/Essays, Reden, Vorträge/Prosa, Szenen/Vermischte Schriften.* 4 Bde., 1980. *Gesammelte Werke in der Fassung der Erstdrucke.* 5 Bde., 1982–84. *Der Ptolemäer. Sämtliche Erzählungen.* 1983. *Sämtliche Werke – Stuttgarter Ausgabe.* 1986ff.

Bense, Max (*7. 2. 1902 in Straßburg) Studierte Physik, Mathematik und Philosophie in Bonn, Köln und Göttingen, 1937 Promotion zum Dr. phil. nat., als Wissenschaftler und Mathematiker in der Industrie tätig, 1945–46 Kurator, 1946–48 Professor an der Universität in Jena, 1948 Umzug in die Bundesrepublik, Mitarbeiter beim Rheinischen Kulturinstitut, seit 1950 Professor und seit 1963 Ordinarius für Philosophie und Wissenschaftstheorie in Stuttgart, 1955–60 Herausgeber der Zeitschrift *Augenblick,* 1960–65 Mitherausgeber der Reihe *Rot,* 1979 Emeritierung, lebt in Stuttgart.

Werke: *Quantenmechanik und Daseinsrealität.* 1938. *Geist der Mathematik.* 1939. *Sören Kierkegaard.* 1942. *Über Leibniz.* 1946. *Hegel und Kierkegaard.* 1948. *Konturen einer Geistesgeschichte der Mathematik.* 2 Bde., 1946, 1949. *Literaturmetaphysik.* 1950. *Ptolemäer und Mauretanier oder Die theologische Emigration in der deutschen Literatur.* 1950. *Die Theorie Franz Kafkas.* 1952. *Plakatwelt.* 1952. *aesthetica.* 4 Bde., 1954, 1956, 1958, 1960. *Descartes und die Folgen.* 1955. *Rationalismus und Sensibilität.* 1956. *Ein Geräusch in der Straße.* 1960. *Bestandteile des Vorüber.* Pr., 1961. *Theorie der Texte.* 1962. *Entwurf einer Rheinlandschaft.* Pr., 1962. *Die präzisen Vergnügen.* Pr., 1964. *Ungehorsam der Ideen.* 1965. *Brasilianische Intelligenz.* 1965. *Semiotik.*

1967. *Die Zerstörung des Durstes durch Wasser.* Pr., 1967. *Der Monolog der Terry Jo.* Hörsp., (mit Ludwig Harig), 1968. *Einführung in die informationstheoretische Ästhetik.* 1969. *kleine abstrakte ästhetik.* 1969. *Artistik und Engagement.* 1970. *Nur Glas ist wie Glas.* 1970. *Zeichen und Design.* 1971. *Die Realität der Literatur. Autoren und ihre Texte.* 1971. *Semiotische Prozesse und Systeme.* 1974. *Vermittlung der Realität. Semiotische Erkenntnistheorie.* 1976. *Das Auge Epikurs.* 1979. *Die Unwahrscheinlichkeit des Ästhetischen und die semiotische Konzeption der Kunst.* 1979. *Axiomatik und Semiotik in Mathematik und Naturerkenntnis.* 1981. *Poetische Bemerkungen.* 1981. *Zentrales und Occasionelles.* 1981.
Ausgabe: *Aesthetica.* 1965.

Bernhard, Thomas (*9. 2. 1931 in Heerlen/Holland) 1947 Schulabbruch, kaufmännische Lehre, 1948 Rippenfellentzündung, 1949 schwere Lungenkrankheit, bis 1951 Lungenheilstätte Grafenhof, studierte 1952–57 Musik, Schauspiel und Dramaturgie in Wien und Salzburg, freier Mitarbeiter beim *Demokratischen Volksblatt* als Gerichtsreporter, Theater- und Literaturkritiker, seit 1957 freier Schriftsteller, längere Aufenthalte in Polen und England, lebt seit 1965 in Ohlsdorf (Österreich).
Werke: *Auf der Erde und in der Hölle.* Ged., 1957. *In hora mortis.* Ged., 1958. *Unter dem Eisen des Mondes.* Ged., 1958. *die rosen der einöde.* Libr., 1959. *Frost.* Rom., 1963. *Amras.* Erz., 1964. *Verstörung.* Rom., 1967. *Prosa.* 1967. *Ungenach.* Erz. 1968. *Watten.* 1969. *Ereignisse.* 1969. *An der Baumgrenze.* 1969. *Das Kalkwerk.* Rom., 1970. *Der Berg.* Dr., (entst. 1956), in: *Literatur und Kritik,* 1970. *Ein Fest für Boris.* Dr., 1970. *Midland in Stilfs.* Erzn., 1971. *Gehen.* Pr., 1971. *Der Italiener.* Ft., 1971. *Der Ignorant und der Wahnsinnige.* Dr., 1972. *Die Jagdgesellschaft.* Dr., 1974. *Der Kulterer.* Ft., 1974. *Die Macht der Gewohnheit.* Dr., 1974. *Der Präsident.* Dr., 1975. *Korrektur.* Rom., 1975. *Die Ursache.* Pr., 1975. *Die Berühmten.* Dr., 1976. *Der Keller.* Pr., 1976. *Minetti.* Dr., 1977. *Der Atem.* Pr., 1978. *Immanuel Kant.* Dr., 1978. *Ja.* 1978. *Der Stimmenimitator.* Pr., 1978. *Der Weltverbesserer.* Dr., 1979. *Vor dem Ruhestand.* Kom., 1979. *Die Billigesser.* 1980. *Die Kälte.* 1981. *Über allen Gipfeln ist Ruh.* Dr., 1981. *Am Ziel.* Dr., 1981. *Ave Vergil.* Gedicht, 1981. *Ein Kind.* 1982. *Beton.* Erz., 1982. *Wittgensteins Neffe.* 1982. *Der Schein trügt.* Dr., 1983. *Der Untergeher.* 1983. *Der Theatermacher.* 1984. *Holzfällen – eine Erregung.* 1984. *Ritter, Dene, Voss.* 1984. *Alte Meister.* Dr., 1985. *Einfach kompliziert.* 1986.
Ausgaben: *Der Wetterfleck.* Erzn., 1976. *Die Erzählungen.* 1979. *Die Stücke 1969–81.* 1983.

Bichsel, Peter (*24. 3. 1935 in Luzern/Schweiz) Ausbildung zum Primarlehrer in Solothurn, 1955–72 Lehrer, 1963/64 Teilnahme am Literarischen Colloquium Berlin (geleitet von Walter Höllerer), 1972 USA-Aufenthalt, seit 1973 Berater eines sozialdemokratischen Bundesrates in der Schweiz, 1977 Vortragsreise in Australien und Neuseeland, lebt als freier Schriftsteller und Publizist in Bellach (bei Solothurn).
Werke: *Versuch über Gino.* 1960. [Gilt als verschollen.] *Eigentlich möchte Frau Blum den Milchmann kennenlernen.* Erzn., 1964. *Die Jahreszeiten.* Rom., 1967. *Des Schweizers Schweiz/Sitzen als Pflicht.* Ess., 1969, Neuf. 1984. *Kindergeschichten.* Erzn., 1969. *Stockwerke.* Pr., 1974. *Geschichten zur falschen Zeit.* 1979. *Der Leser – Das Erzählen.* Vorl., 1982. *Der Busant.* 1985. *Schulmeistereien.* 1985.
Außerdem Film- und Hörspielautor.

Bieler, Manfred (*3. 7. 1937 in Zerbst) Studierte 1952–56 Germanistik in Berlin/DDR, Mitarbeiter beim Deutschen Schriftstellerverband der DDR, verschiedene Tätigkeiten, zahlreiche Reisen, lebte bis 1965 in Ostberlin, seit 1965 in Prag, tschechische Staatsbürgerschaft, seit 1968 als freier Schriftsteller in München.
Werke: *Der Schuß auf die Kanzel oder Eigentum ist Diebstahl.* 1958. *Die achte Trübsal.* Hörsp., in: *Hörspieljahrbuch,* 1961. *Die linke Wand.* Hörsp., in: *Hörspiele,* 1962. *Karriere eines Klaviers.* Hörsp., in: *Hörspiele,* 1963. *Bonifaz oder Der Matrose in der Flasche.* Rom., 1963. *Ich frage....* Hörsp., in: *Neue Deutsche Literatur,* 1965. *märchen und zeitungen.* Erzn., 1966. *Der junge Roth.* Erzn., 1968. *Maria Morzeck oder das Kaninchen bin ich.* Rom., 1969. *Drei Rosen aus Papier,* Hörsp., 1970. *Vater und Lehrer,* Hörsp., 1970. *Der Passagier.* Erz., 1971. *Der Hausaufsatz.* Hörsp., 1974. *Mein kleines Evangelium.* 1974. *Der Mädchenkrieg.* Rom., 1975. *Der Kanal.* Rom., 1978. *Ewig und drei Tage.* Rom., 1980. *Preußische Nacht.* Ft., 1981. *Der Bär.* Rom., 1983.
Außerdem zahlreiche Fernsehfilme, Literaturverfilmungen und weitere Hörspiele.

Bienek, Horst (*7. 5. 1930 in Gleiwitz) Redaktionsvolontär in Berlin, 1951 Schüler bei Bertolt Brecht in Berlin/DDR, 1951 Verhaftung durch den Staatssicherheitsdienst aus politischen Gründen, 1952–55 Zwangsarbeitslager in Workuta/Sibirien, 1955 Amnestie, lebt seitdem in der Bundesrepublik, 1957–61 Redakteur beim Hessischen Rundfunk in Frankfurt a.M. und Herausgeber der Buchreihe *Studio 58,* 1960 Stipendium der Villa Massimo in Rom, 1961 Lektor, später Cheflektor beim Deutschen Taschenbuchverlag in München, Mitherausgeber der Zeitschrift *Blätter und Bilder,* Vortragsreisen in Europa, Amerika und Australien, lebt als freier Schriftsteller in München.
Werke: *Traumbuch eines Gefangenen.* Ged. u. Pr., 1957. *Nachtstücke.* Erzn., 1959. *Werkstattgespräche mit Schriftstellern.* 1962, erw. TB-Ausg., 1976. *Borges, Bulatovic, Canetti.* Gespr., 1965. *was war was ist.* Ged., 1966. *Die Zelle.* Rom., 1968. *Vorgefundene Gedichte. Poèmes trouvés.* 1969. *Bakunin, eine Invention.* Pr., 1970. *Der Verurteilte.* Erz., 1972. *Im Untergrund.* Dr., (nach Dostojewski), 1972. *Solschenizyn und andere.* Ess., 1972. *Finnische Lyrik aus Hundert Jahren.* (Hg.), 1973. *Die Zeit danach.* Ged., 1974. *Die erste Polka.* Rom., 1975.

Gleiwitzer Kindheit. Ged. aus 20 Jahren, 1976. *Septemberlicht.* Rom., 1977. *Zeit ohne Glocken.* Rom., 1979. *Hommage à Hermann Kesten.* (Hg.), 1980. *Von Zeit und Erinnerung.* Erzn., Ged., Ess., 1980. *Dostojewski für alle.* (Hg.), 1981. *Der Freitag der kleinen Freuden.* Erzn., 1981. *Erde und Feuer.* Rom., 1982. *Beschreibung einer Provinz.* 1983. *Königswald oder die letzte Geschichte.* Erz., 1984. *Mein Lesebuch.* (Hg.), 1984. *Heimat.* (Hg.), 1985. *Der Blinde in der Bibliothek.* Lit. Portr., 1986.
Außerdem Hörspiele.

Biermann, Wolf (*15. 11. 1936 in Hamburg) 1953 Übersiedlung in die DDR, studierte Politische Ökonomie in Berlin/DDR, 1957–59 Regieassistent am *Berliner Ensemble,* studierte von 1959–63 Philosophie und Mathematik, 1963 erstes Auftrittsverbot und Ausschluß aus der SED, 1964 Auftritte in Ostberlin, der Bundesrepublik und in Westberlin, 1965 generelles Auftritts-, Veröffentlichungs- und Ausreiseverbot, 1976 während einer Tournee durch die Bundesrepublik Ausbürgerung aus der DDR, danach Auftritte in Italien, der Schweiz und in Spanien, mehrere Tourneen in der Bundesrepublik, lebt in Hamburg und Frankreich. Übersetzer von Julij Daniel.
Werke: Die *Drahtharfe.* Balladen, Ged., Lieder, 1965. *Mit Marx- und Engelszungen.* Ged., Balladen, Lieder, 1968. *Der Dra-Dra.* 1970. *Für meine Genossen.* Hetzlieder, Ged., Balladen. 1972. *Deutschland. Ein Wintermärchen.* 1972. *Das Märchen vom kleinen Herrn Moritz, der eine Glatze kriegte.* 1972. *Loblieder und Haßgesänge.* 1977. *Preußischer Ikarus.* Lieder, Balladen, Ged., Pr., 1978. *Das Märchen von dem Mädchen mit dem Holzbein.* (Mit Natascha Ungeheuer), 1979. *Verdrehte Welt – das seh ich gerne.* Lieder, Balladen, Ged., Pr., 1982.
Schallplatten: *Wolf Biermann (Ost) zu Gast bei Wolfgang Neuss (West).* 1965. *Vier neue Lieder.* 1968. *Chausseestraße 131.* 1969. *Der Biermann kommt.* 1970. *Warte nicht auf beßre Zeiten.* 1973. *Chile – Ballade vom Kameramann.* 1973. *aah – ja!.* 1974. *Liebeslieder.* 1975. *Es gibt ein Leben vor dem Tod.* 1976. *Es geht sein' sozialistischen Gang.* 1976. *Der Friedensclown.* 1977. *Trotz alledem!* 1978. *Hälfte des Lebens.* 1979. *Eins in die Fresse mein Herzblatt.* 1980. *Verdrehte Welt – das seh ich gerne.* 1982. *Im Hamburger Federbett.* 1982. *Wir müssen vor Hoffnung verrückt sein.* 1983. *Die Welt ist schön.* 1985.
Ausgabe: *Nachlaß I.* Noten, Schriften, Beispiele., 1977.

Böll, Heinrich (*21. 12. 1917 in Köln, †16. 7. 1985 in Kreuzau-Winden) Abgebrochene Buchhändlerlehre, 1938 Reichsarbeitsdienst, 1939 Beginn des Germanistik- und Altphilologiestudiums, 1939–45 Soldat, Lazarettaufenthalte, französische und englische Kriegsgefangenschaft, 1945 Rückkehr nach Köln, studierte Germanistik, nebenbei verschiedene Tätigkeiten, seit 1951 freier Schriftsteller, 1961 Stipendium der Villa Massimo in Rom, Aufenthalte in Irland, in der UdSSR und in den USA, 1964 Gastdozent für Poetik an der Universität Frankfurt a.M., 1972 Nobelpreis für Literatur, Übersetzer, insbesondere von irischer Literatur.
Werke: *Der Zug war pünktlich.* Erz., 1949. *Wanderer, kommst du nach Spa....* Erzn., 1950. *Die schwarzen Schafe.* Erz., 1951. *Wo warst du, Adam?.* Rom., 1951. *Nicht nur zur Weihnachtszeit.* Erz., 1952. *Und sagte kein einziges Wort.* Rom., 1953. *Haus ohne Hüter.* Rom., 1954. *Das Brot der frühen Jahre.* Erz., 1955. *So ward Abend und Morgen.* Erzn., 1955. *Unberechenbare Gäste.* Erzn., 1956. *Irisches Tagebuch.* 1957. *Im Tal der donnernden Hufe.* Erz., 1957. *Die Spurlosen.* Hörsp., 1957. *Doktor Murkes gesammeltes Schweigen und andere Satiren.* 1958. *Erzählungen.* 1958. *Die Waage der Baleks.* Erzn., 1958. *Der Mann mit den Messern.* 1959. *Der Bahnhof von Zimpren.* Erzn., 1959. *Billard um halb zehn.* Rom., 1959. *Brief an einen jungen Katholiken.* 1961. *Ein Schluck Erde.* Dr., 1962. *Als der Krieg ausbrach. Als der Krieg zu Ende war.* Erzn., 1962. *Ansichten eines Clowns.* Rom., 1963. *Die Essenholer und andere Erzählungen.* 1963. *Hierzulande.* Ess., 1963. *Bilanz. Klopfzeichen.* Hörspe., 1963. *Entfernung von der Truppe.* Erz., 1964. *Frankfurter Vorlesungen.* 1966. *Als der Krieg ausbrach.* Erzn., 1965. *Ende einer Dienstfahrt.* Erz., 1966. *Die Freiheit der Kunst.* Rede, 1967. *Georg Büchners Gegenwärtigkeit.* Rede, 1967. *Leben im Zustand des Frevels.* Rede, 1969. *Hausfriedensbruch. Aussatz.* Hörsp. u. Dr., 1969. *Gruppenbild mit Dame.* 1971. *Im Gespräch.* (Mit Heinz Ludwig Arnold), 1971. *Gedichte.* 1972. *Versuch über die Vernunft der Poesie. Nobelvorlesung.* 1973. *Neue politische und literarische Schriften.* 1973, TB-Ausg., 2 Bde., u.d.T. *Der Lorbeer ist immer noch bitter. Literarische Schriften* u. *Schwierigkeiten mit der Brüderlichkeit. Politische Schriften,* 1974/76. *Die verlorene Ehre der Katharina Blum oder: Wie Gewalt entstehen und wohin sie führen kann.* Erz., 1974. *Drei Tage im März.* Gespr., (mit Christian Linder), 1975. *Berichte zur Gesinnungslage der Nation.* 1975. *Gedichte.* 1975. *Einmischung erwünscht. Schriften zur Zeit.* 1977. *Briefe zur Verteidigung der Republik.* (Hg. mit Freimut Duve u. Klaus Staeck), 1977. *Mein Lesebuch.* (Hg.), 1978. *Eine deutsche Erinnerung. Interview mit René Wintzen.* 1979. *Du fährst zu oft nach Heidelberg und andere Erzählungen.* 1979. *Ein Tag wie sonst.* Hörspe., 1980. *Fürsorgliche Belagerung.* Rom., 1979. *Spuren der Zeitgenossenschaft.* Lit. Schriften, 1980. *Gefahren von falschen Brüdern.* Politische Schriften, 1980. *Was soll aus dem Jungen bloß werden? Oder: Irgendwas mit Büchern.* 1981. *Warum haben wir aufeinander geschossen?.* (Mit Lew Kopelew), 1981. *Vermintes Gelände.* Ess. 1977, 1982. *Antikommunismus in Ost und West.* Gespr., (mit Lew Kopelew u. Heinrich Vormweg), 1982. *Das Vermächtnis.* Erz., [entst. 1948], 1982. *Der Angriff.* Erzn. 1947–49, 1983. *Die schwarzen Schafe.* Erzn. 1950–52, 1983. *Die Verwundung.* Und andere frühe Erzn., 1983. *Bild – Bonn – Boenisch.* 1985. *Mein trauriges Gesicht.* Erz., 1984. *Veränderungen im Staech.* Erzn. 1962–80, 1984. *Weil die Stadt so fremd geworden ist.* Gespr., (mit Heinrich Vormweg), 1985. *Frauen vor Flußlandschaft.* 1985. *Niemandsland.* (Hg.), 1985. *Die Fähigkeit zu trauern.* Reden u. Schrif-

ten 1983–85, 1986. *Gedanken über Lebenslust, Sittenwächter und Lufthändler.* 1986. *Wir kommen weit her.* Ged., 1986.
Ausgaben: *Erzählungen, Hörspiele, Aufsätze.* 1961. *Heinrich Böll 1947–51.* 1963. *Zum Tee bei Dr. Borsig.* Hörspe., 1964. *Geschichten aus 12 Jahren.* 1968. *Aufsätze, Kritiken, Reden.* 1967. *Erzählungen 1950–70.* 1972. *Werke.* 10 Bde., 1977/78. *Gesammelte Erzählungen.* 2 Bde., 1981. *Schriften und Reden.* 8 Bde., 1985/86.

Borchert, Wolfgang (*20. 5. 1921 in Hamburg, †20. 11. 1947 in Basel) Buchhändlerlehre, Schauspielunterricht, 1941 zum Militär eingezogen, 1942–44 mehrere Haftstrafen und Verurteilungen zur Frontbewärung aus politischen Gründen (1942 Einsatz in Rußland, 1943 Lazarett wegen Gelbsucht und Fleckfieber), 1945 Flucht nach Hamburg, Theaterarbeit, 1945 Krankenhaus, starb während eines Kuraufenthaltes in der Schweiz.
Werke: *Laterne, Nacht und Sterne.* Ged., 1946. *Die Hundeblume.* Erzn., 1947. *An diesem Dienstag.* Erzn., 1947. *Draussen vor der Tür.* Dr., 1947. *Die traurigen Geranien und andere Geschichten aus dem Nachlaß.* 1962.
Ausgabe: *Das Gesamtwerk.* 1949.
Hörspiel: *Draußen vor der Tür.* NWDR, 13. 2. 1947.

Born, Nicolas (*31. 12. 1937 in Duisburg, †7. 12. 1979 in Hamburg) Lebte von 1950–65 als Chemigraph in Essen, Reisen in den Balkan, nach Griechenland und in die Türkei, 1964/65 Prosa-Schreibkurs im Literarischen Colloquium Berlin (geleitet von Walter Höllerer), 1965 Umzug nach Berlin, seitdem freier Schriftsteller, 1969/70 Stipendium in den USA, 1972/73 Stipendium der Villa Massimo in Rom, Mitherausgeber des *Literaturmagazin* (1974), 1975 Gastdozent an der Universität Essen, lebte seit 1974 in Dannenberg (Niedersachsen).
Werke: *Der zweite Tag.* Rom., 1965. *Marktlage.* Ged., 1967. *Wo mir der Kopf steht.* Ged., 1970. *Das Auge des Entdeckers.* Ged., 1972. *Oton und Iton.* Kinderb., 1974. *Die erdabgewandte Seite der Geschichte.* Rom., 1976. *Die. Fälschung.* Rom., 1979. *Die Welt der Maschine.* Ess., 1980. *Täterskizzen.* Erzn., 1983.
Ausgabe: *Gedichte 1967–78.* 1978.
Außerdem Hörspiele.

Brasch, Thomas (*19. 2. 1945 in Westow/Großbritannien) 1947 Rückkehr der Familie in das Gebiet der heutigen DDR, zunächst verschiedene Tätigkeiten, studierte 1964 Journalistik in Leipzig, 1965 Exmatrikulation aus politischen Gründen, Arbeit als Packer, Kellner, Straßenbauarbeiter, 1967 Studium der Dramaturgie an der Filmhochschule Potsdam-Babelsberg, 1968 Exmatrikulation und zweijährige Haftstrafe aus politischen Gründen, 1969 als Fräser in Ostberlin, 1971–72 Arbeit im Brecht-Archiv, seitdem freier Schriftsteller, 1976 Ausreiseantrag und Umzug nach Westberlin, 1980 Stipendium der Villa Massimo in Rom, Übersetzer von Anton Tschechow.
Werke: *Poesiealbum 89.* 1975. *Vor den Vätern sterben die Söhne.* 1977. *Kargo 32. Versuch auf einem untergehenden Schiff aus der eigenen Haut zu kommen.* 1977. *Die argentinische Nacht.* 1977. *Der Papiertiger.* Dr., in: *Spectaculum 26,* 1977. *Eulenspiegel.* 1977. *Herr Geiler.* Dr., 1977. *Lovely Rita,* Dr., in: *Spectaculum 28,* 1978. *Rotter Und weiter.* Tgb, Dr., Aufführung, 1978. *Hakims Geschichten.* (Mit Norberto Avila), 1980. *Der schöne 27. September.* Ged., 1980. *Engel aus Eisen.* 1981. *Der König vor dem Fotoapparat.* 1981. *Domino.* Fb., 1982. *Mercedes.* Dr., in: *Theater heute,* 1983.
Außerdem Nachdichtungen, Filme und Hörspiele.

Breitbach, Joseph (*20. 9. 1903 in Koblenz, †9. 5. 1980 in München) Kaufmännische Lehre, Vizepräsident eines Warenhauskonzerns, 1921–29 KP-Mitglied, lebte seit 1929 als Publizist in Paris, schrieb für französische Zeitungen und unter dem Pseudonym Jean Charlot Saleck von 1948–51 für *Die Zeit.*
Werke: *Rot gegen Rot.* Erzn., 1929. *Mademoiselle Schmidt.* Kom., 1929, Neuf. u.d.T. *Das Jubiläum,* 1960, *Die Jubilarin,* 1968. *Die Wandlung der Susanne Dasseldorf.* Rom., 1932. *Bericht über Bruno.* Rom., 1962. *Clemens.* Rom.-Fragm., 1963. *Genosse Veygond.* Kom., 1970. *Requiem für die Kirche.* Dr., 1972. *Die Rabenschlacht und andere Erzählungen.* 1973. *Derrière le Rideau ou Le parti d'en rire.* 1975. *Das blaue Bidet oder Das eigentliche Leben.* Rom., 1978. *Feuilletons.* 1978.
Ausgaben: *Die Jubilarin. Genosse Veygond. Requiem für die Kirche.* 1972.

Brinkmann, Rolf Dieter (*16. 4. 1940 in Vechta, †23. 4. 1975 in London) Verwaltungsangestellter in Oldenburg, 1959 Buchhändlerlehre in Essen, lebte seit 1962 in Köln, studierte dort Pädagogik, freier Schriftsteller, Übersetzer und Herausgeber der amerikanischen Underground-Literatur, Regisseur von Experimentalfilmen, Organisator von multimedialen Veranstaltungen, Aufenthalte in der Villa Massimo in Rom und in London, 1974 Gastdozent in den USA, starb bei einem Autounfall in London.
Werke: *Ihr nennt es Sprache.* Ged., 1962. *Le chant du monde.* Ged. 1963–64, 1964. *Die Umarmung.* Erzn., 1965. *Ohne Neger.* Ged., 1965. *Raupenbahn.* Pr., 1966. *& Gedichte.* 1966. *Was fraglich ist wofür.* Ged., 1967. *Keiner weiß mehr.* Rom., 1968. *Die Piloten.* Ged., 1968. *Godzilla.* Ged., 1968. *Standphotos.* Ged., 1969. *ACID.* (Hg. mit Ralf-Rainer Rygulla), 1968. *Silver Screen.* Ged., (Hg.), 1969. *Gras.* Ged., 1970. *Auf der Schwelle.* Hörsp., in: *WDR-Hörspielbuch 9,* 1971. *World's End.* Pr. u. Bilder, 1973. *Westwärts 1 & 2.* Ged., 1975. *Rom, Blicke.* 1979. *Erkundungen für die Präzisierung des Gefühls für einen Aufstand: Träume – Aufstände/Gewalt/Morde – Zeit – Reise – Magazin.* Tgb., 1982. *Erzählungen.* 1985. *Eiswasser an der Guadelupe Str..* Ged., 1985.
Ausgaben: *Standphotos.* Ged 1962–70, 1980. *Der Film in Worten.* Pr., Erzn., Ess., Hörspe., Fotos, Collagen 1965–74, 1982.
Außerdem Kurzfilme und weitere Hörspiele.

Buch, Hans Christoph (*13. 4. 1944 in Wetzlar) 1963/64 Teilnahme am Literarischen Colloquium in Westberlin, studierte Germanistik und Slawistik in Bonn und Berlin, 1967/68 Stipendium in den USA, 1972 Promotion mit der Dissertation *Die Beschreibungsliteratur und ihre Kritiker von Lessing bis Lukács*, 1973–75 Herausgeber des *Literaturmagazin*, 1974/75 Dozent an der Universität Bremen, zahlreiche Reisen, 1977/78 Gastdozent an der University of San Diego (USA), Herausgeber des *Tintenfisch*, lebt als freier Schriftsteller und Verlagslektor in Westberlin und bei Gorleben.
Werke: *Unerhörte Begebenheiten*. Erzn., 1966. *Ut Pictura Poesis*. Diss., 1972. *Kritische Wälder*. Ess., 1972. *Parteilichkeit der Literatur oder Parteiliteratur?*. (Hg.), 1972. *Aus der Neuen Welt*. Pr., 1975. *Die Scheidung von San Domingo*. 1976. *Das Hervortreten des Ichs aus den Wörtern*. Ess., 1978. *Bericht aus dem Inneren der Unruhe*. 1979, erw. Ausg., 1984. *Tatanka Yotanka oder Was geschah wirklich in Wounded Knee?*. (Hg.), 1979. *Zumwalds Beschwerden*. Erz., 1980. *Jammerschoner*. 1982. *Die Hochzeit von Port-au-Prince*. Rom., 1984. *Karibische Kaltluft*. Repn., 1985. *New York, Herbst 1984*. 1985.

Canetti, Elias (*25. 7. 1905 in Rustschuk/Bulgarien) Kindheit und Jugend in England, Österreich, in der Schweiz und in Deutschland, studierte von 1924–29 Naturwissenschaften in Wien, 1928/29 mehrmonatige Aufenthalte in Berlin, Freundschaft mit George Grosz, Isaak Babel und Bertolt Brecht, 1929 Promotion zum Dr. phil. nat., seit 1929 Übersetzer von Upton Sinclair und freier Schriftsteller, 1938 Emigration über Paris nach London, 1981 Nobelpreis für Literatur, lebt in London und Zürich.
Werke: *Hochzeit*. Dr., 1932. *Die Blendung*. Rom., 1935/36. *Komödie der Eitelkeit*. Dr., 1950. *Fritz Wotruba*. 1955. *Masse und Macht*. Ess., 1960. *Welt im Kopf*. 1962. *Die Befristeten*. Dr., 1964. *Aufzeichnungen 1942–48*. 1965. *Die Stimmen von Marrakesch*. Reiseber., 1968. *Der andere Prozeß*. Ess., 1969. *Alle vergeudete Verehrung*. Aufzn. 1949–60, 1970. *Die gespaltene Zukunft*. Ess. u. Gespr., 1972. *Macht und Überleben*. Ess., 1972. *Die Provinz des Menschen*. Aufzn. 1942–72, 1973. *Der Ohrenzeuge. Fünfzig Charaktere*. 1974. *Der Beruf des Dichters*. 1976. *Das Gewissen der Worte*. Ess., 1975, erw. Ausg., 1976. *Die gerettete Zunge*. Aut., 1977. *Die Fackel im Ohr*. Aut. 1921–31, 1980. *Das Augenspiel*. Aut. 1931–37, 1985.

Celan, Paul (eigentlich Paul Antschel, *23. 11. 1920 in Czernowitz, †20. 4. 1970 in Paris; Freitod) Studierte 1938 Medizin in Tours (Frankreich), 1939 Romanistik in Czernowitz, 1942 Deportation und Tod der Eltern, bis 1944 Zwangsarbeitslager in Rumänien, danach Fortsetzung des Studiums, 1945 Übersetzer und Verlagsrektor in Bukarest, 1947 in Wien, studierte von 1948–50 Germanistik und Linguistik in Paris, seit 1959 Lektor für deutsche Sprache und Literatur an der École normale supérieure, Schriftsteller, Übersetzer (auch Nachdichtungen) von französischer, englischer, italienischer und russischer Lyrik (u.a.), 1969 Mitherausgeber der Zeitschrift *L'Éphémère*, 1969 Reise nach Israel.
Werke: *Der Sand aus den Urnen*. Ged., 1948. *Edgar Jené und der Traum vom Traume*. 1948. *Mohn und Gedächtnis*. Ged., 1952. *Von Schwelle zu Schwelle*. Ged., 1955. *Sprachgitter*. Ged., 1959. *Der Meridian*. Rede, 1961. *Die Niemandsrose*. Ged., 1963. *Atemkristall*. 1965. *Atemwende*. Ged., 1967. *Diese / freie / grambeschleunigte / Faust* 1967. *Ausgewählte Gedichte. Zwei Reden*. 1968. *Fadensonnen*. Ged., 1968. *Todtnauberg*. 1968. *Schwarzmaut*. 1969. *Lichtzwang*. Ged., 1970. *Schneepart*. Ged., 1971. *Zeitgehöft*. Ged., 1976. *Übertragungen*. 2 Bde., 1976. *Weiße Dezimale. Décimale blanche*. (Mit Jean Daive), 1976. *Übertragungen aus dem Russischen*. 1986.
Ausgaben: *Gedichte in zwei Bänden*. 1975. *Gesammelte Werke*. 5 Bde., 1983. *Gedichte 1938–44*. Faks., 2 Bde., 1985.

Chotjewitz, Peter O(tto) (*14. 6. 1934 in Berlin) Malerlehre in Kassel, studierte von 1955–60 Jura in Frankfurt a.M., Referendariat und Zweitstudium der Publizistik, Philosophie und Geschichte in Westberlin, 1964 Teilnahme am Literarischen Colloquium in Berlin, 1965 zweite juristische Staatsprüfung, seit 1965 freier Schriftsteller und Publizist, 1967/68 Stipendium der Villa Massimo, bis 1973 Aufenthalt in Rom, seit 1975 Anwaltspraxis in Kruspis (Hessen), 1979 Reise nach Israel, Übersetzer von italienischer Literatur (u.a. Dario Fo).
Werke: *Ulmer Brettspiele*. Ged., 1965. *Hommage à Frantek*. Pr., 1965. *Die Insel*. 1968. *Vom Leben und Lernen*. 1969. *Roman – Ein Anpassungsmuster*. 1969. *Abschied von Michalik*. Erz., 1969. *Die Trauer im Auge des Ochsen*. Erzn., 1972. *Mala Vita*. Ber., 1973. *Itschi hat ein Floh im Ohr, Datschi eine Meise*. 1973. *Kinder, Kinder!*. 1973. *Die Briganten*. 1976. *Reden ist tödlich, schweigen auch*. 1974. *Durch Schaden wird man dumm*. Erzn., 1976. *Die Gegenstände der Gedankenstille*. 1976. *Spuren*. 1976. *Der dreißigjährige Friede*. Ber., 1977. *Die Herren des Morgengrauens*. Rom.-Fragm., 1978. *Saumlos*. Rom., 1979. *Die mit Tränen säen*. Reiseber., (mit Renate Chotjewitz-Häfner), 1980. *Mein Mann ist verhindert*. Erz., 1985. *Der Mord in Davos*. (Mit Emil Ludwig), 1986.
Außerdem Hörspiele.

Delius, F(riedrich) C(hristian) (*13. 2. 1943 in Rom) Studierte von 1963–70 Germanistik in Westberlin, Promotion mit der Dissertation *Der Held und sein Wetter. Ein Kunstmittel und sein ideologischer Gebrauch im Roman des bürgerlichen Realismus*, Verlagslektor bei Wagenbach (1970–73) und bei Rotbuch (1973–78), 1971/72 Stipendium der Villa Massimo in Rom, 1978–80 Aufenthalt in Holland, lebt in Berlin.
Werke: *Kerbholz*. Ged., 1965. *Wir Unternehmer*. Dok., (mit Karl-Heinz Stanzick), 1966. *Wenn wir, bei Rot*. Ged., 1969. *Der Held und sein Wetter*. Diss., 1971. *Unsere Siemens-Welt*. Festschr., 1972, erw. Ausg., 1976.

Ein Bankier auf der Flucht. Ged., 1975. *Ein Held der inneren Sicherheit.* Rom., 1981. *Die unsichtbaren Blitze.* Ged., 1981. *Adenauerplatz.* Rom., 1984. *Einige Argumente zur Entlastung der Gemüseesser von dem Vorwurf, sie täten nichts zur Humanisierung des Hungers, sowie einige Verbesserungsvorschläge im Sinne der Drei Brüsseler Formeln.* 1985.
Außerdem Hörspielautor.

Dittberner, Hugo (*16. 11. 1944 in Gieboldehausen/Niedersachsen) 1956–65 Internat in Bad Nenndorf, studierte Germanistik, Geschichte und Philosophie in Göttingen, 1972 Promotion mit einer Dissertation über Thomas Mann, lebt seit 1973 als freier Schriftsteller in Kalefeld (Niedersachsen), Reisen nach Großbritannien und China.
Werke: *Rutschbahn.* Ged. u. Erzn., (mit Jens Wilke), 1973. *Donnervogel.* Ged., Erzn., u. Fotos (mit Jens Wilke), 1973. *Passierscheine.* Ged., 1973. *Heinrich Mann.* Eine kritische Einführung in die Forschung, 1974. *Das Internat. Papiere vom Kaffeetisch.* Rom., 1980. *Kurzurlaub.* Reiseerz., 1976. *Der Biß ins Gras.* Ged., 1976. *Draußen im Dorf.* Erzn., 1978. *Jacobs Sieg.* Rom., 1979. *Die gebratenen Tauben.* Erzn., 1981. *Drei Tage Unordnung.* Erzn., 1982. *Roman einer Dämmerung.* Rom., 1985. *Wie man Provinzen erobert.* Erzn., 1986.
Ausgabe: *Ruhe hinter Gardinen.* Ged. 1971–80, 1980.
Außerdem Filmautor.

Domin, Hilde (eigentlich Hilde Palm, geb. Domin, *27. 7. 1912 in Köln) Studierte Rechts- und Staatswissenschaften, Soziologie und Philosophie in Heidelberg, Köln, Berlin, Rom und Florenz, 1932 Emigration nach Italien, 1935 Promotion mit der Dissertation *Staatstheorie der Renaissance*, 1936 Heirat mit dem Kunsthistoriker Erwin Walter Palm, Sprachlehrerin in Rom, 1939/40 College-Lehrerin in England, lebte von 1940–54 in der Dominikanischen Republik, 1947–53 als Dozentin für Deutsch an der Universität Santo Domingo, längere USA-Aufenthalte, italienische, englische, französische, japanische, lettische, portugiesische, rumänische, ungarische und spanische Übersetzungen, 1954 Rückkehr nach Deutschland, 1955–61 Arbeitsaufenthalte mit ihrem Mann in Spanien und Frankfurt a.M., lebt seit 1960 als freie Schriftstellerin in Heidelberg, Lese- und Vortragsreisen in Europa, den USA, Mexiko und in der Türkei.
Werke: *Nur eine Rose als Stütze.* Ged., 1959. *Rückkehr der Schiffe.* Ged., 1962. *Spanien erzählt.* (Hg.), 1963. *Hier.* Ged., 1964. *Doppelinterpretationen.* (Hg.), 1966. *Das zweite Paradies.* Rom., 1968, TB-Neuf., 1980. *Höhlenbilder.* Ged. 1951–52, 1968. *Wozu Lyrik heute.* Ess., 1975. *Ich will dich.* Ged., 1970. *Nachkrieg und Unfrieden. Ged. als Index 1945–70.* (Hg.), 1970. *Die andalusische Katze.* Pr., 1971. *Von der Natur nicht vorgesehen.* Aut., 1974. *Abel steh auf.* Ged., Pr., Theorie, 1979. *Traum I.* 1981. *Aber die Hoffnung.* Aut., 1982. *Wenn das Eis geht.* (Mit Wolfgang Bächler u. Erich Fried), 1983.

Dorst, Tankred (*19. 12. 1925 in Oberlind/Thüringen) 1942 Einberufung als Soldat, bis 1947 englische und amerikanische Kriegsgefangenschaft, studierte Germanistik, Kunstgeschichte und Theaterwissenschaft in Bamberg und München, arbeitete nach Abbruch des Studiums beim Film und Rundfunk sowie als Verlagslektor, 1962 Stipendium der Villa Massimo in Rom, seit 1964 Herausgeber der *collection theater werkbücher*, 1973 Gastdozent in Australien und Neuseeland, Übersetzer von Molière, Diderot und O'Casey, lebt als freier Schriftsteller in München.
Werke: *Geheimnis der Marionette.* Ess., 1957. *Auf kleiner Bühne – Versuche mit Marionetten.* 1959. *Gesellschaft im Herbst.* Dr., in: *Junges deutsches Theater von heute*, 1961. *La Buffonata.* Libr., 1961. *Große Schmährede an der Stadtmauer. Freiheit für Clemens. Die Kurve.* Drn., 1962. *Rameaus Neffe.* 1963. *Der gestiefelte Kater oder wie man das Spiel spielt.* Kom., 1963, Libr., 1975. *Die Mohrin*, Kom., 1964. *Yolimba.* Libr., 1964, erw. 1970. *Die Münchner Räterepublik.* (Hg.), 1966. *Toller.* Dr., 1968. *Rotmord oder I was a German.* (Mit Peter Zadek u. Hartmut Gehrke), 1969. *Die Geschichte von Aucassin und Nicolette.* Libr., 1969. *Sand.* Hörsp., (mit Ursula Ehler), 1971. *Kleiner Mann – was nun?.* Revue, (Bearb. n. Hans Fallada), 1972. *Eiszeit.* Dr., (mit Ursula Ehler), 1973. *Auf dem Chimborazo.* Kom., (mit Ursula Ehler), 1974. *Dorothea Merz.* Rom., (mit Ursula Ehler), 1976. *Goncourt oder die Abschaffung des Todes.* Dr., 1977. *Klaras Mutter.* (Mit Ursula Ehler), 1978. *Die Villa.* Dr., (mit Ursula Ehler), 1980. *Merlin.* (Mit Ursula Ehler), 1980. *Mosch.* Fb., (mit Ursula Ehler), 1980. *Der verbotene Garten.* (Mit Ursula Ehler), 1982. *Eisenhans.* Fb., 1983. *Der nackte Mann.* 1985. *Die Reise nach Stettin.* 1985. *Grindkopf.* 1986.
Ausgaben: *Stücke.* 2 Bde., 1978. *Werkausgabe.* Bd. 1 u. 2, 1985, Bd. 3, 1986.
Außerdem Fernsehfilme, Hörspiele und weitere Theaterstücke.

Drewitz, Ingeborg (*10. 1. 1923 in Berlin) 1941 Arbeitsdienst und Kriegshilfsdienst, studierte Germanistik, Geschichte und Philosophie in Berlin, 1945 Promotion, seitdem Schriftstellerin, Mitbegründerin des Verbandes deutscher Schriftsteller (1969–80 stellvertretende Vorsitzende), seit 1964 Mitglied des PEN-Präsidiums (seit 1968 mit Unterbrechungen Vizepräsidentin), seit 1965 Vorsitzende des Schutzverbandes deutscher Schriftsteller, 1973 Gründerin der Neuen Gesellschaft für Literatur und bis 1980 Präsidiumsmitglied, 1977 Planung und Durchführung des Ersten Kongresses Europäischer Schriftstellerorganisationen in Berlin, Erarbeitung der ersten Sozialstatistik für westeuropäische Schriftsteller, zahlreiche Literaturveranstaltungen, Einrichtung der Biennale der Kulturen Europäischer Minoritäten in Westberlin, 1973/74 Lehrbeauftragte an der Freien Universität Berlin, 1975 Mitbegründerin und Gesellschafterin der Berliner Autorenbuchhandlung, 1977/78 kommissarische Leitung der Evangelischen Akademie Berlin, 1981 Ernennung zur Ehrenprofessorin durch den Berliner Se-

nat, 1982 Vortragsreise in Indien, 1983 Gastdozentin in Austin (USA), lebt in Berlin.
Werke: *Und hatte keinen Menschen.* Erzn., 1955. *Der Anstoß.* Rom., 1958. *Das Karussell.* Rom., 1962. *Im Zeichen der Wölfe.* Erzn., 1963. *Berliner Salons.* Ess., 1965. *Die fremde Braut.* Erzn., 1968. *Leben und Werk von Adam Kuckhoff.* Es., 1968. *Bettine von Arnim.* Biogr., 1969. *Oktoberlicht.* Rom., 1969. *Städte 1945.* (Hg.), 1970. *Die Literatur und ihre Medien.* (Hg.), 1972. *Wuppertal – Porträt der Stadt.* 1973. *Wer verteidigt Katrin Lambert?.* Rom., 1974. *vernünftiger schreiben. reform der rechtschreibung.* (Hg. mit Ernst Reuter), 1974. *Das Hochhaus.* Rom., 1979. *Der eine – der andere.* Erzn., 1976. *Hörspiele.* (Mit Max Bartholl), 1977. *Gestern war Heute – Hundert Jahre Gegenwart.* Rom., 1978. *Schatten im Kalk. Lyrik und Prosa aus dem Knast.* (Hg.), 1979. *Mit Sätzen Mauern eindrücken.* Br., (mit Winand Buchacker), 1979. *Märkische Sagen – Berlin und die Mark Brandenburg.* (Hg.), 1979. *Hoffnungsgeschichten.* (Hg.), 1979. *Mut zur Meinung.* (Hg. mit Wolfhart Eilers), 1980. *Strauß ohne Kreide.* (Hg.), 1980. *So wächst die Mauer zwischen Mensch und Mensch. Stimmen aus dem Knast und zum Strafvollzug.* (Hg. mit Johann P. Tammen), 1980. *Kurz vor 1984. Literatur und Politik.* Ess., 1981, TB-Ausg. u.d.T. *1984 – am Ende der Utopien,* 1984. *Dichtung im ausgehenden Zwanzigsten Jahrhundert.* (Hg.), 1981ff. *Die zerstörte Kontinuität. Exilliteratur und Literatur des Widerstands.* 1981. *Eis auf der Elbe.* Rom., 1982. *Schrittweise Erkundung der Welt.* Reiseess., 1982. *Mein indisches Tagebuch.* 1983. *Wortmeldungen.* (Hg.), 1983. *Die deutsche Frauenbewegung.* (Hg.), 1983. *Unter meiner Zeitlupe – Porträts und Panoramen.* 1984. *Auch so ein Leben.* Erzn., 1985. *Hinterm Fenster die Stadt.* 1985. *Lebenslehrzeit.* 1985. *Eingeschlossen.* Rom., 1986.
Ausgaben: *Die Samtvorhänge....* 1978. *Zeitverdichtung.* Ess., Kritiken, Portr., 1980.

Dürrenmatt, Friedrich (*5. 1. 1921 in Konolfingen/Schweiz) Studierte Literatur, Philosophie und Naturwissenschaften in Zürich und Bern, Verfasser von Theaterkritiken, Kabarett-Texten und Kriminalromanen, lebt seit 1952 als Maler und Schriftsteller in Neuchâtel, arbeitete 1968/69 als Theaterdirektor in Basel.
Werke: *Es steht geschrieben.* Dr., 1947, TB-Ausg. u.d.T. *Es steht geschrieben. Die Wiedertäufer,* Drn., 1979. *Der Blinde.* Dr., 1947. *Pilatus.* 1949. *Der Nihilist.* Erz., 1950, Neuausg. u.d.T. *Die Falle,* 1966. *Der Richter und sein Henker,* Rom., 1952. *Die Ehe des Herrn Mississippi.* Kom., 1952, Neufn., 1957, 1964, 1970, 1980. *Der Verdacht.* Rom., 1953. *Stranitzky und der Nationalheld.* Hörsp., 1953. *Ein Engel kommt nach Babylon.* Kom., 1954, Neufn., 1958, 1980. *Herkules und der Stall des Augias.* Kom., 1954. *Das Unternehmen der Wega.* Hörsp., (in: *Hörspielbuch 6,* 1955), 1958. *Grieche sucht Griechin.* Rom., 1955. *Theaterprobleme.* Ess., 1955. *Der Besuch der alten Dame.* Dr., 1956, Neuf., 1980. *Die Panne.* Erz., 1956. *Der Prozeß um des Esels Schatten.* Hörsp., (Bearb. n. Wieland), 1956. *Romulus der Große.* Kom., 1956, Neufn., 1958, 1961, 1964, 1980. *Nächtliches Gespräch mit einem verachteten Menschen.* 1957. *Abendstunde im Spätherbst.* Hörsp., (in: *Akzente 4,* 1957), 1959. *Das Versprechen.* Rom., 1958. *Der Doppelgänger.* Dr., 1960. *Frank der Fünfte. Oper einer Privatbank.* 1960, Neufn., 1964, 1980. *Friedrich Schiller.* Rede, 1960. *Die Panne.* Hörsp., 1961. *Der Rest ist Dank.* 2 Reden, (mit Werner Weber), 1961. *Die Physiker.* Kom., 1962, Neuf., 1980. *Die Heimat im Plakat.* 1963. *Der Tunnel.* Erz., 1964. *Der Meteor.* Kom., 1966, Neuf., 1980. *Die Wiedertäufer.* Kom., 1967, Urfass., 1980. *König Johann.* Dr., (Bearb. n. Shakespeare), 1968. *Das Bild des Sysiphos.* 1968. *Play Strindberg.* Dr., 1969. *Monstervortrag über Gerechtigkeit und Recht.* Ess., 1969. *Titus Andronicus.* Kom., (Bearb. n. Shakespeare), 1970. *Sätze aus Amerika.* Ber., 1970. *Porträt eines Planeten.* Dr., 1971. *Der Sturz.* Erz., 1971. *Israel.* Rede, 1975. *Zusammenhänge.* Es., 1976. *Der Mitmacher.* Ein Komplex, Kom., Dramaturgie, Erfahrungen, Bere., Erzn., 1976. *Die Frist.* Kom., 1977. *Bilder und Zeichnungen.* 1978. *Albert Einstein.* Vortrag, 1979. *Die Welt als Labyrinth. Gespräch mit Franz Kreuzer u. Paul Watzlawick.* 1982. *Achterloo.* 1983. *Justiz.* Rom., 1985. *Der Minotaurus.* Gedicht, 1985.
Ausgaben: *Die Stadt.* Pr. I–IV, 1952. *Komödien.* 3 Bde., 1957, 1964, 1972. *Gesammelte Hörspiele.* 1961. *Theater-Schriften und Reden.* Bd. 1, 1966, Bd. 2 u.d.T. *Dramaturgisches und Kritisches,* 1972. *Vier Hörspiele.* 1967. *Friedrich Dürrenmatt Lesebuch.* 1978. *Werkausgabe in dreißig Bänden.* 1980. *Stoffe I–III.* 1981.

Eich, Günter (Pseudonym Erich Günter, *1. 2. 1907 in Lebus/Mecklenburg, †20. 12. 1972 in Groß Gmain) Studierte Volkswirtschaft und Sinologie in Berlin und Paris, seit 1932 freier Schriftsteller und Rundfunkautor in Berlin, 1939–45 Soldat, ein Jahr amerikanische Kriegsgefangenschaft, Aufenthalt in Bayern, 1953 Heirat mit Ilse Aichinger, zahlreiche Reisen, Übersetzer aus dem Chinesischen, lebte seit 1963 in Groß Gmain (Österreich).
Werke: *Gedichte.* 1930. *Ein Traum am Edsin-gol.* Hörsp., in: *Die Kolonne 4,* 1932. *Die Glücksritter.* Hörsp., 1933. *Das festliche Jahr.* (Mit Martin Raschke), 1936. *Abgelegene Gehöfte.* Ged., 1948. *Untergrundbahn.* Ged., 1949. *Fis mit Obertönen.* In: *Hörspielbuch II,* 1951. *Träume.* 4 Hörspe., 1953. *Botschaften des Regens.* Ged., 1955. *Zinngeschrei.* Hörsp., 1956. *Die Brandung vor Setúbal.* Hörsp., 1957. *Der sechste Traum.* Hörsp., in: *Neue Deutsche Hefte 32,* 1957. *Allah hat 100 Namen.* Hörsp., 1958. *Die Mädchen aus Viterbo.* Hörsp., 1958. *Ausgewählte Gedichte.* 1960. *Zu den Akten.* Ged., 1964. *Marionettenspiele: Unter Wasser, Böhmische Schneider.* 1964. *In anderen Sprachen.* 4 Hörspe., 1964. *Festianus, Märtyrer.* Hörsp., 1966. *Anlässe und Steingärten.* Ged., 1966. *Kulka, Hilpert, Elefanten.* Erzn., 1968. *Maulwürfe.* Pr., 1968. *Ein Tibeter in meinem Büro. 49 Maulwürfe.* Pr., 1970. *Nach Seumes Papieren.* Ged., 1972. *Semmelformen.* 1972. *Katharina.* Erzn., 1973. *Zeit und Kartoffeln.* Hörsp., in: *ensemble 4,* 1973. *Der 29. Februar.* Erz., 1978.
Ausgaben: *Stimmen.* 7 Hörspe., 1958. *Fünfzehn*

Hörspiele. 1966. *Gedichte. Prosa. Hörspiele.* 1969. *Gesammelte Maulwürfe.* 1972. *Ein Lesebuch.* 1972. *Gedichte.* 1973. *Gesammelte Werke.* 4 Bde., 1973.
Außerdem weitere Hörspiele.

Elsner, Gisela (*2. 5. 1937 in Nürnberg) Studierte von 1958–59 Germanistik und Theaterwissenschaft in Wien, Wohnorte in Frankfurt a.M., Rom (1963/64), London (1964–70), Paris, Hamburg und New York, lebt heute als freie Schriftstellerin in München.
Werke: *Triboll.* Erzn., (mit Klaus Roehler), 1956. *Die Riesenzwerge.* Rom., 1964. *Der Nachwuchs.* Rom., 1968. *Das Berührungsverbot.* Rom., 1970. *Herr Leiselheimer und weitere Versuche, die Wirklichkeit zu bewältigen.* Erzn., 1973. *Der Punktsieg.* Rom., 1977. *Die Zerreißprobe.* Erzn., 1980. *Abseits.* Rom., 1982. *Die Zähmung.* Rom., 1984.
Außerdem Hörspiele.

Engelmann, Bernt (*20. 1. 1921 in Berlin) Seit 1938 Arbeitsdienst und Soldat, 1942 Verwundung, seit 1944 Häftling in Konzentrationslagern, studierte nach 1945 Geschichte, Englisch, Französisch, Soziologie und Rechtswissenschaften in Köln, Bonn, Genf und Paris, arbeitete seit 1948 als Journalist, u.a. für die Zeitschrift *Der Spiegel* und für die ARD-Sendung *Panorama*, Reisen nach Afrika und Amerika, seit 1961 freier Schriftsteller, 1964–67 Mitherausgeber der Zeitschrift *deutsches panorama*, 1977–83 Vorsitzender des Schriftstellerverbandes in der IG Druck und Papier, seit 1981 einer der Vizepräsidenten des PEN-Zentrums der Bundesrepublik Deutschland, organisierte 1981 den *Appell der Schriftsteller Europas* (eine Aufforderung, mit Abrüstungsverhandlungen zu beginnen) und 1982 zusammen mit Hermann Kant das *Internationale Schriftstellertreffen für den Frieden* in Den Haag (Holland), lebt in Rottach-Egern (Bayern).
Werke: *Meine Freunde, die Millionäre.* Rep., 1963. *Meine Freunde, die Waffenhändler.* Rep., 1964. *Deutschland Report.* 1965. *Das eigene Nest. Ein Panorama bundesdeutscher Gegenwart.* 1965. *Unternehmen ohne Unternehmer. Die gemeinwirtschaftliche Gruppe in der Bundesrepublik.* 1966. *Meine Freunde, die Manager.* Rep., 1966. *Eingang nur für Herrschaften. Karrieren über die Hintertreppe.* 1967. *Schützenpanzer HS 30, Starfighter F 104 G oder Wie man unseren Staat zugrunde richtet.* 1967. *Die Traumfabrik des Axel Springer.* 1967. *Die goldenen Jahre. Die Sage von Deutschlands glücklicher Kaiserzeit.* 1968. *Die Macht am Rhein. Meine Freunde, die Geldgiganten.* Rep., 2 Bde., 1968. *Krupp.* Rep., 1969. *So deutsch wie möglich, möglichst deutsch. Hintergründliches in unserer Sprache.* 1969. *Deutschland ohne Juden. Eine Bilanz.* 1970. *O wie oben. Wie man es schafft, ganz O zu sein.* Satn., 1971. *Das ›Deutsche Kulturwerk Europäischen Geistes‹ – Pflegestätte der ›Aktion W‹.* 1971. *Die vergoldeten Bräute. Wie Herrscherhäuser und Finanzimperien entstanden.* Rep., 1971. *Das Reich zerfiel, die Reichen blieben. Deutschlands Geld- und Machtelite. Mit Rangliste der 500 großen alten Vermögen.* Rep., 1972. *Ihr da oben, wir da unten.* Rep., (mit Günter Wallraff), 1973, erw. Ausg., 1977. *Großes Bundesverdienstkreuz.* Rom., 1974. *Wir Untertanen. Ein deutsches Anti-Geschichtsbuch.* Bd. 1, 1974, Bd. 2 u.d.T. *Einig gegen Recht und Freiheit,* 1975, Bd. 3 u.d.T. *Trotz alledem. Deutsche Radikale 1777–1977,* 1977. *Schwarzbuch: Strauß, Kohl & Co.* (Hg. mit dem Presseausschuß Demokratische Initiative), 1976. *Hotel Bilderberg.* 1977. *VS vertraulich. IV. Schriftstellerkongreß Dortmund und die Folgen.* (Hg.), 1978. *Bericht über neonazistische Aktivitäten 1978.* Dok., (mit Herta Däubler-Gmelin u.a.), 1979. *Rechtstendenzen in der Bundesrepublik.* 1979. *Preußen. Land der unbegrenzten Möglichkeiten.* 1979. *Die andere Bundesrepublik.* (Mit Hans O. Rupp u.a.), 1980. *Wie wir wurden, was wir sind. Von der bedingungslosen Kapitulation bis zur unbedingten Wiederbewaffnung.* 1980. *Das neue Schwarzbuch Franz Josef Strauß.* 1980. *Die Laufmasche.* Rom., 1980. *Bestandsaufnahme. V. Schriftstellerkongreß München 1980.* (Hg.), 1980. *Literatur des Exils.* (Hg.), 1981. *Anspruch auf Wahrheit. Wie werden wir durch Presse, Funk und Fernsehen informiert?.* (Hg. mit anderen), 1981. *Wir sind wieder wer. Auf dem Weg ins Wirtschaftswunderland.* 1981. *Was lange gärt, wird endlich Wut. Der Fall Hansen.* (Hg.), 1981. *Weißbuch: Frieden.* 1982. *Im Gleichschritt marsch. Wie wir die Nazizeit erlebten. 1933–39.* 1982, Bd. 2 u.d.T. *Bis alles in Scherben fällt. 1939–45,* 1983. *Das neue Schwarzbuch – Strauß, Kohl & Co..* 1983. *Es geht, es geht... Zeitgenössische Schriftsteller und ihr Beitrag zum Frieden.* (Hg. mit anderen), 1982. *Rüstung – Entrüstung – Abrüstung. SPD 1866–1982.* (Mit Georg Benz u. Dieter Lattmann), 1982. *Klassenlektüre. 106 Autoren stellen sich vor mit von ihnen selbst ausgewählten Texten.* (Hg. mit Walter Jens), 1982. *Bernt Engelmanns bundesdeutsche Heimatkunde.* 1984. *Du deutsch? Geschichte der Ausländer in unserem Land.* 1984. *Die Freiheit! Das Recht! Johann Jacoby und der Anfang unserer Demokratie.* 1984. *Wir sind so frei. Ein Hand- und Ellenbogenbuch für freiberufliche Künstler und Publizisten.* (Mit Dagmar Scherf u. Eckart Spoo), 1984. *Bernt Engelmanns bundesdeutscher Karriereratgeber.* Satn., 1985. *Vorwärts und nicht vergessen. Vom verfolgten Geheimbund zur Kanzlerpartei. Wege u. Irrwege der deutschen Sozialdemokraten.* 1985. *Feindbilder. Oder: Wie man Kriege vorbereitet.* (Mit Hans P. Bleuel u. Eckart Spoo), 1985. *Über den Haß hinaus... Texte zum 8. Mai 1945.* (Hg. mit Hans von Ooyen), 1985. *Die unfreiwilligen Reisen des Putti Eichelbaum.* 1986.
Ausgabe: *Auf gut deutsch. Ein Bernt Engelmann-Lesebuch.* 1981.

Enzensberger, Hans Magnus (*11. 11. 1929 in Kaufbeuren/Allgäu) Studierte von 1949–54 Germanistik, allgemeine Literaturwissenschaft, Philosophie und Sprachen in Erlangen, Freiburg i.Br., Hamburg und Paris, 1955 Promotion mit einer Dissertation über die Poetik Brentanos, 1955–57 Redakteur beim Süddeutschen Rundfunk in Stuttgart, 1956 Gastdozent in Ulm, lebte zeitweise in Norwegen und Rom (1959/60 Stipendium

der Villa Massimo), 1960/61 Lektor beim Suhrkamp-Verlag in Frankfurt a. M., war dort 1964/65 Gastdozent für Poetik, 1968 Abbruch einer Gastdozentur in USA aus politischen Gründen, Herausgeber der Zeitschrift *Kursbuch* (seit 1964) und der Zeitschrift *TransAtlantik* (1980–82) sowie der *Anderen Bibliothek* (seit 1985), Übersetzer aus dem Englischen, Französischen, Italienischen, Spanischen und Schwedischen, lebt in München.
Werke: *verteidigung der wölfe.* Ged., 1957. *landessprache.* Ged., 1960. *Museum der modernen Poesie.* (Hg.), 1960. *Brentanos Poetik.* Diss., 1961. *Allerleirauh. Kinderreime.* (Hg.), 1961. *Einzelheiten.* Ess., 1962, Neuausg., 2 Bde., u. d. T. *Bewußtseinsindustrie* u. *Poesie und Politik*, 1964. *Vorzeichen.* (Hg.), 1962. *Poesie. Texte in zwei Sprachen.* (Hg.), 1962–66. *Gedichte. Die Entstehung eines Gedichts.* 1962. *blindenschrift.* Ged., 1964. *Politik und Verbrechen.* Ess., 1964. *Deutschland, Deutschland unter anderm.* Ess., 1967. *Das Verhör von Habana.* Dr., 1970. *Freisprüche.* (Hg.), 1970. *Der kurze Sommer der Anarchie.* Rom., 1972. *Klassenbuch. Ein Lesebuch zu den Klassenkämpfen in Deutschland.* 3 Bde., (Hg. mit anderen), 1972. *Gespräche mit Marx und Engels.* (Hg.), 1973. *Palaver*, Ess., 1974. *Mausoleum.* Ged., 1975. *Der Weg ins Freie.* Pr., 1975. *Der Untergang der Titanic.* 1978. *Die Furie des Verschwindens.* Ged., 1980. *Politische Brosamen.* Ess., 1982. *Der Menschenfreund.* 1984. *Über die Verfinsterung der Geschichte.* Gespr., (mit Alexander Herzen), 1984.
Ausgaben: *Gedichte 1955–70.* 1971. *Die Gedichte.* 1983.

Faecke, Peter (*3. 11. 1940 in Grunwald/Schlesien) Studierte von 1961–65 Romanistik und Germanistik in Göttingen, Westberlin, Hamburg und Paris, seit 1965 Redakteur für Kultur u. Wissenschaft beim WDR in Köln, lebt in Overath (bei Köln).
Werke: *Die Brandstifter.* Rom., 1963. *Der rote Milan.* Rom., 1965. *Zwischen Kilroy und Hier.* Erz., 1968. *Als Elizabeth Arden 19 war.* 1969. *Postversand-Roman.* (Mit W. Vostell), 1969. *Zum Beispiel Köln: Hohe Straße.* Ber., 1971. *Gemeinsam gegen Abriß.* 1977. *Das unaufhaltsame Glück der Kowalskis.* Rom., 1982. *Über die allmähliche Entfernung aus dem Lande. Die Jahre 1968–82.* (Hg.), 1983.

Fassbinder, Rainer Werner (*31. 5. 1946 in Bad Wörishofen/Oberbayern, †10. 6. 1982 in München) 1964–66 Schauspielschule in München, Mitarbeiter am *Büchner-Theater* und *Action Theater* (seit 1968 *antitheater*) in München, seit 1971 freier Schriftsteller, Regisseur und Filmemacher, 1974/75 Leiter des *Theaters am Turm* in Frankfurt a. M., lebte in München und Paris.
Werke: *Schatten der Engel.* Fb., (mit Daniel Schmid), 1976. *Das bißchen Realität, das ich brauche. Wie Filme entstehen.* (Mit Hans Günther Pflaum), 1976. *Angst essen Seele auf.* 1978. *Der Film Berlin Alexanderplatz.* Fb., (mit Harry Baer), 1980. *Der Müll, die Stadt und der Tod.* Dr., 1981. *Die bitteren Tränen der Petra von Kant.* Dr., 1982. *Katzelmacher. Preparadise sorry now.* Drn., 1982. *Querelle.* Fb., (mit Roger Fritz), 1982. *Filme befreien den Kopf.* Ess. u. Arbeitsnotizen, (mit Michael Töteberg), 1984. *Die Anarchie der Phantasie.* Gespr. u. Interviews, 1986.
Filme: *Der Stadtstreicher.* 1965. *Das kleine Chaos.* 1966. *Liebe ist kälter als der Tod.* 1969. *Katzelmacher.* 1969. *Götter der Pest.* 1969. *Warum läuft Herr R. Amok?.* 1969. *Rio das Mortes.* 1970. *Das Kaffeehaus.* (Bearb. n. Carlo Goldoni), 1970. *Whity.* 1970. *Die Niklashauser Fart.* 1970. *Der amerikanische Soldat.* 1970. *Warnung vor einer heiligen Nutte.* 1970. *Pioniere in Ingolstadt.* (Bearb. n. Marieluise Fleißer), 1970. *Der Händler der vier Jahreszeiten.* 1971. *Die bitteren Tränen der Petra von Kant.* 1972. *Wildwechsel.* (Bearb. n. Franz Xaver Kroetz), 1972. *Nora Helmer.* 1973. *Martha.* (Bearb. n. Cornell Woolrich), 1973. *Angst essen Seele auf.* 1973. *Fontane Effi Briest.* (Bearb. n. Theodor Fontane), 1974. *Faustrecht der Freiheit.* 1974. *Wie ein Vogel auf dem Draht.* 1974. *Mutter Küsters' Fahrt zum Himmel.* 1975. *Angst vor der Angst.* 1975. *Ich will doch nur, daß ihr mich liebt.* (Bearb. n. Klaus Antes u. Christiane Ehrhardt), 1976. *Satansbraten.* 1976. *Chinesisches Roulette.* 1976. *Frauen in New York.* 1977. *Despair – Eine Reise ins Licht.* 1977. *Deutschland im Herbst.* (Mit anderen), 1978. *Die Ehe der Maria Braun.* 1978. *In einem Jahr mit 13 Monden.* 1978. *Die dritte Generation.* 1979. *Lili Marleen.* (Mit Manfred Purzer, Bearb. n. Lale Andersen), 1981. *Lola.* 1981. *Theater in Trance.* 1981. *Die Sehnsucht der Veronika Voss.* 1982. *Querelle.* (Mit Burkhard Driest, Bearb. n. Jean Genet), 1982.
Fernsehfilme: *Acht Stunden sind kein Tag.* ARD, 1972. *Bremer Freiheit.* S 3, 1972. *Welt am Draht.* (Mit Fritz Müller-Scherz, Bearb. n. Daniel F. Galouye), ARD, 1973. *Bolwieser.* (Bearb. n. Oskar Maria Graf), ZDF, 1977, Kinofilm, 1983. *Berlin Alexanderplatz.* (Bearb. n. Alfred Döblin), ARD, 1979/80.
Ausgaben: *Antitheater.* Bd. 1, 1970, Bd. 2, 1972, Bd. 3 u. d. T. *Stücke 3*, 1976. *Anarchie in Bayern und andere Stücke.* 4 Drn., (mit Harry Baer), 1985. *Rainer Werner Fassbinder – Die Kinofilme.* Drbr. u. Bilder, Bd. 1, 1985.
Außerdem Hörspiele und weitere Theaterstücke.

Fels, Ludwig (*27. 11. 1946 in Treuchtlingen/Fränkische Alb) Abgebrochene Malerlehre, seit 1964 Gelegenheitsarbeiter in Nürnberg, seit 1973 freier Schriftsteller, USA-Reise, lebt in Nürnberg.
Werke: *Anläufe.* Ged., 1973. *Platzangst.* Erzn., 1974. *Ernüchterung.* Ged., 1975. *Die Sünden der Armut.* Rom., 1975. *Alles geht weiter.* Ged., 1977. *Ich war nicht in Amerika.* Ged., 1978. *Mein Land.* Erzn., 1978. *Ein Unding der Liebe.* Rom., 1981. *Kanakenfauna.* 15 Bere., 1982. *Lämmermann.* Dr., 1983. *Betonmärchen.* 1983. *Der Anfang der Vergangenheit.* Ged., 1984. *Der Affenmörder.* Dr., 1985. *Die Eroberung der Liebe.* 1985.
Ausgaben: *Ich bau aus der Schreibmaschine eine Axt.* Ged. u. Erzn., 1980. *Vom Gesang der Bäuche.* Ausgew. Ged. 1973–80. 1980.
Außerdem Hörspiele.

Fichte, Hubert (*21. 3. 1935 in Perleburg/Brandenburg, †8. 3. 1986 in Hamburg) Seit 1946 Kinderdarsteller an Hamburger Theatern, Ausbildung als Schauspieler, 1952–54 Aufenthalt in Frankreich, 1955–57 Landwirtschaftslehre in Schleswig-Holstein, danach Landwirt in Hannover und Schweden, 1959–62 Arbeit als Schäfer in der Provence, seit 1963 freier Schriftsteller, Journalist und Kunstkritiker, 1964 Teilnahme am Literarischen Colloquium in Berlin, 1967/68 Stipendium der Villa Massimo in Rom, 1971–75 Aufenthalte in Brasilien, Bahia, Haiti und Trinidad, 1979 Aufenthalt in den Vereinigten Staaten, 1979/80 Universitätsdozent in Bremen und Klagenfurt, lebte bis zu seinem Tod in Hamburg.
Werke: *Der Aufbruch nach Turku.* Erzn., 1963. *Stockholmer Katalog zur Tagung der Gruppe 47 im Herbst 1964.* (Mit F.J. Raddatz), 1964. *Im Tiefstall.* Erz., 1965. *Das Waisenhaus.* Rom., 1965. *Die Palette.* Rom., 1968. *Detlevs Imitationen ›Grünspan‹.* Rom., 1971. *Interviews aus dem Palais d'Amour etc..* 1972, erw. Ausg. u.d.T. *Wolli Indienfahrer,* 1978. *Versuch über die Pubertät.* Rom., 1974. *Xango.* 1976. *Mein Lesebuch.* (Hg.), 1976. *Hans Eppendorfer. Der Ledermann spricht mit H.F.* 1977. *Lohensteins Agrippina, bearbeitet von H.F.* 1978. *Petersilie.* 1980. *Psyche.* 1980. *Genet.* Portrait, 1981. *Dichter mit Umgebung.* Portr. u. Texte (mit Leonore Mau), 1981. *Zwei Autos für den heiligen Pedro Claver.* 1982. *Deiner Umarmung süße Sehnsucht. Die Geschichte der Empfindungen. Intime Schriften des Grafen August von Platen-Hallermünde.* 1985. *Lazarus und die Waschmaschine. Kleine Einführung in die Afroamerikanische Kultur.* 1985. *Baianas. Priesterinnen der Straße.* (Mit Edgar R. von Buettner), 1985. *Chatterton & Chatterton. Über Jahnn und Penzoldt.* 1986. *Afrika wird totgefüttert. Plädoyer für eine neue Entwicklungspolitik.* (Mit Randolph Braumann), 1986.

Fleißer, Marieluise (*23. 11. 1901 in Ingolstadt, †2. 2. 1974 ebd.) Studierte Theaterwissenschaft in München, Bekanntschaft mit Lion Feuchtwanger und Bertolt Brecht, Aufenthalt in Berlin, 1933 Rückkehr nach Ingolstadt, seit 1935 Schreibverbot, Heirat und Geschäftsfrau, 1958 Tod ihres Mannes, seitdem wieder als Schriftstellerin tätig.
Werke: *Fegefeuer in Ingolstadt.* Dr., 1926. *Pioniere in Ingolstadt.* Dr., 1928. *Ein Pfund Orangen und neun andere Geschichten.* 1929. *Der Tiefseefisch.* Dr., 1930. *Mehlreisende Frieda Geyer.* 1931. *Andorranische Abenteuer.* 1932. *Karl Stuart.* Dr., 1946. *Der starke Stamm.* Dr., 1950. *Avantgarde.* 1963. *Abenteuer aus dem englischen Garten.* 1969. *Eine Zierde für den Verein.* Rom., 1975. *In der Enge geht alles. M.F.s Gang in die innere Emigration.* Fragmente, Skizzen u. zwei Br., 1984.
Ausgabe: *Gesammelte Werke.* 3 Bde., 1972.

Fried, Erich (*6. 5. 1921 in Wien) 1938 Emigration nach London, Tätigkeiten als Arbeiter, Chemiker, Bibliothekar, Redakteur, von 1952–68 Kommentator bei der BBC, Übersetzer von griechischer, englischer und amerikanischer Literatur (z.B. Shakespeare, T.S. Eliot und Dylan Thomas), lebt als freier Schriftsteller in London, britischer Staatsbürger.
Werke: *They fight in the dark. The story of Austria's youth.* 1944. *Deutschland.* Ged., 1944. *Österreich.* Ged., 1945. *Gedichte.* 1958. *Ein Soldat und ein Mädchen.* Rom., 1960. *Reich der Steine.* Ged., 1963. *Warngedichte.* 1964. *Überlegungen.* Ged., 1965. *Kinder und Narren.* Pr., 1965. *und VIETNAM und.* 41 Ged., 1966. *Arden muß sterben.* Libr., 1967. *Anfechtungen.* 50 Ged., 1967. *Zeitfragen.* Ged., 1968. *Befreiung von der Flucht.* Ged., 1968, erw. Ausg., 1983. *Die Beine der größeren Lügen.* 51 Ged., 1969. *Verhaltensmuster. Intellektuelle und Sozialismus.* Ess., (mit P.A. Baran u. Gaston Salvatore), 1969. *Unter Nebenfeinden.* 50 Ged., 1970. *Aufforderung zur Unruhe.* Ausgew. Ged., 1972. *Die Freiheit den Mund aufzumachen.* 48 Ged., 1972. *Höre, Israel!.* Ged., 1974, erw. Ausg., 1983. *Gegengift.* Ged., 1974. *Fast alles Mögliche.* Erzn., 1975. *Kampf ohne Engel.* 1976. *Am Beispiel Peter Paul Zahl.* Dok., (mit Helga M. Novak), 1976. *So kam ich unter die Deutschen.* Ged., 1977. *Die bunten Getüme.* 70 Ged., 1977. *100 Gedichte ohne Vaterland.* 1978. *Liebesgedichte.* 1979. *Lebensschatten.* Ged., 1981. *Zur Zeit und zur Unzeit.* Ged., 1981. *Das Unmaß aller Dinge.* 35 Erzn., 1982. *Das Nahe suchen.* Ged., 1982. *Das Mißverständnis.* 1982. *Ich grenz noch an ein Wort und an ein andres Land.* Es., 1983. *Angst und Trost.* Erzn. u. Ged., 1983. *Es ist was es ist.* Ged., 1983. *Wenn das Eis geht.* (Mit Wolfgang Bächler u. Hilde Domin), 1983. *Beunruhigungen.* Ged., 1984. *Und nicht taub und stumpf werden.* Reden, Polemiken, Ged., 1984. *Kalender für den Frieden 1985.* 1984. *Und alle seine Mörder.* Dr., 1984. *In die Sinne einradiert.* Ged., 1985. *Um Klarheit.* Ged., 1985. *Frühe Gedichte.* 1985. *Gespräche mit E.F. und Anne Duden.* 1985. *Die da reden gegen Vernichtung.* (Mit Alfred Hrdlicka u. Erwin Ringel), 1985.
Ausgabe: *Zeitfragen und Überlegungen.* 80 Ged. u. ein Zyklus, 1984.
Außerdem Hörspiele.

Frisch, Max (*15. 5. 1911 in Zürich) Studierte von 1931–33 Germanistik und von 1936–41 Architektur in Zürich, seit 1931 Journalist, u.a. bei der *Neuen Zürcher Zeitung,* Militärdienst, seit 1942 Architekturbüro in Zürich, seit 1946 zahlreiche Reisen (in West- und Osteuropa, in die USA, nach Mexiko und China), 1954 Aufgabe des Architekturbüros, seitdem freier Schriftsteller, Wohnsitze in Männedorf, Rom (1960–65), Berzona und Westberlin, 1971 Gastdozent in New York.
Werke: *Jürg Reinhart.* Rom., 1934. *Antwort aus der Stille.* Erz., 1937. *Blätter aus dem Brotsack. Tgb. eines Kanoniers.* 1940. *J'adore ce qui me brûle oder Die Schwierigen.* Rom., 1943, gek. Ausg. u.d.T. *Die Schwierigkeiten oder J'adore ce qui me brûle,* 1957. *Bin oder Die Reise nach Peking.* Erz., 1945. *Marion und die Marionetten.* Fragm., 1946. *Nun singen sie wieder. Versuch eines Requiems.* Dr., 1946. *Tagebuch mit Marion.* 1947. *Santa Cruz. Eine Romanze.* Dr., 1961. *Die Chinesische Mauer.* Dr., 1947, Neufn., 1955, 1972. *Als der Krieg zu Ende war.* Dr., 1949, Neuf. in: *Stücke I,* 1962.

Tagebuch 1946–49. 1950. *Graf Öderland.* Dr., 1951, Neuf. in: *Spectaculum* 4, 1961. *Don Juan oder Die Liebe zur Geometrie.* Kom., 1953, Neuf. in: *Stücke II*, 1962. *Stiller.* Rom., 1954. *Herr Biedermann und die Brandstifter.* Hörsp., 1955. *Achtung: Die Schweiz.* Gespr., (mit Lucius Burckhardt u. Markus Kutter), 1955. *Die neue Stadt. Beiträge zur Diskussion.* (Mit Lucius Burckhardt u. Markus Kutter), 1956. *Homo faber.* Rom., 1957. *Biedermann und die Brandstifter.* Dr., 1958. *Die große Wut des Philipp Hotz.* Dr., in: *Hortulus*, 1958. *Glossen zu Don Juan.* 1959. *Schinz.* 1959. *Rip van Winkle.* Hörsp., (in: *Kreidestriche ins Ungewisse*, 1960), 1969. *Andorra.* Dr., 1961. *Ausgewählte Prosa.* 1961. *Erzählungen des Anatol Ludwig Stiller.* 1961. *Mein Name sei Gantenbein.* Rom., 1964. *Zürich-Transit.* Ft., 1966. *Biografie: Ein Spiel.* 1967, Neuf., 1968. *Öffentlichkeit als Partner.* Ess., 1967. *Dramaturgisches.* Br., (mit Walter Höllerer), 1969. *Wilhelm Tell für die Schule.* Pr., 1971. *Tagebuch 1966–71.* 1972. *Glück.* Erz., 1972. *Dienstbüchlein.* 1974. *Montauk.* Erz., 1975. *Stichworte.* 1975. *Zitat.* 1976. *Zwei Reden zum Friedenspreis des Deutschen Buchhandels.* (Mit Hartmut von Hentig), 1976. *Triptychon.* Dr., 1978, Neuf. in: *Spectaculum 33*, 1980. *Der Mensch erscheint im Holozän.* Erz., 1979. *Blaubart.* Erz., 1982.
Ausgaben: *Stücke.* 2 Bde., 1962, erw. Ausg., 1972/73. *Gesammelte Werke in zeitlicher Folge.* 6 Bde. u. Ergänzungsband, TB-Ausg. 12 Bde. u. Ergänzungsband, 1976. *Forderungen des Tages.* Portr., Skizzen, Reden 1943–81, 1983.

Fritz, Walter Helmut (*26. 8. 1929 in Karlsruhe) Studierte von 1949–54 Germanistik, Romanistik und Philosophie in Heidelberg, bis 1964 Gymnasiallehrer in Karlsruhe, seitdem freier Schriftsteller und Dozent an der Universität Karlsruhe, 1968–70 Lektor beim S. Fischer Verlag, zahlreiche Reisen, Kritiker, Übersetzer von französischer Lyrik, lebt in Karlsruhe.
Werke: *Achtsam sein.* Ged., 1956. *Bild + Zeichen.* Ged., 1958. *Veränderte Jahre.* Ged., 1963. *Umwege.* Pr., 1964. *Treibholz.* Ged., 1964. *Grenzland.* 1964. *Zwischenbemerkungen.* Pr., 1964. *Abweichung.* Rom., 1965. *Die Zuverlässigkeit der Unruhe.* Ged., 1966. *Jean Cayrols lazarenische Prosa.* Es., 1966. *Bemerkungen zu einer Gegend.* Pr., 1969. *Möglichkeiten des Prosagedichts.* Es., 1970. *Die Verwechslung.* Rom., 1970. *Romanfiguren.* (Hg.), 1970. *Die Besucher.* Dr., 1971. *Teilstrecken.* 1971. *Aus der Nähe.* Ged. 1967–71, 1972. *Die Beschaffenheit solcher Tage.* Rom., 1972. *Über Karl Krolow.* (Hg.), 1972. *Bevor uns Hören und Sehen vergeht.* Rom., 1975. *Kein Alibi.* Ged., 1975. *Schwierige Überfahrt.* Ged., 1976. *Sehnsucht.* Ged., 1978. *Auch jetzt und morgen.* 1979. *Wer hat sich nicht getäuscht?.* 1980. *Liebesgedichte aus Goethes West-östlichem Divan.* 1980. *Wunschtraum – Alptraum.* Ged. 1979–81, 1981. *Werkzeug der Freiheit.* Ged., 1983. *Gespräch über Gedichte.* 1984. *Cornelias Traum und andere Aufzeichnungen.* 1985.
Ausgabe: *Gesammelte Gedichte.* 1979.
Außerdem Hörspiele.

Fröhlich, Hans Jürgen (*4. 8. 1932 in Hannover) Studierte Komposition bei W. Fortner, 1957 Umzug nach Hamburg, Tätigkeiten im Buchhandel, Antiquariat, in Verlagen und als Werbetexter, zuletzt als Lektor beim Claassen Verlag, seit 1961 außerdem Rundfunk- und Pressemitarbeiter, Übersetzer, seit 1963 freier Schriftsteller, Aufenthalte in Wien, in der Villa Massimo in Rom (1969/70) und am Gardasee, lebt in München.
Werke: *Maximilian von Harden.* (Hg.), 1963. *Aber egal! Abenteuer und Meinungen des Ephraim Lechberger aus Wilna, mitgeteilt einem schweigenden Zuhörer im Gasthaus ›Zum Leviathan‹.* Rom., 1963. *Tandelkeller.* Rom., 1967. *Peng-Päng! oder Langsam verstehe ich Pantomime in Worten.* Dr., (mit W.E. Richartz), in: *Neues deutsches Theater*, 1970. *Engels Kopf.* Rom., 1971. *Anhand meines Bruders.* Rom., 1978. *Im Garten der Gefühle.* Rom., 1975. *Schubert.* Biogr., 1978. *Einschüchterungsversuche.* Erzn., 1979. *Mit Feuer und Flamme.* Rom., 1982. *Die Quintessenz der Eigentümlichkeit.* 1982. *Kein Strich, der nicht erlebt, kein Strich so, wie er erlebt.* 1983.
Außerdem zahlreiche Hörspiele.

Fuchs, Gerd (*14. 9. 1932 in Nonnweiler/Saar) Studierte Germanistik und Anglistik in Köln, München und London, bis 1963 Referendariat in Wuppertal, danach freier Publizist, Redakteur bei der *Welt*, 1967 Promotion mit der Dissertation *Rilke in England*, 1967/68 Redakteur bei der Zeitschrift *Der Spiegel*, seit 1968 freier Schriftsteller in Hamburg, 1975 Mitherausgeber im Verlag AutorenEdition.
Werke: *Landru und andere.* Erzn., 1966. *Beringer und die lange Wut.* Rom., 1973. *kontext 1. Literatur und Wirklichkeit.* (Hg. mit Uwe Timm), 1976. *Ein Mann fürs Leben.* Erz., 1978, Drb., 1980. *Stunde Null.* Rom., 1981. *Die Amis kommen. Ein Hitlerjunge erlebt das Kriegsende.* 1984.

Fuchs, Günter Bruno (*3. 7. 1928 in Berlin, †19. 4. 1977 ebd.) Seit 1944 Luftwaffenhelfer, Arbeitsdienst und Soldat, Kriegsgefangenschaft in Belgien, studierte Kunst und Graphik und besuchte zusätzlich eine Ingenieurschule in Berlin, 1948–50 Schulhelfer im Ostsektor Berlins, lebte 1950–52 in Herne, 1952–58 in Reutlingen, Tätigkeiten als Bergarbeiter, im Zirkus, als Zeichenlehrer, Straßenbauarbeiter und Zeitungs- und Rundfunkmitarbeiter, Mitherausgeber der *Telegramme* und der Zeitschrift *Visum*, 1958 Rückkehr nach Westberlin, Mitbegründer der Galerie *Die Zinke*, 1963 Gründer und Mitherausgeber der *Rixdorfer Drucke*, Mitarbeiter bei Verlagen und beim Rundfunk.
Werke: *Chap, der Enkel des Waldläufers.* Kinderb., 1952. *Das Abenteuer der Taube.* Kinderb., 1953. *Der verratene Messias. Pamphlet auf Wolfgang Borchert.* 1953. *Der Morgen.* 1954. *Die Wiederkehr des Heiligen Franz.* Tierlegenden, 1954. *Die Jungen vom Teufelsmoor.* Jugendb., 1956. *Zigeunertrommel.* Ged. u. Holzschnitte, 1956. *Nach der Haussuchung.* Ged. u. Holzschnitte, 1957. *Ratten werden verschenkt.* Erz., 1958. *Polizeistunde.* Erz., 1959. *Fisimatenten.* 20 Holz-

schnitte, 1959. *Brevier eines Degenschluckers*, Ged. Pr., Holzschnitte, 1960. *Trinkermeditationen*. Ged., 1962. *Krümelnehmer oder 34 Kapitel aus dem Leben des Tierstimmen-Imitators Ewald K.*. Rom., 1963. *Der Sperling und andere Vögel*. Gedicht, 1964. *Die Meisengeige*. Nonsensverse, (Hg.), 1964. *Pennergesang*. Ged., 1967. *Spiel- und Polterbuch. Holzschnitte nebst Goldener Worte für den Tag*. 1965. *Polizisten-Steckbriefe*. Pr., 1966. *Herrn Eules Kreuzberger Kneipentraum*. Pr., 1966. *Singen Sie mal die National-Hymne*. Pr., 1967. *Blätter eines Hof-Poeten & andere Gedichte*. 1967. *Ein dicker Mann wandert*. Kinderb., 1967. *Zwischen Kopf und Kragen*. Erzn., 1967. *Bericht eines Bremer Stadtmusikanten*. Rom., 1968. *Vier abenteuerliche Geschichten ohne Abenteuer*. 1968. *Einundzwanzig Märchen zu je drei Zeilen*. 1968. *Fibelgeschichten*. 1969. *Der arme Poet oder Carl Spitzweg porträtiert den deutschen Dichter Paul Scheerbart*. 1969. *Handbuch für Einwohner*. Ged., 1970. *Das Lesebuch des G.B.F.* 1970. *Gedichte eines Hofpoeten*. 1971. *Der Bahnwärter Sandomir*. 1971. *Neue Fibelgeschichten*. 1971. *Aus dem Leben eines Taugenichts: Jahresroman*. 1972. *Reiseplan für Westberliner, anläßlich einer Reise nach Moskau und zurück*. 1972. *Wanderbühne – Geschichten und Bilder*. 1976. *Nach der Haussuchung*. Ged. u. Holzschnitte, 1978.
Ausgaben: *Ratten werden verschenkt. Eine Werkauswahl*. 1974. *Die Ankunft des Großen Unordentlichen in einer ordentlichen Zeit*. Ged., Bilder u. Erzn., 1978. *Gesammelte Fibelgeschichten und letzte Gedichte*. 1978. *Gemütlich summt das Vaterland*. Ged., Märchen, Sprüche u. allerhand Schabernack, 1984.

Gaiser, Gerd (*15. 9. 1908 in Oberriexingen/Württemberg, †9. 6. 1976 in Reutlingen) Theologisches Seminar, studierte danach Kunst in Stuttgart und Königsberg, außerdem Kunstgeschichte in Dresden und Tübingen, zahlreiche Studienreisen, 1934 Promotion zum Dr. phil., Offizier, englische Kriegsgefangenschaft, danach freier Maler, seit 1949 Lehrer in Reutlingen und seit 1962 Dozent für Kunsterziehung an der dortigen PH, seit 1941 als Schriftsteller tätig.
Werke: *Die Plastik der Renaissance und des Frühbarock in Neukastilien*. 1938. *Reiter am Himmel*. Ged., 1941. *Zwischenland*. Erz., 1949. *Eine Stimme hebt an*. Rom., 1950. *Die sterbende Jagd*. Rom., 1953. *Das Schiff am Berg*. Rom., 1955. *Einmal und oft*. Erzn., 1956. *Gianna aus dem Schatten*. Nov., 1957. *Schlußball*. Rom., 1958. *Aniela*. Erz., 1958. *Moderne Kunst*. Ess. 1958. *Revanche*. Erzn., 1959. *Gib acht in Domokosch*. Erzn., 1959. *Sizilianische Notizen*. Reiseber., 1959. *Am Paß Nascondo*. Erzn., 1960. *Klassiker der modernen Malerei*. Ess., 1962. *Alte Meister der modernen Malerei*. Ess., 1963. *Aktuelle Malerei*. 1963. *Moderne Malerei*. 1963. *Gazelle Grün*. Erzn., 1965. *Der Mensch, den ich erlegt hatte*. Erzn., 1966. *Vergeblicher Gang*. Erzn., 1967. *Merkwürdiges Hammelessen*. Erzn., 1971. *Umgang mit Kunst*. Ess., 1974. *Alpha und Anna*. 1976. *Ortskunde*. Erzn., 1977. *Mittagsgesicht*. Erzn., 1983.

Geissler, Christian (*25. 12. 1928 in Hamburg) 1944/45 Flakhelfer, studierte 1949/50 Theologie in Hamburg, danach kaufmännische Lehre, 1951 Landarbeiter in England, Fortsetzung des Theologiestudiums in Tübingen, 1953–56 Philosophie- und Psychologiestudium in München, 1960–64 Redaktionsmitglied der *Werkhefte Katholischer Laien*, 1962 Austritt aus der Kirche, 1965–68 Mitherausgeber des *kürbiskern*, Dokumentarfilmer, 1972–74 Dozent an der Deutschen Film- und Fernsehakademie in Westberlin, lebt als freier Schriftsteller für Rundfunk und Fernsehen in Hamburg.
Werke: *Anfrage*. Rom., 1960. *Das dritte Reich mit seiner Vorgeschichte. 1918–45. Lesewerk zur Geschichte*. 1961. *Schlachtvieh*. Fernsehsp., 1963. *Kalte Zeiten*. Rom., 1965. *Altersgenossen*. Fernsehsp., in: *kürbiskern 2*, 1970. *Wer das aus dir gemacht hat, Max, der zahlt!*. Dr., in: *Kürbiskern 3*, 1971. *Das Brot mit der Feile*. Rom., 1973. *Wird Zeit, daß wir leben*. 1976. *Im Vorfeld einer Schußverletzung*. Ged. 1977–80, 1980. *spiel auf ungeheuer*. Ged. 1980–82, 1983.
Ausgaben: *Ende der Anfrage*. Erzn., Reden., Drn., 1967. *Die Plage gegen den Stein*. Arbeiten 1958–65, 1978.
Außerdem Fernsehfilme.

Genazino, Wilhelm (*22. 1. 1943 in Mannheim) Freier Journalist, Zeitungs- und Zeitschriftenredakteur (bis 1971 bei *Pardon*), 1971 Gründung einer Literatur-Coop zusammen mit Peter Knorr, lebte als freier Schriftsteller in Frankfurt a.M., jetzt in Gengenbach.
Werke: *Laslinstraße*. Rom., 1965. *Abschaffel*. Rom., 1977. *Die Vernichtung der Sorgen*. Rom., 1978. *Falsche Jahre*. Rom., 1979. *Die Moden der Angst*. Hörsp., in: *Und wenn du dann noch schreist...*, 1980. *Die Ausschweifung*. 1981. *Beruf: Künstler. Erzählendes Sachbuch*. 1983. *Fremde Kämpfe*. Rom., 1984.
Außerdem zahlreiche Hörspiele.

Gomringer, Eugen (*20. 1. 1925 in Cachuela Esperanza/Bolivien) Studierte Nationalökonomie und Kunstgeschichte in Bern und Rom, 1952 Mitbegründer der Zeitschrift *Spirale*, von 1954–58 Sekretär an der Hochschule für Gestaltung in Ulm, Gründer der *eugen gomringer press*, 1959–67 Mitarbeiter eines Industrieunternehmens in der Schweiz, 1962–67 Geschäftsführer des Schweizerischen Werkbundes in Zürich, seit 1967 Kultursachverständiger der Firma Rosenthal in Selb, 1972 Vortragsreise durch Südamerika, seit 1976 Dozent an der Kunstakademie Düsseldorf, lebt in Wurlitz (Oberfranken).
Werke: *konstellationen*. 1953. *vom vers zur konstellation*. 1954. *Max Bill. Festschrift*. (Hg. mit anderen), 1958. *33 konstellationen*. 1960. *5 mal 1 Konstellation*. 1960. *das stundenbuch*. 1965. *poesie als mittel der umweltgestaltung*. 1969. *einsam gemeinsam*. 1971. *lieb*. 1971. *Kunst und Umwelt* (Hg.), 1971–73. *konkrete poesie. deutschsprachige autoren*. (Hg.), 1972. *Der Pfeil. Spiel – Gleichnis – Kommunikation*. (Mit Anton Stankowski u. Joachim Stankowski), 1972. *konstellationen*

1970–72. 1973. *Konkretes von A. Stankowski. Malerei und visuelle Information.* (Mit Günther Wirth), 1974. *wie weiss ist wissen die weisen. hommage à uecker.* (Hg. mit Tünn Konerding), 1975. *Lehrgedicht.* 1977. *Distanzsignale.* (Mit Ludwig Gebhard), 1980. *Wir verschweben – Wir verschwinden.* (Mit Adrian A. Senger), 1985.
Ausgaben: *die konstellationen 1953–62.* 1962. *die konstellationen.* 1964. *manifeste und darstellungen der konkreten poesie 1954–66.* 1966. *Worte sind Schatten. Die Konstellationen 1951–68.* 1969. *eugen gomringer 1970–72.* 1973. *Zur Sache des Konkreten.* 1980.

Grass, Günter (*16. 10. 1927 in Danzig) Flakhelfer, Arbeitsdienst, Soldat, 1945 Verwundung, amerikanische Kriegsgefangenschaft, 1946–49 Arbeit im Bergwerk und Lehre als Steinmetz und Steinbildhauer, studierte von 1949–56 Bildhauerei und Graphik in Düsseldorf und Berlin, 1956–59 Aufenthalt in Paris, seit 1961 aktives Engagement für die SPD, zahlreiche politische Aktionen und Proteste, (Vortrags-)Reisen nach Israel (1967), in den Balkan (1969), nach Griechenland (1972), Japan (1978), China (1979) und Nicaragua (1982), 1975 Mitbegründer der Autorenbuchhandlung in Westberlin, 1976–78 Autorenvertreter im Verlagsbeirat bei Luchterhand, Mitglied im Rundfunkrat des SFB, Mitherausgeber der Literaturzeitschrift *80*, lebt seit 1960 als freier Schriftsteller in Westberlin und seit 1972 auch in Wewelsfleth (Schleswig-Holstein).
Werke: *Die Vorzüge der Windhühner.* Ged., Pr., Zeichn., 1956. *Zweiunddreißig Zähne.* Dr., 1958. *Beritten hin und zurück: ein Vorspiel auf dem Theater.* In: *Akzente 5*, 1958. *Die Blechtrommel.* Rom., 1959. *Gleisdreieck.* Ged. u. Zeichn., 1960. *Hochwasser.* Dr., (in: *Akzente*, 1960), Neuf., 1963. *Katz und Maus.* Nov., 1961. *Die Ballerina.* Ess., 1963. *Hundejahre.* Rom., 1963. *Dich singe ich Demokratie.* Reden, 1965. *POUM oder die Vergangenheit fliegt mit.* Dr., in: *Der Monat*, 1965. *Die Plebejer proben den Aufstand.* Dr., 1966. *Ausgefragt.* Ged. u. Zeichn., 1967. *Briefe über die Grenze. Versuch eines Ost-West-Dialogs.* (Mit Pavel Kohout), 1968. *Über meinen Lehrer Döblin und andere Vorträge.* 1968. *Der Fall Axel C. Springer am Beispiel Arnold Zweig.* (Hg.), 1968. *örtlich betäubt.* Rom., 1969. *Schweinekopfsülze.* Pr., (mit Horst Janssen), 1969. *Aus dem Tagebuch einer Schnecke.* Pr., 1972. *Mariazuehren. Hommageamarie. Inmarypraise.* Gedicht, 1973. *Liebe geprüft.* Ged., 1974. *Der Butt.* Rom., 1977. *Die bösen Köche.* Dr., 1978. *Das Treffen in Telgte.* Erz., 1979. *Die Blechtrommel als Film.* (Mit Volker Schlöndorff), 1979. *Kopfgeburten oder Die Deutschen sterben aus.* 1980. *Ach Butt dein Märchen geht böse aus.* Ged. u. Radierungen, 1983. *Die Vernichtung der Menschheit hat begonnen.* Ess., 1983. *Onkel, Onkel.* Dr., (entst. 1958) 1983. *Geschenkte Freiheit. Rede zum 8. Mai 1945.* 1985. *Kunstkalender.* 1986. *Die Rättin.* Rom., 1986.
Ausgaben: *Über das Selbstverständliche.* Reden, Ess., Br., Kommentare, 1968. *Theaterspiele.* 1970. *Gesammelte Gedichte.* 1971. *Dokumente zur politischen Wirkung.* 1971. *Der Bürger und seine Stimme.* Reden, Ess., Kommentare, 1974. *Denkzettel.* Reden u. Ess. 1965–76, 1978. *Danziger Trilogie.* 1980. *Aufsätze zur Literatur 1957–79.* 1980. *Zeichnungen und Texte 1954–77.* 1982. *Radierungen und Texte 1972–82.* 1984. *Widerstand lernen.* Reden 1980–83, 1984.
Außerdem Hörspiele.

Grün, Max von der (*25. 5. 1926 in Bayreuth) Kaufmännische Lehre, Soldat, 1944–46 amerikanische Kriegsgefangenschaft, Maurerlehre, seit 1951 Bergarbeiter im Ruhrgebiet, seit 1953 erste Veröffentlichungen, seit 1959 verstärktes literarisches Engagement, Lesungen, Vorträge, Mitbegründer und Mitglied der Dortmunder *Gruppe 61*, seit 1964 freier Schriftsteller, lebt in Dortmund.
Werke: *Männer in zweifacher Nacht.* Rom., 1962. *Irrlicht und Feuer.* Rom., 1963. *Wir tragen ein Licht durch die Nacht.* Ged., 1964. *Fahrtunterbrechung und andere Erzählungen.* 1965. *Aus der Welt der Arbeit. Almanach der Gruppe 61 und ihrer Gäste.* (Hg. mit Max Hüser u. Wolfgang Promies), 1966. *Zwei Briefe an Pospischiel.* Rom., 1968. *Feierabend.* Drb. u. Tgb. eines Fernsehfilms (mit Hans-Dieter Schwarze), 1968. *Flug über Zechen und Wälder. Nordrhein-Westfalen, Land der Gegensätze.* 1970. *Urlaub am Plattensee.* 1970. *Am Tresen gehen die Lichter aus.* Erz., 1972. *Stenogramm.* Erzn., 1972. *Menschen in Deutschland.* Portr., 1973. *Stellenweise Glatteis.* Rom., 1973. *Ein Tag wie jeder andere.* Ber., 1973. *Zwei Briefe an Pospischiel.* Drb. u. Fotos, 1974. *Leben im gelobten Land.* Gastarbeiterportr., 1975. *Wenn der tote Rabe vom Baum fällt.* Reiseber., 1975. *Reisen in die Gegenwart.* 1976. *Vorstadtkrokodile.* Kinderb., 1976. *Unterwegs in Deutschland.* Bere., 1979. *Wie war das eigentlich? Kindheit und Jugend im Dritten Reich.* 1979. *Flächenbrand.* 1979. *Unsere Fabrik.* (Mit O. Schmuckler u. G. Wallraff), 1979. *Das 2. Jahr....* (Mit Ernst Meister, Rolf H. Münch u. Josef Reding), 1979. *Etwas außerhalb der Legalität und andere Erzählungen.* 1980. *Mein Lesebuch.* (Hg.), 1980. *Späte Liebe.* Erz., 1982. *Maloche. Leben im Revier.* 1982. *Friedrich und Friederike.* Erzn., 1983. *Unser schönes Nordrhein-Westfalen. Von Mensch und Natur, Kohle und Kultur.* 1983. *Geschichten aus der Arbeitswelt 2.* (Hg.), 1984.
Ausgabe: *Klassengespräche.* Ess., Reden, Kommentare, 1981.
Außerdem Theater-, Hörspiel- und Fernsehfilmautor.

Gütersloh, Albert Paris (eigentlich Albert Conrad Kiehtreiber, *5. 2. 1887 in Wien, †16. 5. 1973 in Baden bei Wien) Schauspielunterricht in Wien, Aufenthalte in Paris, Bühnenbildner und Regisseur in Berlin, 1911–13 Maler und Zeitungskorrespondent in Paris, 1915 Sanitäter, Arbeit im Pressehauptquartier, 1918/19 mit Franz Blei Herausgeber der Zeitschrift *Die Rettung*, 1920/21 Regisseur in München, lebte von 1924–29 als Maler in Frankreich, seit 1929 Professor an der Kunstgewerbeschule in Wien, 1938 Berufsverbot, Hilfsarbeiter, seit 1945 Professor und 1954/55 Rektor an der Akademie der Bildenden Künste, Wien.

Werke: *Die tanzende Törin.* Rom., 1910. *Egon Schiele. Versuch einer Vorrede.* 1911. *Die Vision vom Alten und vom Neuen.* Erz., 1921. *Die Rede über Franz Blei oder Der Schriftsteller in der Katholizität.* 1922. *Innozenz oder Sinn und Fluch der Unschuld.* Rom., 1922. *Der Lügner unter Bürgern.* Rom., 1922. *Kain und Abel. Eine Legende.* 1924. *Die Bekenntnisse eines modernen Malers.* 1926. *Der Maler Alexander Gartenberg.* Biogr., 1928. *Eine sagenhafte Figur.* Rom., 1946. *Die Fabeln vom Eros.* Erzn., 1947. *Musik zu einem Lebenslauf.* Ged., 1957. *Laßt uns den Menschen machen.* Erzn., 1962. *Sonne und Mond.* Rom., 1962. *Der innere Erdteil. Aus den ›Wörterbüchern‹.* 1966. *Die Fabel von der Freundschaft.* Rom., 1969. *Miniaturen zur Schöpfung.* 1970.
Ausgaben: *Zur Situation der modernen Kunst.* Ess. u. Reden, 1963. *Gewaltig staunt der Mensch.* Ged. u. Erzn., 1963. *Zwischen den Zeiten.* Texte u. Miniaturen, 1967. *Beispiele.* Schriften zur Kunst, Bilder, Werkverzeichnis, 1977.

Härtling, Peter (*13. 11. 1933 in Chemnitz/Sachsen) 1946 Flucht über Österreich nach Nürtingen, Schulabbruch, Fabrikarbeiter, besuchte die Bernstein-Schule bei HAP Grieshaber, 1952–54 Zeitungsvolontariat in Nürtingen, Redakteur bei der *Heidenheimer Zeitung* (1954/55), bei der *Deutschen Zeitung* in Köln (1956–62) und bei der Zeitschrift *Der Monat* in Westberlin (seit 1962, 1964–70 Mitherausgeber), 1967–73 Cheflektor des S. Fischer Verlags in Frankfurt a.M., seit 1968 Sprecher der Geschäftsleitung, lebt seit 1973 als freier Schriftsteller in Walldorf (Hessen), 1983/84 Gastdozent für Poetik an der Universität Frankfurt a.M.
Werke: *poeme und songs.* Ged., 1953. *Yamins Stationen.* Ged., 1955. *in zeilen zuhaus.* Ess., 1957. *Unter den Brunnen.* Ged., 1958. *Im Schein des Kometen.* Rom., 1959. *Palmström grüßt Anna Blume. Essay und Anthologie der Geister aus Poetica.* 1961. *Spielgeist, Spiegelgeist.* Ged., 1962. *Niembsch oder Der Stillstand.* Suite, 1964. *Janek.* Rom., 1966. *Vergessene Bücher.* Ess., 1966. *Die Väter.* Bere. u. Erzn., (Hg.), 1968. *Das Ende der Geschichte. Über die Arbeit an einem ›historischen Roman‹.* Ess., 1968. *Das Familienfest oder Das Ende der Geschichte.* Rom., 1969. *Die Wirklichkeit der Kinder.* Rede, 1969. *Gilles. Ein Kostümstück aus der Revolution.* 1970. *...und das ist die ganze Familie.* 1970. *Ein Abend eine Nacht ein Morgen.* Erzn., 1971. *Leporello fällt aus der Rolle. Autoren erzählen das Leben von Figuren der Weltliteratur weiter.* (Hg.), 1971. *Neue Gedichte.* 1972. *Zwettl.* Rom., 1973. *Das war der Hirbel.* Kinderb., 1973. *Eine Frau.* Rom., 1974. *Zum laut und leise lesen.* Kinderb., 1975. *Oma.* Kinderb., 1975. *Hölderlin.* Rom., 1976. *Theo haut ab.* Kinderb., 1977. *Anreden.* Ged. 1972–77, 1977. *Hubert oder die Rückkehr nach Casablanca.* Rom., 1978. *Kopfkissengans. Klassische Kindergeschichten.* (Hg. mit Mario v. Gasso), 1978. *Ben liebt Anna.* Kinderb., 1979. *Mein Lesebuch.* (Hg.), 1979. *Nachgetragene Liebe.* Aut., 1980. *Sofie macht Geschichten.* 1980. *Der wiederholte Unfall.* Erzn., 1980. *Alter John.* Kinderb., 1981. *Spuren des Ikarus.* (Mit Fritz Ruoff), 1981. *Meine Lektüre. Literatur als Widerstand.* 1981. *Die dreifache Maria.* Erzn., 1982. *Über Heimat.* Es., 1982. *Vorwarnung.* Ged., 1983. *Das Windrad.* Rom., 1983. *Jakob hinter der blauen Tür.* Kinderb., 1983. *Für Ottla.* 1983. *Der spanische Soldat oder Finden und Erfinden.* Vorl., 1984. *Ich rufe die Wörter zusammen.* Ged. 1983–84, 1984. *Und hören voneinander.* Reden, 1984. *Mainfranken. Bilder einer Landschaft.* (Mit Anton Kaiser), 1984. *Felix Guttmann.* Rom., 1985. *Helft den Büchern, helft den Kindern! Über Kinder und Literatur.* (Hg.), 1985. *Sofie hat einen Vogel.* Erzn., 1986. *Brief an meine Kinder.* 1986.
Ausgaben: *Ausgewählte Gedichte 1953–79.* 1979. *Peter Härtling erzählt.* 6 Bde., 1983.

Handke, Peter (*6. 12. 1942 in Griffen/Kärnten) Studierte von 1961–65 Jura in Graz, Abbruch des Studiums, seitdem freier Schriftsteller, Wohnsitze in Graz, Düsseldorf, Berlin, Paris (1973–78), Köln, Frankfurt a.M., Kronberg im Taunus und Paris, 1978/79 USA-Aufenthalt, lebt seit 1979 in Salzburg, Übersetzer von englischer und französischer Literatur.
Werke: *Die Hornissen.* Rom., 1966, Neuf., 1978. *Publikumsbeschimpfung und andere Sprechstücke.* 1966. *Der Hausierer.* Rom., 1967. *Begrüßung des Aufsichtsrats.* Pr., 1967. erw. Ausg., 1970. *Die Literatur ist romantisch.* Es., 1967. *Kaspar.* Dr., 1968. *Die Innenwelt der Außenwelt der Innenwelt.* 1969. *Deutsche Gedichte.* 1969. *Der gewöhnliche Schrecken.* Erzn., (Hg.), 1969. *Die Angst des Tormanns beim Elfmeter.* Erz., 1970. *Wind und Meer.* 4 Hörspe., 1970. *Der Ritt über den Bodensee.* Dr., 1970. *Chronik der laufenden Ereignisse.* Fb., 1971. *Der kurze Brief zum langen Abschied.* Erz., 1972. *Wunschloses Unglück.* Erz., 1972. *Ich bin ein Bewohner des Elfenbeinturms.* Ess., 1972. *Die Unvernünftigen sterben aus.* Dr., 1973. *Als das Wünschen noch geholfen hat.* Ged., Ess., Texte, Fotos, 1974. *Falsche Bewegung.* Filmerz., 1975. *Die Stunde der wahren Empfindung.* Erz., 1975. *Franz Nabl: Charakter. Der Schwur des Martin Krist.* Dok., 1975. *Die linkshändige Frau.* Erz., 1976. *Das Ende des Flanierens.* Ged., 1977. *Das Gewicht der Welt.* Tgb., 1977. *Langsame Heimkehr.* Erz., 1979. *Die Lehre der Sainte-Victoire.* 1980. *Kindergeschichte.* 1981. *Über die Dörfer.* Dramatisches Ged., 1981. *Die Geschichte des Bleistifts.* 1982. *Phantasien der Wiederholung.* 1983. *Der Chinese des Schmerzes.* 1983.
Ausgaben: *Prosa, Gedichte, Theaterstücke, Hörspiele, Aufsätze.* 1969. *Stücke.* 2 Bde., 1972/73. *Der Rand der Wörter.* Erzn., Ged., Stücke, 1975. *Das Ende des Flanierens.* Ged., Ess., Reden, Rezensionen, 1980.

Harig, Ludwig 18. 7. 1927 in Sulzbach/Saarland) Lehrerseminar, Assistent am Collège Moderne in Lyon, war 20 Jahre Volksschullehrer in Dudweiler (Saar), lebt in Sulzbach.
Werke: *Haiku Hiroshima.* 1961. *Zustand und Veränderungen.* 1963. *Reise nach Bordeaux.* 1965. *Das Geräusch.* Hörsp., 1965. *Starallüren.* Hörsp., 1966. *Das Fußballspiel.* Hörsp., 1967. *im men see.* 1969. *Ein Blu-*

menstück. Texte zu Hörspielen. 1969. *der monolog der terry jo.* Hörsp., (mit Max Bense), in: *Neues Hörspiel,* 1969. *zufällig änderbar.* 1969. *Muster möglicher Welten.* (Hg. mit Elisabeth Walther), 1970. *wir spielen revolution. ein wort ton bild stück.* 1970. *miß mary.* 1970. *Wir beginnen ein Spiel.* 1971. *Sprechstunden für die deutsch-französische Verständigung und die Mitglieder des Gemeinsamen Marktes.* Rom., 1971. *Ich nehme an, daß mein Vater sagt. Aufsätze von Volksschülern.* (Hg.), 1971. *Lichtbogen.* 1971. *Zwei Dutzend Sonette an Orpheus von Rainer Maria Rilke.* 1972. *Und sie fliegen über die Berge, weit durch die Welt. Aufsätze von Volksschülern.* (Hg.), 1972. *Allseitige Beschreibung der Welt zur Heimkehr des Menschen in eine schönere Zukunft.* 1974. *Netzer kam aus der Tiefe des Raumes.* (Hg. mit Dieter Kühn), 1974. *Drei mal drei Fünfsätze.* 1974. *Wie kommt Leopold Bloom auf die Bleibtreustraße.* 1975. *Die saarländische Freude.* 1977. *Dudweiler Rede.* 1977. *Saarbrücken.* (Mit Hermann Weisweiler), 1977. *Die Ballade vom schwarzen Kater Willy.* Bilderb., 1977. *Rousseau – Der Roman vom Ursprung der Natur im Gehirn von L.H.* 1978. *Nachbarn im Dreieck.* 1979. *Heimweh.* 1979. *Der kleine Brixius.* Nov., 1980. *Pfaffenweiler Blei.* Ged., 1980. *Heilige Kühe der Deutschen.* Satn., 1981. *Logbuch eines Luftkutschers.* 1981. *Trierer Spaziergänge.* 1983. *Zum Schauen bestellt.* Deidesheimer Tgb., 1984. *Die Ballade vom großen Durst. Bilder zur Enzyklopädie der Bierflasche.* (Mit Kurt Halbritter), 1983. *Permutationen Wiederholungen in Konstellationsvarianten.* 1984. *Das Rauschen des sechsten Sinnes.* Reden, 1985.
Außerdem zahlreiche weitere Hörspiele.

Hartlaub, Geno(veva) (*7. 6. 1915 in Mannheim) Tochter des Museumsdirektors und Kunsthistorikers Gustav Hartlaub, aus politischen Gründen keine Zulassung zum Studium, kaufmännische Lehre, Sekretärin und Auslandskorrespondentin, 1938 in Italien, 1939 zur Wehrmacht dienstverpflichtet, Stabshelferin in Frankreich und Norwegen, norwegische Kriegsgefangenschaft, seit 1945 Zeitschriften- und Verlagslektorin (1945–49 bei der Zeitschrift *Die Wandlung*), 1962–75 Redakteurin beim *Deutschen Allgemeinen Sonntagsblatt* in Hamburg, lebt seitdem als freie Lektorin in Hamburg.
Werke: *Die Entführung.* Erz., 1942. *Noch im Traum.* Rom., 1944. *Die Kindsräuberin.* Nov., 1947. *Anselm der Lehrling.* Rom., 1947. *Scheherazade erzählt. Unbekannte Geschichten aus 1001 Nacht.* (Hg.), 1949. *Die Tauben von San Marco.* Rom., 1953. *Der große Wagen.* Rom., 1954. *Windstille vor Concador.* Rom., 1958. *Gefangene der Nacht.* Rom., 1961. *Mutter und ihre Kinder. Die Mutterdarstellung in der bildenden Kunst.* 1962. *Der Mond hat Durst.* Erz., 1963. *Die Schafe der Königin.* Rom., 1964. *Unterwegs nach Samarkand.* Reiseber., 1965. *Unser ganzes Leben. Ein Hausbuch.* (Hg. mit Martin Gregor-Dellin), 1966. *Rot heißt auch schön.* Erzn., 1969. *Nicht jeder ist Odysseus.* Rom., 1967. *Eine Frau allein in Paris.* 1970. *Leben mit dem Sex.* (U.d. Pseud. Muriel Castorp), 1970. *Lokaltermin Feenteich.* Rom., 1972. *Wer die Erde küßt. Orte, Menschen, Jahre.* Aut., 1975, Neuausg. u.d.T. *Sprung über den Schatten,* 1984. *Das Gör,* Rom., 1980. *Freue dich, du bist eine Frau. Briefe der Priscilla.* 1983. *Die gläserne Krippe. Moderne Weihnachtsgeschichten.* 1984. *Muriel.* Rom., 1985. *Noch ehe der Hahn kräht. Moderne Ostergeschichten.* 1986.

Haufs, Rolf (*31. 12. 1935 in Düsseldorf) Kaufmännische Lehre, seit 1956 Exportkaufmann in Rheydt, 1960 Umzug nach Westberlin, 1970/71 Stipendium der Villa Massimo in Rom, bis 1972 freier Schriftsteller, seitdem Redakteur beim SFB.
Werke: *Straße nach Kohlhasenbrück.* Ged., 1962. *Sonntage in Moabit.* Ged., 1964. *Vorstadtbeichte.* Ged., 1967. *Das Dorf S. und andere Geschichten.* 1968. *Der Linkshänder oder Schicksal ist ein hartes Wort.* Rom., 1970. *Herr Hut.* Kinderb., 1971. *Die Geschwindigkeit eines einzigen Tages.* Ged., 1976. *Pandas große Entdeckung.* Kinderb., 1977. *Größer werdende Entfernung.* Ged., 1979. *Ob ihr's glaubt oder nicht.* Kinderb., 1980. *Claassen Jahrbuch der Lyrik. Bd. 3, Zwischen zwei Nächten.* (Hg. mit Christoph Buchwald), 1981. *Juniabschied.* Ged., 1984.
Außerdem Hörspiele.

Haushofer, Marlen (*11. 4. 1920 als Marie Helene Frauendorfer in Frauenstein/Oberösterreich, †21. 3. 1970 in Wien) Nach dem Maturum Reichsarbeitsdienst in Ostpreußen 1939/40, anschließend Studium der Germanistik in Wien und Graz, 1941 Heirat, 1945 Studienabbruch, erste Kurzgeschichten, 1947 Übersiedlung nach Steyr, wo sie bis zu ihrem Tode lebte.
Werke: *Das fünfte Jahr.* Nov., 1952. *Eine Handvoll Leben.* Rom., 1955. *Die Vergißmeinnichtquelle.* Erzn., 1956. *Die Tapetentür.* Rom., 1957. *Wir töten Stella.* Nov., 1958. *Die Wand.* Rom., 1963. *Bartls Abenteuer, ein Katzenbuch.* Kinderb., 1964. *Brav sein ist schwer.* Kinderb., 1965. *Himmel, der nirgendwo endet.* Rom., 1966. *Müssen Tiere draußen bleiben?.* Kinderb., 1967. *Schreckliche Treue.* Erzn., 1968. *Wohin mit dem Dackel?.* Kinderb., 1968. *Die Mansarde.* Rom., 1969. *Schlimm sein ist auch kein Vergnügen.* Kinderb., 1970.
Ausgaben: *Lebenslänglich.* Erzn., 1966. *Begegnung mit dem Fremden. Erzählungen Band 1.* 1985.
Außerdem Hörspiele.

Heinrich, Jutta (*4. 4. 1940 in Berlin) Flucht nach Bayern, Tätigkeiten als Sekretärin, Handelsvertreterin, Unternehmerin, Imbißbesitzerin und Arbeiterin, seit 1959 in Hamburg, studierte dort seit 1972 Sozialpädagogik und seit 1975 Literaturwissenschaft und Germanistik, freie Schriftstellerin.
Werke: *Das Geschlecht der Gedanken.* Rom., 1977. *Unterwegs.* Dr., 1978. *Mit meinem Mörder Zeit bin ich allein.* 1981. *Kiloherz 2001 – auf allen Kanälen.* Hörsp., in: *Anderswann,* 1985. *Die Phantome eines ganz gewöhnlichen Mannes oder Männerdämmerung. Ein Lust-Spiel.* 1985.
Außerdem zahlreiche Beiträge in Anthologien.

Heinrich, Willi (*9. 8. 1920 in Heidelberg) Handelsschule, kaufmännischer Angestellter, 1938 Arbeitsdienst, seit 1939 Soldat, 1946–54 Geschäftsleiter und kaufmännischer Angestellter in Karlsruhe, seit 1955 freier Schriftsteller, 1957 Umzug nach Baden-Baden, lebt in Bühl-Neusatz.
Werke: *Das geduldige Fleisch.* Rom., 1955, Neuausg. u.d.T. *Steiner,* 1977. *Der goldene Tisch.* Rom., 1956, Neuausg. u.d.T. *In stolzer Trauer,* 1970. *Die Gezeichneten.* Rom., 1958. *Rape of Honour.* Rom., 1958, dt. Ausg. u.d.T. *In einem Schloß zu wohnen,* 1976. *Alte Häuser sterben nicht.* Rom., 1960. *Vom inneren Leben.* Ged., 1961. *Gottes zweite Natur.* Rom., 1962. *Ferien im Jenseits.* Rom., 1964. *Maiglöckchen oder ähnlich.* Rom., 1965. *Mittlere Reife.* Rom., 1966. *Geometrie einer Ehe.* Rom., 1967. *Schmetterlinge weinen nicht.* Rom., 1969. *Jahre wie Tau.* Rom., 1971. *So long, Archie.* Rom., 1972. *Liebe und was sonst noch zählt.* Rom., 1974. *Eine Handvoll Himmel.* Rom., 1976. *Ein Mann ist immer unterwegs.* Rom., 1978. *Herzbube und Mädchen.* Rom., 1980. *Allein gegen Palermo.* Rom., 1981. *Vermögen vorhanden.* Rom., 1982. *Traumvogel.* 1983. *Freundinnen und andere Erzählungen.* 1985. *Männer zum Wegwerfen.* 1985. *Die Verführung.* Rom., 1986.

Heise, Hans Jürgen (Pseudonyme: Werner Birk, Hanns-Werner Krüger, *6. 7. 1930 in Bublitz/Pommern) 1945 nach Berlin, brach 1949 seine Ausbildung bei der Post ab, Volontär bei der Ostberliner Zeitung *Der Sonntag,* 1950 Übersiedlung nach Westberlin, seit 1958 Archivlektor in Kiel, zahlreiche Reisen nach Spanien, Afrika und Lateinamerika, Übersetzer von englischer und spanischer Lyrik.
Werke: *Vorboten einer neuen Steppe.* Ged., 1961. *das bist du mensch. Kleine Anthologie moderner Weltlyrik.* (Hg.), 1963. *Wegloser Traum.* Ged., 1964. *Beschlagener Rückspiegel.* Ged., 1965. *Worte aus der Zentrifuge.* Ged., 1966. *Ein bewohnbares Haus.* Ged., 1968. *Küstenwind.* Ged., 1969. *Uhrenvergleich.* Ged., 1971. *Drehtür. Parabeln.* 1972. *Formprobleme und Substanzfragen der Dichtung.* Ess., 1972. *Besitzungen in Untersee.* Ged., 1973. *Das Profil unter der Maske.* Es., 1974. *Vom Landurlaub zurück.* Ged. u. Rede, 1975. *Die zwei Flüsse von Granada.* Reisebere., (mit Annemarie Zornack), 1976. *Der lange Flintenlauf zum kurzen Western.* Satn., 1977. *Nachruf auf eine schöne Gegend.* Ged. u. Pr., 1977. *Ariels Einbürgerung im Land der Schwerkraft.* Ess., 1978. *In schönster Tieffluglaune.* Ged., 1980. *Natur als Erlebnisraum der Dichtung.* Ess., 1981. *Meine kleine Freundin Schizophrenia.* Ged., 1981. *Ohne Fahrschein reist der Seewind.* Ged., 1982. *Vermessungsstäbe bilden den Gottesbegriff. Über Gottfried Benn, Günter Eich, Ernst Meister und Paul Celan.* 1985. *Der Zug nach Gramenz.* Ged., 1985.
Ausgaben: *Poesie.* It.-dt. Ged., 1967. *Underseas Possessions. Selected Poems.* Engl.-dt., 1972. *Ausgewählte Gedichte 1950–78.* 1979. *Der Phantasie Segel setzen.* Ges. Ged., 1983.

Heißenbüttel, Helmut (*21. 6. 1921 in Rüstringen bei Wilhelmshaven) Soldat, 1941 Verwundung, studierte Germanistik und Kunstgeschichte in Dresden, Leipzig und Hamburg, 1955–57 Verlagsdirektor bei Claassen in Hamburg, seit 1957 freier Mitarbeiter und seit 1959 Redaktionsleiter beim Süddeutschen Rundfunk in Stuttgart, 1963 Gastdozent für Poetik an der Universität Frankfurt a.M., 1978–81 Mitherausgeber der Literaturzeitschrift *Hermannstraße 14,* lebt in Borsfleth (Schleswig-Holstein).
Werke: *Kombinationen.* Ged., 1951–54, 1954. *Topographien.* Ged., 1956. *Ohne weiteres bekannt.* Portr., 1958. *Textbuch 1.* Ged., 1960. *texte ohne komma.* 1960. *Textbuch 2.* Pr., 1961. *Textbuch 3.* 1962. *Textbuch 4.* 1964. *Textbuch 5.* Pr., 1965. *Über Literatur.* Ess. u. Vorl., 1966. *Textbuch 6, neue Abhandlungen über den menschlichen Verstand.* 1967. *Was ist das Konkrete an einem Gedicht.* Ess., 1967. *Briefwechsel über Literatur.* (Mit Heinrich Vormweg), 1969. *Projekt Nr. 1. D'Alemberts Ende.* 1970. *Die Freuden des Alterns.* Ged., 1971. *Zur Tradition der Moderne.* Ess., 1972. *Gelegenheitsgedichte und Klappentexte.* 1973. *Antianthologie. Gedichte in deutscher Sprache nach der Zahl ihrer Wörter geordnet.* (Hg. mit Franz Mon), 1973. *Das Durchhauen des Kohlhaupts. Projekt Nr. 2.* Ged., 1974. *Der fliegende Frosch und das unverhoffte Krokodil. Wilhelm Busch als Dichter.* Es., 1976. *Offene Literatur.* (Hg.), 1977. *Mümmelmann oder die Hasendämmerung.* 1978. *Eichendorffs Untergang und andere Märchen. Projekt 3/1.* 1978. *Gruppe Zebra.* (Mit Wolf D. Dube u. A. Schreiber), 1978. *Wenn Adolf Hitler den Krieg nicht gewonnen hätte. Projekt 3/2.* Novn., 1979. *Die goldene Kuppel des Comes Arbogast oder Lichtenberg in Hamburg.* Erz., 1979. *Stuttgarter Kunst im 20. Jahrhundert.* (Hg.), 1979. *Das Ende der Alternative. Projekt 3/3.* Erzn., 1980. *Von der Lehrbarkeit des Poetischen oder Jeder kann Gedichte schreiben.* 1981. *Die Erfindung der Libido.* Ess., 1981. *Von fliegenden Fröschen, libidinösen Epen, vaterländischen Romanen, Sprechblasen und Ohrwürmern.* Ess., 1982. *mehr ist dazu nicht zu sagen. neue Herbste.* (Mit Heinz Edelmann), 1983. *Alles was ich weiß.* 1983. *Franz-Ottokar Mürbekapsels Glück und ein Ende.* Erzn., 1983. *Versuch über die Lautsonate von Kurt Schwitters.* 1983. *Poesie und Geschichte. Poetik-Seminar Mainz.* (Hg.), 1983. *Als ich meine Gedanken- und Phantasie-Kur gebrauchte.* 1985. *Textbuch 8. 1981–1985.* 1985. *Den Blick öffnen auf das, was offen bleibt.* Lesebuch, 1986. *Textbuch 9. 3 × 13 × 13 Sätze. 1981–1984.* 1986. *Textbuch 10 von Liebeskunst.* 1986.
Ausgaben: *Das Textbuch.* 1970. *Textbücher 1–6.* 1980. *Ödipuskomplex made in Germany. Gelegenheitsged., Totentage, Landschaften 1965–80.* 1981.
Außerdem zahlreiche Hörspiele.

Herburger, Günter (*6. 4. 1932 in Isny/Allgäu) Studierte Literatur-, Theaterwissenschaft, Philosophie, Soziologie und Sanskrit in München und Paris, anschließend Gelegenheitsarbeiter in Frankreich, Spanien, Nordafrika und Italien, Fernsehredakteur in Stuttgart, lebt als freier Schriftsteller in München.

Werke: *Eine gleichmäßige Landschaft.* Erzn., 1964. *Tanker.* Dr., 1965. *Ventile.* Ged., 1966. *Die Messe.* Rom., 1969. *Training.* Ged., 1969. *Jesus in Osaka.* Rom., 1970. *Birne kann alles. Birne kann noch mehr.* Kinderb., 1971. *Die Eroberung der Zitadelle.* Erzn., 1972. *Helmut in der Stadt.* Kinderb., 1972. *Die amerikanische Tochter.* Ged., Ess., Hörsp., Erz. Film, 1973. *Operette.* Ged., 1973. *Hauptlehrer Hofer.* Erzn., 1975. *Birne brennt durch.* Erzn., 1975. *Ziele.* Ged., 1977. *Flug ins Herz,* Rom., 2 Bde., 1977. *Orchidee.* Ged., 1979. *Die Augen der Kämpfer I.* Rom., 1980. *Blick aus dem Paradies. Thuja. Zwei Spiele eines Themas.* 1981. *Makadam.* Ged., 1982. *Die Augen der Kämpfer. Zweite Reise.* Rom., 1983. *Das Flackern des Feuers im Land.* 1983. *Capri. Die Geschichte eines Diebs.* 1984. *Perm.* Ged., 1986.
Ausgabe: *Das Lager.* Ausgew. Ged. 1966–83, 1984.
Außerdem Hörspiele und (Fernseh-)Filme.

Herhaus, Ernst (*6. 2. 1932 in Ründeroth bei Köln) Verwaltungslehre, Verwaltungsangestellter, seit 1954 verschiedene Tätigkeiten in München, Paris, Wien und Zürich, seit 1965 Verlagsangestellter in Frankfurt a.M., seit 1967 freier Schriftsteller.
Werke: *Die homburgische Hochzeit.* Rom., 1967. *Roman eines Bürgers.* Rom., 1968. *Die Eiszeit.* Rom., 1970. *Kinderbuch für kommende Revolutionäre.* 1970. Neuausg. u.d.T. *Poppie Höllenarsch,* 1979. *Notizen während der Abschaffung des Denkens.* 1970. *Siegfried.* (Mit Jörg Schröder), 1972. *Kapitulation. Aufgang einer Krankheit.* 1977. *Der zerbrochene Schlaf.* 1978. *Gebete in die Gottesferne.* 1979. *Der Wolfsmantel.* Rom., 1983.
Außerdem Hörspiele.

Hey, Richard (*15. 5. 1926 in Bonn) Studierte Musik, Theaterwissenschaft und Philosophie in Frankfurt a.M., außerdem Tätigkeiten als Regieassistent, Journalist und Musikkritiker, 1973–76 Mitherausgeber der AutorenEdition, lebt als freier Schriftsteller in Westberlin und Italien, Übersetzer von Jean Giraudoux und Eduardo De Filippo.
Werke: *Thymian und Drachentod.* Dr., 1956. *Der Fisch mit dem goldenen Dolch.* Dr., in: *Junges deutsches Theater von heute,* 1960. *Kein Lorbeer für Augusto.* Hörsp., 1961. *Jeden Abend Kammermusik.* Hörsp., in: *Vier Hörspiele,* 1961. *Weh dem, der nicht lügt.* Dr., 1962. *Olga 17.* Hörsp., in: *Das tapfere Schneiderlein,* 1964. *Hochzeitsreport.* Hörsp., in: *Rundfunk und Fernsehen,* 1965. *Kandid.* Dr., 1972. *Ein Mord am Lietzensee.* Rom., 1973. *Eine Liebesgeschichte.* Hörsp., (mit Lisa Kristwaldt), in: *Der erste Tag,* 1974. *Engelmacher & Co.* Rom., 1975. *Das Ende des friedlichen Lebens der Else Reber.* Drn. u. Hörspe., 1976. *Ohne Geld singt der Blinde nicht.* Rom., 1980. *Feuer unter den Füßen.* Rom., 1981. *Im Jahr 95 nach Hiroshima.* Rom., 1982.
Außerdem weitere Theaterstücke, zahlreiche Hörspiele und Fernsehfilme.

Hildesheimer, Wolfgang (*9. 12. 1916 in Hamburg) 1933 Emigration über England nach Palästina, lernte von 1934–37 Möbeltischler und Innenarchitektur in Jerusalem, studierte von 1937–39 Malerei und Bühnenbildnerei in London, 1940–42 Englischlehrer in Tel Aviv, 1943–46 Informationsoffizier der britischen Regierung in Jerusalem, 1946–49 Dolmetscher beim Nürnberger Prozeß und Redakteur der Protokolle, 1949–53 freier Maler und Grafiker in Ambach am Starnberger See, seit 1950 Schriftsteller, 1953–57 in München, 1967 Gastdozent für Poetik an der Universität Frankfurt a.M., lebt in Poschavio (Schweiz) und Urbino (Italien). Übersetzer aus dem Englischen und ins Englische.
Werke: *Lieblose Legenden.* 1952, Neuf., 1962. *Paradies der falschen Vögel.* Rom., 1953. *das ende einer welt.* Libr., 1953. *Der Drachenthron.* Kom., 1955, Neuf. u.d.T. *Die Eroberung der Prinzessin Turandot,* in: *Modernes deutsches Theater,* 1961. *Prinzessin Turandot.* Hörsp., in: *Hörspielbuch,* 1955. *Ich trage eine Eule nach Athen und vier andere von Paul Flora illustrierte Geschichten.* 1956. *Begegnung im Balkanexpreß.* Hörsp., 1956. *An den Ufern der Plotinitza.* Hörsp., in: *Hörspielbuch,* 1956. *Spiele, in denen es dunkel wird.* 1958. *Der schiefe Turm von Pisa.* Hörsp., in: *Akzente 6,* 1959. *Das Opfer Helena.* Hörsp., in: *Sprich, damit ich dich sehe,* 1960. *Herrn Walsers Raben.* Hörsp., 1960. *Die Verspätung.* Dr., 1961. *Die Lästerschule.* Kom., (Bearb. n. Richard Brinsley Sheridan), 1962. *Vergebliche Aufzeichnungen. Nachtstück.* 1963. *Betrachtungen über Mozart.* 1963. *Tynset.* Pr., 1965. *Wer war Mozart? Becketts ›Spiel‹. Über das absurde Theater.* Ess., 1966. *Interpretationen. James Joyce, Georg Büchner.* Vorl., 1969. *Mary Stuart.* Dr., 1971. *Zeiten in Cornwall.* 1971. *Masante.* 1973. *Hauskauf.* Hörsp., 1974. *Biosphärenklänge.* Hörsp., 1977. *Mozart.* 1977. *Exerzitien mit Papst Johannes.* 1979. *Was Waschbären alles machen.* (Mit Rebecca Berlinger), 1979. *Marbot.* Biogr., 1981. *Mitteilungen an Max über den Stand der Dinge.* 1983. *Endlich allein. Collagen.* 1984. *The Jewishness of Mr. Bloom.* Engl./Dt., 1984. *Der ferne Bach.* Rede, 1986.
Ausgaben: *Hörspiele.* 1976. *Theaterstücke.* 1976. *Das Ende der Fiktionen.* Ges. Reden, 1984.
Außerdem weitere Hörspiele.

Hilsenrath, Edgar (*2. 4. 1926 in Leipzig) Jüdischer Herkunft, 1938 Emigration zu Verwandten nach Rumänien, 1941 Deportation ins Ghetto nach Moghilev-Podelsk (Ukraine), 1944 Rückkehr nach Bukarest und Emigration nach Palästina, 1951 Auswanderung in die USA, amerikanische Staatsbürgerschaft, lebt seit 1975 als freier Schriftsteller in Westberlin.
Werke: *Nacht.* Rom., 1964. *Der Nazi & der Friseur.* Rom., 1977. *Gib acht Genosse Mandelbaum.* Rom., 1979. *Bronskys Geständnis.* Rom., 1980. *Zibulsky oder Antenne im Bauch.* 1983.

Hochhuth, Rolf (*1. 4. 1931 in Eschwege/Hessen) Buchhandelslehre, arbeitete in Buchhandlungen und Antiquariaten in Marburg, Kassel und München, 1951–55 Gasthörer an den Universitäten Heidelberg und München, 1955–63 Verlagslektor bei Bertelsmann in Gü-

tersloh, lebt seit 1963 als freier Schriftsteller in Riehen (bei Basel) und Wien.
Werke: *Liebe in unserer Zeit.* (Hg.), 1961. *Der Stellvertreter.* Dr., 1963. *Die Berliner Antigone.* Erz., 1966, erw. Ausg., 1975 (Erz. u. Ged.), 1980 (Erz. u. Fernsehsp., mit Leopold Ahlsen). *Die großen Meister. Europäische Erzähler des 20. Jahrhunderts.* (Hg.), 1966. *Soldaten. Nekrolog auf Genf.* Dr., 1967. *Krieg und Klassenkrieg.* 1971. *Die Hebamme.* Kom., Erzn., Ged., Ess., 1971, Neuf., 1973. *Guerillas.* Dr., 1970. *Lysistrate und die Nato.* Kom., 1973. *Tod eines Jägers.* Dr., 1976. *Tell 38.* Rede, 1977, erw. Ausg., 1979. *Eine Liebe in Deutschland.* 1978. *Juristen.* Dr., 1979. *Ärztinnen.* Dr., 1980. *Die Gegenwart. Deutsche Erzähler der Jahrgänge 1900–1960.* 2 Bde., (Hg.), 1981. *Räuber-Rede. Drei deutsche Vorwürfe. Schiller/Lessing/Geschwister Scholl.* 1982. *Die zweite Klassik. Deutschsprachige Erzähler der Jahrgänge 1850–1900.* (Hg.), 1983. *Judith.* Dr., 1984. *Atlantik-Novelle.* Erzn. u. Ged., 1985. *Die Kaiserzeit. Zivil und Militär.* (Hg. mit Hans H. Koch), 1985. *Schwarze Segel.* Ess. u. Ged., 1986.
Ausgaben: *Dramen.* 1972. *Nur die Spitze des Eisbergs.* 1982.

Höllerer, Walter (*19. 12. 1922 in Sulzbach-Rosenberg) Soldat, studierte nach 1945 Philosophie, Geschichte, Germanistik und Vergleichende Literaturwissenschaft in Erlangen, Göttingen und Heidelberg, promovierte 1949 mit einer Dissertation über Gottfried Keller, 1954–59 Universitätsdozent in Frankfurt a.M. und Münster, 1958 Habilitation in Frankfurt a.M., seit 1959 Professor für Deutsche Literatur an der TU in Westberlin, 1960 und 1973 Gastprofessor in den USA, (Mit-)Herausgeber der *Akzente* (1954–67), der Buchreihe *Literatur als Kunst* (seit 1958), der Zeitschrift *Sprache im technischen Zeitalter* (seit 1961) und des Jahrbuchs *Literatur im technischen Zeitalter* (seit 1981), Gründer des Literarischen Colloquiums Berlin (1963), des Instituts für Sprache im technischen Zeitalter (1965) und eines Literatur-Archivs in Sulzbach-Rosenberg (1977).
Werke: *Der andere Gast.* Ged., 1952. *Transit. Lyrikbuch der Jahrhundertmitte.* (Hg.), 1956. *Zwischen Klassik und Moderne. Lachen und Weinen in der Dichtung einer Übergangszeit.* 1958. *movens. Dok. u. Analysen zur Dichtung, bildenden Kunst, Musik, Architektur.* (Hg. mit Franz Mon u. Manfred de la Motte), 1960. *Spiele in einem Akt.* (Hg. mit Marianne Heyland u. Norbert Miller), 1961. *Junge amerikanische Lyrik.* (Hg. mit Gregory Corso), 1961. *Gedichte. Wie entsteht ein Gedicht.* 1964. *Theorie der modernen Lyrik. Dok. zur Poetik.* (Hg), 1965. *Modernes Theater auf kleinen Bühnen.* 1965. *Ein Gedicht und sein Autor.* (Hg.), 1967. *Außerhalb der Saison.* (Mit Renate von Mangoldt), 1967. *Systeme.* Ged., 1969. *Dramaturgisches.* Br., (mit Max Frisch), 1969. *Elite und Utopie.* Ess., 1969. *Das literarische Profil von Rom.* (Hg. mit Gerald Bisinger), 1970. *Welt aus Sprache. Ausstellungskatalog.* (Hg. mit Karin Kiwus), 1972. *Die Elephantenuhr.* Rom., 1973, gek. TB-Ausg., 1975. *Welt aus Sprache. Erfahrungen und Ergebnisse.* (Hg. mit Karin Kiwus), 1973. *Hier, wo die Welt anfing.* Rede, 1974. *Geschichte, die nicht im Geschichtsbuch steht.* (Mit Oswald Heimbucher), 1976. *Literaturarchiv Sulzbach-Rosenberg.* 1977. *Berlin. Übern Damm und durch die Dörfer.* Ess., 1977. *Alle Vögel alle.* Kom., 1978, Neuf., 1980. *Drei Spiele für Pierre Bertaux, mit Elephant, Vogel und Laus.* In: *Spiele und Vorspiele.* 1978. *Autoren im Haus. 20 Jahre Literarisches Colloquium Berlin.* (Hg. mit Gerald Bisinger u.a.), 1982. *Lyrik der Beat-Generation.* (Hg. mit Gregory Corso), 1985.
Ausgabe: *Gedichte 1952–82.* 1982.
Außerdem Filme und Fernsehfilme.

Hoff, Kay (*15. 8. 1924 in Neustadt/Holstein) Seit 1942 Soldat, sowjetische Kriegsgefangenschaft, studierte von 1945–49 Psychologie, Germanistik und Kunst in Kiel, promovierte 1949 mit der Dissertation *Die Wandlung des dichterischen Selbstverständnisses in der ersten Hälfte des 18. Jahrhunderts, dargestellt an der Lyrik dieser Zeit*, 1950–52 Bibliothekar in Düsseldorf, 1952–58 freier Journalist, bis 1967 Redakteur der Zeitschrift *Neues Rheinland*, 1965–72 Verleger im Guido Hildebrandt Verlag, 1970–73 Leiter des Kulturzentrums der Deutschen Botschaft in Tel Aviv, seit 1973 freier Schriftsteller, zahlreiche Reisen, lebt in Lübeck.
Werke: *In Babel zuhaus.* Ged., 1958. *Zeitzeichen.* Ged., 1962. *Skeptische Psalmen.* Ged., 1965. *Die Chance.* Hörsp., 1965. *Bödelstedt oder Würstchen bürgerlich.* Rom., 1966. *Ein ehrlicher Mensch.* Rom., 1967. *Eine Geschichte.* Erz., 1968. *Möglichkeiten der Liebe.* 3 Sprechstücke, in: *Dschungelkantate.* 1968. *Netzwerk.* Ged., 1969. *Zwischenzeilen.* Ged., 1970. *Drei. Anatomie einer Liebesgeschichte.* Rom., 1970. *Wir reisen nach Jerusalem.* Rom., 1976. *Bestandsaufnahme.* Ged., 1977. *Hörte ich recht?* Hörspe., 1980. *Gegen den Stundenschlag.* Ged., 1982. *Janus.* 1984.
Außerdem zahlreiche Hörspiele und Funk-Features.

Hoffer, Klaus (*27. 12. 1942 in Graz) Studierte Altphilologie, Germanistik und Anglistik in Graz, 1970 Promotion mit der Dissertation *Das Bild des Kindes im Werk Franz Kafkas*, 1964/65 USA-Aufenthalt, 1972/73 Generalsekretär der Grazer Autorenversammlung, lebt als Lehrer, Schriftsteller und Übersetzer (Kurt Vonnegut, Jakov Lind) in Graz.
Werke: *Fürsorglich..., vorzüglich....* Hörsp., in: *Neues Hörspiel*, 1969. *Das Bild des Kindes im Werk Franz Kafkas.* Diss. (masch.), 1970. *Halbwegs. Bei den Bieresch 1.* 1979. *manuskripte.* (Hg. mit Max Droschl u. Alfred Kolleritsch), 1981. *Am Magnetberg.* Erz., 1982. *Der große Potlatsch. Bei den Bieresch 2.* 1983.
Ausgabe: *Bei den Bieresch.* 1983.
Außerdem Hörspiele.

Jägersberg, Otto (*19. 5. 1942 in Hiltrup/Westfalen) Buchhändlerlehre in Münster, arbeitete als Buchhändler in Berlin, Frankfurt a.M., Zürich, München und Münster, außerdem Tätigkeiten als Journalist, Organisator von Happenings und Dramaturg am Theater,

Redakteur beim Westdeutschen Fernsehen in Köln, Drehbuchautor und Regisseur, 1969/70 Verlagsmitarbeiter bei März und Olympia Press, lebt als Schriftsteller und Regisseur in Baden-Baden.
Werke: *Fahrradklingeln für Vera Tereschkowa.* Ged., 1963. *Weihrauch und Pumpernickel* Rom., 1964. *Nette Leute.* Rom., 1967. *Der Waldläufer Jürgen.* Erzn., 1969. *Der große Schrecken Elfriede.* Kinderb., 1969. *Cosa Nostra.* 1971. *Oldtimer. Ein Fotoalbum.* (U.d. Pseud. Göran Göransson), 1971. *Rüssel im Komikland.* Comics-Texte, (mit Leo Leonhard), 1972. *Glücksucher in Venedig.* Comics-Texte, (mit Leo Leonhard), 1973. *Das Kindergasthaus.* Jugendb., 1973. *Land. Lehrstück.* 1974. *He he, ihr Mädchen und Frauen.* Kom., 1975. *Der industrialisierte Romantiker.* Ft., 1976. *Seniorenschweiz. Rep. unserer Zukunft.* Ft., 1976. *Der letzte Biß.* Erzn., 1977. *Empörte Frauen.* Pr., 1980. *Die Pawlaks. Eine Geschichte aus dem Ruhrgebiet.* Fb., (mit Wolfgang Staudte), 1982. *Herr der Regeln.* Rom., 1983. *Groddeck, Arzt in Baden-Baden.* 1984. *Vom Handeln mit Ideen.* Erzn., 1984.
Ausgaben: *Flabby Jacks fantastische Abenteuer. Rüssel im Komikland. Glückssucher in Venedig I u. II Leben und Traum mit Schellenfusz.* 4 Bde., (mit Leo Leonhard), 1979. *Wein Liebe Vaterland.* Ges. Ged., 1985. Außerdem Filme und Fernsehfilme.

Jaeggi, Urs (*23. 6. 1931 in Solothurn) Bankangestellter, studierte Nationalökonomie und Soziologie in Genf, Bern und Berlin, 1959 Promotion, seit 1966 Professor an der FU in Westberlin, 1970/71 Gastprofessor in den USA.
Werke: *Die gesellschaftliche Elite.* 1960. *Der Angestellte im automatisierten Büro.* (Mit Herbert Wiedemann), 1963. *Die Wohltaten des Mondes.* Erzn., 1963. *Die Komplicen.* Rom., 1964. *Berggemeinden im Wandel.* 1965. *Der Angestellte in der Industriegesellschaft.* (Mit Herbert Wiedemann), 1966. *Ein Mann geht vorbei.* Rom., 1968. *Ordnung und Chaos. Der Strukturalismus als Methode und Mode.* 1968. *Literatur und Politik.* Es., 1972. *Für und wider die revolutionäre Ungeduld.* Ess. u. Notizen, 1972. *Geschichten über uns.* 1973. *Kapital und Arbeit in der Bundesrepublik.* 1973. *Revolution und Theorie. Materialien zum bürgerlichen Revolutionsverständnis.* (Mit Sven Papcke), 1974. *Sozialstruktur und politische Systeme.* 1976. *Theoretische Praxis. Probleme eines strukturalen Marxismus.* 1976. *Theorien des Historischen Materialismus.* (Hg. mit Axel Honneth), 1977, Bd. 2 u.d.T. *Arbeit, Handlung, Normativität,* 1980. *Brandeis.* Rom., 1978. *Was auf den Tisch kommt, wird gegessen.* Ess., 1981. *Grundrisse.* Rom., 1981. *Kopf und Hand. Das Verhältnis von Gesellschaft und Bewußtsein.* (Mit Manfred Fassler), 1982. *Geist und Katastrophe. Studien zur Soziologie im Nationalsozialismus.* 1983. *Versuch über den Verrat.* 1984. *Fazil und Johanna.* Erzn., 1985. *Solothurner Filmtage 1966–85. Geschichte und Entwicklung.* (Mit Norbert Ledergerber), 1985.

Jahnn, Hans Henny (*17. 12. 1894 in Stellingen/bei Hamburg, †29. 11. 1959 in Hamburg) 1915–18 Aufenthalt in Norwegen, Gründer der »Glaubensgemeinde Ugrino« und des Ugrino Verlags, seit 1923 Orgelbauer, lebte von 1934–50 als Landwirt und Orgelsachverständiger für eine dänische Firma auf Bornholm, seitdem in Hamburg, Mitbegründer der Freien Akademie der Künste in Hamburg (Präsident bis 1959), kulturpolitisches Engagement, insbesondere Aktivitäten gegen das atomare Wettrüsten.
Werke: *Pastor Ephraim Magnus.* Dr., 1919. *Die Krönung Richard III.* Dr., 1921. *Des Buches erstes und letztes Blatt.* Dr.-Fragm., 1921. *Der Arzt/Sein Weib/Sein Sohn.* Dr., 1922. *Der gestohlene Gott.* Dr., 1924. *Heinrich von Kleist, eine jämmerliche Tragödie.* Dr.-Fragm., 1925. *Medea.* Dr., 1926. *Perrudja.* Rom., 2 Bde., 1929. *Straßenecke. Ein Ort. Eine Handlung.* Dr., 1931. *Neuer Lübecker Totentanz.* Dr., 1931, Neuf., 1954. *Armut, Reichtum, Mensch und Tier.* Dr., 1948. *Fluß ohne Ufer.* Rom.-Trilogie, Bd. 1 u.d.T. *Das Holzschiff,* 1949, Bd. 2 u. 3 u.d.T. *Die Niederschrift des Gustav Anias Horn,* 1949/50, *Epilog,* 1961. *Spur des dunklen Engels.* Dr., 1952. *Klopstocks 150. Todestag.* Es., 1953. *Über den Anlaß.* Vortrag, 1954. *13 nicht geheure Geschichten.* Erzn., 1954. *Thomas Chatterton.* Dr., 1955. *Zur Tragödie Thomas Chattertons.* 1955. *Die Nacht aus Blei.* Rom., 1956. *Lessings Abschied.* Vortrag, 1956. *Aufzeichnungen eines Einzelgängers. Dichtung und Gedanke.* 1959. *Briefe um ein Werk.* (Mit Werner Helwig), 1959. *Die Trümmer des Gewissens – Der staubige Regenbogen.* Dr., 1961. *Jeden ereilt es.* Rom., 1968. *Ugrino und Ingrabanien.* Rom.-Fragm., 1968. *H.H.J. – Peter Huchel. Ein Briefwechsel.* 1975.
Ausgaben: *H.H. Jahnn. Eine Auswahl aus seinem Werk.* 1959. *Werke und Tagebücher.* 7 Bde., 1974. *Das H.H.J. Lesebuch.* 1984. *Werke in Einzelbänden. Hamburger Ausgabe.* 11 Bde., 1985ff.

Jandl, Ernst (*1. 8. 1925 in Wien) Soldat, amerikanische Kriegsgefangenschaft, studierte Germanistik und Anglistik in Wien, seit 1949 mit Unterbrechungen Gymnasiallehrer in Wien, promovierte 1950 mit einer Dissertation über die Novellen Arthur Schnitzlers, 1952/53 Lehrer in England, seit 1954 mit Friederike Mayröcker befreundet, 1970/71 in Westberlin, 1971 und 1972 USA-Aufenthalte (als Gastdozent und zu einer Vortragsreise zusammen mit Friederike Mayröcker), seit 1951 Mitglied der Sozialistischen Partei Österreichs, 1973 Mitbegründer der Grazer Autorenversammlung, 1984 Gastdozent für Poetik an der Universität Frankfurt a.M., Übersetzer aus dem Englischen.
Werke: *Andere Augen.* 1956. *lange gedichte.* 1964. *klare gerührt.* 1964. *mai hart lieb zapfen eibe hold.* 1965. *Hosi-Anna!.* 1965. *Laut und Luise.* 1966. *No music please.* 1967. *Sprechblasen.* 1968. *der künstliche baum.* 1970. *flöda und der schwan.* 1971. *Fünf Mann Menschen.* Hörspe., (mit Friederike Mayröcker), 1971. *dingfest.* 1973. *übung mit buben.* 1973. *die männer. ein film.* 1973. *serienfuß.* Ged., 1974. *wischen möchten.* Texte, 1974. *für alle.* Ged. u. Texte, 1974. *Gott schütze Österreich. Durch uns: Achleitner, Friedrich; Artmann,*

H.C.; Bauer, Wolfgang; Bisinger, Gerald; Jandl, Ernst; Mayröcker, Friederike; Navratil, Leo; Priesnitz, Reinhard; Rühm, Gerhard; Steiger, Dominik u.a.. 1974. *der versteckte hirte.* 1975. *alle freut was alle freut.* 1975. *Drei Hörspiele.* (Mit Friederike Mayröcker), 1975. *die schöne kunst des schreibens.* 1976, erw. Ausg., 1983. *die bearbeitung der mütze.* 1978. *Aus der Fremde.* Sprechoper, 1980. *der gelbe Hund.* Ged., 1980. *Selbstporträt des Schachspielers als trinkende Uhr.* Ged., 1983. *Falamaleikum.* Ged. u. Bilder, (mit Jürgen Spohn), 1983. *My right hand – my wirting hand – my handwriting.* 1985. *Das Öffnen und Schließen des Mundes.* Vorl., 1985.
Ausgabe: *Gesammelte Werke.* Ged., Drn., Pr., 3 Bde., 1985.
Weitere Hörspiele. Schallplatten. Videoband.

Jens, Walter (*8. 3. 1923 in Hamburg) Studierte von 1941–45 Germanistik und klassische Philologie in Hamburg und Freiburg i.Br., promovierte 1944 mit der Dissertation *Die Funktion der Stichomythie in Sophokles' Tragödien der Mannesjahre*, 1945–49 Assistent an den Universitäten Hamburg und Tübingen, 1949 Habilitation *(Tacitus und die Freiheit)*, seit 1956 Professor für klassische Philologie und seit 1963 Inhaber des Lehrstuhls für Rhetorik an der Universität Tübingen, 1964 Gastprofessor in Stockholm, seit 1976 Präsident des PEN-Zentrums der Bundesrepublik Deutschland, (Mit-)Herausgeber des internationalen Jahrbuchs *Rhetorik* seit 1980, Übersetzer von griechischer Literatur, lebt in Tübingen.
Werke: *Das weiße Taschentuch.* Erz., (u.d. Pseud. Walter Freiburger), 1947. *Nein. Die Welt der Angeklagten.* Rom., 1950. *Der Blinde.* Rom., 1951. *Vergessene Gesichter.* Rom., 1952. *Der Besuch des Fremden.* Hörsp., in: *Sechzehn deutsche Hörspiele*, 1962. *Der Mann, der nicht alt werden wollte.* Rom., 1955. *Die Stichomythie in der frühen griechischen Tragödie.* 1955. *Hofmannsthal und die Griechen.* 1955. *Ahasver.* Hörsp., 1956. *Das Testament des Odysseus.* Rom., 1957. *Der Telefonist.* Hörsp., in: *Hörspielbuch*, 1957. *Statt einer Literaturgeschichte.* Ess., 1957, erw. Ausg., 1978. *Moderne Literatur – moderne Wirklichkeit.* 1958. *Ilias und Odyssee.* Nacherz., 1958. *Die Götter sind sterblich.* Reiseber., 1959. *Vergessene Gesichter.* Fernsehsp., in: *Der Besuch des Fremden*, 1967. *Deutsche Literatur der Gegenwart. Themen, Stile, Tendenzen.* 1961. *Zueignungen.* Lit. Portr., 1962, erw. Ausg., 1963. *Herr Meister. Dialog über einen Roman.* 1963. *Literatur und Politik.* 1963. *Melancholie und Moral.* Ess., 1963. *Euripides. Büchner.* 1964. *Die Verschwörung.* Fernsehsp., 1969. *Von deutscher Rede.* Ess., 1969. *Bericht über eine Messe.* 1969. *Die Bauformen der griechischen Tragödie.* (Hg.), 1971. *Antiquierte Antike?.* Ess., 1971. *Am Anfang der Stall – am Ende der Galgen: Jesus von Nazareth, seine Geschichte nach Matthäus.* 1972. *Der barmherzige Samariter.* (Hg.), 1973. *Fernsehen – Themen und Tabus. Momos 1963–73.* 1973. *Der tödliche Schlag.* Fernsehsp., 1974. *Der Fall Judas*, 1975. *Der Ausbruch.* Libr., 1975. *Republikanische Reden.* 1976. *Eine deutsche Universität. 500 Jahre Tübinger Gelehrtenrepublik.* (Mit Inge Jens und Brigitte Beekmann), 1977. *Um nichts als die Wahrheit.* (Hg.), 1978. *Assoziationen. Gedanken zu biblischen Texten.* 8 Bde., (Hg.), 1978–80. *Der Teufel lebt nicht mehr, mein Herr! Ein Totengespräch zwischen Lessing und Heine.* Fernsehsp., in: *Die deutsche Bühne 5*, 1979. *Warum ich Christ bin.* (Hg.), 1979. *Literatur und Kritik.* (Hg.), 1980. *Ort der Handlung ist Deutschland. Reden in erinnerungsfeindlicher Zeit.* 1981. *Frieden. Die Weihnachtsgeschichte in unserer Zeit.* (Hg.), 1981. *Die kleine große Stadt – Tübingen.* (Mit Inge Jens, Stefan Moses u. Joachim Feist), 1981. *Der Untergang. Nach den Troerinnen des Euripides.* 1982. *In letzter Stunde. Aufruf zum Frieden.* (Hg.), 1982. *Momos am Bildschirm. 1973–83*, 1984. *Rolf Escher – Schauplätze.* (Mit Hubertus Froning), 1984. *Roccos Erzählung. Zwischentexte zu ›Fidelio‹ von Ludwig van Beethoven.* 1985. *Klassenlektüre. 106 Autoren stellen sich vor.* (Hg. mit Bernt Engelmann), 1985. *Festgabe zum 70. Geburtstag für Heinrich Albertz.* (Hg.), 1985. *Studentenalltag.* (Hg.), 1985. *Dichtung und Religion.* Vorl., (mit Hans Küng), 1985. *Die Friedensfrau. Nach der Lysistrate des Aristophanes.* 1986. *Theologie und Literatur. Zum Stand des Dialogs.* (Hg. mit Karl J. Kuschel), 1986.
Ausgabe: *Zur Antike.* 1978.
Außerdem weitere Hörspiele und Fernsehspiele.

Johnson, Uwe (*20. 7. 1934 in Cammin/Pommern, †23. 2. 1984 in Sheerness/England) Studierte von 1952–56 Germanistik in Rostock und Leipzig, 1959 Umzug nach Westberlin, 1961 USA-Reise, 1962 Stipendium der Villa Massimo in Rom, 1966–68 USA-Aufenthalt als Schulbuchlektor und Schriftsteller, 1973 Vortragsreisen in Italien, England und Frankreich, 1974 Umzug nach England, 1979 Gastdozent für Poetik an der Universität Frankfurt a.M., Übersetzer aus dem Englischen.
Werke: *Mutmassungen über Jakob.* Rom., 1959. *Das dritte Buch über Achim.* Rom., 1961. *Karsch, und andere Prosa.* 1964. *Zwei Ansichten.* Erz., 1965. *Jahrestage. Aus dem Leben von Gesine Cresspahl.* 4 Bde., 1970, 1971, 1973, 1983. *Eine Reise nach Klagenfurt.* 1974. *Berliner Sachen.* Ess., 1975. *Von dem Fischer un syner Fru.* Nacherz., 1976. *Begleitumstände.* Vorl., 1980. *Skizze eines Verunglückten.* 1982. *Der 5. Kanal.* 1985. *Ingrid Babendererde. Reifeprüfung 1953.* (Entst. 1953–56), 1985.

Jünger, Ernst (*29. 3. 1895 in Heidelberg) 1914 Kriegsfreiwilliger, bis 1918 Soldat, 1919–23 Reichsoffizier, studierte 1923/24 Zoologie und Philosophie in Leipzig und Neapel, 1925–30 Mitarbeiter bei den Zeitschriften *Standarte. Wochenschrift des neuen Nationalsozialismus, Arminius. Kampfschrift für deutsche Nationalisten, Der Vormarsch. Blätter der nationalistischen Jugend* und *Die Kommenden. Überbündische Wochenschrift der deutschen Jugend*, lehnte 1927 einen Reichstagssitz der NSDAP und 1933 die Wahl in die Deutsche Akademie der Dichtung ab, lebte bis 1933 in

Berlin, danach als freier Schriftsteller in Goslar, Überlingen und bei Hannover, 1939 Reaktivierung als Hauptmann, 1941 beim Stab des Militärbefehlshabers in Frankreich, wurde nach dem Attentat auf Hitler vom 20. 7. 1944 (an dem er jedoch nur entfernt beteiligt war) als »wehrunwürdig« aus der Wehrmacht entlassen, 1945–49 Publikationsverbot in Deutschland, lebte von 1948–50 in Ravensbrück, 1950 Frankreichreise, Drogenexperimente, von 1959–71 Herausgeber der Zeitschrift *Antaios*, lebt seit 1950 in Wilflingen (Schwäbische Alb).
Werke: *In Stahlgewittern*. 1920, Neufn., 1924, 1934, 1935, 1961. *Der Kampf als inneres Erlebnis*. 1922, Neuf., 1926. *Sturm*. (In: *Hannoverscher Kurier*, 1923), 1963. *Das Wäldchen 125*. 1925. *Feuer und Blut*. 1925, Neuf., 1926. *Der Aufmarsch*. 2 Bde., (Hg.), 1926. *Die Unvergessenen*. (Hg.), 1928. *Der Kampf um das Reich*. (Hg.), 1929. *Das abenteuerliche Herz*. 1929, Neuf., 1938. *Das Antlitz des Weltkrieges*. (Hg.), 1930. *Luftfahrt ist not*. (Hg.), 1930. *Krieg und Krieger*. (Hg.), 1930. *Die totale Mobilmachung*. 1931. *Der Arbeiter*. 1932. *Blätter und Steine*. 1934. *Lob der Vokale*. 1934. *Afrikanische Spiele*. 1936. *Auf den Marmorklippen*. 1939. *Gärten und Straßen*. Tgb. 1939–40, 1940. *Myrdun. Briefe aus Norwegen*. 1943. *Der Friede*. 1945. *Atlantische Fahrt*. 1947. *Sprache und Körperbau*. 1947. *Ein Inselfrühling*. Tgb. aus Rhodos, 1948. *Strahlungen*. 1949, erw. Ausg., 1963. *Heliopolis. Rückblick auf eine Stadt*. 1949. *Über die Linie*. 1950. *Das Haus der Briefe*. 1951. *Der Waldgang*. 1951. *Am Kieselstrand*. 1951. *Besuch auf Godenholm*. 1952. *Drei Kiesel*. 1952. *Der gordische Knoten*. 1953. *Das Sanduhrbuch*. 1954. *Am Sarazenenturm*. 1955. *Sonnentau*. 1955. *Rivarol*. 1956. *Serpentara*. 1957. *San Pietro*. 1957. *Gläserne Bienen*. 1957. *Jahre der Okkupation*. 1958. *Mantrana. Einladung zu einem Spiel*. 1958. *An der Zeitmauer*. 1959. *Ein Vormittag in Antibes*. 1960. *Sgraffiti*. 1960. *Der Weltstaat. Organismus und Organisation*. 1960. *Das spanische Mondhorn*. 1962. *Fassungen*. 1963. *An Friedrich Georg zum 65. Geburtstag*. 1963. *Typus · Name . Gestalt*. 1963. *Geheimnisse der Sprache*. 1963. *Betrachtungen zur Zeit*. 1963. *Grenzgänge*. Ess., Reden, Träume, 1965. *In Totenhäusern*. 1965. *Im Granit*. 1967. *Subtile Jagden*. 1967. *Zwei Inseln*. 1968. *Carabus Rutilans*. *1968. Federbälle*. 1969. *E.J.: Träume. Oskar Dalvit: Nocturnes. 9 Linolschnitte*. 1970. *Lettern und Ideogramme*. 1970. *Ad hoc*. 1970. *Annäherungen. Drogen und Rausch*. 1970. *Zahlen und Götter. Philemon und Baucis*. 1970. *E.J.. Alfred Kubin. Briefe*. 1971. *Sinn und Bedeutung*. 1971. *Die Zwille*. 1973. *Ausgewählte Erzählungen*. 1975. *Eumeswil*. 1977. *Federbälle. Teil I und Teil II. Mit Briefen von Carl Jacob Burckhardt und Martin Heidegger*. 1980. *Aus dem perennierenden Wilfinger Gartenkalender*. 1980. *Siebzig verweht*. 2 Bde., 1980, 1981. *Aladins Problem*. 1983. *Maxima – Minima. Adnoten zum ›Arbeiter‹*. 1983. *Aus der goldenen Muschel. Gänge am Mittelmeer*. 1984. *Autor und Autorschaft*. 1984. *Eine gefährliche Begegnung*. 1985.
Ausgaben: *Werke*. 10 Bde., 1960–65. *Sämtliche Werke in 18 Bänden*. 1978–82.

Jünger, Friedrich Georg (*1. 9. 1898 in Hannover, †20. 7. 1977 in Überlingen) Bruder von Ernst Jünger, Offizier im 1. Weltkrieg, Verwundung, studierte Rechtswissenschaften in Leipzig und Halle, Promotion zum Dr.jur., lebte von 1928–37 als freier Schriftsteller in Berlin, 1934 Schreibverbot, 1937 Umzug nach Überlingen (am Bodensee), Herausgeber der Zeitschrift *Scheidewege*, seit 1958 Ehrendoktor der Universität Freiburg, Übersetzer der *Odyssee*.
Werke: *Aufmarsch des Nationalismus*. 1926. *Der verkleidete Theseus*. Dr., 1934. *Gedichte*. 1934. *Der Krieg*. Ged., 1936. *Über das Komische*. Ess., 1936. *Der Taurus*. Ged., 1937. *Der Missouri*. Ged., 1940. *Griechische Götter. Apollon – Pan – Dionysos*. Ess., 1943. *Die Titanen*. Ess., 1944. *Der Westwind*. Ged., 1946. *Die Perfektion der Technik*. Ess., 1946, erw. Ausg., 1948. *Die Silberdistelklausel*. Ged., 1947. *Die Perlschnur*. Ged., 1947. *Das Weinberghaus*. Ged., 1947. *Griechische Mythen*. Ess., 1947, Neuf., 1957. *Orient und Okzident*. Ess., 1948, erw. Ausg. 1966. *Gespräche*. 1948. *Gedichte*. 1949. *Sprüche in Versen*. Ged., 1949. *Nietzsche*. Ess., 1949. *Maschine und Eigentum*. Ess., 1949. *Gedanken und Merkzeichen*. Ess., 1949. *Dalmatinische Nacht*. Erzn., 1950. *Grüne Zweige*. Aut., 1951. *Die Pfauen*. Erzn., 1952. *Iris im Wind*. Ged., 1952. *Morgenländische Stadt*. Ged., 1952. *Rhythmus und Sprache im deutschen Gedicht*. Ess., 1952. *Die Spiele*. Ess., 1953. *Der erste Gang*. Rom., 1954. *Ring der Jahre*. Ged., 1954. *Der weiße Hase*. Erz., 1955. *Schwarzer Fluß und windweißer Wald*. Ged., 1955. *Sprache und Kalkül*. Ess., 1955. *Zwei Schwestern*. Rom., 1956. *Gedächtnis und Erinnerung*. 1957. *Spiegel der Jahre*. Aut., 1958. *Dank im Gedicht*. Ged., 1959. *Gärten im Abend- und Morgenland*. 1960. *Kreuzwege*. Erzn., 1961. *Sprache und Denken*. 1962. *Wiederkehr*. Erzn., 1965. *Es pocht an der Tür*. Ged., 1968. *Die vollkommene Schöpfung. Natur oder Naturwissenschaft?*. Ess., 1969. *Laura*. Erz., 1970. *Der Arzt und seine Zeit*. 1970. *Heinrich March*. Rom., 1980. *Im tiefen Granit*. Ged., 1983.
Ausgaben: *Gesammelte Erzählungen*. 1967. *Sämtliche Gedichte*. 1974. *Erzählungen*. 3 Bde., 1978. *Ausgewählte Erzählungen*. 1981. *Werke*. 8 Bde., 1978–86.

Kästner, Erhart (*13. 3. 1904 in Augsburg, †3. 2. 1974 in Staufen/Breisgau) Volontariat in einem Antiquariat in Leipzig, studierte von 1924–27 Germanistik, Geschichte und Geographie in Freiburg i.Br., Kiel und Leipzig, promovierte mit der Dissertation *Wahn und Wirklichkeit im Drama der Goethezeit*, Volontariat in Bibliotheken in Dresden und Leipzig, 1929–45 Bibliothekar an der Dresdener Landesbibliothek, 1936–38 Sekretär von Gerhart Hauptmann, seit 1940 Soldat, 1945–47 englische Kriegsgefangenschaft, danach Journalist in Augsburg, seit 1950 Direktor der Herzog-August-Bibliothek in Wolfenbüttel, 1968 Umzug nach Staufen i.Br.
Werke: *Griechenland*. Reiseber., 1942, Neuf. u.d.T. *Ölberge, Weinberge*, 1953. *Kreta*. Reiseber., 1946. *Zeltbuch von Tumilad*. 1949. *Die Stundentrommel vom heiligen Berg Athos*. Reiseber., 1956. *Aufstand der Dinge*.

Byzantinische Aufzeichnungen. 1964. *Offener Brief an die Königin von Griechenland. Beschreibungen, Bewunderungen.* 1973. *Über Bücher und Bibliotheken. Dresden und Wolfenbüttel.* 1974. *Die Lerchenschule. Aufzeichnungen von der Insel Delos.* 1974. *Der Hund in der Sonne und andere Prosa.* 1975. *Griechische Inseln.* 1975. *Bekränzter Jahreslauf. Ein festlicher Kalender für alle Zeit.* 1979. *Briefe.* 1984. *E.K./Martin Heidegger: Briefwechsel 1953–74.* 1986.

Kästner, Erich (*23. 2. 1899 in Dresden, †29. 7. 1974 in München) Lehrerseminar, Soldat im 1. Weltkrieg, studierte danach bis 1925 Geschichte, Germanistik und Philosophie in Leipzig, Rostock und Berlin, 1921–23 Redakteur beim *Leipziger Tageblatt*, Promotion zum Dr. phil., seit 1927 als freier Schriftsteller und Zeitungsmitarbeiter (u.a. *Berliner Tageblatt, Frankfurter Zeitung, Weltbühne*) in Berlin, seine Bücher wurden von den Nationalsozialisten verboten (außer *Emil und die Detektive*), Veröffentlichungen nur im Ausland, außerdem tätig für die Filmindustrie, 1945 Umzug nach München, 1945–48 Redakteur bei der *Neuen Zeitung*, seit 1946 Herausgeber der Zeitschrift *Pinguin*, Gründer des Kabaretts *Schaubühne*, 1957–62 Präsident des deutschen PEN-Clubs.
Werke: *Herz auf Taille.* Ged., 1928. *Emil und die Detektive.* Kinderb., 1928. *Lärm im Spiegel.* Ged., 1929. *Ein Mann gibt Auskunft.* Ged., 1930. *Pünktchen und Anton.* Kinderb., 1931. *Fabian.* Rom., 1931. *Der 35. Mai.* Kinderb., 1931. *Gesang zwischen den Stühlen.* Ged., 1932. *Das verhexte Telefon.* 1932. *Das fliegende Klassenzimmer.* Kinderb., 1933. *Drei Männer im Schnee.* Rom., 1934. *Emil und die drei Zwillinge.* Kinderb., 1934. *Die verschwundene Miniatur.* Rom., 1935. *Dr. Erich Kästners lyrische Hausapotheke.* 1936. *Georg und die Zwischenfälle.* Rom., 1938, Neuausg. u.d.T. *Der kleine Grenzverkehr*, 1949. *Till Eulenspiegel.* Nacherz., 1938. *Bei Durchsicht meiner Bücher.* Ged., 1946. *Der tägliche Kram.* Ged. u. Dr., 1948. *Die Konferenz der Tiere.* Kinderb., 1949. *Das doppelte Lottchen.* Kinderb., 1949. *Kurz und bündig.* Ged., 1950. *Der gestiefelte Kater.* Nacherz., 1950. *Münchhausen.* Nacherz., 1951. *Die kleine Freiheit.* Ged., 1952. *Die Schildbürger.* Nacherz., 1954. *Die dreizehn Monate.* Ged., 1955. *Die Schule der Diktatoren.* Dr., 1956. *Don Quichotte.* Nacherz., 1956. *Als ich ein kleiner Junge war.* Aut., 1957. *In Probepakkung.* 1957. *Heiterkeit in Dur und Moll.* 3 Bde., (Hg.), 1958. *Heiterkeit kennt keine Grenzen.* 3 Bde., (Hg.), 1960. *Notabene 45.* Tgb., 1961. *Gullivers Reisen.* Nacherz., 1961. *Das Schwein beim Friseur.* Kinderb., 1962. *Heiterkeit braucht keine Worte.* 2 Bde., (Hg.), 1962. *Der kleine Mann.* Kinderb., 1963. *Kästner für Erwachsene.* Ged., 1966. *Der kleine Mann und die kleine Miss.* Kinderb., 1967. *Unter der Zeitlupe.* 1967. *Der Zauberlehrling.* Kinderb.-Fragm., 1967. *...was nicht in euren Lesebüchern steht.* 1968. *Wer nicht hören will, muß lesen.* 1971. *Die lustigen Geschichtenkiste.* 1972. *Briefe aus dem Tessin.* 1977. *Mein liebes gutes Muttchen Du!.* Br. aus 30 Jahren, 1981.
Ausgaben: *Gesammelte Schriften.* 7 Bde., 1959. *Gesammelte Schriften für Erwachsene.* 8 Bde., 1969. *Das E.K. Lesebuch.* 1978. *Gedichte.* 1981. *Kästner für Erwachsene. Ausgew. Schriften.* 4 Bde., 1983. *Lesestoff, Zündstoff, Brennstoff. Lyrik und Prosa gegen den Krieg.* 1984. *Kästner für Kinder.* 2 Bde., 1985.

Kaschnitz, Marie Luise (eigentlich Freifrau von Kaschnitz-Weinberg, *31. 1. 1901 in Karlsruhe, †10. 10. 1974 in Rom) Buchhandelslehre in Weimar, Buchhändlerin in München und Rom, 1925 Heirat mit dem Archäologen Guido Kaschnitz von Weinberg, 1926–56 wechselnde Wohnorte in Rom, Königsberg, Marburg und Frankfurt a.M., Studienreisen gemeinsam mit ihrem Mann im Mittelmeerraum, Lesereisen in Südamerika und den USA, lebte nach dem Tod ihres Mannes (1958) in Frankfurt a.M., und Bollschweil (Baden), 1960 Gastdozentin für Poetik an der Universität Frankfurt a.M., 1961 Stipendium der Villa Massimo in Rom.
Werke: *Liebe beginnt.* Rom., 1933. *Elissa.* Rom., 1937. *Menschen und Dinge.* Ess., 1946. *Griechische Mythen.* 1946. *Totentanz.* Dr., in: *Die Gegenwart I*, 1946. *Gedichte.* 1947. *Totentanz und Gedichte zur Zeit.* 1947. *Gustave Courbet. Roman eines Malerlebens.* 1949, TB-Ausg. u.d.T. *Die Wahrheit, nicht der Traum*, 1978. *Zukunftsmusik.* Ged., 1950. *Das dicke Kind und andere Erzählungen.* 1951. *Ewige Stadt.* Rom-Ged., 1952. *Engelsbrücke. Römische Betrachtungen.* 1955. *Das Haus der Kindheit.* 1956. *Neue Gedichte.* 1957. *Lange Schatten.* Erzn., 1960. *Die Umgebung von Rom.* 1960. *Ein Gartenfest.* Hörsp., 1961. *Hörspiele.* 1962. *Dein Schweigen – meine Stimme.* Ged. 1958–61, 1962. *Wohin denn ich.* Aufzn., 1963. *Ein Wort weiter.* Ged., 1965. *Das Tagebuch des Schriftstellers.* 1965. *Ferngespräche.* Erzn., 1966. *Beschreibung eines Dorfes.* 1966. *Tage, Tage, Jahre.* Aufzn., 1968. *Vogel Rock.* Erzn., 1969. *Die fremde Stimme.* Hörspe., 1969. *Nicht nur von hier und heute.* Ausgew. Pr. u. Ged., 1971. *Steht noch dahin.* Pr., 1970. *Zwischen immer und nie. Gestalten und Themen der Dichtung.* 1971. *Gespräche im All.* Hörspe., 1971. *Kein Zauberspruch.* Ged., 1972. *Eisbären.* Erzn., 1972. *Orte.* Aufzn., 1973. *Gesang vom Menschenleben.* Ged., 1974, erw. Ausg. 1982. *Gedichte.* 1975. *Deutsche Erzähler.* Bd. II, (Hg.), 1979. *Florens. Eichendorffs Jugend.* 1984. *Seid nicht so sicher.* Ausgew. Erzn., Ged., Gedanken, 1979.
Ausgaben: *Überallnie.* Ausgew. Ged. 1928–65, 1965. *Ein Lesebuch.* 1964–74, 1975. *Gesammelte Werke in sieben Bänden.* 1981–85.

Kempowski, Walter (*29. 4. 1929 in Rostock) Flakhelfer, Lehre in einer Druckerei, 1947 Mitarbeiter der US-army in Wiesbaden, 1948 Rückkehr nach Rostock, Verhaftung wegen Spionage, Verurteilung zu 25 Jahren Zwangsarbeit durch ein sowjetisches Militärtribunal, 1948–56 Zuchthaus Bautzen, Amnestie, studierte danach Pädagogik in Göttingen, seit 1960 Landlehrer in Norddeutschland, 1977 Gastdozent an der Universität Essen, 1980 an der Universität Oldenburg und in den USA, Gründer eines Archivs für deutsche Fami-

liengeschichte, Veranstalter von Literatur-Seminaren für Laien, lebt in Nartum (bei Bremen).
Werke: *Im Block. Ein Haftbericht.* 1969. *Tadellöser & Wolff.* Rom., 1971. *Uns geht's ja noch gold.* Rom., 1971. *Haben Sie Hitler gesehen? Deutsche Antworten.* 1973. *Der Hahn im Nacken.* Erzn., 1973. *Walter Kempowskis Harzreise erläutert.* 1974. *Immer so durchgemogelt. Erinnerungen an unsere Schulzeit.* 1974. *Ein Kapitel für sich.* Rom., 1975. *Alle unter einem Hut.* Erzn., 1976. *Wer will unter die Soldaten?* 1976. *Aus großer Zeit.* Rom., 1978. *Unser Herr Böckelmann.* 1979. *Haben Sie davon gewußt? Deutsche Antworten.* 1979. *Mein Lesebuch.* (Hg.), 1980. *Kempowskis einfache Fibel.* 1980. *Schöne Aussicht.* Rom., 1981. *Beethovens Fünfte und Moin Vaddr läbt.* Hörspe., 1982. *Herrn Böckelmanns schönste Tafelgeschichten.* 1983. *Herzlich willkommen.* Rom., 1984.
Außerdem weitere Hörspiele.

Kesten, Hermann (*28. 1. 1900 in Nürnberg) Studierte Volkswirtschaft und Jura in Erlangen sowie Geschichte, Germanistik und Philosophie in Frankfurt a.M., 1922 Verlust seiner Dissertation über Heinrich Mann, 1923 Abbruch des Studiums, Reisen nach Portugal und Tunis, seit 1926 freier Schriftsteller, seit 1927 Cheflektor in Berlin, freier Zeitungs- und Zeitschriftenmitarbeiter, 1933 Emigration nach Amsterdam, Leiter der Deutschen Abteilung bei dem Verlag Allert de Lange, lebte außerdem in Paris, Sanary-sur-Mer und Nizza, 1939 Internierung in den Konzentrationslagern Colombes und Nevers, 1940 Emigration nach New York, seit 1940 *honorary adviser* des *Emergency Rescue Committee*, 1949 amerikanische Staatsbürgerschaft, lebte seit 1949 abwechselnd in New York und Rom, seit 1968 Vize-Präsident, seit 1972 Präsident, seit 1976 Ehrenpräsident des PEN-Zentrums der Bundesrepublik Deutschland, Übersetzer aus dem Französischen und Herausgeber zahlreicher Anthologien, lebt seit 1977 in Basel.
Werke: *Josef sucht die Freiheit.* Rom., 1927, als Dr. u.d.T. *Wohnungsnot*, 1929. *Admet.* Dr., 1928. *Maud liebt beide.* Kom., 1928. *Babel oder der Weg zur Macht.* Dr., 1929. *Die Liebes-Ehe.* 1929, erw. Ausg., 1948. *Ein ausschweifender Mensch.* Rom., 1929. *24 neue deutsche Erzähler.* (Hg.), 1929. *Einer sagt die Wahrheit.* Kom., 1930. *Neue französische Erzähler.* (Hg. mit Felix Bertaux), 1930. *Glückliche Menschen.* Rom., 1931. *Wunder in Amerika.* Dr., (mit Ernst Toller), 1931. *Der Scharlatan.* Rom., 1932. *Novellen deutscher Dichter der Gegenwart.* (Hg.), 1933. *Der Gerechte.* Rom., 1934. *Ferdinand und Isabella.* Rom., 1936, Neuausgn., Kap. 1–6 u.d.T. *Um die Krone. Der Mohr von Kastilien*, 1952, u.d.T. *Der Mohr von Kastilien*, 1956, Kap. 7–13 u.d.T. *Sieg der Dämonen. Ferdinand und Isabella*, 1953, u.d.T. *Ferdinand und Isabella. Sieg der Dämonen*, 1972. *König Philipp der Zweite.* Rom., 1938, Neuausg. u.d.T. *Ich, der König. Philipp der Zweite*, 1950. *Die Kinder von Gernika.* Rom., 1939. *Heart of Europe. An Anthology of Creative Writing in Europe 1920–40.* (Hg. mit Klaus Mann), 1943. *Copernicus and His World.* 1945, dt. u.d.T. *Copernicus und seine Welt*, Biogr., 1948. *The Twins of Nuremberg.* Rom., 1946, dt. u.d.T. *Die Zwillinge von Nürnberg*, 1947. *The Blue Flower. Best stories of the romanticists.* (Hg.), 1946, dt. u.d.T. *Die blaue Blume. Die schönsten romantischen Erzählungen der Weltliteratur*, 1955. *Die fremden Götter.* Rom., 1949. *Casanova.* 1952, Neuf., 1959. *Meine Freunde die Poeten.* Ess., 1953, erw. Ausg., 1959. *Ein Sohn des Glücks.* Rom., 1955. *Unsere Zeit. Die schönsten deutschen Erzählungen des zwanzigsten Jahrhunderts.* (Hg.), 1956. *Mit Geduld kann man sogar das Leben aushalten.* Erzn., 1957. *Dichter im Café.* 1959. *Der Geist der Unruhe. Literarische Streifzüge.* Ess., 1959. *Gotthold Ephraim Lessing. Ein deutscher Moralist.* 1960. *Menschen in Rom.* (Mit Nico Jesse), 1960. *Die Abenteuer eines Moralisten.* Rom., 1961. *Filialen des Parnaß.* Ess., 1961. *Die wirkliche Welt. Realistische Erzähler der Weltliteratur.* (Hg.), 1962. *Lauter Literaten. Porträts/Erinnerungen.* 1963. *Europa heute. Prosa und Poesie seit 1945.* 2 Bde., (Hg.), 1963. *Deutsche Literatur im Exil. Briefe europäischer Autoren 1933–49.* (Hg.), 1964, erw. TB-Ausg., 1973. *Ich lebe nicht in der Bundesrepublik.* (Hg.), 1964. *Die Zeit der Narren.* Rom., 1966. *Die Lust am Leben. Boccaccio/Aretino/Casanova.* 1968. *Hymne für Holland.* 1970. *Ein Mann von sechzig Jahren.* Rom., 1972. *Revolutionäre mit Geduld.* 1973.
Ausgaben: *Bücher der Liebe.* 1960. *Die 30 Erzählungen.* 1962. *Gesammelte Werke in Einzelausgaben.* 13 Bde., 1966–74. *Ein Optimist.* Beobachtungen unterwegs. Ess. 1927–69, 1970. *Ich bin der ich bin.* Ged. 1920–74, 1974. *Ausgewählte Werke in 20 Einzelbänden.* 1980ff. *Dialog der Liebe.* Novn., 1981. *Der Freund im Schrank.* Novn., 1983. *Gedichte.* 1985.

Keun, Irmgard (*6. 2. 1910 in Berlin, †5. 5. 1982 in Köln) 1918 Umzug nach Köln, 1926 Besuch der dortigen Schauspielschule, danach als Schauspielerin und Schriftstellerin tätig, 1933 Beschlagnahmung ihrer Bücher, auf ihre Schadensersatzklage folgten Gestapo-Verhöre in Köln, 1935 Emigration nach Brüssel und Ostende, 1936–38 Freundschaft mit Joseph Roth, 1938 Reisen in die USA, nach Nizza und Amsterdam, 1940–45 illegale Existenz in der Nähe von Bonn und bei München, lebte seit 1945 im Raum Köln-Bonn.
Werke: *Gilgi – eine von uns.* Rom., 1931. *Das kunstseidene Mädchen.* Rom., 1932. *Das Mädchen, mit dem die Kinder nicht verkehren durften.* Rom., 1936. *Nach Mitternacht.* Rom., 1937. *Kind aller Länder.* Rom., 1938. *D-Zug dritter Klasse.* Rom., 1938. *Bilder und Gedichte aus der Emigration.* Ged., 1947. *Ferdinand, der Mann mit dem freundlichen Herzen.* Rom., 1950. *Wenn wir alle gut wären. Kleine Begebenheiten, Erinnerungen und Geschichten.* Erz., 1954. *Blühende Neurosen. Flimmerkistenblüten.* Erz., 1962. *Als ich Bazillenträger war.* 1985.

Kieseritzky, Ingomar von (*21. 2. 1944 in Dresden) Requisiteur am anthroposophischen Goetheanum in Dornach bei Basel, Buchhändler in Westberlin und Göttingen, seit 1971 freier Schriftsteller in Westberlin.

Werke: *Ossip und Sobolev oder Die Melancholie.* 1968. *Tief oben.* Rom., 1970. *das eine wie das andere.* Rom., 1971. *Liebes-Paare. Expertengespräche.* Hörspe., 1973. *Trägheit oder Szenen aus der vita activa.* Rom., 1978. *Die ungeheuerliche Ohrfeige oder Szenen aus der Geschichte der Vernunft.* 1981. *Obsession. Ein Liebesfall.* 1984.
Zahlreiche weitere Hörspiele.

Kipphardt, Heinar (*8. 3. 1922 in Heidersdorf/Schlesien, †18. 11. 1982 in München) Soldat, studierte Medizin und Psychiatrie in Bonn, Köln, Königsberg, Breslau, Würzburg und Düsseldorf, Arzt in mehreren Kliniken, zuletzt Nervenarzt in Ostberlin, 1950–59 Chefdramaturg am Deutschen Theater, 1959 Umzug in die Bundesrepublik, Dramaturg in Düsseldorf, 1960–69 freier Schriftsteller in München, 1969–71 Chefdramaturg an den Münchner Kammerspielen, Entlassung aus politischen Gründen, 1972 Umzug nach Angelsbruck (bei München), seit 1977 Mitherausgeber der AutorenEdition.
Werke: *Shakespeare dringend gesucht.* Dr., 1954. *Der Aufstieg des Alois Piontek.* Dr., 1956. *Der Hund des Generals.* Dr., 1963. *Die Ganovenfresse.* Erzn., 1964. *In der Sache J. Robert Oppenheimer.* Fernsehsp. (1.–4. Aufl.), Dr. (seit 5. Aufl.), 1964. *Joel Brand. Die Geschichte eines Geschäfts.* Dr., 1965. *Die Soldaten.* Dr., (Bearb. n. J.M.R. Lenz), 1968. *März.* Rom., 1976. *Leben des schizophrenen Dichters Alexander M..* Fb., 1976. *Angelsbrucker Notizen.* Ged., 1977. *Der Mann des Tages und andere Erzählungen.* 1977. *Die Nacht in der der Chef geschlachtet wurde. Die Stühle des Herrn Szmil.* Fb., 1979. *Aus Liebe zu Deutschland. Satn. auf Franz Josef Strauß.* (Hg.), 1980. *März. Ein Künstlerleben.* Dr., 1980. *Traumprotokolle.* 1981. *Vom deutschen Herbst zum bleichen deutschen Winter. Ein Lesebuch zum Modell Deutschland.* (Hg. mit Roman Ritter), 1981. *Bruder Eichmann.* Dr., 1983.
Ausgaben: *Stücke.* 2 Bde., 1973/74. *Theaterstücke.* 2 Bde., 1978, 1981, TB-Ausg. (Bd. 1) u.d.T. *In der Sache J. Robert Oppenheimer und andere Theaterstücke,* 1982.
Außerdem Fernsehfilme.

Kirsch, Sarah (*16. 4. 1935 in Limlingerode/Harz) Arbeiterin in einer Zuckerfabrik, studierte Biologie in Halle, von 1963–65 am Institut für Literatur *Johannes R. Becher* in Leipzig, seitdem freie Schriftstellerin in Halle, seit 1968 in Ostberlin, 1976 Mitunterzeichnerin des Protestbriefes gegen die Ausbürgerung Wolf Biermanns, 1977 Ausschluß aus der SED, Ausreiseantrag und Umzug nach Westberlin, 1978 Stipendium der Villa Massimo in Rom, lebt seit 1983 in Tielenhemme (Schleswig-Holstein).
Werke: *Die betrunkene Sonne – Der Stärkste.* Hörsp., (mit Rainer Kirsch), 1963. *Berlin – Sonnenseite. Deutschlandtreffen der Jugend in der Hauptstadt der DDR.* Rep., (mit Thomas Billhardt u. Rainer Kirsch), 1964. *Gespräch mit dem Saurier.* Ged., (mit Rainer Kirsch), 1965. *Landaufenthalt.* Ged., 1967. *Gedichte.* 1967. *Die Vögel singen im Regen am schönsten.* Ged., 1968. *Hänsel und Gretel. Eine illustrierte Geschichte für kleine und große Leute nach der gleichnamigen Märchenoper von Adelheid Wette und Engelbert Humperdinck.* 1972. *Die Pantherfrau.* 1973. *Die ungeheuren bergehohen Wellen auf See.* Erzn., 1973. *Zaubersprüche.* 1973. *Es war dieser merkwürdige Sommer.* Ged., 1974. *Caroline im Wassertropfen.* (Mit Erdmut Oelschläger), 1975. *Zwischen Herbst und Winter.* Kinderb., (mit Ingrid Schuppau), 1975. *Rückenwind.* Ged., 1976. *Wiepersdorf.* 1977. *Wintergedichte. Poetische Wandzeitung.* 1978. *Ein Sommerregen.* 1978. *Erklärung einiger Dinge. Gespräch mit Schülern.* (Mit Urs Widmer u. Elke Erb), 1978. *Drachensteigen.* Ged., 1979. *Wind.* 1979. *Schatten.* 1979. *Geschlechtertausch.* Erzn., (mit Irmtraud Morgner u. Christa Wolf), 1980. *La Pagerie.* 1980. *Hans mein Igel.* (Bearb. n. Gebrüder Grimm), 1980. *Erdreich.* Ged., 1982. *Katzenleben.* Ged., 1984. *Hundert Gedichte.* 1985. *Irrstern.* 1986.
Ausgaben: *Sieben Häute.* Ausgew. Ged. 1962–79, 1979. *Landwege.* Ausgew. Ged. 1980–85, 1985.

Kirst, Hans Hellmut (*5.12. 1914 in Osterode/Ostpreußen) Handelsschule in Osterode, 1933–45 Berufssoldat, amerikanische Kriegsgefangenschaft, danach Tätigkeiten als Straßenarbeiter, Landwirt, Gärtner, Dramaturg und Gemeindeschreiber, 1947–72 Filmkritiker beim *Münchner Mittag,* seit 1969 Mitarbeiter beim ZDF, 1972–75 Kolumnist bei der *Abendzeitung,* lebt in Feldafing (bei München) und in Casslano (Tessin).
Werke: *Auch dem Gesindel spielen Flöten.* Kom., (masch.), 1947. *Galgenstrick.* Dr., (masch.), 1948. *Wir nannten ihn Galgenstrick.* Rom., 1950. *Sagten sie Gerechtigkeit, Captain?.* Rom., 1952, Neuf. u.d.T. *Letzte Station Camp 7,* 1966. *Aufruhr in einer kleinen Stadt.* Rom., 1953. *Null-acht fünfzehn. Die abenteuerliche Revolte des Gefreiten Asch.* Rom., 1954, spätere Aufln. u.d.T. *08/15 in der Kaserne. Null-acht fünfzehn. Die seltsamen Kriegserlebnisse des Soldaten Asch.* Rom., 1954, seit 1955 u.d.T. *08/15 im Krieg. Null-acht fünfzehn. Der gefährliche Endsieg des Soldaten Asch.* Rom., 1955, spätere Aufln. u.d.T. *08/15 bis zum Ende. Die letzte Karte spielt der Tod.* Rom., 1955. *Gott schläft in Masuren.* Rom., 1956. *Mit diesen meinen Händen.* Rom., 1957, TB-Neuf., 1973. *Keiner kommt davon. Bericht von den letzten Tagen Europas.* (Mit Jesco von Puttkamer), 1957. *Kultura 5 und der rote Morgen.* Rom., 1958. Rom., 1958. *Glück läßt sich nicht kaufen.* Rom., 1959. *Fabrik der Offiziere.* Rom., 1960. *Kameraden.* Rom., 1961. *Die Nacht der Generale.* Rom., 1962. *Bilanz der Traumfabrik. Kritische Randnotizen zur Geschichte des Films.* Ess., 1963. *08/15 heute.* Rom., 1963. *Aufstand der Soldaten. Rom. des 20. Juli 1944.* 1965. *Die Wölfe.* Rom., 1967. *Deutschland deine Ostpreußen.* Ess., 1968. *Kein Vaterland.* Rom., 1968. *Faustrecht.* Rom., 1969. *Heinz Rühmann.* Biogr., 1969. *Held im Turm.* Rom., 1970. *Udo. Das Udo Jürgens-Songbuch.* 1970. *Kriminalistik.* Ess., 1971. *Verdammt zum Erfolg.* Rom., 1971. *Gespräche mit meinem Hund Anton.* 1972. *Verurteilt zur Wahrheit.* Rom., 1972. *Verfolgt vom*

Schicksal. Rom., 1973. *Alles hat seinen Preis.* Rom., 1974. *Die Nächte der langen Messer.* Rom., 1975. *Generals-Affären.* Rom., 1977. *Die Katzen von Caslano.* 1977. *08/15 in der Partei.* Rom., 1978. *Der Nachkriegssieger.* Rom., 1979. *Hund mit Mann. Bericht über einen Freund.* 1979. *Der unheimliche Freund.* Rom., 1979. *Ausverkauf der Helden.* Rom., 1980. *Eine Falle aus Papier.* Rom., 1981. *Bedenkliche Begegnung.* Rom., 1981. *Ende '45.* Rom., 1982. *Geld – Geld – Geld.* Rom., 1982. *Die gefährliche Wahrheit.* Rom., 1984. *Blitzmädel.* Rom., 1984. *Die seltsamen Menschen von Maulen.* Erzn., 1984. *Das Schaf im Wolfspelz. Ein deutsches Leben.* 1985. *Die merkwürdige Hochzeit in Bärenwalde.* Erz., 1986.
Ausgaben: *08/15. Gesamtausgabe der Trilogie.* 1959. *Soldaten, Offiziere, Generale. Die Tragödie des Soldaten.* Rom.-Trilogie, 1969. *Endstation Stacheldraht.* Rom.-Trilogie, 1976.

Kiwus, Karin (*9. 11. 1942 in Berlin) Studierte Publizistik, Germanistik und Politologie in Berlin, 1971–73 wissenschaftliche Assistentin an der Akademie der Künste in Westberlin, 1973–75 Verlagslektorin bei Suhrkamp in Frankfurt a.M., seit 1975 Sekretär der Abteilung Literatur an der Akademie der Künste in Berlin, 1978 Gastdozentin in USA.
Werke: *Von beiden Seiten der Gegenwart.* Ged., 1976. *Das Buch vom Essen und Trinken.* (Hg. mit Henning Grunwald), 1977. *Angenommen später.* Ged., 1979. *39 Gedichte.* 1981.

Kluge, Alexander (*14. 2. 1932 in Halberstadt) Studierte Rechtswissenschaft, Geschichte und Kirchenmusik in Marburg, 1956 Promotion zum Dr. jur., 1958 Volontariat bei dem Filmregisseur Fritz Lang in Berlin, seitdem Filmproduzent und Regisseur, Sprecher der Arbeitsgemeinschaft neuer deutscher Spielfilmproduzenten, gründete 1965 mit Edgar Reitz das mittlerweile aufgelöste Institut für Filmgestaltung an der Hochschule für Gestaltung in Ulm, war dort Leiter des Instituts und Dozent, außerdem als Rechtsanwalt und Schriftsteller tätig, lebt seit 1958 in München und Frankfurt a.M.
Werke: *Die Universitäts-Selbstverwaltung. Ihre Geschichte und gegenwärtige Rechtsform.* 1958. *Kulturpolitik und Ausgabenkontrolle.* (Mit Hellmuth Becker), 1961. *Lebensläufe.* 1962, erw. Ausg. u.d.T. *Lebensläufe. Anwesenheitsliste für eine Beerdigung,* 1974. *Abschied von gestern. Protokoll.* o.J. (1967). *Schlachtbeschreibung.* 1964, Neuausg. u.d.T. *Der Untergang der sechsten Armee – Schlachtbeschreibung,* 1969. *Die Artisten in der Zirkuskuppel: ratlos. Die Ungläubige. Projekt Z. Sprüche der Leni Peickert.* 1968. *Öffentlichkeit und Erfahrung. Zur Organisationsanalyse von bürgerlicher und proletarischer Öffentlichkeit.* (Mit Oskar Negt), 1972. *Lernprozesse mit tödlichem Ausgang.* 1973. *Filmwirtschaft in der BRD und in Europa. Götterdämmerung in Raten.* (Mit Michael Dost u. Florian Hopf), 1973. *Kritische Theorie und Marxismus.* (Mit Oskar Negt), 1974. *Gelegenheitsarbeit einer Sklavin. Zur realistischen Methode.* 1975. *In Gefahr und größter Not bringt der Mittelweg den Tod.* Ft., (mit Edgar Reitz), in: *Kursbuch 41,* 1975. *Neue Geschichten. Hefte 1–18. ›Unheimlichkeit der Zeit‹.* 1977. *Die Patriotin. Texte/Bilder 1–6.* 1979. *Ulmer Dramaturgien. Reibungsverluste.* (Mit Klaus Eder), 1980. *Geschichte und Eigensinn.* (Mit Oskar Negt), 1981. *Schlachtbeschreibung. Roman. (Neue Folge).* 1983. *Neue Geschichten. Hefte 19–28. Der Angriff der Gegenwart auf die übrige Zeit.* 1984. *Reden über das eigene Land: Deutschland* (Mit Stefan Heym, Hans J. Syberberg, Gerd Bucerius, Günter Gaus), 1984. *Der Angriff der Gegenwart auf die übrige Zeit.* Ft. 1985. *Industrialisierung des Bewußtseins. Eine kritische Auseinandersetzung mit den ›neuen‹ Medien.* (Mit Klaus v. Bismarck u. Günter Gaus), 1985.
Filme: *Brutalität in Stein/Die Ewigkeit von gestern* (mit Peter Schamoni). 1960. *Rennen.* 1961. *Lehrer im Wandel.* 1962/63. *Porträt einer Bewährung.* 1964. *Unendliche Fahrt – aber begrenzt.* (Mit Edgar Reitz), 1965. *Abschied von gestern (Anita G.).* 1965/66. *Pokerspiel.* 1966. *Frau Blackburn, geb. am 5. Jan. 1872, wird gefilmt.* 1967. *Die Artisten in der Zirkuskuppel: ratlos.* 1967. *Die unbezähmbare Leni Peickert.* 1967/69. *Feuerlöscher E.A. Winterstein.* 1968. *Der große Verhau.* 1969/70. *Ein Arzt aus Halberstadt.* 1969/70. *Wir verbauen 3 × 27 Milliarden Dollar in einem Angriffsschlachter / Der Angriffsschlachter.* 1971. *Willi Tobler und der Untergang der 6. Flotte.* 1971. *Besitzbürgerin, Jahrgang 1908.* 1973. *Gelegenheitsarbeit einer Sklavin.* 1973. *In Gefahr und größter Not bringt der Mittelweg den Tod.* 1974. *Der starke Ferdinand.* 1975/76. *Die Menschen, die das Staufferjahr vorbereiten.* (Mit Maximiliane Maika), 1977, 2. Teil u.d.T. *Nachrichten von den Stauffern,* 1977. *Deutschland im Herbst.* (Mit anderen), 1978. *Die Patriotin.* 1979. *Der Kandidat.* (Mit anderen), 1980. *Krieg und Frieden.* (Mit anderen), 1982. *Die Macht der Gefühle.* 1982/83. *Der Angriff der Gegenwart auf die übrige Zeit.* 1985.

Koeppen, Wolfgang (*23. 6. 1906 in Greifswald) Schauspielunterricht, Schiffskoch, Fabrikarbeiter und Gelegenheitsjobs, studierte Theaterwissenschaft, Literaturgeschichte und Philosophie in Greifswald, Hamburg, Berlin und Würzburg, war Dramaturg, Mitarbeiter bei den Zeitungen *Die Rote Fahne* und *Vorwärts,* von 1931–33 Redakteur beim *Berliner Börsen-Courier,* Reisen nach Italien und Frankreich, 1934 Emigration nach Holland, nach dem Krieg zahlreiche Reisen in die USA, die UdSSR und durch Europa, 1982 Gastdozent für Poetik an der Universität Frankfurt a.M., lebt als freier Schriftsteller in München.
Werke: *Eine unglückliche Liebe.* 1934. *Die Mauer schwankt.* 1935, Neuausg. u.d.T. *Die Pflicht,* 1939. *Tauben im Gras.* 1951. *Das Treibhaus.* 1953. *Der Tod in Rom.* 1954. *Nach Rußland und anderswohin.* Reiseber., 1958. *Amerikafahrt.* Reiseber., 1959. *Reisen nach Frankreich.* Reiseber., 1961. *Romanisches Café.* Pr., 1972. *Jugend.* 1976. *Die elenden Skribenten.* Ess., 1981.
Ausgaben: *Tauben im Gras / Das Treibhaus / Der Tod in Rom.* 1969, Neuausg. u.d.T. *Drei Romane,* 1972.

Kolbenhoff, Walter (eigentlich Walter Hoffmann, *20. 5. 1908 in Berlin) Fabrikarbeiter, dann Gelegenheitsarbeiter und Straßensänger in Europa, Nordafrika und Kleinasien, Reporter für den *Vorwärts*, seit 1930 KPD-Mitglied, Mitarbeiter bei der *Roten Fahne*, Mitglied des Bundes Proletarisch-Revolutionärer Schriftsteller, 1933 Emigration über Holland nach Kopenhagen, seit 1942 Soldat, 1944–46 amerikanische Kriegsgefangenschaft, Mitarbeiter bei der Lagerzeitschrift *Der Ruf*, danach Journalist für *Der Ruf* und bis 1949 Redakteur bei der *Neuen Zeitung* in München, lebt als freier Schriftsteller, Übersetzer von Kriminalromanen und Rundfunkautor in Germering (bei München).
Werke: *Untermenschen.* 1933. *Moderne Balladen.* 1936. *Von unserem Fleisch und Blut.* 1947. *Heimkehr in die Fremde.* 1949. *Die Kopfjäger.* Rom., 1960. *Das Wochenende. Ein Report.* 1970. *Schellingstraße 48. Erfahrungen mit Deutschland.* 1984.
Außerdem Hörspiele.

Krechel, Ursula (*4. 12. 1947 in Trier) Studierte Germanistik, Theaterwissenschaft und Kunstgeschichte in Köln, 1972 Promotion mit einer Dissertation über Herbert Ihering, arbeitete zu der Zeit an Theaterprojekten mit jugendlichen Untersuchungshäftlingen, 1969/70 und 1971/72 Dramaturgin an den städtischen Bühnen in Dortmund, seit 1972 freie Schrifstellerin, Wohnorte in Köln, Berlin und Darmstadt, lebt in Frankfurt a.M.
Werke: *Erika.* Dr., in: *Theater heute 8*, 1974. *Selbsterfahrung und Fremdbestimmung. Bericht aus der Neuen Frauenbewegung.* 1975, erw. Ausgn., 1978, 1982. *Nach Mainz.* Ged., 1977. *Verwundbar wie in den besten Zeiten.* Ged., 1979. *Zweite Natur.* Rom., 1981. *Lesarten. Ged., Lieder, Balladen.* (Hg.), 1982. *Rohschnitt.* Gedicht, 1983. *Vom Feuer lernen.* Ged., 1985. *Luchterhand Jahrbuch der Lyrik.* (Hg. mit Ch. Buchwald), 1985.
Außerdem Hörspiele.

Kroetz, Franz Xaver (*25. 2. 1946 in München) Seit 1961 Schauspielschule in München und am Wiener Max-Reinhardt-Seminar, verschiedene Tätigkeiten als Gelegenheitsarbeiter, Engagements am Büchner-Theater in München, in Paderborn und Tegernsee, lebt als freier Schriftsteller, Fernsehregisseur und Schauspieler in Kirchberg (Bayern).
Werke: *Heimarbeit. Hartnäckig. Männersache.* Drn., 1971. *Michis Blut.* Dr., in: *Theater heute*, 1971. *Stallerhof. Geisterbahn, Lieber Fritz. Wunschkonzert.* Drn., 1972. *Globales Interesse.* Dr., 1972. *Wildwechsel.* Dr., 1973. *Oberösterreich. Dolomitenstadt Lienz. Maria Magdalena. Münchner Kindl.* Drn., 1974. *Sterntaler.* Dr., in: *Theater heute*, 1974. *Reise ins Glück. Wunschkonzert. Weitere Aussichten....* Drn., 1975. *Das Nest.* Dr., in: Theater heute, 1975. *Weitere Aussichten... Ein Lesebuch.* 1976. TB-Ausg. u.d.T. *Ein Lesebuch*, 1982. *Chiemgauer Geschichten. Bayrische Menschen erzählen....* 1977. *Mensch Meier. Der stramme Max. Wer durchs Laub geht....* Drn., 1979. *Der Mondscheinknecht.* Rom., 1981, Bd. 2, 1983. *Nicht Fisch nicht Fleisch. Verfassungsfeinde. Jumbo-Track.* Drn., 1981. *Furcht und Hoffnung der BRD. Szenen aus dem deutschen Alltag des Jahres 1984.* 1984. *Nicaragua – Tagebuch.* 1985. *Bauern sterben. Materialien zum Stück.* 1985. *Bauern sterben.* 1986.
Ausgaben: *Gesammelte Stücke.* 1975. *Frühe Stücke/Frühe Prosa.* 1983.
Außerdem Hörspiele, Fernsehfilme und weitere Theaterstücke.

Krolow, Karl (Pseudonym: Karol Kröpcke, *11. 3. 1915 in Hannover) Studierte von 1935–42 Germanistik, Romanistik, Kunstgeschichte und Philosophie in Breslau und Göttingen, seit 1942 freier Schriftsteller, Übersetzer von französischer und spanischer Lyrik und Literaturkritiker für Zeitungen, Zeitschriften und Rundfunk, 1960/61 Gastdozent für Poetik in Frankfurt a.M., 1964 Gastdozent in München, 1966 Vizepräsident, 1972 Präsident, 1975 Vizepräsident der Deutschen Akademie für Sprache und Dichtung, seit 1976 Ehrendoktor der Technischen Hochschule Darmstadt, lebt seit 1956 in Darmstadt.
Werke: *Hochgelobtes gutes Leben.* Ged., (mit Hermann Gaupp), 1943. *Gedichte.* 1948. *Heimsuchung.* 1948. *Auf Erden.* Ged., 1949. *Die Zeichen der Welt.* Ged., 1959. *Von nahen und fernen Dingen. Betrachtungen.* 1953. *Wind und Zeit.* Ged. 1950–54, 1954. *Tage und Nächte.* Ged., 1956. *Schatten eines Mannes.* 1959. *Tessin.* 1959. *Fremde Körper.* Ged., 1959. *Aspekte zeitgenössischer deutscher Lyrik.* 1961. *Unsichtbare Hände.* Ged. 1959–62, 1962. *Die Rolle des Autors im experimentellen Gedicht.* 1962. *Reise durch die Nacht.* Ged., 1964. *Schattengefecht.* Ess., 1964. *Das Problem des langen und kurzen Gedichts – heute. 1966. Landschaften für mich.* Ged., 1966. *Mein Winterfeldzug.* 1966. *Poetisches Tagebuch.* Pr., 1966. *Unter uns Lesern.* Rezensionen, 1967. *Alltägliche Gedichte.* 1968. *Allzeit mutig.* 1968. *Minuten-Aufzeichnungen.* Pr., 1968. *Flug über Heide, Moor und grüne Berge. Niedersachsen – Nordhessen – Ostwestfalen.* 1969. *Nichts weiter als Leben.* Ged., 1970. *Bürgerliche Gedichte.* (U.d. Pseud. Karol Kröpcke), 1970. *Zeitvergehen.* Ged., 1972. *Deutschland deine Niedersachsen.* 1972. *Zu des Rheins gestreckten Hügeln – Goethereise 1972.* 1972. *Ein Gedicht entsteht. Selbstdeutungen Interpretationen Aufsätze.* 1973. *Miteinander.* (Hg.), 1974. *Von literarischer Unschuld. Matthias Claudius. Ein Porträt.* 1977. *Der Einfachheit halber.* Ged., 1977. *Das andere Leben.* Erz., 1979. *Literarischer März.* Ged., (Hg. mit anderen), 3 Bde., 1979, 1981, 1983. *Sterblich.* Ged., 1980. *Nocturnos.* Ged., 1981. *Pomologische Gedichte.* 1981. *Im Gehen.* Pr., 1981. *Herbstsonett mit Hegel.* Ged., Lieder, 1981. *Zwischen Null und Unendlich.* Ged., 1982. *Poesie der Welt. Deutschland.* (Hg.), 1982. *Deutsche Gedichte.* (Hg.), 2 Bde., 1982. *Herodot oder der Beginn der Geschichte.* 1983. *Melanie. Geschichte eines Namens.* 1983. *Schönen Dank und vorüber.* Ged., 1984. *Nacht-Leben oder geschonte Kindheit.* Pr., 1985.
Ausgaben: *Ausgewählte Gedichte.* 1962. *Gesammelte Gedichte.* 3 Bde., 1965, 1975, 1985. *K.K. Ein Lesebuch*, 1975. *Gedichte.* 1980.

Außerdem Nachdichtungen und Übertragungen aus dem Französischen und Spanischen.

Kronauer, Brigitte (*29. 12. 1940 in Essen) Studierte in Köln und Aachen, war bis 1971 Lehrerin in Aachen und Göttingen, lebt seitdem als freie Schriftstellerin in Hamburg.
Werke: *Der unvermeidliche Gang der Dinge.* 1974. *Die Revolution der Nachahmung.* 1975. *Vom Umgang mit der Natur.* Erzn., 1977. *Frau Mühlenbeck im Gehäus.* Rom., 1980. *Die gemusterte Nacht.* Erzn., 1981. *Rita Münster.* Rom., 1983. *Berittener Bogenschütze.* Rom., 1986.

Kühn, August (eigentlich Rainer Zwing, *25. 9. 1936 in München) Lehre als Optikschleifer, Tätigkeiten als Kabarettist und Journalist, nach einem Unfall Arbeit in einer Speiseeisfirma, Entlassung aus politischen Gründen, Angestellter bei einer Versicherung und bei der Stadt München, seit 1972 freier Schriftsteller, lebt in München.
Werke: *Westend-Geschichten. Biographisches aus einem Münchner Arbeiterviertel.* 1972. *Der bayrische Aufstand.* (U.d. Namen Rainer Zwing), 1973, erw. Ausg., 1974. *Zwei in einem Gewand oder Die nicht mögliche Wandlung des Unternehmers und Menschen Hubmann.* Kom., (u.d. Namen Rainer Zwing), 1974. *Eis am Stekken. Betriebsroman.* 1974. *Zeit zum Aufstehen. Eine Familienchronik.* 1975. *Massbierien. Lob eines trink- und sangesfreudigen Volkes.* (U.d. Namen Rainer Zwing), 1977. *Münchner Geschichten.* 1977. *Jahrgang 1922 oder Die Merkwürdigkeiten im Leben des Fritz Wachsmuth.* 1977. *Fritz Wachsmuths Wunderjahre.* Rom., 1978. *Die Affairen des Herrn Franz.* Rom., 1979. *Die Vorstadt.* Rom., 1981. *Wir kehren langsam zur Natur zurück.* Fragm., 1984.
Außerdem Filmdrehbücher.

Kühn, Dieter (*1. 2. 1935 in Köln) Studierte Germanistik und Anglistik in Freiburg i.Br., München und Bonn, USA-Aufenthalt als Teaching Assistant, 1964 Promotion mit einer Dissertation über Robert Musils Roman *Der Mann ohne Eigenschaften*, Redakteur, seit 1965 freier Schriftsteller, 1980/81 »Stadtschreiber« des Frankfurter Stadtteils Bergen-Enkheim, lebt in Düren.
Werke: *Analogie und Variation. Zur Analyse von Robert Musils Roman ›Der Mann ohne Eigenschaften‹.* 1965. *Das Ärgernis.* Hörsp., 1967. *Präparation eines Opfers.* Hörsp., in: *wdr Hörspielbuch*, 1968. *N.*, 1970, TB-Neuf., 1973. *Musik und Gesellschaft.* Ess., 1971, erw. Ausg. u.d.T. *Löwenmusik*, 1979. *Ausflüge im Fesselballon.* Rom., 1971. Neuf., 1977. *Grenzen des Widerstands.* Ess., 1972. *Siam-Siam. Ein Abenteuerbuch.* 1972, TB-Neuf., 1974. *Die Präsidentin.* Rom., 1973, gek. TB-Ausg., 1982. *Festspiel für Rothäute.* Erz., 1974. *Netzer kam aus der Tiefe des Raumes.* (Hg. mit Ludwig Harig), 1974. *Mit dem Zauberpferd nach London.* Kinderb., 1974. *Unternehmen Rammbock. Planspielstudie zur Wirkung gesellschaftskritischer Literatur.* 1974. *Luftkrieg als Abenteuer. Kampfschrift.* 1975. *Stanislaw der Schweiger.* Rom., 1975. *Achmeds Geheimsprache.* Kinderb., 1976. *Goldberg-Variationen.* Hörspe. mit Materialien, 1976. *Josephine.* Biogr., 1976. *Op der Parkbank.* Hörspe., 1976. *Ich Wolkenstein.* Biogr., 1977. *Herbstmanöver.* Dr., in: *Spectaculum 27*, 1977. *Ludwigslust.* Erzn., 1977. *Die Geisterhand.* Kinderb., 1978. *Separatvorstellung.* Dr., in: *Theater heute 12*, 1978. *Der Herr der fliegenden Fische.* Märchen, 1979. *Schriftbilder – Bilderschrift.* 1979. *Und der Sultan von Oman*, Erz., 1979, gek. TB-Ausg., 1982. *Galaktisches Rauschen.* 6 Hörspe., 1980. *Auf der Zeitachse.* 1980. *Herr Neidhart.* 1981. *Der wilde Gesang der Kaiserin Elisabeth.* 1982. *Schnee und Schwefel.* Ged., 1982. *Liederbuch für Neidhart.* 1983. *Der Himalaya im Wintergarten.* Erzn., 1984. *Die Kammer des schwarzen Lichts.* Rom., 1984. *Der König von Grönland.* 1984. *Bettines letzte Liebschaften.* 1985. *Flaschenpost für Goethe.* 1985.
Außerdem weitere Theaterstücke und Hörspiele.

Kunert, Günter (*6. 3. 1929 in Berlin) Jüdischer Abstammung, 1943 Lehre in einem Bekleidungsgeschäft, studierte von 1946–49 Graphik in Ostberlin, seit 1948 SED-Mitglied, seit 1952 Zeitschriften-, Film-, Fernseh- und Rundfunkmitarbeiter, 1972/73 Gastprofessor in den USA, 1975 Aufenthalt in Großbritannien, 1976 Mitunterzeichner des Protests gegen die Ausbürgerung Wolf Biermanns, 1977 Streichung der SED-Mitgliedschaft, lebt seit 1979 mit einem Visum für die Bundesrepublik als freier Schriftsteller bei Itzehoe, 1981 Gastdozent für Poetik an der Universität Frankfurt a.M.
Werke: *Wegschilder und Mauerninschriften.* Ged., 1950. *Der ewige Detektiv und andere Geschichten.* Satn., 1954. *Unter diesem Himmel.* Ged., 1955. *Der Kaiser von Hondu.* Fernsehsp., 1959. *Tagwerke.* Ged., 1960. *Das kreuzbrave Liederbuch.* 1961. *Tagträume.* Pr., 1964. *Kunerts lästerliche Leinwand.* Fotosatiren, 1965. *Der ungebetene Gast.* Ged., 1965. *Verkündigung des Wetters.* Ged., 1966. *Unschuld der Natur.* Ged., 1966. *Im Namen der Hüte.* Rom., 1967. *Die Beerdigung findet in aller Stille statt.* Erzn., 1968. *Poesiealbum 8.* Ged., 1968. *Kramen in Fächern. Geschichten, Parabeln, Merkmale.* 1968. *Betonformen.* 1969. *Warnung vor Spiegeln.* Ged., 1970. *Ortsangaben.* 1971. *Offener Ausgang.* Ged., 1972. *Tagträume in Berlin und andernorts.* Pr., Erzn., Ess., 1972. *Die geheime Bibliothek.* Pr., 1973. *Gast aus England.* Erz., 1973. *Dimension. Sonderheft DDR-Literatur.* (Hg.), 1973. *Im weiteren Fortgang.* Ged., 1974. *Der Hai.* Erzn. u. Pr., 1974. *Der andere Planet. Ansichten von Amerika.* 1974. *Der Mittelpunkt der Erde.* Pr., 1975. *Das kleine Aber.* Ged., 1976. *Warum schreiben. Notizen zur Literatur.* 1976. *Jeder Wunsch ein Treffer.* Kinderb., 1976. *Berliner Wände. Bilder aus einer verschwundenen Stadt.* (Mit Thomas Höpker), 1976. *Keine Affäre.* Erzn., 1976. *Unterwegs nach Utopia.* Ged., 1977. *Ein anderer K..* Hörspe., 1977. *Ein englisches Tagebuch.* 1978. *Bucher Nachträge.* 1978. *Camera obscura.* Pr., 1978. *Verlangen nach Bomarzo.* Reiseged., 1978. *Ziellose Umtriebe. Nachrichten*

von Reisen und Daheimsein. 1979. *Ulenspiegel. Zeitschrift für Literatur, Kunst und Satire. Ein Querschnitt von 1945 bis 1950.* (Hg. mit H. Sandberg), 1979. *Unruhiger Schlaf.* 1979. *Abtötungsverfahren.* Ged., 1980. *Kurze Beschreibung eines Moments der Ewigkeit.* Pr., 1980. *Verspätete Monologe.* Pr., 1981. *Jahrbuch für Lyrik.* Bd. 3 (Hg.), 1981. *Diesseits des Erinnerns.* Ess., 1982. *Mein Lesebuch.* (Hg.), 1983. *Stilleben.* Ged., 1983. *Die letzten Indianer Europas.* Es., 1983. *Abendstimmung.* Ged. u. Holzschnitte, (mit Heinz Stein), 1983. *Leben und Schreiben.* Pr., 1983. *Kain und Abels Bruederlichkeit.* 1984. *Zurück ins Paradies.* Erzn., 1984. *Vor der Sintflut. Das Gedicht als Arche Noah.* 1985. *Der Wald.* 1985. *Toskana.* (Mit Klaus Bossemeyer), 1986.
Ausgaben: *Erinnerung an einen Planeten.* Ged. aus 15 Jahren, 1963. *Notizen in Kreide.* Ged., 1970, erw. Ausg., 1975. *Kinobesuch.* Ges. Erzn., 1977. *Die Schreie der Fledermäuse.* Erzn., Ged., Ess., 1978. *Gedichte.* 1982.
Außerdem weitere Hörspiele, Filme und Fernsehfilme.

Kunze, Reiner (*16. 8. 1933 in Oelsnitz/Sachsen) Studierte von 1951–55 Philosophie und Journalistik in Leipzig, war dort bis 1959 wissenschaftlicher Assistent, verließ die Universität vor seiner Promotion aus politischen Gründen, Hilfsarbeiter im Schwermaschinenbau, wissenschaftlicher Mitarbeiter an der Deutschen Akademie der Künste, lebte von 1961–62 in der CSSR, Nachdichtungen und Übersetzungen aus dem Tschechischen, seit 1962 freier Schriftsteller, 1976 Ausschluß aus dem Schriftstellerverband der DDR, 1977 Ausreisegenehmigung, lebt in Obernzell (Bayern).
Werke: *Die Zukunft sitzt am Tisch.* Ged., (mit Egon Günther), 1955. *Vögel über dem Tau.* Ged., 1959. *Mir gegenüber.* 40 Feuilletons, (mit Heinz Knobloch), 1960. *Fragen des lyrischen Schaffens.* (Mit Gerhard Wolf u. Klaus Pfützner), 1960. *Wesen und Bedeutung der Reportage.* Es., 1960. *Lieder für Mädchen, die lieben.* 1960. *Halm und Himmel stehn im Schnee.* 1960. *Aber die Nachtigall jubelt.* Pr., 1962. *Widmungen.* Ged., 1963. *Poesiealbum 11.* Ged., 1968. *Sechs Variationen über das Thema ›Die Post‹ und drei Gedichte.* 1968. *Sensible Wege.* Ged., 1969. *Der Löwe Leopold.* Kinderb., 1970, erw. TB-Ausg., 1974. *Der Dichter und die Löwenzahnwiese.* Bilderb., (mit Ingeborg Jörg), 1971. *Zimmerlautstärke.* Ged., 1972. *Die Bringer Beethovens.* Gedicht, 1976. *Die wunderbaren Jahre.* Pr., 1976. *Darf der Schriftsteller überhaupt vernünftig werden wollen?* Reden, (mit Heinrich Böll), 1977. *Das Kätzchen.* Bilderb., (mit Horst Sauerbruch), 1979. *Die wunderbaren Jahre.* Fb., 1979. *Auf eigene Hoffnung.* Ged., 1981. *Ergriffen von den Messen Mozarts.* Es., 1981. *Eine stadtbekannte Geschichte.* Kinderb., 1982. *Aus einundzwanzig Variationen zum Thema ›die post‹.* Ged., Holzschnitte, (mit Alfred Pohl), 1983. *In Deutschland zuhaus.* Funk- und Fernsehinterviews 1977–83, 1984. *Über, o über dem Dorn. Gedichte aus 100 Jahren S. Fischer-Verlag.* (Hg.), 1986.
Ausgaben: *Brief mit blauem Siegel.* Ged., 1973. *Gespräch mit der Amsel.* Ged., 1984. *Die wunderbaren Jahre. Ausgewählte Gedichte.* 1986.

Lang, Roland (*2. 4. 1942 in Gablonz, heute Jablonec, CSSR) 1957–60 Lehre als graphischer Zeichner in Karlsruhe, studierte dort 3 Semester Gebrauchsgraphik und freie Graphik, seit 1962 verschiedene Tätigkeiten als Angestellter, Plakatmaler, Offsetdrucker, Fahrer und Designer, 1971–73 Redakteur einer Studentenzeitschrift, seit 1974 freier Journalist und Schriftsteller, 1979 Stipendium der Villa Massimo in Rom, lebt in Karlsruhe.
Werke: *Beliebige Personen.* Pr., 1969. *Ein Hai in der Suppe oder Das Glück des Philipp Ronge.* Rom., 1975. *Die Mansarde.* Rom., 1979. *Der Pfleger.* 1980. *Zwölf Jahre später.* Tgb., 1981.

Lange, Hartmut (*31. 3. 1937 in Berlin) Gelegenheitsarbeiter, studierte von 1957–60 an der Filmhochschule in Babelsberg, 1961 Dramaturg am Deutschen Theater in Ostberlin, 1964 Flucht über Jugoslawien in die Bundesrepublik, Praktikant an der Schaubühne am Halleschen Ufer in Westberlin, 1975–79 Regisseur und Dramaturg am Schloßpark- und Schiller-Theater, Übersetzer von Bellman, Molière und Shakespeare.
Werke: *Senftenberger Erzählungen oder Die Enteignung.* Dr., (entst. 1960), 1967. *Marski.* Dr., (entst. 1962/63), 1965. *Der Hundsprozeß.* Dr., 1968. *Herakles.* Dr., 1968. *Die Gräfin von Rathenow.* Dr., 1969. *Trotzki in Coyoacan.* Dr., 1971. *Die Ermordung des Aias oder ein Diskurs über das Holzhacken.* Dr., 1971. *König Johann.* Dr., (Bearb. n. Shakespeare), 1973. *Staschek oder das Leben des Ovid.* Dr., 1973. *Die Revolution als Geisterschiff.* Ess., 1973. *Rätselgeschichten.* Kinderb., 1973. *Vom Werden der Vernunft oder Auf der Durchreise nach Petersburg.* Dr., 1976. *Frau von Kauenhofen.* Dr., 1977. *Die Selbstverbrennung.* Rom., 1982. *Deutsche Empfindungen. Tgb. eines Melancholikers.* 1983. *Die Waldsteinsonate.* Novn., 1984. *Das Konzert.* Nov., 1986.
Ausgabe: *Senftenberger Erzählungen. Theaterstücke 1960–72.* 1973, erw. Ausg. 1960–76, 1977.

Lattmann, Dieter (*15. 2. 1926 in Potsdam) Marineoffizier, englische Kriegsgefangenschaft, Buchhändlerlehre in Kassel, 1947–60 Tätigkeiten als Journalist und als Lektor in verschiedenen Verlagen, seit 1959 freier Schriftsteller, Literaturkritiker und Rundfunkmitarbeiter, 1968 Präsident der Bundesvereinigung Deutscher Schriftsteller, 1969–74 Bundesvorsitzender des Verbandes Deutscher Schriftsteller, 1972–80 Bundestagsabgeordneter der SPD, Präsidiumsmitglied des Goethe-Instituts, lebt als freier Publizist in München.
Werke: *Die gelenkige Generation.* Ess. u. Erzn., 1957. *Ein Mann mit Familie.* Rom., 1962. *Mit einem deutschen Paß.* Tgb. einer Weltreise, 1964. *Zwischenrufe und andere Texte.* Ess. u. Erzn., 1967. *Schachpartie.* Rom., 1968. *Einigkeit der Einzelgänger.* Dok. des 1. Schriftstellerkongresses des Verbandes Deutscher Schriftsteller, (Hg.), 1971. *Wir sprechen noch darüber.* (Hg. mit Hans G. Noack), 1972. *Die Literatur der Bun-*

desrepublik Deutschland. Kindlers Literaturgeschichte der Gegenwart, Bd. 1, (Hg.), 1973. *Entwicklungsland Kultur.* Dok. des 2. Schriftstellerkongresses des Verbandes Deutscher Schriftsteller, (Hg.), 1973. *Der Staat und die Schwierigen. Künstlerpolitik der Bundesregierung.* (o.J.). *Die Einsamkeit des Politikers.* 1977. *Das Anekdotenbuch.* (Hg. mit Siegrid Radzuweit), 1979). *Die lieblose Republik.* Aufzn. aus Bonn am Rhein, 1981. *Rüstung – Entrüstung – Abrüstung. SPD 1966–82.* (Mit Georg Benz u. Bernt Engelmann), 1982. *Die Brüder.* Rom., 1985. *Köln/Bonn. Reiseführer.* (Mit anderen), 1985.

Laub, Gabriel (*24. 10. 1928 in Bochnia/Polen) Lebte von 1939–46 mit seinen Eltern in der Sowjetunion (über ein Jahr in der Verbannung im Ural), studierte von 1946–51 Journalistik in Prag, bis 1968 Journalist, Mitarbeiter und Redakteur bei verschiedenen Zeitungen und Zeitschriften, Schriftsteller und Übersetzer in der Tschechoslowakei, 1968 Emigration in die Bundesrepublik, lebt als freier Journalist, Kritiker und Schriftsteller in Hamburg.
Werke: *Zkušenosti.* Aphor., (mit Milan Růžička), 1967. *Enthüllung des nackten Kaisers.* Sat., 1970. *Ur-Laub zum Denken.* Sat., 1972. *Nějvetši proces dějin.* 1972. *Kof mi schechoschew.* 1972. *Erlaubte Freiheiten.* Aphor., 1975. *Doppelfinten.* Satn., 1975. *Spielen Sie Detektiv. Literaturquiz für schlaue Leser.* 1976. *Denken erlaubt.* Aphor., 1977. *Alle Macht den Spionen!.* Satn., 1978. *Das Recht, recht zu haben.* Aphor., 1979. *Dabeisein ist nicht alles.* Satn., 1980. *Olympisches Laub. Zeitlose Sportgeschichten.* 1980. *Der leicht gestörte Frieden. Von der hohen Kunst, einander die Köpfe einzuschlagen.* 1981. *Der Aufstand der Dicken. Satirischer Roman über eine (ge)wichtige Revolution.* 1983. *Gespräche mit dem Vogel.* 1984. *Spielen Sie Detektiv.* 50 lit. Rätsel, 1985. *Entdeckungen in der Badewanne.* Satn., 1985.
Ausgaben: *Das Recht, recht zu haben.* Alle Aphor., 1982. *Denken verdirbt den Charakter.* Alle Aphor., 1984.

Lenz, Hermann (*26. 2. 1913 in Stuttgart) Studierte Kunstgeschichte, Archäologie und Germanistik in Heidelberg und München, Soldat, amerikanische Kriegsgefangenschaft, seit 1946 freier Schriftsteller und Übersetzer von englischer Literatur in Stuttgart, 1951–72 Sekretär des süddeutschen Schriftstellerverbandes, 1986 Gastdozent für Poetik in Frankfurt a.M., lebt seit 1975 in München.
Werke: *Gedichte.* 1936. *Das stille Haus.* Erz., (in: *Die neue Rundschau 11*, 1938), 1947. *Das doppelte Gesicht.* Erzn., 1949. *Die Abenteurerin.* 1952. *Der russische Regenbogen.* Rom., 1959. *Nachmittag einer Dame.* Rom., 1961. *Spiegelhütte.* 1962. *Die Augen eines Dieners.* Rom., 1964. *Verlassene Zimmer.* Rom., 1966. *Andere Tage.* Rom., 1968. *Im inneren Bezirk.* Rom., 1970. *Der Kutscher und der Wappenmaler.* Rom., 1972. *Dame und Scharfrichter.* Erz., 1973. *Stuttgart deine Straßen. Spaziergänge mit H.L.* 1975. *Neue Zeit.* Rom., 1975. *Prosatexte.* 1976. *Der Tintenfisch in der Garage.* Erz., 1977. *Wie die Zeit vergeht.* 1977. *Tagebuch vom Überleben und Leben.* Rom., 1978. *Die Begegnung.* Rom., 1979. *Zeitlebens.* Ged., 1981. *Erinnerung an Eduard.* Erz., 1981. *Das stille Haus.* Erz., 1982. *Der Fremdling.* 1983. *Stuttgart. Aus zwölf Jahren ›Stuttgarter Leben‹.* 1983. *Der Letzte.* Erz., 1984. *Der Wanderer.* Rom., 1986.
Ausgabe: *Der innere Bezirk.* Rom. in drei Büchern, 1980.

Lenz, Siegfried (*17. 3. 1926 in Lyck/Ostpreußen) Marinesoldat, Desertion, kurze Kriegsgefangenschaft, studierte (ohne Abschluß) von 1945–48 Philosophie und Anglistik in Hamburg, Volontär bei der Zeitung *Die Welt* (1950/51 Feuilletonredakteur), seit 1951 freier Schriftsteller, Rundfunk- und Zeitungsmitarbeiter, 1969 Gastprofessor in den USA, 1976 Ehrendoktor der Universität Hamburg, lebt in Hamburg.
Werke: *Es waren Habichte in der Luft.* Rom., 1951. *So leicht fängt man keine Katze.* (In: *Frankfurter Allgemeine Zeitung*, 1952), 1954. *Duell mit dem Schatten.* Rom., 1953. *So zärtlich war Suleyken.* Erzn., 1955. *Der einsame Jäger.* 1955. *Das schönste Fest der Welt.* Hörsp., 1956. *Das Kabinett der Konterbande.* 1956. *Der Mann im Strom.* Rom., 1956. *Jäger des Spotts.* Erzn., 1958. *Brot und Spiele.* Rom., 1959. *Das Feuerschiff.* Erzn., 1960. *Wippchens charmante Scharmützel, erträumt von Julius Stettenheim, in Erinnerung gebracht von S.L. und Egon Schramm.* Satn., 1960. *Zeit der Schuldlosen. Zeit der Schuldigen.* 1961. *Stimmungen der See.* 1962. *Der Hafen ist voller Geheimnisse. Ein Feature in Erzählungen und zwei masurische Gedichte.* 1963. *Stadtgespräch.* Rom., 1963. *Lehmanns Erzählungen oder So schön war mein Markt. Aus den Bekenntnissen eines Schwarzhändlers.* Erzn., 1964. *Das Gesicht.* Kom., 1964. *Der Spielverderber.* Erzn., 1965. *Flug über Land und Meer. Nordsee – Schleswig-Holstein – Ostsee.* Fotos (mit Dieter Seelmann), 1967. *Deutschstunde.* Rom., 1968. *Leute von Hamburg.* 1968. *Beziehungen. Ansichten und Bekenntnisse zur Literatur.* Ess., 1970. *Versäum nicht den Termin der Freude.* 1970. *Lukas, sanftmütiger Knecht.* 1970. *Die Augenbinde. Nicht alle Förster sind froh.* Drn., 1970. *So war das mit dem Zirkus.* Kinderb., 1971. *Verlorenes Land – Gewonnene Nachbarschaft.* 1971. *Der Leseteufel.* 1971. *Die Herrschaftssprache der CDU.* 1971. *Der Amüsierdoktor.* 1972. *Ein Haus aus lauter Liebe.* 1973. *Das Vorbild.* Rom., 1973. *Der Geist der Mirabelle.* Erzn., 1975. *Einstein überquert die Elbe bei Hamburg.* 1975. *Die Kunstradfahrer und andere Geschichten.* 1976. *Wo die Möven schreien. Flug über Norddeutschlands Küsten und Länder.* Fotos, (mit Dieter Seelmann), 1976. *Elfenbeinturm und Barrikade. Schriftsteller zwischen Literatur und Politik.* 1976. *Die Wracks von Hamburg.* 1978. *Heimatmuseum.* Rom., 1978. *Himmel, Wolken, weites Land. Flug über Meer, Marsch, Geest und Heide.* 1979. *Waldboden.* (Mit Lieselotte Lenz), 1979. *Gespräche mit Manès Sperber und Leszek Kolakowski.* 1980. *Der Verlust.* 1981. *Über Phantasie. Gespräche mit Heinrich Böll, Günter Grass, Walter Kempowski, Pavel Kohout.* 1982.

Elfenbeinturm und Barrikade. Erfahrungen am Schreibtisch. 1983. *Ein Kriegsende.* 1984. *Exerzierplatz.* Rom., 1985. *Der Verzicht.* 1985.
Ausgaben: *Haussuchung.* Hörspe., 1967. *Gesammelte Erzählungen.* 1970. *Die frühen Romane.* 1976. *Drei Stücke.* 1980. *Sämtliche Erzählungen.* 3 Bde., 1986.
Außerdem weitere Hörspiele und zahlreiche Fernsehfilme.

Lettau, Reinhard (*10. 9. 1929 in Erfurt) Studierte von 1951–57 Germanistik, Philosophie und amerikanische Literatur in Heidelberg und Harvard, promovierte 1960 in Harvard mit der Dissertation *Utopie und Roman*, 1955–57 Assistent an der Universität in Harvard, 1957–65 Lehrtätigkeit am Smith College in Massachusetts, 1965–67 freier Schriftsteller in Westberlin, seit 1967 Professor für deutsche Literatur an der University of California, 1979/80 Gastvorlesungen an der Universität Essen.
Werke: *Schwierigkeiten beim Häuserbauen.* Erzn., 1962. *Auftritt Manigs.* Pr., 1963. *Lachen mit Thurber.* (Hg.), 1963. *Die Gruppe 47. Bericht, Kritik, Polemik. Ein Handbuch.* (Hg.), 1967. *Gedichte.* 1968. *Feinde.* Pr., 1968. *Täglicher Faschismus. Amerikanische Evidenz aus 6 Monaten.* Ber., 1971. *Immer kürzer werdende Geschichten & Gedichte & Porträts.* 1973. *Frühstücksgespräche in Miami.* 1977. *Zerstreutes Hinausschaun. Vom Schreiben über Vorgänge in direkter Nähe oder in der Entfernung von Schreibtischen.* Ess., 1980. *Herr Strich schreitet zum Äußersten.* Erzn., 1982.
Ausgabe: *Der Irrgarten.* Erzn. u. Gespr., 1980.

Loest, Erich (Pseudonyme: Hans Walldorf, Waldemar Naß, *24. 2. 1926 in Mittweida/Sachsen) Soldat, Gelegenheitsarbeiter in der Landwirtschaft und Industrie, 1947–50 Volontär und Zeitungsredakteur in Leipzig, seit 1950 freier Schriftsteller, 1955/56 Student am Literaturinstitut *Johannes R. Becher* in Leipzig, 1957 Verurteilung zu siebeneinhalb Jahren Zuchthaus aus politischen Gründen, seit 1964 wieder freier Schriftsteller in Leipzig, 1979 Austritt aus dem Schriftstellerverband der DDR, lebt seit 1981 in Osnabrück, seit 1984 stellvertretender Vorsitzender des Verbandes deutscher Schriftsteller.
Werke: *Jungen, die übrig blieben.* Rom., 1950. *Nacht über dem See und andere Kurzgeschichten.* 1950. *Liebesgeschichten.* 1951. *Die Westmark fällt weiter.* Rom., 1952. *Das Jahr der Prüfung.* 1954. *Hitlers Befehl.* Erz., 1956. *Aktion Bumerang.* Erzn., 1957. *Der Schnee von Podgonowka.* Erz., 1957. *Sliwowitz und die Angst.* Erz., 1965. *Ich war Dr. Ley.* Rom., (u.d. Pseud. Waldemar Naß), 1966, erw. Ausgn., 1970, 1976, Neuausg. u.d.T. *Die Mäuse des Dr. Ley, 1984. Der grüne Zettel.* Kriminalrom., (u.d. Pseud. Hans Walldorf), 1967. *Der Mörder saß im Wembley-Stadion.* Kriminalrom., (u.d. Pseud. H.W.), 1967. *Das Waffenkarussell.* Kriminalrom., (u.d. Pseud. H.W.), 1968. *Hilfe durch Ranke.* Kriminalerz., 1968. *Der Abhang.* Rom., 1968. *Öl für Malta.* Erzn., 1968. *Der elfte Mann.* Rom., 1969, erw. Ausg., 1979. *Schöne Frau und Kettenhemd.* Kriminalerz., (u.d. Pseud. H.W.), 1969. *Gemälde mit Einlage.* Kriminalerz., (u.d. Pseud. H.W.), 1969. *Erpressung mit Kurven.* Kriminalerz., (u.d. Pseud. H.W.), 1970. *Der zwölfte Aufstand.* (U.d. Pseud. H.W.), 1970. *Wildtöter und große Schlange.* (Bearb. n. J.F. Cooper), 1972. *Oakins und der Elefant.* Kriminalerz., (u.d. Pseud. H.W.), 1972. *Schattenboxen.* Rom., 1973. *Mit kleinstem Kaliber.* Kriminalrom., (u.d. Pseud. H.W.), 1973. *Eine Kugel aus Zink.* Kriminalerz., (u.d. Pseud. H.W.), 1974. *Ins offene Messer.* Abenteuerrom., 1974. *Noch weit bis Ithaka.* 1974. *Rotes Elfenbein.* Kriminalrom., 1975. *Etappe Rom.* Erzn., 1975. *Oakins macht Karriere.* Kriminalrom., 1975. *Die Oma im Schlauchboot.* Erzn., 1976. *Es geht seinen Gang oder Mühen in unserer Ebene.* Rom., 1978. *Rendezvous mit Syrena. Unterwegs in Polen.* (Mit G. Große), 1978. *Pistole mit sechzehn.* Erzn., 1979. *Swallow, mein wackerer Mustang.* Rom., 1980. *Durch die Erde ein Riß. Ein Lebenslauf.* 1981. *Völkerschlachtdenkmal.* Rom., 1984. *Der vierte Zensor. Vom Entstehen und Sterben eines Romans in der DDR.* 1984. *Herzschlag.* Erz., 1984. *Geordnete Rückzüge. Reisefeuilletons.* 1984. *Zwiebelmuster.* Rom., 1985. *Saison in Key West. Reisebilder.* 1986.
Außerdem Hörspiele und Fernsehspiele.

Matthies, Frank-Wolf (*4. 10. 1951 in Ostberlin) Lehre als Kunstschlosser, nach Abbruch der Lehre verschiedene Gelegenheitsarbeiten, 1973, 1975 und 1980 Verhaftungen aus politischen Gründen, die Verfahren wurden jedoch alle wieder eingestellt, seit 1981 freier Schriftsteller, lebt nach einem Ausreiseangebot seit 1981 in Westberlin, 1983/84 Stipendium der Villa Massimo in Rom.
Werke: *Morgen.* Ged. u. Pr., 1979. *Unbewohnter Raum mit Möbeln.* Pr., 1980. *Für Patricia im Winter.* Ged., 1981. *Exil – Ein Briefwechsel.* Ess., Ged., Dok., (mit Werner Landsburgh), 1983. *Tagebuch Fortunes.* 1984.

Mayröcker, Friedrike (*20. 12. 1924 in Wien) Seit 1946 Englischlehrerin in Wien (beurlaubt seit 1969), seit 1954 Freundschaft mit Ernst Jandl, 1967 Teilnahme am Literarischen Colloquium und 1970/71 Gast des DAAD in Westberlin, 1972 Vortragsreise zusammen mit Ernst Jandl durch die USA, zahlreiche Reisen und Lesungen durch Europa und die UdSSR, lebt in Wien.
Werke: *Larifari. Ein konfuses Buch.* Pr., 1956. *metaphorisch.* Ged., 1965. *texte.* Ged., 1966. *Tod durch Musen.* Ged., 1966. *Sägespäne für mein Herzbluten.* Ged., 1967, erw. Ausg., 1973. *Minimonsters Traumlexikon.* Pr., 1968. *Fantom Fan.* Pr., 1971. *Sinclair Sofokles der Babysaurier.* Kinderb., 1971. *Arie auf tönernen Füszen. Metaphysisches Theater.* 1972. *Blaue Erleuchtungen.* Ged., 1972. *je ein umwölkter gipfel.* Erz., 1973. *in langsamen Blitzen.* 1974. *Augen wie Schaljapin bevor er starb.* 1974. *meine träume ein flügelkleid.* Kinderb., 1974. *Das Licht in der Landschaft.* 1975. *schriftungen: oder gerüchte aus dem jenseits.* 1975. *message comes.* Hörsp., in: *Drei Hörspiele,* 1975. *Fast ein Frühling des Markus M..* 1976. *rot ist unten.* 1977. *heisze hunde.* 1977. *heiligenanstalt.* 1978. *Tochter der Bahn/Der Ureinwohner.*

(Mit Klaus Rinke), 1979. *Die Abschiede.* Pr., 1980. *Schwarze Romanzen.* Ged., 1981. *Ich, der Rabe und der Mond.* Kinderb., 1981. *Treppen.* 1981. *So ein Schatten ist der Mensch.* Hörsp., in: *Was geschah, nachdem Nora ihren Mann verlassen hatte,* 1982. *Gut Nacht, guten Morgen.* Ged. 1978–81, 1982. *Magische Blätter.* Pr., 1983. *Das Anheben der Arme bei Feuersglut.* 1984. *Reise durch die Nacht.* 1984. *Rosengarten.* Pr., 1984. *Das Herzzerreißende der Dinge.* 1985.
Ausgaben: *Fünf Mann Menschen.* Hörspe., (z.T. mit Ernst Jandl), 1971. *Schwarmgesang – Szenen für die poetische Bühne.* Hörspe., 1978. *Ausgewählte Gedichte.* 1944–78, 1979. *Ein Lesebuch.* 1979.
Außerdem weitere Hörspiele.

Mechtel, Angelika (eigentlich Angelika Eilers, *26. 8. 1943 in Dresden) War nach dem Abitur Zimmermädchen, Fabrikarbeiterin, Angestellte und Hilfsarbeiterin, 1965 Bekanntschaft mit Max von der Grün, seitdem Mitglied der Dortmunder *Gruppe 61*, Mitarbeiterin bei mehreren Literaturzeitschriften, bis 1977 Vorstandsmitglied des Verbandes deutscher Schriftsteller in Bayern, seit 1962 mit dem Schriftsteller, Publizisten und Verleger Wolfhart Eilers verheiratet, lebt in Einsbach (bei München).
Werke: *Gegen Eis und Flut.* Ged., 1963. *Lachschärpe.* Ged., 1965. *Die feinen Totengräber.* Erzn., 1968. *Kaputte Spiele.* Rom., 1971. *Hochhausgeschichten.* Erzn., 1971. *Alte Schriftsteller in der Bundesrepublik.* Gespr. u. Dok., 1972. *Friß Vogel.* Rom., 1972. *Das gläserne Paradies.* Rom., 1973. *Die Blindgängerin.* Rom., 1974. *Ein Plädoyer für uns. Frauen und Mütter von Strafgefangenen berichten.* Gespr. u. Dok., 1975. *Hallo Vivi!.* Kinderb., 1975. *Die Träume der Füchsin.* Erzn., 1976. *Kitty Brombeere.* Kinderb., 1976. *Wir sind arm, wir sind reich.* Rom., 1977. *Keep smiling.* Repn., Erzn., 1977. *Wir in den Wohnsilos.* Ged., 1978. *Kitty und Kay.* Kinderb., 1978. *Die andere Hälfte der Welt oder Frühstücksgespräche mit Paula.* Rom., 1980. *Meine zärtlichste Freundin.* Ged., 1981. *Maxie Möchtegern.* Kinderb., 1981. *Gott und die Liedermacherin.* Rom., 1983. *Die Reise nach Tamerland.* Kinderb., 1984. *Janne und der Traumabschneider.* Kinderb., 1985. *Das Mädchen und der Pinguin. Geschichten und Nichtgeschichten.* 1986.
Außerdem Fernsehfilme und zahlreiche Hörspiele.

Meckel, Christoph (*12. 6. 1935 in Berlin) Studierte von 1954–56 Graphik in Freiburg i.Br., München und Paris, Reisen durch Europa, Afrika und Amerika, wechselnde Wohnorte in Ötlingen (Baden), Westberlin, auf Korsika, in Südfrankreich und Italien, 1963 Stipendium der Villa Massimo in Rom, Gastprofessuren in den USA, lebt in Berlin.
Werke: *Tarnkappe.* Ged., 1956. *Hotel für Schlafwandler.* Ged., 1958, Neuf., 1971. *Nebelhörner.* Ged., 1959. *Moël.* Radierungen u. Vorwort, 1959. *Die Stadt.* Radierungen, 1960. *Der Krieg.* Radierungen u. ein Gedicht, 1960. *Welttheater.* Radierungen u. Vorwort, 1960. *Manifest der Toten. Und vier Holzschnitte. Proroman II.* 1960, Neuf., 1971. *Der Turm.* Radierungen, 1961. *Im Land der Umbramauten.* Pr., 1961. *Wildnisse.* Ged., 1962. *Dunkler Sommer und Musikantenknochen.* Erz., 1964. 43 Radierungen zu *Voltaire.* 1964. *Gedichtbilderbuch.* 1964. *Tullipan.* Erz., 1965. *Das Meer.* Radierungen u. Vorwort, 1965. *Die Noticen des Feuerwerkers Christopher Magalan.* Br., Zeichn., Dok., 1966. *Die Savannen.* 1966. 28 Radierungen zu *Bertolt Brechts Hauspostille.* 1966. *Die Geschichte der Geschichten.* (Entst. 1966), Bilderb., (mit Lilo Fromm), 1971. *Der glückliche Magier.* Erzn. u. Pr., 1967. *Der Wind, der dich weckt, der Wind im Garten.* Hörsp., 1967. *Die Dummheit liefert uns ans Messer.* (Mit Volker von Törne), 1967, erw. Ausg., 1983. *Bei Lebzeiten zu singen.* Ged., 1967. *Die Balladen des Thomas Balkan.* Ged., 1969. *Amüsierpapiere oder Bilder aus Phantasus' Bauchladen.* Zeichn. u. Vorwort, 1969. *Eine Seite aus dem Paradiesbuch.* Hörsp., 1969. *Kraut und Gehilfe.* 1970. *Lieder aus dem Dreckloch.* Gedicht u. Graphiken, 1972. *Kranich.* Erzn., 1973. *Bockshorn.* Rom., 1973. *Wen es angeht.* Ged. u. Graphiken, 1974. 30 Radierungen zu *Allgemeine Erklärung der Menschenrechte.* 1974. *Die Gestalt am Ende des Grundstücks.* Pr., 1975. *Nachtessen.* Ged., 1975. *Der Strom.* Radierungen u. Vorwort, 1976. *Liebesgedichte.* 1977. *Licht.* Erz., 1978. *Erinnerung an Johannes Bobrowski.* 1978. *Über das Fragmentarische.* Rede, 1978. *Nürnberger Blätter für Literatur IV. Sonderband Poesie.* (Hg.), 1978. *Säure.* Ged., 1979. *Suchbild. Über meinen Vater.* 1980. *das Dings da.* Zeichn. u. Pr., 1980. *Über Peter Stephan – Die merkwürdige Geburt des Bengels Aleko.* 1980. *Das Claassen Jahrbuch der Lyrik. Bd. 2. Das zahnlos geschlagene Wort.* (Hg. mit Christoph Buchwald), 1980. *Nachricht für Baratynski.* 1981. *Der wahre Muftoni.* Erz., 1982. *Anabasis.* 88 Radierungen u. Vorwort, 1982. *Berliner Doodles.* 20 Grafiken, 1984. *Souterrain.* Ged., 1984. *Jahreszeiten.* Bilder u. Pr., 1984. *Bericht über die Entstehung einer Weltkomödie.* 1985. *Sieben Blätter für Monsieur Bernstein.* 1986.
Ausgaben: *Lyrik, Prosa, Graphik aus zehn Jahren.* 1965. *Werkauswahl. Lyrik, Prosa, Hörspiel.* 1971, erw. Ausg., 1981. *Verschiedene Tätigkeiten.* Erzn., Bilder u. Ged., 1972. *Ausgewählte Gedichte 1955–78.* 1979. *Tunifers Erinnerungen und andere Erzählungen.* 1979. *Zeichnungen und Bilder.* 1983. *Ein roter Faden.* Ges. Erzn., 1983.
Außerdem weitere Hörspiele.

Meister, Ernst (*3. 9. 1911 in Hagen-Haspe, †15. 6. 1979 in Hagen) Studierte Philosophie, Theologie, Germanistik und Kunstgeschichte in Marburg, Berlin, Frankfurt und Heidelberg, Soldat, bis 1960 kaufmännischer Angestellter in der Fabrik seines Vaters in Hagen-Haspe, seitdem freier Schriftsteller.
Werke: *Ausstellung.* Ged., 1932. *Gehn und Sehn in der Mütter Geheiss.* Ged., 1946/47. *Unterm schwarzen Schafspelz.* Ged., 1953. *Dem Spiegelkabinett gegenüber.* Ged., 1954. *Der Südwind sagte zu mir.* Gedicht, 1955. *und Ararat.* Ged., 1956. *Fermate.* Ged., 1957. *Pythiusa.* Ged., 1958. *Zahlen und Figuren.* Ged., 1958. *Der Blut-*

hänfling. Erz., 1959. *Lichtes Labyrinth.* Ged., 1960. *Die Formel und die Stätte.* Ged., 1960. *Les Yeux Les Barques.* Ged., dt./frz., 1960. *Flut und Stein.* Ged., 1962. *Au delà de L'au delà.* Ged., dt./frz., 1964. *Zeichen um Zeichen.* Ged., 1968. *Schein und Gegenschein.* Ged., 1969. *Es kam die Nachricht.* Ged., 1970. *Sage vom Ganzen den Satz.* Ged., 1972. *Schatten.* Ged., 1973. *Im Zeitspalt.* Ged., 1976. *Wandloser Raum.* Ged., 1979. *Das 2. Jahr....* (Mit Max von der Grün, Rolf H. Münch, Josef Reding), 1979. *Das Leben ist länglich, dachte ich kürzlich.* Nonsens-Ged., 1980.
Ausgaben: *Gedichte 1932–64.* 1964. *Ausgewählte Gedichte 1932–76.* 1977, erw. Ausg. 1932–79, 1979. *E.M. Hommage – Überlegungen zum Werk – Texte aus dem Nachlaß.* 1985.
Außerdem Hörspiele und Theaterstücke.

Michelsen, Hans Günter (*21. 9. 1920 in Hamburg) Soldat, bis 1949 russische Kriegsgefangenschaft, danach Gelegenheitsarbeiten, 1952/53 Theaterdramaturg in Trier, Mitarbeiter beim Bayrischen Rundfunk, 1960–62 Pressereferent des Schillertheaters in Westberlin, seit 1962 freier Schriftsteller, von 1973–76 Schauspieler in Bremerhaven, Übersetzer von George Bernard Shaw, lebt in Dießen (Bayern).
Werke: *Stienz. Lappschiess.* Drn., 1963. *Feierabend 1 und 2.* Dr., in: *Spectaculum 6,* 1963. *Drei Akte. Helm.* Drn., 1965. *Frau L..* Dr., in: *Deutsches Theater der Gegenwart,* Bd. 1, 1967. *Planspiel.* Dr., in: *Spectaculum 13,* 1970. *Drei Hörspiele. Episode. Kein Schöner Land. Ein Ende.* 1971.
Außerdem weitere Theaterstücke und Hörspiele.

Mon, Franz (eigentlich Franz Löffelholz, *6. 5. 1926 in Frankfurt a.M.) Studierte Germanistik, Philosophie und Geschichte in Frankfurt a.M., promovierte 1955 mit der Dissertation *Wirklichkeitserlebnis und Gottesvorstellung in B.H. Brockes »Irdisches Vergnügen in Gott«, lebt als Verlagslektor und Schriftsteller in Frankfurt a.M.*
Werke: *artikulationen.* Ged. u. Ess., 1959. *movens. Dokumente und Analysen zur Dichtung, bildenden Kunst, Musik, Architektur.* (Mit Walter Höllerer u. Manfred de la Motte), 1960. *protokoll an der kette.* Ged., 1960/61. *wer ist dran.* Hörsp., in: *diskus 1961/62. Verläufe.* 1962. *sehgänge.* Ged., 1964. *weiß wie weiß.* 1964. *rückblick auf isaac newton.* 1965. *5 beliebige fassungen eines textes aus einem satz.* 1966. *ainmal nur das alphabet gebrauchen.* 1967. *prinzip collage.* (Mit Heinz Neidel), 1968. *herzzero.* 1968. *das gras wies wächst.* Hörsp., in: *Neues Hörspiel, Texte, Partituren.* 1969. *text mit 600.* 1970. *Texte über Texte.* 1970. *aufenthaltsraum.* 1972. *Antianthologie. Gedichte in deutscher Sprache nach der Zahl ihrer Wörter geordnet.* (Mit Helmut Heißenbüttel), 1973. *maus im mehl.* 1976. *Hören und sehen vergehen oder In einen geschlossenen Mund kommt eine Fliege. Ein Stück für Spieler, Stimmen und Geräusche.* 1978.
Ausgaben: *Lesebuch.* 1967, erw. Ausg., 1972. *Fallen stellen. Texte aus mehr als elf Jahren.* 1981. *hören ohne aufzuhören. Collagen, Textbilder, Presstexte, Schreibmaschinentexte, Fensterbilder, Aufsätze, Exposees 1952–81.* 1982. *Es liegt noch näher. 9 Texte aus den 50ern.* 1984.
Außerdem weitere Hörspiele.

Mühl, Karl Otto (*16. 2. 1923 in Nürnberg) Lehre als Industriekaufmann in Wuppertal, Soldat, bis 1947 Kriegsgefangenschaft, danach Werbe- und Verkaufsleiter, Exportkaufmann, Angestellter, lebt in Wuppertal.
Werke: *Rheinpromenade/Rosenmontag. Zwei Stücke aus dem Westen.* 1974. *Siebenschläfer.* Rom., 1975. *Hoffmanns Geschenke.* Dr., in: *Theater heute 1,* 1979. *Die Reise der alten Männer.* Kom., 1980. *Trumpeners Irrtum.* Rom., 1981.
Außerdem Fernsehfilme, zahlreiche Hörspiele und weitere Theaterstücke.

Muschg, Adolf (*13. 5. 1934 in Zollikon/Schweiz) Studierte Germanistik, Anglistik und Philosophie in Zürich und Cambridge, 1959 Promotion mit einer Dissertation über Ernst Barlach, Gymnasiallehrer in Zürich, Mitarbeiter bei Radio Zürich, 1962–64 Universitätslektor in Tokio, 1964–67 Assistent an der Universität Göttingen, 1967–69 Dozent in den USA, seit 1970 Professor für deutsche Literatur an der Technischen Hochschule in Zürich, 1979/80 Gastdozent für Poetik an der Universität Frankfurt a.M., Vortrags- und Lesereisen durch Australien und Neuseeland, Mitglied der Sozialdemokratischen Partei der Schweiz, seit 1981 Mitherausgeber der Zeitschrift *Allmende,* lebt in Kilchberg (bei Zürich).
Werke: *Im Sommer des Hasen.* Rom., 1965. *Gegenzauber.* Rom., 1967. *Rumpelstilz.* Dr., 1968. *Fremdkörper.* Erzn., 1968. *Das Kerbelgericht.* Hörsp., 1969. *Mitgespielt.* Rom., 1969. *Papierwände.* Ess., 1970. *Die Aufgeregten von Goethe.* Dr., 1970. *Liebesgeschichten.* 1972. *High Fidelity oder Ein Silberblick.* Fernsehsp., 1973. *Albissers Grund.* Rom., 1974. *Kellers Abend.* Dr., in: *Theater heute 6,* 1975. *Von Herwegh bis Kaiseraugst – wie halten wir es als Demokraten mit der Freiheit?.* Rede, 1975. *Entfernte Bekannte.* Erzn., 1976. *Gottfried Keller.* 1977. *Noch ein Wunsch.* Erz., 1979. *Besprechungen 1961–79.* 1980. *Baiyun oder die Freundschaftsgesellschaft.* Rom., 1980. *Literatur als Therapie? Ein Exkurs über das Heilsame und das Unheilbare.* 1981. *Die Tücke des verbesserten Objekts.* Rede, 1981. *Leib und Leben.* Erzn., 1981. *Übersee.* Hörspe., 1982. *Das Licht und der Schlüssel. Erziehungsroman eines Vampirs.* 1984. *Im Wasser Flamme. Goethes grüne Wissenschaft.* 1985. *Dreizehn Briefe Mijnheers. Vom Bildersehen und Stilleben.* 1986. *Goethe als Emigrant. Auf der Suche nach dem Grünen bei einem alten Dichter.* 1986. *Zürich und Zürichsee.* (Mit Ernst Wrba u. Felix Müller), 1986.
Ausgabe: *Ausgewählte Erzählungen.* 1982.

Neumann, Robert (*22. 5. 1897 in Wien, †3. 1. 1975 in München) Studierte (ohne Abschluß) Medizin, Chemie und Literaturwissenschaft in Wien, danach Tätigkeiten als Schwimmlehrer, Buchhalter, Firmendirek-

tor, Matrose, seit 1927 Schriftsteller, 1934 Emigration nach England, Aufenthalt in Südamerika, lebte seit 1945 in der Schweiz, Ehrenpräsident des österreichischen PEN-Clubs.
Werke: *Gedichte.* 1919. *Zwanzig Gedichte.* 1923. *Die Pest von Lianora. Rom., 1927. Mit fremden Federn.* Parodien, 1927, erw. Ausg., 1955. *Jagd auf Menschen und Gespenster.* Rom., 1928. *Die Blinden von Kagoll.* Erz., 1929. *Sintflut.* Rom., 1929. *Hochstapler-Novelle.* 1930, Neuausg. u.d.T. *Die Insel der Circe,* 1952. *Passion. Sechs Dichter-Ehen.* Erzn., 1930. *Panoptikum.* Erzn., 1930. *Karriere.* Rom., 1931. *Das Schiff Espérance.* Erz., 1931. *Die Macht.* Rom., 1932. *Unter falscher Flagge.* Parodien, 1932. *Sir Basil Zaharoff.* Rom., 1934. *Struensee.* Rom., 1935, Neuausg. u.d.T. *Der Favorit der Königin,* 1953. *Die blinden Passagiere.* Erz., 1935. *Eine Frau hat geschrien.* Rom., 1938, Neuausg. u.d.T. *Die Freiheit und der General,* 1958. *An den Wassern von Babylon.* Rom., (engl. 1939), 1945. *Tibbs.* Rom., (engl. 1942), 1948. *Die Kinder von Wien.* Rom., (engl. 1946), 1948. *Bibiana Santis.* Rom., (engl. 1944), 1950. *Die Puppen von Poshansk.* Rom., 1952. *Mein Altes Haus in Kent.* Aut., 1957. *Die dunkle Seite des Mondes.* Rom., 1959. *The Plague House Papers.* 1959. *Treibgut.* 1960. *Ausflüchte unseres Gewissens. Dokumente zu Hitlers ›Endlösung der Judenfrage‹.* 1960. *Olympia.* Rom., 1961. *Hitler.* Bilddok., 1961. *Festival.* Rom., 1962. *Ein leichtes Leben.* Aut., 1963. *Die Staatsaffaire.* Parodien, 1964. *Der Tatbestand oder der gute Glaube der Deutschen.* Rom., 1965. *34 × Erste Liebe.* Erzn., (Hg.), 1966. *Vielleicht das Heitere.* Aut., 1968. *Palace Hotel de la Plage und der finstere Hintergrund.* (Mit Albert Lindi), 1968. *Dämon Weib.* Parodien, 1969. *Vorsicht Bücher.* Parodien, 1969. *Nie wieder Politik.* Parodien. 1969. *Oktoberreise mit einer Geliebten.* Aut., 1970. *Ein unmöglicher Sohn.* Aut., 1972.
Ausgaben: *Gesammelte Werke in Einzelausgaben.* 1959ff. *Die Parodien.* 1962. *Karrieren.* 4 Kurzromane, 1966.
Außerdem Hör- und Fernsehspiele.

Nossack, Hans Erich (*30. 1. 1901 in Hamburg, †2. 11. 1977 ebd.) Studierte Jura und Philosophie (ohne Abschluß), zeitweise Korpsstudent, Tätigkeiten als Arbeiter und Angestellter, vorübergehend Mitglied im Freikorps, Eintritt in die KPD (1925 Austritt, 1930 Wiedereintritt), 1933 Schreibverbot, von 1933 bis 1956 Tätigkeit als Kaufmann in der Firma seines Vaters, im Dritten Reich Fortsetzung der schriftstellerischen Arbeit ohne Möglichkeit zur Veröffentlichung, 1943 Verlust aller Manuskripte nach einem Bombenangriff, seit 1956 freier Schriftsteller, verschiedene Wohnorte (Aystetten/Augsburg, Darmstadt, Frankfurt a.M.), seit 1969 wieder in Hamburg, Vizepräsident der Akademie der Wiss. und der Lit. in Mainz, 1967/68 Dozent für Poetik an der Universität Frankfurt a.M.
Werke: *Gedichte.* 1947. *Nekyia. Ber. eines Überlebenden.* 1947. *Interview mit dem Tode.* Erz., 1948, Neuausg. u.d.T. *Dorothea,* 1950. *Der Untergang.* Ber., 1948. *Die Rotte Kain.* Dr., 1949. *Die Begnadigung.* Erz., 1955. *Spätestens im November.* Rom., 1955. *Der Neugierige.* Erz., 1955. *Die Hauptprobe.* Dr., 1956. *Spirale. Rom. einer schlaflosen Nacht.* 1956. *Über den Einsatz.* Vorl., 1956. *Begegnung im Vorraum.* Erzn., 1958. *Der jüngere Bruder.* Rom., 1958. *Unmögliche Beweisaufnahme.* Erz., 1959. *Nach dem letzten Aufstand.* Ber., 1961. *Ein Sonderfall.* Dr., 1963. *Sechs Etüden.* Erzn., 1964. *Das kennt man.* Erz., 1964. *Das Testament des Lucius Eurinus.* Erz., 1964. *Das Mal und andere Erzn.,* 1965. *Die schwache Position der Literatur.* Vorl. u. Ess., 1966. *Der Fall d'Arthez.* Rom., 1968. *Dem unbekannten Sieger.* Rom., 1969. *Pseudoautobiographisches Glossen.* 1971. *Die gestohlene Melodie.* Rom., 1972. *Bereitschaftsdienst.* Rom., 1973. *Um es kurz zu machen. Miniaturen.* 1975. *Ein glücklicher Mensch. Erinnerungen an Aporée.* Rom., 1975.
Ausgabe: *Dieser Andere. Ein Lesebuch mit Br., Ged., Pr.* 1976.

Novak, Helga M(aria) (eigentlich Maria Karlsdottir, *8. 9. 1935 in Berlin) Studierte von 1954–57 Publizistik und Philosophie in Leipzig, Tätigkeiten u.a. als Monteurin, Laborantin und Buchhändlerin, 1961 Heirat in Island, war dort bis 1965 Fabrikarbeiterin, Reisen nach Frankreich, Spanien und in die USA, 1966 Aberkennung der DDR-Staatsbürgerschaft, isländische Staatsbürgerin, lebt seit 1967 in Frankfurt a.M., 1979 »Stadtschreiberin« von Bergen-Enkheim.
Werke: *Die Ballade von der reisenden Anna.* Ged., 1965. *Colloquium mit vier Häuten.* Ged., 1967. *Wohnhaft im Westend.* Dok., Bere., Konversation, (mit Horst Karasek), 1971. *Aufenthalt in einem irren Haus.* Erzn., 1971. *Eines Tages hat sich die Sprechpuppe nicht mehr ausziehen lassen. Texte zur Emanzipation. Lesebuch 3.* (Hg. mit Horst Karasek), 1972. *Bericht aus einer alten Stadt.* Kinderb., 1973. *Balladen vom kurzen ›Prozeß‹.* 1975. *Die Ballade von der kastrierten Puppe.* 1975. *Die Landnahme von Torre Bela.* Pr., 1976. *Margarete mit dem Schrank.* Ged., 1978. *Die Eisheiligen.* 1979. *Vogel federlos.* 1982. *Legende Transsib.* 1985.
Ausgaben: *Palisaden.* Erzn. 1967–75, 1980. *Grünheide Grünheide.* Ged. 1955–80, 1983.

Pastior, Oskar (*20. 10. 1927 in Hermannstadt/Rumänien) 1945 Zwangsdeportation in die Sowjetunion, 1949 Fabrikarbeiter in Hermannstadt, 3 Jahre Militärdienst, danach Betontechniker, studierte von 1955–60 Germanistik in Bukarest, 1960–68 Redakteur für deutschsprachige Sendungen beim Rumänischen Rundfunk, kam 1968 als Spätaussiedler in die Bundesrepublik, lebt als freier Schriftsteller in Westberlin, 1982 Stipendium der Villa Massimo in Rom, Übersetzer von rumänischer Literatur.
Werke: *Fludribusch in Pflanzenheim.* 1960. *Offene Worte.* Ged., 1964. *Gedichte.* 1965. *Ralph in Bukarest.* 1966. *Vom Sichersten ins Tausendste.* Ged., 1969. *Gedichtgedichte.* 1973. *Höricht. Sechzig Übertragungen aus einem Frequenzbereich.* 1975. *Fleischeslust.* 1976. *An die Neue Aubergine. Zeichen und Plunder.* 1976. *Ein Tangopoem und andere Texte.* 1978. *Der krimgoti-*

sche Fächer. Lieder und Balladen. 1978. Neuf., 1985. *Wechselbalg.* Ged. 1977–80, 1980. *sonetburger.* 1983. *Anagrammgedichte.* 1985. *Ingwer und Jedoch. Texte aus diversem Anlaß.* 1985. *Lesungen mit Tinnitus.* Ged. 1980–85, 1986.
Außerdem Hörspiele und Fernsehbeiträge.

Piwitt, Hermann Peter (*28. 1. 1935 in Volksdorf bei Hamburg) Studierte Soziologie, Philosophie und Literaturwissenschaft in Frankfurt a.M., München und Berlin (1963/64 Teilnahme am Literarischen Colloquium), 1967 Verlagslektor bei Rowohlt in Hamburg, lebt seit 1969 als freier Schriftsteller in Hamburg, Mitarbeiter bei der Zeitschrift *konkret*, Veröffentlichungen u.a. in *Akzente* und *Sprache im technischen Zeitalter*. Übersetzer von Miodrag Bulatovic, 1971/72 Stipendium der Villa Massimo in Rom, Gastdozent in England (1973) und in Bremen (1975).
Werke: *Herdenreiche Landschaften.* 1965. *Das Bein des Bergmanns Wu. Praktische Literatur und literarische Praxis.* Ess., 1971. *Rothschilds.* Rom., 1972. *Boccherini und andere Bürgerpflichten.* Ess., 1976. *Literaturmagazin 5.* (Hg. mit Peter Rühmkorf), 1976. *Die siebente Reise.* Utopische Erzn., (Hg. mit Roman Ritter), 1978. *Die Gärten im März.* Rom., 1979. *Deutschland. Versuch einer Heimkehr.* 1981. *Die Umseglung von Kap Hoorn durch das Vollschiff Susanne 1909 in 52 Tagen. Einmischungen aus 10 Jahren.* 1985.

Plessen, Elisabeth (eigentlich Elisabeth Charlotte Marguerite Augusta Gräfin von Plessen, *15. 3. 1944 in Neustadt/Holstein) Studierte Philosophie, Germanistik und Geschichte in Paris und Westberlin, Promotion mit der Dissertation *Zeitgenössische Epik im Grenzgebiet von fiction und non-fiction*, Reisen nach Indien, Südamerika und in die Sowjetunion, Mitübersetzerin von Hemingway und R. Lowell, Mitherausgeberin von Katja Manns Memoiren, lebt als Journalistin und Schriftstellerin in München.
Werke: *Fakten und Erfindungen. Zeitgenössische Epik im Grenzgebiet von ›fiction‹ und ›nonfiction‹.* 1971. *Mitteilung an den Adel.* Rom., 1976. *Kohlhaas.* Rom., 1979. *Über die Schwierigkeiten, einen historischen Roman zu schreiben.* 1979. *Zu machen, daß ein gebraten Huhn aus der Schüssel laufe.* Erzn., 1981. *Stella Polare.* 1984.

Rasp, Renate (eigentlich Renate Rasp-Budzinski, *3. 1. 1935 in Berlin) Schauspielausbildung in Berlin, studierte Malerei in Berlin und München, als Graphikerin beim Bayerischen Fernsehen tätig, seit 1965 freie Schriftstellerin, lebt in München und Newquay (England).
Werke: *Ein ungeratener Sohn.* Rom., 1967. *Eine Rennstrecke.* Ged., 1969. *Chinchilla. Leitfaden zur praktischen Ausübung.* Sat., 1973. *Junges Deutschland.* Ged., 1978. *Zickzack.* Rom., 1979. *Die Geister von morgen.* 1979.

Reding, Josef (*20. 9. 1929 in Castrop-Rauxel) Soldat, amerikanische Kriegsgefangenschaft, Betonarbeiter, studierte Germanistik, Anglistik, Psychologie und Kunstgeschichte, 1953/54 Stipendium in den USA, 1955/56 Aufbauarbeiten in Friedland, seit 1959 Dokumentationsarbeit in den Notgebieten in Asien, Afrika und Lateinamerika, 1959 Gastdozent in den USA, politische Aktivitäten im Civil Rights Movement, 1961 Stipendium der Villa Massimo in Rom, Mitbegründer der Dortmunder *Gruppe 61*, 1971–78 Vorsitzender des Verbandes deutscher Schriftsteller in Nordrhein-Westfalen, lebt als freier Schriftsteller in Dortmund.
Werke: *Silberspeer und Roter Reiher.* 1952. *Trommlerclub Ricardo.* 1954. *Froschmänner und Feuerspringer.* Erzn., 1955. *Friedland. Chronik der großen Heimkehr.* 1956, Neuf., 1985. *Nennt mich nicht Nigger.* Erzn., 1957, erw. Ausg., 1983. *Höllenpfuhl Sargasso.* 1957. *Der spanische Winter.* 1958. *Wer betet für Judas?.* Erzn., 1958. *Allein in Babylon.* Erzn., 1960. *Die Harlem-Story.* 1960. *Die Minute des Erzengels.* Weihnachtserzn., 1961. *Kurswechsel.* 1961. *Erfindungen für die Regierung.* Satn., 1962. *Die Jäger kommen zurück.* Erzn., 1963. *Reservate des Hungers.* Tgb., 1964. *Wir lassen ihre Wunden offen.* Tgb., 1965. *Weltmacht Hunger.* Erzn., Bere., Dok. (Hg. mit H. Frevert, F. Baade u. H. Eich), 1966. *Leih mir dein Ohr, kleiner Prinz. 6 Sprechspiele für Kinder.* 1966. *Der Mensch im Revier.* 1967. *Ein Scharfmacher kommt.* Erzn., 1967. *Zwischen den Schranken.* 1967. *Die Stunde dazwischen.* Erzn., 1969. *Die Anstandsprobe.* Erzn., 1973. *Schriftsteller zwischen Isolation und Gewerkschaft.* 1973. *Menschen im Ruhrgebiet.* Bere., Reden, Reflexionen, 1974. *Sie nannten ihn Padre.* 1974. *Gutentagtexte.* 1974. *Kurs auf Sargasso.* 1975. *Löschtrupp Larry fällt vom Himmel.* 1975. *Pestkahn ›Stella Maris‹.* 1975. *Der geheimnisvolle Señor dos Santos.* 1975. *Tim, König der Rodeos.* 1975. *Ach und Krach Texte.* 1976. *Froschmänner in Florida.* 1976. *Schonzeit für Pappkameraden.* Erzn., 1977. *Krippenrede für die 70er Jahre. Skandal um ein Gedicht.* 1978. *Kein Platz in kostbaren Krippen.* Weihnachtserzn., 1979. *Das 2. Jahr....* (Mit Max von der Grün, Ernst Meister u. Rolf H. Münch), 1979. *Sprengt den Eisberg und andere Abenteuer.* 1981. *Die Stunde dazwischen.* Erzn., 1981. *Gold, Rauhreif und Möhren.* 1981. *Liebe ist Pflicht.* Libr., 1981. *Josef Reding-Autorenkalender 1982.* 1981. *Nennt sie beim Namen. Asphaltgebete.* 1982. *Friedenstage sind gezählt.* Erzn., 1983. *Menschen im Müll. Zwischen Aussätzigen und Favelados.* 1983. *Vater macht den Flattermann.* 1984. *Und die Taube jagt den Greif.* Erzn., 1985. *Neue Not braucht neue Namen.* Erzn., 1986. *Lebensweisheit aus China.* (Hg. mit Friedhelm Denninghaus), 1986.
Ausgaben: *Papierschiffe gegen den Strom.* Erzn., Ess., Tgb., Hörspe., 1963, Neuausg., 1984. *Mühsam stirbt der Schnee.* Erzn., Tgb., Ess., 1980.
Außerdem Hörspiele.

Reinig, Christa (*6. 8. 1926 in Berlin) Fabrikarbeiterin, Blumenbinderin, studierte Kunstgeschichte und Archäologie in Ostberlin, war dort von 1957–63 Archivarin und wissenschaftliche Assistentin am Märkischen Museum, 1964 Ausreise in die Bundesrepublik, 1965

Stipendium der Villa Massimo in Rom, lebt als freie Schriftstellerin in München.
Werke: *Die Steine von Finisterre.* Ged., 1960. *Der Traum meiner Verkommenheit.* Erz., 1961. *Gedichte.* 1963. *Drei Schiffe.* Pr., 1965. *Schwabinger Marterln.* Ged., 1969. *Orion trat aus dem Haus.* Erzn., 1969. *Schwalbe von Olevano.* Ged., 1969. *Das Aquarium.* Hörsp., 1969. *Das große Bechterew-Tantra.* Pr., 1970. *Papantscha-Vielerlei.* Ged., 1971. *Hantipanti.* Kinderb., 1972. *Die Ballade vom blutigen Bomme.* 1972. *Die himmlische und die irdische Geometrie.* Rom., 1975. *Entmannung.* Rom., 1976. *Der Hund mit dem Schlüssel.* Erzn., 1976. *Poèmes.* Frz./dt., 1976. *Mein Herz ist eine gelbe Blume.* Gespr., (mit Ekkehart Rudolph), 1978. *Müßiggang ist aller Liebe Anfang.* Ged., 1979. *Mädchen ohne Uniform.* 1981. *Die ewige Schule.* 1982. *Die Frau im Brunnen.* 1984. *Feuergefährlich.* Ged. u. Erzn. über Frauen und Männer, 1985.
Ausgaben: *Die Prüfung des Lächlers.* Ges. Ged., 1980. *Der Wolf und die Witwen.* Erzn. u. Ess., 1980. *Sämtliche Gedichte.* 1984. *Gesammelte Gedichte. 1960–79,* 1985. *Gesammelte Erzählungen.* 1986.
Außerdem weitere Hörspiele.

Reinshagen, Gerlind (*4. 5. 1926 in Königsberg) Lehre als Apothekerin, studierte von 1946–49 Pharmazie in Braunschweig, Tätigkeiten als Apothekerin, Bau- und Fabrikarbeiterin, von 1954–57 Studium an der Hochschule der Künste in Westberlin, seit 1956 freie Schriftstellerin, lebt in Westberlin und Braunschweig.
Werke: *Was alles so vom Himmel fällt.* Kinderb., 1954. *Kaugummi ade!.* Kinderb., 1957. *Zimperello oder die Geschichte von Tin.* Bilderb., 1967. *Das Milchgericht.* Hörsp., 1968. *Doppelkopf. Leben und Tod der Marilyn Monroe.* Drn., 1971. *Himmel und Erde.* Dr., (in: *Theater heute 10,* 1974), 1981. *Sonntagskinder.* Dr., (in: *Theater heute 7,* 1976), Dr., Drb. u. Materialien, 1981. *Das Frühlingsfest.* Dr., Notizen, Materialien, 1980. *Rovinato oder Die Seele des Geschäfts.* Rom., 1981. *Eisenherz.* Dr., in: *Spectaculum 36,* 1982. *Die flüchtige Braut.* Rom., 1984. *Die Clownin. Ein Spiel.* 1985.
Weitere Hörspiele.

Richartz, Walter E. (eigentlich Walter Erich von Bebenburg, *14. 5. 1927 in Hamburg, †1. 3. 1980 in Klingenberg/Main; Freitod) Soldat, Kriegsgefangenschaft, studierte von 1946–55 Chemie in München und Hamburg, 1955 Promotion, Arbeit als wissenschaftlicher Assistent, 1957–60 post-graduate fellow in den USA, bis 1979 als Chemiker in der Industrie tätig, lebte danach als freier Schriftsteller in Frankfurt a.M., Übersetzer von amerikanischer Literatur.
Werke: *Die Jazzdiskothek.* (Mit Gernot Elmenhorst), 1961. *Es funktioniert.* 1964. *Le Jour de Gloire.* 1964. *Mutterleiber – Vaterländer.* 1965. *Meine vielversprechenden Aussichten.* Erzn., 1966. *Prüfungen eines braven Sohnes.* Erz., 1966. *Mackbird.* 1968. *Patio-Fußballmagazin.* (Hg. mit Roland Kunkel u. Karl Riha), 1968. *Tod den Ärzten.* Rom., 1969. *Stickstoff.* 1969. *Patio-Fernsehmagazin.* (Hg. mit Karl Riha u. G. Scherer), 1970. *Peng – Päng! oder Langsam verstehe ich Pantomime in Worten.* Dr., (mit Hans Jürgen Fröhlich), in: *Neues deutsches Theater,* 1971. *Noface – Nimm was du brauchst.* Rom., 1973. *Das Leben als Umweg. Geschichten um Industrie, Wissenschaft, Handel, Wandel und PSI in der Gegenwart.* 1976. *Büroroman.* 1976. *Dreizeiler.* (Hg. mit Karl Riha), 1978. *Shakespeare's Geschichten.* Nacherzn., (mit Urs Widmer), 2 Bde., 1978. *Der Aussteiger und andere Angestelltenprosa.* 1979. *Vorwärts ins Paradies.* Ess., 1979. *Reiters westliche Wissenschaft.* Rom., 1980.
Außerdem Hörspiele.

Richter, Hans Werner (*12. 11. 1908 in Bansin/Usedom) Buchhändlerlehre in Swinemünde, von 1928–30 und von 1935–40 Buchhändler in Berlin, aktiv im Widerstand gegen die Nationalsozialisten, 1930–32 KPD-Mitglied, 1933/34 als Emigrant in Paris, 1940–43 Soldat, bis 1946 amerikanische Kriegsgefangenschaft, Mitarbeit an der Zeitung *Lagerstimme,* der *Zeitschrift deutscher Kriegsgefangener in den USA* und an *Der Ruf,* seit 1946 Mitherausgeber von *Der Ruf* in München, Initiator der »Gruppe 47«, engagiert in verschiedenen politischen und literarischen Aktivitäten, lebte von 1962–75 in Westberlin, wohnt seit 1975 in München, 1978 Ehrendoktor der Universität Karlsruhe, 1980 Ernennung zum Professor ehrenhalber durch den Berliner Senat.
Werke: *Deine Söhne, Europa.* Ged. deutscher Kriegsgefangener, (Hg.), 1947. *Die Geschlagenen.* Rom., 1949. *Sie fielen aus Gottes Hand.* Rom., 1951. *Spuren im Sand.* Rom. einer Jugend, 1953. *Du sollst nicht töten.* Rom., 1956. *Linus Fleck oder Der Verlust der Würde.* 1959. *Die Mauer oder Der 13. August.* (Hg.), 1961. *Bestandsaufnahme. Eine deutsche Bilanz 1962.* (Hg.), 1962. *Almanach der Gruppe 47, 1947–62.* (Hg. mit Walter Mannzen), 1962. *Euterpe von den Ufern der Newa oder die Ehrung Anna Achmatowas in Taormina.* 1965. *Plädoyer für eine neue Regierung oder Keine Alternative.* (Hg.) 1965. *Menschen in freundlicher Umgebung.* Satn., 1966. *Karl Marx in Samarkand. Eine Reise an die Grenzen Chinas.* 1967. *Deutschland deine Pommern.* 1970. *Blinder Alarm. Geschichten aus Bansin.* 1970. *Rose weiß, Rose rot.* Rom., 1971. *Briefe an einen jungen Sozialisten.* 1974. *Kinderfarm Ponyhof.* 1976. *Bärbel Hoppsala.* 1979. *Die Flucht nach Abanon.* Erz., 1980. *Berlin, ach Berlin.* (Hg.), 1981. *Die Stunde der falschen Triumphe.* Rom., 1981. *Ein Julitag.* Rom., 1982. *Im Etablissement der Schmetterlinge.* 21 Portr. aus der Gruppe 47, 1986.
Außerdem Rundfunksendungen.

Rinser, Luise (*30. 4. 1911 in Pitzling/Bayern) Studierte Pädagogik und Psychologie in München, 1935–39 Volks- und Berufsschullehrerin an mehreren Schulen, 1941 Publikationsverbot, 1944 Verhaftung wegen »Wehrkraftzersetzung«, 1945–55 Literaturkritikerin bei der *Neuen Zeitung* in München, seitdem freie Schriftstellerin, 1954–59 mit dem Komponisten Carl Orff verheiratet, 1958 Ehrengast der Villa Massimo in

Rom, Reisen in die Sowjetunion, nach Polen, Indien, in den Iran, in den Vorderen Orient, nach Israel, Bolivien, Japan, Süd- und Nordkorea, Irland und England, Vortragsreise in den USA, lebt seit 1959 in Rocca di Papa (bei Rom).
Werke: *Die gläsernen Ringe.* Erz., 1941. *Tiere in Haus und Hof.* Kinderb., (mit Marianne Scheel), 1942. *Erste Liebe.* Erzn., 1946. *Gefängnis-Tagebuch.* 1946. *Das Ohlstadter Kinder-Weihnachtsspiel.* 1946. *Pestalozzi und wir.* 1947, Neuausg. u.d.T. *Pestalozzi. Eine Auswahl für die Gegenwart,* (Hg.), 1948. *Hochebene.* Rom., 1948. *Jan Lobel aus Warschau.* Erz., 1948. *Die Stärkeren.* Rom., 1948. *Martins Reise.* Kinderb., 1949. *Mitte des Lebens.* Rom., 1950. *Sie zogen mit dem Stern.* 1952. *Daniela.* Rom., 1953. *Eine Weihnachtsgeschichte.* 1953. *Die Wahrheit über Konnersreuth.* Ber., 1954. *Der Sündenbock.* Rom., 1955. *Ein Bündel weißer Narzissen.* Erzn., 1956. *Fülle der Zeit. Carl Zuckmayer und sein Werk.* 1956. *Abenteuer der Tugend.* Rom., 1957. *Geh' fort, wenn du kannst.* Nov., 1959. *Magische Argonautenfahrt. Eine Einführung in die gesammelten Werke von Elisabeth Langgässer.* 1959. *Nina. Mitte des Lebens. – Abenteuer der Tugend.* 1961. *Ich weiß deinen Namen. 73 Fotografien gedeutet von L.R..* 1962. *Die vollkommene Freude.* Rom., 1962. *Vom Sinn der Traurigkeit.* Ess., 1962. *Weihnachts-Triptychon.* (Mit Otto Diethelm), 1963. *Septembertag.* Erz., 1964. *Über die Hoffnung.* Ess., 1964. *Gespräche über Lebensfragen.* 1966. *Hat Beten einen Sinn?.* 1966. *Ich bin Tobias.* Rom., 1966. *Gespräch von Mensch zu Mensch.* Ess., 1967. *Jugend unserer Zeit.* 1967. *Laie, nicht ferngesteuert.* Es., 1967. *Zölibat und Frau.* Es., 1967. *Fragen – Antworten.* Es., 1968. *Von der Unmöglichkeit und der Möglichkeit, heute Priester zu sein.* Es., 1968. *Nach seinem Bild.* (Mit Oswald Kettenberger), 1969. *Baustelle.* Tgb. 1967–70, 1970. *Unterentwickeltes Land Frau. Untersuchungen, Kritik, Arbeitshypothesen.* 1970. *Grenzübergänge.* Tgb., 1972. *Hochzeit der Widersprüche.* Ess., 1973. *Dem Tode geweiht? – Lepra ist heilbar!.* (Mit Christoph Rinser), 1974. *Der schwarze Esel.* Rom., 1974. *Wie, wenn wir ärmer würden oder Die Heimkehr des verlorenen Sohnes.* Es., 1974. *Bruder Feuer. Rom. um Franz von Assisi.* 1975. *Hallo Partner. Zeige mir, wie du dein Auto lenkst, und ich sage dir, wie (wer) du bist!.* Es., 1975. *Leiden, Sterben, Auferstehen.* Ess., 1975. *Wenn die Wale kämpfen. Portrait eines Landes: Süd-Korea.* 1976. *Der verwundete Drache.* Gespr., (mit Isang Yun), 1977. *Kriegsspielzeug.* Tgb. 1972–78, 1978. *Das Geheimnis des Brunnens.* Kinderb., 1979. *Khomeini und der islamische Gottesstaat. Eine große Idee – ein großer Irrtum?.* Es., 1979. *Mit wem reden.* Es., 1980. *Mein Lesebuch.* (Hg.), 1980. *Den Wolf umarmen.* Aut., 1981. *Nordkoreanisches Reisetagebuch.* 1981. *Die rote Katze.* Erzn., 1981. *Winterfrühling.* Tgb. 1979–82, 1982. *Mirjam.* Rom., 1983. *Im Dunkeln singen.* Tgb. 1982–85, 1985. *Das Squirrel.* 1985. *Wer wirft den Stein? Zigeuner sein in Deutschland. Eine Anklage.* 1985.
Ausgaben: *Die Erzählungen.* 1985. *Kassette in 4 Bänden.* 1986.
Außerdem Hörspiele und Fernsehspiele.

Rosendorfer, Herbert (Pseudonym: Vibber Tøgesen, *19. 2. 1934 in Bozen/Südtirol) Studierte zuerst Bühnenbildnerei in München, dann bis 1959 Jura, 1963 zweites juristisches Staatsexamen, lebt seit 1966 als Amtsrichter in München.
Werke: *Die Glasglocke.* 1966. *Der Ruinenbaumeister.* 1969. *Bayreuth für Anfänger.* (U.d. Pseud. Vibber Tøgesen), 1969. *Der stillgelegte Mensch.* 1970. *Scheiblgrieß.* Dr., 1970. *Mein Name ist Urlappi.* Dr., in: *Neues deutsches Theater,* 1971. *Rosendorfer's Aechtes Münchner Olympia-Buch.* 1971. *Über das Küssen der Erde.* Ess., 1971. *Deutsche Suite.* 1972. *Herbstliche Verwandlungen.* 1972. *Dem Manne kann geholfen werden.* Dr., 1974. *Großes Solo für Anton.* 1976. *Skaumo.* 1976. *Stephanie und das vorige Leben.* 1977. *Die bengalische Rolle.* Dr., o.J. *Münchner Miniaturen* I + II. Drn., 1977ff. *Der Prinz von Homburg oder Der Landgraf mit dem silbernen Bein.* 1978. *Eichkatzelried. Geschichten aus Kindheit und Jugend.* 1979. *Das Messingherz.* 1979. *Ball bei Thod.* Erzn., 1980. *Ballmanns Leiden oder Lehrbuch für Konkursrecht.* 1981. *Das Zwergenschloß und sieben andere Erzählungen.* 1982. *Vorstadt-Miniaturen gefolgt von ›Der Basilisk‹.* Szenen, 1982. *Briefe an die chinesische Vergangenheit.* Rom., 1983. *Steinbichler Geschichten.* Drb., 1983. *Der Traum des Intendanten. Gedanken zur Musik.* 1984. *Königlich bayerisches Sportbrevier.* 1984. *Herkulesbad.* 1985. *Die Frau seines Lebens und elf andere Geschichten.* 1985.
Außerdem Filme und Hörspiele.

Rühmkorf, Peter (*25. 10. 1929 in Dortmund) Studierte von 1950–57 (ohne Abschluß) Literaturwissenschaft und Psychologie in Hamburg, Mitarbeiter in einem Studentenkabarett und bei mehreren Zeitschriften, außerdem Gelegenheitsarbeiten, 1955/56 Reisen nach Polen, China und Prag, Mitarbeiter beim *Studentenkurier* (seit 1958 *konkret*), 1958–67 Verlagslektor bei Rowohlt in Hamburg, 1964/65 Stipendium der Villa Massimo in Rom, Gastdozent in den USA (1969/70), in Hamburg (1974), Essen (1975) und England (1977), 1976 »Stadtschreiber« von Bergen-Enkheim, 1980 Gastdozent für Poetik an der Universität Frankfurt a.M., lebt als freier Schriftsteller in Hamburg.
Werke: *Heiße Lyrik.* (Mit Werner Riegel), 1956. *Irdisches Vergnügen in g.* Ged., 1959. *Wolfgang Borchert.* 1961. *Kunststücke.* Ged., 1962. *Primanerlyrik, Primanerprosa.* (Hg.), 1965. *Gemischtes Doppel.* 1967. *Über das Volksvermögen. Exkurse in den literarischen Untergrund.* 1967. *Was heißt hier Volsinii. Bewegte Szenen aus dem klassischen Wirtschaftsleben.* 1969. *Die Jahre die ihr kennt. Anfälle und Erinnerungen.* 1972. *Lombard gibt den Letzten.* Dr., 1972. *Die Handwerker kommen. Ein Familiendrama.* 1974. *Walther von der Vogelweide. Klopstock und ich.* 1975. *105 expressionistische Gedichte.* (Hg.), 1976. *Literaturmagazin 5.* (Hg. mit Hermann Peter Piwitt), 1976. *Phoenix – voran!* Ged., 1977. *Strömungslehre I. Poesie.* 1978. *Haltbar bis Ende 1999.* Ged., 1979. *Auf Wiedersehen in Kenilworth.* 1980. *Olsberger Rede.* 1980. *Im Fahrwind. Gedichte und Geschichte.* 1980. *agar agar – zaurzaurim. Zur*

Naturgeschichte des Reims und der menschlichen Anklangsnerven. 1981. *Kleine Fleckenkunde.* 1982. *Der Hüter des Misthaufens.* 1983. *Blaubarts letzte Reise.* 1983. *Bleib erschütterbar und widersteh.* Ess., Reden, Selbstgespr., 1984. *Außer der Liebe nichts.* Liebesged., 1985. *Mein Lesebuch.* (Hg.), 1986.
Ausgaben: *Gesammelte Gedichte.* 1976. *Es muß doch noch einen zweiten Weg ums Gehirn rum geben.* 1981.
Außerdem Filme und Hörspiele.

Runge, Erika (*22. 1. 1939 in Halle/Saale) Studierte Literatur- und Theaterwissenschaft, Romanistik und Kunstgeschichte in Saarbrücken, Paris, Berlin und München, 1962 Promotion mit der Dissertation *Expressionismus im Drama und auf der Bühne*, lebt seitdem als Schriftstellerin, Film- und Fernsehregisseurin in München.
Werke: *Bottroper Protokolle.* 1968. *Frauen. Versuche zur Emanzipation.* 1969. *Zum Beispiel Bottrop... Szenische Dokumentation.* (Mit Werner Geifrig), 1971. *Eine Reise nach Rostock, DDR.* 1971. *Ich heiße Erwin und bin 17 Jahre.* 1973. *Südafrika – Rassendiktatur zwischen Elend und Widerstand.* (Mit Christina Oberst-Hundt), 1974. *Kinder in Kreuzberg.* (Mit Wolfgang Krolow), 1979. *Die merkwürdigen Abenteuer einer pünktlichen, zuverlässigen und keineswegs aufsässigen Chef-Sekretärin.* Hörsp., in: *Wespennest 36*, 1979.
Außerdem zahlreiche Fernsehfilme.

Sachs, Nelly (Leonie) (*10. 12. 1891 in Berlin, †12. 5. 1970 in Stockholm) Jüdischer Herkunft, 1940 mit Hilfe Selma Lagerlöfs Emigration nach Stockholm, lebte dort seit 1941 in der Jüdischen Gemeinde, 1960 Reise nach Zürich und Paris, in Stockholm längere Aufenthalte in Kliniken wegen eines psychischen Zusammenbruchs, 1966 Nobelpreis für Literatur, 1967 Ehrenbürgerin der Stadt Berlin, Übersetzerin von schwedischer Lyrik.
Werke: *Legenden und Erzählungen.* 1921. *In den Wohnungen des Todes.* 1947. *Sternverdunkelung.* Ged., 1949. *Eli. Ein Mysterienspiel vom Leiden Israels.* 1951. *Und niemand weiß weiter.* Ged., 1957. *Flucht und Verwandlung.* Ged., 1959. *Der magische Tänzer. Versuch eines Ausbruchs. Für zwei Menschen und zwei Marionetten.* In: *Hortulus 9*, 1959. *Was ist ein Opfer?.* Dr., in: *Hortulus 10*, 1960. *Vergebens an einem Scheiterhaufen.* Dr., in: *Hortulus 12*, 1962. *Glühende Rätsel. Teil 1 und 2.* Ged., 1964. *Späte Gedichte.* 1965. *Die Suchende. Gedichtzyklus.* 1966. *Simson fällt durch Jahrtausende und andere szenische Dichtungen.* 1967. *Teile dich Nacht. Die letzten Gedichte.* 1971. *Gedichte.* 1977. *Briefe der Nelly Sachs.* 1984.
Ausgaben: *Fahrt ins Staublose. Die Gedichte der Nelly Sachs.* Bd. 1, 1961, Bd. 2 u.d.T. *Suche nach Lebenden*, 1971. *Zeichen im Sand. Die szenischen Dichtungen der Nelly Sachs.* 1962. *Ausgewählte Gedichte.* 1963. *Das Buch der Nelly Sachs.* 1968. *Verzauberung. Späte szenische Dichtungen.* 1970.

Schallück, Paul (*17. 6. 1922 in Warendorf/Westfalen, †29. 2. 1976 in Köln) Soldat, mehrere Verwundungen, studierte Germanistik, Geschichte, Philosophie und Theaterwissenschaft in München und Köln, 1949–52 Theaterkritiker, Mitbegründer der deutsch-jüdischen Bibliothek *Germania Judaica* und Mitarbeit in der *Kölnischen Gesellschaft für christlich-jüdische Zusammenarbeit*, seit 1971 Chefredakteur der Zeitschrift *Dokumente.*
Werke: *Wenn man aufhören könnte zu lügen.* Rom., 1951. *Ankunft null Uhr zwölf.* Rom., 1953. *Die unsichtbare Pforte.* Rom., 1954. *Weiße Fahnen im April.* Erz., 1955. *Qu 3 und die Hohe Straße.* Erzn., (mit J. Baggesen), 1956. *Engelbert Reineke.* Rom., 1959. *Zum Beispiel.* Ess., 1962. *Wettlauf mit dem Tode.* Rede, 1963. *Hohe festliche Versammlung. Imaginäre Festrede.* 1966. *Lakrizza und andere Erzählungen.* 1966. *Don Quichotte in Köln.* Rom., 1967. *Gesichter. Köln 2. Erzn.*, 1967. *Orden.* Erzn., 1967. *Karlsbader Ponys.* Jugendb., 1968. *Gegen Gewalt und Unmenschlichkeit.* Vortrag, 1969. *Deutschland, kulturelle Entwicklungen seit 1945.* (Hg.), 1969. *Hierzulande und anderswo.* Ged., 1974. *Dein Bier und mein Bier.* Monolog u. Br., 1976. *Countdown zum Paradies. Oratorium.* 1976. *Bekenntnisse eines Nestbeschmutzers.* Erzn., 1977.
Ausgabe: *Das Gesamtwerk.* 5 Bde., 1977.
Außerdem Theaterstücke sowie zahlreiche Hörspiele und Fernsehspiele.

Schenk, Johannes (*2. 6. 1941 in Berlin) 1956–62 Seemann, danach Tätigkeiten als Gelegenheitsarbeiter, Gärtner, Straßenarbeiter, Buchhändler und freier Schriftsteller in Westberlin, seit Ende der 60er Jahre Bühnenarbeiter und Mitarbeiter an der Schaubühne am Halleschen Ufer sowie am Kreuzberger Straßentheater, 1979 USA-Aufenthalt.
Werke: *Fisch aus Holz.* 1967. *Bilanzen und Ziegenkäse.* Ged., 1968. *Zwiebeln und Präsidenten.* Ged., 1969. *Transportarbeiter Jakob Kuhn.* Dr., in: *Spectaculum 25*, 1976. *Die Genossin Utopie.* Ged., 1973. *Jona.* Ged., 1976. *Zittern.* Ged., 1977. *Die Stadt im Meer.* Kinderb., 1977. *Der Schiffskopf.* Erzn., 1978. *Für die Freunde an den Wasserstellen.* Ged., 1980. *Gesang des bremischen Privatmanns Johann Jacob Daniel Meyer.* Ged., 1982. *Die Abenteuer des Erfinders Phillip Nobalbo.* 1984. *Café Americain.* Ged., 1985.
Außerdem Hörspiel- und Theaterautor.

Schmidt, Arno (Otto) (*18. 1. 1914 in Hamburg, †3. 6. 1979 in Celle) 1928 Umzug nach Lauban (Schlesien), studierte 1933/34 Mathematik und Astronomie in Breslau, 1934 Abbruch des Studiums aus politischen Gründen, danach kaufmännische Lehre und Angestellter in Greiffenberg (Schlesien), Soldat, englische Kriegsgefangenschaft, lebte von 1946–50 als Dolmetscher und freier Schriftsteller in Benefeld (bei Fallingbostel), 1950 Umzug nach Gau-Bickelheim (Rheinhessen), 1951 nach Kastel (Saar), 1955 Anzeige wegen »Gotteslästerung und Pornographie«, Umzug nach Darmstadt, 1956 Einstellung des Verfahrens, 1958 Umzug nach Bargfeld (bei Celle), Übersetzer von englischsprachiger Literatur.

Werke: *Leviathan.* 1949. *Brand's Haide.* Erzn., 1951. *die umsiedler.* Pr., 1953. *Aus dem Leben eines Fauns.* Rom., 1953. *Kosmos oder Vom Berge des Nordens.* 1955. *Das steinerne Herz. Historischer Roman. aus dem Jahre 1954.* 1956. *Die Gelehrtenrepublik.* Rom., 1957. *Fouqué und einige seiner Zeitgenossen.* Biogr., 1958, erw. Ausg., 1960. *Dya Na Sore. Gespr. in einer Bibliothek.* 1958, TB-Ausgn. u.d.Tn. *Der sanfte Unmensch*, 1963, *Tina oder über die Unsterblichkeit*, 1971. *KAFF auch MARE CRISIUM.* Rom., 1960. *Belphegor. Nachrichten von Büchern und Menschen.* Ess., 1961, TB-Ausg. u.d.T. *Nachrichten von Büchern und Menschen*, 2 Bde., 1971. *Sitara und der Weg dorthin. Eine Studie über Leben, Werk & Wirken Karl May's.* 1963. *Kühe in Halbtrauer.* Erzn., 1964, TB-Ausgn. u.d.T. *Orpheus*, 1970, *Schwänze*, 1976. *Die Ritter vom Geist. Von vergessenen Kollegen.* Ess., 1965. *Trommler beim Zaren.* Erzn. u. Ess., 1966. *Der Triton mit dem Sonnenschirm. Großbritannische Gemütsergetzungen.* 1969. *Sommermeteor.* Erzn., 1969. *Zettels Traum.* Rom., 1970. *Die Schule der Atheisten.* Novellen-Comödie, 1972. *Abend mit Goldrand.* 1975. *Nachrichten aus dem Leben eines Lords. 6 Nachtprogramme.* 1975. *Alexander oder Was ist Wahrheit.* Erzn., 1975. *Aus julianischen Tagen.* Ess., 1979. *Julia, oder die Gemälde. Scenen aus dem Novecento.* 1983. *Dichtergespräche im Elysium.* 1984. *... denn ›Wallflower‹ heißt ›Goldlack‹. 3 Nachtprogramme.* 1984. *Arbeitsexemplar von Finnegans Wake by James Joyce.* 1984. *Briefe an Werner Steinberg.* 1985. *Atheist?: Allerdings! Eine offene Kampfschrift.* 1985.
Ausgaben: *Rosen & Porree.* Erzn., 1959. *Nobodaddy's Kinder.* Trilogie, 1963. *Deutsches Elend. 13 Erklärungen zur Lage der Nation.* Ess. 1956–63, 1984. *Zürcher Kassette. Das erzählerische Werk in 8 Bänden.* 1985. *Arno Schmidt Brief-Edition. Bd. 1: Der Briefwechsel mit Alfred Andersch.* 1985.

Schnabel, Ernst (*26. 9. 1913 in Zittau/Oberlausitz, †25. 1. 1986 in Westberlin) Seemann, seit 1936 Schriftsteller, 1937/38 Theaterdramaturg in Zittau, 1939–45 Marineoffizier, 1946–49 Chefdramaturg und von 1951–55 Intendant beim NWDR, 1949/50 BBC-Mitarbeiter in London, 1962–65 Leiter des III. NDR/SFB Programms und von 1965–70 der »Literarischen Illustrierten« im 3. Fernsehprogramm des SFB, seitdem freier Schriftsteller, lebte in Westberlin, Übersetzer von amerikanischer Literatur.
Werke: *Die Reise nach Savannah.* Rom., 1939. *Nachtwind.* Rom., 1941. *Schiffe und Sterne.* Rom., 1943. *Thomas Wolfe.* Es., 1947. *Sie sehen den Marmor nicht.* Erzn., 1949. *Interview mit einem Stern.* Rom., 1951. *Der sechste Gesang.* Rom., 1956. *Die Erde hat viele Namen.* Ber., 1956. *Anne Frank. Spur eines Kindes.* Ber., 1958. *Ich und die Könige.* Rom., 1958. *Das Floß der Medusa.* Libr., 1968. *Fremde ohne Souvenir.* Erzn., 1961. *Ein Tag wie morgen.* Hörsp., 1971. *Hurricane.* Erz. u. Rep., 1972. *Auf der Höhe der Messingstadt.* Erzn., 1979.
Außerdem zahlreiche Rundfunksendungen und weitere Hörspiele.

Schneider, Michael (*4. 4. 1943 in Königsberg/Ostpreußen) Studierte zuerst Naturwissenschaften, dann Philosophie, Soziologie und Religionswissenschaft in Freiburg i.Br., Berlin und Paris, promovierte 1974 über Marx und Freud mit der Dissertation *Neurose und Klassenkampf*, Verlagslektor bei Wagenbach, Publizist und Literaturkritiker für die Zeitschriften *konkret*, *Kursbuch*, *Literaturmagazin* und beim Rundfunk, seit 1975 Dramaturg am Hessischen Staatstheater in Wiesbaden, lebt dort seit 1978 als freier Schriftsteller.
Werke: *Neurose und Klassenkampf. Materialistische Kritik und Versuch einer emanzipativen Neubegründung der Psychoanalyse.* 1973. *Die lange Wut zum langen Marsch. Aufsätze zur sozialistischen Politik und Literatur.* 1975. *Das Spiegelkabinett.* Nov., 1980. *Den Kopf verkehrt aufgesetzt oder Die melancholische Linke. Aspekte des Kulturzerfalls in den siebziger Jahren.* 1981. *Nur tote Fische schwimmen mit dem Strom.* Ess., Aphor. u. Polemiken, 1984.
Außerdem Theaterstücke.

Schneider, Peter (*21. 4. 1940 in Lübeck) Studierte Germanistik, Geschichte und Philosophie in Freiburg i.Br., München und Berlin, 1967–71 aktiv in der Studentenbewegung (mehrere polizeiliche Ermittlungsverfahren), außerdem Tätigkeiten als Fabrikarbeiter und Rundfunkmitarbeiter, 1972 erstes Staatsexamen, bekam 1973 als »Verfassungsfeind« keine Zulassung zum Referendariat (die Entscheidung wurde 1976 aufgehoben), Schneider verzichtete auf die Einstellung als Lehrer, lebt als freier Schriftsteller in Westberlin.
Werke: *Ansprachen, Reden, Notizen, Gedichte.* 1970. *Lenz.* Erz., 1973. *... schon bist du ein Verfassungsfeind. Das unerwartete Anschwellen der Personalakte des Lehrers Kleff.* 1975. *Atempause. Versuch, meine Gedanken über Literatur und Kunst zu ordnen.* 1977. *Alte und neue Szenen zum Thema ›Radikale‹.* In: *Theater zum Radikalenerlaß*, 1978. *Die Wette.* Erzn., 1978. *Messer im Kopf.* Drb., 1979. *Die Botschaft des Pferdekopfs und andere Essays aus einem friedlichen Jahrzehnt.* 1981. *Der Mauerspringer.* Erz., 1982. *Unrecht für Ruhe und Ordnung.* 1982. *Totoloque. Das Geiseldrama von Mexiko-Tenochtitàn.* Dr., 1985. *Ratte tot... Ein Briefwechsel.* (Mit Peter J. Boock), 1985.

Schnell, Robert Wolfgang (*8. 3. 1916 in Barmen bei Wuppertal) Studierte Musik und Malerei, keine Aufnahme in die »Reichskammer der bildenden Künste«, Tätigkeiten als Hilfsarbeiter, Laborant, Angestellter und Regisseur, Soldat und Desertion, seit 1945 Landarbeiter, Schauspieler, Theaterleiter, Regisseur am Deutschen Theater in Berlin, Maler und Journalist, 1959 Mitbegründer der Galerie *Zinke* in Westberlin, lebt als Schriftsteller, Maler und Schauspieler in Westberlin.
Werke: *Wahre Wiedergabe der Welt.* Satn., 1961. *Mief.* Erzn., 1963, Neuausg. u.d.T. *Die Farce von den Riesenbrüsten.* 1969. *Geisterbahn. Ein Nachschlüssel zum Berliner Leben.* 1964. *Muzes Flöte.* Erzn. u. Ged., 1966. *Erziehung durch Dienstmädchen.* Rom., 1968. *Bonko.*

1969. *Pulle und Pummi.* Kinderb., 1969. *Junggesellenweihnacht.* Erzn., 1970. *Das verwandelte Testament.* Pr., 1973. *Vier Väter.* Pr., 1973. *Des Försters tolle Uhr.* 1974. *Holger wohnt im Zoo.* Kinderb., 1974. *Eine Tüte Himbeerbonbons.* Erzn., 1976. *Die heitere Freiheit und Gleichheit.* Erzn., 1978. *Rede zur Eröffnung der neuen Buchhandlung Hoffmann.* 1978. *Triangel des Fleischers.* 1981. *Sind die Bären glücklicher geworden? Autobiographien.* 1983. *Der Weg einer Pastorin ins Bordell.* Erzn., 1984.
Außerdem Theaterstücke und -bearbeitungen, Fernsehfilme und Hörspiele.

Schnurre, Wolfdietrich (*22. 8. 1920 in Frankfurt a.M.) Soldat, 1946 Redaktionsvolontär bei Ullstein in Ostberlin, Umzug nach Westberlin, Mitarbeiter, Theater- und Filmkritiker bei der *Neuen Zeitung*, der *Deutschen Rundschau*, der *Welt*, der *Welt am Sonntag* und beim *Neuen Film*, seit 1950 freier Schriftsteller, lebt in Schleswig-Holstein und Italien.
Werke: *Die Rohrdommel ruft jeden Tag.* Erzn., 1950. *Rettung des deutschen Films.* 1950. *Sternstaub und Sänfte. Aufzn. des Pudels Ali.* 1953, Neuausg. u.d.T. *Die Aufzeichnungen des Pudels Ali*, 1962. *Canaima.* (Mit Günter Canzler), 1954. *Die Blumen des Herrn Albin. Aus dem Tgb. eines Sanftmütigen.* 1955. *Kassiber.* Ged., 1956, erw. Ausgn., 1964, 1979. *Protest im Parterre.* 1957. *Abendländler.* Ged., 1957. *Eine Rechnung, die nicht aufgeht.* Erzn., 1958. *Als Vaters Bart noch rot war.* Rom., 1958. *Barfußgeschöpfe.* 1958. *Steppenkopp.* Erz., 1958. *Anaximanders Ende.* Libr., 1958. *Das Los unserer Stadt.* Chronik, 1959. *Man sollte dagegen sein.* Erzn., 1960. *Die Gläsernen.* Hörsp., (in: *Vier Hörspiele*, 1961), 1963. *Ein Fall für Herrn Schmidt.* Erzn., 1962. *Berlin. Eine Stadt wird geteilt.* Bilddok., 1962. *Die Mauer des 13. August.* Bilddok., 1962. *Funke im Reisig.* Erzn., 1963. *Schreibtisch unter freiem Himmel.* 1964. *Ohne Einsatz kein Spiel.* Erzn., 1964. *Kalünz ist keine Insel.* Erz., 1965. *Freundschaft mit Adam.* Erzn., 1966. *Spreezimmer möbliert.* Hörspe., 1967. *Was ich für mein Leben gern tue.* 1967. *Die Zwengel.* Kinderb., 1967. *Schnurren und Murren.* Kinderb., 1967. *Das Schwein, das zurückkam.* 1967. *Eine schöne Bescherung.* 1967. *Rapport des Verschonten.* Erzn., 1968. *Ein Schneemann für den großen Bruder.* 1968. *Gocko.* Kinderb., 1969. *Schnurre heiter.* Erzn., 1970. *Richard kehrt zurück.* Rom., 1970. *Die Sache mit den Meerschweinchen.* Kinderb., 1970. *Die Wandlung des Hippipotamos.* Kinderb., 1970. *Wie der Koala-Bär wieder lachen lernte.* 1971. *Der Spatz in der Hand.* 1971. *Immer mehr Meerschweinchen.* Kinderb., 1971. *Der Meerschweinchendieb.* Bilderb., (mit Marina Schnurre), 1972. *Auf Tauchstation.* 1973. *Ich frag ja bloß.* 1973. *Der wahre Noah. Neuestes aus der Sintflutforschung.* 1974. *Ich brauch Dich.* 1976. *Eine schwierige Reparatur.* Erz., 1976. *Klopfzeichen.* 1978. *Der Schattenfotograf.* Aufzn., 1978. *Erfülltes Dasein.* 1979. *Ein Unglücksfall.* Rom., 1981. *Gelernt ist gelernt, Gesellenstücke.* 1984. *Emil und die Direktiven. Anmerkungen zum Kinder- und Jugendbuch.* 1985.
Ausgaben: *Erzählungen 1945–65*, 1977, TB-Ausgn. u.d.T. *Blau mit goldenen Streifen* u. *Freundschaft mit Adam*, 1979. *Kassette.* 10 Bde., 1980.
Außerdem Filme sowie zahlreiche Hörspiele und Fernsehspiele.

Seuren, Günter (*18. 6. 1932 in Wickrath/Niederrhein) Seit 1953 Journalist bei der *Neuen Post* in Düsseldorf, schrieb für dieses und andere Unterhaltungsblätter Texte für Comics, Geschichten und Fortsetzungsberichte, seit 1955 freier Schriftsteller und Filmkritiker, seit 1967 auch für Rundfunk und Fernsehen tätig, Wohnorte in Düsseldorf und Zürich, lebt heute in München.
Werke: *Winterklavier für Hunde.* Ged., 1961. *Das Gatter.* Rom., 1964. *Lebeck.* Rom., 1966. *Das Kannibalenfest.* Rom., 1968. *Rede an die Nation.* Pr., 1969. *Der Abdecker.* Rom., 1970. *Der Jagdherr liegt im Sterben.* Ged., 1974. *Die fünfte Jahreszeit.* Rom., 1979. *Abschied von einem Mörder.* Erz., 1980. *Der Angriff.* 1982. *Die Asche der Davidoff.* Rom., 1985.
Außerdem (Fernseh-)Filme und Hörspiele.

Simmel, Johannes Mario (*7. 4. 1924 in Wien) Ausbildung als Chemieingenieur in Wien, seit 1943 Heilmittelchemiker in einem »kriegswichtigen« Betrieb, seit 1945 Dolmetscher der US Militärregierung in Wien, seit 1948 Kulturredakteur bei der *Welt am Abend* und Drehbuchautor, 1950 Umzug in die Bundesrepublik, Reporter für die Zeitschrift *Quick* und Serienjournalist, seit 1963 freier Schriftsteller, lebt in Monte Carlo (Monaco).
Werke: *Begegnung im Nebel.* Erzn., 1947. *Mich wundert, daß ich so fröhlich bin.* 1949. *Von Drachen, Königskindern und guten Geistern.* 1950. *Weinen streng verboten.* Kinderb., 1950. *Der Mörder trinkt keine Milch.* 1950. *Man lebt nur zweimal.* 1950. *Das geheime Brot.* 1950. *Ein Autobus, groß wie die Welt.* Kinderb., 1951. *Meine Mutter darf es nie erfahren.* Kinderb., 1952. *Ich gestehe alles.* 1953. *Wenn das nur gut geht, Paul.* 1953. *Der Hochstapler. Immer, wenn er Kuchen aß....* (Mit Hans Hartmann). 1954. *Gott schützt die Liebenden.* 1957. *Affäre Nina B..* 1958. *Es muß nicht immer Kaviar sein.* 1960. *Bis zur bitteren Neige.* 1962. *Liebe ist nur ein Wort.* 1963. *Der Schulfreund.* Dr., 1964. *Lieb Vaterland magst ruhig sein.* 1965. *Alle Menschen werden Brüder.* 1967. *Und Jimmy ging zum Regenbogen.* 1970. *Der Stoff aus dem die Träume sind.* 1971. *Für Willy Droemer zum 18. Juli 1971.* (Hg.), 1971. *Die Antwort kennt nur der Wind.* 1973. *Niemand ist eine Insel.* 1975. *Hurra, wir leben noch.* 1978. *Zweiundzwanzig Zentimeter Zärtlichkeit und andere Geschichten aus dreiunddreißig Jahren.* 1979. *Wir heißen euch hoffen.* 1980. *Die Erde bleibt noch lange jung und andere Geschichten aus fünfunddreißig Jahren.* 1981. *Bitte laßt die Blumen leben.* 1983. *Die im Dunkeln sieht man nicht.* 1985.
Außerdem Mitarbeit an zahlreichen Filmen.

Sperr, Martin (*14. 9. 1944 in Steinberg/Bayern) Handelsschule und kaufmännische Lehre in München,

Schauspielunterricht in München, am Max-Reinhardt-Seminar in Wien und in Wiesbaden, Tätigkeiten als Industriekaufmann, Hilfsarbeiter und Nachtportier, 1966 Schauspieler und Regieassistent in Bremen, seit 1967 Schauspieler und Hausautor der Münchner Kammerspiele, 1972 schwere Krankheit, danach Arbeit als Masseur, seit 1974 wieder Schauspieler und Schriftsteller.
Werke: *Jagdszenen aus Niederbayern.* Dr., in: *Theater heute 7,* 1966. *Landshuter Erzählungen.* Dr., in: *Theater heute.* 1967. *Koralle Meier. Geschichte einer Privaten.* Dr., 1970. *Herr Bertolt Brecht sagt:.* Kinderb., (Hg. mit Monika Sperr), 1970. *Münchner Freiheit.* Dr., in: *Theater heute 12,* 1971. *Die Kunst der Zähmung.* Dr., (Bearb. n. Shakespeare), 1971. *Der Räuber Mathias Kneißl.* Ft., 1971. *Jagd auf Außenseiter. Jagdszenen aus Niederbayern.* Erz., 1971. *Die Spitzeder.* Dr., 1977. *Willst du Giraffen ohrfeigen, mußt du ihr Niveau haben.* Eine Legende, Pr., Ged., Zeichn., 1979.
Ausgabe: *Bayrische Trilogie.* 1972.
Außerdem (Fernseh-)Filme.

Steffen, Ernst S(iegfried) (*15. 6. 1936 in Heilbronn, †10. 12. 1970 in Karlsruhe) Seit 1948 im Heim, abgebrochene Lehre, Hilfsarbeiter, 1952 erste Inhaftierung, seitdem insgesamt 16 Jahre in Gefängnissen, seit 1967 Schriftsetzer, Volontär beim Rundfunk und Fernsehen, freier Schriftsteller, starb nach einem Autounfall.
Werke: *Lebenslänglich auf Raten.* Ged., 1969. *Rattenjagd. Aufzn. aus dem Zuchthaus.* 1971.
Außerdem Hörspiele.

Steffens, Günter (*10. 8. 1922 in Köln) Studierte Kunst in Köln und Düsseldorf, Soldat, amerikanische Kriegsgefangenschaft, Tätigkeiten als Porträtmaler und in Werbeagenturen in Frankfurt a.M. und Hamburg, wechselnde Wohnsitze im Ausland, seit 1974 als freier Schriftsteller in Köln, lebt seit 1979 in Heidelberg.
Werke: *Der Platz.* Rom., 1965. *Die Annäherung an das Glück.* Rom., 1976. *Der Rest.* Rom., 1981.
Außerdem Hörspielautor.

Stiller, Klaus (*15. 4. 1941 in Augsburg) Studierte von 1961–68 Romanistik und Germanistik in München, Grenoble und Westberlin (1963/64 Teilnahme am Literarischen Colloquium), seit 1968 freier Schriftsteller, Rundfunk- und Zeitschriftenmitarbeiter, 1971 kurzzeitig Verlagslektor bei Melzer, seit 1981 Rundfunkredakteur beim RIAS Berlin, zusammen mit seiner Frau Übersetzungen aus dem Italienischen, lebt in Westberlin.
Werke: *Die Absperrung.* Erzn., 1966. *H. Protokoll.* 1970. *Tagebuch eines Weihbischofs.* 1972. *Die Faschisten.* It. Novn., 1976. *Traumberufe.* 1977. *Weihnachten. Als wir Kinder den Krieg verloren.* Rom., 1980. *Italienische Erzählungen des 20. Jahrhunderts.* (Hg.), 1982.
Außerdem Hörspiele.

Strauß, Botho (*2. 12. 1944 in Naumburg/Saale) Studierte (ohne Abschluß) Germanistik, Theatergeschichte und Soziologie in Köln und München, während des Studiums Laienschauspieler, 1967–70 Redakteur und Kritiker bei der Zeitschrift *Theater heute,* 1970–75 Dramaturg an der Schaubühne am Halleschen Ufer in Westberlin, 1976 Stipendium der Villa Massimo in Rom, lebt als freier Schriftsteller in Westberlin. Übersetzer von Eugène Labiche.
Werke: *Die Hypochonder.* Dr., (in: *Spielplatz I,* 1972), Buchausg. u.d.T. *Die Hypochonder. Bekannte Gesichter, gemischte Gefühle.* Drn., 1979. *Bekannte Gesichter, gemischte Gefühle.* Kom., (in: *Theater heute,* 1974), Buchausg., u.d.T. *Die Hypochonder. Bekannte Gesichter, gemischte Gefühle.* Drn., 1979. *Schützenehre.* Erz., 1974/75. *Marlenes Schwester.* Erzn., 1975. *Trilogie des Wiedersehens.* Dr., 1976. *Die Widmung.* Erz., 1977. *Groß und klein.* Dr., 1978. *Rumor.* Pr., 1980. *Paare, Passanten.* Pr., 1981. *Kalledewey, Farce.* 1981. *Der Park.* Dr., 1983. *Der junge Mann.* Rom., 1984. *Diese Erinnerung an einen, der nur einen Tag zu Gast war.* Gedicht, 1985. *Die Fremdenführerin.* Dr., 1986.

Struck, Karin (*14. 5. 1947 in Schlagtow/Mecklenburg) 1953 Flucht in die Bundesrepublik, studierte Romanistik, Germanistik und Psychologie in Bochum, Bonn und Düsseldorf, Arbeit in Fabrik und Büro, Au-pair in Frankreich, lebt seit 1982 als freie Schriftstellerin in Hamburg.
Werke: *Klassenliebe.* Rom., 1973. *Die Mutter.* Rom., 1975. *Lieben.* Rom., 1977. *Die liebenswerte Greisin.* Erz., 1977. *Trennung.* Erz., 1978. *Die Herberge.* Erz., 1981. *Kindheits Ende. Journal einer Krise.* 1982. *Zwei Frauen.* 1982. *Finale. Geschichte eines unentdeckten Pferdes.* 1984. *Glut und Asche. Eine Liebesgeschichte.* 1985.

Szenessy, Mario (*14. 9. 1930 in Petrovgrad, heute Zrenjanin/Jugoslawien, †11. 10. 1976 in Pinneberg bei Hamburg) 1942 Umzug nach Szeged (Ungarn), studierte dort Slawistik und Germanistik, seit 1953 Lehrer, Universitätsdozent für Russisch, 1963 Stipendium in Tübingen, Aufenthalt in Westberlin, seit 1967 freier Schriftsteller, Übersetzer des Ungarn György Konrád, lebte in Pinneberg.
Werke: *Verwandlungskünste.* Rom., 1967. *Otto der Akrobat.* Erzn., 1969. *Tibor Déry.* 1970. *Lauter falsche Pässe oder Die Erinnerungen des Roman Skorzeny.* Rom., 1971. *Der Hut im Gras.* Rom., 1973. *Der Hellseher.* Rom., 1974. *In Paris mit Jim.* Erzn., 1977, erw. TB-Ausg., 1981.

Taschau, Hannelies (*26. 4. 1937 in Hamburg) Sekretärin in einer Nachrichtenagentur, Journalistin, Rechtsanwaltsgehilfin, seit 1967 freie Schriftstellerin und Rundfunkmitarbeiterin, 1972–74 Mitherausgeberin der AutorenEdition im C. Bertelsmann Verlag München, 1962–64 Aufenthalt in Paris, 1973 Reise in die Sowjetunion, 1974 und 1977 Lese- und Vortragsreise durch Norwegen, lebt in Hameln.

Werke: *Verworrene Route.* Ged., 1961/62. *Die Kinderei.* Pr., 1963. *Die Taube auf dem Dach.* Rom., 1967. *Gedichte.* 1969. *Strip und andere Erzählungen.* 1974. *Luft zum Atmen.* Ged., 1978. *Landfriede.* Rom., 1978. *Blind sein mit viel mehr Haut.* Ged., 1978. *Kindheitsgeschichten.* (Hg. mit Uwe Friesel), 1979. *Doppelleben.* Ged., 1979. *Fortsetzung einer Biographie.* Hörsp., in: *Sprechstörungen,* 1980. *Erfinder des Glücks.* Rom., 1981. *Gefährdung der Leidenschaft.* Ged., 1984. *Mein Körper warnt mich vor jedem Wort.* Erzn., 1984. *Nahe Ziele.* Erzn., 1985.
Ausgabe: *Wunder entgehen.* Ged. 1957–84, 1986.
Zahlreiche weitere Hörspiele.

Thelen, Albert Vigoleis (Pseudonym: Leopold Fabrizius, *28. 9. 1903 in Süchteln/Niederrhein) Textilfachschule, verschiedene Berufe, studierte von 1925–28 als Gasthörer Germanistik, Philosophie, Kunstgeschichte und Zeitungswissenschaften in Köln und Münster, lebte von 1931–36 als Emigrant auf Mallorca, danach Emigration über Frankreich und die Schweiz nach Portugal, 1947 Flucht nach Amsterdam, lebt seit 1954 in der Schweiz, bis 1960 als Hausverwalter in Ascona, bis 1973 in Blonay s/Vevey, seitdem in Lausanne, 1985 Ernennung zum Professor durch die Landesregierung von Nordrhein-Westfalen, Übersetzer von portugiesischer Literatur.
Werke: *Schloß Pascoaes.* Ged., 1942. *Die Insel des zweiten Gesichts. Aus den angewandten Erinnerungen des Vigoleis.* Rom., 1953. *Vigolotria.* Ged., 1954. *Der Tragelaph.* Ged., 1955. *Der schwarze Herr Bahßetup. Ein Spiegel.* Rom., 1956. *Runenmund.* Ged., 1963. *Glis-Glis. Eine zoo-gnostische Parabel.* 1967. *Im Gläs der Worte.* Ged., 1979.

Theobaldy, Jürgen (*7. 3. 1944 in Straßburg) Kaufmännische Lehre, studierte zuerst Pädagogik in Freiburg i.Br. und Heidelberg, dann Literaturwissenschaft in Heidelberg und Köln, 1970–73 Herausgeber der Zeitschrift *Benzin,* wohnte seit 1974 in Westberlin, 1977 Aufenthalt in Rom, Übersetzer von englischer und chinesischer Lyrik, lebt seit 1984 in der Schweiz.
Werke: *Sperrsitz.* Ged., 1973. *Blaue Flecken.* Ged., 1974. *Zweiter Klasse.* Ged., 1976. *Veränderung der Lyrik. Über westdeutsche Gedichte seit 1965.* (Mit Gustav Zürcher), 1976. *Und ich bewege mich doch.* Ged. vor und nach 1968, (Hg.), 1977. *Sonntags Kino.* Rom., 1978. *Drinks.* Ged. aus Rom, 1979. *Schwere Erde, Rauch.* Ged., 1980. *Spanische Wände.* Rom., 1981, TB-Neuf., 1984. *Die Sommertour.* Ged., 1983. *Midlands, Drinks.* Ged., 1984. *Das Festival im Hof.* Erzn., 1985.

Törne, Volker von (Pseudonym: Waldemar Graf Windei, *14. 3. 1934 in Quedlinburg, †30. 12. 1980) Studierte von 1954–56 Pädagogik in Braunschweig, danach Sozialwissenschaften in Wilhelmshaven, Redakteur der Studentenzeitschrift *zoon politikon.* Bauarbeiter, lebte seit 1962 in Westberlin, Redakteur der Zeitschrift *alternative,* Werbeleiter und seit 1963 Leiter der Geschäftsstelle der Aktion Sühnezeichen, zahlreiche Reisen nach Israel, West- und Osteuropa, starb auf einer Vortragsreise während der Friedenswoche.
Werke: *Fersengeld.* Ged., 1962. *Nachrichten über den Leviathan.* Pr., 1964. *Der Drache fliegt zum Mi-Ma-Mond.* 1964. *Die Dummheit liefert uns ans Messer.* Ged., (mit Christoph Meckel), 1967, erw. Ausg., 1983. *Wolfspelz.* Ged., 1968. *Phallobst.* Ged., 1968. *Mandragola.* Musical, (mit Volker Ludwig), 1970. *Der Affe will nicht die Freiheit.* Pr., 1971. *Thalatta.* Ged., 1971. *Poesiealbum.* 1972. *Brandenburger Tor. Vom Krieg zum Frieden.* Ged., zu einer Ausstellung, 1972. *Rezepte für Friedenszeiten.* Ged., (mit Nicolas Born u. F.C. Delius), 1973. *Wenn du einen Drachen hast.* 1973. *Lagebericht.* Ged., (mit Christoph Heubner), 1976. *Kopfüberhals.* Ged., 1979. *Samozveri – Selbstgemachte Tiere.* 1980. *Den Arbeitern von Kursk.* Nachdichtung, 1980. *Halsüberkopf. Arkadische Tage. Sonettenkranz, allegro molto.* 1980. *Zwischen Geschichte und Zukunft.* Ess., Reden, Ged., 1981. *Flieg nicht fort, mein weißer Rabe.* 1981.
Ausgabe: *Im Lande Vogelfrei.* Ges. Ged., 1981.

Turrini, Peter (*26. 9. 1944 in St. Margarethen bei Klagenfurt) 1963–70 verschiedene Tätigkeiten, u.a. als Stahlarbeiter, Werbetexter, Hotelmanager und Bauarbeiter, lebt als freier Schriftsteller, Schauspieler und Drehbuchautor in Wien.
Werke: *Erlebnisse in der Mundhöhle.* Rom., 1972. *Der tollste Tag.* Dr., (Bearb. n. Beaumarchais, in: *Theater heute 4,* 1972), 1973. *Rozznjogd.* Dr., 1973. *Sauschlachten.* Dr., 1973. *Der Dorfschullehrer.* (Mit Wilhelm Pevny), 1975. *Die Wirtin,* Dr., (Bearb. n. Goldoni), 1978. *Alpensaga.* 6 Drbr., (mit Wilhelm Pevny u. Dieter Berner), 3 Bde., 1980. *In meinem Kopf schreit es.* Ged., 1980. *Josef und Maria.* Dr., 1980. *Ein paar Schritte zurück.* Ged., 1980. *Bruno Kreisky.* (Mit Konrad R. Müller u. Gerhard Roth), 1981. *Jugend.* (Mit Käthe Kratz), 1984. *Es ist ein gutes Land. Reden an Österreich.* 1986.
Ausgabe: *Turrini Lesebuch. Drn., Pamphlete, Filme, Reaktionen, Ged..* 2 Bde., 1978, 1983.
Weitere Theaterstücke und Fernsehfilme.

Vesper, Guntram (*28. 5. 1941 in Frohburg/Sachsen) 1957 Umzug in die Bundesrepublik, Tätigkeiten in der Landwirtschaft und als Hilfsarbeiter, 1959–63 Internat in Friedberg (Hessen), studierte zuerst Germanistik und Geschichte in Gießen, dann von 1964–70 (bis zum Physikum) Medizin in Göttingen, 1968 Reise in die Sowjetunion, 1976/77 USA-Reise, 1978/79 Stipendium der Villa Massimo in Rom, lebt als freier Schriftsteller, Mitarbeiter verschiedener Zeitungen und Zeitschriften in Göttingen und in Steinheim (am Vogelsberg).
Werke: *Am Horizont die Eiszeit.* Ged., 1963. *Fahrplan.* Ged., 1964. *Je elementarer der Tod desto höher die Geschwindigkeit.* Ged., (mit W.P. Schnetz), 1964. *Gedichte.* 1965. *Verhörspiel guter Mensch.* Hörsp., in: *kürbiskern 1,* 1970. *Kriegerdenkmal ganz hinten.* Pr., 1970, erw., 1982. *Nördlich der Liebe und südlich des Hasses.*

1979. *Die Illusion des Unglücks.* Ged., 1980, erw. TB-Ausg., 1982. *Nordwestpassage. Ein Poem.* 1980. *Die Inseln im Landmeer.* Ged., 1982, erw. TB-Ausg., 1984. *Frohburg.* Ged., 1985. *Laterna magica.* Erz., 1985. Zahlreiche weitere Hörspiele und Radiobeiträge.

Wallraff, Günter (*1. 10. 1942 in Burscheid bei Köln) 1957–61 Büchhändlerlehre in Köln, 1963 trotz Wehrdienstverweigerung 10monatiger Wehrdienst ohne Waffe, zur Beobachtung Einweisung in ein psychiatrisches Lazarett, schließlich Entlassung, bis 1965 Arbeit in fünf verschiedenen Industriebetrieben, 1966/67 Redakteur bei der Zeitschrift *Pardon*, seitdem Mitarbeiter bei *konkret*. Mitglied der Dortmunder *Gruppe 61*, gründete 1969 zusammen mit anderen den *Werkkreis 70* (später *Werkkreis Literatur der Arbeitswelt*), 1972 UdSSR-Reise, 1973 einziger Teilnehmer aus der Bundesrepublik an dem sowjetischen Schriftstellerkongreß in Alma Ata, 1974 Haft in Griechenland wegen einer politischen Demonstration, arbeitete für seine Reportagen u.a. als Bote im Gerling-Konzern und als Journalist bei der Lokalredaktion der *Bild-Zeitung* in Hannover, Gründer des Hilfsfonds »Wenn Bild lügt, kämpft dagegen«, lebt als freier Schriftsteller in Köln.
Werke: *Wir brauchen dich. Als Arbeiter in deutschen Industriebetrieben.* 1966, TB-Ausg. u.d.T. *Industriereportagen*, 1970. *Vorläufiger Lebenslauf nach Akten und Selbstaussagen des Stefan B.*. 1967. *meskalin – ein selbstversuch.* 1968. *Nachspiele.* Szenische Dok., 1968. *13 unerwünschte Reportagen.* 1969, erw. Ausg., 1975. *Von einem der auszog und das Fürchten lernte.* 1970. *Neue Reportagen, Untersuchungen und Lehrbeispiele.* 1972. *Was wollt ihr denn, ihr lebt ja noch. Chronik einer Industrieansiedlung.* (Mit Jens Hagen), 1973, Neuf., 1985. *Ihr da oben – wir da unten.* (Mit Bernt Engelmann), 1973, erw. Ausg., 1975. *Wie hätten wir's denn gerne? Unternehmerstrategen proben den Klassenkampf.* (Mit Bernd Kuhlmann), 1975. *Unser Faschismus nebenan. Griechenland gestern – ein Lehrstück für morgen.* (Mit Eckart Spoo), 1975. *Aufdeckung einer Verschwörung. Die Spinola-Aktion.* (Mit Hella Schlumberger), 1976. *Berichte zur Gesinnungslage der Nation/ Berichte zur Gesinnungslage des Staatsschutzes.* (Mit Heinrich Böll), 1977. *Exil. Eine Dok. zur Ausbürgerung Wolf Biermanns aus der DDR.* (Hg. mit Peter Roos), 1977. *Der Aufmacher. Der Mann der bei ›Bild‹ Hans Esser war.* 1977, Neuf., 1977. *Zeugen der Anklage. Die ›Bild‹-beschreibung wird fortgesetzt.* 1979. *Unsere Fabrik.* (Mit Oren Schmuckler u. Max von der Grün), 1979. *Das BILD-Handbuch bis zum Bildausfall.* 1981, TB-Ausg. u.d.T. *Bild-Störung*, 1985. *Die unheimliche Republik. Politische Verfolgung in der Bundesrepublik.* (Mit Heinrich Hannover), 1982. *Unser Faschismus nebenan. Erfahrungen bei NATO-Partnern.* (Mit Eckart Spoo), 1982. *Nicaragua von innen.* (Mit anderen), 1983. *Is was Kanzler? Eine Bonner Klamotte.* (Mit Jochen Busse u. Gerhard Schmidt), 1984. *Mein Lesebuch.* (Hg.), 1984. *Günter Wallraffs Bilderbuch.* 1985. *Enthüllungen. Recherchen, Reportagen vor Gericht.* 1985. *Ganz unten.* 1985. *Predigt von unten.* 1986.
Ausgaben: *Die Reportagen.* 1976. *Befehlsverweigerung. Die Bundeswehr- und Betriebsreportagen.* 1984. *Bericht vom Mittelpunkt der Welt. Die Reportagen.* 1984.
Außerdem Theaterstücke, Hörspiele, (Fernseh-)Filme und Liedertexte.

Walser, Martin (*24. 3. 1927 in Wasserburg/Bodensee) Flakhelfer, Arbeitsdienst, Kriegsgefangenschaft, studierte Literaturwissenschaft, Geschichte und Philosophie in Regensburg und Tübingen, 1951 Promotion mit der Dissertation *Beschreibung einer Form. Versuch über Franz Kafka*, 1950–57 Mitarbeiter beim Süddeutschen Rundfunk in Stuttgart, lebt seitdem als freier Schriftsteller am Bodensee, Gastdozent in den USA (1973, 1976, 1979), in Essen (1975/76), England (1975) und für Poetik in Frankfurt a.M. (1980), 1977 Vortragsreise in Japan und Frankreich, Übersetzer von englischer Literatur, seit 1981 Mitherausgeber der Zeitschrift *Allmende*, 1983 Ehrendoktor der Universität Konstanz.
Werke: *Ein Flugzeug über dem Haus und andere Geschichten.* 1955. *Ehen in Philippsburg.* Rom., 1957. *Halbzeit.* Rom., 1960. *Hölderlin auf dem Dachboden.* Ess., 1960. *Die Alternative oder Brauchen wir eine neue Regierung.* (Hg.), 1961. *Beschreibung einer Form.* 1961. *Mitwirkung bei meinem Ende.* 1962. *Eiche und Angora.* Dr., 1962. Neuf., 1963. *Lügengeschichten.* 1964. *Überlebensgroß Herr Krott.* Dr., 1964. *Der schwarze Schwan.* Dr., 1964, Neuf., 1965. *Erfahrungen und Leseerfahrungen.* Ess., 1965. *Das Einhorn.* Rom., 1966. *Der Abstecher/Die Zimmerschlacht.* Drn., 1967. *Heimatkunde.* Ess. u. Reden, 1968. *17 Geschichten.* 1969. *Ein Kinderspiel.* Dr., 1970. *Fiction.* Pr., 1970. *Aus dem Wortschatz unserer Kämpfe.* 1971. *Die Gallistl'sche Krankheit.* Rom., 1972. *Der Sturz.* Rom., 1973. *Wie und wovon handelt Literatur.* Ess. u. Reden, 1973. *Das Sauspiel.* Dr., 1975. *Jenseits der Liebe.* Rom., 1976. *Ein fliehendes Pferd.* Nov., 1978, als Dr., (mit Ulrich Khuon), 1985. *Der Grund zur Freude.* Sprüche, 1978. *Wer ist ein Schriftsteller.* Ess. u. Reden, 1978. *Heimatlob.* (Mit André Ficus), 1978. *Der Unerbittlichkeitsstil. Rede zum 100. Geburtstag von Robert Walser.* 1978. *Seelenarbeit.* Rom., 1979. *Das Schwanenhaus.* Rom., 1980. *André Ficus.* (Mit Gisela Linder u. Peter Renz), 1980. *Die Würde am Werktag.* (Hg.), 1980. *Selbstbewußtsein und Ironie.* Vorl., 1981. *Heines Tränen.* 1981. *In Goethes Hand.* Dr., 1982. *Brief an Lord Liszt.* Rom., 1982. *Versuch, ein Gefühl zu verstehen und andere Versuche.* 1982. *Liebeserklärungen.* 1983. *Goethes Anziehungskraft.* 1983. *Brandung.* Rom., 1985. *Messmers Gedanken.* 1985. *Variationen eines Würgegriffs.* Ber. über Trinidad u. Tobago, 1985. *Geständnis auf Raten.* 1986. *Liebeserklärungen.* 1986. *Säntis.* Hörsp., 1986.
Ausgaben: *Drei Stücke.* 1966. *Gesammelte Stücke.* 1971. *Was zu bezweifeln war.* Ess. u. Reden 1958–75, 1976. *Anselm Kristlein.* 3 Bde., 1981. *Gesammelte Geschichten.* 1983.
Weitere Hörspiele.

Walter, Otto F(riedrich) (*5. 6. 1928 in Aarau/Schweiz)

Buchhändlerlehre in Zürich, Volontär in einer Druckerei in Köln, Tätigkeiten als Sekretär und Verlagslektor, seit 1956 Leiter des Literaturprogramms im Verlag seines Vaters in Olten, 1967 Zerwürfnis mit der Verlagsleitung, 1967–73 Leiter des literarischen Programms im Luchterhand Verlag, lebt seitdem als Schriftsteller und Außenmitarbeiter für Luchterhand in Oberbipp (Schweiz).
Werke: *Der Stumme.* Rom., 1959. *Herr Tourel.* Rom., 1962. *Elio oder Eine fröhliche Gesellschaft.* Dr., 1965. *Die Katze.* Dr., in: *Theater heute 10,* 1967. *Die ersten Unruhen. Ein Konzept.* Rom., 1972. *Die Verwilderung.* Rom., 1977. *Wie wird Beton zu Gras. Fast eine Liebesgeschichte.* 1979. *Das Staunen der Schlafwandler am Ende der Nacht.* 1983. *Eine Insel finden.* Gespr., (mit Walter Silja), 1983.

Weisenborn, Günther (Pseudonym: Christian Munk, *10. 7. 1902 in Velbert/Rheinland, †26. 3. 1969 in Westberlin) Studierte zuerst Medizin, dann Germanistik in Bonn, war dort 1924 Hilfsdramaturg am Theater, seit 1928 Theaterarbeit in Berlin, 1930–33 Farmer in Argentinien, 1936–39 Reporter in New York, 1941 Chefdramaturg am Schillertheater in Berlin, 1941/42 Redakteur beim »Großdeutschen Rundfunk«, Widerstandsarbeit, 1942 von der Gestapo verhaftet, Haft in Spandau, Moabit und Luckau (Niederlausitz), 1945 Befreiung durch die Rote Armee, Bürgermeister in Luckau, Chefdramaturg am Hebbel-Theater in Berlin, bis 1947 Herausgeber der Zeitschrift *Ulenspiegel*, Vorsitzender des Schutzverbandes deutscher Schriftsteller, 1947 Reise in die Sowjetunion, Umzug an den Bodensee, seit 1951 Chefdramaturg an den Hamburger Kammerspielen, 1956 und 1961 Reisen nach China, lebte seit 1964 in Westberlin und im Tessin.
Werke: *Barbaren. Roman einer studentischen Tafelrunde.* 1931. *Das Mädchen von Fanö.* Rom., 1935. *Die einsame Herde. Buch der wilden blühenden Pampa.* (U.d. Pseud. Christian Munk), 1937. *Die Furie.* Rom. aus der Wildnis, 1937. *Traum und Tarantel. Buch von der unruhigen Kreatur.* (U.d. Pseud. C.M.), 1938. *Die Silbermine von Santa Sabina.* Rom. aus Südamerika, (u.d. Pseud. C.M.), 1940. *Historien der Zeit.* 1947. *Die Illegalen.* Dr. aus der deutschen Widerstandsbewegung, 1948. *Memorial.* 1948. *Ballade vom Eulenspiegel, vom Federle und von der dicken Pompanne.* Dr., 1949. *Drei ehrenwerte Herrn.* Kom., 1953. *Der lautlose Aufstand. Bericht über die Widerstandsbewegung des deutschen Volkes 1933–45.* 1953, erw. Ausg., 1954. *Dramatische Balladen.* 1955. *Auf Sand gebaut.* Rom., 1956. *Der dritte Blick.* Rom., 1956. *Das verlorene Gesicht. Die Ballade vom lachenden Mann.* Dr., 1956, Neuausg. u.d.T. *Lofter oder Das verlorene Gesicht*, 1959. *Göttinger Kantate*, Dr., 1958. *Fünfzehn Schnüre Geld.* Dr., (Bearb. n. Chu Su-chên), 1959. *Am Yangtse steht ein Riese auf.* Aufzn. aus China, 1961. *Der Verfolger. Die Niederschrift des Daniel Brendel.* 1961. *Die Reiherjäger.* Hörsp., *in: Zauberei auf dem Sender und andere Hörspiele*, 1962. *Der gespaltene Horizont. Niederschriften eines Außenseiters.* 1964. *Die Mutter.* Dr., (Bearb. n. Maxim Gorki, mit Günther Stark), in: *Brecht heute/Brecht today 3*, 1973. *Die Clowns von Avignon. Klopfzeichen.* Drn., 1982. *Einmal laß mich traurig sein.* Br., Lieder, Kassiber 1942–43, (mit Joy Weisenborn), 1984. Ausgabe: *Theater.* 4 Bde., 1964–67.
Weitere Theaterstücke, Hörspiele, Filmdrehbücher.

Weiss, Peter (*8. 11. 1916 in Nowawes bei Berlin, †10. 5. 1982 in Stockholm) 1934 Emigration über London nach Prag, studierte dort von 1936–38 an der Kunstakademie, 1939 Umzug nach Schweden, seit 1945 schwedische Staatsbürgerschaft, arbeitete als Maler, Experimental- und Dokumentarfilmer und (seit 1960 ausschließlich) als Schriftsteller, Mitglied der Schwedischen Kommunistischen Partei, 1968 Mitglied des Russell-Tribunals in Nord-Vietnam, 1974 Ehrengast des sowjetischen Schriftstellerverbandes in Moskau, Übersetzer von Strindberg, lebte in Stockholm.
Werke: *Fran ö till ö.* Prosa, 1947. *De besegrade.* Prosa, 1948. (dt. u.d.T. *Die Besiegten.* 1985) *Dokument I/Der Vogelfreie.* 1949, dt. Ausg., (u.d. Pseud. Sinclair), u.d.T. *Der Fremde*, 1980. *Duellen.* Erz., 1953, dt. Ausg. u.d.T. *Das Duell*, 1972. *Avantgarde Film.* 1956. *Tausend und eine Nacht. Collagezyklus.* 1958. *Der Schatten des Körpers des Kutschers.* Rom., 1960. *Abschied von den Eltern.* Erz., 1961. *Fluchtpunkt.* Rom., 1962. *Nacht mit Gästen.* Dr., in: *Akzente 4*, 1963. *Der Turm.* Dr., in: *Spectaculum*, 1963. *Das Gespräch der drei Gehenden.* Fragm., 1963. *Die Verfolgung und Ermordung Jean Paul Marats dargestellt durch die Schauspielgruppe des Hospizes zu Charenton unter Anleitung des Herrn de Sade.* Dr., 1964, Neuf., 1965. *Die Ermittlung.* Dr., 1965. *Nacht mit Gästen. Eine Moritat.* 1966. *Die Versicherung.* Dr., in: *Deutsches Theater der Gegenwart I*, 1967. *Gesang vom Lusitanischen Popanz.* Dr., in: *Theater heute 6*, 1967. *Vietnam.* 1967. *Wie dem Herrn Mockinpott das Leiden ausgetrieben wird.* Dr., in: *Theater heute 6*, 1968. *Diskurs über die Vorgeschichte und den Verlauf des langandauernden Befreiungskrieges in Viet Nam als Beispiel für die Notwendigkeit des bewaffneten Kampfes der Unterdrückten gegen die Unterdrücker sowie über die Versuche der Vereinigten Staaten von Amerika, die Grundlagen der Revolution zu vernichten.* Dr., (mit Jürgen Horlemann), 1968. *Bericht über die Angriffe der US-Luftwaffe und -Marine gegen die Demokratische Republik Viet Nam nach der Erklärung Präsident Johnsons über die begrenzte Bombardierung am 31. März 1968.* (Mit Gunilla Palmstierna-Weiss), 1968. *Notizen vom kulturellen Leben der Demokratischen Republik Viet Nam.* 1968. *Trotzki im Exil.* Dr., 1970. *Hölderlin.* Dr., 1971. *Die Ästhetik des Widerstands.* Rom. 3 Bde., 1975, 1978, 1981. *Der Prozeß.* Dr., (Bearb. n. Kafka), in: *Theater heute 7.* 1975. *Der Maler Peter Weiss. Bilder. Zeichnungen. Collagen. Filme.* Ausstellungskatalog, 1980. *Notizbücher. 1971–80.* 2 Bde., 1981. *Der neue Prozeß.* Dr., (in: *Spectaculum 35*, 1982), 1984. *Notizbücher. 1960–71.* 2 Bde., 1982.
Ausgaben: *Dramen.* 2 Bde., 1968. *Rapporte.* Ess., 2 Bde., 1968, 1971. *Stücke.* Bd. I, 1976, Bd. II/1, II/2, 1977.

Weißenborn, Theodor (*22. 7. 1933 in Düsseldorf) Studierte Kunstpädagogik in Düsseldorf, dann Germanistik, Romanistik und Philosophie in Bonn, Würzburg und Lausanne, schließlich medizinische Psychologie und Psychiatrie in Köln, lebt in Oberkail (Rheinland).
Werke: *Beinahe das Himmelreich.* Erzn., 1963. *Außer Rufweite.* Rom., 1964. *Eine befleckte Empfängnis.* Erz., 1969. *Die Stimme des Herrn Gasenzer.* Erzn., 1970. *Theodor Weißenborn's Handbuch für deutsche Redner.* Parodien, 1971. *Brief einer Unpolitischen.* Pr., 1971. *Das Liebe-Haß-Spiel.* Erzn., 1973. *Krankheit als Protest. Beispiele gesellschaftlich beschädigten Lebens.* 1973. *Eingabe an den Herrn Minister.* Pr., 1974. *Der Sprung ins Ungewisse.* 1975. *Heimkehr in die Stille.* 1975. *Sprache als Waffe. Ein politisches Lesebuch.* 1976. *Der Wächter des Wales.* Erzn. u. Grotesken, 1976. *Blaue Bohnen – scharfe Messer. 6 ungewöhnliche Kriminalgeschichten.* 1976. *Geistlicher Nachlaß.* Ged., 1977. *Gesang zu zweien in der Nacht. Texte gegen die Gewalt.* 1977. *Polyglott.* Ged., 1977. *Die Killer.* Sat., 1978. *Waisenkinders Herzeleid.* 1979. *Als wie ein Rauch im Wind.* Rom., 1979. *Das Haus der Hänflinge.* Liebeserzn., 1980. *Gespenster im Abraum.* Erzn., 1983. *Zu den Kellergebrüchen.* Erzn., 1984. *Kopf ab zum Gebet.* Satn., Grotesken, Parodien, 1984. *Das Sein ist das Nichts.* Traktat, 1984. *Das steinerne Meer.* Erzn., 1986. Außerdem Hörspiele.

Wellershoff, Dieter (*3. 11. 1925 in Neuß am Rhein) Arbeitsdienst, Soldat, Verwundung, Kriegsgefangenschaft, studierte Germanistik, Psychologie und Kunstgeschichte in Bonn, 1952 Promotion mit der Dissertation *Untersuchungen über Weltanschauung und Sprachstil Gottfried Benns*, 1952–55 Redakteur bei der *Deutschen Studentenzeitung*, bis 1959 freier Schriftsteller, seitdem Verlagslektor für Wissenschaft und deutsche Literatur bei Kiepenheuer und Witsch in Köln, seit 1970 als Außenlektor, Gründer der *Kölner Schule*, Gastdozent in München (1962/63) und Salzburg (1974), 1973 Aufenthalt in England, lebt in Köln.
Werke: *Untersuchungen über Weltanschauung und Sprachstil Gottfried Benns.* Diss., (masch.), 1952. *Gottfried Benn – Phänotyp dieser Stunde. Eine Untersuchung über den Problemgehalt seines Werkes.* 1958. *Am ungenauen Ort.* Hörspe., 1960. *Anni Nabels Boxschau.* Dr., 1962. *Ein Tag in der Stadt. Sechs Autoren variieren ein Thema.* (Hg.), 1962. *Der Gleichgültige.* Ess., 1963. *Bau einer Laube.* Hörsp., 1965. *Ein schöner Tag.* Rom., 1966. *Wochenende. Sechs Autoren variieren ein Thema.* (Hg.), 1967. *Die Bittgänger. Die Schatten.* Hörspe., 1968. *Die Schattengrenze.* Rom., 1969. *Literatur und Veränderung.* Ess., 1969. *Einladung an alle.* Rom., 1972. *Literatur und Lustprinzip.* Ess., 1973. *Doppelt belichtetes Seestück und andere Texte.* Erzn. u. Ged., 1974, gek. TB-Ausg. u.d.T. *Ein Gedicht von der Freiheit*, 1977. *Die Auflösung des Kunstbegriffs.* Ess., 1976. *Die Schönheit des Schimpansen.* Rom., 1977. *Glücksucher.* Drbr., 1979. *Etwas geht zu Ende. 13 Autoren variieren ein Thema.* (Hg.), 1979. *Die Sirene.* Nov., 1980. *Die Wahrheit der Literatur.* Gespr., 1980. *Das Verschwinden im Bild.* Ess., 1980. *Von der Moral erwischt.* Ess., 1983. *Der Sieger nimmt alles.* Rom., 1983.
Ausgabe: *Das Schreien der Katze im Sack.* Hörspe., 1970.
Weitere Hörspiele und Fernsehfilme.

Weyrauch, Wolfgang (Pseudonym: Joseph Scherer, *15. 10. 1907 in Königsberg, †7. 11. 1980 in Darmstadt) Schauspielunterricht in Frankfurt a.M., Engagements in Münster und Bochum, studierte Germanistik, Romanistik und Geschichte in Frankfurt a.M. und Berlin, Mitarbeiter bei der *Frankfurter Zeitung*, Redakteur beim *Berliner Tageblatt* und beim *Deutschen Verlag*, Soldat, russische Kriegsgefangenschaft, 1945–47 Redakteur bei der Zeitschrift *Ulenspiegel* in Berlin, 1952–58 Verlagslektor bei Rowohlt in Hamburg, lebte seit 1959 als freier Schriftsteller in Gauting (bei München) und seit 1967 in Darmstadt.
Werke: *Der Main.* Erz., 1934. *Strudel und Quell.* Rom., 1938. *Eine Inselgeschichte.* 1939. *Ein Band für die Nacht.* Novn., 1939. *Junge deutsche Prosa.* (Hg.), 1940. *Das Berlin-Buch.* (Hg.), 1941. *Das Liebespaar.* Erz., 1943. *Auf der bewegten Erde.* Erz., 1946. *Die Liebenden.* Erz., 1947. *Von des Glücks Barmherzigkeit.* Ged., 1947. *Die Pflugschar.* (Hg.), 1947. *Die Davidsbündler.* Erz., 1948. *Lerche und Sperber.* Ged., 1948. *Lesebuch für Erwachsene.* (Hg.), 1949. *Tausend Gramm.* (Hg.), 1949. *An die Wand geschrieben.* Ged., 1950. *Die Feuersbrunst.* Erz., 1952. *Bitte meiner älteren Tochter.* Ged., 1952. *Bericht an die Regierung.* Erz., 1953. *Die Minute des Negers.* Gedicht, 1953. *Gesang, um nicht zu sterben.* Ged., 1956. *Nie trifft die Finsternis.* Ged., 1956. *Mein Schiff, das heißt Taifun.* Erzn., 1959. *Anabasis.* Hörsp., 1959. *Expeditionen.* Ged., (Hg.), 1959. *Ich lebe in der Bundesrepublik.* (Hg.), 1960. *Das Jahr – Kalendarium für junge Leute.* (Hg.), 1961. *Dialog mit dem Unsichtbaren.* Hörspe., 1962. *Die Spur.* Ged., 1963. *Das grüne Zelt. Die Japanischen Fischer.* Hörspe., 1963. *Dialog über neue deutsche Lyrik.* 1965. *Lyrik aus dieser Zeit 1965/66.* (Hg.), 1965. *Alle diese Straßen.* (Hg.), 1965. *Unterhaltungen von Fußgängern.* Erzn., 1966. *Das erste Haus hieß Frieden. Die Kinderdörfer Hermann Gmeiners.* 1966. *Etwas geschieht.* Erz., 1966. *Ausnahmezustand – Weltbühne-Tagebuch.* (Hg.), 1966. *Unser ganzes Leben.* (Mit anderen), 1966. *Lyrik aus dieser Zeit 1967/68.* (Hg.), 1967/68. *Auf der bewegten Erde.* Erzn., 1967. *Geschichten zum Weiterschreiben.* 1969. *Ein Clown sagt: – Nachdenktexte für junge Leser.* 1971. *Wie geht es Ihnen?.* Erz., 1971. *Das Ende von Frankfurt am Main.* Erzn., 1973. *Das Kellerbuch.* (Hg.), 1973. *Beinahe täglich.* Erzn., 1975. *Neue Expeditionen.* Ged., (Hg.), 1975. *Lieber T.* Gedicht, 1976. *Kalenderbuch.* 1977. *Das Komma danach.* Ged., 1977. *2 Litaneien.* 1977. *Das Lächeln meines Großvaters.* (Hg.), 1978. *Fußgänger, B-Ebene....* Ged., 1978. *Hans Dumm.* Erzn., 1978. *Ein Schluck von Vernunft. Über das Schriftstellern.* 1978. *Aufschlüsse. Begegnungen darmstädter Autoren.* (Hg. mit Fritz Deppert), 1978. *Liebesgeschichten.* (Hg.), 1979. *Dreimal geköpft.* 1983. *Proust beginnt zu brennen.* Erzn., 1985.

Ausgabe: *Mit dem Kopf durch die Wand.* Erzn., Ged., Ess., Hörsp., 1972.
Zahlreiche weitere Hörspiele.

Widmer, Urs (*21. 5. 1938 in Basel) Studierte Germanistik, Romanistik und Geschichte in Basel und Montpellier, 1966 Promotion mit der Dissertation *Studien zur Prosa der jungen Generation: 1945 oder die Neue Sprache*, Verlagslektor bei Walter in Olten und bis 1968 bei Suhrkamp in Frankfurt a.M., Mitbegründer des Verlags der Autoren, freier Schriftsteller, Literaturkritiker für die *Frankfurter Allgemeine Zeitung* und Universitätsdozent in Frankfurt a.M., Übersetzer von englischsprachiger und französischer Literatur, lebt in Zürich.
Werke: *1945 oder die ›Neue Sprache‹. Studien zur Prosa der ›Jungen Generation‹.* 1966. *Alois.* Erzn., 1968. *Wer nicht sehen kann muß hören.* Hörsp., in: *wdr Hörspielbuch.* 1969. *Die Amsel im Regen im Garten.* Erz., 1971. *Das Normale und die Sehnsucht.* Ess. u. Erzn., 1972. *Die lange Nacht der Detektive.* Dr., 1973. *Die Forschungsreise.* Rom., 1974. *Schweizer Geschichten.* 1975. *Die gelben Männer.* Rom., 1976. *Nepal.* Dr., 1977. *Vom Fenster meines Hauses aus.* Pr., 1977. *Shakespeare's Geschichten.* Nacherzn., (mit Walter E. Richartz), 2 Bde., 1978. *Stan und Ollie in Deutschland.* Dr., in: *manuskripte 64*, 1979. *Züst oder die Aufschneider.* Dr., 1980. *Fotos.* 1980. *Das enge Land.* Rom., 1981. *Liebesnacht.* Erz., 1982. *Die gestohlene Schöpfung.* Märchen, 1984. *Indianersommer.* Erzn., 1985.
Ausgabe: *Das Urs Widmer Lesebuch.* 1980.
Weitere Hörspiele.

Wiener, Oswald (*5. 10. 1935 in Wien) Studierte (ohne Abschluß) u.a. Jura, Musik, Mathematik und afrikanische Sprachen in Wien, Jazzmusiker, Mitglied der *Wiener Gruppe*, 1959–67 leitender Angestellter in Wien, lebt seit 1967 als Gastwirt in Westberlin.
Werke: *starker toback – kleine fibel für den ratlosen.* (Mit Konrad Bayer), 1962. *die verbesserung von mitteleuropa, roman.* 1969. *Wir möchten auch vom Arno-Schmidt-Jahr profitieren.* 1979.

Wohmann, Gabriele (*21. 5. 1932 in Darmstadt) Studierte von 1951–53 Germanistik, Romanistik, Anglistik, Musikwissenschaft und Philosophie in Frankfurt a.M., Internats- und Sprachlehrerin, seit 1956 freie Schriftstellerin, Rundfunk- und Fernsehmitarbeiterin, 1966/67 Stipendium der Villa Massimo in Rom, seit 1981 Mitarbeiterin am Staatstheater in Darmstadt.
Werke: *Mit einem Messer.* Erzn., 1958. *Jetzt und nie.* Rom., 1958. *Sieg über die Dämmerung.* Erzn., 1960. *Trinken ist das Herrlichste.* Erzn., 1963. *Erzählungen.* 1963, TB-Ausg. u.d.T. *Ein unwiderstehlicher Mann*, 1975. *Abschied für länger.* Rom., 1965. *Theater von innen. Protokoll einer Inszenierung.* 1966. *Erzählungen.* 1966. *In Darmstadt leben die Künste.* 1967. *Die Bütows.* Erz., 1967. *Ländliches Fest.* Erzn., 1968. *Von guten Eltern. Kalendertext.* 1969. *Sonntag bei den Kreisands.* Erzn., 1970. *Ernste Absicht.* Rom., 1970. *Treibjagd.* Erzn., 1970. *Der Fall Rufus, Ein Elternabend.* Hörsp., 1971. *Die Gäste.* Hörsp., 1971. *Selbstverteidigung.* Pr. u. anderes, 1971. *Große Liebe.* Fernsehsp., 1971. *Alles für die Galerie.* Erzn., 1972. *Gegenangriff.* Pr., 1972. *Die Witwen oder eine vollkommene Lösung.* Fernsehsp., 1972. *Übersinnlich.* Erz., 1972. *Habgier.* Erzn., 1973. *Entziehung. Materialien zu einem Fernsehfilm.* 1974. *Paulinchen war allein zu Haus.* Rom., 1974. *So ist die Lage.* Ged., 1975. *Dorothea Wörth.* Erz., 1975. *Schönes Gehege.* Rom., 1975. *Ein Fall von Chemie.* Erz., 1975. *Ein unwiderstehlicher Mann.* Erzn., 1975. *Alles zu seiner Zeit.* Erzn., 1976. *Endlich allein – endlich zu zwein.* Erz., 1976. *Ausflug mit der Mutter.* Rom., 1976. *Böse Streiche.* Erzn., 1977. *Grund zur Aufregung.* Ged., 1978. *Frühherbst in Badenweiler.* Rom., 1978. *Heiratskandidaten.* Fernsehsp. u. Hörspe., 1978. *Das dicke Wilhelmchen.* Erzn., 1978. *Der Nachtigall fällt auch nichts Neues ein.* Hörsp., 1978, erw. TB-Ausg., 1979. *Die Nächste, bitte.* Erz., 1978. *Feuer bitte.* Pr., 1978. *Streit.* Erzn., 1978. *Guilty.* Erz., 1979. *Knoblauch am Kamin.* Erz., 1979. *Wanda Lords Gespenster.* Hörsp., 1979. *Paarlauf.* Erzn., 1979. *Wir sind eine Familie.* Erzn., 1980. *Meine Lektüre.* Ess., 1980. *Ich weiß das auch nicht besser.* Ged., 1980. *Ach wie gut, daß niemand weiß.* Rom., 1980. *Violas Vorbilder.* 1980. *Vor der Hochzeit.* Erzn., 1980. *Das Glücksspiel.* Rom., 1981. *Ein günstiger Tag.* Erzn., 1981. *Komm donnerstags.* Erzn., 1981. *Komm lieber Mai.* Ged., 1981. *Nachkommenschaften.* 1981. *Stolze Zeiten.* Erzn., 1981. *Einsamkeit.* Erzn., 1982. *Hilfe kommt mir von den Bergen.* 1982. *Goethe hilf!.* 1983. *Der kürzeste Tag des Jahres.* Erzn., 1983. *Verliebt, oder?.* Erzn., 1983. *Ich lese. Ich schreibe.* Ess., 1984. *Passau, Gleis 3.* Ged., 1984. *Begegnung mit zwei Eichen.* 1985. *Hebräer 11,1.* Hörsp., 1985. *Der Irrgast.* Erzn., 1985. *Glücklicher Vorgang.* Erzn., 1986. *Der Lachanfall.* Ged., 1986.
Ausgaben: *Nachrichtensperre.* Ausgew. Erzn. 1957–77, 1978. *Ausgewählte Erzählungen aus zwanzig Jahren.* 2 Bde., 1979. *Ausgewählte Gedichte.* 1964–82, 1983. *Gesammelte Erzählungen aus 30 Jahren.* 3 Bde., 1986.

Wolf, Ror (Pseudonym: Raoul Tranchirer, *29. 6. 1932 in Saalfeld/Thüringen) Bauarbeiter, 1953 Umzug in die Bundesrepublik, studierte von 1954–61 Literaturwissenschaft, Soziologie und Philosophie in Hamburg und Frankfurt a.M., 1961–63 Redakteur beim Hessischen Rundfunk, seit 1964 freier Schriftsteller, Wohnorte in St. Gallen, Basel, Frankfurt a.M. und Mainz, 1976 Aufenthalt in England, 1977/78 Gastdozent in Siegen, lebt in Wiesbaden.
Werke: *Fortsetzung des Berichts.* 1964. *Das Lexikon der feinen Sitte.* (Mit Karl Riha), 1964. *Pilzer und Pelzer. Eine Abenteuerserie.* 1967, erw. Ausg., 1978. *Mein Famili.* 1968, erw. Ausg., 1971. *Danke schön. Nichts zu danken.* Erzn., 1969. *Punkt ist Punkt.* 1971, erw. Ausg., 1973. *Auf der Suche nach Doktor Q.* Hörsp.-Trilogie, 1976. *Die Gefährlichkeit der großen Ebene.* 1976. *Die heiße Luft der Spiele.* 1980. *Das nächste Spiel ist immer das schwerste.* 1982. *Raoul Tranchirers vielseitiger Ratschläger für alle Fälle der Welt.* 1983. *Hans Wald-*

manns Abenteuer. Sämtliche Moritaten von Raoul Tranchirer. 1985.
Außerdem Fernsehfilme und weitere Hörspiele.

Wondratschek, Wolf (*14. 8. 1943 in Rudolstadt/Thüringen) Studierte von 1962–67 (ohne Abschluß) Literaturwissenschaft, Philosophie und Soziologie in Heidelberg, Göttingen und Frankfurt a.M., 1964/65 Redakteur bei der Zeitschrift *Text und Kritik* in Frankfurt a.M., seit 1967 freier Schriftsteller und Literaturkritiker, 1970/71 Gastdozent in England, 1977/78 Vortragsreise durch die USA, lebt in München.
Werke: *Früher begann der Tag mit einer Schußwunde.* 1969. *Ein Bauer zeugt mit einer Bäuerin einen Bauernjungen, der unbedingt Knecht werden will.* 1970. *Paul oder die Zerstörung eines Hör-Beispiels.* Hörspe., 1971. *Die Hundente.* (Mit Bernd Brummbär), 1972. *Omnibus.* 1972. *Chuck's Zimmer.* Ged. u. Lieder, 1974. *Das leise Lachen am Ohr eines andern.* Ged. u. Lieder, 1976. *Männer und Frauen.* Ged. u. Lieder, 1978. *Letzte Gedichte.* 1980. *Mein Lesebuch* (Hg.), 1982. *Die Einsamkeit der Männer. Mexikanische Sonette. Lowry-Lieder.* 1983. *Carmen. Oder bin ich das Arschloch der achtziger Jahre.* 1986.
Außerdem Rundfunksendungen und weitere Hörspiele.

Wühr, Paul (*10. 7. 1927 in München) Arbeitete von 1949–83 als Volksschullehrer in Gräfelfing (bei München).
Werke: *Der kleine Peregrino. Die Geschichte eines Seilradfahrers.* 1960. *Basili hat ein Geheimnis.* 1964. *Wer kann mir sagen, wer Sheila ist?.* In: *wdr Hörspielbuch*, 1964. *Die Rechnung.* In: *wdr Hörspielbuch*, 1965. *Die Hochzeit verlassen.* Funkerz., in: *Rundfunk und Fernsehen 4*, 1966. *Fensterstürze.* In: *wdr Hörspielbuch*, 1968. *Gegenmünchen.* 1970. *So spricht unsereiner.* Hörspe., 1973. *Preislied.* Hörsp., 1974. *Grüß Gott ihr Mütter ihr Väter ihr Töchter ihr Söhne.* Ged., 1976. *Rede. Ein Gedicht.* 1979. *Das falsche Buch.* 1983.
Weitere Hörspiele.

Zahl, Peter Paul (*14. 3. 1944 in Freiburg i.Br.) Lehre als Kleinoffsetdrucker, 1964 als Kriegsdienstverweigerer nach Berlin, Mitglied der *Gruppe 61*, gründete 1967 eine Druckerei und einen Verlag, aktives Engagement in der Außenparlamentarischen Opposition, 1967–72 Mitarbeiter und Verleger der Zeitschrift *Spartacus*, 1970 erste Verurteilung weil Zahl ein politisches Plakat gedruckt hatte, 1972 bei einer Personenkontrolle Fluchtversuch und Schußwechsel mit der Polizei, Verhaftung, 1974 in der ersten Instanz zu 4 Jahren, 1976 in der zweiten Instanz zu 15 Jahren Gefängnis verurteilt, bis 1979 in Isolationshaft, 1982 Entlassung, Volontär bei der Berliner Schaubühne, Theaterarbeit in Heidenheim, 1984/85 Aufenthalt in Nicaragua, lebt seit 1985 auf Jamaica.
Werke: *Elf Schritte zu einer Tat.* Erz., 1968. *Von einem, der auszog, GELD zu verdienen.* Rom., 1970. *Schutzimpfung.* Ged., 1975. *Eingreifende oder ergriffene Literatur. Zur Rezeption ›moderner Klassik‹.* 1975. *Die Barbaren kommen.* Ged. u. Pr., 1976. *Wie im Frieden.* Erzn., 1976. *Waffe der Kritik.* Ess., Artikel, Kritiken, 1976. *Alle Türen offen.* Ged., 1977. *Freiheitstriebtäter. Lyrik, Prosa, Verfügungen, Gesetze, Maßnahmen und 1 Valentinade.* 1979. *Die Glücklichen.* Rom., 1979. *Johann Georg Elser. Ein deutsches Drama.* 1982. *Aber nein, sagte Bakunin und lachte laut.* Ged., 1983.

Ziem, Jochen (*5. 4. 1932 in Magdeburg) Studierte Germanistik in Halle und Leipzig, Praktikant am Theater in Greiz (Thüringen) und beim Berliner Ensemble, Reporter bei ADN in Halle, 1956 Umzug in die Bundesrepublik, Tätigkeiten als Hilfsarbeiter, Zeitungsbote, Theaterstatist und Journalist, 1961–66 Chefredakteur der Zeitschrift *DM*, seit 1966 freier Schriftsteller, lebt in Westberlin.
Werke: *Die Einladung.* Dr., in: *Theater heute 7*, 1967. *Nachrichten aus der Provinz.* Dr., in: *Theater heute 1*, 1968. *Zahltage.* Erzn., 1968. *Die Versöhnung.* Dr., in: *Theater heute 6*, 1971. *Die Klassefrau.* Erzn., 1974. *Frauen lernen leben.* Bere. aus der Gruppen-Psychotherapie, (mit Andrea Westphal), 1977. *Der Junge.* 1980.
Außerdem Hörspiele und Fernsehfilme.

Zwerenz, Gerhard (Pseudonyme: Peer Tarrok, Peter Lauenheim, Leslie Markwart, *3. 6. 1925 in Gablenz/Vogtland) Lehre als Kupferschmied, Soldat, Desertion, bis 1948 sowjetische Kriegsgefangenschaft, Volkspolizist und Dozent in Zwickau, studierte seit 1952 Philosophie bei Ernst Bloch in Leipzig, 1957 Umzug nach Westberlin, Wohnorte in Kasbach am Rhein, Köln und München, lebt als freier Schriftsteller in Schmitten (Taunus).
Werke: *Aristotelische und Brechtsche Dramatik.* 1956. *Magie – Sternenglaube – Spiritismus.* 1956. *Galgenlieder vom Heute.* Ged., 1957. *Aufs Rad geflochten.* Rom., 1959. *Die Liebe der toten Männer.* Rom., 1959. *Ärgernisse – Von der Maas bis an die Memel.* Tgb., 1961. *Wider die deutschen Tabus.* Ess., 1962. *Gesänge auf dem Markt.* 1962. *Heldengedenktag.* Erzn., 1964. *Casanova oder der Kleine Herr in Krieg und Frieden.* Rom., 1966. *Walter Ulbricht.* 1966. *Erbarmen mit den Männern.* Rom., 1968. *Vom Nutzen des dicken Fells und andere Geschichten.* 1968. *Kupfer. Ein komödiantisches Spiel vom armen und reichen kranken Manne.* 1968. *Die Lust am Sozialismus.* Ess., 1969. *Tantenliebe.* Rom., (u.d. Pseud. Peter Lauenheim), 1970. *Zukunft der Männer.* (U.d. Pseud. Leslie Markwart), 1975. *Rasputin.* (U.d. Pseud. Peer Tarrok), 1975. *Bürgertum und Pornografie.* 1971. *Kopf und Bauch. Die Geschichte eines Arbeiters, der unter die Intellektuellen gefallen ist.* Rom., 1971. *Der plebejische Intellektuelle.* Ess., 1972. *Bericht aus dem Landesinnern. City-Strecke-Siedlung.* 1972. *Nicht alles gefallen lassen.* Erzn., 1972. *Die Erde ist unbewohnbar wie der Mond.* Rom., 1973. *Der Widerspruch.* Aut., 1974. *Die Quadriga des Mischa Wolf.* Rom., 1975. *Vorbereitungen zur Hochzeit.* Erzn., 1975. *Laßt Kinder ran.* 1976. *Die Westdeutschen.* 1977. *Wozu das ganze Theater.* 1977. *Das Großelternkind.*

Rom., 1978. *Die schrecklichen Folgen der Legende, ein Liebhaber gewesen zu sein.* Erzn., 1978. *Gerhard Zwerenz über Gerhard Zwerenz. Unterhaltung mit mir selber.* 1978. *Kurt Tucholsky.* Biogr. 1979. *Die Ehe der Maria Braun.* (Bearb. n. Fassbinder), 1979. *Ein fröhliches Leben in der Wüste.* Rom., 1979. *Salut für einen alten Poeten. Rückblick aus dem Jahre 1994 auf die goldenen siebziger Jahre.* 1980. *Eine Liebe in Schweden.* Rom., 1980. *Ungezogene Geschichten.* 1980. *Der Mann und das Mädchen.* 1980. *Die Geschäfte des Herrn Morgenstern.* Satn., 1980. *Die lang verlorenen Gefühle.* 1981. *Die Freiheit einer Frau.* Rom., 1981. *Der chinesische Hund.* 1981. *Die fünfundzwanzigste Stunde der Liebe.* 1981. *Wir haben jetzt Ruhe in Deutschland.* 1981. *Der Mann, der seinen Bruder rächte.* Rom., 1981. *Schöne Geschichten.* 1981. *Wüste Geschichten von Liebe und Tod.* 1981. *Der Liebeszorn.* 1982. *Antwort an einen Friedensfreund oder Längere Epistel für Stephan Hermlin und meinen Hund.* 1982. *Der Mann und die Wilde.* Rom., 1982. *Abschied von den Mädchen.* 1982. *Auf den Tod ist kein Verlaß.* 1982. *Der langsame Tod des Rainer Werner Fassbinder.* 1982. *Venus auf dem Vulkan.* Rom., 1982. *Liebe im Januar. Erotische Kalendergeschichten.* 12 Bde., (Januar – Dezember), 1983. *Berührungen. Geschichten vom Eros des 20. Jahrhunderts.* 1983. *Der Bunker.* 1983. *Schöne Niederlagen.* 1983. *Der Sex-Knigge.* (Mit Ingrid Zwerenz), 1983. *Ineinander – auseinander. Liebesfreuden in Deutschland.* 1984. *Lachen, Liebe. Laster.* Erzn., 1984. *Reise unter die Haut* 1984. *Die Tierschutz-Lady.* 1984. *Die DDR wird Kaiserreich.* 1985. *Langsamer deutscher Walzer.* 1985. *Die Venusharfe.* Liebeslieder, Zornged., Knittelverse, 1985. *Das Lachbuch.* 1985. *Die schönsten Lachgeschichten.* 1985. *Frisches Blut und alte Krieger.* 1986. *Peepshow für den Kommissar.* 1986. *Küsse für den Kommissar.* 1986.

Ausgaben: *Der politische Zwerenz.* 1975. *Der erotische Zwerenz.* 1975.

ANHANG

Literaturverzeichnis

1. Handbücher und Nachschlagewerke

Albrecht, G. u. *G. Dahlke* (Hg.): Internationale Bibliographie zur Geschichte der deutschen Literatur von den Anfängen bis zur Gegenwart. 3 Teile in 4 Bänden, Berlin (DDR), 1969–77, München 1970–77.

Arnold, H.L. (Hg.): Kritisches Lexikon zur deutschsprachigen Gegenwartsliteratur (KLG). München 1978ff. (Loseblattsammlung).

Brauneck, M. (Hg.): Autorenlexikon deutschsprachiger Literatur des 20. Jahrhunderts. Reinbek bei Hamburg 1984.

Brauneck, M. (Hg.): Weltliteratur im 20. Jahrhundert. Bde. 1–4: Autoren. Bd. 5. Essays, Daten, Bibliographie. Reinbek bei Hamburg 1981.

Endres, E.: Autorenlexikon der deutschen Gegenwartsliteratur. 1945–1974. Frankfurt a.M. 1975.

Eppelsheimer, H.W. (ab Bd. 2: *Köttelwesch, C.*) (Hg.): Bibliographie der deutschen (ab Bd. 9: Sprach- und) Literaturwissenschaft. Bd. 1ff., Frankfurt a.M. 1957ff.

Frenzel, H.A. u. *E.:* Daten deutscher Dichtung. 2 Bde., München [22]1985.

Glaser, H.: Literatur des 20. Jahrhunderts in Motiven. 2 Bde., München 1978–79.

Gregor-Dellin, M. u. *E. Endres* (Hg.): P.E.N.-Schriftstellerlexikon Bundesrepublik Deutschland. München 1982.

Kindlers Literatur Lexikon. 7 Bde. u. 1 Erg.-Bd., München 1965–74.

Kunisch, H. u. *H. Wiesner* (Hg.): Lexikon der deutschsprachigen Gegenwartsliteratur. München 1981.

Kürschners Deutscher Literatur-Kalender. Berlin 59. Jg. 1984.

Langenbucher, W.R., R. Rytlewski, B. Weyergraf (Hg.): Kulturpolitisches Wörterbuch Bundesrepublik Deutschland / DDR im Vergleich. Stuttgart 1983.

Literaten. 250 Schriftsteller der Gegenwart aus dem Internationalen Biographischen Archiv. Ravensburg 1980.

Rothmann, K.: Deutschsprachige Schriftsteller seit 1945 in Einzeldarstellungen. Stuttgart 1985.

Schubert, Chr. (Hg.): Handbuch der alternativen deutschsprachigen Literatur. Hamburg u. München [3]1976.

Wilpert, G.v. (Hg.): Lexikon der Weltliteratur. 2 Bde., Stuttgart, 2. erw. Aufl., 1980.

2. Anthologien und Dokumentationen

Bender, H. (Hg.): In diesem Lande leben wir. Deutsche Gedichte der Gegenwart. München 1978.

Bingel, H. (Hg.): Deutsche Prosa. Erzählungen seit 1945. Stuttgart 1963.

Bloch, P.A. (Hg.): Gegenwartsliteratur. Mittel und Bedingungen ihrer Produktion. Eine Dokumentation. Bern, München 1975.

Born, N. u. *J. Manthey* (Hg.): Nachkriegsliteratur. Literaturmagazin 7. Reinbek bei Hamburg 1977.

Glaser, H. (Hg.): Bundesrepublikanisches Lesebuch. Drei Jahrzehnte geistiger Auseinandersetzung. München, Wien 1978.

Gomringer, E. (Hg.): konkrete poesie. deutschsprachige autoren. Stuttgart 1972.

Hans, J., U. Herms, R. Thenior (Hg.): Lyrik-Katalog Bundesrepublik. Gedichte, Biographien, Statements. München 1978.

Heidenreich, G. (Hg.): Und es bewegt sich doch... Texte wider die Resignation. Ein deutsches Lesebuch. Frankfurt a.M. 1981.

Lettau, R. (Hg.): Die Gruppe 47. Bericht, Kritik, Polemik. Ein Handbuch. Darmstadt u. Neuwied 1967.

Reich-Ranicki, M. (Hg.): Erfundene Wahrheit. Deutsche Geschichten 1945–1960. München, 2. erw. Auflage, 1980.

Reich-Ranicki, M. (Hg.): Verteidigung der Zukunft. Deutsche Geschichten. 1960–1980. München, 2. erw. Aufl., 1980.

Richter, H.W. (Hg.): Almanach der Gruppe 47. Reinbek bei Hamburg 1962.

Schmidt, B. u. *H. Schwenger* (Hg.): Die Stunde Eins. Erzählungen, Reportagen, Essays aus der Nachkriegszeit. München 1982.

Tintenfisch. Jahrbuch für Literatur. Berlin 1968ff.

Wagenbach, K. (Hg.): Lesebuch. Deutsche Literatur der sechziger Jahre. Berlin 1968.

Wagenbach, K., W. Stephan, M. Krüger (Hg.): Vaterland, Muttersprache. Deutsche Schriftsteller und ihr Staat seit 1945. Berlin 1979.

Walther, J.M. (Hg.): Diese Alltage überleben. Lesebuch 1945–1984. Münster 1982.

Wandrey, U. (Hg.): Kein schöner Land? Deutschsprachige Autoren zur Lage der Nation. Reinbek bei Hamburg 1979.

Wir kommen. Literatur aus der Studentenbewegung. München 1976.
Zeller, B. (Hg.): »Als der Krieg zu Ende war«. Literarisch-politische Publizistik 1945–1950. Stuttgart 1973.
Ziermann, H. (Hg.): Die Polemik um die deutsche Gegenwartsliteratur. Eine Dokumentation. Frankfurt a.M. 1966.

3. Literaturgeschichtliche Darstellungen

Berg, J. u.a.: Sozialgeschichte der deutschen Literatur von 1918 bis zur Gegenwart. Frankfurt a.M. 1981.
Beutin, W. u.a.: Deutsche Literaturgeschichte. Von den Anfängen bis zur Gegenwart. Stuttgart, 2. erw. Aufl., 1984.
Demetz, P.: Die süße Anarchie. Skizzen zur deutschen Literatur seit 1945. Frankfurt a.M. – Berlin – Wien 1970.
Die deutsche Literatur. Ein Abriß in Text und Darstellung. Hg. *O.F. Best* u. *H.-J. Schmitt.* Bd. 16: Gegenwart. Hg. *G. Gerber.* Stuttgart 1975.
Emmerich, W.: Kleine Literaturgeschichte der DDR. Darmstadt u. Neuwied ²1981.
Geschichte der deutschen Literatur. Von den Anfängen bis zur Gegenwart. Hg. von einem Autorenkollektiv unter Leitung von *A. Thalheim.* Bd. 12: Geschichte der Literatur der Bundesrepublik Deutschland. Berlin (DDR) 1983.
Hansers Sozialgeschichte der deutschen Literatur. Hg. *R. Grimminger.* Bd. 10: Literatur in der Bundesrepublik Deutschland. Hg. *Ludwig Fischer.* München, Wien 1986.
Jens, W.: Deutsche Literatur der Gegenwart. Themen, Stile, Tendenzen. München 1961.
Just, K.G.: Von der Gründerzeit bis zur Gegenwart. Bern, München 1973.
Kindlers Literaturgeschichte der Gegenwart. Autoren, Werke, Themen, Tendenzen seit 1945. Aktualisierte Ausgabe. Bd. 1.2: Die Literatur der Bundesrepublik Deutschland. Hg. *D. Lattmann.* Frankfurt a.M. 1980.
Schütz, E., J. Vogt (Hg.): Einführung in die deutsche Literatur des 20. Jahrhunderts. 3 Bde., Opladen 1977–80.
Žmegač, V., Z. Škreb, L. Sekulić: Scriptors Geschichte der deutschen Literatur. Von den Anfängen bis zur Gegenwart. Königstein 1981.

4. Der Literaturbetrieb

Arnold, H.L. (Hg.): Literaturbetrieb in der Bundesrepublik Deutschland. München, 2. veränd. Aufl., 1981.
Baumgärtner, A.C. (Hg.): Lesen – ein Handbuch. Lesestoff, Leser und Leseverhalten, Lesewirkungen, Leseerziehung, Lesekultur. Hamburg 1974.
Buch und Leser in Deutschland. Gütersloh 1965.
Buch und Buchhandel in Zahlen. Hrsg. v. Börsenverein des dt. Buchhandels. Ausgabe 1985. Frankfurt a.M. 1985.
Daum, Th.: Die 2. Kultur. Alternativliteratur in der Bundesrepublik. Mainz 1981.
Engelmann, B. (Hg.): VS vertraulich. 3 Bde., München 1977–1979.
Fohrbeck, K. u. *A.J. Wiesand:* Der Autorenreport. Hamburg 1972.
Görtz, F.J. u. *G. Ueding* (Hg.): Gründlich verstehen. Literaturkritik heute. Frankfurt a.M. 1985.
Gregor-Dellin, M. (Hg.): PEN Bundesrepublik Deutschland. Seine Mitglieder, seine Geschichte, seine Aufgaben. München ²1978.
Hamm, P. (Hg.): Kritik / vom wem / für wen / wie. Eine Selbstdarstellung der Kritik. München ³1970.
King, Janet K.: Literarische Zeitschriften 1945–1970. Stuttgart 1974.
Kröll, F.: Die Gruppe 47. Soziale Lage und gesellschaftliches Bewußtsein literarischer Intelligenz in der Bundesrepublik. Stuttgart 1977.
Kron, F.: Schriftsteller und Schriftstellerverbände. Stuttgart 1976.
Lattmann, D. (Hg.): Einigkeit der Einzelgänger. Dokumentation des 1. Schriftstellerkongresses des Verbandes deutscher Schriftsteller. München 1971.
Lattmann, D. (Hg.): Entwicklungsland Kultur. Dokumentation des 2. Schriftstellerkongresses des Verbandes deutscher Schriftsteller. München 1973.
Mechtel, A.: Alte Schriftsteller in der Bundesrepublik. München 1971.
Reich-Ranicki, M.: Literarisches Leben in Deutschland. München 1965.
Rietzschel, E. (Hg.): Gelehrsamkeit ein Handwerk? Bücherschreiben ein Gewerbe? Dokumente zum Verhältnis von Schriftsteller und Verleger im 18. Jahrhundert. Leipzig 1982.
Rühle, G.: Die Büchermacher. Von Autoren, Verlegern, Buchhändlern, Messen und Konzernen. Frankfurt a.M. 1985.
Schmidtchen, G.: Lesekultur in Deutschland 1974. (In: Börsenblatt für den Deutschen Buchhandel, Nr. 39, 1974, S. 705–846).
Schwenger, H.: Literaturproduktion. Stuttgart 1979.
Schwenger, H.: Schriftsteller und Gewerkschaft. Darmstadt u. Neuwied 1974.
Schwencke, Olaf (Hg.): Kritik der Literaturkritik. Stuttgart, Berlin, Köln, Mainz 1973.

Unseld, S.: Der Autor und sein Verleger. Frankfurt a.M. 1978.

Wiesand, A.J. u. *K. Fohrbeck:* Literatur und Öffentlichkeit in der Bundesrepublik Deutschland. München, Wien 1976.

5. Monographien

a) Allgemeines

Bänsch, D. (Hg.): Die fünfziger Jahre. Beiträge zu Politik und Kultur. Tübingen 1985.

Batt, K.: Revolte intern. Betrachtungen zur Literatur in der Bundesrepublik Deutschland. München 1975.

Boesschoten, F.M. van: Deutsche zeitgenössische Literatur. Epik und Dramatik nach 1945. s'Gravenhage, Rotterdam ²1974.

Braatz, I.: Zu zweit allein – oder mehr? Liebe und Gesellschaft in der modernen Literatur. Münster 1980.

Brettschneider, W.: Zorn und Trauer. Aspekte deutscher Gegenwartsliteratur. Berlin, Bielefeld, München 1979.

Brüdigam, H.: Der Schoß ist fruchtbar noch... Neonazistische, militaristische, nationalistische Literatur und Publizistik in der Bundesrepublik. Frankfurt a.M. ²1965.

Deschner, K.: Kitsch, Konvention und Kunst. Eine literarische Streitschrift. Berlin – Frankfurt a.M. – Wien 1980.

Durzak, M. (Hg.): Deutsche Gegenwartsliteratur. Ausgangspositionen und aktuelle Entwicklungen. Stuttgart 1981.

Endres, E.: Die Literatur der Adenauerzeit. München 1980.

Hage, V.: Die Wiederkehr des Erzählers. Neue deutsche Literatur der 70er Jahre. Frankfurt a.M., Berlin, Wien 1982.

Hartung, H.: Experimentelle Literatur und konkrete Poesie. Göttingen 1975.

Hay, G. (Hg.): Zur literarischen Situation 1945–1949. Kronberg 1977.

Hermand, J., H. Peitsch, K.R. Scherpe (Hg.): Nachkriegsliteratur in Westdeutschland 1945–49. Schreibweisen, Gattungen, Institutionen. Berlin 1982.

Hermand, J., H. Peitsch, K.R. Scherpe (Hg.): Nachkriegsliteratur in Westdeutschland. Band 2: Autoren, Sprache, Traditionen. Berlin 1984.

Kesting, H.: Dichter ohne Vaterland. Gespräche und Aufsätze zur Literatur. Bonn 1982.

Kreuzer, H.: Veränderungen des Literaturbegriffs. Göttingen 1975.

Lüdke, W.M. (Hg.): Literatur und Studentenbewegung. Eine Zwischenbilanz. Opladen 1977.

Lüdke, W.M. (Hg.): Nach dem Protest. Literatur im Umbruch. Frankfurt a.M. 1979.

Lützeler, P.M. u. *E. Schwarz* (Hg.): Deutsche Literatur in der Bundesrepublik seit 1965. Untersuchungen und Berichte. Königstein 1980.

Matthaei, R. (Hg.): Grenzverschiebung. Neue Tendenzen in der deutschen Literatur der 60er Jahre. Köln 1970.

Mayer, H.: Deutsche Literatur seit Thomas Mann. Reinbek bei Hamburg 1968.

Mayer, H.: Über Friedrich Dürrenmatt und Max Frisch. Pfullingen 1977.

Hüppauf, B. (Hg.): »Die Mühen der Ebenen«. Kontinuität und Wandel in der deutschen Literatur und Gesellschaft 1945–1949. Heidelberg 1981.

Müller, H.L.: Die literarische Republik. Westdeutsche Schriftsteller und die Politik. Weinheim, Basel 1982.

Reich-Ranicki, M.: Deutsche Literatur in West und Ost. Prosa seit 1945. München 1963.

Reich-Ranicki, M.: Entgegnung. Zur deutschen Literatur der 70er Jahre. Stuttgart 1982.

Reinhold, U.: Tendenzen und Autoren. Zur Literatur der 70er Jahre in der BRD. Berlin/DDR 1982.

Thomas, R.H. u. *K. Bullivant:* Westdeutsche Literatur der sechziger Jahre. München 1975.

Wagener, H. (Hg.): Gegenwartsliteratur und Drittes Reich. Deutsche Autoren in der Auseinandersetzung mit der Vergangenheit. Stuttgart 1977.

Wehdeking, V.C.: Der Nullpunkt. Über die Konstituierung der deutschen Nachkriegsliteratur 1945–1948 in den amerikanischen Kriegsgefangenenlagern. Stuttgart 1971.

b) Lyrik

Bender, H. (Hg.): Mein Gedicht ist mein Messer. Lyriker zu ihren Gedichten. München ²1961.

Bender, H. u. *M. Krüger* (Hg.): Was alles hat Platz in einem Gedicht? Aufsätze zur deutschen Lyrik seit 1965. München 1977.

Büttner, L.: Von Benn zu Enzensberger. Eine Einführung in die zeitgenössische deutsche Lyrik. 1945–1970. Nürnberg 1971.

Domin, H. (Hg.): Doppelinterpretationen. Das zeitgenössische Gedicht zwischen Autor und Leser. Frankfurt a.M. 1966.

Hartung, H.: Deutsche Lyrik seit 1965. Tendenzen, Beispiele, Porträts. München 1985.

Höllerer, W.: Ein Gedicht und sein Autor. Lyrik und Essay. Berlin 1967.

Jentzsch, B. (Hg.): Ich sah aus Deutschlands Asche keinen Phönix steigen. Rückkehr und Hoffnung in poetischen Zeugnissen. Befreiung. München 1979.

Krolow, K.: Aspekte zeitgenössischer deutscher Lyrik. Gütersloh 1961.

Krolow, K.: Schattengefecht. Frankfurt a.M. 1964.

Rey, W.H.: Poesie der Antipoesie. Moderne deutsche Lyrik. Genesis, Theorie, Struktur. Heidelberg 1978.

Schuhmann, K.: Weltbild und Poetik. Zur Wirklichkeitsdarstellung in der Lyrik der BRD bis zur Mitte der siebziger Jahre. Berlin/DDR und Weimar 1979.

Theobaldy, J. u. *G. Zürcher:* Veränderung der Lyrik.

Über westdeutsche Gedichte seit 1965. München 1975.
Weissenberger, K. (Hg.): Die deutsche Lyrik 1945–1975. Zwischen Botschaft und Spiel. Düsseldorf 1981.
Zürcher, G.: »Trümmerlyrik«. Politische Lyrik 1945–1950. Kronberg 1977.

c) Drama, Theater, Kabarett
Appignanesi, L.: Das Kabarett. Stuttgart 1976.
Arnold, H.L. u. *Th. Buck* (Hg.): Positionen des Dramas. München 1977.
Blumer, A.: Das dokumentarische Theater der sechziger Jahre in der Bundesrepublik Deutschland. Meisenheim 1977.
Braun, K. (Hg.): Deutsches Theater der Gegenwart. 2 Bde., Frankfurt a.M. 1967.
Braun, K. u. *P. Iden:* Neues deutsches Theater. Zürich 1971.
Brauneck, M. (Hg.): Theater im 20. Jahrhundert. Programmschriften, Stilperioden, Reformmodelle. Reinbek 1982.
Buddecke, W. u. *H. Fuhrmann:* Das deutschsprachige Drama seit 1945. Schweiz, Bundesrepublik, Österreich, DDR. Kommentar zu einer Epoche. München 1981.
Budzinski, K.: Die Muse mit der scharfen Zunge. Vom Cabaret zum Kabarett. München 1961.
Budzinski, K.: Die öffentlichen Spaßmacher. Das Kabarett in der Ära Adenauer. München 1966.
Budzinski, K.: Pfeffer ins Getriebe. So ist und wurde das Kabarett. München 1982.
Daiber, H.: Deutsches Theater seit 1945. Stuttgart 1976.
Geiger, H. u. *H. Haarmann:* Aspekte des Dramas. Opladen 1978.
Geißler, R. (Hg.): Zur Interpretation des modernen Dramas. Frankfurt a.M., Berlin, München 1981.
Grimm, R. u. *J. Hermand* (Hg.): Geschichte im Gegenwartsdrama. Stuttgart 1976.
Hensel, G.: Theater der Zeitgenossen. Stücke und Autoren. Frankfurt a.M., Berlin, Wien 1972.
Hensel, G.: Das Theater der siebziger Jahre. Kommentar, Kritik, Polemik. München 1980.
Hinck, W.: Das moderne Drama in Deutschland. Vom expressionistischen zum dokumentarischen Theater. Göttingen 1973.
Hinck, W. (Hg.): Handbuch des deutschen Dramas. Düsseldorf 1980.
Hoffmann, G.: Das politische Kabarett als geschichtliche Quelle. Frankfurt a.M. 1976.
Hofmann, J.: Kritisches Handbuch des westdeutschen Theaters. Berlin 1981.
Hüfner, A. (Hg.): Straßentheater. Frankfurt a.M. 1970.
Ismayr, W.: Das politische Theater in Westdeutschland. Meisenheim 1977.
Motekat, H.: Das zeitgenössische deutsche Drama. Einführung und kritische Analyse. Stuttgart 1977.
Otto, R. u. *W. Rösler:* Kabarettgeschichte. Abriß des deutschsprachigen Kabaretts. Berlin 1981.
Rischbieter, H., E. Wendt: Deutsche Dramatik in Ost und West. Velber 1965.
Rischbieter, H. (Hg.): Theater im Umbruch. Eine Dokumentation aus Theater heute. München 1970.
Rühle, G.: Theater in unserer Zeit. Frankfurt a.M. ^{2}1980.
Rühle, G.: Anarchie in der Regie? Frankfurt a.M. 1982.

d) Prosa
Arnold, H.L., Th. Buck (Hg.): Positionen im deutschen Roman der sechziger Jahre. München 1974.
Blamberger, G.: Versuch über den deutschen Gegenwartsroman. Krisenbewußtsein und Neubegründung im Zeichen der Melancholie. Stuttgart 1985.
Brauneck, M. (Hg.): Der deutsche Roman im 20. Jahrhundert. Analysen und Materialien zur Theorie und Soziologie des Romans. 2 Bde., Bamberg 1976.
Durzak, M.: Die deutsche Kurzgeschichte der Gegenwart. Autorenporträts, Werkstattgespräche, Interpretationen. Stuttgart 1980.
Durzak, M. (Hg.): Der deutsche Roman der Gegenwart. Entwicklungsvoraussetzungen und Tendenzen. Stuttgart, 3. erw. u. veränd. Aufl., 1979.
Durzak, M.: Gespräche über den Roman. Formbestimmungen und Analysen. Frankfurt a.M. 1976.
Heimann, B.: Experimentelle Prosa der Gegenwart. München 1978.
Marx, L.: Die deutsche Kurzgeschichte. Stuttgart 1985.
Neubert, B.: Der Außenseiter im deutschen Roman seit 1945. Bonn 1977.
Neumann, B.: Utopie und Mimesis. Zum Verhältnis von Ästhetik, Gesellschaftsphilosophie und Politik in den Romanen Uwe Johnsons. Kronberg 1978.
Schober, W.H.: Erzähltechniken in Romanen. Eine Untersuchung erzähltechnischer Probleme in zeitgenössischen deutschen Romanen. Wiesbaden 1975.
Thomas, R.H. u. *W. v.d. Will:* Der deutsche Roman und die Wohlstandsgesellschaft. Stuttgart 1969.
Vogt, J.: Heinrich Böll. München 1978.
Wagener H. (Hg.): Zeitkritische Romane des 20. Jahrhunderts. Die Gesellschaft in der Kritik der deutschen Literatur. Stuttgart 1975.
Welzig, W.: Der deutsche Roman im 20. Jahrhundert. Stuttgart ^{2}1970.

e) Arbeiterliteratur
Alberts, J.: Arbeiteröffentlichkeit und Literatur. Zur Theorie des Werkkreises Literatur der Arbeitswelt. Hamburg 1977.
Arbeiterdichtung. Analysen, Bekenntnisse, Dokumentationen. Hg. von der Österreichischen Gesellschaft für Kulturpolitik. Wuppertal 1973.
Arnold, H.L. (Hg.): Gruppe 61. Arbeiterliteratur – Literatur der Arbeitswelt? München 1971.
Arnold, H.L. (Hg.): Handbuch zur deutschen Arbeiterliteratur. 2 Bde., München 1977.
Arnold-Dielewicz, I.D. u. *H.L. Arnold* (Hg.): Arbeiterliteratur in der Bundesrepublik – Gruppe 61 und Werkkreis Literatur der Arbeitswelt. Stuttgart 1975.
Dithmar, R.: Industrieliteratur. München ^{2}1977.

Fischbach, P. u.a. (Hg.): 10 Jahre Werkkreis Literatur der Arbeitswelt. Dokumente, Analysen, Hintergründe. Frankfurt a.M. 1979.

Goette, J.-W. (Hg.): Arbeiterliteratur. 2 Bde., Frankfurt a.M. 1975–1977.

Hüser, F. (Hg.): Aus der Welt der Arbeit. Almanach der Gruppe 61 und ihrer Gäste. Darmstadt u. Neuwied 1966.

Kühne, P.: Arbeiterklasse und Literatur. Dortmunder Gruppe 61/Werkkreis Literatur der Arbeitswelt. Frankfurt a.M., Hamburg 1972.

Ludwig, M.: Arbeiterliteratur in Deutschland. Stuttgart 1976.

Möbius, H.: Arbeiterliteratur in der BRD. Köln 1970.

Stieg, G. u. *B. Witte:* Abriß einer Geschichte der deutschen Arbeiterliteratur. Stuttgart 1973.

f) Frauenliteratur

Bovenschen, S.: Die imaginierte Weiblichkeit. Exemplarische Untersuchungen zu kulturgeschichtlichen und literarischen Präsentationsformen des Weiblichen. Frankfurt a.M. 1979.

Burkhard, M. (Hg.): Gestaltet und gestaltend. Frauen in der deutschen Literatur. Amsterdam 1980.

Geiger, R.E., H. Holinka, S. Weigel (Hg.): Frauen, die pfeifen. Frankfurt a.M. 1978.

Gnüg, H., R. Möhrmann (Hg.): Frauen Literatur Geschichte. Schreibende Frauen vom Mittelalter bis zur Gegenwart. Stuttgart 1985.

Lühe, I. v.d. (Hg.): Entwürfe von Frauen in der Literatur des 20. Jahrhunderts. Berlin 1982.

Puknus, H. (Hg.): Neue Literatur der Frauen. Deutschsprachige Autorinnen der Gegenwart. München 1980.

Schmidt, R.: Westdeutsche Frauenliteratur in den 70er Jahren. Frankfurt a.M. 1982.

Serke, J.: Frauen schreiben. Ein neues Kapitel deutschsprachiger Literatur. Hamburg 1979.

Stephan, I. u. *S. Weigel:* Die verborgene Frau. Sechs Beiträge zu einer feministischen Literaturwissenschaft. Berlin 1983.

g) Sonstiges

Knilli, F., K. Hickethier, W.D. Lützen (Hg.): Literatur in den Massenmedien – Demontage von Dichtung? München 1976.

Schanze, H.: Medienkunde für Literaturwissenschaftler. Einführung und Bibliographie. München 1974.

Siegel, Chr.: Die Reportage. Stuttgart 1978.

Würffel, St.B.: Das deutsche Hörspiel. Stuttgart 1978.

Personenverzeichnis